本刊入選 CSSCI(2012—2013)來源集刊目録

傳統中國研究集刊

Journal of Historical China Studies

上海社會科學院《傳統中國研究集刊》編輯委員會 編

九、十合輯

Vol.9&10

上海人民出版社

主編　虞萬里
助理　陳　磊

目　録

Contents

爾雅學講義

□陳 漢 章

《爾雅學講義》是國學大師陳漢章(1864—1938)1918年在北京大學教授《爾雅》學的講義(據錢英才《國學大師陳漢章·陳漢章著作年表》,浙江文藝出版社2007年),現藏北京大學圖書館古籍部,油印本,綫裝三卷,目録2頁,正文160頁,刊誤表4頁;正文每半頁10行,每行22字。此講義應是近代研究《爾雅》最早的專著,在雅學研究史上的價值不容忽視。由於未曾刊印,罕爲人知,集大成的《爾雅詁林》《爾雅詁林叙録》連存目都不見,實在可惜。現將《爾雅學講義》卷上發表(中卷、下卷分説《爾雅》自《釋詁》至《釋畜》各篇),以饗讀者。(汪少華、王丹丹整理)

目　録

卷上　第一章　總説

第一節　《爾雅》治國文

卜子夏序《詩》曰："《詩》有六義，一曰風，二曰雅。以一國之事，繫一人之本，謂之風；言天下之事，形四方之風，謂之雅。雅者，正也，言王政之所由廢興也。政有小大，故有小雅焉、有大雅焉。"是"雅"之義本出於《詩》。而《論語》曰："子所雅言，《詩》、《書》、執禮，皆雅言也。"（馬融①注："讀先王通法，必正言其音，然後義全。"）推之《易》以變之正，《春秋》大居正，五經之文，皆以正言，故《大戴禮·小辨篇》："魯哀公曰：'寡人欲學小辨，以觀于政，其可乎？'子曰：'否，不可。小辨破言，小言破義，小義破道，道小不通，通道必簡。爾雅以觀於古，足以辨言矣。'"嗣是而言文者，亟曰"爾雅"。《史記·儒林傳》："丞相公孫弘悼道之鬱滯，乃與太常臧、博士平等議曰：'臣謹案詔書律令下者，明天人分際，通古今之義，文章爾雅，訓辭深厚。小吏淺聞，不能究宣，無以明布諭下。'"又《樂書》曰："高祖過沛詩《三侯之章》，孝惠、孝文、孝景無所增更，於樂府習常肄舊而已。至今上即位，作十九章，令侍中李延年次序其聲，集會五經家，相與共講習讀之，乃能通知其意，多爾雅之文。"以"爾雅"言文，太史公書凡再見矣。《漢書·叙傳》亦曰："函雅故，通古今，辨文字，在學林。"班孟堅所謂"雅故"者，乃即《爾雅》之《釋故》（《经典释文》："釋詁，詁本作故。"）。以雅故辨文字，即爾雅以辨言也。夫馬、班爲文史大家，或以"爾雅"稱文章，或以"爾雅"辨文字，可知《爾雅》一書，爲治國文之要籍，不啻足以訓故五經正言而已（王充《論衡》："《爾雅》之書，五經之訓故。"）後世文家，若沈約之子旋、王安石之子雱，皆注《爾雅》，而歐陽公嘗考其文理（見《詩本義》），曾文正自言好觀其書。治國文者，盍先治《爾雅》哉？

第二節　釋《爾雅》名義

魏張揖謂《爾雅》之名，始於《孔子三朝記》（即前所引《大戴禮·小辨篇》）。今案記文，以"爾雅"與"循弦"對舉（上文曰"循弦以觀於樂，足以辨風矣"），故北周盧辯注曰："爾，近也。"似非即謂《爾雅》之書。而"爾雅"之所以名書，大抵以"近正"爲說。《漢書·藝文志》："《孝經》家，《爾雅》三卷二十篇。"注："張晏曰：'爾，近也。雅，正也。'"劉熙《釋名》亦曰："爾，昵也。昵，近也。雅，義也。義，正也。五方之言不同，皆以近正爲主也。"然《爾雅》有《釋詁》《釋訓》，不止釋五方之言。且執"近正"之說，以釋《三朝記》文，云"近正以觀於古"，更覺不辭。考之《說文》，"爾"本訓"麗爾"。"麗爾"猶言"離婁"，其字从冂从㸚尒聲，與"爽"字同意。其訓爲"近"者，以"爾"爲"邇"之叚字耳。"雅"本訓"楚烏"，从隹牙聲，字亦作"鴉"、作"鵶"。其本字實作"疋"，而"疋"之本訓又爲"足"："古文以爲《詩·大疋》字，一曰：疋，記也。"然則"雅"本"疋"之叚字，其訓爲"正"者，以"疋"、"正"二文相近耳。今據《說文》"疋記"之義，合之

---

① 十三經注疏本《論語注疏》卷七作"鄭玄"，"通"作"典"。

《方言》所云“舊書雅記”（郭璞《方言注》：“雅，《爾雅》‘雅’也。”）則“雅”本訓“記”。《詩》大小雅以記政事，《爾雅》以説文字。“爾”之本字作“尒”，詞之必然也。則名爲“爾雅”者，其義以記文字必然之訓釋也，所謂正言也。《三朝記》文以“循弦”與“爾雅”並言，例以《禮·學記》之“操縵”與“雜服”並言（《學記》：“不學操縵，不能安弦；不學雜服，不能安禮。”），“雜服”爲禮服，不與“操縵”對；“爾雅”爲雅記，亦不與“循弦”對，則即從張揖説，謂《三朝記》之“爾雅”，即今《爾雅》之書亦可也。

第三節　考《爾雅》撰述人

宋王伯厚先生考證《漢藝文志》引“舊説”，謂“《釋詁》周公所以教成王”。所謂“舊説”，當是漢、魏、唐人説。漢劉歆《西京雜記》曰：“郭偉①，字文偉，茂陵人，好讀書，以謂《爾雅》周公所制。而有‘張仲孝友’，張仲宣王時人，非周公所制明矣。余嘗以問楊子雲，子雲曰：‘孔子門徒游、夏之儔所記，以解釋六藝者也。家君以爲《外戚傳》稱史佚教其子以《爾雅》。《爾雅》，小學也。又《記》言孔子教魯哀公學《爾雅》（案：即據《三朝記》）。舊傳學者皆云周公所記，‘張仲孝友’之類，後人所作耳。’”此漢人記也（案：劉歆《與楊雄書》云：“歆先君數爲孝成皇帝言，當使諸儒共集訓詁《爾雅》，及五經所詁不合《爾雅》者，诘籒爲病，會成帝未以爲意。”是向、歆父子表章《爾雅》久矣）。魏張揖《進〈廣雅〉表》曰：“昔在周公，纘述唐虞，宗翼文武，克定四海。勤相成王，六年制禮，以導天下，著《爾雅》一篇，以釋其義。今俗所傳三篇，或言仲尼所增，或言子夏所益，或言叔孫通所補，或言沛郡梁文所考，皆解家所説，先師口傳，疑莫能明。”此魏人所説也。唐陸德明《經典釋文·敘録》曰：“《爾雅》所以訓釋五經，辨章同異，多識鳥獸草木之名，博覽而不惑者也。《釋詁》一篇，蓋周公所作。《釋言》以下，或言仲尼所增，子夏所足，叔孫通所益，梁文所補。”又張懷瓘《書斷》曰：“周公相成王，申明禮樂，以加朝祭服色尊卑之節，又造《爾雅》。宣尼、卜商增益潤色，釋言暢物，略盡訓詁。”此唐人所説也。綜觀宋以前舊説，並不言周公以《爾雅》教成王，恐是王氏誤記史佚教其子及孔子答哀公問而云然。又張揖所云三篇《爾雅》，即《漢志》“《爾雅》三卷”（古言篇、卷不分）其意言周公所作《爾雅》，本止一篇，後有增益，乃分三篇（今各篇各有增益之文，詳卷下《分説》）。陸德明遽分《釋詁》一篇爲周公所作，其餘十八篇非周公本文，亦未免誤會揖意矣。

第四節　述表章《爾雅》人

晉郭璞《序》曰：“《爾雅》者，所以通訓詁之旨歸，敘詩人之興詠，總絶代之離詞，辨同實而殊號者也。誠九流之津涉，六藝之鈐鍵，學覽者之潭奧，摛翰者之華苑。蓋興於中古，隆於漢氏，豹鼠既辨，其業亦顯。英儒贍聞之士，洪筆麗藻之客，靡不欽玩耽味，爲之義訓。”據郭景純此言，顯《爾雅》之業者，始於“豹鼠之辨”。《釋獸》鼠屬：“鼤鼠，鼨鼠，豹文鼮鼠。”郭注“鼮鼠”下曰：“鼠文彩如豹者。漢武帝時得此鼠，孝廉郎終軍知之，賜絹百匹。”宋邢昺疏引《漢書》云：“武帝嘗得豹文鼠，終軍以《爾雅》釋其名，故受賜也。”考《漢書》無此文。《文選·任彦昇〈爲蕭揚州作薦士表〉》李善註引摯虞《三輔決録》、與《藝文類聚》《太平御覽》引《竇氏家傳》

① 《西京雜記》卷三作“威”，下同。

並云："光武宴百僚於雲臺，得豹文之鼠。問群臣，莫知之，惟竇攸曰：'此鼮鼠也。'詔問所出，曰：'見《爾雅》。'驗之果然。賜絹百匹，詔公卿子弟就攸學《爾雅》。"《水經・穀水篇》酈道元注亦云："世祖嘗宴於靈臺，得廷鼠於臺上。"是則後漢事也（《徐孝穆文集》："雖賈逵之頌神雀，竇攸之对鼮鼠，方具寵錫，獨有光前。"亦以爲會攸之事）。然前漢孝文置傳記博士時，《爾雅》與《孟子》嘗置博士，見趙氏岐所爲《孟子章句》序，特不久即罷耳（《漢書》不詳）。而孝武帝時，已有犍爲文學卒史，官舍人者爲待詔（案：諸書引其遺註稱"犍爲文學"，或稱"犍爲舍人"。《文選・羽獵賦》註亦引作"郭舍人"。翁氏方纲、盧氏文弨、邵氏晉涵、宋氏翔鳳並謂即《漢書・東方朔傳》之"郭舍人"。洪氏頤煊則謂即《西京雜記》之"茂陵郭偉"。錢氏大昕又謂其人姓舍名人，引《廣韻》有舍姓），注《爾雅》三卷。犍爲郡於建元六年置（此《地理志》文，實於元光五年開夜郎國置郡），尚在終軍使南越之前。則漢氏文、武之世，如六經之表章，故劉向、歆父子，並欽玩《爾雅》（引見前篇），歆又爲之注釋，固不待後漢樊光（京兆人，官中散大夫）、李巡（汝南人，中黄門）等，始顯於世矣。至"豹鼠"之辨，自後漢竇攸後，更有異說。《説文》："鼨，豹文鼠也。"《唐書・盧藏用傳》云："藏用弟若虚，多才博物。隴西辛怡諫爲職方，有獲鼠者，豹文虎臆，其大如拳，怡諫謂之鼮鼠而賦之。若虚曰：'非也，此許慎所謂鼨鼠，豹文而形小。'一座盡驚。"

第五節　述表章《爾雅》人二

《止齋文集》（陳傅良撰）："憶爲兒時入鄉校，有以《爾雅》問題者，予用'能辨豹鼠、不識蟛蜞'爲對。其事至淺，諸老先生往往驚嘆，以爲博也。"案：能辨豹鼠，漢人；不識蟛蜞，晉人。《晉書・蔡謨傳》："謨初渡江，見蟛蜞，大喜曰：'蟹有八足，加以二螯。'令烹之。既食，吐下委頓，方知非蟹。後詣謝尚而説之，尚曰：'卿讀《爾雅》不熟，幾爲《勸學》死。'"據謝尚此言，知晉人多讀《爾雅》者。自魏時有孫炎注七卷、音二卷（《隋書・經籍志》引《七録》文如此。《經典釋文》："注三卷，音一卷。"）。至晉郭璞，沈研鑽極，至十八載，考方國之語，采謠俗之志，錯綜樊（光）孫（炎），博關群言，爲注五卷（《釋文・序録》三卷），音義二卷，圖讚二卷。硤州有郭璞注《爾雅》臺（任昉《述異記》："臺今在夷陵郡。"祝穆《方輿勝覧》："臺在硤州。"），嘉州亦有其遺蹟（王象之《輿地碑記目》："嘉定府下，有郭璞《移水記》。"蘇轍詩指其注《爾雅》於此。郭子章《郡縣解詁》："景純注《爾雅》，握筆嘉州，在今烏尤山，江魚吞墨，千餘年猶黑。"）。璞與蔡謨，同爲渡江之人（一河東聞喜人，一陳留考城人，並非江南），其注《釋魚》"蝟蠌，小者蟧"下曰："螺屬，見《埤蒼》（案：張揖作）。或曰：即蟚蝟也，似蟹而小。"（《古今注》："蟚蝟，小蟹也。生海邊塗泥中，食土。"《嶺表録異》："蟚蝟，吴人呼爲彭越，語訛。"）郭注意並不以"蝟蠌"爲蟚蜞之蟹，與謝尚意同。尚所云《勸學》者，王伯厚先生謂指蔡邕《勸學篇》言之（《隋志》蔡邕《勸學篇》一卷）。今考《大戴禮記》《荀子》，並有《勸學篇》。《大戴記》云："蟹二螯八足，非蚍蛆之穴，而無所寄託者，用心躁也。"《荀子》云："蟹六跪而二螯，非蛇蟺之穴，無可寄託者，用心躁也。"其文略同。蔡謨稱"八足二螯"，似即據《大戴記・勸學篇》文。俗本《晉書》"勸學"字作"勤學"，誤也（翁氏方綱《經義考補正》引丁氏杰曰："陶宏景《本草注》：'蟛蜞，似蟹而小，似蟛蝟而大。'劉峻《世説注》：'今蟛蜞小於蟹，而大於蟛蝟，三物狀甚相類。'據此，則蔡謨誤‘螮蝀’爲‘蝃’，謝尚又誤‘螮蝃’爲‘螮蝀’，均未深考。”今案謝尚意，正以《爾雅》之“螮蝃”非“螮蝀”，故謂蔡謨讀《爾雅》不熟，丁氏未免誤會）。

第六節　序《爾雅》廢興一

唐韓公詩云：“爾雅注蟲魚，定非磊落人。”（《讀皇甫湜公安園池詩書其後一首》）此詞人一時興到之名，不足爲據。公詩又云：“阿買不識字，頗知書八分。詩成使之寫，亦足張吾軍。”（《醉贈張祕書》）又云：“名秩後千品，詩文齊六經。端來問奇字，爲我講聲形。”（《題張十八所居》）又賦《石鼓歌》與《岣嶁山碑》，可見公之重字學，與杜少陵無異矣（少陵《李潮八分小篆歌》：“蒼頡鳥跡既茫昧，字體變化如浮雲。陳倉石鼓又已訛，大小二篆生八分。秦有李斯漢蔡邕，中間作者絶不聞。惜哉李蔡不復得，吾甥李潮下筆親。”）。然考《唐六典》《通典》及《唐書·選舉志》，貢舉之政令，明書科惟試以《説文》、《字林》十帖，《説文》帖六，《字林》帖四，取皆通者爲第，而《爾雅》不及焉。國子博士及《書》學博士，雖兼習《爾雅》，次之石經、《國語》、《説文》、《字林》、《三蒼》之下，則唐人固不甚重其書。陳止齋曰：“隋唐以來，以科目取士，此書不課於舉子，由是浸廢。”是也。其初陸德明撰《爾雅釋文》，集施乾（陳博士）、謝嶠（陳國子祭酒）、顧野王（陳祕書監）、江灌（隋祕書學士，《經義考》誤以爲晉江逌之從弟）諸家《爾雅音》之大成，同時曹憲亦撰《爾雅音義》（陸、曹二人，並在隋爲祕書學士，卒於唐初）。其後惟有裴瑜注五卷，爲梁沈旋《集注》後僅見之書（《隋志》沈旋《集注爾雅》十卷）。五代兵争，十國碁峙，益無以《爾雅》名家者。俗間有孫炎、高璉二家義疏（《宋志》高璉《爾雅疏》七卷、孫炎《爾雅疏》十卷。並五代人，非魏之孫炎），並淺近俗儒，不經師匠（見宋邢昺疏《序》）。而西蜀之左僕射同平章事毋昭裔，著《爾雅音略》三卷（見《十國春秋》），南唐之進士，辨《爾雅》“鶾”“螒”二“天雞”（宋鄭文寶《南唐近事》：“後主壬申，張佖知貢廖，試‘天雞弄和風’，佖但以《文選》中詩句爲題，未嘗詳究。有進士白云：‘《爾雅》二‘天雞’，未知孰是。’佖大驚，不能對。取《爾雅》檢之，一在《釋蟲》，一在《釋鳥》，果有二，因自失。”王應麟《困學紀聞》：“江南進士，試‘天雞弄和風’詩，以《爾雅》‘天雞’有二，問之主司，其精如此。”《楊文公谈苑》亦記此事，而謂“江東士人，深於學問，有如此者”。今案：《文選·謝靈運〈於南山往北山經湖中瞻眺〉》詩云：“海鷗戲春岸，天雞弄和風。”李善註明引《釋鳥》之“鶾”。《説文》有“鶾”無“螒”，張佖何不據善註以答所問乎？若《釋蟲》之“天雞”，爲黑身赤頭小蟲，安足以對“海鷗”乎），猶爲能讀《爾雅》者也。至宋初，邢昺以翰林侍講學士受敕，與杜鎬（尚書駕部員外郎直祕閣）、舒雅（尚書都官員外郎祕閣校理）、李維（太常博士直集賢院）、王焕（諸王府侍講太常博士兼國子監直講）、崔偓佺（大理評事國子監直講）、劉士元（前知洺州永年縣事）撰《爾雅疏》十卷成，而其業始顯矣。

第七節　序《爾雅》廢興二

邢叔明《疏序》曰：“《爾雅》者，先儒授受之術，後進索隱之方，誠傳註之濫觴，爲經籍之樞要。周公倡之於前，子夏和之於後。蟲魚草木，爰自爾以昭彰；《禮》《樂》《詩》《書》，盡由斯而紛郁。”程篁墩謂此《疏序》在《舒館直雅文集》中，題曰《代邢昺作》。今觀其疏，多襲用孔穎達《五經正義》，如《釋天》一節疏用《禮記·月令》正義、《釋山》“五嶽”一節疏用《毛詩·大雅·

崧高》正義，其明證也。然於郭註"未詳"、"未聞"者，間有補苴，《釋詁》之"蓟、肇、逐、求、卒"、《釋言》之"廩"、《釋宫》之"宦"、《釋水》之"徒駭、太史、胡蘇"，共計十條；稱引《尸子》有《廣澤篇》《仁意篇》，自宋以後亦佚，轉賴《釋詁》《釋天》二疏存之，猶可考見古子。又其時疏與注别行，疏中所述郭注，得據以補正今本挩漏之字，非絶無可取者。故都氏穆曰："《爾雅》周公書也，昔之志藝文者，附於《孝經》；志經籍者，附於《論語》，皆所以尊經。唐四庫書目始置之小學之首，至邢昺等奉敕爲疏，《爾雅》遂復與諸經並列。"（《爾雅翼》序）陳氏傅良亦曰："國初諸儒，獨追古依郭氏注爲之疏，《爾雅》稍稍出。比於熙豐三經行，學者非《字説》不學，自先儒注疏皆罷絀，而《爾雅》亦廢。"（《爾雅疏》趙子良刻本跋）然則有宋一代，《爾雅》興於邢叔明之疏，廢於王荆公之《字説》。而荆公之子元澤雱，於《爾雅》有比物引類之博，分章析句之工（見項氏安世跋）。荆公之客陸農師佃，作《爾雅音義》二十卷，自序謂："天將興此書，以予贊其始。可使郭璞擁篲清道，跂望塵躅。"（案：璞注自序末云："輒復擁篲清道，企望塵躅者，以將來君子爲亦有涉乎此也。"）是王荆公亦非有意廢《爾雅》如《春秋》。但陳振孫謂陸佃之書，大率不出王氏之學，與劉貢父所謂"不撤薑食，三牛三鹿"（案：邵博《聞見後録》："王荆公喜説字，劉貢父戲之曰：'三鹿爲麤，鹿不如牛。三牛爲犇，牛不如鹿。'謂宜三牛爲麤，三鹿爲犇。若難於遽改，欲令各權發遣。"）戲笑之語，殆無以大相過，斯爲玩物喪志（詳見《文獻通考·經藉考》）。則農師説《爾雅》，亦如《埤雅》之用《字説》，未免附會穿鑿。紹聖以後，用《字説》程式諸生，亦如唐代不以《爾雅》課舉子，而《爾雅》廢矣。自楊龜山先生作《字説辨》（一卷），南宋諸儒，鄭樵始有《爾雅註》三卷，羅願又有《爾雅翼》三十二卷。元明兩朝，其業不顯，惟胡雲峯（炳文）之《韻語》、危太僕（素）之《略義》（十九卷）、薛顯思（敬之）之《便音》及羅日褧之《爾雅餘》（八卷）、譚吉璁之《廣義》（五十一卷）、《綱目》（百二十卷）見於史志及諸家書目而已。至清而《爾雅》之學大興，姜氏兆錫、周氏春、劉氏玉麐並作補注（姜書六卷，周書四卷，劉書一卷），翟氏灝作《補郭》（二卷），戴氏鎣作《郭注補正》（未詳卷數），錢氏坫别作《釋義》（亦名《古義》，其書十卷）及《釋地以下四篇注》（四卷），則足以補郭注；任氏基振作《注疏箋補》（未詳卷數），錢氏繹作《疏證》（十九卷），龍氏啓瑞作《經注集證》（一卷），則足以補邢疏；戴氏震作《文字考》（一卷），阮氏元作《校勘記》（八卷），嚴氏元照作《匡名》（一卷），則足以訂今本之誤；臧氏庸輯《漢注》（三卷），黄氏奭輯《古義》（十二卷），錢氏大昭《補釋文》（三卷），馬氏國翰《輯佚注》（十家），嚴氏可均輯《一切注音》（十卷），則足以拾古注之遺。其勒爲巨編者，又有邵氏晉涵之《正義》（二十卷）、郝氏懿行之《義疏》（二十卷），尤非邢叔明等所可及者也（坿注：集古注者，又有陳氏鱣《集解》三卷）。

第八節　辨《爾雅》非專爲釋《詩》之書亦非始自漢人

《漢書·藝文志》："《詩經》家，有《魯故》（二十五卷）《齊后氏故》（二十卷）《孫氏故》（二十七卷）《韓故》（三十六卷）《毛詩故訓傳》（三十卷）。"取《爾雅·釋故》《釋訓》，以名其書（師古曰："故者，通其指義也。今流俗《毛詩》改'故訓傳'爲'詁'字，失真耳。"案：《爾雅釋文》云："釋詁，樊光、李巡本作'故'。"），猶《尚書大小夏侯解故》耳。宋以後人，但見《詩》傳故訓，異説蠭起，條辨如左，以補《經義考》《小學考》二書之缺。

歐陽公曰:“《爾雅》非聖人之書,不能無失。考其文理,乃是秦漢之間學《詩》者纂集説《詩》博士解詁。”(《詩本義》)

案:《詩》博士解詁遵《爾雅》,非《爾雅》纂集其解詁。秦漢間有孔鮒者,爲陳王涉博士(見《孔子世家》),别爲《小爾雅》一書,今在《孔叢子》。假令當時有纂集《爾雅》者,孔博士可不别爲書矣。

葉夢得曰:“世言周公作《爾雅》,妄矣。其言多是《詩》類中語,而取毛氏説爲正。予意此但漢人所作耳。”(《石林燕語》)

案:毛氏取《爾雅》以傳《詩》,故名《故訓傳》。《爾雅》於《詩》類外,多有《易》類、《書》類、《禮》類語,又是取何氏説以聚斂成書?

高承曰:“《爾雅》大抵解詁詩人之旨,考其文,如‘瑟兮僩兮’,衛武公之詩也;‘猗嗟名兮’,齊人刺魯莊公也。而文皆及之,則周公安得述也?當是出於孔子删《詩》《書》之後。”(《事物紀原》)

案:此拾《西京雜記》郭偉之唾餘。不獨《釋訓篇》引《詩》文而釋之,《釋詁》云“關關,噰噰”,《釋天》云“是類是禡,既伯既禱”,《釋畜》云“既差我馬”,皆《詩》類語。子夏傳《詩》,故間釋《詩》文以增益《爾雅》,其後並爲申公、韓嬰、后蒼、孫氏、毛公所遵用,不足爲疑。

曹粹中曰:“《爾雅》毛公以前,其文猶略,至康成時則加詳。如‘學有緝熙于光明’,毛公云:‘光,廣也。’康成則以爲‘欲學于有光明者’,而《爾雅》曰:‘緝熙,光明也。’又‘齊子豈弟’,康成以爲言‘發夕’,而《爾雅》曰:‘豈弟,發也。’‘薄言觀者’,毛公無訓。‘振古如兹’,毛公云:‘振,自也。’康成則以‘觀’爲‘多’,‘振’爲‘古’,其説皆本《爾雅》。使《爾雅》成書在毛公之前,顧得爲異哉?按:平帝元始四年,王莽始令天下通《爾雅》者詣公車,固出自毛公後矣。”(《放齋詩説》。《四庫提要》云:“此書未見傳本,《永樂大典》引之。”)

案:毛、鄭各以意逆志,傳、箋去取,同異者多(曾氏釗有《毛鄭異同辯》二卷)。要皆函雅故以説《詩》,正足見《爾雅》成書在毛、鄭前,爲學者之山淵,毛、鄭皆漁獵采伐其中。非毛公之前,尚無《爾雅》也。漢文帝置《爾雅》博士,何待王莽始出?若元始五年所徵者,小學《史篇》《爾雅》之外,尚有通知五經、《論語》、《孝經》之人,可謂諸經、《論語》、《孝經》,盡出於毛公後乎?

吕南公曰:“考《爾雅》所陳訓例,往往與他書不合,惟對毛氏説則多同,余故知其作於秦漢之間。”(《題〈爾雅〉後》)

案:《雅》訓與漢孟喜、京房《易傳》,杜子春、鄭興衆《周禮注》,賈逵、服虔《左傳注》,無一不合。漢儒解經,並出《爾雅》,不獨一毛氏説。上考《管子》《列子》《莊子》《尸子》《吕氏春秋》,無不取《爾雅》爲文。又如劉向校書,所得《樂記》二十三篇,與河間獻王所作二十四卷《記》不同,其書最古(邵氏《正義》有誤)。《記》云:“紹,繼也。夏,大也。”亦同《雅》訓。而僅據毛氏説,即謂書出秦漢間,傎矣。

錢文子曰:“《爾雅》出於漢世,正名命物,講説者資之。”(《詩訓詁》)

案:《爾雅》名物,不獨漢世資之,諸子無論矣。即如《白虎通義》所引《親屬記》,即《爾雅·釋親篇》文;《風俗通義》所引《樂記》,多同《釋樂篇》文,則七十子所記《禮》《樂》,亦資之《爾雅》。

鄭曉曰:"《爾雅》蓋《詩》訓詁也。子夏嘗傳《詩》,則《爾雅》即子夏之《詩傳》也。"(《今言》)

案:此説亦强作解人,子夏即增益《爾雅》,亦不止爲説《詩》之用。邵氏《正義》有云:"太史公受《尚書》於孔安國,爲《本紀》《世家》。徵引《尚書》者,輒以《爾雅》訓詁之字,闡繹經義,典、謨、誓、誥皆然,蓋即孔安國《書傳》。"然則《詩傳》《書傳》,悉本雅訓,不能指一經以當之。《漢書·藝文志》曰:"古文讀應《爾雅》,故解古今語而可知也。"是漢人明謂古文經訓,並依《爾雅》。故王充《論衡》曰:"《爾雅》之書,五經之訓故。"鄭君《駁五經異義》曰:"玄之聞也,《爾雅》者,孔子門人所作,以釋六藝之旨,蓋不誤也。"(案:説本揚雄《方言叙》。)觀此而知宋以後人諸説皆非矣。至鄭樵謂:"《釋天》'暴雨謂之涷'專爲《離騷》作釋(案:《離騷》云:"使涷雨兮灑塵。"),知《爾雅》在《離騷》後,不在《離騷》前。"紀氏昀撰《四庫提要》,亦陰襲其説。則司馬相如賦有"邛邛距虚",左思賦有"比目魚",可謂《爾雅》所釋在漢、晉詞人之後耶?

第九節　説《爾雅》與《説文》相表裏一

徐氏養原論《説文》《爾雅》相爲表裏曰:"小學之書,蒼、雅並稱。'蒼'即《蒼頡篇》,'雅'即《尒疋》也。《説文》之爲書也,檢以六文,貫以部分,蓋承《蒼頡》之後而變其體例者也。夫《尒疋》爲詁訓之祖,而《説文》爲字學之原。先師相傳,具有端委。《説文》讀應《爾雅》,無不合者。然著作之初意,各有指歸。今欲知其同,必先辨其異。蓋《尒疋》主義,《説文》主形。形則偏傍依附,宜溯其原;義則展轉訓釋,務暢其流。故《説文》所釋,皆字之本義;而《尒疋》所訓,則借義爲多。如'初、哉、首、基、肇、祖、元、胎、俶、落、權輿,始也',唯'初'之爲'始',是其本義,與《説文》合,餘皆假借也。"

案:"元"、"俶"亦《説文》本義,不止"初"字。《説文》:"初,裁衣之始也。才,艸木之初也(借"哉",亦借"載")。首,古文百,百,頭也(《方言》:"人之初生謂之首。")。基,牆始築也。肁,始開也(借"肇"借"肈")。祖,始廟也。元,始也。胎,婦孕三月也(郭注亦云:"胚胎未成。"字亦借"殆"、借"台")。俶,始也。"又:"埱,一曰始也。落,凡艸曰零,木曰落("落"爲"始",猶"徂"爲"存")。䕅,灌渝,讀若萌。"(借"權輿",《釋草》又作"蘿蕍"。)以此對校,可知本義、引伸義與借義之别矣。

"又《説文》羅列諸字,雖不見經典者,亦皆載之。《尒疋》則專爲《詩》而作,故毛公《詩傳》以'詁訓'命名,取義於《尒疋》也。觀《釋詁》之'張仲孝友'、《釋訓》之'如切如磋',直舉全句而釋之。"

案:此言大誤。《爾雅》所載字,不見經典者亦多,豈專爲《詩》而作(辨詳前節)?"張仲孝友"句,亦非《釋詁篇》文。

"至《釋言篇》中,自'貿,買也'至'熾,盛也'二十三句,皆依《詩》之次第爲之訓釋,未嘗倒置。其言'幕,暮也'者,即《采薇》之'歲亦暮止'也。"

案:《釋言》"貿、買,市也",郭注即引《詩》曰:"抱布貿絲。"下云"貿,買也。賄,財也("以我賄遷",《衛詩·氓篇》)。甲,狎也("能不我甲",《王詩·芄蘭》)。菼,騅也。菼,薍也("毳衣如菼",《王詩·大車》)。粲,餐也("還予授子之粲兮",《鄭詩·緇衣篇》)。渝,變也("舍命不渝",《鄭詩·羔裘》)。宜,肴也("與子宜之",《鄭詩·女曰雞鳴》)。夷,悦也("云胡不夷",《鄭詩·風雨》。然《召南·草蟲》已先云"我心則夷",見註)。顛,頂也("有馬白顛",《秦詩·車鄰》)。耋,老也("逝者其耋",同上)。輶,輕也("輶車鸞鑣",《秦詩·駟鐵》)。俴,淺也("小戎俴收",《秦詩·小戎》。然《鄭詩·東門之墠篇》已先云"有踐家室",傳"踐,淺也",即"俴"也)。綯,絞也("宵爾索綯",《豳詩·七月》)。訛,化也("四國是吪",《豳詩·破斧》。然《小雅·節南山篇》"式訛爾心",正作"訛"不作"吪")。跋,躐也。疐,跲也(注引《詩》"狼跋其胡,載疐其尾",《豳詩·狼跋篇》)。烝,塵也("烝在栗薪",《豳詩·東山》)。戎,相也("烝也無戎",《小雅·常棣》)。飫,私也(又"飲酒之飫")。孺,屬也(又"和樂且孺")。幕,暮也(注:"幕然暮夜。"此於《毛詩》無見)。煽,熾也。熾,盛也"(《小雅·六月篇》:"玁狁孔熾。"又《十月之交篇》:"豔妻煽方處。"),即所舉二十四句按之《詩》文次第,亦未嘗不倒置(上註已詳),而"幕、暮"句又不能説,則二十三句非專釋《詩》。《詩》中"予"字,見在"卬"字後(《邶詩》"卬須我友",《衛詩》"跂予望之"),亦可云《釋詁》之"卬、予",依《詩》之次第乎?

"或有不見於《詩》者,則後人取他經附益之,要未有出六經之外者,故《漢書·藝文志》列《尔疋》於五經奏議之後,此其異於《説文》者也。"

案:《釋地》之"比目魚、比翼鳥",則《管子·封禪篇》述之;《釋天》之"扶摇",則《莊子·逍遥游》《淮南子·原道篇》述之;《釋詁》之"嫁",《釋水》之"濆",則《列子·天瑞》《湯問》二篇述之;《釋草》之"卷施",則《楚辭·離騷》述之;《釋地》之"蟨",則《吕覽·不廣篇》述之。又如《釋丘》之"泰丘",可證《史記》(《六國表》《封禪書》);《釋山》之"霍山",可訂《漢書》(《郊祀志》《地理志》),其他足以説《逸周書》《山海經》者,尚不勝枚舉,何云不出六經之外乎?

"至若今本《尔疋》,往往與《説文》抵牾,又自有故:一則傳寫之淆譌也,'衖門謂之閎,所以止扉亦謂之閎',以《説文》考之,所以止扉者,乃'閣'也,而非'閎'也(案:《釋宫釋文》:"閎,本亦作閣。"《玉篇》引《爾雅》亦作"閎")。'紅,蘢古,其大者蘬。差,薺實',以《説文》考之,'蘬'則'薺實'也(案:《説文》無"差"字)。亦有《尔疋》不誤,而《説文》誤者。'禧,告也',而以爲'禮吉',是誤'告'爲'吉'也(案:《釋詁》"禧"有二訓:禧,告也,亦福也。《説文》"嘻"下云"讀若《爾雅》禧福",則"禮吉"自從"禧,福"一訓。小徐本作"禮告也")。'葝,大也',以爲'艸木到',而以'菝'爲大,是誤'葝'爲'菝'也(案:《爾雅釋文》引《説文》:"葝,艸大也。"是唐本未誤)。他如'山有艸木曰岵,無艸木曰屺',則《説文》與《爾雅》合,而與毛傳異;'石戴土爲岨',則《説文》與《毛傳》合,而與《爾雅》異(案:《釋山》:"多草木,岵;無草木,峐。"《釋文》:"'峐'猶'圮'字。"《毛詩·陟岵》傳:"山無草木曰岵,有草木曰屺。"又:"土戴石爲砠。"《毛詩·卷耳》傳:"石山戴土曰砠。"《説文》:"岨,石戴土也。岵,山有草木也。屺,山無草木也。"又云:"阢,石山戴土也。"則即"崔嵬"二字之合音)。孰得孰失,有不可得而考者矣。一則字體之竄改也,以'務'爲'敄',以'敃'爲'敃'(案:《釋詁》:"騖、務、昏、暋,强也。"《説文》:"敄,彊也,从攴矛聲。務,趣也,从力敄聲。"又:"敃,彊也,从攴民聲。暋,冒也,从攴昏聲。昏曰冥也,一曰从民聲。"),以'貢獻'之'貢'爲'贛賜'(案:《釋詁》:"貢,賜也。"《説文》:"貢,獻功也,从貝工聲。贛，賜也，从貝竷省聲。"二文雙聲），因通借而失之（案：此爲假借，非失也。《公年傳·定二年》曰："不務乎公室也。"《尚書·立政篇》："在受德瞀。"《史記·仲尼弟子傳》："衛賜，字子貢。"亦以"務"爲"敄"、"瞀"爲"敃"、"贛"爲"貢"矣）。'炁，静也'，《說文》有'懕'無'炁'（案：《說文·心部》有"炁"，云"癡貌"，特不如"懕"之明訓爲"静"耳）。'其萌虇蕍'，《說文》曰：'蕍，灌渝。''鎬侯'之爲'藃'也，'牟母'之爲'鴾'也，'白蹢'之爲'豴'也，'商何'之爲'蝻'也，'叔鮪'之爲'鮇'也，'刀魚'之爲'魛'也，'當互'之爲'縆'也，'畐蹂'之爲'鶝鶔'也，見於《說文》注者，猶存古文假借之遺，不特'脊令'、'卑居'。毛傳爲近古也，今之《尔疋》增益偏旁，殊失古意，此後儒之誤，非元本然也（案：《說文》"晨風"之"鷐"、"伊威"之"蛜"，亦爲後出字）。且《說文》引《爾雅》'襛襛潰潰'（案：見《衣部》，"襛"下無"潰"字），今《尔疋》並無其文，則其書之脱誤，固已多矣（案：陳氏壽祺《左海文集》謂"'襛襛潰潰'即'委委蛇蛇'之異文"。邵氏晉涵謂即"僂僂洄洄"之異文。段氏玉裁、郝氏懿行則謂"洄洄"下當有"潰潰"二字。然《爾雅》佚文不止此）。其顯與《說文》背者，若'二足而羽謂之禽，四足而毛謂之獸'是也。禽頭與离兕相似，其非羽族甚明，以禽爲羽族，殆起於秦漢之世。《尔疋》爲叔孫通、梁文所增益，將欲釋古今之異言，亦得備存一義耳（案：此襲《禮記·曲禮》正義說。若《聘禮》記"宰夫始歸乘禽，日二雙"，則不得爲獸。又《周禮》："庖人掌共六獸、六禽。"鄭司農注："六禽：鴈、鶉、鷃、雉、鳩、鴿也。"）。由前之異者觀之，異而不害其爲同也；由後之異者觀之，有所以致異之故也。知其所以異，則知其無弗同矣。"（其文選入學海堂《經義叢鈔》）

案：前之異者，今辨正皆與《說文》同；後之異者，正足與《說文》相參證。其文有得有失，故具録之。

第十節　說《爾雅》與《說文》表裏二

汪氏家禧論《說文》《爾雅》相爲表裏曰："《爾雅》，古小學書也，區分彙别，巨細兼包，具體定于元公，述于七十子，其以類聚何也？曰：此古小學書之式，比類合義，連綴成文，學僮便于諷習。自《說文》以偏旁形聲爲别，可以濟《爾雅》之窮。秦興小篆，體更史籀，更趨簡易，徒隸書行，其文非《爾雅》所能正也。又俗儒厭繁樂省，一切用隸，六經正文，謬誤百出。許君就小篆，合以史籀，又經以體、緯以聲，然後會意、指事、象形、諧聲之學明。後世《玉篇》《字林》皆推衍其緒，而《說文》遂爲字書祖。若是，《說文》可包《爾雅》歟？曰：六書之旨，轉注明而後重辭累言貫于一，假借明而後彼此異義者不膠于辭。二者固《說文》所未詳，而觀其會通，則在《爾雅》。蓋'同意相受'，雖具《說文》，然分部散見，於'建類一首'之義乖。至假借義由聲轉，由於前世字少，《說文》九千三百餘文，字寖備矣。故《爾雅》通用者，《說文》已各列于部。又《說文》解經，類依師說（案：《說文叙》云："其稱《易》孟氏、《書》孔氏、《詩》毛氏、《禮》、《周官》、《春秋》左氏、《論語》、《孝經》，皆古文也。"）。而漢經儒箋釋聖籍，均資《爾雅》，是《爾雅》《說文》之本也。且《爾雅》去古未遠，以音表義，詁訓名物，或取雙聲，或因聲轉。至于辨章六藝，囊括九流，較《說文》之取漢律證《方言》者，體更正大，故《爾雅》進於經，《說文》列小學。然《說文》區分子母，各歸部分，縱有舛誤，大綱終不可亂。去聖數千載，得識三代之文，不可謂非功也。《爾雅》自樊、孫傳述，已有異同。遞因隸變，草木蟲魚，偏旁妄置，向非《說文》，《爾雅》之俗文，何以覈歟？又漢自十四博士並立(案:《續漢書·百官志》:“博士十四人，《易》四：施、孟、梁丘、京氏；《尚書》三:歐陽，大小夏侯氏；《詩》三:齊、魯、韓氏；《禮》二:大小戴氏；《春秋》嚴、顔氏，共十四。”)，重以古文(案:《易》費氏、《尚書》孔氏、《詩》毛氏、《禮》、《周官》、《春秋》左氏，與今文異)，其間短長得失，各有意旨。《説文》能綜貫之，文同訓異，訓同文異，備著于篇，其識固非專己守殘者比，雖謂與《爾雅》同功可也。惟《説文》義主辨字，故同物而文隔部，異物而文相接，資于考覈，艱于成誦，蓋著書之體限之。統論之，《爾雅》專明義，《説文》兼言文，是《説文》勝；《説文》因《爾雅》而增益之，又《爾雅》勝。後世字書，皆仿《説文》。《爾雅》自張揖後，無能繼者。蓋通貫六書，發揮經籍，聚類同條，雜而不越，非聖賢不能作也。”(其文亦見《經義叢鈔》)

案:此文較徐氏爲純矣，但論轉注，猶沿戴、段舊説之誤。戴東原《答江慎修先生論小學書》云:“轉注者，轉相爲注，互相爲訓。《爾雅·釋詁》有多至四十字共一義，别俗異言，古雅殊語，轉注而可知，故曰‘建類一首，同意相受’。”段氏玉裁《説文注》云:“‘建類一首’者，謂分立其義之類，而一其首，如《爾雅·釋詁》第一條説‘始’是也；‘同意相受’，謂意恉畧同，義可互受，相灌注而歸於一首，如‘初、哉、首、基、肇、祖、元、胎、俶、落、權輿’，其於義或近或遠，皆可互相訓釋，而同謂之‘始’是也。”若如戴、段二氏説，則《爾雅》之書，自倉頡造字時已有乎？可謂不思之甚矣。又《爾雅》一萬七百九十一字，實多於《説文》。此文謂《説文》九千三百餘，爲字備於前世，亦未覈也。

第十一節　説《爾雅》與《説文》表裏三

胡氏匡衷説《爾雅》《説文》相表裏曰:“晁氏《讀書志》小學類以《説文》爲體製之書，《爾雅》爲訓詁之書，此宋人支離之説。”

案:《隋書·經籍志》以《説文》爲體勢之書，《崇文總目》以《説文》爲偏旁之學，並與訓詁、音韻，判而爲三。説非始於晁公武，胡氏失考。

考《周官》保氏所掌，止有六書。六書之中，自兼訓詁體製，故《爾雅》《説文》實相爲表裏。《説文》所詳者，字之體；《爾雅》所詳者，字之用。如:“初、基”皆“始”也，據《説文》，則“初”爲“裁衣之始”，“基”爲“築牆之始”。“厖、碩”皆“大”也，據《説文》，則“厖”爲“石大”，“碩”爲“頭大”。後人通用，直爲“始”爲“大”耳。《説文》出《爾雅》後，具述製作之原，實有功于《爾雅》。讀《爾雅》而不考《説文》，是數典而忘其祖也，豈僅爲體製之書(右見《〈説文〉管見》)？

案:胡氏意畸重《説文》，推《説文》爲《爾雅》之祖，未免先後倒置。從其分者言之，諸家著録，莫不以爲《爾雅》爲訓詁之祖，《説文》爲體製之祖；從其合者言之，凡文字之有形聲義，猶箇人之形影神。神與形影離，即無是人；義與形聲離，即非此字，三者缺一不可。黄帝正名百物，倉史依類作書，必以義爲本，而聲從之，於是乎有形。故許君之説字也，形聲之上，必先言義，而字義必述《爾雅》，如《釋詁》云“艐，至也”，《説文》以“船著不行”述之；“祥，善也”，《説文》以“譱，从羊，與義、美同意”述之；“蘦，落也”，《説文》以“艸曰零，木曰落”述之(《釋草》:“蘦，大苦。”《説文》亦同，明此“蘦”爲“零”之字)；“嵩、崇，高也”，《説文》以“崇，嵬高也”述之(《釋山》:“嵩高爲中嶽。”《説文》亦同，明此“嵩”亦爲“崇”之字)；“左、右、助，勴也”(“勴”即

“勴”字），“左右”亦“右助”義，故《説文》曰：“左，𠂇手相左也。右，助也（口部）。右，手口相助也（又部）。”“瘉、疵，病也”，“愉，勞也”，“疵瘉”即“呰窳”（《史記·貨殖傳》“呰窳偷生”，《韻會》引作“呰窳”），故《説文》曰“呰，窳也”，又曰“艸木皆自豎立，惟瓜瓠之屬，卧而不起，似若嬾人常卧室，故字从㼌从穴”（今本無此文，引見《毛詩疏》。郭注《爾雅》云：“勞苦者多惰愉，今字或作窳。”即本《説文》，但“窳”字《説文》所無，《玉篇》《廣韻》亦無之，《毛詩釋文》亦誤作“窳”），明“呰”、“疵”同（疵，病也。同《爾雅》），“窳”、“瘉”、“愉”通也（窳，污窬也。瘉，病瘳也。愉，樂）。“哉、之、言，間也”，“哉”與“之、言”，皆有“間”義，故《説文》曰：“哉、言之間也。”“覭髳，茀離也”，《説文》述之曰：“覭髳，弗離，小見也。”《釋詁》：“煤，愛也。”《釋言》：“憮，撫也。”《説文》述之曰：“煤，撫也。憮，愛也。”（“煤”、“憮”義通，故“煤”讀若侮。段注改“撫也”作“憮也”，與《玉篇》《廣韻》所引《説文》作“撫”不合，不知《説文》述《雅》訓，不必改作“憮”。）《釋詁》：“壯，大也。”《釋言》：“奘，駔也。”《説文》述之曰：“奘、駔，大也。”（“壯”、“奘”字通。）《釋詁》：“在，存也。”《釋訓》：“存存、萌萌，在也。”《説文》述之曰：“𦽍𦽍，存也。”（“存”、“在”義同，“萌”、“𦽍”字通。段注依《爾雅》改作“在也”，與《玉篇》又不合。）《釋訓》：“戚施，面柔也。”《釋魚》：“鼁䵶，蟾諸。”《説文》述之曰：“鼁、䵶，詹諸，其鳴詹諸，其皮鼁鼁，其行𠙽𠙽。”（明“鼁䵶”即“戚施”。王引之《經義述聞》謂《説文》作“鼁䵶”，與《爾雅》同。）《釋親》：“壻之父爲姻，婦之父爲婚。”《説文》述之曰：“婣，壻家也，女之所因（就也），故曰婣。婚，婦家也。禮：娶婦以昏時，婦人陰也，故曰婚。”（“婣”爲“姻”之籀文。）《釋宫》：“西南隅謂之奥，西北隅謂之屋漏，東北隅謂之宧，東南隅謂之窔。”《説文》述之曰：“奥，宛也。（《通釋》曰：“宛，深也。”）屚，屋穿水下也。（《釋名》曰：“禮，撤屋之西北隅薪，以爨竈煮沐。時若值雨則漏，遂以名之。”）宧，養也，室之東北隅，養所居。官，户樞聲也，室之東南隅。”（“漏”、“屚”，“官”、“窔”字皆通。）“鏝謂之杇”，《説文》述之曰：“鏝，鐵杇也，或作槾（金部）。槾，杇也（木部）。杇，所以涂也。秦謂之杇，關東謂之槾。”（亦木部，明“鏝”、“槾”字同。）《釋器》：“嫠婦之笱謂之罶。”《説文》述之曰：“笱，曲竹捕魚笱也。罶、𦉰，曲梁寡婦之笱，魚所畱也。”（各以聲訓。）“不律謂之筆”，《説文》述之曰：“聿，所以書也。楚謂之聿，吴謂之不律，燕謂之弗，秦謂之筆。”（郭注：“蜀人呼筆爲不律。”）《釋天》：“天氣下地不應曰雺（《文選·楊子雲〈甘泉賦〉》注引《爾雅》，“雺”作“霧”），地氣發天不應曰霧。”《説文》述之，則曰“霿曰霚”（籀文作“雺”），明“霿”亦通“雺”，“霚”亦作“霧”（“霧”後出字。“霿”从瞀，“瞀”从敄，“敄”从矛，“霚”从敄，而“務”亦同）。《釋地》：“田一歲曰菑。”《説文》述之，則曰“不耕田也”（段注引陳氏鱣説，改作“才耕田”，自出己見，又改作“反耕田”。然古文从巛田，會意兼聲。巛，害也。言此田一歲之前，不耕爲害）。“西至於邠國”，《説文》述之，則曰“汃，西極之水也”（説本《困學紀聞》），明“汃”、“邠”通也。《釋丘》：“水潦所止，泥丘。”《説文》述之，則曰“屔，反顶受水丘也”，明“泥”、“屔”通也。“隩，隈。厓内爲隩，外爲隈。”《説文》曰“澳，隈厓也。其内曰澳，其外曰隈（水部）。隩，水隈厓（𨸏部）”，則“隩”與“澳”並無殊。《釋山》：“山一成，坯。”《説文》曰“坏，丘一成也”（今本作“再成”，誤。依《水經注》所引），則“丘”與“山”可互釋。《釋水》：“河出昆侖虚。”《説文》曰“河水出敦煌塞外昆侖山”，則河源不必如張騫之遠尋，“昆侖”亦非如史公之烏覩。《釋草》一篇，如“虋，赤苗。

芑，白苗。秬，黑黍。秠，一稃二米（《説文》"秬"爲"䆈"，或體字）。莞，苻離，其上蒚（《説文》作"蔇"、作"夫蘺"）。芙渠，其莖茄，其葉蕸，其本蔤，其華菡萏，其實蓮，其根耦（《説文》作"夫渠"、作"荷"、作"蔤"、作"菡蕳"、作"蕅"，與今本異）"，爲《説文》所本者無論矣。篇首"茖，山葱"，而《説文》"茖，艸也"，似不相應。然邢疏引《説文》云："茖，菜名。生山中者名茖，細莖大葉。"與蘇頌《本草圖經》所引同，是今本挩其所述之文也。篇末"欆，橐含"（郭注"未詳"），《説文》無"欆"字，"橐含"之説解，則"囊也、嗛也"（嗛，口有所銜也），疑不相應。然"含"即"马"，马，嘾也（嘾，含深也），艸木之雩，未發函然。與下"華，荂也"正爲一訓，與上文"葥、堇，華榮"（《説文》惟"堇"作"䕏"）及"葤，茇；荄，根"（《説文》惟"茇"作"茇"）别四名者適同，是知《説文》所云"葥，艸之皇榮也。䕏，荂也。葤，茇也。茅，根也。茇，草根也。荄，根也。马，艸木之雩。雩，榮也。　，艸木荂也（或作"荂"）"，皆述《爾雅》之文也（"橐"猶今人謂"蓓蕾"爲"胍肫"，見《説文釋例》。而"欆"爲"攫"亦未詳，僅引《詩·行葦》毛傳："𦝼，函也。"）。《釋木》則《爾雅》曰："無姑，其實夷。"《説文》曰："梗，山枌榆也，有朿，莢可爲蕪荑者。"（郭注："姑榆，葉合皮漬之，所謂無夷。"）《爾雅》曰："櫟，其實梂。"《説文》曰："梂，櫟實。樣，栩實。草，草斗，櫟實也，一曰椽斗子。"非詳述其形狀名實乎？《釋蟲》則《爾雅》曰："蛣蜣，蜣蜋。"《説文》曰："蝌，渠蜋，一曰天社。"（今本挩"蜋"字。《集韻》《類篇》《太平御覽》引《説文》有之。《廣雅》："天社，蜣蜋也。"）"果蠃，蒲盧。"《説文》曰："蠕蠃，蒲盧，細要土蠭也，天地之性，細要純雄無子。"非詳述其形性名號乎？《釋魚》則《爾雅》曰："鯊，鮀。"《説文》曰："魦，出樂浪潘國。"（郭注："吹沙小魚。"誤。段注乃未詳何狀。）《爾雅》曰："鮤，鱴刀。"《説文》曰："鮆，刀魚也。飲而不食，九江有之。"（郭注本之）《爾雅》曰："蠑螈，蜥蜴。蝘蜓，守宫也。"《説文》曰："榮蚖，蛇醫，以注鳴者。"又曰："在壁曰蝘蜓，在草曰蜥易。"更述其所出所在之地矣。《釋鳥》則《爾雅》曰："鷽，山鵲。"《説文》曰："鷽，雗鷽，山鵲，知來事鳥也。"《爾雅》曰："鳭鷯，剖葦。"《説文》曰："刀鷯，剖葦，食其中蟲。"《爾雅》曰："巂，周燕。"《説文》於"周燕"下又曰："蜀王望帝婬其相妻，慙亡去，爲子巂鳥。故蜀人聞子巂鳴，皆起曰是望帝也。"《爾雅》曰："蝙蝠，服翼。"《説文》於"服翼"外又曰："魁𧋍，老服翼所化。"更述其所知所能所化之狀矣。《釋獸》曰："虎竊毛謂之虦貓。"《説文》以"竊，淺也"述之，可據以説《釋鳥》之"夏鳸竊玄，秋鳸竊藍，冬鳸竊黄，桑鳸竊脂，棘鳸竊丹"。《釋獸》又曰："貍、狐、貒，貈醜，其足蹯，其跡内。"《説文》（作狐、貍、貛，貉醜）以"内，獸足蹂地也"述之，又以"獸足謂之番，从采，田象其掌"述之，可據以説《釋蟲》之"蛭蝚，至掌"及《釋魚》之"蛭，蟣"（以其蟲象内形，故名"蛭蝚"。内，出於番之掌，故名"至掌"。《爾雅義疏》《説文釋例》並説"至掌"二字不通）。斯皆《説文》祖述《爾雅》之明證也。其他若説解之直用《爾雅》者，明引《爾雅》者，猶未悉數之，已足徵二書相爲表裏之實，不容偏廢矣。何必違背先後論理，而謂《説文》爲《爾雅》之祖哉？

第十二節　説《爾雅》與《説文》相表裏四

二書文字，有相爲表裏者。錢辛楣先生（大昕）曰："'埱'即《釋詁》'俶、落、權輿'之'俶'（案：《爾雅》："俶，始也。"《説文》："埱，氣出土也，一曰始也。"又："俶，善也。一曰始也。"是"俶"又爲"儀、若、祥、淑"之"淑"。"淑"本訓"精湛也"，通作"俶"），'訒'即'郅、仍'之'仍'

(《爾雅》:"仍,厚也。"《説文》:"仍,因也。訒,厚也。"二字通),'祡'即'咨、呰'之'呰'(《爾雅》:"呰,此也。"《説文》:"呰,苛也。祡,譏也,一曰藏也。"《集韻》引云:"石鍼謂之祡。"),'傜'即'鬱陶,繇'之'繇'(《爾雅》:"繇,喜也。"《説文》:"繇,隨從也。傜,喜也。"又《口部》"嗂"亦云"喜也"),'垑'即《釋言》'恀、怙'之'恀'(《爾雅》:"恀,恃也。"《説文》無"恀",今本:"垑,恃也。"《廣韻》《集韻》並云:"恃土地也。"),'徦'即'狃,復'之'狃'(《爾雅》:"狃,復也。"《説文》:"狃,犬性驕也。徦,復也。"《玉篇》:"徦,同狃。"),'遷'即'馹,傳'之'馹'(《爾雅》:"馹、遽,傳也。"《釋文》:"馹,郭《音義》云:'本或作遷。'《聲類》云:'亦馹字,同。"《説文》:"馹,傳也。遷,近也,从臸聲。"),'媞'即《釋訓》'恀恀、惕惕'之'恀'(《爾雅》:"恀恀,愛也。"《説文》:"恀,愛也。"又:"姼,美女也。"或从"氏"作"媞",是"媞"即"姼"。《漢書·叙傳》"姼姼公主"孟康注用《爾雅》训),'梋'即《釋宫》'楣謂之梁'之'楣'(《爾雅釋文》:"楣,或作梋。"《説文》:"梋,門樞之横梁。楣,秦名屋櫋聯也,齊謂之檐,楚謂之梠。"又《爾雅》:"檐謂之樀。"《説文》:"檐,梍也。梍,梠也。梠,楣也。樀,户樀也。"引《爾雅》,又:"閍謂之樀。"),'坋'即《釋丘》'墳,大防'之'墳'(《説文》:"墳,墓也。坋,塵也,一曰大防。"),'潐'即《釋水》'醮曰厬'之'醮'(《爾雅釋文》:"醮,字或作'潐'。"《説文》:"潐,盡也。醮,冠娶禮。"),'茮'即《釋草》'朮,山薊'之'朮'(《爾雅釋文》:"朮,本或作'茮'。"《説文》:"茮,山薊也。秫,稷之黏者,或省禾作朮。"《廣雅》曹憲音云:"白茮,世人作朮,失之。朮,古文秫字。"),'芧'即'莩,麻母'之'莩'(《説文》:"芧,麻母也。一曰芧即枲也。"《玉篇》"芧"重文有"莩"),'蓠'即'莞,苻離'之'莞'(《爾雅釋文》:"莞,本或作'蓠'。"《説文》:"莞,艸也,可以作席。蓠,夫離也。"),'苦'即'栝樓'之'栝'(《爾雅》:"果臝之實,栝樓。"《説文》:"栝,㮓也,一曰矢栝檃弦處。苦,苦婁,果蓏也。"),'芫'即《釋木》'杬,魚毒'之'杬'(《説文》:"芫,魚毒也。"《木部》無"杬"字),'柂'即'栲,山樗'之'栲'(《説文》:"柂,山樗也,讀若糗。"無"栲"字。《毛詩疏》引陸璣《草木疏》云:"許慎正以'栲'讀爲'糗'。"),'櫾'即'柚,條'之'柚'(《爾雅釋文》:"柚,本或作'櫾'。"《説文》:"櫾,崐崘山河隅之長木也。柚,條也,似橙而酢。"《山海經·中山篇》:"荆山多橘櫾。"),'楧'即'時,英梅'之'英'(《説文》:"英,艸榮而不實者,一曰黄英。"又:"楧,梅也。梅,枏也,可食。"又:"某,酸果。"),'闒'即《釋獸》'長脊而泥'之'泥'(《爾雅》:"威夷,長脊而泥。"郭注:"泥,少才力。"《説文》:"泥,水名。闒,智少才劣也。")。又'儁夆'即'甹夆'之異文(《爾雅·釋訓》:"甹夆,掣曳也。"《説文》:"甹,亟詞也。或曰甹,俠也。三輔謂輕財者爲甹。俠,俜也。夆,啎也。俜,使也。夆,使也。"又:"俜,俠也。""甹"、"俜"、"儁"同),'马嘾'即'菡萏'之異文(《爾雅·釋草》:"荷,芙渠,其華菡萏。"《説文》:"扶容馬,未發爲菡蔄。"又:"马,嘾也。艸木之華,未發圅然,讀若含。")。"此見於《潛揅堂文集》者也。

陳恭甫先生(壽祺)曰:"'媅'即《爾雅》'妉,樂也'之'妉'(原注:《毛詩釋文》引《韓詩》作"媅"。案:《釋詁》:"妉,樂也。"《説文》無"妉"字,"媅,樂也。"《華嚴經音義》云:"《聲類》'媅'作'妉'。"),'懕'即'忥,静也'之'忥'(《釋詁》:"忥,静也。"《説文》:"忥,癡貌。"郝氏《爾雅義疏》不知"忥"爲何字之假借。邵氏《正義》引《説文》:"懕,静也。"爲郝氏所不取。案:《集韻》引《廣雅》"懕,審也",正與《説文》"静"之本訓合符,而錢氏坫、俞氏樾並謂"忥"即"仡"。仡,勇壯也)，'契'即'顗，静也'之'顗'(亦《釋詁》文。《説文》："顗，謹莊皃。契，静也，从契。")，'宓'即'密，静也'之'密'(亦《釋詁》文。《説文》："宓，安也。安，静也。")，'勊'即'剋，勝也'之'剋'(《釋詁》："勝，克也。"與"剋，勝也"轉相訓。《釋文》無"剋"字，當並作"克"。《説文》："克，肩也，象屋下刻木之形。勊，尤劇也。""劇"訓"務也"，"尤劇也"之訓，即"勝也"，無"剋"字)，'退，遁'即'徂，存也'之'徂'(《釋詁》："徂，存也。"與"徂，往也"互訓。《説文》"徂"爲"退"之或字，籀文作"遁"，訓"往也")，'鞫窾'皆即'鞠，窮也'之'鞠'(《釋言》："鞫，窮也。"《釋文》"鞫"字又作"鞠"。《説文》："鞠，蹋鞠也，从革匊聲。籟，窮理辠人也，从夲从人从言，竹聲。"或省"言"作"簕"，今隸變作"鞫"。又："窾，窮也，从宀簕聲。或从穴作窾。")，'匧'即'挾，藏也'之'挾'(《釋言》："挾，藏也。"《説文》："匧，械藏也。篋，或又从竹。")，'暜'即'替，滅也'之'替'(《釋言》："替，廢也。"又："滅也。"《釋詁》："止也，待也。"義並近。《説文》："暜，廢。一偏下也，或从日，或从兟从日。")，'萌'即'翌，明也'之'翌'(《釋言》："翌，明也。"《説文》"翌"爲"翊"之變體，飛皃。諸家並以"翌"爲"昱"。"昱，明日也。"是也。此獨以爲"萌"者，"萌"訓"昱也"，但"萌"从明亾聲，當謂即"翌，明也"之"明"。昱，萌也，斯與《説文》合。又《廣雅・釋詁》："萌，遽也。"《爾雅》此條不與上文"躅，明也。茅，明也。明，朗也"諸文相次，疑此"翌，明"之訓，亦有遽義。《方言》："茫，遽也。")，'訩'即'訩，訟也'之'訩'(《釋言》："訩，訟也。"《説文》："訩，訟也，或省作訩。訟，争也。""訩"即"訩")，"齘"即"苛，妎也"之"妎"(《釋言》："苛，妎也。"《説文》："妎，妒也。齘，齒相切也。"《方言》："齘、苛，怒也。"怒近妒)，'皝'即'皇，華也'之'皇'(《釋言》："華，皇也。"此文誤倒，依今誤本。《釋草》始云"葟，華"，《説文》："皝，華榮也。或作葟。"此字亦見前節)，'萠'即'萌萌，在也'之'萌'(已詳前節)，'襧襧禮禮'即'委委佗佗'之異(原注：見《釋文》。案：《釋訓》："委委、佗佗，美也。"《釋文》："委，諸儒本並作'禕'。佗，本或作它。"《毛詩・召南》釋文引《韓詩》作"逶迆"。《説文》："委迆，衺去之皃。"義同。《釋訓》又云："儚儚、洄洄，惛也。"《釋文》："郭《音義》云：'本或作幗'。"《字林》云："幗，重衣皃。"《説文》無幗，而"襧"訓"重衣皃"，引《爾雅》"襧襧禮禮"。諸家多謂"襧"即"洄"異)，'痯'即'痯痯，病也'之'痯'(亦《釋訓》文。《説文》："悹，憂也。"無"痯"字)，'粺'即'不俟，不來也'之'俟'(亦《釋訓》文。《説文》"粺"引《詩》"不粺不來"，或从彳，字作"徯"。"俟，大也。")，'黬'即'緎，羔裘之縫也'之'緎'(亦《釋訓》文。《説文》："黬，羔裘之縫。"又："韯，羔裘縫。"亦作"緎"，是"黬"下當有"韯"字)，'翼'即'晜，兄也'之'晜'(《釋親》："晜，兄也。"《釋言》："昆，後也。"《説文》："罤，周人謂兄曰罤，从弟从眔。"無"晜"字。"昆，同也，从日从比。")，'䢜'即'一達謂之道''道'字(《釋宫》："一達謂之道路。"《説文》："道，所行道也。古文䢜，从𩠐寸。"用《爾雅》"一達謂之道"，無"路"字)，'㝛'即'東南隅謂之窔''窔'字(原注：《爾雅釋文》："窔，本或作'㝛'，與'窔'同。"案：《説文・穴部》有"窅"、"窔"二字，皆不引《爾雅》。獨"㝛"字注云："室東南隅謂之㝛。"則"㝛"乃《爾雅》正字也。《説文》："㝛，户樞聲也。窅，冥也。窔，窅窔，深也。")，'罠'即'彘罟謂之羉''羉'字(《釋器》："彘罟謂之羉。"《釋文》："羉，本或作'罠'。"《説文》："罠，釣也。"無"羉"字。《集韻》引《廣雅》："罠，兔彘罟也。")，"齺"即"骨謂之切""切"字(亦《釋器》文。《釋文》："切，本或作䶢"。《説文》："切，刌也；齹，齒差也。"《玉篇》："䶢，治骨也。”“䚡”爲“觵”俗。”)，‘䚩’即‘角謂之觷’‘觷’字(亦《釋器》文。《説文》：“䚩，闕。”新附有“觷”云：“治角也。”)，‘䃂’即‘斫謂之鐯’‘鐯’字(亦《釋器》文。《説文》：“䃂，斫也。”又《釋文》：“鐯，字又作‘櫡’。”《説文》“櫡”字訓，正本《爾雅》)，‘爤’即‘摶者謂之糷’‘糷’字(亦《釋器》文。《説文》：“爤，孰也。或作燗。”)，‘璹’即‘璋大八尺謂之琡’‘琡’字(亦《釋器》文。《説文》：“璹，玉器也，讀若淑。”)，“霓”即“雨霓爲霄雪”之“霓”(《釋天》：“雨霓爲霄雪。”《説文》：“霰，稷雪也，从雨散聲。或从見聲作霓。”又：“霓，見雨而止息，从覞雨，讀若欷。”似“霓”非即“霓”，以“霓”、“霓”聲相近耳)，‘屔’即‘水潦所止爲泥丘’之‘泥’(《釋丘》：“水潦所止，泥丘。”注：“頂上污下者。”《説文》：“屔，反頂受水丘，从泥省聲。”)，‘綷’即‘紼，繂也’之‘繂’(《釋水》：“紼，繂也。”《説文》：“繂，索属。”無“綷”字。《毛詩·采菽》作“綷”，《説文》亦無“綷”)，‘蕡’即‘其大者蘋’之‘蘋’(《釋草》：“萍，蓱。其大者蘋。”《説文》：“蕡，大蓱也。”)，‘菥’即‘薜，山蘄’之‘蘄’(《釋草》：“薜，山蘄。”《説文》：“菥，艸多貌。江夏平春有菥亭。”又有“蘄”字，云：“艸也，江夏有蘄春亭。”是不獨“菰”字之可疑，此條當亦不信今“蘄”注)，‘萝’即‘其萌虇’之‘萌’(原注：《爾雅》當連下文“蕍”字爲句。“虇蕍”即《大戴記》“百艸權輿”之謂。“權輿”者，艸木之始也。“虇蕍”正字，“權輿”通借字。陽湖孫星衍説。案：《釋草》：“茭蘸，其萌虇。”《説文》：“萝，灌渝，讀若萌。”然則“灌渝”爲正字，“虇蕍”非正字。又《説文》亦有“萌”，云：“艸木芽也。”“芽，萌芽也。”非必作“萝”)，‘萊’即‘蘥，蔓華’之‘蘥’(《釋草》：“蘥，蔓華。”《説文》：“萊，蔓華。”)，‘鼶’即‘蟠，鼠婦’之‘蟠’(《釋蟲》：“蟠，鼠負。”《説文》：“蟠，鼠婦。”又：“鼶，讀若樊，鼶鼠也，或曰鼠婦。”是“蟠”不必作“鼶”)，‘蚗’即‘螇蚸’之‘蚸’(《釋蟲》：“蟿螽，螇蚸。”《釋文》：“蚸，郭音歷，孫音昔。”與“蚗”音並不相近。《説文》：“蛥蚗，蛁蟟也。”“蛁蟟”之訓，與“螇”下“螇鹿”同。《釋蟲》又有“蜓蚞，螇螰”，則“蚗”乃“螇螰”，非即“螇蚸”，此條有誤)，‘蠹’即‘螢，天螻’之‘螢’(《釋蟲》：“螢，天螻。”《説文》：“螻，螻蛄也，一曰螢，天螻。”又：“蠹，螻蛄也。”是《説文》“蠹”即“螢”，皆“螻蛄”)，‘蚍’即‘蛣蝠’之‘蝠’(《釋蟲》：“蝎，蛣蝠。”《説文》：“蛣，蝠也。蛣蚍，蝎也。”)，‘䴏’即‘鵹黄’之‘鵹’(《釋鳥》：“鵹黄，楚雀。”《説文》：“䴒，䴒黄也。一曰楚雀，其色黎黑而黄。”是此條“䴏”字誤。當引“䴒”字説)，‘鴋’即‘鶭，澤虞’之‘鶭’(《釋鳥》：“鶭，澤虞。”《説文》：“鴋，澤虞也。”)，‘䍶’即‘羊曰齥’之‘齥’(《釋獸》：“齸屬，羊曰齥。”《説文》：“䍶，羊粻也。”)，‘踂’即‘其跡，远’之‘远’(《釋獸》：“兔子，嬎。其跡，远。”《説文》：“远，獸迹也。或作踂。”又《説文》“兔子”作“娩”，即《爾雅》“嬎”)，‘駔’即‘牝曰騇’之‘騇’(《釋畜》：“牡曰騭，牝曰騇。”《説文》：“騭，牡馬也。駔，牡馬也。”二文同訓。《六書故》引唐本《説文》作“奘馬”，則即《爾雅》“奘，駔也”之訓耳。疑此條有誤。或爲“牸”，見《廣雅》)，‘驠’即‘一目白，瞯’之‘瞯’(《釋畜》：“馬一目白，瞯。二目白，魚。”《説文》：“瞯，戴目也。驠，馬一目白。”《釋文》引《字林》又有“驗”字)，‘犻’即‘體長，犻’之‘犻’(《釋畜》：“牛體長，犻。”《説文》：“犻，二歲牛。”亦似有異)。”此見於《左海文集》者也。

俞曲園先生(樾)曰：“‘㨗’即‘芼，搴也’之‘搴’(《釋言》：“芼，搴也。”《説文》：“芼，艸覆蔓。覒，擇也。㨗，拔取也。”是“覒”即“芼，搴也”之“芼”矣)，‘迁’即‘干，求也’之‘干’(《釋言》：“干，求也。”《説文》：“干，犯也。迁，進也，讀若干。”是“干”、“迁”同)，‘勴’即‘助，勴也’之‘勴’(《釋詁》:“助,勴也。”《説文》:“勴,从力从非慮聲。”),‘忏’即‘盱,憂也’之‘盱’(《釋詁》:“盱,憂也。”《説文》:“忏,憂也,讀若吁。”),‘訄’即‘逑,鞠也’之‘逑’(《釋訓》:“惟逑鞠也。”注訓“窮迫”。《説文》:“逑,斂聚也。訄,迫也,从言九聲,讀若求。”則“鞠”亦即“簐”字),‘鬻’即‘餬,饘也’之‘餬’(《釋言》:“餬,饘也。”《説文》:“鬻,鍵也。鬻,鍵也。”則“鍵”亦即“饘”字,“饘”本訓“糜”),‘矙’即‘監,視也’之‘監’(《釋詁》:“監,視也。”《説文》:“監,臨下也。矙,視也,从監聲。”),‘潐’即‘水醮曰厬’之‘醮’(案:此條已見錢説),‘陙’即‘水出其右,正丘’之‘正’(《釋丘》:“水出其右,正丘。”《説文》:“陙,丘名。”是即“正”),‘酖’即‘大歲在壬曰玄黓’之‘黓’(《釋天》:“太歲在壬曰玄黓。”《説文》:“酖,酒色也。”無“黓”字),‘瓞’即‘瓞瓝’之‘瓝’(《釋草》:“瓞瓝,其紹瓞。”《説文》:“瓞,瓞也。瓞,小瓜也。”無“瓝”)。”此見於《第一樓叢書》者也。

綜以上三先生之説,雖遺漏者尚多(如《釋詁》“介,善也”即《説文》“价”,《釋蟲》“蛑,毛蠹”即《説文》“蛓”等),未及悉數。但就三説研究之,而觀其會通,可無疑於《爾雅》十九篇之字,譌俗而或詭於正;《説文》九千餘之字,隱僻而不適於用矣。爰各爲之疏通證明,以便於治國聞者。

第十三節　説《爾雅》與《説文》相表裏五

上節説《爾雅》《説文》訓義有密切之關繫,詳矣。又《説文》之文法,亦有法《爾雅》者,不獨解字義之宗《爾雅》。此祕至陳氏詩庭著《讀〈説文〉證疑》始發之,其説云:“《説文》句法,簡於《爾雅》,然亦有當如《爾雅》讀者:‘標,木杪末也。杪,木標末也’,宜以‘木杪’、‘木標’爲句,‘末也’二字又爲一句。《爾雅》每以數字訓末一字,《説文》以一句訓首正文一字,一句中亦有當如《爾雅》作數字讀者,如:‘禔,安福也。振,舉救也。’《文選》陸機《弔魏文帝文》(案:當作魏武帝)李善注引《説文》:‘禔,安也。’司馬長卿《難蜀父老文》注引《説文》同。《索隱》此注亦引《説文》作:‘禔,安也。’(案:《史記》作“禔”,《文選》作“禔”,陳氏殆誤記《文選》,而以爲皆作“禔”。《説文》“禔”訓“衣厚禔禔”,並無“安福”之訓。陳氏又誤以“禔”訓爲“禔”。)又《文選》陸機《答賈長淵詩》注、顔延年《和謝監詩》注、賈誼《過秦論》注,李善皆引《説文》:‘振,舉也。’《一切經音義》卷十二引《説文》‘振’同,而‘禔’(案:當作“禔”)之‘福’字,‘振’之‘救’字,又不似後人所加,因思此注當如《爾雅》作數字讀之。案:《玉篇·示部》:‘禔,安也,福也。’《廣韵·二十一震》:‘振,奮也、裂也、整也、救也。’則‘安福’、‘舉救’,當分作二字讀者,有確證矣。故《選注》《釋文》等書引《説文》,每與今本少缺一二字。近來讀《説文》者,罕論此旨。”

自此説出《爾雅》之文法,亦爲《説文》所遵用,二書相爲表裏,更可徵矣。由陳氏此説,而博求他書證之,則胡氏匡衷《〈説文〉管見》亦有見及此者,其説云:“《説文》注解,往往一句之中連載數義,如《長部》‘肆’字注云:‘極陳也。’極也、陳也,此二義也。《左傳》‘穆王欲肆其心’、《周語》‘藪澤肆既’,杜、韋皆訓爲‘極’;《書·牧誓》‘昏棄厥肆祀弗答’、《詩·大雅》‘肆筵設席’,毛、孔皆訓爲‘陳’,是也。《谷部》‘容’字注云:‘深通川也。古文作濬。’深也、通川也,此二義也。《爾雅·釋言》:‘濬,深也。’鄭氏《易·恒·初六》云:‘濬恒,《象》曰:始求深也。’《尚書》曰‘濬畎澮距川’,是也。《土部》‘瘞’字注云:‘幽薶也。’幽也,薶也,此二義也。《爾雅·釋言》云:‘瘞,幽也。’《祭法》云:‘瘞埋于泰折。’《爾雅》云:‘祭地曰瘞埋。’《周禮·秋官·犬人》云:'伏瘞亦如之。'鄭司農云:'瘞,埋祭也。'《禮運》注云:'埋牲曰瘞。'是也。《子部》'孳'字注云:'汲汲生也。'汲汲也,生也,此二義也。《禮·表記》:'俛焉日有孳孳。'《孟子》:'孳孳爲善。'皆'汲汲'之義(案:此"汲汲",非"汲"本字之訓。《説文》:"汲,引水於井也。"《一切經音義》卷十七引《説文》曰:"汲汲,急行也。"即"彶,急行也"之假字)。《尚書》:'鳥獸孳尾,則生也。'舉此數端,餘可類推。"

觀胡氏此説,則陳説不孤矣,特未及舉《爾雅》句法以爲《説文解字》所自出耳。尋其旁證,又得二條:

王氏筠《説文釋例·存疑篇》云:"'叀'下云:'專小謹也,从幺省,中財見也,中亦聲。'許君誤以'叀'、'專'爲同字,故'專'以釋'叀','小謹'以釋'專'。專,六寸簿,爲正義。與'叀'同及'專壹',皆引伸義。即'叀'亦有'專壹'之義,小徐曰'爲惠者心專'是也。故《玉篇》曰:'叀,小謹也。'今作'專',是爲善讀許書者。本部'疐'下云:'礙不行也。'小徐《祛妄篇》祇引'礙也',足知以'礙'説'疐'、以'不行'説'礙'也。他説類此者甚多,學者詳之。如混爲一句,則不可通矣。段氏删'叀'下注,又不解'幺'、'中',而解所誤增之'田象謹形',皆是不知而作。"(下文説'叀'字形,節去。)

張氏行孚《〈説文〉發疑》云:"《説文》有人人共解之字,因後人求之過深,轉至字義不明者。如'必'爲'必然'之'必',此人人所解也。《説文》云'必,分極也'者,極,棟也。'棟'爲屋至高之處,故'極'之引申義爲'極至'。'必'曰'分極'者,謂'必'之義爲'分别',至於'極至'之詞,經傳所謂'必然''必不然',皆是此義。段氏乃云:'極,猶準也,凡高處謂之極,立表爲分判之準,故曰分極,引申爲詞之必然。'段意蓋謂'立表分判之準'爲'必'字之本義矣。今試徧考經傳,'必'字有此義乎?且《八部》諸字,大都爲語詞。'必'字从弋者,謂詞之分别,猶有弋以爲界,不可溷亂,正'必然''必不然'之義也。乃段氏轉謂引申爲詞之必然,是以'必'字之本義爲引申假借之義矣。以人人所解之字,而故别立一異義,使人不可解,豈非所謂多歧亡羊者乎?"

右二條皆辨段注之誤,皆未知以《爾雅》句法文法讀《説文》之誤也(句法字别爲句,文法相承爲訓),皆未知《爾雅》《説文》相爲表裏之誤也。若夫明用《爾雅》之訓,而必當如《爾雅》讀之者,如"祖"下説解云:"始廟也。""始"字即用《釋詁》文,一字斷句,而後以"廟也"益之,則以"祖"之字从示从且。《檀弓》曰:"祖者,且也。"又《既夕禮》:"遷于祖。"《王制》:"受命于祖。""祖"字有"廟"義,不能祗以爲"始"而已也。若連爲一句,豈始祖之廟爲"祖",而高祖、曾祖祖之廟非"祖"乎(古禮,天子七廟,諸侯五廟。"祖"、"考"皆異廟)?又如"虋,赤苗嘉穀也","赤苗"二字,即用《釋草》文,二字如《爾雅》斷句,而後以"嘉穀也"益之,則以《詩·生民篇》本云:"誕降嘉種,維糜維芑。""糜"與"虋"同。郭注《爾雅》,即本《説文》曰"好穀"。且《説文》之前,有舍人注《爾雅》,謂:"虋是伯夷、叔齊所食首陽山之草。"(今舍人注已佚,此文引見《齊民要術》。)許君有意正之,故必加以"嘉穀"二字。若連爲一句,豈赤苗嘉穀、而"芑"之白苗即非嘉穀乎("穀"即"禾","禾"即"粟",詳見程瑤田《九穀考》及劉寶楠《釋穀》二書)?以上二條,字義本《爾雅》,文法即本《爾雅》,其例更顯然,以《爾雅》讀《説文》全書,必不至詰籀爲病，可以思過半矣。

第十四節　説《爾雅》《説文》相爲表裏六

《説文》之於《爾雅》也，不獨字義宗之，文法遵之，即説字之形聲，亦擬議之，即所謂“讀若”諸文，益可見二書之相爲表裏矣。段氏注謂“《説文》‘讀若’之字，止擬其音”，錢氏《答問》則謂“許書所云‘讀若’皆古書假借之例，不特寓其音，即可通其字”，王氏《釋例》乃兼用二説，謂“《説文》‘讀若’，有專明其音者，有兼明假借者”，是也。顧王氏雖有此言，而未及《爾雅》之異同，無以徵二書之相爲表裏。今特研究之，補先儒所未及。如“柮”（斷也）讀若《爾雅》“貀無前足”之“貀”（女滑切。《玉篇》引《説文》舊音五滑切），明“柮”之音同“貀”也；“欲”（蹴鼻）讀若《爾雅》曰“麔豭短脰”（於糾切。《玉篇》引《説文》音其久切），明“欲”之音同“麔”也；“狧”（犬食）讀若“比目魚鰈”之“鰈”（他合切），明“狧”之音，讀與《釋地》之“鰈”同；“冃”（重覆）讀若“艸莓”之“莓”（莫保切），明“冃”之音與《釋草》之“莓”同；“豦”（鬥相丮不解也）讀若“蘮蒘草”之“蘮”（强魚切），明“豦”之音與《釋草》之“蘮”同（《段注》“豦”以爲當讀若“蒘”），此皆專明其音者也。又如《馬部》“駁，馬行相及也”，讀若《爾雅》“小山駁，大山峘”。今本《爾雅·釋山》作“岌”，郭注：“岌謂高過。”案：《釋山》此經，與“大山宫，小山霍”對文，郭注：“宫謂圍繞之。”注：《山海·中山經》之“霍山”，引《爾雅》即云：“大山繞小山爲霍。”今灊縣之霍山，中峯小而四圍皆大山圍繞之，霍山爲南岳，峘山爲北岳。錢氏大昕謂“北岳恒山，山山相及，緜亘四五百里，小山與大山相連不斷，正如馬之相及”，然則“駁”與“岌”字同（“恒山”即“峘山”）。《手部》“扟”讀若莘，《爾雅·釋地》“東陵阠”與“西陵威夷”對文。《文選·潘安仁〈西征賦〉》：“登崤阪之威夷。”“威夷”爲“崤阪”，“崤阪”爲“西陵”，則東陵之“阠”亦必實有其地。《莊子·駢拇篇》：“盜跖死利於東陵之上。”《釋文》：“東陵，今名東平陵，屬濟南郡。”《元和郡縣志》：“東陵在章邱縣南二十八里。”亦引《莊子》。則其地即《左傳·成二年》“師從齊師于莘”之“莘”，杜注“莘”云“齊地”（與《桓十六年》之“莘”爲“衛地”、《莊十年》之“莘”爲“蔡地”不同）。“莘”爲“東陵阠”，而手從上挹之“扟”，即讀若《爾雅》之“莘”。“莘”與“扟”同，即“扟”與“阠”同，凡此又兼明假借者也。其他若《玉部》“璹，玉器也，讀若淑”，即讀若《爾雅·釋器》“璋大八寸謂之琡”；“珣，《周書》所謂夷玉也，一曰玉器，讀若宣”，即讀若《釋器》“璧大六寸謂之宣”（《漢書·郊祀志》作“瑄”，正如“淑”之字作“琡”）；《口部》“㕣，山間陷泥地（从口从水，敗皃），讀若沇州之沇”（沇，九州之渥地也，故以沇名焉），即讀若《爾雅·釋地》“濟河間曰沇州”之“沇”；《龠部》“龢，調也，讀與和同”，即讀同《爾雅·釋樂》“小笙謂之和”與“徒吹謂之和”。“和”與“龢”通，“沇”與“㕣”通，“宣”與“珣”通，“淑”與“璹”通，皆爲兼明假借之例。又有據《説文》讀若之字可正今本《爾雅》之誤者，《虎部》“虪，白虎也，从虎，昔省聲（段注：昔當作冥，爲冥省聲之字），讀若鼏（莫狄切）”，《鼎部》“鼏，从鼎冖聲（亦莫狄切）”，今本《爾雅·釋獸》云：“甝，白虎。”《釋文》：“甝，白虎。”《釋文》：“甝，《字林》下甘切，又亡狄切。”“亡狄”與《説文》讀若“鼏”之音同，其字本從昔省作“日”，不作“甘”。篆文“甘”作“ㅂ”，與“日”形近，而誤作“甝”。《字林》以字從甘，始有“下甘”一切，非也。《鼻部》“齅，以鼻就臭也，从鼻从臭，臭亦聲，讀若‘畜牲’之‘畜’”（許救切），《田部》“畜，田畜也”，非“畜牲”之“畜”。“畜牲”之“畜”本作“嘼”。《嘼部》"嘼，象耳頭足禸地之形"，今本《爾雅·釋畜》本當作"釋嘼"。《釋文》引《説文》云："嘼，牲也。"正與"𩎌"下讀若字合（今本《説文》，"嘼，犍也。"由《字林》而誤者）。《尚書·周書·武成序》"往伐歸嘼"，正作"嘼"，不作"畜"。今本皆作"畜"，非本字也。若夫《艸部》之"蕚"讀若萌、《鹵部》之"䲣"讀若切，已詳見於前篇，可不贅言。是即《説文》讀若之音，更可見《爾雅》《説文》相爲表裏。惜郭注多以《字林》參考，未及引《説文》以證《爾雅》也。

附録：《説文》之未言讀若而引《爾雅》以明字音、兼通字形者，《彳部》："徥徥，行貌。《爾雅》曰：'徥，則也。'"以"徥"之從"是"聲，與《釋言》"是，則也"之音同，非以"徥"義爲"是"字義也（是，直也）。《斗部》："斛，斛旁有斛，一曰突也，一曰利也。《爾雅》曰：'斛謂之疀。'古田器也。"以"斛"之從"兆"聲（《説文》無"厎"，段氏改作"庣"，《説文》亦無"庣"字），與《釋器》古田器之"斛"音同，非以斛旁之"斛"爲古田器也。《金部》："銚，一曰田器。"爲"斛謂之疀"本字。《足部》："趿，進足有所擷取也。《爾雅》曰：'趿謂之擷。'"以"趿"之從"及"聲，與《釋器》"扱衽謂之襭"之"扱"音同，非以足所取之"趿"爲手所收之"扱"也（《手部》："扱，收也。"）。此皆未言讀若，而可以意逆之者也。他若"齝，吐而噍也"引《爾雅》曰"牛曰齝"，"宲，楝也"引《爾雅》曰"宲廇謂之梁"，則説字之本義；"懽，喜歘也"引《爾雅》曰"懽懽，愮愮，憂無告也"，"涒，食已而復吐之"引《爾雅》曰"大歲在申曰涒灘"，則説字之引伸義旁通義，不在此例矣。

清華楚簡本《尚書·金縢篇》評判

□程 元 敏

[摘　要] 北京清華大學近購獲楚簡《尚書·金縢篇》,爲戰國中葉頃楚人據齊魯本鈔繕,並加改造而成者。改造者或增減、或變更原典文字,其昧於古史,妄改年歲,如將"周公居東二年"及"武王克商二年"之"二年"改作"三年"。又大删原典經文,如黜去卜龜相關經文四十三字,致《金縢》周公乞以身代武王死之主旨晦昧不明。時賢論此楚竹本劣於今本,甚是。唯此十四簡四百一十字之竹本,多存古字古義,治《尚書》小學者資以校讎。矧其末三簡確記"(成王)親逆(周)公,王乃出郊逆公",可據證今本"秋大熟"以下文非周公薨後之事,可正《尚書大傳》、《史記》之誤解,而清孫星衍等踵漢人之譌,斷爲《亳姑篇》逸文,亦因此得以辨正。古本珍貴,瑕瑜互見,不可輕言棄也矣。

[關鍵字] 金縢;楚簡金縢;楚簡尚書;清華簡金縢;清華簡尚書

[作者簡介] 臺灣大學中國文學系退休教授,現任世新大學中國文學系兼任教授

公元2008年7月,北京清華大學自香港購獲戰國楚竹簡一批,中有《尚書·周書·金縢篇》一宗(下省稱清華楚簡或楚簡)十四枚,最近(2011年元月)公布,包含楚簡圖版影印本,題《清華大學藏戰國竹簡(壹)》,及其釋文、注文。全書(篇)經本文都四百十字(包含篇題十四字與損殘八字以□表示之,又有疊字"我="及合文"大夫、之所"),視今本《尚書·金縢篇》(據影嘉慶二十年南昌府學重刊宋本、唐石經本)之連篇題及經本文共四百七十八字者(據唐石經本計數,下省稱今本)少六十八字。復詳審楚簡本,固亦有删減《金縢》原典文字,亦有自增文字,則計净删減今本之字數,實應遠超六十八字,詳見下考。此今存最古之《尚書·周書·金縢篇》板本,海内外學界,無論鞏經治史考文徵古獻者,莫不高度重視。蒙也有幸,獲致原竹影板、釋文注解,及三數君子專論文讀之,不揣昏邁,略錫陋見,率爾屬藁,欲以就教於通雅;題"評判",非敢驚世駭俗者也。請釐爲十一節許多子目陳之如次。

1. 清華楚簡編理者自作《金縢篇》篇題

《金縢篇》篇題,今本題作"金縢",而清華楚簡之《金縢》篇題,李學勤教授《清華簡九篇綜述:六、金縢》(《出土文獻》第一輯,2010年8月)(下省稱李文):

李文:"《金縢》簡共十四支,第十四簡簡背有篇題'周武王有疾周公所自以代王之志',簡背有次序編號。按《尚書序》云'周公作《金縢》',簡文則不用'金縢'篇題,可能表明没有見到《書序》。"

又廖名春教授《清華簡與尚書研究》(《文史哲》,2010年6期,下省稱廖文):

> 廖文:"竹書本《金縢》,簡背有編號。其簡十四背面還有篇題'周武王有疾周公所自以代王之志'十四字。這可能是原來的篇題,係概括文意而題之,而'金縢'之名則應是後人從文中擷取的。……從'周武王'之稱來看,篇題已非西周史官的實録;……戰國人爲了區分,已有改動,加上了'周'字。"

敏案《尚書》各篇,原爲公文檔案(此就理論上説),本無篇題,篇題乃後人添加。百篇《書序》之定著,當戰國晚葉,必不早於秦政十四年(參看拙著《書序通考》)。此篇經本文"金縢"一詞兩見,《書序》作者摘以名篇。疑清華楚簡編者不及見《書序》,或雖及見,因《書序》未能盡一篇之義,致未遵用。楚簡撮取本經"公乃自以爲功,以旦代某之身"云云,製作此十四字篇題。夫《書序》之作"庸且陋矣"(閻若璩評),顧簡本此所造,聱牙幾不成詞,庸陋何其愈甚耶?

又案廿九篇《尚書》本經及百篇《書序》,於周天子文王、武王、成王、康王、穆王、平王上,決不著"周"字,蓋既屬周王各篇,編入"周書",則其篇所記之王固爲"周"王,不需更著"周"字,徒添蛇足。惟姬周至平王以降,王權日漸衰微,諸侯紛紛僭稱王號,楚子尤是,致其臣僚楚學士之編尚書也,稱"周"武王,儼然以自家"楚王"與之分"廷"抗禮,"區分"之義,厥在斯乎?

2. 楚簡增"武王",改"二年"爲"三年"

清華楚簡《金縢》"武王既克殷三年":武王,今本《金縢》無,中原齊、魯本《金縢》原典,其任何一家板本亦均無。楚人將北方傳來之原典《金縢》妄加武王二字,用便講習;則楚簡此篇乃講師之《尚書》學講義,非純是原來經本。且上云"武王克殷",下承上云"有疾"可矣,竟又復出一"王"字,蛇足顯然!灼見楚簡編理者庸拙不通文理。姬發及身稱王,武非謚號,後文或稱之武王,或稱之王,皆是。三年,今本及一切中原齊魯本皆作二年。夫周武王十一年克殷(《竹書紀年》、《書·牧誓·序》、《史記·齊世家》),十三年訪箕子,《洪範》曰:"惟十有三祀,王訪于箕子。"此云"既克商二年有疾",是謂既已克商二年,即克商之後兩年,即當武王十三年,即聽《洪範》之年也。改二作三,變亂古史年歲,狂悖至此!(後文又改周公居東二年爲三年,尤其狂悖,見下)

3. 楚簡增"告周公",又篇中頗將"公"改爲"周公"

楚簡"二公告周公曰:我其爲王穆卜。周公曰:未可以戚吾先王。"告周公三字,簡本編者妄加;今本作"二公曰",文意已圓足,因上文太、召二公欲爲武王卜吉凶一事,必是向當朝公卿大夫宣明,周公立聞之,故即回應曰:"二公之爲武王卜也,未可以感動我周家先王,因二公與周室關係疎(而我(周公)親,故後文乃有'公乃自以爲功'云云之語)。"簡本編人不通文理,謬會經義,此必其授課講義,增此三字欲以顯豁經義,不知欲益反損也。《尚書·周書》各篇(侯國之書〈《費誓》、《秦誓》〉例外),凡單稱"公",必指周公旦,示尊崇其爲天下唯一之"公",簡本頗將《金縢》之"公"改爲"周公",其昧於《尚書》之立義至此!

4. 今本“植璧秉珪”，楚簡改作“秉璧植珪”

植，借爲置，放置也。秉，持也。珪（同圭）、璧皆玉器，用以禮神。謂周公先置璧於三王神位之前；又手持珪以禱神；禱畢且亦以珪作禮神之器置諸神位之前也。植：鄭玄曰（《尚書疏》引）：“植，古置字。”案鄭説是也，《尚書集注音疏》（《皇清經解》卷三九）：“置爲今文，植乃古字，……《説文》木部植字重文作櫃从置，古字植與置同也。”《古文尚書撰異》（《經解》卷五八一）：“古文假借植字爲置字，二字皆直聲故爾，如《論語·微子篇》‘植其杖而芸’，《隸釋·石經論語殘碑》作‘置其杖而芸’，……又有假置爲植者，如《商頌》‘置我鼗鼓’，鄭《箋》云：‘置讀曰植。’《明堂位》‘殷楹鼓’，《注》引‘植我鼗鼓’，《廣雅》引《詩》亦作植。”植借爲置，以音近，植璧秉珪，鄭玄（《書疏》引）曰：“言置璧於三王之坐也，《周禮》（《典瑞》）云：‘公執桓圭。’”案：鄭釋“秉”爲“執”，以爲周公先置璧於三王神座，於是執珪祝告，祝畢，復置方所執之珪於三王神座，與前所置之璧竝爲禮三神之器也。鄭説當理。《尚書全解》（卷三六）云：“案：卜文曰‘爾之許我，我其以璧與珪，歸俟爾命；爾不許我，我乃屏璧與珪’，則圭、璧似皆以祈神，……《雲漢》之詩曰‘圭、璧既卒，寧莫我聽’、《周禮·典端》曰‘四圭有邸，以祀天旅上帝；兩圭有邸，以祀地旅四望；裸圭有瓚，以肆先王、以裸賓客；圭、璧以祀日月星辰’。則古者禱祠，兼用圭、璧。”圭、璧皆以禮神，諸説皆然，故後文云“爾之許我，我其以璧與珪”，否則“我乃屏璧與珪”，則二物者以禮神明甚。圭，上圓下方，法象天地，體形便於秉執，故經典多作“秉圭、秉璋、執圭”；璧，形圓，稍不便於秉持，則今本“植璧秉珪”是，楚簡“秉璧植珪”非也。諸説（如宋華强《清華簡校讀》）未盡詳正，玆不具引。

5. 楚簡改二“元孫某”之“某”爲“發”，又於句末增三“也”字

今本“元孫某”，楚簡作“元孫發也”；“乃元孫某（參《論衡·死僞篇》補）不若旦”，楚簡作“爾元孫發也，不若旦也”。某，原當作“發”，下“以旦代某之身”之“某”同，避諱故竝代以“某”字。鄭玄曰：“諱之者，由成王讀之也。”（《書疏》引）《僞孔傳》：“元孫，武王；某，名：臣諱君故曰‘某’。”《書疏》：“本告神云‘元孫發’，臣諱君，故曰‘某’也。……《泰誓》、《牧誓》皆不諱‘發’，而此獨諱之，……鄭……當謂成王開匱得書，王自讀之，至此字口改爲‘某’，史官録爲此篇，因遂成王所讀，故諱之。上篇《泰誓》、《牧誓》，王自稱者，令入史制爲此典，故不須諱之。”《尚書後案》（《經解》卷四一六）申鄭云：“父前子名（敏案：《曲禮上》：“君前，臣名，父前，子名”）斷無諱‘發’而稱‘某’者，厥後，成王得此册讀其文，（敏案：據本篇後文，讀此册文，當武王崩後。），必不敢稱名、必言‘某’矣，史官記成王感悟迎公之事，追叙其始，詳録册文，因成王之讀而改‘發’爲‘某’。鄭説確不可易。《傳》惟言‘臣諱君’，……. 若謂初時作册即諱，則武王尚在而諱其名，是預死其君也，……今武王未没，又當三王前，安得諱其名乎？若謂録此篇書時乃諱之，則成王得此册時已當‘舍故諱新’之後，猶直斥武王名乎？”（《尚書集注音疏》説略同，見《經解》卷三九五）《尚書全解》（卷二六）取《左傳》及參其《疏》，確認史官諱武王名而代以“某”字，云：“周公之禱也，蓋用武王名，及史官記載（敏案：林以史官記載非當時原始文獻。），則諱其名而代以‘某’字，《左傳》（桓六年）申繻曰：‘周人以諱事神名，終將諱之。’（敏案：孔《疏》：“《金縢》云‘元孫某’，獨諱者，成王啓金縢之書，親自讀之，諱其父名曰改爲某。既讀之後，史官始録依王所讀，遂即云某。”）名之諱也，蓋始於周，自周以前不諱名也。……至周始以號謚易其名而諱之，然惟斥其名則有所諱，若此篇不曰‘元孫發’而曰‘元孫某’，不曰‘以旦代發之身’而曰‘以旦代某之身’也。至於其他文字用‘發’

字，則無所諱，若《噫嘻》……之詩而曰‘駿發爾私’，蓋不諱‘發’字也。”案：《禮記·曲禮上》：“《詩》、《書》不諱，臨文不諱，廟中不諱鄭注：“爲有事於高祖，則不諱曾祖以下；尊無二也。於下則諱上。”又《玉藻》有“凡祭不諱，廟中不諱”句，鄭《注》：“凡祭不諱，廟中上不諱下。”孔《疏》：“廟中上不諱下，若有事於祖，則不諱父也；有事於父，則諱祖”。”據此，周公若於父祖之靈前呼其兄而諱之，則大乖“父前子名”、“廟中不諱”之禮度，周公所不爲。故《尚書集注述疏》（卷十三）云：“廟中不諱，是册稱‘元孫發’矣。”劉録《觀堂學書記》：“當時册上必作元孫發，迨編纂時，爲成王諱而改作‘某’也。”《魯世家》正作“發”，用册原文。則周公册文原本，作“發”不作“某”，至武王崩後，史官撰寫《金縢篇》，將册文編入，乃改“發”爲“某”，時春秋中葉（孔子之前）也。楚簡改“某”爲“發”，無知妄爲也。伏生本《今文尚書》、孔壁《古文尚書》、一切中原齊魯傳本《尚書》、三國至晉僞造之《古文尚書》本經文，絶對無有“也”字。乃楚人檮昧，竟將《金縢》經文横添三“也”字，妄亦甚矣！

6. 楚簡删却周公之祝文“予仁若考，能多材多藝，能事鬼神”十三字，而將“予仁若考”移併入下文

今本：史乃册祝曰：“……予仁若考，能多材多藝，能事鬼神。乃元孫〔某〕不若旦多材多藝，不能事鬼神；乃命于帝庭，敷佑四方，用能定爾子孫于下地。”

楚簡：史乃册祝告先王曰：“……惟爾元孫發也，不若旦也，是（寔）年（佞）若丂（巧），能多材多藝，能事鬼神；命于帝廷，溥有四方，以奠爾子孫于下墜。”

楚簡删“予仁若考”以下三句一十三字。

案：考，《史記·魯世家》訓巧，云“旦巧”。《尚書集注音疏》：“《説文》丂部云：‘氣欲舒出，上礙于一也。丂，古文……又爲巧字。’則以丂爲巧乃古文叚借也。……《書古文訓》……考字无不作丂。”《經義述聞》：“家大人曰：考、巧古字通，予仁若考，予仁而巧也。”仁，《群經平議》（卷五）：“仁當讀爲佞，《説文》：‘佞，巧讇高材也。’大徐本作從女信省，小徐本作從女仁聲。段氏玉裁曰：‘《晉語》“佞之見佞，果喪其田”，古音佞與田韻，則仁聲是也。’佞從仁聲，故得叚仁爲之。予仁若考者，予佞而巧也；佞與巧義相近。《史記·周本紀》‘爲人佞巧’，亦以‘佞巧’連文，是其證也。古人謂才爲佞，故自謙曰‘不佞’。佞而巧，故多才多藝、能事鬼神也。”《觀堂尚書講授記》亦云仁通佞、考通巧；仁若考，猶云佞且巧也。蒙疑楚簡之“年（佞）若丂（巧）”乃“仁若考”之訓釋文，乃楚人破字，非《金縢》本經原文之舊。然而非也，蓋若、而古音近相假，“予仁而考”爲句，猶“予又仁又考”。夫仁與考乃公所自陳兩事，合下多才多藝一事，皆其美德。且多材多藝即智技靈巧，苟考亦訓巧，則周公語複矣。仁讀爲佞，借仁爲之，於古音雖有據，但“仁與巧義近”、“連稱”，是“予仁若考”義爲“予巧而巧”，文理有所窒矣！故此仁當依本字，訓敦厚、厚道，而彼時（春秋中葉）尚無將“仁”作爲孔子所始創爲做人最高準則之普世意義，屈萬里先生謂：仁字，甲骨文無，早期金文中亦無，《易》、《書》、《詩》三書中屬於西周時代之作品亦無，東周以後之書本文獻，僅《詩·叔于田》、《盧令》各有一仁字，及此《金縢》一仁字，其意義俱爲敦厚。而“强調仁字，使它成爲做人的最高準則，使它成爲一個學説，則實從孔子開始”（《書傭論學集·仁字涵義之史的觀察》）。考，訓孝，《東坡書傳》：“（予仁若考，）我仁孝能順父祖。”《雙劍誃尚書新證》：“金文考、孝

通用(敏案原註舉彝銘及《史》、《漢》封爵,文繁不録)。……予仁若考者,予仁而孝也。"仁考既得正詁,則今本"予仁若考"以下一段文了無疑義矣。第或者謂周公聖人,不應自我彰德露才、揚己抑君,如袁枚《小倉山房文集·金縢辨上》:"治民事神一也,故曰'未能事人,焉能事鬼'!元孫既無才無藝不能事鬼神矣,又安能君天下子萬民乎?贊周公之材之美,始於《論語》,造僞書者,竊孔子之言,作公自稱語,悖矣!"愚謂袁論激切,嫌厚誣聖人。夫侍奉鬼神,唯富才藝者乃能;周公才藝賢過武王,故三王"取發不如取旦也"(《書疏》)。才藝者,臣僕之事耳,"聖人之德,不計材藝之多寡"(《融堂書解》卷十一),武王"乃命于帝庭,敷佑四方,用能定爾子孫于下地;四方之民,罔不祗畏",是聖人也。若取發而舍旦,則"墜天之降寶命,我先王亦永失依歸";國祚民命所繫,王不可即死,周公舉才藝過王請代固宜。其爲人也,徒多才藝,苟非心存仁考(孝),則雖在鬼神左右,必不肯事之;徒存仁孝,苟才藝不足,雖欲事鬼神而力有所未逮。周公仁孝、才藝兼擅,故宜任新職;武王具仁孝而乏才藝,豈宜奉召升侍?武王仁孝不若周公,經文斷無此意(《東萊書傳》(卷十八頁八):"周公自思,……惟才之與藝恐猶多於武王,可以代其死而事鬼神。'予仁若考'者,與聖人同也;求其實多者,惟材藝耳:此公之實言。"敏案:《論語·泰伯》:"子曰:如有周公之才之美,……。"周公材藝實多也。)。《雙劍誃尚書新證》(卷二):"觀下文'乃元孫不若旦多材多藝,不能事鬼神'而無'不若旦仁若考'之語,尤可徵非言武王之不仁不孝,特不如旦之多材多藝、能事鬼神耳。古今文法不同,而理自一貫也。"楚簡編理者不曉"仁考",既曲解字義,又將"仁若考"句降下,作成"爾元孫發不若旦仁且孝",直指兄武王仁孝不足,夫"武王、周公達孝"(《中庸》),周公安作此言?楚人妄删移亂書經,鹵莽滅裂及此!

7. 楚簡"爾之許我,我則晉璧與珪;爾不我許,我乃以璧與珪。(下文:"歸,周公乃納其所爲功自以代武王之説于金縢之匱。")

爾不我許,句法正常,視今本爲勝;以璧與珪,錯誤。

"爾不我許"今本作"爾不許我",爾不許我,依古代文法常例,"許我"當作"我許",周法高《中國古代語法稱代篇》(頁三五):"《馬氏文通》卷四頁十八云:'止詞後乎動字者,常也;惟外動字加弗辭,或起辭爲莫、無諸泛指代字,其止詞爲代字者皆先動字。'案此例自甲骨文至秦漢皆然。否定詞如'不',……賓語爲代詞者,如'我'……等。""許",外動字;"不",否定詞;"我",賓語。當如《詩·褰裳》"子不我思"等句《序》,作"爾不我許"。唯"有時,否定詞後做賓語的代詞不提前,反而放在述語後面,其例如下:(一)否定詞後爲單純之述語(即否定詞與代詞賓語間僅有一單字爲述語)。……(下句例二十有五,略不録。)(頁三七一三八)本經合乎變例,且各本《尚書》本篇無作"爾不我許"者,是今本語序無譌也。案今本"爾不許我"合變例;但楚簡合正例,較長,宜從。晉,進也(本簡釋文),或讀薦(朱華强《校讀》),竝通。薦進璧與珪,義同今本"以璧與珪";以,用也。獻珪璧云者,今本與楚本竝謂:神若允我所請,我將奉獻珪璧與三后也。夫古祭天以燎(積柴,布牲其上以焚),祭地埋珪璧於土中(《詩·雲漢》"上下奠瘞,靡神不宗"),瘞玉略同此。楚簡"爾不許我,我乃以璧與珪","以璧與珪"決是錯誤,當改爲類若今本之"屏璧與珪"儔文。蓋屏(同摒),藏也,謂若不獲神許,將藏玉不用不獻與三后也。諸家(如本簡釋文、蔡偉、宋華强説)將下"歸"字連讀爲句,作"我乃以璧與珪歸",似解爲"我將以璧珪俱歸,不獻神也"。案"歸"起下句,今本"歸俟爾命",謂周公自祭壇墠回返居所聽候三神藉卜兆卜辭而傳達之命令也。即楚簡"歸,周公乃納其所爲功自以代武王之説",固亦謂周公自壇墠返回返朝廷而後納册於匱中也,則亦歸字屬下句之首。二三子不深究經義,斷句錯誤,不足爲訓也。

8. 今本《金縢》關涉之龜卜文字,楚簡或加變造,或一槩删削之,兩本最大差異在此

先引兩家文:

李文:"簡文還有一個很特殊的地方,就是没有傳世《尚書·金縢》中涉及占卜的文句,而《史記·魯世家》所引該篇是有那些内容的。由此看來,清華簡與傳世本《金縢》應分屬于不同的傳流系統。"

廖文:"今本涉及占卜的文句,也見於《史記·魯世家》,而竹書本除'穆卜'一詞外,其它皆不見。……其實,竹書本的記載是有問題的。周公的祝告提出了一個兩難的選擇:'爾之許我,我其以璧與珪,歸俟爾命;爾不許我,我乃屏璧與珪。'依前者,武王活而周公得死;依後者,武王死而周公得活。二者必居其一。而事實上周公的兩難選擇被打破了,武王活而周公也没有死。其原因今本《金縢》作了交代:'卜三龜,一習吉。啓籥見書,乃並是吉。'而竹書本則没有這些交代,事情的發展就出現了斷環,顯然有欠嚴密。這只能是後人删節的疏忽造成的。"

二家説未盡,需要詳析。兹先將楚簡所删削及改造之《金縢》卜龜本文備列於下:

今本"公……乃告大王、王季、文王。"

楚簡改造爲"史乃册祝告先王。"

今本"乃卜三龜,一習吉。啓籥見書,乃並是吉。"

楚簡全予删削。

今本"公曰:體,王其罔害;予小子新命于三王,惟永終是圖。兹攸俟,能念予一人。"

楚簡亦全予删削。

今本"公歸,乃納册于金縢之匱中。"

楚簡改造爲"周公乃納其所爲功自以代武王之説于金縢之匱中。"

今本"王翼日乃瘳。"

楚簡亦盡予删削。

今本"王執書以泣,曰:其勿穆卜。"

楚簡"王捕箸以泣,曰:……。"删削"其勿穆卜"四字。國有大事,卜筮以決吉凶。武王甫克殷,天下未寧,而遘厲虐疾,此危急存亡之秋,故太、召二公主張卜諸先王廟,云"我其穆卜",終由周公自任卜事,史官記曰"公乃自以爲功"。國都發生災變,雷雨以風,禾木摧偃,二公亦初欲卜廟,洎成王開匱啓書知周公當年卜請三王允其代死事,致昊天亦警,乃止二公曰

“其勿穆卜”。故周公實行卜廟乞代武王死，此本篇主旨，本簡篇題固亦據作“周公自以代武王”云云，決不容減删一文。公所卜告者三先王，三王前各置卜一龜，史氏記曰“乃卜三龜”，故“告大王、王季、文王”；不可陰依前文“未可以戚我先王”，删簡爲“告先王”。成王語二公“其勿穆卜”係應照前文二公自表“我其穆卜”，亦不容删闕者也。今本《金縢》實行卜龜之文，爲“乃卜三龜，一習吉；啓籥見書，乃並是吉”十五字，《史記·魯世家》據以詁作“於是乃即三王而卜，卜人皆曰吉，發書視之，信吉。周公喜，開籥，乃見書遇吉”，各本《金縢篇》亦皆有此十五文。夫一習吉者，一，齊，習，重也，謂三龜之兆坼所示亦莫不吉也。籥，簡策，所以載卜辭者，猶龜卜之專籍册也。書，卜辭也，卜辭著於竹帛，是謂之“書”也。乃並是吉者，謂開册見卜辭，以與龜兆證對，研判之，亦爲吉利也。其猶《洪範》之論卜筮結果，有云：人神共從，“是之謂大同，身其康彊，子孫其逢”也。據此誼以推衍，則武王“翼日乃瘳”，而周公己身“亦莫之代”。後世或疑周公求代死，神或許否，武王、周公必有一人身亡，今既不然者，俞樾《群經平議》(卷五)曰：“三卜皆吉，一言可蔽，既曰‘一習吉’，又曰‘乃並是吉’，何也？……言王與周公竝吉也。……周公本意，請以身代，三龜皆吉，則武王當愈，不待言矣。武王愈，周公宜死，及啓籥見書，更詳審之，乃知王與周公並吉也。不然則上文‘以旦代某之身’，更無歸宿，一似聖人苟爲美詞以冀動聽；自言而自食之，斯不然也。”則《金縢》卜文十五字斷不可删節，否則“事情的發展就出現了斷環”，洵是也。周公自三龜之卜兆及對照卜辭專書一體的知：三先王神明之意旨—“予小子新(親)命于三王”；武王必病愈—“王其罔害”；三王允周公所請，許武王不死，能爲周室計久遠，俾天所降之寶命不墜—“惟永終是圖”是也。既而周公“兹攸俟，(三王)能念予一人”(下文公歸朝聽候神命)。此段廿八字文意承上得吉卜、啓下王疾瘉，乃楚簡盡删之，使記事中斷、文氣失貫，肆無忌憚至斯！

9. 楚簡竄雜自注文“成王由(猶)幼在位”六字入爲經本文；又謬添“兄”字作“管叔及其群兄弟”云云

今本“武王既喪，管叔及其群弟乃流言於國。”

楚簡“武王力(陟)，成王猶幼在位，管叔及其群兄弟流言于邦。”

武王崩年，成王年歲，有六説：在襁褓中、六、七、八、十、十三歲説，以十三歲(《古文尚書》説)近是，當年即位，云渠“幼在位”猶待商榷。《金縢》者，成王史官撰寫，其稱“今上”爲王則可(下文五稱成王，槩作王、不作成王)，稱成王失禮。且武王崩時，成王幼在位之事實，廣見晚期經傳子史辭部書記述，至早期經書(如《易》、《詩》、《書》等)則未嘗一見，各本《尚書》亦未之覯，且句型文體又不似古奥典正之《尚書》。必纂理楚簡者加入，以闡管叔等放散流言之因。蒙也固曰楚簡《金縢》者，楚人改造之本，以授學徒者篇也。管叔名鮮，封於管，故城在今河南鄭縣。渠有兄乎？曰有二：一伯邑考，蚤卒；二武王發，亦先崩。則管叔與群弟流言於國耳；楚學士不考史，竄增作“群兄弟布流言”，非也。《史記·管蔡世家》：“武王同母兄弟十人，……其長子曰伯邑考、次曰武王發、次曰管叔鮮、次曰周公旦、次曰蔡叔度、次曰曹叔振鐸、次曰成叔武、次曰霍叔處、次曰康叔封、次曰冄季載。”則管叔與群弟散流言，群弟，今知爲弟蔡叔度（後與夥叛）、弟霍叔處（尚未確定）。或以管叔爲周公弟（《白虎通·誅伐篇》等），則其“兄周公”與弟管、蔡散流言以自謗乎？必不然矣。

10. 周公（旦）避謗。周公（旦）居東三（?）年。罪人斯得

> 楚簡“周公乃告二公曰：‘我之□辟□□無以復見於先王。’周公石（讀宅?）□（東?）三年，禍人乃斯得。”
>
> 今本“周公乃告二公曰：‘我之弗辟，我無以告我先王。’周公居東二年，則罪人斯得”

敏案簡本原斷缺“辟”字，本簡釋文補字，字形是否如此，殊可疑。石，釋文讀宅，亦存疑。又“石”下，諦圖版，並無墨跡，殆亦無“東”字，釋文殆參據今本增文。辟、宅、東三字，姑從釋文楷定，用便討論。併今本“二年”，楚簡作“三年”，“罪人”作“禍人”，都“非常重要”，李文、劉文及廖文同發出長言，議而申之，玆先萃三先生之説：

> 李文：“簡文有不少與傳世本有别的異文，有的非常重要。例如傳世本説（下引今本《金縢》‘武王既喪至則罪人斯得’，從省）。《史記·魯世家》解‘辟’爲‘避’，‘居東’爲東征；《尚書孔傳》解‘辟’爲討罪，也以‘居東’爲東征；馬融、鄭玄則解‘辟’爲‘避’，而以下文‘居東’爲出處東國，待罪以須君之察已，而謂罪人斯得爲成王收捕公之屬黨；《尚書》蔡沈《傳》又講‘罪人斯得是周公始知流言出于管蔡’。種種異説，都是由于《金縢》‘居東二年’與《詩·東山》所云周公東征三年不合。現在清華簡的這一句不是‘二年’而是‘三年’，就恰與東征一致了。”
>
> 劉文：“（述引古今十四種説法，玆從省。）清華簡《金縢》的簡文與傳世本有不少異文，有些異文具有極其重要的意義。如關係到‘周公居東’這一內容時，簡文即與傳世本有許多不同，特别是傳世本在涉及周公居東的時間時都毫無例外地作‘周公居東二年’，但是清華簡《金縢》則是作‘居（宅?）東三年’，這一記載意義十分重大，也給我們揭開了周公居東的迷霧。如果周公是居東三年，那麽有關周公居東的真實目的衹可能是東征，也正好與周公東征三年相契合。可見《僞孔傳》等把周公居東解釋爲‘周公東征’是正確的，而馬融、鄭玄等人將之理解爲周公待罪於東，則未必是歷史的真相。至於後出的周公奔楚之説，本没有什麽文獻依據，很可能確如譙周所説，是由於後人不瞭解《金縢》之事的真相，從而出現的一種誤解。總之，清華簡《金縢》在很大程度上替我們揭開了周公居東的歷史真相，使我們可以正確評判歷代學者有關這一問題的各種見解，也使我們對於周初的歷史可以有更深入的理解。相信清華簡《金縢》還會在很多方面改變我們對於周初歷史的認識。”（劉國忠教授《清華簡金縢與周公居東的真相》，載《出土文獻》第一輯，2010年8月）
>
> 廖文：“竹書本《金縢》有些異文也非常重要。比如今本《金縢》説：‘武王既喪，管叔

及其群弟乃流言於國，曰："公將不利於孺子。"周公乃告二公曰："我之弗辟，我無以告我先王。"周公居東二年，則罪人斯得。'《孔傳》以'周公居東'爲周公東征，而馬融、鄭玄則以爲是周公待罪於東。清人多宗馬、鄭説而不信《孔傳》，現代學者如劉起釪等亦如此。主要原因就是《詩·豳風·東山》説：'自我不見，于今三年。'周公東征是三年，此云'二年'，因此兩者並非一事。而竹書本《金縢》作'周公宅東三年'，'宅'即'居'，所謂'三年'，與《詩·豳風·東山》正合。這一字之異，正證明了《孔傳》的正確，破解了西周史研究上的一大疑難。"

敏案武王崩殂，成王幼少，周公攝行政事當國，周公旦之兄管叔弟蔡叔等造謡國中，指公旦將篡位，周公乃告召、太二公曰"我若不避謗去朝，宣示無意取代幼君，則無以上告先王在天之靈"，此解最合情理及當年政治形勢。第新舊説紛紛然異趣，要如：

（一）辟訓法：

《僞孔傳》："辟，法也。（周公）告召公、太公言：我不以法法三叔，則我無以成周道告我先王。周公既告二公，遂東征之，二年之中，罪人此得。"《經典釋文》："辟，扶亦反，治也。"我之弗辟，言我若不誅討二叔及武庚也。後世多從此説。案《説文》："辟，法也。"《説文》："嬖，治也，从辟从井。《周書》曰：'我之不嬖。'"段《注》：法也。字亦作擘，《説文》："治也。"是辟可借爲刑嬖之嬖。辟字雖有"法、治"義，但非此經之義。蓋《孔傳》不承認周公被謗避走事，謂公聞謗即立決討擊管、蔡等罪人，於是乎東征逮獲而誅之。斯説悖理又不孚情實（即詳下）。

（二）辟訓避：

謂公避走出朝，《史記·魯世家》："周公曰：我之所以弗避而攝行政者，恐天下畔周，無以告我先王。"《正義》："辟音避。"《經典釋文》："辟，馬融、鄭玄音避，謂避居東都。"馬氏《尚書注》原典逸，其詳不知。鄭玄《尚書注》："我今不避孺子而去，我先王以謙讓爲德，我反有欲位之謗，無告于我先王，言愧無辟也。"（《詩·豳風·七月·序·疏》引，《詩正義》引鄭玄《詩·豳譜》："成王之時，周公避流言之難，出居東都二年。"《禮記·文王世子》孔《疏》引鄭玄《尚書注》："群叔流言，周公辟之居東都，時成王年十三也。"竝同。）辟、避古音相近，通假（周富美《尚書假借字集證》）。惟求之《古文尚書》，辟亦有徑作避者，金履祥《書經注》（卷八）："按《古文尚書》'辟'字作'辟（敏案參考金氏另文《尚書表注》及《書古文訓》，當作"〇"，此"〇"字乃刻誤。）'，古文凡'君辟、刑辟'之'辟'皆作'侯（敏案：參考《表注》、《汗簡》及《書古文訓》，當作"〇"或"〇"，此"侯"字乃刻誤。）'，唯此作'辟（敏案亦"〇"之誤。）'，此必孔壁書本是'避'字也。'辟'諧聲从走从並（敏案：原誤作井，今正。），皆'避'之義。金氏《尚書表注》（卷下）："案《古文尚書》凡'君辟、刑辟'字皆作'侯'，獨此'辟'作'嬖'，是必孔壁書本作'避'字也。'辟'諧聲從之從並，皆'屏避'之意。"《古文尚書撰異》（《皇清經解》卷五八一）："金氏説最誤！其所云《古文尚書》者，即宋次道、王仲至、晁公武、薛士龍本也。其作'嬖'者，乃'嬖'之譌文也。惟《金縢》作'嬖'者，正是用《説文》爲藍本，而轉寫譌'井'作'並'。真壁中古文'嬖'字，斷不止《金縢》一見，許叔重隨意一引耳，孔安國以今文讀之，既悉改爲'辟'字。"案：考宋薛士龍（季宣）本（即《書古文訓》）及清李遇孫《尚書隸古定釋文》本《金縢》

"我之弗辟"之"辟"皆作"擗",从"井"不以"並";《汗簡》有从井之"擗"而無从並之"擗"。《説文》:"擗,治也;从辟从井。《周書》(《金縢篇》)曰:'我之不擗。'"又《説文》無"擗"字。段氏謂金氏作"擗"乃"擗"之譌,蓋是。唯考《玉篇》有"侵"(字或作"侵")字,云"辟"之古文,而《説文》無"侵"或"侵"。金氏據薛氏等《古文尚書》本,見五十八篇《尚書》本"君辟、刑辟"之"辟"凡四十五文皆作"侵"或"侵",獨此一文"辟"作"擗",且今本《金縢》此"辟"字又可解爲"避",而"擗"與"避"皆諧"辟"聲,兼之《尚書》別無"避"字,因斷此"擗"借爲"避"。至於"侵"或"侵",但爲"刑辟"之"辟"之古文(《説文》九上"辟"部"辟"下:"法也。"),並無"避"義。則金氏説甚可取。《古文尚書》刑辟之辟既皆作侵,則《金縢》辟字固非刑辟義,讀爲屏避字正恊經義。斯時管叔、蔡叔等始作流言,武庚等尚未興叛,而周公方見疑於成王及臣民,不應立即興兵以討伐,故"辟"原意當爲"避",然則周公避居去朝,未率一兵一卒,如何能討叛懲罪?故朱子作《金縢説》(《朱文公文集》卷六五)辟尚訓法(同《僞孔傳》),後於《答蔡仲默書》(《朱文公續集》卷三):"弗辟之説,只從鄭氏爲是。……是時三叔方流言於國,周公處兄弟骨肉之間,豈應以片言半語便遽然興師以誅之?聖人氣象,大不如此。又成王方疑周公,周公固不應不請而自誅之。若請之於王,王亦未必見從,則當時事勢亦未必然。雖曰聖人之心公平正大,區區嫌疑,自不必避。但舜避堯之子於南河之南,禹避舜之子於陽城,自是合如此。"蔡《傳》用鄭、朱子説。崔述、許鴻磐竝申朱、蔡此意,崔云:"《書》云'流言於國',不云'殷畔',則是殷猶未畔。……流言者,道路之言,事後知其所起,乃追書之;當時尚未知爲誰何,周公可以疑似而遽殺其兄乎?周公之東征,討武庚也;武庚未畔,討之何名?未畔而已伏誅,則是初無畔殷之事而周公誣之也。若謂武庚之畔即在流言之時,則史當特書之以爲討之張本,不得但記流言,遽云當誅。……雖初搦筆之童子不至如是,況史臣而有此文理邪!"(《豐鎬考信録》卷四)許氏曰:"漢昭帝十四歲在位,霍光秉政,適有燕王旦之書,且免冠待罪而不敢入,曾周公並霍光之不若乎?一聞流言,不待王命遽興師誅之滅口;民謗尚不可監,流言可殺之而弭耶?縱其心無他,其何以暴白於天下以上對君父告先王哉!"(《尚書札記》,《皇清經解》卷一四一〇)項安世《項氏家説》亦略同朱説,云:"周室初基,中外未定,流言乘閒而作,成王疑于上,國人疑于下。周公苟不避之,禍亂忽發,家國傾危,將無以見先王于地下矣。……但不居中則不利之謗自息,而亂無從生矣。"(卷三)段玉裁《古文尚書撰異》(《皇清經解》卷五八一)亦同朱子説。愚謂:武王初崩,成王即位,周公攝政,管、蔡等造作謠言,周公避謗出朝,未幾武庚、二叔及奄君、薄姑、淮夷舉兵叛亂。《大誥篇》曰"有大艱于西土,……越兹蠢",卜辭預示武庚等時已擾動也。又曰"殷小腆,誕敢紀其叙,……曰:'予復!'反鄙我周邦",謂武庚稱兵將襲周復殷也。又曰"惟大艱人,誕鄰胥伐于厥室",陰指二叔勾結殷人攻擊其王家也。其曰"今蠢",明言彼叛徒現已發動,故終則曰"肆朕誕以爾東征"!周公以成王命發《大誥》東征,乃武王崩之次年(即成王元年)事,前此因流言避出,非一事也,朱子等説得之。夫周公之避,所以必告二公而後行者,《書經注》(卷八):"以成王尚幼,朝廷之事不可以無所屬也。所以周公居外而朝廷不亂,成王雖疑而外不敢諳者,以二公在焉爾。微二公則周家之禍必有出於意料之外者,周公亦不應避小嫌而忘大計矣。"

(三) 周公避謗出就之處所:

《金滕》周公自表但云“我之弗避”,避往何地,語無明示。馬、鄭誤合後文“周公居東”與此“避謗出朝居外”爲一事,遂謂周公“避居東都”(方見上引四條),其實東都雒邑七年後方始動工建構,當日周東既無都,則馬、鄭説非是。誤將“周公居東”爲“周公避謗出朝者”,古今多有其人:

> 《墨子·耕柱》:“周公旦非關(管)叔,辭三公,東處於商蓋(奄)。……翟聞之,爲義非避毁就譽,去之苟道,受狂何傷?”

商奄,古兗州曲阜奄里,即後魯淹中是也。汪中《周公居東證》(《文集》)非之,云:“武王克商,已建商後,洎其晏出,管叔、禄父相倚爲姦,周公豈得棄其官位,投身必死之地?此之不實,昭然可見。”傅斯年《大東小東説》(《傅孟真集》):周公受封於魯,地在今河南省魯山縣;子孫東徙於今山東曲阜,不致早至成王三年克武庚踐奄之前,是公決無避謗東漸於海之理。

> 《越絶書》:“周公……傅相成王,……管叔、蔡叔不知周公,而讒之成王,周公乃辭位,出巡狩于邊一年。……”

巡邊之説,無稽,違背常情,但認周公避謗,甚的,他家則多無確説。

> 《琴操》:“周公爲攝政,是時周公因誅管之後,有謗公於王者。……成王聞之,勃然大怒,欲囚周公,乃奔於魯而死。”

云周公於誅管、蔡(即東征)之後被謗,無稽;勿論。唯謂周公離朝奔魯,須加辨明者,即其所謂魯,非指山東曲阜,陳槃《春秋大事表譔異》:“案《世家》:‘封周公旦於少昊之虚曲阜,是爲魯公。周公不就封,留佐武王。……於是卒相成王,而使其子伯禽代就封於魯。’是史公固謂周公始封魯公,不謂伯禽始封。”陳氏又據傅斯年、徐中舒説,謂“魯之始國當在今河南省魯山縣”。周公受封之魯,雖處關河之東,但去鎬京未遠,故聞管、蔡、武庚起兵作亂,得以即刻回京興師討逆(東征)也。

> 《史記·魯世家》:“初,成王少時病,周公乃自揃其蚤(爪)沈之河,以祝於神曰:‘王少未有識,奸神命者乃旦也。’亦藏其策於府。成王病有瘳。及成王用事,人或譖周公,周公奔楚。成王發府,見周公禱書,乃泣,反周公。”
>
> 又《蒙恬傳》恬對使者曰:“……及成王有病甚殆,公旦自揃其爪以沈於河曰:‘王未有識,是旦執事有罪殃,旦受其不祥。’乃書而藏之記府。……及王能治國,有賊臣言周公旦欲爲亂久矣,王若不備,必有大事。王乃大怒。周公旦走而奔於楚。成王觀於記

府，得周公旦沈書，乃流涕曰：'孰謂周公旦欲爲亂乎？'殺言之者，而反周公旦。"

《世家》及《蒙傳》所記爲同一事，而本不與《金縢》周公代武王死、成王啓匱得書感悟同，故史遷於《魯世家》分别記之，且曰："周公亦藏其策於府。"明先後乞代兩王死，而皆藏其祝册於府也。焦延壽《易林·需之无妄》云："載璧秉珪，請命于河；周公剋敏，沖人瘳愈。"即用《史記》之説。徐中舒云："周公適楚，及管、蔡流言周公居東，本爲二事。"(《中研院史語所集刊》第七本第二分《殷周之際史蹟之檢討》)楊筠如以爲奔楚爲《金縢》避謗居東"一種傳説的分歧"(《周公事迹的傳疑》，《中山大學語言歷史學週刊》八集九一期)。孫次舟亦謂由《金縢》"周公居東二年，則罪人斯得"衍生周公受讒奔楚之説，"蓋在秦漢之際，由《金縢》蜕變之異説，流行正廣，故史遷乃兼録之也"(《説文月刊》第四卷合刊本《周公事蹟之清理》)。

周公被謗奔楚，史公於《世家》記《金縢》周公遭流言出奔事時，未及載述，而於《列傳》因蒙恬之口以備補前闕，固有所本也，俞正燮引《左傳》以證是矣，其《癸巳類稿》(卷一)《周公奔楚義》曰："《左傳》昭公七年：將如楚，夢襄公祖，梓慎曰：襄公之適楚也，夢周公祖而行。子服惠伯曰：先君未嘗適楚，故周公祖以道之。襄公適楚矣，而祖以道君。然則襄公曾適楚，故祖道昭公，以見周公曾適楚，故祖以道襄公。"此楚地，一云在雍州萬年縣，南五十里，王季葬斯；西南三十里，武王之墓在焉，徐文靖曰："周公奔楚，當是因流言出居，依于王季、武王之墓地，必無遠涉東都之理。"(《竹書統箋》)案地去鎬京朝廷近甚，不足以弭謗遠讒息争。一云此楚地在今河南魯山縣，"金文有'王在楚'之語，知其地必爲嵩山迤南山麓之稱。《史記》載周公危難時出奔楚，如非其封地，何得于艱難時走之乎？此亦魯在魯山之一證也。"(《大東小東説》)周公渡越關河，不預朝政，誣公篡竊者之口可杜。且地處近東，一聞管、蔡陰結殷頑兵叛，公即馳返京師，信宿可至，起兵征逆，不致因迢遠而錯失戎機也。

(四)"周公居東二年，則罪人斯得"，新舊解義檢正：

上段"周公曰：我之弗辟，我無以告我先王"，既證爲公避居東方已之封邑魯國(河南魯山)，時手無軍武，不可能誅殛叛徒，則下段"周公居東，則獲罪人而戮放之"必非避謗時所能作爲。是知上、下段之間，應有湝文，作《金縢》者闕未之記，致上、下兩文看似密接無間，後人遂誤周公於避謗期間同時伐叛，即東征其事。考武王十三年遘厲疾，周公禱神乞以身代，武王暫瘳，但同年十二月崩殂。時成王沖幼(年十三)，故次年周公攝政，管蔡等乃流言加毁，周公避謗走國。未幾，管、蔡陰結武庚蠢動，周公乃承成王命東征，"周公居東二年"以下，正是記此事。

居，清華楚簡作宅，《爾雅·釋言》："宅，居也。"《尚書·堯典》"宅嵎夷"，《僞孔傳》："宅，居也。"宅、居義同。周公宅東即居東，謂東征。東征事實，徵在典獻者如下：

於《尚書》經傳，《大誥·書序》："武王崩，三監及淮夷叛；周公相成王，將黜殷，作《大誥》。"本經："……肆朕誕以爾東征。"《尚書大傳》："武王死，成王幼，管叔疑周公，然後禄父及三監叛也，周公以成王之命殺禄父，遂踐奄。"伐殷踐奄事，亦見《多士》"昔朕來自奄"、《多方》"惟五月丁亥，王來自奄"。又方周公在東國用兵時，成王自鎬命唐叔餽之祥禾，公既得禾，旅天子之命(見《逸尚書·歸禾、嘉禾·書序》)。

於《詩》，《破斧》："周公東征，四國是皇。"

於《史記》，《周本紀》："武王崩，成王少，周公乃攝行政當國。管叔、蔡叔群弟……與武庚作亂畔周，周公奉成王命，伐誅武庚、管叔，放蔡叔。"(《魯世家》、《管蔡世家》及《衛世家》竝同)

於……

周公東征歲月，今本《金縢》"周公居東二年"之"二"，清華楚簡作"三"，必編纂竹書之楚士妄改，證驗如下：

《逸周書·作雒》："周公立，相天子，三叔及殷、東、徐、奄及熊、盈以畔。周公、召公内弭父兄，外撫諸侯。元年夏六月，葬武王於畢，二年又作師旅臨衛攻殷，殷大震潰，降辟三叔，王子禄父北奔，管叔經而卒，乃囚蔡叔于郭淩。"

此記周公東征第一、二年戰果——先近攻摧殷故都衛地悍敵武庚、管、蔡等。第三年乃遠擊徐、奄及淮夷等頑寇而滅之，見《尚書大傳》曰：

周公攝政：一年救亂，二年克殷，三年踐奄。

首尾三年，即於第三年而亂事敉平，見鄭玄《尚書注》(《詩·豳譜·疏》引)："奄國在淮夷之傍，周公居攝時亦叛，王與周公征之，三年滅之。"《史記·周本紀》亦謂此番周室勾結殷頑亂局，"周公討之，三年而畢定"。

復詳徵典獻，確證自初征至東土全部底定，周公費時尚不足二整年，簡表並考史證成於下：

周武王十一年克殷；十三年遘疾，同年崩殂。

次年周成王即位，周公攝政，爲成王元年(亦即周公攝政元年，下倣此)，是年六月葬武王。未幾，管、蔡、武庚、淮夷、奄人齊叛，大約同年七月(或月更晚)，周公奉成王命東征，作大誥(參《逸周書》等，下倣此)。

周成王二年，克殷誅二叔及武庚。

周成王三年五月前，又次第擊滅淮、徐、奄，其進伐路綫，"大東小東説"記其大略，云："武王初崩之歲，管、蔡流言，武庚以淮夷叛。……此時周公在何處用兵，宜爲考求。《詩》、《書》所記，只言居東，未指何地爲東。……周公用兵，當經衛之一路。其成功後，乃能東南行，而驅商人服象於東夷也。……周兵力自衛逼奄，當居今河北省濮陽、大名等縣，山東省茌、博、聊、濮等縣境，此即秦漢以來所謂東郡者也。"於是凱歸，同時以成王命誥東土諸國，兹以《尚書·多方》、《多士》兩篇誥文證成之：《多方》曰"惟五月丁亥，王來自奄，至于宗周"，謂此年五月前亂平，歸京發此誥命，故下文又云"我惟大降爾四國民命"；而後（成王七年）作之《多士》追述前事曰"昔朕來自奄，予大降爾四國民命"，"昔"指四年前多方所説之"五月丁亥，王來自奄"，而《多士》"降四國民命"，亦係復述多方"降命"云云之語（詳拙著《尚書多方篇著成於多士篇之前辨》，臺灣大學《文史哲學報》二三期）。則周公東征自成王元年七月至三年五月止，戰事實僅一年十月，故《金縢》云"周公居東二年"也。《金縢》"二年"之説，不可易。

又周成王三年五月後，周公作詩《鴟鴞》致成王，用表謀國悃忱，王猶不信公，於是當年秋未穫（約當七、八月間）公班師回鎬時，天乃大動風雷，以警成王，王乃出郊迎公。

至此，的知《金縢》記"周公居東二年"，二年尚合事實。第《詩·豳風·東山》似不然，其首章有曰："我徂東山，慆慆不歸。我來自東，零雨其濛。我東曰歸，我心西悲。……自我不見，于今三年。"《詩序》："《東山》，周公東征，三年而歸。"云出東三年，似多《金縢》一年。《詩》、《書》記歲月多寡殊異者，《金縢·書疏》："《東山》詩言初去及來，凡經三年；此直數居東之年，除其去年，故二年也。"此説固是，但義有未盡。夫此《詩》詠行陣軍士，歷數慘烈戰役，倖免暴骨中野，日冀早歸鄉閭，獲見舊時家園。遥想將與妻子聚合，昔時景物，宛然在目，而自傷爲王執戈，勞苦艱險，久戰疆埸，油然而生怨慨，故開篇即訴曰"我徂東山，慆慆不歸"（慆慆，久久也），彼明知己之與戎不足二年，竟亦不憚誇大，云"自我不見，于今三年"是也。洎楚簡纂編學士，未察此詩人心意，復見餘外典籍所載"周公東征三年"之説，不遑考其端末，遽將此"居東二年"添一畫作成"居東三年"，不責之爲"楚狂"，可乎！（《金縢》開篇"既克商二年"，楚簡改"二年"爲"三年"，同是妄爲，已詳上。）夫詩人感傷夸大之辭，焉可根以改經史之實録乎？此二千餘年前事也，今也深惜擘理清華楚簡諸公，若李、劉、廖三先生者，遽信此經竄改之本，譽爲善板，獨許斯本作"三年"正與《詩·東山》合；或云簡本"宅東三年"見世，意義十分重大，正與周公東征三年契合，可資以揭開周公居東之歷史真相；又或言竹書本"宅東三年"與《豳·東山》"于今三年"合，破解了西周史研究上的一大難題，推重過甚！余頑愚，不敢輕信！夫中原齊、魯傳本《尚書》，及凡傳述《金縢》周公居東者典籍，從無作"三年"者，而南傳至楚之簡本獨異作"三年"，南人於何所見原作三年原典？其爲竄亂何疑？矧簡本尚另删去《金縢》卜龜文等共卅字，彼"楚狂"者，敢大删本經文達百分之六强（如以總字數少六十字計，删恐高至百分之十二强矣。），區區於"二"上添加一横作"三"，彼豈懼乎哉！

罪人斯得：罪人，楚簡作禍人，禍國殘民之人也，指武庚、管叔、蔡叔、奄君、薄姑及淮夷等實行叛亂之人。斯，皆也（《書疏》引王肅説），盡也。罪人斯得，謂叛國者武庚等盡爲周公所獲以治罪也。第鄭玄論周公東征前後事，多異義非常，後學惑焉，玄曰（《書疏》引）："武王崩，周公爲冢宰。……管、蔡流言，即避居東都。成王多殺公之屬黨。"又曰（《詩·豳風譜·疏》引）："罪人，周公之屬，與知攝者；周公出，皆奔。二年，盡爲成王所得。"其徒馬昭承其説，云：

"公黨已誅。"(《詩·鴟鴞·疏》引),王肅已非之,云:"案經傳内外,周公之黨具存,成王無所誅殺,横造此言,其非一也。"(《詩·鴟鴞·疏》引)汪中《述學》亦論鄭失,云:"公之攝位(敏案:當爲攝政。),卿尹牧伯下及庶士,其誰不知,而云'辠人周公臣屬,與知攝者',此又私黨陰謀之説,不可以論周公。"(《皇清經解》卷八〇〇)愚謂:"罪人斯得"冒上"周公居東",是得罪人者爲周公而非成王,而罪人斷非所謂"公之屬黨,與知攝者"。鄭解非是。唯本篇作者不直書東征而曰居東,不以管、蔡、武庚皆伏誅昭告四國而云罪人斯得者,劉逢禄《尚書今古文集解》(卷十三)曰:"緣周公之心而爲諱詞也。"魏源《書古微》(卷八):"緣周公心所不忍而渾其詞耳。"斯説得之,《大誥》亦多渾諱其詞,如不斥言二叔與武庚結叛而曰"惟大艱人,誕鄰胥伐于厥室",爲尊者諱、爲親者諱,是也。

11. "新逆",楚簡用本字作"親逆公",有助於匡正舊説

> 楚簡"王曰:'今皇天動威,以彰公德,惟余沖人其親逆公,我邦家禮亦宜之。'王乃出逆公,至郊。"
>
> 今本"王……曰:'今天動威,以彰周公之德,惟朕小子其新逆,我國家禮亦宜之。'王出郊。"

新,借爲親,馬融本正作"親"(《經典釋文》引);《書古文訓》作"亲",親、亲音義竝同;鄭玄《詩·東山·序·箋》:"成王既得金縢之書,親迎周公。"是亦讀此"新"爲親。逆,迎也,此常訓。《金縢》秋大熟,風雷災異以下至篇末兩段,漢人始以爲乃周公薨後之事,《尚書大傳》:"周公死,成王欲葬之於成周,天乃雷雨以風,禾盡偃,大木斯拔。國恐。王與大夫開金縢之書,執書以泣曰:'周公勤勞王家,予幼人弗及知。'乃不葬於成周,而葬之於畢,示天下不敢臣。……所以明有功,尊有德,故忠厚之道咸在成王、周公之間,故魯郊成王所以禮周公也。"《史記》襲其説,《魯世家》:"周公在豐,病將没,曰:'必葬我成周,以明吾不敢離成王。'周公既卒,成王亦讓,葬周公於畢,從文王,以明予小子不敢臣周公也。周公卒後,秋未穫,暴風雷雨,禾盡偃,大木盡拔。……於是成王乃命魯得郊,祭文王;魯有天子禮樂者,以襃周公之德也。"炎漢《今文尚書》家從伏、馬之説者甚多。至清,有孫星衍者,演繹漢人説,首發《金縢》"秋大熟"以下至篇末,乃《逸尚書·亳姑篇》之殘佚文,誤合於此篇之後半部者,其《尚書今古文注疏》云:"《史記》又載周公卒後,乃有暴風雷雨,命魯郊祭之事。是經文'秋大熟'以下,必非《金縢》之文。……此篇經文當止於'王翼曰乃瘳',或史臣附記其事,亦止於'王亦未敢誚公'也。其'秋大熟'以下,考之《書序》,有成王告周公作《薄(亳)姑》,則是其逸文。後人見其詞有'以啓金縢之書',乃以屬于《金縢》耳。"又曰:"史公説爲周公卒後秋未穫,並言周公在豐,病將没,欲葬成周之事,合之《書序》云:'周公在豐將没,欲葬成周。公薨,成王葬于畢,告周公,作《亳姑》。'則此是《亳姑》逸文,成王所作,與周公所作《金縢》,别是一篇。"孫氏别撰《尚書錯簡考》,論"《亳姑》逸文"(《嘉穀堂集》卷一)。夫伏生傳本《尚書》無《亳姑》,亦未見《亳姑》佚文,渠謂《金縢》風雷災變以下爲周公薨後事,殆據戰國晚葉傳説,史公從之,而孫氏

遂據以斷此兩段爲《逸書·亳姑》佚文。敏案①雷風之變若果爲周公卒後事，則本經於“秋大熟”以上當明言“周公既歿”以別起其文，②全篇記事，初云“既克商二年”、中云“武王既喪”、後云“周公居東二年”、乃及“秋大熟”以下終篇，首尾一貫；③始二公云“我其爲王穆卜”、末成王云“其勿穆卜”，前“納册于金縢之匱中”、後“雷電以風……以啓金縢之書”，渾然一篇文字，不容分割！漢今文説倡誤，清人治經，動輒復西京十四博士之舊，致孫氏不遑詳考，從之誤也。今得見較早之戰國中期稍晚之楚簡《金縢》，固亦首尾相應，大致若今本，“秋大熟”下，貫若串珠，無有鍊斷，可正伏馬孫之誤矣。且夫本篇前記“二公曰”、中記“周公乃告二公曰”，下（“秋大熟”以後）記“二公及王乃問諸史及百執事”、“二公命邦人”，人物相同，又屬於同一故事，則前後“二公”皆謂大公望、召公奭。考太公仕周於文王時年已七十二。《荀子·君道》篇，參《史記》。庚齒長於周公甚多。作洛乃周室大事，《召誥》、《洛誥》袛記周、召二公贊輔其事，決不及太公言行，此後書篇亦不記太公。疑太公成王七年之前已薨。太公先周公薨，則方其“問諸史”及“命邦人”時，周公固健在，則本篇“秋大熟”以下文非記周公薨後文，可以斷言。孫氏《亳姑》逸文誤綴於此之説，不攻自破。《金縢篇》有始有終，嗜異之士妄意，割裂本經，辨正於此，予豈務繁言？予不得已也。今本《金縢》“王出郊”云云，《大傳》釋曰“故魯郊成王所以禮周公也”、《史記》曰“成王命魯得郊”，釋“郊”爲“郊祭”。《僞孔傳》：“郊以玉幣謝天。”《疏》：“祭天於南郊，故謂之郊；郊是祭天之處也。王出郊者，出城至郊爲壇告天也。”要旨同伏馬。孫氏《尚書錯簡考》引畢以田曰：“《尚書》‘王出郊，天乃雨，反風’，出郊者，謂祭天於郊以周公配之也，《書序》所云‘成王葬周公于畢，告周公，作《亳姑》’，即其事。此經上文云‘今天動威以彰周公之德，惟予小子其親迎’，言親迎而祭之；迎，迎尸也。惟郊是郊祭周公之事，故言國家禮亦宜之，禮者謂祭也。”謂成王所親迎者，迎尸也；出郊者，郊祭周公也。禮亦宜之，祭周公之禮也。敏案本經上文“惟朕小子其新逆，我國家禮亦宜之”，緊接下文“王出郊”，明是成王誦出鎬京郊外親迎周公旦，自伏、馬之郊祭説，衍爲迎周公尸而郊祭之異説，幸見楚簡作“余沖人其親逆公”、“王乃出逆公，至郊”疑爲編理者釋經之文，代表戰國人意見。，疑義庶可決也。

結　論

《尚書·周書·金縢篇》，春秋中葉著成，初爲中原齊魯寫本（書於竹、帛），至戰國中葉或稍遲，南傳荆楚，楚士鈔繕，是爲楚本，新近出土之清華楚簡本《金縢》即是也。

編理此《金縢》者，當爲楚國學人，渠於中原傳本，大加改造，以便詮解講論，用授生徒。考此改造後之《金縢》楚簡，其變造之跡，約可歸爲八件：①其人不知《尚書》文體，增“也”字。②不知此周公祝文，史官編入《金縢篇》時因諱改字，乃易“某”爲“發”。③不明西周史跡，更“群弟”爲“群兄弟”。④不通經義，將“秉珪植璧”作成“秉璧植珪”。⑤渠爲便於講述討論，於“王”上或加“武”爲“武王”、或加“成”爲“成王”、於“公”上或加“周”爲“周公”，均失原典之舊。⑥又於“成王既喪”下、“管叔等流言”上，自增“成王猶幼在位”六字，等同傳注之文。⑦纂改西周史實年歲，貽誤後學，將“武王既克商二年”與“周公居東二年”之兩“二年”，均改爲“三年”，既誤讀《詩》、《書》，又失檢其它經史傳記，今時整理楚簡達人猶或爲之淆誤，況普羅讀者乎？⑨大删原典經文，至少净削六十八字：去其中“予仁若考”三句十三字，移入下文，使與“周公自表多材多藝”併，竟成周公數武王不仁不孝之罪。又黜去全篇實行卜龜相關經文四十三字，使《金縢》作意——周公乞身代武王死，神許所請一事晦昧不明。觀其所節略，使文氣中絶，事理因果不明，故廖文病之，曰：“竹書本多有省略，……以致邏輯混亂，實在是不如今本。”又其删削，使篇之主旨失喪，故廖文一再云“竹書本實在是不如今本”、“竹書本《金縢》，從整體上要晚於今本，要劣於今本”！信矣哉！

然而，此本爲今存最古之板本（應爲殘本，或變造本），資以勘校今本，知今本傳承有本有原。其中“爾不我許”，可據正今本文字誤倒。親逆公、王出郊逆公，可據知成王親迎周公於鎬郊，匡正孫星衍等誤論。至於多存古字古義，治經學小學尋章摘句者固亦不可棄也。

《書》經文獻價值認定的文法學方法

——兼论今文《書》經的文法特点

□錢宗武

［摘　要］ 傳本《尚書》的文獻價值見仁見智，聚訟經年。本文運用語言學方法透過顯性的字體變異，探求文本隱性的語言結構、語法規則和歷代《書》經的傳佈原則，揭示傳世《尚書》文本若干異於甲文金文和別的傳世文獻的語言特點，不僅從新的個角度再次證實了傳世《尚書》不朽的文獻價值，而且從認識論角度啓發認知：經學是一個開放性的知識體系，其載體是文字，經學研究特別需要語言學科的介入；經學文獻文本研究可以運用語言研究的技術手段復現其深層結構的語義系統，從而證實其文獻價值；經學文獻研究必須突破已成定論的某些理論範疇和學術結論，捨棄層層相因的慣性思維模式，一切從文獻文本的語言實際出發，需要進行文獻文本窮盡性的定量定性的語料分析和統計，需要經過分門別類共時和歷時的同類語料比對，真正重現歷史的本真。

［關鍵詞］ 《尚書》；文獻；文法；方法論

［作者簡介］ 錢宗武，揚州大學文學院教授（江蘇揚州，225000）

《尚書》在群經中不僅地位尊崇，而且具有複雜的流傳歷史。《尚書》不僅有今文古文之争，又有真僞之辨；不僅有官方勒石，又有私家傳鈔；不僅有多家並行之世，又有傳播中斷之時，失而復得，得而復失，東晉元帝司馬睿執政時突然出現的《孔傳古文尚書》，歷經自宋代著名儒師以迄乾嘉學人的疑僞和考辨，又斷定是僞作，作僞者是誰，至今仍然是一個不解之謎。

《孔傳古文尚書》是今古文《尚書》唯一的傳世版本，僞作的定讞與經學的威嚴，構成强烈的比對。治《書》讀經者不禁設疑：古賢的思想是歷史的本真還是後人的杜撰，經學本體是學術體系還是政治工具，經學研究的普世價值是經書文本自身的價值體現還是經生儒師説經的詮釋價值，等等。這些都是《書》學和經學繞不開的問題。

中國的不少古代經典都或多或少程度不等地存在傳世文本文獻價值認定的問題。傳統的考辨方法多採取歷史學方法和文獻學方法。歷史學方法和文獻學方法需要豐富和真實的史料，而"豐富"和"真實"正是上古史料最缺失的元素。地下的考古發現是真實的，但對於特定對象很難達到"豐富"；先秦文獻的徵引和歷代傳注是豐富的，但很難斷言"真實"。這樣，經學研究不僅需要歷史學科和文獻學科的介入，也需要語言學科的介入，研究傳世文本本身的文法特點可以成爲考辨文獻文本價值的重要方法。

宋人懷疑《孔傳古文尚書》主要自文字難易始。朱熹曰："孔壁所出《尚書》，如《大禹謨》、《五子之歌》、《胤征》、《泰誓》、《武成》、《冏命》、《微子之命》、《蔡仲之命》、《君牙》等篇皆平易，伏生所傳皆難讀。如何伏生偏記得難底，至於易底全記不得，此不可曉。”[①]《尚書》傳播過程中的文本變異也主要是文字的形體變異。文本文字的形體變異有主觀原因，也有客觀原因。客觀原因主要是漢字字體變異對文本的整體改寫或摹寫，諸如，改寫古文的隸書今文本，摹寫今文的東漢蝌蚪古文本，摹寫古文的隸古定古文本，改寫隸古定本的楷書古文本。就東漢蝌蚪古文的傳承而言，根據《晉書·衛恒傳》引衛恒的《四體書勢》可知“三體石經”的蝌蚪古文亦異于魏初邯鄲淳傳寫的蝌蚪古文，而邯鄲淳傳寫的蝌蚪古文却“仿佛”近似於汲塚遺書蝌蚪古文。主觀原因比較複雜。在《尚書》傳寫傳刻過程中，有鈔書寫書趨易從簡的俗字簡體，有寫官槧工的誤寫誤刻，有隋唐宋明不通上古音義妄改誤寫，也有《尚書》經典化過程中經師儒生的臆説妄改。清代大儒王引之校經時曾語於人曰：“吾用小學校經，有所改，有所不改。周以降，書體六、七變，寫官主之；寫官誤，則爲改。孟蜀以降，槧工主之；槧工誤，則爲改。唐宋明之士，或不知聲音文字而改經，以不誤爲誤，是妄改也，則爲改其所改。”[②]文本文字的形體變異主要是異體字，異體字是外延和内涵完全等同的字。文獻中有些字可以有多達數十個異形，但根據異體字演變的規律和構造特點，可以尋跡追溯到本字，知其本義或語境意義。文字的形體變異是顯性的，但文字按照一定的文法規則組合起來的語言結構却是隱性的。漢字幾次大的字體的變異是顯性的，但語言結構歷時發展演變的結構變異却是隱性的。

研究證明：運用語言學方法考辨《書》經的傳世文本，人們可以驚奇地發現今文《書》經傳世文本存在許多異于甲文金文和别的傳世文獻的語言結構和文法特點。這些特點是不容易發現的，需要經過窮盡性地分析《書》經的各種語言現象，需要經過分門别類共時和歷時的同類語料比對。這些特點不僅揭示了《書》經時代的語言事實，也揭示了歷代《書》經的傳播原則，自然也從語言本身證實了傳世今文《書》經文本的文獻價值。這一切對於考定中國其他古代經典的文本價值亦或具有認識論價值和方法論價值。

一、“者”“也”是文獻語言中的高頻虚詞，今文《尚書》竟没有一個“也”，僅有一個“者”。

“者”和“也”是文獻語言中的高頻虚詞，幾乎每一部傳世文獻都有結構助詞“者”和句末語氣助詞“也”。據不完全統計，《周易》，者，285 個；也，1 084 個。《儀禮》，者，860 個；也，369 個。《老子》，者，95 個；也，11 個。《墨子》，者，1 564 個；也，2 068 個。《論語》，者，218 個；也，531 個。然而今文《尚書》却没有一個“也”，“者”也僅有一個。這是一種非常特殊的語言現象。

---

① 黎靖德輯：《朱子語類》，上海古籍出版社、安徽教育出版社，2002 年版，第 2625—2626 頁。
② 支偉成：《清代樸學大師列傳》，岳麓書社 1998 年版，第 165—166 頁。

(一) 僅有的"者"或爲後人轉引傳鈔訛誤。

今文《尚書》僅見的"者"出自《周書·洪範》,"庶徵,曰雨,曰暘,曰燠,曰寒,曰風。曰時五者來備,各以時叙,庶草繁蕪。"《洪範》記載周武王滅殷後,向箕子詢問治國方略,箕子根據《洛誥》闡述了"洪範九疇"。《書序》認爲《洪範》作于西周初年。管燮初先生曾仔細統計 208 篇文字較多的金文資料,"在西周金文中尚未出現"結構助詞"者"[①],當然也就没有"者"字結構。既然西周金文中没有"者",《洪範》裏"者"的可靠性也就是個問題。再説整整一部今文《尚書》僅有一個"者",這個"者"本身也值得懷疑。顧頡剛、顧廷龍《尚書文字合編》彙集海内外各種《尚書》材料未見經文有"者",剛剛公佈的清華簡《保訓》也没有"者"。傳世今文《尚書》文本中的這個"者"很有可能是後人在傳鈔《尚書》時的誤寫,也有可能是引用《尚書》時有意的改寫[②]。

漢人引瞭有引今語改古語的傳統。黄季剛先生曾經説過:"漢之于周、秦,猶唐宋之于漢魏也。故凡後之引古者多改爲今語以便通曉。"司馬遷寫作《史記》時由於古史資料的缺乏,上古史料主要依據《尚書》,徵引幾乎涉及《尚書》傳世本的所有篇目,有的整篇徵引,有的節引章節,有的引用一兩個句群,也有摘引一兩句話的。爲了使大量的引用與全書的語體風格一致,《史記》引《書》的原則就是引今語改古語。《史記·宋微子世家》引《洪範》作"五者來備",然而主要生活在劉宋時代的範曄寫作《後漢書》兩引《洪範》"五者來備",《李云傳》引作"五氏來備",《荀爽傳》引作"五韙咸備"。"五者來備"之"者"或作"氏",或作"是"。范曄《後漢書》的紀傳主要根據東漢王珍的《東觀漢記》和西晉華嶠的《後漢書》等,引《書》或有所本。范氏家族是《書》學研究傳統深厚的士族,范曄的曾祖范汪曾作《尚書大事》二十卷,祖父范寧嘗作《古文尚書舜典》一卷,《尚書注》十卷,范曄少時亦熟讀《尚書》,可能見過"永嘉之亂"前的《尚書》傳本。蔡根祥先生的碩士論文《後漢書尚書考辨》考證范曄没有見過《孔傳古文尚書》,范氏尚書學出於鄭康成。[③]或許"永嘉之亂"前的《尚書》傳本是没有"者"的,也有可能梅賾獻的《孔傳古文尚書》本來也是没有"者"的。《史記》所引《洪範》的"者"可能是司馬遷以今語改古語改的,後人又根據《史記》改了《尚書》經文。這個改動可能在中唐以後。唐高宗太子李賢注《後漢書》,《李云傳》"五氏來備"的注語:"《史記》曰:'庶徵:曰雨,曰暘,曰燠,曰風,曰寒。曰時五者來備,各以時叙,庶草繁蕪。''是'與'氏'古字通耳。"[④]章懷太子的注語明引《史記》原文却不提"者",而强調"'是'與'氏'古字通耳",這是什麽原因?"是"又是從哪兒來的呢?或有一種可能:《尚書》原文本來就不是"者",而是"是"。《荀爽傳》"五韙咸備"注云:"韙,是也。《史記》曰:'休徵:曰肅,時雨若;曰乂,時暘若;曰哲,時燠若;曰謀,時寒若;曰聖,時風若。'五是來備,各以時叙也。"[⑤]章懷太子的這一

① 管燮初:《西周金文語法研究》,商務印書館 1981 年版,第 203 頁。

② 錢宗武:《〈洪範〉"者"字辨——兼談文言"者"的詞性》,《古漢語研究》,1991 年第 4 期。

③ 蔡根祥:《宋代尚書學案·自序》,《古典文獻研究輯刊》三編,臺灣花木蘭文化出版社 2006 年版,第 11 册。

④ 范曄撰,李賢等注:《後漢書》,中華書局 1965 年版,第 1853 頁。

⑤ 范曄撰,李賢等注:《後漢書》,中華書局 1965 年版,第 2054 頁。

段注語更值得玩味。《史記·宋微子世家》記敘殷箕子向周武王陳述“洪範九疇”，九疇大法幾乎都用直接引語。“休徵：曰肅，時雨若；曰乂，時暘若；曰哲，時燠若；曰謀，時寒若；曰聖，時風若。”這一段話就是直接引語。“五是來備，各以時叙。”這一段話也是直接引語。可見李賢並不認爲《荀爽傳》的“𣇞”應作“者”，而應作“是”。有一種可能李賢時見到的《尚書》就是“五是來備”，是“是”而不是“者”。“𣇞”與“是”形義相近容易訛誤，“是”和“氏”古音同在禪紐齊韻，可以通假。中唐前經文的文本狀態多是鈔本和寫本，形訛和音訛造成不同寫本和鈔本的文字訛誤是常見的事。因而，不同的寫本和鈔本中出現“是”、“氏”、“𣇞”是正常的。“者”則可能是“者”字結構和“所”字結構成爲文獻語言中最常見的結構以後，後人轉引傳鈔《尚書》時無意的誤寫或有意的改寫。古文字學的研究已經證明西周的書面語中是没有“者”和“者”字結構的。“者”字大約産生于東周時期，趙誠先生就認爲“産生於周代後期”，“基本上只是起結構作用，主要不是用於指代”。①“者”和“者”字結構出現在《左傳》中已有一定頻率，《左傳》全書凡 196 845 字，“者”字共出現 552 次，平均每一千字 2.8 個“者”。《史記》時代“者”和“者”字結構的用法已趨於定型，《史記》僅第八册就有 612 個“者”，平均每千字 8.4 個“者”②。司馬遷引《書》以今語改古語是極有可能的，因而，《尚書》僅有的一個“者”或爲後人轉引傳鈔訛誤。

今文《尚書》雖然没有“者”，却有類似“者”字結構的語言現象。《史記》引《書》有的司馬遷就直接改寫成“者”字結構。

1. 形容詞、動詞或動詞性詞組置於主語或賓語的位置用如名詞或名詞性詞組，類似“者”字結構。例如：

(1) 曰：“明明揚側陋。”(《虞夏書·堯典》)

堯曰：悉舉貴戚及疏遠隱匿者。(《史記·五帝本紀》)

“明明揚側陋”是兩個並列的動賓結構，上“明”字與“揚”互文用作動詞謂語，義爲“舉薦”；下“明”字與“側陋”皆爲形容詞作賓語，用如名詞，義爲“明者”和“側陋者”。《尚書易解》：“上明字，動詞。下明字，賢明，指貴戚。揚，舉也。側，伏也，陋，隱也，側陋，指不居要職者。”③《史記·五帝本紀》把連動句改成雙賓語句，把兩個並列動賓結構的賓語“明”與“側陋””直接改寫成“者”字結構“貴戚及疏遠隱匿者”。

《史記》引用今文《尚書》還有這樣的語例，主語省略，兩個連寫名詞作判斷句的賓語時，《史記》在今文《尚書》引文的前一名詞後加一個“者”。《虞夏書·堯典》：“瞽子，父頑，母嚚，象傲，克諧。以孝烝烝，乂不格奸。”《史記·五帝本紀》引“瞽子”改寫作“盲者子”。

2. “有”、“無”構成動賓詞組作修飾語兼代中心詞，類似“者”字結構。例如：

(2) 舜曰：“咨，四嶽！有能奮庸熙帝之載，使宅百揆亮采，惠疇？”(《虞夏書·堯典》)

---

① 趙誠：《金文的“者”》，《中國語文》，2001 年第 3 期，第 267、268 頁。

② 何樂士：《〈史記〉語法特點研究》，商務印書館 2005 年版，第 10 頁。

③ 周秉鈞：《尚書易解》，岳麓書社 1984 年版，第 11 頁。

舜謂四嶽曰："有能奮庸美堯之事者，使居官相事。"(《史記·五帝本紀》)

堯崩，帝舜問四嶽曰，"有能成美堯之事者，使居官。"(《史記·夏本紀》)

奮，奮發。庸，努力。熙，廣大。載，《孔傳》："事也。"①今文《尚書》"有能奮庸熙帝之載"作修飾語兼代中心詞"人"時，《史記》兩引皆用如"有能奮庸熙帝之載者"。《五帝本紀》作"有能奮庸美堯之事者"，《夏本紀》作"有能成美堯之事者"。

《史記》的《五帝本紀》和《夏本紀》兩引《虞夏書·堯典》的"下民其咨，有能俾乂"句，《五帝本紀》作"下民其憂，有能使治者"；《夏本紀》作"下民其憂，堯求能治水者"。"能俾乂"皆作"能俾乂者"。"能俾乂"是一個動詞短語，作動詞謂語"有"的賓語；《五帝本紀》改寫成被動式兼語結構，《夏本紀》改寫成能願動賓結構，皆作"者"的修飾語，皆與"者"構成偏正短語，作"有"的賓語。

今文《尚書》"有"、"無"構成動賓詞組作修飾語兼代中心詞多類後代文獻語言中的"者"字結構。諸如：《虞夏書·皋陶謨》："天討有罪。""有罪"作修飾語兼代中心詞"人"，用作"有罪者"。《周書·無逸》："亂罰無罪，殺無辜。""無罪""無辜"作修飾語兼代中心詞"人"，用作"無罪者"、"無辜者"。這些用法有些至今沿用不衰。有些已經凝固定型化爲動賓式合成詞。《現代漢語詞典》"無"詞條下就有"無辜""無賴"等動賓式合成名詞。

3. 否定副詞與形容詞、動詞或者名詞組合成修飾語，兼代中心詞作賓語，類似"者"字結構。

(3) 周公乃告二公曰，我之弗辟，我無以告我先王。(《周書·金縢》)

周公乃告太公望、召公奭曰：我之所以弗辟而攝行政者，恐天下畔周，無以告我先王太王、王季、文王。(《史記·魯周公世家》)

辟，《尚書正讀》："辟即攝政也。《洛誥》：'朕復子明辟。'即還政成王也。管叔言周公攝政，將不利於孺子；周公言我不攝政，將無以告我先王也。"②曾運乾先生認爲"我之弗辟，我無以告我先王"是個表示假設關係的複句。"我之弗辟"是假設條件。《魯周公世家》引《金縢》"弗辟"作"弗辟而攝行政者"。司馬遷把這個複句改寫成因果關係複句。"我之所以弗辟而攝行政者"表示原因，這也是文獻語言中"者"字結構的普遍用法。"恐天下畔周，無以告我先王太王、王季、文王"表示結果。

《史記·五帝本紀》引《堯典》"試可乃已"作"試不可用而已"。錢大昕根據古人的語用習慣認爲《堯典》"可"前本應有否定副詞"不"。錢大昕説："古人語急，以'不可'爲'可'。""不可"省略"可"易生歧義，《五帝本紀》增加否定副詞"不"，意思表達更加精確完整。《史記·夏本紀》引《堯典》更直接改寫成"等之未有賢於鯀者"。應該説從"可"到"不可用"到"等之未有賢於鯀者"的"者"字結構語義指向漸趨明確。

今文《尚書》中還有很多否定副詞與形容詞、動詞或者名詞組合成修飾語，兼代中心詞作

---

① 孔安國傳，孔穎達正義，黃懷信整理：《尚書正義》，上海古籍出版社 2007 年版，第 97 頁。

② 曾運乾：《尚書正讀》，中華書局 1964 年版，第 143 頁。

賓語，類似“者”字結構。例如《盤庚中》“乃有不吉不迪，顛越不恭，暫遇奸宄，我乃劓殄滅之”句，“不吉”、“不迪”、“不恭”作修飾語兼代中心詞，用如“不吉者”、“不迪者”、“不恭者”。

《尚書》時代人們對于形容詞、動詞或動詞性詞組用如名詞或名詞性詞組這一現象可能習以爲常。然而隨着先秦兩漢長篇巨制的不斷湧現，人們必須細心琢磨才能明白這些詞或詞組的特殊詞彙意義和語法作用。《史記》引《書》大量用“者”作爲這些詞或詞組的標識，在《尚書》、《左傳》、《史記》三部典籍中，“者”從無到有，漸次遞增。

(二) 没有“也”，也没有常見的“邪(耶)”、“與(歟)”，句末語氣助詞十分貧乏。

漢語表達各種各樣的語氣主要借重各種各樣的句末語氣助詞，因而傳世文獻語言一般都有豐富的句末語氣助詞。馬建忠在《馬氏文通》裏特設“助詞”一類，馬建忠説：“助字者，華文所獨，所以濟夫動字不變之窮。”①然而，傳本今文《尚書》却有不同於其他傳世文獻的特殊文法現象，句末語氣助詞十分貧乏。不僅没有高頻句末語氣詞“也”，也没有常表疑問語氣的的“邪(耶)”、“與(歟)”，疑問語氣主要運用語氣副詞和疑問代詞來表示。文獻語言中另外兩個常見的句末語氣助詞“矣、乎”使用頻率也極低。“乎”作句末語氣助詞僅《堯典》1見。“矣”也僅有《周書》的《牧誓》1見，《立政》6見。

上古文獻是没有標點符號的。金、甲文没有“也”字，然其内容簡短，又有固定格式，没有“也”不妨礙理解。今文《尚書》主於記言，君臣言談政令中没有“也”，史官秉筆直書也自然不會有“也”。《詩經》開始出現“也”字，《左傳》、《國語》、《國策》以及諸子散文語言表達日漸複雜，没有明顯的句子標識，要讀懂讀通已絶非易事。“也”的使用頻率不斷增加，其他句末語氣助詞也開始大量出現。“也”的漸趨消亡以至完全退出書面語，發生在系統的新式標點産生以後。這應該不是偶然的現象。“也”産生和消亡的歷史揭示了“也”具有句讀標識功能。

傳世文獻句末語氣詞開始大量出現，有寫書、引書時加的，例如《史記・殷本紀》引《商書・西伯戡黎》“我生不有命在天”句爲“我生不有命在天乎”。也有鈔書時加的。例如今本《老子》第十章“載營魄抱一，能無離乎”等句，每句後皆有“乎”字。清代著名學者俞樾在《古書疑義舉例・反言省“乎”字例》指出：“河上公本，此六句並無‘乎’字。蓋無‘乎’字者，古本也，有‘乎’字者，後人以意加之也。”②據宋代岳珂《刊正九經三傳沿革例》記載，宋代刻書才開始用句讀符號。但是，古人作文一般不標用句讀。古書中有許多同義語言材料，往往早一點的典籍不用“也”標識句末，易生歧解；晚一點的引用或譯寫則添加“也”，以明句界，用如句讀。例如《論語・顔淵》：“君子之德風小人之德草。”這是兩個並列的判斷句，意即：君子的品德好比是風，小人的品德好比是草。由於當時《論語》不施句讀，讀者容易誤解“德風”、“德草”連文，是偏正結構。《孟子・滕文公上》引用這兩句話時，“風”和“草”字後各加一個“也”。“君子之德，風也；小人之德，草也。”讀者就不會誤解“德風”、“德草”爲偏正結構了。“《尚書》中無‘也’字。敦煌寫本《尚書》中經文部分没有‘也’字。但敦煌寫本《尚書》中的傳文中大量

① 馬建忠：《馬氏文通》，商務印書館1983年版，第322頁。
② 俞樾等：《古書疑義舉例五種》，中華書局1956年版，第73頁。

使用“也”字,幾乎每卷都較今本《尚書》傳文衍出大量的“也”字,如伯 2643 衍‘也’字 172 處;伯 2533 衍 77 處。”[①]且這些“也”字幾乎都是作者斷句的標誌。如伯 2533 中“四海會同,六府孔修”的傳文“四海之内會同京師,……萬國共貫也,……其修治政化和也”。再如,伯 3169 中“浮于積石,至於龍門、西河”的傳文“……,龍門山在河東之西界也”。“黑水、西河惟雍州”的傳文“……,龍門之河在冀州西也”等等。

句末語氣詞是句子語氣顯著化的標誌,從理論上講表達各種情態的語氣需要各種形態的語氣助詞,因而句末語氣助詞也應該有多個形體,既有“也”,也有“矣、乎”。然而“也、矣、乎”出現的地域或不相同,出現的時間亦或有先後。例如今文《尚書》無“也”,卻有“乎”和“矣”。“也、矣、乎”起初的功能或許是單純的,都是句讀標識功能,可以混用。早期的典籍,“也”不僅用於判斷句,也用於陳述句、祈使句,甚或疑問句、反問句、選擇問句的句末。“矣”也不僅僅用於陳述句,“乎”也不僅僅用於問句。“也、矣、乎”古音也有聯繫。也,喻紐,模韻。乎,匣紐,模韻。矣,匣紐,哈韻。三者或聲紐相同,或韻部相同,或聲韻相近。後來,或是某詞常用於表示某種語氣的句末,或是名詞本身形音義的内在原因,其語法功能和修辭功能漸趨不同,以致約定俗成。例如,古音學家擬測“乎”在上古是平聲,“也、矣”是上聲。平聲是揚調,利於問句,有可能是“乎”用於問句句末的主要原因。“也”、“矣”上聲是抑調,發聲舒緩,則利於表達判斷和陳述語氣。各自的用法經常化定型化後,一般也就不再互换了。

二、自稱代詞用“予”不用“余”,僅見“台”;自稱代詞格數有特殊用法和語用的情感差異。

今文《尚書》的自稱代詞一共有 6 個:“我、予、朕”和“卬、台、吾”,前者是高頻自稱代詞,後者是低頻自稱代詞。“卬、台、吾”與“我、予、朕”又可分爲三組。“我、卬”一組,上古同爲疑紐;“卬”是“我”的地方變體。“予、台”一組,上古同爲喻紐;“台”是“予”的地方變體。“朕”自爲一組。“吾”是後人改竄,古本作“魚”,或即“予”。吾、予、魚上古皆爲模部的字。予,喻紐。吾、魚,疑紐。喻、疑喉牙鄰韻,例得相通。今文《尚書》的自稱代詞有許多異於同時代語言材料自稱代詞的特點。

(一) 甲文金文自稱代詞用“余”,今文《尚書》卻不用“余”而用“予”。

《尚書》和甲文金文差不多處於漢語史的相同發展階段,甲文金文和《尚書》的自稱代詞也基本對應。今文《尚書》的自稱代詞主要是“我、予、朕”。甲文和金文的自稱代詞主要是“我、余、朕”。二者的主要區别是今文《尚書》用“予”,甲文金文用“余”。上古漢語的語言材料有的用

---

① 錢宗武、陳楠:《敦煌寫本〈尚書〉异文研究・兼論文獻考訂的語言學方法》,《簡帛語言文字研究——第七屆全國古代漢語學術研討會暨簡帛文獻語言研究國際學術研討會論文集》,巴蜀書社 2006 年版,第 258 頁。

"予"而有的又用"余"。《左傳》主要用"余"。何樂士先生統計《左傳》有167見"余","予"僅僅爲3見。[①]《楚辭》也主要用"余"。廖序東先生統計《離騷》、《九章》、《九歌》、《天問》有91見"余","予"僅11見[②]。而《論語》"予"23見,《孟子》"予"40見,皆不見"余"。同爲先秦作品何爲此"余"彼"予"? 段玉裁認爲:"《禮經》古文用'余',左丘明述《春秋》亦用'余'。《詩》、《書》則薈萃衆篇而成,多用'予'。《論語》、《孟子》用'予'。""知春秋時用'予',而左氏特爲好古。"[③]王力先生認爲:"這種事實證明了不同的時代或不同的作者有不同的寫法。"[④]向熹先生認爲:"《左傳》用'余'不用'予',也許是史傳體的要求;屈原賦用'余',也許是楚方言的特點。"[⑤]

今文《尚書》只用"予"不用"余"有没有其他原因呢? 可能有。漢語史的研究證明自稱代詞在歷時演變中不斷地同義類聚又不斷地同義代替。文獻語言中常用的自稱代詞有五個:我、余、予、朕、吾。"朕"金文90見[⑥],今文《尚書》58見,《詩經》5見,《論語》2見,《孟子》4見[⑦],"春秋以後'朕'在北方語裏已逐漸不用了,而在繼承殷文化的楚方言裏還保留着。"[⑧]佛經裏或作"乘"。《維摩詰經講經文》:"赴乘情成察乘懷。"蔣禮鴻先生根據浙江義烏方言,認爲"乘"乃"朕"之古音假借[⑨]。"余"在今文《尚書》中已開始爲"予"所替代,《論語》、《孟子》、《荀子》中已没有"余"了。"春秋戰國時期産生了'吾'字,'余''予'字的活動量大爲削弱。"[⑩]甲文、金文和《詩經》都没有"吾",今文《尚書》僅1見,"予"有146見。《論語》"予"僅21見,"吾"有113見。《孟子》"予"僅45見,"吾"有122見。(統計數字根據楊伯峻《論語譯注》和《孟子譯注》)"自東漢始,'予'、'吾'在活的口語裏又漸漸失勢。"在自稱代詞中"我"的自由度和選擇度最大。漢語同義詞的演變規律都是向自由度和選擇度最大的詞傾斜的。"我"起源最早,生命力最强,在現代漢語詞彙系統中,至今仍然是一個高頻自稱代詞。

宋代洪適著《隸釋》和《隸續》。《隸釋》卷十四載漢石經殘字,《商書·盤庚》:"今予其敷腹腎腸。""予"作"我"。《隸續》載魏三體石經《周書·大誥》"予惟小子"句,"予"作"余"。可知漢魏以前的古本《尚書》"予"或作"我",或作"余"。有可能西晉"永嘉之亂"後,梅賾獻的本子"余"皆必改定爲"予"。無論是"不同的時代或不同的作者有不同的寫法",還是不同文體有不同的要求,抑或不同方言有不同的特點,某一個詞的特殊文法作用都爲我們考察傳世文本的文獻價值提供了一個新的視角。

---

① 何樂士:《〈左傳〉的人稱代詞》,《古漢語研究論文集(二)》,北京出版社1982年版,第108—138頁。

② 廖序東:《論屈原賦中人稱代詞的用法》,《楚辭語法研究》,語文出版社1995年版,第1—18頁。

③ 段玉裁撰,鍾敬華校點:《經韻樓集》,上海古籍出版社2008年版,第274頁。

④ 王力:《漢語史稿·中册》,中華書局1980年版,第261頁。

⑤ 向熹:《簡明漢語史·下》,高等教育出版社1993年版,第50頁。

⑥ 管燮初:《西周金文語法研究》,商務印書館1981年版,第174頁。

⑦ 周生亞:《論上古漢語人稱代詞繁複的原因》,《中國語文》1980年第2期,第132、135頁。

⑧ 向熹:《簡明漢語史》,高等教育出版社1993年版,第51頁。

⑨ 蔣禮鴻:《敦煌變文字義通釋(第四次增訂本)》,上海古籍出版社1991年版,第3頁。

⑩ 賈則夫:《對"朕"、"余"(予)、"吾"、"我"的初步研究(上)》,《陝西師大學報》1981年第1期,第101—108頁。

(二) 自稱代詞"卬"僅見於《詩》《書》,而"台"僅見於今文《尚書》。

卬,《爾雅·釋詁》:"我也。"馬瑞辰《毛詩傳箋通釋》:"卬者,姎之假借。"《說文·女部》:"姎,女人自稱我也。"甲文和金文皆未見"卬"。今文《尚書》"卬"僅見於《周書·大誥》,也僅僅出現2次。《詩經》雖《風》《雅》皆見"卬",但數量很少,僅有5見。《邶風·匏有苦葉》3見,《小雅·白華》1見,《大雅·生民》1見。"卬"或爲岐周方言詞。台,僅見於今文《尚書》的《商書·湯誓》"非台小子敢行稱亂"句。《爾雅·釋詁》:"台,我也。"王夫之《說文廣義》:"台,和悦也。古以爲自稱之詞,夏商間方言。"今文《尚書》是記言體政史資料彙編,口語中有"卬、台",今文《尚書》自然也就出現"卬、台"。這也可以說明爲什麼先秦典籍中"台"僅見於今文《尚書》,"卬"僅見于今文《尚書》和《詩經》。

(三) 自稱代詞格數有互補關係,單複數不同形,也不用增減詞綴的方法來表示,而是用不同形態的同義詞來表達。

上古自稱代詞有無格的區别,尚無定論。史存直先生認爲没有格的區别①。基本符合今文《尚書》的語言實際。文言語法著作和各種古漢語教材基本都認爲文獻語言人稱代詞的特點之一是單複同形。這不符合今文《尚書》的語言實際。王力先生在《漢語史稿·語法的發展》中曾引述過一個假說:"有人設想,'我'字在殷代表示複數,'余'字表示單數;到了西周,主賓格第一人稱的'余''我'有混同的趨向,但'余'仍表示單數,而'我'兼表單複數。這種假設是有考慮的價值的。"②"予、我"在今文《尚書》中的運用可說明上述假說。今文《尚書》"予"用於主格幾乎皆表單數。"我"196見,122見用複數,有些則直接替代集體名詞。例如《商書·微子》的"我舊云刻子,王子弗出,我乃顛隮"句,"我乃顛隮"之"我",《白話尚書》注爲"指殷商"③。甲骨文中"我"與方國對舉,也常直接替代集體名詞。例如:武丁時期卜辭有:"丙子卜,韋貞:我受年,二告。丙子卜,韋貞:我不受其年。"④今文《尚書》"我"以複數爲主兼表單數,反映了殷周"我"表示複數向單複數兼表發展的歷史演變。另外,"朕"在今文《尚書》中可以說是全部表示單數。"台、卬"表單數,"吾"也表示單數。周法高先生也認爲"吾"在古代典籍中"單數爲常,複數爲變。"⑤今文《尚書》自稱代詞單複數的表現形式,不是添加詞綴,而是用不同形態的同義詞來表達的。

(四) "我、予、朕"語用表達有情感差異。

在今文《尚書》中,"我"多用於表自謙,"予"大致表自尊,"予"可以用於"予告汝訓汝"(《盤庚上》)這樣的語境,但"我"絕無此類用例。"朕"則多表現莊重語氣。以《周書·多士》爲例。我,15見。予,13見。朕,3見。"我"的用例多表謙恭。諸如:"非我小國敢弋周命。""我其敢求位?""予"的用例多有使令義。諸如:"予惟時其遷居西爾。""予惟時命有申。""朕"

---

① 史存直:《漢語語法史綱要》,華東師範大學出版社1986年版,第101—104頁。
② 王力:《漢語史稿·中册》,中華書局1980年版,第267頁。
③ 周秉鈞:《白話尚書》,岳麓書社1990年版,第89頁。
④ 孟世凱:《甲骨學辭典》,上海人民出版社2009年版,第297頁。
⑤ 周法高:《中國古代語法·稱代篇》,中華書局1990年版,第75頁。

的用例則多凝重莊敬。諸如:"昔朕來自奄。""今朕作大邑於兹洛。"

語源分析和文獻中的習慣用法亦可佐證今文《尚書》自稱代詞的不同修辭色彩。我,從手,戈聲。"手"是古"垂"字。郝懿行說:"古人謙卑,凡自稱我必下垂其身,故曰'施身自謂'也。"①可知,"我"本來就是一個表自謙的自稱代詞。先秦文獻中"我"與表尊稱的"予"對舉時,自謙之意尤明。以《莊子》爲例。《天道》:"子,天之合也,我,人之合也。"《天運》:"予年運而往矣,子將何以戒我乎?""子""我"對舉,"子"表尊稱,"我"表謙稱。"朕"則是修辭色彩最爲濃厚的文言自稱代詞,表現在兩方面。一方面自秦始一直是最高統治者的專用自稱,另一方面選擇"朕"作爲最高統治者自稱的標準主要是修辭標準。當時,王綰、李斯這一班大臣以爲"朕"在典籍中多表現凝重莊敬的語氣,故建議秦始皇"自稱曰'朕'"②。

三、賓語前置的兩種特殊形態

賓語前置的特殊形態是相對於先秦兩漢傳世文獻賓語前置的常見形式而言的。先秦兩漢傳世文獻賓語前置的常見形式具有格式化特徵,賓語前置多有規則可循,今文《尚書》却有不少先秦兩漢傳世文獻中不常見的賓語前置。這些不常見的賓語前置的形式有些有規律可循,可以追根求源,有些則無規律可循。

(一) 否定句的否定詞置於前置賓語之後。其句法形式爲:主語+代詞賓語+否定詞+動詞謂語。

上古漢語否定句的代詞賓語以前置爲主。馬建忠指出:"有弗辭而代字止詞不先置,與無弗辭而先置,僅見也。"③否定詞的位置又總是置於前置賓語之前。從學理上分析,否定句的否定詞與前置賓語有極强的粘着性。丁聲樹先生對比研究否定詞的大量語例,認爲"弗"用於無賓語的否定句,"弗"相當於"不之"④,兼有否定詞"不"與前置賓語"之"的詞彙意義和語法作用。然而,今文《尚書》却有否定詞置於代詞賓語之後這種異於常見句法形式的語序,凡兩例。

(4) 爾時罔敢易法。(《周書・大誥》)

《尚書易解》:"時,是也。代詞。易法,即易廢,金文'廢'多作'法',二字古通用。易廢,又作'廢易',《荀子・正論》:'國雖不安,不至於廢易遂亡。'是也。易廢者,怠棄之意。爾時罔敢易法,爾罔敢怠棄時也,否定句代詞賓語前置,故知此爲正解。"(頁164)否定詞"罔"置於前置代詞賓語"時"的後面。

---

① 郝懿行:《爾雅義疏・釋詁上》,中國書店1982年版,第49—50頁。

② 司馬遷撰,裴駰集解,司馬貞索隱,張守節正義:《史記》,中華書局1982年版,第236頁。

③ 馬建忠:《馬氏文通》,第158頁。

④ 丁聲樹:《釋否定詞"弗"、"不"》,《慶祝蔡元培先生六十五歲論文集》,國立中央研究院,1933年,第967—996頁。

(5) 汝乃是不蘉。(《周書·洛誥》)

《經傳釋詞》:"乃,猶若也。"[①]蘉,勉力。段玉裁《古文尚書撰異》:"《玉篇·苜部》'蘉'字下曰:《周書》云:汝乃是弗蘉。'不'作'弗'。蘉,按《説文》無此字。錢氏曉徵云:《釋故》云:孟,勉也。《爾雅》所以訓釋六經,必六經有是字而後《爾雅》有是釋。尋六經中'孟'之訓'勉',他未有見。意'孟'之古音近'芒',《雒誥》'蘉'本是'孟'字,故鄭康成、王子雝及《僞孔傳》皆訓'勉'。玉裁謂'孟'古音如'芒'則實然,如孟諸、孟津、孟卯皆可證。謂徐邈'蘉'讀莫剛反,與'孟'古音同,則不然。'蘉'字從侵,從瞢,省聲。與"夢"字"瞢"音,省聲,同。凡'瞢'聲之字,古音在蒸登部,不在陽唐部,是以'蘉,莫崩反。'見於《五經文字·苜部》。《集韻》十七登皆本《釋文》,《釋文》古本定當作:'徐莫崩反,又武剛反。'儻如今本則莫剛、武剛音無分别,其爲上'剛'誤,無疑也。《玉篇》、《廣韻》'蘉'皆音武剛者,此'蘉'之轉音。如'甍'字古音本在蒸登部,今音轉入十三耕,今江浙俗讀則如'茫'也。是則'蘉'之古音與'孟'之古音迥别,謂二字雙聲可謂二字同音,非也。且《説文》限於五百四十部,'蘉'從侵,雖難未得其解,《説文》不立《侵部》則'蘉'無所屬從。"[②]黄式三已經認識到"汝乃是不蘉"的"是"是前置賓語。《尚書啓幪》釋此句爲:"汝或憚於行而不勉于是。"[③]這一特殊的賓語前置句的形式爲"賓語(是)+不+動詞",否定詞"不"置於前置賓語"是"的後面。

(二) 敘述句賓語和動詞謂語間不用結構助詞的賓語前置。

主要有三種句法形式,即:代詞賓語+動詞謂語,名詞賓語+動詞謂語,惟+名詞賓語+動詞謂語。

1. 代詞賓語+動詞謂語

(6) 予豈汝威。(《商書·盤庚中》)

王鳴盛已認識到"汝威"即"威汝","汝"爲前置賓語。《尚書後案》釋"予豈汝威"爲"豈以威脅汝乎"[④]。

(7) 是崇是長,是信是使。(《周書·牧誓》)

江聲《尚書集注音疏》引注曰:"崇,尊也,崇或爲宗,宗亦尊也,尊長逃亡之辠人而信使之。"[⑤]"是崇是長,是信是使"即"崇是長是,信是使是",亦即"尊長逃亡之辠人而信使之"。

(8) 民獻有十夫予翼。(《周書·大誥》)

《孔傳》以"予翼"爲倒文,全句解爲:"四國人賢者有十夫來翼佐我周。"[⑥]俞樾從《孔傳》,所異者以"民獻有十夫予翼"前之"日"下讀。《群經平議》:"'日'字屬下爲義,文七年《左傳》:'日,衛不睦。'《襄二十六年傳》:'日,其過此也。'《昭七年傳》:'日,君以夫公孫段爲能任其

① 王引之:《經傳釋詞》,江蘇古籍出版社2000年影印本,第56頁。

② 段玉裁:《古文尚書撰異》,上海古籍出版社,2002年《續修四庫全書》本,第46册,第228—229頁。

③ 黄式三:《尚書啓幪》,上海古籍出版社,2002年《續修四庫全書》本,第48册,第774頁。

④ 王鳴盛:《尚書後案》,上海古籍出版社,2002年《續修四庫全書》本,第45册,第116頁。

⑤ 江聲:《尚书集注音疏》,中華書局,1998年《四部要籍注疏丛刊》本,第1594頁。

⑥ 孔安國傳,孔穎達正義,黄懷信整理:《尚書正義》,第509頁。

事。'《十六年傳》:'日,起請夫環。'並與此'日'字同,蓋左氏正因《尚書》有此文法而循用之耳。'日,民獻有十夫予翼',言近日民之賢者十夫來翼佐我也。枚傳見'翌日'連文,適與《金縢》篇同,遂讀'今翌日'爲句,誤矣。"①《尚書易解》:"予翼,佐予也,賓語前置。"(頁159)

2. 名詞賓語+動詞謂語

(9) 天明畏。(《周書·大誥》)

《尚書易解》:"天明畏者,畏天命也。"(頁167)

3. 惟+名詞賓語+動詞謂語

(10) 寧王惟卜用。(《周書·大誥》)

唐代顔師古注《漢書·翟方進傳》"惟卜用"作"故我惟用卜,吉"②。

(11) 惟曰我民迪小子惟土物愛。(《周書·酒誥》)

《孔傳》:"文王化我民教道子孫,惟土地所生之物皆愛惜之,則其心善。"③"之"即"土地所生之物","愛惜之"即"愛土物"。清代的王先謙則明確指出"惟土物愛"即"惟愛土地所生之物"。《尚書孔傳參正》:"'惟土物愛厥心臧'者,土物黍稷,《洪範》'土爰稼穡'。《釋詁》:'臧,善也。'惟愛土地所生之物以善其心,謂酒以糜穀,當知愛惜也。"④楊遇夫先生對照甲文語例,指出《酒誥》的"惟土物愛"即"愛土物也。此與甲文句例同"。⑤

(12) 我道惟寧王德延。(《周書·君奭》)

道,《經典釋文》引馬融本作"迪",《魏石經》"道"亦作"迪"。迪,句中語氣助詞。王引之曰:"作'迪'者,原文也;作'道'者,東晉人所改也。《尚書》'迪'字多語詞(詳見《釋詞》)。上文曰'迪惟前人光',《立政》曰'迪惟有夏',此云'我迪惟甯王德延','迪'字皆語詞也,後人或訓爲'蹈',或訓爲'道',皆於文義不安。此句'迪'字既誤解爲'道',遂改'迪'作'道',以從誤解之義,顛矣!幸有馬本,猶得考見原文耳。"⑥我道惟寧王德延,《尚書易解》:"我惟續行文王之德。"(頁244)

今文《尚書》叙述句不用結構助詞的賓語前置句凡21見。"代詞賓語+動詞謂語"式的代詞賓語主要是近指代詞"是",凡8見,皆出現在四字句中。《詩經》也有不少這樣的"代詞賓語(是)+動詞謂語"式。不少學者認爲兩周春秋時期的代詞"是"作賓語必須前置。研究證明:這或許也是囿於句式的字數限制而省略"惟",是"惟+賓語+動詞謂語"的省略形態。

"惟+名詞賓語+動詞謂語"式是叙述句的主要賓語前置形態,甲骨文中就已出現,"惟"寫作"叀"、"隹",今文《尚書》出現10例,應該是這一賓語前置形態規則化的反映。後來,這一形態又發展爲"惟+名詞賓語+是、之+動詞謂語"式。漢魏時,又演變爲"惟+動詞謂語+

① 俞樾:《群經平議》,上海古籍出版社,2002年《續修四庫全書》本,第178册,第76頁。

② 孫星衍撰,陳抗、盛冬鈴點校:《尚書今古文注疏》,中華書局1986年版,第348頁。

③ 孔安國傳,孔穎達正義,黄懷信整理:《尚書正義》,第551頁。

④ 王先謙:《尚書孔傳參正》,上海古籍出版社,2002年《續修四庫全書》本,第51册,第602頁。

⑤ 楊樹達:《積微居甲文説》,上海古籍出版社2006年版,第90頁。

⑥ 王引之:《經義述聞》,江蘇古籍出版社2000年影印本,第99頁。

名詞賓語"的賓語後置式。賓語前置中的"惟"是一個範圍副詞,"放在前置賓語的前面,表示前置賓語的單一性、排他性"[1],具有强烈的特指色彩。這一種賓語前置形態可能導源於口語。口語爲了修辭的某種需要,强調賓語而賓語前置,這在現代口語中也是屢見不鮮的。然而書面語言缺乏口語語言表達特定的語境和諸如神色、手勢等非語言表達手段,賓語前置造成文句晦澀難明,兩周春秋時期又增加了結構助詞"之"、"是"等作爲賓語前置的標志。語言發展到賓語前置變後置,"之"、"是"等亦隨之消失。

"惟"的語用作用主要是强調其後附句子成分,先秦兩漢還有"唯(惟)、唯獨+主語+動詞謂語+名詞賓語"式和"唯(惟)+主語+不及物動詞謂語"式。諸如:《史記·曹相國世家》:"唯獨参擅其名。"《史記·李斯列傳》:"唯明主爲能行之。"《史記·袁盎列傳》:"唯袁盎明絳侯無罪。"《左傳·莊公二十八年》:"唯二姬之子在(絳)。"這兩個句式中的"唯(惟)""唯獨"亦爲範圍副詞,"放在句首,表示主語的單一性和排他性"[2],起强調主語的作用。

甲骨文和金文中没有"惟+名詞賓語+是、之+動詞謂語"式而有"惟+賓語+謂語"式,先秦兩漢文獻罕見"惟+賓語+謂語"式而常見"惟+名詞賓語+是、之+動詞謂語"式,今文《尚書》二者兼而有之,爲叙述句賓語前置式的演變發展過程續接了一個重要階段,真實地反映了一種"新形式産生了,舊的形式還没有消亡"的"過渡狀態"[3]。

今文《尚書》爲何出現大量文獻語言不常見的賓語前置形式?學術界主要有兩種見解。一種見解認爲原始漢語是一種SOV型語言,賓語前置是原始漢語的正常語序。章太炎先生首倡此説,他稱賓語前置名曰"倒植"。太炎先生説:"倒植者,草昧未開之世語。言必先名詞,次及動詞,又次及助動詞。譬小兒欲啖棗者,皆先言棗而後言啖。"[4]俞敏先生踵繼其後,通過對漢語和藏語的對比研究進一步指明:"原始漢語跟藏語都保留漢藏母語的特點:止詞在前,動字在後。"[5]另一種見解認爲原始漢語就是現代漢語的SVO型語言,SOV型僅僅是一種特殊句型。换言之,SVO型和SOV型在上古漢語中都是正常語序,只是SVO型爲主要句型,SOV型是由一些特殊的語言規律形成的輔助句型。現在一般的古漢語教科書和古漢語語法著作皆主此説。

原始漢語倘是SOV型語言,文獻語言中的賓語前置則是原始句型的遺跡,SOV型句逐漸爲SVO型句取代則是漢語句型演變發展符合邏輯的結果。倘若原始漢語是SOV型和SVO型兩種句型並存,而SOV型是一些特殊語言規律制約的句型,那麽今文《尚書》和先秦文獻中出現的大量不規則賓語前置現象則難以理解。今文《尚書》和先秦文獻中非常見形式的賓語前置現象爲原始漢語的SOV式語序説提供了證據。

今文《尚書》是研究上古漢語賓語前置彌足珍貴的重要語料,同時,今文《尚書》特殊的賓

---

① 董治國:《古代漢語句型大全》,天津古籍出版社1988年版,第238頁。
② 董治國:《古代漢語句型大全》,第239頁。
③ 王力:《漢語史稿·中册》,第261頁。
④ 章太炎:《檢論卷五·正名雜議》,《章太炎全集(三)》,上海人民出版社1984年版,第503頁。
⑤ 俞敏:《倒語探源》,《語言研究》,1981年第1期。

語前置也爲我們研究今文《尚書》的文獻價值提供了彌足珍貴的重要證據。

四、被動句多無表示被動的語法標志，形式被動句僅有“於”字厥和傳世文獻非常绥見的“在”字句。

傳世文獻語言中的被動句一般分爲兩大類。

一類是句子形式上具有表示被動語法標志的被動句，這就是通常所説的“被動句式”，我們稱之爲“形式被動句”。文獻語言形式被動句的語法標志主要是“於”、“見”、“爲”、“被”四個詞。“於”、“爲”、“被”在句子結構中的位置處於施動者的前面，其語法作用是引進動作行爲的主動者，語法學家一般以之爲介詞。“見”的句法位置總在動詞前面，表示後面的動詞是個被動詞，如果要引進動作行爲的主動者必須用“於”，構成“見……於……”式表示被動意義的句子，語法學家一般以“見”爲副詞。

一類是句子形式上没有表示被動語法標志的被動句，用主動句的形式表示被動的概念，主語是動作行爲的受事者，有些語法學家稱這種句子爲“意念被動句”，我們稱之爲“語意被動句”。

文獻語言中被動句的類型特點是形式被動句多於語意被動句。先秦兩漢文獻中的形式被動句，除用“於”、“見”、“爲”、“被”四個詞表示被動外，“爲”字被動句又可分爲四個小類，即：“爲＋主動者＋動詞”、“爲＋動詞”、“爲＋主動者＋所＋動詞”和“爲所＋動詞”；“見”字被動句可分爲兩個小類，即：“見＋動詞”和“見＋動詞＋於＋主動者”；“被”字被動句也可分爲兩個小類，即：“被＋動詞”和“被＋主動者＋動詞”。有學者統計，《論語》、《孟子》、《墨子》、《莊子》、《荀子》、《韓非子》、《左傳》、《國語》、《戰國策》以及出土文字資料，形式被動句有 401 例①，而這一時期的語意被動句則相對較少。

今文《尚書》的被動句的類型特點是語意被動句多於形式被動句。今文《尚書》的被動句凡 62 例，語意被動句 46 例，形式被動句 16 例，兩者之間的比約爲 4∶1。在形式被動句的 16 個例句中，《周書》部分就有 15 例，《商書》部分僅《盤庚中》1 例，《虞夏書》部分竟没有一例形式被動句，只有語意被動句。形式被動句在《虞夏書》、《商書》、《周書》之間的比例是 0∶1∶15。較之甲文，今文《尚書》已出現形式被動句；較之先秦文獻，今文《尚書》僅有一種“於”字句和不常見的“在”字句。這些事實説明今文《尚書》正處於從意念被動向形態被動式的發展過渡階段。今文《尚書》中衆多的語意被動句都要憑藉上下文的語境信息來判斷，易生歧解，而語言交際明確化的要求促使形式被動式在西周以後得到充分的發展。

今文《尚書》的被動句與西周金文中的被動句相比較，大同小異。異者主要表現在語意被動句的内部關係方面。西周金文的語意被動句内部關係是一致的。管燮初先生在

① 易孟醇：《先秦語法》，湖南大學出版社 2005 年版，第 103 頁。

《西周金文語法研究》中總結這一現象時説:“並列關係的動詞謂語,幾個並列的動詞結構的語氣要求一致,都是主動語氣或者都是被動語氣,要是有一個動詞結構確定是被動語氣,其他並列成分也是被動語氣。”①今文《尚書》語意被動句内部關係並不一致。諸如:《商書·高宗肜日》:“王司敬民。”“司”,《史記》引作“嗣”。“王”是“嗣”的施動者,而“敬”的施動者是“民”,“王”又成了受事主語。《商書·微子》:“我其發出狂。”《史記·宋世家》“狂”作“往”,“我”是“往”的施事主語,而“發”孫詒讓讀爲“廢”(廢棄),“我”又成了受事主語。先秦兩漢文獻語意被動句内部關係也不一致。例如:《左傳·成公三年》:“故不能推車而及。”“及”,被趕上,表示被動語氣。“推”後帶賓語“車”,表示主動語氣。今文《尚書》被動句與西周金文被動句比較所反映的個性,也反映了今文《尚書》時期是漢語被動句式産生和發展的時期。

今文《尚書》的被動句與先秦兩漢文獻被動句相比較,不同點主要表現在形式被動句的語法標志方面。今文《尚書》僅有文獻語言中常見的表示被動的語法標志“於”和不常見的“在”,也就是説僅有常見的形式被動句中的“於”字句和不常見的“在”字句。先秦兩漢文獻中表示被動的常見語法標志“見”、“被”、“爲”、“所”等字今文《尚書》裏都有。見,7見。被,4見。爲,35見。所,9見。“見”、“被”、“爲”、“所”却没有一例用於被動句作爲表示被動的語法標志。今文《尚書》中的“在”表被動,既不見於甲文和金文,也不見於後世歷代文獻。

(一)“於”字被動句。

可分爲3種結構類型:

1. 動詞+於+主動者

(13) 乃命於帝庭,敷佑四方。(《周書·金縢》)

曾運乾先生以“於”表被動,“命”爲“受命”。他認爲:“本經言‘命於’者,皆爲‘受命’。如‘乃命於帝庭’,即武王受命於帝也。‘即命於元龜’,即就受命於元龜也。‘小子新命於三王’,即親受命於三王也。或謂‘即命’爲命龜詞,失之。”②《尚書易解》:“命於帝庭,謂見命於上帝之庭。”(頁149)“於”,介引“命”之施動者。施動者是“帝”,“帝”省略。

(14) 弗惟德馨香祀,登聞於天。(《周書·酒誥》)

“於”,表被動。屈萬里先生《尚書釋義》以“祀”下屬,釋“祀登聞於天”爲“言已上升於天而爲天所嗅聞也”③。

(15) 我有周佑命,將天明威,致王罰,敕殷命終於帝。(《周書·多士》)

曾運乾先生《尚書正讀》:“敕殷命終於帝,作一句讀。”“言天大降喪於殷,我周佑助天命,

① 管燮初:《西周金文語法研究》,第60頁。
② 曾運乾,《尚書正讀》,第141頁。
③ 屈萬里:《尚書釋義》,台灣中國文化大學出版部1980年版,第128頁。

奉天明威,致王者誅伐之罰,告敕殷命之終絶於帝,皆順天命而行。"[①]《白話尚書》譯"敕殷命終於帝"爲"宣告殷的國命被上天終絶了"。(頁169)"於",表被動。

2. 否定副詞+動詞+於+主動者。

(16) 后胥戚鮮,以不浮於天時。(《商書·盤庚中》)

《尚書正讀》解"不浮於天時"爲"不爲天時所罰也。"(頁104)"於",表被動。

(17) 無毖於恤,不可不成乃寧考圖功。(《周書·大誥》)

王鳴盛《尚書後案》:"《傳》以'恤'爲'憂','恤'當作'卹'。《説文》卷八上《比部》'毖'字注引《周書》曰:'無毖於卹。'然則'不卬自恤'亦當作'卹',今作'恤'者,僞孔改也。又卷五上《血部》'卹'字、卷十下《心部》'恤'字皆訓憂。《詩·唐風·羔裘序》箋,《小雅·蓼我》箋,《大雅·桑柔》箋並云:'恤,憂也。'是'卹''恤'通也。"[②]王先謙以"於"表被動。無毖於恤,"謂勿因憂而過慎,遂不事征討也。"[③]《白話尚書》譯爲:"不要被憂患嚇倒,不可不完成您文王所謀求的功業。"(頁114)

(18) 爾尚不忌於凶德。(《周書·多方》)

按:忌,通"惎",《小爾雅》:"惎,教也。"凶德,意爲"凶德者"。全句意爲:"你們應當不被壞人教唆。""於",介引動作行爲的主動者。

3. 於+動詞

這種句子結構比較特殊,在今文《尚書》中僅一例。

(19) 罔非有辭於罰。(《周書·多士》)

《尚書正讀》:"有辭者,言有罪狀。罰,天罰也。此又言四方邦國之喪亡,皆由淫佚,爲天所罰,不僅夏商二國爲然也。"(頁216)"於"後省略了動作行爲的主動者"天",補齊省略這一句結構應爲"罔非有辭於(天)罰"。今文《尚書》"於"字句中"於"介引的都是施事主語,介賓短語皆作補語。介賓短語作補語,賓語是不能省略的。"罔非有辭於罰"的介賓短語作"罰"的狀語,作狀語的介賓短語可省略賓語,故"於"亦可省略賓語。

(二)"在"字被動句

"在"字被動句皆見於《周書》部分,僅有一種句子結構類型:動詞+在+主動者。

(20) 兹亦惟天若元德,永不忘在王家。(《周書·酒誥》)

《白話尚書》:"忘,被忘記。"(頁139)譯此句爲"這些是上帝所贊賞的大德,將永遠不會被王家忘記。"(頁134)在,介引動作行爲的施動者。

(21) 庶群自酒,腥聞在上。(《周書·酒誥》)

在今文《尚書》中"聞"凡28見,除用作名詞外,作動詞用在被動句中有5例,約占總詞次的五分之一。"腥聞在上"與上文"登聞於天"兩個被動句的動詞皆爲"聞"。介引動作行爲主

---

① 曾運乾:《尚書正讀》,第214頁。
② 王鳴盛:《尚書後案》,第171頁。
③ 王先謙:《尚書孔傳參正》,第591頁。

動者"上"與"天"的介詞一爲"於"一爲"在","於"、"在"皆猶"被"。屈萬里先生《尚書今注今譯》譯"腥聞在上"即爲"腥氣被上天都聞到了。"(頁110)"在",表被動。

(22) 夏迪簡在王庭,有服在百僚。(《周書·多士》)

《尚書易解》:"迪,與'由'通用。《方言》:由,輔也。此謂輔臣。簡,擇也。"(頁229)此爲殷多士怨周之言。《尚書正讀》:"殷革夏命,夏之多士迪簡在王庭,有職在百僚。周革殷命無是也。"(頁218)《尚書覈詁》亦曰:"此殷民言殷雖滅夏,而猶用其臣,以不滿於周之遷己耳。"① "夏迪簡在王庭"與"有服在百僚"的兩個"在"皆爲介詞。前一個"在"介引"簡"之施事者"王庭",表被動;後一個"在"介引"有服"的範圍"百僚"。

(23) 迪簡在王庭,尚爾事,有服在大僚。(《周書·多方》)

《尚書孔傳參正》:"迪簡在王庭云云者,迪,進。簡,擇。服,事。僚,官也。言汝在位能事,將進擇在我周王之庭,嘉尚汝之勤事且有事在大官矣。"②這個句式與上一個句式基本相同。這是周公歸政成王之後,淮夷和奄國又發動叛亂。成王親征,召公爲保,周公爲師,討伐淮夷,滅了奄國。成王自奄返回鎬京,各國諸侯都來朝見,周公代替成王作的誥辭。周公勉勵各諸侯國君聽從天命,和睦相處,將會被周中央朝廷引進選用。如果被周中央朝廷引進選用後又能努力工作,還將會擔任更重要的官職。"在"介引"迪簡"的施事者,"在"猶"被"。

在今文《尚書》中,介詞"在"與介詞"於"的語法功能基本相同。"於"介引動作行爲的主動者,凡13見,除《商書·盤庚中》有1見外,皆見於《周書》部分。"在"介引動作行爲的主動者,凡3見,皆見於《周書》部分。應該説"於"、"在"介引施事者這一語法功能的時代基本相同。

在今文《尚書》中,"於"和"在"經常互文見義。《周書·文侯之命》:"丕顯文、武,克慎明德,昭升於上,敷聞在下。""於"、"在"互文,皆作介詞,表示動作行爲的範圍。《周書·酒誥》的"登聞於天"與下句"腥聞在上"的"於天"、"在上"互文,"於"即"在","天"即"上"。"於"、"在"亦皆作介詞,介引動作行爲的主動者。

"於"、"在"皆爲漢語最早的介詞。在甲文中,"於"、"在"常介引動作行爲的對象或處所。在金文中,"於"仍爲高頻介詞,介引動作行爲的對象或處所,而"在"僅作存現動詞,且語例很少。"在"之通假字"才"則被大量用作介詞和存現動詞。這一語言現象或許可以説明"在"、"於"介詞比例懸殊的主要原因,同時也反映了文獻語言中介引對象和處所的介詞"於"逐漸替代介詞"在"介引對象處所的發展方向。在一個多自由度的複雜語言系統中,如果有一個或幾個不穩定的自由度存在,那麽這一個或幾個不穩定的自由度就要把穩定的自由度拖着走,一直拖到相對空間中某個穩定的目的點。"在"和"於"等同處一個同義語言系統中,在歷時同義類化的語言演變中,"在"逐漸失去介引對象處所的語法功能,越來越多地作存現動

---

① 楊筠如著,黄懷信標校:《尚書覈詁》,陝西人民出版社2005年版,第343頁。

② 王先謙:《尚書孔傳參正》,第641頁。

詞。“在”的通假字“才”由於形義分離,亦在後世文獻語言中被淘汰,既不能同音替代存現動詞“在”,也不能同音替代介引對象處所的介詞“在”。“於”在甲文時代就是一個高頻多功能介詞,在後世文獻語言中上古動詞和語助詞的用法逐漸失落,介詞的用法越來越得到强化。但是,“於”在文獻語言還不能完全替代“在”,“於”、“在”同義僅僅是某一義位的中心變體相同,各自的非中心變體是不能互相替代的,有趣的是現代漢語“於”僅保留其介詞的文言用法,“在”又替代“於”作介詞。

今文《尚書》介引動作行爲對象處所的介賓結構多作補語。表示對象的介賓短語作補語凡 214 見,作狀語 50 見;表示處所的介賓短語作補語凡 191 見,作狀語僅 7 見。存現動詞“在”和介引動作行爲對象處所的介詞語法位置非常接近,容易混同。二者共現於一個語言結構容易區别。例如:《詩經・小雅・魚藻》:“魚在在藻,依於其蒲。”前一個“在”是存現動詞,後者是介詞。二者不在同一結構中共現時就要仔細分辨前後的語法關係和語義聯繫。例如:《周書・酒誥》的“腥聞在上”,“在”並不表示“腥聞”存在的處所,而是介引“聞”的施動者“上”,因爲緊接着的一句就是“腥聞在上”的結果“故天降喪於殷”,“腥聞在上”的“上”即“降喪于殷”的“天”。

“在”字被動句或許是今文《尚書》特有的形式被動句型,但“在”並非漢語被動句唯一特殊的語法標志。《戰國策》中就有“與”字被動句。《戰國策・秦策五》:“(夫差)遂與勾踐禽。”“與勾踐禽”即“被勾踐擒”。“與”作爲被動句的語法標志,或“由其‘給與’之義引申虚化而來。”①近代漢語中也有用“吃”作爲被動句的語法標志。《秋胡戲妻》:“我倒吃他搶白了這一場。”張相《詩詞曲語詞匯釋》:“吃,猶‘被’也。”②現代漢語中也有用“給”作被動句的語法標志,例如“狗給打死了”,就是“狗被打死了”。《古漢語同義虚詞類釋》認爲“‘給’之訓‘被’當由‘與’發展而來。因‘與’既有‘被’義,又有‘給’義。”③

遠古漢語在結構形式上没有主動被動的區别,甲骨文中没有形式被動句即爲明證。周法高先生説:“被動不用記號,而憑文義來判斷,可能是較早的辨法。”④金兆梓先生也認爲:“施動受動不分,實在是遠古語言未完備時,所不能免的現象。”⑤今文《尚書》的《虞夏書》部分没有被動句式,《商書》部分僅有 1 例,餘皆見於《周書》部分,這一語言事實與金文中存在“於”字被動句形成互證,這或許可以證實漢語被動句式出現在商周時期,“於”字被動句是漢語最早的形式被動句。“於”是最早表示被動意義的語法標志。漢語被動句的産生可能是陳述者爲了在漢字形式上突出動作行爲的主動者,也就是説漢語被動句産生的直接動因可能是基於修辭的需要。今文《尚書》用“動詞+於+主動者”表示的被動句一共有 9 個句子,“於”字後引出的主動者,皆爲“上天”(上帝、天、上、帝、皇天)。西周金文中“於”引出的主動者除“上

① 余德泉:《古漢語同義虚詞類釋》,湖南教育出版社 1993 年版,第 521 頁。
② 張相:《詩詞曲語詞匯釋》,中華書局 1953 年版,第 644 頁。
③ 余德泉《古漢語同義虚詞類釋》,湖南教育出版社 1993 年版,第 522 頁。
④ 周法高:《中國古代語法・造句篇》,中華書局 1990 年版,第 98 頁。
⑤ 金兆梓:《國文法之研究》,商務印書館 1983 年版,第 13 頁。

天”外，還有“王”、“公”、“侯”等，這些都是“天”的化身。爲什麼最早的被動句式介詞介引的施動者都是“上天”及上天的化身呢？或許遠古人民生活在十分惡劣的自然環境中，當他們面對無可抗拒的自然力没法解釋時，冥冥之中產生對天無限的恐懼和敬畏。“天”就成了自然和社會威力無比的主宰，人們的一切都屈從於天。在語言表達上就自然而然地突出“天”的力量，而“於”的出現，是爲了引出“天”，在視覺上起到一種標識作用。從而，我們也可以推知漢語形式被動句的產生是爲了語言交際的明瞭準確。

五、罕見的離合句式。

今文《尚書》少數單句具有顯著的特徵，分析其綫性結構，句子成分的排列異於常規順序。主要有兩種結構形式。一是“賓＋謂＋賓”式，一是“定＋中＋定”/“中＋定＋中”式。這些變式句，句義是完整的，但句結構是離散的，我們稱之爲離合句。孔安國早已注意到這些句子結構，在分析《禹貢》“厥篚玄纖縞”明確認爲“玄，黑繒。縞，白繒。纖，細也。纖在中，明二物皆當細”。“纖在中，明二物皆當細”即“纖(細)”在中既修飾前之“玄”又修飾後之“縞”，“玄纖縞”是典型的“定＋中＋定”式。清代有不少學者也贊成孔説。

(一)“賓＋謂＋賓”式離合句。

(24) 禹錫玄圭，告厥成功。(虞夏書・禹貢)

《孔傳》：“玄，天色。禹功盡加於四海，故堯錫玄圭以彰顯之，言天功成。”①《孔疏》：“《考工記》‘天謂之玄’，是‘玄’爲天色。禹之蒙賜，必是堯賜，故史叙其事，禹功盡加於四海，故堯賜玄圭以玄顯之。必以天色圭者，‘言天功成’。《大禹謨》舜美禹功云‘地平天成’，是天功成也。”②段玉裁《古文尚書撰異》：“《衆經音義・卷四》：《尚書》‘禹錫元珪’字，從玉。’《太平禦覽》八十二：《尚書旋璣玲》曰：‘禹開龍門，導積石山。元珪出，刻曰：延喜玉受德天錫佩。’《夏本紀》：‘於是帝錫禹元圭，以告成功於天下。’”③皮錫瑞《今文尚書考證》：“《史記》曰：於是帝錫禹玄圭，以告成功於天下。《尚書旋璣玲》曰：‘禹開龍門，導積石，玄珪出，刻曰：延喜玉受德天賜佩。’鄭注：禹功既成，天出玄圭賜之。占者以德佩，禹有治水功，故天佩以玄玉。大義引《春秋緯・感精符》曰：帝王之興，多從符瑞。周感赤雀，故尚赤。殷致白狼，故尚白。夏錫玄珪，故尚黑。武梁祠石刻祥瑞圖曰：‘玄珪，水泉疏通，四海會同，則至。’江藩説：‘玄珪乃治水功成之瑞應，天所以寵錫禹者。’據此，則《史記》言帝錫玄圭，亦謂天帝，不謂堯矣。錫瑞謹案：《史記》稱帝皆二帝，非天帝，與緯書説不同。《漢書・王莽傳》張竦爲陳崇草奏曰：‘是以伯禹賜玄圭，周公受郊祀。’《後漢書・何敞》奏記宋由曰：“忠臣受賞，亦應有度，是以夏禹玄圭，周公束帛。”敞六世祖比干學《尚書》於晁錯，則亦傳今文者。其説與史公同。而《潛夫

①② 孔安國傳，孔穎達正義，黄懷信整理：《尚書正義》，頁247。

③ 段玉裁：《古文尚書撰異》，第130頁。

論・五德志》曰:‘功成,賜玄珪,以告勛於天。’魏曹植《晝贊》曰:‘天錫玄圭,奄有萬邦。’皆同緯書説。蓋三家《尚書》不同。或玄圭之出,本爲瑞應,禹得之以獻堯,堯即以賜禹,故或以爲天錫,或以爲帝錫歟?”①

“禹錫玄圭”從語法關係上看,“錫”和前面的“禹”及後面的“玄圭”均是動賓關係,只是前者是間接賓語,後者是直接賓語。也有學者認爲這是一個特殊的雙賓語句,也有學者認爲這是一個被動句。

(25)予則孥戮汝。(《虞夏書・甘誓》)

《孔傳》:“孥,子也。非但止汝身,辱及汝子。言恥累也。”②《孔疏》:“《詩》云:‘樂爾妻孥。’對‘妻’别文,是‘孥’爲子也。非但止辱汝身,並及汝子亦殺,言以恥惡累之。”③蔡沈《書經集傳》:“戮,殺也。《禮》曰:天子巡狩以遷廟,主行。《左傳》:軍行,祓社釁鼓。然則天子親征,必載其遷廟之主與其社主以行,以示賞戮之不敢專也。祖左陽也,故賞於祖;社右陰也,故戮於社。孥,子也。‘孥戮’與上‘戮’字同義,言若不用命,不但戮及汝身,將並汝妻子而戮之。戰,危事也,不重其法則無以整肅其衆而使赴功也。或曰:戮,辱也。‘孥戮’猶《秋官・司厲》‘孥男子以爲罪隸’之‘孥’。古人以辱爲戮,謂戮辱之以爲孥耳,古者罰弗及嗣,孥戮之刑非三代之所有也。按此説固爲有理,然以上句考之,不應一戮而二義。蓋罰弗及嗣者,常刑也。予則孥戮者,非常刑也。常刑則愛,克厥威;非常刑則威,克厥愛。盤庚遷都尚有‘劓殄滅之,無遺育’之語,則啓之誓師豈爲過哉?”④

(26)予則孥戮汝。(《商書・湯誓》)

《商書・湯誓》亦有與《虞夏書・甘誓》相同的句子。《孔傳》:“古之用刑,父子兄弟罪不相及,今云‘孥戮汝,無有所赦’,權以脅之,使勿犯。”⑤《孔疏》:“昭二十年《左傳》引《康誥》曰:‘父子兄弟,罪不相及。’是古之用刑如是也。既刑不相及,必不殺其子。權時以迫脅之,使勿犯刑法耳。不於《甘誓》解之者,以夏啓承舜、禹之後,刑罰尚寬,殷、周以後,其罪或相緣坐,恐其實有孥戮,故于此解之。鄭玄云:‘大罪不止其身,又孥戮其子孫。”⑥

王鳴盛《尚書後案》:“孥,《説文》無之。‘帑’在《巾部》,金幣所藏,故妻子亦曰帑。《左傳》‘秦人歸其帑’,《詩》‘樂爾妻帑’,皆是也。張參《五經文字》中五十一《巾部》“帑”字注云:《説文》,乃胡反。《字林》以爲帑藏之。帑音儻,又作孥,爲妻孥。然則此字起於《字林》也。”⑦段玉裁《古文尚書撰異》:“奴,各本作‘孥’,今更止。詳《甘誓》。《匡謬正俗》曰:《商

---

① 皮錫瑞撰,盛冬鈴、陳抗點校:《今文尚書考證》,第188—189頁。

② 孔安國傳,孔穎達正義,黄懷信整理:《尚書正義》,第259頁。

③ 孔安國傳,孔穎達正義,黄懷信整理:《尚書正義》,第261頁。

④ 蔡沈:《書經集傳》,吉林出版集團有限責任公司,2005年影印摛藻堂《欽定四庫全書薈要》本,卷二,第42頁。

⑤ 孔安國傳,孔穎達正義,黄懷信整理:《尚書正義》,第285頁。

⑥ 孔安國傳,孔穎達正義,黄懷信整理:《尚書正義》,第287頁。

⑦ 王鳴盛:《尚書後案》,第107頁。

書·湯誓》云:'予則孥戮汝。'孔安國傳云:'古之用刑,父子、兄弟罪不相及,今云孥戮,權以脅之,使勿犯也。'案:孥戮者,或以爲奴,或加刑戮,無有所赦耳。此非'孥子'之'孥',猶《周書·泰誓》稱'囚孥正士',亦謂或囚或孥也,豈得復言並子俱囚也。又班固《漢書·季布傳》贊云:'及至困厄奴僇苟活,蓋引《商書》之言以爲折衷矣。'玉裁按:此條除'孥子'之'孥'外,必盡正爲'奴'字而後可讀。亦可以證《尚書》之本作'奴'矣。其實'孥子'之'孥'兩'孥'字亦當正爲'奴',古子女奴婢統偁'奴',其既也假'帑'爲'奴子'字,其後又製'孥'字爲之。"①皮錫瑞《今文尚書考證》:"今文'爾'作'女','無'作'毋','罔'作'無'。《史記》曰:'女毋不信,朕不食言。女不從誓言,予則奴僇女,無有攸赦。'今本'帑'字誤,當作'奴',見《甘誓》。《中論·賞罰篇》曰:'夫賞罰者,不在乎必重而在於必行。必行,則雖不重而民肅。不行,則雖重而民怠。故先王務賞罰之必行也。書曰:'爾無不信,朕不食言。爾不從誓言,予則孥戮女,罔有攸赦。''孥'字亦後人改之。"②

《孔傳》《孔疏》皆認爲"戮"是動詞"殺",不但殺汝,還要殺汝子孥。"戮"與前面的"孥"和後面的"汝"字分别構成動賓關係。清人對於這兩句訓詁用力甚勤,對"孥"字考證甚詳,多數學者認爲認爲"孥"即"妻子兒女"。也有學者認爲字"孥"是後用字,當爲"奴";其次他們從《周禮》及刑法的角度認爲,商周時尚無連坐之刑。而今人易寧先生也從這兩者角度入手,取清人善説,推導出不同結論:首先,"奴"字通"帑"字,"帑"字通"孥"字,是妻、子的意思,與"帑"字訓爲"子"有所不同,傳世《尚書》用"孥"字没有問題;其次,商周時期實際上也有株連制度。所以他對這句的理解與《孔傳》《孔疏》基本相同。③

(二)"定+中+定"/"中+定+中"式離合句

(27) 雲土夢作乂。(《虞夏書·禹貢》)

《孔傳》:"雲夢之澤在江南,其中有平土丘,水去可爲耕作畎畝之治。"④《孔傳》以"雲土夢"爲"雲夢土","土"是中心詞,"雲夢"澤名,爲"土"之定語,分别置於中心詞的前後。

歷代學者對"雲土夢"的解讀人言人殊,分歧大致在於對"雲"、"夢"的理解。或"雲夢"合而为一澤名,或"雲"、"夢"各爲澤名。

劉起釪先生《"雲土夢"辨論》力主前者,以古本"雲土夢"作"雲夢土",誤改時間爲唐太宗時,主要依據是宋人的記載和《史記》《漢書》的《禹貢》引文。劉先生認爲:"《禹貢》荆州有'雲夢土作乂'句,通行僞孔本《尚書》作'雲土夢作乂',出於唐代誤改,不可不正其訛誤。按《史記·夏本紀》引此句作'雲夢土爲治',《漢書·地理志》則依《禹貢》原句作'雲夢土作乂'。知漢《尚書》本作'雲夢土'。胡渭《禹貢錐指》'雲可該夢,夢亦可該雲','則南雲北夢、單稱合稱,無所不可'。""沈括《夢溪筆談》卷四云:'舊《尚書·禹貢》云"雲夢土作乂",太宗皇帝時古

---

① 段玉裁:《古文尚書撰異》,第140—141頁。

② 皮錫瑞撰,盛冬鈴、陳抗點校:《今文尚書考證》,第201頁。

③ 易寧:《〈尚書·甘誓〉"予則孥戮汝"考釋》,《史學史研究》,2002年第1期,第56—58頁。

④ 孔安國傳,孔穎達正義,黄懷信整理:《尚書正義》,第123頁。

本《尚書》作“雲土夢作乂”，詔改《禹貢》從古本。’”①實際上阮元早在《十三經注疏校勘記》中對上述各書中的關鍵問題已做過考證：“按《筆談》所謂太宗乃宋太宗也，胡朏明《禹貢錐指》乃以爲唐太宗，殆誤矣，《疏》云經之‘土’字在二字之間。開成石經亦作‘雲土夢作乂’，則古本即唐世通行本耳，至宋初監本始倒‘土夢’二字，蓋據《漢書·地理志》，不知《史記·夏本紀》‘夢’字亦在‘土’下。”②

蔡沈《書經集传》为力主后者的代表，虽以“雲”、“夢”各爲澤名，却以“雲土”和“夢”为並列结构：“雲土者，雲之地土见而已；夢作乂者，夢下地已可耕治也。盖雲夢之泽地势有高卑，故水落有先后，人工有早晚也。”③蔡説可能受《孔傳》影響，但主觀臆測的成分比較重。何謂“乂”？《説文解字·丿部》：“乂，芟草也。從丿從乀相交。刈，乂或從刀。”《段注》：“乂，芟草獲穀總謂之乂。”④水去草長，芟草治土而獲穀。“雲”然，“夢”亦然。“乂”的語義既指向“雲”，亦指向“夢”。所以《孔疏》曰：“經之‘土’字在二字之間，蓋史文兼上下也。”⑤

歷代《書》説對這一結構論述最爲簡潔明瞭的當推蘇軾。《東坡書傳》：“《春秋傳》曰：‘楚子與鄭伯田于江南之夢。’又曰：‘王寢於雲中。’則‘雲’與‘夢’二土名也。而云‘雲土夢’者，古語如此，猶曰‘玄纖縞’云爾。”⑥

(28) 厥篚玄纖縞。(《虞夏書·禹貢》)

《孔傳》：“玄，黑繒。縞，白繒。纖，細也。纖在中，明二物皆當細。”⑦《孔疏》：“篚之所盛，例是衣服之用，此單言‘玄’，玄必有質。玄是黑色之别名，故知玄是黑繒也。《史記》稱高祖爲義帝發喪，諸侯皆縞素，是縞爲白繒也。”⑧王鳴盛《尚書後案》：“鄭曰：纖，細也。祭服之材尚細。《傳》曰：元，黑繒；縞，白繒；纖，細也。纖在中，明二物皆當細。《疏》曰：元是黑色之别名。《史記》：高祖爲義帝發喪，諸侯皆縞素。是縞爲白色。案曰：鄭云‘纖，細也’者，《説文》卷十三上《糸部》文也。又云‘祭服之材尚細’者，《周禮·齊服》有‘元端’又有‘素端’，是祭服有元、縞也。《傳》‘元，黑繒；縞，白繒’者，《漢書》‘灌嬰販繒’注‘繒者，帛之總名’，以元、縞皆爲繒。《周禮·染人》注：六入爲元，其色緅、緇之間，赤而有黑色。《爾雅》：縞，皓也。故以元爲黑，縞爲白也。”⑨

《孔傳》、《孔疏》認爲“纖”字修飾前面的“玄”字和後面的“縞”字，即修飾語在中間，中心語在前後兩邊。王鳴盛贊同孔安國及孔穎達的説法。具體方法先列鄭説，然後補征《孔傳》《孔疏》的書證。黄式三《尚書啓蒙》和皮錫瑞《今文尚書考證》説解同王鳴盛。

---

① 劉起釪：《尚書研究要論》，齊魯書社2007年版，第315—316頁。
② 阮元：《十三經注疏(附校勘記)》，中華書局1980年影印本，第154頁。
③ 蔡沈：《書經集傳》卷二，第32頁。
④ 段玉裁：《説文解字注》，上海古籍出版社1981年影印本，第627頁。
⑤ 孔安國傳，孔穎達正義，黄懷信整理：《尚書正義》，第213頁。
⑥ 蘇軾：《書傳》，上海古籍出版社，1989年文淵閣《四庫全書》影印本，第54册，第523頁。
⑦⑧ 孔安國傳，孔穎達正義，黄懷信整理：《尚書正義》，第206頁。
⑨ 王鳴盛：《尚書後案》，第59頁。

六、複句主要是意合複句和單聯形式複句，多重複句以二重並列複句爲主。

今文《尚文》的複句可以用一個句末號作爲句界，也可以由兩個或兩個以上的分句構成。複句有些用關聯詞語作標誌，多數則不用關聯詞語，以意合爲主。多重複句以二重並列複句爲主，多重複句多有關聯詞語標識。

（一）複句的主要句型是意合複句，語義類型亦趨完備，形式複句主要是單聯形式複句。

對於今文《尚書》形式複句和意合複句的研究證明：今文《尚書》時期是意合複句向形式複句演變的過渡階段。

今文《尚書》中意合複句占複句的百分之七十以上。甲骨文中已有大量的複句，百分之九十以上都是意合複句。從信息的承載結構和承載體系來看，複句要比單句複雜得多。單句僅僅是一個獨立的信息體；而複句所形成的則是一個資訊集。社會生活日益豐富複雜，複句形式亦日益增多。初始階段的複句，分句之間要靠意會。意合法的特點是以語義體現關係。

意合式複句容易引起理解上的歧義，不利於語言交際。語言的發展對複句的表達形式提出了更高的要求，形式複句必然會應勢而生。甲骨文中已出現了表示並列、順承、假設關係的形式複句，但數量很少。西周金文除了條件複句和目的複句外，其他類型的複句皆可以有形式標記，數量亦很有限；今文《尚書》形式複句凡 77 見，表示並列、承接、遞進、假設、條件、轉折、因果、目的等各種語義關係，基本形成了後世典籍形式複句各種類型的輪廓，但仍不全面，譬如：没有表選擇關係的形式複句，轉折形式複句中僅有轉折式而没有讓步式，因果形式複句中僅有因果式而没有果因式複句等，這些都體現了今文《尚書》時期意合複句向形式複句的過渡。

關聯詞語的出現是複句進一步完善表現形式的方法，它主要是表示複句中各分句之間的邏輯聯繫和語義關係。關聯詞語在形式複句中成對出現是漢語語言精密化的突出表現之一。然而關聯詞語並非一開始就成對出現，要分兩步走。第一步是單聯形式複句的產生，即複句只有一個分句有關聯詞語，另一個分句没有關聯詞語；第二步是雙聯形式複句的產生，即各分句均有關聯詞語標識。

甲骨文中有關聯詞語 11 個（組），雙聯關聯詞語 2 個。西周金文中關聯詞語均爲單聯。今文《尚書》形式複句具有標識作用的關聯詞語有 37 個（組），其中單聯關聯詞語有 32 個，約占總數的 86.5％，雙聯關聯詞語有 5 組約占總數的 13.5％。今文《尚書》雙聯關聯詞語連接的形式複句凡 14 見，占形式複句總數的 18.2％。楊伯峻、何樂士先生《古漢語語法及其發展》列舉後世典籍中關聯詞語凡 333 個（組），單聯關聯詞語凡 268 個，雙聯關聯詞語 65 組，占總數的 19.5％。通過以上數量與比例的比較可以發現，今文《尚書》形式複句亦處於由單聯向雙聯演變的重要階段。

今文《尚書》中複句雖以意合複句爲主，但形式複句發展的勢頭不可小覷，複句處於進一步蜕變、完善的過程中。而今文《尚書》形式複句的單聯複句占絶對多數,不僅是意合複句向形式複句過渡合乎邏輯的結果,也證明了今文《尚書》時期是意合複句向形式複句演變的重要階段。

漢語複句成形較早,甲骨文中就已形成了一個語義關係類型較爲齊備的複句系統,但除了表示並列關係、順承關係、假設關係的複句有時用關聯詞連接以外,其餘類型的複句一般都不用關聯詞連接,複句間的語法關係主要依靠意會。甲文複句中起連接作用的關聯詞語主要限於連詞和部分具有關聯作用的副詞。《甲骨文語法學》指出甲文6個連詞中只有"此、延"可用來連接假設複句。甲文中共有36個副詞,但只有"既"、"咸"、"先"、"延"、"乃"、"廼"等少數的幾個時間副詞可用連接複句。①

一方面,關聯詞語的有限性決定甲骨文形式複句尚處於不發達的狀態;另一方面,語言之初的先人思維簡單,不可能一下子産生許多邏輯縝密語義關係複雜的形式複句。

西周金文複句中除了條件複句、目的複句而外,均可用關聯詞語來連接複句之間的分句。管燮初先生統計,西周金文的連詞有25個,其中有18個可用來連接分句。西周金文中副詞有70個,其中有16個副詞具有連接分句的功能。較之甲骨文,西周金文的形式複句和關聯詞語均有相應的發展。

今文《尚書》的形式複句的語義類型已較爲完備,原因是多方面的。一方面,今文《尚書》已具有相對成熟的連詞和副詞系統。今文《尚書》中連詞凡42個,具有連接分句功能的有36個。今文《尚書》副詞凡153個,具有連接分句功能的有23個關聯副詞以及部分否定副詞。關聯詞語的豐富促進了形式複句的發展。另一方面,《尚書》長篇的周誥殷盤,充滿强烈的思辯色彩。語言表達的生動明確,需要大量狀容寫貌擬聲繪色的虚詞。語言表達的精確嚴密,也需要大量承上啓下關聯過渡的虚詞。這一切都待然促進形式複句的迅速發展。今文《尚書》除"矧"、"肆"、"丕"、"否則"等少數的幾個關聯詞語外,大量表示關聯的連詞和副詞一直延續至後世典籍。

今文《尚書》的形式複句凡77見。其中,表示承接關係的形式複句最多,凡26見。並列複句次之,凡15見。假設複句又次之,凡10見。關聯詞語的數量與形式複句的數量有對應性。標識承接複句的關聯詞語最多,凡11個;並列複句次之,凡6個(組);假設複句又其次,凡6個(組)。這從另一個角度應證了形式複句的發展與關聯詞語的發展之間存在着相輔相成的因果關係。

(二) 多重複句以二重並列複句爲主,多重複句多有關聯詞語標識。

今文《尚書》多重複句以二重複句爲主,二重複句不僅數量多,而且語義類型完備。後世文獻語言中表示並列、承接、遞進、假設、條件、轉折、因果、目的等關係的二重複句,在今文《尚書》中都有語例。

複句句型的絶對數是語意複句最多,但多重複句中語意多重複句較之形式多重複句相

① 張玉金:《甲骨文語法學》,學林出版社2001年版,第50—54頁。

對較少。今文《尚書》多重複句第一層結構關係以並列關係爲主,第二層結構關係多以並列關係和假設關係爲主。今文《尚書》表示並列關係和假設關係的關聯詞比較豐富,以假設義關聯詞語爲例,甲骨文假設義關聯詞語只有"此"和"延"2個,西周金文亦僅僅有"乃"、"又"、"有"3個,而今文《尚書》中假設義關聯詞已有8個;乃,則,厥,其,若,所,有,如。較之甲文增加4倍,較之金文增加了2倍多。另外,多重複句複雜的層次也需要關聯詞語標識。關聯詞語的增加幾乎和多重複句的增加處於同步狀態。

"今文《尚書》沒有'也',僅有一個'者'";"自稱代詞用'予'不用'余',僅見'台',自稱代詞格數有特殊用法和語用的情感差異";"賓語前置多不常見形式";"被動句多無表示被動的語法標志,形式被動句僅有'於'字句和傳世文獻非常罕見的'在'字句";"罕見的離合句式";"複句主要是意合複句和單聯形式複句,多重複句以二重並列複句爲主";今文《書》經傳世文本這些文法特點和語言結構,以及還有一些異於甲文金文和别的傳世文獻的其他語言結構和文法特點,都是客觀存在的語言事實。拂却《書》經傳播過程中的歷史風塵,今文《書》經傳世文本鮮明的文法特點和獨特的語言結構證實了自身不朽的文獻價值。

七、研究本專題的幾點啓示。

(一)漢語一直處於不斷的發展變化之中,不同時代的語言有不同的特點。語言要素中變化最快的是辭彙,最慢的是語法。語言有表層結構和深層結構,語言表層結構由不同層級的語言單位構成。一般而言,經典傳世文本在傳鈔轉寫的過程中,無論是主觀原因還是客觀原因,歷時變易的主要對像是語言單位的最低層級字或詞,語言單位的較高層級的短語結構、句結構以及高層級複句、多重複句變化較小。就《書》經而言,雖然字詞的形體變異可能構成不同版本的面目全非,但是今文《書》經傳世文本的詞法特點、句法特點和特殊的語言現象證實其深層結構的語義系統沒有變化或變化不大,我們可以運用語言研究的技術手段復現其深層結構的語義系統,從而證實其普世價值系統。經學研究的普世價值是經書文本自身的價值體現,而不完全是經生儒師説經的詮釋價值。

(二)在文獻學研究中,必須捨棄層層相因的慣性思維模式,不要讓已成定論的某些理論範疇和學術結論限制我們的理性思考。一切從語言實際出發,一切從經文文本出發,重現歷史的本真。諸如"傳世文獻不如地下材料文獻價值大"、"文獻語言自稱代詞單複數同形"等等是常識範圍内的理論範疇和學術結論,但不是普遍真理,例如,比較研究今文《書》經傳世文本和敦煌寫本《書》經殘卷就可以證明:傳本今文《書》經傳世文本應該比敦煌寫本《書》經殘卷文獻價值高。

敦煌寫本《尚書》二十五個卷子中真正有關傳本《尚書》原文的僅有二十三卷。這二十三卷共涉及《尚書》篇目二十七篇,其中在敦煌寫本中僅出現一次的有十個篇目;重現的有十七個篇目。用今傳本《尚書》對敦煌寫本《尚書》分爲三個層次進行比對:一是將敦煌寫本《尚書》與今傳本《尚書》進行逐字比對；二是將敦煌寫本《尚書》中重現篇章進行逐字比對；三是逐一考察敦煌寫本《尚書》中同一個字的使用情況。可以發現兩者在語言的深層結構上是基本相同的，其主要差别是敦煌寫本《尚書》大量使用通假字和俗字，特别是俗字的使用情況紛繁複雜。鈔寫者爲了書寫的方便，或減省筆劃，或省略偏旁，或改變偏旁。有些俗字書寫隨意，同一字在不同的卷子中有不同的寫法，甚至同一個字在同一卷中也有不同的寫法。俗字成長於民間，是"下里巴人"約定俗成的存在。《干禄字書·序》："所謂俗者，例皆淺近，唯籍帳、文案、券契、藥方，非涉雅言，用亦無爽；儻能改革，善不可加。"[1]官定的《尚書》作爲儒家的經典則不允許使用俗字。清代繕寫《四庫全書》，規定書寫格式的《四庫全書辨正通俗文字》中寫道："俗者，承襲鄙俚……斷不可以從者也。"[2]可見俗字只能在一定的範圍内通用，斷不可在官方整理的經典中使用。敦煌寫本《尚書》雖出自藏洞，但鈔寫者都不是研究者，主要是普通的僧侣、低級官員和其他勞動人民，又非一人一時所鈔寫，多次傳鈔，衍脱訛錯在所難免。而今文《書》經傳世文本從梅氏獻書後一直被立爲官學，且鈔寫者一般都是研究者或學者，因此在衛包改字前基本能較爲完整地保持原樣，改字後又以石經的形式固定下來，因而今《書》經傳世文本可以用來糾正敦煌寫本《尚書》的俗字、訛字、脱文、衍字等現象。

（三）經學是一個開放性的知識體系，經學研究應該是多元的多視角的，應該有多學科的介入。經學的載體是語言文字，因而經學研究特别需要語言學科的介入。語言學介入經學研究，這裏所説的語言學並不是傳統意義上的小學，而是包括普通語言學和傳統語言學的理論體系和技術手段。當然，運用傳統意義小學的理論和方法正確讀懂經典熟讀經典，是語言學介入經學研究的前提。文法學作爲語言學的分支學科，其理論體系雖然僅僅産生在十九世紀末，但利用文法學的理論體系和技術手段研究經典文本的文法系統，演繹其文法特點，却也是鑒定經典文本價值的重要方法。

（四）研究經典文本的文法特點和特殊的語言現象，特别是隱性的深層語言結構，需要經過對經文文本窮盡性的定量定性的語料分析和統計，需要經過分門别類共時和歷時的同類語料比對。所有這一切都必須付出十分艱巨的努力。

---

① 顔元孫：《干禄字書》，中華書局 1985 年版，第 3 頁。

② 陸費墀撰，王朝梧增補：《四庫全書辨正通俗文字》，上海古籍出版社 2002 年版，《續修四庫全書》第 239 册，第 531 頁。

《禹貢》地理條列嘖隱

□顧　濤

［摘　要］《尚書·禹貢》篇開中國實證派歷史地理之先河，全篇筆涉山川地名計約110個，自兩漢以來諸家訓讀漸生分歧，歷千餘年而至紛雜繁冗之境，梳釋董理困難極大。黄侃曾擬紬繹經注之邏輯條理，辨析諸家異同，以編纂《禹貢地名嘖隱表》，惜未能成秩。本文接踵黄氏，撰制五表，曰"北條行河（冀州）"，"中條行渭洛（雍州、豫州）"，"南條行江漢（梁州、荆州、揚州）"，"濟壞東入海（兖州、青州、徐州）"，"禹回巡及貢道"，各表均分總述、表解、志異三部分，以期藉此剔抉《禹貢》地理之邏輯理路。

［關鍵詞］歷史地理學；大禹治水；九州；《禹貢》

［作　者］顧濤，清華大學歷史系講師（北京，100084）

17世紀末，顧祖禹（1631—1692年）撰成《讀史方輿紀要》，吴興祚（1632—1698年）爲之序，嘗言："凡有志於用世者，河渠、邊防、食貨、兵制，皆其所有事也，然而莫重於輿圖。何也？輿圖者，史學之源也。"①此秉政者之卓識。若專就古史與地理相涉之切要論，吴説亦非無的放矢之虚言，蓋研治益深而益得其間然。古史地理學界共相祖述《尚書·禹貢》篇，史遷作《夏本紀》即悉予迻録，諒《山海經》、《穆天子傳》等均非其匹，故顧祖禹稱"太史公曰，言山川者斷自《禹貢》，允矣"，②班氏《地理志》正一承其事。探究其内理，顧頡剛（1893—1980年）曾作如下按語："《禹貢》是中國古代最富於科學性的地理記載，它是以徵實爲目的而用了分區的方法來説明各區的地理情況的。"③此篇無疑開中國實證派歷史地理之先河。

《禹貢》一篇，前後筆涉之山川地名計約110個，自兩漢以來訓讀即漸生分歧，歷千餘年而糾結於此篇者不可勝計，而"尤自宋以來專論《禹貢》之著作紛然雜陳，數以百計"，"至清代《禹貢》專著遠逾前代"。④筆者初略統計《四庫全書總目》及《續修四庫全書總目·經部》兩種，單以剔出《禹貢》專事疏證之專著即有82（23＋59）家，⑤而又"《清人文集篇目索引》中，列清人專論《禹貢》之論文達一百五十六篇"，⑥此均尚未計入《尚書》之總釋類論著及《史》、《漢》並《水經注》等

① 見顧祖禹《讀史方輿紀要》吴興祚所作序（原序二），中華書局1955年7月版，第3頁。
② 見顧祖禹《讀史方輿紀要·總叙一》，第7頁。
③ 見侯仁之主編《中國古代地理名著選讀》之《禹貢》（顧頡剛注釋），科學出版社1959年9月版，第1頁。
④ 見顧頡剛、劉起釪《尚書校釋譯論》，中華書局2005年4月版，第2册，第627頁。
⑤ 《四庫全書總目》，中華書局1965年6月版；《續修四庫全書總目·經部》，中華書局1993年7月版。
⑥ 見顧頡剛、劉起釪《尚書校釋譯論》，第2册，第627—628頁。

相關篇目之舊注。民國以降,有志於此篇者亦不乏其人,此不再贅列。若叩詢其間之緣由,清人彭士望(1610—1683)曾曰:"高山大川之寥闊,瀆壑邱陵之瑣細,古今名號之建置不一,崩築疏鑿之因創損益各異,或僑設而名存,或陵谷變遷而實没,舟車之所不通,人力之所罕至,容並有之。"①此一方面可見古地理學之專辟繁難,歷代學者借傳薪之力以沈潛蘊藉,已而益趨邃密;一方面却又令今人治史望而生畏,臨撫經注恐難覩其崖涘,遊移諸家而欲歎吾誰與歸。

有鑒於此,民國年間黄侃(1886—1935年)擬編纂《禹貢地名嘖隱表》,其意在統緒諸家,牽掣牛鼻,化繁爲簡,表而出之。黄氏此表之學理在以西學之邏輯貫通經注,剔抉經傳古義所透發之脈緒,昭示着經學研究開新之曙光,故王森然(1895—1984年)盛贊此舉曰:"《禹貢地名嘖隱表》爲近代整理國故中之最大貢獻,詳勘經文,輯其異説,今之異古,與無徵者,均列表明之,予學術上治地理者以莫大之便利,是亦開治經者之新紀元也。"②惜乎黄氏此表未能最終定稿,今僅可於《六祝齋日記》卷三壬戌(1922年)正月六日下覽得其概貌③。表列73處略有疑義之地名,分設"異説"、"今異古"、"無徵"三項檢釋之,表末有云:"右表隨手編次,暇日當遍檢《禹貢》、《漢志》、《水經注》諸家攷訂之書,詳正之。"筆者展卷至此,深以爲慨,年前與清華學子講讀《禹貢》,互歎授受無門竟一時略而忽之。今重温此篇,略思以接續黄氏此表,擴展而整新之,於諸家考訂别判萃取,條臚經脈,董理其棼廡,旨在歸乎簡約,力避冗辭,俾便初學能執一馭繁,循序深仿寶山。

今將全篇九州、導山、導水共計十五部分按南北地理形勢重新條列,略仿漢儒約取經文分設北、中、南三大條塊之意,④擬再辟出東條,成北、中、南、東四大系。各系内以水行脈絡爲主綫,山行與水行相表裏,州際地理附驥參照以見首尾,而將禹治水回巡之路綫一併抽出以繫聯奠尾,俾觀九州水系之大勢。各系下均先作總述,次表解,再次志異説。各家之最終定論或筆者之傾向性意見,均可於總述與表解中覽知之,志異部分則列出其他可供參酌之重要異説,暫出50項。表解中於各地名下均略標對應今之地理方位,並區分山、川、澤及其他類,於山名下標識三角符(△),水名下標識波浪綫(﹏),澤名下標識圓圈符(。。。)。各地名間以箭頭略示治理之前後次第及其間遠近、周折之關聯。概言之,結構與符號均略蘊其意,覽者深察而悟識之。

清代以來疏釋《禹貢》之集大成者當數胡渭之《禹貢錐指》,後有王鳴盛《尚書後案》、王先謙《尚書孔傳參正》等爲之補苴,而以曹元弼《古文尚書鄭氏注箋釋》奠其尾,⑤清以前諸家之

---

① 見顧祖禹《讀史方輿紀要》彭士望所作序(彭叙),第15頁。

② 王森然《黄侃先生評傳》,《中國公論》1940年第4、5期,收入《近代名家評傳二集》,生活·讀書·新知三聯書店1998年11月版,第317頁。

③ 見《黄侃日記》民國十一年二月,中華書局2007年7月版,上册第88—99頁。

④ 宋黄度《尚書説》卷二於"導岍及岐,至于荆山"句下注曰:"班固、馬融、王肅皆言:'岍爲北條,西傾爲中條,嶓冢爲南條。北條行河,中條行渭、洛、濟、淮,南條行江、漢。'蓋約經文也。"《文淵閣四庫全書》本,第57册496頁。

⑤ 胡渭《禹貢錐指》,上海古籍出版社2006年7月點校本;王鳴盛《尚書後案》,《續修四庫全書》影印清乾隆四十五年(1780年)刻本王先謙《尚書孔傳參正》,《續修四庫全書》影印清光緒三十年(1904年)刻本;曹元弼《古文尚書鄭氏注箋釋》,《續修四庫全書》影印稿本,第53册。

犖犖大端匯於此。今即以此三書爲重點，輔參近代以來集釋者又三種：屈萬里《尚書集釋》，金景芳、吕紹綱《〈尚書・虞夏書〉新解》，①顧頡剛、劉起釪《尚書校釋譯論》。下文所及各家諸種言説，大率可從此五書中覓得其由來，故不煩一一標注，有志於深求者順藤而得之可也。

一、北條行河（冀州）

北條以黄河爲主干，黄河發源於積石山以西，至壺口、龍門段急勢南下，先後折以東行、北行，向以西河、南河、東河别稱之。其間山脈自河西之岍山、岐山延黄河東行、北行，直至渤海口之碣石山。西河爲冀、雍二州之分界，冀州地處黄河中下游，在東西兩河間，南至南河，涵今山西、河北及河南之北部。禹治水起自西河之龍門，至華陰而爲南河，至大伾北流，至大陸澤而播爲九河，同爲逆河入海。（列表見下頁）

（1）積石：《後漢書・孝桓帝紀》李賢注新説："積石山在今鄯州龍支縣南，即《禹貢》云'導河積石'是也。"此小積石山，《通典・州郡三》用此説。

（2）大伾：《水經注・河水》引鄭玄云"在修武、武德之界"。《水經・山水澤地》曰："大伾地在河南成皋縣北。"今採孔疏引臣瓚説，胡渭取此説。

（3）降水：《漢書・地理志》上黨郡屯留云："桑欽言絳水出西南，東入海。"《水經注・河水》引此作"東入漳"，且曰："絳水發源屯留，下亂漳津，與漳俱得通稱也。"是以濁漳指之。然《水經注・濁漳水》引鄭玄曰："降，讀當如'郕降于齊師'之降，聲轉爲共"，"今河内共北山淇水、共水出焉，東至魏郡黎陽入河"。王鳴盛申鄭説，明降水即淇水，入河口爲北折之始，今採此説。

（4）大陸：《左傳・定公元年》"田於大陸"杜預注云："疑此田在汲郡吴澤荒蕪之地。"與此當無涉。

（5）九河：《爾雅・釋水》載其名爲徒駭、太史、馬頰、覆鬴、胡蘇、簡、絜、鉤盤、鬲津。而《漢書・溝洫志》記平當言"九河今皆寘滅"，王横言"九河之地已爲海所漸矣"，許商僅指出三名，"古説九河之名，有徒駭、胡蘇、鬲津，今見在成平、東光、鬲界中"。

（6）逆河：僞孔傳曰："同合爲一大河，名逆河。"然唐徐堅《初學記・地部》曰："逆，迎也，言海口有朝夕潮，以迎河水。"胡渭詳證之，今採此説。

（7）碣石：僞孔傳云"海畔山"，胡渭據此云"不過一海濱之巨石，負海當逆河之衝"。又《漢書・地理志》右北平驪成縣下曰："大揭石山在縣西南。"又孔疏引鄭云："《戰國策》碣石在九門縣，今屬常山縣；蓋别有碣石與此名同，今驗九門無此山也。"今採文穎、酈道元説。

（8）梁、岐：《水經注・河水》引司馬彪、王天與《尚書纂傳》引晁以道新説指爲吕梁、狐岐

① 屈萬里《尚書集釋》，臺灣聯經出版事業公司 1983 年 2 月版；金景芳、吕紹綱《〈尚書・虞夏書〉新解》，遼寧古籍出版社 1996 年 6 月版。

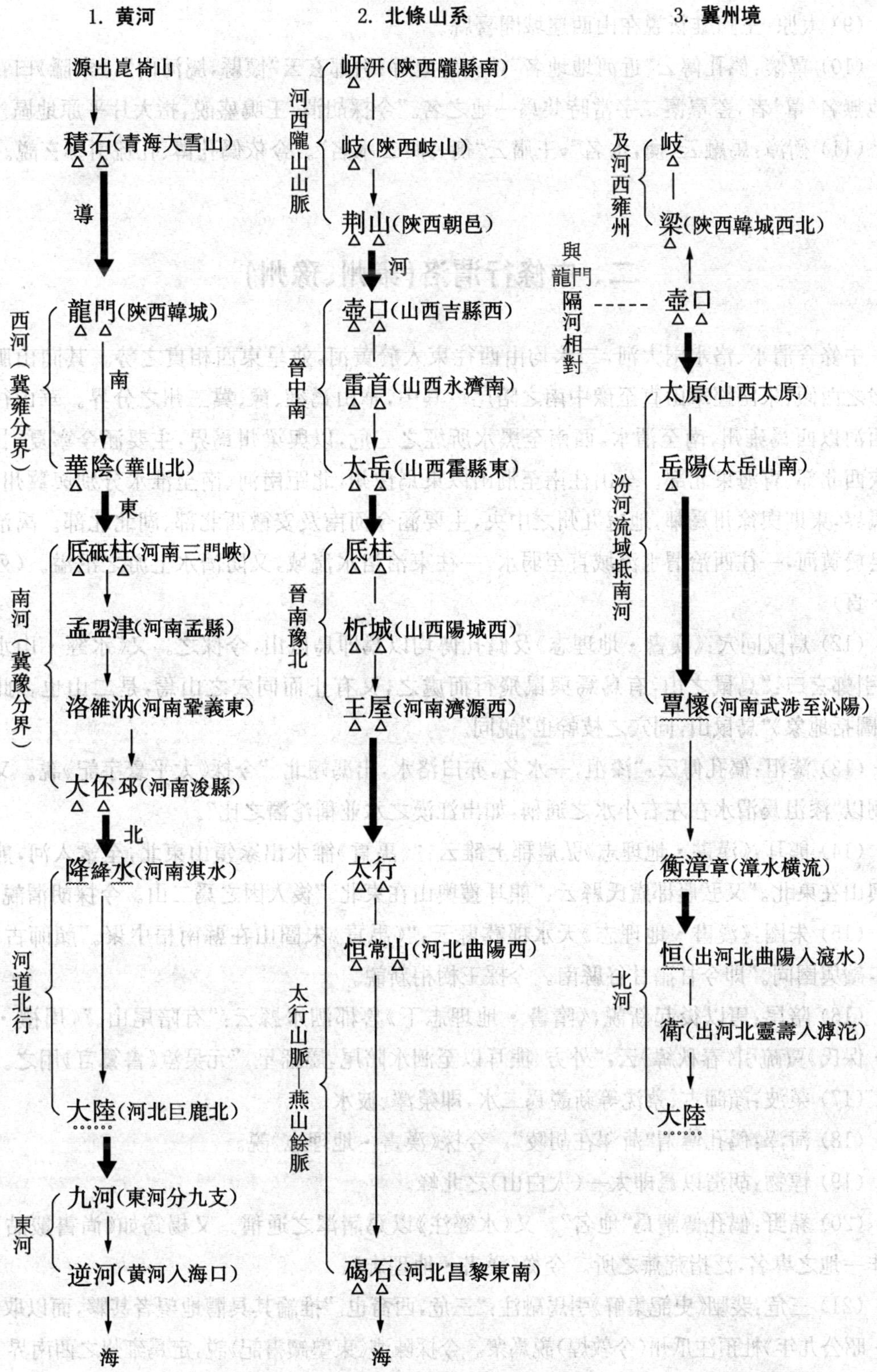
1. 黄河
源出崑崙山
積石(青海大雪山)
導
龍門(陝西韓城)
西河(冀雍分界)
南
華陰(華山北)
東
厎砥柱(河南三門峽)
南河(冀豫分界)
孟盟津(河南孟縣)
洛雒汭(河南鞏義東)
大伾邳(河南浚縣)
北
降絳水(河南淇水)
河道北行
大陸(河北巨鹿北)
九河(東河分九支)
東河
逆河(黄河入海口)
海
2. 北條山系
岍汧(陝西隴縣南)
河西隴山山脈
岐(陝西岐山)
荆山(陝西朝邑)
河
壺口(山西吉縣西)
晉中南
雷首(山西永濟南)
太岳(山西霍縣東)
厎柱
晉南豫北
析城(山西陽城西)
王屋(河南濟源西)
太行
太行山脈—燕山餘脈
恒常山(河北曲陽西)
碣石(河北昌黎東南)
海
3. 冀州境
岐
及河西雍州
梁(陝西韓城西北)
與龍門隔河相對
壺口
太原(山西太原)
汾河流域抵南河
岳陽(太岳山南)
覃懷(河南武涉至沁陽)
衡漳章(漳水横流)
恒(出河北曲陽入滱水)
北河
衛(出河北靈壽入滹沱)
大陸

二山，均在冀州。

(9) 太原，王國維新説在山西運城聞喜縣。

(10) 覃懷：僞孔傳云"近河地地名"，《史記集解》引鄭玄云"懷縣，屬河内"，《索隱》曰："今驗地無名'覃'者，蓋覃懷二字當時共爲一地之名。"今採胡渭、王鳴盛説，指大片平原地區。

(11) 衡漳：馬融云"衡，水名"，王肅云"衡、漳，二水名"。今依僞孔傳、孔疏引鄭玄説。

二、中條行渭洛(雍州、豫州)

中條含渭水、洛水兩大河，二水均由西往東入於黄河，並呈東西相貫之勢。其間山脈由秦嶺之西傾、朱圉經華山直至豫中南之陪尾。其中，華山爲雍、豫、冀三州之分界。華山往北沿西河以西爲雍州，南至渭水，西南至黑水所經之三危，以與梁州爲界，主要涵今寧夏、甘肅及陝西北部、青海東北部。華山往南至荆山以東爲豫州，北距南河、南至淮水分别與冀州、荆州爲界，東則與徐州爲鄰，地處九州之中央，主要涵今河南及安徽西北部、湖北北部。禹治水立足於黄河，一往西治渭水流域直至弱水，一往東治洛水流域，又防濟水上游之氾溢。(列表見下頁)

(12) 鳥鼠同穴：《漢書·地理志》及僞孔傳均以爲即鳥鼠山，今採之。又《水經·山水澤地》引鄭玄曰："鳥鼠之山，有鳥焉與鼠飛行而處之，又有止而同穴之山焉，是二山也。"此與《河圖括地象》"鳥鼠山，同穴之枝幹也"説同。

(13) 漆沮：僞孔傳云："漆沮，一水名，亦曰洛水，出馮翊北。"今採《太平寰宇記》説。又曹元弼以"漆沮爲渭水在左右小水之通稱，如出江漢之水並稱沱潛之比"。

(14) 熊耳：《漢書·地理志》弘農郡上雒云："《禹貢》雒水出冢領山東北，至鞏入河，熊耳獲輿山在東北。"又弘農郡盧氏縣云："熊耳獲輿山在東北。"後人因之爲二山。今採胡渭説。

(15) 朱圉：《漢書·地理志》天水郡冀縣云："《禹貢》朱圄山在縣南梧中聚。"顔師古注："圄，讀與圉同。"即今甘肅甘谷縣南。今採王樹枏新説。

(16) 陪尾：唐以後起新説，《隋書·地理志下》魯郡泗水縣云："有陪尾山。"《周禮·春官·保氏》賈疏引《春秋緯》云："外方、熊耳以至泗水陪尾，屬摇星。"元吴澄《書纂言》用之。

(17) 滎波：顔師古、蔡沈等新説爲二水，即滎澤、波水。

(18) 菏澤：僞孔傳謂"菏澤在胡陵"。今採《漢書·地理志》説。

(19) 惇物：胡渭以爲即太一(太白山)之北峰。

(20) 豬野：僞孔傳謂爲"地名"。又《水經注》以爲諸澤之通稱。又楊筠如《尚書覈詁》以爲非一地之專名，泛指荒蕪之所。今從《漢書·地理志》。

(21) 三危：裴駰《史記集解》引馬融注："三危，西裔也。"推論其具體地望者甚夥，而以取《左傳·昭公九年》杜預注瓜州(今敦煌)説爲衆。今採陳澧《東塾讀書記》説，定爲雍州之西南界。

(22) 合黎：僞孔傳謂爲"水名，在流沙東"。今採孔疏引鄭玄説，爲山名。

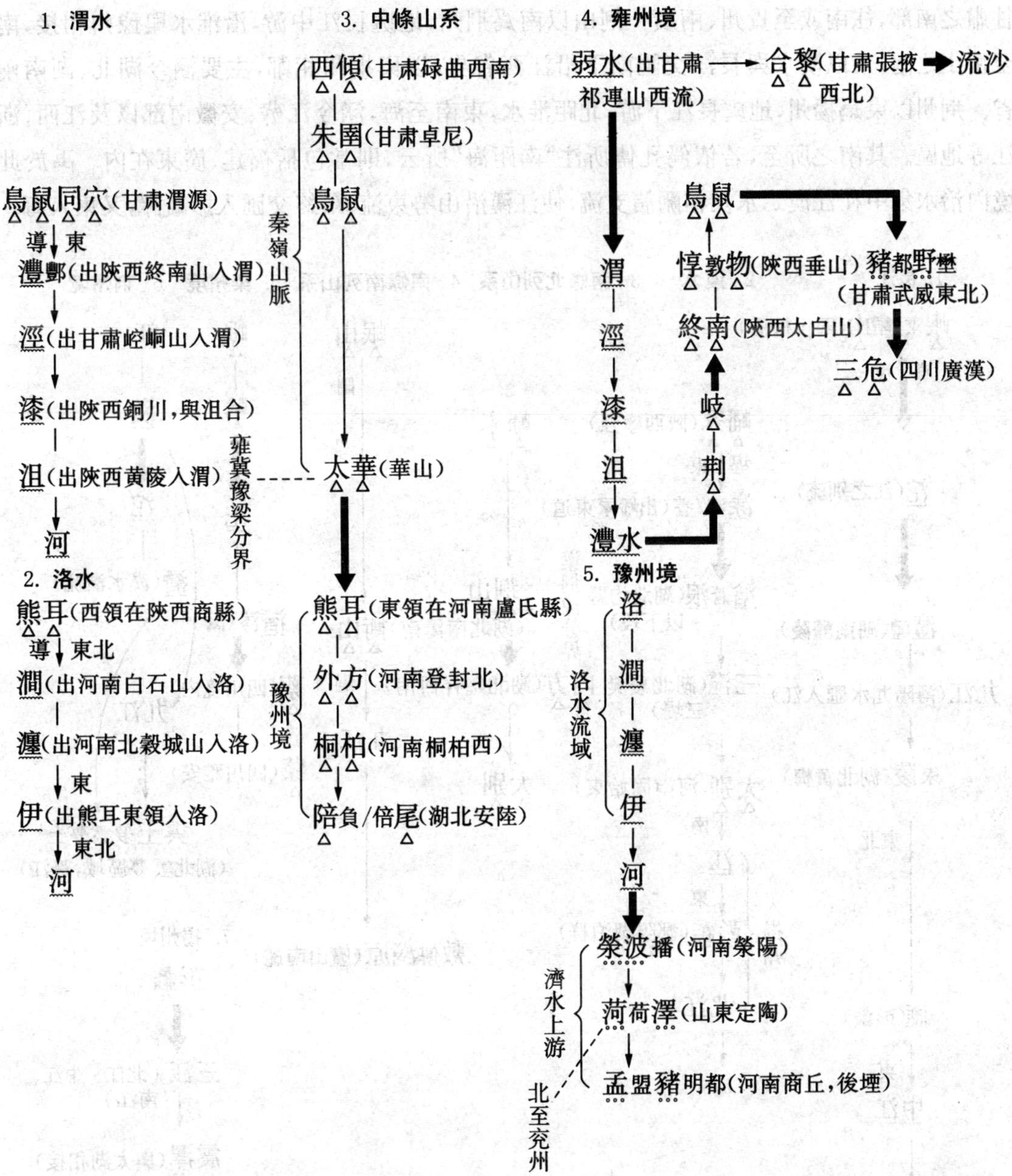

三、南條行江漢(梁州、荆州、揚州)

南條含長江、漢水兩大河,二水均發源於梁州,經荆州,漢水匯入長江,經揚州,共匯入彭蠡澤,後分爲三江,中江經太湖,共入海。其間山脈一列自嶓冢、荆山、内方至大别,位於漢水流域,一列自岷山綿延至衡山、廬山,位於長江之南。其中,荆山爲梁、荆、豫三州之分界。荆山以西爲梁州,地處江漢上游,北至華山、渭水,西南至黑水,涵今四川、重慶兩省以及陝西、甘肅之南部，往南或至貴州、兩廣。荆山以南爲荆州，地處長江中游，沿淮水與豫州相接，南至衡山之南，東以漢水與長江交匯南下沿江西省界，以與揚川相鄰，主要涵今湖北、湖南兩省。荆州以東爲揚州，地處長江下游，北距淮水，東南至海，涵今江蘇、安徽南部以及江西、浙江等地區。其南之所至，若依僞孔傳所注"南距海"所云，則當包括福建、廣東在内。禹於此境内治水集中在江漢二水及相關諸支流，使江漢沿山勢東流，最終交匯入彭蠡澤，又東入海。

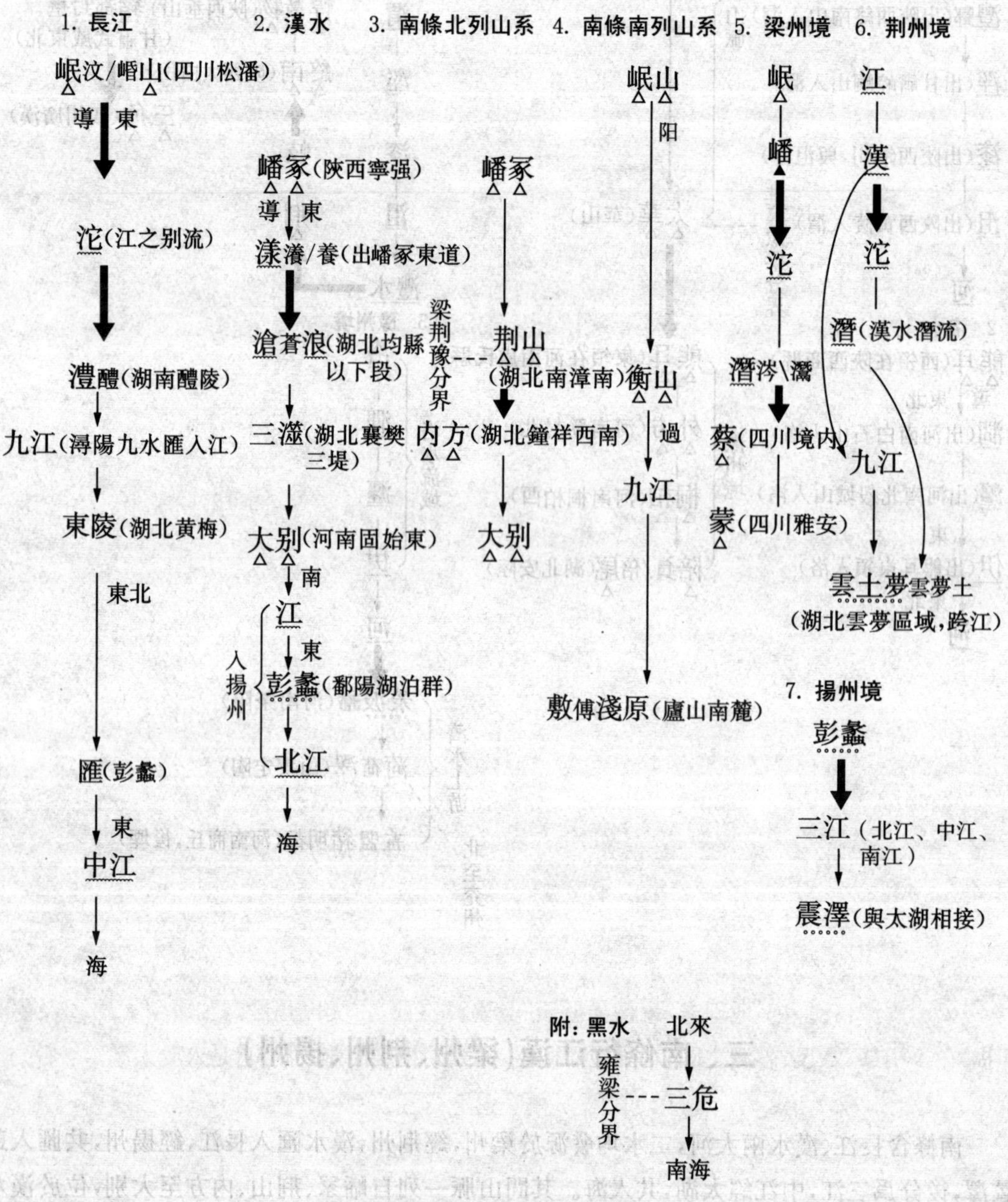

(23) 沱：孔疏引鄭玄曰："水出江爲沱。今南郡枝江有沱水，其尾入江，首不於江出也，華容有夏水首出江，尾入沔，蓋此所謂沱也。"今採《漢書·地理志》說。

(24) 澧:僞孔傳云“水名”,《史記集解》引鄭玄以爲“陵名”。王鳴盛力證鄭説,今採之。

(25) 九江:今採《漢書・地理志》説。又《經典釋文》引《太康地記》曰:“九江,劉歆以爲湖漢九水入彭蠡澤也。”此在豫章郡。又《水經》云“九江地在長沙下雋縣西北”,即入之洞庭湖。又王夫之新説爲湖北漢陽以南諸水。

(26) 東陵:《漢書・地理志》廬江郡下云:“金蘭西北有東陵鄉。”王鳴盛推定金蘭在湖北黄梅境内,今採此説。阮元則據此推斷爲湖北舒城及其以東直至揚州、江都大片丘陵地帶。又宋人指爲巴陵(今湖南岳陽),胡渭從之。

(27) 匯:顧頡剛新説以爲指長江北岸一帶湖泊。

(28) 漾:漢水上游諸名紛雜,據《水經注・漾水》,漢水出自嶓冢東西兩道,東氏道出漾水,東南流至武都稱漢水,亦稱沔水,又東流至沮縣會同沮水後稱沮水。

(29) 滄浪之水:僞孔傳云“别流在荆州”,《史記索隱》曰:“馬融、鄭玄皆以滄浪爲夏水,即漢之别流也。”《水經注・沔水》則稱“非他水決入”,“漢沔水自下有滄浪通稱耳”,今採酈説。

(30) 三澨:僞孔傳曰:“三澨,水名,入漢。”《史記集解》引鄭玄曰:“在江夏竟陵之界。”胡渭駁之,以爲“三澨爲漢水之三大防”,“當在涓水入漢處”,今採胡説。

(31) 大别:唐李吉甫新説指湖北漢陽之魯山,胡渭從之。

(32) 彭蠡:《漢書・地理志》豫章郡彭澤縣云“《禹貢》彭蠡澤在西”,則相當於今鄱陽湖。而《水經注・贛水》曰:“贛水總納十川,同臻一瀆,俱注於彭蠡,而北入於江。”可見此澤漢以前跨長江,而以江北爲主,此後漸南移而成今貌。譚其驤有詳説,今採之。

(33) 敷淺原:《通典・州郡十二》新説以爲在江州尋陽縣(今湖北黄梅),又朱熹、金履祥提出即指廬山。

(34) 潛:《水經注・潛水》引鄭玄曰:“漢别爲潛,其穴本小,水積成潭,流與漢合。大禹自導漢疏通,即爲西漢水也。”然孔疏引鄭玄曰:“潛則象類未聞。”今採胡渭説。

(35) 蔡蒙:《史記集解》引鄭玄曰:“《地理志》蔡蒙在漢嘉縣。”以蔡蒙爲一山。《索隱》又曰:“蔡山不知所在也。蒙,縣名。”

(36) 三江:若依北江、中江、南江之序指實者約近二十家,如《水經注・沔水》引郭璞説作岷江、松江、浙江。胡渭、程瑶田則申程大昌説實爲一江。曹元弼推論曰:“江漢及彭蠡所受諸水三道並出總爲大江,由江西流至安徽貴池,即漢石城,而南江與北江中分,至蕪湖而中江又與北分,北江、南江逕入海,中江或由太湖入海。”今採此説。

(37) 震澤:《漢書・地理志》會稽吴縣云“具區澤在西,古文以爲震澤”,即今太湖。宋葉夢德提出“今平望、八尺、震澤之間,水瀰漫而極淺,與太湖相接而非太湖,自是入於太湖”,今採之。

(38) 雲土夢:僞孔傳:“雲夢之澤在江南。”又《史記索隱》曰:“雲土、夢本二澤名,蓋人以二澤相近,或合稱雲夢耳。”胡渭詳辨之曰:“雲夢,澤名也,方八九百李之中有澤、有湖、有土,而江沱潛漢亦灌注於其間。”今採胡説。

(39) 和夷:《史記集解》引馬融云“地名也”。又《水經注・桓水》引鄭玄曰:“和讀爲桓,《地志》曰桓水出蜀郡蜀山,西南行羌中者也。”然鄭玄又曰:“和夷,和上夷所居之地也。”蘇軾

《書傳》明確指出"和夷，西南夷名"，王鳴盛證之，今採此説。

(40) 黑水：諸家之説甚分歧。今仍採僞孔傳："黑水自北而南，經三危，過梁州，入南海。"

(41) 南海：諸家紛争亦夥，如俞正燮《癸巳類稿》以爲敦煌之黑海子或色爾騰海子。胡渭定"南海自揭陽以西至象林皆是"，今採之。

四、濟淮東入海(兖州、青州、徐州)

東面沿海兖州、青州、徐州别出單爲一列，州際由濟水、淮水相隔。兖州地處黄河下游，在東河與濟水之間，西北至黄河，南至濟水，東臨海，涵今河北南半部、天津以及河南東北部、山東北部與西部。禹治水自九河南下，導濟水之支流以注入雷夏澤，由此濮陽桑間地力盡復。青州地處山東半島臨海地區，西南至泰山，西北抵濟水，涵今山東濟南、泰安東部地區。《爾雅·釋地》作營州，故孔疏稱其地尚包括遼東，由是青州跨海，王鳴盛云"今奉天、錦州等府及朝鮮國，皆青州域也"。禹治水自濟水南下，略平海濱，即着手導通濰、淄二水，平定濟水下游。徐州地處泰山與淮水之間，西北抵泰山、濟水，西毗豫州，東至黄海，涵今山東泰安—日照一綫以南、江蘇北部、安徽東北部地區。禹主治淮、沂二水，濬畎澮以使蒙、羽山麓盡可樹藝，又往西平治濟水東南之平地，以與兖州相接。

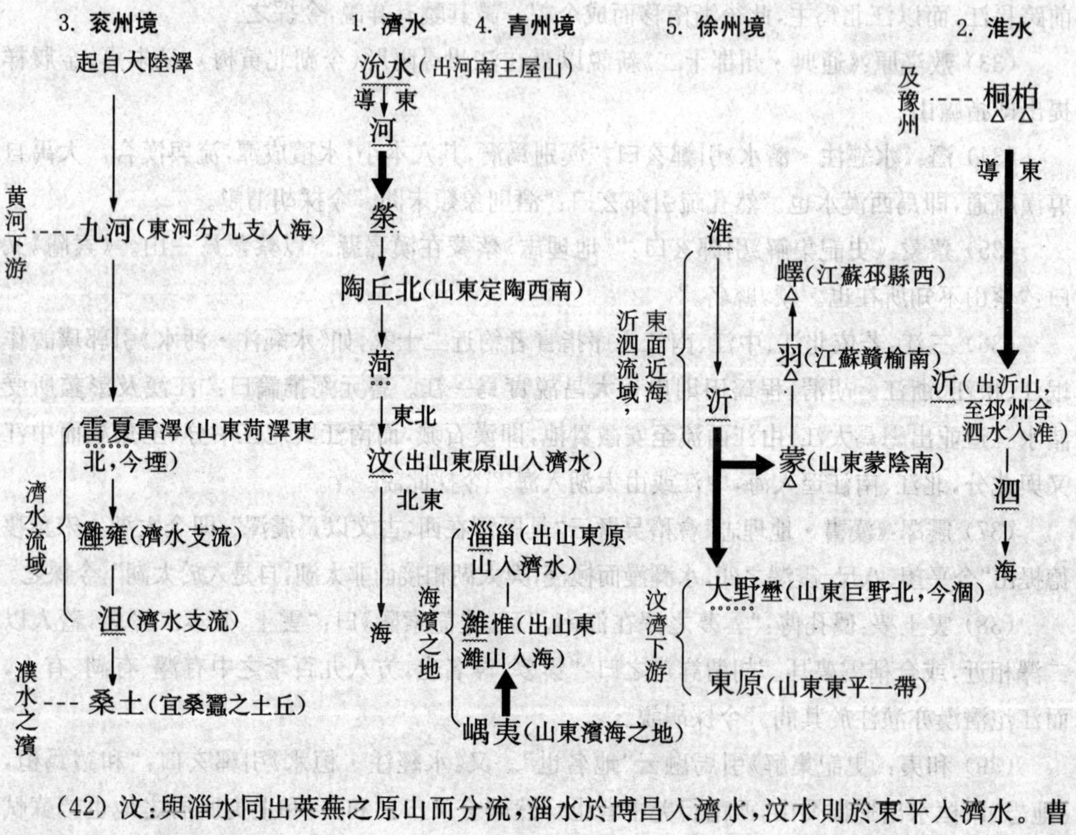

(42) 汶：與淄水同出萊蕪之原山而分流，淄水於博昌入濟水，汶水則於東平入濟水。曹

元弼謂“自元明遏汶便漕，而禹迹湮矣”，故歧説起。

(43) 淄：又《水經注》云淄水行至千乘郡琅槐，合濟水入海。

(44) 嵎夷：《堯典》羲仲所宅，又曰陽谷。《史記索隱》云“在遼西”，胡渭引《後漢書・東夷列傳》九夷當之，謂禹先“東行至遼東，經略嵎夷，然後渡海而南”。

(45) 嶧陽：又《漢書・地理志》東海郡下邳云：“葛嶧山在西，古文以爲嶧陽。”則以嶧陽爲山名。又《史記正義》引《括地志》曰：“嶧山在兖州鄒縣南二十二里。”

(46) 羽：又《堯典》“殛鯀于羽山”僞孔傳：“羽山，東裔，在海中。”《太平寰宇記》謂在山東蓬萊縣東十五里。

五、禹回巡及貢道

九州之末句均以禹回視巡行及納貢之道收束，鄭玄注云：“治水既畢，更復行之，觀地肥瘠定貢賦上下。”（“夾右碣石，入於河”句下孔疏所引）曹元弼釋之頗詳：“禹行視治水施功之處，順河之勢，自西而南，自南而東，過碣石山西，則山在人右，由是折而北，盡冀州境。……治水既畢，更如此按行，審察濬決隄防，有無疏失，視田之肥瘠定賦上下，而遠方入貢之道即

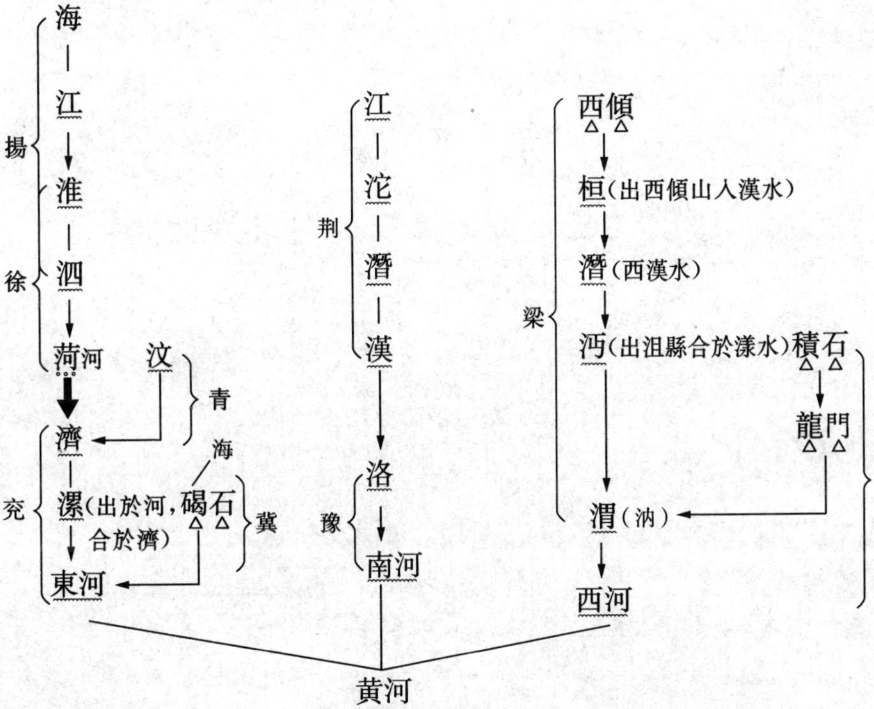

於此取準。”若依此類推，“各州末皆同此義”。今將諸州回巡之道略事繫聯，可分作三股通貫直至黄河，由此華夏大地水陸秩序井然可觀。此表所示，恰如曹氏所云：“中國之水，北方莫

大於河，南方莫大於江漢，豫爲中州，雒居其間。經叙荆州至豫、冀之道，由江漢而雒而河，南北地理水道舉其要矣。”（見“浮於江沱潛漢，逾於洛，至於南河”句下）近人或疑禹迹之真相，殊不足辯。

(47) 菏：原作“河”，《漢書·地理志》顔注謂即黄河。今據《説文·水部》及《水經注·濟水》所引。

(48) 漯：《漢書·地理志》東郡東武陽云“禹治漯水東北至千乘入海”，平原郡高唐云“桑欽言漯水所出”。因舊跡於唐宋後堙没不復見，故略有歧説，今採胡渭説而約之。

(49) 桓是：《水經注·桓水》引鄭玄注云：“桓是，隴阪名，其道盤旋曲折而上，故名曰桓是。”因之連讀，則非地名。今依僞孔傳。

(50) 沔：僞孔傳云：“漢上曰沔。”裴駰《史記集解》引鄭玄曰：“或謂漢爲沔。”今採《説文·水部》之説。

2011年5月至10月屬於清華園

《禹貢》三江綜述

□徐煒君

［摘　要］《禹貢》"三江",歷來衆説紛紜,莫衷一是。其中大抵有班固《漢書·地理志》"南江、中江、北江"、顧夷之《吴地記》"松江、婁江、東江"、蘇軾《書傳》"漢水、岷江、彭蠡"與全祖望《經史問答》"岷江、松江、浙江"四説。本文將試析諸説原委及其正誤。

［關鍵字］《禹貢》;三江;《漢書·地理志》;鄭玄;《水經注》

［作者簡介］徐煒君,上海社會科學院歷史研究所碩士研究生(上海,200072)

一、班固《漢書·地理志》南江、中江、北江之説

孔《傳》於"北江"云:"自彭蠡江分爲三,入震澤,遂爲北江而入海。"又於"中江"云:"有北有中,南可知。"①孔《傳》過於簡略,未能確指三江源委。至班固作《地理志》,於吴縣云"南江在南,東入海",於毗陵云"北江在北,東入海",於蕪湖云"中江出西南,東至陽羡入海",但於三江下都注明"揚州川"。孟堅又於丹陽郡石城下云"分江水首受江,東至餘姚入海,過郡二,行千二百里"。②《周禮·職方》揚州"其川三江",則《漢書》所志者爲《職方》之"三江"。班固作《地理志》,於敘郡縣前,轉録《禹貢》之文,則其意以《禹貢》之"三江",即同於《職方氏》之"三江"。及孔穎達撰《正義》,其意亦與班固同。

鄭玄注《禹貢》"三江"云:"三江分於彭蠡,爲三孔東入海。"又云:"東池者爲南江。"③康成注《禹貢》,阮元(1764—1849)謂其"專宗班《志》,或有疑義,必依據地説等書以明晰其是非"。④今康成《尚書注》僅見於孔穎達《正義》所引,且仲達并引《地理志》作疏,是唐時所見鄭玄"三江"注,應當與班固所志並無大異。

《漢書》之説,唐代以後、清代以前學者解"三江",王安石以外,鮮有引用。而清代學者引述班固《地理志》之説,必舉《水經》爲證。阮元嘗謂《地志》《水經》相爲表裏,本可互證。⑤然

① 《尚書正義》,北京大學出版社 1999 年版,第 162 頁。

② 《漢書》,中華書局 1964 年版,第 1590—1592 頁。

③ 《尚書正義》,第 163 頁。

④ 阮元《浙江圖考》,《揅經室集》,中華書局 1993 年版,第 272 頁。

⑤ 同上揭,第 287 頁。

《水經注》傳鈔訛誤，於趙一清、戴震二人《水經注》校勘成果問世之前，經、注混淆難讀，故學者據《水經》指認班《志》三江，而多有分歧。

《地理志》由毗陵北入海之北江，即岷江經流，主班氏説者無異議，則無須贅述。由蕪湖西南東至陽羨入海之中江源委，則因學者指認吴縣南南江之異同而别。

(一) 分石城分江水與吴縣南江爲二

朱鶴齡(1606—1683)曰："三江者必與岷江、震澤相爲吐納。永陽江在溧陽西北，下流入宜興界，注太湖入海，班固所云中江也。吴淞江分東、婁二江入海，班固所云南江也。"[①]許宗彦(1768—1818)亦據所見《水經》，認松江爲《漢志》南江。[②]案，朱、許引《水經》具云："江水自石城東出，過毗陵縣北，爲北江。其南江東北爲長瀆，歷河口，東則松江出焉。江水奇分，謂之三江口。"[③]"南江"至"三江口"若干字，朱謀㙔本《水經注》訛作經文，全祖望、趙一清、戴震具校改爲注文。[④]酈道元又引庾仲初《揚都賦注》曰："今太湖東注爲松江，下七十里有水口，分流，東北入海爲婁江，東南入海爲東江，與松江而三也。"[⑤]則朱鶴齡本其所見經、注而后指松江爲南江。度朱氏之意，蓋以撰《水經》者及酈道元即认松江爲班《志》吴縣南入海之南江。戴氏稱此系酈道元"叙太湖之水下流注海爲三江者"，又楊守敬以爲"酈言南江注具區，後只稱松江谷水入海，絶不及南江"。[⑥]許宗彦雖亦因所見舊本《水經注》而以松江當班固《地理志》之南江，然其仍知酈道元指餘姚入海之石城分江水爲《漢志》南江，故不得不分辨南江與分江水，謂《地理志》分江水曰"首受江"，則知其非南江正流；曰"至餘姚入海"，則非於吴縣南入海。班固於灊氏道前書江過郡七，行二千六百六十里，於三江則不書；於石城分江水又别記曰過郡二，行千二百里。許氏則據此認爲班固以書法分别分江水與南江。[⑦]胡薇元(1850—1920)作《三江説》，持論與宗彦同，亦謂分江水是三江之外别爲一水者。[⑧]

胡渭(1633—1714)力主蘇軾之説(見下文)，謂班孟堅所志在吴縣南者，即吴淞江，爲中江下流；分江水至餘姚入海者方爲古之南江。朏明疏證舊本《沔水篇》，已疑"東則松江出焉，江水奇分，謂之三江口"若干字爲注之混於經者，謂"南江既入太湖，而東爲松江，則無更從餘姚入海之理"。[⑨]《地理志》石城分江水及吴縣南江，酈道元《注》合引之。胡渭知《水經》所記石城至餘姚入海者爲南江，而又以吴縣南者爲中江，故謂酈氏因篤信班固而作牽合之文。酈《注》叙歷烏程於餘杭合浙江者爲南江支流，胡朏明則謂此爲善長欲附會班《志》而以分江水

---

① 朱鶴齡《愚庵小集》卷十二，華東師範大學出版社 2010 年版，第 242 頁。

② 許宗彦《禹貢三江説》，《湖海文傳》卷十五，《清人文集地理類彙編》(下簡稱《彙編》)第四册，浙江人民出版社 1987 年版，第 44 頁。

③ 朱鶴齡《愚庵小集》卷十二，第 242 頁。許宗彦《禹貢三江説》，《彙編》第四册，第 44 頁。

④ 楊守敬《水經注疏》，江蘇古籍出版社 1989 年版，第 2435、2444、2446 頁。

⑤ 同上揭，第 2447 頁。

⑥ 同上揭，第 2444 頁。

⑦ 許宗彦《禹貢三江説》，《彙編》第四册，第 45 頁。

⑧ 胡薇元《三江説》，《玉津閣文略》卷一，《彙編》第四册，第 62 頁。

⑨ 胡渭《禹貢錐指》卷六，上海古籍出版社 1996 年版，第 159 頁。

爲吴縣南江支流，并據《地理志》《水經》"餘姚"改此處"餘杭"。[①]戴震（1724—1777）校《水經注》，亦以南江枝分當分江水正流，其異於胡渭者，則據酈《注》"餘杭"改《漢志》"餘姚"。[②]蕭穆（1835—1904）承戴東原之説，以浙江於餘杭入海，故改《水經》《地志》兩"餘姚"具爲"餘杭"。[③]案，楊守敬謂酈《注》下又曰浙江自秦望分派，東至餘姚縣又爲江，故知無須以《水經注》之"餘杭"改《地理志》之"餘姚"，亦無須以《志》之"餘姚"改《注》之"餘杭"。[④]

上引諸家雖皆區分石城水與吴縣水，然其中亦有異同。朱鶴齡以松江當《地理志》南江而不及分江水；許宗彦、姚薇元辨别班《志》自石城之分江水與吴縣南之南江，認《水經注》松江爲《地理志》南江，而以至餘姚入海者别是一水。要之朱、許、姚三氏皆爲主班固南、北、中三江之説者。胡朏明云"《禹貢》三江之不明，誤自班固始"，謂孟堅誤以中江下流之松江當南江，而指分江水爲南江。胡氏雖主蘇東坡之説，然其别一"三江"之説，則又有開創之功。

（二）合石城分江水與吴縣南江爲一

《地理志》載吴縣南入海之南江及石城首受江至餘姚入海之分江水，酈道元合而引之，云："江水自石城東出，逕吴國南，爲南江。"[⑤]此爲合二水爲一之濫觴。錢塘（1735—1791）以爲，餘姚入海之江，蓋即吴縣南入海之江，餘姚、吴縣之間爲由卷、海鹽、烏程、餘杭、錢塘諸縣，南江由此道入海，固然是在吴國之南，國後爲縣，班固志南江入海處，既系之餘姚，又系之吴縣。[⑥]張澍（1776—1847）謂班固所記"吴縣南"者，言其中間所經歷；所記"自石城至餘姚入海"者，言其首尾，而亦以分江水與南江爲一事。[⑦]至吴汝綸（1840—1903）舉《地理志》湔氏道言江水至江都入海，北江爲岷江經流至毗陵入海之文，則是又一班氏志水入海有兩系書法之例證。[⑧]

説三江主班固説者，以阮元（1764—1849）最爲詳盡，其撰《浙江圖考》，引《地理志》《説文》、鄭康成《尚書注》、《水經注》《左傳》《國語》及《墨子》諸文，證明《禹貢》中江由吴淞入海而南江即浙江。阮元説中江云：

> 會稽郡吴、毗陵、無錫、陽羨、丹徒、婁爲今鎮江、常州、蘇州地，婁在今昆山，而太倉、松江、海門及江北之通州皆不置縣，然則太湖以東，至漢猶荒斥爲海潮之所往來，故叙中江止於陽羡，中江必自陽羡直貫太湖，由婁縣之地入海可知也。[⑨]

---

① 胡渭《禹貢錐指》卷六，第159頁。
② 楊守敬《水經注疏》引，第2454頁。
③ 蕭穆《禹貢三江説》，《敬孚類稿》卷一，《彙編》第四册，第52、53頁。
④ 楊守敬《水經注疏》，第2454頁。
⑤ 同上揭，第2431頁。
⑥ 錢塘《三江辨》，《湖海文傳》卷十三，《彙編》第四册，第39頁。
⑦ 張澍《三江考》，《養素堂文集》卷十，《彙編》第四册，第48頁。
⑧ 吴汝綸《答張廉卿書》，《桐城吴先生文集》卷一，《彙編》第四册，第65頁。
⑨ 阮元《浙江圖考》，《揅經室集》，第279頁。

又云：

> 酈氏以松江爲南江東出之流，非以爲中江也。據《漢志》，則中江必在吴縣之北，毗陵之南。考《文選·江賦》李善注引《水經注》：'中江東南左會滆湖。'（今《水經注》無此語。）滆湖當太湖北，正漢陽羡地。會於滆湖，由滆湖而東出，仍在太湖之北，不必出自太湖東南也。吴松江口正中江入海之處，但中江由陽羡入海，正在吴之北，其趨海也，必歷昆山而至嘉定上海之間。今中江出滆湖之口，直趨嘉定縣東之吴松海口，不必入滆湖而南出吴江後復北注也。酈道元叙南江注具區，東出爲松江，明以東出者爲南江。郭璞以松江當中江，蓋指吴松口而言。①

阮氏叙南江云：

> 石城水原可直至餘姚入海，如酈氏所叙"南江支流"徑由烏程、餘杭，故於"吴"記"南江在南"，所以明江至餘姚入海者，爲由太湖折而西南，又由錢塘折而東南，非自石城直注錢塘也。江至吴南而折，故餘姚入海之江曰"浙江"。②

又云：

> 從錢塘至餘姚之道未湮也，其正流從長瀆注太湖，東出爲松江，南逕嘉興、石門至錢塘，是時石門之流中斷，嘉興之江從谷水而注澉浦矣。于是钱塘东折之南江，且西续於乌程，上承安吉，而南江之流奪於枝分。蓋谷水自嘉興而北，以至太湖，南江也；自嘉興至澉浦，非南江也。枝分自錢塘入海，南江也；自餘杭上承烏程之流，非南江也。安吉而西，又南江之上流矣。酈氏時之南江，已異於班《志》，今則谷水及南江枝分均不可見，而浙江且續漸江，而爲漸所冒矣。③

阮元既謂今人以漸江爲浙江，故又據《説文》"浙"、"漸"、"池"三字，證明浙江爲岷江所分，漸江自是一水。④又引《墨子·兼愛篇》"南爲江、漢、淮、汝，東流之，注五湖"之語，證古之江、湖相通也。是阮氏之論出，則班固《地理志》三江明矣：北江即岷江經流；江自石城，即清時池州枝分，東注太湖，由嘉興南至錢塘，而後東折至餘姚入海者爲南江；江又自蕪湖分流，貫滆湖，過陽羡，經吴縣北、毗陵南，於吴松口入海者爲中江。

---

① 阮元《浙江圖考》，《揅經室集》，第 294 頁。

② 同上揭，第 278 頁。

③ 同上揭，第 297 頁。

④ 同上揭，第 382、383 頁。

二、顧夷之《吴地記》松江、東江、婁江之説

陸德明《經典釋文》於“三江”引《吴地記》云:“松江東北行七十里,得三江口,東北入海爲婁江,東南入海爲東江,并松江爲三江。”①至蔡沈(1167—1230)《書集傳》引庾仲初《揚都賦注》之文曰:“松江下七十里分流東北入海者爲婁江,東南流者爲東江,併松江爲三江,其地今亦名三江口。《吴越春秋》所謂‘范蠡乘舟出三江之口者’是也。”②

《吴地記》與《揚都賦注》之説一致。唐孔穎達曰:“今南人以大江不入震澤,震澤之東别有松江等三江。”孔氏取班固《地理志》之説作疏,即是以《禹貢》“三江”同於《職方》“三江”,故《正義》曰:“案,《職方》揚州其川曰三江,宜舉州内大川,其松江等雖出震澤,入海既近,《周禮》不應捨岷山大江之名,而記松江等小江之説。”③

張守節《夏本紀正義》亦爲松江、東江、婁江之説,然所叙止婁江入海,④與“三江既入”之文不合,故全祖望謂“三江止一江”,而其説亦非。

“彭蠡既豬,陽鳥攸居。三江既入,震澤厎定。”是經文二“既”字對舉,皆本效之辭,三江宜屬震澤之下流,故金履祥(1232—1303)以爲太湖以下原有三江,吴松乃其一。⑤其説不舉東江、婁江,蓋以二水不足以當《禹貢》三江。

韋昭注《國語・越語》“三江環之,民無所移”曰:“三江,吴松江、錢塘、浦陽江也。”⑥然浙江自杭言之曰錢塘,自越言之曰浦陽,⑦本是一江耳。胡渭以爲韋説或可解《國語》,而不足以解《尚書》,又以禹治水未及浙江,不當以之爲三江之一。⑧趙一清主韋昭之説,以浦陽徑餘暨、山陰,返而治永興錢清江入海合震澤下流之吴松江、浙江,與《國語》“三江環之”之文相符耳。阮元論韋昭之説,以之同於庾仲初,謂其分浦陽於浙江而舍岷江,蓋以岷江大且不入震澤故。⑨果如是,則韋昭之意,迨亦欲求三江於震澤下也。

顧、庾二家之説,未嘗明指爲《禹貢》三江。至陸德明《釋文》始兼引顧氏《吴地記》及韋昭《國語注》而未有取捨,蓋二者同求三江於震澤下流也。蔡沈取庾氏之文而未述緣由,金履祥本諸辭義,以三江與震澤連屬,雖獨舉松江而不及東、婁,然其欲於震澤之下求三條水之意則未嘗異於蔡沈。

---

① 《尚書正義》,第145頁。
② 蔡沈《書經集傳》卷二,影印文淵閣《四庫全書》,臺灣商務印書館1986年版,第58册,第30頁上。
③ 《尚書正義》,第163頁。
④ 《史記》,中華書局1963年版,第59頁。
⑤ 金履祥《書經注》卷三,《續修四庫全書》,上海古籍出版社2002年版,第42册,第466頁下。
⑥ 《國語》,上海古籍出版社1998年版,第633頁。
⑦ 陳大猷《書集傳或問》卷上,影印文淵閣《四庫全書》,第60册,第220頁上。
⑧ 胡渭《禹貢錐指》卷六,第161頁。
⑨ 阮元《浙江圖考》,《揅經室集》,第270頁。

三、蘇軾《書傳》漢水、岷江、彭蠡之説

蘇軾(1037—1101)《書傳》謂自豫章入彭蠡東至海者爲南江，自岷山過九江、彭蠡東入海者爲中江，漢水自北入於江東匯澤爲彭蠡東入海者爲北江，三江實一江。然蘇軾見三水自彭蠡以下合流入海，不足當三江之目，故不得不主味别之説。①

味别之説，自不足爲據，而其説又别有可非議者，首則經文無南江，次則其説之所本，故程大昌輩不得不於經文一、二字間反復論説，以彌縫東坡之失。

(一) 經文無南江之名

程大昌(1123—1195)曰:“彭蠡之水，自南横衝江、漢二流與之迴轉、均敵而經文曰匯、會，與江、漢二者合而爲三，以方位言之，漢爲北，江爲中，彭蠡則爲南。彭蠡在揚州西界，故經文於荆州但書江、漢，於揚州則名之曰三江矣。經文未嘗有南江者，然觀‘東匯澤爲彭蠡’、‘東迆北會於匯’二語，即知其附著南江以概其所不書者，此省文互見之法也。”②曾旼曰:“南江爲江之故道，非禹所導。”③故程大昌因之曰:“《禹貢》書法，嘗經疏導，則有甚小而見録者矣;無所致力，則雖甚大而亦不書。”④是程氏先謂彭蠡水勢足當江、漢之匹，繼發明《禹貢》書法，爲“彭蠡即南江”之説造勢。

蔡沈云:“《禹貢》書法，費疏鑿者，雖小必記;無施勞者，雖大亦略。江、漢荆州而下，安於故道，無俟濬治，故在不書。況朝宗於海，荆州固備言之，是亦可以互見矣。”⑤九峰之説，於上引程氏，可謂入室操戈。毛晃謂學者增經文所無之南江，與北江、中江牽合以求三江之名，於意未安。⑥金履祥謂“三江若以彭蠡爲一，則上文既出‘彭蠡’，不應下又出‘三江’矣”。⑦是皆謂不當以彭蠡爲三江之一也。

經文有北江、中江而無南江。是以北江、中江當三江之二，可也。然牽合彭蠡以之當南江則學者難信。岷江曰中江，以其爲經流耳，非必左右各有一江之謂。南水皆呼爲江，是三江者，當求諸經文中名江之水，故彭蠡不可取。而彭蠡上流九水相匯入江曰九江者，即三江之一也。此李紱(1675～1750)、程廷祚(1691—1767)、秦蕙田(1702—1764)、黎庶昌(1837—1896)諸人之説也。⑧班固《地理志》曰“江自潯陽分爲九道，東合爲大江”，又於尋陽下曰“《禹

---

① 蘇軾《書傳》卷五，影印文淵閣《四庫全書》，第 54 册，第 521 頁下。

② 程大昌《禹貢論》卷上，影印文淵閣《四庫全書》，第 56 册，第 82 頁。

③ 夏僎《尚書詳解》卷七引，影印文淵閣《四庫全書》，第 56 册，第 538 頁上。

④ 程大昌《禹貢論》卷上，第 82 頁。

⑤ 蔡沈《書經集傳》卷二，第 30 頁。

⑥ 毛晃《禹貢指南》卷一，影印文淵閣《四庫全書》，第 56 册，第 14 頁下。

⑦ 金履祥《書經注》卷三，第 467 頁上。

⑧ 李、黎、程説見《類編》第四册第 7、91、94 頁。秦説見《五禮通考》卷二百二，影印文淵閣《四庫全書》，第 140 册，第 42 頁下。

貢》之九江在南，皆東合爲大江"，故李紱、秦蕙田皆謂九江在尋陽。①蔡沈曰："九江即洞庭。"程廷祚信其説，引《水經》"九江在長沙下雋縣西北"及《楚地記》"巴陵：瀟湘之淵在九江之間"，謂漢之下雋即楚之巴陵，於時即岳州府巴陵縣，洞庭湖在其西北，巴陵即《禹貢》東陵，洞庭爲九江也。程氏又云："江自江，河自河，澤自澤。彭蠡爲澤，故不可指爲南江。洞庭雖亦爲澤，然大江東至於澧，與澧同會九水於洞庭，故命之曰'九江'。"②

程瑶田撰《禹貢三江考》，力主漢水、岷江、彭蠡爲三江之説。其叙彭蠡即南江曰：

> 漢既匯彭蠡，而化爲江水，其水豈能他逃哉！不得不分江之北一分以與之，而名曰北江，北江居北，則大江居南。禹於斯時，又有豫章之水，穿彭蠡而入江者，又來占江水之南一分，其水亦豈能逃哉！江於是控北引南，而自居於中，而成其爲中江也。故鄭君之注"三江既入"也，曰"分於彭蠡爲三孔東入海"，猶言此三江之名，實以一江而分於彭蠡所納之三水，人皆信其爲三孔東入海也。東迆者不獨爲中江，鄭注曰爲南江，言豫章之水入江，既不能他逃，則亦與江之東迆者，並行而東，以爲南江也。此《禹貢》所以無南江之名，而藏南江於中江中。③

其《鄭注三江分於彭蠡爲三孔解》云：

> 揚州現止一江，今曰三江，則必有三孔。三江接彭蠡以爲言，則當求三孔於彭蠡。彭蠡者，漢水之所匯，江水之所會，又彭蠡之上流，則豫章水至此而後入江。是則一彭蠡爲三水之所歸，即爲三孔之所納。④

程瑶田反復論説，欲發明《禹貢》揚州一江而命名爲南、北、中三江之精義。然鄭玄注云"三江分於彭蠡，爲三孔東入海"，程氏解"分"爲"納"，究捍格難通。

(二)"東迆北會於匯"引發的争議

鄭玄讀"東迆"爲句，以東迆者爲南江。

林之奇(1112—1176)讀"東迆北"爲句，謂漢水自嶓冢東流，將與江水合，則稍折而南；江水自岷山東流，將與漢水合，則稍折而北，即"東迆北"也。其駁鄭玄"東迆者爲南江"之注，謂若如康成，則自東陵而下江已分爲三，與經文自彭蠡東爲北江、中江之義不合。⑤

程瑶田《論導江篇東迆北北字即指謂漢水之義》云：

---

① 李紱《三江考》，《穆堂初稿》卷十九，《類編》第四册，第 8 頁。秦蕙田《五禮通考》卷二百二，第 42 頁下。

② 程廷祚《禹貢南江辨》，《青溪集》卷四，《類編》第四册，第 94 頁。

③ 程瑶田《禹貢三江考》，《續修四庫全書》，第 55 册，第 171 頁下、第 172 頁上。

④ 同上揭，第 172 頁下。

⑤ 林之奇《尚書全解》卷十，影印文淵閣《四庫全書》，第 55 册，第 203 頁上。

東池北會於匯，匯即導漢匯澤之匯，北即指謂漢水也。漢水南入於江又東焉，雖匯澤而迴旋前行，依然由江之北岸，故謂江之祂漢爲祂北也。江水東池，池訓邪行，亦訓邪倚，江水倚於漢，與其所匯彭蠡之處而相會焉，故曰‘東池北會於匯’也。①

程氏謂東池者非惟南江，亦中江也。其意中江向東斜行時斜靠行於大江北岸之漢水，而後會漢水所匯之彭蠡。案，江、漢合流數百里而後與豫章諸水合，可言其中先前之漢水定行於北岸乎？是程氏之解説雖精微，然終難自圓其説。

王鳴盛(1722—1797)謂《正義》引鄭《注》“東池者爲南江”者，猶云“東池北會於匯者爲南江”，蓋以岷江過東陵，將與漢水合，東北邪行，至彭蠡入江處南會於匯。王氏以“北”字絶句，以彭蠡在江之南，意若讀“東池”爲句，則彭蠡在江之北矣。②

“東池北會於匯”之“匯”究在何處，是又難定者。《釋文》引《吴録》曰“彭蠡今名洞庭”，蘇軾稱在彭澤西北，夏僎謂在揚州豫章郡彭蠡縣東，吕祖謙(1137—1181)以時之鄱陽湖當之，要之皆在大江之南。朱子(1130—1200)作《九江彭蠡辨》，取鄭樵(1104—1162)之説，謂彭蠡會豫章諸郡數千里之水，東北流以趨湖口而入於江，非仰江漢之匯而成。且彭蠡在江南，則於導漢應作“南匯”而不宜曰“東匯”，於導江當作“南會”而不宜曰“北會”，故以“東匯澤爲彭蠡東爲北江入於海”十三字爲衍文。③管世銘曰匯在南而會在北，猶言漢在江北而南入於江。④案，管氏之説不可從。漢在江北，曰南入於江者，江在南也；若匯在江南而必曰會於匯，則亦當爲“南會於匯”也。程廷祚改“會於匯”“於”字作“爲”字者，謂北會爲匯，猶言大江右挾九江，左納漢水之浩瀚之狀。⑤此改經文以就己意，爲不可取。蔡沈《集傳》，以時廬江北之巢湖當《禹貢》之彭蠡。⑥上引阮元之説，以彭蠡可名匯，具區亦可名匯，故謂南江於石城東池而後北注具區。蔡沈、阮元之解，解欲以地理合乎經文，而以經文爲本。然九峰實讀“東池北”爲句，異於康成。阮儀徵則一本鄭《注》、班《志》，以漢人去古未遠，其説近是。

(三)《初學記》所引鄭玄、孔安國注之真僞

程大昌《孔安國三江圖》引《初學記》“左合漢爲北江，右會彭蠡爲南江，岷江居其中，則爲中江”之語，謂以一江爲三，非出孔氏一家臆度。⑦然孔《傳》明言自彭蠡江分爲三，其意與《初學記》之文不同，而程氏以爲孔、鄭同者，蓋因徐堅以孔安國、鄭玄並舉之故。蘇軾立説，自稱以所見考之。至程大昌則始引《初學記》引孔安國、鄭玄注以證其説。孔《傳》今存，其意與徐堅所引不同。鄭玄《注》今見於孔穎達《正義》，其意與孔《傳》近，惟以三江不入震澤耳。胡渭

---

① 程瑶田《禹貢三江考》，第 177 頁上。

② 王鳴盛《尚書後案》卷三，《續修四庫全書》，第 45 册，第 95 頁下。

③ 朱熹《九江彭蠡辨》，《晦庵集》卷七十二，影印文淵閣《四庫全書》，第 1145 册，第 432 頁下。

④ 管世銘《彭蠡三江説》，《湖海文傳》卷十五，《彙編》第四册，第 81 頁。

⑤ 程廷祚《禹貢南江辨》，《彙編》第四册，第 95 頁。

⑥ 蔡沈《書經集傳》卷二，第 30 頁上。

⑦ 程大昌《禹貢論・禹貢山川地理圖・孔安國三江圖》，第 136 頁下。

力主蘇軾之説，謂及閲《初學記》引鄭康成注，始知蘇氏所説，東漢時固已有之。[①]然《初學記》引《漢書・地理志》曰"岷江爲大江，至九江爲中江，至徐陵爲北江，蓋一源而三目"，[②]與今見《地理志》亦不同。王鳴盛謂鄭玄、孔安國注殊不可解，徐堅不通經，其有舛錯不足怪，而又以宋版書當無誤，故信《初學記》之文即"三江既入"之注，孔穎達《正義》所引"三江分於彭蠡"之文，乃導漢之注。[③]金榜（1735—1801）謂《初學記》非具録孔、鄭注文，以二氏意相近，故並舉之。然其以蘇軾之説本諸《史記正義》所引《括地志》，與《初學記》所引孔、鄭之説分爲三江入海者截然殊異，[④]則似又誤會《初學記》矣。孔《傳》、鄭《注》於彭蠡曰"分"，《初學記》《括地志》於彭蠡曰"合"，二者迥異。故焦循以（1763—1820）徐堅或本諸魏王賓客以致訛舛，[⑤]阮元則指爲訛文。[⑥]

蘇軾之説，信從者不可不謂多。《書傳》未及《初學記》，蓋其説即如東坡所言，爲本於宋時輿地。其後程大昌、胡渭、王鳴盛諸人，引《初學記》之文以證東坡之説，程、胡未能分辨其僞，王西莊雖有疑於此，然因篤信鄭氏，反牽强附會，實不可取。程瑶田雖不引僞鄭《注》，然其抱定《尚書正義》所引鄭玄殘注，必以鄭氏説異於班固《地志》，於經、注數字間玩味解説，而以合爲分，則反乖於鄭《注》矣。

四、全祖望《經史問答》岷江、松江、浙江之説

《經史問答》卷二"三江"一條，全祖望（1705—1755）剖析衆説而一一辯駁，云："《禹貢》三江，以郭景純岷江、松江、浙江之説爲不易。岷江入，則彭蠡諸水皆從矣；松江入，則具區諸水皆從矣；浙江入，則浦陽諸水皆從矣。"[⑦]郭璞之説，阮元、錢塘皆以爲同於《地理志》《水經注》之説，謝山則力詆之。

全氏駁《地志》中江云：

> 其所謂中江出丹陽蕪湖縣西南，至會稽陽羡縣東入海者。按，陽羡，今之宜興，與丹陽雖相接，而兩境中高，又皆有堆阜間之，其水分東西流。江之在陽羡者固可通海，而蕪湖之水皆西北流，合寧國、廣德、宣歙諸水，北向以入大江，安得南流以上陽羡也？夫諸

---

① 胡渭《禹貢錐指》卷六，第156頁。

② 徐堅《初學記》，中華書局1962年版，第123頁。

③ 王鳴盛《尚書後案》卷三，第61頁。

④ 金榜《禮箋》卷一，《續修四庫全書》，第109册，第21頁上。

⑤ 焦循《禹貢鄭注釋》卷上，《續修四庫全書》，第55册，第217頁上。

⑥ 阮元《浙江圖考》，《揅經室集》，第278頁。

⑦ 全祖望《經史問答》卷二，《全祖望集彙校集注》（下簡稱《集注》）下册，上海古籍出版社2000年版，第1982頁。

水本皆支流，不足以當大江。

然錢塘曰："自楊行密筑五堰，江流始絶。永樂時設三壩，則陸行者十八里矣。然自銀林以西，鄧步以東，其流固在也。可知二江雖自石城、蕪湖分行，而同會具區。"[①]王鳴盛亦謂"元和以前此地已置堰，故水不東流而西北入江"。[②]是皆可以解謝山之惑也。

謝山辨《水經》之説曰：

> 南江則自牛渚上桐水，過安吉縣，爲長瀆，歷湖口，東則松江出焉，江水奇分，謂之三江口，東至會稽餘姚縣東入海。其于中江闕焉。不知桐水，今之廣德，長瀆，今之太湖，其中高，水不相通，亦猶丹陽之與陽羡。而南江既爲吴松，安得更從餘姚入海。故胡朏明疑"東則松江出焉"十五字乃注之誤混于經者。[③]蓋《地志》以松江爲南江，《水經》以分江水爲南江，酈元欲援《水經》以合《地志》，故曲傳之。[④]

是謝山之誤，近於胡渭。總之，全氏否認《地理志》《水經注》之説，皆以當時輿地爲證，於歷代水道變遷則失考。

顧炎武(1613—1682)説三江，謂北江即揚子大江，中江即吴淞江，南江即浙江，而自注云本諸郭景純。[⑤]全祖望詰之曰："經文中江明指大江。"[⑥]今岷江在北、浙江在南，松江居中，故若以岷、松、浙三水配《禹貢》三江，謝山終以爲難合。

全祖望引宋淳熙間知崑山縣邊實所作縣志其曰："大海自西泙分南北，由斜轉而西，朱陳沙謂之揚子江口，由徘徊頭而北，黄魚垛謂之吴淞江口，由浮子門而上，謂之錢塘江口。是三水於三處入海，皆雄長一方，南距楚，東盡越，中擧吴，恰合《職方》之旨，又與《越語》伍子胥'三江環之'之言合。"[⑦]是謝山囿於《禹貢》經文岷江東爲中江之文，而絶不以松江當中江。陳師凱《書蔡傳旁通》云："三江不必涉中江、北江之文，而止求其利病之在。"[⑧]此正可爲謝山舍南、北、中而言三江之援據也。

全謝山所論之三江：首則岷山大江；次則松江，即由震澤至吴淞口入海者；末則浙江。《〈水經·漸江水篇〉跋二》引《山經》曰："浙江出三天子都在其東。"又引郭璞曰："出新安黟縣

---

① 錢塘《三江辨》，《彙編》第四册，第39頁。

② 王鳴盛《尚書後案》卷三，第61頁上。

③ 光緒十四年薛福成所刊《全校水經注》，此十五字爲注文。楊守敬《水經注疏》亦云全本以爲注文。蓋謝山晚年校治《水經注》時，定此十五字爲注文，而在整理《經史問答》之後也。

④ 全祖望《經史問答》卷二，第1989頁。

⑤ 顧炎武、黄汝成《日知録集釋》卷二，上海古籍出版社2008年版，第68頁。

⑥ 全祖望《經史問答》卷二，第1893頁。

⑦ 同上揭，第1891、1892頁。

⑧ 陳師凱《書蔡傳旁通》卷二，影印文淵閣《四庫全書》，臺灣商務印書館1986年版，第62册。轉引自全祖望《經史問答》卷二。

南蠻中。”謂皆與《漢志》《水經注》合。[①]又謂《水經·沔水篇》所叙之南江會漸江而後由之入海，[②]而以《水經》漸江水“漸”字即“浙”字。[③]是謝山所謂浙江者，是漸江水。

然考《漢書·地理志》丹陽郡黝縣下云：“漸江水出南蠻夷中，東入海。”《水經·漸江水篇》云：“漸江水出三天子都，北過餘杭，東入於海。”《説文》“漸”字下云：“水出丹陽黟南蠻中，東入海。”《地理志》於石城下曰：“分江水首受江，東至餘姚入海。”於吴縣下曰：“南江在南，東入海。”酈道元《水經注》引《地理志》曰：“江水自石城東出，逕吴國南，爲南江。”《水經注·沔水篇》曰：“多言江水至山陰爲浙江。今南江枝分歷烏程縣，南通餘杭縣，則與浙江合。”《説文》“浙”字下云：“江水東至會稽山陰爲浙江。”是岷江由石城分流，東流入具區，又南出過餘杭，至山陰爲浙江。漸江水出丹陽郡黝縣，至餘杭與分江水合。則浙江與漸江水本是兩條。故洪震煊(1770—1815)、諸人謂上會稽由丹陽至錢塘，則是由分江至浙江，漸江本浙江支流，源出三天子都，至會稽合浙江而入海，自石城之派後湮，潮不通於故瀆，且狎注於漸江，分江之流日以塞，則漸江之岸日以闊，久假不歸，而浙江之名終爲漸江所奪。[④]出於丹陽郡黝縣南蠻夷中者，《漢志》作“漸江水”，郭璞注《山海經》引作“浙江”，而酈道元注《水經》又引《山海經注》。此則是文獻傳寫以至“後人不復知浙江之源，實在於岷江”也。[⑤]

全祖望以岷江、松江、浙江當《禹貢》“三江”。其意三江必揚州三大望，即《職方》之“其川三江”。岷江自西而來，歷二千餘里，由揚子江口入海；松江即具區所匯諸水而由吴淞口入海者；浙江爲發源南蠻夷中東至餘杭合分江水入海，實爲漸江水。謝山以三江各有原委，故雖同取郭璞之説，而實與阮元以三江皆源於岷山者迥異。

五、小　結

《禹貢》經文云：“三江既入，震澤底定。”又云：“嶓冢導漾，東流爲漢，南入於江，東匯澤爲彭蠡，東爲北江，入於海。岷山導江，至於東陵，東迆，北會於匯，東爲中江，入於海。”

孔《傳》云：“有北有中，南可知。”班固《地理志》亦具南、北、中三江。鄭玄《書注》今殘缺不完，而僅見於孔穎達《正義》，若《初學記》所謂孔安國、鄭玄注者，蓋是傳寫訛誤所致，則不必引以爲證。後孔《傳》雖經閻若璩證僞，然亦當有古代文獻淵源所自，而與班《志》、鄭《注》相近，則《禹貢》揚州既入之三江，必導水章北江、中江及互見之南江無疑。大江於彭蠡以東嘗分三道東入海亦爲事實。《周禮·職方氏》亦曰“揚州其川三江”。“三江”於《周官》即爲揚

① 全祖望《〈水經·漸江水篇〉跋二》，《鮚埼亭集外編》卷三十一，《集注》中册，第1401頁。
② 《全校水經注》，光緒十四年薛福成刊本，《序目》，第七葉a。
③ 同上揭，《漸江水篇》，第一葉a。
④ 洪震煊《浙江即岷江非漸江考》，《詁經精舍文集》卷十，《類編》第四册，第223頁。胡縉《浙江即岷江非漸江考》，《詁經精舍文集》卷十，《類編》第四册，第228頁。
⑤ 洪震煊《浙江即岷江非漸江考》，《類編》第四册，第224頁。

州之望，無由録《禹貢》者於揚州别出一“三江”。是班固雖於《地理志》北江、中江、南江下明標“揚州川”，而此亦即《禹貢》之“三江”。

全謝山之説，雖於浙江、漸江之分合爲失考，然其所謂“三處入海，雄長一方”者，實爲説“三江”之關鍵。或以松江當南江，中江入海之道堰塞不通，而謂石城分江水非三江之一。今浙江既於錢塘入海，水勢足與吴淞口、揚子江口之水匹敵，其爲今不見入海口之水奪三江之名，可乎？至於《吴地記》《揚都賦注》之松江、東江、婁江，更不足以當揚州之望。

“東迆北會於匯”，鄭玄注云“東迆者爲南江”。據《説文》迆訓邪行，則東迆者當是由大江分出一條水東行。大江自彭蠡爲稍折而東北流，則東迆者非惟南江，亦中江，而此與程瑶田之意不同。又南江北注具區，中江亦貫具區北之滆湖，此即阮元之意而又可與經文若合符節者也。如程瑶田力主三江止一江，而謂江水東流時邪倚已入江數百里之“漢水”，頗有曲爲附會之嫌。且漢既入江，又攜彭蠡之水東向，而後經文必欲於一江之中分三江之名，則古人作文，斷無此必要。

全氏祖望雖於得三江之委，其失尚有二。首則惑於導江章“東爲中江”之文，以爲若牽合南、北、中言三江則岷江當得中江之名而乖於地理，故不得不舍南、北、中而論三江。次則於古今水道變遷考據未詳，以爲蕪湖、石城之水不通陽羨、餘姚，以致其誤指三江之二源。

又蘇軾之説，程大昌等爲之彌縫，既於地理難爲徵實，故轉而發明經文“微言大義”，動輒以《禹貢》書法爲證。然蔡沈輩以同一書法，得截然之論，是書法一説，終不可以爲立論之確證。阮元立説，雖亦間有總結傳注編纂規律即所謂書法者，然畢竟博引文獻、質之輿地，雖去古久遠，亦不失爲近是之説。

從訓詁之層次論“《春秋》學”的應然與實然

□王 初 慶

[摘 要] 本文試圖從訓詁的層次觀照“《春秋》學”中涉及的歷史評價與歷史事實,前者爲理之應然,後者爲事之實然。除前言及結語外,正文分爲三節論述。先論《春秋》屬性爲經抑或爲史之歧見,辨明經史之别。次論三傳解經之方式:大體皆從訓詁入手,推申以求經旨;而於經書之辭義與文例,則各有所側重。其次就史事之實然與事理之應然兩面辨三傳解經之異同。而就“《春秋》學”言之,史事之實然與事理之應然皆不可廢,當綜觀三傳,方有以得之。

[關鍵字] 《春秋》學;應然;實然;辭義;文例;經旨

[作者簡介] 王初慶,現爲台灣輔仁大學中國文學系教授。

一、前言——歷史評價與歷史事實

訓詁的效用在以其所知解析其所未知,消弭閲讀者與文獻之距離,讓時空不同的文獻能穿透時代與地域之阻隔而流傳無礙,自不能脱離“文本”。透過形訓、音訓、互訓、推因、義界等方法,檢索《爾雅》以降的各類工具書,容或可釐清“文本”的字面義;然而要從“文本”的字面義以深究作者藴藏在字裏行間的意在言外之指涉,以期能“尚友古人”,則應進一步推究作者或傳播者立説爲文時之用心,“以意逆志”,方不致“以文害辭,以辭害義”。尤其是傳統的經學。固謂“六經皆史”,從表相的材料上來解讀:《易》乃時經三古,歷經四聖的易學發展史;《書》無非虞、夏、商、周四代的政教檔案;《詩》本係著録由周初到春秋中葉的詩歌總集;《儀禮》及失傳的《樂》則陳述冠、婚、朝、聘、鄉、射、喪、祭各項儀節之體式及樂歌;《春秋》不過是史事之實録而已。但是當這些積傳下來作爲士大夫養成教育的文獻,被孔子視之爲文、武、周公遺留之“道統”,疾呼“天之將喪其斯文也,後死者不得與於斯文也”;以“六藝”爲積傳文化之菁華,教導弟子,作爲言志、立身、處事、成人之實典後,六經豈僅爲史料而已?

從《禮記》、《論語》中所誌孔子與弟子引録《詩》、《書》的資料來觀察,不僅未嘗背離“文本”,僅守分紀,往往依理據與當時的語境,將“文本”涉及之微旨加以推申:故欲闡明“禹立三年,百姓以仁遂焉,豈必盡仁?”之義,迭引《詩》、《書》以証“赫赫師尹,民具爾瞻”,“一人有慶,兆民賴之”。[1]更重視舉一以反三：子貢能由“貧而無諂，富而無驕”到“貧而樂，富而好禮”之訓示中體悟出即《詩》所謂“如切如磋，如琢如磨”之旨；子夏從夫子以“繪事後素”答“巧笑倩兮，美目盼兮，素以爲絢兮”之間裏，尋繹出“禮後”之理，此孔門傳“六藝”之氣象也。

然孔子論道，首重名實相符，必先正名。昌言：

> 惡紫之奪朱也，惡鄭聲之亂雅樂也，惡利口之覆邦家者。(《論語·陽貨》)

斥絶似是而非的行徑。依“文本”以推申經旨，亦有其規範在焉。探討經學，如果否定孔子傳六經之用心，只從材料的表向上來解讀六經，傳統的人文精神也就成爲一句空言而已。雖然孔子自謂“述而不作”，引録《詩》、《書》、傳記等文獻以爲言事明理之旁徵，亦早在夫子設壇論道以前已成風尚。訓詁之方法，本在以其所知解析其所未知，但是以積傳文化之材料爲基礎，建立儒家格、致、誠、正、修、齊、治、平的核心價值，擴展出中國傳統的人文精神，其所述者，其功自非憑空穿鑿之妄作可比。

自孔子弟子始，詮解“六藝”的工程已然展開。所謂“經者常也，言事有典法可常遵用也；傳者傳也，博釋經意傳示後人。”[2]傳統的傳、注、箋、疏，皆以經書的“文本”作基礎，利用訓詁的手段，推向孔子的旨趣爲標竿；並不以抱殘守闕，僅在經書“文本”的文字障中打轉爲滿足。是以作爲“六藝”的傳播者，於傳、注、箋、疏之中，在推向孔子的旨趣之際，往往不經意的滲入自己的觀點。然而無論孟子由“仁”所恢弘出“四端”主性善，推出人性之“應然”；荀子主性惡，强調人性之“實然”：皆係孔門舉一反三之一隅，亦在不爭。當經書的“文本”與孔子的旨趣落差愈大時，傳播者不得不加上的詮解愈多，也不必諱言。而詮釋者詮解“文本”時之目標不同，也會影響到詮釋的方向。當傳播者詮解“文本”僅以説明孔子著經之本旨爲目標時，一些不得不加上的詮解，雖不免附有因當時時空背景之下之語境的痕跡，當時空背景轉换以後，這些因語境所附加的枝節並不會影響其釋經之目標。《春秋三傳》皆其例也：《左傳》雖有“續經”與“續傳”，不害其釋經之傳；《公羊》雖多齊語，仍在説經意；《穀梁》則謂“信以傳信，疑以傳疑”；而由解讀“文本”所旁及之禮儀、制度等，正孔門藉事以明義之明證。當傳播者進一步以推闡孔子學説爲方向時，則此等附有當時時空背景之下由語境節外生枝的痕跡，反而會成爲傳播者獨特之標記；董仲舒、何休之述“《公羊》學”，爲其顯例。但不可謂其詮釋的方向有悖於孔子之本旨。可是當傳播者只是以詮解“文本”爲口實，藉機一抒自己胸中之塊壘時，則此等附有時空背景由語境所枝漫出節外生枝的想法，反成主軸，由“文本”輾轉衍生出來的理念，才是其詮釋的重心，是否能與孔子之本旨完全切合，實在所不計。讀者如能明辨三者

---

① 見《禮記·緇衣》，本文所引録之經部文本皆係根據臺北永康出版社 1967 年初版影印之《十五經古注易讀》(全五册)，由於目的僅在呈顯文本之原貌，查閲任何版本皆可相應，爲節省篇幅，引文註明出處後，不再一一註明頁次。

② 見《左傳注疏》孔穎達疏。

間之異同，則無入而不自得矣。

在“六藝”之中，時代最晚，“文本”雖簡略，却蕴含孔子畢生理念者，首推《春秋》。在僅一萬六千多字的“文本”裏，表述春秋時代魯國十二公，上下二百四十二年的史事。透過《孟子》、《荀子》、《春秋繁露》等傳世文獻層層轉述，則無論夫子作《春秋》以史事寓褒貶，其言約，其旨遠，所蘊微言非游、夏之徒之所能贊一辭；抑或由其經所衍出之《左傳》、《公羊》、《穀梁》三傳，更隨文演繹，敷陳夫子之微旨：皆與史事之表向有所落差，尤以《公羊》爲最。是以本文試圖藉哲學與法理上之“應然”與“實然”，疏通“《春秋》學”裏理想之應然與史實上的實然間的溝壑。易言之，也就是釐清三傳在詮釋《春秋》“文本”時，在歷史評價與歷史事實間之落差。其實，無論傳統經學的傳、注、箋、疏抑或西方之詮釋學，必先理解“文本”，然後就其所理解以解釋之，進而運用之，則别無二致。而理解不一，則有異同在焉。本文所述乃筆者所理解之《春秋》學，以就正於方家。

二、《春秋》屬性之歧見

(一) 自劉向首定目録，《别録》、《七略》本無史部

從單一的文獻上看，《春秋》以魯國史料爲質，固不容質疑；然當此一文獻在孔子的教材裏，與其他的《易》、《書》、《詩》、《禮》、《樂》結合成“六藝”(六經)以後，成爲經學上夫子假行事以託寄理念之寶典，早已跨越史料的表層，意在言外，借事以明義。然而文字既簡略，後世釋讀其書，往往囿於“史”之表向，重《左氏》而輕《公》、《穀》。殊不知，《左氏》雖以釋史事爲主，兼言大義微旨，並未忽略歷史評價；即或録史事，亦往往發“君子曰”之歎。《公》、《穀》言大義微旨，乃從史事上作依託，由“滅項”不言乃齊桓滅之，以發“《春秋》爲賢者諱”之旨，[①]皆非單純之録往事而已。所謂：

> 晉之《乘》、楚之《檮杌》、魯之《春秋》，一也。其事則齊桓、晉文，其文則史。孔子曰：“其義則丘竊取之矣。”(《孟子・離婁下》)
>
> 《春秋》之信史也，其序則齊桓、晉文，其會則主會者爲之也，其詞則丘有罪焉耳！(《公羊・昭公十二年》)

其義、其詞何所指？無非“撥亂世，反諸正”之寄託而已，不然夫子也不必興“知我，罪我”之歎矣。故章學誠謂“有志《春秋》之業，固將惟義之求，其事與文，所以藉爲存義之資也”[②]。“夫事即後世考據家之所尚也，文即後世詞章家之所重也，然夫子所取，不在彼而在此。則史家

---

① 參見《公羊》、《穀梁》僖公十七年傳。

② 見《文史通義校注・内篇二・言公上》，第171頁，北京中華書局，清・章學誠著、葉瑛校注，1983年。

著述之道，豈可不求義意所歸乎？"[①]早期之史書不多，司馬遷開"正史"之體例，輒以"太史公曰"臧否史事；劉向首創目録，將《太史公》百三十篇納於"六藝略"《春秋》類之下，豈無深意在焉？[②]即使《中經》、《新簿》以四分法著録群籍，别立史部，《隋志》以降，又分史部爲若干類，然而傳統史籍之作者，皆以"法《春秋》"爲圭臬，亦在不争。是以章學誠亦謂"史之大原，本乎《春秋》，《春秋》之義，昭乎筆削。筆削之義，不僅事具始末，文成規矩已也。以夫子'義則竊取'之旨觀之，固將綱紀天人，推明大道。"[③]則謂傳統史學乃《春秋》之支脈，孰曰不當？是以必先辨明《春秋》之屬性若何，其後由《春秋》所衍出的各類文獻，方能各得其所。

(二) 六經皆史辨

章學誠《文史通義》既謂"六經皆史"，而此云"傳統史學乃《春秋》之支脈"，則經、史之異同安在？夫章氏以爲：

> 盈天地之間，凡涉著作之林，皆是史學。六經特聖人取此六種之史以垂訓者耳。子、集諸家，其源皆出於史，末流忘所自出，自生分别，故於天地之間，别爲一種不可收拾，不可部次之物，不得不分爲四種門户矣。《章氏叢書·卷九·報孫淵如書》

在其眼下，則天下之典籍惟史一類而已。細究之，實際未嘗棄經而言史，僅係就"史料"之觀點爲説，認爲"六經者，周史之宗子也"，"與史同科"，以爲"古人未嘗離事而言理，六經皆先王之政典"耳(《内篇一·易教上》)。雖謂："古之所謂經，乃三代盛時，典章法度，見於政教行事之實，而非聖人有意作爲文字已傳後世也。"試圖從"實然"上，回歸經書之本貌，然而亦認爲夫子"有德無位，懼先聖王法積道備，至於成周無以續，且續者而至於淪失也，於是取周公之典章，所以體天人之撰而存治化之跡者，獨與其徒，相與申而明之。"[④]其所取、所體、所欲"申而明之"者，則爲孔門經學之所"應然"，雖謂"未嘗離事而著理"，其主義不主事明矣。

劉知幾《史通》分唐代以前之史書爲"六家二體"，以《尚書》家爲記言，《春秋》家爲記事，《左傳》家爲編年，與《國語》、《史記》、《漢書》共稱"六家"。《尚書》、《春秋》本涵蓋史料，固不待言，然而劉氏全從史書"實然"之觀點着眼經書，遂發《疑古》、《惑經》之論。[⑤]六經之中，《春秋》固誌史事，既列爲經書，經、史之間，當如何分辨？其後王陽明答徐愛之問，雖然也曾提出"《春秋》亦經，五經亦史"之説，倒是明確的指出其間之異同：

> 以事言謂之史，以道言謂之經；事即道，道即事；《春秋》亦經，五經亦史。《易》是包犧氏之史，《書》是堯舜下史，《禮》、《樂》是三代史。其事同，其道同。安有所謂異？(《傳

---

① 見《文史通義校注·内篇五·申鄭》頁四六四。

② 劉向見《太史公書》有"列傳"一體，因著《列女傳》，其明於史法可知矣。

③ 見《文史通義校注·内篇五·答客問上》，第470頁。

④ 兩引皆見《文史通義校注·内篇一·經解上》，第94、93頁。

⑤ 參見《史通·外篇》。

習録・卷上》)

事雖爲“實然”,道則係事理之“應然”,“聖人述六經,只是要正人心。只是要存天理,去人欲。”從孔門傳誦之際,六經已經超越“實然”,直指其所“應然”。準此,傳統史學乃《春秋》之支脈明矣。劉知幾開史學之端,章學誠承其續。言史學之體系,溯其源流,取材雖兼包經史,流别實各分涇渭。《春秋》之屬性爲一端,其後由《春秋》所衍出的各類史籍雖續其端,乃爲别裁。就史事言之,必待《左傳》;就大義言之,則非《公》、《穀》莫屬。

三、三傳解經之方式

在孔子以前,《詩》、《書》、《禮》、《樂》、《易》、《春秋》諸經籍,已爲士大夫養成教育之教材,故公子重耳與秦穆公以《沔水》、《六月》相酬唱;郤縠“説《禮》、《樂》而敦《詩》、《書》”,趙衰推之爲元帥;聘於魯之際:吴季札觀樂,爲之歌《國風》與《雅》、《頌》;晉韓宣子觀書,得見《易・象》與魯《春秋》。[①]晉羊舌肸習於《春秋》;楚莊王爲太子置傅,申叔時告以“教之《春秋》”。[②]《易》更是卜問禍福休咎之常用。孔子援引之爲儒家立身處事之基礎。晚年據魯舊史作《春秋》,“是非二百四十二年之中,以爲天下儀表,貶天子,退諸侯,討大夫,以達王事”,下筆之際,諸多忌諱,辭約而義微,所謂“志在《春秋》”,“載之空言,不如見之於行事之深切著明”,其畢生之志業,多意在言外,即或當時口授弟子,而傳其説者取捨不一,而異同生焉。雖如《韓非子・顯學》所云:“孔、墨之後,儒分爲八,墨離爲三,取舍相反、不同。”然就其同者觀之,正爲道統之所在。而其歧異處,所謂“理一而分殊”,乃道統在不同層面上之觀照,各有其旨趣而不悖,觀夫三傳之解經可知矣。

(一) 皆從訓詁入手,推申以求經旨

三傳之宗旨本在釋經,依經以立傳,先必從訓詁之層面,或釋辭義,或釋文例,或藉以明全書之體例,或闡明史事;除釋辭義必緊扣原文發傳外,文例等項則往往各在相關之處發傳。是以即或從訓詁言之,切不可拘在一條之下,率爾論其是非。

以隱公元年經傳爲例:於經“元年,春,王正月”條下,三傳之解析分别是:

《左傳》:元年,春,王周正月,不書即位,攝也。

《公羊》:元年春,王正月。元年者何?君之始年也。春者何?歲之始也。王者孰謂?謂文王也。曷爲先言王而後言正月?王正月也。何言乎王正月?大一統也。公何以不言即位?成公意也。何成乎公之意?公將平國而反之桓。曷爲反之桓?桓幼而

① 分别見於《左傳》僖公廿三年、廿五年、襄廿九年及昭二年。

② 分别見於《國語》晉語七及楚語上。

貴,隱長而卑,其爲尊卑也微,國人莫知。隱長又賢,諸大夫扳隱而立之。隱於是焉而辭立,則未知桓之將必得立也。且如桓立,則恐諸大夫之不能相幼君也,故凡隱之立爲桓立也。隱長又賢,何以不宜立?立適以長不以賢,立子以貴不以長。桓何以貴?母貴也。母貴則子何以貴?子以母貴,母以子貴。

《穀梁》:元年春,王正月。雖無事,必舉正月,謹始也。公何以不言即位?成公志也。焉成之?言君之不取爲公也。君之不取爲公何也?將以讓桓也。讓桓正乎?曰不正。《春秋》成人之美,不成人之惡。隱不正而成之,何也?將以惡桓也。其惡桓何也?隱將讓而桓弑之,則桓惡矣。桓弑而隱讓,則隱善矣。善則其不正焉何也?《春秋》貴義而不貴惠,信道而不信邪。孝子揚父之美,不揚父之惡。先君之欲與桓,非正也,邪也。雖然,既勝其邪心以與隱矣,已探先君之邪志而遂以與桓,則是成父之惡也。兄弟,天倫也。爲子受之父,爲諸侯受之君,已廢天倫而忘君父以行小惠,曰小道也。若隱者可謂輕千乘之國,蹈道則未也。

表面觀之,《左傳》之篇幅最簡短,謹守文本,未作推申。而其所釋,僅分兩節:"王周正月"爲釋"王正月"之辭義;"不書即位,攝也。"則係涉及經之體例,以《春秋》十二公書即位爲常例,皆不發傳,不書即位爲特例,則一一明其故。隱公以攝位而不書,莊公"不稱即位"以"文姜出故也",閔公"不書即位,亂故也",僖公"不稱即位,公出故也",當比合觀之。

《公羊》之釋經則可分爲五個層次:先假設論以釋辭義,進而推申經旨,進而明體例,再依體例闡明史事,更於闡明史事之後再推申經旨。

(一) 由"元年春,王正月。元年者何?君之始年也。春者何?歲之始也。王者孰謂?謂文王也"之設論中明辭義。

(二) 再由"曷爲先言王而後言正月?王正月也。何言乎王正月?大一統也"之追問中推申經旨。

(三) 再從"公何以不言即位?成公意也。何成乎公之意?公將平國而反之桓"的追問中表明體例不合之故。

(四) 續由"何成乎公之意?公將平國而反之桓。曷爲反之桓?桓幼而貴,隱長而卑,其爲尊卑也微,國人莫知。隱長又賢,諸大夫扳隱而立之。隱於是焉而辭立,則未知桓之將必得立也。且如桓立,則恐諸大夫之不能相幼君也,故凡隱之立爲桓立也"闡明史事。

(五) 最後從"隱長又賢,何以不宜立?立適以長不以賢,立子以貴不以長。桓何以貴?母貴也。母貴則子何以貴?子以母貴,母以子貴"的問答之中推申經旨。

《穀梁》釋經之方式雖與《公羊》相仿,但從史事中推論經旨,文分三層:

(一) 由"元年春,王正月。雖無事,必舉正月,謹始也"之辭例入手,説明《春秋》必書正月以謹始之體例。

(二) 透過"公何以不言即位?成公志也。焉成之?言君之不取爲公也。將以讓桓也"之設問解析不合體例之故。

（三）由“讓桓正乎？曰不正。《春秋》成人之美，不成人之惡”以下，再從闡明史事中推論經旨，以臧否史事。

比觀三傳之解經，皆以《春秋》誌十二公之即位，於書法有定例爲前題。雖謂《公》、《穀》重義不重事，然此條之下，《左傳》於史事不及一辭，而《公》、《穀》最長的篇幅却皆用在闡明史事。蓋《左傳》於經前之傳已記誌隱、桓之出身，故於此下從略。又《左傳》僅叙明史事之“實然”，是以除釋不書即位之事實外，於“隱爲桓立”之事不加臧否。而《公》、《穀》則將史事推向孔子理想治術之所“應然”，《公羊》着眼於即位之宗法，故點明“立適以長不以賢，立子以貴不以長”之制度，以明隱公雖賢而不宜立，以嘉許之。《穀梁》則側重在“《春秋》成人之美，不成人之惡”，“《春秋》貴義而不貴惠，信道而不信邪”，以隱公“廢天倫而忘君父以行小惠”爲小道，雖“謂輕千乘之國，蹈道則未也”以批判之。結論雖相反，其理却並行而不悖。

“隱爲桓立”既有大義在焉，是以《公羊》於隱公四年“秋，翬帥師會宋公、陳侯、蔡人、衛人伐鄭”條下發：

翬者何？公子翬也。何以不稱公子？貶。曷爲貶？與弑公也。其與弑公奈何？公子翬諂乎隱公，謂隱公曰：“百姓安子，諸侯説子，盍終爲君矣。”隱曰：“吾否，吾使修塗裘，吾將老焉。”公子翬恐若其言聞乎桓，於是謂桓曰：“吾爲子口隱矣。隱曰：‘吾不反也。’”桓曰：“然則奈何？”曰：“請作難，弑隱公。”於鐘巫之祭焉弑隱公也。

之傳。《穀梁》則云：

翬者何也？公子翬也。其不稱公子何也？貶之也。何爲貶之也？與於弑公，故貶之也。

其義與《公羊》相仿而不及史實。又《公羊》於隱公十年“夏，翬帥師會齊人、鄭人伐宋”條下重申：

此公子翬也，何以不稱公子？貶。曷爲貶？隱之罪人也。故終隱之篇貶也。

較諸《左傳》於隱公十一年“公薨”所發：

羽父請殺桓公，將以求大宰。公曰：“爲其少故也，吾將授之矣。使營菟裘，吾將老焉。”羽父懼，反譖公於桓公而請弑之。公之爲公子也，與鄭人戰於狐壤，止焉。鄭人囚諸尹氏，賂尹氏而禱於其主鐘巫，遂與尹氏歸而立其主。十一月，公祭鐘巫，齊於社圃，館於寪氏。壬辰，羽父使賊弑公於寪氏，立桓公而討寪氏，有死者。不書葬，不成喪也。

之傳,其事"實然"之重點未曾稍減,而弑君者無所逃於天地之間"應然"之大義亦得以彰顯,後世之亂臣賊子,覩之焉得不懼?而同一文本,釋經者皆以翬不稱公子爲義例之觀點釋經,然所從之角度不同,不免有所歧異;故《左傳》於隱公四年"翬帥師"一節,釋以"秋,諸侯復伐鄭。宋公使來乞師,公辭之。羽父請以師會之,公弗許,固請而行。故書曰'翬帥師',疾之也。"以公子翬違公命會師伐鄭而書名,其不臣可知,與《公羊》斥之爲"隱之罪人"之說並行而不悖。

又《公》、《穀》既重義例,《公羊》乃於隱公十一年云:

> 冬十有一月壬辰,公薨。何以不書葬?隱之也。何隱爾?弑也。弑則何以不書葬?《春秋》君弑,賊不討,不書葬,以爲無臣子也。子沈子曰:"君弑,臣不討賊,非臣也。不復讎,非子也。葬,生者之事也。《春秋》君弑,賊不討,不書葬,以爲不系乎臣子也。公薨何以不地?不忍言也。隱何以無正月?隱將讓乎桓,故不有其正月也。

從公薨不書葬、不言地之"實然",引申出君弑必爲之討賊,讓國之君不有正月等"應然"之義。《穀梁》傳義與之略同,不僅爲之補入"隱十年無正,隱不自正也。元年有正,所以正隱也"一節,又於桓元年傳詿"桓無王"之大義:

> 元年春。王。桓無王,其曰王何也?謹始也。其曰無王何也?桓弟弑兄,臣弑君,天子不能定,諸侯不能救,百姓不能去。以爲無王之道,遂可以至焉爾。元年有王,所以治桓也。正月,公即位。繼故不言即位,正也。繼故不言即位之爲正何也?曰先君不以其道終,則子弟不忍即位也。繼故而言即位,則是與聞乎弑也。繼故而言即位,是爲與聞乎弑何也?曰先君不以其道終,己正即位之道而即位,是無恩於先君也。

與《公羊》"春王正月,公即位。繼弑君不言即位,此其言即位何?如其意也。"比合觀之,即位之義例明矣。再參照"《春秋》編年,四時具然後爲年"①的詮釋,"元年,春,王正月,公即位"之"五始"亦明矣。是故就解經言之,三傳雖有異同,却各有其理據在焉。

(二) 辭義與文例

三傳之釋經,既同出一源,雖因詮釋之觀照點有別而各自異途,然從其詮解文本之辭義上作觀察,寧有歧異在焉?其次,由辭義之訓詁中,《左傳》"發凡以言例",往往涉及文例,《公》、《穀》既重義例,於《左傳》所言之凡例是否可相契合?宜加以觀注。

1. 辭義

(1)《左傳》多有從常見辭彙之通義作規範,有與《公》、《穀》發傳處雖不一,而其義相符者:如宣公十八年:"冬,十有一月壬午,公弟叔肸卒。"《左傳》云:

---

① 見《公羊》隱六年"秋七月"傳及《穀梁》桓元年冬十月傳。

凡太子之母弟，公在曰公子，不在曰弟。凡稱弟，皆母弟也。

《公羊》則於隱公七年“齊侯使其弟年來聘”條下發傳：

其稱弟何？母弟稱弟，母兄稱兄。

其意與《左傳》相通。

《穀梁》雖未直釋辭義，然於襄公三十年“天王殺其弟佞夫”條下謂：

君無忍親之義，天子、諸侯所親者，唯長子、母弟耳。天王殺其弟佞夫，甚之也！

以弟爲母弟，正符合《左傳》、《公羊》之釋義。

(2) 有《公》、《穀》雖未加詮釋，所據文本也有出入，但不悖其義者：如莊公三年“冬，公次于滑”，《左傳》承前文“秋，紀季以酅入于齊”之事云：

冬，公次于滑，將會鄭伯，謀紀故也。鄭伯辭以難。凡師，一宿爲舍，再宿爲信，過信爲次。

《公》、《穀》之所據之經文皆作“冬，公次于郎”，而《公羊》謂：

其言次于郎何？刺欲救紀而後不能也。

《穀梁》則云：

次，止也，有畏也。欲救紀而不能也。

所次之地雖不一，然既有所畏，“欲救紀而後不能”，則師止而不行過信明矣。又《穀梁》釋“次”爲止，亦與“過信”之義相發明。

(3) 亦有三傳就事以明義，於所據之事之實然大體不悖，然因欲申明之義理有别，而對同一關鍵辭之辭義作不同的訓詁者：如隱公元年“夏，五月，鄭伯克段于鄢”條下，《左傳》除以生動的手法叙明鄭莊公母子兄弟君臣間恩怨之本末外，亦不忘解析文本上的辭義，故云：

書曰：“鄭伯克段于鄢”。段不弟，故不言弟。如二君，故曰克。稱鄭伯，譏失教也。謂之鄭志，不言出奔，難之也。

《公羊》則謂：

克之者何？殺之也。殺之則曷爲謂之克？大鄭伯之惡也。曷爲大鄭伯之惡？母欲立之，己殺之，如勿與而已矣。段者何？鄭伯之弟也。何以不稱弟？當國也。其地何？當國也。齊人殺無知何以不地？在内也。在内雖當國不地也。不當國雖在外亦不地也。

《穀梁》云：

夏，五月，鄭伯克段于鄢。克者何？能也。何能也？能殺也。何以不言殺？見段之有徒衆也。段，鄭伯弟也。何以知其爲弟也？殺世子母弟目君，以其目君，知其爲弟也。段，弟也而弗謂弟，公子也而弗謂公子，貶之也。段失子弟之道矣，賤段而甚鄭伯也。何甚乎鄭伯？甚鄭伯之處心積慮成於殺也。於鄢，遠也。猶曰取之其母之懷中而殺之云爾，甚之也。然則爲鄭伯者宜奈何？緩追逸賊，親親之道也。

謹案：三傳之解析皆以太叔段以莊公之同母弟擬君當國，失爲弟之道，故不稱弟；文譏莊公失教，處心積慮成於殺，故稱鄭伯以惡之：義不相悖，足見莊公兄弟鬩牆之"實然"外；在訓詁上之差異端在"克"字。《左傳》"如二君，故曰克"之訓乃從情景上解析，故推申出"不言出奔，難之也"以明兄弟應然之義；參諸莊公十一年之凡例，則亦"得儁曰克"[①]之比。《公羊》訓爲"殺之"，與《爾雅·釋詁上》"勝、肩、戡、劉、殺，克也。"相符，惟由辭義引申出"大鄭伯之惡"之經旨；《穀梁》訓作"能"，則與《爾雅·釋言》"克，能也"之訓相合，再結合"殺，克也"之義，推伸出"能殺而不言殺"之義。而既言"處心積慮成於殺"，仍以莊公實殺段，故申明"緩追逸賊，親親之道"應然之大義。是以三傳之訓詁，就"克"字觀之，皆有其據在焉，然由於所體察之義理迥異，所見不一，而皆爲發其意在言外之所應然之憑藉可知也。

(4) 亦有同一文本，三傳關切之角度不同，因而所詮釋之關鍵辭不一，然可相輔相成者：如隱元年秋七月"天王使宰咺來歸惠公、仲子之賵"條下，《左傳》云：

秋七月，天王使宰咺來歸惠公、仲子之賵，緩，且仲子未薨，故名。天子七月而葬，同軌畢至；諸侯五月，同盟至；大夫三月，同位至；士踰月，外姻至。贈死不及尸，弔生不及哀，豫凶事，非禮也。

其所側重在喪禮之制，文分三層：先釋明宰咺之歸賵於惠公不及喪期，於仲子則並未有喪事，故稱名以譏之；次説明由天子至士各階層之喪期；再補述此事非禮之原因。

---

① 莊公十一年曰："夏，宋爲乘丘之役故，侵我。公禦之。宋師未陳而薄之，敗諸鄑。凡師，敵未陳曰敗某師，皆陳曰戰，大崩曰敗績。得儁曰克，覆而敗之曰取某師，京師敗曰王師敗績于某。"

《公羊》則謂：

> 秋七月，天王使宰咺來歸惠公、仲子之賵。宰者何？官也。咺者何？名也。曷爲以官氏？宰，士也。惠公者何？隱之考也。仲子者何？桓之母也；何以不稱夫人？桓未君也。賵者何？喪事有賵：賵者蓋以馬，以乘馬束帛；車馬曰賵，貨財曰賻，衣被曰襚。桓未君，則諸侯曷爲來賵之？隱爲桓立，故以桓母之喪告于諸侯；然則何言爾？成公意也。其言來何？不及事也。其言惠公仲子何？兼之；兼之，非禮也。何以不言及仲子？仲子，微也。

側重在諸侯賵仲子之故及與賵相關名物之辭義。文義分爲七層：①先釋宰咺以官氏稱名之故。②次説明惠公及仲子之身分。③再詮釋仲子不稱爲夫人之故。④次由賵之辭義兼及贈喪事之各種事物的辭義。⑤次説明仲子雖非夫人，諸侯何以來賵之故。⑥釋“來”之指涉在刺不及喪期。⑦最後説明“惠公、仲子”之文例。

《穀梁》以爲：

> 秋，七月，天王使宰咺來歸惠公、仲子之賵。母以子氏，仲子者何？惠公之母，孝公之妾也。禮，賵人之母則可，賵人之妾則不可。君子以其可辭。受之，其志不及事也。賵者何也？乘馬曰賵，衣衾曰襚，貝玉曰含，錢財曰賻。

側重在依禮不可賵人之妾以及與賵相關名物之辭義。文分三層：①先釋仲子一辭之指涉。②次説明賵人之妾雖非禮，君子以爲可辭，以其不及喪期而誌之。③次由賵之辭義兼及贈喪事之各種事物的辭義，與《公羊》相似而多一“貝玉曰含”。

謹案：同一“仲子”，《左傳》與《公羊》皆釋爲桓公之母。而《左傳》據隱公二年“十有二月，夫人子氏薨”條以爲其時仲子未薨，故認爲“贈死不及尸，弔生不及哀”；然《公羊》則以隱二年條之“夫人子氏”爲隱公之母，故其時桓公母仲子已薨，由天子來賵以申“隱爲桓立”，然其賵不及惠公之喪期，以一使兼賵二喪，非禮也。《穀梁》認爲仲子爲“惠公之母，孝公之妾”，依禮不可賵人之妾，又其賵不及惠公之喪期，故以不及事而誌之。又以隱二年條之“夫人子氏”爲隱公之妻，異於《公》、《穀》。由於對原始文本各辭彙之認知不一，是以三傳所釋之辭義及由辭義所推申出之概念各有異同，而各有所據，又非穿鑿附會之可比，雖有異同，却未有是非可論。

2. 文例

辭義既明，則由其辭之書或不書：書則如何記誌？不書則其故安在？衍生出釋經之文例。如前述之《穀梁》由“母弟例”釋襄公三十年經“天王殺其弟佞夫”條所發之“天王殺其弟佞夫，甚之也！”又於昭元年經“夏，秦伯之弟鍼出犇晉”條下，《公羊》謂：“有千乘之國，而不能容其母弟，故君子謂之出犇也。”《穀梁》則云：“諸侯之尊，兄弟不得以屬通，其弟云者，親而奔之，惡也。”更於昭八年經“春，陳侯之弟招殺陳世子偃師”條下釋曰：“鄉曰‘陳公子招’①，今曰‘陳侯之弟招’，何也？曰：盡其親，所以惡招也。兩下相殺不志乎《春秋》，此其志，何也？世子云者，唯君之貳也，云可以重之，存焉志之也。諸侯之尊，兄弟不得以屬通，其弟云者，親而殺之，惡也。”此皆以其書弟而探其情之例。於“鄭伯克段于鄢”，《左傳》曰“段不弟，故不言弟”；《公羊》、《穀梁》之釋“翬帥師”，以“不稱公子”爲貶：則係就其不書以明其故之例。然就文例一端，三傳之間，頗有異同在焉：

(1) 本於禮制，三傳相同之文例，所在多有。如：僖公九年“夏，公會宰周公、齊侯、宋子、衛侯、鄭伯、許男、曹伯于葵丘。”條下，《左傳》發凡云：

> 九年，春，宋桓公卒。未葬而襄公會諸侯，故曰子。凡在喪，王曰小童，公侯曰子。

《穀梁》則謂：

> 天子之宰，通于四海，宋其稱子，何也？未葬之辭也。禮：柩在堂上，孤無外事。今背殯而出會，以宋子爲無哀矣！

《左傳》以公爵之宋襄公在喪故稱爲子，客觀説明文例之“實然”而已。《穀梁》則進一步批判其背殯而出會，未盡人子“應然”之道的失德。《公羊》此條之下雖未發傳，然在前條“春王三月丁丑，宋公御説卒”之下云：“何以不書葬？爲襄公諱也。”可與《穀梁》之説相應。又莊公三十二年“冬，十月乙未，子般卒”條下《公羊》云：

> 君存稱世子，君薨稱子某，既葬稱子，踰年稱公。

與《左傳》、《穀梁》之説相符。

(2) 三傳發傳處不一，所言文例可相通者：如《左傳》於宣公七年“夏，公會齊侯伐萊”條下云：

> 夏，公會齊侯伐萊，不與謀也。凡師出，與謀曰及，不與謀曰會。

重心放在師出。而《公羊》先在隱元年“三月，公及邾婁儀父盟于眛”條下發傳：

> 及者何？與也，會及暨皆與也。曷爲或言會，或言及，或言暨？會猶最也；及猶汲汲也；暨猶暨暨也。及我欲之，暨不得已也。

---

① 見昭元年經。

重心放在會盟。《穀梁》則在隱四年"夏,公及宋公遇于清"條下云:

及者,内爲志焉爾。遇者,志相得也。

亦以會盟爲説。又於昭公七年"春,王正月,暨齊平"條下謂:

平者,成也。暨,猶暨暨也。暨者,不得已也。以外及内曰暨。

三傳之重心雖不一,大體尚可相契合。

(3) 有同一事例,三傳切入之角度不同,所發傳之文例有所出入者。如"弒君"之事,《左傳》於宣公四年"鄭公子歸生弒其君夷"條下發凡云:

凡弒君,稱君,君無道也;稱臣,臣之罪也。

從弒君者與被弒者之名謂作觀照。準此,則宣公二年"晉趙盾弒其君夷皋"條及四年"鄭公子歸生弒其君夷"皆稱名以弒。趙盾雖不與乎弒君,然"亡不出境,歸不討賊",乃弒君之罪人;子家"權不足"被脅夥同弒君,獨尸其罪:皆《春秋》大義之所在亦明矣。《公羊》、《穀梁》於此條下並未發傳,然《公羊》整合不同的狀況,於文公十六年"冬,十有一月,宋人弒其君處臼"條下發傳:

弒君者曷爲或稱名氏?或不稱名氏?大夫弒君稱名氏,賤者窮諸人;大夫相殺稱人,賤者窮諸盜。

從弒君者之身分着眼。又於文公十八年"莒弒其君庶其"條下云:

稱國以弒何?稱國以弒者,衆弒君之辭。

是稱國以弒,國人皆謂之可殺矣。又於哀公四年"春,王三月庚戌,盜殺蔡侯申"條下謂:

弒君賤者窮諸人,此其稱盜以弒何?賤乎賤者也。賤乎賤者孰謂?謂罪人也。

弒君之罪人稱乎盜,則弒君者未必皆罪人明矣。《穀梁》則發"弒君者日"之日月例,[①]又於此條下云:

① 參見昭公十三年:"夏,四月,楚公子比自晉歸于楚,弒其君虔于乾溪。"下傳。

稱盜以弒君，不以上下道道也。内其君而外弒者，不以弒道道也。《春秋》有三盜：微殺大夫，謂之盜；非所取而取之，謂之盜；辟中國之正道以襲利，謂之盜。

以弒君者不守君臣之道而襲利也。《公》、《穀》尚有由弒君延伸的文例，如"繼弒君，子不言即位"、①"繼弒君不言即位，正也"、②"弒君者不復見"③等。

（4）有同一辭彙，三傳詮解之角度不同，所發傳之文例有所出入者。如：成公十八年"夏，楚子，鄭伯伐宋。宋魚石復入于彭城"條下，《左傳》發：

書曰復入。凡去其國，國逆而立之，曰入；復其位，曰復歸；諸侯納之，曰歸；以惡曰復入。

之凡例。《公羊》則在桓公十五年"鄭世子忽復歸于鄭"條下發：

其稱世子何？復正也。曷爲或言歸？或言復歸？復歸者，出惡，歸無惡；復入者，出無惡，入有惡。入者，出入惡。歸者，出入無惡。

之傳，對相關辭彙之定義迥異。《穀梁》則於隱公二年"夏，五月，莒人入向"下云：

入者，内弗受也。

又於隱公十年"冬，十月壬午，齊人、鄭人入郕"下謂：

入者，内弗受也。日入，惡入者也。

另於莊公九年"齊小白入于齊"下云：

大夫出奔反，以好曰歸，以惡曰入。

其釋"以好曰歸"與《公羊》"歸者，出入無惡"之説不悖，與《左傳》"諸侯納之曰歸"之説不同；而"入者，内弗受"、"以惡曰入"之文例亦切合《公羊》而悖於《左傳》，惟又於日月例相結合，加入"日入，惡入者也"之見耳。

---

① 參見僖公元年《公羊》。
② 參見莊公元年《穀梁》。
③ 參見宣公六年《公羊》。

四、三傳解經辨

(一) 史事之實然，各有異同

三傳之傳史事，或有同一史事，發傳處雖不一，誌事亦有詳略，然於事之始末若合符契，僅文字上各具勝場，難分高下者；如趙盾弑晉靈公事。然三傳所言史事亦有頗有出入，從實然上，難定其是非者。其出入之故，大體有：

1. 有因所據經書文字不一，而各作不同之詮解者：

所謂"信以傳信，疑以傳疑"，三傳之解經，有因所據經書文字不一，而各作不同之詮解者。如隱三年"夏，四月辛卯，尹氏卒"條，《公羊》曰：

> 尹氏者何？天子之大夫也。其稱尹氏何？貶。曷爲貶？譏世卿，世卿非禮也。

《穀梁》云：

> 尹氏者，何也？天子之大夫也。外大夫不卒，此何以卒之也？於天子之崩爲魯主，故隱而卒之。

皆以"尹氏"爲天子之大夫，或據其後尹氏助王子朝之亂[1]而發"譏世卿"之批判，或據"於天子之崩爲魯主，故隱而卒之"説明其所以誌之故。而《左傳》經文作"君氏卒"，因謂：

> 曰君氏，聲子也。不赴於諸侯，不反哭于寢，不祔于姑，故不曰薨。不稱夫人，故不言葬，不書姓。爲公故。

是以即或從歷史實然之層面言之，已難定於一尊。

又隱公二年"紀子帛、莒子盟于密"條，《左傳》謂：

> 紀子帛、莒子盟于密，魯故也。

以"子帛"爲人名，杜預遂謂即來魯替紀君迎娶伯姬之紀大夫裂繻之字。《公》、《穀》經文皆作"紀子伯、莒子盟于密"。而《公羊》以文字不可解，故謂："紀子伯者何？無聞焉爾。"《穀梁》則以傳疑之方式云："或曰紀子伯、莒子而與之盟，或曰年同爵同，故紀子以伯先也。"綜觀三傳

---

① 參見昭公二十三年《左傳》。

之説，皆不足以解惑，遑謂有史之實然在焉？

2. 有所據經書文本相同，而於關鍵詞理解不[illegible]，而紀事有別者：

除前節"辭義"項中所提及之"仲子"外，如桓五年春正月"甲戌、己丑，陳侯鮑卒"條下，《左傳》云：

> 甲戌、己丑，陳侯鮑卒。再赴也。於是陳亂，文公子佗殺太子免而代之。公疾病而亂作，國人分散，故再赴。

以陳亂之故，於桓公鮑之卒，先後有兩份訃聞送至魯國，所以分別書之。而《公羊》則謂：

> 曷爲以二日卒之？怴也。甲戌之日亡、己丑之日死而得，君子疑焉，故以二日卒之也。

以桓公發狂失蹤，其去世之日有惑，而以二日誌之。《穀梁》則直言：

> 鮑卒何爲以二日卒之？《春秋》之義：信以傳信，疑以傳疑。陳侯以甲戌之日出，己丑之日得，不知死之日，故舉二日以包也。

於情理上，較諸《左傳》、《公羊》更爲明確。

又襄二年"夏五月，庚寅，夫人姜氏薨。……秋七月，……己丑，葬我小君齊姜"條下，《左傳》云：

> 夏，齊姜薨。初，穆姜使擇美檟，以自爲櫬與頌琴，季文子取以葬。君子曰："非禮也。禮無所逆。婦，養姑者也。虧姑以成婦，逆莫大焉。"

以"齊姜"乃襄公嫡母，係成公母穆姜之媳，季氏取其婆之棺以葬之。《穀梁》無傳。而《公羊》則謂：

> 齊姜者何？齊姜與繆姜，則未知其爲宣夫人與？成夫人與？

以傳疑之方式解之。

3. 有因據事所發之義不同，而所詮釋之史事本末不一者：

除前節"辭義"項下"鄭伯克段于鄢"中所提及之太叔段，或言出奔，或謂莊公殺之外，如誌鄭國昭、厲之爭之始末，三傳於祭仲之評價雖不一，其事之出入不大：於桓公十一年"九月，宋人執鄭祭仲。突歸于鄭。鄭忽出奔衛"條，《左傳》云：

> 初，祭封人仲足有寵於莊公，莊公使爲卿。爲公娶鄧曼，生昭公。故祭仲立之。宋

雍氏女於鄭莊公，曰雍姞，生厲公。雍氏宗，有寵於宋莊公，故誘祭仲而執之，曰：'不立突，將死。'亦執厲公而求賂焉。祭仲與宋人盟，以厲公歸而立之。秋，九月丁亥，昭公奔衛。己亥，厲公立。

以誌其事之原委而未加臧否。《公羊》則於"宋人執鄭祭仲"下謂：

祭仲者何？鄭相也。何以不名？賢也。何賢乎祭仲？以爲知權也。其爲知權奈何？古者鄭國處于留。先鄭伯有善于鄶公者，通乎夫人，以取其國而遷鄭焉，而野留。莊公死已葬，祭仲將往省于留，塗出于宋，宋人執之，謂之曰：'爲我出忽而立突。'祭仲不從其言，則君必死、國必亡；從其言，則君可以生易死，國可以存易亡。少遼緩之，則突可故出，而忽可故反，是不可得則病，然後有鄭國。古人之有權者，祭仲之權是也。權者何？權者反於經，然後有善者也。權之所設，舍死亡無所設。行權有道，自貶損以行權，不害人以行權。殺人以自生，亡人以自存，君子不爲也。

先由史事之陳述轉而申"行權"之義。次於"突歸于鄭"下釋曰：

突何以名？挈乎祭仲也。其言歸何？順祭仲也。

贊譽祭仲之行權爲存君保國。而《穀梁》謂：

曰突，賤之也。曰歸，易辭也。祭仲易其事，權在祭仲也。死君難，臣道也，今立惡而黜正，惡祭仲也。

批判祭仲之行權爲立惡而黜正而非之。然於其後桓十五年"五月，鄭伯突出奔蔡。""鄭世子忽復歸于鄭。""秋，九月，鄭伯突入于櫟。"三條，誌昭公入國，厲公出亡，《左傳》但述其事而已。《公羊》在前兩則分別發"突何以名？奪正也。""其稱世子何？復正也"之傳；《穀梁》則發"譏奪正也。""反正也。"重義不重事。而於末則《公羊》謂："櫟者何？鄭之邑。曷爲不言入于鄭？末言爾。曷爲末言爾？祭仲亡矣。然則曷爲不言忽之出奔？言忽爲君之微也。祭仲存則存矣，祭仲亡則亡矣！"以此時祭仲已亡，故昭公忽即使入國，亦微弱不能守。而《左傳》於桓公十八年尚誌"祭仲以知免"之事，與《公羊》不同。

又成公二年齊晉鞌之戰，齊師敗績，逢丑父詐晉師免齊頃公於難，三傳誌事雖有詳略，出入不大，但《左傳》云郤克以其能代其君任患而赦之，《公羊》則謂郤克依欺君之罪斮逢丑父，所重之義不同，叙其事之後果迥異。

4. 有所據材料不一，三傳於史事或叙或否，可以互補者：

《左傳》固以誌史事爲主軸，然亦有不及之處，可以《公》、《穀》補之者。如莊公十三年

"冬,公會齊侯盟于柯。"條下,《左傳》云:

冬,盟于柯,始及齊平也。

行文簡略。《公羊》則謂:

何以不日? 易也。其易奈何? 桓之盟不日,其會不致,信之也。其不日何以始乎此? 莊公將會乎桓,曹子進曰:"君之意何如?"莊公曰:"寡人之生,則不若死矣!"曹子曰:"然則君請當其君,臣請當其臣。"莊公曰:"諾。"於是會乎桓。莊公升壇,曹子手劍而從之。管子進曰:"君何求乎?"曹子曰:"城壞壓竟,君不圖與?"管子曰:"然則君將何求?"曹子曰:"願請汶陽之田。"管子顧曰:"君許諾。"桓公曰:"諾。"曹子請盟,桓公下與之盟。已盟,曹子摽劍而去之。要盟可犯,而桓公不欺;曹子可讎,而桓公不怨。桓公之信著乎天下,自柯之盟始焉。

衍出曹劌劫盟之故事。《穀梁》則承《公羊》之旨意曰:

曹劌之盟也,信齊侯也。桓盟雖内與,不日,信也。

其後太史公更擷取之入《刺客列傳》,此《公羊》之言史可補《左傳》之未盡者也。又《穀梁》亦有以史事居勝者。如定公十年"夏,公會齊侯于頰谷。公至自頰谷①。"、"齊人來歸運、讙、龜陰田。"兩條下,《左傳》釋前條曰:

夏,公會齊侯于祝其,實夾谷。孔丘相,犁彌言於齊侯曰:"孔丘知禮而無勇,若使萊人以兵劫魯侯,必得志焉。"齊侯從之。孔丘以公退,曰:"士兵之! 兩君合好,而裔夷之俘以兵亂之,非齊君所以命諸侯也。裔不謀夏,夷不亂華,俘不干盟,兵不偪好:於神爲不祥,於德爲愆義,於人爲失禮,君必不然。"齊侯聞之,遽辟之。將盟,齊人加於載書曰:"齊師出竟而不以甲車三百乘從我者,有如此盟!"孔丘使兹無還揖對,曰:"而不反我汶陽之田,吾以共命者亦如之!"

《公羊》前條未發傳,而於後條曰:

齊人曷爲來歸運、讙、龜陰田? 孔子行乎季孫,三月不違,齊人爲是來歸之。

---

① "頰谷",《左傳》皆作"夾谷"。

僅言及孔子爲政之效。《穀梁》乃比合兩條縱論之，云：

> 離會不致，何爲致也？危之也。危之則以地致，何也？爲危之也。其危奈何？曰：頰谷之會，孔子相焉。兩君就壇，兩相相揖，齊人鼓譟而起，欲以執魯君。孔子歷階而上，不盡一等，而視歸乎齊侯，曰："兩君合好，夷狄之民，何爲來爲？"命司馬止之。齊侯逡巡而謝曰："寡人之過也。"退而屬其二三大夫曰："夫人率其君與之行古人之道，二三子獨率我而入夷狄之俗，何爲？"罷會。齊人使優施舞於魯君之幕下。孔子曰："笑君者罪當死。"使司馬行法焉，首足異門而出。齊人來歸鄆、讙、龜、陰之田者，蓋爲此也。因是以見：雖有文事，必有武備。孔子於頰谷之會見之矣。

情節較諸《左傳》更曲折，文字生動簡潔。其後太史公撰《孔子世家》，雖整合二傳，然多取諸《穀梁》可證也。

他如僖公九年齊桓公葵丘之盟，《穀梁》明載其五命："葵丘之會，陳牲而不殺，讀書加于牲上，壹明天子之禁，曰：毋雍泉，毋訖糴，毋易樹子，毋以妾爲妻，毋使婦人與國事。"可與《孟子・告子下》相發明①却不載於《左傳》、《公羊》，安得以其文字精簡而輕忽之。

5. 有所據材料不一，三傳於史事或叙或否，其說不一，難定是非者：

如桓公六年"蔡人殺陳佗"條下，《左傳》此條下雖無傳，然於莊公二十二年"陳人殺其公子御寇"條下傳言及：

> 陳厲公，蔡出也，故蔡人殺五父而立之。

據杜預注："五父，陳佗也。"《公羊》釋曰：

> 陳佗者何？陳君也。陳君則曷爲謂之陳佗？絶也。曷爲絶之？賤也。其賤奈何？外淫也。惡乎淫？淫于蔡，蔡人殺之。

《穀梁》則謂：

> 陳佗者，陳君也，其曰陳佗，何也？匹夫行，故匹夫稱之也。其匹夫行奈何？陳侯熹獵，淫獵于蔡，與蔡人爭禽。蔡人不知其是陳君也而殺之。何以知其是陳君也？兩下相

---

① 《孟子・告子下》："五霸，桓公爲盛。葵丘之會，諸侯束牲載書而不歃血。初命曰：'誅不孝，無易樹子，無以妾爲妻。'再命曰：'尊賢、育才，以彰有德。'三命曰：'敬老、慈幼，無忘賓旅。'四命曰：'士無世官，官事無攝，取士必得，無專殺大夫。'五命曰：'無曲防，無遏糴，無有封而不告。'曰：'凡我同盟之人，既盟之後，言歸于好。'今之諸侯，皆犯此五禁，故曰：今之諸侯，五霸之罪人也。長君之惡，其罪小；逢君之惡，其罪大。今之大夫皆逢君之惡，故曰：今之大夫，今之諸侯之罪人也。"

殺不道；其不地，於蔡也。

或曰蔡人爲立已甥爲陳君而殺陳佗，或曰蔡人以其淫乎蔡而殺之，或曰打獵時與蔡人争禽而被殺，未知孰是。

又僖公元年"冬，十月壬午，公子友帥師敗莒師于酈，獲莒挐"條下，《左傳》僅謂：

> 冬，莒人來求賂，公子友敗諸酈，獲莒子之弟挐；非卿也，嘉獲之也。

未能詳事之始末。《公羊》釋曰：

> 莒挐者何？莒大夫也。莒無大夫，此何以書？大季子之獲也。何大乎季子之獲？季子治内難以正，禦外難以正。其禦外難以正奈何？公子慶父弑閔公，走而之莒，莒人逐之，將由乎齊，齊人不納，却反舍于汶水之上，使公子奚斯入請。季子曰："公子不可以入，入則殺矣！"奚斯不忍反命于慶父，自南涘，北面而哭。慶父聞之曰："嘻！此奚斯之聲也，諾已。"曰："吾不得入矣！"於是抗輈經而死。莒人聞之曰：'吾已得子之賊矣！'以求賂乎魯。魯人不與，爲是興師而伐魯，季子待之以偏戰。

以莒人以得魯之罪人慶父求賂不果而伐魯，爲季子所敗。《穀梁》則謂：

> 莒無大夫，其曰莒挐，何也？以吾獲之目之也。内不言獲，此其言獲，何也？惡公子之紿。紿者奈何？公子友謂莒挐曰："吾二人不相説，士卒何罪？"屏左右而相搏。公子友處下。左右曰："孟勞。"孟勞者，魯之寶刀也。公子友以殺之。然則何以惡乎紿也？曰：棄師之道也。

以季友用詐謀取勝。《左傳》與《公羊》皆就莒人求賂爲説，而《公羊》盡叙事之始末，爲不同耳。《穀梁》則另誌異聞，不知何所據。

（二）事理之應然，各有所發

所謂"屬辭比事，《春秋》教也"，"《春秋》言是其微也"，①其所藴之教化，欲發之微旨，皆事理之應然，固不待辯，然於教化與微旨之所在，則三傳因切入之觀點不一，往往各有所發。於三傳之義例，前輩學者論述甚夥，筆者亦有《由訓詁到義理——論〈公羊傳〉解經之方式》②及《讀〈穀梁〉雜記——論〈穀梁〉之特質》③等文可以參看，此下但言其大凡而已。

---

① 兩引見《禮記・經解》及《荀子・儒效》。
② 參見《國際儒學研究・第十七輯》，北京九州出版社，2010年1月。
③ 參見《輔仁國文學報〔增刊〕》，輔仁大學中國文學系，2006年1月。

1.《左傳》由史事闡發義理：

《左傳》雖以録史事爲主軸，未嘗不言義理。其釋經除以"凡例"規範辭義，以辭彙書寫之方式探討褒貶之微旨外，更往往在史事之前後，直接作出價值判斷，加以臧否。如叙隱公元年"鄭伯克段于鄢"，以潁考叔點悟鄭莊公終其事，隨即以

> 君子曰："潁考叔，純孝也，愛其母，施及莊公。《詩》曰：'孝子不匱，永錫爾類'，其是之謂乎！"

讚許潁考叔之行事。於隱公三年叙周平王崩，周、鄭由交質進而交惡，遂發：

> 君子曰："信不由中，質無益也。明恕而行，要之以禮，雖無有質，誰能間之？苟有明信，澗、溪、沼、沚之毛，蘋、蘩、薀、藻之菜，筐、筥、錡、釜之器，潢、汙、行、潦之水，可薦於鬼神，可羞於王公，而況君子結二國之信，行之以禮，又焉用質？風有《采蘩》、《采蘋》，雅有《行葦》、《泂酌》，昭忠信也。"

之歎。隱公四年九月録"衛人殺州吁于濮"，誌石碏捨子除亂之謀，終以：

> 君子曰："石碏，純臣也。惡州吁而厚與焉。'大義滅親'，其是之謂乎！"

美石碏之存國作。所言之"純孝"、"信由乎中"、"純臣"，不正爲人倫之所應然？又成公十四年"秋，叔孫僑如如齊逆女。……九月，僑如以夫人婦姜氏至自齊"條下云：

> 九月，僑如以夫人婦姜氏至自齊。舍族，尊夫人也。故君子曰："《春秋》之稱，微而顯，志而晦，婉而成章，盡而不汙，懲惡而勸善，非聖人，誰能修之？"

更由族氏稱謂之有無，衍出《春秋》之義例，不正爲《春秋》意在言外之微旨之所在？其後杜預據凡例及此條發展出"發傳之體有三，爲例之情有五"之説，更擴展出《左傳》義例之學。後世於杜説之得失，故有仁智之見，但由《左傳》"君子曰"轉化出《史記》中之"太史公曰"，開史評之端緒，豈得以史事羈之？

2.《公羊》或由史事闡發義理，或以義理轉化史事：

《公羊》之解經，重在微言與大義，其釋經旨雖不得不以史事爲憑藉，然往往以其所理解之經旨爲宗對史事加以評價，或由史事闡發義理，或以義理轉化史事。

(1) 由史事闡發義理

於魯襄公二十二年"冬，十二月，己巳朔，宋公及楚人戰于泓，宋師敗績"條下，就泓水之戰之經過之實然言之，於宋襄公不阻隘、不鼓不成列、不擒二毛之行徑，《公羊》與《左傳》相同，然《左傳》藉子魚之口謂"君未知戰"，《公羊》却大書：

偏戰者日爾，此其言朔何？《春秋》辭繁而不殺者，正也。……故君子大其不鼓不成列，臨大事而不忘大禮，有君而無臣，以爲雖文王之戰，不過此也。

假宋襄公之行事以正"義戰"應然之本貌。宣公十五年"夏，五月，宋人及楚人平"條下，於子反與華元相約退師之實然，《公羊》與《左傳》雖略有出入，然言子反主退師則一也。而《公羊》則申"君子大其平乎己"之義。於齊桓、楚莊行霸之實然，《公羊》與《左傳》相同，而《公羊》於齊桓援邢、復衛、存杞皆大書：

實與而文不與，文曷以不與？諸侯之義，不得專封也。諸侯之義不得專封，則其曰實與之何？上無天子，下無方伯，天下諸侯有相滅亡者，力能救之，則救之可也。①

以明齊桓不得專封之義。於宣公十一年"冬，十月，楚人殺陳夏徵舒"條下則云：

實與而文不與，文曷以不與？諸侯之義，不得專討也。諸侯之義不得專討，則其曰實與之何？上無天子，下無方伯，天下諸侯，有爲無道者，臣弑其君，子弑其父，力能討之，則討之可也。

以明楚莊不得專封之義。他如"大夫之義，不得專廢置君"，②"大夫之義，不得專執"③等，其所發之義理，與《左傳》迥異者，前者乃就事之論事，後者則係就孔子書《春秋》之旨以論事。"王正月"之王既爲文王，是以宋襄公之行徑得似文王之戰。而齊桓、楚莊雖不得專封、專討，唯"上無天子，下無方伯"，有救亡、討賊者，《春秋》實與而文不可與。大宋人與楚人之平乎己，則亦同《公羊》"實與而文不與"之大旨。

(2) 以義理轉化史事

就孔子爲《春秋》"撥亂世，反諸正"，而"三世異辭"④之概念，則"公子益師卒"得不書日；⑤直書魯桓公"會齊侯、陳侯、鄭伯于稷，以成宋亂"得不爲尊者諱，⑥以遠在所傳聞世也。於是就隱、桓史事，多發"疾始滅"、⑦"疾始取邑"、⑧"疾始以火攻"，⑨以明《春秋》疾始之義。後儒因之，伸張出"三科九旨"之微言。

---

① 於齊桓參見僖公元年、二年、十四年傳，於楚莊參見宣十一年傳。
② 參見文公十四年《傳》。
③ 參見定公元年《傳》。
④ 參見哀公十四年春"西狩獲麟"《傳》。
⑤ 參見隱公元年三月《傳》。
⑥ 參見桓公二年十二月《傳》。
⑦ 參見隱公二年夏"無駭帥師入極"《傳》。
⑧ 參見隱公四年二月"莒人伐杞，取牟婁"《傳》。
⑨ 參見桓公七年"二月己亥，焚咸丘"《傳》。

據《左傳》，齊襄公淫於文姜，使公子彭生弒魯桓公，政令無常，似非賢君；[①]而欲明"《春秋》爲賢者諱"及"復讎"之大義，《公羊》因於莊公四年夏"紀侯大去其國"條下發傳云：

大去者何？滅也。孰滅之？齊滅之。曷爲不言齊滅之？爲襄公諱也。《春秋》爲賢者諱。何諱乎襄公？復讎也。何讎爾？遠祖也。哀公亨乎周，紀侯譖之，以襄公之爲於此焉者，事祖禰之心盡矣。

衍出襄公能復九世之讎之賢德，申明家國一體，雖百世猶可報國讎。惋惜當世"上無天子，下無方伯"，故齊襄公得以遂其復讎之志。而同年"冬，公及齊人狩于郜"條下，則謂：

公曷爲與微者狩？齊侯也。齊侯則其稱人何？諱與讎狩也。……讎者無時，焉可與通？通則爲大譏。

譏魯莊公不復讎而與讎狩。於莊公九年"八月，庚申，及齊師戰于乾時，我師敗績"條下，則云：

内不言敗，此其言敗何？伐敗也。曷爲伐敗？復讎也。此復讎乎大國，曷爲使微者？公也。公則曷爲不言公？不與公復讎也。曷爲不與公復讎？復讎者，在下也。

於定公四年"冬，十一月庚午，蔡侯以吴子及楚人戰，楚師敗績"條下誌伍子胥之復讎，則明言"事君猶事父也，虧君之義，復父之讎，臣不爲也。"然而：

父不受誅，子復讎可也；父受誅，子復讎，推刃之道也。復讎不除害，朋友相衛而不相迿，古之道也。

通而貫之，則《公羊》所謂人君與人臣復讎之旨，如指諸掌。

而《春秋》既爲賢者諱，欲賢叔術之讓國，以爲"賢者之子孫，宜有地也"，則於昭公三十一年冬"黑弓以濫來奔"條下釋"通濫"之旨，衍出叔術誅邾婁顔而致國於夏父之故事，而文中多"未知"之辭，其所云史事，難免有穿鑿之跡。

3.《穀梁》以義理轉化史事

《穀梁》主經義不主史事，其所言史事，皆附於經義而發。故隱公元年釋經之"不言及位"之義，遂及隱、桓兄弟讓國之事；釋僖公元年冬十月"獲莒挐"之文例，衍出惡公子友紿莒挐以勝之事。而其所主之經義，亦本於史事而發其義理之應然，唯其於史事之評價有别，往往與《公羊》所推申出之義旨不同。故就"《春秋》成人之美，不成人之惡；信道不信邪；貴義而不貴

---

① 參見桓公十八年、莊公八年《傳》。

惠”之旨，則隱之讓桓雖善而不正，其讓桓是“成父之惡也”，非其所應然，“若隱者，可謂輕千乘之國，則未也”。[①]以隱公應立，與《公羊》所謂“隱爲桓立”，隱雖長又賢而非嫡子，固不宜立之説迥異。

於“突歸于鄭”條下，云：

> 祭仲易其事，權在祭仲也。死君難，臣道也，今立惡而黜正，惡祭仲也。[②]

與《公羊》所謂“賢祭仲能知權”之説大相逕庭。

於“紀侯大去其國”條下，則謂：

> 紀侯賢而齊侯滅之，不言滅，而曰“大去其國”者，不使小人加乎君子。

直斥齊襄公爲小人。於宋襄公之敗於泓水，以爲：

> 故曰：禮人而不答，則反其敬；愛人而不親，則反其仁；治人而不治，則反其知：過而不改，又之，是謂之過。襄公之謂也。

又曰：

> 倍則攻，敵則戰，少則守。人之所以爲人者，言也；言之所以爲言者，信也：言而不信，何以爲言？信之所以爲信者，道也；信而不道，何以爲道？道之貴時者，其行事也。[③]

略同於《左傳》之見，而與《公羊》相悖。是知二者雖皆傳自子夏，各自口傳於後世，源頭相同，故言隱代桓立、祭仲行權、齊襄滅紀、宋襄不厄險阻之所據本無别，而所受之經師不一，詮釋之觀點迥異，因生歧見。或有據此等歧異遂謂《穀梁》“晚見《公羊》之説而附益之”，[④]時代更在《公羊》之後，未盡可信。

4. 史事之應然既係各抒其見，所見不一，所論不同，非僅三傳之間，各傳後學，更有自相異者

故於鄭莊公兄弟、母子之争端，承《左傳》之美潁考叔爲“純孝”，吕祖謙《東萊左氏博議》之論《鄭莊公共叔段》譏莊公之心爲天下之至險，論《潁考叔還武姜》則謂考叔陷莊公於文過

---

① 參見隱公元年《傳》。
② 參見桓公十一年《傳》。
③ 參見僖公二十二年《傳》。
④ 參見宋・劉敞《春秋權衡・卷十四》及清・陳澧《東塾讀書記・卷十》。

飾非之地。[①]而顧棟高《春秋大事表・卷四十九》連續以《鄭莊公論》、《鄭莊公後論》、《鄭莊公第三論》三篇議論爲莊公辯千古之冤，各有見地在焉。《公羊》既屢言“所見異辭，所聞異辭，所傳聞異辭”，[②]又謂“《春秋》内其國而外諸夏，内諸夏而外夷狄”[③]，自董仲舒《春秋繁露》以降，後世遂衍出三科九旨之説，而何休、宋氏之注《春秋説》、孔廣森之《公羊通義》亦各自異説，良有以也。

五、結　語

夫孔子“志在《春秋》”，“撥亂世，反諸正，莫近諸《春秋》”[④]。而“《春秋》貴賤不嫌同好，美惡不嫌同辭。”[⑤]“有臨天下之言焉，有臨一國之言焉，有臨一家之言焉。”[⑥]“文成數萬，其指數千”，欲就其文以明其旨，此則解經者之志也。

董仲舒曰：“《春秋》無通辭，從變而移。”[⑦]“所聞《詩》無達詁，《易》無達占，《春秋》無達辭，從變從義，而一以奉人。”[⑧]《春秋》本於魯史，論其故事，固有其史事之實然面貌可稽；然三傳或因所據文本不一而異其解，或以傳聞有異而事有出入。其就魯史以“載之空言，見諸行事”，組織成經文；考釋經文，亦有辭義及文例可以推敲：而於辭義一端，“貴賤不嫌同號，美惡不嫌同辭”，有同辭而義别者；必先從訓詁之方法，一一釐清其號與其辭之指涉，而後各從其類，乃可歸納出文例。然又不得泥於一字一辭之訓而不能綜觀其變，否則不僅歸納出之文例多所窒礙，也無法深究文字背後之藴含，於是將全書解析成支離破碎的斷爛朝報，亦不足怪。就文例言之，有因於詮解辭義之角度不同而其所發傳之文例有出入者；有以對史事觀照之角度迥異而評價相反者。於是由此等辭義或文例所衍生出經旨之應然也就有所出入，乃理之必然；讀者各從其心以體悟之，但有貼心與否之别，而無是非可判。與後世學者，或有因其時空背景，跳脱辭義與文例，節外生枝式的解經有别。

自有三傳之解經開始，縱然即以所側重之方向不同而各自異言，然共通之辭義與文例，亦復不少，解經者當比合其異同，取其長而去其弊，則於史事之實然與經義所引申出之應然，皆能了然於心。

降及漢代，以今古文之争端而相互攻訐，治今文者既視《左傳》爲異端，不得列於博士學

---

① 參見《東萊左氏博議・卷一》。

② 參見隱公元年十二月及哀公十四年春《傳》。

③ 參見成公十五年冬十一月《傳》。

④ 參見哀公十四年春《公羊傳》。

⑤ 參見隱公七年三月《公羊傳》。

⑥ 參見哀公七年秋《穀梁傳》。

⑦ 參見《春秋繁露・竹林第三》。

⑧ 參見《春秋繁露・精華第五》。

官。同爲今文:則前有董仲舒與瑕丘江公議,江公吶於口而《公羊》大興;後有石渠之平《公羊》、《穀梁》同畢之辯,“各以經誼對,而多從《穀梁》,由是《穀梁》之學大盛”。[1]東漢以降,《左傳》又爲儒林所重,三傳各據壁壘,此起彼落,至於今而未已。今之治《春秋》學者,欲平其争端,或有以得其所誌史事之實然,則可判其説之是非者。而時代久遠,夫子當時已經採用“信以傳信,疑以傳疑”的方式行文,三傳又各據師説以推論其事,《春秋》所誌史事之實然面貌已難定於一尊,遑論其理之應然?又孔子爲《春秋》之目的,本在“撥亂世,反諸正”,借事以明其義,所重乃在就理之應然,在亂世之中,尋求出撥亂反正之規範,亦在不争。即使以釋明史事之《左傳》,亦未敢輕忽,動輒假“君子曰”之方式以臧否之,發皇其理之應然。豈得以《公羊》、《穀梁》少言史事而束之高閣?然《公羊》、《穀梁》本傳就經文之辭義與文例所推申出之經旨爲一事,後世學者據傳再衍生出之經旨爲另一事。孔子既藉史事以寄懷抱,後世學者亦不乏藉《春秋》以澆自己之塊壘者;當分別觀之,有所去取。

就“《春秋》學”言之,史事之實然與事理之應然皆不可廢,治其學者,當綜觀三傳,比其異同,方有以得之。

附誌

筆者於初執教輔大之際,曾於天德黌舍從毓鋆師修習《四書》、《禮記》等,其間毓師輒引“《公羊》學”之體系爲説,受益匪淺。本文行文之際,驚聞毓老於三月二十日以一百零六歲之高壽歸道山,謹以此文,追念吾師。

---

① 參見《漢書·儒林傳·瑕丘江公傳》。

《大射儀》"宰夫戒……宿視滌"補釋

□吴土法

［摘　要］《大射儀》"宰夫戒宰及司馬射人宿視滌"一文，歷代學者對有六種不同的解釋，作者認爲，均有不妥之處。其中"戒"字當釋爲普通意義的告知、提醒；"宿"字當釋爲宿戒之禮，行禮者爲宰、射人之等；"視滌"的行禮者當爲宰夫等。準此，則其句讀當爲：宰夫戒宰及司馬、射人，宿，視滌。

［關鍵字］戒；宿；視滌

［作者簡介］吴土法，浙江大學古籍研究所副教授（杭州 310028）

《儀禮·大射儀》云："君有命戒射。宰戒百官有事于射者。射人戒诸公、卿、大夫射。司士戒士射与赞者。前射三日，宰夫戒宰及司馬射人宿視滌。"對於文中"宰夫戒宰及司馬射人宿視滌"十二字的句讀和解釋，歷代學者見仁見智，眾説紛紜。概括起來，主要有如下六説：

第一，認爲"戒"即宿戒，又名再戒、申戒，宰夫宿戒的對象是宰和司馬二官；"宿"即夕宿，這裏指前射一日，"視滌"的行禮者是射人。此説創自賈公彦《大射儀》疏（以下簡稱"賈疏"），其文云："此'宰夫戒'是再戒之宿。不云宿者，辟下'宿視滌'。何者？'宰夫戒'是申戒，下'宿'是夕宿，……此前有'射人戒'，是七日前期，此'宰夫戒'是申戒。又知'宿'是夕宿者，以戒、宿同文，明不同日。以其上云'前射三日'戒，明此非三日，是前一日矣。"①曹元弼先生校釋賈疏云："'是七日前期'，校曰：期，射期也；七，當爲'十'。"②其後，方觀承、秦蕙田均從賈氏此説。《五禮通考》在《大射儀》文"宰夫"至"視滌"後載方觀承案語云："上文'射人戒'是前期旬又一日，此'宰夫戒'是前射之三日，'射人宿'是夕宿，爲前一日，宗伯'宿視滌濯'是也。"秦氏在《通考》中載方氏案語，可見其觀點與方説相同。③孫詒讓（以下簡稱"孫疏"）在《周禮·天官·宰夫職》疏中亦從賈説，其文云："《大射儀》云'前射三日，宰夫戒宰及司馬'。彼諸侯大射，亦宰夫掌戒，天子禮當亦然。"④准此，則"宰夫"至"視滌"十二字當標點爲：前射三日，宰夫戒宰及司馬。射人宿視滌。現代學者彭林先生的《儀禮》注譯，乃從此说。⑤

第二，認爲"戒"是普通意義的告知、提醒而並非宿戒，宰夫告知的對象是宰和司馬二官；

---

① 賈公彦：《儀禮疏》，《儀禮注疏》卷十六，縮印本《十三經注疏》，中華書局 1980 年 10 月，第 1028 頁。

② 曹元弼：《禮經校釋》卷八，光緒壬辰孟陬刊本，第二葉。

③ 秦蕙田：《五禮通考》卷一百六十一，影印本《文淵閣四庫全書》，臺灣商務印書館 1986 年。

④ 孫詒讓：《周禮正義》卷六，中華書局 1987 年 12 月，第 200 頁。

⑤ 彭林：《十三經今注今譯》，嶽麓書社 1994 年 4 月，第 590 頁。

“宿”即夕宿，這裏指前射一日之夕，“視滌”的行禮者是射人。此説創自賈公彦《士冠禮》疏，其文云：“凡有戒無宿者，非止於此。案《鄉飲酒》、《鄉射》主人戒賓及《公食大夫》各以其爵，皆是當日之戒，理無宿也。又《大射》‘宰戒百官有事於射者，射人戒諸公、卿、大夫射，司士戒士射與贊者。前射三日，宰夫戒宰及司馬’，皆有戒而無宿是也。‘射人宿視滌’，此言‘宿’者，謂將射之前，於宿預視滌濯，非戒宿之意也。”[①]其後，淩廷堪説與賈氏此疏略同，淩氏謂“疏謂《鄉飲酒》、《鄉射》皆有戒無宿，非也。若……《大射》‘君有命戒射。宰戒百官有事于射者。射人戒诸公、卿、大夫射。司士戒士射与赞者。前射三日，宰夫戒宰及司馬’，《公食大夫禮》‘使大夫戒’，方是有戒無宿也。又《大射》‘射人宿視滌’，疏以爲非戒宿之宿，……疏説皆是也”。[②]准此，則“宰夫”至“視滌”十二字亦當標點爲：前射三日，宰夫戒宰及司馬。射人宿視滌。現代學者陳戍國、許嘉璐、王素玲、裴澤仁等先生有關《儀禮》的點校、注譯，均從此説。[③]

第三，認爲“戒”普通意義的告知、提醒而並非宿戒，宰夫告知的對象爲宰和司馬二官；“宿”即夕宿，這裏指“前射三日之前一夕”，“視滌”的行禮者是射人。此説創自張爾歧《儀禮鄭注句讀》，張氏云：“前者宰已戒百官，至此宰夫又以射期將至，來告於宰，上下交飭也。又及司馬者，此日量道、張侯，司馬職也。‘射人宿視滌’，掃除濯溉又在前射三日之前一夕，故云‘宿’。”[④]准此，則“宰夫”至“視滌”十二字當標點爲：前射三日，宰夫戒宰及司馬，射人宿視滌。

第四，認爲“戒”即再戒，宰夫再戒的對象是宰、司馬、射人三職；“宿”即夕宿，這裏指“前射一日”之夕，“視滌”的行禮者是宰、司馬、射人三職。此説創自敖繼公《儀禮集説》，敖氏云：“宰夫戒此三官，以當‘宿視滌’也。‘宿’謂前射一日爲之。”[⑤]准此，則“宰夫”至“視滌”十二字當標點爲：前射三日，宰夫戒宰及司馬、射人宿視滌。

第五，認爲“戒”即再戒，宰夫再戒的對象包括宰、司馬、射人三職；“宿”即夕宿，這裏指“前射一日”之夕，“視滌”的行禮者是宰夫。此説創自盛世佐《儀禮集編》，盛氏云：“復戒此三官者，以宰是百官之長，司馬、射人皆於射有職守故也。……右再戒宰及司馬、射人。”“‘宿’謂前射一日也。‘視滌’亦宰夫事，《周禮·宰夫職》云‘從大宰而眂滌濯’是也。此惟宰夫視之，宰不親者，射異于祭也。……敖以‘宰夫’至‘視滌’十二字爲句，張以‘射人宿視滌’爲句，皆非。……張又以‘宿’爲前射三日之前一夕，尤非。”[⑥]其後，胡肇昕從盛氏之説，謂“射人無視滌之事，此《經》當以‘宰夫戒宰及司馬射人’爲句，‘宿視滌’爲句，‘宿視滌’承上宰夫而言，亦宰夫事也”。轉引自黄以周亦從盛説，認爲“‘宿視滌’承上‘宰夫’爲文，……《大宰》‘及執

① 賈公彦：《儀禮疏》，《儀禮注疏》卷一，縮印本《十三經注疏》，中華書局 1980 年 10 月，第 947 頁。

② 淩廷堪：《禮經釋例·通例下》，影印本《清經解》卷七八五，上海書店 1988 年 10 月，第五册，第 147 頁。

③ 陳説見陳戍國點校《周禮·儀禮·禮記》，岳麓書社 1989 年 7 月，第 182 頁；許説見許嘉璐主編《文白對照〈十三經〉》(上册)，廣東教育出版社、陝西人民教育出版社、廣西教育出版社 1995 年 8 月，《儀禮》第 59 頁；王説見李景林、邵漢明、王素玲《儀禮譯注》，吉林文史出版社 1995 年 8 月，第 152、171 頁；裴説見王宁主編《評析本白話〈三禮〉》，北京廣播學院出版社 1992 年 12 月，第 224 頁。

④ 張爾歧：《儀禮鄭注句讀·大射儀第七》，同治七年十二月金陵書局印本，第一葉。

⑤ 敖繼公：《儀禮集説》卷七，影印本《文淵閣四庫全書》，臺灣商務印書館 1986 年，第 105 册，第 229 頁。

⑥ 盛世佐：《儀禮集編》卷十三，影印本《文淵閣四庫全書》，臺灣商務印書館 1986 年，第 110 册，第 472 頁。

事視滌濯'，注云'前祭日之夕'，則此'宿視滌'亦射前一日也"。[①]准此，則"宰夫"至"視滌"十二字當標點爲：宰夫戒宰及司馬、射人。宿視滌。

第六，認爲"戒"是普通意義的通知、告知，宰夫通知的對象包括宰、司馬、射人三職；"宿"指前射一日，"宿視滌"是宰夫通知之語。此説創自現代學者楊天宇先生《儀禮譯注》，楊先生譯文云："舉行大射前的第三天，宰夫通知宰和司馬、射人説：'大射的前一天要視察一下祭器洗滌得怎樣，射宮掃除得怎樣。'"准此，則"宰夫"至"視滌"十二字當標點爲：宰夫戒宰及司馬、射人："宿視滌"。[②]

以上六説，究竟孰是孰非呢？對此，竊以爲似乎均有可商之處。兹陳述理由如次：

首先，對於"宰夫戒"之"戒"的解釋，有的欠妥。爲了説明問題，我們不妨先對以下典禮中的戒、宿之禮略加考察：(一)天子廟享典禮前期戒備中的戒、宿禮事，《周禮・天官・大宰職》云："祀五帝，……前期十日，帥執事而卜日，遂戒。祀大神祇亦如之，享先王亦如之。"鄭玄注(以下簡稱"鄭注")："既卜，又戒百官以始齊(同齋)"[③]《天官・宰夫職》云："以式灋掌祭祀之戒具與其薦羞。"孫疏："戒具，戒官有事者所當共。《大宰》云：'祀五帝，則掌百官之誓戒與其具脩。前期十日，帥執事而卜日，遂戒。……'此戒與彼事同，蓋前祭十日，大宰則戒齊，宰夫則戒具及薦羞也。"[④]《春官・大宗伯職》云："凡祀大神、享大鬼、祭大祇，……宿，眡滌濯。"鄭玄注："宿，申戒也。"孫疏："禮祭祀戒、宿，或前十日戒、三日宿，或前三日戒、一日宿，要其不同日一也。大祭祀卜日之後，眡滌濯之前，大宰有戒而無宿，此經及《肆師》有宿而無戒。然則大祭祀大宰掌戒，大宗伯、肆師掌宿與？"[⑤]《春官・世婦職》云："掌女宮之宿戒。"鄭注："女宮，刑女給宮中事者。"賈疏："此亦祭前十日，戒之使齊，祭前三日又宿之，故宿、戒並言。"[⑥]由上引諸文可知，天子大祀典禮的戒禮由治官之正大宰和治官之考宰夫以及后宮官世婦聯合掌理，宿禮由禮官之正大宗伯、禮官之考肆師以及后宮官世婦聯合掌理，而大宰、宰夫、大宗伯、肆師、世婦則均爲天子大祀典禮的主要籌備者之屬；大宰、大宗伯等所戒宿的對象是：百官中將參加大祀典禮的官員、供給祭禮所需器用和物品的人員、宮中服役的刑女。(二)士廟享典禮前期戒備中的戒、宿禮事，《儀禮・特牲饋食禮》云："前期三日之朝，筮尸，如求日之儀。……乃宿尸。主人立于尸外门外。尸許諾，主人再拜稽首。"鄭注："宿讀爲肅。肅，進也。進之者，使知祭日當來。古文宿皆作'羞'。凡宿，或作'速'，《記》作'肅'，《周禮》亦作'宿'。"[⑦]賈公彦謂"《特牲禮》云'前期三日宿尸'，前無戒而直有宿者，《特牲》文不具，其

① 黄以周：《禮書通故》卷二十五，中華書局 2007 年 4 月，第 1159 頁。
② 楊天宇：《儀禮譯注》，上海古籍出版社 2004 年 7 月，第 169—170 頁。
③ 鄭玄：《周禮注》，《周禮注疏》卷二，縮印本《十三經注疏》，中華書局 1980 年 10 月，第 650 頁。
④ 孫詒讓：《周禮正義》卷六，中華書局 1987 年 12 月，第 199—200 頁。
⑤ 孫詒讓：《周禮正義》卷三五，中華書局 1987 年 12 月，第 1405—1406 頁。
⑥ 鄭玄：《周禮注》，《周禮注疏》卷二十一，縮印本《十三經注疏》，中華書局 1980 年 10 月，第 784 頁。
⑦ 鄭玄：《儀禮注》，《儀禮注疏》卷四十四，縮印本《十三經注疏》，中華書局 1980 年 10 月，第 1179 頁。

賓亦有戒也”。[①]《特牲禮》又云：“宿賓。賓如主人服，出門左，西面再拜。主人東面荅再拜。……賓曰，‘某敢不敬從。’主人再拜，賓荅拜。”由此可知，士級貴族廟享典禮的宿尸、宿賓禮事，均由作爲祭主的主人親自掌理，其間戒尸、戒賓之禮雖然《特牲禮》文不具，但揆之事理，亦當由主人掌理；祭主自然是特牲饋食禮的主要籌備者，主人戒宿的對象是將參加祭禮的尸、賓及眾賓。(三)大夫廟享典禮前期戒備中的戒、宿禮事，《儀禮·少牢饋食禮》云：“史兼執筮與卦，以告于主人：‘占曰從。’乃官戒，宗人命滌，宰命酒，乃退。……宿。”鄭注：“官戒，戒諸官也。當共祭祀事者，使之具其物，且齊也。……筮日既戒諸官以齊戒矣，至前祭一日，又戒以進之，使知祭日當來。”[②]《少牢禮》又云：“前宿一日，宿戒尸。明日朝，筮尸，如筮日之禮……吉，則乃遂宿尸，祝擯。”胡培翬疏：“褚氏謂‘下筮辭者以某之某爲尸，則是先已擇定爲尸者矣，特決之於鬼神耳。或惟恐不吉，則更備二人，所宿戒者三人止矣。三人不吉，寧廢一祭。祭而無尸，是殤其祖考也，可乎哉？’今案：褚氏謂尸先已擇定，是也。此宿戒尸，當亦使人宿之，下宿尸乃親宿也。”[③]由此可知，大夫廟享典禮的宿尸禮事由作爲祭主的主人親自掌理，戒尸禮事由主人使人爲之，戒賓和宿賓禮事由重要家臣宗人、家宰爲之，而主人、宗人、家宰諸人，無疑是少牢饋食禮的主要籌備者之屬，戒宿的對象則是將參加祭禮的尸、賓、衆賓以及置辦祭禮所需物品的人員。(四)加冠典禮前期戒備中的戒賓、宿賓禮事，《儀禮·士冠禮》云：“主人戒賓，……前期三日，筮賓，如求日之儀。乃宿賓。”鄭注：“宿，進也。宿者必先戒，戒不必宿。其不宿者爲衆賓，或悉來，或否。”[④]朱熹謂“鄭注本謂正賓或時不來，則將不得成禮，故雖已戒之而又宿之，欲其必來。其非正賓則不更宿，蓋但使爲衆賓，雖不悉來，亦無闕事也”。[⑤]《士冠禮》又云：“宿贊冠者一人。”由此可知，加冠典禮的戒賓、宿賓、宿贊冠者諸禮，均由將冠者父親或兄長擔任的主人親自掌理，而冠者父親或兄長自然是加冠典禮的主要籌備者，所戒宿的對象是將參加冠禮的賓、贊冠者、衆賓等。(五)鄉飲典禮前期戒備中的戒賓、宿賓禮事，《儀禮·鄉飲酒禮》云：“主人戒賓，賓拜辱。……羹定。主人速賓，賓拜辱，主人荅拜，還，賓拜辱。介亦如之。”“介亦如之”者，鄭注謂“如速賓也”。[⑥]蔡德晉謂“亦主人親速也，衆賓則但使人速之”。[⑦]由此可知，鄉飲典禮的戒賓、宿賓禮事，均由諸侯之鄉大夫擔任的主人親自掌理，而典禮的主持者諸侯之鄉大夫自然是鄉飲典禮的主要籌備者，所戒宿的對象是將參加鄉飲禮的賓、衆賓等。(六)鄉射典禮前期戒備中的戒賓、宿賓禮事，《儀禮·鄉射禮》云：“主人戒賓。……羹定。主人朝服，乃速賓。”淩廷堪謂“《鄉飲酒禮》‘主人速賓’，《鄉射禮》‘主人朝服乃速賓’，速即宿也”。[⑧]由此可知，鄉射典禮的戒賓、宿賓禮事，均由州長或鄉

① 賈公彦：《儀禮疏》，《儀禮注疏》卷一，縮印本《十三經注疏》，中華書局1980年10月，第947頁。
② 鄭玄：《儀禮注》，《儀禮注疏》卷四七，縮印本《十三經注疏》（上册），中華書局1980年10月，第1196頁。
③ 胡培翬：《儀禮正義》卷三七，江蘇古籍出版社1993年7月，第2239—2240頁。
④ 鄭玄：《儀禮注》，《儀禮注疏》卷一，縮印本《十三經注疏》（上册），中華書局1980年10月，第947頁。
⑤ 朱熹：《儀禮經傳通解》，《朱子全書》，上海古籍出版社、安徽教育出版社2002年12月，第二册，第47頁。
⑥ 鄭玄：《儀禮注》，《儀禮注疏》卷八，縮印本《十三經注疏》，中華書局1980年10月，第981頁。
⑦ 蔡德晉：胡培翬《儀禮正義》卷五引，江蘇古籍出版社1993年7月，第294頁。
⑧ 淩廷堪：《禮經釋例·通例下》，《清經解》卷七八五，上海書店1988年10月，第五册，第147頁。

大夫擔任的主人親自掌理，而主持射禮的州長或鄉大夫自然是鄉射典禮的主要籌備者，所戒宿的對象是將参加射禮賓、衆竞射者等。

據上所述，我们可以得到這樣的認識：各種典禮前期戒備過程中戒、宿禮事的行禮者，均爲該典禮的主要籌備人員；戒、宿的對象則是百官中將参加典禮者、供給典禮所需器用和食品者，以及溉器掃除者等；并且“宿者必先戒，戒不必宿”，也就是説，宿禮對象必定在戒禮對象的範圍之内。既然如此，而諸侯大射典禮的戒禮是“宰戒百官有事于射者，射人戒诸公、卿、大夫射，司士戒士射与赞者”，那麽，宰、射人又怎麽會是宿禮的對象呢？很明顯，將“宰夫戒宰及司馬射人宿視滌”的“戒”解释爲宿戒，是有背於經義的。準此，就前述六説中的“戒”字解释而言，當以第二、三、六諸説爲是，而以第一、四、五諸説爲非。

其次，對於“宿視滌”的句讀，均有未安。前述六説，均將“宿”字看作是“视滌”的時間副詞，解釋爲夕宿，以“宿視滌”爲句。竊以爲如此爲釋，似乎欠妥。視滌，又作“視濯”、“視滌濯”，是有關典禮中的一項禮儀節目。既然是典禮程序中的一個節目，當有其行禮節次上的定制。這可以從“三禮”中有時以“視濯”這一節目名稱來表示典禮所行的進度和時間，間接地得到證明，如《禮記·雜記下》所云：“大夫士將與祭於公，既視濯而父母死，則猶是與祭也，次於異宫。……如未視濯，則使人告，告者反而後哭。”即其佳證。正因爲“視濯”節目有其時間規定，不需要説明行之於何時，所以“三禮”中述及“視滌”禮儀者，除《大射儀》和《大宗伯職》二經之外，均無“宿”字。如《周禮·天官·大宰職》云：“及執事，眡(《周禮》經皆用古文作眡，注皆用今文作視)滌濯。”賈疏：“謂至祭前夕，大宰眡滌濯。”[①]《天官·宰夫職》云：“從大宰而眡滌濯。”孫疏：“凡大祭祀，眡滌濯在祭前一日之夕。”《周禮·春官·小宗伯職》云：“大祭祀，省牲，眡滌濯。”賈疏：“謂佐大宗伯。”[②]《春官·肆師職》云：“凡祭祀之卜日、宿、爲期，詔相其禮，眡滌濯亦如之。”孫疏：“此三事(指卜日、宿、爲期)及祭前之夕眡滌濯四者，肆師皆詔相其禮儀。”[③](《禮記·雜記下》二例，參見前引。)至于《春官·大宗伯職》“凡祀大神，享大鬼，祭大祇，帥執事而卜日，宿眡滌濯”云云，雖然“宿眡滌濯”四字連書，但是鄭注則云：“宿，申戒也。滌濯，溉祭器也。”[④]江永亦云：“‘宿眡滌濯’，‘宿’字爲句，祭前三日申戒也。《大史》‘及宿之日’，即此宿字。”[⑤]孫疏又云：“此卜日以下凡十事：卜日一也，宿爲申戒二也，眡滌濯三也，……賈又并宿眡滌濯爲一，省牲鑊爲一，並失之。”[⑥]可見“宿”字并非表示“眡滌濯”行禮時間的副詞，而是與“眡滌濯”並列的另　個禮儀節目。

那麽“眡滌”節目的行禮節次究竟若何呢？這可以從《儀禮·特牲饋食禮》和《少牢饋食禮》中得到佐證。《特牲饋食禮》云：“厥明夕(指前祭一日之夕)，……宗人升自西階，視壺濯

① 賈公彦：《周禮疏》，《周禮注疏》卷二，縮印本《十三經注疏》，中華書局1980年10月，第650頁。

② 賈公彦：《周禮疏》，《周禮注疏》卷十九，縮印本《十三經注疏》，中華書局1980年10月，第767頁。

③ 孫詒讓：《周禮正義》卷三七，中華書局1987年12月，第1472頁。

④ 鄭玄：《周禮注》，《周禮注疏》卷十八，縮印本《十三經注疏》，中華書局1980年10月，第763頁。

⑤ 江永：《周禮疑義舉要》，《清經解》卷二四六，上海書店1988年10月，第二册，第223頁。

⑥ 孫詒讓：《周禮正義》卷三五，中華書局1987年12月，第1405—1406頁。

及豆、籩，反降，東北面告濯具。”《少牢饋食禮》又云：“明日（指正祭當日），……雍人概鼎、匕、俎，于雍爨，……卒概，饌豆、籩與篚于房中，放于西方。”鄭注：“凡概者，皆陳之而後告絜。”①可見士級貴族廟享典禮的“眡滌”節次是在前祭一日之夕，夫夫廟享典禮的“眡滌”節次是在正祭當日之晨。對此，賈公彦《天官·大宰職》疏謂“士卑，得與人君同。《少牢》，大夫禮，當祭日概祭器者，下人君也”。②這説明賈公彦等釋“視滌”爲“祭前夕”是對的。可能正因爲這樣，而“宿”字又有夕宿之義，所以將其誤解爲是表出“視滌”時間的副詞。接下來的間題是：“視滌”禮儀是何職所爲呢？考《天官·宰夫職》記宰夫所掌祭祀禮事有“從大宰而視滌濯”云云，而《夏官·射人職》則並無述及“視滌濯”事宜，并且衆所周知，諸侯國宰夫、射人的職掌與王官應當類似，所以，“視滌”的行禮者以解釋爲宰夫較爲妥當。

綜上所述，“宿視滌濯”的句讀，當以“宿”字爲句，“視滌”爲句，“視滌”的行禮者應當是宰夫。前述六説，多有未安。

復次，對於“宿視滌”之“宿”的解釋，未達經恉。前述六説，均將“宿”字解釋爲夕宿，或將其釋爲“前射三日之前一夕”，或將其釋爲“前射一日之夕”。竊以爲揆之事理，似乎亦有不當。何以如此爲説，是因爲：（一）宗周鄉射、大射等禮射典禮有一個特點：儘管兩個典禮因參加者身份地位的不同和人数多寡的不同，而在禮儀節目上略有出入，並且相同儀節在細節上亦往往有異，但是其基本的禮儀節目，則是彼此對應，並無二致的。③關於速禮，《鄉射禮》經有明文：“羹定。主人朝服，乃速賓。賓朝服出迎，再拜。主人荅再拜，退，賓送，再拜。賓及衆賓遂從之。”其經義雖如黄以周所云，速、宿二者有所區别，“凡經言‘宿’者皆在期前，如《士冠》宿賓、宿贊，《特牲》宿尸、宿賓，文列‘厥明爲期’之上。諸言‘速’者皆在即日，如《鄉飲》、《鄉射》‘主人速賓’，文次‘羹定’之後。……宿之來在後日，故謂之‘宿’；速之來在即日，故謂之‘速’：此‘宿’、‘速’用字之别也。”④但是，就其禮儀節目的性質而言，則是相同的，都是典禮的主要籌備者再次告知並邀請將參加典禮的有關人員，故而鄭玄謂“凡宿，或作‘速’”，淩廷堪又謂“速即宿也”。既然速、宿儀節性質相同，爲禮射典禮的基本禮儀節目，而鄉射禮設有速禮節目，那麽大射禮亦是當設有宿禮節目。否則，《大射儀》經文就變得文有缺略。（二）《大射儀》“射人戒諸公、卿、大夫射，司士戒士射與贊者”賈疏云：“此上下文所云‘戒’者，皆謂祭前旬有一日前。知者，《祭統》云：‘先期旬有一日，宫宰宿夫人。’”⑤曹元弼先生校釋賈疏云：“上，謂上‘宰戒’；下，謂此射人、司士‘戒’，不兼下文‘宰夫戒’也。祭，疑當爲‘射’。賈以祭之卜及戒在祭前旬有一日，決射之戒亦在射前旬有一日。下宰夫再戒在前期三日，則此戒在前期十日可知。爲祭而射，射前之戒與祭前日數同，故下引祭前卜戒之日以明之。若此句即作‘祭’，則不可曉矣。”⑥據賈、曹二氏所謂射前戒、宿之禮與祭前戒、宿之禮日數相同之理

① 鄭玄：《儀禮注》，《儀禮注疏》卷四七，縮印本《十三經注疏》，中華書局 1980 年 10 月，第 1197 頁。
② 賈公彦：《周禮疏》，《周禮注疏》卷二，縮印本《十三經注疏》，中華書局 1980 年 10 月，第 650 頁。
③ 詳見拙撰《略論宗周禮射典禮的特點》（待刊）。
④ 黄以周《禮書通故》卷十七，中華書局 2007 年 4 月，第 779—780 頁。
⑤ 賈公彦：《儀禮疏》，《儀禮注疏》卷，《十三經注疏》十六，中華書局 1980 年 10 月，第 1027 頁。
⑥ 曹元弼：《禮經校釋》卷八，光緒壬辰孟陬刊本，第二葉。

以推，大射禮戒禮行於前射十日、宿禮行於前射三日。這樣理解，宿禮的行禮節次正與上文“前射三日”云云密合。否則，“前射三日，宰夫戒宰及司馬”等就没有實質性的告知或提醒内容，而使經文有違《儀禮》精簡凝練的文风，並且經義亦顯得扞格不通。（三）如前所述，“宿視滌”三字，“宿”字當句，且而與“視滌”無涉。這樣，如果不將“宿”字釋爲宿戒禮儀的話，那就成了多餘的文字。相反，如果將“宿”字釋爲宿戒禮儀，則不僅與前文“前射三日”云云若合符節，内涵豐滿，並且除了如此爲釋也實在别無他解。

“宿”字的解釋既如上述，那麽，大射宿禮又是何職所爲的呢？根據前述，典禮前期戒禮和宿禮的行禮者往往相同（天子廟享典禮戒由大宰掌理、宿則由大宗伯掌理，是因爲大宗伯是禮官之正，宿禮屬於其職責範圍），大射禮宿禮的行禮者當是前射十日掌理戒禮的宰、射人之等（或許司馬亦在其例，因爲習射講武正是司馬的職責範圍）。綜上所述，就“宿”字的解釋而言，前述六説似乎未達經恉。

通過以上的考查，竊以爲關於《大射儀》“宰夫戒宰及司馬射人宿視滌”十二字，“戒”字當釋爲普通意義的告知、提醒；“宿”字當釋爲宿戒之禮，行禮者爲宰、射人之等；“視滌”的行禮者爲宰夫。準此，則其句讀當爲：宰夫戒宰及司馬、射人，宿，視滌。其大意是：舉行射禮之前三天，宰夫提醒宰和司馬、射人諸職眼下要做的禮儀節目，以及竞射所需的有關準備工作；這天（即“前射三日”），宰、射人、司馬等職再次告知或邀請將參加射禮的有關人員；射禮前一天的傍晚，宰夫等檢查洗滌器皿和打掃射宫的情況是否合乎禮法要求。

《國語補音》晉語部分三種版本校異

□郭 萬 青

[摘　要] 本文以宋刻宋元遞修本《國語補音》與《四庫全書》本和《湖北先正遺書》本對校，得三種版本歧異之處676條，其中晉語部分得184處，謹將這184條一一析出，並爲之辨正疏解，以有益於《國語補音》之研究及流布。

[關鍵字] 《國語補音》；宋元遞修本；四庫本；遺書本；晉語

[作者簡介] 郭萬青，唐山師範學院中文系（河北唐山，063000）

一、引　言

《國語補音》爲北宋宋庠在舊傳《國語音》一卷的基礎上增益而成，楊守敬云："宋元憲作《國語補音》，取官私所藏十五六本參校，得多失少。自明人附刊入韋注中，而單行本遂微。自黄蕘圃刻明道本，顧千里爲《札記》，汪小米爲《考異》，宋氏之書遂多疵議。傳世舊本，唯見孔氏《微波榭叢書》中。"①又《四庫全書簡明目録》云："本附庠所校國語後，後人苟求簡易，散入句下。"②説明《國語補音》經歷過一個由單本獨行到被刊入韋注之中的過程。關於《國語補音》和韋注的合刊本版刻情況，拙稿《〈國語補音〉版本説略》③曾綜合各本書目予以梳理。單行本《國語補音》的版本，《文字音韻訓詁知見書目》著録19種，分别爲：宋刻宋元遞修本、宋刻元明遞修本、嘉靖五年本、明刻本、清丁丙跋明刻本、清王宷廷録何煌校黄丕烈跋明刻本、瞿熙邦録清顧廣圻校明刻本、微波榭叢書本、王國維校微波榭叢書本、慎始基齋影湖北先正遺書本、1983年臺灣商務印書館影文淵閣四庫本、1989年上海古籍出版社影文淵閣四庫本、文溯閣四庫本、文津閣四庫本、文瀾閣四庫本、清顧廣圻校葉景葵跋清鈔本、清李文田跋清鈔本、清孔繼涵跋孔廣栻録陳樹華校明正德十二年明德堂刻本。④實際上"1983年臺灣商務印書館影文淵閣四庫本、1989年上海古籍出版社影文淵閣四庫本、文溯閣四庫本、文津閣四庫

① 楊守敬：《日本訪書記》，遼寧教育出版社2003年版，第65頁。

② 永瑢等：《四庫全書簡明目録》，上海古籍出版社1985年版，第214頁。

③ 拙稿《〈國語補音〉版本説略》，見刊於《舊書信息報》2005年8月15日版。又拙稿《〈國語舊音〉與〈國語補音〉》亦曾言之，見載於拙著《〈國語〉動詞管窺》附録，四川大學出版社2008年版，第312—318頁。

④ 陽海清等編著：《文字音韻訓詁知見書目》，湖北人民出版社2002年版，第530頁。

本、文瀾閣四庫本"可統稱之爲"四庫本"①,而微波榭叢書本、王國維校微波榭叢書本可統稱之"微波榭叢書本",如此則《文字音韻訓詁知見書目》所著録《國語補音》版本實際 14 種。另《文字音韻訓詁知見書目》"慎始基齋影湖北先正遺書本"的稱法是不妥當的,湖北先正遺書本本爲盧氏所刊印,當爲"慎始基齋刊湖北先正遺書本",其實即微波榭本的覆刻本,因該書前有牌記"沔陽盧氏慎始基齋用微波榭本景印"字樣,確切地説,應該是"慎始基齋刊湖北先正遺書本影微波榭本",范希增《書目答問補正》名爲"沔陽盧氏編湖北先正遺書影印微波榭本"②,亦至當。《中國善本書目》著録《國語補音》版本 13 種③,除去《文字音韻訓詁知見書目》已録者,尚有正德十二年(1517)明德堂刻本,此本著録爲二卷④),其他皆著録爲三卷。又王國維《兩浙古本考》曾著録南宋監本《國語補音》三卷⑤。此外,北京大學圖書館尚收有成都盱眙吴氏尊經書院同治十三年(1874)刻本,北京大學、浙江大學圖書館並收有成都盱眙吴氏尊經書院光緒二年(1877)宋庠《國語補音》與清錢保塘撰札記合刊本,北京大學索書號爲 415.4/3000、浙江大學索書號爲綫/621.776513/3000⑥,臺灣圖書館館藏查詢系統尚檢索到宋紹興間(1131—1162)刊明南監修補本⑦,根據日本全國漢籍データベース⑧)檢索,日本有明弘治十五年(1502)刊本、二松學舍加藤常賢先生維軒文庫本、関大内藤文庫鈔本、嘉永二年(1849)鈔本等四種,此皆爲《文字音韻訓詁知見書目》、《中國善本書目》所遺漏。則《補音》的整個版本系統大體可以分爲刻本與鈔本,其詳細源流還當進一步考究。

各本中以宋刻宋元遞修本爲最古,2006 年中國國家圖書館以館藏宋刻宋元遞修本入《中

---

① 《四庫總目提要·國語》提到《四庫全書》所收《國語》採用的本子爲户部員外郎章銓家藏本,至於這個家藏本具體是什麽刊本,《提要》未曾提到。從《四庫全書》與《四庫薈要》所收《國語》看,章銓家藏本也是公序系本。四庫本是否完全是章銓家藏本之舊則未敢斷言,其間版本流傳絡脈還需要進一步考查。

② 張之洞撰、范希增補正:《書目答問補正》,上海古籍出版社 2001 年版,第 86 頁。

③ 中国古籍善本书目编辑委员会编:《中國古籍善本書目·史部》,上海古籍出版社 1989 年版,第 209、210 頁。

④ 楊繩信《中國版刻總録》收録有此本,云在中國國家圖書館善本書庫,編號爲 2664。見楊書第 5 頁,陝西人民出版社 1987 年版。此本中國國家圖書館有著録,爲清孔繼涵跋孔廣栻録陳樹華校本,11 行 21 字,黑口,四周雙邊。見 http://opac.nlc.gov.cn/F/2NURHVYRN3SFJU3P5UKMJQHLR37CDAPHBKI4F1E2ID45PE22U3-00037?func=full-set-set&set_number=119636&set_entry=000094&format=999。

⑤ 王國維:《兩浙古本考》,見載於王國維等撰《閩蜀浙粤刻書叢考》,北京圖書館出版社 2003 年版,第 217 頁。

⑥ 根據 calis 公共目録檢索系統,http://opac.calis.edu.cn/doSimpleQuery.do。

⑦ http://aleweb.ncl.edu.tw/F/JTBI9JGI57TE8V4QQT5QCEBEINV4CRFDB2CI7YDI6UTD8I5X99-12273?func=full-set-set&set_number=008365&set_entry=000028&format=999。該版本著録系統號爲 000509637,書高 21.8,寬 15 公分。爲其不易見,故徵引著録如下:"10 行,行 20 字,小字雙行,字數同,宋刊左右雙欄,版心白口,單黑魚尾,上記大小字數,下方記刻工名,避宋諱祚、胤匡、完、竟、玄、構、媾等字闕筆,此帙遞經宋元及明代之修補,原刻葉極少,版面漫漶,刻工難認,大部分爲明修之葉。張珩手書題記云'此紹興刊本也',日本阿部隆一推定爲南京前期刊本(中國訪書志頁 471)。"

⑧ http://kanji.zinbun.kyoto-u.ac.jp/kanseki?ti=&au=%E5%AE%8B%E5%BA%A0&yr=&pb=&ko=&fr=.

華再造善本》第二輯之唐宋編史部，頗嘉惠士林。《國語》本文已經由紹興俞志慧先生爲《〈國語〉公序本二子本對比研究》[①]一文詳細比勘。今則以宋元遞修本《國語補音》(簡稱遞修本)爲底本，與文淵閣《四庫全書》本(簡稱四庫本)、慎始基齋刊《湖北先聖遺書》本(簡稱遺書本)相對校，對校目的有二：1. 在比較各本異文的基礎上，斟酌去取，得出一個比較好的《國語補音》的校本；2. 在得出一個比較好的校本的基礎上對《國語補音》的音切以及釋義進行研究。

四庫本的順序爲國語補音原目、國語補音原序、國語補音正文，而遞修本、遺書本則是國語補音敘録、目録、正文。四庫本宋庠序在文末有"宋庠序"三字，而遞修本則在"敘録"别一行署"宋庠撰"。遞修本、遺書本每卷首題"補音卷第×"，四庫本題"國語補音卷×"，别一行題"宋宋庠撰"。遞修本、遺書本每半葉十行，大字每行 20，小字雙行，行 20 字。四庫本每半葉八行，大字每行 21 字，小字雙行，行 21 字。

這裏以遞修本爲底本，與四庫本、遺書本相對校。其中四庫本作"爲"，遞修本、遺書本作"爲"，四庫本從"員"之字，遞修本絶大多數都作"貟"[②]，遞修本之"它"，四庫本作"他"，遞修本作"号"之字四庫本多作"號"。另如"宜"、"冝"、"宐"之混用，"惟"與"唯"、"回"與"囬"[③]、"並"與"竝"、"間"與"閒"、"歷"與"歴"、"按"與"案"、"侯"與"矦"等交錯混用，所在皆有，於義無乖，不煩出注。凡遺書本與遞修本同者不再出，唯遺書本與遞修本或四庫本有異者出之。凡序、目録與各語皆獨立出之，另《舊音》音切有異者出"舊音注"三字以與《補音》相别。此處只校記晉語部分《國語補音》，《國語補音》晉語部分三種版本有異者共 184 條，今擇其要者 126 條爲出記。

二、正　　文

(一) 晉語第一

1. "晉"注"本大岳之野"之"大"，四庫本作"太"；"晉矦"、"十代孫昭矦"、"殺昭矦"、"立昭矦之子孝矦"、"殺孝矦"、"其弟鄂矦"、"鄂矦之子哀矦"之"矦"，四庫本並作"侯"；"更爲矦其後"之"矦"，四庫本、遺書本作"翼"，改是。

2. "欒共"《舊音》注"音恭"之"恭"，四庫本作"恭"。

3. "君食"注"即飲字"之"飲"，四庫本、遺書本作"飤"。

4. "注鞭刺"注"下士亦反"之"士"，四庫本作"七"。《經典釋文》作"七亦反"、"七賜反"、"七智反"，以"七亦反"、"七智反"爲常見，《群經音辨》卷六亦作"七亦"、"七賜"，後世小學書

---

① 俞志慧先生大作未刊，曾電郵垂示。

② 實際上這是由於從"口"與從"厶"之字多相混同所致，《國語補音》三種版本類此者還有"悦"與"恱"、"韻"與"韻"、"兗"與"兖"、"强"與"強"、"遠"與"逺"等，即如"足"與"疋"、"保"與"俘"之混用亦與此相類。

③ 同於"回"、"囬"之用者還有"面"與"靣"。今多用"回"字與"面"字。

中並無反切上字作“士”者，各書中唯南宋廖瑩中《東雅堂昌黎集注》卷八、清倪濤《六藝之一録》卷二四六音“剌”作“士亦”，或遞修本、遺書本“士”字本有所據。

5.“慵民”之“慵”，四庫本作“慵”，亦正俗之別。

6.“妹喜女”注“史子或作”之“史子”，四庫本作“子史”，在《四庫》檢索版中分別輸入“子史”和“史子”，前者得 2 531 次，後者得 2 383 次，二者皆可。

7.“褒姒”注“上博毛反”之“博”，四庫本作“搏”。《經典釋文》卷四引《切韻》作“博毛反”，卷六“褒”注作“薄毛反”，《類篇》、《集韻》、《韻會》同，《龍龕手鑑》卷一云：“正搏毛反。”反切上字作“搏”。據《補音》之例，則當作“博”。

8.“而祇”之“祇”，四庫本、遺書本作“祗”，改是。

9.“黜大子”之“黜”，四庫本、遺書本作“注”，“公將黜太子申生”本《國語》正文，四庫本、遺書本改誤。

10.“翟相”注“上大歷反”之“歷”，四庫本亦作“歷”，他處則四庫本作“歴”，下凡言此者同。

11.“注禝”注“又日衽反”之“衽”，四庫本作“袵”，“衽”、“袵”異體字。

12.“注瞑”注“又亡丁反”之“丁”，四庫本、遺書本作“甸”。《經典釋文》卷一六“不瞑”條“亡丁反又亡千反”，無反切下字作“甸”者，後世各書亦無作“亡甸”音切者。小學書亦唯《廣韻》作“莫甸切”，又“瞑”、“丁”上古韻在耕部，《廣韻》在清部。而“甸”上古在真部，《廣韻》在霰部，[①]與“瞑”、“丁”不協，四庫本、遺書本“甸”字改誤。

13.“注官任”注“補音而鴆反”之“鴆”，四庫本作“林”。《經典釋文》作“而鴆反”、“而針反”、“汝鴆反”、“而金反”、“而林反”、“入林反”，以“而鴆反”爲最常見，四庫本改作“林”，或以“林”更爲常見易曉。

14.“注辟竟”注“下古境字”之“字”，四庫本誤作“反”。

15.“偏裻”注“説文曰新衣聲後注同”，四庫本作“説文曰新衣後章注同”。《説文》作“新衣聲”，是四庫本脱“聲”字，《補音》他處“後注”共 7 見，“後×注”則無，則四庫本“章”字衍。

16.“方相”，四庫本、遺書本作“注方相”，有“注”字是。

17.“楊盾”，四庫本作“注楊盾”，遺書本作“注揚盾”，有“注”字是。遞修本、金李本、秦鼎本、黄刊明道本字俱作“揚”，遺書本改是。

18.“盡敵”注“下敵可盡乎同”，四庫本“敵”後有“其”字。遞修本、金李本、秦鼎本、《國語正義》、《國語裁注》、《國語評苑》作“敵其可盡乎”[②]，四庫本增“其”字是。

19.“注洒洒”注“注云寒皃”、“是寒皃”之“皃”，四庫本並作“貌”，“皃”、“貌”古今字。

---

① 凡本文反切上下字之上古音、《廣韻》音所在聲紐、韻部，不特別出注，悉引自郭錫良《漢字古音手册》，北京大學出版社 1986 年版。

② 黄刊明道本作“狄可盡乎”，汪遠孫云：“《内傳》作‘狄’，與此同。”見汪遠孫《國語明道本考異》，商務印書館 1958 年版《國學基本叢書本》後附，第 300 頁。

20. “無慝”注“補音它得反注同”，四庫本“注”後有“慝惡”二字，四庫本增是。

(二) 晉語二第八

21. “愈深”《舊音》注“芊主反”之“芊”，四庫本、遺書本作“羊”，“芊”當“羊”字之譌。

22. “於苑”注“雝勿反”之“雝”，四庫本作“於”，遺書本作“錐”。《經典釋文》無“雝勿反”，四庫各書亦無。《經典釋文》卷六“菀結”條作“於勿反”，《毛詩注疏》引《音義》作“苑於勿反”，或是四庫本所本。遺書本之“錐”字《字彙補》、《漢語大字典》皆未標音，《漢語大字典》引段成式《酉陽雜俎·酒食》“飴謂之餕，一曰錐”爲證。①或爲“雝”字之譌。

23. “可閒”注“又居莧反”之“莧”，四庫本、遺書本作“見”。“可閒”之“閒”，遺書本作“間”。《經典釋文》卷六“乃閒”條、卷八“而閒”作“居莧反”、卷一二引徐作“古辨反”，又作“古閑反”，卷一三則兼作二音，其他則以直音爲主，無反切下字作“見”者，亦無反切上字作“居”者。《玉篇》、《類篇》作“居閑切又居莧切”，《康熙字典》“閒”字條所收反切無反切下字作“見”者，是遺書本、四庫本以“見”常見易曉，故改。

24. “抑橈”之“橈”，四庫本、遺書本作“撓”，改是。

25. “狷介”之“狷”，四庫本、遺書本作“猖”；注“上音絹”之“絹”，四庫本、遺書本作“絹”；“小心偩介”之“偩”，四庫本作“俏”，遺書本作“猖”，作“猖”是。

26. “奄楚”注“於撿反”之“撿”，四庫本、遺書本作“檢”，《經典釋文》作“於檢反”、“於驗反”，不作“於撿”，且“於驗”僅1見，“於檢”則數見，是四庫本、遺書本改“撿”爲“檢”之所本。“檢”、“撿”音同。

27. “之僑”注“其驕反”之“驕”，四庫本、遺書本作“蟜”。《經典釋文》除了1見作“其橋反”之外，其他皆作“其驕反”。《四庫》各書亦無反切作“其蟜”者，當係四庫本、遺書本自造。“驕”、“蟜”同韻。

28. “注展伸”《舊音》注“音申”之“申”，四庫本、遺書本作“伸”。此《舊音》音注。《經典釋文》“伸”字全用直音，唯“申”、“身”二字作直音用字，無“伸”字。“伸”則同字爲訓矣。

29. “遠已”注“補音子萬反”之“子”當爲“于”字之誤，四庫本、遺書本已改作“于”。

30. “注蚤朝”注“從日從甲”之“甲”，四庫本、遺書本作“十”，作“十”是。

31. “注是”之“注”，四庫本、遺書本作“汪”，改是。

32. “注左行”注“下左行同”之“左”，四庫本、遺書本作“右”。

33. “注共華”《舊音》注“上音恭”之“恭”，四庫本作“龏”。

34. “注山祁”注“字林上尸反”之“上”，四庫本誤作“工”。

35. “重賂”注“上直懬反”之“懬”，四庫本、遺書本作“隴”。《經典釋文》作“直龍”、“直用”、“直勇”、“直容”、“直恭”、“真勇”，不作“懬”、“隴”，《史記索隱》、《漢書》顔注音“直隴”，是四庫本、遺書本所本。“懬”生僻，未宜作反切用字。

---

① 徐中舒主編：《漢語大字典》(縮印本)，湖北辭書出版社1993年版，第1854頁。而方雨生點校本《酉陽雜俎》“曰”作“作”，誤。方本，中華書局1991年版，第70頁。

36.“洒埽”《舊音》注“上色賈反”之“賈”,四庫本誤作“買”。

37.“適禦”《舊音》注“下音圉”之“圉”,四庫本、遺書本作“雨”;“上丁歷反”之“歷”,四庫本亦作“歷”。“下音圉”本《舊音》音注。《經典釋文》“禦”用直音法唯卷三〇音“語”,其他則用反切,又卷二九有“禦圉”條云:“本或作御,同,俱魚吕反。”[①]《後漢書》卷六〇“降集波籞”注云:“籞音圉。”[②]唐張鷟《龍筋鳳髓判》卷二“何必廣開禁籞”注亦云音“圉”,他書則無。四庫本、遺書本以“雨”代“圉”,取“雨”常見易知,非有所本也。

38.“以徼”《舊音》注“音驍”之“驍”,四庫本、遺書本作“饒”。此本《舊音》音注。《經典釋文》無“徼”直音。以“驍”爲直音用字者《四庫全書》唯《通雅》音梟1見,以“饒”爲直音用字者《四庫全書》共7見,亦無音“徼”者。是以“驍”、“饒”音“徼”皆出自造,非有所本。而四庫、遺書本改“驍”作“饒”,以“饒”常見易知。

39.“嬰瓖”注“纓瓖爲馬帶”之“馬”,四庫本無。

(三) 晉語三第九

40.“注狃忕”注“舊音兼注而訓”之“而”,四庫本作“作”,又四庫本後有“殊失其次”四字,遺書本作“皆失其次”。

41.“懲艾”《舊音》注“下音又”之“又”當爲“乂”字之誤,四庫本、遺書本改作“乂”;“正文又兼注而訓”之“而”,四庫本作“作”。

42.“共世”注“通作恭”之“恭”,四庫本作“恭”。

43.“注不聽”注“不見聽也”之“聽”,四庫本作“聴”,遺書本“不聽”之“聽”及注並作“聽”。

44.“王妃”注“或謂協韻”之“韻”,四庫本、遺書本作“韻”;“作后妃之音”之“音”,四庫本誤作“韻”。

45.“光耿”注“非此義”之“義”,四庫本無,或脱。

46.“無獘”《舊音》注“音弊”之“弊”,四庫本作“獘”。《經典釋文》直音作“弊”,多處注云“本或作弊”。四庫本“音獘”無據,或“弊”字之譌。

47.“以要”《舊音》注“音署”之“署”,四庫本作“腰”。此本《舊音》之訓。“署”,“腰”俗字。《經典釋文》“要”無直音,唯卷三〇“細要”注云:“一遥反,本今作‘署’。”[③]《四庫全書》中唯宋葉廷珪《海録碎事》卷九下“回塗”條云:“蔡邕云:‘盍亦回塗要至,俛仰取容。’要音腰,回者曲也。”四庫本、遺書本未必及此,以“腰”比“署”更爲常見易知而改從。

48.“君瞢”《舊音》注“木亘反”之“亘”,四庫本作“登”。此本屬《舊音》音注。《經典釋文》“瞢”字音注無作“木亘”者,反切下字作“登”者唯卷一七“無瞢”條:“莫贈反,徐又武登反,悶也,一音武忠反。”[④]小學書中無音“瞢”爲“木亘”與“木登”者。“瞢”、“登”上古音在蒸部,《廣

---

① 陸德明:《經典釋文》,上海古籍出版社1985年影宋刻宋元遞修本,第1610頁。

② 范曄撰、章懷太子注:《後漢書》,浙江古籍出版社1998年版《二十五史》影宋紹興刊本,第836頁。

③ 陸德明:《經典釋文》,第1691頁。

④ 陸德明:《經典釋文》,第1019頁。

韻》音在東部，"亘"上古音在蒸部，《廣韻》音在嶝部，與"瞢"、"登"同韻，當係《舊音》自造。

49. "進退"之"退"，四庫本、遺書本作"逻"。

50. "趣行"注"告舍人趣治行"之"趣"，四庫本作"趨"。

(四) 晉語四第十

51. "底箸"之"箸"，四庫本作"著"。

52. "注志識"注"補音申志昌至二反"之"至"，四庫本作"志"。《經典釋文》作"申志"、"昌志"二反，四庫本改是。

53. "在辟"《舊音》注"婢亦反"之"婢"，四庫本作"俾"。《經典釋文》"辟"字反切上字爲"婢"不作"俾"。小學書中有作"俾亦"之音，皆不音"辟"。唯《龍龕手鑑》作"卑亦反"，或四庫本所本。

54. "過衞"之"衞"，四庫本、遺書本作"衛"。

55. "脅骿"《舊音》注"或爲骿脅"[①]之"或爲"，四庫本作"再檢"，遺書本無"或爲"、"再檢"，當作"或爲"。

56. "並幹"，四庫本、遺書本作"注並幹"，有"注"字是。

57. "負羈"之"羈"，四庫本、遺書本作"羇"。

58. "注别也"注"彼列反"之"列"，四庫本作"别"，《經典釋文》反切下字作"列"，各小學書中無作"别"者，四庫本當因"别"、"列"形近而誤。

59. "叔詹"注"章廉反"之"廉"，四庫本、遺書本作"簾"。《經典釋文》"章廉反"3 見，無"章簾反"。《四庫》各書中亦無反切作"章簾"者，當係四庫本、遺書本自造。

60. "儁才"之"儁"，四庫本誤入上"伯行"注中。

61. "注岐山"《舊音》注"从止音奇"之"音"，四庫本誤作"者"。

62. "二十甓"，四庫本、遺書本作"注二十甓"，有"注"字是，汪遠孫云："'甕'，公序本作'罋'，《舊音》作'甓'，云：'甓或爲罌。'案'甓'、'罌'二字疑誤倒，《説文》有'罌'無'甓'。"[②]汪氏"罋"或"罌"字之誤。遞修本、金李本作"罌"，秦鼎本作"甖"，黄刊明道本作"甕"，此當爲度量單位名詞，作"甓"、"罌"皆是。《舊音》注"泛器也"之"泛"，四庫本作"汲"，四庫各書中無"泛器"結構，《經典釋文》"缶"字注引鄭云："汲器也。"《龍龕手鑑》"罋"注即云"汲器"，清刁包《易酌》卷八注云："昔子貢見老父抱甕而汲，則甕亦汲器也。"[③]四庫本改是，遞修本、遺書本"泛"或"汲"字形譌。

63. "奉匜"《舊音》注"又弋尔反"之"尔"，四庫本作"爾"。

64. "徹上"，四庫本、遺書本作"注徹上"，有"注"字是。

---

① 張以仁：《國語舊音考校》云："案《舊音》申述之詞亦作'骿脅'，則作'脅骿'者偶誤倒也。"見載於氏著《國語左傳論集》，東昇出版事業公司 1970 年版，第 254 頁。

② 汪遠孫：《國語明道本考異》，《國學基本叢書本》後附，商務印書館 1958 年版，第 306 頁。

③ 引自文淵閣《四庫全書》電子版，上海迪志文化公司、上海人民出版社 2002 年。

65. “配亨”《舊音》注“火行反”之“火行”，四庫本作“虚庚”。四庫書中無“火行”音切，《類篇》、《集韻》、《禮部韻略》、《韻會舉要》、《洪武正韻》俱作“虚庚”，是四庫本改作之所本。

66. “刺壞”之“壞”爲“懷”字之誤，四庫本、遺書本改作“懷”。

67. “馹傳”，四庫本、遺書本作“注馹傳”，有“注”字是；注“上人贊反”之“人”，四庫本作“入”，“人贊反”之“贊”，四庫本作“質”。《經典釋文》“馹”字6見，5作“人實反”，1作“而實反”，反切上字不作“入”，反切下字不作“贊”、“質”。《類篇》作“入職切”，《康熙字典》引《唐韻》、《正韻》“人質切”，《集韻》、《韻會》“入質切”，四庫本當本此。“贊”上古音在元部，《廣韻》音在翰部，而“馹”上古音、《廣韻》音皆在質部，“質”上古音在質部，《廣韻》音在至部，“贊”與之絶不相類，疑遞修本、遺書本“贊”字實“質”之形譌。

68. “下脫”之“脫”，四庫本、遺書本作“脱”。

69. “君盃”之“盃”當係“盍”字之譌，四庫本、遺書本作“盍”。

70. “注出降”注“下不降請降”之“請”，四庫本誤作“直”。

71. “既陳”之“既”，四庫本誤改作“師”。

72. “注老罷”之“老”，四庫本作“師”。案韋注云：“老，罷也。圍宋久，其師罷病”，則遞修本、遺書本用“老罷”而四庫本用“師罷”，依例，當用“老罷”，因其首出。

73. “注淫放”之“淫”，四庫本作“滛”；注“補音方往反”之“方”，四庫本作“放”。《經典釋文》作“方往反”，各小學書中亦無以“放”作“放”之反切上字者，四庫本以“方”替“放”字，或取其常見易曉。

74. “獮惇”《舊音》注“獮或爲彌”之“爲”，四庫本、遺書本作“作”。

75. “注章箸”之“箸”，四庫本作“著”；注“張慮反”之“張”，四庫本作“陟”。《經典釋文》“著”多作“張慮反”，反切上字有作“直”、“知”，而無作“陟”者。而《周易本義》卷四引《釋文》作“著陟慮反”，《龍龕手鑑》、《廣韻》俱作“陟”，此皆四庫本所本。

76. “又長”注“補音了文反”之“了”，四庫本、遺書本作“丁”，“長”上古音在端紐，《廣韻》音在知紐，“了”上古、《廣韻》俱在來紐，“丁”上古、《廣韻》俱在端紐，則遞修本“了”或當爲“丁”字之誤。依次，則“文”字當爲“丈”字之譌，四庫本、遺書本已正作“丈”。

77. “注尺閒”注“古閑字”之“閑字”，四庫本作“閒反”，遺書本“字”作“反”，《經典釋文》“閒”有音“古閑反”者，四庫本、遺書本改是。

78. “嚚瘖”注“下於今反”之“今”，四庫本、遺書本作“金”。《經典釋文》“瘖”字2見，“於今”、“於金”各1見。《龍龕手鑑》作“于今反”，《類篇》作“於金切”，《康熙字典》引《唐韻》作“於今切”，《集韻》、《韻會》作“於金切”，宋庠云：“其字音反切，除存本説外，悉以陸德明《經傳釋文》爲主，亦將稽舊學、除臆説也。惟陸音不載者，則以《説文》、《字書》、《集韻》等附益之。”①是四庫本、遺書本所本。

---

① 宋庠：《國語補音叙録》，《中華再造善本工程》影宋刻宋元遞修本第6册，國家圖書館出版社2006年版，叙録第3頁。

79. “少淩”注“詤文”之“詤”，四庫本、遺書本作“説”；“解爲沃沃也”之“沃沃”，四庫本、遺書木作“浂浂”，《説文》即作“浂浂”。

80. “比干”之“干”，四庫本、遺書本作“于”，改是，《國語》有“比于”結構2見，無“比干”，形近而誤。遞修本、遺書本“比干”在“以御”上，四庫本倒。

(五) 晉語五第十一

81. “隘之”《舊音》注“音瞱”之“瞱”當係“曄”字之誤，四庫本正作“曄”。

82. “復命”注“補音服返也”之“服”當係“復”字之誤，四庫本、遺書本改作“復”。

83. “嬴氏”之“嬴”，四庫本誤入上“過甯”注中。

84. “注辯瞭”之“辯”，四庫本、遺書本作“辨”。

85. “期年”注“居期反”之“期”，四庫本作“其”，《經典釋文》即作“其”不作“期”，四庫本改是。

86. “子跛”，四庫本作“注子跛”，有“注”字是。

87. “靡笄”《舊音》注“上音摩”之“摩”，四庫本作“靡”。《經典釋文》卷一七“靡笄”注：“如字，又音摩，笄音雞。”是《經典釋文》直音亦作“摩”，“靡”上古音在明紐歌部，《廣韻》音在明紐紙部，“摩”上古音在明紐歌部，《廣韻》在明紐戈部，《經典釋文》卷九“之撕”注音“靡”，《後漢書》卷八〇《杜篤傳》“東摲烏桓”注云：“《字書》摲亦摩字，音靡。”[①]是“靡”、“摩”古音同，明丘浚《大學衍義補》卷二四“生之者甚少而靡之者甚多”注云：“音靡，散也。”清嚴虞敦《讀詩質疑》卷首一四“丘中有麻貽我佩玖靡”注云：“古音靡。”是本字直音相訓之例，又各書中凡以“靡”爲聲符之字皆直音“靡”，是四庫本之所本。

88. “注來朝”之“來”，四庫本、遺書本作“而”，改是，今傳《國語》字作“而”。

(六) 晉語六第十二

89. “一閒”及注“二閒三閒”之“閒”，四庫本俱作“間”；又注“古閑反”之“閑”，四庫本作“宴”。以“古宴”音“間”，《四庫全書》中唯《佩文韻府》卷七五“六間”注云：“‘六間應鍾’注：‘間，古宴切。’”此或四庫本之所本。

90. “注自要”注“作署非是”之“署”，四庫本作“腰”。

91. “重斂”注“補音直隴反”，四庫本“補音”下有“上”字，當係遞修本、遺書本脱。

92. “注匠麗”《舊音》注“力支反”之“支”，四庫本作“之”。《經典釋文》“麗”字音注作“力支”、“力馳”、“力計”、“郎計”、“力知”，反切下字無作“之”者。《經典釋文》“力之”音注不音“麗”字，各小學書中唯《群經音辨》“麗”字音注作“力之”。

93. “荆壓”注“杜以謂壓笮”之“謂”，四庫本作“爲”。

94. “注戾帥”注“下所類反”之“類”，四庫本作“賴”。《經典釋文》唯音“所類”，不作“所賴”。《四庫全書》中唯《六藝之一録》卷二一二“帥”字條音“所賴切”。根據郭錫良《漢字古音手册》，“類”上古在來紐物部，中古在來紐至部；“賴”上古在來紐月部，中古在來紐泰部；“帥”

---

① 范曄撰、章懷太子注：《後漢書》，第909頁。

上古在山紐物部，中古一在山紐質部，一在山紐至部。則反切下字仍以“類”字爲是。

(七) 晉語七第十三

95. “稟命”之“稟”，四庫本作“禀”。

96. “注下糾”注“内傳作升”之“升”當係“弁”字之誤，四庫本、遺書本已改作“弁”。

97. “鐸遏”注“一音謁”之“一”，四庫本、遺書本作“徐”。《經典釋文》本亦作“徐”，明所自也。

98. “注荀騹”之“騹”，四庫本作“讙”，遺書本作“歡”。遞修本、金李本、秦鼎本、黄刊明道本並作“騹”，四庫本、遺書本改誤。另汪遠孫云“騹”字當作“騅”，因《内傳》作“騅”。

99. “注淫邪”之“淫”，四庫本作“滛”。遞修本、金李本、秦鼎本字作“淫”，黄刊明道本字作“滛”，“滛”實“淫”之形譌。

100. “注斷決”之“決”，四庫本作“决”。

101. “寶鎛”注“伯各反”之“伯”，四庫本、遺書本作“始”。四庫各書中作“伯各反”者有《詩經疏義會通》卷一、《四書通・孟子通》卷一〇、《四書纂義・孟子纂義》卷一〇、《四書大全・孟子集注大全》卷一〇，《類篇》、《集韻》、《韻會》、《禮部韻略》、《洪武正韻》、《新唐書釋音》、《元氏長慶集》並作“伯各”，《資治通鑒綱目》卷二九引顔師古曰：“鎛，音伯各反。”則作“伯各”者或皆自顔師古。各書中無作“始各”之音者，且“伯”、“鎛”上古音、《廣韻》音皆在幫紐，而“始”則上古音、《廣韻》音在書紐，與“伯”、“鎛”聲紐不同，無作反切上字之理，是四庫本、遺書本改誤。

102. “八年七合”注“諸矦”之“矦”，四庫本作“侯”；“外但以”之“但”，四庫本作“傳”，遺書本“外但”作“内傳”；“自有詳略”之“略”，四庫本作“畧”。

103. “注于戲”之“戲”，四庫本、遺書本作“戯”，“戯”是正字；注“許宜反”之“宜”，四庫本、遺書本作“宜”。

(八) 晉語八第十四

104. “注知起”之“起”，四庫本作“起”。

105. “注視相”注“小亮反”之“小”，四庫本作“息”。《經典釋文》“相”字反切上字作“息”不作“小”，四庫本改是。

106. “注擾龍”《舊音》注“而小反”之“而”，四庫本作“如”。《經典釋文》“而小反”12 見，“如小反”1 見，在卷一七“不擾”條。《玉篇》作“如紹切”，《五經文字》作“如沼切”，《類篇》一作“如招切”，《集韻》、《韻會》作“如招切”，此皆以“如”爲“擾”之反切上字者，或四庫本之所本。

107. “注疆界”注“或作疆”之“疆”，四庫本、遺書本作“彊”，作“彊”字是。

108. “訾祏”注“祏當隻反”之“祏”，四庫本、遺書本作“下”，遺書本“當”作“常”。“祏”音作“當隻”者唯《禮部韻略》卷五 1 見，而徐鉉《説文》、《類篇》、《六書統》、《廣韻》、《集韻》、《禮部韻略》、《新唐書釋音》、《通志》卷三三、《法苑珠林》卷四五音釋皆作“常隻”，則遺書本改是。

109. “注扈”注“矦古反”之“矦”，四庫本作“侯”；“經典作扈音音同”之二“音”字，四庫本、遺書本前作“者”、後作“皆”，改“者”字是。

110.“忸怩”之“怩”,四庫本、遺書本作“伲”。

111.“㬥骨”及注“㬥亂”與“可㬥”及注“㬥骨”之“㬥”,四庫本俱作“暴”。

112.“覆之”注“芳服反”之“服”,四庫本、遺書本作“富”。《經典釋文》“覆”音“芳富反”3見,音“芳服反”72見,仍以“芳服”爲常用,各小學書中唯《類篇》一音“扶富反”,是反切下字作“富”者,其他則無。“覆”上古在滂紐覺部,《廣韻》收四切:芳福切,入聲敷紐屋部;扶富切,去聲奉紐宥部;敷救切,去聲敷紐宥部;《廣韻》匹北切,入聲德部。“服”上古在並紐職部,《廣韻》在並紐屋部合口三等入聲;“富”上古在幫紐職部,《廣韻》在幫紐宥部開口三等去聲。則“服”、“富”皆當。依《補音》例,則當作“服”。

113.“必獘”注“婢丗反”之“丗”,四庫本、遺書本作“世”,“丗”實“世”之譌寫。

114.“而瀓”注“舊音所引”之“所”,四庫本誤作“沂”。

115.“莒鼎”注“居吕反”之“吕”,四庫本作“語”,《經典釋文》卷二四作“居吕反”,無反切下字作“語”者,《龍龕手鑑》作“居許反”,《玉篇》亦作“居吕切”,清李光地《音韻闡微》卷七“見三舉”注云:“《廣韻》居許切,《集韻》苟許切,今用居語切。”是四庫本之所本。

116.“一卒”注“尊忽反”之“忽”,四庫本作“勿”,《四庫》各書中反切無作“尊勿”者,“忽”、“勿”韻同,係四庫本自造。

(九)晉語九第十五

117.“与亥字同”之“与”,四庫本、遺書本作“與”,此亦正俗之分,今則以“与”爲“與”之簡化形式。

118.“保鄣”之“鄣”,四庫本作“障”。

119.“以諄”注“曉告之孰也”之“孰”,四庫本作“熟”,“孰”、“熟”古今字。

120.“無筋”注“居垠反”之“垠”,四庫本、遺書本作“銀”,《經典釋文》卷二〇反切下字即作“銀”。《四庫全書》中音作“居垠”者唯2見,1爲《玉篇》“斤”字音注,1爲《楚辭集注》卷一引或云:“艱居垠反。”依例,當作“銀”。

121.“注其難”注“乃旦反”之“旦”,四庫本誤作“三”。

122.“壯馳兹”注“有作壯者莊者有作杜者”,四庫本“壯者”後有“有作”二字,“莊者”後無“有作杜者”四字,遞修本、遺書本句讀則可爲“有作壯者、莊者,有作杜者”,“杜”、“壯”亦形近。

123.“爲瘉”注“今按瘉愈古字通”,四庫本無“通”字,有“通”字是。

124.“黿鼉”注“上愚袁反”之“愚”,四庫本作“愈”,遺書本作“懸”;“諸韻”之“韻”,四庫本、遺書本作“韻”。《經典釋文》“黿”用直音法,音“元”,《五經文字》、《龍龕手鑑》同。《類篇》、《集韻》、《六書故》、《韻會》並作“愚袁”,各書中無反切上字作“愈”者,“愈”、“愚”聲紐同,係四庫本自造。

125.“注之跗”注“方于反”之“方于”,四庫本作“甫無”。《經典釋文》“跗”字9見其中6見音“方于反”,1見音“芳扶反”,2見音“芳符反”,無音“甫無”者。《類篇》、《集韻》作“風無切”,唯《龍龕手鑑》作“甫無反”,或四庫本所本。

126.“産黽”注“史游急就云”之“云”,四庫本作“章”,“急就”可看作“急就章”之省稱,不必改“云”爲“章”字，或竟在“云”前加“章”字更妥。

三、結　　語

通過《國語補音》晉語部分遞修本、四庫本、遺書本三種版本歧異的校正可以看出，在文字上，遞修本多用古俗字而四庫本、遺書本改用正字；音切上，遞修本、遺書本皆有所本而四庫本存在自造音切的現象；釋義上，某些條目如對一些國名的釋文三本文字各有差池。就總體而言，遺書本比四庫本更接近遞修本。遺書本實際上是孔氏微波榭本，孔氏微波榭本則自明刊本出，楊守敬云：“近日盱眙吴氏又從孔本翻刻於成都，末附錢保塘《札記》，稱以明修舊刻本校孔本，知孔本實從明本出，又以舊刻校正孔本數處。今以照此本，則與錢君所稱舊本多合。而錢君不言是明嘉靖正學書院刊本，豈錢君所據本佚趙仲一序耶？此本瀊江道純舊藏，余從森立之得之。”①而孔氏所據的明本和遞修本也當很接近或者孔氏所據之本就是出自遞修本。

① 楊守敬：《日本訪書記》，第66頁。

郭店竹簡《六德》所言喪服制度

□賈海生

[摘　要]　郭店竹簡《六德》所言喪服制度包括兩個方面的内容,一是服制,二是服術,皆與傳世禮書的記載不同。服制以士之粗斬布爲喪父、喪君之服,又以袒免爲朋友相爲之喪服,服術則强調親親重於尊尊。簡文以獨特的服制與服術爲論,深意在於匡救時弊。

[關鍵詞]　郭店竹簡;六德;喪服制度

[作者簡介]　賈海生,浙江大學古籍研究所教授(杭州　310028)

郭店楚墓出土竹簡有一篇儒家文獻,整理者題爲《六德》。文中所言喪服制度,與傳世禮書的記載不同。許多學者都曾作過討論,雖然精彩之論隨處可見,但仍有可以發表不同意見的餘地。

《六德》第27—30號簡所言喪服制度,包括兩個方面的内容,一是服制,二是服術。關於服制,簡文云:

> 疏斬布、絰、杖,爲父也,爲君亦然。疏衰齊、牡麻絰,爲昆弟也,爲妻亦然。袒免,爲宗族也,爲朋友亦然。①

疏字原整理者釋文隸作綻,字後括弧内出疏字,其意以爲讀爲疏。《説文》云:"疏,通也。从㐬从疋,疋亦聲。"綻、疏皆從疋聲,故綻可讀爲疏,疏即粗之義。鄭玄注《儀禮·喪服》云:"疏猶麤(粗)也。"《六德》言爲父、爲君所制喪服是粗斬布,但在《喪服》中爲父、爲君雖有正服三升、義服三升半之别,但皆稱斬衰。《喪服記》云:"衰,三升、三升有半。"鄭注云:"衰,斬衰也。或曰三升半者,義服也。"粗斬布與斬衰都是爲父、爲君所制喪服而有不同的名稱,表明粗斬布與斬衰並不相同。

《喪服》言天子至於庶人,喪父皆服斬衰。《禮記·檀弓上》云:"哭泣之哀,齊斬之情,饘粥之食,自天子達。"鄭注云:"子喪父母,尊卑同。"《中庸》云:"三年之喪,達乎天子。父母之

---

① 荆門市博物館:《郭店楚墓竹簡》,文物出版社1998年版,圖版第71頁,釋文注釋第188—190頁。按:本文所引簡文與原整理者釋文不盡相同,採用了裘錫圭按語而寫定,下引簡文仿此。又,裘錫圭以"布絰"爲句,彭林以"疏斬布"爲句,此從彭説。詳見其《〈六德〉柬釋》,《簡帛研究》二〇〇一(上册),廣西師範大學出版社2001年版,第154頁。

喪,無貴賤,一也。”鄭注云:“明子事父母以孝,不用其尊卑變。”《孟子·滕文公上》云:“三年之喪,齊疏之服,飦粥之食,自天子達於庶人,三代共之。”由上述論説言之,自古以來,喪父所制之服,並不因天子、諸侯、大夫、列士的高低貴賤不同而有差别。然而《禮記·雜記上》云:

> 大夫爲其父母、兄弟之未爲大夫者之喪服如士服,士爲其父母、兄弟之爲大夫者之喪服如士服。

以此而言,大夫、士喪父母、兄弟之服有别,大夫有大夫喪父母、兄弟之服,士有士喪父母、兄弟之服。《雜記》出於七十子後學之手,其時爲動蕩的戰國時代,前代曾經奉行的喪服制度已隨着禮崩樂壞而發生了變化。張融云:“士與大夫異者,皆是亂世尚輕涼,非王者之達禮。”[1]若如此説,則禮樂文明極盛之時,大夫、士喪父之服没有殊異,亂世以來,大夫、士喪父之服方有差别。正因爲亂世出現了大夫、士喪服有别的特殊現象,又因爲大夫爲士或士爲大夫應制之喪服涉及服者與所服之人的親疏遠近及各自的高低貴賤而遽難論定,故記人特舉此條爲例,以爲行禮的依據,但語焉不詳,没有進一步説明大夫、士喪父母、兄弟之服的差别。記人既著大夫、士喪服有别於《雜記上》,故鄭玄便以齊大夫晏嬰所制喪服釋之。《左傳·襄公十七年》云:

> 齊晏桓子卒,晏嬰麤縗斬,苴絰、帶、杖,菅屨,食鬻,居倚廬,寢苫,枕草。其老曰:“非大夫之禮也。”曰:“唯卿爲大夫。”

文中所言是晏嬰喪父所制喪服,其中“麤縗斬”與《喪服》所言爲父、爲君所制“斬衰”立名不同,而“枕草”在《喪服傳》中作“枕塊”。至於“苴絰、帶、杖,菅屨,食鬻,居倚廬,寢苫”,則與《喪服》所言相同。鄭玄引此傳文釋前引《雜記上》所記大夫、士喪父母、兄弟之服的差别及亂世喪服制度表現出來的禮義云:

> 麤衰斬者,其縷在齊、斬之間,謂縷如三升半而三升不緝也。斬衰以三升爲正,微細焉則屬於麤也。然則士與大夫爲父服異者,有麤衰斬、枕草矣。其爲母五升縷而四升,爲兄弟六升縷而五升乎?唯大夫以上乃能備儀盡飾,士以下則以臣服君之斬衰爲其父,以臣從君而服之齊衰爲其母與兄弟,亦以勉人爲高行也。大功以下,大夫、士服同。

鄭玄既辨“麤縗斬”與《喪服》之“斬衰”不同,又因“枕草”與《喪服傳》之“枕塊”不同,故分别大夫、士喪父不僅所制喪服有斬衰與麤縗斬之别,而且居喪還有枕塊與枕草之異。孔疏則明確指出,大夫以上斬衰、枕塊,士則麤縗斬、枕草,《儀禮·既夕》是士禮而記文亦言“枕塊”,則是

---

[1] 《禮記·雜記上》孔疏引。

記者廣説異辭。至於大夫、士爲母、爲兄弟所制喪服的差别,因無實例以爲參證,故鄭玄既約士喪父之齸縗斬降斬衰一等,又據以推出士喪母之服布縷粗細五升而成布四升,士喪兄弟之服布縷粗細六升而成布五升,皆與《喪服》所言喪母四升、喪兄弟五升不同。鄭玄注《儀禮》的《喪服》、《士喪禮》、《既夕禮》及《禮記》的《喪服小記》、《大傳》、《服問》、《間傳》、《喪服四制》等篇不引《雜記上》所言大夫、士喪服有别爲論,而獨於《雜記上》據《左傳》分别大夫、士喪服之異並揭示其中藴含的禮義是"勉人爲高行",正是因爲《雜記上》所記是亂世實行的喪服制度,與之相關的規定立意雖善,畢竟是一時的權宜之計而非自古以來通行的禮制。①

就《喪服》所列斬衰、齊衰、大功、小功、緦麻五等喪服而論,斬衰布最粗,因孝子喪親哀痛至極,制服隱去布體粗名而徑言斬,以見斬布爲之,全無人功。晏嬰所服之齸縗斬與《六德》所言粗斬布,皆始見人功之粗,不隱去粗名以見布體亦粗惡,又因爲皆是喪父、喪君之服,可證二者相同。聯繫鄭玄所論,則《六德》所謂粗斬布當也是士喪父、喪君之服。《六德》亦出於七十子後學之手,撰作於戰國時代。②簡文以士喪父、喪君之粗斬布立論而不以《喪服》之斬衰爲説,深意有三:

第一,即鄭玄所謂"勉人爲高行"。勉人之人,就簡文而言,指制服之人而非指所服之人。若己之身份是士而父之身份是大夫,喪父不敢服大夫之重服斬衰而服士之輕服粗斬布則於心不安。《論語·子張》載曾子述孔子之語云:"人未有自致者也,必也親喪乎!"《孟子·公孫丑下》云:"不得,不可以爲悦。"因此,士欲盡其哀情而爲身爲大夫之父服重服,唯有自勉爲高行,盡早晉升爲大夫而得以爲父服大夫之喪服。

第二,不敢以己之尊貴加於父。《禮記·曲禮上》云:"夫爲人子者,三賜不及車馬。"鄭注云:"卿大夫、士之子不受,不敢以成尊比踰於父。"《内則》云:"不敢以貴富加於父兄宗族。"事生不敢以己之尊貴加於父兄宗族,事死如事生,豈可因己之身份尊貴所制之喪服爲身份低賤之父兄宗族送死?因此,若所服之父的身份是士而己之身份是大夫,則仍從士制而爲父制粗斬布,意在不敢以己之尊貴加於父。

第三,以士喪父、喪君之粗斬布立論,微諷之意寓於其中,目的是爲了懲戒亂世身爲大夫以上喪父、喪君輕涼慢禮之失。就喪服制度而言,尊者伸、卑者屈。情深服重爲伸,故備儀盡飾。情殺服輕爲屈,故儀飾稍簡。身至大夫,賢行既著,道德又成。位卑如士尚能爲父、爲君制粗斬布以盡哀事死,則因賢行、道德而爵爲大夫,豈可忍心輕涼慢禮而不盡哀事死?故以粗斬布勉位卑者爲高行而勸大夫以上備儀盡飾,不得輕涼慢禮。

---

① 曹元弼《禮經校釋》卷十二附《禮記疏》一條,載録《雜記上》中有關大夫、士喪服之異的經文及鄭注一一進行疏證,除本文所引外,尚有另外三條,因與本文的論題關係不大,爲避免煩瑣,故略而不俱引。又,曹氏的疏證頗有啓發意義,本文即據以探討簡文所記服制的禮義等問題。詳見《續修四庫全書》第94册,第319—332頁。

② 郭店1號楚墓的年代相當明確,不晚於公元前300年。李學勤認爲,《六德》的撰作應早於公元前300年。詳見其《郭店楚簡〈六德〉的文獻學意義》,《中國古代文明研究》,華東師範大學出版社2005年版,第213頁。

《六德》所言喪服，除粗斬布、疏衰齊之外，還有袒免，而以袒免爲宗族、朋友之喪服，與禮書的記載也不盡相同。《喪服記》云：

朋友皆在他邦，袒免，歸則已。

朋友，麻。

袒免，指喪禮袒時去冠所著之免。至於免之形制，禮書没有明確的説明。鄭玄於此僅云："舊説以爲免象冠，廣一寸。"①其注《士喪禮》云："免之制未聞，舊説以爲如冠狀，廣一寸。《喪服小記》曰：'斬衰髻髮以麻，免而以布。'此用麻布爲之，狀如今之著幓頭矣，自項中而前，交於額上，卻繞紒也。"綜合兩處注文，免以麻布爲之，布廣一寸，形狀如漢代所著幓頭，著免之時節與斬衰之人髻髮同時。至於爲朋友所服之麻，經典也没有説明。鄭玄綜合《禮記》、《周禮》、《論語》云："朋友雖無親，有同道之恩，相爲服緦之絰帶。《檀弓》曰：'羣居則絰，出則否。'其服，弔服也。《周禮》曰：'凡弔，當事則弁絰服。'弁絰者，如爵弁而素，加環絰也。其服有三：錫衰也、緦衰也、疑衰也。王爲三公、六卿錫衰，爲諸侯緦衰，爲大夫、士疑衰。諸侯及卿大夫亦以錫衰爲弔服，當事乃弁絰，否則皮弁，辟天子也。士以緦衰爲喪服，其弔服則疑衰也。舊説以爲士弔服布上素下，或曰素委貌冠加朝服。《論語》曰'緇衣羔裘'，又曰'羔裘玄冠不以弔'，何朝服之有乎？然則二者皆有似也。此實疑衰也，其弁絰皮弁之時則如卿大夫然，又改其裳以素，辟諸侯也。朋友之相爲服，即士弔服疑衰素裳，冠則皮弁加絰。庶人不爵弁，則其弔服冠素委貌。"②據此可知，爲朋友所服之麻，即士之弔服疑衰素裳，當小斂、大斂及殯時乃弁絰，非此時則皮弁。

由《喪服記》所言論之，似爲朋友有兩種喪服，一爲袒時去冠所著之免，一爲疑衰素裳，其實不然。根據禮書的記載，喪禮自始死至於成服，其間將斬衰者與將齊衰者的服飾有一個不斷變化的過程。《禮記・問喪》云："親始死，雞斯，徒跣，扱上衽。"鄭注云："親，父母也。雞斯，當爲笄纚，聲之誤也。親始死去冠，二日乃去笄纚括髮也。"去冠笄纚，徒跣，扱上衽，是親人始死時，將斬衰者之服飾。《儀禮・士喪禮》云："主人髻髮，袒，衆主人免于房，婦人髽于室。……主人拜賓，大夫特拜，士旅之，即位踊，襲、絰于序東，復位。"綜合鄭注、賈疏，小斂馮尸後，主人髻髮襲絰，齊衰男子袒時以免代冠，斬衰婦人以麻爲髽，齊衰婦人以布爲髽，以上皆是未成服時之服飾。《士喪禮》又云："三日成服。"《喪服》所列斬衰、齊衰、大功、小功、緦麻即是所成之喪服。因此，所謂袒免，是未成服袒時所著之免，事畢除之而服喪服，則袒時所著之免本不屬喪服。《禮記・大傳》云："五世袒免，殺同姓也。"共承高祖之父之族人已是五服

① "舊説"下原有一"云"字，阮校云："《集釋》、《要義》、敖氏俱無云字。"據删。

② 阮刻本《儀禮注疏》無"冠則皮弁加絰"六字，胡培翬《儀禮正義》據阮校補，此亦從之。又，"則其弔服冠素委貌"一句，阮刻本原作"則其弔服素冠委貌"，據孫詒讓校乙正。詳見其《十三經注疏校記》，齊魯書社1983年版，第436頁。

外之宗族，臨喪僅服袒時之免而無正服。爲朋友亦袒免，正可見爲朋友本無喪服。若朋友於己有恩，則爲之服麻。若朋友與己皆在他邦，朋友死而無人主喪，臨喪動容不能不飾禮，故著喪禮未成服袒時之免主其喪，並不以免爲喪服。《六德》以袒免爲五世宗族相爲之服，與《大傳》所言同，又言爲朋友亦袒免，則與《喪服記》以麻爲朋友相爲之正服不同。因《六德》言喪服制度要並舉宗族與朋友，故科取袒免作爲朋友相爲之喪服。簡文言爲朋友袒免，實際是減殺爲朋友之正服麻而但爲之袒免而已。就喪服制度而言，朋友相爲之喪服是麻而非袒時之免。

《六德》所言服制，與《喪服》不完全相同，以士之粗斬布爲喪父、喪君之服，意在懲戒當時喪禮有輕簡親喪之弊病。與此義相貫的服術，《六德》又進一步作了明確的闡釋：

> 爲父絶君，不爲君絶父。爲昆弟絶妻，不爲妻絶昆弟。爲宗族殺朋友，不爲朋友殺宗族。

簡文中的殺字當讀爲“五世袒免，殺同姓也”之“殺”，減殺正服但爲死者袒免之意。[①]就喪服制度而論，男子與婦人不同。婦人有三從之義，故在家爲父斬衰，出嫁爲夫斬衰，爲父齊衰。《喪服傳》云：“婦人不二斬。”天無二日、家無二尊之義。男子無從人之義，故容有二斬，既爲父斬衰，也爲君斬衰。簡文設言父與君，或昆弟與妻，或宗族與朋友同時在喪，猶如《禮記·喪服小記》所謂“父母之喪偕”，則爲父粗斬布、絰、杖，爲昆弟疏衰齊、牡麻絰，爲宗族減殺正服但爲之袒免而不爲君、妻、朋友制服，反映了親親重於尊尊，不得簡略親喪的觀念。[②]《六德》第23—24號簡文云：“故夫夫、婦婦、父父、子子、君君、臣臣六者各行其職，而訕謗無由作也。”以夫婦、父子列於君臣之前，正是對本篇以喪服制度喻親親重於尊尊的直接表白。《六德》反復强調親親重於尊尊，還有另外一種表述。第30號簡文云：“人有六德，三親不斷。”聯繫全篇來看，六德派生於六職，六職派生於六位，六位指父、子、夫、君、臣、婦，所謂“人有六德”即人分六類，三親固指父、子、夫。因此，簡文言人雖分六類而有六德，但三親之間不以義斷恩，實際也是强調親親重於尊尊。郭店竹簡《語叢一》第87號簡文云：“君臣、朋友，其擇者也。”君臣、朋友皆是義合，有義無恩，可以選擇，援以爲證，故爲父、爲昆弟、爲宗族可以絶君、絶妻、絶朋友。另外，上引《六德》簡文中的四個“絶”字，有學者釋爲“繼”字。就喪服制度而言，或絶或降，或以名而服，或從人而服。天子、諸侯以尊絶旁親，卿大夫以尊降旁親一等，爲未成人而殤死者亦降一等，爲慈母、從母是因有母名而服，婦人爲夫之黨從夫而服，不聞有繼服之

---

① 彭林：《再論郭店簡〈六德〉“爲父絶君”及相關問題》，《新出簡帛研究》，文物出版社2004年版，第310—312頁。

② 關於簡文服術反映的思想觀念，許多學者都有論述，意見却不一致。詳見李存山：《讀楚簡〈忠信之道〉及其他》，姜廣輝：《郭店楚簡與〈子思子〉》，《郭店楚簡研究》，遼寧教育出版社1999年版；劉樂賢：《郭店楚簡〈六德〉初探》，《郭店楚簡國際學術討論會論文集》，湖北人民出版社2000年版；李零：《郭店楚簡校讀記》（修訂本），北京大學出版社2002年版，第137—138頁。

説，釋“絶”字不誤。

實際上，傳世禮書所記喪服制度，也反映了親親重於尊尊的觀念。《喪服》首章上列斬衰服，下列服之所爲之人以父列於天子、君之前，即是明證。《禮記·大傳》云“服術有六：一曰親親，二曰尊尊，三曰名，四曰出入，五曰長幼，六曰從服。”以親親居首，次列尊尊，正是對《喪服》親親重於尊尊的闡釋。然而七十子後學所撰釋禮的記文，並非都主張親親重於尊尊，有些闡釋喪禮禮義的記文却反復强調尊尊重於親親，與《六德》、《喪服》等傳世禮書表現的觀念不同。如《禮記·曾子問》云：

> 曾子問曰：“大夫、士有私喪，可以除之矣，而有君服焉，其除之也如何？”孔子曰：“有君喪服於身，不敢私服，又何除焉？”

以大夫、士有君喪爲論，則君指諸侯。據《喪服》，爲君斬衰三年。君喪與私喪相對，則私喪指五服内之親喪。若爲君有三年斬衰之服在身，又遭五服内之親喪，不敢爲之制服。初死時尚不得成服以申哀痛之情，喪期之末自然無服可除。隆君殺親，以義斷恩，以喪服制度明確表達了尊尊重於親親的觀念。再如《雜記上》云：

> 其國有君喪，不敢受弔。

據孔疏，國有君喪，己有親喪，若同時在喪，以義斷恩，不敢接受他國之賓來弔己，因爲哀痛主於君喪，故以私喪避之，若接受他國之賓來弔己，嫌哀悼己親有似於君。此條記文則是通過喪禮，反映尊尊重於親親的觀念。①

同是七十子後學所撰釋禮的記文，反映了不同的觀念，或强調親親重於尊尊，或强調尊尊重於親親，當是傳聞異辭、師説不同，具體情況難以細説。至於《六德》表現出來的親親重於尊尊的觀念，當是有感而發，目的是爲了匡救時弊。《禮記·檀弓上》云：“縣子曰：綌衰、繐裳，非古也。”縣子爲戰國時人，②據其所言可以窺見戰國時已禮崩樂壞，喪禮不從舊典，任意輕簡親喪，透露了當時趨炎附勢，尊尊而不親親的現象，故《六德》的作者承襲喪服制度固有的親親重於尊尊的觀念，不僅以士喪父、喪君之粗斬布爲論，勉己勸人，慎終追遠，不得簡凉慢禮，而且還公然倡導制服爲父、昆弟、宗族絶君、妻、朋友，親親重於尊尊，克己復禮之良苦用心不言自明。儘管《六德》反映的喪服制度與傳世文獻所記不同，仍不失爲有功於禮教的重要文獻。

---

① 林素英在《郭簡“爲父絶君”的服喪意義》一文中，亦引《雜記上》所載“其國有君喪，不敢受弔”爲論，但别有説解。詳見《簡帛研究》二〇〇二、二〇〇三，廣西師範大學出版社 2005 年版，第 74—85 頁。

② 《禮記·檀弓上》有“繆公召縣子而問焉”云云，據《史記·六國年表》，魯穆公元年當公元前 407 年，卒於公元前 377 年，縣子與魯穆公同時，則是戰國時人。

先秦竹書與萬世之經

□郭 静 云

[摘　要]　舉凡世界主要文明,都自有其代代相傳的經典。"經"作爲一種歷史概念,本身即代表着不同時代的觀念混合。尤其在經書的選編過程中,不但有各種後人對前代文獻的校勘、篩選、詮釋甚至誤讀,也滲入了各種國家、社會和學派的觀點。結合了原作的本意、每個世代的理解與注疏,層層疊疊,又藉經文融爲一體。本文從歷史的角度來討論先秦儒家書籍轉成"經"的過程。

[關鍵詞]　中國經學;先秦儒家;先秦竹簡;漢代正統儒家;正統化;歷史語言

[作者簡介]　郭静云,臺灣中正大學歷史系

一、前言:世界文明萬世之經相同的特質

舉凡世界主要文明,都自有其流傳萬世的經典,足以代表、延續文明的重要思想、價值觀和理念。這些經典書籍的内容多元而廣泛,數百千年以來,雖經學者們不斷地研究,許多内容還是難以理解。

儘管内容不同,各文明的典籍都具有一種特殊性。在筆者的定義中,"經典"本身就是個歷史概念,應歸入歷史的範疇。"經書"的形成與發展是長期演變的結果,這個過程涵蓋了不同的歷史和社會階段,也蘊合了不同時代觀念與理想。這些淵源於古代故事及思想的分散記載,經過幾百年的口傳及鈔録流傳過程後,才被編輯、合併成經。過程中,每一代的鈔録者都會稍微加入自身的時代背景及理解,或稍微誤解原來的意思;然而從經典的角度來説,這並非"誤解",因爲"經"的核心特質之一,就是它涵蓋了不同時代的觀念。

經書形成的關鍵,乃是被選編爲"經"的時段,或可謂之"經化"時代。古代口傳的故事或鈔傳的文獻,並非自始即被視爲代表文化核心的"經"。在經化之前,哪些文獻將會遺佚?哪些文獻又會成爲經典?這些都尚未可知。成爲"經"的文獻未必最完美、深刻,甚至也未必是古代社會裏最流行。因此,在原始文獻的研究中,必須脱離"經"的角度,對於被後世遺忘的文獻、被編纂成經的文獻都平等視之,因爲它們同樣都代表了古代思想文化的一部份。

"經"本身即是一種歷史的概念,代表不同時代的觀念混合。此外,"經化"概念帶有國家、社會、教會或學派的儀式意味。在選書爲"經"的時期,也是頻繁進行編書活動的時段。這些活動涵蓋了兩種編輯措施:其一是針對古代鈔本的校勘、編輯,修改爲統一的經典版

本;其二是將幾個散傳的文獻合併爲一部經典。後世編輯者所處的時代背景與狀況迥異於古人,對文獻初撰時的情境理解自然和原始作者不同,其意欲追求的理想也和古人有所差距。在這種情況下,所謂"經本"亦早已不是原本,甚至在某些部份會和原本間有相當大的差異。

"經"的形成,必定蘊合了原意、傳承過程中對原意的理解、經化時期的修編等不同時代的意涵與理想。若非如此,則所謂的經典也將不復存在。即使經本已編輯完成,文字也被確定了,仍不足以使其所載的涵義萬世如一。後世雖不敢擅自修變經書的字句,可是隨之而來的補充、注疏、考證與各類詮釋,都將成爲經書内容的一部分。

換言之,經書雖然對後世的生活與思想發生了相當深遠的影響,但後世的見解也會反過來不斷地影響經書。歷代以來,不同背景的人用不同的眼目讀經,進而闡發出每一代都不盡相同的新内容。是故,"萬世之經"本就是蘊含歷史衍化的概念。經書的内容層層套疊,每一層都代表不同時代的觀點與理想;然而各層間却又藉着經文混爲一體,難以區别。

概言之,經書的演化過程約可分爲:選經前、成經、成經後。研究經書的主要難題,即是如何區别這些源於不同時代的内容層疊,以溯求文獻的原初面貌,並循跡探究其演化、經化的歷史過程,和成經後的詮釋演變。理論上,各文明的經書研究方法是基本相類的。而其最關鍵的史料,就是經書在不同時代的不同版本,尤其是尚未被選定爲經書之前的鈔本。

二、儒家經典形成芻議

儒家思想源自先秦,然而兩千年來的儒家典籍均非先秦"原本",而是經過多次修補的"經本"。造成此一情況的原因很多,其中首推秦始皇所主導的"焚書坑儒"。這件事的歷史意義遠遠超過了它原本想達到的政治目的。秦帝國本欲在統一天下的同時,也統一天下的思想,以確立天下正統的意識形態。由於儒家的社會理想與秦帝國的法制方向相左,亦與大一統帝國的意識形態相違背,所以它便成爲秦帝國意欲掃除的對象。儘管如此,基於確立統一國家的政治需求,在焚書的同時,秦代祕府中的文官仍搜集、整理了先秦各家的書籍文獻,並從中摘出合乎帝國思想的觀點,融合爲有利於一統天下的意識形態,其中自然也包括了儒家文獻。

在中國歷史上,古籍整理之事不始於秦代。戰國晚期的六國統治者爲了統一天下,也紛紛關注於思想綜合的問題。可惜,先秦各國文府幾乎没有留下任何痕跡;即使是經過整理的秦代典籍,能流傳於後世者亦多缺陷。但我們無疑可以肯定,不管是那一國政府所發起的文獻整理,或多或少都含有建立國家意識形態的目標。基於此一目標,國家所整理出來的經本與原初的文獻就有了刻意造成的不同,包括小部分的删除、補充、單字的變更與文句的移動等等,而其中大部分都牽涉到文意的調整。當然,後人的修改不全是基於政治目的,其他原因諸如:對先前各種傳鈔本的錯誤、歧異所作的校正或考訂,此外,社會觀念、語文習慣的不同也都會影響整理者對古代文獻的理解。而這種種因素,也共同決定了不同時代文本所表現出來的歷史特徵。職是之故,現今可見的所有經籍與傳世文獻,皆經過了不同時代的屢次整理,除原始意涵外,還另外包含了許多累世而來的歷史痕跡。

以儒家經典而言,由於先秦儒家整理文獻的活動没有被紀録下來,因此目前無法確定在先秦時,是否已有接近漢代經本的編本。秦朝雖在綜合思想的過程中採用了儒家的某些觀點,然因違棄了儒家倫常,所以不會直接表露其所藴藏的儒家思想,更不可能以儒家的名義來整理、修訂儒家典籍。是故,漢初時的儒籍文本極可能仍是先秦流傳的版本。這些版本雖然累積了歷來因傳鈔、修改而發生的訛誤,但直到進入漢朝祕府後,才因爲儒學思想正統化的政治需求而遭竄改。

首先,在西漢武帝、宣帝時,國家博士開始進行儒家文獻的整理;接着在成帝時,劉向與其子劉歆於漢府中再次修正這些文獻;到了東漢,馬融、鄭玄等經學家又做了補充編校,逐漸構成了漢代儒家經籍的樣貌。此後,儒家文獻經過了歷代鈔寫、注疏、補充、修正、詮釋的過程,纔形成了今日所見的經籍版本。

换言之,儒家經典源於先秦,編於兩漢。以文物言,今日可見的古本極少有早於宋代者。可以説,儒家經籍的形成經過了不同歷史階段,這些歷史階段在經典文本上疊加了不同時代的層層痕跡。這些痕跡常常難以區分,尤其在追溯原初思想面貌時,情況又更爲複雜。

三、出土文獻對儒經的鈎沈作用

兩千多年來,因只有傳世的文本,學者們對於"儒經如何形成"這個問題,一直都難以窺知其堂奥。不過,近幾十年的考古發掘終於爲這個領域提供了一些寶貴的先秦簡帛文獻資料。雖然這些出土文獻仍屬有限,但在經典思想的溯源研究上,却是直接、可靠的第一手證據。是故,簡帛研究在經學中啓動了新機,並産生了"經典形成"這個新學門。

這些出土文獻一方面證明了所謂的"先秦古籍",確實有先於秦代的版本;另一方面則直接證明了先秦的版本與傳世的修本究竟是如何的不同。藉着這些文獻,吾人既可探索先秦思想的原貌,也可以考證這批文獻從先秦至漢代的演變過程。嚴格説來,只有這些未經後人編修之出土文獻,纔能被稱作是真正的"先秦古籍"。而兩千餘年來所知的先秦典籍,則多是經過漢代學者之手,屢屢編修過的傳本。由於經過歷次的刀筆斧鑿,其展現的泰半是漢代以來編修者的理解,早已失去了先秦時原貌。

由於近來戰國竹簡陸續面世,因而賦予了"先秦古籍"一詞新的涵義。多虧有出土的版本,我們纔不需經手漢代學者,而能直接從第一手文獻來探究先秦的思想觀念。此外,透過簡本與經本的詳細校讐,可以釐清"本意"和"演變"的問題。出土文獻獨具的無上價值即在於此。不過針對出土文獻的研究方法與角度,仍是此一課題的核心所在。對此,筆者擬提出幾項重點:

（一）原始的"歷史正本"與後世的"歷史編本"。

從目前學界對出土文獻的探討可見，後期的經本仍然影響着現今學者對先秦思想的理解，甚至有些學者常以經本爲正本來解讀出土文獻。但從嚴謹的學術角度來思考，兩者間只有出土文獻纔是確實的（authentic）歷史正本。是故，我們應該盡量擺脱後世文本的影響。

例如，簡本與經本的用字差異，常被視爲簡本的筆誤或通假用字，但此説違背了文本的時間順序與邏輯。較合理的作法，應該是從簡本的原字來考證原始的本意，以圖掌握先秦正本的歷史價值。簡本與經本字體之間雖然會有假借的關係，但如果我們把出土文獻所用的字體一律視爲傳世文獻的假借字，則完全違反了兩者的時間順序與傳承關係。即使簡本和經本用字的假借可以成立，在判讀上也應該是反過來，優先以早期文本爲本字，將後期文本視爲假借才是。

當然簡本也會用一些假借字，更不能排除早期版本出現假借或錯字，反倒由後期的版本保留了更完整的原始面貌，不過這類情況總是較爲罕見。以時間來説，戰國時期的版本，應更接近先秦思想家的原始創作文本〔尤其郭店竹簡的年代不會晚於戰國中期〕，而漢代的鈔本又比戰國晚得多。理論上，鈔本越晚，它與原本的差距就越多。因此以後期經本的字體爲本字，以簡本字體爲假借的機會並不大。此外，儘管思想在口耳相接、流傳轉鈔間出現了用字、詞彙的變化，或者累積了許多錯别字和語音假借；但在落筆成文時，創作原始版本的學者應該會在用字遣詞上作嚴密的思考和準確的選擇。不論從何種角度來看，時間愈接近原始版本，在用字方面的準確性也會愈高。因此，將出土文獻定義爲"歷史正本"，乃是筆者解讀出土文獻的主要原則。

（二）先秦社會的"文人儒家"與帝國社會的"正統儒家"。

儒家思想濫觴於春秋戰國時期，其反映的也是當時自由文人的社會理想，以及其所處的社會情况。而春秋戰國時期的多國競争景象，與秦漢大統一的帝國社會體系間，有着全然不同的社會思想條件，甚至可被形容爲"百家争鳴"與"統一思想"兩種相反的思想活動。

先秦儒家不是統治者的學説，而可稱之爲"自由文人儒家"的學説。因此，先秦儒家的文獻顯然不會被視作"天下經典"，只能是流傳於民間的私學。如郭店楚墓出土的先秦儒書，乃是當時文人自己蒐集而來的書籍；郭店墓中的私人書庫，絶對無法代表戰國時期某個國家的意識形態，這一點正是其與漢代版木最關鍵的不同處。

從出土文獻的内容也可以發現，先秦儒家没有帝國思想的特性。因之，先秦儒家文獻的原意是難以應合帝國意識形態的。然而，在歷史上所發生的重大社會變革，一定會牽動人們的思想焦點和價值觀的變化。從秦漢社會來説，漢朝人對先秦社會思想的理解，必然含有與先秦人不同的社會經驗和理念基礎。尤其在漢代官方將儒家選定爲帝國正統思想後，更使得儒家文獻必定會遭到扭曲，以牽强符合於帝國的意識形態。

綜言之，先秦正本與漢代經本的歧異出於兩種緣由：其一是時代與社會情况不同，其二是兩者的立場也不相同。先秦儒家非但不是統治者的學説，反而表達了當時文人對統治者的批判和要求，因此可視之爲文人的"理想政治"倫理——只是他們很少有實現理想的機會。

依據傳説，春秋戰國時的王侯並不看重孔子的學説，基本上，他的德政之説並未對當時的政治發生作用。對於當時儒師在社會中的處境，《莊子・漁父》有頗爲鮮明的描繪.

> 孔子遊乎緇帷之林，休坐乎杏壇之上。弟子讀書，孔子弦歌鼓琴。奏曲未半。有漁父者，下船而來，須眉交白，被髮揄袂，行原以上，距陸而止，左手據膝，右手持頤以聽。曲終而招子貢、子路，二人俱對。客指孔子曰："彼何爲者也?"子路對曰："魯之君子也。"客問其族。子路對曰："族孔氏。"客曰："孔氏者何治也?"子路未應，子貢對曰："孔氏者，性服忠信，身行仁義，飾禮樂，選人倫，上以忠於世主，下以化於齊民，將以利天下。此孔氏之所治也。"又問曰："有土之君與?"子貢曰："非也。""侯王之佐與?"子貢曰："非也。"……①

若參《史記・孔子世家》所述的孔子生平，則更是一條危途敗道。

换言之，先秦儒家既不代表統治者的立場，又不被統治者採用，當然更沒有符合國家意識形態的必要。直至西漢武帝獨尊儒術，並借此强調漢朝實現了古代政治理想。從漢代政策而言，這顯然是極有智慧的作法；但從歷史思想來説，被選爲帝國意識形態的儒學必然蘊含了新内容，而且它的教導立場和方向正好倒過來了：先秦是從自由文人的立場教導王侯伯公，而帝國正統思想是從帝王的立場教導臣屬。

以"百家争鳴"爲例，雖然漢帝國舉辦過講論、争議的活動，但此種天子面前的諸生争論，其情景和目標皆與先秦百家争鳴不同。由於秦漢統治者的目標，都是借用、結合各家的學説優點，來强固其統一天下的合理性。因此在皇宫論及五經異同的諸生，皆以協調觀點進而統一經學爲目標，能在争辯中勝出並吸引天子重視的編本，纔能成爲代表帝國正統思想的經本。

反觀戰國時期，乃"百家争鳴"的時代，當時各學派斟酌、設計其政治主張，並争論彼此的概念優長。每一家的思路流程都經過仔細地推敲，採用精確的論證方法，設計出系統性的思想，並勾勒出其理想中的社會藍圖，並企圖據以改善社會。直至天下統一的時代，"改善"的目標已被帝國的框架所限。儒師們成爲文官，他們已不需要和其他非正統的學派争論，論述的重心也開始放在形塑天下大統一的意識形態及其實際作用上。百家争鳴時代的文獻原本着重於思想闡發，帝國時代的經本則着重於政治指導，此一差異即造成了修改原本的必要性。②

歷來傳世的版本，都是出自漢代祕府，因此也都是合乎帝國意識形態的修訂本，只能表達出"漢代正統儒家"的思想。至於出土文獻，則是未經過意識形態修訂的原文，因此方能表

---

① 王叔岷：《莊子校詮》，"中研院"史語所 1999 年版，第 1229—1230 頁。

② 在此筆者贊同王博和韓碧琴的觀點。"百家爭鳴"時的文本着重於概念之斟酌與設計，而帝國時代的經本着重於政治之導向和概念之實務。參見王博《簡帛思想研究》，臺灣古籍 2001 年版，第 20 頁；韓碧琴《〈禮記・緇衣〉與郭店楚簡〈緇衣〉之比較》，《興大人文學報》第 33 期，2003 年，第 111 頁。

達文獻的原意。如果在釋讀簡本文獻時,能脱離經本的影響,直接考證原文的涵義,則較容易回復到先秦儒家思想的真實本旨;同時,通過簡本與經本的校讎,亦有助於理解思想演變之軌跡。

這裏筆者希望再次强調:漢代以前的儒家文獻呈現出多元多類的面貌,這是處於未成經的情況。其實在戰國時期,學者們也難以預料到儒家思想終能成爲國家正統的意識形態,且文獻還能被指定爲經書。固然,戰國時期已有"經"的概念,但先秦竹書又同時證明了:先秦之"經"即是"六經",雖受儒家尊崇,但並非儒家創定的古書,故當時還不可名爲"儒家經書"。如郭店楚簡《語叢一》第 36 至 44 簡曰:

> 《易》所以會天、人道也。《詩》所以會古今之志也者。《春秋》所以會古今之事也。《禮》,交之行述也。《樂》,或生或教者也。〔《書》,……〕者也。①

郭店楚簡《六德》又曰:

> 觀諸《詩》、《書》則亦在矣;觀諸《禮》、《樂》則亦在,觀諸《易》、《春秋》則亦在矣。②

簡文中雖然不用"經"字,但曹峰先生準確地指出:

> 《六德》説的是夫、婦、君、臣、父、子六位,聖、智、仁、義、忠、信六德,率、從、使、事、教、受六職之間存在對應關係,而這種理想的對應關係正見於《詩》、《書》、《禮》、《樂》、《易》、《春秋》六書之中,這裏雖然没有稱六書爲六經,但將此六書和政治上最爲重要的六位、六德、六職配合對應起來,可見具有經典般的地位。③

在傳世文獻中,"六經"的概念首見於《莊子》④,而非儒書,顯見其並不僅僅是儒家所獨有的概念。《莊子》雖是不知何時被修訂的傳世文獻,然對照上述的出土文獻的充分證明,無論先秦《莊子》原本是否採用"經"字,均不能否定戰國時代已有"經"的概念,且"六經"的原始概念也非儒家所創始衍生。對此,還有三個關鍵性的理由:首先,六經源自古老且跨越學派的重要文獻;其次,戰國時期的六經原貌也和現在所見的漢代正統儒家編本不同;其三,先秦儒家的著作相當多元,乃歸入"諸子百家"的類型,而不屬經典文獻,例如《緇衣》篇,漢代以來雖

---

① 荆門市博物館編著,《郭店楚墓竹簡·語叢一》,文物出版社 2003 版,第 18—22 頁。

② 荆門市博物館編著,《郭店楚墓竹簡·六德》,第 22—23 頁。

③ 曹峰:《第十二章、儒家經典與出土文獻》,鄭傑文、傅永軍主編《儒學十二講》,中華書局 2007 版,第 317 頁。

④ 《莊子·天運》曰:"丘治《詩》、《書》、《禮》、《樂》、《易》、《春秋》六經,自以爲久矣,孰知其故矣。"參《莊子校詮》,第 546 頁。

將其載於《禮》,使之成爲六經的一部份,但楚簡資料顯示,《緇衣》是儒家學派的著作之一,原非"經"書中的文章。

在楚簡中,像《緇衣》這類的儒家文獻佔了絶對多數。針對其内容,曹峰先生指出:

> 其中出現了不少以孔子口吻叙述的文句,也出現了很多《史記·孔子世家》和《史記·仲尼弟子列傳》中的人物,如顔回、仲弓、子路、子貢、子游、子夏、曾子、子羔、子思等。因此,新出土資料對瞭解孔子死後"儒分爲八"的情况,對推進"七十子"研究,對探討"子思學派"的存在與否,提供了幫助。①

這些話雖無可置疑,不過有趣的是,除了《緇衣》之外,其他諸書都不見於傳世文獻中!郭店和上博楚簡中的《性自命出》(或《性情論》)、《五行》、《魯穆公問子思》、《窮達以時》、《忠信之道》、《唐虞之道》、《成之聞之》、《尊德義》、《六德》、《三德》、《語叢》、《語叢二》、《語叢三》、《孔子詩論》、《子羔》、《魯邦大旱》、《民之父母》、《從政》、《相邦之道》、《仲弓》、《弟子問》、《君子爲禮》、《季康子問於孔子》等等,都不見用於漢代以後的儒家學説,也未載於傳世文獻。

在出現很多新文獻的同時,目前還有很多傳世古籍尚未發現出土的先秦版本。因此曹峰先生認爲:

> 出土文獻具備了改變思想史面貌的可能性。然而,出土文獻只是爲我們提供了改寫思想史的可能性,也就是説創造了條件,並不等於有了出土文獻就有了一切。②

確然,目前出土的文獻資料仍有侷限,我們無法據以完整地瞭解先秦思想。可是反過來看,出土的文獻已足以讓我們知道,若純粹根據傳世文獻來探究先秦思想,也是根本不可能的事。

此外,出土文獻也啓發了我們對儒家的另一種想像。在尚未成爲帝國的正統思想時,天下間有很多類型的儒者〔或謂八派儒師及其學徒〕都曾筆作文獻,論述其各自的思想理念。兩千多年來,學者們只能看到儒家思想被正統化之後的少數固定文本,不能意識到先秦"儒分爲八"的論爭景况。現今出土的文獻則爲我們揭示了先秦儒林學者們衆聲喧嘩的氣象,讓

---

① 曹峰:《第十二章、儒家經典與出土文獻》,第316頁。

② 曹峰:《出土文獻可以改寫思想史嗎?》,《文史哲》2007年第5期,第38—51頁。筆者不贊同部份學者完全從傳世文獻釋讀出土文獻的作法,包括以傳世文獻的用字來認定出土文獻的字體。但曹峰先生似乎並不全然否定此種研究方法,其謂:"有的學者强調不受傳世文獻詮釋系統的影響,對出土文獻作獨立、客觀的研究,這雖然是一種科學的精神,但如果走向極端,拋開傳世文獻的印證和啓發,主題先行,憑空解釋,其結論可能更不可信。"根據筆者的理解,脱離傳世文獻過度的壓力,並不等於"拋開傳世文獻的印證",只是在進行出土、傳世版本的對讀時,必須認清:出土文獻比傳世的版本更早,其内容未必與傳世文獻相同。所以我們應該尊重出土的版本,而非視之爲傳世文獻的另一種鈔本,因爲這基本上違背了歷史順序。反之,我們應該先由出土版本的文字本身出發,來進行各方面的考證,這在方法上會較爲妥當。

我們藉此鉤沉拾遺，從第一手的資料中更直接地感受到先秦的學術實況。

質言之，最近出土的簡牘只不過源自戰國時期的幾家私人書庫，仍不足以由之窮盡一切問題。可是，只有根據這些出土的書庫，纔可以觀察到戰國文人們論述各自思想的氛圍。此外，根據少數同時存有出土、傳世版本的文獻，也使得學者們得以具體觀察先秦文人儒家與後世正統儒家的差距。

(三) 從"文人儒家"文獻到"正統儒家"文獻的經化過程

對照"文人儒家"著作的簡本與"正統儒家"編就的經本，既可追溯文獻原貌，又可了解先秦與漢代版本的差異，具體地觀察文獻在"未成經"與"成經"之間的編修經化過程，並據以分析社會思想之演化。先秦自由文人的著作會被改造成經書，除了歷來積累的各項因素外，最重要的是漢帝國文官們編修文獻的措施。

戰國時期的百家思想，在天下一統及秦漢帝國的形成過程中，一直發揮着主導作用。正因如此，戰國晚期以來，列國君主統一天下的目標和統一思想的志望向來都是密不可分的。爲了統一天下，統治者們紛紛關注於思想整合的問題。筆者以爲，許多先秦文獻在戰國晚期都曾經過這種由政治權威主導的整理過程。以從郭店竹簡爲例，戰國早中期的思想典籍都是針對某一具體問題而發的單篇論述，也尚未見有儒、道之間的相互否定；但到了戰國晚期，儒(以荀子爲例)、法(以韓非子爲例)、道(以黄老爲例)、陰陽五行等思想流派，都開始被用來形塑社會意識形態。

其中關於道家的正統化，出土版本表現得最清楚。從馬王堆發掘出來的道家文獻，均爲有系統的思想全書，討論天地與社會的整體問題，而且對儒家思想的防禦也較突出。亦即這些典籍表達的思想，既是多元全面，且又兼有明確的反對對象，這多是正統思想形成的標誌。宋代的陸游曾有詩云："嗚呼大廈傾，孰可任梁棟？願公力起之，千載傳正統。"①爲"正統化"的過程提供了生動的描述。

從這個定義出發，筆者以爲馬王堆《德道經》與《黄帝四經》的結構、内容均有編輯過的痕跡，可視爲後世正統道家的思想典籍。在傳世文獻中，《淮南子》似亦屬於這類建設社會意識形態的套書。换言之，從戰國末年以來，正統化的過程就已經牽涉到了各學派的思想及其著作。

在大一統思想的形成過程中，官方雖數次啓動編寫爲己所用的"正書"，但在歷史上，這類活動未必都能獲致成功的結果。許多被定爲"天下公用"的文集版本，實際上並没有成爲正統思想的代表典籍。如《黄帝四經》，甚至没有傳世的版本，馬王堆漢墓發掘前，吾人尚不知世間有此書。儘管如此，這些書的形式結構與秦漢帝國編修的"正統公書"相當接近，應視爲同一種類型。

在歷史上唯一成功的例子，當推秦朝的《吕氏春秋》。這本書的結構完整，且有多元、全面的論述形式，具備了成爲"天下之經"的條件。而《吕氏春秋》的駁斥對象也很明確，遭其抗

---

① 參陸游《喜楊廷秀祕監再入館》，《陸放翁全集》下册，世界書局 1990 版，第 362 頁。

辯的又是儒家思想。何以早期的帝國統治者均保持對儒家的防衛態度？這顯然和儒家的自由文人政治理想，不能見容於帝國意識形態有相當大的關係。

儘管如此，西漢孝武帝還是將儒學選爲國家的正統學術。從國家政治的角度來説，這極有智慧之作法，顯示漢武帝作爲偉大政治家的高明手腕。儒家學人主張的是地方諸侯的親民理論，而一貫否定統一帝國的法治政體，因之自然會被當作敵視帝國的思想流派。況且自秦始皇坑儒以來，儒家就成了反抗帝國體制的代表性學派。

漢初時，儒家仍有一定的影響力，但這也是對抗政權的一股力量。反對天子施行法治的諸侯，經常將儒家學説視爲理想的治國原則，這對維繫帝國權力來説，已隱然成爲一種威脅。因此，漢武帝獨尊儒術的決定，一方面將這些具有影響力的潛在敵人變成支持漢家政權的朋友；另一方面則强調，漢朝不同於秦帝國，是準備實現古代政治理想的政權。這項政治手法獲取了極大的成功，使漢朝成爲當時的偉大帝國。從儒家學者來説，顯然也願意藉此入仕的契機來發揮自己的影響力，進而實現其政治理論。只不過，爲求能在官場上有所展現，儒家學者們也不得不逐步修正其觀點來配合帝國的政治型態，並放棄一些帝國統治者所不能接受的看法和立場。

由儒家文獻的變化，可以清楚明晰地觀察出此一正統化的過程。漢孝武請儒師當官，這些儒師充任國家的文官後，也開始從帝國的角度編輯儒家文獻。換言之，儒家思想的正統化與儒家文獻的經化，是同時並行且密切相關的。

當然，後人的修改並不完全基於政治目的。諸如社會觀念的變化以及各方面語文的演變等，都會影響整理者對古代文獻的理解。曹峰先生認爲：

> 文本並不是一成不變的，由於時代不同，政治觀念不同，其面貌也會隨之發生一定變化。①

這誠然如此。此外，從戰國流傳至西漢，文獻在每次鈔録時，都有不斷地累積筆誤和修訂見解的可能。這一切因素共同決定了不同時代之文本面貌，及其所表現出來的歷史特徵。

世界各文明的傳世文獻與經籍，皆經歷過不同時代的多次整理，除其原意外，另含有許多累世而來的編修痕跡，和不同歷史階段、觀念帶來的影響。然而，最關鍵者並非出於這些自然發生的變化，而是故意的編造；其反映的不僅僅是社會觀念的變化，且主要取決於主事者使用文本的意圖。一方面，自然産生的改動牽涉範圍多半不大；再者，不至出現系統性、整體性甚或具特定目標的變化。而基於國家意識形態的修正，則往往會表現出一致性的變化趨勢。換言之，社會的變化仍不足以視爲文本的竄改，主事者對該文獻具目標性的修改意圖纔是造成前後文本鉅大差異的原因所在。

對於文獻經化的曲折原委，目前同時擁有三種不同時代版本的《緇衣》一文無疑是頗爲

---

① 曹峰：《第十二章、儒家經典與出土文獻》，第 326 頁。

珍貴的史料。我們既可從中觀察“經化”之前的文本變化,又可觀察儒學正統化與儒文經化之過程。

通過對《緇衣》郭店楚墓簡本、上海博物館先秦簡本、《禮記》中傳世經本的章句校讐,筆者認爲:最早的文本是郭店楚墓簡本(後稱“郭店簡本”)。在三種版本中,這個版本的鈔寫年代與原初《緇衣》的創作年代最爲接近(或許相同),可視爲最接近作者意旨之“原本”。

其次是上海博物館先秦簡本(後稱爲上博簡本),文本年代比郭店晚幾十至一百多年,由這兩份簡本可隱約觀察出《緇衣》在戰國中晚期社會中的流傳情形。在經過屢次鈔録後,與郭店簡本相比,上博簡本可見到些微的變動,如字形之簡化、異化、少數用字的更改等細部之調整。但這類變動不多,且少有牽連文意變化者。不過從這些少數的文意變動,仍可看出一些社會觀念的變化。

最後是《禮記》中的經本(後稱爲禮記經本)。有些學者認爲,既然先秦時已有不同傳本的存在,故“後世史家在總結各種傳本的基礎上,對文獻進行了補充和闡釋,這些都是正常的現象。”①這類的看法似乎將統一文獻的措施太過簡化了。漢代編本是被西漢政府確定爲天下通用的“經本”。此本雖奠基於戰國晚期的鈔本上,但經過漢朝學者的重修與編排。儘管經本僅修改個别的字詞、調整章節順序,却對文意造成關鍵性的重要改變。易言之,在《禮記》中的《緇衣》經本雖源自先秦鈔本,但表達的並非先秦的社會思想。

(四) 文官編修天下之經並非隨意,而有其方法

漢代文官編輯經籍時,必然受到了許多方面的限制。首先,由於先秦儒家的著作被選爲經典,因此他們只能運用這些文獻,且不能隨意修改,每一個修正都要有根據。但另一方面,經過這些文獻的編輯,文官們必須滿足天子與帝國的政治需求。因此文官們採用各種智巧的方法,讓古代文獻合乎新的時代氛圍,比如運用單字的通假,文序的調整等等。從文本溯源來説,如果我們將出土文獻的用字視爲傳世文獻的假借字,則不僅違背了解讀史料的歷史順序原則,更是重複、或認同了漢代文官的編修方式。漢代文官爲了配合當時的政策與權勢,纔作了這許多調整。因此在尋求文獻原貌的研究中,應盡量脱離這些運作,方能進一步追本溯源。

此外,兩千餘年來流傳的先秦典籍,都出自漢朝文官的編修,故經由先秦簡本與帝國經本的比較研究,我們能够釐清漢朝文官採行的編修方法,並進一步理解漢代文官此舉之用意。這也是頗爲關鍵的研究議題。

秦漢祕府收藏了很多包括儒家文獻在内的前代文書,其中大部分應屬於“私書”。漢孝武決定以儒家思想作爲治國之本後,西漢文官即從許多不同時代的私書版本中進行校刊,決定公用的經書版本。筆者經由《緇衣》簡、經本的對照,歸納了以下幾種整理、編修經籍的方法:全篇編排結構的變動、單字的更改(包括用假借字、新時代歷史語言的用字等)、保留原字

① 駢慧娟:《從三種〈緇衣〉看先秦文獻的傳播》,《上海師範大學學報》,卷 32, 2003 年第 4 期,第 56—60 頁(全篇頁碼即可,不必找此文句)。

但調整字詞的用意、竄入註明的文句，或者以結構的變動和用字的調整來更改全篇主題。這些系統性的改動都指向同一種政治態度，我們也可以從而觀察出其一貫性的徹底修改手法。

(五) 不同時代的“歷史語言”。

並不是所有的簡、經本差異都出自漢朝祕府文官有企圖的竄改，另外也可能有其他不同學派的修訂本在民間流傳，或者是戰國中晚期的儒生創發了新的觀點或分析視角，以致《緇衣》版本受到的多樣化的影響等等。

此外，自然語言的變化往往也會影響後人的理解。這種歷史性的語言差異乃文獻演變中頗爲關鍵的要素之一。所有的語言都處於不斷的發展變化狀態，各時代的習慣用詞不同，字詞用意也不停地演化。因此戰國時期的“歷史語言”與漢代的“歷史語言”也會有所不同。對漢朝人而言，姑不論漢朝人對古代實際情況的陌生，在秦代文字統一之後，有些簡文字彙早已絕跡，戰國版本均被歸入古書之林，而非尋常易懂的書籍。因而漢人整理古代文獻時，多會在有意、無意間作用字的調整，以新字取代漢時已絕用或改義的字詞。一切用字的調整，又離不開漢代時期的歷史語言和用字習慣。

歷史語言具有多項特徵，其主要者有三。其一，在不同時代的語言中，往往會用不同的字彙指出相近的觀念，這可謂之不同時代用的同義字。有時候，這些同義字也是同音字。在這樣的情況下，後人一般會直接用新字取代古字。但若更進一步研考同義字的關係，則會發現其用意常有若干差異。由於這些差異，所以同義字的更換還是仍有造成整個文義變化的可能性。

其二，在歷史語言的發展過程中，字彙的用意也處於不停變化的狀態，這往往會影響人們對文獻的理解。是故，漢代文官編輯先秦文獻時，他們會依據漢代主流的字彙用意對文獻作一些調整。

其三，在語文的發展下，許多古字衍生出幾個字體，然同時亦有相反的情形。兩個同音的古字可能在後世被合併爲同一個字，或一個字衍生出幾個不同的字。這些都是最基本的字體發展狀況。此外，手寫鈔本的字形簡化或異文，過了幾百年後，亦會造成後世人的誤解。

以現代研究者的立場來説，我們應該慎重於文獻時代的“歷史語言”，盡量避免以後期的字彙取代文獻的原字，應該以其他同時代文獻的例證，來研考用字的歷史涵義。循此纔能回復先秦時代的“歷史語言”，進而更接近、瞭解先秦文獻的本意。

四、補　記

最後筆者擬補充强調，在上述的研究領域裏，有兩種態度是很危險的。部份學者認爲漢人的誤解與成見太多，對先秦社會文化的理解反倒不如現代的研究者；又或者以爲傳統的版本學研究比不上現代學術的科學方法。對此，筆者皆深不以爲然。因爲單就時間而言，漢朝人對先秦的瞭解應該更勝於我們。而在研究方法上，版本學歷經兩千餘年的發展傳統，已能提供頗爲精準的分析意見，這些都是不容輕易忽視的。可是另有兩個相反的理由也必須加以考慮：第一，雖然漢朝人的先秦知識和所見資料比我們多，但漢代還是版本考證的晨旦時期，當時學者缺乏考證文本資料的方法與知能（尤其是西漢），東漢經學家們的考證方法雖趨於成熟，但先秦的文獻原本至此已所剩不多了。第二，後世對傳統經書的校讐方法又更精準，可是在考證興盛的時代，學者們無緣見到先秦的出土資料；即便偶然見到，也没有斷代分析的能力，無法從漢代以後的諸多民間散佚文獻中，將這些來路不明的文本區分出來。要之，我們現在共有兩個研究優勢：首先，可以從兩千餘年來的考證學傳統中繼承嚴謹而精準的研究方法；其次，我們猶如身處文本學晨旦時代的學者，擁有親眼目睹先秦版本的機會，且具備確定版本年代的科學能力。此外，我們只是作研究，並没有塑造“經本”權威的目的，所以没有意識形態的壓力。然若想對古人的舊説陳見提出一點質疑或新解，還是必須經過嚴謹的校讐分析。

從郭店和上博簡《緇衣》的幾條簡文談今本《緇衣》的形成

□史 傑 鵬

[摘　要]　郭店楚墓竹簡的《緇衣》第19—22號簡和上博楚簡《緇衣》第11—12號簡，和今本《緇衣》有不少異文，有些是訓詁上的，有些是思想上的，本文通過對這些異文的詳細分析，試圖理清一些訓詁上的問題，同時從思想層面上分析這些異文産生的原因，從而對《禮記・緇衣》文本的形成發表一點自己的看法。

[關鍵詞]　竹簡；緇衣；禮記

[作者簡介]　史傑鵬，北京师范大学古籍与传统文化研究院副教授(北京，100875)

郭店竹簡和上博竹簡都有《緇衣》篇，這兩種材料自公佈以來，引起了學術界的濃厚興趣①，很多學者撰寫了研究專著或者學術論文，提出了許多很好的看法，讀來獲益匪淺。但我們在閱讀過程中，也感到還有些剩義可以探討。在這裏，我們就郭店《緇衣》的第19—22號簡和上博《緇衣》第11—12號簡，從字詞訓詁和文獻形成等方面談一些自己的看法，不一定正確，希望同好不吝指正。

一

郭店《緇衣》的19—22號簡和上博《緇衣》的第11—12號簡，相當於傳世本《緇衣》的第十四章，爲了叙述方便，我們先把它們的内容逐一揭示如下②：

郭店本：子曰："大臣之不新(親)也，則忠敬不足，而富貴已(已)過也。邦家之不寧也，則大臣不已(以?)，而埶(褻)臣忻也。此以大臣不可不敬也，民之蕝也。故君不與少悳(謀)大，則大臣不怨。[illegible]公之《顧命》員(云)：'毋以少(小)謀敗大惹(作)，毋以卑(嬖)禦息(疾)妝(莊)句(后)，毋以卑(嬖)士息(疾)大夫、卿事。'

① 荆門市博物館：《郭店楚墓竹簡》，文物出版社1998年版；馬承源主編：《上海博物館藏戰國楚竹書(一)》，上海古籍出版社2001年版。

② 爲了打印方便，除需要討論的字以外，本文所引簡帛中的文字皆採取寬式隸定。

上博本:子曰:“大臣之不親也,則忠敬不足,而富貴巳(已)過也;邦家之不寧也□□□□□□□□□□□□□□□□不可不敬也,民之蕝也。〔故君〕毋以少悬(謀)大,則大臣不令(怨)[illegible]公之寡(顧)命員(云):‘毋以少(小)謀敗大惷(作),毋以辟(嬖)禦𧃲(疾)妝(莊)后,毋以辟(嬖)士𧃲(疾)大夫、向(卿)事。’

傳世本:《禮記·緇衣》:子曰:“大臣不親,百姓不寧,則忠敬不足,而富貴已過也;大臣不治,而邇臣比矣。故大臣不可不敬也,是民之表也;邇臣不可不慎也,是民之道也。君毋以小謀大,毋以遠言近,毋以內圖外,則大臣不怨,邇臣不疾,而遠臣不蔽矣。葉公之顧命曰:‘毋以小謀敗大作,毋以嬖禦人疾莊后,毋以嬖禦士疾莊士大夫、卿士。’”

關於這兩種竹簡本《緇衣》,據我們所知,進行過全面討論的學者有劉釗、李零、張富海、馮勝君、虞萬里等幾位[①],尤其是後三位學者,幾乎是逐字逐句進行分析。就上揭簡文來說,除了一些字詞訓釋方面的分歧,在和傳世本比較方面,他們大部分人的看法是一致的,基本都認爲簡本比傳世本要合理。比如張富海先生説:

(今本《緇衣》)在“大臣不親”和“百姓不寧”之間憑空多出一層因果關係,顯係曲解。以“大臣不治而邇臣比矣”爲前果後因的判斷句式,也不合語法。其餘的解釋亦多迂曲不通。這實在是由於今本在文字上錯亂較多,本來就無由得解的緣故。而從簡文看,其意本來是相當顯豁暢達的[②]。

這些分析基本是對的。但是今本爲什麼會這樣,只怕不能簡單用“錯亂”“無由得解”之類的評價輕鬆打發,而可能是有深層原因的,這首先要涉及簡本《緇衣》和今本《禮記·緇衣》之間的關係。

簡本《緇衣》和今本《禮記·緇衣》之間到底是什麼關係呢?無外乎以下兩種可能:

(1) 簡本和今本來源不同,本來就是不同的版本。

(2) 今本和簡本來源一致,前者是在後者的基礎上增删而成的。

老實説,這個問題還不大容易弄清。從竹簡本和今本的一些用字差異來看,似乎今本是在簡本的基礎上改造而成的,因爲那些文字上的差異,可以通過古文字字形對比看出致誤原因;但有些却字形差異很大,不知其因何致誤;還有些則純粹是通假字,這説明今本《緇衣》並非直接承襲兩種簡本中的任何一種。也許當時有很多種《緇衣》古文鈔本,整理者參考了衆本,擇善而從。

---

① 劉釗:《郭店楚簡校釋》,福建人民出版社 2002 年版;李零:《郭店楚簡校讀記[增訂本]》,中國人民大學出版社 2007 年;張富海:《郭店楚簡緇衣篇研究》,北京大學碩士學位論文 2001 年;馮勝君:《郭店簡與上博簡對比研究》,綫裝書局 2008 年版;虞萬里:《上博楚竹書〈緇衣〉綜合研究》,武漢大學出版社,2010 年版。

② 張富海:《郭店楚簡緇衣篇研究》,北京大學碩士學位論文(指導老師:裘錫圭)2001 年,第 19 頁。

下面我們舉個實際例子進行分析，郭店簡第1號簡有這樣一條簡文：

夫子曰："好美女(如)好茲(緇)衣，亞(惡)亞(惡)女(如)亞(惡)巷白(伯)，則民咸力而刑不屯。"

今本的最後一句作"則刑不試而民咸服"。與"試"對應的字，簡本作""，乃是"屯"字。單憑郭店簡一種本子，或許還可懷疑它是否鈔錯，但上博簡這個字作""，從"人"從"屯"。所以，今本作"試"顯然有誤。當然，如果郭店和上博兩種鈔本都是一個來源，也不排除他們因襲致誤的可能，但從兩種簡本的用字情況來看，相差頗大，不像互爲底本。林素清先生指出，郭店簡《緇衣》是較典型的楚國文字，而上博簡《緇衣》則有濃鬱的齊國文字特色①，這個看法是完全正確的，馮勝君先生對此也曾做過詳細討論，可參看。

"民咸力而刑不屯"這句話的基本意思，大致可以理解，但具體到每一個字詞，有些問題還難以明白。比如"力"字，郭店簡的原文從"力"從"攴"，上博簡此字，有學者分析爲從"力"從"來"②，學者有的認爲讀"力"③，有的認爲讀"敕"④，恐都不確。我們認爲，此字當從"棘""力"雙聲，"棘"是"來"字的複寫，古文字單複往往不别，"棘"當是"來"的分化字，《説文》説"棘""從竝朿"，從古文字字形來看，並不確切⑤。《説文》説"勒"從"力""革"聲，其實"革"也兼聲，因爲金文的"勒"一般從"革"從"力"，但或作"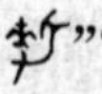"""⑥，從"來"，"來"可以替换"革"，"來"和"力"音近，這説明"革"也應該是作聲符用的。古書上"革""棘""力"三個聲旁的字有相通現象。《史記·高祖功臣侯者年表》："靖侯赤。"《索隱》："煮棗端侯棘朱。《漢表》作'端侯革朱'。"又《詩·小雅·斯幹》："如矢斯棘。"《釋文》："棘，《韓詩》作朸。"可證。既然"勒"是雙聲字，"革"又和"來"音近，而"來""棘"也音近，那麼或者可以把上博簡這個字看成是"勒"字的異體，多數學者認爲可以讀爲"服"，這應該是對的⑦。

"屯"，李零、馮勝君讀"頓"，説古書上有"甲兵不頓"，所以"刑不頓"也是很正常的⑧。我

① 林素清：《郭店、上博緇衣簡之比較——兼論戰國文字的國别問題》，見謝維揚、朱淵清編：《新出土文獻與古代文明研究》，上海大學出版社2004年版，第83—96頁。

② 參看馮勝君：《郭店簡與上博簡對比研究》，綫裝書局2008年版，第74—76頁。

③ 李零：《郭店楚簡校讀》，北京大學出版社2002年版，第66頁；張富海：《郭店楚簡緇衣篇研究》，北京大學碩士學位論文(指導老師：裘錫圭)2001年，第4頁。

④ 馮勝君：《郭店簡與上博簡對比研究》綫裝書局，2008年版，第75頁。

⑤ 參看黄德寬主編：《古文字譜系疏證》第71頁"棘"字相關字形，和同書第2073頁"朿"字諸形做比較可知，黄書仍解説"棘"從二"朿"，恐怕是不對的，商務印書館2008年版。

⑥ 容庚編著，張振林、馬國權摹補：《金文編》，中華書局1994年版，第179頁。

⑦ 白于藍：《郭店楚簡拾遺》，《華南師範大學學報(社會科學版)》2000年3期；孔仲溫：《郭店楚簡〈緇衣〉字詞補釋》，《古文字研究》第二十二輯，中華書局2002年版，第243—244頁。

⑧ 李零：《郭店楚簡校讀》，北京大學出版社2002年版，第67頁；馮勝君：《郭店簡與上博簡對比研究》，綫裝書局2008年版，第76頁。

們認爲這個理由比較牽强，由“甲兵不頓”就推導出古人一定也會説“刑不頓”，邏輯不嚴密。“甲兵不頓”的“頓”，是“鈍”的借字，《左傳・襄公四年》：“甲兵不頓。”杜注：“頓，壞也。”《墨子・辭過》：“兵革不頓，士兵不勞，足以征不服。”説的是兵革不鈍，士兵不勞，就可以征討不服。甲兵是具體的物件，它可以因久用頓（鈍）；而刑是抽象的概念，無法用頓（鈍），古書上也没有用“頓”來形容刑罰的。頓，壞也。從邏輯上説，我們也不能理解爲：如果好美如好《緇衣》，惡惡如惡《巷伯》，老百姓就都會賣力勞作，這樣的話，刑罰就不會壞，這從意思上是講不通的，所以，把“屯”讀爲“頓”絶不可信。

很多學者都指出，今本的“試”是“弋”的形訛，而“弋”可以讀爲“試”[①]。《荀子・議兵篇》：“威厲而不試，刑措而不用。”《禮記・樂記》：“兵革不試，五刑不用。”漢代的經師大概是受類似的話啓發，而把“屯”讀爲“試”的。“試”可以用作“兵革”、“威”的動詞，從而推導出同樣能適用於“刑罰”，雖然語法和意思上都没問題，但原簡文不是“試”字，這點無法否認。

那麼“刑不屯”到底是什麼意思呢？我們在此提出一個猜測。今本《禮記・緇衣》的首章有這麼一段文字：

> 子言之曰：“爲上易事也，爲下易知也，則刑不煩矣。”

這段文字不見於簡本，從體例看，也不像《緇衣》的原文，顯然是經師後加的，這一點學者們有着共識。不過裏面的“刑不煩”和簡文的“刑不屯”大概意義相近，很可能“屯”是“煩”的通假字。古書上常説刑罰密，刑罰煩（繁）。《鹽鐵論・刑德》：“昔秦法繁於秋荼，而網密於凝脂。”《漢書・晁錯傳》：“法令煩憯，刑罰暴酷。”上古音“屯”是定母文部字[②]，“煩”是並母元部字，韻部很近，聲母有舌唇之别，貌似相差較遠，但唇音字和舌音字在上古也不乏相通之例，比如“秒”以“少”爲聲符，《説文》説“膘”可以讀爲“繇”，“玧”可以讀爲“璊”，都是例子，此外，還可以找到更堅强的證據。

我們曾在一篇文章中提到，馬王堆出土帛書《老子》甲本卷後古佚書《五行》，其中有一句話：“繺也者，勉勉也，孫（遜）孫（遜）也。”這是一種聲訓[③]，“勉勉”和“孫（遜）孫（遜）”都是解釋“繺”的，“勉”和“繺”都是唇音元部字，但“孫（遜）”是心母文部字，不但聲母有唇齒之别，韻部也不完全相同。而且值得注意的是，“勉”和“孫（遜）”之間的關係，正好和郭店簡《緇衣》第24號簡的“娩（免）”與傳世本“遁”之間的關係相似[④]，所以，簡本《緇衣》的“刑不屯”有可能就是

---

① 白于藍：《郭店楚簡拾遺》，《華南師範大學學報（社會科學版）》2000年3期，第88—91頁；李學勤：《論楚簡〈緇衣〉首句》，《金景芳教授百年誕辰紀念文集》，吉林大學出版社2002年版，第98—101頁；孟蓬生：《上博簡〈緇衣〉三解》，見《上博館藏戰國楚竹書研究》，上海書店出版社2002年版，第443頁。

② 本文所列上古音採用郭錫良：《漢字古音手册》，北京大學出版社1992年版。

③ 《馬王堆漢墓帛書・五行》，引自魏啓鵬：《簡帛文獻〈五行〉箋證》，中華書局2005年版，第93頁，圖版第276頁。

④ 史傑鵬：《〈説文解字〉“豩”和從其得聲之字的音義及相關問題研究》，《第二届許慎文化國際研討會論文集》（漯河），2010年10月。

今本《緇衣》首章的“刑不煩”。

我們之所以在此不厭其煩地解釋“刑不屯”①，是想闡述一個這樣的看法，不管簡本和今本兩種《緇衣》是不是同一來源，但作爲同一篇經典，依據古代經師口耳相傳習慣的事實，它們的異文可能都應該是音近的關係。類似的例子尚多，文繁不能一一列舉，下面回到本文開頭揭示的兩條簡文上來。

二

首先列出兩種簡本和今本的異文：

郭店	上博	禮記・緇衣
以		治
忏		比
蕝	蕝	表
		葉
煮	煮	作
卿	向	卿

其中第一、第四、第五這三行的異文很好理解，因爲按照現在的古音知識，它們的上古音聲韻都近，可以通假，雖然意義有什麼不同，可能還需要進一步分析。但“忏：比”“蕝：蕝：表”“：：葉”三對之間的關係，理解起來却有一定的難度。它們之間似乎應該是同義字的關係，然而事情並没有那麼簡單，首先我們看“忏：比”。

“忏”這個字上博簡殘缺，諸家一般徑直讀爲“讬”，不作解釋。但什麼叫“邇臣讬”，實在不好理解。我們認爲，不管“忏”的意思是什麼，它和今本的“比”也不能排除是音近通假關係（在想不出更好的解釋之前，不如沿用今本“比”的詞義）。單純從今天所知的音韻系統來看，“忏”和“比”似乎音不近。前者從“乇”得聲，舌音鐸部，後者唇音脂部。但從“乇”得聲的字本來就有讀爲唇音的，比如“亳”，就是並母鐸部字；至於脂部字和鐸部字之間，也有不少相通之例，《戰國策・趙策二》“師比”，《史記・匈奴列傳》作“胥比”；《左傳・定公十三年》“範皋夷”，《史記・趙世家》作“範皋繹”；《史記・吴太伯世家》的“餘昧”，《刺客列傳》作“夷眛”，都是魚、鐸部字和脂部字相通的例子。又上古音“百”在鐸部，但《説文》“皕”字云“讀若秘”，“秘”也是質部字，古文字單雙常常不別，“皕”實即“百”之分化字。又《淮南子・俶真》：“譬如周雲之蘢

① 郭店《緇衣》18號簡有字作“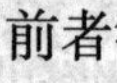”，“從糸從弁”，今本作“煩”，此字可能和表示“刑煩”的“煩”意思不一樣，張富海先生訓爲“亂”，可能是對的。字從“糸”作，絲易亂，應該是“煩亂”的“煩”本字。而“刑煩”的“煩”，是“繁密”的意思，所以兩字寫法不一樣。

蓯遼巢彭澋而爲雨。”《北堂書鈔》《太平禦覽》並引“彭澋”作“彭薄”。“澋”是質部字，“薄”是鐸部字，有人認爲澋是誤字，非是。其實這也是質、鐸相通的現象，“薄”“澋”之間的關係，和“忓”、“比”之間的關係非常類似，“澋”和“比”、“薄”和“亳”古書上都有通假例子①。再如郭店《語叢一》51 號簡：“聲，耳司也；嗅，司也。”“”顯然是“鼻”字（当然，也可能是形近致误），但同一個字也出現在《語叢一》第 87 號簡中：“君臣朋友，其者也。”這個“”却應該讀爲“擇”。“鼻”和“擇”的關係，大概就和“比”和“忓”的關係一樣，這説明“比”和“忓”確實讀音相近。所以，有可能當時經師在整理古文本《緇衣》時，因爲“忓”比較陌生，就徑直改成一個好懂而又音近的“比”字。當然“忓”的具體含義還有待研究②，也許當時經師之所以那麼改，就是因爲自己也不知道它的意思。

再看“蕝：蕝：表”，兩字看上去似乎更是讀音相差很遠，一個是齒音月部字，一個是唇音宵部字，但月、宵兩部並没有不可逾越的界限。《説文》中説“截”從“雀”得聲，而“截”是月部字，“雀”却是藥部字（宵部的入聲）。又上古音“膬”爲清母月部字，“膬”從“毳”得聲，但同樣從“毳”得聲的“橇”，《廣韻》的反切却是“起囂切”，上古應當隸宵部。又上博簡《容成氏》：“高下肥毳之利盡知之。”陳劍、白于藍讀“毳”爲“磽”③。古今漢字往往單複無別，比如“㒰”讀音和“余”相同，“鱻”讀音和“魚”相同。“蟲”“䖵”“虫”乃一字分化④；“中”、“艸”、“卉”“茻”四字音義皆近，也是一字分化⑤。所以，“毳”在《説文》中訓爲“獸細毛也”，有可能它本來就是“毛”的分化字，而“毛”正是宵部字。⑥如果上面所言不誤，《説文》説“表”從“毛”得聲，則與“毳”音近，而從“毳”得聲的“膬”，按照《玉篇》的説法，正與“蕝”音近，這説明“蕝”和“表”在某些意思上有可能也有同源關係。《説文》：“朝會束茅表位曰蕝。”古書上這個字又寫成“綴”，《禮記·樂記》：“行其綴兆，要其節奏，行列得正焉。”鄭玄注：“綴，表也，所以表行列也。”兩字皆爲月部字，聲旁有通用之例，《老子》五十四章：“子孫以祭祀不輟。”馬王堆帛書“輟”作“絶”，可證兩字在表示中止的意思上也是同源詞。最有説服力的是，從“少”得聲的字可以讀爲“秒”，和“表”的聲符“毛”幾乎完全同音，但《説文》中“少”的變體字“𡮳”，許慎説“讀爲輟”，又正與“綴”同音。我們知道，變體字一般相互音近，“𡮳”若讀爲“輟”，則説明宵部字確實可以轉入月部，這恐怕很難説是一個巧合。古書上“表綴”兩個字經常連用，比如《大戴禮記》：“爲文章，行爲表綴於天下。”似乎證明“表”和“綴”不會有什麼關係，但古代的合成詞往往讀音互見。比如

---

① 高亨纂著，董治安整理：《古字通假會典》589 頁“比”和“鼻”，又 909 頁“亳”與“薄”，齊魯書社 1981 年版。

② 我們有一個猜想，認爲它可能讀爲“迫”，“迫”有近的意思，這和“比”的意思是相關的。

③ 白于藍：《簡牘帛書通假字字典》，福建人民出版社 2008 年版，第 66 頁。

④ 參看曾憲通：《再説“䖝”符》，《古文字研究》第 25 輯，中華書局 2004 年版，第 243 頁。

⑤ 參看李家浩：《楚簡所記楚人祖先“㜏（鬻）熊”與“穴熊”爲一人説——兼説上古音幽部與微、文二部音轉》，《文史》2010 年 3 輯，中華書局 2010 年版。

⑥ 《周禮·春官·巾車》：“輦車，組挽，有翣，羽蓋。”鄭玄注：“故書翣爲馲。”説明“毛”聲字可以讀爲舌音，段玉裁説，“馲”乃是一個會意字，從“馬”“毛”會意，指馬鬣，我們認爲理由並不充分，參看孫詒讓：《周禮正義》，中華書局 2000 年版，第 2169—2170 頁。

“清净”“謹慎”“忤逆”“杌陧”“盡悴”“期限”“水準”“能耐”①,組成這些詞的兩個字音義皆相近。又《左傳》:“焚我郊保,馮陵我城郭。”杜注:馮,迫也。王念孫曰:“馮,亦陵也。”按王氏説是,馮、陵古音相近,都是蒸部字,正是一詞分化,所以,即便“表綴”兩字連用,並不能否定它們之間有可能那時還讀音相近。

再來看“::葉”,第一個字,常見於楚國文字材料,比如望山簡和楚大府鎬,李家浩先生引楊樹達的看法,認爲是“晉”字②;後一個“”,沈培先生認爲是“箭”的初文,很多學者都已經信從③。李學勤先生認爲,“”並非“晉”字,因爲和同篇“晉冬”之“晉”寫法不類,④張富海先生認爲,這不足以否認此字是“晉”,因爲曾侯乙編鐘銘文中也有兩個不同形的“晋”字⑤,王引之認爲“葉”乃“蔡”之誤⑥。我們認爲,“晉”“葉”兩字上古讀音並不很遠,古書“搢紳”的“搢”,常訓爲“插”,《周禮・春官・典瑞》:“王晉大圭。”鄭玄注:“鄭司農云:晉讀爲搢紳之搢,謂插於紳帶之間。”《周禮・夏官・司服》:“司徒搢撲。”《經典釋文》:“劉如字,又音箭。一音初洽反。”“初洽反”的音,就是“插”字的音,這説明“搢”和“插”音近,訓“插”實際上是聲訓。上古音“插”是葉部字,古音和“葉”相近,兩字聲旁間接通假的例子很多⑦,更不用説“葉”從“世”聲,“世”是月部字,和真部字的“晉”讀音更爲接近。而且,真部和元部音近,它們和葉部相通的例子也不少,戰國文字“翦滅”的“翦”,又可以當成“捷”字用⑧,這和“晉”和“葉”相通的情況一樣。“捷”“插”和“葉”三者聲旁也有相通的例子,《史記・孝文本紀》:“新啑血京師。”《索引》:“《漢書》啑作喋。”《儀禮・士冠禮》:“建柶。”《釋文》:“建作捷,本又作插。”可證。又《説文》:“孨,謹也……讀若翦。”“孴,讀若薿薿,一曰若存……一曰即奇字晉。”“晉”“翦”古書多通用⑨,“孴”顯然是以“孨”爲聲符的⑩,從它得聲的字,在上博六《景公瘧》中出現過,當地名用,但在《史記》中與之相當的字是“攝”;它還在新蔡簡中作爲人名,而這個人的名字,在另一支簡中寫成“厭”。而“攝”是葉部字,“厭”則是談部字(葉部的陽聲)⑪,孴可以讀爲“晉”,又

① 楚簡“限”常當“期”用。《禮記・射義》:“旄期稱道不亂者。”鄭注:“旄期或作旄勤。”“勤”“限”音近。

② 李家浩:《楚大府鎬銘文新釋》,《語言學論叢》第二十二輯,商務印書館 1999 年,第 98—99 頁。

③ 孔仲温:《郭店楚簡〈緇衣〉字詞補釋》,《古文字研究》第二十二輯,中華書局 2000 年,第 247—248 頁;王輝:《郭店楚簡釋讀五則》,《簡帛研究 2001》,廣西師大出版社 2001 年,第 172—173 頁;徐在國:《郭店楚簡文字三考》,《簡帛研究 2001》,廣西師大出版社 2001 年,第 181—182 頁。

④ 李學勤:《釋郭店簡祭公之顧命》,《文物》1998 年第 7 期。

⑤ 張富海:《郭店楚簡緇衣篇研究》,北京大學碩士學位論文(指導老師:裘錫圭)2001 年,第 20 頁。

⑥ 王引之:《經義述聞》卷二十一,第 505—506 頁,江蘇古籍出版社,2000 年。

⑦ 高亨纂著、董治安整理:《古字通假會典》,齊魯書社 1997 年版,第 701 頁妾字聲系下“唼與喋”“唼與歃”;又第 705 頁聶字音系下“攝與插”“躡與蹀”。

⑧ 張富海:《漢人所謂古文之研究》,綫裝書局 2007 年版,第 156—157 页。按張富海先生承認這個字形的兩用,但又認爲它們的古音“一在葉部,一在元部,有較大距離……兩者應該没有同源關係”,恐怕是不對的。

⑨ 高亨纂著、董治安整理:《古字通假會典》,齊魯書社 1997 年版,第 196 頁前字聲系下“箭與晉”。

⑩ 關於“孨”字,我們認爲是從“子”聲的,所以“孴”可以讀若之部的“薿”,又可以讀爲“存”或者“晉”,説詳另文。

⑪ 宋華强:《新蔡楚簡的初步研究》,北京大學中文系博士學位論文(指導老師:李家浩),2007 年,第 71 頁;又成書爲《新蔡葛陵楚簡初探》,武漢大學出版社 2010 年版,第 114—115 頁。

可以讀爲“攝”，還可以讀爲“厭”。清華簡《金縢》：“我則晉璧與珪。”“晉”也从“舂”声，整理者讀爲“晉”(也有學者讀爲薦)。[①]這種種情況都可以證明，“晉”和“葉”的古音是很近的。

總之，從我們要討論的幾章來看，今本《緇衣》和兩種簡本《緇衣》的異文，基本可以從音近相通方面得到解釋，至於今本多出來的一些句子，肯定不是因爲版本原因造成的，而是被經師修改過的，接下來我們要討論簡本和今本在内容上的差異及其原因。

三

前面我們已經提過，學者幾乎都認爲簡本比今本合理，這點我們完全贊同。但在這裏我們還想探討一下，就這章來看，今本爲什麽會改成這個樣子，是什麽人改動了簡本，他們是在什麽時候改動的？

邢文先生認爲，今本《緇衣》是在輯入《禮記》時，爲經師所改的。也就是説，今本《緇衣》的改寫在今本《禮記》成書之際[②]。張富海先生反對這個看法，他說：

> 我們認爲，今傳大小戴《禮記》肯定是漢代人編的，而《緇衣》的改寫必非漢時人所爲，把《緇衣》的改寫與《禮記》的成書聯繫起來是没有必要的。
>
> 我們説《緇衣》之改寫必非漢人所爲，理由主要有以下兩點：第一，漢人承秦火之後，務在搜羅故籍，抱殘守缺，似乎没有心思對好不容易得到的先秦之書作如此大的改動。第二，楚簡本所無的。《禮記・緇衣》第十六章引了《大甲》和《兑命》最後一章，也加引了《兑命》，而《尚書》的這兩篇既不見於伏生所傳的今文《尚書》二十九篇，也不在孔壁古文多出來的十六篇之内，所以漢人是無論如何看不到的。因此，我們可以肯定《緇衣》的改寫是在楚簡本流傳之後的戰國晚期[③]。

我們認爲，張富海先生列舉的證據都不充分。先説第一條，漢人承秦火之後，也許確實會抱殘守缺，没有心思對好不容易得來的先秦書作改動。但是，完全可以認爲這種改動並不一定發生在漢初。經歷過董仲舒改制之後，漢代的儒家思想和先秦原始儒家思想已經有了很大的不同，元、成時代的人，還會像漢初的儒生那樣抱殘守缺嗎？應該是不會的。據王國維考證，收有《緇衣》的《禮記》撰者戴聖，也即小戴，曾經兩次被立爲博士，前一次爲后氏《禮》博士[④]，尚未自

---

① 清華大學出土文獻研究與保護中心編：《清華大學藏戰國竹簡(壹)》，中西书局2010年版，第160页注释〔一二〕。

② 邢文：《楚簡〈緇衣〉與先秦禮學》，《郭店楚簡國際學術研討會論文集》，湖北人民出版社，2000年。

③ 張富海：《郭店楚簡緇衣篇研究》，北京大學碩士學位論文(指導老師：裘錫圭)2001年，第36—37頁。

④ 方麟博士認爲戴聖任後氏《禮》博士的時間，在宣帝本始二年至甘露三年這個時間段，參看其《秦漢博士制度初探》，北京大學博士學位論文2010年，第131—132頁。

名其家；第二次立爲博士，則在成帝河平、陽朔年間[1]；沈文倬更進一步推斷，第二次立爲博士時，戴聖自己家法完成，不再傳授後氏《禮》，而是小戴禮博士[2]。博士立爲學官，爲了體現家法不同，有時要改易經傳，參以己意，不願意抱殘守缺。據《漢書·儒林傳》記載，孟喜爲丞相掾，"博士缺，衆人薦喜。上聞喜改師法，遂不用喜"。由此可見，當時改易師法想自立門派的儒生確實存在。孟喜雖然因爲改易師法被皇帝黜落，但他的徒弟白光、翟牧最後也都當了博士。抱殘守缺固然容易做官，改易經傳也未必不能得到認可。至於第二條，證據也不堅實。首先，《禮記·緇衣》第十六章引的《太甲》和《兑命》兩篇不見於簡本，完全有可能是漢代人把其他先秦古籍中所引的《太甲》和《兑命》中的句子闌入《緇衣》，如果是先秦人羼雜進去的，反倒讓人覺得奇怪，在先秦人眼裏，《緇衣》應該是常見的書，而且上面的文字大家都認識，文句都理解，體例也都清楚，應該不可能把關係不密切的《太甲》和《兑命》中的句子闌入，只有好古的漢代人才可能這麼做。第二，漢代人也未必見不到《太甲》和《兑命》的殘句。衆所周知，先秦六經殘句不見於今本，却被漢人引用的情况一點也不鮮見。漢代文人常引《逸詩》入文，那些詩句也不見於今日的《詩經》[3]，漢代人還引過《逸論語》："《説文》：璠，魯之寶玉，孔子曰：美哉璠璵，遠而望之，奂若也；近而視之，瑟若也。一則理勝，一則孚勝。"段玉裁注："此蓋出《逸論語》。"由此觀之，兩漢人讀過一兩句古《尚書》殘句，或者記得它的一些殘章斷句是完全可能的，不能因此認定今本《緇衣》是戰國時人所改。第三，就算如張富海先生所説，漢代人見不到《太甲》和《兑命》，但像《緇衣》這樣的古記之改定也並不一定在一時，有些可能是較早改的，有些可能是較晚改的，不可一概而論。如果如張富海先生所説，《緇衣》的改定必非漢人，怎麼解釋先秦人連古文"屯"都不認識，而把它當成是"弋"字而讀爲"試"呢？我們上面提到，今本《緇衣》和簡本《緇衣》的異文，絶大多數都可以認定爲同音借字，而非同義字。尤其像"虣"這樣的字，《史記》《漢書》都寫成"蕞"，漢代人大約不熟悉，把它改成了常見好理解的"表"。如果今本《緇衣》是先秦人所改，豈會如此？

所以，我們認爲張富海先生的説法是不可靠的。而且從本章簡文具體的改動情况來看，尤可證明今本《緇衣》的改定應該在漢代，而且很可能是在元、成之際，和戴德、戴聖活動的年代正好吻合，説不定就是小戴本人，下面闡述理由。

把今本《緇衣》和簡本對照，我們可以發現，多出來的字句，都是很有針對性的(下畫綫

---

① 王國維：《漢魏博士題名考》，《觀堂集林》，中華書局 1959 年版，第一册第 174—217 頁。

② 沈文倬：《從漢初今文經的形成説到兩漢今文〈禮〉的傳授》，原載巴蜀書社《顧頡剛先生九秩誕辰學術論文集》，收入其著《宗周禮樂文明考論》，杭州大學出版社 1999 年版，第 231—235 頁。

③ 《詩經·小雅·都人士》首章："彼都人士，狐裘黄黄。其容不改，出言有章。行歸於周，萬民所望。"鄭玄《緇衣》注早已指出，此章唯毛詩有之，三家詩皆無。當是毛公所見詩殘句，因見首二句和《都人士》其他幾章相同，故强行闌入。又《漢書·儒林傳》："客歌《驪駒》，主人歌《客毋庸歸》。"皆爲逸《詩》。王式説《驪駒》在《曲禮》，服虔注云在《大戴禮記》，還記載其辭："驪駒在門，僕夫俱存。驪駒在路，僕夫嚴駕。"但今本《曲禮》和《大戴禮記》皆不存(李慈銘《越縵堂讀書記》猜測《大戴禮記》原先也有《曲禮》)，可知漢代很長一段時間内尚有逸《詩》殘句存在。《武帝紀》："春三月甲子，立皇后衛氏。"詔書中引"《詩》云：九變複貫，知言之選。"也不見於今本。

部分)：

> 大臣不親，百姓不寧，則忠敬不足，而富貴已過也；大臣不治，而邇臣比矣。故大臣不可不敬也，是民之表也；邇臣不可不慎也，是民之道也。君毋以小謀大，毋以遠言近，毋以內圖外，則大臣不怨，邇臣不疾，而遠臣不蔽矣。

很顯然，多出來的字句，除了"百姓不寧"四字是簡本"邦家之不寧也"的僞誤之外，其他集中在闡述"邇臣"的問題，作者諄諄告誡君王，大臣不治，則"邇臣"會朋比爲奸，所以要敬重大臣，因爲那是民衆的表率；要慎重選拔"邇臣"，那是給民衆指示的道路；不要把遠處來的言論告訴近侍，不要和内侍商量怎麽對付外臣，這樣的話，則大臣不怨恨，"邇臣"不忌恨，"遠臣"也不會受蒙蔽。

值得注意的是，本來簡本只有"大臣"和"褻臣"的對立，今本却憑空多了一個"遠臣"的概念，這是很值得玩味的。"褻臣"見諸古籍，《禮記·檀弓下》："調也，君之褻臣也。"鄭玄注："褻，嬖也。"(李)調這個人，在《左傳·昭公九年》中稱爲"外嬖嬖叔"，孔穎達疏認爲兩者即一個人。不管是不是一個人，他都是一個嬖臣，這是确切無疑的。《説文》："嬖，便嬖，愛也。""便嬖"有個同源詞"便辟"，一般用来形容逢迎諂媚的樣子。僞古文尚書《冏命》："便辟側媚。"孔疏："便辟者，前却俯仰，以是爲恭。"《論語·季氏》："友便辟，損矣。"注："馬曰：便辟，巧辟人之所忌，以求容媚。"古書關於"嬖"的解釋，大多不離"愛也""親信也""寵也""賤而得愛""無德獲寵"之類[①]，也就是説，簡本的"褻臣"顯然是指善於逢迎的、口舌輕便的近臣。但因爲"褻"和"邇"音近，義也相關(擅長逢迎的褻臣一般和君主相邇)，不但編訂《禮記》的人把"褻臣"徑直理解爲"邇臣"，就連現在的學者也認爲古書中"邇臣"和"褻臣"並見而義無别[②]，其實是錯誤的。"褻"有"嬖"義，有"輕慢"義，有"寵信"義，這都和"褻臣"意義相關。而"邇"只有"近"義，兩個詞的義項差别是很大的。也就是説，"嬖臣""褻臣"一定和君主比較接近，但身份不高，只是因爲能以柔媚取寵，於是格外受到君主信任；而"邇臣"仅仅是和君主近，但和君主近的臣很多，未必都能得幸，兩者的區别是很明顯的。本章章末所引《葉公之顧命》，以"嬖禦人"和"莊後"對比，以"嬖禦士"和"莊士、大夫、卿士"對比，來論證前面"褻臣"和"大臣"的區别，尤可見"褻臣"決不能像修改《緇衣》的漢代人和當今學者那樣理解爲"邇臣"。而且，"褻臣"的這種巧言令色的特點，在簡本中和莊嚴的"大臣"形成合理的對比；但在今本中，却變成了"邇臣"和"大臣"的對比，顯然有點不倫。大概由於發現了這個對比不倫，整理《緇衣》的作者又生造出一個"遠臣"的概念，以求對理解錯誤的"邇臣"概念進行彌補，這和今本其他和簡本不同的章節一樣，都是由於理解錯誤造成的。

不過，進一步言之，我們認爲，除了因字詞的理解錯誤而增加句子之外，今本《緇衣》的整

① 宗福邦主編：《故訓匯纂》，商務印書館 2003 年版，第 540—541 頁"嬖"字下。

② 張富海：《郭店楚簡緇衣篇研究》，北京大學碩士學位論文(指導老師：裘錫圭)2001 年，第 20 頁。

理者可能還懷有另一種心思，就是要極力表達他對邇臣的無比痛恨，所以才不厭其煩地進行闡述。也就是説，把“褻臣”看成“邇臣”，除了可能誤會之外，不排除今本《緇衣》的整理者還有一種故意誤讀的成分在内，因爲“褻臣”的“褻”也是常用詞，並不深奥，對於經師來説，根本不至於理解爲“邇”(當然，如果他所據底本就是作爲“褻”之通假字的“邇”，也有可能確實誤解)，那麽，這種故意的誤讀就是有其深意的，爲什麽要這樣呢？

我們認爲，這要結合當時的歷史背景去考察。而這歷史背景，則和西漢皇帝和内臣宦官的關係一步步密切有莫大關係。

漢代前期，國家行政事務大多委任丞相。漢武帝即位以來，爲了專權而設置了中書、尚書，直接聽命自己，從而架空了丞相的權力。武帝死後，霍光以大將軍領尚書事，朝廷大事，無不由他決定，丞相只能唯唯聽命。直到宣帝時，爲了跟霍氏争權，令臣民上書可以“無關尚書”，以防止信息壅蔽。但到了元成時代，中書宦官弘恭、石顯專權，兩人都是徹頭徹尾的嬖臣。和霍光不同，霍光雖然領尚書事，但他身份畢竟是大司馬大將軍，是不折不扣的“大臣”，地位远非“嬖臣”可比。前將軍蕭望之曾官任太子太傅，以帝師之尊，竟被石顯誣陷下獄，憤而自殺。元帝覺察後雖傷心得吃不下飯，但也未對石顯有什麽懲罰。另一重臣周堪，曾官太子少傅，也算是元帝的老師，元帝即位，擢拔他爲光禄大夫，和蕭望之並領尚書事，却無權力，凡事要靠石顯上奏，最後也被石顯讒毁免官。石顯之所以能構陷大臣，主要因爲他是閹宦，和君主相處密切，而蕭望之、周堪是外廷臣，和君主相隔較遠。這個歷史背景，顯然對《緇衣》的編纂者不會没有影響。

以上是“以内圖外”的例子，至於今本《緇衣》的編者另外新增一個“遠臣”的概念，除了上面説的因爲誤讀“褻”而彌縫漏洞的原因之外，可能也和當時的歷史背景有關，元帝時代，以著名易學大師京房之死爲最典型。

京房以元帝初元四年走上仕途，擅長以災異談論政事，並因此受到元帝的注意。元帝讓他制定新法來考課官吏，遭到了石顯等人的嫉恨。元帝曾向京房問政，京房説天下大亂的原因，在於任用了奸臣。元帝問他，誰是奸臣。他説：“上最所信任，與圖帷幄之中，進退天下之士者是也。”也就是指内臣石顯。但這事大概很快被石顯知道了(按説當時只元帝和京房兩人對話，若洩露出去，肯定是元帝自己，大概這也算今本《緇衣》所勸的“毋以遠言近”了)。石顯大怒，後來找到機會勸告元帝，把京房外放做魏郡太守。京房深知一離開權力中樞，就會被石顯等人讒毁，不願去。但又不敢違抗詔書，只好悶悶不樂地上路，臨行時向元帝提出一個請求：“臣出之後，恐必爲用事所蔽，身死而功不成，故願歲竟乘傳奏事，蒙哀見許……己卯、庚辰之間，必有欲隔絶臣令不能乘傳奏事者。”可見他特别怕被内臣“隔絶奏事”，“爲用事所蔽”，這和今本《緇衣》所諄諄告誡的如出一轍。

元帝起初答應了京房的請求，但京房出發後，元帝馬上又反悔，不許京房乘傳奏事。京房非常害怕，在途中接連上封奏，希望元帝讓自己的弟子代自己出外治政，召自己回京，並又用災異危言聳聽地説：“臣得居内，星亡之異可去。議者知如此於身不利，臣不可蔽，故云使弟子不若試師。臣爲刺史又當奏事，故復云爲刺史恐太守不與同心，不若以爲太守，此其所以隔絶臣也。"[①]想回到皇帝身邊的急切溢於言表。因爲他深知,只要自己能够"居内",就和石顯等人有了同等的話語權,就不大可能遭到讒毁。但石顯不給他這個機會,趁他還在路上的時候,繼續大進讒言,將他羅致成罪。一個月後,京房果然被詔書征回京師,下獄棄市,他最擔心的事,最終還是發生了。

這些情況可以説都是漢元、成時代才會出現的典型特徵,在先秦時期,内臣固然有時也可以憑藉君王寵倖,達到胡作非爲的程度,比如齊桓公寵倖豎刁,導致諸公子逃難。但由於貴族制仍有殘留,宗法制度的約束,使得君主的權力受到一定的限制,並不會産生災難性後果,閹宦也不能一手遮天。只有到了專制大一統時代,君主的權力無限擴張,皇帝身邊的内臣和閹豎的地位才能迅速上升。先秦時代君主的寵臣如費無忌、太宰嚭、彌子瑕之類本身還是貴族,而漢代的嬖臣則不然,如漢文帝所寵信的鄧通,不過宫中一黄頭郎,因一夢之緣就一步登天,得賞賜巨萬。但因爲當時仍處在貴族思想殘留的西漢前期,鄧通縱得富貴,也掀不起什麽風浪,反而差點被丞相申屠嘉擅自斬殺,理由是:"通小臣,戲殿上,大不敬,當斬。"鄧通靠頓首出血謝罪才得獲免。直到漢武帝時期,丞相地位一落千丈,官位低微的尚書開始走上歷史舞臺。但那時内廷官吏還不盡用閹豎,加上武帝的個人威嚴,閹豎也不能成其氣候。元帝仁弱,權力又收歸尚書中書,爲宦官專權提供了得天獨厚的條件,後漢最終亡于宦官,也和這種制度的發展軌跡相關。這一系列事情,尤其顯示出《緇衣》的這種修改有着極大的現實意義。

另外,從身份來看,蕭望之和京房都以治經名家,京房更是專門的經師,在《漢書》中屬於《儒林傳》中的人物,對後世的影響很大。《漢書·天文志》裏屢屢徵引京房的《易傳》來解釋災異,幾乎達到了不厭其煩的地步。《漢書·藝文志》裏載録京房《孟氏京房》十一篇,《災異孟氏京房》六十六篇,《京氏段嘉》十二篇,他們的遭遇,應該會對整個儒家知識分子群體帶來重大打擊。編定《禮記》的戴聖身歷宣、元、成三朝,雖然他在成帝時立爲禮記博士,但元帝期間的這些事情,非常有可能對他的思想産生深刻影響,何況到了成帝時期,又外戚專權,不管是"大臣"還是"遠臣",在外戚面前都成了不折不扣的弱勢群體。戴聖由此特意改造了《緇衣》原文,加入了自己的創造,一篇之中再三致意,希望以此警醒君王:爲君之道,在於不受内臣蒙蔽。

除此之外,還有另外一點我們不可忽視。就是今本《緇衣》本章所增加的句子,如"毋以遠言近,毋以内圖外""邇臣不疾,而遠臣不蔽矣"已經帶有濃郁的法家色彩,而不是先秦時代原始儒家的風貌。先秦儒家闡述君臣之間的關係一般比較形而上,很少會這樣具體論述君臣之間的相處之術。而類似的思想,在《韓非子》一書中却所在多有,比如《三守》篇:"人臣有議當途之失、用事之過、舉臣之情,人主不心藏而漏之近習能人,使人臣之欲有言者,不敢不下適近習能人之心而乃上以聞人主,然則端言直道之人不得見,而忠直日疏。"告誡人君不能把大臣的私下勸諫漏洩給别人,這不就是"毋以遠言近"嗎?和京房的遭遇不是一回事嗎?

---

① 本文所引京房事,皆出《漢書·京房傳》。

又《内儲説下》:“權勢不可以借人。上失其一,臣以爲百。故臣得借,則力多;力多,則内外爲用;内外爲用,則人主壅。”所謂“人主壅”不和“遠臣蔽”相關嗎? 總之,竹簡所增加的内容,和法家諄諄告誡君主用各種“術”來防備奸臣有其相似性。衆所周知,武帝雖號稱“獨尊儒術”,其實夾雜霸王之道,並不重用醇儒,當時的儒家知識分子爲取得進身之階,必然要在自己所學中羼雜法家之術,一方面是爲了熟練掌握這些技巧以自保,一方面也是爲了取悦人主,《緇衣》中出現這樣的變化,是順理成章的事,法家之術進入儒生的頭腦,是大環境所致,是潛移默化,甚至有可能戴聖本人在修改它時,亦未必自知。

最後提一下,我們可以看到,雖然《緇衣》的修改一再告誡君主要小心近臣,但對之也有謹慎的讚揚,比如稱讚他們爲“民之道也”,並不否認他們存在的必要,只是説有個前提:一定要選對人。這和先秦對近臣的看法是有所不同的,可見當時懾於皇帝的權威,大臣對近臣的態度已經由完全拒絶轉變爲有條件的接受,這也是一個很有意思的現象。

結 語

最後我們把本文的主要觀點總結如下:

通過考察郭店和上博簡的幾條簡文,我們認爲,今本《緇衣》和簡本的異文,主要是同音的關係,有些地方可以看出因字形誤認所致。漢代經師整理《緇衣》,大概參考過多種古文簡本。有些地方之所以改得不通,是因爲有些戰國古文經師已經看不大明白。這説明,今本《緇衣》的寫定,距離簡本已經有一段時間。如果今本《緇衣》在戰國時代就已經定形了,就不應該犯這些很簡單的錯誤。

除了異文問題之外,本文重點分析了郭店《緇衣》的19—22號簡和上博《緇衣》的第11—12號簡的内容,通過與今本《緇衣》内容的比較,我們認爲,由於同音誤讀和與時俱進的原因,今本《緇衣》的修訂者,很可能就是《小戴禮記》的編者戴聖,他對緇衣内容進行了大膽創造,乃至不顧前後邏輯的不通,這些修改可能在元、成之際,可以看出其背後藴涵的濃厚的歷史背景因素。也就是説,元帝時期的重用閹人佞臣對儒家知識分子造成了很大的打擊,今本《緇衣》的修改,體現着儒家知識分子的深深憂慮,也揭示了儒家知識分子思想中隱藏的法家之術。

2010年4月30日初稿

2011年11月2日改定

《荀子》舊注補正(《儒效篇》《王制篇》)

□樊 波 成

[摘　要] 在前人的基礎上,本文對《荀子》《儒效》和《王制》兩篇的注釋問題進行探討:"㞕然"之"㞕"應該是"溢"字的叚借,《論語》"八佾"字也可能是古《論》之舊,仍然爲通假字。王念孫改"負扆而坐"爲"負扆而立",亦未必是。"立器"當爲"位器",方與《周禮》九儀之命相合。"五疾"本與《國語·晉語四》相合,不必遠紹《禮記·王制》。"修憲命"意爲大師以樂修"憲令"。

[關鍵詞] 《荀子》;訓詁;八佾;文字

[作者簡介] 樊波成,上海社科院歷史研究所研究生(上海,200135)

荀書《儒效》《王制》二篇,言尊儒尚學,發明典獻;論王霸存亡,踵武前聖。惟荀書既無兩京經師章句,不見六朝儒家義疏,以致傳寫魯魚,義説郢燕。幸楊倞訓注,條分縷析,各歸於當;謝盧《箋釋》,戮力考校,語多警策;後有棲霞郝氏、寶應劉氏,辨析文韻,獨下己意;高郵二王、德清曲園料簡雅訓,苕秀穎豎;至於梁啓雄、王先謙引録成説,間予按斷;劉申叔、鍾待庵高屋建瓴,精微朗暢;近世《新箋》《新證》,片言居要,獨出機杼;徐復、蔣禮鴻、龍宇純諸公,旁蒐遠紹,後出轉精。踵武先賢,識前修之所淑;操斧伐柯,知矜式之爲用。今不揆擣昧,敢以斟酌群言;冀盡芻蕘,冀能補正睽違。挈瓶之智,或有一器之用;錐管之學,聊備一家之説。

一、㞕然(兼論"八佾")

《儒效篇》云:"今有人於此,㞕然藏千溢之寶,雖行貸而食,人謂之富矣。"㞕然,楊倞以爲:"㞕然,雜碎衆多之貌。"是以"㞕"爲今"屑"字,"屑"有碎義,楊注引申爲多,於《荀》書得通,惟於古無據。

清儒重訓詁,察楊注之失,嘗爲之補正。郝懿行曰:"㞕,瑣細之貌,至寶不必盈握,故以瑣細言之。㞕。今作屑。"①久保愛以爲"尊重之貌",②蓋以"不屑"爲不尊,故以"㞕"爲"尊

① 郝懿行:《荀子補注》,齊魯先哲遺書本,卷上,第19頁。
② 久保愛:《荀子增注》,《漢文大系》,大正三年富山房刊本,卷四,第15頁。

重”，是師心之説，不足置辨。安積信訓“屑”爲“潔”，然謂“明潔藏寶之貌”，又不知所指。鍾泰先生亦訓“潔”，以爲“修然”，亦不合文意，然其駁郝懿行“千溢之寶，不得謂之瑣細也”，極是。[①]要之，凡以本字或俗字“屑”字解者，皆與文意不通。

徐復先生以爲：“屑，借爲佾，《廣雅·釋詁》‘佾，列也’，佾然，謂至寶藏之行列粲然，不取細碎爲明矣。”[②]以聲求之，其説甚塙，王天海從之，[③]然猶未達。“千溢之寶”，行列粲然謂之“富”，豈參差排列則爲“不富”？念及孔乙己“排出九文大錢”，知富者絶不“列然”藏寶。然徐復先生因聲求義，遠勝曩説。

“屑然”之“屑”，單字形況字，與今之“連綿詞”相類，多以聲音之形式流傳。竊謂“屑”字，當讀爲“溢”，溢、佾、屑皆古音皆在質部，古書常叚借：《漢書·禮樂志》“千童羅舞成八溢”，顔師古注：“溢與佾同。”即《論語》之“八佾”。《春秋繁露·三代改制質文》云“僢溢員”“僢溢方”“僢溢橢”“僢溢衡”，劉履恂《秋槎雜記》、凌曙《春秋繁露注》、朱駿聲《經史答問》皆以爲即“佾”。[④]“溢然”猶藏寶溢滿，言其多也。察上古經籍，多以“溢”爲“富”之甚也。《孝經》云：“高而不危，所以長守貴也；滿而不溢，所以長守富也。”《史記·穰侯列傳》太史公曰：“及其貴極富溢，一夫開説，身折勢奪而以憂死，況於羈旅之臣乎？”又《龜策列傳》云：“如丘子明之屬，富溢貴寵，傾于朝廷。”《荀子·王制篇》亦曰：“故王者富民，霸者富士，僅存之國富大夫，亡國富筐篋、實府庫，筐篋已富，府庫已實，而百姓貧，夫是之謂上溢而下漏。”亦言上“溢”然而“富”。《東觀漢紀·列傳·樊宏》誡子云：“富貴盈溢，未有能終者。”

“佾”字，後世字書訓爲“列”者，莫不取徑自《論語》等書之“八佾”，而無其他義項，甚爲可怪。《説文》爲經解之書，本無八佾字，而《論語》“八佾”之文，東京童蒙皆知，叔重六經無雙，且漢時猶有八佾之禮，許書竟無“佾”字，可知“佾”字非叔重時之通行，今列於《説文》“新附”，係後世所補。故金壇段氏《説文注》以爲“許無八佾字”，[⑤]良是也。

其實“佾”“屑”本爲一字，“尸”“人”義符相通，人皆知之，皆從佾得聲，古音皆在質部，心紐、定（喻四）紐上古亦常相諧，如璽印以“肖”當趙國字，是“佾”“屑”形音本無異。

“佾”字既即“動作切切”之“屑”字，無論其字義如何引申，皆不當有“列”義。“佾”蓋爲叚字，本字或作“秩”、作“佚”，二字古音皆爲舌音質部，有序列之義，故引申爲舞之列，蓋《賓之初筵》“左右秩秩”之分列有序也。揚雄《蜀都賦》“其佚則接芬錯芳，襜袩纖延”，章樵讀“佚”爲“佾”，豈誤倒本末與？

今經典傳本之“佾”字或據孔壁古文隸定之古文，而歷代未及楷寫者。古文好寫“佾”字而今楷寫多改之：如今文《多士》“大淫泆有辭”，“泆”，《釋文》馬融本作“屑”，一本作“佾”，馬

---

① 鍾泰：《荀註訂補》，上海商務印書館，1937 年版，第 39 頁。

② 徐復：《荀子臆解補》，《徐復語言文字學晚稿》，江蘇古籍出版社 2007 年版，第 261 頁。

③ 王天海：《荀子校釋》，上海古籍出版社 2005 年版，第 287 頁。

④ 朱駿聲著，樊波成校證：《經史答問校證》，華東師範大學出版社 2010 年版，第 46 頁。

⑤ 段玉裁：《説文解字注》，上海古籍出版社 1988 年版，第 171 頁。

鄭所傳爲古文《尚書》，知古文本作“屑”[1]，今所見敦煌寫本伯 2748 作“佾”，[2]當爲陸氏《釋文》所見之“一本”，佾即“佾”，字見《集韻》，某構型反復書寫，此係古文字之常態。《多士》外，晚出古文亦有作“佾”者，其《五子之歌》“太康尸位以逸豫”，《釋文》以爲“一本”作“佾”，梅鷟《考異》以爲“逸本又作佾”，[3]按《釋文》此“一本”之“佾”當爲梅頤本《尚書》衛包楷寫前之隸古定原字，[4]薛季宣《書古文訓》作“太康尸位目佾悆”可證。[5]古文《論語》與古文《尚書》同出孔壁，[6]其用字當相去當不遠，因而推知《論語》“佾”字蓋爲古《論》，鄭君采之以爲定本。

二、負扆而坐

《儒效篇》：“武王崩、成王幼，周公屏成王而及武王，履天子之籍，負扆而坐，諸侯趨走堂下。”此句本無異義，惟盧氏抱經堂校之謂“坐，當作立”[7]，高郵王氏念孫承之云：“《正論篇》‘居則設張容，負依而坐，諸侯趨走乎堂下’，汪亦云‘坐’當爲‘立’，古無坐見諸侯之禮，鈔者淺陋，以意改之。”[8]盧、王皆爲大家，故後多從其說。

朝覲之禮天子設几席而不坐，本《曲禮下》“天子當依而立，諸侯北面而見天子曰覲；天子當宁而立，諸公東面、諸侯西面曰朝”，禮家說覲禮者，如凌廷堪《禮經釋例》、金鶚《求古録禮說》，[9]皆取之而無疑。然《荀》書《儒效》《正論》二篇皆言“坐”，清儒謂當作“立”，未免專輒。竊謂周天子朝諸侯“立”則固然，而“坐”亦有見。

《荀》書言“負扆而坐，諸侯趨走堂下”，未必朝覲之禮，而燕禮天子當坐無疑。經典屢見“燕坐”是也，惠士奇《禮說》云：“有立朝、有坐朝，治朝則君臣皆立，燕朝則君臣皆坐，坐則脱

---

① 《經典釋文叙録》以爲“馬鄭所注，竝伏生所誦，非古文也”，然康成《周易注序》自謂“注《古文尚書》”，是爲古文無疑。蔣善國：《尚書綜述》，上海古籍出版社 1988 年版，第 385—387 頁。金德建以爲“馬融、鄭玄本的文字確是古文”。金德建：《經今古文字考》，齊魯書社 1986 年版，第 343 頁。

② 顧頡剛、顧廷龍：《尚書文字合編》第三册，上海古籍出版社 1996 年版，第 2013 頁。其說見王重民《敦煌古文尚書叙録》，同書第 412 頁。

③ 梅鷟：《尚書考異》，《文淵閣四庫全書》第 64 册，臺灣商務印書館 1984 年影印版，卷五，第 9 頁。按閻若璩說，“安國傳所無者(鄭)注曰‘逸’。”知梅文鼎所云非是。

④ 即孔氏《正義》所謂之“就古文體而從隸定之，存故爲可慕，以隸爲可識，故曰‘隸古’”。尚書之隸古定，劉起釪《尚書源流及傳本考》第 205—263 頁所論甚詳。

⑤ 顧頡剛、顧廷龍：《尚書文字合編》，第 545 頁。

⑥ 古文《論語》出自孔壁，古之諸家無異議，惟陳夢家先生以爲劉向有“古壁”《論語》，此非孔壁之《論語》，參氏著：《尚書通論》，河北出版社 2000 年版，第 44 頁。然不可從。

⑦ 盧文弨：《荀子附校勘補遺》，《叢書集成》影印抱經堂本，第 128 頁。

⑧ 王念孫：《讀書雜志》，中國書店 1985 年版，卷十，第 102 頁。

⑨ 凌廷堪：《禮經釋例》卷六《覲義》，叢書集成排印文選樓叢書本，第 174 頁。金鶚：《求古録禮說》卷一三《朝覲考》，《續修四庫全書》第 110 册，上海古籍出版社 2002 年版，第 409 頁。

履升堂。"[1]此其一解。

又朝覲禮天子亦設几席,《禮經》《覲禮》一篇,云:"天子設斧依户牖之間,左右几。"《天官·太宰》"大朝覲會同,贊玉幣、玉獻、玉几、玉爵"(又《春官·司几筵》),鄭玄注云:"玉几,王所依也,立而設几,優尊者。王朝諸侯立依前,南面,其禮之於阼階上。"是朝覲之禮雖設几,然王立而不憑,康成所謂"優至尊",賈疏以爲"几爲坐設,今立而設几,故云'優至尊'",[2]沈文倬以爲"設几席以壯觀瞻耳",是也。[3]然《顧命》:"王乃洮頮水。相被冕服,憑玉几。乃同,召太保奭、芮伯、彤伯、畢公、衛侯、毛公、師氏、虎臣、百尹、御事。"是成王見諸侯百官而憑玉几,亦當是坐朝,與《禮經》所言不同,知《荀》書所謂"侯趨走堂下",未必朝覲;即便爲朝覲,亦未必立。

且周公本爲攝政非天子,覲禮尊,燕禮輕,周公殺天子之禮,以燕禮朝諸侯,此本合乎人情;又設席几而立,禮之尊;則憑几而坐,禮之變,周公或避"優至尊"而坐。要之,如陳祥道《禮書》言:"王位設黼依,左右玉几,几所憑以安者也。王於朝覲會同,立而不坐,非有所憑也,然必設几者,鄭氏釋《太宰》謂'立而設几,優至尊也';《荀卿》曰'周公負扆而坐,諸侯趨走堂下',得非所傳聞者異歟?"[4]所言似較公允於清儒。

三、三　日

《儒效篇》述武王伐殷云:"武王之誅紂也,行之日以兵忌,東面而迎太歲,至汜而汎,至懷而壞,至共頭而山隧,霍叔懼曰:'出三日而五災至,無乃不可乎?'……朝食於戚,暮宿於百泉,厭旦於牧之野。"

此"三日"之内,周師自豐鎬至於共頭,甚難消破。楊倞注:"居豐、鎬,軍出三日,未嘗至共,蓋文王三分天下有其二,境上已近於洛矣,或曰:至汜之後三日也。"前説以軍自境上始發,不合人情;後説以爲"至汜之後三日",又不合文意。

波成謹案:此處之"三日",乃虚指行軍不過幾日之意,非實爲三晝夜也。否則,合下"朝食於戚,暮宿於百泉,厭旦於牧之野"兩日,是武王不出數日即可至牧野,有悖常理。"三日"之三,亦可虚指"少",[5]如舉"楚雖三户,亡秦必楚"(《史記·項羽本紀》),"三寸之舌强于百萬之師"(《史記·平原君虞卿列傳》),"一妻一妾而不能治,三畝之園而不能芸"(《列子·楊朱》),"百里之海,不能飲一夫,三尺之泉,足止三軍渴"(《尉繚子·治本》)諸條。

---

① 惠士奇:《禮説》,《清經解》卷二一三,學海堂本,第13頁。
② 賈公彦:《周禮注疏》,《十三經注疏》,中華書局1980年版,第650頁。
③ 沈文倬:《覲禮本義述》,《宗周禮樂文明》,浙江大學出版社1999年版,第123頁。
④ 陳祥道:《禮書》,《文淵閣四庫全書》第103册,臺灣商務印書館1986年版,卷四八,第10頁。
⑤ 許嘉璐:《"三"也可以表示少》,《未輟集》,中國社會科學出版社2000年版。

四、射遠中微

《儒效篇》云:“弓調矢直矣,而不能以射遠中微,則非羿也。”楊倞注此云:“善射者既能及遠,又中細微之物。”此本可通。然俞樾曰:“此本作‘及遠中微’,故楊注曰:‘善射者既能及遠,又中細微之物’,‘及’‘遠’二字既本正文。又《王霸篇》曰‘故人主欲得善射,射遠中微,則莫若羿、蠭門矣’,楊倞注曰:‘射及遠,中細微之物。’是其所據本亦作‘及遠中微’,非《荀子》之舊矣。《君道篇》曰‘人主欲得善射,射遠中微者,縣貴爵重賞以招致之’,《韓詩外傳》四引作‘及遠中微’,可據以訂正。而《外傳》五引《儒效篇》文亦作‘射遠中微’,疑後人依誤本《荀子》改之。”①

謹按:經典所見“射遠中微”者,除《儒效篇》《君道篇》外,《淮南子·説林訓》亦有曰:“羿之所以射遠中微者,非弓矢也。”後人不至於據《荀子》改《淮南子》。又《説苑·指武篇》“羿、逢蒙不能以枉矢弱弓射遠中微”,《韓詩外傳·卷四》“弓良矢調,不足射遠中微”,可知各書多作“射遠中微”。至於曲園先生所謂《韓詩外傳》四引作“及遠中微”者,其文曰“人主欲得善射及遠中微”,《荀子·君道篇》作“人主欲得善射,射遠中微者”,古人語避重複,《韓詩外傳》四爲避《荀子》“善射”“射遠”兩“射”字而改作“及”字,因上有“善射”二字,改“及”字本無害文意。

然若單言“及遠”,則其意爲“致遠”,其主語爲弓矢,非人也,是故言“射遠”是言人善射,而言“及遠”則本無涉射事,故多見“射遠中微”罕見“及遠中微”。《管子·參患》“弩不可以及遠,與短兵同;射不能中,与無矢同”,此“及遠”亦爲弩能至於遠短兵不能至於遠。王天海先生以爲“義同詞變”,以爲俞氏説“泥”;其實二字義本不同,俞氏非止“泥”,實爲誤。

五、輿固馬選

《儒效篇》謂周公不從霍叔之言,“遂選馬而進”。下文又云“輿固馬選矣,而不能以至遠一日而千里則非造父也”。此“選”字,楊倞注作“簡擇”。然俞樾始立異説云:“《荀子》之意,方言周公之不戒,若馬必簡擇,則非其義矣。《詩·猗嗟篇》曰‘舞則選兮’,毛傳:‘選,齊也。’此選字亦當訓齊。《車攻篇》:‘我車既攻,我馬既同’也。若以選爲簡擇,則選馬可通,馬選不可通矣。”于省吾先生亦以爲:“按《獵碣文》‘吾車既工,吾馬既同’,‘輿固’猶言‘車工’,‘馬選’猶言‘馬同’。”②皆是訓“選”作“齊”。《淮南子·覽冥訓》之“昔者王良造父之禦也,上車攝轡,馬爲整齊而斂諧”,銀雀山漢簡《唐勒》曰:“馬汁(協)險(斂)正(整)齊,周(調)均不摯(縶),步騶(趨)競久疾數(速),馬心愈(愉)而安勞,輕車樂進。”此二馬“齊”之語似皆證其説,

---

① 俞樾:《諸子平議》,上海商務印書館1936年《萬有文庫》本,第244頁。

② 于省吾:《雙劍誃諸子新證》,上海書店1994年版,第318頁。

其實不然。“馬齊”係王良、造父執轡之後車馬相諧，而《儒效篇》此處之“輿固馬選”乃云執轡之條件，所論本非一事，可謂形似而神異者，不足爲徵。夫馭者之職即使數馬相協和，若“輿固馬選矣”訓爲“馬協和”，則馬本已協和，又需造父何用?

劉師培先生則曰：“《説文》‘選，遣也’，又《史記・律書》‘選蠕觀望’，《索隱》云：‘謂身動欲有進取之狀也。’則選馬即遣馬使進之謂矣。若下文‘輿固馬選’，則‘選’當訓善(《漢書・武帝紀》注‘選，善也’)，與此不同。”[①]董治安、鄭傑文駁之曰：“《史記・仲尼弟子列傳》：‘任不齊，字選。’按‘不’爲語詞。是“齊”“選”義通之證。俞樾之説可從，師培解選爲遣，未妥。[②]劉先生之説似與文意略和，可通；董、鄭二先生其實仍本俞樾之説，然謂“任不齊，字選”即“是‘齊’‘選’義通之證”，然“不齊”釋作“不整齊”亦可與“選”字通。

故而余仍以爲楊説是。選訓擇即可。周公“選馬而進”即《吕覽》所謂之武王“武王即位以六師伐殷，六師未至，以鋭兵克之於牧野”。“選馬”即“鋭兵”。“選”字本爲動字，此處作形況字解，蓋稍有不合與今之語法，故後儒爲之説。然以“選”爲形況字，古有是語，《戰國策・齊策一》“良士選卒”、《吕覽・愛類》有“選卒練士”、銀雀山漢簡《齊孫子・威王問》有“篡(選)卒”等語皆與“選馬”一詞類似，[③]“選卒”既爲精選之士卒，“選馬”亦當釋爲精選之馬匹。而“輿固馬選矣，而不能以至遠、一日而千里，則非造父也”，即《説苑・指武篇》“造父、王良，不能以敝車不作之馬趨疾而致遠”，兩相對堪，知《荀子》所謂“選馬”即“作馬”也。察《詩》“思馬斯作”，鄭箋：“作，謂牧之使可乘駕也。”馬瑞辰曰：“作，治也。”[④]使馬“可乘駕”或“治馬”，與“柬擇之馬”義近，即如申叔所謂訓“善”者也。

六、五　疾

《王制篇》云：“五疾，上收而養之，材而事之，官施而衣食之，兼覆無遺。”楊倞注此“五疾”云：“五疾，瘖、聾、跛躄、斷者、侏儒。”察《禮記・王制》“瘖聾、跛躃、斷者、侏儒，百工各以其器食之”一語，是楊注之所取徑也。然《禮記》所言僅有四：瘖聾、跛躃、斷者、侏儒，楊倞似分瘖、聾爲二，帆足萬里又云曰：“跛躄二事，跛謂一足短，躄謂痿躄也。”[⑤]則又分楊注“跛躄”爲二。其實“跛”“躄”、“瘖”“聾”渾言則通，合爲一事，楊倞、帆足萬里誤分爲二，庶幾以求合乎數“五”，非是。《上博簡二・容成氏》云“喑聾執燭，跛躃守門”明是各以“瘖聾”、“跛躄”爲一事，是《禮記・王制》所言僅四而已。帆足氏又云“‘斷者’二字宜删”，不知楊注之所取本自《禮記》，以爲楊氏所云爲鑿空撰出。“斷者”爲肢體之斷，跛躄爲足疾，並不相重。

---

① 劉師培:《荀子補釋》,《劉申叔遺書》,江蘇古籍出版社 1997 年版,第 952 頁。
② 董治安、鄭傑文:《荀子彙校彙注》,齊魯書社 1997 年版,第 249 頁。
③ 裘錫圭:《古代文史研究新探》,江蘇古籍出版社 1992 年版,第 36 頁。
④ 馬瑞辰:《毛詩傳箋通釋》,中華書局 1989 年版,第 1128 頁。
⑤ 帆足萬里:《荀子標注》,昭和二年排印本,卷五,第 408 頁。

波成謹按:《國語・晉語四》胥臣答晉文公云:"籧篨不可使俯,戚施不可使仰,僬僥不可使舉,侏儒不可使援,矇瞍不可使视,嚚瘖不可使言,聾聵不可使聽,僮昏不可使謀。"公曰:"奈夫八疾何!"對曰:"官師之所材也,戚施直鎛,蘧篨蒙璆,侏儒扶盧,矇瞍修聲,聾聵司火。童昏、嚚瘖、僬僥,官師之所不材也,以實裔土。"是"八疾"爲籧篨、戚施、僬僥、侏儒、蒙瞍、嚚瘖、僮昏。"八疾"之中,籧篨、戚施、侏儒、蒙瞍、聾聵五類,爲"官師之所材也",與《荀子》所論"五疾,上收而養之,材而事之"正相對應。故五疾者,當爲戚施、蘧篨、侏儒、蒙瞍、聾聵。戚施、蘧篨蓋僂者、仰者,猶《上博简二・容成氏》"長者酥尼,僂者攻(枚)數"之類①。

七、名聲日聞

《王制篇》云:"若是,名聲日聞,天下願;令行禁止,王者之事畢矣。""名聲日聞"一語,楊注無異説,本可通,惟王念孫曰:"名聲日聞,本無'聞'字,'日'本作'白'。名聲白者,白,明也,顯也,名聲顯著於天下也。'名聲白''天下願'二句相對爲文,若於上句内加一字,則句法參差矣。此因'白'字譌作'日',後人不得其解,故於'日'下加聞字耳。"②

波成謹按:"名聲白"之"白"義爲"明",即"名聲顯",與"名聲日聞"義本無不同。"日聞"一语屢見於經典,不可謂誤也:如《史記・田敬仲完世家》"自子之守阿,譽言日聞",《秦始皇本紀》"徒奸利相告日聞",《信陵君列傳》"魏王日聞其毁,不能不信,後果使人代公子將",《韓非子・奸劫弑臣》"故奸莫不得而被刑者,衆民疾怨而衆過日聞"等等,不當臆改。

八、案謹募選閲材技之士

《王制篇》:"彼霸者則不然:辟田野,實倉廩,便備用,案謹募選閲材伎之士,然後漸慶賞以先之,嚴刑罰以糾之。"楊倞注:"案,發聲。謹,嚴也。募,招也。謹募,猶重募也。選閲,揀擇也。"俞樾以爲楊説未達,曰:"募,乃'纂'字之譌。《毛詩・猗嗟篇》'舞則選兮',《韓詩》作'舞則纂兮',是纂與選聲近義同,故以此連文。纂、選,皆具也。'纂''選''閲'三字同義。"③

裘錫圭先生承俞氏説云:"從字形上看,《荀子》的'募'字其實更可能是由'篡'字訛變而來。如果俞氏説可信,我們認爲與其説這個詞是'纂',還不如説這個詞是'銓'。至於《韓詩》的'纂',我們可以直接看'選'的異文。選、纂、銓古音都很近。不過我們又懷疑《荀子・王

① 《上博簡・容成氏》"長者酥尼",學者多有説,整理者以爲"凸胸仰首",楊澤生、孟蓬生先生則以爲"身體特長的人"。徐在國先生以爲兩説皆非,蘇建洲先生以爲"腹脹",陳劍先生以爲難解。

② 王念孫:《讀書雜志》,卷十一,第1頁。

③ 俞樾:《諸子平議》,上海書店1988年版,第248頁。

制》的'募選閱'本作'纂閱',讀爲'選閱',讀者或注'選'字於'纂'字之旁,後人不察,鈔入正文,'纂'字又訛變爲'募',遂形成今本之文,三個同義字疊用,在古書中雖有其例,畢竟少見。'纂(選)閱'不是比'纂選閱'更合於語言習慣嗎?上引《議兵》文,'隆執詐''尚功利'都是三字句,'招近募選'有没有從三字句誤衍而成的可能呢?似乎也不是没有考慮的餘地。"①

俞氏謂"募乃纂字之譌",雖有據;但以爲"纂與選聲近義同",則非。纂、選,同屬精組聲母、寒部之合口音。《毛詩》"選",《韓詩》作"纂"者,此漢時方音異讀("纂"塞擦音[z]一等,"選"擦音[s]三等,蓋《韓詩》屬燕趙之音"多涉濁重""沈濁鈋鈍"之故)。按鄭玄《猗嗟》箋謂"選者,謂於倫等最上",則《猗嗟》詩中,"選"爲本字,"纂"爲叚字。而"募選"一詞,若按俞氏讀,則成"選選",故其訓"三字皆爲具",亦非。龍宇純先生駁俞氏曰:"俞氏此依《詩》今古文異文立説,然《韓詩》之'纂'即《毛詩》之'選',以音近通作。此文'募'下既有'選'字,是不得'募'又爲'纂'之誤矣。《管子》各本作'慕選','慕選'當同'募選',亦不得'慕'爲'纂'之譌誤。本書《議兵篇》云'招延募選',亦此文'募'字不誤之證。"②

裘先生亦據俞樾《平議》,但以爲《詩》中"選""纂"僅僅是異讀之關係,已見俞氏之誤,故認爲"募"當作"銓"。銓本義爲衡量,引申爲選,勝於曲園之説。只是"募"(明紐鐸部)本身並不與"銓"(清紐寒部)相通,必須是"銓"先通作"纂","纂"再訛作"募"方可。且"銓"字六朝以前鮮有釋作"選"者,銓有選義,蓋因中世有銓選舉官之法。

裘先生另説根據《銀雀山漢簡·孫臏兵法》"選""纂"通,認爲"選"爲後世摻入之注文,即讀作"纂閱"。如此則後人先於"纂"下注"選",然後"纂"誤爲"募",察楊倞已注"募""選""閱"三字,知若按裘老所云,則此過程必在楊倞之前完成。此外"招近募選"若按裘先生讀作"招近募",三動詞連讀,其實與"隆執詐""尚功利"之動賓結構並不一致。且《管子·心術》"慕選"與"極變"相對,推知《心術》之"選"不當爲注文。

又久保愛曰:"'選'字絶句,《議兵篇》有'招近募選'之語。"③朝川鼎承之曰:"'謹募選'一句,'閱材伎之士'一句。《議兵篇》'招近募選'注云:'謂以財召之,而選擇可者。'即此'募選'字。"④皆於"募選"下斷句,雖看似合乎近世讀法,其實無助於釋讀此句。

竊以爲楊注本不誤:"募選"即《史》《漢》多見之"招選",招募與選練。《議兵》之"募選"爲招募、選擇,《王制》之"募選閱"亦爲招募、選擇;猶如《史記·衛將軍驃騎列傳》"願將軍觀古名將所招選擇賢者,勉之哉",《漢書·衛青霍去病傳》作"願將軍觀古名將所招選者,勉之哉"。《荀子》與蘇建皆就招延材士而言,故以"招選"當"募選"、"募選閱材技之士"當"招選擇賢"可也。

察《王制篇》之全文,亦當以"招"訓"募",其上文曰:"安謹募選閱材技之士,然後漸賞慶

---

① 裘錫圭:《古代文史研究新探》,第 36 頁。

② 龍宇純:《讀荀卿子三記》,《荀子論集》,學生書局 1987 年版,第 190—191 頁。

③ 久保愛撰,服部宇之吉校訂:《荀子增注》,富山房大正三年刊本,卷五,第 23 頁。

④ 朝川鼎:《荀子述》,昭和八年排印本,第 104 頁。

以先之，嚴刑罰以防之"，下文云："材技股肱健勇爪牙之士，彼將日日挫頓竭之於仇敵；我今將來致之，並閱之，砥礪之於朝廷。"合兩句觀之："來致之"與"募"字相當；"選閱"即"閱材技之士"；"漸慶賞以先之，嚴刑罰以糾之"即"砥礪之於朝廷"。可知"招募猛士"與"選練武衛"係一事之兩端，兩者並舉，更合人情。

"募"既訓爲"招"，則"選""閱"同義連文可知。余又以爲"選閱"與"選"蓋爲單言、重言之別。兩字聲近義同，"選"古音心紐寒部，"閱"古音喻四（接近定母）月部，月、寒陽入對轉，喻母、心紐（或定紐、心紐）上古音亦近[①]。故或單言"選"、"閱"，或重言"選閱"。

九、立　器

《王制篇》曰：司徒知百宗、城郭、立器之數。"立器，楊倞注："立器，所立之器用也。《周禮》'大司徒之職，掌建邦土地之圖，與其民之數'，立器，言五方器械異制，皆知其數，不使作奇伎之器也。"是以爲器械，朝川鼎引"或曰"以爲："立，疑当作械。"[②]是無緣而改字也，不可從。劉師培先生以爲"立器，屬於下文之工師，則'立器'二字必系訛文，惟不知係何字之誤耳"，[③]其說甚是。器械當爲工師所掌，故"立器"當與器械無關。

先儒舊注以外，尚有章詩同先生解作"陳設器械"，王天海先生以爲"立"通作"禮"等說，[④]皆非。

謹案：立、位古今字。"立器"即位器。《周禮・春官・大宗伯》"以九儀之命，正邦國之位……三命受位，四命受器。""位器"皆指爵位而言，器亦是指位也，《莊子・田子方》"無器而民蹈乎前"，成玄英疏曰："器，爵位也。"[⑤]《周禮・地官》有司徒掌諸侯邦國，賞賢以爵位之文，可與相參。

十、修　憲　命

《王制篇》曰："修憲命，審詩商，禁淫聲，以時順修，使夷俗邪音不敢亂雅，大師之事也。"修憲命，楊倞注："脩憲法之命所以表示人也，謂若以'樂德教國子，中和祗庸孝友'之類也。"前半句義含糊，後半句引《周禮・春官・大司樂》釋之，惟不及"憲命"之意，是說未可從。物

---

① 說參黄焯：《古今聲類通轉表》，上海古籍出版社 1983 年版，第 116、142 頁。裘錫圭：《從殷墟卜辭的"王占曰"說到上古漢語的宵談對轉》，《中國語文》2002 年第 1 期。

② 朝川鼎：《荀子述》，第 110 頁。

③ 劉師培：《荀子補釋》，《劉申叔遺書》，江蘇古籍出版社 1997 年版，第 953 頁。

④ 王天海：《荀子校釋》，第 390 頁。

⑤ 王叔岷：《莊子校詮》，歷史語言研究所 1989 年版，第 775 頁。

雙松曰:"修憲命不關大師職掌,當是錯誤。"冢田虎曰:"《周禮》'樂師掌國學之政',憲命,謂學宫之法令也。"[①]久保愛曰:"憲命,猶憲令也,謂學宫之法令也。"[②]皆本於大師爲掌樂、掌教國子之官而論"憲命"。

其實太師爲"修"憲命而非"掌"憲命或爲"造""作"憲命,曩説蔽於"憲命"非大師所掌,而曾不見"修"字。《國語・周語下》伶州鳩曰:

> 樂不過以聽耳,而美不過以觀目,若聽樂而震,觀美而眩,患莫甚焉。夫耳目,心之樞機也,故必聽龢而視正,聽龢則聰,視正則明。聰則言聽,明則德昭,聽言昭德,則能思慮純固,以言德於民,民歆而德之,則歸心焉,上得民心以殖義方,是以作無不濟,求無不獲,然則能樂。夫耳内龢聲,而口出美言,以爲憲令,而布諸民。

韋昭注曰:"耳聞和聲,則口有美言,此感於物也",反之"若視聽不和,於是乎有狂悖之言,有眩惑之明,有轉易之名,有過慝之度,出令不信,刑政放紛,動不順時,民無據依,不知所力,各有離心。"是詩、樂既可以修其辭,又可以"疏其穢而鎮其浮",皆於君之出令有所影響,"修憲命"猶"耳内龢聲,而口出美言,以爲憲令,而布諸民",此蓋宗周"樂教"之一端,而後來莫能識之者。

---

① 冢田虎:《荀子斷》卷二,第6頁。

② 久保愛:《荀子增注》,卷五,第25頁。

李斯臂蒼鷹考

□王　亮

［摘　要］ 本文包括以下内容：1. 檢點隋唐詩文中的“李斯臂鷹”誤典和李斯牽黄犬故事自六朝以來在流傳過程中演變之跡。2. 對涉及中國古代鷹獵起源的上古、中古文獻和實物的甄别和考釋，認爲此種狩獵方式約在兩漢之際傳入中土，播揚海東。本文旨趣，在於將本土詩學公案與文字學、科學史史料作一體觀照，爲考察中國古代文化的風貌和特質提供新的切入點。文中的“臂鷹”，爲古代習見語，指攜帶馴化的獵鷹（包括鷹、鷂、雕、鶻、隼等猛禽）以獵取兔、鳥、狐等小型野物。文中涉及的“中國”、“中土”，在不特别注明的情況下，大致以相關時代的實際中國疆域爲准。

［關鍵字］ 李斯；李白；鷹獵

［作者簡介］ 王亮，復旦大學圖書館館員（上海，200433）

一、六朝、唐人詩文中的“李斯臂鷹”典

把秦相李斯和攜鷹行獵繫聯起來，至少在唐代已見於大詩人李白的詩作，且有多例：

陸機雄才豈自保，李斯税駕苦不早。華亭鶴唳詎可聞，上蔡蒼鷹何足道？（《行路難》之三）

呼鷹過上蔡，賣畚向嵩岑。（《留别王司馬嵩》）

傅説版築臣，李斯鷹犬人。欻起匡社稷，寧復長艱辛。（《冬夜醉宿龍門覺起言志》）

惟昔鷹將犬，今爲侯與王。（《擬古》之六）①

我們當前所能見到的有關李斯事迹的記載，幾乎都出自《史記》。只提到“牽黄”，並未述及“臂鷹”或“擎蒼”。其間細微的差異，至清人才有省察：

顧炎武《日知録》卷二十一“詩人改古事”：“李太白《行路難》詩‘華亭鶴唳詎可聞，上

① 李白：《李太白集》卷三、卷十三、卷二十一、卷二十二，清康熙五十六年（1717）吴門繆曰芑重刻宋臨川刻本，卷三第六葉，卷十三第三葉，卷二十一第三葉，卷二十二第三葉。

蔡蒼鷹安足道’，杜子美《諸將》詩‘昨日玉魚蒙葬地，早時金盌出人間’，改黄犬爲蒼鷹，改玉盌爲金盌，亦同（曹植、趙至、謝靈運）此病。”①

王琦《李太白全集輯注》引《太平御覽》卷九二六羽族部鷹目：“《史記》曰：‘李斯臨刑，思牽黄犬，臂蒼鷹，出上蔡東門，不可得矣！’”②

此後繼有論述的是今人錢鍾書：

以李斯、陸機配當，自靈運始。《全後魏文》卷一八中山王熙《將死與故舊書》：“昔李斯憶上蔡黄犬，陸機想華亭鶴唳”；《晉書·陸機陸雲傳》唐太宗撰《制》：“上蔡之犬不誠於前，華亭之鶴方悔於後”；高彦修《唐闕史》卷下記崔雍題《太真上馬圖》：“上蔡之犬堪嗟，人生到此；華亭之鶴徒唳，天命如何！”李白《行路難》：“華亭鶴唳詎可聞，上蔡蒼鷹何足道？”，以聲律故，易“黄犬”爲“蒼鷹”，其《擬〈恨賦〉》明曰：“李斯受戮……歎黄犬之無緣也。”③

錢説未引及《日知録》，而與顧炎武説暗合。

日本學者岡村繁引述李白《冬夜醉宿龍門覺起言志》詩，加案語認爲“今本《史記·李斯傳》‘臂蒼鷹’三字脱”。④

按存世的各種版本《史記》，《李斯列傳》的原文均作“二世二年七月，具斯五刑，論腰斬咸陽市。斯出獄，與其中子俱執，顧謂其中子曰：‘吾欲與若復牽黄犬俱出上蔡東門逐狡兔，豈可得乎！’遂父子相哭，而夷三族”，並無異文。中華書局標點本《史記》句讀在“五刑”後，中華書局標點本《資治通鑑》卷八作“具斯五刑論，腰斬咸陽市”，係襲用元初胡三省註，瞿蜕園、朱金城《李白集校註》從之。此句讀問題，當俟他日再作專文討論。

李白常常被指稱“逞其聰明敏悟，不必皆有的據”，不過通觀其全部詩文，用誤典並無多例。⑤“李斯臂鷹”是否也有“軒轅以來頗得聞”的某種文本爲依據呢？

印刷術發明以前的寫本時代鈔寫是書籍流傳的主要方式，鈔書人慣變更原本文字，乃至附入自已的即興創作，造成中古典籍傳世作品的大量異文。六朝末或唐初，很可能流傳過有此衍文的《史記》寫本。不過就存世文獻而言，“李斯臂蒼鷹”這一事典在隋唐類書《北堂書

① 顧炎武撰、黄汝成集釋：《日知録集釋》卷二十一，《續修四庫全書》，上海古籍出版社 1998 年影印清道光黄氏西谿草廬刻本，第 1144 册第 328 頁上欄 A。

② 王氏並加按語，謂“考今本《史記·李斯傳》中無‘臂蒼鷹’字，而李白詩中屢用其事，當另有所本。”

③ 錢鍾書：《管錐編》，中華書局 1986 年版，第四册，第 1288—1289 頁。此則承友人李士彪告示。

④ 岡村繁：《陶淵明李白新論》，《岡村繁全集》中譯本第四卷，上海古籍出版社 2002 年版，第 277 頁。

⑤ 即如常爲人所詬病的《送賀賓客歸越》“山陰道士如相見，應寫黄庭换白鵝”句，今人考定《黄庭經》至晚在西元 300 年前後已有定本，而羲之寫《道德經》爲小説家語（虞萬里：《王羲之與〈黄庭經〉帖》，《榆枋齋學術論集》，江蘇古籍出版社 2001 年版，第 597—604 頁）。我們至少可以肯定，在唐初“寫《黄庭》”故事流傳有緒。

鈔》、《群書治要》、《藝文類聚》、《初學記》、《白氏六帖事類集》及後出的《白孔六帖》中均未引及，不同版本的《文選》李善注、五臣注引《史記·李斯列傳》亦無"臂蒼鷹"。①現存唐寫本《史記》中無《李斯列傳》，包括海内外宋本以及日本藏本中留存的眉批、夾註中所録《史記》異文皆無此文句。如果曾經出現此種寫本，大概也在進入印本時代後很快亡佚，不爲人知。就本人所見及者而言，歷代校勘《史記》者不可勝數，除王叔岷先生外，未曾於《李斯列傳》此節出校，而王先生也僅引及《太平御覽》，未加論列。

如錢鍾書先生所論，在存世兩漢魏晉南北朝詩文中並無李斯"臂蒼鷹"用典之例。我們有理由認爲，始作俑者也可能是已佚的唐初行於世的某部類書，在這一時期的詩文中仍有蹤跡可尋：

李嶠《兔》：上蔡應初擊，平岡遠不稀。②

李嶠(644—713)爲唐初高宗、武后朝人，以文章著聲宫廷。《四庫全書總目》卷一三五《事類賦》提要説"熔鑄故實，諧以聲律者，自李嶠《單題詩》始"，《單題詩》又稱《百詠詩》、《雜詠詩》、《百廿詠詩》，《兔》詩爲《百詠》之一。《百詠詩》刻意堆砌故實，是格律嚴整的近體範本，"一時學者取法焉"。可以想見，這種"單題詩"遠遠比卷帙繁重的官修類書要流傳得廣。這樣幾乎無一字無來歷的"標本詩"，其撰作顯然也要取用類書。《兔》詩"上蔡應初擊"云云，很可能也只是依某類書上的相關目類下所列事典的條序率爾鑄詞。③

《百詠》寫成至晚在武周朝，天寶年間已有張庭芳(一作張方)注本。敦煌伯 3738 號寫本《李嶠雜詠詩注》，是唯一存世的唐人註唐人集(自註除外)。此本"上蔡鷹初擊，平岡兔不稀"句張注："《史記》：李斯臨刑，謂其子曰：更得與汝牽黄犬，臂蒼鷹，逐狡兔。"又日本天理圖書館鈔本張注："李斯上蔡人，爲秦丞相，被刑，乃顧其子曰：吾欲與若復牽黄犬，俱出上蔡東門逐狡兔，豈可得乎?"日本陽明文庫藏寫本《李嶠雜詠注》有二本，一本作"李斯上蔡人，爲秦丞相，被刑，乃謂其子曰：'吾欲與若復牽黄犬，出上蔡東門逐狡兔，不可得也。'"；一本作："李斯臨刑，顧其子曰：'思與汝俱臂鷹，出上蔡東門逐狡兔，不可得也。'"④張注既然是在"上蔡鷹初

---

① 《文選》卷十潘安仁《西征賦》"黄犬何可復牽"、卷十六向子期《思舊賦》"歎黄犬而長吟"、卷二十四曹子建《七啓八首》"曳文狐，掩狡兔"句下李善注引《李斯列傳》均有"黄犬"無"蒼鷹"。日藏《文選集注》(《唐代文選集注彙存》，上海古籍出版社 2000 年影印本)註文所引亦無"蒼鷹"。

② 揚州詩局本《全唐詩》卷六一。敦煌鈔本伯 3738 號寫本《李嶠雜詠詩注》作"上蔡□初擊，平岡兔不稀"。原卷□字右邊殘缺，字形當爲"鷹"或"應"字。徐俊《敦煌詩集殘卷輯考》釋爲"鷹"字(中華書局 2000 年版，第 348—349 頁)。依文意及對仗，此敦煌卷原文确應爲"鷹初擊"、"兔不稀"。"應初擊"爲後出的誤文。因李斯以前獵兔事迹已極多，而作爲詩題的"兔"字在詩句中重出的情形，在唐初不以爲病，《雜詠詩》中有多例。

③ 李嶠本人曾與修類書《三教珠英》，已佚，僅《太平廣記》中存 3 則。

④ 參見徐俊：《敦煌詩集殘卷輯考》，中華書局 2000 年版，第 348—359 頁；胡志昂編：《日藏古鈔本李嶠詠物詩注》，上海古籍出版社 1998 年版，前言第 5 頁。

擊”句下引《史記》,其注文原本當有“臂蒼鷹”,天理圖書館本等諸鈔本中注文參差不一,可能是後來的傳鈔者已取《史記》原文加以校正使然。而張注之所以誤引此衍文,或許是以李嶠所本的同種類書如《三教珠英》之類爲注釋依據的緣故。

俄藏 Dx. 06176、Dx. 10257 敦煌卷子魏澹《鷹賦》,是已知敦煌寫本中惟一《文選》以外的先唐賦作。《鷹賦》撰者魏澹字彦深,北齊、北周至隋間人,曾參與編撰《修文殿御覽》。寫本中有“臂黄持鳹,遨顧遊□”句,徐俊先生校訂時認爲“臂黄持蒼用秦相李斯事”。[1]傳世今本魏澹《鷹賦》無此文句。如“臂黄”、“持蒼”文句無訛,則係描述攜雙鷹出獵場景,所攜一爲黄鶻,一爲蒼鷹,如爲黄犬,“臂黄”似嫌不辭。

至於王琦注所引的《太平御覽》,已是宋初撰成的一部類書。其材料來源,多鈔撮前代類書如《修文殿御覽》、《文思博要》等。《太平御覽》卷一百五十九州郡部五“蔡州”目同引《史記·李斯列傳》,文字與今本同,亦無“臂蒼鷹”。《太平御覽》的這則引文後來又被屢次引録。參與修《御覽》的吴淑自己也編了一部體例近於類書的《事類賦》,又自爲之注,是爲《事類賦注》。卷十八禽部一“鷹”“逐黄犬於東門”句注:“《史記》曰:李斯臨刑歎曰:‘思牽黄犬、臂蒼鷹,出上蔡東門,不可得矣。’”吴淑《事類賦注》使用材料大都在《御覽》的範圍内。時代更晚一些的類書如祝穆所編《事文類聚》後集卷四〇“東門牽犬”條所引文字與吴淑大致相同。類書引事典往往陳陳相因,不加别擇,南宋以後的此類類書雖數量可觀,參考的價值已經不大了。

我們也不能排除李白徑直師法李嶠的可能。太白早年對宫體律詩作下過一番揣摩的功夫,[2]百詠詩很可能爲其範本。成年對仕隱際遇又獨有感會,童蒙所習,在在流於筆下。後世學李諸家沿誤者頗有其人。如元稹的排律《酬翰林白學士代書一百韻》:“溷鼠虚求潔,籠禽方訝饑。猶勝憶黄犬,幸得早圖之。”[3]按溷鼠、籠禽、黄犬都是用李斯事。“籠禽”、“黄犬”也可以釋爲用晉陸機事,但“籠鶴”應“飽食”而非“訝饑”。“訝饑”典出《三國志·吕布傳》曹操諭吕布語:“譬如養鷹,饑則爲用,飽則揚去。”“籠鷹減食”是馴鷹的必經程式,詳見段成式《酉陽雜俎·肉攫部》。元詩顯係敷陳李白詩意,是學李而跟着錯的長隊中的第一人。李白上有所承,下有所啓。[4]

李白詩中鷹獵意象,與他本人早年經歷也有關涉。他在那篇著名的《上安州裴長史書》中説:“又昔與逸人東嚴子隱於岷山之陽,白巢居數年,不跡城市。養奇禽千計,呼皆就掌取食,了無驚猜。廣漢太守聞而異之,詣廬親睹,因舉二人以有道,並不起。此白養高忘機,不屈之跡也。”[5]太白自述雖有夸飾,大致不誣,時人事跡且有相類者。少小既養禽鳥,成年後所

[1] 徐俊:《隋魏澹〈鷹賦〉校訂——敦煌文學文獻零劄之一》,《文獻》2003 年 4 月第 2 期,第 36—44 頁。原卷“鳹”字《集韻》寒剛切,意为鳥飛高而下,就字形看,可能是“鶬”字(《禽經》:鶬,青黄鷹也)的訛写。徐俊先生釋作“持蒼”,用理校法,亦可備一説。

[2] 計有功《唐詩紀事》卷十八引《彰明逸事》:“時太白齒方少,英氣溢發,諸爲詩文甚多,微類宫中行樂詞體。邑人所藏百篇,大抵皆格律也。”(四部叢刊本)

[3] 元稹:《元氏長慶集》卷十,涵芬樓民國十八年(1929)影印明嘉靖三十一年(1552)董氏刻本。

[4] 自宋迄明有蘇軾、陳師道、李處權、華鎮、徐渭等,限於篇幅,此不賛録。

[5] 李白:《李太白集》卷二十六,清康熙五十六年(1717)吴門繆曰芑重刻宋臨川刻本。

獵當限於狐兔之屬。集中《觀放白鷹》詩其二"寒冬十二月,蒼鷹八九毛。寄言燕雀莫相啅,自有雲霄萬里高"云云,實係誤收高適《見人臂蒼鷹》詩。馴鳥爲西亞、中亞胡地風俗①,爲考察李白出生地的重要佐證,歷來論其族屬者似尚未注意及之。

歷來論李杜異同者至多,二家鷹獵詩之標能擅美,各開生面,似尚未有文字述及。約而言之,杜甫詩係"獵鷹"詩,與其詠馬詩同調,詠物兼以自況,專意摹寫鷙鳥之精力邁倫,冀得展用,名句有"何當擊凡鳥,毛血灑平蕪"。晚歲兼愛及於雞虫,此類篇章漸次絶跡。李白詩係"豢鷹"詩,着眼在千載之上初志不遂之顯宦,申娱心忘機、達生自放之志。兩種意象,都胎息六朝,而貫注以自家情志才性。

李詩於李斯事外,似兼用不爲後人所注意的"今典"。《新唐書·姚崇傳》載玄宗於渭濱召見姚崇:"帝曰:'公知獵乎?'對曰:'少所習也。臣年二十,居廣成澤,以呼鷹逐獸爲樂。張憬藏謂臣當位王佐,無自棄,故折節讀書,遂待罪將相。然少爲獵師,老而猶能。'"②此渭上鷹獵召對在先天二年(公元 713 年),李隆基於是年七月即掃除太平公主一党,迫睿宗致政,假十月驪山講武之際罷兵部尚書郭元振職,五日後行獵新豐渭川,任姚崇爲相,漸次抑退張説等舊臣,更替中樞,改元開元,是爲開元新政發軔之一大關鍵。崇於渭川獵後次日膺封梁國公,正所謂"惟昔鷹呼犬,今爲侯與王"。《開元升平源》後文尚有所謂姚崇"十事要説",宋祁等采入《新唐書》,而司马光僅於《資治通鑑考異》引録,不入《通鑑》正文。對於"十事要説"真僞和出處,歷代論者聚訟,楊慎、閻若璩、沈德潛及《劍橋隋唐史》作者引爲實事信史,晁公武、陳耀文、四庫館臣、魯迅、岑仲勉則以爲小説家設幻之言。③陳寅恪先生認爲"其確否究不可知也",

---

① 参見 Frederick E. Zeuner, *A History of Domesticated Animals*, Hutchinson & Co. LTD, London, 1963, pp. 458.

② 歐陽修等:《新唐書》卷一二四,中華書局 1975 年版,第 4383 頁。姚崇説獵事又參見《大唐新語》卷一"匡贊"、《唐語林》卷二,惟"臣年二十"作"年三十",《太平御覽》卷六百十四"晚學"引《唐書》、《册府元龜》卷八百十一總録部"晚學"、《通鑑考異》引《开元升平源》則作"年四十"。《太平廣記》卷二百二十一《袁天綱》:"又陝州刺史王當有女,集州縣文武官令天綱揀婿。天綱曰,此無貴婿,唯識果毅姚某者有貴子可嫁之,終必得力。當從其言嫁之,時人咸笑焉。乃元崇也,時年二十三,好獵,都未知書。……崇遂割放鷹鷂,折節勤學,以挽郎入仕,竟位至宰相。"文淵閣《四庫》本《分門古今類事》卷九"姚崇甚貴"作"時年二十二"。按據徐松《登科記考》,姚崇登儀鳳二年(公元 677 年)"下筆成章"制科,年二十八。張説所撰《姚文貞公神道碑》謂"弱冠補孝敬挽郎,又制舉高第"(四部叢刊初編《張説之文集》卷十四)。姚崇此故事中異文之多,正足徵流傳之廣。《新唐書》改作"年二十",或經甄覈。不同文本對玄宗的稱謂或作"上",或作"帝",或作"玄宗",可略約見出前後遞衍之跡。玄宗早年即好鷹獵,有逸事見諸錢易《南部新書》卷一。

③ 參見晁公武著、孫猛校證:《郡齋讀書志校證》卷五,上海古籍出版社 1990 年版,第 209 頁;陳耀文:《正楊》卷四,文淵閣四庫本;翁元圻:《困學紀聞注》引閻若璩按語,《續修四庫全書》,上海古籍出版社 1996—2000 年間影印版,第 1143 册第 76 頁上;清武英殿本《新唐書·姚崇傳》後沈德潛按語;魯迅:《唐宋傳奇集》卷末"稗邊小綴",《魯迅全集》第十卷,人民文學出版社 1973 年版,第 491 頁;岑仲勉:《唐史餘瀋》卷二"姚崇十事",上海古籍出版社 1979 年版,第 77 頁。卞孝萱先生認爲《升平源》爲唐元和初的一位文士所作,以玄宗任用姚崇的故事來啓示唐憲宗,參見卞孝萱:《唐人小説與政治》,鷺江出版社 2003 年版,第 57—70 頁。

立説最为矜慎。[①]不過"説獵"與"要説"故事牉合在一起始見於《通鑑》所引《開元升平源》，也許是唐中葉以后人所爲，二部分史源並不一致。一般認爲，《册府元龜》體例最嚴，不取小説稗傳，唐代部分材料多出自官書。前引"姚崇説獵"内容既載録於《册府元龜》卷八百十一總録部，很可能出自唐代實録之類舊史官書。《太平御覽》卷六百十四則標明出處爲"《唐書》"，此《唐書》既非我們今日所見劉昫進上的《舊唐書》，可能同樣擇取自唐代國史、實録。當然所謂官書未必是先天二年史官的記言、記事，也可能已經是中晚唐人續成之書，故記姚崇自述年歲有錯訛，轉不如雜史小説較得其實。

玄宗初年這一戲劇性的人事變動，自然爲時人所矚目。張九齡於開元十九年前後所作《故開府儀同三司行尚書左丞相燕國公贈太師張公墓誌銘並序》稱頌當時的另一位名相、姚崇政敵張説"翊戴聖后，師範百寮，……此固與板築崛起、屠釣作合之類亦云異也"，[②]"板築崛起、屠釣作合"，影射的對象可能也是姚崇，[③]姚崇文集已佚，早年事跡多不可確考。1999年冬，洛陽萬安山出土開元五年《唐姚公夫人劉氏墓志》，謂姚崇"跡淪吏隱，望屬蒼生，盤桓利居，始膺招貢"，[④]所述當爲入贊爲郎之後、晉身中樞三度爲相之前的情形。雖然他在被玄宗起用前曾躋高位，但早年淹留吏職，未嘗以文才顯露聲華。《文苑英華》卷三三六顧云《池陽醉歌贈匡廬處士姚巖傑》"鑾駕何當獵左馮，神鷹一擲望千里"，應該也是詠歎姚氏先人此番君臣際遇。[⑤]即使筆者前文的推考完全不成立，李白作詩時心目中並無一姚崇在，乃或歷史上並無姚崇説獵本事，也完全可以確認至遲到中唐時期，已有相關的姚崇説獵與"十諫"故事衆口喧傳，並載入國史官書。

今村与志雄先生《唐代の鷹狩にのいて》分類輯録唐代鷹獵史料，限於當時條件，多有遺漏。不過他注意到《太平廣記》卷十九神仙類《李林甫》(《説郛》作《李林甫傳》)一則，記述玄宗朝政壇的另一位要角李林甫"年二十尚未讀書，在東都，好遊獵打毬，馳逐鷹狗，每於城下槐壇下驢擊鞠，略無休日"云云。[⑥]據此，則李林甫早年行跡似與姚崇頗相近。李林甫開元二十四年繼張九齡居相位，歷十六年之久。姚、李家世不同，秉政有賢佞之别，然皆重吏事、擯詞翰，此種執政理念與"晚學少文"的經歷頗有關涉，史傳中語焉不詳，而一再揭載於唐人小説稗史中。

二、傳世文獻、文物中所見上古鷹獵

鷹獵(鷹狩)在中國本土的起始年代、盛衰斷續及流布播遷的情形，傳統考据學視爲細事

① 陳寅恪：《陳寅恪讀書札記》，上海古籍出版社 1989 年版，第 79 頁。

② 張九齡：《唐丞相曲江張先生文集》卷十八，《四部叢刊》初編影印明成化刻本。

③ 張九齡本人爲張説政治集團的重要人物，他對姚氏的攻擊，見諸《四部叢刊》本《文集》卷十六《上姚令公書》及同卷附姚崇覆札。

④ 趙君平、趙文成：《河洛墓刻零拾》，北京圖書館出版社 2007 年版，第 220 頁。

⑤ 姚巖傑係姚崇裔孫，參見《太平廣記》卷二百"文章"類《姚巖傑》。

⑥ 今村与志雄：《唐代の鷹狩にのいて(下)》，《人文學報(東京都立大學)》第 42 期，1964 年，第 46 頁。

末技,未嘗措意。至十九世紀末,才有若干域外漢學家論及。法人沙畹首舉公元二世紀的山東長清孝堂山石刻爲最早物證。①1926 年日本史學家白鳥庫吉以對音方法考釋蒙古語、滿語、朝鮮語、日語中有關鷹類品目的語彙,認爲有多種專稱如鴉鶻、海東青等同出一源。關於中國的鷹獵,他認爲"如果將放鷹術的發祥地放在中亞的觀點没有問題的話,那麼漢民族無疑也是從這些人那裏獲得此一技術的。但是漢人應該是很早便諳於此道的,有跡象表明漢人至少從周代開始就已經運用這一技術了。加上與鷹相關的漢語語源和阿勒泰語完全不同,因此不能斷言漢人一定是從突厥人那兒獲得該技術的"。②1943 年愛潑斯坦(Hans J. Epstein)在 Isis 雜誌發表 *The Origin and Earliest History of Falconry*,掇舉埃及、亞述、印度、日本、希臘、羅馬、猶太古代著述及考古實物中關涉古代鷹獵者。對於中國典籍,則認爲涉及黄帝、楚文王者都近乎神話和寓言,最早的可信記載是吴均《西京雜記》中説茂陵少年李亨"以鷹鷂逐雉兔",時當公元前二世紀至一世紀。該文並分世界鷹獵史爲三期,第一期爲自發源至公元七世紀,以在東方發源和傳入歐洲爲標志,與本文涉及的時限大致相當。③1959 年,沙費爾(Edward H. Schafer)在《通報》發表的《唐代的鷹獵》(*Falconry in T'ang Times*)中《導言》部分綜述了既有研究成果,材料雖大致不出《太平御覽》和《古今(合璧)事類備要》等類書之外,但對唐前文字記載的史源和真僞頗爲審慎。沙費爾注意到《御覽》卷九二六所引《史記·李斯列傳》有異文,並提到中國文獻學者王重民比他更早注意及此。不過沙費爾本人雖然提到大量可靠的證據出現在公元二世紀,仍把《御覽》該條與同書同卷所引《孔氏志怪》"楚文王時,雅好田獵,天下快狗名鷹畢聚焉"條系聯,認爲今河南、湖北一帶可能是中國最早有鷹獵的地帶,還是有"鑿空立論"之嫌。④愛、沙二氏均以博雅和历史語言學見長,此後數十年間殊乏嗣響,中外專題研究多集中在唐代和元代。⑤聞宥先生 1984 年發表《廣漢所出永元八年磚跋》,將最早的中土實物證據前推至公元 96 年的四川廣漢畫像磚,則是本國學者這一領域的重要的成績之一。⑥

鷹獵起源地迄今大致有三説:

1. 中國説。謝成俠在《中國養禽史》和爲《中國大百科全書·生物學卷》所撰條目中説:"鷹

---

① E. Chavannes, *La Sculpture sur Pierre en Chine au temps des deux dynasties Han* (Paris, 1893), p. 77 and plate 38. 據沙費爾文轉譯。

② 白鳥庫吉:《本邦の鷹匠起原傳説に就いて》,《白鳥庫吉全集》第二卷,岩波書店昭和四十五年,第 66—73 頁。

③ Hans J. Epstein, *The Origin and Earliest History of Falconry*, Isis, Vol. 34, No. 6. (Autumn, 1943), pp. 497—509.

④ Edward H. Schafer, *Falconry in T'ang Times*, T'oung Pao vol. 46, p. 293—338, 1959。

⑤ 如王頲:《遼金元獵禽海東青考》,《文史》2001 年第 1 期,第 211—222 頁;今村与志雄:《唐代の鷹狩について》,《人文學報(東京都立大學)》第 36 期,1963 年 8 月,第 39—64 頁;第 42 期,1964 年,第 23—64 頁。

⑥ 聞宥:《廣漢所出永元八年磚跋》,《四川大學學報》1984 年第 3 期,第 61—63 頁。

供獵用早於鵝鴨的馴化”、“(中國)至遲在西元前700年前,鷹已被用於狩獵”;[①]微軟*ENCARTA*百科全書2002年版説“西元前2000年中國已有鷹獵,甚至可能冰期時代晚期已被使用”、“從遠東傳入印度、巴基斯坦、中東、非洲和歐洲”;上世紀的幾版大英百科全書也采納此説。

2. 中亚説。勞費(B. Laufer)《漢代陶器》稱“此習起自中亞草原,乃突厥先民之風尚,其後分道傳播,一道入歐洲,一道入中國”;[②]《大美百科全書》第十版説:“鷹獵十分適於遊牧民族的生活方式,因此其可能起源於西元前2000年左右在亞洲大草原的遊牧民族:吉爾吉斯人(Kirghiz)及塔吉克人(Tadzhik),因爲他們至今仍和其祖先一樣,用金鷹來獵狐和狼。”[③]

3. 小亞細亞暨美索不達米亞説。前述愛潑斯坦文據A. H. Layarda著*The monuments of Nineveh*(London, 1853年)中有關亞述王Sargon二世(公元前722—705年在位)時期淺浮雕的圖例,有一隻大鳥棲止在人拳臂上的形象,鳥足與人指間還有皮革製品繫聯,指認爲已知最早物證。[④]電子版《大英百科全書》的“獵鷹史”詞條説:“獵鷹術在文字産生之前已産生,碑銘記載西元前十三世紀西亞的赫提人已發明這一技術”;2002年Vorys Canby發表了數十幀他本人蒐集的公元前3000年至公元前17世紀的相關赫提鷹獵圖版並附考證,指認Layardal的圖例爲誘鳥而非獵鷹。[⑤]

目前各類論著和工具書中,中國起源説仍是最爲通行的。

認真檢點一番中國起源説的史料依據,可知郭郛等《中國古代動物學史》、謝成俠《中國養禽史》所引用的其他中國上古鷹獵的文本證據,多不可靠:

《禮記·月令》:“季夏之月,……鷹乃學習。”謝成俠認爲“表示每年夏季爲訓練鷹的時期,爲秋季出獵作準備”。按《月令》的體例,先叙物候,再記人事,“鷹學習”與“獺祭魚”同屬於野生動物自發的行爲。《吕氏春秋·季夏紀》“鷹乃學習”句高誘注:“秋節將至,故鷹順殺氣自習肄,爲將搏鷙也。”“自習肄”,绝非受人操控。

《太平御覽》第九二六卷羽族部一三鷹目引《孔氏志怪》:“楚文王時,雅好田獵,天下快狗名鷹畢聚焉。”按此則又見於《幽明録》,爲後出的寓言。

《司馬子收心論》:“鷹鸇野鳥也,專人羈絏,終日在手,自然調熟。”按此書應即唐司馬承禎《坐忘論》之《收心》篇,非先秦書。

《劉子·閲武篇》:“鷹鸇鷙鳥,而羅氏教之擊,夫鳥獸無知之性,猶隨人指授而能戰擊者,教習之功也。”按此書成書于南北朝時,此節附會《周禮》。《周禮·夏官·羅氏》:“掌畜掌養鳥而阜蕃教擾之。”鄭玄注:“鳥之可養使盛大蕃息者,謂鵝鶩之屬。”

---

① 謝成俠:《中國養禽史》,中國農業出版社1995年版,第82頁。

② B. Laufer, *Chinese Pottery of the Han Dynasty*, Leiden, 1909, pp. 231。

③ 臺灣光復書局中譯本,1990年版,第10册,第406頁。

④ Hans J. Epstein, *The Origin and Earliest History of Falconry*, Isis, Vol. 34, No. 6. (Autumn, 1943), pp. 498.

⑤ Vorys Canby, *Falconry(hawking) in Littite lands*, Journal of Near East studies, Vol 61 No. 3, Jul. 2002. pp161—201.

前述愛潑斯坦文引用《西京雜記》卷四:“茂陵少年李亨,好馳駿狗,逐狡獸,或以鷹鷂逐雉兔,皆爲之嘉名。狗則有修毫、釐睫、白望、青曹之名,鷹則有青翅、黄眸、青冥、金距之屬,鷂則有從風鷂、孤飛鷂。”按《西京雜記》託名劉歆著,記述西漢史實,實成書於東晉或南朝。

在1956年版《中國科學技術史》的一則注釋中,著者李約瑟論述有關文獻引用的一般原則問題,曾舉《史記》與《太平御覽》異文爲例。注文説:

> 從科學史的觀點來看,包含有價值的資料的中國古代和中古代著作不至於被僞造或篡改,因爲傳統的中國學者不會想到通過聲稱一項發現或發明的時間比實際情況更早而從中獲得榮譽——科學、尤其技術是没有任何社會聲望的。但同時也必須防範另外一種傾向,有人在‘引證’古書時不知不覺帶上了他們自己時代的“現代”感覺。例如,西元983年的《太平御覽》(卷九二六,第二頁)引用了李斯在西元前208年被腰斬前對他兒子説的話:“哎!我們多麽希望牽着我們的黄犬,臂上架着蒼鷹去打獵啊,但我們現在不能這樣做了!”可是原文(《史記》卷八十七,第二十三頁)根本没有提到獵鷹,儘管其餘的話都是一樣的。因此這一段並不證明西元前3世紀就有獵鷹術。可是奇怪的是,《太平御覽》的編者在寫到馴鷹術時也引用了這一段,他們可能是從當代人的引文中取得的,而没有不厭其煩地查一下原文……從這裏得到的教訓是,完全依靠别人的引文是不行的,即使有時不可避免。①

李約瑟注意到此異文問題,又早於前引的沙費爾。

成書於1999年的《中國古代動物學史》,署郭郛、李約瑟、成慶泰合作完成,在《中國古代科學技術史》系列中是“第一部全部用中文起草並且用中文先行印刷”。著者之一中科院自然史研究所的郭郛先生再一次引用輾轉出於《太平御覽》的這段文字,作爲秦代鷹獵的史料,書中《中國家化動物年表》中“鷹的馴化”一欄標列“公元前200年”、“河南”,②可謂眉睫之失。直到2006年同爲劍橋大學教師的 Helen Macdonaid 撰專著 *Falcon*,書末所附《隼年代表》依然標注公元前200年中國出現馴隼術,③可知李約瑟的質疑仍未受到學界應有的關注。

文獻所載,還有二條疑似的記載:

《列子·黄帝篇》:“周宣王之牧正有役人梁鴦者,能養野禽獸,委食於園庭之内,雖虎狼雕鶚之屬,無不柔馴者。雄雌在前,孳尾成群,異類雜居,不相搏呑噬也。”按《黄帝篇》又載“黄帝與炎帝戰於阪泉之野,帥熊、羆、狼、豹、貙、虎爲前驅,雕、鶡、鷹、鳶爲旗幟,此以力使禽獸者也”。今本《列子》出於東晉,多攙入晚出的内容,梁鴦顯係寓言中人。

---

① 李約瑟著、袁翰青等譯:《中國科學技術史》第一卷《導論》,科學出版社、上海古籍出版社1990年版,第42頁。

② 郭郛、李約瑟、成慶泰:《中國古代動物學史》,科學出版社1999年版,第438頁。

③ 海倫·麥克唐納:《隼》,三聯書店2010年中譯本,第188頁。

明董斯張《廣博物志》卷三十四引《異顧傳》:"漢武帝時,西域獻黑鷹,得鵬雛,東方朔志之。"此《異顧傳》不見於書録,而文字全同於《太平御覽》卷九二七日引《異類傳》,大概也從史傳中附會而來。《漢書·西域傳贊》:"孝武之世,……巨象、師子、猛犬、大雀之群食於外囿。殊方異物,四面而至。"①大雀,《後漢書·和帝紀》作"大爵",據章懷太子李賢注,"即今之駝鳥也"。

在先秦和秦漢古籍中,找不到中原民族在西漢以前鷹獵的書證,以《周禮》爲例,有關狩獵的職事劃分至爲細密,但没有"鷹人"、"隼人"之類的名目。《史記》、《漢書》中出使、征伐外族的記録頻仍,也没有當時西域、匈奴、西南夷民族馴鷹的記載;②迄今也没有發現漢以前器物墓葬的相關實物遺存。當時常見的是射、弋、箄、羅等捕獵鳥方式。由於鷹隼是應時遷徙的候鳥,我們的先人對它的生活習性也有許多隔膜的地方,《夏小正》、《月令》都有"鷹化爲鳩"、"鳩化爲鷹"的誤説。可以確知的,是古人似乎一度掌握了生捕鷹隼的技術。《周禮·秋官司寇·翨人》:"翨氏掌攻猛鳥,各以其物爲媒而掎之。以時獻其羽翮。"賈公彦疏謂"若今取鷹隼者,以鳩鴿置於羅網之下以誘之",依孫詒讓的解釋,意在取其羽翮,爲"車飾及旌旗之用"。另《禮記·曲禮》有"載我鳴鳶"句,"前有水則載青旌,前有塵埃則載鳴鳶,前有車騎則載飛鴻,前有士師則載虎皮,前有摯獸則載貔貅",其情狀當如郭璞註《爾雅》"旟"字所謂"剥鳥皮毛置之竿頭",與官以鳥名相類,可能都是上古鳥崇拜的遺風。

《詩經·大雅·大明》篇"維師尚父,時惟鷹揚。涼彼武王,肆伐大商"句,日本學者白川静在注釋文字中認爲是在出征前以鷹獵方式預卜戰事利鈍,③與漢代以來注解立異,反與小説闇合④,有增字解經之嫌。據毛詩詁訓,則係述軍容威武,"如鷹之飛揚也"。

先曾祖王静安先生《毛公鼎銘考釋》釋"雁受大命"句如下:

> 鼎文膺作䧹,即《説文》䧹字,其字從广下,丬從人從亦(腋)之側視形也。……古人養䧹常在臂亦間,故從此會意。"又《史籀篇疏證》:"䧹常在人臂,故字如此作。並知臂䧹之俗,上古已有之矣。⑤⑥

---

① 據《史記·大宛列傳》,則武帝時僅有"大鳥卵"來獻。張守節正義:"《漢書》云和帝永元十三年,安息王滿屈獻師子、大鳥,世謂之安息雀。《廣志》云:鳥,鷹身,蹄駝,色蒼,舉頭八九尺,張翅丈餘,食大麥,卵大如甕。"

② 《漢書·昭帝紀》"栘中監蘇武前使匈奴"句下顔師古注引應劭曰:"栘,地名。監,其官也,掌鞍馬鷹犬射獵之具。"師古復引如淳"栘園之中有馬廄也",並判定"如(淳)説是"。至於《史記》、《漢書》中若干酷吏號爲"蒼鷹",也許是取其兇猛嗜殺的寓意。

③ 白川静:《詩経雅頌 2》,平凡社 1998 年版,頁 26。

④ 《封神演義》第二十四回"渭水文王聘子牙"有"頌子"述文王出獵部衆"錦衣繡襖駕黄鷹,花帽征衣牽獵犬"、"只見趕獐獵犬,長天聽有天鵝叫,開籠又放海東青"。元代建安虞氏刊本《武王伐紂平話》尚無此文字,當係元明間增入。

⑤ 王國維:《觀堂今古文考釋》,《王國維遺書》,上海書店 1983 年影印本,第六册,第 2、3 頁;同書同册《史籀篇疏證》,第 14 頁。

⑥ 羅王書札中有相關討論。如 1916 年 2 月 28 日静安先生致羅雪堂先生函,此不具引。雪堂 1916 年 5 月 27 日致静安先生札,則謂考明此字與考釋三體石經字數行數"同一可快"。參見王慶祥、蕭立文校注,羅繼祖審訂:《羅振玉王國維往來書信》,東方出版社 2000 年版,第 46 頁、第 88 頁。

按迄今研究者仍未從甲文中辨識出“鷹”字。《説文解字》鳥部有䧹字,今人一般都釋爲鷹。古代學者如徐鍇,今人如張舜徽先生,都認爲造字之初,“鷹”字的構形即與馴鷹相關:

大徐本《説文》引徐鍇:“鷹隨人所指蹤,故從人。”

張舜徽《説文解字約注》:“古者田獵,以鷹犬逐捕獸,故二者皆人所常畜,鷹字從人,與伏字從犬從人同意,以二物與人爲最近也。小徐謂鷹隨人所指蹤,蓋亦就田獵時言之耳……從人之反文⺁,明此鳥常依人以行也。”

今人如戴家祥先生所編《金文大字典》(學林出版社,1995 年)仍依從師説。

但其他學者有不同的解釋:

徐灝《説文段注箋》:“蓋雁飛欹斜成列,故從仄、隹。鷹則獨飛,亦有欹斜之勢而加疾焉,故從疒。”

孔廣居《説文疑疑》:“䧹字從隹,從人,從疾省。隹攫鳥而食,同類相殘,人所疾惡也。”

方濬益《綴遺齋彝器款識考釋》:“⺁象廠坼,丨則象山石墜落之形。”

高鴻縉《中國字例二册》:“今按⺁爲聲符,非會意也。”①

有關篆文鷹字構形,諸家紛紜,迄無定論,䧹、⿸疒⿰亻⿱隹鳥、鷹繫聯爲一字,仍有疑蘊。王鳴盛《蛾術編》就説“此條(䧹)疑竇尚多,殊不可解。”慧琳《一切經音義》卷七十八釋“鷹”引《説文》作“從鳥䧹聲”。唐本《説文》“鷹”字也許與今本不同。今人李孝定《金文詁林讀後記》也説“然䧹之爲鷹,殊乏他證。且養鷹之法與鷹之制字孰先乎?倘能證制此字在養鷹之後,則王(國維)説或可成立。否則仍爲肊必之詞耳。”②静安先生晚年手定《觀堂集林》時,《毛公鼎銘考釋》和《史籀篇疏證》兩文均未收入,也許見解已有所改易。

甲骨文中殷人始祖王亥之“亥”字多寫作隻。《山海經・大荒東經》中提到王亥“二手操鳥”,但下文説“方食其頭”,顯然不是在調弄鷹隼。③至於“古人養鷹常在臂腋間”,應“常在肩臂間”。鷹字部首從人,也许是由於鷹、雁都是古人狩獵的對象,也是制箭的材料來源。

王世襄先生在《錦灰二堆》卷二《新增鷹鶻方》出版説明中説:“我國鷹文化起源甚早,史前及商代,鷹已是常見之玉雕題材。用以獵物,亦甚久遠。許慎《説文解字》,已有𠨰字。釋曰:‘鷙鳥食已,吐其皮毛如丸。從丸咼聲。讀若骫,於跪切。’猛禽所食獵物皮毛,不能排出體外,必須緊縮成丸吐出。此乃其消化過程之自然規律。不被馴養,不可能觀察到此種現象。吐出之丸能成爲專門名辭,並被許慎編入字書,可見養鷹獵物遠在東漢之前。”④此一論

① 以上據丁福保:《説文解字詁林》,中華書局 1988 年版;周法高:《金文詁林》,香港中文大學 1975 年版引録。

② 李孝定:《金文詁林讀後記》,“中央研究院”史語所集刊之八十,1980 年 6 月,第 130 頁。

③ 鷹攫人首造型屢見於上古玉飾。參見傅熹年:《古玉掇英》,香港中華書局 1995 年版,頁 14。

④ 王世襄:《錦灰二堆》,三聯書店 2002 年版,第 128 頁。

述，可能是受陸宗達先生的啓發，①而引申太過。貓頭鷹等常見野生禽類都可觀察到此現象，並不以馴養爲先決條件。

静安先生考釋金文“”字，意在發凡起例，闡明上古象形字構形法則，於從正視形外，或從側視形，着眼在其犖犖大者。而中土鷹獵起源問題本身，仍有繼續實證研究的必要。

從詞語史的角度看，鷹犬、飛鷹走狗、韝鷹紲黄、擎鷹放犬、臂鷹、控鷹等辭彙多在東漢三國時期開始出現，而前此述獵事，多“犬馬”連用的辭例②，鑒於國人用犬狩獵非常之早，一旦引入獵鷹，“紲犬韝鷹”行獵就成爲一種自然合理的組合，我們大致可判定這類詞語出現在鷹狩的技術行世後不久：

《東觀漢記》卷八《耿恭傳》：“恭坐將兵不憂軍事，肆心縱欲，飛鷹走狗，虜至不敢出，得詔書怨懟，徵下獄。”

同書卷十八《趙勤傳》：“（桓）虞歎曰：善吏如使良鷹，下韝即中。”

《後漢書》卷十《和熹鄧皇后紀》：“悉斥賣上林鷹犬。”

同書卷五十一《李陳龐陳橋傳》：“雖展鷹犬之用，頓斃胡虜之庭，魂骸不返，薦享狐狸，猶無以塞厚責，答萬分也。”

卷五十四《楊震傳附楊賜》：“觀鷹犬之勢，極槃荒之遊。”

《太平御覽》卷九二六引《益部耆舊傳》：“廣漢馮顥爲謁者，逐單于至雲中。大將軍梁冀遣人求鷹，止晉陽舍。（使）人不避顥，顥收之。使人擊鷹而亡也。顥追捕甚急，冀辭乃免。”

《三國志》中事例更夥，此不贅引。

史籍中關於鷹獵的最早明確文字記載出於上引《東觀漢記》耿恭“飛鷹走狗”的一則。檢《後漢書》卷一九《耿弇傳》：“（建初二年）其秋，金城隴西羌反，……乃遣（耿）恭將五校士三千人，副車騎將軍馬防討西羌。……明年秋，燒當羌降，防還京師，恭留擊諸未服者。……初，恭出隴西，上言……由是大忤於防。及防還，監營謁者李譚承旨奏恭不憂軍事，被詔怨望，坐徵下獄。”③“飛鷹走狗”諸語當出自李譚奏文，范曄則有削省，遂爲後來的類書及考史者所忽略。耿恭受劾約當西曆公元 78 或 79 年，更早於永元磚畫十餘年。

同樣的，西漢以前諸子書没有鷹狩的記録，可檢得的是東漢以後的子部書，如《潛夫論》和《抱朴子》。

---

① 陸宗達：《説文解字通論》，北京出版社 1981 年版，第 13 頁“引言”：“長期以來，猛禽鳥類如何攫食小動物，一直是中外生物學家未能打開的謎。……這個問題許慎早已給解決了”；“段玉裁謂‘玉裁昔宰巫山縣，親見鴟鳥所吐皮毛如丸’，現代科學工作者雖用現代化的工具觀察到了全過程，但對象也還限於鴟鳥，都不及許慎説解内容的豐富和全面。”

② 參見黄金貴：《古代文化詞義集類考》“田、狩、獵”條，上海教育出版社 1995 年版，第 439—445 頁。

③ 范曄：《後漢書》卷十九，中華書局 1965 年版，第 723—724 頁。

西漢時期賦體盛行，表現狩獵場景的大賦很多，我們在司馬相如、枚乘、揚雄等人的辭賦中乃至書、檄、表、啓中都看不到涉及獵鷹的描寫。遲至東漢才大量出現：

崔駰《七依》："乃命長狄使驅獸，夷羿作虞人，騰句喙以追飛，騁韓盧以逐奔。弓彈交錯，把弧控弦，彎繁弱，鼓千鈞。死獸藉藉，□聚如山。"（《藝文類聚》第五十七卷雜文部三；又嚴可均《全後漢文》卷四十四）

張衡《西京賦》："乃有迅羽輕足，尋景追括。鳥不暇舉，獸不得發。青骹摯於韝下，韓盧噬於緤末。"（《文選》卷二）

馬融《與伯世書》："憒憒愁思，猶不解懷。思在竹間，放狗逐麇。晚秋涉冬，大蒼出籠，黄棘下菟，毛以幹蔡，以送餘日，兹樂而已。"（《太平御覽》卷九二六）

崔駰《與竇憲書》："主簿崔駰言．今旦漢陽太守稜率吏卒數十人，皆臂鷹牽狗，陳於道側，欲上幕府。"（嚴可均《全後漢文》卷四十四。文末標"又《御覽》九百二十六引《後漢書》"。）

《太平御覽》所引僅爲崔駰此書箋片段，其原始出處仍有待考索。①竇憲授車騎將軍擊北匈奴，以駰爲掾，事在章和二年（公元 88 年），永元元年（公元 89 年）以功授大將軍。《後漢書·崔駰傳》："憲擅權驕恣，駰數諫之。及出擊匈奴，道路愈多不法，駰爲主簿，前後奏記數十，指切長短。憲不能容，……永元四年，卒於家。"②竇憲出獵大概不免有擾民的行爲，《箋》應作於公元 89 年前後。《箋》中"漢陽"當指涼州刺史部漢陽郡，即前漢天水郡，治所在今甘肅甘谷。而《七依》"騰勾喙"、"騁韓盧"云云，描寫的顯然是權貴階層的大型狩獵場面，不僅爲"細人匹夫之事"。寫作的時間當在《與竇憲書》之前，或許是崔駰早年遊太學向天子獻賦時（事在章帝元和中，約當公元 84—87 年）所作。

錢鍾書先生《管錐編》論《焦氏易林·未濟·師》"狡兔趯趯，良犬逐咋；雌雄爰爰，爲鷹所獲"句："此十六字幾如縮本行獵圖矣。"③從《易林》辭例看，兔、犬、鷹也可能代表一種爻象，未必取之於一共時的場景。《焦氏易林》的作者，經清代牟庭以來考察著録、史事、地名、避諱、用韻，大致確定爲東漢初崔篆，成書年代上限在光武帝建武元年，下限在明帝永平五年（公元 25—63 年）。④此崔篆爲崔駰祖父，崔氏世居涿郡，本是多鷹的地方。

馴鷹的專門著述也出現在東漢。《三國志·魏志·夏侯尚傳附子玄傳》裴松之注引《相印書》："仲將問長文：'從誰得法？'長文曰：'本出漢世，有《相印》、《相笏經》，又有《鷹經》、《牛

---

① 河北教育出版社 1999 年版標點本《全上古三代秦漢三國晉南北朝文》校記引"嚴氏底本"補出處爲（惠棟）《後漢書補注》，疑有誤。

② 范曄：《後漢書》卷五二，中華書局 1965 年版，第 1721—1722 頁。

③ 錢鍾書：《管錐編》，中華書局 1991 年版，第 2 册，第 580 頁。

④ 葉國良：《易林作者作時問題重探》，《毛子水先生九五壽慶論文集》，臺灣幼獅出版社 1987 年版，第 125—146 頁。

經》、《馬經》’”。[①]《漢書・藝文志》數術略形法類僅有《相六畜》三十八卷,此《鷹經》當出於班志之後。

唐張彥遠《歷代名畫記》卷三“述古之祕畫珍圖”著録有“三王相鷹圖”,不記作者及時代,當是贋古的製作。

出土文物可與文獻相互印證。聞宥先生《廣漢所出永元八年磚跋——關於古代鷹獵的一則劄記》,訂正沙費爾(Schafer)《唐代的鷹獵術》(*Falconry in T'ang Times*)引法人沙畹鷹狩圖畫最早見於山東長清縣孝堂山石刻的説法,述及四川廣漢出土的漢代條磚“一面爲臂鷹的畫像,另一面的題字明明爲‘永元八年’,相當於西元 96 年。……即遺物所見,最早爲一世紀末的畫像。”[②]聞《跋》作成後,漢畫像石、畫像磚又陸續出土和彙集出版,《中国画像石全集》中鷹獵的場景遍及中原、西南、湖北、淮北,時代均标註爲東漢中晚期,雖不能一一考知確切年份,但已知無一例爲西漢時期。

1969 年甘肅武威雷台東漢晚期磚石墓出土的“馬踏飛燕”青銅奔馬,已爲世人所習知。1988 年《考古》雜誌第 5 期第 460 頁有周本雄《武威東漢銅奔馬三題》一文,稱“1986 年秋,我在英國南安普頓市〈世界考古學大會〉上一篇關於中國古代馬的報告中,提到銅馬蹄端的飛鳥不是燕子,而是隼,銅器應命名爲 A flying horse with its hoof on a falcon,幸而言之有據,世界各國同行也均無疑議”,又説“燕隼可以馴養爲獵隼,用作捕獵之助。古人跨駿馬縱獵隼,飛馳草原行獵的畫卷並不罕見”。周説並未獲史学界的普遍认可。此銅奔馬的時代,約當漢末三國之際。

有審閲本文的學者提出,美國波士頓美術館(Museum of Fine Arts, Boston)藏著名銅胡人像,手各持一柱,柱頂各有一鷹,此像時代屬戰國而出於中土。並引據林巳奈夫先生《戰國時期出土文物の研究》一書,認爲“鷹獵出草原民族,無可疑,其入中土似遲於戰國之時”。兹後業師吴格先生自東京寄示林巳奈夫先生論文相關部分,筆者覆檢,其主旨是討論戰國時代的人物服飾、髮型等,文後有一處注釋,稱“棒上玉鳥係後補”云云[③]。筆者此後亲見並拍攝此項藏品。館方説明文字謂出土於洛陽金村,屬公元前五世紀後期、四世紀前期,人物形貌衣着爲北方邊境地帶的蠻族,可能爲匈奴人(2002 年遼寧教育出版社版中譯本張光直《美術、神話與祭祀》曾作爲封面配圖)。金人手中持柱,柱上雙鳥栖息,一鳥胸前綴有金屬鎖鏈。或可稱=視爲馴鳥,而造型與鷹隼不牟。

有關鷹獵在不同地域傳布的情形,目前還多賴懸測。不能排除分處異地的民族在互不知情的情況下分别習得馴鷹術的可能性,《元朝祕史》記載蒙古人的先祖孛端察兒孤身索居,飼鷹取食:

---

① 陳壽:《三國志》卷九,中華書局 1959 年版,第 304 頁。

② 聞宥:《廣漢所出永元八年磚跋》,《四川大學學報》1984 年第 3 期,第 61—63 頁。

③ 林巳奈夫:《戰國時期出土文物の研究》,京都人學人文科學研究所 1985 年版,第 129—130 頁。

那般住的時分，孛端察兒見有個雛黄鷹拿住個野雞。他生計量，拔了幾莖馬尾做個套兒，將黄鷹拿着養了。孛端察兒因無喫的，上頭見山崖邊狼圍住的野物，射殺了，或狼食殘的，拾着喫，就養了鷹。如此過了一冬。到春天鵝鴨都來了，孛端察兒將他的黄鷹餓着，放飛拿得鵝鴨多了，吃不盡，挂在各枯樹上都臭了。……夜間不知那裏宿。但見西北風起時，鵝鴨的翎毛似雪般刮將起來。①

孛端察兒故事在《祕史》成書前也許曾長期口頭流傳，雖传自中世蒙古，可以幫助我們推想更早以前中亞"突厥先民"初習鷹獵術的情形。愛潑斯坦認爲鷹獵是一種精巧、複雜的狩獵技術，不可能爲原始狀態的民族所掌握，②此文本則爲一反證。

一般而言，在彼此相鄰或有海陸交通綫連通的地域之間，動物馴化傳播的機率就會大很多。反之，美洲印第安人由於與其他文明隔絶，在新大陸發現時似仍無馴養獵鷹的記録。由於自然界中鷹隼屬分布廣泛，這種傳播可以是李約瑟等人所討論過的"激發性傳播"，其間媒介或許是行走各地的商旅，筆者在《大正藏》中檢得二例：

《中阿含經·教曇彌經》："世尊亦再告曰。曇彌。往昔之時。此閻浮洲有諸商人。乘船入海持視岸鷹行。彼入大海不遠便放視岸鷹。若視岸鷹得至大海岸者。終不還船。若視岸鷹不得至大海岸者。便來還船。"

《文殊師利菩薩及諸仙所説吉凶時日善惡宿曜經·二十七宿所爲吉凶曆》："估客上道，商主過磧。調伏畜生，教習鷹犬。"

《阿含》等小乘諸經據説成文於佛滅後一百年内，如漢譯無訛誤，時印度行商已掌握馴鷹的技術。佛教密宗立派很晚，但收入密教部的若干雜密經咒寫成較早，仍可見出次大陸西北及中亞民俗古風。③

中亞、西域民族的遷移也是促成傳播的因素。西元一世紀前期，東漢立國之後，重新辟通西域，同時北方殘破，羌、胡、氐及鮮卑、烏桓大批入西北、東北内地雜居，"風物景象，與西漢迥乎不同"，譚其驤先生在《何以黄河在東漢以後會出現一個長期安流的局面——從歷史上論證黄河中游的土地合理利用是消弭下游水害的決定性因素》一文中有詳盡的分析。耿恭、竇憲作爲軍事將領，都曾出塞作戰和在西北境領兵。據《後漢書·西羌傳》，發現鷹獵畫像磚的四川廣漢也是先秦羌人重要的活動區域，有所謂"廣漢羌"的專稱，東漢初羌人曾大批内屬。也許蜀人沾染外民族的風尚之後，遂有此掮鷹放鷂之新法。

---

① 佚名著、沈曾植注：《元朝祕史》卷一，《敬躋堂叢書》，古學院民國三十四年(1945)刻本，第五葉。

② Hans J. Epstein: *The Origin and Earliest History of Falconry*, Isis, Vol. 34, No. 6. (Autumn, 1943), pp. 498.

③ 爱潑斯坦提到公元二世紀印度《摩奴法典》有段落説到馴鷹人，其史源可追溯至公元前三世紀。參見上引文，pp. 499。

古代朝鮮的鷹獵史，白鳥庫吉在《本邦の鷹匠起原傳説に就いて》一文也曾考及，引《三國史記》卷二五《百濟紀》阿莘王條"及壯志氣豪邁，好鷹狗"條，認爲是史書最早記載，時當公元 392 年。不過《三國史記》上代部分不盡可靠，更可靠的是同書中公元 599 年"下令禁殺生，收民家所養鷹鷂放之"的記載。而百濟王朝源出東北大陸，"由於無論如何没有證據證明三國時代的韓人是從阿勒泰民族那獲得這項技術，所以可以肯定他們一定是從世代相傳的漢人那裹得到這一技術的"。①

東鄰日本的馴鷹術，一般認爲是從中土傳入。據《日本書紀》，鷹狩（放鷹術）約在四世紀經由朝鮮半島引入日本。《書紀》卷一一仁德天皇四十三年（355）九月庚子朔："依網屯倉阿弭古捕異鳥，獻於天皇，曰：'臣每張網捕鳥，未曾得是鳥之類，故奇而獻之。'天皇召酒君示鳥，曰：'是何鳥矣？'酒君對言：'此鳥之類，多在百濟。得馴而能從人，亦捷飛之掠諸鳥。百濟俗號此鳥曰俱知。（是今時鷹也。）'乃授酒君令養馴，未幾時而得馴。酒君則以韋緡著其足，以小鈴著其尾，居腕上獻于天皇。""是日，幸百舌鳥野而遊獵。時雌雉多起，乃放鷹令捕，忽獲數十雉。""是月，甫定鷹甘部，故時人號其養鷹之處曰鷹甘邑也。"藤原佐世（828—898）《日本國見在書目》五行家著録《新修鷹經》三卷，不著撰者。《古典籍總合目録》（国文学研究資料館編，岩波書店，1990）放鷹類著録《新修鷹經》三卷一册，嵯峨天皇（786—842）撰，成書於弘仁九年（818）。②既名"新修"，當有原本《鷹經》爲本，很可能就是《舊唐書・經籍志》、《新唐書・藝文志》農家類著録的《鷹經》一卷，或《崇文總目》藝術類著録的東川白氏《鷹經》一卷。成書於公元八世紀的《古事記》也有獵鷹來自朝鮮的類似傳説。大正十五年（公元 1926 年）白鳥庫吉在《本邦の鷹匠起原傳説に就いて》一文中，考釋前引《書紀》中"俱知"鳥名，認爲並非出自古朝鮮語，而可能有突厥語、通古斯語或漢語語源。③據日本學者賀來孝代等對陶器等出土器物的記述，相關實物證據最早出現在公元六世紀的墓葬中，其中大和文華館所收藏的一種已被确認爲國家重要文化財。日本獵鷹多繫以鈴，與他國不同。④

中、日、韓史書中有不少有異國外族"獻鷹"的記載。如《三國史記》中《高句麗本紀》大祖大王六十九年記有肅慎使獻白鷹，時當東漢建光元年，即公元 121 年。白鷹一類的貢品主要具有政治上的象徵意義，有似"楛矢石砮"，不太可能象元代進貢"海東青"用於行獵。

---

① 爱潑斯坦提到公元二世紀印度《摩奴法典》有段落説到馴鷹人，其史源可追溯至公元前三世紀。參見上引文，第 73 頁。

② 以上引文據孫猛先生賜示的《日本國見在書目校證》未刊稿中《新修鷹經》條。

③ 白鳥氏認爲，漢語中與"俱知"鳥名對應是"鶻"。引字音日本讀作"kotu"，安南（越南）讀作"cot"，另外，從唐代用"回鶻"來稱呼鐵勒的一支這一點來看，幾乎可以肯定"鶻"字也發成"gut"或"hut"，從《日本書紀私記》注中"兩字急讀爲'屈'，百濟俗稱鷹爲'俱知'"的記載來看，"俱知"二字也可以讀成"屈"這個音。參見《白鳥庫吉全集》第二卷"日本上代史研究下"，岩波書店，昭和四十五年版，頁 66—67。

④ 賀來孝代：《鵜飼・鷹狩を表す埴輪》，《古代》第 117 號，2004 年 12 月，第 83—105 頁。原文承耶魯大學圖書館鈴木啓了惠示。

三、餘　　論

“牽黄擎蒼”的鷹獵場景，在中古、近古的北方中國並不鮮見。在成爲詩文描述的對象後，由於文士遣辭多引用故典而不求纖密，所取的時間上限，不免有“層累”向前推移的情形。宋代印刷術盛行以前被認爲是鈔本時代。書經三寫，時有歧訛，今人辨證異文，往往掃塵不盡。當然，近現代受過科學訓練的東西方專家有意無意的誤讀則有更爲複雜的因素。如前文所考，準以上古華夏民族實際的活動範圍，其發端當在公元之初兩漢之際，西周晚期毛公鼎時代並無相關史跡，在戰國後期李斯居處的河南也鮮有行世的可能。“説有易，説無難”，是歷史考據的“鐵律”，不過以中國腹地古代文獻存世的完整迄無間斷，金石、考古實物的豐富，其間文本考訂與辭源學、史源學方法參合並用，我們完全可能就一定時段、地域作出可靠判斷。這些判斷，反過來可以爲我們認識若干古書真僞或寫定時間提供輔證。

前引諸家説對鷹獵發源、傳布的歧異，很大程度上是對“中國”、“中亞”地域概念的認知和表述不同所造成。中國疆域内外緣特定區域所謂“四裔”蠻荒之地的情狀，受文獻無徵和語言工具之限，有賴於田野調查和科技考古方法的應用，確如聞宥先生所説“非加窮治，不可得確論”，希望治邊疆民族史、中西交通史乃至語言史、動物學史的學者建立此一課題的問題意識，賡續前賢，得新創獲。

鷹獵與中國北方胡化問題的關聯，又是一個中古史上饒有興味的問題。如以胡族臂鷹爲對象的陶俑曾在湖南等地出土，漢語中“鶻”等語彙也可能有外來語語源。①鷹獵流行區域的擴大和收縮，可能又涉及古代氣候的長期變化周期。竺可禎先生在《中國五千年氣候變遷》一文中，以物侯實例，論證了東漢至南北朝正是一個持續氣溫較低的歷史時期。②

此外，古人研習辭章之學，於自家取徑得力處，常常祕不外宣，對“誤典”的繫聯考察，往往可憑此“胎記”，窺見不顯見的“教外别傳”。我們考述一則詩文用典，最理想的狀況是确定它最早的出處和形態，了解它在流傳、被接受過程中的各種異變情況，並進而尋究其中因果環節，使之成爲更爲豐富的文化研究的有機組成部分。陳寅恪先生在《致沈兼士書》中提出“凡解釋一字即是一部文化史”，擬類其倫，我們可以認爲“凡(充分)闡釋一典故即是一部文化史”。這也是本文不辭“不賢識小”之譏，穿穴鑽味其中的旨趣所在。

---

① 前引白鳥氏所作對音勘同，尚有可補：鶻字字源，唐人已然存疑。張九齡《鷹鶻圖贊序》：“鳥之鷙者曰鷹曰鶻。鷹也名揚於尚父，義見於《詩》。鶻也迹隱於古人，史闕其載。豈昔之多識物亦有遺，將今而嘉生，材無不出，爲所呼之變，與所記不同者耶?”(《四部叢刊》本《唐丞相曲江張先生文集》卷十七)按《爾雅·釋鳥》已有其字，指稱鷹隼則始於六朝。《漢語大詞典》編纂處的徐文堪先生在答復本人詢問時，认爲“鶻”字字音可能来自伊朗語等外族語。

② 竺可楨：《古今氣侯變遷考》，《天道與人文》，北京出版社 2005 年版，第 47—99 頁。

《商君列傳》中的悲劇解析

□林素英

［摘　要］ 司馬遷基於特殊的著作立場，因而《史記》中所選取之歷史人物，多具有程度深淺不同之悲劇色彩，展現人類文化中，令人低迴不已、掩卷長嘆，然又揮之不去之悲劇氣息。其中尤以輔佐秦孝公以致國富兵强之商君，其一生自離鄉背井委身事人，至言出令行權傾一世，卒至作法自斃，身受車裂之刑，可謂爲典型之悲劇人物。職此之故，本文將深入《商君列傳》之文本，並對照《秦本紀》以及《商君書》所載，解析司馬遷如何以叙事文學之角度，分别從商鞅一生中的漂泊、乘風破浪、勇敢掌舵、威權下的危機、清醒與執迷等不同階段進行討論，一方面展露商君個人之悲劇性，另一方面則呈現人世間到處充滿"變"與"幻"交織而成的複雜文化現象。

［關鍵詞］ 商君列傳；商君書；秦本紀；悲劇；叙事文學

［作者簡介］ 林素英，臺灣師範大學國文系教授

一、前　言

司馬遷撰寫《史記》，無論在肉體或者心靈都遭遇極大之痛苦與磨難，唯有抱持其書足以"藏之名山，傳之其人"，且可達到"究天人之際、通古今之變、成一家之言"之最高目的，方可以支撑其隱忍苟活於世之力量，且義無反顧地"述往事，思來者"。①基於此寫作背景，司馬遷遂在上下兩千多年的歷史中，採取通史爲書之方式，挑選影響歷史發展之重要歷史人物，以紀傳文學之體裁爲之作傳，藉《春秋》之史筆，通過"一家之言"之方式，以展現其歷史觀。由於其著書之最高目的在於深究古今天人之變，因而所選取之歷史人物，並非僅僅止於傳主本身個人事蹟之紀録，而是在歷史脈動中具一定程度的發展意義，而位居歷史活動之關鍵地位者。

綜觀《史記》雀屏中選之歷史人物，多半具有程度深淺不同之悲劇性，②使讀者在掩卷之餘，油然興起令人低迴不已之長嘆，産生久久揮之不去之悲劇情懷。然而因爲人能超越悲劇所帶給人的苦痛，且懂得從中轉化出深邃的生活智慧，因而可以開創内涵更豐富之人類文

① 其詳參見漢・司馬遷：《報任安書》，收入韓兆琦：《史記選注匯評・附録》，文津出版社，1993年版，從該信中，可以歸納其撰寫《史記》之動機有三：稟承父親遺志，上法孔子作《春秋》之精神，抒發個人悲憤之情。

② 其詳參見韓兆琦：《史記博議》，文津出版社，1995年版，第184—185頁。韓氏概括《史記》中的悲劇人物具有三個特點：其生平經歷具有突出的社會意義，其遭遇悲慘，其悲慘之遭遇足以激起人們對正義之同情或對邪惡勢力之憤慨等情緒。韓氏還統計《史記》全書描寫大大小小的悲劇人物，大約有120多個。另外，尚可參考韓兆琦：《史記選注匯評》《史記評議》，"史記的寫人藝術"該節。

化，足以令人深省。《商君列傳》即是此類名篇。

商鞅（前390？—前338年），①作爲法家中重“法”一派的典型代表人物，又因“作法自斃”而結束其一生，固然歷來唾罵商鞅者有之，②然而客觀稱其功者自亦有人。③觀察商鞅自離鄉背井委身事人，至言出令行，輔佐秦孝公成就國富兵强之大業，旋而又至作法自斃，身受車裂之刑，堪稱典型之悲劇性人物。深思之，商鞅留給後世的，絶非僅僅“作法自斃”之大戒而已，其昭然若揭者，在“徙木立信”④以及“徒法不足以自行”所富含之深刻意義外，尚不知凡幾。固然司馬遷批評商鞅爲“天資刻薄人”，也認爲其“卒受惡名於秦”，頗有罪有應得之味道，然而當其叙述商鞅變法，卒使秦國富强，亦明白展現其治秦之功，故知商鞅之功過，實不能簡單視之。職此之故，本文將深入《商君列傳》之文本，探究司馬遷如何從叙事文學之角度，以其“一家之言”之寫作方式，⑤藉由生花妙筆之串聯，生動地勾勒人物與事件的複雜組合，透過商

---

① 商鞅之生年，史無明載，今根據錢穆：《先秦諸子繫年・通表之部・附表第三・諸子生卒年世約數》，東大圖書公司2008年第二版，第687頁所載。

② 舉例言之，唾罵商鞅者：《史記・商君列傳》，見於瀧川龜太郎：《史記會注考證》，洪氏出版社1977年版，第896頁：“太史公曰：商君，其天資刻薄人也。……卒受惡名於秦，有以也夫！”蘇軾：《蘇東坡全集・續集》下册，卷八《論商鞅》，收入楊家駱主編：《文學名著》第6集，世界書局1969年再版，第257—258頁：秦之所以富强者，孝公敦本力穡之效，非鞅流血刻骨之功也。而秦之所以見疾於民如豺虎、毒藥，一夫作難，而子孫無遺種，則鞅實使之。……用商鞅……之術，破國亡宗者皆是也。張耒：《張耒集》下册，卷三九《商君論》，中華書局1997年版，第644頁：蓋始皇之王，自商君啓之，而世之議者以爲秦以商君而興，而不知商君之術，是秦之所由亡也。楊慎撰，楊有仁編：《升庵先生文集》卷四七《小司馬索隱注誤》，萬曆辛丑二十九年（1610）王藩臣秣陵刊本，此書爲國家圖書館收藏的善本書，不著出版社，第4頁：鞅之術無他，獨恃告奸而止耳，……此秦俗所以日壞，至于父子相夷，而鞅不能自脱也。姚鼐：《惜抱軒全集・文集》卷一《李斯論》，收入《四部備要》集部第1册，中華書局，1965年版，第7頁：雖李斯助之，……而爲商鞅之學，掃去三代先王仁政，而一切取自恣肆以爲治。……行其學而害秦者商鞅也。

③ 舉例言之，客觀稱其功者：司馬遷雖責備商鞅刻薄，但也不能不客觀叙述其變法有成之一面。王安石：《臨川集》第2册，卷三二《商鞅》，收入《四部備要・集部》，中華書局1965年版，第7頁：自古驅民在信誠，一言爲重百金輕。今人未可非商鞅，商鞅能令政必行。宋・葉適：《習學紀言序目》卷二〇《史記》，收入王德毅主編：《叢書集成續編》第16册，新文豐出版公司1989年版，第472頁，也認爲“凡行於後世者，增損厚薄，微有不同，大抵皆鞅之遺術也，何獨彼之非乎”！

④ 《韓非子・内儲説上・七術》，見於清・王先慎：《韓非子集解》，北京：中華書局1998年版，第229頁，載有吴起爲西河守，欲攻臨境之秦亭，於是以徙車轅於北門外，下令有能徙於南門外者賜之上田上宅。果有徙之者，而賜之如令。再以一石置東門外，有能徙於西門外者，令得賜如初；而人争徙之。於是下令攻亭，一朝而拔之。《呂氏春秋・似順論・慎小》，見於陳奇猷：《呂氏春秋校釋》，上海：學林出版社，1984年版，第1681頁，載有吴起治西河，欲諭其信於民，言有僨南門之外表者仕長大夫，一人往試而爲長大夫，於是民信吴起。瀧川資言針對先秦此相關記載，於《史記會注考證・商君列傳》，第893頁，認爲“商鞅初遊魏，豈襲吴起故智乎？抑一事兩傳，亦未可知也。”姑且不論“徙木立信”是否始創於商鞅，或蜕變於吴起，乃至於或者各自爲之，重要的則是説明爲政者示“信”於民，對於貫徹政令是絶對重要的。

⑤ 本文乃從中國史傳文學之叙事角度，對相關文本進行解析，以呈現悲劇性文化之色彩，僅在適當時機引用西方學者對“悲劇”之定義，説明中國古代雖然並未使用“悲劇”之語詞，然而人們對於“悲劇”之感受，卻可以超越古今，也可以跨越國際的。本文在“2009叙事文學國際學術研討會”宣讀時，特約討論人曾提及西方文學理論對於悲劇之定義、藝術概念以及悲劇文化之凸顯等問題，則爲另一個切入此問題討論之角度，可提供有興趣者作不同的深入研究。

鞅個人的生命悲劇,使其悲劇産生足以爲後人戒儆或模仿之效果,而成就人類生命智慧之新頁,且又深深蘊藏"究天人之際,通古今之變"之内涵於其中。

因此本文之論述,一以傳主一生之重要事件發展爲經,而以其他相關之人事爲緯,從人與事的交錯進行中,體現商鞅在當時以及留給後世的影響與震撼力,同時隨文解析司馬遷對於商鞅此一悲劇性人物深刻入微的細膩書寫,並指出其高潮迭起的寫作所藴涵之深義。從《商君列傳》叙述商鞅之身世開始,以至其遭受車裂滅族止,劃分其一生爲注定漂泊、乘風破浪、勇敢掌舵、威權下的危機、清醒與執迷等五大重要發展階段。前三階段主要叙述商鞅生命悲劇之醖釀過程,後兩階段則爲其生命悲劇之核心,叙述商鞅與當時複雜的之政治局勢所形成的矛盾衝突,以及與醜陋之人性嚴重糾葛現象。全文參照《秦本紀》與《商君書》所載,論述如下:

二、以漂泊拉開悲劇性人生的序幕

按照紀傳體的本色,《商君列傳》一開始即簡介傳主之生平,然而在要言不煩却又高潮迭起之描述中,已隱約透露其一生交織着諸多幸與不幸的命運:商鞅雖有幸而生在貴族世家爲公子,其祖姬姓,與周王室關係密切,擁有公孫氏以爲姓的耀眼光環;然而又何其不幸地並非嫡長子,而僅爲衛之諸庶公子之一。按照周代宗法繼承制度,商鞅之出身已注定其無法在衛國繼承君位,更因其好爲刑名之學,與周家强調親親、尊尊之情義者差距極大,導致胸懷抱負愈遠大者,愈無法在深受周代宗法禮制思想影響之國度一展長才,於是遊走他國以另尋更好的機緣,似乎已成爲其無法逃避的命運。

商鞅離衛而轉赴魏國,以並不甚高的中庶子之職事奉魏相。雖然商鞅有幸爲魏相所賞識,以之爲治國奇才;然又何其不幸,在魏相公叔痤尚未來得及向國君極力推薦商鞅之才能時,公叔痤即已卧病不起。更不幸的,則是當魏君親臨探問相位之後繼人選,公叔痤竟在舉薦商鞅不成後,轉而爲諫殺商鞅。然而弔詭的是公叔痤竟然在事後,還大言不慚地抬出"先君後臣"之標誌,告知商鞅稍早之前與魏君之談話,卒又因與商鞅多年之私情,轉而催促商鞅迅速逃命。①

當一般人遭遇此突發的風雲變幻狀況,必定會感到極端錯愕、焦慮與恐懼,深深抱怨命運多乖而感覺忿恨難平。然而高度理智與冷静的商鞅竟毫無所動,因爲他確信魏惠王既然不聽信公叔痤之言而重用他,自然也不會因而殺害他。其後,司馬遷再透過魏惠王對公叔痤病中所言表示"悲乎"以及"悖哉"之感歎,②反襯出商鞅具有臨危不亂之鎮定以及料事如神之智慧,正是其日後能成就變法大業的重要特質。既然商鞅在魏國之發展已注定無望,因而繼

① 凌稚隆輯校,李光縉增補:《史記評林》卷六八,天津:天津古籍出版社 1998 年版,第 5 册,第 96 頁,記録王元之曰:"凡爲社稷之臣,計安危之事者,在任賢而去不肖而已。且鞅果賢也,可固請用之;果不肖也,可固請殺之。用,則爲國之實;殺,則去國之蠹。烏有始請用,中請殺,而終使逃者?得爲心乎由是?知先君後臣之説,誠無稽之言也!"

② 此段商鞅變法前之背景,其詳參見,司馬遷:《史記·商君列傳》,第 891 頁。

續漂泊已成爲其生命中無法迴避的旅程。

三、抓住浮木以乘風破浪

當秦孝公下令求賢以修復其先祖繆公之霸業,確實爲商鞅之漂泊旅途出現一塊大浮木。爲抓住此機會,商鞅先因孝公之寵臣景監以求見,①而此舉已見其爲求達到目的不辭卑下以進之決心。繼之,透過向孝公進獻帝道、王道以及霸道之機會進行層層刺探,②以便對孝公"因材施教"且"因勢利導"。商鞅從孝公聽講態度之反應,先是"時時睡弗聽",進而爲"益愈,然而未中旨",再來,則"孝公善之而未用也",終於大約可以猜到孝公之心思,也有把握孝公必然再次召見自己。於是當商鞅復見孝公,公與語,竟然"不自知膝之前於席也",甚且還"語數日不厭",且又自言"賢君者,各及其身顯名天下,安能邑邑待數十百年以成帝王乎?"至此,商鞅已完全確信孝公之興趣在於霸道,且以迫切追求現世功名爲積極目標。既然孝公意在獲取近利之功名,故而商鞅決定以彊國之術説服孝公。在變法之動機與目的都相當明確,却又極度狹隘與受限之下,司馬遷再透過商鞅簡短一句"君大説之耳,然亦難以比德於殷、周矣!"③預卜商鞅變法之大業終究無法與殷、周相提並論。

孝公三年,孝公雖已有"吾欲變法以治,更禮以教百姓"之心,然而面對如此驚天動地的邦國大事,仍恐遭天下議論,於是特開闢一場變法辯論以昭公信。此場廷議之結果,即成爲決定商鞅變法之轉捩點,④但也悄悄展開其毀滅性人生之序頁。廷議中,甘龍以及杜摯爲保守派,遵從周初以來禮教法度,商鞅則爲欲變舊法之改革派。一開始,商鞅即先發制人,以"疑行無名,疑事無功"一語道破唯有果斷者能成功,狐疑者則一事無成,直接刺入孝公之心,以堅定其游移不定之意志。繼之,再推出"有高人之行者,固見非於世;有獨知之慮者,必見敖於民。愚者闇於成事,知者見於未萌。民不可與慮始,而可與樂成。論至德者不和於俗,成大功者不謀於衆。是以聖人苟可以彊國,不法其故;苟可以利民,不循其禮"⑤的冠冕説辭

① 《史記·商君列傳》,第895頁,記載趙良首先批評其"因嬖人景監以爲主,非所以爲名"而鄙視之。班固:《漢書·司馬遷列傳》,北京,中華書局1962年版,第2727頁:"禍莫憯於欲利,悲莫痛於傷心,行莫醜於辱先,而詬莫大於宮刑。刑餘之人,無所比數,非一世也,所從來遠矣。昔衛靈公與雍渠載,孔子適陳;商鞅因景監見,趙良寒心;同子參乘,爰絲變色:自古而恥之。夫中材之人,事關於宦豎,莫不傷氣。況忼慨之士乎!"

② 《史記評林》卷六八,第97頁,載董份曰:"衛鞅非説以帝王之道。蓋先以迂闊久遠之事使秦王之心厭,以益堅其用伯之志,見伯之效速耳。"邵寶曰:"古之遺人物者必有所先。商君之言帝王也,其亦若將以爲先者耳!不然,則將固孝公之心,而以是嘗焉。再嘗之,而知其心之必在於富强也,故一語而輒合。蓋商君於富强之術深矣!"

③ 此段商鞅對秦孝公之試探,其詳參見司馬遷:《史記·商君列傳》,第892頁之精采叙事。

④ 司馬遷此段論述乃本於《商君書·更法》而稍加節録重點,該篇所論成爲商鞅變法之最重要根據,欲知其詳者,可參見《更法》之内容。

⑤ 司馬遷:《史記·商君列傳》,第892頁。

加强立論。商鞅透過强而有力的正反論説，對比智愚與聖俗治國之不同，提出聖人治國乃以彊國利民爲目的，而不應闇於故法與舊禮，更不應畏懼世俗非議，於是宣示唯有力行大破大立的“變”之政治哲學，方可竟富國强兵之功。從孝公迅速稱“善”，説明商鞅已在心理戰上獲得成功，成功打開“更法”之門的第一道關鍵鎖鑰。

代表保守派的甘龍雖然針對商鞅所言，馬上提出“聖人不易民而教，知者不變法而治。因民而教，不勞而成功；緣法而治者，吏習而民安之”的反駁，可惜面對秦國因循故法所導致的積弱現象，無法提出任何足以服人之論點。因此商鞅迎頭痛擊甘龍之説爲“世俗之言”，並且再以世所稱道的三代之治以及五伯之興爲例，指出“三代不同禮而王，五伯不同法而霸”之事實，説明三代之更迭，正是透過更新治道而展現文化新生命之最好實例。故而商鞅得出“智者作法，愚者制焉；賢者更禮，不肖者拘焉”之結論，且直指所謂“安於故俗”、“溺於所聞”者，皆屬“拘禮之人，不足與言事；制法之人，不足以與論變”①之流的結論，再爲孝公思求變法補上一劑强心針。

繼甘龍展現頹勢之後，杜摯再以“利不百，不變法；功不十，不易器。法古無過，循禮無邪”補上一筆，企圖固守遵循舊法的最後一塊壘包，不輕言變古，以免自己進退失據。然而杜氏此言，終不敵商鞅“治世不一道，便國不法古。故湯武不循古而王，夏殷不易禮而亡。反古者不可非，而循禮者不足多”凌厲之攻勢，而無招架之功。

經過此來回論戰，更增强孝公變法之決心。從孝公再次稱“善”，代表其決定擺脱俗世所拘，也不再猶疑爲天下議。當孝公正式宣告墾草之令，也代表商鞅即將展開乘風破浪的變法大業。

四、勇敢掌舵揚帆前進

商鞅變法大抵可分爲兩階段：初期，應以開墾荒地、獎勵農耕之辦法爲核心内容；後期，則以開阡陌、獎勵軍功，且進而從事征戰以擴大國家版圖爲主。不過，在變法之前，商鞅非常清楚地理解取“信”於民對於貫徹政令是絶對重要的，因此不論商鞅是否爲“徙木立信”故事之原創者，司馬遷記録商鞅“徙木立信”之事，乃是保證其變法成功絶對必要的條件。該行爲與孔子所謂“民無信不立”相吻合，②説明爲政者必須取信於民，乃跨越各家各派的門户之見，屬於所有爲政者必備之首要條件。

司馬遷扼要介紹商鞅變法初期，爲講求墾荒與農耕事業之切實有效，還搭配相關之行政法令，以推動國家制度化，具有客觀呈現商鞅治國本事之作用：設什伍連坐法，使彼此互有告

① 其詳參見《商君書·更法》，見於朱師轍：《商君書解詁定本》，華正書局 1975 年版，第 2—4 頁。

② 《論語·顔淵》，見於魏·何晏集解，宋·邢昺疏：《論語注疏（附清·阮元校勘記）》，藝文印書館 1985 年版，第 107 頁：“子貢問政。子曰：‘足食，足兵，民信之矣。’子貢曰：‘必不得已而去，於斯三者何先？’曰：‘去兵。’子貢曰：‘必不得已而去，於斯二者何先？’曰：‘去食。自古皆有死，民無信不立。’”

姦與督責之義務，建立嚴密之糾舉組織網；民有二男以上須行分家勞動，以加强農耕生産力；建立軍功授爵制，而私門者則受刑罰，鼓勵人民勇於公戰以消滅私鬥之亂象；生産農桑豐厚者可免除徭役，而從事工商末業或怠惰農耕者，則將其收編爲奴婢；嬴姓宗室者亦必須接受軍功制之規範，並依照軍功大小以建立尊卑爵秩等級，且各依爵位決定其所能擁有之田宅等各項福利。①變法初行期年，國都之人深感不便者數以千計，太子亦在犯法之中。②商鞅遂刑太子之傅與師，於是秦人皆畏而趨令。行之十年，而變法之功已經非常明顯，秦國呈現"道不拾遺，山無盜賊，家給人足。民勇於公戰，怯於私鬥，鄉邑大治"之局面，於是孝公擢升商鞅爲大良造，正式進入變法後期。

變法後期，商鞅之重要政治建樹表現在遷都咸陽，修築宮廷門闕等。此相關建設，凸顯其具有卓越之政治眼光，無論都城之格局或御道之規劃，都使秦國展現泱泱大國之規模。在内政部分，禁止父子兄弟同居一室以别男女，廢除卿大夫等之封地制，改設 31 縣，且爲之設縣令、縣丞，並進行開阡陌、平賦税以及統一度量衡之制度。前後約再歷經八年的努力，變法大成，秦國富强已成爲天下人有目共睹之事。天子正式致胙孝公，表彰其統一西戎之功，象徵對秦國高度重視之意，其他諸侯亦紛紛祝賀，秦國已躍居戰國時期强國之地位。司馬遷透過客觀之叙述以呈現變法之大要及其成果，具有史家見證歷史的存真作用，也相對彰顯史家不以個人情感之嫌惡，而對於歷史人物一味口誅筆伐之理性精神。

此外，變法後期的商鞅，已從鞏固内政逐漸發展爲以軍事行動擴大國家版圖的政策。先是將兵圍魏而得到勝利，展露其軍事方面的才能。其後，在齊敗魏軍於馬陵，龐涓戰亡，魏國轉弱之後，向孝公詳加論述秦魏兩國之實際利害關係，勸説孝公把握時機伐魏以成大業，可見其能洞悉當時的國際局勢。孝公以爲是，遂以商鞅爲將伐魏。商鞅設計詐盟，然後以伏兵輕擒魏將公子卬，再敗魏軍。商鞅可謂靈活運用《老子》"以奇用兵，以無事取天下"③之思想概念，以最少之傷亡在最短的時間内獲得大勝，逼使魏遷都大梁，魏惠王改稱梁惠王，成爲戰國時期的重要大事之一。

司馬遷透過梁惠王深深悔恨其不用公叔痤之言，以及孝公喜而封商鞅於商十五邑，號爲商君（後世因此習稱公孫鞅、衛鞅爲商鞅）的强烈對比，一方面彰顯公叔痤能慧眼識才與魏惠王昏庸不能用人之失，另一方面則相對表彰商鞅戰略技術之運用具有獨到之處。不過，"物極必反"的衰變，也在商鞅日漸發達的人生旅途中悄悄進行。蓋老子早已指出所謂佳兵者，

---

① 商鞅變法前後期之大事，其詳參見《史記・商君列傳》，第 893—894 頁。至於《商君書・墾令》，第 5—9 頁，對於當時之"墾草令"則有更詳細之説明，闡述國君可運用嚴峻之命令、刑罰與苛税等各種手段壓抑工商，杜絶游食與怠惰勞動者，裁抑貴族專恃世襲而不事生産的惡勢力等等二十種方法，驅使人民不得不努力從事農耕，以積極促使國内的荒地盡得開墾之利。

② 根據錢穆：《先秦諸子繫年・商鞅考》，第 261 頁之考證，以年齡推斷，孝公即位之年僅有 21，則孝公六年之時，太子之年尚幼，因而認爲當時之太子不可能犯法，且文中未稱"太子幼弱"，可見太子犯法不在商鞅任左庶長之時，商鞅刑公子虔應在孝公十六年。

③ 《老子》第 57 章，見於樓宇烈校釋：《老子周易王弼注校釋》，華正書局，1983 年版，第 149 頁：以正治國，以奇用兵，以無事取天下。

乃不祥之器，即使不得已而發動戰争，尚且還須以喪禮之方式處之，[①]藉此提醒將帥應盡力減少雙方之傷亡至最低程度。因此司馬遷雖不言商鞅征戰之能力，然而深思之，實以客觀叙述戰事之方式，蘊藏商鞅之軍事才能；不過，却也在叙述中相對呈現商鞅"過於忍"而近乎"無情"的人格特質（詳後"執法違背情理"與"以詐勝魏"節）。

商鞅輔佐孝公以成秦國富强之大業，前後約計18年。在此期間，商鞅成爲秦國最重要之掌舵者，帶領秦國上下走向遵從法令之國家。在專憑法規是從的制約下，商鞅在秦國國勢險惡之茫茫大海中，勇敢擔當一國之舵手，使原本處於風雨中的一艘破船，經過多年的努力，不但能持續揚帆前進，而且其船身還陸續汰舊换新。秦國在戰國時期群雄競相以争戰爲功的時局中，能成爲一艘攻擊力十足的戰鬥艦，商鞅之功實不可没。

五、威權顯赫所隱藏的危機

司馬遷客觀叙述商鞅變法的豐碩成果，可謂相對肯定其勇敢掌舵之能力與堅定毅力。然而在描述過程中，又不忘隱約透露商鞅在把秦國推向富强大國，同時也使自己走上威權的顛峰之際，其實已經爲自己埋下許多地雷，日後只要有人稍稍觸動引綫，馬上可以置自己於粉身碎骨之境地。司馬遷對商鞅一生的細膩描述，表面上雖然在寫商鞅個人的危機，然而其文字張力，已凸顯人類傾其一生精力不眠不休地奮鬥，其過程中必須承擔極大的風險，同時更引導世人必須認真思考，個人所付出的代價與其成就應如何達到穩當平衡。由於歷史學家的重要目的之一，乃在於促使世人經由歷史事件以收鑑往知來之效果，因而極注重歷史改革者之報導。因爲藉由叙述改革者對於當時時勢之"破"與"立"之過程，更能凸顯改革家因爲强勢主導歷史所導致之影響，往往使其他關係人産生志願性或被迫性的人生大變動，致使在許多錯綜複雜的事件中，不斷與人産生利害衝突的劍拔弩張之狀況，也促使許多人事的"易位"問題，造成許多不同程度的社會悲喜劇，留給後世戒鑑或仿傚之榜樣。

商鞅一生的際遇，其實可從懷海德(A. N. Whitehead)一段有關悲劇的説明得到一些印證：

> 我想提醒一句，悲劇的本質並非不幸，而是事物無情活動的嚴肅性。但是命運的這種必然性，只有透過人生中真實的不幸遭遇才能説明。因爲只有透過這些劇情才能説明逃避是無用的。這種無情的必然性充滿了科學思想。物理的定律即是命運的律令。[②]

商鞅一生的不幸遭遇固然不乏咎由自取之成分，然而，在當時國際情勢中，秦國明顯處

---

① 《老子》第31章，《老子周易王弼注校釋》，第80頁："夫佳兵者，不祥之器，物或惡之，故有道者不處。……吉事尚左，凶事尚右。偏將軍居左，上將軍居右。言以喪禮處之。殺人之衆，以哀悲泣之，戰勝，以喪禮處之。"

② 懷海德(A. N. Whitehead)："Science and the Modern World"，傅佩榮譯：《科學與現代世界》，黎明文化事業公司1981年版，第12頁。

於嚴重劣勢，緣於孝公之追求及身功名，爲求旋乾轉坤，商鞅僅能堅持變法，且必須保證變法能成功。由於必須先對秦國的政局進行大破壞，尤其必須剥奪許多既得利益者之好處，導致商鞅日後多方樹敵與遭遇横逆。商鞅身遭車裂之刑，既是無情的政治現實，也是冷酷命運發展的必然。從某種程度説，商鞅的生命結局，從選擇實現孝公之及身功名開始，其所作所爲即可説是遵從物理定律而向前疾駛，成爲牢不可破之命運律令。概括商鞅將自己一步步推向悲劇的過程與緣由，藉由司馬遷特殊的史筆，較顯著的有：

（一）得罪權貴威權

得罪太子黨等權貴勢力，是導致商鞅粉身碎骨最主要之原因，然而如此因爲貫徹執法而自陷險境，卒至以身殉法，實爲他最無辜的地方，也相對凸顯其一心强秦的令人敬佩之處。所謂"法之不行，自上犯之"，商鞅明白宣告歷史中近乎荒唐却又極嚴肅的事實與真理，也是古今中外近乎無解之難題。然而該現象並不因爲時空環境已跨越兩千多年而有太大的突變！歷史上膽敢挑戰權貴之惡勢力者，即使所抗争之議題在日後有可能形成某種程度之轉變，然而首當其事者，幾乎難逃壯烈犧牲之命運。因此所謂"悲劇的本質並非不幸，而是事物無情活動的嚴肅性"所凸顯的，就是即使絶大多數的人都會理性地認同權貴之威權應該受到限制，然而權貴之威權，却始終反覆出現，且經常嚴肅地主導歷史悲劇的發生，成爲亙古的歷史悲劇本質。總括商鞅之從政，無情地打擊權貴威權，以謀求貴族與平民的平等，且爲奴隸之翻身規劃管道，最終竟遭受權貴毁滅性的反撲，堪稱"以身殉法"，乃爲執法而"犧牲小我"，却罕有人爲之垂憐！客觀而言，商鞅的悲慘遭遇，不但已升高其悲劇性之强度，也相對呈現如此不甚正義之現象，在人類社會中，始終周而復始地發生。

商鞅自敲喪鐘，其實自處理太子犯法開始，即已陸續明朗化。所謂"王子犯法，與庶民同罪"在商鞅執法如山的律令下，其實還是有所不同的。此從"將法太子。太子，君嗣也，不可施刑，刑其傅公子虔，黥其師公孫賈"之載，[①]已出現"徒法"是不足以"自行"的，仍需要適度的權宜與轉彎。即便此時之商鞅確已稍作轉彎，轉移施刑太子之法而加諸其師、傅之身，然而仍無法轉移其日後慘遭之厄運。在太子未必領情，其師、傅又首當其刑而懷恨在心之情況下，即便權貴之淫威受制於"法"之强力干預而潛藏不發，然而權貴尋求報復之觸角則在暗地裏延伸，愈是表面上隱忍不露，其蓄積之爆發力就愈可怕。雪上加霜的，則是變法後期公子虔復犯約，致有劓鼻之刑，於是杜門不出長達8年。[②]若再加上祝懽被殺，司馬遷具體指名商

① 其詳參見《史記·商君列傳》，第893頁。再對照《史記·秦本紀》，第102頁，則可知商鞅勸服秦孝公欲使"法"能大行於全國，應自刑於貴戚以樹威開始，於是刑太子之師、傅。

② 根據錢穆：《先秦諸子繫年·商鞅考》，第261頁之考證，商鞅刑公子虔既然應在孝公十六年，則至孝公二十四年薨，正好8年，與趙良所言相符。由於太史公誤爲太子犯法在前，遂稱公子虔復犯約。錢氏之考證固然合理可信，不過太史公之寫法，亦有可能爲求加强文學渲染之效果，故意將刑太子師之事"一事雙寫"，且使其緊接在"令行於民期年，秦民之國都言初令之不便者以千數。"之後，形成變法之初，上下皆深感不便之狀況。因爲連太子都不免犯法，更可加强變法對於全國上下都造成極大困擾之現象。至於寫"公子虔復犯約"，不但可具體加强權貴對於商鞅之恨意，且可據此累積"此仇必報"之決心，而爲其後"公子虔之徒告商君欲反，發吏捕商君"預留伏筆。如此一來，即可以其"一家之言"之文學書寫方式，達到極高之戲劇效果，同時也可因爲戲劇張力之效果，留給後世更多的深思與迴響，促成有心人對於古今天人之變作更深的反思。

鞅對太子黨(公子虔、公孫賈以及祝懽)的陸續刑殺,乃以冰山一角之姿態,襯托商鞅挑戰權貴威權之無情與嚴酷。他如變法中,商鞅不但普遍剥奪秦宗室貴族之既得利益,還加諸勞動之義務與軍功之督求,因而其挑戰權貴是既深且廣的。商鞅大幅度挑戰權貴威勢,其實已將自己推向秦國權貴無所不在的報復網中,一旦機會來臨,這些被宿怨積恨薰昏的權貴,就會對商鞅爆發致命的猛攻。

雖然變法之令因爲商鞅有效打擊權貴而得以大行,卒能成就富强之秦國,不但使秦民大悦,且使天子與諸侯同表祝賀,然而畢竟無以挽救商鞅遭受極刑之悲劇。果不其然,當秦孝公薨而太子立,於是"公子虔之徒告商君欲反,發吏捕商君"。雖然商鞅遭遇此告發與攻擊,的確有自作自受的成分,而且此"無情的必然性"也合乎科學的因果律,然而其中却交雜着極爲複雜的人性之醜陋:太子何曾感念商鞅對自己的"網開一面",更何曾感激商鞅對秦國之貢獻,尤其直接給自己一個富强的秦國!公子虔何曾瞭然於自己代太子受刑雖然未必完全合理,然而能成全國家變法之大局,亦堪稱爲國犧牲!至於公子虔之徒,則代表極廣大的秦國權貴,長期在"總有一天等到你!"的咒怨聲中,以極卑劣的心態伺機報復,而且還要斬草除根、趕盡殺絶!换言之,習於"嚴以律人,寬以待己"的人性,總是檢討别人、苛求對方,甚至於犧牲别人都是振振有詞,而罕有自省過失、坦承不諱,要求自我犧牲的現象。如此卑劣醜陋之人性,還藉由公權力之濫用,公然訴諸群衆暴力,使用極野蠻之五馬分屍手段,徹底毁滅商鞅之肉體而毫無隱諱。

"商君欲反"之罪名,是標準的"欲加之罪,何患無辭"!商君與其徒屬發邑兵北出擊鄭,也是被逼而作困獸之鬥的。至於其結果,則爲意料之中的,商君不敵秦之大軍,兵敗而死。這一切似乎都是寫好的劇本,是命中注定的安排,主角人物無權也無法更動任何劇情,因此任何逃避都是無用的。透過以下評論商鞅之死,可以反應一些類似的感慨:

商鞅的死,與吴起的死情況完全相同,與鼂錯的死也基本相似,都表現了這些才幹之士爲國家做出了傑出貢獻,但却直接或間接地被反動復辟勢力殺害了。而統治者殺害這些功臣的手段、過程,又與漢代殺韓信、彭越、黥布的手段、過程完全一樣,説明這種對功臣先行攻擊殺害,而後再加以"謀反"的罪名昭告天下,是歷代統治者一貫的伎倆。[①]

商鞅、吴起、鼂錯、韓信、彭越、黥布等人,的確都對國家與其所屬王朝有極大功勞,雖然其致死的詳細原因與情況並不完全相同,然而却不約而同地是遭受統治者有意殺害的。司馬遷對於商鞅遭受報復的描述特别詳細,正有藉此反應統治者醜陋嘴臉之作用,同時也隱約宣洩自己遭受"政治迫害"的無辜與悲情。

(二)執法違背情理而大失民心

商鞅爲秦立法自有其根本缺失,然而該問題牽涉到複雜的學術思想,須從《商君書》作較爲完整之討論,司馬遷爲其作傳,僅藉由趙良進諫商鞅之論辯中隱約論及,而非論述主體。至於商鞅執法不近情理之處,則屬自掘墳墓之表現,且足以見其刻薄寡恩之人格特質。司馬遷對於該

① 韓兆琦、張大可、宋嗣廉:《史記研究集成》第3卷,華文出版社2005年版,第201—202頁。

事雖然著墨不多，然而以小可以見大，觀微可以知著，乃“太史公曰”的評論依據之一。

司馬遷簡單透過“令行於民期年，秦民之國都言初令之不便者以千數”以及“行之十年，秦民大説，道不拾遺，山無盜賊，家給人足。民勇於公戰，怯於私鬥，鄉邑大治。秦民初言令不便者，有來言令便者”之前後强烈對比，不但可以證成商鞅在廷議所言“民不可與慮始，而可與樂成”之論點，也證明其“聖人苟可以彊國，不法其故；苟可以利民，不循其禮”之説的確有效。依理而言，變法有成，使原來抱怨新法不便者轉而稱便，應該是可喜可賀者，然而出乎人意料之外的，則是商鞅對於來言令便者，竟然加諸“亂化之民”的“罪名”，且將其盡遷之於邊城。固然商鞅意在樹立法令絶對神聖而不可非議之地位，自有統治者之特殊考量，故而認爲人民只要遵從法令行事即可，而不必多言。然而僅憑此一論點，顯然已難脱“愚民”之嫌，倘若更甚於此者，竟然是“只能”遵從法令行事，“且不能”多言，則政府對於人民之管理，實已近乎機械式嚴格控管，而成爲標準之“物化”現象。其甚者，對於“來言令便者”尚且有徙邊之罰，則若有膽敢“來言令不便者”，其更嚴厲之罪與罰又不知該如何！由此可知其執法已明顯大違人情義理，而“過於忍”之人格特質已昭然若揭，且使其執政近乎恐怖政治，其大失民心，也盡在情理之中。司馬遷再透過“其後民莫敢議令”冷冷一句話結束全段，雖未再多加評論商鞅之作法，然而已足以彰顯其“忍而無情”之行爲，不啻爲周厲王止謗法之變形，同時也爲後文趙良所言“僕請終日正言而無誅，可乎?”埋下伏筆，也預言其失敗，乃事有必至、理所當然，而絶非偶然的。

商鞅雖然大大改善秦國人民之生活，使鄉里大治，人民大爲喜悦，然而鄉民遇到的，竟然是不折不扣的冷血動物商鞅！當滿懷歡欣地稱道變法好者，竟然還會惹禍上身，則相對説明僅能保持緘默，處處噤若寒蟬者，才是明智的保命之道。商鞅如此違背人之常情，難怪後來公子虔之徒誣告商君欲反，完全可以不必顧慮該行動會激怒受惠於變法之功的廣大民衆，因爲民衆的情感早已被冷血的商鞅訓練得麻木不仁，懂得凡事只能依令而行，不能多管閒事。

（三）以詐勝魏而自斷後路

司馬遷叙述商鞅力勸孝公攻魏一事相當仔細，除却客觀彰顯商鞅對於國際局勢相當熟悉，且精於戰略運用之技術外，其實還在於爲其日後落難逃魏，所遭受冷酷的對待作穿針引綫之工作。

若僅僅截取商鞅對於秦孝公鞠躬盡瘁之一段來看，商鞅的確稱得上是公忠體國，且絶無二心；無論其對於秦與魏之利害分析以及運用“以奇用兵”之道（即使以詐取勝並不光明磊落），都一以秦之利益爲考量。偏偏，人並不是只有當下之一段，人不止擁有過去，也擁有未來，而歷史更是延續而非斷裂的；當一個人毫不留情地斬斷所有前緣，同時也已注定其一步步走向自我毁滅之絶境。當然商鞅既已入秦，理應爲秦盡忠，不應首鼠兩端；然而魏惠王對於商鞅，即便不能用其大才能，使其飛黄騰達，然而商鞅身居魏相門下多年，説明魏國確曾提供商鞅“安身立命”之環境。魏惠王不但未迫害商鞅，公子卬還與之有交歡之情，因此平情而論，魏國對於商鞅，雖無極大恩德，但也堪稱尚有舊義。

爲秦計利，固然隸屬人臣者應盡之天職，但是商鞅對尚有舊情義之魏國，則應多考量如何應敵方爲上策。商鞅若以光明磊落之法戰勝對方，在各爲其主之情況下，世人倒也無法以人情道義嚴加苛責之。然而商鞅竟以卑鄙之詐術迫使魏割河西地以求和，且使其僅能遷都大梁以求自保，則商鞅對於魏，實爲無情無義至極，其自絶於魏而自斷後路是清楚可見的。因此當魏人對落難的商鞅發出怒吼且拒而弗受之，也是理所當然的。甚且，當商君欲逃亡他國之時，魏人更以“商君，秦之賊。秦彊而賊入魏，弗歸，不可”爲辭，正好回應天道循環，以一報還一報之因果報應而已。故而從“遂内秦”之簡單一句話，已説明魏國不但斷絶商鞅逃往他國之可能，而且還以“强制遣送”之方式，迫使商鞅入秦，確實“回報”商鞅當初對魏軍“盡破之以歸秦”之舉。商鞅獲得如此“同等待遇”，也只能説是咎由自取，怨不得人的。

司馬遷雖然寫的是商鞅做事的不自留餘地，然而溢於言表的，則在寫人世間無情無義、忘恩負義者，又豈僅商鞅一人！如何鑑以往以知來者，誠爲讀史者之重要價值！

六、清醒與執迷的模糊

司馬遷在《商君列傳》中展現歷史戒鑑往知來價值最精采而重要之一段，即藉由具有儒家思想色彩的趙良與商鞅之往來論辯中娓娓道來，且巧妙點出禮與法、德與刑對於治國，雖然看似具有矛盾衝突的緊張關係，但是却有其相輔相成的依存關係：智者懂得執兩而用中，寬猛相濟以成其功；愚者緊抓法與刑之近利而不放，卒至身敗名裂，永詒天下悲與笑！以商鞅之發言爲準，總計兩人之問答可分爲四階段（參見文末附表），前三階段較單純，第四階段爲趙良最重要之諫諍内容。最後，司馬遷則以“商君弗從”一簡單四字句收束全段，宣佈諫諍失敗。兹分析如下：

第一至三階段：

第一階段兩人相見，商鞅首先向對方展開結交之誠意，隱約透露在秦國，能知其心者，除却孝公之外，大概也僅有孟蘭皋而已，實有“高處不勝寒”與先知多孤獨寂寞之意。此一現象，實可與其先前在廷議所言“有高人之行者，固見非於世；有獨知之慮者，必見敖於民”遥相呼應。然而從趙良“弗敢願”、“僕不肖，故不敢受命”以及“僕聽君之義，則恐僕貪位貪名也。故不敢聞命”越説越長的連珠炮式回答，商鞅馬上聞到趙良發出的强烈酸腐味與挖苦指責之意。

商鞅雖然明顯感受對方之不友善態度，但是仍清醒地保持兩人相見時高度理性之狀態，客觀地以“子不説吾治秦與?”切入第二階段問答，準備聽取趙良之諫言。趙良於是以能反聽、内視以及自勝者爲真正之聰明與强者反脣相譏，且以虞舜自卑謙讓反諷商鞅之剛愎自用。問答至此，都可顯現商鞅並非無法聽取“異言”者，只可惜人在高位，不但高處不勝寒，再加上商鞅特殊之人格特質，以致在敵對者四面環顧之下，舉國上下並未出現能諫與善諫之“諍友”。

商鞅於是列舉其治秦之具體政績，從更改秦國的戎翟之俗，使爲父子、男女有别之制，且築冀闕宫殿，營如魯衛之制的成效，展現法家人物注重具體事實而不務高談闊論之本色。繼而商鞅三問趙良，詢問其政績孰與五羖大夫賢?”從商鞅主動發問其政績與名相百里奚孰賢，可見其亦懷抱遠大之政治理想，且時時以賢相自期，徒以策略不同、手段有異而已。故而趙良隨即提出武王因有諤諤之臣而昌，殷紂却以大臣默默而亡以對答，不過仍然不忘以側面反諷之語氣，言其若能不加苛責誅罰口出異言者，則自己或許可以終日正言以對。

兩人談話至此，可以發現商鞅之言談始終以務實爲本，而趙良則喜從外圍繞遠路，只能援引古代聖賢之理論或事例爲註脚以對制商鞅具體之發問，却不曾着眼於現實問題之解決。雖然兩人所採取之論辯路線明顯不同，不過，此時兩人都是清醒的，彼此都很清楚這場論辯之主旨與目的爲何。

第四階段：

從商鞅正式宣佈至言爲實，苦言爲藥之價值，積極肯定趙良若肯終日正言，則爲治病之良藥，且將事之之誠意，説明商鞅本有納諫之心。商鞅雖本有納諫之心，最終却是“商君弗從”，則牽涉到相當複雜的禮法與德刑之争，更關係到理想與現實的平衡問題，並非理論上的建議即可消弭即將發生的悲劇於無形。

從商鞅主動向趙良提議進行自己與百里奚孰賢之對比，其實已可凸顯商鞅並非不知禮法與德刑乃爲政者必須妥爲掌握之兩柄，而願聞趙良對於以德禮與法刑輔政者之評價。參照附表，可見趙良分别從較爲具體之三方面對比前後兩位秦相之爲政，而對商鞅採取負面評價。以下先言較單純的第一與第三部分，而將最複雜的第二部分放在後面討論。

第一部分，趙良恥商鞅因嬖人景監爲進見秦君之管道。固然百里奚不汲汲於仕進而自鬻其身，其人格實有高貴之處，然而商鞅爲求理想抱負早日實現，於是尋求最直接可達上聽之管道，只能説人各有志，而不必然定有人格高下之分。因此趙良以此爲恥之批評，客觀言之，宜以個人情感好惡視之，本不必多論。不過由於司馬遷有慘遭腐刑的痛苦經驗，遂對此批評特别敏感，於是特别加以凸顯之，同時也正好藉此一筆以爲反襯一己之悲情。至於第三部分最没有争議，從對比兩人出入秦國之排場，已爲“恃德者昌”與“恃力者亡”之結局寫下最好之註脚。

第二，進行政績比較，是比較具體重要之部分。然而對照《秦本紀》所載，則發現《商君列傳》與《秦本紀》對於秦國政事之記載未必相符，由此可見趙良所言與當時秦國之史實可能也有出入。百里奚上薦蹇叔以共事繆公，其賢德乃人所共知者，然而秦東伐鄭國以及三置晉君之事，繆公與百里奚、蹇叔君臣之意見其實不盡相同。①至於秦救荆之禍，史家多不詳所指。②固然發教施德之事，確爲百里奚、蹇叔二老臣輔佐繆公之要事，然而八戎來服以及由余扣關請見等事，則其中頗有玄機。此從《秦本紀》所載繆公有“中國以詩書禮樂法度爲政，然尚時亂，今戎夷無此”之疑，遂有“何以爲治”之問，而由余笑以答曰之一段，已明顯可見由余所謂

---

① 其詳參見：《左傳・僖公三十二年》、《僖公三十三年》，見於杜預注，孔穎達等正義：《春秋左傳正義（附清・阮元校勘記）》，藝文印書館 1985 年版，第 288—290 頁，有關秦攻鄭以及晉國之事。《史記・秦本紀》，第 96—97 頁。

② 其詳參見《史記・商君列傳》，第 895 頁，針對趙良所言“相秦六七年，……一救荊國之禍”之相關《考證》以及《索隱》。

"真"聖人之治的觀念,是有些特別的。其言云:

此乃中國所以亂也。夫自上聖黄帝作爲禮樂法度,身以先之,僅以小治。及其後世,日以驕淫。阻法度之威,以責督於下,下罷極,則以仁義怨望於上,上下交争怨而相篡弑,至於滅宗,皆以此類也。夫戎夷不然。上含淳德以遇其下,下懷忠信以事其上,一國之政猶一身之治,不知所以治,此真聖人之治也。①

在此,必須先考慮由余之先人爲晉人,而晉國又爲姬姓之國,乃周王室近親之國。基於此背景,可見其不但理解中原有所謂"以詩書禮樂法度爲政"之傳統,却因後世驕奢淫逸之緣故,導致問題叢生,老早已無真禮樂精神可言;其甚者,更步入滅宗亡國之慘境。然而有趣的,則是其所謂戎夷之爲政者,竟然能以淳德待下,且以國事爲一己切身之事,使在下者能懷忠信之心以事上,因此號稱此爲"真聖人之治也"。若詳加深入由余前後所言,其實已與孔子所言"人而不仁,如禮何? 人而不仁,如樂何?"以及"夷狄之有君,不如諸夏之亡也"②差可比擬之,説明徒有其表的禮樂法度已喪失其屬於"聖人"之治的意義。繆公在讚嘆由余精闢言論之餘,遂略施女樂之計以蠱惑戎王,再繼之以離間戎王與由余君臣之計,導致由余不得不去戎而降秦,其後,卒能促成繆公伐戎之大事。③趙良避而不言此一大段經過,而專門攻擊商鞅之所做所爲,明顯有選擇性批判之現象。以下即針對趙良攻擊商鞅之四大罪狀而稍探其詳:

第一項指責,不以築冀闕攸關百姓之生活,而認爲該事非商鞅之功,其説法過於狹隘。蓋宫殿門闕乃禮樂文化最重要之標誌;懸教象之法於象魏,使民得以觀教象而懂得自我收斂之,又是建立法度,教民守法之重要管道。④因而客觀言之,商鞅大力推動法度之建立應可言功;其大築冀闕,亦爲建立泱泱大國的實際需要。此皆其功不可没處,只不過其施政方法與手段則顯然有大過存焉。

第二項指責,是商鞅執行變法中最致命的"積怨畜禍"作法,由於手段慘烈,注定淪於"失人者崩"的最終結局。此爲商鞅最遭天下咒駡之處,而直接將自己推向萬劫不復的萬丈深淵,永世不得超升的悲慘境地。然而此一部分,承前所述,乃交雜着人性最複雜,人生最悲情的部分。

第三項指責,其實爲當時社會從"無法"之境,邁向"唯法是治"時期的過渡現象,導致産生對於具體執法者商鞅之直接畏懼,遠勝於與民衆關係較遠的國君。待一切步入正常軌道運行,民之效命孰先孰後之問題即會趨於緩和。

第四項指責,歷來注家對於"左建外易,非爲教也"並無較具體妥貼之疏釋,今嘗試與下

① 《史記·秦本紀》,第 97 頁。
② 《論語·八佾》,第 26 頁。
③ 其詳參見《秦本紀》,第 97 頁。
④ 《周禮·地官·大司徒》,見於鄭玄注,賈公彦疏:《周禮注疏(附清·阮元校勘記)》,藝文印書館,1985 年版,第 159 頁:"正月之吉,始和布教于邦國都鄙。乃縣教象之法于象魏,使萬民觀教象,挾日而斂之。乃施教法于邦國都鄙,使之各以教其所治民。"

文“南面稱寡”一事相結合,或者可以合併説明趙良爲何批評商鞅“無禮”,且譏諷其“何不遄死”,來得順理成章。蓋商鞅所實行之地方行政策略,乃廢封建而行郡縣制,然而商鞅竟然“南面稱寡”,已是自壞郡縣體制以成封建之實,甚且還自立威權而外别於秦君之制,真可謂“是可忍,孰不可忍”之類,無怪乎趙良要大加撻伐之。然而此撻伐並不盡公平,因爲秦孝公求賢詔之中,已明載將與出奇計强秦者“分土”爲治之事實,其文云:

> 昔我繆公自岐雍之閒,修德行武,東平晉亂,以河爲界,西霸戎翟,廣地千里,天子致伯,諸侯畢賀,爲後世開業,甚光美。會往者厲、躁、簡公、出子之不寧,國家内憂,未遑外事,三晉攻奪我先君河西地,諸侯卑秦,醜莫大焉。獻公即位,鎮撫邊境,徙治櫟陽,且欲東伐,復繆公之故地,脩繆公之政令。寡人思念先君之意,常痛於心。賓客群臣有能出奇計彊秦者,吾且尊官,與之分土。①

由此可見衛鞅之所以成爲“商君”,且“南面稱寡”,乃秦孝公履行招賢令所允諾之獎賞,固不可以此入罪商鞅。然而商鞅若果真如趙良所指責,日日不忘羅織秦貴公子之罪名,則宜爲相關人士所咒怨詈駡而怨不得别人者;若還因此而導致出門務必擺出强力防備之排場,時時擔心畏懼他人之報復,則稱其“何不遄死”的確並不爲過。只不過趙良的這些指責,都缺乏確實之證據。

以上四項趙良對商鞅的指責,固然並非全是欲加之罪,不過却也真僞夾雜。趙良其實本有“旁觀者清”的優勢,却因訴諸情緒的成分過濃,導致“惡居下流”的“歸惡”之心過於强烈,因而不免有選擇性舉證之現象,且不免有誇張、扭曲之處,因此在大致清醒之情況下,明顯夾雜着“蓄意執迷”之成分。反觀商鞅,並不馬上對此不盡公平的批判進行直接反駁,可見其雖然執迷於鐵血手腕之政策,然而自兩人對談以來,始終能保持“清醒”之狀態,理解對方有時是“蓄意”攻擊,更清楚即使自己提出再多的具體政績反駁,都是無濟其事的。將此兩人對辯之狀況,放諸實際人生當中,則可發現現實社會中,類似此種清醒與模糊相互糾纏,致使真相難辨之狀態,其實比比皆是。要想撥雲霧而見青天,除却需要高超之生命智慧,還有賴適當的機緣!

進行百里奚與商鞅執政之對比後,趙良向商鞅提出應在政策上改弦易轍,並且急流勇退以求自保的建議。然後,又從秦國上下同悲百里奚之死,預言商鞅若再執迷不悟,則一旦秦孝公薨,商鞅之亡不但立時可待,而且還恐有難測之大禍會馬上降臨。

雖然趙良對商鞅的預言尚稱應驗,不過,商鞅也未嘗無危機意識,否則其出入秦國,就不需要有高規格的貼身嚴密防護措施。因此商鞅雖然執迷於“法”與“刑”之無尚功能,又不乏對於自己之處境有清醒之自覺。同時,趙良所提急流勇退看似清醒的建議,彷彿只要勸秦君“顯巖穴之士”,“德政”即可如魔法般立時而至!權貴之士對於商鞅之恨意即可一筆勾銷!

---

① 《史記·秦本紀》,第101頁。

其實此僅爲趙良對於當時政治現實一厢情願式的模糊説法，因爲任何政策之推行都必須有長期的規劃，有效地分段執行。若無遠程、中程、近程等妥善的長期規劃，將權力結構作適當的安排，而僅僅讓商鞅驟然交出政權，則秦國貴族宗室蓄積已久之憤怒未必不提早爆發，對於日漸進入軌道之秦國政治也未必是福。

相對於趙良自以爲是的建議，清代之尚鎔就有不同的建議，並不建議商鞅交出政權，而是仍然執政，只是改變執政之方式。相形之下，尚鎔之建議就是較爲客觀允當而接近政治現實的，其文云：

> 周末，文勝之敝已久而猶不變，於是周與魯、鄭日削弱以待亡，而老、莊、商、韓、楊、墨、孫、吴、蘇、張諸人，各出其所能思變尚文之敝以圖功，而商鞅相秦十年最有效。使鞅變法之後，導以德禮，則身名俱泰，秦亦不至如虎狼，爲天下所共疾。①

若將尚氏所説再對照孔子"周人尊禮尚施，事鬼敬神而遠之，近人而忠焉，其賞罰用爵列，親而不尊；其民之敝：利而巧，文而不慚，賊而蔽"、"虞夏之道，寡怨於民；殷周之道，不勝其敝"以及"虞夏之質，殷周之文，至矣。虞夏之文不勝其質；殷周之質不勝其文"之説法，②可見質文相變乃文化更迭轉化之要道，藉由推陳出新之方式以産生新力量，更是締造新生命的不二法門。因此無論求新求變，抑或是保守故舊，皆無定法，唯以"文質彬彬"③是期，務求其適宜允當而已。否則一再不知變，只有因積弊過深而失去禮樂法度之真精神，最終淪於日漸削弱，乃至亡國滅宗。故而商鞅提倡變法，乃適應時代需要以生，本無可厚非，因而相秦十年有成（若從孝公三年商鞅開始倡變法之議，至孝公二十四年薨，則已達 20 年。），能使政令行。只是其手段過於慘礉寡恩，導致樹敵過衆、蓄怨太深。

倘若果能如尚鎔所言，將變法的時間拉長，且分三階段進行，則最後變法的結果必然大爲不同，且商鞅之身名的確可以"俱泰"。今嘗試説明如下：將商鞅前 20 年專恃刑罰之鐵血政策期，視爲變法前期爲求樹立法制威嚴，以擺脱貧弱之過渡時期。蓋因秦國位在偏處西戎的特殊地方，民性本來相當强悍好鬥，却因歷經數代内憂而導致長期積弱，故而在非常時期的情況下，也僅能採取非常之做法。爲成全變法之大局，有些貴戚以及民衆付出的鮮血，雖然不免有些殘忍，但爲推動變法，也只能視爲無法避免的"壯烈"犧牲。然而在變法已見成效之後，則必須另以十年之時間作爲調整政策之緩衝期，適度調整其用刑之寬猛程度。一旦民衆能逐漸理解依法而行之便利，亦知其先前採取"用刑止惡"之法的不得已，卒可使社會之運作能日漸步入正軌，各界對於商鞅之怨懟亦可望日形削減。再過十年，君臣上下已能安於守法，也樂

---

① 尚鎔：《史記辯證》卷六《商君列傳》，岳麓書社 1994 年版，第 111 頁。

② 此三則記載，均見於《禮記・表記》，見於鄭玄注，孔穎達等正義：《禮記正義》，收入《十三經注疏（附清・阮元校勘記）》，藝文印書館 1985 年版，第 916 頁。

③ 《論語・雍也》，第 54 頁，子曰："質勝文則野，文勝質則史，文質彬彬，然後君子。"

於守法，則刑罰或可達到備而不用之地步，完成《開塞》所謂"以刑治則民威，民威無姦，無姦則民安其所樂"之境，達到"刑期無刑"之狀態，而"王者刑用於將過，則大邪不生；賞施於告姦，則細過不失。治民能使大邪不生，細過不失，則國治；國治必彊。"之目的亦有可能呈現。[①]

苟能如上述所言的"三段變法"循序進展，或許有朝一日的確可以如尚鎔所擘劃，使民日漸於德禮，而商鞅也可以身名俱泰。然而"三段變法"能否實行的關鍵點，在於變法者是否真能把握"唯'適'而'變'"、"因'變'自'適'"、"唯'變'是'適'"之最佳狀態，庶幾方可保證達到《更法》的真正義涵。可惜商鞅雖然多言"'變'法"之重要，却依然陷入"不變"之另一種"因循"而不自覺，只知唯"法"是遵，卒至"泥"於"法"而膠着不動。商鞅之變法已徒然喪失其"變"之靈活動能，不但困死自己，也導致秦國始終無法脱身於虎狼之國的凶猛本色。誠如凌稚隆所言，《商君列傳》通篇以"法"爲血脈是最好的説明，其文云：

> 按太史公首言鞅好刑名之學，則鞅所以説君而君説者，刑名也。故通篇以"法"字作骨，曰"鞅欲變法"，曰"卒定變法之令"，曰"於是太子犯法"，曰"將法太子"，而終之曰"嗟乎！爲法之敝，一至此！"血脈何等貫串！[②]

司馬遷的確明察商鞅變法之關鍵弊端，並不在於"變"，而在於其不能"適時"而善其"變"，以致自陷於"不變"之"徒'法'自行"的泥淖之中，且愈陷愈深而不可自拔，故而的確應以"法"爲貫串全文的主要線索。商鞅原本清醒於秦國之衰頹乃"因循"舊禮所致，故而救弊之道在於"變"其所"因循"之"禮"以爲"法"，且以"刑"輔之。可惜其過分執迷於"法"與"刑"之萬能，卒至"泥而不變"，遂對時勢自陷於模糊難辨之狀態，竟不能"適"其"時"而"變"其所當"變"，以致淪爲另一種百弊叢生的"不變"之現象，卒至身敗名裂。

綜觀歷史上能深知"變"之重要，且能力求"善"其"變"者，的確具有某種程度的"先知"才能。然而能善始者，未必能善其終，"先知"一旦受到"我執"所矇蔽，且由"執"而轉入"迷"，則其心智已進入模糊不清之狀態而無法跳脱。如此執迷不悟者，其行諸在外之行動又日益僵化而無法變通，卒至愈陷愈深，不但嚴重傷害周遭之人與事，同時也使自己慘遭滅頂之災禍。回顧商鞅變法所出現的執迷不悟狀況，其實已跨越純屬個人悲劇之狀態，而成爲歷史上經常出現之悲劇循環；因爲再清醒之心靈，一旦進入"我執"之迷魂陣中，又缺乏有緣人之當頭棒喝以助其適時撥雲見日，則當局者實很難在迷霧中掌握拿捏之分寸。

當然，年齡的因素，恐怕也是影響"商鞅弗從"趙良所諫之另一項原因。蓋因秦孝公當時尚在春秋鼎盛之期，商鞅亦不過 50 歲左右，[③]正是可以在政壇大展身手之絶佳時機，加上兩人

---

① 其詳參見《商君書・開塞》，《商君書解詁》，第 32—34 頁。

② 《史記評林・商君列傳》，卷六八，第 95 頁。

③ 根據《史記・秦本紀》，第 101—103 頁之記載，秦孝公即位之時，年 21，在位 24 年而卒，則僅僅 45 歲，確實是天不假年。錢穆：《先秦諸子繫年・商鞅考》，第 261 頁，即將商鞅入秦之年大約定在 30 左右，其壽殆過 50，而未及 60，故將其生卒年訂爲 390—338 年前。

年歲相近，努力之目標一致，又有孝公分土而治之承諾，則二人戮力同心以完成變法大業，共同享受及身成名之理想自是可期。基於此諸多條件，因此按照常理，商鞅應當認爲其在秦執政之時間尚長，即使欲“變”其鐵血重刑之法，而逐漸使其施政方針朝向德與禮接近，亦屬日後之事，至於告老還鄉，更非當時的生涯規劃。縱使商鞅已有如此長期之施政規劃，也不必對缺乏善意的趙良多做解説，因爲從兩人的對談中，商鞅也已知多言無益，所以始終屬於寡言之一方。孰知上天竟然不假孝公以年歲，使其英年早逝！可憐商鞅最重要之生命共同體的靠山一旦崩薨，商鞅繼續執法的事實不但轉眼即成爲幻影，甚且還驟然身受車裂之刑而碎裂其形！

七、結論——毁滅與肯定的“變”與“幻”

回顧商鞅之一生，從漂泊到毁滅，幾經掙扎與奮鬥，雖然受限於衛國庶出公子之身份，而極難躍居衛國國君之地位，一展其治國之長才，然而由於能憑藉其超强之稟賦，又勇於向國外尋求發展，終於獲得秦孝公之賞識與大用。加上商鞅具有堅忍不拔之毅力，使自己榮登“商君”之寶座，得以“南面稱寡”而登上個人生命之顛峰。然而盛極而衰，物壯則老，邁入人生巔峰時期的商鞅，竟因秦孝公驟然溘逝，連帶使其也跌入谷底，並且在太子黨勢力的惡意操作下，旋即被迅速推向毁滅之途！

概括商鞅不滿一甲子的人生，其中實以精力最旺盛的 20 年輔佐秦孝公推動變法，廢封建而行郡縣，内務農耕，外勸戰死，明定賞罰之刑，有效地將秦國推向講求實效的富强之國。商鞅的變法之道，確有值得治國者取法與肯定之處，足以爲後世内政不修、法治未立、官吏貪殘、民人窘迫之國，提供奮發圖强之標竿。劉向雖認爲商鞅去霸王之佐也遠，不過對於其政績仍能給予相當高的評價，可惜該説並未引起後世相應之看重。劉向所言雖已不見於今本《新序》，幸賴晉朝裴駰（乃裴松之之子，生卒年不詳。）之《史記集解》存録之，其文云：

劉向《新序》論曰：“秦孝公保崤函之故，……亦皆商君之謀也。夫商君極身無二慮，盡公不顧私，使内急耕織之業以富國，外重戰伐之賞以勸戎士，法令必行，内不阿貴寵，外不偏疏遠，是以令行而禁止，法出而姦息。故雖《書》云‘無偏無黨’，《詩》云‘周道如砥，其直如矢’，《司馬法》之勸戎士，周后稷之勸農業，無以易此。此所以并諸侯也。……今衛鞅内刻刀鋸之刑，外深鈇鉞之誅，……畜怨積讎，比於山丘，……身死車裂，滅族無姓，其去霸王之佐亦遠矣！然惠王殺之，亦非也；可輔而用也。使衛鞅施寬平之法，加之以恩，申之以信，庶幾霸者之佐哉！”①

從以上《新序》所論，明顯可見劉向在嘉許商鞅治國之功以外，又不忘批評其過，認爲其並非霸王之佐，同時也明言惠王殺之爲非。持平以論，以商鞅去霸王之佐也遠，雖是實話，却又不無苛責之處。蓋因孝公所欲乃是及身之功名，其所好又是霸道之下的强國之術，故而商鞅僅能根據當時秦國之重症而用猛藥。固然商鞅是難辭其責，但寬厚言之，其

---

① 《史記會注考證》，第 896 頁，裴駰：《史記集解》，引録《新序》所論。

責亦不該由商鞅獨自揹負。不過，總體而言，劉向對商鞅之評論尚稱允當；而且更重要的，則是劉向仍然認可商鞅爲治國之良材，倘若惠王能用或敢用商鞅，則以商鞅之才，日後足以成爲霸王之佐。可惜此段對商鞅持平之議論並未廣爲流傳，後代對於商鞅之評，始終偏向以負面爲主。

至於宋代，葉適（1150—1223）則頗以“仗義直言”之語氣，認爲商鞅變法乃史上大事，可惜司馬遷叙事淺深無次，而學者亦考之不詳，致使後世無法理性看待商鞅，其文云：

> 商鞅變法，大事也，遷不加疏別，淺深無次，而學者亦考之不詳。所謂“令民爲什五，而相牧司爲連坐”者，此變法之本意也。古者爲比、閭、族、黨，使民相保相受相和親，有罪奇衺相及，是亦連坐，而非厲民者不相牧司也。……先王以公天下之法，使民私其私，商鞅以私一國之法，使民公其公，此其所以異也。……其設法抑民，輕重曲折，事不一端。而遷之所載，謂直若酒之鴆毒，藥之烏喙，疾之寒熱，匕首之濡縷立死者，亦未然也。至如集小鄉爲縣，開井邑爲阡陌之類，則固可遽行矣。蓋其禁民巧，察民專，沉鷙果敢，一施于上下而私其便於國，故雖殺其身，卒不能廢其法，數百年而禁制成，秦已亡而猶不可變。凡行於後世者，增損厚薄，微有不同，大抵皆鞅之遺術也，何獨彼之非乎！①

葉適批評太史公記載變法之事“淺深無次”，乃從論理的層次批評其叙事之寫法。然而此責卻已忽略太史公創立傳記文學寫法的目的之一，乃在於表現其足以“成一家之言”之寫作功力，而非以論理之説法取勝，因此無須多論。倒是葉適所言學者考之不詳的説法，確實是造成商鞅在後世蒙冤多時之主因，今之學者不可不深思細察之。葉適指出連坐法爲變法之本意，而此重要的連坐法思想本源，其實出於統治者設立比、閭、族、黨之制，意在使民相保以和親之措施。這是相當重要而貼切之參照與對比。至於這種鄉里之間的互助措施，即出於《周禮》之地方行政規劃。②此一發現，不但是深入理解商鞅變法根源的重要線索，也説明上天若能再給秦孝公以及商鞅足够的時間，則連坐法在除奸務盡之功能外，其原本在《周禮》之中，旨在保民、愛民之施政美意，未必然不會日益浮現，且有可能愈久愈醇，日漸凸顯其美善與馨香。唯因商鞅能熟讀經書，故能深知自周初實行禮樂制度以降，以至於當代，其所積累之弊端已深，故而不能不以大刀闊斧之作法，採取反其道而行之方式直搗其要害，③於是“變”親親、尊尊之道，而爲告姦論刑、法無貴賤之策，卒使積弱數世之秦國可以脱胎换骨，而富强之國的遠景得以具體落實。只可惜葉適之慧眼所見，也並未引起太多學者重新對於商鞅之功過給予客觀理性之評估。

---

① 葉適：《習學紀言序目》卷二〇《史記》，第 472 頁。

② 《周禮・地官・大司徒》，第 159 頁記載：“令五家爲比，使之相保；五比爲閭，使之相受；四閭爲族，使之相葬；五族爲黨，使之相救；五黨爲州，使之相賙；五州爲鄉，使之相賓。”

③ 錢穆：《先秦諸子繫年・商鞅考》，第 260 頁，亦隱約地指出：“人盡謂法原於道德，顧不知實淵源於儒者。其守法奉公，即孔子正名復禮之精神，隨時勢而一轉移耳。”

固然歷來各界對於商鞅，大多持負面評價，不過，朱師轍倒是勇敢地指出：

> 夫商君變法彊秦，廢封建，改郡縣，中國統一之基，成於商君，而其要則在法治。法貴上下共守，至公無私，故能著其效。是其治國精神，實有不可廢者。……若能懲其失而去其疵，則其術實足以致治。諸葛治蜀，實行鞅術，至德要道弗踣，後世稱焉。……然有國家則不能無法治，故言治者莫能廢其學。①

朱氏提出“上下共守，至公無私”的法治精神，是商鞅留給後世最珍貴的遺産。僅以此成就，商鞅即足以永垂不朽。（雖然亦無法、亦不必據此而贖其大過，不過至少應該功過雙提，以見其全面。）然而若從司馬遷在文末，代替商君發出“嗟乎！爲法之敝，一至此哉！”的喟然之嘆，却又相對指出商鞅之立法確有不慎，執法亦有所偏之處，且其流弊還足以經年累世，成爲遺臭萬年之標誌。故知商鞅對於中國歷史之發展，固然有大功，却也有大過存焉，臧否歷史人物，不應僅言其一，而不論其二。故而必須客觀而公允地看待商鞅對於歷史的功過得失，而不一味地對商鞅濫情撻伐，是理性面對歷史應有的態度，更是對於商鞅以車裂終其一生的極具悲劇性之“幻化”人生，重新給予應得的肯定與尊重。

客觀言之，雖然在講求創立新法以除舊法之弊的狀況下，的確會有一些矯枉過正的不周延之處，例如爲有效講求農耕，確實有階段性壓抑工商業者發展之需要，然而即使爲求鞏固農耕之大本，而必須執行“廢逆旅”之措施，②仍然必須有適當的配套措施。若無通盤考量，則壓抑工商業發展之激烈做法，適足以成爲致人於死之“死法”，而喪失“變”法之目的乃爲除弊以興利之真精神。倘若參照傳記之末，記録商君欲舍客舍而不得之事例，當然此極有可能是司馬遷叙事的神來妙筆，不過也有可能正是命運之神對商鞅的無情給予戲弄與懲罰。尤其是針對商鞅所變之法中，“廢逆旅”措施之冷酷與無情，給予最直接、嚴厲，且冷酷無情的致命懲罰。此又明白彰顯變法之大流弊所在，常常在於事情的細密隱微之處，不可不深察其中得失。此之所謂細密隱微之處，即在於凡所做爲皆不可違背天道人情。凡有所行，務必要能够上法天道人情之“法”，方可成爲亙古不易的天地至法。舉凡上天下地之間，有國者不可不知此理，治國者更不可不行此理。

今日思之，在譴責商鞅對後世之大害，與嚴加批評其走向自我毁滅乃咎由自取之同時，也必須理性地肯定其對於堅持法治所作之具體貢獻與壯烈犧牲！更重要的，則是必須正視“凡行於後世者，增損厚薄，微有不同，大抵皆鞅之遺術也”乃鐵的歷史事實！過去，商鞅曾以精力旺盛的20年，爲中國歷史樹立重要的法治規模，焉知上天若能再給商鞅另一個處事圓熟的20年，則其後來陸續所“變”之“法”，不會再“變”出新的格局，一轉其人生“幻化”之結局，而

---

① 朱師轍：《商君書解詁定本·定本自序》，第2—4頁。

② 《商君書·墾令》，見於《商君書解詁定本》，第6—7頁：廢逆旅，則姦僞躁心，私交疑農之民不行。逆旅之民無所於食，則必農。農則草必墾矣。

走向另一新的美好真實人間世!

附表:會整《商君列傳》商鞅與趙良對答重點

<table>
<tr><th>商鞅(先發言)</th><th colspan="2">趙良(後回答)</th></tr>
<tr><td>一、鞅之得見也,從孟蘭皋,今鞅請得交,可乎?</td><td colspan="2">弗敢願。→僕不肖,故不敢受命。→僕聽君之義,則恐僕貪位貪名也。故不敢聞命。</td></tr>
<tr><td>二、子不説吾治秦與?</td><td colspan="2">反聽爲聰,内視爲明,自勝爲彊。籲請遵從虞舜“自卑也尚矣。”之言。</td></tr>
<tr><td>三、改秦戎翟之教(父子無別,同室而居)而更制:教男女之別,築冀闕,使營如魯衛。
我治奉,孰與五羖大夫賢?</td><td colspan="2">武王諤諤以昌,殷紂墨墨以亡。君若不非武王乎,則僕請終日正言而無誅,可乎?</td></tr>
<tr><td>四、貌言華也,至言實也,苦言藥也,甘言疾也。
夫子果肯終日正言,鞅之藥也。鞅將事子,子又何辭焉!</td><td>五羖大夫,聞秦繆公賢而望見,行而無資,自粥於秦客。期年,繆公舉牛口之下,而加百姓之上,秦國莫敢望焉。</td><td>(商鞅)見秦王,因嬖人景監以爲主,非所以爲名也。</td></tr>
<tr><td></td><td>(五羖大夫)相秦:
東伐鄭,三置晉君而救荆禍。
發教封内,巴人致貢;施德諸侯,八戎來服。由余聞之,款關請見。</td><td>1. 相秦不以百姓爲事,築冀闕,非爲功也。
2. 刑黥太子師傅,殘傷民以駿刑,積怨畜禍也。
3. 教之化民深於命,民之效上捷於令。
4. 左建外易,非爲教也,南面稱寡!而日繩秦貴公子。</td></tr>
<tr><td></td><td>勞不坐乘,暑不張蓋,行於國中,不從車乘,不操干戈,功名藏於府庫,德行施於後世。</td><td>(商鞅)出,後車十數,從車載甲,多力而駢脅者爲驂乘,持矛而操闟戟者旁車而趨。此一物不具,則不出。
書曰:“恃德者昌,恃力者亡。”</td></tr>
<tr><td></td><td></td><td>(建議)歸十五都,灌園於鄙,勸秦王顯巖穴之士,養老存孤,敬父兄,序有功,尊有德,可以少安。</td></tr>
<tr><td></td><td>五羖大夫死,秦國男女流涕,童子不歌謠,舂者不相杵。此五羖大夫之德也。</td><td>(預言)君尚將貪商於之富,寵秦國之教,畜百姓之怨,秦王一旦捐賓客而不立朝,秦國之所以收君者,豈其微哉?亡可翹足而待。</td></tr>
</table>

“霸王道雜之”與漢宣帝時期《穀梁傳》的上升*

□吴 濤

[摘要] 《公羊傳》在漢武帝時被立於學官後,《公羊》學與漢家政治之間的矛盾逐漸開始顯現。而在漢宣帝即位後,《公羊》依然是批評言論的理論依據。而《穀梁傳》則是在維護專制統治秩序的同時,還掛着一面王道的面紗。這一點很適合漢宣帝“霸王道雜之”的施政風格。這才是漢宣帝大力扶持《穀梁》學的根本原因。

[關鍵詞] 《春秋穀梁傳》;漢宣帝;霸王道雜之

[作者簡介] 吴濤,洛陽師範學院歷史文化學院河洛文化研究中心(洛陽 471022)

漢宣帝在位期間,對《春秋穀梁傳》進行了大力的扶持,經過了十多年的準備,最終在石渠閣會議之後,把《穀梁》立於學官。關於漢宣帝扶持《穀梁》的原因,前人已經進行了很充分的研究,但並没有能够抓住問題的關鍵,本文嘗試從漢宣帝的施政風格來對這一問題進行解釋。

一、前人代表性觀點

關於漢宣帝爲何要扶持《穀梁》,最傳統的説法是從齊學和魯學的紛争來進行解釋。這一説法最早見於《漢書·儒林傳》:“宣帝即位聞衛太子好《穀梁春秋》,以問丞相韋賢、長信少府夏侯勝,及侍中樂陵侯史高,皆魯人也。言穀梁子本魯學,公羊氏乃齊學也,宜興《穀梁》……上善《穀梁》説。”① 這一説法無疑獲得了最廣泛的認同,近人錢穆、今人馬勇都讚同此説。② 當然,學術的演進過程中會呈現出一定的地域性特徵,但對此不可過於拘泥。漢宣帝興《穀梁》有齊學與魯學紛争的因素在,但並不完全止於此。

傅隸樸先生則是把《穀梁》的上升歸結爲皇帝對其祖父個人喜好的認同,他認爲:“《穀梁》學者爲争取國學地位,曾於西漢中葉,兩度在殿前與公羊家辯論,第一次輸了,第二次因

---

* 本文爲洛陽師範學院省部級課題培育基金項目階段成果。

① 《漢書》卷八十八《儒林傳》,中華書局 1962 年版,第 3618 頁。下同。

② 錢穆:《秦漢史》第五章《昭宣以後之儒術》,三聯書店 2004 年版。馬勇:《漢代〈春秋〉學研究》第三章《〈穀梁〉學:從〈公羊〉學到〈左氏〉學的過渡》,四川人民出版社 1992 年版。

太子喜愛,大臣附和,勉强獲勝。"[1]段熙仲先生也持類似觀點,他認爲漢宣帝扶持《穀梁》是出於對衛太子的思念,他説:"宣帝蓋以梧棬之思,必欲立戾園所好,故以人主之勢,又講習逵十餘年之久,必求勝《公羊》而後已。"[2]沈文倬先生也認爲:"宣帝是戾太子的嫡孫,同情祖父冤死,愛屋及烏,居然對《穀梁傳》感興趣了。"[3]漢宣帝立《穀梁》的起因就是聽説衛太子好《穀梁》,但是這只是其直接原因,並非是根本原因。

陳蘇鎮先生則是從漢宣帝的教育背景來進行了解釋,他認爲漢宣帝即位以前的教育多由衛太子餘黨負責,而他們的學術立場傾向於魯學,丞相韋賢在提出要立《穀梁》時,只需要説明它是魯學即可。當然,陳先生不僅論述了漢宣帝的教育背景,也從政治的角度進行了論述。[4]徐興無先生則把漢宣帝立《穀梁》的原因歸結爲"廣學"。[5]余全介和王剛兩位博士則從漢宣帝爲其祖父平反的角度來對解釋漢宣帝立《穀梁》的動機。[6]

這些都是可以成立的,但問題並不止於此。我們還可以總結出許多其他的原因來。比如,漢武帝時期《公羊傳》在漢武帝對匈奴的戰争和打擊地方豪强的過程中發揮了重要的作用,而到了漢宣帝的時候,這兩個問題的緊迫性已經有所下降。霍光在廢昌邑王劉賀時曾經以《公羊傳》爲依據,而這使漢宣帝對《公羊》有所反感。《穀梁》中的親親尊尊理論也爲漢宣帝處理宗室關係,提供了思路。這些都構成漢宣帝捨棄《公羊》扶持《穀梁》的原因。不過,這些並不是根本原因。

根據《漢書·儒林傳》的記載,從漢宣帝親政以後不久,就開始了對《穀梁傳》的關注,"自元康中始講,至甘露元年,積十餘歲,皆明習。乃召《五經》名儒太子太傅蕭望之等大議殿中,平《公羊》、《穀梁》同異"。[7]可見他並非是一時衝動之舉,後來還召開了石渠閣會議,最後在黄龍元年(前49年)完成了《穀梁》博士的設立。而在黄龍元年,漢宣帝就去世了。可以説扶持《穀梁》是和漢宣帝的政治生涯相始終的,個中緣故頗值深究。

當還是太子的漢元帝對漢宣帝的施政風格提出了一些不同的看法時,惹得漢宣帝大怒,於是他一時激動所説出了肺腑之言:"漢家自有製度,本以霸王道雜之,奈何純任德教,用周政乎?且俗儒不達時宜,好是古非今,使人眩於名實,不知所守,何足委任?"[8]所謂的霸王道雜之,正是西漢政治的本質所在。其實,所謂的霸王道雜之,實質是霸道,王道不過是用來裝點門面而已。而這一點對於我們理解《公》、《穀》二傳在西漢中後期的升降十分重要。

---

① 傅隸樸:《春秋三傳比義》前言,國際友誼出版公司1984年版,第七頁。

② 段熙仲:《春秋公羊學講疏》第一編第三章《春秋三傳之爭立學官》,南京師範大學出版社2002年版,第39頁。

③ 沈文倬:《宗周禮樂文明考論》《黄龍十二博士的定員與太學郡國學校的設置》,浙江大學出版社1999年版,第491頁。

④ 陳蘇鎮:《漢代政治與〈春秋〉學》,中國廣播電視出版社2001年版,第327頁。

⑤ 徐興無:《劉向評傳》,南京大學出版社2005年版。

⑥ 余全介:博士論文《秦漢的政治與儒生》,浙江大學2005年。王剛:博士論文《學與政:漢代知識與政治互動關係之考察》,華東師範大學2004年。

⑦ 《漢書》卷八十八《儒林傳》第3816頁。

⑧ 《漢書》卷八《宣帝紀》第277頁。

二、從"罷黜百家"到"漢家堯後"説的出現

漢武帝"罷黜百家，表彰六經"，《春秋》一經《公羊傳》獲得了獨尊的地位。而《公羊》家之所以能獲得青睞的根本原因就是《公羊》學者運用三統説成功地解決了漢家政權的歷史合法性問題。以董仲舒爲代表的《公羊》學者向漢武帝提出了"更化"的主張，包括了改正朔、易服色等内容，從而確立了漢家在三統循環中的位置。不過，《公羊》學者論證漢家政權合法性並不是無條件的，也就是要漢家政權實現儒家所倡導的王道社會理想。正如董仲舒所言："道之大，原出於天，天不變，道亦不變!"現實中不符合儒家所倡之道的漢家製度，必須進行根本性的變革。而漢武帝尊崇儒術，完全是爲自己的帝王之術服務的，所謂"以儒術緣飾吏治"而已。於是，漢家政治與儒生——尤其是《公羊》學者之間——就不可避免地漸行漸遠。這一點在漢武帝后期就已經有所顯現，而到了武帝身後，這一矛盾逐漸開始彰顯。一個重要的標誌就是鹽鐵會議上儒生們的表現。

鹽鐵會議所討論的核心問題是鹽鐵官營的問題，這並不是我們關注的重心。但我們注意到，在鹽鐵會議中儒生開始對漢武帝時期的内外政策展開了全面的批評，而《公羊傳》則成了他們批評的理論依據！在會議中，賢良文學一方總共引用《公羊傳》二十五次以上。[①]大夫一方也有十九次引用，也多是以《公羊》爲主。[②]由此可以看出在表彰六經之後，《春秋》的權威性得到了廣泛的承認。但是，賢良文學和大夫引用《春秋》的目的却不相同，賢良文學是以《春秋》來作爲批判現實的依據，大夫則繼續沿着漢武帝的思路用《春秋》來爲自己的政策進行辯護和緣飾。文學一方抨擊的範圍包括了對四夷的長期戰爭、大規模徭役的興發、人民的税賦負擔、嚴刑峻法的苛暴、求仙祭神的荒唐、改制的失實、賢人的不遇、災異的發生、社會財富分配的不均，表達了以質改文的要求。這幾乎是對漢武帝政治的全面否定，當然他們並不敢直接把攻擊的矛頭指向漢武帝，而是責備大臣不能協助聖主實現王道理想。抛開儒生們的迂腐不談，他們所説的這些無疑點明了漢武帝獨尊儒術的本質。通過他們激烈的言辭，我們可以看出他們對自己緣飾地位的强烈憤慨。同時我們還可以看出他們已經和實際政治之間拉開了一定的距離，已經從熱情的支持中走了出來，《公羊》學的批判性開始顯現。昭宣時代的《公羊》學和現實政治之間的距離已經越來越遠了，逐漸由宣漢的鼓吹轉變到了批評的立場上。業師朱維錚先生曾指出："作爲官方經學家，必須想方設法將孔子之道解釋得與本朝制度和現行政策絶對一致，而不允許違背乃至相反。"[③]可西漢中後期的《公羊》學却並没有

---

① 另有三處不見於今本《公羊傳》，考慮到《鹽鐵論》整理者桓寬的《公羊》學背景，很有可能也是《公羊》家的學説。

② 在大夫一方的引用中，有一處《公》《穀》而傳並無不同，兩處是三傳均無異意，還有一處不見於今本三傳。

③ 朱維錚：《音調未定的傳統》，遼寧教育出版社 1995 年版，第 78 頁。

履行帝王所要求他們的職能，而且走向了這一職能的反面。

鹽鐵會議之後，漢家政治的走向並沒有什麽根本的改變，所以儒生們批評的聲音也就越發的激烈了。甚至出現了要求漢帝退位的聲音。《公羊》學者眭弘[①]在前78年根據當時一些怪異現象認爲漢家天數已終，於是上書要求漢帝退位："先師董仲舒有言：雖有繼體守文之君，不害聖人之受命。漢家堯後，有傳國之運。漢帝宜誰差天下，求索賢人，禪以帝位，而退自封百里，如殷周二王后，以承順天命。"[②]他要求漢帝退位的依據正式《公羊》學的三統説，退封二百里據王先謙《漢書補注》引葉德輝之説以爲正是《公羊》新周故宋之義。[③]在《公羊》的學説中並不承認千年一系的合法性，天命是會轉移的。這一點在董仲舒的著作中就已經體現出來了，《春秋繁露·堯舜不擅移、湯武不專殺》、《奉本》等篇中都有明確的表達。只不過是在漢武帝的時代裏董仲舒對漢武帝是寄託了很大的希望的，所以在他的思想中鼓吹革命的一面没有被凸顯。而到了漢昭帝的時候，對於漢家皇帝而言《公羊》學已經逐漸變成了一種危險的學説，而這種危險在漢宣帝即位以後還在繼續。

三、漢宣帝的施政風格與《公羊》學的衝突

漢宣帝即位以後給他的祖父進行了平反，不過他本人的施政風格更像他的曾祖父。在宣帝朝，誅殺大臣的事件也經常發生。漢宣帝對霍氏的鎮壓就不説了。司馬遷的外孫楊惲在漢宣帝鎮壓霍氏一事上立功而封侯。但他先是以私下一句戲言而被免爲庶人，然後又因爲他那封著名的《與孫會宗書》中有不滿的言論而被腰斬。在宣帝朝治理三輔地區頗有名聲的趙廣漢、韓延壽也都是腰斬的下場。不僅如此，漢宣帝所任用的也多以刑殺而聞名，比如右扶風尹翁歸對待有罪的豪强"輸掌畜官，使斫莝，責以員程，不得取代，不中程，輒笞。督極者，至以鈇自刭而死。"[④]號爲通《春秋》的京兆尹張敞因下屬説他"五日京兆"就濫殺無辜。河南太守嚴延年竟然有"屠伯"之稱。但漢宣帝也不完全同於漢武帝，他對儒術的緣飾使用得比其曾祖要純熟一些。比如，他所任用的丞相于定國就是獄吏出身，出任廷尉後才迎師學《春秋》，他用經術緣飾刑罰的結果是："張釋之爲廷尉，天下冤民；于定國爲廷尉，民自以不冤。"[⑤]也就是説使被殺的人自已都認爲自己該死！[⑥]漢代丞相中治民頗有聲的黄霸，看他在

---

① 眭弘是西漢後期重要的《公羊》學者，在《公羊傳》的傳授譜系中佔據了重要的位置。他是董仲舒的再傳弟子，而西漢後期立於博士官的《公羊》學説則全部是出於眭弘的後學。

② 《漢書》卷七十五《眭兩夏侯翼奉傳》，第3154頁。

③ 王先謙：《漢書補注》卷七十五，書目文獻出版社影印光緒刻本，第1369頁。

④ 《漢書》卷七十六《趙尹張兩王傳》，第3209頁。

⑤ 《漢書》卷七十一《雋疏薛平彭傳》，第3043頁。

⑥ 俞樾：《湖樓筆談》卷三曰："于定國爲廷尉，稱無冤民，而楊惲之獄，定國摭拾口語以爲左驗，此安得云無'冤民'也。"(《九九消夏録》，中华书局1995年版，第223頁。)

潁川郡的作爲可知，他熟讀了申韓之書，很善於玩弄一些詭術。趙廣漢在擔任潁川太守時則是挑撥當地豪族之間的矛盾，使他們互相告發，結果也使郡中不敢爲奸。

而且，漢宣帝真正任用的全是他的私人。宣帝親政後他所任用的丞相中魏相在他與霍氏的鬥爭中起了重要的作用，丙吉是他舊日的恩人。外戚許、史兩家更是顯赫無比，外戚專權實自漢宣帝始，自五鳳二年(前 56 年)後，大司馬大將軍一職就成了外戚的專利品，許延壽、史高先後出任大司馬，而且史高還是他臨終時指定的首席顧命大臣。元帝時宦官弄權也由漢宣帝播下了種子，元帝朝的著名宦官弘恭、石顯都是漢宣帝提拔起來的。在漢宣帝實際掌權的二十年裏，真正能做到三公高官的都是對他絶對恭順的人。典型的代表是御使大夫陳萬年，他靠賄賂外戚和巴結丙吉而起家，"丞相丙吉病，中二千石上謁問疾。遣家丞出謝，謝已皆去，萬年獨留，昏夜乃歸。及吉病甚，上自臨，問以大臣行能。吉薦于定國、杜延年及萬年。萬年竟代定國爲御史大夫"。此公還念念不忘把自己的爲官之道傳給兒子陳咸："萬年嘗病，命咸教戒於床下，語至夜半，咸睡，頭觸屏風。萬年大怒，欲杖之，曰：'乃公教戒汝，汝反睡，不聽吾言，何也？'咸叩頭謝曰：'具曉所言，大要教咸諂也。'萬年乃不復言。"①陳咸不聽其父之言，所以一生仕途坎坷，最後竟以憂死。

另外，漢宣帝絶對不能容忍任何人威脅到他的權威。他所任用的第三個丞相黄霸，就因爲向宣帝建議任命史高爲太尉而受到漢宣帝的嚴厲呵斥："夫宣明教化，通達幽隱，使獄亡冤，刑邑亡盜賊，君之職也。將相之官，朕之任焉。侍中樂陵侯高，帷幄近臣，朕之所自親，君何越職而舉之？"結果黄霸"免冠謝罪數日乃決，自是後不敢復有所請"。②王先謙《漢書補注》引何焯曰："史著此者，見宣帝必欲恩從己出。"③可謂一言中的。在昭宣時代的政局中發揮了重要作用的張安世一貫謹慎，但還免不了漢宣帝的猜忌，幾乎被殺。④

漢宣帝一朝的政治實際是在延續漢武帝時所確定的基本路線，與儒生，尤其是《公羊》家，所倡導的王道理想並不相容。所以漢宣帝在位期間，批評聲音還是不絶於耳。路温舒就説："臣聞秦有十失，其一尚存，治獄之吏是也。"⑤相對於路温舒而言，王吉的批評就要全面些，他首先指出當時的朝臣没"未有建萬世之長策，舉明主於三代之隆者也，其務在於期會簿書，斷獄聽訟而已，此非太平之基也……今俗吏所以牧民者，非有禮義科指可世世通行者也，獨設刑法以守之。其欲治者，不知所繇，以意穿鑿，各取一切，權譎自任。"所以造成《春秋》大一統所宣揚的"六合同風，九州共貫"久久不能實現。⑥他還建議要對國家的婚姻制度、禮服制度等都按照儒家之禮義進行規劃，並要求廢除任子令，結果自然遭到漢宣帝的冷遇，"上以其

---

① 《漢書》卷六十六《公孫劉田王楊陳鄭傳》，第 2900 頁。
② 《漢書》卷八十九《循吏傳》，第 3634 頁。
③ 《漢書補注》，第 1533 頁。
④ 《漢書·趙充國傳》，第 2993 頁。
⑤ 《漢書》卷五十一《賈鄒枚路傳》，第 2373 頁。
⑥ 《漢書》卷七十二《王貢兩龔鮑傳》，第 3063 頁。

言迂闊不甚寵異也”。[①]

當然,宣帝時期批評言論最激烈的要數蓋寬饒了。從他的出身看他是一個地道的儒生,“明經爲郡文學,以孝廉爲郎,舉方正”。他在封事中説:“方今聖道寖廢,儒術不行,以刑餘爲周召,以法律爲《詩》《書》”,而且還引《韓氏易傳》説:“五帝官天下,三王家天下,家以傳子,官以傳賢,若四時之運,功成者去,不得其人則不居其位。”[②]當漢宣帝準備把他下獄時,他到北闕自殺以表達自己的抗争。當然,我們可以説這是他個人的性格使然。但實際上,他的觀點很有一定代表性,他自殺後,“衆莫不憐之”。

從上面的分析可以看出,漢宣帝的施政與儒生們的理想,尤其是《公羊》學派的理想之間是有着很大的矛盾的。因而産生了一些批判的聲音,其中,《公羊》就充當了批判的重要理論依據。[③]宣帝政治與王道理想的背道而馳不能不引起儒生對漢室的極大失望,從蓋寬饒對《韓氏易傳》一段話的稱引看,在眭弘之後,儒生中懷疑漢帝合法性的想法更加廣泛了。而《公羊》的通三統等所謂的非常可怪之論就是這些思想的總根源。所以漢宣帝要試圖用《穀梁傳》來沖淡《公羊》的影響,用《穀梁》來爲自己的霸王道做支撑。他自己説是“霸王道雜之”,就説明他需要一種王道來粉飾或掩蓋自己的霸道。要用《公羊》則有拆穿西洋鏡的危險,而《穀梁》則要安全得多了。

而且《公羊》的三統説是把雙刃劍,當儒生對西漢王朝充滿希望的時候,《公羊》的三統論就完全可以爲西漢政權的合法性做論證。但當儒生對西漢政權普遍失望的時候,三統論又可以成爲論證漢家當亡的根據。[④]而在漢宣帝的時候,《公羊》學已經表現出了這樣的趨勢。從根本上講就是《公羊》家的學理與漢宣帝“霸王道雜之”的统治術之間産生了衝突,這應當説是漢宣帝立《穀梁》的深層次原因。當然,我們這裏並不是説漢宣帝徹底的拋棄了《公羊》。畢竟他並没有將《公羊》官學的地位取消。只不過,他在試圖以《穀梁》來抵消《公羊》對其霸王道雜之術的不利影響。

四、《穀梁傳》思想特色

那麽,漢宣帝何以會選擇《穀梁傳》呢? 這還要從《穀梁傳》自身的思想特色來進行分析。[⑤]

---

① 《漢書》卷七十二《王貢兩龔鮑傳》,第 3065 頁。

② 《漢書》卷七十七《蓋諸葛劉鄭孫毋將何傳》,第 3249 頁。相似的言論也見於《説苑・至公》。

③ 我懷疑《公羊》學者桓寬在漢宣帝時撰成《鹽鐵論》是不是也有些深意呢?

④ 馮友蘭:《中國哲學史新編》也談到了這一點,但他没有詳細講明導致這一轉變發生的原因,而僅是籠統地説“過了一定時期,天就要另命一個新王朝,開始一個新時代。”(人民出版社 1998 年版,中册 235 頁。)

⑤ 當然,限與篇幅這裏只能是簡單地分析,不能詳細展開了。

正如皮錫瑞氏所言,《公羊》兼傳"微言"與"大義",而《穀梁》只傳"大義"。[①]通過對《穀梁傳》的考察我們發現它的所謂"大義"就是"尊尊"和"親親"。

尊尊首先是尊王。它認爲天子具有至高無上的地位。《穀梁傳·宣公十五年》:"爲天下主者,天也,繼天者,君也,君之所存者,命也。爲人臣而侵其君之命而用之,是不臣也;爲人君而失其命,是不君也。君不君,臣不臣,此天下所以傾也。"[②]任何侵犯天子的行爲都不能容忍,天子之命也不可違抗,隱公七年《春秋經》:"冬天王使凡伯來聘。戎伐凡伯於楚丘以歸。"《穀梁傳》:"凡伯者何也?天子之大夫也。國而曰伐,此一人而曰伐,何也?大天子之命也。戎者,衛也。戎衛者,爲其伐天子之使,貶而戎之也。"[③]莊公五年《春秋經》:"冬公會齊人、宋人、陳人、蔡人伐衛。"《穀梁傳》:"是齊侯宋公也,其曰人何也?人諸侯所以人公也。其人公何也?逆天王之命也。"[④]

《公羊》所尊的王是理想的王,所以"上無天子,下無方伯"是《公羊》常說的話,全書凡八見,可知周天子在《公羊》學派心中的地位。《穀梁》所尊的王是時王。僖公八年《春秋經》:"春王正月公會王人、齊侯、宋公、衛侯、許男、曹伯、陳世子款盟於洮。"《穀梁傳》:"王人之先諸侯何也?貴王命也。朝服雖敝,必加於上;弁冕雖舊,必加於首。周室雖衰,必先諸侯!"[⑤]《公羊》家不承認有千年一系的合理性,所謂"天下乃天下人之天下,非一人之天下"。所以《公羊》能够把當時尚存的周室抛開,而以"《春秋》當新王"。《穀梁》則處處維護東周王室,拒絶革命。僖公二十四年《春秋經》:"冬天王出居於鄭。"《穀梁傳》:"天子無出。出,失天下也。居者,居其所也。雖失天下,莫敢有也。"[⑥]同樣是這一條,《公羊》的解釋就成爲霍光廢黜昌邑王劉賀而另立新君的依據。魯成公十三年魯國參與晉對秦的戰爭,《經》云:"公自京師,遂會晉侯、宋公、衛侯、鄭伯、曹伯、邾人、滕人伐秦。"《穀梁傳》的解釋是:"言受命不敢叛周也。"[⑦]它並不像《公羊》家那樣認爲當天子不能履行其職責時就失去了居其位和合法性。它認爲周天子的王位應該一直傳遞下去,《穀梁·僖公五年傳》中說:"天子世子世天下。"[⑧]

進而《穀梁》對臣下的行爲也進行了規範,對權臣更是給予了否定性的評價。比如祭仲事件,《公羊》由祭仲的行爲引申出"行權"的道理,並給予了肯定。而《穀梁》的態度和《公羊》是截然相反的:"宋人者,宋公也。其曰人,何也?貶之也。突,賤之也。曰歸,易辭也。祭仲易其事,權在祭仲也。死君難,臣道也。今立惡而黜正,惡祭仲也。"[⑨]臣下不能有隨意行動的自由。莊公十九年《春秋經》:"秋公子結媵陳人之婦於鄄,遂及齊侯宋公盟。"在這件事情上,

---

① 《經學通論》卷四,中華書局 1964 年版,第 19 頁。

② 阮元校刻:《十三經註疏·穀梁傳注疏》卷十二,中華書局 1980 年影印本,第 2415 頁。下同。

③ 《十三經註疏·穀梁傳注疏》卷二,第 2370 頁。

④ 《十三經註疏·穀梁傳注疏》卷五,第 2381 頁。

⑤ 《十三經註疏·穀梁傳注疏》卷八,第 2395 頁。

⑥ 《十三經註疏·穀梁傳注疏》卷九,第 2401 頁。

⑦ 《十三經註疏·穀梁傳注疏》卷十四,第 2422 頁。

⑧ 《十三經註疏·穀梁傳注疏》卷七,第 2393 頁。

⑨ 《十三經註疏·穀梁傳注疏》卷四,第 2377 頁。

《公羊》和《穀梁》又做出了相反的解釋,《公羊》曰:"媵者何? 諸侯娶一國,則二國往媵之,以侄娣從。侄者何? 兄之子也。娣者何? 弟也。諸侯一聘九女,諸侯不再娶。媵不書,此何以書? 爲其有遂事書。大夫無遂事,此其言遂何? 聘禮,大夫受命不受辭,出竟有可以安社稷利國家者,則專之可也。"[①]《穀梁》曰:"媵,淺事也,不志。此其志,何也? 辟要盟也。何以見其辟要盟也? 媵,禮之輕者也。盟,國之重也。以輕事遂乎國重,無説。其曰陳人之婦,略之也。其不日,數渝,惡之也。"[②]以另外一個角度來解釋,從而避免了談論臣下的擅自行動。更具有代表性的在襄公十九年,《春秋經》:"晉士匄帥師侵齊,至谷,聞齊侯卒,乃還。"《公羊》曰:"還者何? 善辭也。何善爾? 大其不伐喪也。此受命乎君而伐齊,則何大乎其不伐喪? 大夫以君命出,進退在大夫也。"[③]這裏對士匄的行爲是肯定的,並且再次强調了臣下有根據實際情況靈活處理的權利。《穀梁傳》則做出了完全相反的解釋,對士匄的行爲徹底給予否定:"還者,事未畢之辭也。受命而誅,生死無所加其怒。不伐喪,善之也。善之則何爲未畢也? 君不尸小事,臣不專大名。善則稱君,過則稱已,則民作讓矣。士匄外專君命,故非之也。然則爲士匄者宜奈何? 宜墠帷而歸命乎介。"[④]類似這樣的還有宣公十四年楚莊王圍宋次年平之事,《公羊》對司馬子反出於仁心而許宋平大加讚賞,而在《穀梁》裏則説楚宋之平是因爲魯國斡旋的結果,司馬子反、華元、楚莊王的言行統統不見了。所以我們也可以看出《穀梁》所强調的臣子行爲規範更符合專制權力的需要。

在君臣關係上,《穀梁》强調了君臣關係的絶對性。莊公二十四年,曹羈出奔《公羊》:"曹羈者何? 曹大夫也。曹無大夫,此何以書? 賢也。何賢乎曹羈? 戎將侵曹,曹羈諫曰:'戎衆以無義,君請勿自敵也。'曹伯曰:'不可。'三諫不從,遂去之。故君子以爲得君臣之義也。"[⑤]而《穀梁》對此没有發傳,從而否定了人臣有去君之義。相反它在另一方面提出了臣子向君主提建議的準則,文公六年晉陽處父被殺,《穀梁》的解釋是:"稱國以殺,罪累上也。襄公已葬,其以累上之辭言之,何也? 君漏言也。上洩則下闇,下闇則上聾,且闇且聾,無以相通。夜姑殺者也。夜姑之殺奈何? 曰:晉將與狄戰,使狐夜姑爲將軍,趙盾佐之。陽處父曰:'不可! 古者君之使臣也,使仁者佐賢者,不使賢者佐仁者。今趙盾賢,夜姑仁,其不可乎?'襄公曰:'諾。'謂夜姑曰:'吾始使盾佐女,今女佐盾矣。'夜姑曰:'敬諾。'襄公死,處父主竟上事,夜姑使人殺之,君漏言也。故士造辟而言,詭辭而出,曰:'用我則可,不用我則無亂其德。'"[⑥]《穀梁》還强調了臣下的尊卑等級之分。文十八年《春秋經》:"秋,公子遂,叔孫得臣如齊。"《穀梁傳》曰:"使舉上客,而不稱介,不正其同倫而相介,故列而數之也。"[⑦]這裏《穀梁》就認爲

---

① 《十三經註疏·公羊傳注疏》卷八,第 2236 頁。
② 《十三經註疏·穀梁傳注疏》卷六,第 2385 頁。
③ 《十三經註疏·公羊傳注疏》卷二十,第 2308 頁。
④ 《十三經註疏·穀梁傳注疏》卷十六,第 2430 頁。
⑤ 《十三經註疏·公羊傳注疏》卷八,第 2238 頁。
⑥ 《十三經註疏·穀梁傳注疏》卷十,第 2406 頁。
⑦ 《十三經註疏·穀梁傳注疏》卷十一,第 2410 頁。

他們是同級别的卿而相介，這是亂了尊卑的等級。

《穀梁》還特别重視對統治秩序的維護。這一點也表現在對禮的强調。《穀梁》以"知禮"稱，《穀梁》對禮的重視，就是要維護"君君、臣臣、父父、子子"的秩序。所以，《穀梁》中對非禮的批評經常出現。與此相近的還有《穀梁》特别强調"正"。《穀梁》所謂的"正"在許多情況下和"禮"有着相同的含義。但它們也是有着明顯的區别的，禮有時是指具體的制度性規定，比如《穀梁・莊公二十二年傳》對婚禮的説明："禮，有納采，有問名，有納徵，有告期。四者備，而後娶，禮也。"①而正則是禮背後所體現的秩序，比如《穀梁・隱公元年傳》中隱公讓桓行爲的否定，就突出强調了他的不正。"正"與"禮"的區分體現了《穀梁》嚴謹的一面。

《穀梁》對統治秩序的維護還體現在它對復仇的否定上。復仇是《公羊》十分强調的内容。而在《穀梁》裏面只有一處提到了復仇，莊公四年魯莊公與齊襄公一起狩獵，《穀梁》認爲在没有復仇以前是不能釋怨的，所以魯莊公與齊襄公一起狩獵就是應當受到批評的。在《公羊》十分强調復仇的地方，《穀梁》往往從另一個角度來解釋，比如齊襄公复九世之仇《穀梁》所做的解釋爲："大去者，不遺一人之辭也。言民之從者，四年而後畢也。紀侯賢而齊侯滅之，不言滅而曰大去其國者，不使小人加乎君子。"②在伍子胥復仇的問題上，《穀梁》幾乎全部鈔襲了《公羊》而惟獨去掉了對復仇的肯定。楊士勳在《疏》中認爲伍子胥"失純臣之具道"，③楊氏之説深得《穀梁》本意。④

《穀梁傳》法家的色彩是十分濃厚的，突出地表現在它所描繪的"夾谷之會"中孔子的舉止上。魯定公十年《春秋經》："夏公會齊侯於頰谷，公至自頰谷。"《穀梁傳》："離會不致，何爲致也？危之也。危之，則以地致何也？爲危之也。其危奈何？曰，頰谷之會，孔子相焉，兩君就壇，兩相相揖。齊人鼓譟而起，欲以執魯君。孔子歷階而上，不盡一等，而視歸乎齊侯，曰：'兩君合好，夷狄之民，何爲來爲？'命司馬止之。齊侯逡巡而謝，曰：'寡人之過也。'退而屬其二三大夫曰：'夫人率其君與之行古人之道，二三子獨率我而入夷狄之俗，何爲？'罷會，齊人使優施舞於魯君之幕下。孔子曰：'笑君者罪當死。'使司馬行法焉，首足異門而出。齊人來歸鄆、讙、龜陰之田者蓋爲此也。"⑤優施只是在魯君面前跳了一段舞，就被孔子殺了，而且還遭到支解！在這一段記載中，孔子的表現簡直就是一個酷吏。《穀梁傳》中有引尸子曰，而尸子與商鞅的關係密切，這也證明了《穀梁》的法家背景。⑥所以本田成之就認爲："《穀梁》確有一種君權確立的秦、漢頃的君主神聖的思想與傾向君主的正義的顯著的法家的色彩。"⑦

---

① 《十三經註疏・穀梁傳注疏》卷六，第 2386 頁。

② 《十三經註疏・穀梁傳注疏》卷五，第 2381 頁。

③ 《十三經註疏・穀梁傳注疏》卷十九，第 2444 頁。

④ 根據陳澧的研究，《穀梁傳》成書在《公羊傳》之後，而且在成書過程中是參考了《公羊傳》的，所以《穀梁傳》在這些地方與《公羊》的不同應該是有深意的。

⑤ 《十三經註疏・穀梁傳注疏》卷十九，第 2445 頁。

⑥ 當然某家某派這樣的分法不可拘泥，尤其是具體的人，其思想和學説往往都不可簡單地歸於某家了事。

⑦ 本田成之：《中國經學史》，上海書店，第 117 頁。

當然，先秦儒家的一些基本觀念，《穀梁》還是繼承了的，比如民本思想在《穀梁》中還是佔了很大的分量的，畢竟它還是儒家的經典。所以我們説《穀梁》只是具有法家的色彩而已。

關於《穀梁》的親親之道，主要體現在它對宗法情義和倫理的重視。無論是關於婚姻禮制的强調，還是關於宗族關係的重視，都體現了《穀梁傳》的宗法觀念。關於這一點就不再展開了。

相對於《公羊》我們可以看出《穀梁》具有比較强烈的務實主義態度。比如在對待宋襄公的評價上，《公》《穀》二傳是截然相反的。《穀梁》認爲："襄公以師敗乎人，而不驕其敵，何也？責之也。泓之戰以爲複雩之恥也，雩之恥，宋襄公有以自取之……故曰：禮人而不答，則反其敬；愛人而不親，則反其仁；治人而不治，則反其知。過而不改，又之，是謂之過，襄公之謂也。古者，被甲嬰胄非以興國也，則以征無道也，豈曰以報其恥哉……身傷焉，七月而死。倍則攻，敵則戰，少則守。人之所以爲人者，言也。人而不能言，何以爲人？言之所以爲言者，信也。言而不信，何以爲言？信之所以爲信者，道也。信而不道，何以爲道？道之貴者，時其行勢也。"它把宋襄公的行爲評價爲"失民"："其失民何也？以其不教民戰，則是棄其師也。爲人君而棄其師，其民孰以爲君哉？"①

通過對《穀梁傳》思想特色的分析，可以看到《穀梁傳》既强調了對專制統治秩序的維護，又在一定程度上保留了儒家的外衣。這一點和漢宣帝的施政風格十分相像，王霸道雜之！這才是漢宣帝選擇《穀梁傳》的根本原因。

五、關於石渠閣會議的一點補正

石渠閣會議在西漢經學史上具有十分重要的意義，可是《漢書》中關於這一會議的記載却比較模糊，後人對它的認識也有混亂處，甚至近人崔適懷疑它是否真的存在過。所以對這一問題還有稍加辨析的必要。

首先，《漢書》中對《穀梁》博士具體設立時間的記載却又是矛盾重重。《漢書·儒林傳》記載甘露元年(前 53 年)就大講殿中，《漢書·宣帝紀》把它記在甘露三年(前 51 年)，可《百官公卿表》又説："博士，秦官，掌通古今，秩比六百石，員多至數十人。武帝建元五年，初置五經博士。宣帝黄龍元年(前 49 年)，稍增員十二人。"②對此沈文倬在《黄龍十二博士的定員和太學郡國學校的設置》一文中認爲是："《宣帝紀》所説：'甘露三年，乃立梁丘《易》、大、小《夏侯》尚書、《穀梁春秋》博士'是石渠閣會議的決議，當時用詔書頒發，本紀係於甘露三年是對的；《百官公卿表》'奉常'下所説'黄龍元年稍增員十二人'，是從制度上確定名額，係於黄龍元年

① 《十三經註疏·穀梁傳注疏》卷九，第 2400 頁。
② 《漢書》，第 726 頁。

是説明決議後經過兩年的協調工作才能完成定員手續。"①雖有一定道理,但給人的感覺是推論的成分過大,爲什麽就需要準備這麽長的時間呢?在《黄》文中沈文倬還認爲在元康年間"'徵江公孫爲博士'只能做《穀梁》博士解,也只能説處於宣帝的破格特征。宣帝偏愛《穀梁》,自己破壞官制員數規定"。②這就不能成立了,如果江公在元康時就已經以《穀梁》博士的身份出現在太學,那麽就不會有後來的"乃立"之説了。當時,江公只能是以魯《詩》博士的身份被徵召的。《儒林傳·王式傳》記録了王式在被徵爲魯《詩》博士後的一段遭遇:"既至,止舍中,會諸大夫博士,共持酒肉勞式,皆注意高仰之。博士江公世爲魯《詩》宗,至江公著《孝經説》,心嫉式。謂歌吹諸生曰:'歌《驪駒》。'式曰:'聞之於師:客歌《驪駒》,主人歌《客毋庸歸》。今日諸君爲主人,日尚早,未可也。'江翁曰:'經何以言之?'式曰:'在《曲禮》。'江翁曰:'何狗曲也。'"③江公之所以不顧身份地破口大駡,一個重要的原因就是因爲他們此時同爲魯《詩》博士,王式的到來對他構成了巨大的威脅。否則,江公以漢宣帝的眷顧而爲《穀梁》博士,就算嫉妒王式的才學,也不至於如此不顧斯文。一經之中有多個博士同時存在的現象,在西漢並不是没有的。比如參見石渠閣會議的魯《詩》學者中就有薛廣德和張長安兩個博士。④所以,《穀梁》博士的設置只能是在石渠閣會議之後的元康三年。但是如何解釋《紀》《傳》之間的矛盾呢?我們再來看《儒林傳》的讚:"初《書》唯有歐陽,《禮》後,《易》楊,《春秋》公羊而已。至孝宣世,復立大、小夏侯《尚書》,大、小戴《禮》,施、孟、梁丘《易》,《穀梁春秋》。"⑤這個記載中博士的數目比《紀》中又多了施、孟《易》和大、小戴《禮》。據前人考證,大、小戴《禮》的分化是在成帝以後的事。那麽,經過了石渠閣會議總共增加了五家博士。這五家博士的設立絶不是一朝一夕就能完成的事,期間必然經歷了一個相當長的過程。由於立學官與利禄相聯繫,已立學官的視之爲禁臠,未立的努力争取,其間争鬥可想而知。漢宣帝在立《穀梁》的過程中遭到了《公羊》家極力反抗,爲了争取支持,他把原來已經存在的同一家派内的分化全部予以承認。⑥本來其他各經對《公羊》家在五經中一家獨大的局面不能不有所不滿,所以他們對漢宣帝立《穀梁》應是樂觀其成的,更何況漢宣帝擴大了他們的利禄之途,於是皆大歡喜。不僅如此,漢宣帝還提高了博士官的俸禄,《後漢書·百官志》:"博士十四

---

① 《宗周禮樂文明考論》,第 469 頁。

② 同上第 492 頁。

③ 《漢書》卷八十八《儒林傳》,第 3610 頁。

④ 由於沈文倬先生不相信一經可以有兩博士,所以他在分析石渠閣會議的參加人員時把張長安的身份定爲布衣。其實《儒林傳》中是先説張生爲博士,然後才説到參與石渠閣的。關於一經可以有兩個以上的博士,可以參看錢穆《秦漢史》第 218—219 頁。另外劉歆《移讓太常博士書》中的一段話:"至孝武皇帝,然後鄒、魯、梁、趙頗有《詩》、《禮》、《春秋》先師,皆起於建元之間。當此之時,一人不能獨盡其經,或爲《雅》,或爲《頌》,相合而成。《泰誓》後得,博士集而讀之。"這段話雖被今文家看做是劉歆對他們的誣衊之辭,其實這段話從一個側面反映了一經可以有不止一個博士的事實。

⑤ 《漢書》卷八十八《儒林傳》,第 3621 頁。

⑥ 在新立的五家中除《穀梁》外都是從已立於學官的家派中分化出來的。

人，比六百石。本注曰：本四百石，宣帝增秩。”①所以《紀》《傳》之間的矛盾説明，在甘露三年先是立了《穀梁》博士，在後來的兩年中，陸續又分立了兩家《易》博士和兩家《書》博士，在黄龍元年，又在官制中正式把博士由四百石提升到比六百石。而甘露元年的大講則僅是《公羊》與《穀梁》之間的一次辯論，後來辯論擴大化，才有了甘露三年的石渠閣會議召開。

關於這次一召開的地點，班固在《儒林傳》中其他各經時都提到了石渠閣，惟獨在講《穀梁》的部分並没有説，而是在《劉向傳》中説：“會初立《穀梁春秋》，徵更生受《穀梁》，講論《五經》於石渠。”②説明在“石渠閣會議”中《穀梁》仍是會議的重要内容。《公》《穀》之争在甘露元年的大講中已經有了結論，後來召開的“石渠閣會議”中得到了正式的確立。

還有一點要説的就是韋賢在地節三年（前 67 年）就已經告老了，而史高封侯則是在地節四年（前 66 年）以後的事，而《漢書》中説：“宣帝即位聞衛太子好《穀梁春秋》，以問丞相韋賢、長信少府夏侯勝，及侍中樂陵侯史高……”③所以班固在敘述的時候並不嚴謹，當韋賢爲相時史高還不是樂陵侯，班固是以後來的爵位敘述之。“元康中始講”是説所選的高才開始學習《穀梁》，並不是漢宣帝就此事詢問韋賢等人的時間，漢宣帝最早開始關注《穀梁》是在地節年間，很可能就是霍光地節二年死後到韋賢地節三年去職之間。《漢書》對此事的記述的確有錯亂之處，但這件事絶對不是如崔適等人所認爲的純屬捕風捉影。

① 《後漢書·續漢志二十五·太常》，中華書局 1965 年版，第 3572 頁。
② 《漢書》卷三十六《儒林傳》，第 1929 頁。
③ 《漢書》卷八十八《儒林傳》，第 3618 頁。

從爵制的角度試釋《津關令》之“魯侯”現象

□龔志偉

【摘　要】《津關令》廿二號三枚竹簡的出土證實了《史》《漢》關於張偃魯國的立國和封王之年代。魯國即薛郡，其改名實系秦漢郡國命名之通例。從已經封有王國的事實來看，魯侯就是通向魯王的過渡爵位，過渡徹侯的作用純粹在於提供一個爵位身份。益言之，與制度分離的爵位之所以可能維繫秩序，前提是依託一個高度成熟且等級清晰的身份體系，秦漢二十等爵以及“序二等”的侯王分封，便構成了這樣一個體系。

【關鍵詞】二十等爵；諸侯；津關令；爵位身份；魯國；秦漢郡國名

【作者簡介】龔志偉，上海社會科學院歷史研究所碩士研究生（上海 200235）

張家山出土《二年律令》之《津關令》第520、521、522號（原編號廿二）竹簡記録了魯侯上書要求在關中買馬的事蹟。關於魯侯的身份，學者根據竹簡記載的職官和事蹟，結合《史》《漢》相關内容，基本認定是吕后的嫡親外孫魯王張偃。問題却接踵而至：誠如時賢所論，從魯御史、魯郎中等只有諸侯國才能擁有的職官，可以判定竹簡上的魯侯就是張偃；但反過來説，既然當日張偃只是徹侯，爲何能擁有諸侯國及其建制？本文即嘗試從爵制的角度探討這一矛盾。晚學率爾操觚，敬祈專家指正。

1. 研究史回顧與問題的提出

爲了方便下文的探討，我們先録入竹簡的釋文：

廿二 丞相上魯御史書言魯侯居長安請得買馬關中丞相御史以聞制曰可（簡520）

丞相上魯御史書請魯中大夫謁者得私買馬關中魯御史爲書告津關它如令丞相御史以聞制曰可（簡521）

丞相上魯御史書請魯郎中自給馬騎得買馬關中魯御史爲傳它如令丞相御史以聞制曰可（簡522）①

① 彭浩、陳偉、工藤元男：《〈二年律令〉與〈奏讞書〉：張家山二四七號漢墓出土法律文獻釋讀》，上海古籍出版社2007年版，第323—324頁。本文徵引之張家山竹簡釋文若不標明，均出自本書。

《津關令》是《二年律令》的一種，時賢對《津關令》的年代有過探討。楊振紅結合同一墓室出土的《奏讞書》所録“十年七月”臨菑獄史闌盜傳出關一案，認爲《津關令》不得晚於高帝十年（前197年）頒佈；[①]全《令》的結集更爲重要，介於同一墓室出土的《曆谱》的最後年代是高后二年（前186年），故彭浩以此爲《津關令》頒行的下限。[②]擴而大之，“二年律令”之得名源自書於首簡背面的“二年”两字，自80年代出土之日起，學者就圍繞“二年”究竟是漢二年、惠帝二年、高后二年，始終争議不絶，[③]然單從文物角度而論，竹簡所書之内容至遲不晚於高后二年，則無疑問。對本文而言，這一坐標已經足够。

整理小組將簡中的“魯”注爲張偃之魯國。[④]高后既稱制，分封了幾個異姓諸侯王，其中大多是吕氏一族和幾個沖齡的皇子，還有便是高后獨生女魯元公主之子張偃。關於置立魯國的具體時間，在張家山竹簡公佈前，我們能看到的是傳世文獻的記載：

> 《史記·吕太后本紀》：“（高后元年四月）魯元公主薨，賜謚爲魯元太后，子偃爲魯王。……（七年）宣平侯張敖卒，以子偃爲魯王，敖賜謚爲魯元王。”
>
> 《史記·漢興以來諸侯王年表》：“高后元年，初置魯國。四月，初王張偃元年。”[⑤]
>
> 《漢書·高惠高后文功臣表》：“高后二年，侯偃爲魯王。”
>
> 《史記·張耳陳餘列傳》：“張敖，高后六年薨。子偃爲魯元王，以母吕后女故，吕后封爲魯元王。元王弱，兄弟少，乃封張敖他姬子二人：壽爲樂昌侯，侈爲信都侯。”
>
> 《漢書·張耳傳》：“高后元年，魯元太后薨。後六年，宣平侯敖復薨，吕太后立敖子偃爲魯王，以母爲太后故也。”

若按照一般情況把封王與立國等同起來，那麽就有高后元年、二年、六年、七年4説，本質上可歸爲2説：母薨置國和父薨置國，元年、二年爲前者之歧説，六年、七年似爲後者之歧説。周振鶴主張魯國之立當從《張耳陳餘列傳》繫於高后六年，理由是“宣平侯張敖死，方以魯國封其子張偃”。[⑥]《津關令》的出土讓我們能够最終定讞此案。簡520—522所見職官有：魯御史、魯

---

① 楊振紅：《從〈二年律令〉的性質看漢代法典的編纂修訂與修令關係》，原刊《中國史研究》，2005年第4期，收入氏著《出土簡牘與秦漢社會》，廣西師範大學出版社2009年版，第51—52頁。

② 彭浩：《〈津關令〉的頒行年代與文書格式》，《鄭州大學學報（哲社版）》，2003年第3期，第15頁。

③ 可參張忠煒：《〈二年律令〉年代問題研究》，《歷史研究》，2008年第3期，第147—163頁。

④ 《張家山漢墓竹簡·二四七號墓（釋文修訂本）》，文物出版社2006年版，第88頁。

⑤ 《史表》、《漢表》於置國之年份例書於前一格，故初置魯國雖寫於“孝惠七年”格内，實在高后元年，見“惠帝七年初置魯國”格王先謙補注，《漢書補注》卷一三，中華書局1983年影虚受堂本，第153頁下欄。清儒於此體例多默識而不言，今人則多不曉此例，故特出此注。

⑥ 周振鶴：《西漢政區地理》，人民出版社1987年版，第27頁；《〈漢書·地理志〉匯釋》同，安徽教育出版社2006年版，第474—475頁。

中大夫、魯謁者、魯郎中，[①]諸官皆爲漢朝和諸侯國專有，這些職官的出現直接證明了魯王國的存在。另一方面，前漢魯國凡二，除張偃外，景帝子劉餘（魯恭王）之魯國大大晚於竹簡年代，故可排除。結合前述《津關令》之年代下限，知張偃魯國之立不得晚於高后二年，也就是說，《吕太后本紀》《漢興以來諸侯王年表》關於高后元年四月置魯國的記載是正確的。需要説明的是，如此顯豁的道理固不待區區才窺破，學者之所以"含意俱未申"，或因早期研究多聚焦於利用"高后元年置魯國"推定竹簡所書律令的年代，[②]而忽視了首先應據竹簡回應異説，以坐實《紀》《表》的記載。[③]

現在讓我們看魯侯之所指。張家山竹簡整理小組早期的研究頗爲含混，他們認爲"魯侯"是《高祖功臣侯者年表》所載的魯侯奚涓之母疵（《漢書》作"底"），而竹簡其他的"魯"則指張偃之魯王國。[④]陳偉就此指出兩點紕漏：一、照《漢書・高惠高后文功臣侯表》記載，魯侯奚涓死事之後，其母侯疵之封邑乃在重平而非魯縣；二、廿二號簡三條令文皆由魯王國御史上書，若"魯侯"别有一人恐不合理。陳先生又引《吕太后本紀》"當是時（高后末年），濟川王太，……及魯元王吕后外孫，皆年少未之國，居長安"，正與"魯侯居長安"相符，故"魯侯"之指張偃絶無疑問。[⑤]陳説甚確，母疵所封爲重平侯，魯侯奚涓之薨又在漢六年前，都不可能與高后元年才成立的魯王國有交集。在陳先生的批評之前，也許是意識到先前研究的不周，整理小組就已將所有的"魯"字統一改釋作張偃魯國。[⑥]筆者以爲，三條令文的來源當是一時之事：張偃長居京師，需要在關内購置馬匹，而中大夫、謁者、郎中等都是皇帝、諸侯的從官，在戰國秦漢時帶有濃厚的家臣性格，[⑦]他們侍奉主人長駐京師，也需要買馬，故由魯御史上書朝廷請求批准，其時間當在高后元年四月初置魯王國後不久。

我們知道，漢代諸侯王與徹侯不惟封國有大小，建制也完全不同，然而這裏却出現了徹侯與王國竝存的現象，如此情況無疑超出了我們的"常識"之外。從整理小組僅在第一個"魯"字上出注來看，[⑧]似已感到個中矛盾而選擇迴避，彭浩等先生也没有給出解釋。楊建以

---

① 有學者將"中大夫謁者"連讀成一官，閻步克以爲當點斷作中大夫、謁者兩官，閻説符合傳世文獻的普遍記載。《論張家山漢簡〈二年律令〉中的"宦皇帝"》，原刊《中國史研究》2003 年第 3 期，收入中國社會科學院簡帛研究中心編：《張家山漢簡〈二年律令〉研究文集》，廣西師範大學出版社 2007 年版，第 50 頁。介於《二年律令・秩律》叙漢官名時，多省略令、長、嗇夫等字，故筆者以爲也不當排除此處釋作中大夫令、謁者令、郎中令的可能。當然，無論如何釋讀，均不影響本文的論證。

② 如李學勤：《張家山漢簡研究的幾個問題——張家山漢簡〈二年律令〉漢律價值初探（筆談）》，《鄭州大學學報》，2002 年第 3 期，第 6 頁。

③ 周先生在 07 年的研究中似已更正舊説，參《〈二年律令・秩律〉的歷史地理意義（王稿）》，前揭《張家山漢簡〈二年律令〉研究文集》，第 356 頁。

④ 張家山漢簡竹簡整理小組：《江陵張家山漢墓概述》，《文物》，1985 年第 1 期，第 11 頁。

⑤ 陳偉：《張家山漢簡〈津關令〉涉馬諸令研究》，《考古學報》，2003 年第 1 期，第 41 頁。

⑥ 本書整理小組：《張家山漢墓竹簡（二四七號墓）》，文物出版社 2001 年版，第 210 頁；前揭釋文修訂本同。

⑦ 增淵龍夫：《戦国官僚制の一性格：郎官と舍人》，《社会経済史》21 卷 3 號（1955），頁 195—226；裘錫圭：《説"宦皇帝"》，原刊《文史》第六輯（1979），收入氏著《古代文史研究新探》，江蘇古籍出版社 1992 年版，第 152—153 頁；前揭《論張家山漢簡〈二年律令〉中的"宦皇帝"》。

⑧ 前揭《張家山漢墓竹簡（二四七號墓）》，第 210 頁；釋文修訂本，第 87 頁。

爲“侯”或爲“王”之訛，[①]然二字音、形俱相差甚遠，鈔錯的可能不大，且作“魯王”亦與傳世文獻不合(詳下)。陳蘇鎮猜測:“也許‘侯’這一簡稱在漢初既可用於徹侯，也可用於諸侯。”[②]案侯、王自不可相溷，不過從陳先生這番話來看，他也在尋求解釋張偃以徹侯爵領王國的困惑。我們以爲，單從字面臆測無助於釋疑，必須深入爵制内部作一合理的勾稽。下文即擬探討如下兩個問題:

一、不見於《史》《漢》各侯表的“魯侯”究竟是什麽性質的爵位?

二、高后元年封諸侯國而拜徹侯爵，該史實所反映出漢代爵位制度的一些訊息。

2. 從爵制的角度解釋徹侯爵與王國竝存的情況

2.1 竹簡與傳世文獻之正讀

現在經由《津關令》的出土，我們知曉張偃在高后元年尚未封王，也就是説立國、封王非一時之事，那麽上列《史》《漢》5 條史料相互之間便有可能不存在矛盾。陳偉指出:“頗疑高后元年魯元公主卒，偃封魯侯(或在二年);六年張敖卒，偃晉封魯王。”[③]套用前文的歸納，也就是:母薨置國，父薨封王。陳先生的説法猶有可商可補之處。

粗覽之下，前舉《吕太后本紀》將父薨、封王繫於七年，《漢書・張耳傳》襲之;《張耳陳餘列傳》作六年。此外，《高祖功臣侯者年表》曰六年宣平國除，《高惠高后文功臣表》云宣平侯敖“高帝九年封，十七年薨”，即高后六年薨——諸文似相矛盾。前引周、陳二先生，及梁玉繩皆從《張耳陳餘列傳》，韓兆琦則反之。[④]今案:《史》《漢》帝紀義例，於官惟書丞相之卒，卿以下則否;於爵惟書諸侯王之薨，侯以下則否。[⑤]《本紀》云“(七年)宣平侯張敖卒，以子偃爲魯王，敖賜謚爲魯元王”，《本紀》無須提及徹侯之卒，封諸侯王則是必須記人之事，所以此句的重點在“以子偃爲魯王，敖賜謚爲魯元王”上，並不能理解成敖死於當年。同卷“高后元年，建成康侯釋之卒”亦屬插叙筆法(《高祖功臣侯者年表》记吕釋之薨於惠帝二年)，頗資對照。至於《張耳陳餘列傳》，考《史表》具載吕后封張敖他姬子之事在八年，故可判斷自“子偃爲魯元王”以下皆混言之，並非將諸事繫於六年。兩者合而觀之，知張敖之薨在高后六年，宣平侯邑隨

① 楊建:《西漢初期津關制度研究》，上海古籍出版社 2010 年版，第 198 頁。

② 陳蘇鎮:《漢初侯國隸屬關係考》，《文史》，2005 年第 1 期，第 1—5 頁。漢代典籍不乏以“諸侯”一詞併稱侯王的情況，但更多還是單指王。至於單獨一個“侯”字，則絶不可能用來指諸侯王。又，本文所用的“諸侯”一詞都是特指諸侯王。

③ 前揭《張家山漢簡〈津關令〉涉馬諸令研究》，第 41 頁。

④ 梁玉繩:《史記志疑》卷七，中華書局 1981 年版，第 246 頁;韓兆琦:《史記箋證》，江西人民出版社 2009 年 2 版，第 4755 頁。

⑤ 《史》《漢》諸紀惟《漢書・惠帝紀》書郃陽侯劉仲、舞陽侯樊噲二人之薨。又，太初二年倪寬後始書御史大夫之卒。錢大昕:《廿二史考異》卷六，上海古籍出版社 2004 年版，第 93、96 頁。

之罷撤，張偃之封魯王在七年。[①]至於《高惠高后文功臣表》的“高后二年”相對是一個孤證，王先謙以爲“二”字是“七”字之殘泐，甚是。[②]因《表》字多格小，局促之下在傳鈔過程中發生字形的粘聯和脱落，又“高后七年，侯偃爲魯王”亦與前文的推定相吻合。綜上，我們認爲《津關令》的出土證明《史》《漢》諸卷記載均不訛誤，只是各持一塊碎片，遂讓前輩學者作出了横嶺側峰的解釋。筆者利用竹簡，將傳世文獻的各碎片拼合回歷史的原貌：

> 高后元年夏四月，置魯國，蓋亦於此時封魯侯；六年，宣平侯張敖薨，罷宣平侯邑；七年春夏，魯侯偃晉爵爲王，至此爵位與封國方才合一；八年秋，吕氏敗，廢魯王、撤魯國。

徹侯與王國竝存的現象固然超出常態，但竹簡卻能理順傳世文獻的捍格，使我們不得不正視這個特例。至於《漢興以來諸侯王年表》《異姓諸侯王表》何以高后元年爲魯王元年，不妨參比高祖之事：西元前206年，沛公立爲漢王，是年即漢元年；五年，漢王即皇帝位於氾水之陽，又以漢元年爲高帝元年。[③]高后元年偃雖未封王，然魯國從分茅胙土到設官分職均已完備，故史家以是年爲魯王元年。也就是説，自高后元年起，魯侯之爵就只是一個爲了既定目標（魯王）而設立的過渡。

魯侯是一個奇怪的封號，因爲“魯”是諸侯王國，却配以侯爵，這在傳世文獻中鮮見其倫，不過我們還是在《後漢書・光武十王楚王英傳》裏發現了可資對照的例子：

> （永平）十三年，男子燕廣告英與漁陽王平、顔忠等造作圖書，有逆謀，事下案驗。……帝以親親不忍，乃廢英，徙丹陽涇縣。……明年，英至丹陽，自殺。立三十三年，國除。詔遣光禄大夫持節弔祠，贈賵如法，加賜列侯印綬，以諸侯禮葬於涇。……建初二年，肅宗封英子种楚侯，五弟皆爲列侯，並不得置相、臣吏人。元和三年，……遣謁者備王官屬迎英喪，改葬彭城，加王赤綬羽蓋華藻，如嗣王儀，追爵，謚曰楚厲侯。……种後徙封六侯，卒，子度嗣。度卒，子拘嗣，傳國于後。

---

① 張森楷考敖卒、偃王之年份與筆者的結論相合（施之勉：《史記會注考證訂補》引，華岡出版有限公司1976年版，第310頁），然據宣平侯謚號立論，是又承梁玉繩（王叔岷同）之説（王叔岷：《史記斠證》卷八九，中華書局2007年版，第2671頁）。謚號可以追加，不可作爲繫年的證據，敬請參看。網絡上有《魯元公主小考》一文，其繫年蓋踵張説，首發網址：http://www.bsm.org.cn/bbs/simple/?t1356.html（2008-01-14發表；2011-10-17最後查詢），作者似不通曉諸侯國與徹侯邑的職官區别，故以魯縣爲張偃封國，且循全祖望説以爲魯國本城陽郡，辨詳下。

② 前揭《漢書補注》卷一六，第250頁上欄。

③ 《史記》卷八《高祖本紀》，中華書局1982年版，第365、379頁。近有學者以西元前205年爲漢元年，平勢隆郎：《中國古代紀年の研究：天文と曆の檢討から》第五節“木星紀年と太歲紀年：兼論秦統一・漢初の紀年問題”，東京大学東洋文化研究所報告1996年版，頁78—85，140（表）。

明、章二帝這些曖昧的舉措皆是因爲永平年間的楚王獄存在很多紆曲和齷齪。①兩漢没有縣道名楚者，並且“楚厲侯”的謚號也説明，作爲劉种封號的楚侯之“楚”自然是指原先存在的楚王國，楚侯之爵是章帝爲了補償劉英世家而做的安排，同一個“楚”字刻録了從廢王、罷國到回升爲列侯的痕跡，所以這個楚侯也可以看作楚王的殘骸。而魯侯就是《漢興以來諸侯王年表》中魯王的未完成爵位，並非别有封邑的一個徹侯，這就是其不見於《史》《漢》幾個侯表的原因。無論楚侯抑或魯侯，均有王國、王爵的影子，作爲列侯的它們是諸侯王的降級形態。諸侯王國和作爲降級諸侯王的徹侯爵位相聯的特殊結構，便是下一步展開討論的基礎。

2.2 論“父侯子不王”説法之不全面

那麽，高后元年時，張偃爲何只封徹侯而非諸侯王呢？陳偉以爲：“張敖尚在，其爵为侯，其子封王恐難想象。”②在張家山竹簡公佈前，依據傳世文獻的學者也持相同的觀點。清末的沈家本以爲：“元年時張敖尚在，偃未必先爲王。”③筆者以爲，此解似合情理，却於制度無徵，我們不妨舉出若干反證：

> 《史记·楚元王世家》：“漢已平吴楚，孝景帝欲以德侯子續吴，以元王子禮續楚。竇太后曰：‘吴王，老人也，宜爲宗室順善。今乃首率七國，紛亂天下，柰何續其後！’不許吴，許立楚後。”
>
> 《漢書·王子侯表》略：“德哀侯廣。……高后三年，頃侯通嗣。孝景六年，康侯齕嗣。”

此時的德侯爲宗正劉通，④景帝本欲以通子爲吴王，雖不果，但可見漢初無所謂“父侯子不王”的爵制。昭宣以降禮制漸隆，然亦不存在此項規定：

> 《漢書·諸侯王表》：“鴻嘉二年八月，廣德夷王雲客以懷王從父弟子紹封，一年薨，亡後。”
>
> 《漢書·景十三王·中山靖王勝傳》：“憲王福嗣，十七年薨。子懷王循嗣，十五年薨，無子，絶四十五歲。成帝鴻嘉二年復立憲王弟孫利鄉侯子雲客，是爲廣德夷王。”

廣德王父爲利鄉侯遂，此又是一證。或駁之曰，秉持“爲人後者爲之子”的經義，⑤紹封王轉奉

---

① 王健：《楚王劉英之獄探析》，《中國史研究》，1999年第2期，第37—48頁；肖陽光、冷鵬飛：《東漢楚王英謀逆案疑析》，《湖南行政學院學報》，2000年第6期，第73—75頁。

② 前揭《張家山漢簡〈津關令〉涉馬諸令研究》，第43頁。

③ 沈家本：《諸史瑣言》卷五，中國書店1990年影印本，第一葉右欄。

④ 《楚元王世家集解》引徐廣曰：“德侯名廣。”即德哀侯廣；中井積德則認爲是德頃侯通。併見【日】瀧川資言、水澤利忠：《史記匯注考證（附校補）》卷五十，上海古籍出版社1986年影印本，第1199頁下欄。今案：下文“以元王子禮續楚”，而此“德侯”不稱謚，知是在世的宗正劉通，以中井説爲是。

⑤ 《春秋公羊傳》成公十五年，《十三經注疏》，藝文印書館1997年影阮刻本，第8册，第229頁下欄。《公羊傳》籠罩漢人之倫理觀，故每逢繼絶時，此義便被提及。

絶國之祀，前舉證據可能仍不够説服力。既然如此，爲了濾去繼絶紹封這層倫理因素，兹舉個始封王的例子.

《史記・吴王濞列傳》:“高帝已定天下七年，立劉仲爲代王。而匈奴攻代，劉仲不能堅守，棄國亡。天子……爲骨肉故，不忍致法，廢以爲郃陽侯。”

《史記・漢興以來諸侯王年表》:“高祖十二年十月辛丑，初王濞元年。濞，高祖兄仲子。”

《漢書・王子侯表》:“合陽侯喜，八年九月丙午封，七年，孝惠二年薨，以子爲王，謚曰頃王。”

“郃”“合”同，劉仲即劉喜，一字一名。①劉仲和張敖一樣是廢王，當徹侯仲尚在世時高帝便封子濞爲王，作爲始封王的吴王濞仍奉仲之祀，仲以子故得謚吴頃王。②吴王和魯王的情況如出一轍，相差又不過十數年，對照之下一目了然。綜上，我們認爲雖然敖既薨而偃始王，不過所謂“父侯子不王”的解釋仍不是根本原因。益言之，子爵高於父爵是當時社會普遍存在的現象，否則“郎中以上爵傲其父兄”③便是不可能的了。

筆者以爲，關於張偃在高后元年爲何不封諸侯王，個中緣由已非百代之下所能情測——但，若我們調轉聚焦點，暫時擱置“不封王”的疑問，而去思考這樣一個特殊的“魯侯”爵位在諸侯王爵和諸侯國之間所起的聯接作用，或許能在某種程度上深化我們對漢代爵制的理解。下面就讓我們剔除情節以觀照結構，即把研究從政治人物、政治史導入爵制本身。

2.3 過渡爵位與爵級秩序

爵的精神在於序列身份尊卑。《禮記・中庸》:“序爵所以辨貴賤也，序事所以辨賢也。”先秦的爵與官往往合一，秦漢時代的爵位則退入身份的範疇，故閻步克將該時期的官僚體系歸納爲“爵—秩二元性”。④爵位需藉制度加以體現和維繫，某些制度依爵位而存在，然又未必一一依附於後者，《漢書・孔霸傳》:

元帝即位，徵霸，以師賜爵關内侯，食邑八百户，號褒成君。……及霸薨，上素服臨弔者再，至賜東園祕器錢帛，策贈以列侯禮，謚曰烈君。霸四子，長子福嗣關内侯。

在葬儀方面，關内侯孔霸享用的是列侯的制度，超出了本爵應有的待遇。與之相反，前引《楚

---

① 《史記》卷五〇《楚元王世家》，《集解》引徐廣《音義》，第1988頁。

② 《漢書》卷一二《平帝紀》録《元始五年正月詔》曰“惟宗室子皆太祖高皇帝子孫及兄弟吴頃、楚元之後”（中華書局1962年，第358頁）。又《高祖功臣侯者年表》作代頃侯、代頃王（第946、967頁），蓋吴王濞敗亡後又冠故廢國之號。

③ 西晉庾峻語，《晉書》卷五〇《庾峻傳》，中華書局1974年版，第1393頁。雖然此語針對嬴秦，不過郎吏制度在秦漢是一脈相承的。

④ 閻步克:《從爵本位到官本位:秦漢官僚品位結構研究》，北京三聯書店2009年版，第57—87頁。

王英傳》謂英六子皆封爲列侯，併不得置相、臣吏民，待遇反類關内侯。益言之，一些制度是多個爵級所共有的，如食邑：王國和侯邑都是廣義的食邑，關内侯普遍享有食邑，又酥油土木簡有"二百户五百騎以上賜爵少上造黄金五十斤食邑百户百騎"，是昭宣時第十五級爵亦間或享受食邑。[①]然而上升到列侯與諸侯王二級，有一項制度和爵位緊密相依，更不會爲他爵所共有：封國。列侯邑與諸侯國的建制決定了兩者與單純食邑的不同，也劃定了它們之間的區别。比如東漢光武衮越功臣，建武二年正月"封功臣皆爲列侯，大國四縣，餘各有差"，[②]十三年混一四海後又行增邑定封，時食四縣者有：高密侯鄧禹(高密、昌安、夷安、淳于)、廣平侯吴漢(廣平、斥漳、曲周、廣年)、安豐侯竇融(安豐、陽泉、蓼、安風)，膠東侯賈復更是達到了六縣之多(郁秩、壯武、下密、即墨、梃、觀陽)。[③]對比《地理志》，前漢某些諸侯國也不過轄有三、四縣，較極端的要數永平十六年置立的阜陵國，光武子淮陽王質因謀反而被明帝遷爲阜陵王，國内僅有二縣，光從食封縣目上看反不及列侯。[④]然阜陵所食雖瘠，終歸是諸侯；膠東所食雖豐，終究不過是列侯。建制是王國與侯邑的表現形式，決定它們的不是封疆廣狹、食户多寡，而是領主的爵位。與前述葬儀、置官權和食邑不同，侯邑、王國的建制必然隨着身份(爵位)的升降而升降，它們依附於身份，而身份是第一位的，故兩漢有無國的諸侯王：

> 《後漢書·孝明八王傳》："彭城靖王恭，永平九年賜號靈壽王。……樂成靖王黨，永平九年賜號重熹王。"
>
> 章懷注引《東觀漢記》："賜號，未有國邑。"

却不可能封列侯以诸侯国。所以《津關令》出現魯侯和魯王國竝存的現象，説明徹侯爵並不是分封的目的，歷史真實乃是在封王暫且不得的前提下，降一級以徹侯居守王國。我們知道，爵的功能在依託制度體現身份並落實待遇，但若是已享受到諸侯王的制度，那麽這個徹侯爵位的作用又是什麽？爲了回答這個疑問，我們不妨以下面的例子爲參照。

一般而言，爵位的尊卑總是藉助制度來維持，只有在極特殊的情況下，爵級本身就能够自我維繫身份秩序。《漢書·宣帝紀》載霍光奉宣帝入繼大統：

> 庚申，入未央宫，見皇太后，封爲陽武侯。已而群臣奉上璽綬，即皇帝位，謁高廟。
>
> 顔注："先封侯者，不欲立庶人爲天子也。"

---

① 【日】西嶋定生：《中國古代帝國的形成與結構——二十等爵制研究》，武尚清譯，中華書局2004年版，第64頁；木簡號D38：7A，甘肅省文物工作隊等：《漢簡研究文集》，甘肅人民出版社1984年版，第7頁。

② 《後漢書》卷一上《光武紀》，中華書局1965年版，第26頁。

③ 俱見范曄《後漢書》本傳。

④ 周天遊：《後漢紀校注》卷十，天津古籍出版社1987年版，第289頁。李曉傑考證除阜陵縣外，另一縣爲逡遒，《東漢政區地理》，山東教育出版社1997年版，第220頁。當然，兩漢食封的實際户數和租税各有不同，此單就縣目而論，不必展開。

宣帝在繈褓中遭遇巫蠱獄而流落民間，除了有宗室屬籍，其他和一般民衆没有區别，故師古謂之"庶人"，廣義言之是恰當的。"不立庶人爲天子"，這套儀制背後的精神乃在强調皇帝具有超越世俗的地位。一方面，高帝以平民集團肇立社稷，《秦楚之際月表·序》謂之"自生民以來未始有受命若斯之亟"；另一方面，穩定之後的王朝則不能再强調"受命之亟"了，反過來要宣揚本身受命之有漸。皇曾孫病已出身卑微，其先封侯再即位，本質乃是利用列侯作为二十等爵中的最高级，搭建步入天子位的"天階"。之後每當天子絶嗣，從外藩擇宗室奉大行皇帝之後者皆循宣帝故事：

1. 後漢孝安帝。袁宏《後漢紀》孝殤帝延平元年八月："其夜，使騭持節以青蓋車以迎佑于清河邸。癸丑，立爲長安侯。太后詔曰：'……其以佑爲孝和皇帝嗣，即皇帝位。'"[①]（范《書》畧同）
2. 後漢孝質帝。《後漢書·孝順孝沖孝質帝紀》："丙辰，使冀持節，以王青蓋車迎帝入南宫。丁巳，封爲建平侯，其日即皇帝位，年八歲。"（袁《紀》存梁太后詔）[②]

安、質二帝原本不是列侯，故同樣舉行了一套封侯再即位的儀式。三帝之外，前漢之孝文、昌邑王賀、孝平；[③]後漢之北鄉侯懿、孝桓、孝靈、孝獻亦出身外藩。然文帝、劉賀、平帝、獻帝的身份已是諸侯王，餘下幾位則是列侯，他們都無需在即位前先封侯。兩相比較，更能體會這套程序和所謂"不欲立庶人爲天子"的意義。

在這裏起作用的是列侯的爵級。西嶋定生曾説過："爵與爵之差别，是基於級别之相異，乃是來源於爵作爲秩序結構的這個本質特性。"[④]其論至確。然而西嶋先生用這個概念解釋韋玄成削爵而哀歎一事，却未必妥帖。因爲爵級是抽象的排序，很難有離開具體制度而呈現的爵級尊卑，好比不存在只有一面的紙一般。比如兩漢皇帝榮賜名儒師傅的關内侯爵，也不單單是褒揚身份，隨之而來的同樣有關内侯本級所享有的復除、食邑、可完全繼承的爵位等等待遇。[⑤]不過宣帝故事却極其特殊——宣、安、質三帝所封的列侯需要的不是封邑、臣吏民、傳國、奉朝請、賞賜、律令甚至印綬、輿服，即位禮儀所需要的只是列侯作爲二十等爵頂端的這個級别，也就是説，在宣帝故事中，爵級完全不假外物，僅靠抽象的序列直接體現了身份的尊卑。這才是對西嶋先生之論的最佳注脚。應當看到，封列侯爵以提升皇曾孫病已、清河王子佑、渤海王子纘的身份，根本上是爲了表示皇帝位的尊嚴。更深一步説，是爲了維繫從隸臣士伍—二十等爵—諸侯—皇帝這樣一種身份秩序。

魯侯的作用亦同於此。如前所考，魯侯就是通向魯王的過渡爵位，絶對而論，它當然可以帶來除侯邑之外的所有徹侯制度，但更應當看到，這個依附於王國的徹侯所真正提供的只

---

① 《後漢紀校注》卷一五，第 427 頁。

② 《後漢紀校注》卷二〇，第 546 頁。

③ 孝哀在孝成生前即被定爲太子，故不計人。

④ 前揭《二十等爵制研究》，第 64 頁。引文對原文略作改動、歸納。

⑤ 楊光輝曾以爲關内侯爵是不能繼承的，《漢唐封爵制度》，學苑出版社 2002 年版，第 40 頁。楊文撰寫時張家山竹簡尚未公佈，但《漢書》裏就有丙昌、蕭伋、馮野王、孔福等承襲父爵的例子。

是身份本身。有諸侯國無諸侯王，缺的是身份，所以在根本上，魯侯和宣帝故事的陽武侯一樣，其作用純粹在於爵位身份。作爲溝通庶人、皇帝間的橋樑和諸侯王的降級的二者，分明勾勒出了以爵爲載體的身份秩序。益言之，離開制度的爵位之所以可能維繫秩序，必須要依託一個高度成熟且等級清晰的身份體系，秦漢二十等爵以及"序二等"的侯王分封便是這樣一個體系。又從絶對的角度而言，爵位與制度的分離終究只是暫時的，所以皇曾孫病已、張偃之封列侯都是一個過渡。爲了維持制度或身份秩序而封賜過渡爵位，文獻中還可以找出類似例子。

《二年律令·賜律》有"吏官庳而爵高"之語，説明至遲到漢初，官、爵便没有一一對應的必然聯繫。[①]然丞相之官依例當兼列侯之爵。《漢書·外戚恩澤侯表·序》："公孫弘自海瀕而登宰相，於是寵以列侯之爵。……自是之後，宰相畢侯矣。"《潛夫論·三式》："孝武皇帝封爵丞相，以褒有德，後亦承之，建武乃絶。"[②]文景前例拜軍功徹侯爲相，即先侯後相，自公孫弘後則反是，又東漢不設丞相，[③]故王符云"建武乃絶"。必須指出，就原則而言這個列侯爵的封賜不爲優渥受爵者，而爲匹配丞相官的尊崇地位，故公孫弘在"乞骸骨"的同時"上書歸侯"，弘以降之丞相也多在請辭時一併上書歸還相印和侯印。[④]雖然事實上皇帝不會收回侯印，侯爵和侯邑也多爲嗣子繼承，但可以反映原則上此爵不隨人，而隨官，如此便可認爲前漢存在"丞相官—列侯爵"的準制度。可現實却存在暫時無法封侯的情況，《通典·嘉禮》引鄭玄曰：

> 《祭統》云："古者於禘發爵賜服，於嘗出田邑。"今封諸侯則違古。且土地皆慶賞之事。漢家故事，丞相始拜，皆封爲國侯，其在秋冬者，先賜爵關内侯，俟春而後封國。《祭統》"嘗出田邑"，先師或以爲秋嘗時，邑人皆田，或以爲削黜田邑於此時也。[⑤]

"國侯"即列侯，冬主殺，不宜分土立社。對於康成的説法，《漢書·平當傳》有一實例：

> 哀帝即位，徵當爲光禄大夫諸吏散騎，復爲光禄勳、御史大夫，至丞相。以冬月，賜爵關内侯。明年春，上使使者召，欲封當。
>
> 如淳曰："《漢儀注》，御史大夫爲丞相，更春乃封，故先賜爵關内侯。"李奇曰："以冬月非封侯時，故且先賜爵關内侯也。"

---

① 簡294，第212頁。另參前揭《從爵本位到官本位》，第74—75、81—82頁。

② 汪繼培、彭鐸：《潛夫論箋校證》卷四，北京：中華書局1985年版，第198頁。

③ 武帝前惟申屠嘉以關内侯拜相，但嘉也屬功臣侯。關於丞相與封侯之資格，參廖伯源：《漢代爵位制度試釋(上)》，《新亞學報》，第10卷1期(1973年)，第107—108頁。董卓任相國、曹操任丞相，都是特例。

④ 公孫弘、于定國、匡衡等，見諸人本傳。

⑤ 《通典》卷七一《嘉禮十六》，王文錦等點校，中華書局1988年版，第1954頁。

筆者以爲,該故事未必源自漢初,[①]但也不可能晚自末世,可《漢書》僅有平當一例,這應該是被史家省略了的緣故。如《百官公卿表》録成帝永始二年冬十一月壬子翟方進拜丞相,《外戚恩澤侯表》載翟氏於當日封高陵侯,恐怕這個高陵侯不是當日即封,而在翌年春。本傳略去中間的關内侯爵,因爲它是作爲"預備列侯"的過渡;如此,我們也就愈發能够理解魯侯不被《史》《漢》幾個侯表記入的原因,它不過也是作爲"預備諸侯"的過渡而已。若逆向思考,皇帝完全可以在來年春天直接封侯,爲何要多此一舉?如此就説明這裏關内侯的賜予和其他場合都不相同,乃是利用關内侯僅次於列侯的等級,填補冬月不分土封侯而產生的身份空擋,盡可能地維繫丞相制度的秩序。

3. 張偃魯國地望與全祖望説的檢討

最後,讓我們順便糾正一個爲舊説訛傳已久的錯誤認識。

關於張偃魯國的地望,《地理志》曰:"故秦薛郡,高后元年爲魯國。"《郡國志》曰:"秦薛郡,高后改。"薛郡在漢初是劉交楚國的枝郡,兩《志》皆以薛郡爲魯國,在清代以前不存在問題。惟全祖望提出異議:

> 惠帝元年爲魯元公主湯沐邑,置魯國。("城陽國"條)
>
> 薛之魯縣,魯元公主之食邑。當高后時,未嘗奪楚之薛郡以封張偃也。張偃之國,乃齊所割之城陽郡,故莒國也。莒與魯接,而公主食邑在魯,因稱魯王。("魯國"條)[②]

惠帝二年齊悼惠王入朝時,攝於吕后的脅迫,不得已割讓了枝郡城陽爲魯元公主湯沐邑,[③]所以謝山以爲張偃所封魯國的地望即城陽郡,而非薛郡。今賢也不乏認同謝山之説者。[④]周振鶴則駁斥全説,理由是"高后爲所欲爲,皆在情理之中",[⑤]其説是。兩《志》所云"高后改"便是指建立張偃魯國一事,介於周先生的辨正較爲簡略,兹申論如次。

高后元年從楚王國中劃出薛郡分置魯國,此還可從《史表》的體例加以證實。我們知道,

---

① 漢家故事可謂廣義的制度,相關研究可參邢義田:《從"如故事"和"便宜從事"看漢代行政中的經常和權變》,氏著《秦漢史論稿》,東大圖書公司 1987 年版,第 334—349 頁。

② 全祖望:《漢書地理志稽疑》,朱鑄禹:《全祖望集彙校集注》,上海古籍出版社 2000 年版,第 3 册,第 2520、2522 頁。

③ 詳《史記》卷九《吕太后本紀》、卷五二《齊悼惠王世家》;《新序·善謀》,石光瑛:《新序校釋》卷十,中華書局 2001 年版,第 1378—1381 頁。

④ 侯甬堅:《西漢魯國州屬問題判斷》,《陝西師範大學學報(哲社版)》,1997 年第 4 期,第 94 頁。

⑤ 前揭《〈漢書·地理志〉匯釋》,第 474—475 頁,又《西漢政區地理》,第 27、32 頁。

《漢興以來諸侯王年表》書寫的格式是"年經國緯",張偃魯國在《表》中列於"楚國"格的下一行,表示析自楚國,若從謝山説,則當列於"齊國"格下。逮文帝即位,廢魯王、撤魯國,《史記·孝文本紀》載:

孝文元年十月辛亥,諸吕所奪齊、楚故地,皆復與之。

關於諸吕所割齊故地,《齊悼惠王世家》做了説明:

孝文帝元年,盡以高后時所割齊之城陽、琅邪、濟南郡復與齊。

若張偃魯國乃是因城陽郡而置,則《孝文本紀》的"楚"義無所屬,故"諸吕所奪楚故地"只能是薛郡。張偃雖不姓吕,却是吕氏一黨,固不可拘泥。至於城陽郡,則在孝惠、高后兩朝作爲公主、張偃的奉邑存在。

至於薛郡之易名魯國,乃屬秦漢郡國命名的通例,並非由某人名號而來。首先,薛郡地望以伯禽故國爲核心,先秦古國在戰國秦漢已演化爲一種星宿分野和人文風俗區域的概念,《淮南子·天官訓》:"星部地名:……奎、婁,魯。"①又《漢書·地理志》:"魯地,奎婁之分壄也。東至東海,南有泗水,至淮,得臨淮之下相、睢陵、僮、取慮,皆魯分也。"是薛郡完全處於魯地的範圍。不過宫崎市定以爲漢代魯國屬於"古代國名原封不動地作爲漢代國名而保存下來"的例子,②尚不全面。今案:秦漢多用屬縣、特别是治所縣指代或正式命名郡國,關於這一點,前賢在研究秦漢史的過程中已有自覺的認識。③如秦東海郡(一作東晦)治郯縣,會稽郡治吴縣,淮陽郡治陳縣,故諸郡在秦末漢初又稱郯郡、吴郡、陳郡,兩者常互用,後者甚至可能一度成爲正式郡名。④入漢以後,復因實行郡國雙軌制,故當劃置新郡新國、依郡立國、國廢爲郡、郡升爲京畿時,⑤都會以此作爲命名的慣例。兹就諸侯國略舉數例,《地理志》:

高密國。故齊,文帝十六年别爲膠西國,宣帝本始元年更爲高密國。……縣五:高密,……

① 張雙棣:《淮南子校釋》卷三,北京大學出版社 1997 年版,第 385 頁。

② 宫崎市定:《關於中國聚落形體的變遷》(原刊於 1957 年),黄金山譯,載劉俊文編:《日本學者研究中國史論著選譯(上古秦漢卷)》,中華書局 1993 年版,第 4 頁。

③ 如王國維先生,《書〈齊魯封泥集存〉後》,《觀堂集林》,中華書局 1961 年版,第 3 册,第 927 頁。

④ 史料不具引,詳參后曉榮:《秦代政區地理》,社會科學文獻出版社 2009 年版,第 238、254、413 頁。辛德勇《秦始皇三十六郡新考》爲較近之研究,可由此探知相關學史的發展脈絡,原刊《文史》2006 年 1、2 期,收入氏著《秦漢政區與邊界地理研究》,中華書局 2009 年版,第 10、15—17、83—84 頁。

⑤ 郡升爲京畿有一例。《後漢書》卷一三《公孫述傳》:"改益州爲司隸校尉,蜀郡爲成都尹。"第 535 頁。兩漢蜀郡治成都縣。

廣陵國。……武帝元狩三年更名廣陵。(《史記·漢興以來諸侯王年表》"元狩六年更爲廣陵國")……縣四:廣陵,……

真定國。武帝元鼎四年置。……縣四:真定,……

三者之名與屬縣同,且《地理志》郡、國首書之縣即郡治、國都,①若三者在成帝前未有遷治,②則便是因治所而得名。魯國的情況亦如是,《水經·泗水注》:"沂水……流逕魯縣故城南。……秦始皇二十三年以爲薛郡,漢高后元年爲魯國。"知魯縣(今曲阜)在秦時已是薛郡的治所。③景帝前三年(前154年)復置魯國,徙皇子淮陽王餘王魯,是爲魯恭王,劉餘魯國始終以魯縣爲國都,此有靈光殿和《地理志》的證據,不贅述。然則,時間夾於薛郡、劉餘魯國之間且國祚短暫的張偃魯國當不例外。所以我們認爲,作爲人文區域的魯地和作爲屬縣(這裏是郡治)的魯縣,④此二者都可以是魯國得名之緣由。綜上,薛郡之易名魯國,乃是循秦漢郡國的普遍命名習慣,惟此愈加肯定魯國就是原薛郡。高后元年公主薨,置魯王國,故謚公主爲魯元,這和郃陽侯劉仲謚曰吴頃王、臨泗侯吕太公被追謚爲吕宣王是一樣的道理。

反觀城陽郡,其郡址不在姬魯故地,《貨殖列傳》"泰山之陽則魯,其陰則齊",城陽屬齊,故在《地理志》裏被歸入齊分,該郡與"魯"毫不沾邊。全祖望以爲城陽郡可以改名魯國,是受了《史記索隱》的誤導。《張耳列傳》:"以母吕后女故,吕后封爲魯元王。"索隱曰:"案謂偃以其母號而封也。"這條註釋的根據又可上推至東漢,服虔曰:"(魯元公主)食邑於魯。"⑤注家按照封號慣例,認爲公主的湯沐邑在魯縣。⑥舊注的邏輯可簡單串聯如下:

公主號魯元——邏輯1——湯沐邑在魯縣——邏輯2——魯王國以湯沐邑而得名

估計是注家念及吕后爲所欲爲,所以覺得這麽迂怪的解釋也有可能成立——如此便和前文的推定形成正、反兩條因果途徑。《吕太后本紀》是判斷順逆的樞機所在:

魯元公主薨,賜謚爲魯元太后,子偃爲魯王。

注家拘於書寫順序,以爲賜謚和置魯國存在先後,其實它們是一時之事。《漢書·文帝紀》如淳注:"列侯之妻稱夫人。列侯死,子復爲列侯,乃得稱太夫人。"諸侯王妻則稱后,母太后。那麽這個"魯"自然不指縣邑,而指魯王國。《高惠高后文功臣表》去"元"謚而徑作"魯太后",

---

① 嚴耕望:《〈漢書·地志〉縣名首書者即郡國治所辨》(原刊於1953年),《嚴耕望史學論文集》,上海古籍出版社2009年版,中册,第587—620頁。嚴先生之説深得班《志》義例。

② 班《志》所載縣目本自西漢成帝元延、綏和之際的版籍,前揭《西漢政區地理》,第23頁。

③ 陳橋驛:《水經注校釋》卷二五,中華書局2007年版,第593頁。此條材料係王先謙首揭,《漢書補注》卷二八下二,第837頁下欄。

④ 嚴耕望先生即把魯國歸入以治所得名的郡國,《〈漢書·地志〉縣名首書者即郡國治所辨》,第610頁。此文雖不專論治所與郡國命名的關係,却可藉此獲得很多啓發。

⑤ 《漢書》卷一《高帝紀》,第5頁。

⑥ 此説一直被繼承到今天。曲英傑:《漢魯城靈光殿考辨》,《中國史研究》,1994年第1期,第133頁。

更顯清楚。文獻雜用“魯元太后”“魯元公主”，觀此乃知前者是謚號，後者是追書——是邏輯鏈 2 不成立。“魯”是郡國、“魯元”是追書，那麼就不可據以認定公主之湯沐邑在魯縣——是邏輯鏈 1 不成立。邏輯鏈 1、2 俱不能成立，是知舊注完全不可靠。漢初歷史晦而不彰，博雅如子慎亦不免倒果爲因。

拙文承樊波成、程羽黑二兄提出寶貴意見，馬孟龍博士二度來函賜教，併誌謝意。

銀雀山漢墓竹書《定心固氣》探論

□林 志 鵬

［摘　要］ 本文調整銀雀山漢簡《定心固氣》的簡序，並考證篇中的疑難字詞，闡釋其内涵。在文本復原的基礎上，還針對竹書的學派性質及時代提出推論。筆者認爲，《定心固氣》以道家的"心術"説爲基礎，雜糅儒家子思、孟子一系的思想，並兼受方技、兵家影響，學風尚融通，當是戰國末年到漢初之間齊地黄老道家的作品。

［關鍵詞］ 銀雀山漢簡；定心固氣；黄老道家；心術

［作者簡介］ 林志鵬，復旦大學歷史系副研究員（上海　200443）

《定心固氣》出於山東臨沂銀雀山一號漢墓，是一篇論士人修養的佚書，共存完簡二枚（簡 2137 由兩段綴合）、殘簡十一段（其中兩段遥綴爲簡 2133，中間仍有佚失）。整理者將此篇收入《銀雀山漢墓竹簡》第二輯《佚書叢殘》"其他"類①。銀雀山一號漢墓所出多爲兵書（如《吴孫子》、《齊孫子》、《尉繚》、《太公》及多種論兵佚篇）、論政之書（如《五議》、《爲國之過》、《君臣問答》等）及數術書（如《曹氏陰陽》、《天地八風五行客主五音之居》、《占書》等），唯有此篇言心、氣、志，論"修獨内奮"之道，在此批材料中顯得十分特出。整理者對於竹書已作了初步的編連和釋讀，今在其基礎上考釋簡文，並進一步討論竹書的内涵及學派歸屬。

一、釋　　文

本篇篇題已佚，開頭部分亦缺，"定心固氣"乃整理者據關鍵詞語所擬，頗爲適切。由於竹書殘斷較甚，整理者所編簡序只能作爲通讀的參考，今依文義稍作調整，各簡下仍注明原簡號。釋文採寬式，常見通假字已破讀，待釋及擬補字於下節"校釋"中依序説明。

……〔人之〕生，天也；刑（形），地也(1)。氣……【簡 2135】

① 銀雀山漢墓竹簡整理小組：《銀雀山漢墓竹簡〔貳〕》，文物出版社 2010 年版，第 125 頁（圖版）、第 252 頁（釋文及注釋）。

……素達〈徹〉者，非已也(2)。故其色不郴(瘭)於天子(3)，不困於百【簡2132】萬之衆。怵惕，心不〔定，氣不固者〕也(4)。心不動，氣不侈(移)。實者，心定氣固也(5)；虚者，心怵惕，【簡2133】氣從(縱)而不反者也(6)。心失其知，氣離〔其體〕(7)【簡2134】

……□□□之行不止於身，蓋囂(傲)然唯道之親【簡2140】而已矣(8)。是以侍(特)立不喬(驕)，神怵而〔不憂〕(9)……【簡2141】

……□□而不疑，志定而不□。□□□其志明獨，見威〔不屈〕(10)……【簡2142】

……□時獨意【簡2143】

……積之以參氣，守之以太一(11)，臨之以天，倅(猝)發【簡2136】而穜(動)(12)。必(畢)心全志而不慕名譽(13)，天下知之弗爲動，弗知弗爲殆(14)。□一志(?)誠，必修獨内奮(15)，終身【簡2137】不倦。隱居而不失其志，踐軒到(蹈)戈，制萬乘之衆而不易其氣(16)。天能亡其刑(形)，不能奪其【簡2138】志；君能殺其身，不能易其事。□……【簡2139】

二、校　　釋

1.〔**人之**〕**生，天也；刑(形)，地也**：簡2135僅存上半，前面可能尚缺一簡。簡文"刑"，整理者如字讀而無説。鵬按，"刑"疑當讀爲"形"，指人之成形。下文簡2138"天能亡其刑"之"刑"亦讀爲"形"。《管子·内業》："凡人之生，天出其精，地出其形，合此以爲人。"據此，簡文"生"前擬補"人之"二字。此段蓋由天、地之生人而及於氣之流行，並啓下文"定心固氣"之説。

2. ……**素達〈徹〉者，非已也**：簡2132上殘，前有缺文。"達"字疑本作"徹"，蓋避漢武帝諱而改①。"徹"即《莊子·大宗師》"朝徹而後能見獨"之"徹"，訓爲明②。"素"即純而不雜之意。《説文》："素，白致繒也。"即本色未染之生帛，引申爲事物之本然，如《莊子·刻意》云："素也者，謂其無所與雜也。"又説："純素之道，唯神是守……能體純素，是謂真人。"簡文"非"訓無③，"非已"即"無已"，《莊子·逍遥遊》："至人無已。"

3. **其色不郴(瘭)於天子**："郴"，整理者讀爲"懔"④，蓋訓爲畏。按，"懔"、"凛"皆"瘭"之異體，《説文》："瘭，寒也。"引申爲畏懼之意。其字又作"惏"，《文選·風賦》"直憯悽惏率"，李善注："惏，寒貌。"

---

① 整理者在《銀雀山漢墓竹簡情況簡介》云："銀雀山一號及二號漢墓是漢武帝初年的墓葬，所出竹書的字體屬於早期隸書，估計是文、景至武帝初期這段時間鈔成的。"見前揭書，第5頁。

② 成玄英《疏》："朝，旦也；徹，明也。死生一觀，物我兼忘，惠照豁然如朝陽初啓，故謂之朝徹也。"

③ 吴昌瑩《經詞衍釋》卷十："非，猶無也。《趙策》'王非守禦之具'、《史記·孔子世家》'夫子則非罪'，'非'皆'無'義。"

④ 《銀雀山漢墓竹簡〔貳〕》，第252頁，注釋2。

4. **怵惕，心不〔定，氣不固者〕也**：簡 2133 由兩段殘簡綴合，中間所缺約五字，整理者參酌文義，補“定氣不固者”[①]，此從之。“怵惕”即恐懼不安，乃承前文“㾖”、“困”而言。《靈樞·本神》云：“心，怵惕思慮則傷神，神傷則恐懼自失。”上海博物館藏楚竹書《彭祖》第 6 簡云：“怱怱之謀不可行，怵惕之心不可長。”[②]亦以怵惕爲非。

5. **實者，心定氣固也**：道家以“心”爲“精氣”（或稱“神”、“道”[③]）之宅舍，如《管子·心術上》云：“絜其宫，開其門，去私言，神明若存。”並説：“宫者，謂心也。”同書《内業》：“定心在中，耳目聰明，四枝堅固，可以爲精舍。精也者，氣之精者也。”心既不能静定，則精氣不能固守，所以《管子·心術下》云：“心静氣理，道乃可止。”簡文也説“心不動，氣不移。實者，心定氣固。”實謂氣充塞於體，即《素問·刺志論》：“夫實者，氣入也。”或讀“氣固”之“固”爲“居”[④]，義雖可通，但如字讀爲“固”涵義較“居”更進一層，故仍從整理者説。

6. **氣從(縱)而不反者也**：簡文“從”，整理者如字讀。按，“從”當讀爲“縱”，訓爲放。《管子·心術下》云：“夫道者，所以充形也，而人不能固。其往不復，其來不舍。”簡文“氣縱而不反”即“其往不復”之意。

7. **心失其知，氣離〔其體〕**：《孟子·公孫丑上》：“氣，體之充也。”《管子·心術下》：“氣者，身之充也。”簡文“氣離”後可依文義擬補“其體”或“其身”二字。此段以“已”（之部）、“子”（之部）、“惕”（錫部）、“移”（歌部）、“知”（支部）爲韻，若補“體”字（脂部），可與前文諧。

8. **蓋囂(敖)然唯道之親而已矣**：本段僅存四枚殘簡，簡 2140、2141 依整理者説視爲接續的兩簡，簡 2142 從句意上來看，可能亦與上述二簡有關，故措於其後。至於簡 2143 僅存四字（首字殘），位置不明，惟此簡有“獨”字，似承簡 2142“其志明獨”而言，故又次於其後。本段具論個人的修養，“特立不驕”、“志定”、“明獨”等概念皆由前文“心定氣固”引出。簡 2140 僅存下半，“之行”前尚有三殘字無法辨認。整理者將此簡與簡 2141 連讀爲“蓋囂然唯道之親而已矣”，並訓“囂然”爲閒暇自得貌[⑤]。鵬按，簡文“囂”疑讀爲“傲”。同墓所出《君臣問答》載孫叔敖與楚莊王問答，“孫叔敖”之“敖”，簡文皆作“囂”[⑥]，是其證。“敖”與“翱”爲同源詞[⑦]，故從敖之字多有高義，《莊子·天下》稱宋鈃、尹文“圖傲乎”，郭象《注》訓爲“揮斥高大之貌”，可

---

① 《銀雀山漢墓竹簡〔貳〕》，第 252 頁，注釋 3。

② 馬承源主編：《上海博物館藏戰國楚竹書（三）》，上海古籍出版社 2003 年版，第 307 頁。並參考拙著：《宋鈃學派遺著考論》，萬卷樓圖書公司 2009 年版，第 102—103 頁。按，筆者在前揭書中將楚竹書《彭祖》的“怵惕”讀爲“訹傷”（訓爲輕慢利誘），但觀《靈樞》及《定心固氣》，可知原整理者釋爲“怵惕”不誤。道家雖强調處世之敬慎，但若時時怵惕憂恐，則又太過，故有“怵惕之心不可長”之論。

③ 參考馬非白：《〈管子·内業〉篇之精神學説及其他》，《管子學刊》1988 年第 4 期，第 4 頁；裘錫圭：《稷下道家精氣説的研究》，《文史叢稿》，上海遠東出版社 1996 年版，第 20—21 頁。

④ 此説乃林碧玲教授於“2010 簡帛資料文哲研讀會成果發表暨全國簡帛資料研討會”（臺北，臺灣師範大學，2010 年 12 月）中賜告。

⑤ 《銀雀山漢墓竹簡〔貳〕》，第 252 頁，注釋 7。

⑥ 同前注，第 179 頁。

⑦ 王力：《同源字典》，文史哲出版社 1991 年版，第 207 頁。

移爲簡文之解。

9. **侍(特)立不喬(驕),神怵而〔不憂〕:** 整理者讀"喬"爲"驕",此從之,並將"侍"讀爲"特","特立"呼應前文"傲然"。"神怵而"下殘,依文例擬補"不憂"二字,"憂"(幽部)與"驕"(宵部)可諧韻。

10. **其志明獨,見威〔不屈〕:** "其志明獨見威"六字,整理者作一句讀,此則將"見威"屬下讀,並於其後補"不屈"二字。前文云"其色不懔於天子,不困於百萬之衆",後文也説"制萬乘之衆而不易其氣",皆所謂"見威不屈"。簡文强調"獨",與前文所謂"志定"、"心定"有關,"獨"指内心專一。"獨"與"一"義通,《方言》卷十二:"一,蜀也。南楚謂之蜀。"儒家子思一派論修養强調"慎獨",稷下道家言"内固之一"(《管子·白心》)、"專於意,一於心"(《心術下》),荀子則講"虚壹而静"、"擇一而壹焉"(《解蔽》),其義皆相通也①。

11. **積之以參氣,守之以太一:** 簡文"積"僅存右半,此從整理者釋②。此段蓋由前文論"獨"(即内心的"一")推衍,言"定心固氣"之術乃取法於天,上與天合③,故以"積之以參氣,守之以太一"説之。"參氣"即"三氣",指和、清、濁三氣。《老子道德經河上公章句》釋《老子》"道生一,一生二,二生三,三生萬物"云:"一生陰與陽也。陰陽生和、清、濁三氣,分爲天、地、人也。天地人共生萬物也。天施地化,人長養之。"嚴遵《老子指歸》亦云:"一清一濁,與和俱行,天人所始,未有形朕圻堮,根繫於一,受命於神者,謂之三。"④值得注意的是,《指歸》及《河上公章句》皆漢代黄老道家解《老》之作,竹書所言與之相合,則其學派可大略推知(詳見下節)。

12. **臨之以天,倅(猝)發而種(動):** 整理者在其釋文中將簡2136、2137分行書寫,但在註釋中認爲二簡可連讀,並將"倅發而種"讀爲"猝發而動"。按,後説是,並從其讀。

13. **必(畢)心全志而不慕名譽:** 簡文"必"疑讀爲"畢"⑤,訓爲盡。必、畢相通之例見於《墨子·大取》"三物必具",孫詒讓《閒詁》:"必與畢通。"⑥上博楚竹書《彭祖》第5簡"五紀必周",李零先生讀"必"爲"畢"⑦,皆二字相通之證。"畢心全志",即下文所謂"誠"、"獨"。

14. **天下知之弗爲動,弗知弗爲殆:** 簡文"殆",整理者讀爲"怠"。按,如字讀可。《説文》:"殆,危也。"引申有疑、困之義。《吕氏春秋·至忠》:"穆行之意,人知之不爲勸,人不知不爲沮。"與簡文類似,"沮"亦止、困之意。

15. **□一志(?)誠,必修獨内奮:** 簡文"志誠"二字殘損,整理者説:"第一字頗似'一志'二

---

① 參考拙著:《宋鈃學派遺著考論》,第399—401頁,第450頁。

② 《銀雀山漢墓竹簡〔貳〕》,第252頁,注釋4。

③ 《淮南子·主術》云:"天氣爲魂,地氣爲魄,反之玄房,各處其宅,守之勿失,上通太一。太一之精,通合於天。"

④ 王卡點校:《老子道德經》,中華書局1993年版,第168—169頁;嚴遵著、王德有點校:《老子指歸》,中華書局1993年版,第18頁。

⑤ 林碧玲教授將"必"訓爲堅定,求與前文"心定"、"志定"呼應,可備一説。

⑥ 孫詒讓:《墨子閒詁》,《諸子集成》第4册,中華書局1954年版,第291頁。

⑦ 馬承源主編:《上海博物館藏戰國楚竹書(三)》,第306頁。

字，但彼此相距過近，似仍以視作一從‘心’之字爲宜；次一字右旁爲‘成’，左旁已殘。”[①]鵬按，若據整理者前説，則此句當作“□一志誠”，一訓爲專一，所缺字可能爲“心”、“意”一類詞。惜圖版過於模糊，無法肯定。後一字從“成”，可釋爲“誠”。簡文“奮”原從心，此從整理者説讀，並訓爲勵。

16. **踐軒到(蹈)戈，制萬乘之衆而不易其氣**：簡文“到”疑讀爲“蹈”，二字韻母幽、宵旁轉，聲母端、定旁紐，音近可通。“蹈”與“踐”互文見義，皆有履、行之義，“踐軒蹈戈”指勇赴沙場，故下云“制萬乘之衆而不易其氣”，制訓爲折。

三、竹書的内涵及學派歸屬

此篇竹書出於漢武帝早期的墓葬，整理者據字體推斷，竹書鈔寫於文、景至武帝初期[②]。此一時期，黄老學説盛行，而從上文校釋的引述中，不難看出《定心固氣》與《管子·心術下》、《内業》等戰國時期稷下道家經典關係密切，所用術語及論述模式與之相近，所以這篇佚書很可能是闡述“心術”、“内業”説的文獻。此外，竹書“積之以三氣，守之以太一”，前節引《老子指歸》及《老子道德經河上公章句》證之，也説明《定心固氣》的思想内涵近於黄老道家。

戰國時期“心術”之説肇於儒家公孫尼子、子思。傳爲公孫尼子所作的《禮記·樂記》云：“夫民有血氣心知之性，而無哀樂喜怒之常，感應起物而動，然後心術形焉。”“姦聲亂色，不留聰明；淫樂慝禮，不接心術。”[③]郭店楚墓竹書《性自命出》、《五行》爲子思一派經典[④]，前者明確指出“凡道，心術爲主。”後者則强調仁、義、禮、智、聖等五行，必須型塑於心(“型於内”)，才能成爲“德之行”[⑤]。此一説法的提出，確認了“心”在修養中的主體地位，也促成戰國後期心性論的發展。其後，服膺老子思想的學者宋鈃、尹文“語心之容，命之曰心之行”(《莊子·天下》)，將老學及關尹一派虚静、因循之論與儒家心術説結合，闡述“心術”及“内業”的著作遂流行於戰國中晚期的齊地[⑥]。存於《管子》的《心術上》、《心術下》、《白心》、《内業》即爲稷下道

① 《銀雀山漢墓竹簡〔貳〕》，第 252 頁，注釋 6。

② 《銀雀山漢墓竹簡〔貳〕》，第 5 頁。

③ 《隋書·音樂志上》載沈約奏對：“《樂記》取《公孫尼子》。”葉國良先生重新討論此説，認爲《禮記·樂記》非一人所作，其中可信爲《公孫尼子》遺文者僅《樂化》一篇。説見《公孫尼子及其論述考辨》，《臺大中文學報》第 25 期(2006 年 12 月)，第 6—11 頁。

④ 參考周鳳五先生：《郭店竹簡的形式特徵及其分類意義》，《郭店楚簡國際學術研討會論文集》，湖北人民出版社 2000 年版，第 53—63 頁。

⑤ 荆門市博物館：《郭店楚墓竹簡》，文物出版社 1998 年版，第 31、62 頁(圖版)、第 149、179 頁(釋文)。關於郭店《五行》“型於内”的解釋，參考周鳳五先生：《郭店竹簡文字補釋》，《古墓新知——紀念郭店楚簡出土十周年論文專輯》，國際炎黄文化出版社 2003 年版，第 64—65 頁。

⑥ 應當指出的是，“心術”與“内業”二術語相通，“内業”之“内”指心。關於“心術”説的源流，參考拙著《宋鈃學派遺著考論》，第 350—354 頁。

家的相關作品①。

在《心術》等四篇中，稷下學者對於心與精氣的關係作了較深入的探討。他們認爲"心"爲認知、涵養的主體，故主張"心之在體，君之位也"(《心術上》經)、"心也者，智之舍也"(《心術上》解)、"凡道無所，善心安(焉)處。心静氣理，道乃可止"(《内業》)。並將"氣"、"精"兩概念連結，以"精氣"(《内業》逕以"道"、"精"、"氣"稱之②)來解釋萬物的生成變化③，如《内業》謂："精也者，氣之精者也。""凡物之精，此則爲生，下生五穀，上爲列星。流於天地之間，謂之鬼神；藏於胸中，謂之聖人。"《心術下》也説："一氣能變曰精。"在論及心與精氣的關係時，《内業》云：

> 定心在中，耳目聰明，四枝堅固，可以爲精舍。精也者，氣之精者也。氣道(導)乃生，生乃思，思乃知，知乃止矣。

前文已指出，此説的基本觀念在於視心爲精氣之宅舍。他們主張要守住精氣，需要"心静氣理"(此"氣"疑指血氣)、"修心静音(意)④"(見《内業》)、"專於意，一於心"(《心術下》)，並有"寡欲"之説⑤。

儒家在修養手段上雖亦强調專一(即所謂"誠"、"獨")及寡欲⑥，但對於"心"、"氣"關係的看法却與道家不同。公孫尼子認爲"凡氣從心。心，氣之君也。"(見《春秋繁露·循天之道》所引佚文)孟子贊成告子所謂"不得於心，勿求於氣"，並説："夫志，氣之帥也；氣，體之充也。夫志至焉，氣次焉。……志壹則動氣，氣壹則動志也。今夫蹶者趨者，是氣也，而反動其心。"(《公孫丑上》)，均以"心"、"氣"爲主從關係⑦。此一觀點的歧異緣於儒家所説的"氣"偏向血

① 筆者認爲這四篇文獻可分爲三組：《心術上》的經文部分和《白心》合於《莊子·天下》所述宋鈃之説，當爲該派著作；《心術上》後半的解説部分和《心術下》則分别爲《心術上》經文的解、傳，但思想已受慎到思想及齊地精氣説的影響；《内業》在形式上有經典化傾向，内容則以精氣説爲基礎，雜糅心術論及醫家養生説，爲稷下道家的集大成之作。説見前揭拙著，第242—265頁、第291—295頁。

② 馬非白：《〈管子·内業〉篇集注》，《管子學刊》1990年第1期，第6頁。

③ 參考裘錫圭先生：《稷下道家精氣説的研究》，《文史叢稿》，上海遠東出版社1996年版)，第27—31頁；陳德興：《氣論釋物的身體哲學——陰陽、五行、精氣理論的身體形構》，五南圖書公司2009年版，第66—68頁。按，裘先生在前揭文中引述祝瑞開的説法，認爲祝氏以"《心術下》派使'精'和物質的'氣'結合起來的意見，是需要重視的。"不過，他也指出"即使承認精是一種氣的思想出現得比較晚，也不能就肯定這是稷下道家首先提出的，他們完全有可能只是繼承了這種思想。"

④ 《内業》此句中的"音"當從王念孫説釋爲"意"。

⑤ 《心術上》經文説："虚其欲，神將入舍；掃除不絜，神乃留處。"解文釋云："人之所職者，精也。去欲則宣《寡》，宣《寡》則静矣；静則精，精則獨矣；獨則明，明則神矣。"宋鈃倡心術，亦有"情欲寡"之説，見《莊子·天下》、《荀子·正論》。

⑥ 見《孟子·盡心下》："養心莫善於寡欲。"《荀子·不苟》："君子養心莫善於誠。"作爲子思學派經典的《中庸》、《五行》則强調"君子慎其獨"。

⑦ 值得注意的是，孟子的養氣説可能受公孫尼子沾溉。關於此點參考楊儒賓：《論公孫尼子的養氣説》，《儒家身體觀》，"中央研究院"中國文哲研究所籌備處2003年版，第114—126頁。

氣或感情發散時的狀態[①]，而非道家具有形上及宇宙論意義的“精氣”。也因此儒家强調“心”的主動性（如孟子説“心之官則思”），道家則重視“精氣”的變化性質（如《内業》云“靈氣在心，一來一逝”）[②]，此爲二派分野。

本篇竹書提出“定心固氣”，近於前述稷下道家之説，但亦有三點差異：

1.《心術》等篇在修養上重視虚静、因循，而《定心固氣》僅强調“定”，其所言“虚”特指心怵惕不安的狀態。

2. 本篇簡文認爲“心怵惕”會導致“氣縱而不反”，故爲“虚”；“心定”則“氣固”，故爲“實”。稷下道家雖認爲“怵惕之心不可長”（見上博竹書《彭祖》第6簡）[③]，但未如《定心固氣》使用“虚”、“實”概念討論心、氣關係。

3.《定心固氣》以“誠”、“獨”等術語論特立獨行的處世態度及心的專一，現存簡文“獨”字三見，“誠”字一見，而“傲然唯道之親”、“特立不驕”、“畢心全志”等詞句也傳達了類似的概念。稷下道家在論及修養時的專一往往用“一”，時而稱“獨”[④]，但未見言“誠”者，此爲二者差異。

從前文所舉第一、三項，可以推論此篇竹書受儒家學説影響頗深，故避言“虚静”、“因循”，其重視“誠”、“獨”疑受思、孟影響，而簡文所云“見威不屈”、“畢心全志而不慕名譽，天下知之弗爲動，弗知弗爲殆”、“隱居而不失其志，制萬乘之衆而不易其氣”更與孟子“窮不失義，達不離道”、“雖千萬人吾往矣”（《盡心上》）的堅毅精神相合。

《定心固氣》論養氣尚充實，除了可能來自孟子一派的影響外[⑤]，亦與方技、兵家説有關。兵書中的“治氣”説見於《孫子・兵爭》：

> 三軍可奪氣，將軍可奪心。是故朝氣鋭，晝氣惰，暮氣歸。善用兵者，避其鋭氣，擊其惰歸，此治氣者也。以治待亂，以静待嘩，此治心者也。

此處所謂“治氣”指掌握士氣之法，類似之説見於《尉繚子・戰威》：“夫將之所以戰者，民也；

---

① 葉國良先生《公孫尼子及其論述考辨》云：“在公孫尼子的學説中，情指喜怒哀樂的感情，氣則是感情發散時的狀態（此處不包括人身以外的氣），而心有知的功能，即《樂本》篇所謂的‘物至知知’，心可以控制氣與情，但本身也會受外物影響，因此佚文有‘修心’之説。”

② 按，莊子“遊乎天地之一氣”（《大宗師》）“通天下一氣耳”（《至樂》）、“無聽之以心，而聽之以氣”（《人間世》）亦重視精氣的變化性質。

③ 筆者認爲戰國竹書《彭祖》爲稷下道家宋銒一派的作品。關於此篇竹書的學派歸屬，參考拙著《宋銒學派遺著考論》，第111—120頁。

④ 如《管子・心術上》解文：“静則精，精則獨矣；獨則明，明則神矣。”《心術下》：“專於意，一於心。”《白心》：“内固之一，可以久長。”“將欲服之，必一其端而固其所守。”

⑤《孟子・公孫丑上》云：“其爲氣也，至大至剛，以直養而無害，則塞于天地之間。其爲氣也，配義與道；無是，餒也。是集義所生者，非義襲而取之也。行有不慊於心，則餒矣。”《盡心上》也説：“君子所性，雖大行不加焉，雖窮居不損焉，分定故也。君子所性，仁義禮智根於心，其生色也，睟然見於面，盎於背，施於四體，四體不言而喻。”

民之所以戰者，氣也。氣實則鬥，氣奪則走。”二者所論宗旨雖與簡文不同，但前者談治心强調“静”，後者論治氣重視“實”，皆與《定心固氣》相通。李零先生曾指出，《孫子》的“治氣”説有其方技背景，馬王堆帛書《十問》述容成“治氣摶精”之法云：“善治氣者，使宿氣夜散，新氣朝最，以徹九徼（竅），而實六府。”就是行氣家的治氣説[①]。其所謂“治氣摶精”與《内業》“摶氣如神，萬物備存”契合，而《十問》養氣以實六府之説亦與簡文“實者，心定氣固”有關。

綜上所言，《定心固氣》以道家“心術”説爲基礎，雜糅儒家思、孟思想，並兼受方技、兵家影響，正與黄老道家尚融通的學風相合。考慮竹書出於齊地，成書時代在西漢文、景之前[②]，不妨視其爲稷下道家後學的著作。除了此篇竹書外，馬王堆三號漢墓所出帛書有一幅以文字及綫條組成的帛圖，整理者取帛圖上殘存的文字命名爲“物則有形”圖[③]。帛圖採用了式盤之宇宙圖式來鋪陳“心術”、“内業”學説，筆者推測應是戰國晚期齊地的黄老道家學者所作，其兼採諸家之善，以作爲對君王陳説心術理論的簡明圖譜，從帛書的内涵和性質來説，可稱之爲“心術圖”或“内業圖”[④]。《定心固氣》的時代、性質和上述帛圖類似，可能都是流行於戰國末年至漢初齊黄老道家的作品。

《漢書・藝文志・諸子略》小説家有“《待詔臣饒心術》二十五篇”，顔師古引劉向《别録》云：“饒，齊人也。不知其姓。武帝時待詔，作書名曰《心術》也。”可見西漢時期此類闡釋“心術”的殘叢小語仍流傳於世，惟已被當時學者視作“道聽塗説者之所造”的“小説”。

二零一零年三月十九日寫於北京大學

二零一一年四月廿日修訂於臺北

後記：本文初稿曾於 2010 年底在臺灣師範大學主辦的“簡帛資料文哲研讀會成果發表暨簡帛資料研討會”宣讀，會中承討論人林碧玲先生多所賜教，謹致謝忱。

① 李零先生：《讀〈孫子〉劄記》，《〈孫子〉十三篇綜合研究》，中華書局 2006 年版，第 434 頁。

② 據整理者指出，銀雀山漢墓竹書的鈔寫年代在文、景至武帝初年，成書則更在其前。

③ 陳松長：《馬王堆帛書“物則有形”圖初探》，《文物》2006 年第 6 期，第 82 頁。

④ 參考拙著：《馬王堆帛書“物則有形”圖考論——兼説〈鶡冠子〉“夜行”》，“先秦文本與出土文獻國際學術研討會”，臺灣大學中文系，2008 年 12 月。

如此“補叙”豈當然

——答王繼如先生文《莫將補叙當錯簡》

□富 金 璧

［摘　要］《漢書·雋不疑傳》記載雋不疑處理假冒衛太子事件，不但强調其當機立斷，以合法罪名逮捕當事人，且重視説明審訊犯人之結果，以證明雋不疑之英明幹練。因而“廷尉驗治何人”一段，不當是補叙，而當是錯簡。

［關鍵字］ 漢書：雋不疑：漢紀：錯簡：補叙

［作者簡介］ 富金璧　哈爾濱師範大學恒星學院教授（哈爾濱，150025）

我曾在《文獻》2007年第4期發文《今本〈漢書·雋不疑傳〉之錯簡》，討論的是下面一段文字：

> 始元五年，有一男子乘黄犢車，建黄旐，衣黄襜褕，着黄冒，詣北闕，自謂衛太子。公車以聞，詔使公卿、將軍、中二千石雜識視，長安中吏民聚觀者數萬人。右將軍勒兵闕下，以備非常。丞相、御史、中二千石至者立，莫敢發言。京兆尹不疑後到，叱從吏收縛。或曰：“是非未可知，且安之。”不疑曰：“諸君何患於衛太子！昔蒯聵違命出奔，輒距而不納，《春秋》是之。衛太子得罪先帝，亡不即死，今來自詣，此罪人也！”遂送詔獄。天子與大將軍霍光聞而嘉之，曰：“公卿大臣當用經術明於大誼。”繇是名聲重於朝廷，在位者皆自以不及也。大將軍光欲以女妻之，不疑固辭，不肯當。久之，以病免，終於家。京師紀之。後趙廣漢爲京兆尹，言：“我禁奸止邪，行於吏民。至於朝廷事，不及不疑遠甚。”廷尉驗治何人，竟得奸詐：本夏陽人，姓成名方遂，居湖，以卜筮爲事。有故太子舍人嘗從方遂卜，謂曰：“子狀貌甚似衛太子。”方遂心利其言，幾得以富貴，即詐自稱詣闕。廷尉逮召鄉里識知者張宗禄等，方遂坐誣罔不道，要斬東市。一云姓張名延年。

鄙文以爲，當男子詣闕自謂衛太子之時，一時真僞難辯，人心浮動。因衛太子曾爲武帝之合法繼承人，而爲江充所陷害，遂私發兵誅江充，兵敗逃亡而死，其異母弟方得立，是爲昭帝。今衛太子突然生還，則昭帝之合法地位必受威脅。雋不疑謂即使此人真是衛太子，依《春秋》之義，違命出奔，也是罪人，故命徑送詔獄，多半是爲安定人心，免生變故。但如此人真是衛太子，畢竟於昭帝爲兄，雋不疑命徑送詔獄，乃擔極大之風險，冒大不敬之罪名。故“丞相御史中二千石至者並莫敢發言”，見雋不疑“叱吏收縛”，便勸其“是非未可知，且安之”。

雖雋不疑言之有理，然真相尚未明，群臣必有所危懼。天子與大將軍霍光何以遽“聞而嘉之”？雋不疑何以“繇是名聲重於朝廷，在位者皆自以不及也”？大將軍光何以甚至“欲以女妻之”？此不合情理。且下文“廷尉驗治何人，竟得奸詐……一云姓張名延年”一段，當緊接“遂送詔獄”句；而“天子與大將軍霍光聞而嘉之”云云，應在“廷尉驗治何人，竟得奸詐……一云姓張名延年”之後。

鄙文引荀悦《前漢紀·孝昭》記載此事文對照，廷尉驗治奸人事正緊接“遂送詔獄”句：

> 五年春正月，……夏陽有男子乘黄犢車，詣北闕，自謂衛太子。上使公卿中二千石雜識視之，聚觀者數萬人；右將軍勒兵闕下，以備非常。丞相已下至者並不敢言。京兆尹雋不疑後至，叱從吏收之。或曰：“是非未可知，且安之。”不疑曰：“昔衛蒯聵違命出奔，輒拒而不納，《春秋》美之。今衛太子得罪先帝，亡不即死，今自來此，是罪人也！”遂送詔獄，窮治奸詐，遂訊服：本夏陽人也，姓成名方遂，居湖，以卜筮爲事。有故太子舍人嘗就方遂卜，謂之曰：“子之貌甚似衛太子。”遂緣其言，乃詣闕。廷尉逮召其鄉里張禄者，皆識知之。方遂坐誣罔腰斬。一云姓張名延年。霍光曰：“大臣當用經術士，方明於大義。”光欲以女妻，不疑固辭，畏盛滿也。後以病免，終於家。

鄙文以爲，荀悦爲東漢獻帝時人，受帝命删潤《漢書》爲《前漢紀》（又稱《漢紀》）三十卷。他距《漢書》成書不過百餘年，所見《漢書》當不誤。宋王益之所撰《西漢年紀·昭帝》也説：

> 五年春正月，有男子乘黄犢車，衣黄襜褕，着黄冒，詣北闕，自謂衛太子。公車以聞，詔使公卿、將軍、中二千石雜識視。京兆尹雋不疑後到，叱從吏收縛，遂坐誣罔不道，要斬東市。大將軍欲以女妻雋不疑，不疑固辭，不肯當。久之，以病免。

笔者按，王益之自撰《考異》標注《雋不疑傳》。又有宋羅大經《鶴林玉露》乙編卷之五所記爲證：

> 漢昭帝時，夏陽男子成方遂居湖，有故太子舍人謂之曰：“子貌甚似衛太子。”方遂利其言，乃乘黄犢車，詣北闕，自稱衛太子。公卿以下莫敢發言。雋不疑後至，叱吏收縛，竟得其奸。

皆以在獄驗治或窮究奸人、確認姦情事緊接於將其逮捕送獄語之後，結構嚴謹，順理成章。則今本《漢書》此處爲錯簡無疑。此即鄙文之“錯簡”説。

而王繼如先生文《莫將補叙當錯簡》謂“這裏並不存在錯簡的問題”，“所説的錯簡，實在是叙述中常見的補叙而已”，並説這樣寫是爲了“凸顯西漢‘用經術明於大誼’的原則”。他從文脈的角度對這段文字作了説明。

王文認爲“廷尉驗治何人，竟得奸詐……一云姓張名延年”非錯簡，乃補叙。他的重要理由，其實只有一個，那就是這場成方遂假冒衛太子事件，是以雋不疑“用經術明於大誼”，“説明即使是真的衛太子，也仍然必須逮捕的合法性”之後，將成方遂送往詔獄，而圓滿結束的（王文於括弧内説“事件頓時平息”），並不强調審問結果；“此時自稱衛太子者身份是否已經明瞭，並非關鍵，因爲即使是真的衛太子，逮捕審問仍屬必然”。霍光“聞而嘉之”，所聞是雋不疑的處理辦法，不是審問的結果。因此寫審問的結果一段，當爲補叙。

假冒衛太子事件及其處理，果真如王文所云那麽簡單嗎？

這要從衛太子冤案於其死後不久即得昭雪説起。據《漢書·武五子傳》載，太子爲江充以巫蠱事陷害，無法自辯，遂私發兵誅江充。丞相劉屈氂以爲太子造反，發兵與戰，死數萬人。長安中擾亂，盛傳太子反。武帝聽信傳言，確實曾十分憤怒；太子兵敗逃亡後，天下通緝太子。這時，壺關三老茂上書，爲太子鳴冤，説太子不過是在奸人迫蹙、難以自明時，“子盜父兵以救難自免耳”。武帝有所感悟，於是下詔把太子自盡後對太子有過救助行爲（踢開門，解自經的繩索）的李壽、張富昌封爲侯。後來，車千秋又爲太子訟冤，武帝徹底醒悟，遂提拔車千秋爲丞相，而族滅江充，在横橋上燒死了江充的幫兇蘇文；原來在搜捕太子時擊刺太子屍身的人，初以此功封爲北地太守，也被武帝下令滅族。武帝憐憫太子無辜被害，還在太子遇害地湖縣建造了“思子宫”、“歸來望思之臺”，盼望太子“魂兮歸來”，“天下聞而悲之”。就是説，衛太子冤案，已天下盡知；舉國上下，可以説一時已形成了“衛太子情結”。

這樣看來，王文“即使是真的衛太子，逮捕審問仍屬必然”之説，就很難成立了。因天下皆知衛太子曾爲武帝之合法繼承人，被冤而死，武帝哀痛思念不已，今一旦生還，昭帝面對武帝曾憐愛的太子、其嫡長兄，也難以反目爲仇，所以他才“詔使公卿、將軍、中二千石雜識視”。如果奇跡出現，果然衛太子復生，昭帝主動遜位，也在情理之中。

爲什麽雖然“昔蒯聵違命出奔，輒距而不納，《春秋》是之”，昭帝此時仍難以效法春秋時輒拒其父蒯聵之先例呢？因爲僅僅是“《春秋》是之”（所謂《春秋》，實指《公羊傳》），不説後來學者（如唐代劉知幾《史通·申左篇》）批評《公羊傳》的觀點，即便春秋時的輿論也不全在輒這一邊，晉國不就護送蒯聵回國嗎？當然，晉爲其私利又當别論，但其必有合法之理由。《論語·述而》則明確記載了孔子不贊成輒與父争國：

> 冉有曰：“夫子爲衛君乎？”子貢曰：“諾，吾將問之。”入曰：“伯夷、叔齊何人也？”曰：“古之賢人也。”曰：“怨乎？”曰：“求仁而得仁，又何怨？”出曰：“夫子不爲也！”集解引鄭玄曰：“爲，猶助也。衛君者，謂輒也。衛靈公逐大子蒯聵，公薨而立孫輒。後晉趙鞅納蒯聵於戚城，衛石曼姑帥師圍之，故問其意：助輒不乎？……父子争國，惡行。孔子以伯夷叔齊爲賢且仁，故知不助衛君，明矣。”

漢朝皇帝幼多習《論語》，加以衛太子之冤情、武帝態度之轉變，故曰，萬一衛太子復生，昭帝必不能效法春秋輒與父争國之例而與衛太子争國。

那麽，雋不疑本人堅信自己“昔蒯聵違命出奔，輒距而不納，《春秋》是之。衛太子得罪先帝，亡不即死，今來自詣，此罪人也”的觀點的正確性與合法性嗎？非也！據其《漢書》本傳，他“治《春秋》，爲郡文學，進退必以禮”，不可能不知輒距其父蒯聵，僅《公羊春秋》是之，而《論語》非之；也不可能不知道，衛太子實際上是冤枉的，與“違命出奔”的蒯聵性質不同，“衛太子得罪先帝，亡不即死，今來自詣，此罪人也”，明明與先帝（武帝）覺悟後的態度背道而馳。如果武帝尚在，面臨同樣情況，他決不能也絶不敢如此説、如此做。但是，在昭帝即位已五年，又冒出來一個“衛太子”的情況下，他如此説、如此做就是英明的。爲什麽呢？當時衛太子深得人心，今乃復生，衆人又一時真僞莫辯，幾乎形成了一個大規模的“群體事件”。作爲京都最高的行政長官，他爲穩定局面、免生變故，果斷採取了權宜之計：他明知此人身份必僞——衛太子之死，確不可移：必經重臣驗明正身，親歷者的的可數：救之者侯，害之者族，其事不過十年，豈容有假！如此人真是衛太子，爲何武帝作“思子宫”、“歸來望思之臺”時，其人不出；武帝死後，其人方出？非假而何！但不送監獄，不經審問窮治，何以證其假？如不能明指其爲罪人，在其口口聲聲自稱衛太子，而衆人又十分景仰並同情衛太子的情況下，何能將其關入監獄察治？雋不疑高於他人之處，不過有二焉：一是斷定此人必假（下文説“竟得奸詐”，一個“竟”字，暗示雋不疑早已洞若觀火）；二是在萬人矚目的情況下，爲逮捕進而驗明冒充衛太子者的真正身份，迅速找出了一個冠冕堂皇的理由——“昔蒯聵違命出奔，輒距而不納，《春秋》是之。衛太子得罪先帝，亡不即死，今來自詣，此罪人也”，非他莫能。雖然這理由仔細考究起來，難以服人，僅爲“應變”的權宜之計；可是正當昭帝地位受嚴重威脅，冥冥萬衆，碌碌百官，誰又能、誰又敢質疑這“《春秋》是之”的理論的合法性呢？於是不疑的機敏果決立即發生了力挽狂瀾之效：自稱衛太子者馬上輸了理，從一個皇位的有力争奪者一下子變成了階下囚（今所謂犯罪嫌疑人），大規模的“群體事件”暫告平息，政變危局暫時消除，從而爲他徹底查清真相、偵破案件贏得了寶貴的條件與時間。故班固《漢書·敘傳下》针对此事贊之曰：“不疑膚敏，應變當理。”請注意班固用語的準確與得體：膚敏、應變、當理。

但是，即使雋不疑對衆人宣佈了逮捕其人的“合法”理由，也不能解開官員與百姓的心結：此人到底是不是衛太子（所謂“是非未可知”）。因爲上上下下，萬衆關心的，正是這件事。絶非如王文所説“事件頓時平息……聞而嘉之，所聞是雋不疑的處理辦法，不是審問的結果”、“此時自稱衛太子者身份是否已經明瞭，並非關鍵。”應該説，當時官員們與百姓最關心的，不是抓人是否合法，而是自稱衛太子者之身份，正迫切需要審問結果來回答。

可以想見，當時自稱衛太子者被押送詔獄之後，那圍觀的數萬民衆，必定不懂什麽《春秋》之義（連大將軍霍光等都不懂，老百姓如何懂），而是滿腹疑團，滿城風雨；包括官員，也會議論紛紛：到底是不是衛太子？不是便罷，如真的是，可爲之奈何？可以斷定，在自稱衛太子者之身份、審問的結果明確之前，整個京城，甚至全國，必定以此事爲最大之新聞，關注之焦點，人們也必定急切盼望得知事情的結局；天子與大將軍霍光，也必定心神不安，俗語所謂“捏一把汗”，因爲此人如真是衛太子，他們必將面臨宗法制度以及傳統道德層面的極大難題。同樣，雋不疑所面臨的最迫切任務，必然是迅速查明此人的真實身份，作案動機，一旦查明，便立即報告昭帝與樞要大臣，並立即宣判，詔告天下，將犯人腰斬於市——刻不容緩，以徹底"消除影響"，鞏固昭帝的合法帝位。也只有事情水落石出，罪人伏法之後，天子與大將軍霍光心中方能"一塊石頭落地"，"聞而嘉之"；雋不疑的英明果斷，才能使衆人徹底心服口服，他才能"繇是名聲重於朝廷，在位者皆自以不及"，大將軍光才能"欲以女妻之"。我斗膽判斷，抓人之後，雋不疑必定督促廷尉親自辦案，夜以繼日，急於星火：審訊用刑，獲取口供，派幹吏往"嫌犯"所居湖縣調查，拘拿證人，速返京師……雋不疑必定明白，此案關係重大：大則關係到君王地位，國家政局，小則關係到自己仕途出路，威望聲譽、身家性命。因此，那種認爲雋不疑一旦宣佈逮捕其人（哪怕是真的衛太子）的合法性，全國上下就會"萬喙息響"，對雋不疑佩服得五體投地的説法，不合情理，難以服人。只有真相大白，證明雋不疑判斷準確，出手果斷，抓的真是一個騙子，政治風波煙消雲散、人心大定之後，天子與大將軍霍光才會對他"用經術明於大誼"——實際是用經術破了一個政治詐騙案，化解了一場政治危機的"應變能力"心悦誠服。可以説，無論是當事者（天子、霍光、雋不疑），還是官員與民衆，必然急切期待審訊的結果；寫史者班固，也必然順理成章地將審訊結果及時反映出來，以凸顯雋不疑之機智幹練——何以竟至於不緊不慢地將審訊結果作爲"補叙"，而置於全傳之後？

所以，"廷尉驗治何人，竟得奸詐……一云姓張名延年"一段，必接於"遂送詔獄"句之後，"天子與大將軍霍光聞而嘉之"之前，才合乎情理，文脈才嚴絲合縫。

凡補叙者，必當有安排爲補叙之必要，且當與上文承接自然而得體。今王文以"廷尉驗治何人，竟得奸詐……一云姓張名延年"一段爲"補叙"，明明可以緊緊接續"遂送詔獄"句，却偏偏"補"於全傳之末，有何必要？這"補叙"的首句"廷尉驗治何人"，與"趙廣漢爲京兆尹，言'我禁奸止邪，行於吏民。至於朝廷事，不及不疑遠甚'"一段如何承接？王文所謂"文脈"於此處如何體現？如將"廷尉驗治何人"一段，視爲"補叙"，置於傳末，則渾如天外飛來之石，孑然獨立，要越過"趙廣漢爲京兆尹"事、"京師紀之"之事、雋不疑病免而死事、霍光欲以女妻之而不疑固辭之事、天子與大將軍霍光聞而嘉之而衆人皆以爲不及、名聲重於朝廷之事——飛躍重重"障礙"，方能"補"到"遂送詔獄"事之後，幾使讀者不明就裏：有如此"叙述中常見的補叙"嗎？

王文又説：假如將這一段補叙認作錯簡而置於"遂送詔獄"後，則行文枝蔓；且已查明此乃冒名頂替的奸人，與"用經術明於大誼"又如何銜接？此正所謂"人心之不同，如人面焉"，我今試移置之，但覺密合無隙，渾如一體，妙若天成，何"行文枝蔓"之有？且查明奸人，正可爲"用經術明於大誼"之效，與其何以不能銜接？相反，如王文所謂，以爲"補叙"而置於文末，正覺"行文枝蔓"，而與上文不能銜接矣。

王文又謂："荀悦《漢紀》叙述此事，其事件的前後關係和叙事的文采，顯然不及《漢書》遠甚，不可取其劣處以替代《漢書》之優處。"我反復對比兩書對此事之叙述，文采姑不論（删百卷書爲三十卷，而責其文采及之，顯爲不情之求），僅就"其事件的前後關係"看，實未見《漢紀》此段之劣處，亦未見《漢書》此段之優處，而反見其中扞格不通之處（愚以爲即錯簡所致）。況且宋王益之《西漢年紀》、羅大經《鶴林玉露》等書同記此事，"其事件的前後關係"皆與《漢紀》相類，而皆與《漢書》相左。豈此數種書之"劣處"偶同哉？抑或適皆可爲《漢書》此段爲錯簡之參證乎？

今我試"補叙"一事——《四庫全書總目提要》對荀悦《漢紀》評價如是：

> 詞約事詳，論辯多美。張璠《漢紀》亦稱其"因事以明臧否，致有典要，大行於世"。唐劉知幾《史通·六家篇》以悦書爲《左傳》家之首，其《二體篇》又稱其"歷代寶之，有逾本傳；班荀二題，角力争先。"其推之甚至。故唐人試士，以悦《紀》與《史》《漢》爲一科。《文獻通考》載宋李燾跋曰："悦爲此《紀》，固不出班《書》，亦時有所删潤。而諫大夫王仁、侍中王閎諫疏，班《書》皆無之。"又稱司馬光編《資治通鑒》，書太上皇事及五鳳郊泰畤之月，要皆舍班而從荀，蓋以悦修《紀》時，固《書》猶未舛訛。

其末句，足可供目前二十四史點校全面修訂工程中《漢書》點校工作之重要參考：昔司馬光編《資治通鑒》，尚時時舍班而從荀，以悦修《紀》時，固《書》猶未舛訛；今我等於千年之後，豈可矻矻然寶班《書》之瑕礫，而忍舍荀《紀》之瑾瑜哉？且諸君不見王念孫《讀書雜誌·漢書》乎？洋洋千餘條，豈虚語哉？

反復揣摩，非敢固執己見，而回護其短也，實覺"補叙"説之難以服人，而"錯簡"説之未必無理也，故答辯如上。區區之意，敬希王繼如先生、文史研究界諸同事與廣大讀者鑒察。

參考文獻

1.《漢書》，中華書局 1962 年版

2.《漢紀》，《四部叢刊》初編，商務印書館民國二十五年版

3.《西漢年紀》，上海人民出版社《四庫全書》電子版

4.《鶴林玉露》，中華書局 1963 年版

5. 王繼如《莫將補叙當錯簡》，《傳統中國研究集刊》第七輯，上海人民出版社 2010 年 3 月版；復旦大學出土文獻與古文字研究中心網站，2010-7-19 發佈

6.《論語注疏》，中華書局 1979 年影印《十三經注疏》本

7.《四庫全書總日提要》，中華書局 1962 年版

8. 王念孫《讀書雜誌·漢書》，江蘇古籍出版社 1985 年版

魏晉南北朝隋唐的道教末世太平理想

□鍾國發

［摘　要］ 本文探討道教末世太平理想在魏晉南北朝隋唐時期的發展變化與社會影響。東漢後期的太平理想已具有明顯的宗教末世論特點。漢末以後長期動亂，許多黄老道信徒希望看到老君直接現身救世，所謂李弘"應讖當王"，就是關於老君化身的著名傳説。上清派神學則推出後聖李君爲劫難之後的太平救主，後來漸與李弘傳説混爲一體。寇謙之以輔助太平真君的名義取得北魏太武帝的支持，建立了以仙道爲核心的合法化與正統化的新道教。鑒於太平理想的神聖性質和民間對太平理想的崇高期望，隋楊皇室不敢貿然自詡太平天子。隋末唐初，民間神秘革命思潮仍表現爲"李氏將興"與"劉氏主吉"雙流奔進。唐太宗勵精圖治，但一直不敢輕言太平。武氏爲所生皇子取名李弘，作爲自己爭權奪利的手段，唐高宗則可能是順水推舟，欲對民間"後聖帝君"信仰作總結性回應，可惜太子弘英年早逝而無果。唐玄宗推動道教改革，力圖用老子道家哲理提升道教的理論思維水準，降低末世救主觀念與既成統治秩序之間的張力。唐中期以後，金闕帝君的神格逐漸被太上老君的神格吸收。至唐末五代，道教的太平理想有向理想化的"烏托邦"形態轉化的趨向，明顯向儒教靠近。

［關鍵詞］ 太平理想　宗教末世論　魏晉南北朝隋唐時期　李弘　太上老君

［作　者］ 鍾國發，1945 年生，上海社會科學院宗教研究所研究員。

一、引　言

從魏晉南北朝到隋唐，古代中國社會從一個動盪蕭條的亂世轉入一個安定繁榮的治世，社會的許多方面都發生了重大的變化。學者們對此已做了大量的研究。但是關於當時社會精神領域的變化，相對而言，研究較少。本文將要探究的道教末世太平理想，就是在當時社會精神領域産生過重要影響的一種社會思潮。

中國古代關於理想社會的思想積累中，"太平"理想是一個非常重要的概念。

"太平"的説法不知起於何時。大致從戰國末期到東漢，是太平理想萌芽和早期發展的階段，黄老學派可能起了主要作用，儒家也有積極的參與。"太平"理想可以得到各家各派的歡迎，只是各家各派對太平的理解未必相同，每一流派對太平的理解，在不同的時期也不無變化。

老子主張："執大象，天下往。往而不害，安平泰"（《老子》三十五章），這裏没有"太平"字樣，但含義已經有了。《莊子・天道》篇出現"太平"一詞，它把一種無須多用智謀，一切事物都歸於自然的政治局面視作"治之至也"，稱之爲"太平"。學者一般認爲《天道》非莊子本人之作，有黄老形名色彩。而深具黄老色彩的《吕氏春秋》，也有"天下太平，萬物安寧，皆化其上，樂乃可成"("大樂"篇)的説法。不知何時，又有術士(漢代術士多依託黄老)將太平與占星術聯繫起來，釋之爲"泰階平"，即以天上的泰階(三台六星)呈現出"平"(似指每階兩星顔色一致)的視覺效果作爲天下大安的象徵，於是給太平觀念添上了神秘的色彩。①

東漢後期，今文經學家何休作《春秋公羊解詁》，提出三世之説(見"隱西元年"條)，認爲歷史發展是一個從"衰亂之世"至"升平之世"再至"太平之世"的進步過程；"衰亂之世"是列國紛爭之世，"升平之世"是以禮義統一中國(但不及夷狄)之世，"太平之世"是以禮義統一天下之世。民間黄老道士編撰《太平經》，"將漢儒的致太平之説，以道家虚静自然無爲之説予以轉化，把治身之法與治國之道，打並一氣"。②它沿襲了道家傳統的歷史退化觀念，而没有採納儒家的進化觀，但强調歷史發展的循環往復，退化至極又會重見理想世界。它的救世主張，包括理想世界即將來臨的福音："今，天太和平氣方至，王治且太平"(卷三十五)；它甚至預告了太平理想實現的時限："今上皇氣出，真道至以治，故十五年而太平也。"(卷九十三《敬事神十五年太平訣第一百四十》)太平社會的和諧理想，是漢末民間黄老道派的共同追求。五斗米道文獻《老子想爾注》也屢言太平。

東漢後期的太平理想已具有明顯的宗教末世論特點。所謂"末世論"，是一切救贖型宗教(即軸心時代以後發展起來的高級宗教)普遍具有的一種宗教理念，把"直接的悲觀主義"與"終接的樂觀主義"結合起來，雖然深切感受到日常生活的痛苦與無奈，但相信超越的力量保證了一種"終極幸福"。③相對而言，東漢儒教的末世論比較理性，耽於空想，具有理想化的"烏托邦"色彩，主要影響知識階層；而民間黄老道派的末世論則比較感性，激勵行動，具有神秘化的"千年王國"色彩，對下層民衆的吸引力更强。④

狹義的末世論(千年王國或烏托邦)，是集體的、未來的救贖途徑。高級宗教的救贖還可以採取個别的、當下的途徑，例如修煉成仙、覺悟與解脱等。這些途徑或可看作廣義的末世論，但基本上只適合於少數精英，難以推行於廣大信衆。對於面向群衆的高級宗教來説，狹義的末世論是必不可少的。不過，什麽時候突出個别的、當下的救贖途徑，什麽時候突出狹義的末世論，要取決於社會條件。大抵是社會現實愈可悲，信衆對狹義末世論的需要就愈强

① 《漢書》卷六十五《東方朔傳》："願陳《泰階六符》以觀天變。" 顔師古注："孟康曰：'泰階，三台也。每台二星，凡六星。符六星之符驗也。'應劭曰：'《黄帝泰階六符經》曰：泰階者，天之三階也。上階爲天子，中階爲諸侯公卿大夫，下階爲士庶人。……三階平則陰陽和，風雨時，社稷神祇咸獲其宜，天下大安，是爲太平。'"按《史記》卷二十七《天官書》曰：北斗"魁下六星，兩兩相比者，名曰三能。三能色齊，君臣和；不齊，爲乖戾。"《漢書》卷三十《藝文志》術數部天文類著録《泰階六符》一卷。

② 龔鵬程：《受天神書以興太平——〈太平經〉釋義》，見其《道教新論》，(臺灣)學生書局，1991年，第95頁。

③ 參閲【英】約翰·希克：《宗教之解釋》，王志成譯，四川人民出版社，1998年，第67～83頁("第十章 軸心後宗教的宇宙樂觀主義")。

④ 關於"烏托邦"與"千年王國"兩種願望形態的異同，可參【日】三石善吉：《中國的千年王國》，李遇玫譯，上海三聯書店，1997年，緒論第3～4頁。

烈。我曾有論：

> 宗教的吸引力，很大程度上來自於它所宣傳的理想世界與現實社會的反差。在以黄老道派爲代表的東漢魏晉民間新興宗教運動中，基於天文週期占卜術的末世災厄和災後太平盛世的觀念，發揮了巨大的動員作用。廣大群衆正是懷着對無窮無盡的現實苦難的深深失望和對絶對完善的末世之後幸福的真誠渴望，源源不斷地湧入了民間黄老道派的隊伍。末世之後理想世界説得越具體，它對亂世民衆的吸引力就越大；但是末世之後理想越具體，也就越難於回避實踐的檢驗，越容易被現實生活的脚步踏碎。末世論在東漢魏晉社會混亂時期的民間新興宗教運動中不斷出現，不斷破滅，又不斷改頭换面，最終隨着社會重新整合的趨勢而趨於模糊化。①

感性直觀、積極進攻的救世神君，最受亂世苦難民衆的歡迎，但却不大適應社會穩定發展的正常秩序的需求。在社會穩定發展的階段，宗教末世論需要轉向比較理性、抽象、穩健、謙恭的形式，以減縮其與社會之間的張力。

隋唐强盛時期，皇權面對道教末世太平理想，心情複雜，或消極地回避，或試圖正面回應，或積極地設法消解。道教自身也主動調整教義，突出個别的、當下的救贖途徑。同時“太平”概念已逐漸向民衆日常用語滲透，“太平”意蘊趨向現實化與庸俗化，道教賦予它的神聖光彩逐漸減退。唐末五代社會重新走向動亂時，道教對末世太平理想的興趣又有所增加，但這種興趣的主流已呈現出理想化的“烏托邦”色彩。

二、三國兩晉民間鬼神道派與末世太平理想

漢末民間兩大黄老道派都屬於鬼神道，主要修習驅譴鬼神的道法。太平道的黄巾起義迅速失敗，組織瓦解。在漢中建立割據政權的五斗米道（雅稱天師道），投降曹操以後得以幸存。曹魏天師道信徒面對漢中失敗道運低迷的現實，需要作出可以自圓而無損於本道威信的解釋，以建立新的思想支柱。《道藏》正一部《正一法文天師教戒科經》有《大道家令戒》，托爲“大道”垂誡曰：

> 欲朝當先暮，欲太平當先亂。人惡不能除，當先兵、病、水、旱死。汝曹薄命，正當與此相遇。雖然，吉人無咎，昔時爲道，以備今來耳。未至太平而死，子孫當蒙天恩。下世浮薄，持心不堅，新故民户，見世知變，便能改心爲善，行仁義則善矣，可見太平，度脱厄難之中，爲後世種民，雖有兵病水害之災，臨危無咎，故曰道也。

① 鍾國發：《陶弘景評傳（附寇謙之、陸修静評傳）》，南京大學出版社，2005 年，第 541 頁。

所謂"種民"就是"人種"，意謂世人當在大劫難中死絶，只有少數爲善得道者可被大道挑選存活，留作後來太平之世的種子。其他人本身無福見太平，只能希望子孫一定能蒙受"天恩"。《家令戒》把漢中神權政治的失敗，歸因於道民對於"開門教善"而"反不相聽"的罪過。

太平之世的必然來臨是由大道來保證的。這個大道，就是神化的老子。《家令戒》又説："道乃世世作帝王師，而王者不能尊奉"，道於周之末世"授干吉太平道，起於東方"，至於漢末：

> 道傷民命，一去難還，故使天授氣治民，日新出老君。言鬼者何？人但畏鬼，不通道，故老君授與張道陵爲天師，至尊至神，而乃爲人之師。道以漢安元年五月一日，於蜀郡臨邛縣渠停赤石城，造出正一盟威之道，與天地券要，立二十四治，分佈玄元始氣治民。

按天師道教義，老君已經把救世的責任與權力交給了張道陵。但民間黄老道派别甚多，未必都信張道陵，於是出現了另一些關於劫後救主的傳説。例如《女青鬼律》(約成書於東晉中期，主要流行於江南地區)[①]説，庚子年人間有大劫難，三官主者揀選度世種民，合格者尚少，"誰正此道有姓名，木子三台常與並"(卷五)。所謂"木子三台"，暗指"李治"，這是説未來收拾劫難開創太平的救主名叫李治。名帶"三台"，顯然與"三階平則天下太平"觀念有關，可能還與民間關於"三台占"的更廣泛的信仰有關。[②]

許多黄老道信徒更希望看到老君直接現身救世。因此，關於老君化身的各種傳説，就在民間流行起來。李治也許就被某些人認爲老君化身之一。所謂李弘"應讖當王"，更是這類傳説中最著名的一種。這一信仰在正史中首見於《晉書》卷五十八《周札傳》：

> 時有道士李脱者，妖術惑衆，自言八百歲，故號李八百，自中州至建鄴，以鬼道療病，又署人官位，時人多信事之。弟子李弘養徒灊山，云應讖當王。

周札被殺於晉明帝太寧二年(324年)，此前江南原有一個"李家道"，《抱樸子·道意》説它以三國時蜀中號稱"八百歲公"的所謂神仙李阿爲崇拜對象，由冒稱"李八百"的李寬在東吴創立，以"祝水治病"及"三部符導引日月行氣"爲主要内容，"自公卿以下，莫不雲集其門"，"避役之吏民，依寬爲弟子者恒近千人。"李寬死後，"弟子轉相教授，佈滿江表，動有千許"。此與太平道、五斗半道行事有些近似，也許受到過天師道的影響。至於李脱之道，兩晉之際始從中州傳來，既稱"鬼道"，又"署人官位"，頗與天師道近似，"我想很可能就是天師道的支

---

① 參閲白彬、代麗鵑：《試從考古材料看〈女青鬼律〉的成書年代和流行地域》，成都，《宗教學研究》2007年1期。

② 《大唐開元占經》卷六十七"石氏中官·三台占"廣收各家三台占文，涉及面甚廣。道教也選擇吸收了民間三台信仰，如《道藏》洞真部戒律類《赤松子中誡經》有云："天上三台、北辰、司命、司禄差太一直符，常在人頭上察其有罪，奪其算壽"。

派或變體。”[①]李脱爲了便於在吴地立脚，便冒用李八百名義，與早已流行東吴的李家道合流。

李八百是兩漢以來蜀地民間傳説中的仙人。查今本《神仙傳》(署名葛洪)卷二有《李八百傳》，稱其年八百歲，爲仙人唐公房之師；又有《李阿傳》，云：“蜀人傳世見之，不老如故，常乞於成都市。”其視李八百與李阿本非同一人，與《抱樸子》説法迥異，可能民間原本有不同的傳説。[②]

現存《道藏》正一部的《老君變化無極經》云：

> 隨時轉運西漢中，木子爲姓諱口弓，居在蜀郡成都官。赤名之城出淩陰，弓長合誓建天中，乘三使六萬神崇。置列三師有姓名，二十四治氣當成，分符券契律令名。

所謂“木子口弓”，暗指“李弘”。據此則李弘爲老君於西漢時在成都所化，而且老君向張道陵授道時正化身爲“李弘”。查西漢時成都確有一位高士李弘，字仲元，常璩《華陽國志》卷十及皇甫謐《高士傳》卷中皆有傳，《華陽國志》卷十二“益梁宁三州先汉以来士女目录”列有李弘，标爲“德行”楊雄《法言・淵騫》贊李弘曰：“見其貌者肅如也，觀其行者穆如也，聞其言者愀如也”。《三國志》卷三十八《許靖傳》注引《益州耆舊傳》，漢末蜀郡太守王商爲表彰先賢，特“與嚴君平、李弘立祠作銘”。據此則論漢代蜀地人物，李弘名氣幾乎可與嚴君平相匹。馬承玉認爲：“李弘被認爲是真君再世，這一讖語的出現正是蜀人不斷神化的結果”，“《老君變化無極經》系蜀中天師道徒所造，李弘讖語從蜀中傳出”。[③]在更有力的證據發現之前，馬氏此説可以算是比較可取的假説。這位西漢蜀中高士李弘，可能就是後來傳説“應讖當王”的李弘的基本原型。

《周札傳》所説的李弘，是李八百的弟子，似乎還不被認爲是老君化身。但在許多道經中，李弘已被認爲是老子各種化身所用名字之一。《三天内解經》記老子變化無常的八個名字，全都姓李[④]：

> 或姓李名弘字九陽，或名聃字伯陽，或名中字伯光，或名重字子文，或名宅字伯長，或名元字伯始，或名顯字元生，或名德字伯文。

---

① 鍾國發：《南朝道教改革及其由來》，武漢大學1981届碩士論文，第18頁。

② 文獻學家孫人和的《抱樸子校補》詫異葛洪“何一人著書參差若是也”，我以爲此恰可證今本《神仙傳》已非葛洪原貌。余嘉錫已有考：“疑葛洪之原書已亡，今本皆出於後人所掇拾”(氏著《四庫提要辯證》，北京，中華書局，1980年，第三册第1219頁)。

③ 馬承玉：《從敦煌寫本看〈洞淵神咒經〉在北方的傳播》，陳鼓應主編：《道家文化研究》第十三輯，北京，三聯書店，1998年，第204頁。其先方詩銘已論及該神秘李弘應是西漢益州高士李弘，見其《與張角齊名的李弘是誰?》，瀋陽，《社會科學輯刊》1979年第5期。

④ 據《晉書》卷一百六《石季龍載記》，後趙建武三年(337)有安定人侯子光“自稱佛太子”，又“易姓名李子揚”，聚衆“稱大黄帝”。疑此“李子揚”或亦民間所傳老子化身名字之一。

李弘之名還見於《老君音誦誡經》(《道藏》洞神部戒律類)、《三天内解經》(《道藏》正一部)、《太上洞淵神咒經》(《道藏》洞玄部本文類)等。這些道經多屬天師道系統,只有《太上洞淵神咒經》自成一派,但也屬於鬼神道,與天師道性質相近。其序有云:"昔在杜陽宫中出《神咒經》,授真人唐平等。"馬承玉考杜陽宫乃漢中一洞宫,唐平當即造經的漢中道士,所造原名《神化神咒》,初僅二卷,時間應在東晉,其觀念頗受《女青鬼律》影響,主要流行於北方地區:

> 作爲天師道、李家道的根據地,蜀漢熱心的宗教家們自以爲肩負重任——爲民衆消滅戰爭、瘟疫、大水,於是,制作圖讖,傳經佈道,在北方形成了一個以真君李弘爲信仰的道派—— 李弘道,《神咒經》便是這一道派的經典。①

《老君音誦誡經》有云:

> 世間詐僞,攻錯經道,惑亂愚民,但言老君當治,李弘應出,天下縱横,返逆者衆,稱名李弘,歲歲有之。其中精感鬼神,白日人見,惑亂萬民,稱鬼神語,愚民信之,誑詐萬端,稱官設號,蟻聚人衆,壞亂土地。稱劉舉者甚多,稱李弘者亦複不少。吾大瞋怒,念此惡人以我作辭者乃爾多乎!

所謂"以我作辭",則似乎"劉舉" 也是民間傳説中現身救世的老君化身之一。以劉舉名義號召造反的事件不斷發生,《魏書》即載有幾例。②不過,以李弘名義號召造反的事件在史書中更爲多見,从東晉到隋末不下十例,其中東晉五例,南北朝四例,隋末一例。③

大概,"劉舉"其名的神秘號召力,不全是來自道教救世神話,更可能來自儒教天命與正統觀念。因爲劉是漢朝國姓,西漢滅亡以後,民間關於劉氏複起的各種謡讖就開始出現;東漢滅亡以後,這類謡讖更是綿延不斷。例如《高僧傳》卷七《釋慧義傳》載,慧義於晉末傳冀州道人法稱臨終留言:"嵩皇靈神云:江東有劉將軍,應受天命。吾以三十二璧、鎮金一餅爲信"。劉裕代晉前後,南方一批道士大力爲劉氏造勢,這在一些道經中有明顯的表現。例如《三天内解經》云:

> 劉氏之胤,有道之體,絶而更續,天授應圖,中嶽靈瑞,二十二璧,黄金一餅,以證本

① 注 10 引馬文,第 207 頁。

② 參閲湯用彤:《讀〈道藏〉劄記》,《湯用彤學術論文集》,北京,中華書局,1983 年,第 411～412 頁("'妖人'劉舉")。

③ 湯用彤檢得《晉書》中 5 條 4 例(見《康復劄記四則》,注 13 引湯書,第 309～311 頁"'妖賊'李弘"),唐長孺增檢另得 7 條 5 例(見《史籍與道經中所見的李弘》,《魏晉南北朝史論拾遺》,北京,中華書局,1983 年,第 208～217 頁),而永元二年(500)巴西人趙續伯奉李弘爲聖主(《南史》卷十三《劉季連傳》載)1 例猶爲唐師所爲檢及。注 10 引馬文對此 10 例有逐一敍述,見其第 205、208～210 頁。

姓。九尾狐至，靈寶出世，甘露降庭，三角牛到，六鍾靈形，巨獸雙象，來儀人中。而食房廟之祇，一皆罷廢，治正以道，蕩除故氣，此豈非大上之信乎？宋帝劉氏是漢之苗胄，恒使與道結緣。宋國有道多矣，漢時已有前謨，學士不可不勤之哉。

《雲笈七籤》（《道藏》太玄部）卷二引《三天正法經》中有“龍精之後，續族之君，平滅四虜，應符者隆”等描述，顯然是暗指劉裕的。敦煌所出唐寫本《太上洞淵神咒經》（大淵忍爾《敦煌道經》著録）把李弘和“劉氏”一併歌頌：

> 及漢、魏末時，人民流移，其死亦半。至劉氏五世，子系統其先基。爾時四方嗷嗷，危治天下。中國人民悉不安居，爲六夷驅逼，逃竄江左。劉氏隱跡，避地淮海。至甲午之年，劉氏還住中國，長安開霸，秦川大樂，六夷賓服，悉居山藪，不在中川。道法盛矣，木子弓口，當復起馬。（卷一《誓魔品》）[①]

民間的太平願景必然引起統治者的反應。三國吴廢帝孫亮、十六國北燕太祖馮跋，都曾以“太平”爲年號[②]。西晉末趙王倫專權時，“拜道士胡沃爲太平將軍，以招福祐”（《晉書》卷五十九《趙王倫傳》）。東晉後期興起於塞北的鮮卑拓跋氏政權，有志於結束中原動亂。魏明元帝拓跋嗣封長子拓跋燾爲“泰平王”，這既是對漢儒太平觀念的認同，也是對民間黄老道派太平願景的迎合。

三、東晉南北朝仙道與末世太平理想

漢末魏晉時期，鬼神道派組織在現實政治鬥爭中一再遭受重大挫折，民間黄老道派的主題逐漸從驅譴鬼神與控制社會，轉向由個人修道成仙以引導社會精神。東晉仙道組織上清派、靈寶派等，放棄了取代儒教統治地位的奢望，自覺爭取與儒教主導的現實社會秩序相適應，遵從“和而不同”的和諧精神，追求多元共存。與側重入世性和鬥爭性的鬼神道相比，仙道對現實政治的興趣一般要小得多，其價值取向，是將入世與超世、集體秩序與個體發展結合起來，但超世和個體發展是主導的方面。仙道也有其理想的社會，並且喜歡把他們理想的社會貼上“太平”的標記，但其在入世與集體秩序方面的目標，更加與儒教趨同了。

所謂後聖李君，在《太上三天正法經》（《道藏》正一部）中，稱爲“後聖九玄君”，又號“上清金闕後聖帝君”；而在《大洞真經》（《道藏》洞真部本文類）第三十章中，則稱爲“金闕後聖太平

---

① 此段三處“劉氏”中的後兩處，《道藏》本均已改作“人民”。

② 另外，《資治通鑒》卷八十三“晉惠帝永康元年”記益州刺史趙廞抗命割據，“自稱大都督、大將軍、益州牧。（《考異》曰：《晉春秋》云‘建號太平元年’，他書無之，今不取。）”

李真天帝上景君”。其歷史原型其實就是老子。在《真靈位業圖》(全稱《洞玄靈寶真靈位業圖》,《道藏》洞真部譜録類)中,真靈分屬七級,第二級上清境有一位“壬辰運當下生”的“右聖金闕帝晨後聖玄元道君”,他又是第三級太極境的中位主神,即“太極金闕帝君姓李”,是被機運註定的“壬辰下教太平主”。他在上清派神學中是分掌四大神聖境界的四大主神之一,雖不是至上神,却負有救世的使命,因而具有特殊的重要性。“後聖”、“太平”之號含有末世救主的意義,表明他是末世災厄之後的太平聖世種民之主。《大洞真經》没有説後聖李君的名字,較後的《上清後聖道君列記》(《道藏》洞玄部譜録類)稱他爲“上清金闕後聖帝君李諸弘元,一諱玄水,字子光,一字山淵”,爲地皇之胄。無論如何,既説他姓李,又是未來的太平聖世之主,則與民間盛傳的神秘預言中的救世之主李弘很容易混淆:

> 但是天師道認爲張陵的使命是要爲“罷廢六天三道時事,平正三天,洗除浮華,納樸還真”而採取積極行動,民間傳説中的李弘更加激進,而上清派的後聖李君却没有這類積極行動的想法,他只要静待某個已由神秘機運註定的世界轉折時間的到來就可以了。①

李弘傳説像是原型,後聖李君神話很可能是其翻版。

《真誥》(《道藏》太玄部)是反映上清派創教思想與活動的文獻彙編,其中宣揚,人間的毁滅性大劫難即將來臨,時間就在壬辰之年;劫難之後的太平救主即後聖李君。卷十一敘茅山地理奥妙,稱山中有福地名“金陵”,“居其地,必得度世見太平”;又有洞天名“華陽”,好道者可獲神仙“授以要道,以入洞門,辟兵水之災,見太平聖君”;又説“越桐柏之金庭,吴句曲之金陵,養真之福境,成神之靈墟也。五倍堯水東海傾,人盡病死武安兵,其如予何!”是説南方有兩大受神仙護佑可躲避末世劫難的寶地,分别位於天臺山(桐柏)和茅山(句曲)。卷六所載“衆靈教戒所言”中,有西城王君説人之八難,其第八難爲:“既通道德長生,值太平壬辰之運爲難也”;又有紫元夫人説天下五難,其第五難爲:“生值壬辰後聖世,難也”;是説凡人能逃過末世劫難而活到太平時代的很少。卷十三説到洞天仙官傳語:“《河圖》云:‘吴楚多有得見太平者’”,是説南方漢人有幸進入太平時代的比較多。卷二載所謂九華真妃(一位只有楊羲自稱見到的美麗女仙)于興寧三年(365 年)降授楊羲(後來茅山上清宗推尊的第二代宗師)語録:“蓋聖皇之方駕,於今有二十八年矣”,是説後聖李君降世的壬辰年已經迫近,從興寧三年起算,第二十八年正好是壬辰年,那時太平盛世就要開始了。

當然,到了那個壬辰年,即晉孝武帝太元十七年(392 年),《真誥》的上述預言没能實現,後來的上清道士只能把理想中的太平盛世推向模糊的未來。例如《真誥》卷十三所附陶弘景所撰《華陽頌》第十三首《機萌》:

> 號期行當滿,亥數未終丁。迨乃承唐世,將賓來聖庭。

---

① 注 5 引鍾書,第 546 頁。

其含義可參《上清三天正法經》(《道藏》太清部《雲笈七籤》卷二引):"自承唐之後四十六丁亥,是三劫之周。又從數五十五丁亥,至壬辰、癸巳是也,則是大劫之周。"這種末世論把傳説中的唐堯時期洪水滔天看作一次末世小劫難,"承唐世"就是唐堯洪水之劫以後轉入正常的時期,而從承唐世開始數起,到第46個丁亥年,又有一次小劫難;此後再數到第55個丁亥年,正常時期告終,接下來的壬辰、癸巳年,就是大劫難的終點,那時後聖金闕帝君就要下凡救世了。[1]

靈寶派也期望太平。《道藏》洞真部譜録類《靈寶無量度人上品妙經》卷一"道曰"前篇(即"道君前序")自誇效用曰:

> 是時天人遇值經法,普得濟度,全其本年,無有中傷,傾土歸仰,咸行善心,不殺、不害、不嫉、不妒、不淫、不盜、不貪、不欲、不憎、不嫉,言無華綺,口無惡聲,齊同慈愛,異骨成親,國安民豐,欣樂太平。

《度人經》還把傳統的八大節氣(立春、春分、立夏、夏至、立秋、秋分、立冬、冬至)稱爲"太平八節之日"(卷一"道君前序")。

靈寶派可能吸取了上清派預言失效的教訓,除了《九天生神章經》有"大運將期,數終甲申,洪流蕩穢,凶災彌天"之類説法之外,一般不再預言一個確定的時間作爲末世轉折之期。正如小林正美所論:

> 《九天生神章經》以外的《靈寶經》中,對於劫災多次言及,却没有明言其到來的時期,可以認爲這是《靈寶經》的作者們特地避免明示終末的時期。把終末弄模糊並作爲不久將來之事,能夠持續對終末的不安和對太平之世的期待,可以説,這比起預言明確的時日,在未實現時讓人們失望來,反而更有宗教性的效果。[2]

北魏拓跋燾(史稱太武帝)即位後,嵩山仙士寇謙之便趕到魏都平城。他對北方儒教領袖崔浩宣稱:"吾行道隱居,不營世務,忽受神中之訣,當兼修儒教,輔助太平真君,繼千載之絶統。"(《魏書》卷三十五《崔浩傳》)他稱即將出現的救世聖君爲"太平真君",既是對原泰平王拓跋燾的逢迎,又是對民間道派"太平"思想及漢儒太平觀念的雙向認同,太平世界理想成爲溝通儒道兩教的橋樑。崔浩幫助寇謙之取得了太武帝的信任。崔浩主持北魏宗教改革時期建立的《中嶽嵩高靈廟碑》[3],宣傳寇謙之的神話,説:"上神降臨,授以九州真師,理治人鬼之政。佐國符命,輔導真君,成太平之化。"太延六年(440年),太武帝喜得皇孫,便改元"太平

① 參閲注5引鍾書,第544～545頁。

② 【日】小林正美:《六朝道教史研究》,李慶譯,成都,四川人民出版社,2001年,第430頁。

③ 碑文拓本藏故宫博物館,但缺字甚多,邵茗生參據同時同文異名的《大代華嶽廟碑》拓本及《魏書·釋老志》補定,見邵氏:《記明前拓北魏中嶽嵩高靈廟碑》,北京,《文物》1962年第11期。

真君”，這是對寇謙之神學的明顯認可。太平真君成爲此後太武帝保持至死未變的年號。太平真君五年（444 年），張掖郡報告發現五塊顯出文字的山石，其中一句是：“太平天王繼世主治”，太武帝同意將此事“宣告四海”。（《魏書》卷一百一十二《靈征志下》）太平真君七年（446 年），即平定蓋吴之亂的一年，北魏在平陽郡置泰平縣。（據《魏書》卷一百六《地形志上》）

在魏太武帝的支持下，寇謙之着手改造華北民間黄老道派，建立了一種以仙道爲核心的合法化與正統化的新道教。不久以後，經陸修静（後來茅山上清宗推尊的第七代宗師）總括三洞（即洞真上清、洞玄靈寶、洞神三皇三派經法），一個類似的新道教也在南朝形成。於是一個儒、佛、道三元一體的宗教體系便隨之成型，從此成爲古代中華主流文化的主幹。①

但是，上清經預告的太平救主後聖李君遲遲没有出現；拓跋魏終於没能統一天下，甚至北朝也再度分裂了。因此，民間以李弘名義相號召的反叛活動，南北朝時期雖有減少，却遲遲不能斷絶，直到隋末仍有所見。

漢末以來沉潛民間悄無聲息近於失傳的《太平經》，也逐漸被社會主流人士重視起來。據《道學傳》②卷六載，齊高帝尊崇霍山（屬今浙江天臺山）道士褚伯玉，下詔立太平館以示追悼，因爲“初，伯玉好讀《太平經》，兼修其道，故爲館名也”。同書卷十五載，茅山道士陶弘景（後來茅山上清宗推尊的第九代宗師）的弟子桓闓，向村人求得一部梁初出土的《太平經》，不久便患病，諸治不愈，陶弘景令他將《太平經》送還原處，病就好了。大約齊梁間，南朝道士把陸修静的三洞判教體系發展爲七部判教體系，新增的四部（太清、太玄、太平、正一）稱爲“四輔”，《太平經》被正式納入，作爲四輔之一。而上述桓闓故事則反映，南朝道教主流對於是否應該尊奉《太平經》，態度仍有猶疑。據《道藏》太平部《太平經復文序》載：“至陳宣帝時，海隅山漁人得素書，有光燭天。宣帝敕道士周智響往祝請，因得此文，丹書焕然。周智響善於《太平經》義，常自講習，時號太平法師。”

北魏崇佛，自魏太武帝之後，佛教興盛之極，但是“每帝即位，必受符籙，以爲故事”，甚至“後周承魏，崇奉道法，每帝受籙，如魏之舊”（《隋書》卷三十五《經籍四》）。南朝梁敬帝蕭方智又曾以“太平”爲年號。可見民間流傳的道教太平願景仍然令君主們非常牽掛。

北魏時期，一種與彌勒佛下生救世觀念相聯繫的新型末世論逐漸在北方民間傳播，③已開始與道教末世太平理想爭奪信衆了。

---

① 關於“儒佛道三元一體”概念，參閲鍾國發：《神聖的突破——從世界文明視野看儒佛道三元一體格局的由來》，四川人民出版社，2003 年，第 733～759 頁（第四十一章“總結：儒佛道三元一體格局的由來”，第四十二章“推衍：儒佛道三元一體格局的結構特點”）。

② 南朝陳代馬樞撰，已佚，此據陳國符《道學傳輯佚》，見其《道藏源流考》，北京，中華書局，1963 年，（下册）第 454～504 頁。

③ 佛經稱彌勒爲釋迦之後繼承其位的未來佛，彌勒成佛時將在世間召開龍華三會，普度天人。於是南北朝以來民間逐漸將彌勒佛理解爲末世改天换地實現終極幸福的象徵。參閲馬西沙、韓秉方：《中國民間宗教史》，上海人民出版社，1992 年，第 46～59 頁（第二章之二：“彌勒信仰與南北朝、隋唐底層社會運動”）。

四、隋楊皇室對道教末世太平理想的回應

上清經關於後聖李君的説法，後來也被其他經系吸收了。前引《太平經復文序》大約是隋統一以後出現的，它又極力鼓吹《太平經》，並把《太平經》説成是據"皇天金闕後聖太平帝君"所作《太平復文》推演而成，從而將《太平經》積極行動的的太平世界政治理想與上清經消極等待的太平帝君宗教信仰融合起來了。

鬼神道派的李弘信仰與仙道的上清金闕後聖帝君信仰，這兩種末世救主信仰在民間流行的過程中，逐漸合爲一體。《度人經》的"道曰"中篇有"克得爲聖君金闕之臣"的詞句。《元始無量度人上品妙經四注》(《道藏》洞真部玉訣類)卷四唐人李少微注此句云："聖君者，金闕後聖太平李真君也，諱弘，來劫下爲人主，故預稱'後聖君'也。"可見至遲到唐朝，把李弘與上清金闕後聖帝君合爲一體的觀念已經流行了。

《太平經復文序》反映了民間在隋朝統一後期望太平聖君儘早現身的心理，序末云：

> 爰自南朝湮没，中國復興，法教雖存，罕有行者。綿歷年代，斯文不泯，繕寫寶持，將俟賢哲。壬辰之運，迎聖君下降，睹太平至理，仙侯涖事，天民受賜，復純古斯文之功彰也。

楊堅"雅信佛法，於道士蔑如也"(《隋書》卷三十五《經籍四》)，但他取得皇位後，却特地以靈寶經中的"開皇"爲年號，正如王承文所論：

> 因爲在古靈寶經中，"龍漢"以後，天地崩壞了的黑暗之世降臨，此世謂之"延康"。其後至"赤明"世，天地再生。而劫盡以後又轉入黑暗。逮至"開皇"時，才又終於脱離混迷而回復秩序。同時在"龍漢"劫時，天尊僅爲"無形長存之君"。只有到"開皇"劫時，才有"我于始青天中，號元始天尊，流衍教法，化度諸天"，"以道開化，漸漸生心，知有仁義，禮樂轉興。"①

開皇初著作郎王劭上表言隋楊皇室符命，有曰：

> 陳留老子祠有枯柏，世傳云老子將度世，云待枯柏生東南枝回指，當有聖人出，吾道復行。至齊，枯柏從下生枝，東南上指。夜有三童子相與歌曰："老子廟前古枯樹，東南狀如傘，聖主從此去。"及至尊牧亳州，親至祠樹之下。自是柏枝回抱，其枯枝漸

---

① 王承文：《敦煌古靈寶經與晉唐道教》，中華書局，2003年，第672頁。王氏所引爲《道藏》洞真部本文類《太上諸天靈書度命妙經》，屬古靈寶經。

指西北，道教果行。校考衆事，太平主出於亳州陳留之地，皆如所言。(《隋書》卷六十九《王劭傳》)

這顯然也是拿道教的太平帝君信仰説事，吹捧隋文帝楊堅是“太平主”。

據《隋書》卷一《高祖紀》載，隋文帝完成統一大業以後，一度十分得意，開皇九年(589年)四月壬戌詔稱：“今率土大同，含生遂性，太平之法，方可流行。”儒教把封禪作爲向天地告太平的盛典①，於是臣下紛紛建議文帝封禪，但文帝鑒於太平理想的神聖性質和民間對太平理想的崇高期望，終於不敢貿然自詡，他於七月丙午詔曰：“豈可命一將軍，除一小國，遐邇注意，便謂太平。”開皇十四年(594年)，百官固請封禪，文帝猶豫再三，還是頂住了虛榮的誘惑，拒絶道：“此事體大，朕何德以堪之”(《隋書》卷七《禮儀二》)。直到仁壽元年(601年)冬至祠南郊的板文中，仍曰：“天啓太平，獸見一角，改元仁壽，楊樹生松”(《隋書》卷六《禮儀一》)，只説老天啓動了太平的契機，還不敢説天下已經太平。

據隋唐之際杜淹《文中子世家》載，主張會通三教的民間隱居大儒王通，先曾於仁壽三年(603年)進見隋文帝，陳《太平策》十二篇，無非“尊王道，推霸略”之類儒術，不料引起公卿不悦，文帝遂不能用。

隋楊皇室不敢貿然自詡太平天子，却對他人以太平天子名義出現的可能性高度警惕。由於“後聖太平李真君”信仰的影響，民間預言家特别喜歡製造“李氏將興”的預言，傳出不少謡讖。例如《續高僧傳》卷二十七《衛元嵩傳》稱，北周道士衛元嵩曾制千字詩，“並符讖緯，事後曉之”；《大唐創業起居注》卷三載，隋末裴寂向李淵勸進時，引衛元嵩於天和五年(570年)閏十月所作詩：

> 戌亥君臣亂，子丑破城隍，寅卯如欲定，龍蛇伏四方。十八成男子，洪水主刀傍，市朝義歸政，人寧俱不荒。人言有恆性，也複道非常。爲君好思量，何□□禹湯。桃源花□□，李樹起堂堂。只看寅卯歲，深水没黄楊。

所謂“李樹起堂堂”明指李氏，“十八成男子”也暗喻李氏。裴寂所引或許經過加工，未必全是衛元嵩北周時原句，但衛元嵩原作大致也應是宣揚“李氏將興”的。

大業十年(614年)隋煬帝第三次征遼，天下已亂，“有方士安伽陀，自言曉圖讖，謂帝曰：‘當有李氏應爲天子。’勸盡誅海内凡姓李者”(《隋書》卷三十七《李穆附子渾傳》)。煬帝此番征遼，遣將作監李敏於黎陽督運。“時或言敏一名洪兒，帝疑‘洪’字當讖，嘗面告之，冀其引決”(《隋書》卷三十七《李穆附崇子敏傳》)。黎陽督運是個要害職位，前任黎陽督運楊玄感上一年就曾利用這個職位起兵造反，所以煬帝不能不緊張。李敏是申國公李穆從孫，在關隴功

---

① 班固《白虎通·封禪篇》曰：“王者易姓而起，必升封泰山何？教告之義也。始受命之時，改制應天，天下太平，功成封禪以告太平也。所以必於泰山何？萬物所交代之處也。”

臣集團中,李穆家族曾經貴盛無比,時由其子李渾字金才襲封,任右驍衛大將軍。李渾與許國公宇文述失和,宇文述乃利用煬帝疑李敏'洪'字當讖的心理,派人誣告李渾李敏謀反,以致渾、敏等宗族三十二人皆被隋煬帝冤殺。

在隋朝社會繁榮時期,部分道教人士與官方合作,以淡化後聖帝君信仰的激進色彩。敦煌文書 S2295 號爲《老子變化經》殘卷,卷末注記:"大業八年八月十四日經生王儔寫","玄都玄壇道士復校","秘書省寫"。玄都玄壇前身就是北周武帝爲會通三教而創立的通道觀,隋文帝重建爲玄都觀(煬帝時改稱道觀爲玄壇),是當時朝廷的御用道觀,也是道教的學術中心。整理者認爲此經"撰人不詳,約出於南北朝","此卷係隋代官方道場寫本,存經文 95 行,宣揚老子歷代變化身行名號,降爲帝王之師"①,内云:

> 第一姓李名老字元陽,第二姓李名耼字伯陽,第三姓李名中字伯光,第四姓李名石字子光,第五姓李名召字子文,第六姓李名宅字子長,第七姓李名光字子始,第八姓李名顒字子生,第九姓李名德字伯文。

與《三天内解經》所記老子八變相比,多出一變,仍皆姓李,有三變名字相同,其餘各變(包括多出的一變)名字的三個字或二同一異,或一同二異,可以看作同一傳説的變形。值得注意的是,《三天内解經》第一變是李弘,而隋寫本《老子變化經》九變皆不是李弘。這可能意味着,道教方面與官方合作,有意識地刪除了經文中的李弘字樣。

五、李唐皇室前期對道教末世太平理想的回應

魏晉南北朝以來,民間新興宗教運動所推許的救世明君,通常不是姓李就是姓劉。隋末唐初,民間神秘革命思潮仍表現爲"李氏將興"與"劉氏主吉"雙流奔進。②

隋末起兵群雄中,直接稱名李弘而見於史籍者,只有一例,即大業十年二月"扶風人唐弼舉兵反,衆十萬,推李弘爲天子,自稱唐王"(《隋書》卷四《煬帝下》)。③這可能表明,經歷過隋代大統一的繁盛局面之後,社會心理發生了某些變化,道教末世太平理想在民間的影響有減退的趨勢。而隨着佛教在漢地的勢力越來越超過道教,與彌勒佛下生救世觀念相聯繫的佛教末世論的社會影響,已逐漸超過了道教末世太平理想。以彌勒名義號召造反的事件,見於

① 王卡:《敦煌道教文獻研究》,北京,中國社會科學出版社,2004 年,第 187 頁。

② 參閲李錦繡:《論"李氏將興"——隋末唐初山東豪傑研究之一》,臨汾,《山西師大學報》1997 年第 4 期;《論"劉氏主吉"——隋末唐初山東豪傑研究之二》,上海,《史林》2004 年第 5 期。

③ 但《舊唐書》卷五十五《薛舉傳》作"初,弼起扶風,立隴西李弘芝爲天子";《資治通鑒》卷一百八十二記其事,從《薛舉傳》作"李弘芝"。若是,則這一例也没有了。

《魏書》只有兩例，見於《隋書》却有三例，都在煬帝時期，北方地區。①

當時民間所傳楊氏將滅、李氏將興的讖語不止一種，也未必都與道教有關，屬於儒教傳統樣式的更多。起兵群雄中的李密、李淵、李軌，都曾借這類讖語相號召。例如《大唐創業起居注》卷一載，隋末民間“又有《桃李子歌》曰：‘桃李子，莫浪語，黄鵠繞山飛，宛轉花園裏。’案：李爲國姓，桃當作陶，若言陶唐也。配李而言，故云桃花園，宛轉屬旌幡。”李淵起兵時，便據此歌謡笑而言曰：“花園可爾，不知黄鵠如何。吾當一舉千里，以符冥讖。”

《桃李子歌》還有不同的文本，例如《隋書》卷二十二《五行上》“詩妖”載：

> 大業中，童謡曰：“桃李子，鴻鵠繞陽山，宛轉花林裏。莫浪語，誰道許。”其後李密坐楊玄感之逆，爲吏所拘，在路逃叛。潛結群盗，自陽城山而來，襲破洛口倉，後復屯兵苑内。莫浪語，密也。宇文化及自號許國，尋亦破滅。誰道許者，蓋驚疑之辭也。

不但文句略異，對一些同樣的文句也做了不同的解釋，完全爲李密而設。②

亂世復現，社會對感性直觀、積極主動的救世神君的嚮往程度隨之回升。面對這種局勢，道教方面當然還是盡力推銷自家的貨色。《舊唐書》卷一百九十二《隱逸・王遠知傳》載：

> 高祖之龍潛也，遠知嘗密傳符命。武德中，太宗平王世充，與房玄齡微服以謁之。遠知迎謂曰：“此中有聖人，得非秦王乎?”太宗因以實告。遠知曰：“方作太平天子，願自惜也。”

王遠知（後來茅山上清宗推尊的第十代宗師）是當時道教的主要精神領袖。他對李淵密傳符命的具體内容，史無明載，但顯然没有引起李淵的重視，李淵後來起兵依託的讖語是儒教傳統樣式的，與道教末世神話没有關係。王遠知預言李世民將作“太平天子”，顯然與道教神話有關，李世民後來没有强調這個預言，但内心應該是很受用的。他登極後對此事仍念念不忘。據《舊唐書・王遠知傳》：“太宗登極，將加重位，固請歸山。”唐太宗爲此降璽書云：“朕昔在藩朝，早獲問道。眷言風範，無忘寤寐。近覽來奏，請歸舊山，已有别敕，不違高志，並許置觀，用表宿心。”王遠知後來振興茅山教團，得到太宗皇帝的大力支持。

唐太宗勵精圖治，社會由亂返治，但他吸取了隋朝大起大落的教訓，一直不敢輕言太平。他屢次婉拒臣下封禪的請求；雖然曾經兩度動心，下詔準備封禪，但都很快就自己喊停了，其直接原因，在貞觀十五年（641 年）那次是因爲天文星相不利，貞觀二十一年那次則是因爲河北發生了大水災。而其根本原因，恐怕還是面對太平理想的神聖性質和崇高標準，仍然缺乏底氣。貞觀二十一年的《封禪詔》，自認“方今六合之表，擊壤傳聲，四海之隅，

---

① 參閲唐長孺：《北朝的彌勒信仰及其衰落》，注 14 引唐師書，第 196～207 頁

② 另一文本見於《舊唐書》卷二十七《五行志》：“隋末有謡云：‘桃李子，洪水繞楊山。’煬帝疑李氏有受命之符，故誅李金才。後李密據洛口倉以應其讖。”

蓄畲歲稔，含氣者靡乖其性，稟命者相賀其生。豈朕眇身，勤勞所逮，諒由高明垂鑒，祚此隆平"(《唐大詔令集》卷六十六)，似已有點躊躇滿志，但文中仍完全避用"太平"二字，寧可用了一個"隆平"。

從南北朝到隋唐，以上清經法爲主導的判教體系逐漸完善和推廣，"至遲到隋朝，一種貫穿各派的道教籙位制確實已逐漸通行於全國了。這種籙位制促使原先分立的民間道派逐漸消融於新道教統一體之中"。①於是，儒、佛、道三元一體的宗教體系愈加穩定和有效。三元一體的複合型宗教體系本身就是和諧精神的體現。這一體系具有强烈的人文主義色彩，既有很大的凝聚力，能在中華帝國巨型社會和複雜群體中有效地承擔社會認同與群體整合功能，又有很大的靈活性，能針對社會日益增長的精神需求，較好地發揮心理平衡與情操陶冶的作用。所以，它爲唐帝國保持社會相對和諧，達到世界領先的社會發展水準，提供了比較有力的支援和保障。

李唐皇室三教并用，实践上以儒教爲主，但名义上尽力抬高道教，认太上老君爲本家。"唐朝官方之兼行三教，並不是用道教的仙學來充當核心思想，而是用玄學或重玄學來充當靈魂。"②玄學是融合儒道之學，重玄學是與佛家般若學嫁接後的玄學升級版。自隋朝統一以來(甚至更早)，道教思想家一直致力於以重玄哲學對過往雜而多端的道教義理進行全面的總結。以茅山教團爲代表的道教主流已自覺地不再强調"後聖太平李真君"信仰，儘量把救贖理念從集體的、未來的途徑轉向個别的、當下的途徑，承認道家之"道"才是道教立教之本，道教的神話形式只是應俗之跡。③

但是，畢竟"後聖太平李真君"信仰是上清經系的重要内容，而上清經法是唐代道教統一體中的最高層次。"後聖太平李真君"信仰中潛在的革命含義，總是一個問題，無法保證它不會被人利用。太宗爲其第九子取名李治，恰好與《女青鬼律》預言的太平救主同名。這也許只是巧合，但即使如此，道教畢竟是皇家宗教，日久天長，李治總不免會知道"木子三台"應劫救世的道教故事，從而生出一些聯想。於是，高宗李治爲武氏頭生子取名李弘，恐怕就很難説是偶然巧合了。

敦煌文書有《洞淵神咒經》，其卷一、卷七皆有題記曰："麟德元年七月廿一日奉敕爲皇太子于靈應觀寫"，卷一有文曰"汝等受此經十卷供養之"。敦煌所見十卷本《洞淵神咒經》，是從東晉所造二卷本《神化神咒》逐漸發展而成的，大約不晚於隋代，所增益的内容主要來自三

① 鍾國發：《三洞四輔判教體系與唐朝道教統一體》，載陳鋒等主編：《中國古代社會經濟史論——黄惠賢先生八十華誕紀念論文集》，武漢，湖北人民出版社，2010 年，第 467 頁。

② 王葆玹：《老莊學新探》，上海文化出版社，2002 年，第 421 頁。

③ 王宗昱研究唐前期集成性道書後指出："與寇謙之、陸修静、陶弘景等南北朝時代的道教思想家相比，唐代的某些道教思想家的著述和編纂工作不甚注意道教的儀式、組織、經戒的傳授等方面的教義。這些思想家和高道在論述個人修行時或重道教的各種修煉方術，或重義理的悟解……他們在綜述道教教義時就省略了那些與山居修道無關的道團組織的儀軌和上章諸事，甚至省略了被某些人鄙視爲下乘之道的道術，僅僅保留了經教和修道果位的論述。"見氏著《〈道教義樞〉研究》，上海文化出版社，2001 年，第 48 頁。

洞經系，尤其是靈寶；“洞淵”之名即仿自“三洞”名式。[①]唐長孺師指出：

> 高宗於永徽三年(652)立過長子忠爲太子，六年被廢，明年即顯慶元年(656)立武后所生的皇子弘。《舊唐書》卷八六《孝敬皇帝弘傳》稱弘於顯慶元年立爲皇太子，上元二年(675)卒。我們知道武則天往後稱帝，改唐爲周，曾大力鼓勵臣民製造和進獻符瑞圖讖，藉以表示她當皇帝合乎天意。她的長子命名爲弘，我想很可能就爲了爭取皇太子之位而造作依據。麟德元年爲太子寫《洞淵神咒經》可能正爲了表示李弘是應讖當王，廢忠立弘合乎天意。也就在這年，殺害了徙居黔州的廢太子忠。[②]

李弘出生的永徽三年，高宗後宫還是王皇后與蕭淑妃爭寵的局面，武氏當時只是才人(兩年後晉爲昭儀)，還在卑辭屈體以事王皇后。這時她爭取到爲其子取名李弘，的確是一着好棋，而王皇后與蕭淑妃當時可能毫無知覺。永徽六年(655年)武昭儀成爲皇后，撤换太子，《册代王爲皇太子文》中稱讚李弘“岐嶷表於天姿，符瑞彰於神授”(《唐大詔令集》卷二十八)，就正式挑明李弘其名别有深意了。

麟德元年(664年)皇太子李弘年學稍進，又讓人爲他寫《洞淵神咒經》，這明顯是向太子提醒、也是向社會强調，太子就是民間盼望已久的劫後太平聖世之主。這在武后是作爲其爭權奪利的手段，而在高宗，則可能是順水推舟，作爲對民間“後聖帝君”信仰的總結性回應。因爲民間關於太平李真君或李弘“應讖當王”的期待心理，雖然有所淡化，但總有道經可憑，無法完全排除，不如利用唐朝皇室姓李、又奉道教的李老君爲祖先這一有利條件，公開宣示太子應讖，或可了結信仰者的心願，從而對潛在的危險有所消解。其時大一統帝國日益穩固，社會日漸繁榮，加以太子弘確實優秀，對民間“後聖帝君”信仰作出正式回應的條件似乎比較成熟了。

皇室取《洞淵神咒經》爲太子寫經供養，就大大提高了“洞淵”經籙的地位。[③]《洞玄靈寶三洞奉道科戒營始》(《道藏》太平部)卷四“法次儀”載：

> 《洞淵神咒經》十卷，神咒券，神咒籙，思神圖，《神仙禁咒經》二卷，横行玉女咒印法，黄神赤章(受稱洞淵神咒大宗三昧法師小兆真人)”。

就是説，在籙位等級體系中，“洞淵”經籙單獨佔據一個等級，位於正一之上，大洞、洞真、洞玄、洞神、高玄各級之下。學者一般認爲《洞玄靈寶三洞奉道科戒營始》最晚在唐初問世[④]，

---

① 在南朝道教統一體中，上清、靈寶、三皇三經系分别冠以洞真、洞玄、洞神之名。“洞淵”之名或出自上清經系“三奇寶文”之一的《洞真太上素靈洞元大有妙經》(現存《道藏》正一部)，該經所收《三洞混化内真變生官號寶名》以“三洞”指身神之三部“洞天元洞”、“ 洞地洞真”、“洞淵洞玄”。

② 注14引唐師書，第216～217頁。

③ 參閲注10引馬文，第221～225頁(“《神咒經》的正統化及其在唐代的傳播”)。

④ 據任繼愈主編：《道藏提要》，北京，中國社會科學出版社，1995年，第672頁。

唐玄宗時的《妙門由起》已有徵引。可見至遲在玄宗以前，道教籙位制在實踐中已由洞淵取代了太平、太清在理論上應有的位置。這個變化，似乎與朝廷爲太子李弘寫《洞淵神咒經》事不無關係。

寫此經的次年十月，武后請封禪，高宗同意，十二月即下《封泰山詔》；又次年（麟德三年）舉行了封禪禮。但封禪有關文告中仍不言"太平"二字。

後來高宗熱心培養太子弘，讓他早早參與政務，行使權利。太子弘也果然爲高宗爭氣，"克岐克嶷，有德有行……撫國監軍，大闡良圖。百揆萬機，佇令居攝"（《唐大詔令集》卷二十六《册謚孝敬皇帝文》）。但這樣一來又與武后攬權的野心發生衝突。結果太子弘英年早逝，或説爲武后鴆殺。高宗只能以隆重的追悼和破格的追謚來寄託自己的悲哀。這是唐朝正面落實"後聖帝君"信仰嘗試的一次挫折，也是高宗個人政治生涯的一大失敗。

武后專權以至稱帝時期，基本傾向崇佛抑道。她拋開"後聖太平李真君"信仰，轉向民間宗教末世論的另一種主要形式，即彌勒信仰①，指使人編造《大雲經疏》，謂武后乃彌勒佛下世。武氏稱帝以後，也於天册萬歲二年（696 年）舉行了封禪典禮，但不是在泰山，而是改在嵩山。

武后的宗教信仰是實用主義的兼收並蓄；對於廣義的"太平"概念，武后也並不一概忌諱，而樂於爲我所用。例如敦煌文書 S6502 號爲《大雲經神皇授記義疏》殘卷，其中徵引了若干道教讖緯來爲武周政權造勢，所引《中嶽馬先生讖》中有句云："二九一百八十年，天下太平高枕眠。"又如武后幼女封號爲"太平公主"。

而大唐帝國的繁榮昌盛幾乎被認爲是儒教太平理想的實現，"太平"概念已逐漸向民衆日常用語滲透，道教賦予它的神聖光彩逐漸減退，"太平"意蘊趨向現實化與庸俗化。《全唐詩》卷八十四陳子昂《古意題徐令壁》即有此意味：

> 白雲蒼梧來，氛氲萬里色。聞君太平世，棲泊靈台側。

但是武后後來雖然稱帝，政局却一直不夠穩定，恐怕仍不敢以太平天子自居。

六、唐玄宗對道教末世太平理想的消解

據晚唐鄭棨《開天傳信録》載唐玄宗故事：

> 上爲皇孫時，風表瓌異，神采英邁，嘗於朝堂叱武攸暨曰："朝堂，我家朝堂，汝得恣蜂蠆而狼顧耶？"則天聞而驚異之，再三顧曰："此兒氣概，終當爲吾家太平天子也。"

① 可參陳寅恪：《武曌與佛教》，載其《金明館叢稿二編》，上海古籍出版社，1980 年，第 137～155 頁。

據此,武則天是認爲天下還需要、也有可能治理得更好,而且推斷她的孫輩李隆基有機會、也有能力達到最高的政治理想。當然,《開天傳信録》只是野史筆記,可信度有限,但至少可以説明,在一些晚唐人士眼裏,那位推崇道教最有力的皇帝李隆基統治的開元、天寶年代,是唐朝最美好的時期,也是中國歷史上最合乎理想、最接近太平的時期之一。唐樂竹屬俗部有一種天寶年間創製的吹奏樂器,就被稱作"太平管"(《文獻通考》卷一百三十八)。

中宗承襲武后的崇佛傾向,睿宗開始向崇道回轉。玄宗時期,唐朝對道教的推崇達到頂峰。玄宗本人於開元九年(721年)從司馬承禎(後來茅山上清宗推尊的第十二代宗師)"親受法籙"(《舊唐書》卷一百九十二《隱逸·司馬承禎傳》),又於天寶七載(748年)從李含光(後來茅山上清宗推尊的第十三代宗師)"受三洞經籙於大同殿,遥禮度師[①]"(《道藏》洞真部記傳類《茅山志》卷十一)。史稱:

> 玄宗御極多年,尚長生輕舉之術。於大同殿立真仙之像,每中夜夙興,焚香頂禮。天下名山,令道士、中官合煉醮祭,相繼於路,投龍奠玉,造精舍,采藥餌,真訣仙蹤,滋於歲月。(《舊唐書》卷二十四《禮儀四》)

但是玄宗對道教最感興趣的,不是其長生輕舉之術,而是其義理。當時道家重玄思潮勢頭正旺。與此相呼應,玄宗致力對道教經典的整理和義理的詮釋,力圖用老子道家哲理提升道教的理論思維水準,降低末世救主觀念與統治秩序之間的張力。他即位伊始,就"爰命諸觀大德,及兩宫學士,討論義理,尋繹沖微。披《珠叢》、《玉篇》之衆書,考《字林》、《説文》之群籍。入其閫閾,得其菁華"(《全唐文》卷四十一《一切道經音義序》),編撰《一切道經音義序》百餘卷。[②]

他還持續地推動尊崇聖祖(老子)的狂熱運動,不斷給老子追加尊號。開元二十一年(733年),"制令士庶家藏《老子》一本,每年貢舉人量減《尚書》、《論語》兩條策,加《老子》策"(《舊唐書》卷八《玄宗紀上》)。他還親自爲《老子》作注,並主持爲其注作疏義,據《册府元龜》卷五十三("帝王部·尚黄老")載:開元"二十三年三月癸未,親注《老子》,並修疏義八卷及至《開元文字音義》三十卷,頒示公卿士庶及道釋二門,聽直言可否"。

開元十二年(723年),玄宗接受群臣懇請,下詔宣佈次年舉行封禪典禮。詔文曰:"今五材無眚,百穀有年,刑罰不用,禮儀興行,和氣氤氲,淳風澹泊",儼然一幅太平景象,但又説:"斯皆列祖聖考,垂裕余慶"(《唐大詔令集》卷六十六《封泰山詔》)。他讓臣下仔細議定封禪禮儀,儘量符合儒教典籍。這次封禪的主要文告,皆未見"太平"二字。他親撰御書的《紀泰山銘》,自認"朕宅帝位,十有四載,顧惟不德,懵於至道,任夫難任,安夫難安"(《舊唐書》卷二

---

① 道教稱授道於己者爲"度師",度師之師爲"籍師",籍師之師爲"經師",合稱三師,"三師之重,媲於祖宗",見《洞玄靈寶三師記》(《道藏》洞玄部譜録類)。

② 此書已佚。《道藏》太平部現存《一切道經音義妙門由起》一卷,當是《一切道經音義》的導論;其卷首有唐玄宗序,謂撰成《一切道經音義妙門由起》百四十卷;次有史崇等序,謂撰成《一切道經音義》兼《妙門由起》,都爲百十三卷。

十三《禮儀三》)。上述表現的原因,很可能是,玄宗並不希望人們把他自己當作道教的"後聖太平帝君"。

玄宗的道教師父司馬承禎,試圖依照道教義理改造儒教式的國家祭祀禮儀,宣稱儒教的五嶽神"皆是山林之神,非正真之神"。玄宗採納了他的意見,"敕五嶽各置真君祠一所,其形象制度,皆令承禎推按道經,創意爲之"(《舊唐書・司馬承禎傳》)。但是玄宗並無意於建立一個道教國家,他仍然堅持儒、佛、道三元一體的複合型宗教體制。結果,"五嶽真君祠並未取代國家的五嶽祭祀系統,它們更多是作爲替國家、皇帝和百姓祈福的道觀而存在"。①

開元二十九年(741年),"始置崇玄學,習《老子》、《莊子》、《文子》、《列子》,亦曰道舉"(《新唐書》卷四十四《選舉上》)。天寶元年(742年),躊躇滿志的唐玄宗動了"英雄欺人"之念,處心積慮地設計了一場"聖祖顯靈"的政治表演,隨即集中開展了一輪比較系統的道教體制改革:

> 天寶元年正月癸丑,陳王府參軍田同秀稱於京永昌街空中見玄元皇帝,以"天下太平,聖壽無疆"之言傳於玄宗,仍云桃林縣故關令尹喜宅傍有靈寶符。發使求之,十七日,獻於含元殿。於是置玄元廟於太寧坊,東都於積善坊舊邸。二月丁亥,禦含元殿,加尊號爲開元天寶聖文神武皇帝。辛卯,親祔玄元廟。丙申,詔:《古今人表》,玄元皇帝升入上聖。莊子號南華真人,文子號通玄真人,列子號沖虛真人,庚桑子號洞虛真人。改《莊子》爲《南華真經》,《文子》爲《通玄真經》,《列子》爲《沖虛真經》,《庚桑子》爲《洞虛真經》。亳州真源縣先天太后及玄元廟各置令一人。兩京崇玄學各置博士、助教,又置學生一百員。桃林縣改爲靈寶縣。田同秀與五品官。(《舊唐書》卷二十四《禮儀四》)

天寶七年,他又挑出五個在道教組織發展史上貢獻最大的人物加以特別褒獎,包括四位上清宗師楊羲、許謐、許翽、陶弘景,加上天師道祖師張道陵,"並令有司審定子孫,將有封植以嗣真也。"(《唐大詔令集》卷九《天寶七載册尊號赦》)其中張道陵是被所謂李唐皇族的祖先太上老君選中,在人間最早建立道教組織的,所以"册贈太師";陶弘景則是因爲"綜輯真經",對上清經法在人間發揚貢獻最大,所以"册贈太保"。這是爲了突出對以上清經法爲主導的道教統一體制的支持。天寶十三載(754),玄宗"上玄元皇帝尊號曰大聖祖高上大道金闕玄元天皇大帝",這等於直接用老子神格將金闕後聖太平李真君神格吸收掉。次年,玄宗又"頒《御注老子》並《義疏》於天下。"(《舊唐書》卷九《玄宗紀下》)玄宗的注疏,圍繞"妙本"概念融通本體論和本元論,把重玄學的道體論"引申到心性修養和行爲操持上,使初唐重玄家的抽象思辯具有教化臣民的意義,這是玄宗《道德經》注疏繼承並發揮初唐重玄理論的一個重要特點。"②

---

① 雷聞:《郊廟之外——隋唐國家祭祀與宗教》,北京,三聯書店,2009年,第219頁。

② 盧國龍:《道教哲學》,北京,華夏出版社,1997,第422頁。

唐玄宗大規模地假託神靈操控民衆的把戲，爲後代帝王做了惡劣的示範，對道教的信譽有持續的損害，道教後來的長期衰弱恐怕與此不無聯繫。但是他的漸進式的道教改革，重視道教義理，發展道學，增强了道教的哲理性，提升了道教的素質，當時的社會作用是積極的；從更長遠的角度看，也爲道教將來的振興提供了借鑒。

玄宗的開元之治，包括天寶前期，社會確實空前繁榮昌盛。但是盛極而衰，天寶十四載爆發的安史之亂打破了唐朝長期繁盛的局面，社會跌入一個新的動亂期。民衆在唐代落實道教太平理想的願望，終於被歷史車輪完全碾碎了。

七、晚唐五代道教太平理想的變型

"太平"概念相傳日久，必然越出上層雅語範圍，向民衆日常用語滲透。晚唐時期，這種滲透進一步導致"太平"意蘊減退神聖光彩與道教特色，趨向現實化與庸俗化。《全唐詩》卷五百七十九載晚唐詩人温庭筠《長安春晚二首》之二，可見一斑：

> 四方無事太平年，萬象鮮明禁火前。九重細雨惹春色，輕染龍池楊柳煙。

唐後期及五代十國持續的動亂，又刺激了人們對太平世界的嚮往。史載唐文宗對宰相牛僧孺的政策不滿：

> 會上禦延英，謂宰相曰："天下何時當太平，卿等亦有意於此乎！"僧孺對曰："太平無象。今四夷不至交侵，百姓不至流散，雖非至理，亦謂小康。陛下若别求太平，非臣等所及。"(《資治通鑒》卷二百四十四"唐文宗太和六年")

牛僧孺還算急智，當場以"太平無象"這樣老莊式的玄言搪塞過去，事後就趕快請辭外放了。他的"太平無象"論，倒也是與"太平"意蕴的現實化與庸俗化傾向合拍的。

晚唐傳奇小説《虯髯客傳》①，敘隋末奇人虯髯客對李靖論形勢曰：

> 太原李氏，真英主也。三五年内，即當太平。李郎以奇特之才，輔清平之主，竭心盡善，必極人臣。一妹以天人之姿，蕴不世之藝，從夫之貴，以盛軒裳。非一妹不能識李郎，非李郎不能榮一妹。起陸之貴，際會如期，虎嘯風生，龍吟雲萃，固非偶然也。持余之贈，以佐真主，贊功業也。

---

① 唐末五代道教學者杜光庭編撰《神仙感遇傳》，《道藏》洞玄部記傳類存其殘本五卷；内收《虯髯客傳》。可能爲晚唐人作品，或經杜光庭删改整理。

他推崇李世民是實現太平的“真主”，這裏所謂“太平”，也就是“清平”，就是没有戰亂，社會安定，其實比牛僧孺的低標準高不了多少。

五代十國時期的南唐烈祖李昪，也曾與道教領袖王棲霞（後來茅山上清宗推尊的第十九代宗師）探討太平問題：

> 唐主問道士王棲霞：“何道可致太平？”王曰：“王者治心治身，乃治家國。今陛下尚未能去饑嗔飽喜，何論太平！”宋后自簾中稱歎，以爲至言。（卷283“後晉齊王天福八年”）

太平理想成爲唐末五代道教界較爲關注的一個問題。宣傳末世太平理想的《洞淵神咒經》和《太平經》，重新受到部分道士的重視。還出現了一些新型的論述太平理想的道書。

將《虬髯客傳》編入《神仙感遇傳》的杜光庭，是唐末五代最重要的道教活動家，著述甚多，其中有一篇《〈太上洞淵神咒經〉序》，其結句爲：

> 願國祚之延洪，更超周蔔。祝聖年之遐永，克廣堯齡。車軌混於普天，正朔覃於率土。贊大道威神之德，助皇朝惠育之恩，洪福玄休，浩浩無極矣。

《洞淵神咒經》麟德寫本只有十卷，而今本已成二十卷，且後十卷與前十卷的體例明顯不同。專家推斷，“後十卷蓋成立於中唐以後至唐末。”[①]前十卷鼓吹“大劫欲至”，渲染魔鬼疫害的可怕，强調信奉道教，追隨真君李弘；後十卷則淡化了改天换地劫後太平的革命思想，“偏重伏魔咒鬼之術，進而宣揚大道助國教化之德”[②]。這反映了道教主流派基於既得利益的保皇立場。而他們這樣熱衷於消解《洞淵神咒經》的革命傾向，未嘗不是感覺到了中晚唐民間改天换地的願望可能匯成可怕的潮流。

今《道藏》太平部收《太平經鈔》十卷，不題撰人；又收《太平經聖君秘旨》一卷，原署“傳上相青童君”，意即青童君受自金闕後聖太平帝君。據王明考證，兩書都是唐末道士閭丘方遠編的。《太平經聖君秘旨》專題輯録《太平經》中守一内煉的一些内容；《太平經鈔》則全面節録《太平經》之文，只是其中的“甲部”與《太平經》不符，王明推斷是閭丘方遠採用上清系統的《靈書紫文》（已佚）及《上清後聖道君列記》僞補的[③]。其中有云：“澄清大亂，功高德正，故號太平。若此法流行，即是太平之時。故此經云：感應而現，事已即藏。”（《雲笈七籤》卷六“四輔”引）

《太平經鈔》“甲部”重申上清經法的金闕帝君主持劫後太平盛世的理想。但是安史之亂以後，道教統一體制逐漸瓦解，正在向派系並立的格局演變，上清經法在道教體制中的崇高

---

① 注37引任書，第253頁。

② 胡孚琛主編：《中華道教大辭典》，北京，中國社會科學出版社，1995年，第278頁（王卡：“太上洞淵神咒經”條）。

③ 參閱王明：《太平經合校》，北京，中華書局，1979年，前言第11～16頁。

地位已摇摇欲墜,影響大不如前。在上清經系神話中,元始天尊、太上玉晨玄皇大道君、金闕帝君和太上老君四大主神分别主管玉清境、上清境、太極境、太清境四大超人間境界。而自唐中期以後,金闕帝君的神格已逐漸被太上老君的神格吸收。從會昌五年(845 年)的《唐武宗皇帝九天生神保命齋詞》(《道藏》洞玄部威儀類《無上黄籙大齋立成儀》卷十五)看,當時是把元始天尊、太上大道玉晨君、太上老君擺在神譜的前三位,後世沿襲至今的"三清尊神"格局已經初步成形。[①]況且隋唐以來,佛教異端已佔據中國民間末世思潮的主導地位,彌勒救世思想吸引了越來越多的不滿現狀的民衆。所以,《太平經鈔》"甲部"的末世太平思想,没有對社會産生多少實際影響。[②]

《道藏》太平部還收有《太平兩同書》二卷,不題撰人,據考爲唐末五代羅隱所作,羅隱儒道雙修,頗有詩名。研究者指出:

> 本書分《貴賤》、《强弱》、《損益》、《敬慢》、《厚薄》、《理亂》、《得失》、《真僞》、《同異》、《愛憎》十篇。宗老氏、孔子之説,論以上十對矛盾概念間之統一關係,以明政道權略,故曰"兩同"。乃五代時期較爲重要之哲學思想資料。其説略謂貴賤、强弱等,皆相反而又相成,可向對方轉化。唯掌握其轉化之機,用以立德養生、御下任臣、察人斷事,始可爲有道之君,臻太平之治。[③]

唐末五代道士譚峭作《化書》六卷,卷六"儉化"首章爲"太平",云:

> 水火常用之物,用之不得其道,以至於敗家,蓋失於不簡也。飲饌常食之物,食之不得其道,以至於亡身,蓋失於不節也。夫禮失於奢,樂失於淫。奢淫若水,去不復返,議欲救之,莫過乎儉。儉者均食之道也。食均則仁義生,仁義生則禮樂序,禮樂序則民不怨,民不怨則神不怒,太平之業也。

羅隱有從政經歷,所論比較實際。譚峭則只是隱士,所論有思想意義,却没有多少操作價值。任繼愈等認爲,其"儉化"論"雖本於老子崇儉尚樸之言,而亦反映五代戰亂時期之小農意識。"[④]他們對太平理想的認識,顯然具有理想化的"烏托邦"色彩和精英化的當下救贖意識,明顯向儒教靠近,代表了道教末世論思潮轉化的方向。

---

① 參閱鍾國發:《道教神靈譜系簡論》,《傳統中國研究集刊》第一輯,上海人民出版社,2006 年,第 57～61 頁("一、自然無爲:道教最高神格的建構")。

② 其後正史記載的唯一一例以李弘名義號召造反的事件,見於《遼史》卷二十七《天祚皇帝本紀》天慶三年(1113):"夏閏四月,李弘以左道聚衆爲亂,支解,分示五京。"

③ 注 37 引任書,第 885 頁。

④ 注 37 引任书,第 790 页。

《玉篇》"浰，清浰"疏證

□蕭　旭

［摘　要］本文通過系統考察"清浰"一詞的同源詞，認爲"清浰"爲"淒浰"之方言音轉，胡吉宣《玉篇校釋》改作"倩浰"，並無必要。

［關鍵字］《玉篇》；清浰；同源詞

［作者簡介］蕭旭，靖江市廣播電視臺（江蘇靖江，214500）

《玉篇》："浰，清浰，疾皃。"胡吉宣曰："倩，原作'清'，涉'浰'而誤從水，今正。《子虛賦》：'倏眒倩浰。'張輯曰：'皆疾貌。'是本書原本或引賦及張注……《切韻》：'浰，水疾流。'《廣韻》作'水疾流貌。'又'倩，倩利。'倩、浰疊韻，浰之言利，故爲疾也。"①

《集韻》《類篇》："浰，倩浰，疾也。"然《玉篇》作"清浰"不誤。"清"、"倩"同從青得聲，例得通借。胡氏改字未得。

"清浰"字或作"倩浰"、"倩利"，皆爲"淒浰"之音轉。《廣韻》："倩，倩利。"《集韻》："浰，淒浰，疾皃。"胡氏所引《子虛賦》，《漢書・司馬相如傳》、《文選》、《玉篇》"眒"字條作"倩浰"，《文選・蜀都賦》劉淵林註引作"倩利"，《史記》作"淒浰"。尤爲"倩"、"淒"音轉之確證。《史記》《集解》引《漢書音義》："倏眒、淒浰，皆疾貌。"《文選》吕延濟注："倩浰，奔逐之貌。"清・王先謙曰："'倩'無'疾'義，蓋'淒'之借文。淒、浰皆疾也。"②

在文獻中，作"倩浰"的例子還有：宋・劉昌詩《蘆浦筆記》卷九引宋徽宗《白玉樓賦》："霓旌羽節，光倩浰以目眩；玉童華女，衆駁踏而雲飈。"

字或作"凊浰"，《集韻》："淒、凊：淒浰，疾皃，或从倩，通作倩。"《正字通》："凊，凊浰，疾皃，通作倩。"明・盧柟《滄溟賦》："便旋豎亥之浦，凊浰晏龍之川。"

又音轉爲"清厲"，《漢書・王莽傳》："或聞其樂聲，曰：'清厲而哀，非興國之聲也。'"《御覽》卷五六九不達"清厲"之誼，遽刪"清"字，失之。《文選》漢・馬融《長笛賦》："激朗清厲，隨、光之介也。"李善註："激切明朗，清而能厲。厲，烈也。"李註失之。晉・成公綏《嘯賦》："音要妙而流響，聲激嚁而清厲。"《宋書・樂志三》魏文帝《燕歌行》："悲風清厲秋氣寒，羅幃徐動經秦軒。"朱起鳳曰"'淒'、'清'雙聲，故通叚。"③

---

① 胡吉宣：《玉篇校釋》，上海古籍出版社 1989 年版，第 3766—3777 頁。

② 王先謙：《漢書補注》，書目文獻出版社 1995 年版，第 1151 頁。

③ 朱起鳳：《辭通》，上海古籍出版社 1982 年版，第 1834 頁。

又音轉爲“清溧”,《董子·陰陽義》:“故清溧之於歲也,若酸醎之於味也。”又《暖燠孰多》:“十月而悉畢,故案其迹,數其實,清溧之日少少耳。”俞樾校上例之“清溧”爲“薰溧”[①],朱起鳳從其説[②]。俞説大誤,劉師培、蘇輿已駁之[③]。鍾肇鵬曰:“‘溧’同‘冽’。‘清溧’即清涼寒冷。”[④]鍾説雖得,猶未悟“清溧”即“凄溧”也。

“清洌”即“清厲”、“清溧”,故“清”字不煩校改。

蔣禮鴻指出:“西北方音‘清’是讀作‘妻’音的。”[⑤]蔣先生舉了如下幾個證據:

(1) 敦煌寫卷 P. 3319《擣練子》:“孟姜女,杞梁妻,一去燕山更不歸。”妻,P. 3911 同,P. 2809 作“清”。

(2) 敦煌寫卷 S. 2607《浣溪沙》:“八十頹年志不迷,一竿長地坐磻溪。釣□□□□□□□,□時清。直道守池頻負命,子鱗何必用東西。我不□□□□□,□□□”。“清”字與“迷、溪、西”叶韻。

(3) 敦煌寫卷《開蒙要訓》“唏(涕)唾”的“涕”注作聽,“昪(鼎)鑊”的昪注帝,梨字注令,梯字注聽,鯢字注迎。

(4) 宋·陸遊《老學庵筆記》卷六:“四方之音有訛者,則一韻盡訛。如……秦人訛青字,則謂青爲萋,謂經爲稽。”

除了蔣先生舉的例證外,我們還可補充五例如下:

(5)《楚辭·九思·遭厄》:“鵜鶘棲兮柴蔟。”洪興祖《考異》:“棲,一作指,一作蒨。”黄靈庚曰:“據文義,當作棲,作指或作蒨者皆非。”[⑥]“指”字非是,“蒨”則“棲”字音轉。

(6)《文選·拜中軍記室辭隨王牋》:“清切藩房,寂寥舊蓽。”吕延濟注:“清切,悽傷也。”

(7) 魏·曹植《棄婦詩》:“慷慨有餘音,要妙悲且清。”

(8) 晉·潘岳《笙賦》:“管攢羅而表列,音要妙而含清。”

“清”並讀爲凄、悽。此皆“清”、“凄”通讀之證。明·楊慎《古音獵要》卷 4:“凄,音倩。洌,音練。”[⑦]楊説翩其反而,當謂倩音凄。

(9) 敦煌寫卷 P. 2767V:“梁構嵯峨,與星漢相連。”P. 2237“星漢”作“西漢”。

(10) 敦煌寫卷 P. 2653《韓朋賦》:“妻獨單弱,夜常孤栖。”又“日暮獨宿,夜長栖栖。”S. 4901 作“孤星”、“星星”。

---

① 俞樾:《諸子平議》,上海書店 1988 年版,第 530 頁。

② 朱起鳳:《辭通》,第 2356 頁。

③ 劉師培:《春秋繁露斠補》,收入《劉申叔遺書》,江蘇古籍出版社 1997 年版,第 1020 頁。蘇輿《春秋繁露義證》,中華書局 1992 年版,第 341 頁。

④ 鍾肇鵬主編:《春秋繁露校釋》,河北人民出版社 2005 年版,第 766 頁。

⑤ 蔣禮鴻:《中國俗文字學研究導言》,《杭州大學學報》1959 年第 3 期,收入《語言文字學論叢》,《蔣禮鴻集》卷 3,浙江教育出版社 2001 年版,第 138—139 頁。

⑥ 黄靈庚:《楚辭異文辯證》,中州古籍出版社 2000 年版,第 1019 頁。

⑦ 楊氏《古音叢目》卷四、《轉注古音略》卷四説同。三書並收入《叢書集成新編》第 40 册,臺灣新文豐出版公司 1985 年版,第 128、139、180 頁。

(11) 敦煌寫卷 P. 3213《伍子胥變文》:"四迴無鄰獨棲宿。"P. 2794 作"星息"。黄征、張涌泉曰:"'星'为'栖'之借音字。"①"棲"、"栖"同。

"凄洌"在文獻中還有許多異體,我們列舉如下:

字或作"凄淚"、"悽戾"、"凄悷"、"凄戾",《漢書·外戚列傳》《悼夫人賦》:"秋氣憯以凄淚兮,桂枝落而銷亡。"顏師古注:"凄淚,寒凉之意也。淚音戾。"王先謙曰:"'凄淚'與'淒厲'義同。"②《類聚》卷三四、八九、《御覽》卷九五七引並作"悽戾",《書鈔》卷一五四引作"凄悷",《古文苑》卷七周·庾信《枯樹賦》宋·章樵註引作"凄戾"。

字或作"凄唳"、"淒唳",《吴越春秋·王僚使公子光傳》:"不聞以土木之崇高,蟲鏤之刻畫,金石之清音,絲竹之凄唳,以之爲美。"③《天中記》卷一五作"淒唳"。唐·崔損《鳳鳴朝陽賦》:"凄唳響暢,徘徊綢直。"明·劉基《鐘山作》:"槁葉含風彈夜絃,蟪蛄凄唳答寒蟬。"

字或作"悽悷",魏·應瑒《愁霖賦》:"惕中瘬而不效兮,意悽悷而增悲。"《御覽》卷 25 引魏·曹植《秋思賦》:"西風悽悷朝夕臻。"《吴越春秋·闔閭内傳》:"卿士悽愴民惻悷。""悽悷"即"悽愴惻悷"也。

字或作"悽戾"、"悽唳"、"淒戾",《文選》晉·潘安仁《笙賦》:"夫其悽戾辛酸,嚶嚶關關,若離鴻之鳴子也。"五臣本作"悽唳",張銑注:"悽唳,辛酸聲也。"《白帖》卷六二引作"凄戾"。《詩品》卷二:"其源出於王粲,善爲悽戾之詞,自有清拔之氣。"《丹鉛摘録》卷一三引作"悽悷"。《中文大辭典》:"悽戾:猶云悲泣。戾亦作唳,並與淚通。"④失之。唐·司空圖《注愍征賦述》:"瑶簧凄戾,羽磬玲瓏。"

字或作"淒厲",晉·陶潛《詠貧士》:"淒厲歲云暮,擁褐曝前軒。"尋宋·朱熹《晨起對雨》:"凄冽歲云晏,雨雪集晨朝。"文例相同,是"淒厲"即"凄冽"也。唐·梁肅《送元錫赴舉序》:"自三閭大夫作《九歌》,於是有激楚之詞,流於後世,其音清越,其氣淒厲。"亦可分言,晉·陶潛《於王撫軍座送客》:"秋日淒且厲,百卉具以腓。"

字或作"悽厲",《世説·言語》:"帝因誦庾仲初詩曰:'志士痛朝危,忠臣哀主辱。'聲甚悽厲。"

字或作"淒冽"、"淒烈",《抱朴子外篇·博喻》:"桑林鬱藹,無補柏木之淒冽;膏壤帶郭,無解黔敖之蒙袂。"《廣弘明集》卷二三南朝·宋·釋慧琳《武丘法綱法師誄》:"嗚呼哀哉,玄冬淒烈。"宋、元、明、宫本作"淒冽"。唐·釋玄奘《大唐西域記》卷一二:"寒風淒烈,積雪彌谷。""烈"讀爲"冽"⑤。

---

① 黄征、張涌泉:《敦煌變文校注》,中華書局 1997 年版,第 33 頁。

② 王先謙:《漢書補注》,第 1658 頁。

③ 《御覽》卷一七七引作"嘹唳"。

④ 《中文大辭典》,華岡出版有限公司出版 1979 年版,第 5325 頁。

⑤ 《慧琳音義》卷八二:"慘烈:下連哲反,亦作冽。"唐·李白《遊溧陽北湖亭》:"凜冽天地間,聞名若懷霜。"《景定建康志》卷三七引作"凜烈"。唐·杜甫《西閣曝日》:"凛烈倦玄冬,負暄嗜飛閣。"宋·黄希《補注杜詩》本作"凜冽",《文苑英華》卷三一四、《齊東野語》卷四引亦並作"凜冽"。皆其例。

字或作“悽淚”，《魏書·李彪傳》：“遣之日，深垂隱滑，言發悽淚，百官莫不見，四海莫不聞，誠足以感將死之心，慰戚屬之情。”《漢語大詞典》釋爲“凄然下淚”①，望文生義也。

字或作“淒烈”，《樂府詩集》卷四九《安東平》：“淒淒烈烈，北風爲雪。”

字或作“淒栗”，宋·韓維《對雨思苏子美》：“颯然夜氣變淒栗，連披短褐曳顛倒。”

字或作“淒溧”，宋·郭祥正《和梅謙叔丁山吃字》：“梅君南昌後，襟韻猶淒溧。”

字或作“悽慄”，宋·郭祥正《漳南書事》：“迴首但悽慄，憂心漫如焚。”宋·狄遵度《放言》“對寒日兮蒼莽，披勁風兮悽慄。”

字或作“悽冽”，明·鄭真《滎陽外史集》卷九七：“初四日，風雨渡江，寒氣悽冽。”

本字形當作“淒溧”。考《説文》：“淒，雲雨起也。《詩》曰：‘有渰淒淒。’”《詩·緑衣》：“淒其以風。”毛傳：“淒，寒風也。”陳奂曰：“淒，寒意，依經言風，故云：‘淒，寒風也。’”②王先謙曰：“雲雨起而加以風，則寒氣至，故淒有寒涼之義。”③朱駿聲謂“淒”爲“淒”俗字④，《玉篇》：“淒，寒也。”《龍龕手鑑》：“淒，寒也。《詩》云：‘淒其以風也。’”《文選》鮑明遠《樂府詩·東門行》李善註、《白帖》卷八、《御覽》卷八一九、《隋書·袁充传》引《詩》並作“淒”。

《説文》：“溧，寒也。”字或作瀨，《説文》：“瀨，寒也。”段玉裁曰：“各本篆作瀨，解作賴聲。音洛帶切。今正。按瀨字即《廣韵》、《玉篇》皆無之，而孔沖遠《大東》《正義》、李善注《高唐賦》《嘯賦》皆引《説文》《字林》‘冽’字，是今本冽譌爲瀨顯然也。”⑤王筠説同⑥。二氏謂“瀨”爲“冽”之誤，今不取。朱駿聲曰：“瀨，按經傳皆作冽。”⑦黄侃曰：“冷同溧、瀨。”⑧

“淒溧”本訓寒，水清寒則瀏利，故淒洌爲疾流貌。

---

① 《漢語大詞典》(縮印本)，漢語大詞典出版社 1997 年版，第 4318 頁。

② 陳奂：《詩毛氏傳疏》，中國書店 1984 年據漱芳齋 1851 年版影印。

③ 王先謙：《詩三家義集疏》，中華書局 1987 年版，第 137 頁。

④ 朱駿聲：《説文通訓定聲》，武漢市古籍書店 1983 年版，第 574 頁。

⑤ 段玉裁：《説文解字注》，上海古籍出版社 1981 年版，第 571 頁。

⑥ 王筠：《説文解字句讀》，中華書局 1988 年版，第 453 頁。

⑦ 朱駿聲：《説文通訓定聲》，第 692 頁。

⑧ 黄侃：《説文同文》，收入《説文箋識》，中華書局 2006 年版，第 80 頁。

從《釋文》引“顧野王”或“顧”論《篆隸萬象名義》與原本《玉篇》之關係

□楊　軍　儲泰松

［摘　要］《經典釋文》有引據凡稱“顧野王”或簡稱“顧”者，皆陸氏原書舊有而與其所著《玉篇》關係密切。而日本空海的《篆隸萬象名義》雖然根據的是《玉篇》，但是跟《爾雅音義》《毛詩音義》等所引“顧野王”、“顧”相較，兩者之間有相當大的差距。楊守敬《日本訪書志》謂《名義》“直當一部顧氏原本《玉篇》可矣”的結論很不可靠，周祖謨先生《〈萬象名義〉中之原本〈玉篇〉音系》謂此書“雖爲原著之略出本，然全部完整無闕，即不啻爲一部顧氏原書矣”，且“以此爲根據，探求原本《玉篇》之音系”，顯然因過信楊守敬而爲其所誤。本文以《經典釋文》引顧野王音注與《名義》之差異立論，謂《名義》所據之《玉篇》至多與孫强本稍近，而斷不得以“原本《玉篇》”視之。再就五種《玉篇》殘卷與陸德明引顧野王及《名義》之間僅存的數條可比之反切材料看，殘卷大同於《名義》而反與顧音多異，是殘卷、《名義》所本極爲接近，而非出自顧野王原本《玉篇》。

［關鍵詞］顧野王；原本《玉篇》；《篆隸萬象名義》

［作者簡介］楊軍，安徽大學中文系教授（安徽，230039）
儲泰松，安徽師範大學中文系教授（安徽，241000）

一、《釋文》所録“顧野王”與“顧”考

《經典釋文》所引“顧野王”或簡稱“顧”者凡56條，其中《爾雅音義》53條，《毛詩音義》2條，《老子音義》1條。爲便討論，先將所有56條分别開列於下。括弧内附入今本《玉篇》《名義》相關材料，《玉篇》殘卷（文中簡稱殘卷）可比者一併録存。爲便比對，每條内凡稱“顧野王”或“顧”者，字體皆加黑。

（一）《爾雅音義》所引

1.“箌，郭陟孝反。**顧野王**都角反。《説文》云，草大也。孫都好反。”釋詁1595（今本《玉篇》豬效切。《名義》豬效反。）

2.“昄，沈旋蒲板反，此依《詩》讀也。孫、郭方滿反。《字林》方但、方旦二反。施乾蒲滿反。**顧**音板，又普姦、蒲練二反。”釋詁1595（今本《玉篇》步板切。《名義》菩板反。）

3.“晊，舊音之日反。本又作至，又作胵。**顧**音充尸反。”釋詁1595（今本《玉篇》日部無。肉部胵，充脂切。《名義》之逸反。）

4.“艐，郭音屆，孫云古届字。**顧**子公反。”釋詁1595（今本《玉篇》：“祖公切，船着不行也。

又音届，至也。”殘卷作：“子公反。《爾雅》艐，至也。《説文》船着沙不行也。《尚書》遂伐三艐爲此字。”《名義》子公反。）

5. “觀，顧、謝音官。施古喚反。注同。”釋詁 1600（今本《玉篇》：“古换切，諦視也。又古桓切。”《名義》古桓反。）

6. “弛易，施、李音尸紙反；下音亦。顧、謝本弛作施，并易皆以豉反。注同。”釋詁 1603（施，《玉篇》：“舒移切。施張也。又式豉、以忮二切。”《名義》：“舒移反。展；行；教。”易，《玉篇》：“余赤切。象也；異也；轉也；變也。又以豉切。”《名義》：餘尺反。）

7. “齂，郭、施、謝海拜反。孫虚貴反。顧乎被反。”釋詁 1605（今本《玉篇》呼介切。《名義》呼祕反。）

8. “妯，顧依《詩》勑留反。郭盧篤反，又徒歷反。”釋詁 1605（今本《玉篇》：“直六切，妯娌也。又敕流切，擾也。”《名義》勑流反。）

9. “契，郭苦計反，又作挈。顧苦結反。注同。《左傳》云……”釋詁 1605（今本《玉篇》：“契，口計切，券也；大約也。又口結切。”又“挈，苦結切。”《名義》契，口計反。挈，苦節反。）

10. “汱，姑犬反。施胡犬反。顧徒蓋反，字宜作汏。”釋詁 1606（今本《玉篇》：“徒蓋切，洗也。又敕達切，過也。”殘卷作：“達蓋反，《楚辭》……《廣雅》洗也。又勑達反。《左氏傳》……”《名義》徒蓋反。）

11. “尼，本亦作昵，同，女乙反。謝羊而反。顧奴啓反。下同。”釋詁 1607（今本《玉篇》奴啓、女飢二切。《名義》奴啓、女飢二反。）

12. “啜，常悦反。郭音锐。顧豬芮反。施丑衛、尺鋭二反。《説文》云，啜，嘗也。《廣雅》云，食也。”釋言 1610（今本《玉篇》：“昌悦、常悦二切，茹也。又音輟。《詩》云，啜其泣矣。啜，泣貌。”《名義》：“豬芮反，茹；嘗；食。”）

13. “諉，郭女睡反。顧汝恚反。謝音痿。孫云，楚人曰諈，秦人曰諉。”釋言 1610（今本《玉篇》女恚切。残卷同。《名義》同。）

14. “烘，沈、顧火公反。郭巨凶反。孫音恭。《字林》巨凶、甘凶二反。”釋言 1611（今本《玉篇》許公切。《名義》許公反。）

15. “烓，郭音恚。《字林》口穎反。《説文》云，行竈也。顧口井、烏攜二反。”釋言 1612（今本《玉篇》口迥、烏圭二切。《名義》烏攜反。）

16. “介也，音界。李、孫、顧、舍人本並云，縭，羅也；介，别也。”釋言 1613（今本《玉篇》：“介，居薤切，甲也；大也；助也；紹也。《説文》云，畫也。”《名義》：“居薤反。”訓釋無“别”義。）

17. “戎，如字。本或作搣。顧如勇反。沈如升反。”釋言 1614（今本《玉篇》戎，如終切。《名義》如終反。）

18. “虹，音洪。顧作訌，音同。李本作降，下江反。”釋言 1614（今本《玉篇》訌，胡東切。《名義》胡公反。）

19. “佗佗，本或作它字，音徒河反。顧、舍人引《詩》釋云，禕禕它它，如山如河。謝羊而反。”釋訓 1619（今本《玉篇》：“託何切，蛇也。上古草居而畏它，故相問無它乎。又非也，異也，今作佗。"《名義》："徒河反。嚢。"）

20. "怟怟，郭徒啓反，與愷悌音同。顧、舍人渠支反。李余之反，怟怟，和適之愛也。"釋訓 1619（今本《玉篇》："渠支、是支二切。敬也；亦愛也。"《名義》上支反，愛也。）

21. "訰訰，之閏、之屯二反。或作諄，音同。顧、舍人云，夢夢訰訰，煩懣亂也。"釋訓 1620（今本《玉篇》："之閏切又之純切，亂也。"《名義》："之純反。亂；鬧。"）

22. "佌佌，顧音此。郭音徙。謝音紫。舍人云，形容小貌。"釋訓 1620（今本《玉篇》"七紙切，小舞貌。"《名義》作："佪，且紫反。小；細？[①]。佌字。"）

23. "儵儵，郭徒的反。顧舒育反。樊本作攸，引《詩》云，攸攸我里。"釋訓 1622（今本《玉篇》他狄切，又大的、尸育二切。《名義》舒六反。）

《釋親》下無

24. "柣，郭千結反。顧丈乙反。吕伯雍大一反。《廣雅》云，砌也。"釋宫 1627（今本《玉篇》"馳栗切，門限也。又音佚。"《名義》未見。）

25. "衿謂，又作紟。郭同。今、鉗二音。顧渠鴆、渠今二反。"釋器 1632（今本《玉篇》巨禁、巨今二切。《名義》渠金反。）

26. "捐，吕、沈囚娟反。顧辭玄反。郭與專反。"釋器 1633（今本《玉篇》余專切。《名義》有專反。）

27. "髍，火交反。《埤蒼》云，骨鏃也。沈五瓜反。顧蒲交反。"釋器 1636（今本《玉篇》蒲交、平剥二切。《名義》平篤反。）

28. "巢，孫、顧並仕交、莊交二反。孫又徂交反。巢，高也。言其聲高。"釋樂 1638（今本《玉篇》仕交切。《名義》仕交反。）

《釋天》下無

29. "枳，本或作賛。顧音居是、豬是二反。郭巨宜反。孫音支，云蛇有枝首者，名曰率然。施音指。案枳首謂蛇有兩頭。"釋地 1651（今本《玉篇》居紙、諸氏二切。《名義》居紙反。）

《釋丘》下無

30. "厜，秭規反。郭才規反，《字林》同。顧視規反。本或作厝，又作差。皆才何反。"釋山 1654（今本《玉篇》是規切。殘卷視規反。《名義》視規反。）

31. "㕒，郭語規反。《字林》音危。顧魚奇反。本或作㕒，皆五何反。"釋山 1654（今本《玉篇》牛奇切。殘卷語奇反。《名義》語奇反。）

32. "隒，本或作嵰，字同。郭魚檢反。《字林》云，山形似重甑。居儉反。顧力儉、力儼二反。"釋山 1655（今本《玉篇》："魚檢切，重甗也；厓也。又方檢切。"軍按"方檢切"，"方"當作力，字之誤也。《名義》張？檢反。）

《釋水》下無

33. "苬，沈、顧音祥由反。謝音由。"釋草 1665（今本《玉篇》叙留切。《名義》叙留反。）

---

① "細"下一字難以辨識。

34. “茈，本又作茈。沈、顧徂斯反。謝徂咨反。”釋草 1666（今本《玉篇》積豕切。《名義》資豸反。）

35. “蓨，郭湯彫、他周二反。顧他迪反。”釋草 1673（今本《玉篇》他笛切。《名義》他迪反。）

36. “蔠，本或作睽。顧、謝同音圭。孫苦圭反。”釋草 1674（今本《玉篇》古畦、苦畦二切。《名義》苦攜反。）

37. “薇，音微，又音眉。顧云，水濱生，故曰垂水。”釋草 1675（今本《玉篇》音微。《名義》：“莫飛反，菜，食。”）

38. “藨，謝蒲苗反，或力驕反。孫蒲驕反。《字林》工兆反。顧平表、白交、普苗三反。”釋草 1677（今本《玉篇》平表切。《名義》：“白交反。平表。”[①]）

39. “芺，沈、顧烏老反。謝烏兆反。《說文》云，味苦，江東食以下氣。”釋草 1678（今本《玉篇》：“烏老切，苦芺也。《說文》曰，味苦，江南食之以下氣。又乙矯切，《爾雅》曰，鉤芺。郭璞云，大如拇指，中空莖，頭有臺，似薊，初生可食。”《名義》：“烏曰高反[②]，大如拇指，中空莖。”）

40. “芛，郭音豬，羊捶反。顧羊述反。謝私尹反。樊本作葦。”釋草 1679（今本《玉篇》惟畢、羊捶二切。《名義》惟畢反。）

41. “荄，顧、謝音該。郭音皆。《說文》云，草根也。”釋草 1679（今本《玉篇》古来切。《名義》居來反。）

《釋木》《釋蟲》下無

42. “鱦，郭音繩。顧音孕。本或作鱦，同。”釋魚 1693（今本《玉篇》弋證切。《名義》作：“鱦”注：“鱦字。”無音切。）

43. “鮤，音列。顧閭結反。”釋魚 1693（今本《玉篇》力結切。《名義》閭結反。）

44. “蜬，本又作函。顧古含反，又呼含反。下同。謝音含。”釋魚 1695（今本《玉篇》古含、乎甘二切。《名義》姑今反。）

45. “蟦，謝音奔，又音墳。顧彼義反。”釋魚 1695（今本《玉篇》彼寄切。《名義》彼奇反。）

46. “貽，顧餘之反。本又作胎，他來反。《字林》作蛤，云黑貝也。大才反。”釋魚 1696（今本《玉篇》弋之切。《名義》餘之反。）

47. “頯，郭匡軌反。顧又巨追反。”釋魚 1696（今本《玉篇》渠追、丘軌二切。《名義》作：“頯頯，匡飢反。”）

48. “唶唶，《說文》亦借字也。一云大聲也。莊百反。顧子夜反，又子亦反。《廣雅》云，唶唶，鳴也。”釋鳥 1701（今本《玉篇》：“子夜切。《廣雅》云，唶唶，鳴也。”《名義》子夜反。）

49. “豣，郭音與上麉字同。顧五見反，又古典反。”釋獸 1706（今本《玉篇》公田切。《名義》公？反。）

---

① 《名義》“平表”下奪“反”字，此切語遂與子注相淆。

② “烏曰高反”，“高”字衍，當刪。

50.“踦,郭去宜反。顧居綺反。”釋畜 1713(今本《玉篇》居綺、丘奇二切。《名義》居綺反。)

51.“驈,字或作騂。《字林》于必反。顧餘橘反。郭音述。阮于密反。”釋畜 1713(今本《玉篇》余橘切。《名義》餘橘反。①)

52.“駽,《詩音》及吕忱、顔延之、荀楷並呼縣反。郭火玄反。謝、孫犬縣反。顧胡眄反。”釋畜 1714(今本《玉篇》:“胡見切,青驪馬,今之鐵驄。又火涓、許衒二切。”《名義》胡眄反。②)

53.“犪,巨軀反。《字林》云,牛柔謹也。顧如小、如照二反。”釋畜 1716(今本《玉篇》而小、而照二切。《名義》如昭反。)

(二)《毛詩音義》所引

54.“烓竈,音恚,又丘弭反。郭云,三隅竈也。《説文》云,行竈也。吕、沈同音口潁反。何康瑩反。顧野王口井、烏攜二反。”343 白華(今本《玉篇》口迥、烏圭二切。《名義》烏攜反。)

55.“有驈,户橘反。阮孝緒于密反。顧野王餘橘反。郭音述。驪馬白跨曰驈。”407 駉(今本《玉篇》余橘切。《名義》餘橘反。③)

並觀 15“烓”、54“烓竈”兩條,15 條見於《爾雅音義》所引稱“顧”,54 條見於《毛詩音義》而稱“顧野王”,其讀音及反切用字全同;又 51、55 兩條,音義相同,51 條見於《爾雅音義》,稱“顧”,55 條見於《毛詩音義》,稱“顧野王”。以此可知,《經典釋文》中凡“顧”皆爲“顧野王”之省稱。

以《爾雅音義》引“顧野王”與“顧”都 53 例,占全書所引 56 例之 94.6%,以之爲準,則陸德明引録顧氏之體例爲:首次引用稱“顧野王”,以後一律簡稱“顧”。陸氏所引“顧野王”與“顧”,或即顧野王《爾雅音》。《經典釋文叙録》“注解撰著人”云:“右《爾雅》,梁有沈旋(約之子)集衆家之注,陳博士施乾、國子祭酒謝嶠、舍人顧野王竝撰音。既是名家,今亦采之,附於先儒之末。”而《毛詩音義》2 例,皆稱全名。而顧氏不爲《詩》作音,陸德明當引自顧野王《玉篇》。是陸德明作《釋文》時,同時參考了顧野王的《爾雅音》和《玉篇》。若論顧氏二書之關係,無慮何書先成,既爲同一作者,其后撰必參先作。故二書雖一爲隨文出音,一爲按部編排,而音義當無大異。要之,《釋文》所引“顧野王”與“顧”55 條,皆當陸德明本人引據顧氏學説,其内容當與野王原本《玉篇》最爲接近。

(三)《老子音義》所引“顧云”

《老子音義》有“歙歙,許及反。一本作惵惵。河上本作惵。顧云許葉反,危懼貌。簡文云,河上公作怵。”德經(1402)(今本《玉篇》呼及、尸葉二切。殘卷作呼及、刀葉二反④。《名義》尸葉反。)此條阪井健一《魏晉南北朝字音研究》也作顧野王音。今謂此條引作“顧云”,與

① 参考第 55 條。

② 《名義》“眄”字誤從日。

③ 参考第 51 條。

④ 殘卷“刀葉反”之“刀”當是“尸”字之訛。

《毛詩音義》、《爾雅音義》引作“顧野王”及“顧”不同，當非引自顧野王。《經典釋文叙録》“注解撰述人”於《老子》有“顧懽《堂誥》四卷（自注：一作《老子義疏》）”，所引“顧云”之“顧”當即顧懽。“注解傳述人”於《周易》云：“顧懽，字景怡，或云字玄平。吴郡人，齊太學博士。徵不起。”顧懽見於正史者，《南齊書・高逸》：“顧歡字景怡，吴郡鹽官人也。……歡年二十餘，更從豫章雷次宗諮玄儒諸義。母亡，水漿不入口六七日，盧于墓次，遂隱遁不仕。於天台山開館聚徒，受業者常近百人。……太祖輔政，悦歡風教，徵爲揚州主簿，遣中使迎歡。及踐祚乃至。……永明元年，詔徵爲太學博士，同郡顧黯爲散騎侍郎。黯字長孺，有隱操，與歡俱不就徵。……歡晚節服食，不與人通。每旦出户，山鳥集其掌取食。事黄老道，解陰陽書，爲術數多效驗。……卒於剡山，身體柔軟，時年六十四。……世祖詔歡諸子撰歡《文議》三十卷。”

《南史・隱逸上》所載略同，唯“太祖”改稱“齊高帝”，“世祖”改稱“武帝”。

顧懽又作顧歡。《隋書・經籍志》有：“《老子義疏》一卷，顧歡撰。”《舊唐書・經籍志》有：“《老子道德經義疏》四卷顧歡撰。”《新唐書・藝文志》有：“顧歡《道德經義疏》四卷。”

《老子釋文》共有“顧云”10條，皆當引自顧懽（歡）《堂誥》，《隋書經籍志》稱《老子義疏》，亦即兩《唐書》著録之《老子道德經義疏》或《道德經義疏》。

二、陸德明所引顧音與《名義》、殘卷同異考

或者以爲日僧空海法師所著《篆隸萬象名義》與《玉篇》殘卷收字、次第等無異，即謂《名義》直可當顧野王原本《玉篇》。此説肇始於楊守敬，其於所著《日本訪書志》“《篆隸萬象名義》”條云：

> 按野王《玉篇》，一亂於孫强，再亂於陳彭年，其原本遂不可尋。今得古鈔卷子本五殘卷，刻入《古逸叢書》中，可以窺見顧氏真面目矣。然亦只存十之一二。今以此書與五殘卷校，則每部所繫之字，一一相合，絶無增損淩亂之弊；且全部無一殘缺。余以爲可寶當出《玉篇》五殘卷之上。蓋廣益本雖删顧氏所引經典原文，而經典義訓，大氐尚存。唯顧氏上承《説文》，其所增入之字，皆有根據。而其繫字次第，亦多與《説文》相合。其有不合者，正足與今本《説文》相互證驗，則此中之源流、升降，有關小學者匪淺。況空海所存義訓，較廣益本亦爲稍詳（顧氏原書於常用之字往往列舉四五義，廣義本概取二三義而已）。蓋據此書校刻餉世，非唯出廣益本《玉篇》上，直當一部顧氏原本《玉篇》可矣。唯鈔此書者，草率之極，奪誤滿紙，此則不得不有待深於小學者理董焉。

周祖謨《〈篆隸萬象名義〉中之原本〈玉篇〉音系》則曰：“雖爲原著之略出本，然全部完整無闕，即不啻爲一部顧氏原書矣。”且“以此爲根據，探求原本《玉篇》之音系”(1966)。自是説出，再無異議，其影響巨大如此！然考諸《釋文》，陸氏所引“顧野王”與“顧”，乃真同於原本

《玉篇》之文(説已見前),而《名義》之反切訓釋,與之差異巨大。現將二書異同列爲下表以資參照。

表二:《釋文》引"顧野王"及"顧"與《名義》比較表

例　字	顧野王或顧	音韻地位	名義	音韻地位	備　　註
箌	顧野王都角反	知覺入	豬效反	知效去	上字、聲調不同
眅	顧音板,又普姦、蒲練二反。	幫潸上滂刪平並霰去	菩板反。	並潸上	與顧氏三音皆不同
眰,又作眰	顧音充尸反	昌脂平	之逸反	章質入	反切、韻不同
艐	顧子公反	精東平	子公反	精東平	全同
覰	顧、謝音官	見桓平	古桓反	見桓平	直音、反切不同,音同
弛易	顧、謝本弛作施,并易皆以豉反	施、易並以寘去	施,舒移反易,餘尺反	書支平以昔入	顧音破讀,《名義》易無去聲一讀。
䟽	顧乎被反	匣寘去	呼祕反	曉至去	聲韻不同
妯	顧依《詩》勑留反	徹尤平	勑流反	徹尤平	下字不同,音同
契,又作挈	顧苦結反	溪屑入	契,口計反挈,苦節反	溪屑入	下字不同,音同。
汏	顧徒蓋反	定泰去	徒蓋反	定泰去	全同
尼	顧奴啓反	泥薺上	奴啓、女飢	泥薺上泥脂平	前音同多一音
啜	顧豬芮反	知祭去	豬芮反	知祭去	全同
諉	顧汝恚反	日寘去	女恚反	泥寘去	上字不同,音同。
烘	沈、顧火公反	曉東平	許公反	曉東平	上字不同,音同。
烓	顧口井、烏攜	溪梗三上影齊平	烏攜反	影齊平	少"口井"一音,後音同。
介	音界。李、孫、顧、舍人本並云,介,别也	見怪去	居薤反。訓釋無"别"義	見怪去	直音、反切不同,音同;訓釋不同。
戎	顧如勇反	日用上	如終反	日東三平	韻及聲調不同
虹,音洪。	顧作訌,音同	匣東平	胡公反	匣東平	直音、反切不同,音同
它,音徒河反	顧、舍人引《詩》釋云,禕禕它它,如山如河。		徒河反。囊。		義訓不同
忯	顧、舍人渠支反	群支開	上支反	禪支開	聲不同

(续表)

例　字	顧野王或顧	音韻地位	名義	音韻地位	備　　註
訰之閏、之屯	顧、舍人云，夢夢訰訰，煩懣亂也。		之純反。亂；閽。		多義項
佌	顧音此	清紙上	佌，且紫反。佌字	清	字形及直音、反切不同，音同
儵	顧舒育反	書屋三	舒六反	書屋三	下字不同，音同
柣	顧丈乙反	澄質入	未見		《名義》缺
衿	顧渠鴆、渠今	群沁去群侵平	渠金反	群侵平	少前一音下字不同，音同。
捐	顧辭玄反	邪先四	有專反	于仙三	聲、韻不同①
匏	顧蒲交反	並肴平二	平篤反	並沃入一	韻、調、等不同
巢	孫、顧並仕交、莊交二反	崇肴平莊肴平	仕交反	崇肴平	前音同少後一音
枳	顧音居是、豬是二反	見紙上知紙上	居紙反	見紙上	下字不同，音同少後一音
厜	顧視規反	禪支合平	視規反	禪支合平	全同
㕒	顧魚奇反	疑支平	牛奇反	疑支平	上字不同，音同
隒	顧力儉、力儼二反	來琰上來儼上	(張)②旅檢反	來琰上	下字不同，音同。少後一音
莤	沈、顧音祥由反	邪尤平	叙留反	邪尤平	反切不同，音同
茈	沈、顧徂斯反	從支平	資豸反	精紙上	聲韻調不同
蓨	顧他迪反	透錫入	他迪反	透錫入	全同
藈	顧、謝同音圭	見齊合	苦攜反	溪齊合	聲不同
薇	顧云，水濱生，故曰垂水。		莫飛反。菜，食。		訓釋不同

① “辭玄反”蓋借先切仙，然則韻同下字不同；聲不同。

② “張檢反”之“張”當是“旅”之誤。

（续表）

例　字	顧野王或顧	音韻地位	名義	音韻地位	備　註
藨	顧平表、白交、普苗三反	並小上並肴平滂宵平	平表白交	並小上並肴平	前二音同少普苗反一音
芺	沈、顧烏老反	影晧上	烏曰高反①	影豪平	聲調不同
葕	顧羊述反	以質合	惟畢反	以質開	開合不同
荄	顧、謝音該	見咍平	居來反	見咍平	直音、反切不同
䲆	顧音孕。本或作鱦，同。		鱦無音切，注“䲆字”。		用字正、或體不同
蛚	閭結反	來屑入	閭結反	來屑入	全同
蜬	顧古含反，又呼含反	見覃平曉覃平	姑今反	見侵平	音不同且少一讀
賁	顧彼義反	幫寘去	彼奇反	幫支平	聲調不同
貽	顧餘之反	以之平	餘之反	以之平	全同
頯	郭匡軌反，顧又巨追反	群支合平	匡飢反	溪支開平	聲及開合不同
唶	顧子夜反	精禡三去	子夜反	精禡三去	全同
豣	顧五見反，又古典反	疑霰去見銑上	公?②反	無以判斷	少前一音，至少反切用字不同
踦	顧居綺反	見紙上	居綺反	見紙上	全同
驈	顧餘橘反	以術入	餘橘反	以術入	全同
駽	顧胡眄反	匣霰去	胡眄反	匣霰去	全同
㹾	顧如小、如照笑去	日小上日	如昭	日宵平	聲調不同且少一音
烓竈，音恚，又丘弭反	顧野王口井、烏攜	溪梗三上影齊平	烏攜反。	影齊平	少“口井”一音，後音同。
驈	顧野王餘橘反	以術入	餘橘反	以術入	全同

據上表，可見《名義》與陸德明所引顧野王原本《玉篇》差距甚大，絶不如楊守敬、周祖謨等所謂《名義》“不啻爲一部顧氏原書”。整理上表後又得如下數據。

① “烏曰高反”，“高”字衍，當删。

② 切下字似從辶，田聲作，難以辨識。

表三:陸氏所引與《名義》異同統計表

	全同	音同而多、少一讀	音同反切用字不同	讀音不同	字形、義訓等不同	顧有,名義無	難辨
總　數	11	7	11	17	7	1	1
百分比	20	12.7	20	30.9	12.7	1.81	1.81
合　併	32.7		20	45.4			1.81

《名義》與陸氏所引完全相同僅有 11 例,僅 20%。即使將前三項相加,《名義》與陸氏所引顧野王《玉篇》相同及部份相同者僅 29 例,比例 52%,才過全數之半。若以讀音雖同而反切用字不同者亦爲不同,則《名義》與顧音相同及部份相同者才 18 例,僅占總數 32.7%。相同及部份相同之比例竟然如此之低,而可謂《名義》直可當顧野王原本《玉篇》乎?究楊守敬等説之誤蓋有二因,一則未檢《爾雅音義》等引録之顧野王原書材料,故不能比勘合按而考其真;二則過信五種《玉篇》殘卷,僅以殘卷多存野王按語且與陳彭年改定之廣益本大異,又因孫强改定本不存而無可按據,乃徑以五種殘卷即是顧氏原本。然與陳彭年本異豈必即異於孫强本哉?即不以《釋文》所引顧書即原本《玉篇》之舊,而欲證五種殘卷即顧氏原本,非唯證其大異於陳彭年本即可成立,且必證其與孫强本亦有相當差異而後能定,不能則不必也!今以陸德明所引爲最早,故得視爲顧氏原書,蓋非無據。然則《釋文》所存顧氏原書之材料,可與五種殘卷、陳彭年廣益本及《名義》相校者,僅得 7 條,現將諸書同異表之如下。

表四:四種《玉篇》及《名義》比較表

序號	例字	釋文引顧	釋文引玉篇	殘卷	今本玉篇	名義	附　注
1	艐	子公		子公	祖公	子公	音同而今本玉篇上字不同
2	厜	視規		視規	是規	視規	同上
3	汰	徒蓋		達蓋	徒蓋	徒蓋	殘卷上字不同,音同
4	㕒	魚奇		語奇	牛奇	語奇	殘卷、名義同,與其他上字不同
5	歙	許葉		呼及 刀葉①	呼及、尸葉	尸葉	顧與三書不同,殘卷、今本玉篇同,且與名義部份同
6	隩		於報	於報	烏到	於報	音同而今本玉篇上字不同
7	隮		子兮	子詣	子兮子計、	子詣	釋文引玉篇與今本玉篇部份同,殘卷、名義同與今本玉篇部份同

《釋文》所引《玉篇》非顧野王原書,上文已詳言之。殘卷與之相較 1 同 1 異,故可不具論。而殘卷與顧音全同者 2 例,音同而反切用字不同者 2 例,不同音者 1 例。殘卷與今本本《玉篇》全同者 1 例,其餘 6 例音同而反切用字不同,其中 1 例今本多一音。殘卷與《名義》全同者 5 例,音同而反切用字不同者 1 例,音同而多一音者 1 例。以此而論,殘卷與《名義》之音切最

---

① 殘卷“刀葉反”之“刀”當是“尸”字之訛。

爲接近，當同出一系。再與顧音相較，表中第 5 例頗可注意，歙，顧唯許葉反(曉葉)一音，與各本並異。而殘卷、今本全同，皆呼及(曉緝)、尸葉(書葉)二反。《名義》無呼及反，蓋亦刊落者也①。據此，楊守敬、周祖謨諸先生謂《名義》與五種殘卷無大異是也，而以爲《名義》即出顧氏原書則非。若以顧氏原書爲一系，孫强改定本爲一系，陳彭年益會本爲一系，而五種殘卷及《名義》既不同於陳彭年系，又不同於顧氏原書系，則殘卷及《名義》最大可能是同出於孫强系。换言之，不唯《名義》不可當顧野王原本《玉篇》，即日本所存之五種殘卷亦非原本《玉篇》，而當與《名義》性質相似，共源自唐上元年間孫强增加字本。

結論：一、《毛詩音義》引"顧野王"2 條爲陸德明作《釋文》時本人引録自原本《玉篇》，《爾雅音義》所引"顧野王"及"顧"53 條則出自顧野王《爾雅音》，凡此 55 條，皆出顧野王之書，故當與顧野王原本《玉篇》無異，是乃今存最可靠之顧氏原本《玉篇》材料，至爲可寶！二、《篆隸萬象名義》與日本五種《玉篇》殘卷最爲接近，而與《釋文》所引 55 條顧野王原書材料差異過半，故不得視爲顧野王原本《玉篇》。《名義》及殘卷所出，當不早於孫强改定本《玉篇》。三、《老子音義》引"顧云"1 條爲顧懽(歡)《堂誥》(即《老子義疏》)文，阪井健一以爲出於顧野王乃大誤。

參考文獻

陸德明:《經典釋文》,1. 宋元遞修本，上海古籍出版社 1985 年。2. 徐乾學《通志堂經解》本，中華書局 1980 年。

《原本玉篇殘卷》:中華書局 1985 年。

空海:《篆隸萬象名義》:中華書局 1995 年。

許愼:《説文解字》:1. 汲古閣第五刻本。2. 光緒十年淮南書局繙汲古閣第四刻樣本。3. 孫星衍滕花榭本。4. 陳昌治一篆一行本，中華書局 1963 年。

《説文解字繫傳》:中華書局 1987 年。

陳彭年:《廣韻》:1. 遵義黎庶昌刻本,《古逸叢書》之十。2. 張氏澤存堂本，北京中國書店 1982 年。3. 宋巾箱本，江蘇教育出版社 2005 年。4. 明内府本,《小學彙函》第十四。5.《鉅宋廣韻》:上海古籍出版社 1983 年。

《宋本玉篇》:北京市中國書店 1983 年。

《十三經注疏》(附阮元《校勘記》),中華書局 1980 年。

《玉海》:上海古籍出版社 1987 年。

《新唐书》:中華書局 1975 年。

《唐大詔令集》:中華書局 2008 年。

《宋會要輯稿》:中華書局 1957 年。

---

① 《名義》與殘卷相較，殘卷有兩音而《名義》僅存一音者往往有之。參周祖謨《〈篆隶万象名义〉中之原本〈玉篇〉音系》。

段玉裁:《説文解字注》,經韻樓本,上海古籍出版社 1981 年。

黄焯:《經典釋文彙校》,中華書局 1980 年。

龍宇純:《唐寫全本王仁昫刊謬補缺切韻校箋》,香港中文大學 1968 年。

魯國堯:《盧宗邁切韻法述論》,《魯國堯語言學論文集》,江蘇教育出版社 2003 年。

邵榮芬:《經典釋文音系》,台灣學海出版社 1995 年。

沈建民:《〈經典釋文〉音切研究》,中華書局 2007 年。

萬獻初:《〈經典釋文〉音切類目研究》,商務印書館 2004 年。

王國維:《李舟切韻考》,《王國維遺書》,上海古籍出版社 1983 年。

吴承仕:《經籍舊音叙録》、《經籍舊音辨證》,中華書局 1986 年。

吴承仕:《經典釋文叙録疏證》,中華書局 1984 年。

楊守敬:《日本訪書志》,遼寧教育出版社 2003 年。

虞萬里:《〈經典釋文〉單刊單行考略》,《榆枋齋學術論集》,江蘇古籍出版社 2001 年。

周祖謨:《〈篆隸萬象名義〉中之原本〈玉篇〉音系》,《問學集》,中華書局 1966 年。

周祖謨:《論〈篆隸萬象名義〉》,《問學集》,中華書局 1966 年。

周祖謨:《廣韻校本》,中華書局 1960 年。

周祖謨:《唐五代韻書集存》,中華書局 1983 年。

余廼永:《新校互注宋本廣韻》(定稿本),上海人民出版社 2008 年。

【日本】白藤禮幸:《篆隸萬象名義索引》,東京大學出版會 1977 年。

【日本】阪井健一:《魏晉南北朝字音研究》,日本汲古書院 1975 年。

【日本】狩野直喜:《唐鈔古本〈尚書釋文〉考》,江俠庵編譯《先秦經籍考》,商務印書館 1933 年。

《經典釋文》中間接注釋的體例

□王 鐵 軍

［摘 要］ 間接注釋，即在給某個字作注的同時，通過"下同"、"下皆同"、"下放此"等方式爲下文中出現的相同或相關的字作注。在《經典釋文》中，間接注釋數量龐大，形式繁多，發揮着重要的作用。本文主要討論《經典釋文》中間接注釋的體例，説明每種體例的含義和使用條件，分析與其相關的各種問題。

［關鍵詞］ 陸德明：經典釋文：間接注釋：體例

［作者簡介］ 王鐵軍，北京大學中文系博士生（北京，100871）

《經典釋文》（以下簡稱《釋文》）中有一種非常普遍的注釋方法，即在給某個字作注的同時，通過"下同"、"下皆同"、"下放此"、"下某某同"、"下除某某皆同"等方式爲下文中出現的相同或相關的字作注。如《左傳・隱公元年》："小人有母，皆嘗小人之食矣；未嘗君之羹，請以遺之。"《釋文》："以遺：唯季反，下同。"下文："爾有母遺，緊我獨無！"《釋文》在給"請以遺之"的"遺"字注音的同時，標示"下同"，這樣，也就爲下文中"爾有母遺"的"遺"字注了音。我們把這種注釋方法稱爲"間接注釋"，把《釋文》中直接標注的字稱爲"直接注釋字"，把用間接注釋的方式標注的字稱爲"間接注釋字"。

間接注釋字與直接注釋字絶大多數都是字形相同的字，但也有極少數字形不同，這種情況，往往是假借字或異體字的關係，如《周禮・冬官・鳧氏》："侈則柞。"注："柞讀爲咋咋然之咋，聲大外也。"《釋文》："柞，側百反，注'咋'同。"這裏"柞"是"咋"的假借字。而《周禮・天官・醢人》對"豚拍"一詞的注文："鄭大夫、杜子春皆以拍爲膊，謂脅也。或曰豚拍，肩也。今河間名豚脅聲如鍛鎛。"《釋文》："膊音博，下鎛同。"這裏就不涉及異體或假借等情況，間接注釋字與直接注釋字只是單純的同音。

《釋文》中的間接注釋絶大部分是標注字音的，只有極個别不標注字音的内容，包括異文、異義等内容。如《禮記・曲禮上》："不辭費。"《釋文》："辭，本又作詞，同。《説文》以詞爲言詞之字；辭，不受也。後皆放此。"這是標注異文的。再如《詩・邶風・緑衣》，詩名"緑衣"，《釋文》："緑衣，毛如字，緑，東方之間色也。鄭改作褖，吐亂反，篇内各同。"這是提示毛傳和鄭箋異義的。由此可見，間接注釋本來包容性很强，可以注釋的内容豐富多樣，只是因爲《釋文》中注釋的條目絶大部份是標注字音的，所以其中的間接注釋也體現出了一致性的特點。

《釋文》中共有間接注釋 9600 餘處，如果把間接注釋的情況都包括在内，《釋文》中實際注釋的次數將遠遠大於注釋的條目。研究《釋文》中的間接注釋現象,可以使我們更好地利用《釋文》,發掘釋文的價值:一方面,對於閱讀經典,辨析文意,掌握上下文的讀音,可以提供更多可靠的依據;另一方面,間接注釋現象與音義關係研究有着密切的聯繫。

《釋文》是一本音義書,對於具有不同音義的異讀字,注音是區别意義的一個重要手段,雖然表面只是單純的注音,但實際上在注音中已經包含了對意義的判斷。因爲《釋文》是隨經出注,爲讀者閱讀理解經典服務,所以對於那些意義容易混淆、需要區别的異讀字,在注音辨義的時候,陸德明要儘量照顧到它們出現的所有情況。要簡潔有效地達到這種目的,一方面,可以採取通常的如字不注,只注破讀音的方法;另一方面,當相同的讀音連續多次出現時,間接注釋自然就成爲一種合理的方式。如果不存在别義異讀,即使同一個字在下文中出現了很多次,一般也不會使用間接注釋。如《左傳・莊公九年經》:"冬,浚洙。"杜注:"浚深之,爲齊備。"《釋文》:"浚,蘇俊反,深也。"只爲經文中的"浚"字注音,並没有用間接注釋杜注中的"浚"字注音。《春秋左氏音義・隱公元年》"共叔"條下言"凡國名、地名、人名、字、氏族,皆不重音,疑者復出,後放此",也很清楚地説明了這一點。國名、地名、人名這些專名,很多也有異讀,但是因爲專名易於辨别,不致引起混淆,除了個别常用異讀字(如"相"、"去"等),《釋文》一般不會重復注音(實際上爲了讀者閱讀方便,《釋文》在同一專名兩次出現相距較遠時也經常會有重復注音,但是連續出現時,一般不會重復注音),也不會使用間接注釋。

在注音的條目中,間接注釋字與直接注釋字音同,但有時意義却不一定相同。如《左傳・僖公十五年》:"賂秦伯以河外列城五,東盡虢略,南及華山,内及解梁城,既而不與。"杜注:"解梁城,今河東解縣也。"《釋文》:"解梁,音蟹,注及下注同。"下文"詰之"下杜注:"秦伯不解,謂敗在己,故詰之。"下注中的"秦伯不解"是動詞,"清楚、明白"的意思,與直接注釋字讀音相同,意義明顯不同。間接注釋中這種同音異義的情況並不多,但對於音義關係研究尤顯珍貴,有些詞義由於不常用或者文獻材料缺乏,可能只在間接注釋字中出現,孫玉文《漢語變調構詞研究》"委"字條中有一段話:"'委'由'聚集起來的用來供養賙濟人或餵養牲畜的牢米薪芻等'一義構詞,指用聚集起來的牢米薪芻等來賙濟供養人或餵養牲畜。《周禮・天官・小宰》:'二曰教職,以安邦國,以甯萬民,以懷賓客。'注:'懷亦安也。賓客來,供其委積,所以安之。'音義:'其委,於僞反。下"賙委"同。積,子賜反。'按,此'委積'是名詞性結構,不是此處所列的例證,值得注意的是'下"賙委"同'幾個字,指《小宰》:'喪荒,受其含襚幣玉之事。'注:'《春秋傳》曰:口實曰含,衣服曰襚。凶荒有幣玉者,賓客所賙委之禮。'疏:'云"凶荒有幣玉者,賓客所賙委之禮"者,案《小行人》云:若國凶荒則令賙委之。彼謂王家賙委諸侯法,此謂諸侯賙委王家法也。'此'賙委'爲同義動詞連用,指把聚集起來的牢米薪芻等用來接濟人,供人食用或飼養牲畜。由此動詞義引申,義爲餵養牲畜……。"發現了這個只在間接注釋中出現的與直接注釋字不同的意義,"委"字由名詞到動詞"餵養"義之間的詞義線索就清楚明晰了。

所以,考察《釋文》中的間接注釋現象,可以作爲探討音義關係的一個切入點,爲音義關係研究提供更多的理論和材料證據。

本文主要研究的間接注釋的體例。因为《釋文》中間接注釋的數量龐大，形式繁多，所以理清間接注釋的體例有着重要的意義。明白每種體例的含義和使用條件，才能準確地判定間接注釋字，利用间接注释材料，研究間接注釋現象。

對於間接注釋的體例，前人没有專門的研究，原因大概有二：一方面，間接注釋字與直接注釋字往往字形相同，且不再注出音切，這種形式上的特點，往往不易引起研究者的足够關注；另一方面，古人對經典比較熟悉，很容易確定間接注釋字，恐大都不屑於討論間接注釋體例這樣的基礎問題。

雖然前人没有專門的研究，但在一些版本校勘中也可以看到他們對間接注釋體例的理解，如《左傳・昭公四年》"以歲之不易"下注："不易，言有難。"《釋文》通志堂本注："有難，乃旦反，下及注同。"此處的"下及注同"，《春秋左氏正義》所附《釋文》作"下文注同"。黄焯《經典釋文匯校》裏說："宋本'及'作'文'，阮云作'文'是也。焯案'及'字不誤。"這裏就體現了阮元和黄焯對"下及注同"與"下文注同"兩種體例的理解，我們通過對間接注釋體例的考察，發現當直接注釋字出現在經文中，間接注釋字依次出現在下面經文和注文中，標"下及注同"；當直接注釋字出現在注文中，間接注釋字依次出現在下面經文和注文中，標"下文注同"。此處直接注釋字出現在注文中，應該用"下文注同"，不應該用"下及注同"，阮元對體例的理解是正確的。而且還有版本上的支持，此處應爲"下文注同"。

本文在排比歸納的基礎上，總結《釋文》中間接注釋各種基本體例的特點和使用條件，分析與體例相關的各種問題。間接注釋的體例看起來相當繁複，有各種各樣百餘種不同的形式。爲了歸納起來簡明清楚，本文將"皆同""並同""某某同"、"除某某皆同"等附加形式都歸入其相關的基本體例中一并討論，如"下皆同"、"下並同"、"下某某同"、"下除某某皆同"等都作爲"下同"這一體例的組成部分。

在分析間接注釋的體例之前，先說明三點：

第一，雖然《釋文》同時給經文和注文標注音義，但在注者眼裏，兩者的地位是不一樣的。所以，在間接注釋的術語中，經文用"文"來標明，注文用"注"來標明，區别嚴格。

第二，在經典注本中，注文往往是在需要標注的經文下面直接注釋，就形成了下面的格式（大字爲經文，小字爲注文）：

惠公元妃孟子。言"元妃"，明始適夫人也。子，宋姓。孟子卒，不稱薨，不成喪也。無謚，先夫死，不得從夫謚。繼室以聲子，生隱公。聲，謚也。蓋孟子之侄娣也。諸侯始娶，則同姓之國以侄娣媵。元妃死，則次妃攝治内事，猶不得稱夫人，故謂之繼室。宋武公生仲子，仲子生而有文在其手，曰爲"魯夫人"，故仲子歸於我。婦人謂嫁曰歸。以手理自然成字，有若天命，故嫁之於魯。生桓公而惠公薨，言歸魯而生男，惠公不以桓生之年薨。是以隱公立而奉之。隱公，繼室之子，當嗣世，以禎祥之故，追成父志。爲桓尚少，是以立爲大子，帥國人奉之，爲經"元年春"不書"即位"傳。（《左傳・隱公元年》）

在形式上經文就被注文分割開了，爲了便於下面討論，我們把被分割開的每段經文及其下面的注文稱作一條，這樣，經文和注文相互之間就有了同條和不同條之分。

第三,間接注釋往往是爲了"注音别義",即辨别同一個字的不同音義,在爲某字標注間接注釋時,下文中同一個字可能會出現多次,但未必都是間接注釋字,如《左傳・闵公二年》:"曰:'盡敵而反'。"《釋文》:"盡敵,子忍反,下'盡敵'同。"下文:"敵可盡乎?雖盡敵,猶有内讒,不如違之。"其中"雖盡敵"的"盡"字是間接注釋字,而"敵可盡乎"的"盡"則不是間接注釋字。這種情况下,我們把"敵可盡乎"的"盡"稱爲"非間接注釋字"。

下面具體討論間接注釋的各種體例。

1 "下同"

標注"下同"有兩種情況:爲經文中的直接注釋字標注"下同"時,間接注釋字則出現在下面的經文中,如:

(1)《左傳・桓公十年》:"叔曰:'是無厭也。無厭,將及我。'"《釋文》:"無厭,於鹽反,下同。"

(2)《禮記・檀弓下》:"無能也,斯倍之矣。"《釋文》:"斯倍,音佩,下同。"下文:"自上世以來,未之有舍也,爲使人勿倍也。"

例(1)間接注釋字與直接注釋字出現在同條經文中,例(2)間接注釋字與直接注釋字出現在非同條經文中,都標注"下同"。使用"下同"時,不限制同條或不同條,間接注釋字可能與直接注釋字同條,距離很近,也可能不同條,距離較遠。

爲注文中的直接注釋字標示"下同"時,間接注釋字也同樣出現在下面的注文中,如:

(3)《易・巽》"上九,巽在床下,喪其資斧,貞凶"下注:"斧,所以斷者也,過巽失正,喪所以斷,故曰'喪其資斧,貞凶'也。"《釋文》:"以斷,丁亂反,下同。"

(4)《尚書・益稷》"予乘四載,隨山刊木"下注:"隨行九州之山林,刊槎其木。"《釋文》:"槎,士雅反,下同。《説文》云'衺斫'。又莊下反。"下文"暨益奏庶鮮食"下注:"與益槎木獲鳥獸,民以進食。"

例(3)間接注釋字與直接注釋字出現在同條注文中,例(4)間接注釋字與直接注釋字出現在不同條注文中,都使用"下同"。

綜合上面兩种情況,可以看出:"下同"不只是簡單的標示下文中的間接注釋字,在經注截然分别的前提下,"下同"也具有其特定的意義。使用"下同"時,間接注釋字與直接注釋字同時出現在經文中,或者同時出現在注文中。

1.1 "下皆同"與"下並同"

當下文中出現多個間接注釋字時,一般會標注"下皆同"或"下並同"。如:

(5)《左傳・襄公二十一年》:"子爲司寇,將盜是務去,若之何不能?"《釋文》:"務去,起吕反,下皆同。"下文:"子爲正卿,而來外盜;使紇去之,將何以能?"下文:"賞而去之,其或難焉。"

(6)《詩・王風・采葛》序"懼讒也"下注:"桓王之時,政事不明,臣無大小,使出者則爲讒人所毁,故懼之。"《釋文》:"使出,所吏反。下並同。"下文"彼采葛兮,一日不見,如三月兮"下注:"《箋》云:興者,以采葛喻臣以小事使出。"下文"彼采蕭兮,一日不見,如三秋兮"下注:

"《箋》云：彼采蕭者，喻臣以大事使出。"下文："彼采艾兮，一日不見，如三歲兮"下注："《箋》云：彼采艾者，喻臣以急事使出。"

標注"皆同"或"並同"，必然是有多個間接注釋字的情況，這是毫無疑問的。但有時，没有標注"皆同"或"並同"也未必只有一個間接注釋字，也可能包括多個間接注釋字的情況。如：

(7)《左傳・昭公十七年》："若火作，其四國當之，在宋、衛、陳、鄭乎？宋，大辰之虚也。"《釋文》："之虚，起居反，下同。"下文："陳，大皞之虚也。"下文："鄭，祝融之虚也。"下文："衛，顓頊之虚也，故爲帝丘。"

(8)《易・需》"六四"下注："九三剛進，四不能距，見侵則辟，順以聽命者也。"《釋文》："則辟，音避，下同。""上六"下注："六四，所以出自穴者，以不與三相得，而塞其路。不辟則害，故不得不出自穴而辟之也。"

出現這種情況可以有兩種解釋：其一、從某種意義上説，間接注釋最重要的目的在於提示，即提示下文中有間接注釋字，提示間接注釋字出現的位置（文中或注中）以及數量，方便讀者查找。雖然"下皆同"比"下同"在表示數量上更精確一些，但是"下同"本身既可以表示單個間接注釋字，也可以表示多個間接注釋字的情況，只是没有説明數量而已。上面例(7)下文中三個間接注釋字距離很近，且都出現在同樣的句型中；例(8)的兩個間接注釋字出現在同一條注文中，而且明显意義相同，都不至於引起讀者誤解。即使不用"下皆同"，讀者也會知道它們都是間接注釋字。其二，《釋文》中保留了很多前人的注釋，間接注釋這種方法也肯定不會是陸德明獨創，從《釋文》大量且繁複的間接注釋來看，這種方法已相當普遍和成熟，所以，前人必多有採用，陸德明也必然有所承襲，述而不作。有的注家在下文出現多個間接注釋字時注"皆同"，有的注家只注"同"，這兩種注釋方法同時被收進《釋文》，就會出現體例不一致的地方。

1.2 "下二字同"、"下三字同"

《釋文》中還有"下二字同"、"下三字同"，共出現 6 次，如：

(9)《儀禮・士冠禮》"爵弁服，纁裳，純衣，緇帶，靺韐"下注："凡染絳，一入謂之縓，再入謂之赬，三入謂之纁，朱則四入與。"《釋文》："再染，如琰反。下二字同。"

(10)《左傳・宣公十二年》："吾聞致師者，左射而菆。"《釋文》："左射，食亦反，下三字同。"下文："樂伯左射馬而右射人，角不能進，矢一而已。麇興於前，射麇麗龜。"

(11)《左傳・襄公二十七年》"乙酉，宋公及諸侯之大夫盟于蒙門之外"下注："前盟，諸大夫不敢敵公，禮也。今宋公以近在其國，故謙而重盟。重盟，故不書。"《釋文》："而重，直用反，下二字同。"下文"晉荀盈遂如楚涖盟"下注："重結晉楚之好。"

(12)《莊子・盜跖》："臣請南使吴越，北使齊魯，東使宋衛，西使晉楚。"《釋文》："南使，所吏反，下三字同。"

例(11)是通過注音來辨析異文，注疏本作"再入"、"三入"、"四入"，《釋文》注"再染"、"下二字同"，則是以"再入"、"三入"、"四入"爲"再染"、"三染"、"四染"。因《釋文》作者見過不同的版本，以"染"爲正字，故特注出。

從上面的例證不難看出，"下二字同"、"下三字同"也是一種具體明確的體例，這種體例有其特定的優勢，就是避免了"下同"和"下皆同"在數量上的不確定性，使用效果優於"下同"和"下皆同"。但是這種體例在《釋文》中僅有6次，爲什麽會出現這種情況，不得而知。根據十三經注疏本所附《釋文》的情況推斷，也許是被後人整理，統一體例的結果。因爲注疏本不收《莊子》，未附《儀禮音義》，所以這6例僅有例(11)1例出現在注疏本中。而值得注意的是，例(10)注疏本所附《釋文》作"下文注同"，誤，因爲下面注文中並無"射"字。

1.3 "下某某同"

當下文中間接注釋字和非間接注釋字錯綜出現的時候，《釋文》會選擇更具體明確的標注方式，即"下某某同/皆同"，如：

(13)《左傳·哀公二年》"君命祇辱"下注："言立適當以禮，與内外同之。今君私命，事必不從，適爲辱。"《釋文》："適，丁歷反。下'適孫'同。"下文"且亡人之子輒在"下注："輒，蒯聵之子出公也，靈公適孫。"

(14)《易·乾》："君子以成德爲行，日可見之行也。潛之爲言也，隱而未見，行而未成，是以君子弗用也。"《釋文》："爲行，下孟反，下'之行'、'行而'皆同。"

"下某某同"這種體例明確辨别了同一個字在上下文中具有不同的音義，同時也證明了使用間接注釋的目的，往往是爲了辨析不同音義。如例(13)標注"下'適孫'同"，是因爲下面注文中還有一處"適爲辱"的"適"，不讀丁歷反。例(14)是因爲下文還有一處："寬以居之，仁以行之"的"行"，不讀下孟反。

關注"下某某同"的體例，可以使我們通過對間接注釋字和非間接注釋字的對比，更確切的辨析不同音義的結合關係，如：《左傳·闵公二年》："曰：'盡敵而反'。"《釋文》："盡敵，子忍反，下'盡敵'同。"下文："敵可盡乎？雖盡敵，猶有内讒，不如違之。""盡"字有2音，慈忍反和子忍反，是濁音和清音的對立。濁音(慈忍反)爲如字音，表狀態義"完結、没有了"，清音(子忍反)爲破讀音，表動作義"窮盡、消滅"以及副詞義"全、都"。《釋文》中並非所有破讀的情況都注音，或者説不注音的情況全都讀如字，比如《左傳》中"盡"字出現了202次，注音只有14次。雖然都是注清音，但是仍有很多表動作義"窮盡"的地方没有注，如《僖公二十八年》："漢陽諸姬，楚實盡之。"《定公四年》："周之了孫在漢川者，楚實盡之。"雖然這些地方没有注，但不能因此就認爲它們不讀清音。而在"下某某同"的體例中，未注的"盡"字不讀清音則是確定無疑的。"盡敵"的"盡"字讀子忍反，下文中還有一處"敵可盡乎"的"盡"字未注，則應讀"慈忍反"。因爲下文中只有兩處"盡"字，且距離很近，注者特意標出"下'盡敵'同"，顯然是要與"敵可盡"的"盡"字相區别，認爲"敵可盡"的"盡"字不是表動作義"窮盡、消滅"，而是表狀態義"完結，没有了"。

使用"下某某同"，是爲了更具體明確地標出間接注釋字，當下文中間接注釋字和非間接注釋字錯綜出現時，必須使用這種體例。但是有時，使用這種體例，下文中也不一定會出現非間接注釋字，如：

(15)《易·屯》“六二”下注:“志在乎五,不從于初。屯難之時,正道未行,與初相近,而不相得,困於侵害,故屯,邅也。”《釋文》:“相近,附近之近,下‘近五’同。又如字。”“近”字在下面注文中只出現一次,即“六三”下注:“三既近五,而無寇難。”

這種情況,有的是間接注釋字距離直接注釋字較遠,有的只是單純地爲了明確標示,更利於讀者查檢。

1.4 “下至某某皆同”、“下除某某皆同”

“下至某某皆同”、“下除某某皆同”用於下面經文和注文中集中出現多個間接注釋字的情況。“下至某某皆同”明確了間接注釋管轄的範圍,如:

(16)《尚書·周官》:“六服群辟,罔不承德,歸於宗周,董正治官。”下注:“還歸於豐,督正治理職司之百官。”《釋文》:“治,直吏反,下至‘冢宰’經注同。”……下文:“冢宰,掌邦治,統百官,均四海。”下注:“天官,卿稱太宰。主國政治,統理百官,均平四海之内邦國,言任大。”

例(16)中共有9個間接注釋字(中間省略),標明“‘冢宰’經注”,即以經文“冢宰,掌邦治,統百官,均四海”及其注文爲下限,在這個範圍内的“治”字都是間接注釋字。

“下除某某皆同”用於下文中間接注釋字和非間接注釋字錯綜出現的情況,這種體例也如“下某某同”一樣,能够通過下文中間接注釋字和非間接注釋字的對比,證明某字兩音意義有别。因爲間接注釋字多於非間接注釋字,使用這種體例更爲經濟;或是非間接注釋字存在着某種共同的用法,則使用這種體例表述更爲清晰,如:

(17)《禮記·曲禮上》:“跪乘。”《釋文》:“跪乘,繩證反,下除‘乘君’、‘不乘奇車’、‘乘路馬’皆同。”下文“車驅而騶,至於大門,君撫僕之手,而顧命車右”下注:“車右,勇力之士,備制非常者。君行則陪乘,君式則下步行。”下文:“婦人不立乘。”下文“祥車曠左”下注:“祥車,葬之乘車。”下文:“乘君之乘車,不敢曠左。”下文:“國君不乘奇車。”下文:“乘路馬,必朝服,載鞭策,不敢授綏,左必式。”

例(17)下文中有7個“乘”字,其中有4個間接注釋字,還有3個是非間接注釋字,非間接注釋字數量相對較少,而且這三個非間接注釋字是共同的用法,都是動詞“乘座”義,容易理解。“除‘乘君’、‘不乘奇車’、‘乘路馬’皆同”,也相當於點出了這三個“乘”字不讀繩證反,是平聲。

由上兩例也可以發現,“下至某某皆同”“下除某某皆同”有不同於“下同”“下皆同”的特點,就是不區别經文和注文的界限,間接注釋字可以出現在經文和注文中的任何位置。但是,下面論述中可以看到,在使用“除某某皆同”時,《釋文》更通常的體例是“注除某某皆同”、“下及注除某某皆同”等,還是注意經文和注文的界限的。

以上是“下同”的相關體例,下面論述的“注同”“下文同”、“下注同”等各種體例時,如没有特殊情況,“皆同”、“並同”、“某某同”等附加形式不再單獨列出。

2 “注同”

“注同”也是《釋文》中最常見的體例之一。使用“注同”時,直接注釋字出現在經文中,間接注釋字則出現在同條的注文中,易於查檢。如:

(18)《易·坤》:“象曰:含章可貞,以時發也,或從王事,知光大也。”下注:“知慮光大,故不擅其美。”《釋文》:“知光,音智,注同。”

(19)《禮記·曲禮上》:“夫禮者,所以定親疏,決嫌疑,别同異,明是非也。禮不妄説人。”下注:“爲近佞媚也。君子説之不以其道,則不説也。”《釋文》:“説人,音悦,又始悦反,注同。”

(20)《左傳·宣公十二年》:“丙辰,楚重至於邲。”下注:“重,輜重也。”《釋文》:“楚重,直勇反,又直用反,注上‘重’字同。”

(21)《左傳·桓公二年》:“會于稷,以成宋亂,爲賂故,立華氏也。”下注:“經稱平宋亂者,蓋以魯君受賂立華氏,貪縱之甚,惡其指斥,故遠言始與齊、陳、鄭爲會之本意也。傳言“爲賂故,立華氏”,明經本書平宋亂,爲公諱,諱在受賂立華氏也。猶璧假許田爲周公祊故。所謂婉而成章。督未死而賜族,督之妄也。”《釋文》:“爲賂,於僞反,注除‘爲會’一字並同。”

例(19)注文中有多個間接注釋字,只標“注同”,未使用“注皆同”,這種情况很普遍,大概與“注同”這種體例只限定在同條的範圍内,間接注釋字比較容易確定有關。例(20)注文中有兩個“重”字,《釋文》言“上‘重’字同”,指出前一個“重”字爲間接注釋字,而後一個“重”字則爲非間接注釋字,即“輜重”裏的“重”不讀直勇反,《釋文》又注:“輜重,直用反。”一字的不同音義出現在同條注文中,清晰可辨。形容詞“重量大”義的“重”字讀上聲,前“重”字爲形容詞用作名詞,表重物;後“重”字爲名詞,特指行軍時部隊攜帶的物資,读去声。例(4)是“除某某皆同”例,“爲”是常用字,讀者可以明確辨别其兩音各義,從而因聲求義,通過注音準確地理解文意。

當使用“注皆同”時,間接注釋字不僅出現在同條注文中,有時還可能出現在不同條的注文中,這種情况值得注意,如:

(22)《詩·衛風·碩人》:“四牡有驕,朱幩鑣鑣,翟茀以朝。”下注:“箋云:此又言莊姜,自近郊,既正衣服,乘是車馬,以入君之朝。”《釋文》:“以朝,直遥反,注皆同。”下文“大夫夙退,無使君勞”下注:“大夫未退,君聽朝於路寢,夫人聽内事於正寢。大夫退,然後罷。箋云:莊姜始來時,衛諸大夫朝夕者皆早退,無使君之勞倦者,以君夫人新爲妃耦,宜親親之故也。”

(23)《禮記·内則》:“和用醯。”下注:“畜與家物自相和也。”《釋文》:“和,户卧反,注皆同。注又如字。”下文“獸用梅”下注:“亦野物自相和。”下文“鲂鱮烝,雛燒,雉,薌無蓼”下注:“自膾至此,言調和菜醸之所宜也。”

(24)《左傳·宣公十二年》:“商、農、工、賈不敗其業,而卒乘輯睦。”下注:“步曰卒,車曰乘。”《釋文》:“而卒,子忽反,注同。乘,繩證反,注皆同。”下文“軍行,右轅,左追蓐”下注:“傳曰‘令尹南轅’,又曰‘改乘轅’。楚陳以轅爲主。”

例(24)可以讓我們明顯觀察到“注皆同”的這個特點。同條注文中“卒”“乘”各出現 1 次,《釋文》爲“卒”標“注同”,“乘”却標“注皆同”,顯然這個“注皆同”所標示的間接注釋字不只包括同條注文中的“車曰乘”的“乘”字,還包括下面不同條注文中的“改乘轅”的“乘”字。

3“下文同”與“下注同”

當直接注釋字出現在注文中,間接注釋字出現在不同條的經文中,則使用“下文同”。如:

(25)《易·蒙》“六四”下注:“獨遠于陽,處兩陰之中,闇莫之發,故曰‘困蒙也’。”《釋文》:“獨遠,于萬反,下文同。”下文:“象曰:困蒙之吝,獨遠實也。”

(26)《禮記·曲禮上》“很毋求勝,分毋求多”下注:“爲傷平也。很,鬩也,謂争訟也。詩云:‘兄弟鬩于牆。’”《釋文》:“謂争,争鬥之争,下文皆同。”下文:“分争辨訟,非禮不決。”下文:“在醜夷不争。”

(27)《周禮·地官·世婦》“掌女宫之宿戒,及祭祀,比其具”下注:“具,所灌概及粢盛之爨。”《釋文》:“齍盛,音咨,下文同。”下文:“帥六宫之人共齍盛。”

例(27)注疏本將《釋文》條目附于經文“帥六宫之人共齍盛”下,誤。而按照“下文同”的體例,直接注釋字一般出現在注文中,並且下文再無“齍盛”二字,故當附于“粢盛之爨”後。注疏本蓋以注文“粢盛”與《釋文》“齍盛”字不合,故將此條附於經文之下,其實這正體現了《釋文》所據版本與注疏本的異文。

有時,直接注釋字出現在經文中,間接注釋字出現在不同條的經文中,也會使用“下文同”,如:

(28)《左傳·成公十七年》:“反自鄢陵,欲盡去群大夫而立其左右。”《釋文》:“盡去,起吕反,下文同。”下文:“厲公將作難,胥童曰:‘必先三郤,族大,多怨。去大族,不逼。’”

例(28)按照《釋文》的體例,本應用“下同”,但使用“下文同”,也不會造成讀者誤解,可能是《釋文》收集前代多家的注釋材料,個别注者的注釋體例不統一的原因。

當直接注釋字出現在經文中,間接注釋字出現在不同條的注文中,則使用“下注同”。如:

(29)《左傳·僖公二十四年》:“女爲惠公來求殺余,命女三宿,女中宿至。雖有君命,何其速也。”《釋文》:“汝中宿,丁仲反,下注‘中鉤’同。一本作‘女中宿至’。”下文“齊桓公置射鉤而使管仲相”下注:“乾時之役,管仲射桓公,中帶鉤。”

(30)《詩·小雅·菁菁者莪》序:“樂育材也。君子能長育人材,則天下喜樂之矣。”《釋文》:“能長,張丈反,下注並同。”下文“菁菁者莪,在彼中阿”下注:“君子能長育人材,如阿之長莪菁菁然。箋云:長育之者,既教學之,又不征役也。”

和“下文同”的情況相仿,有時,直接注釋字出現在注文中,間接注釋字出現在不同條的注文中,也會使用“下注同”,如:

(31)《易·訟》“不利涉大川,入於淵也”下注:“以剛而來正夫群小,斷不失中,應斯任也。”《釋文》:“正夫,音符,下注同。”下文“六三,食舊德,貞厲,終吉。或從王事無成”下注:“體夫柔弱,以順於上,不爲九二。”

(32)《詩·周南·關雎》序“情發於聲,聲成文謂之音”下注:“聲成文者,宫商上下相應。”《釋文》:“相應,應對之應,下注同。”下文“上以風化下,下以風刺上,主文而譎諫,言之者無罪,聞之者足以戒,故曰風”下注:“主文,主與樂之宫商相應也。”

按照《釋文》的一般體例,例(31)、例(32)使用“下同”即可,但是使用“下注同”也不會造成讀者誤解。

4. 直接標明篇章位置的體例

有時,《釋文》的間接注釋不使用"下"、"下文"等術語,而是直接指出間接注釋字在篇章中的位置。如:

(33)《易・蹇》:"蹇利西南,往得中也。"《釋文》:"得中,如字,鄭云'和'也。又張仲反,王肅云'中適'也。《解》卦'彖'同。"《解》卦彖文:"解利西南,往得中也;其來復吉,乃得中也。"

(34)《詩・邶風・静女》"静女其姝,俟我於城隅"下注:"女德貞静,而有法度,乃可説也。"《釋文》:"可説,音悦,篇末注同。"篇末"匪女之爲美,美人之貽"下注:"非爲其徒説美色而已,美其人能遺我法則。"

(35)《左傳・僖公十六年經》"是月,六鷁退飛,過宋都"下注:"是月,隕石之月。重言'是月',嫌同日。"《釋文》:"重言,直用反,傳注同。"傳文"十六年,春,隕石于宋五,隕星也"下注:"但言星,則嫌星使石隕,故重言隕星。"

直接標明篇章位置,很多情況是因爲間接注釋字與直接注釋字距離較遠。這種體例,間接注釋字雖然位置相對明確,但有時也會因爲篇章較長,範圍較大,給查檢帶來困難。

5. 幾種特殊體例

這一節討論幾種比較特殊的體例,包括"放此"例、"不音者皆同"例和"亦然"例。這幾種體例不僅在形式上不同於前面討論的基本體例,而且都具有其特定的含義,下面具體討論。

5.1 "放此"例

《釋文》中的"放此",表述多樣,繁簡不一,擇其要者,舉例如下:

(36)《易・乾》:"乾,元亨利貞。"《釋文》:"元亨,許庚反,卦德也,訓'通'也,餘放此。"

(37)《易・泰》"六五,帝乙歸妹,以祉元吉"下注:"帝乙歸妹,誠合斯義,履順居中,行願以祉,盡夫陰陽交配之宜,故元吉也。"《釋文》:"盡夫,音符,後皆放此,以意求之。"

(38)《易・乾》"乾道變化,各正性命"下注:"乘變化而禦大器,静專動直,不失大和,豈非正性命之情者邪。"《釋文》:"者邪,或作'耶',同,餘嗟反,後協句辭皆放此。"

(39)《詩・大雅・抑》:"於呼小子,未知臧否。"《釋文》:"於乎,上音烏,下音呼,凡此二字相連,音皆放此。"

(40)《周禮・大宗伯》:"大宗伯之職,掌建邦之天神人鬼地示之禮,以佐王建保邦國。"《釋文》:"地示,音祇,本或作祇,下'神示''地示'之例皆放此,下卷亦然。"

(41)《詩・商頌・那》序:"祀成湯也。微子至於戴公,其間禮樂廢壞,有正考甫者,得《商頌》十二篇于周之大師,以《那》爲首。"《釋文》:"大師,音泰,後'大甲''大古''大戊''大祖'皆放此。"

(42)《左傳・僖公五年》:"公曰:'大伯,吾宗也,豈害我哉?'對曰:'大伯、虞仲,大王之昭也。大伯不從,是以不嗣。"注:"穆生昭,昭生穆,以世次計。故大伯、虞仲于周爲昭。"《釋文》:"之昭,上饒反,注同,後'昭穆'放此。"

(43)《儀禮・士冠禮》"主人玄冠朝服,緇帶素韠,即位於門東,西面"下注:"素韠,白韋韠，長三尺，上廣一尺，下廣二尺，其頸五寸。"《釋文》："長三，直亮反。凡度長短曰'長'，直亮反；度廣狹曰'廣'，古曠反，他皆放此。"

由上面的例句，可以看出"放此"這種體例的特點，即如例(37)所言，"以意求之"，這正是其與"同"的區别。"同"只表示音同，意義可以同也可以不同，而"放此"，必然意義相同。如例(36)，"亨"訓"通"，表示卦德，後面都是如此。例(38)説得很明確，"協句辭"，即句尾的虚詞，"邪"用作句尾的虚詞時都讀"餘嗟反"。例(39)"於""乎"二字相連，都讀爲"烏呼"，即説明"於乎"是一個語氣詞。例(40)是以今字注古字，兼注異文，下"神示"、"地示"即"神祇"、"地祇"。例(41)則是説明"大"字在什麽情況下讀爲"泰"，舉了"大甲""大古"等例字，其實還不限於此。例(42)先標"注同"，再用"放此"，舉"昭穆"相連，但也未必定要相連，只要和"穆"同類，表示"世代、輩分"上的意義，則讀上饒反。例(43)則是直接説明詞義，"度長短"、"度廣狹"，非常確切。

間接注釋的宗旨，即辨析有異讀的字，提示這些字在上下文中的讀音。這一宗旨在"放此"例中得到了集中的體現。通過"放此"例，我們可以知道，被注字必然有異讀，而且還能知道這些字某些特定意義或組合中的讀音。

與"同"相比，"放此"還有一個特點，就是間接注釋字可以不限於具體的位置，因爲"以意求之"，所以出現在哪里便顯得不那麽重要了。雖然也有"下放此"、"注放此"等，如《左傳·僖公二十八年》："距躍三百，曲踴三百。"《釋文》："三百，上如字，又息暫反。百音陌，勵也，下放此。"但更普遍的如上面討論的形式。

"放此"之例所注的字往往都是《釋文》中的常注字，雖然在注釋中已經説得很清楚，也説了"以意求之"，但在後文中出現同樣字同樣用法的時候還是會反復注釋。一方面，因爲這些字都較爲常用，注者需要經常提示讀者它們的讀音；另一方面，雖然可以"以意求音"，但有些時候，可能上下文中的意義讀者很難判斷，則要"注音明義"。

5.2 "不音者皆同"例

《釋文》中還有"不音者皆同"的體例，如"後不音者皆同"、"衆經不音者皆同""注下不音者皆同"等。"不音者皆同"例在内容上可以分爲兩種，一種是限定範圍較大的，如：

(44)《左傳·隱公元年》："都城過百雉，國之害也。"《釋文》："過百，古卧反，後不音者皆同。"

(45)《左傳·隱公六年》："冬，淳于公如曹。度其國危，遂不復。"《釋文》："不復，音服，後不音者皆同。"

有時可用"放此"，如：

(46)《易·乾》"九二，見龍在田，利見大人"下注："處於地上，故曰在田。"《釋文》："處於，昌吕反，衆經不音者放此。"

(47)《詩·召南·行露》"厭浥行露，豈不夙夜，謂行多露"下注："然《周禮》仲春之月，令會男女之無夫家者，行事必以昏昕。"《釋文》："令會，力政反，後不音者放此。"

《釋文》通常注破讀音，如字音不注，而此類"不音者皆同"的體例注的往往是如字音，這也是此類“不音者皆同”例不同於其他體例的特點。

有時，雖然未言“不音”，但含義相當於“不音者皆同”，如：

(48)《易・乾》“九二，見龍在田，利見大人”下注：“初則不彰，三則乾乾，四則或躍，上則過亢。”《釋文》：“則過，古卧反，諸經内皆同。”

這種情況往往出現《周易》的開頭或者某一部經書的開頭，《周易》作爲衆經之首，才會有“衆經不音者放此”、“諸經皆同”這樣的形式。這種“不音皆同”可以説是一種理論上的理想狀態，實際上總會有一些不同音義的字因爲種種原因也没有注音。不管怎樣，我們可以把這類“不音皆同”例看作是對如字音的一種説明。

由上面的例證可以看出，“不音者皆同”例也明確提示了被注字有異讀，有“不音”，則必然有“音”，這樣，就可以通過“音”與“不音”這兩種形式，來辨析上下文中的不同音義。實際上，“音”與“不音”也正是《釋文》爲異讀字注音的一種基本模式，只不過在此類“不音者皆同”例中，加以特定的説明。

當限定的範圍較小時，“不音者皆同”例也會注連續出現次數較多的破讀音，如：

(49)《周禮・地官・司市》：“以量度成賈而徵價。”《釋文》：“成賈，音嫁，注下不音者皆同。聶氏及沈云‘成賈、定賈、物賈、其賈、平賈、大賈、小賈、賈賤、恒賈、而故賈，凡十二音嫁，餘音古。’”

例(49)的“賈”即“價格、物價”義，今寫作“價”，下文中表“物價”義的“賈”字出現次數較多，即“聶氏及沈云”的12處，《釋文》均不注音。下文中還出現的其他“賈”字，《釋文》均注音古，表“商賈、買賣”義。還有1處兩音兼注，則是注者認爲兩種意義皆可取。

有時，“不音”也可以寫成“不出”，“不注音”和“不出注”，效果是一樣的，如《周禮・大宗伯》“春見曰朝。”《釋文》：“曰朝，直遥反，注下不出者皆同。”也和例(49)一樣，是注連續出現次數較多的破讀音。

5.3 “亦然”例

《釋文》偶爾標注“下亦然”、“某某亦然”、“下皆然”等，其作用大都是辨析異文或異義，不是辨别讀音。如：

(50)《易・无妄》：“六二，不耕獲，不菑畬，則利有攸往。”下注：“不耕而獲，不菑而佘，代終已成而不造也。”《釋文》：“不耕獲，黄郭反。或依注作‘不耕而獲’，非。下句亦然。”下句：“象曰，不耕獲，未富也。”

(51)《易・剥》：“初六，剥床以足，蔑貞凶”下注：“蔑猶削也。剥床之足，滅下之道也。下道始滅，剛隕柔長，則正削而凶來也。”《釋文》：“猶削，相略反。或作消，此從荀本也。下皆然。”下文“六二，剥床以辨，蔑貞凶”下注：“長柔而削正，以斯爲德物所棄也。”下文“六四，剥床以膚，凶”下注：“至四，剥道浸長，床既剥盡，以及人身，小人遂盛物將失身，豈唯削正，靡所不凶。”

(52)《禮記・曲禮下》：“大夫士去國，祭器不踰竟。”《釋文》：“去國祭器不踰竟，音境，注及下同。一本作‘大夫士去國’，下‘去國踰竟’亦然。”下文：“大夫士去國踰竟，爲壇位，鄉國而哭。”

(53)《詩·小雅·十月之交》序:“大大刺幽工也。”《釋文》:“刺幽工,毛如字,鄭改爲‘刺厲王’,從此至《小宛》四篇皆然。”

例(50)是説有的版本依注改經文“不耕獲”爲“不耕而獲”,誤,下句的“不耕獲”也是如此。例(51)是説有的版本的“削”作“消”,此處遵從荀本。阮元《校勘記》:“猶削也,嶽本、閩、監、毛本同。《釋文》‘削或作消,此從荀本也,下皆然’”。這兩條注釋條目中雖也有注音的内容,但“下句亦然”、“下皆然”注的都是版本異文。例(52)給“竟”字注音,標注間接注釋用“注及下同”,而辨析異文則用“亦然”,區分明顯。例(53)則是辨析毛鄭異義的内容。

僅有2次,使用“亦然”例,意義相當於“放此”:

(54)《周禮·春官·大宗伯》:“大宗伯之職,掌建邦之天神、人鬼、地示之禮,以佐王建保邦國。”《釋文》:“地示,音祇,本或作祇,下‘神示’‘地示’之例皆放此,下卷亦然。”

(55)《禮記·曲禮上》:“夫禮者,所以定親疏,決嫌疑,别同異,明是非也。”《釋文》:“夫禮者,音扶,凡發語之端皆然,後放此。”

這兩例都是與“放此”連用。其中,例(54)也包括辨析異文的内容。

6 組合體例

組合體例是由以上基本體例組合而成,適用於經文和注文中同時出現間接注釋字的各种情況。組合體例雖然形式比較繁多,但規則並不複雜,本文擇其要者,具體論述,其餘可依此類推。

6.1 “下及注同”、“下并注同”

當直接注釋字出現在經文中,間接注釋字依次出現在下面的經文和注文中,則使用“下及注同”。“下及注同”相當於“下同”與“注同”、或“下同”與“下注同”的組合,如:

(56)《易·坤》:“坤厚載物,德合無疆,含弘光大品,物咸亨。牝馬,地類,行地無疆。”下注:“地之所以得無疆者,以卑順行之故也。”《釋文》:“無疆,或作“壃”,同,居良反,下及注同。

(57)《公羊傳·莊公元年》:“三月,夫人孫于齊。孫者何? 孫猶孫也。”下注:“孫,猶遁也。”《釋文》:“孫,音遜,下及注皆同。孫猶遁也。”下文:“内諱奔,謂之孫。”下文:“夫人固在齊矣,其言孫于齊何?”下文“念母也”下注:“固在齊而書孫者,所以起念母也。”……

例(56)因爲“疆”與“彊”字形體相近,所以《釋文》多次給“疆”字注音,以示區别。例(57)“孫”假借爲“遜”,下面經文和注文中共出現11次“孫”字(後面省略)。當間接注釋字反復在經文和注文中出現,不必依次標“下及注及下及注……”之類,只要第一次出現在經文中,則使用“下及注同”。

當使用“下并注同”時,間接注釋字依次出現在下面同條的經文和注文中,如:

(58)《詩·小雅·菁菁者莪》序:“樂育材也。君子能長育人材,則天下喜樂之矣。”《釋文》:“喜樂,音洛,下并注同。”下文:“既見君子,樂且有儀。”下注:“見則心既喜樂,又以禮儀見接。”

(59)《左傳・僖公九年》:“夏,會于葵丘。尋盟,且脩好,禮也。”《釋文》:“脩好,呼報反,下‘于好’并注同。”下文:“秋,齊侯盟諸侯于葵丘,曰:“凡我同盟之人,既盟之後,言歸於好。”下注:“義取脩好,故傳顯其盟辭。”

由上可見,“下及注同”的使用條件包括了“下并注同”,所以《釋文》中一些可以使用“下并注同”的情況也用了“下及注同”。

6.2 “注及下同”、“注及下注同”

當直接注釋字出現在經文中,間接注釋字依次出現在下面的注文和經文中,則使用“注及下同”,如:

(60)《易・噬嗑》:“初九,屨校滅趾,無咎。”下注:“過輕戮薄,故屨校滅趾,桎其行也,足懲而已,故不重也。……校者,以木絞校者也,即械也。校者取其通名也。”《釋文》:“校,爻教反,注及下同。馬音教。”下文:“上九,何校滅耳,凶。下文:“象曰:何校滅耳,聰不明也。”

(61)《禮記・檀弓上》:“有子問于曾子,曰:‘問喪于夫子乎?’”下注:“喪謂仕失位也,魯昭公孫于齊,曰喪人。其何稱。”《釋文》:“問喪,問或作聞,喪息浪反,注及下皆同。”下文:“曰:‘聞之矣。喪欲速貧,死欲速朽。’”下文:“夫子曰:‘若是其貨也,喪不如速貧之愈也。’喪之欲速貧,爲敬叔言之也。”

“注及下同”也可以寫作“注下同”或“注下皆同”,如:

(62)《易・屯》:“六三,即鹿,無虞。惟入于林中,君子幾,不如舍,往吝。”下注:“夫君子之動,豈取恨辱哉,故不如舍。往吝,窮也。”《釋文》:“如舍,式夜反,止也,注下同。徐音捨。”下文:“象曰:即鹿無虞,以從禽也,君子舍之,往吝,窮也。”

(63)《詩・王風・葛藟》:“終遠兄弟,謂他人父。”下注:“兄弟之道已相遠矣。”《釋文》:“終遠,于萬反,又如字,注下皆同。”下文:“終遠兄弟,謂他人母。”下文:“終遠兄弟,謂他人昆。”

《釋文》中偶有將“注及下同”也標爲“下及注同”的情況,如《易・蒙》:“六三,勿用取女,見金夫,不有躬,無攸利。”下注:“施之於女,行在不順,故勿用取女,而無攸利。”《釋文》:“用取,七住反,本又作‘娶’,下及注同。”下文:“象曰:勿用取女,行不順也。”此處當用“注及下同”,《釋文》却使用“下及注同”,没有注意間接注釋字出現的順序。

直接注釋字出現在經文中,間接注釋字既出現在同條的注文中,也出現在不同條的注文中,則使用“注及下注同”,如:

(64)《周禮・春官・典路》:“凡會同軍旅,吊于四方,以路從。”下注:“王出於事無常,王乘一路,典路以其餘路從行,亦以華國。”《釋文》:“從,才用反,注及下注同。”下《車僕》“凡師共革車,各以其萃”下注:“五戎者共其一,以爲王優,尊者所乘也。而萃,各從其元焉。”下文“會同亦如之”下注:“乘車之會,王雖乘金路,猶共以從,不失備也。”

在“注同”節中我們看到,“注皆同”有時不僅包括同條注文,還包括不同條注文,就相當於“注及下注同”。

6.3 “下文及注同”、“下及下文同”

直接注釋字出現在注文中，間接注釋字依次出現在下面的經文和注文中，則標注“下文及注同”或“下文注同”，如：

(65)《周禮·天官·疾醫》“以五氣、五聲、五色，眡其死生”下注：“五氣，五藏所出氣也。”《釋文》：“五藏，才浪反，下文及注同。”下文：“兩之以九竅之變，參之以九藏之動”下注：“藏之動，謂脈至與不至。正藏五，又有胃、旁胱、大腸、小腸。”

(66)《左傳·莊公三十年》“夏，次於成”下注：“齊將降鄣，故設備。”《釋文》：“降，户江反，下文注同。”下文：“秋七月，齊人降鄣。”下注：“小國孤危，不能自固，蓋齊遥以兵威脅，使降附。”

直接注釋字出現在注文中，間接注釋字依次出現在下面的注文和經文中，則標注“下及下文同”，如：

(67)《左傳·成公十六年》“若有罪，則君列諸會矣”下注：“諸侯雖有篡弒之罪，侯伯已與之會，則不復討。”《釋文》：“不復，扶又反，下及下文‘復請’同。”下文“將行，薑又命公如初”下注：“復欲使公逐季、孟。”下文：“曹人復請于晉。”

此外，還有一些組合體例，如標明篇章位置的體例與其他體例的組合等，比較容易理解，不再贅述。

以上是本文對於《釋文》中間接注釋體例的討論，簡要地説明了每種體例的基本特點和使用條件，希望能爲閲讀經典和研究《釋文》，以及利用《釋文》中的間接注釋材料進行語言和文獻的研究提供一些幫助。

參考文獻：

陳彭年、丘雍等:《廣韻》，周祖謨《廣韻》校本，中華書局 1960 年。

丁度:《集韻》，上海古籍出版社據述古堂影宋鈔本影印 1985 年。

郭錫良:《漢字古音手册》，北京大學出版社 1986 年。

國學整理社:《諸子集成》，上海書店影印 1986 年。

黄坤堯、鄧仕梁:《新校索引經典釋文》，學海出版社(臺北)1988 年。

黄坤堯:《音義闡微》，上海古籍出版社 1997 年。

黄焯:《經典釋文彙校》，中華書局 1980 年。

黄焯、鄭仁甲:《經典釋文索引》，中華書局 1999 年。

賈昌朝:《群經音辨》，《四部叢刊續編》，商務印書館 1934 年。

盧文弨:《經典釋文考證》，《叢書集成初編》，中華書局據抱經堂本影印 1985 年。

陸德明:《經典釋文》，中華書局據通志堂本影印 1983 年。

孫玉文:《漢語變調構詞研究》(增訂本)，商務印書館 2007 年。

萬獻初:《經典釋文音切類目研究》，商務印書館 2004 年。

王利器:《經典釋文考》，《曉傳書齋集》，華東師範大學出版社 1997 年。

阮元校勘本《十三經注疏》，中華書局據原世界書局本影印 1980 年。

吴承仕：《經典釋文序録疏證》，中華書局 1984 年。

吴承仕：《經籍舊音序録　經籍舊音辨證》，中華書局 1986 年。

周法高：《中國古代語法・構詞編》，"中央研究院"歷史語言研究所（臺北）專刊之三十九，1962 年。

周祖謨：《四聲别義釋例》，《問學集》，中華書局 1966 年。

丹枕与繞綖

——佛教藝術名物考

□揚 之 水

[摘　要] “丹枕”、“繞綖”，俱來自漢譯佛經，只是丹枕未曾在漢傳佛教藝術中形成圖式廣泛流行，繞綖則主要見於龜兹壁畫。以後它被藏傳佛教藝術“拿來”，並普遍施用。本篇對“丹枕”、“繞綖”的名稱使用，旨在於通過對此一器一物歷史名稱的梳理和考訂，追索圖式來源，進而勾畫出圖式傳播演變的軌跡以及傳播過程中的若干相關問題。

[關鍵字] 丹枕；繞綖；隱囊

[作者簡介] 揚之水，中國社會科學院文學研究所研究員（北京，100732）

西藏拉薩的大昭寺創建於吐蕃時期，它的屬於早期階段的建築遺跡，佈局、形制以及裝飾風格，俱與印度六世紀開鑿的阿旃陀石窟十分相似。宿白《西藏拉薩地區佛寺調查記》對此已有縝密細緻的分析研究①。

這裏要討論的是大昭寺中心佛殿第二層四周廊道壁面上發現的兩幅早期壁畫，其中一幅，《西藏拉薩地區佛寺調查記》認爲它“既有一定的印度風格，又和傳世的十二、十三世紀所繪唐卡有相似處”②，因將之歸入大昭寺第二階段，即九世紀四十年代至十四世紀中期的遺存。張亞莎《西藏美術史》也持大致相同的意見③（圖 1）。另一幅著録於《寶藏——中國西藏歷史文物》，命爲《供奉圖》，歸之於吐蕃時期④（圖 2）。謝繼勝《西夏藏傳繪畫——黑水城出土

① 宿白《西藏拉薩地區佛寺調查記》云“大招寺與印度寺院關係密切，既可與藏文文獻所記松贊干布妃泥婆羅尺尊公主創建大招寺的傳説相比較，又可和赤松德贊、赤德松贊父子復興佛教，遣使去印度迎請高僧和經典，建立僧伽，擴大大招寺等一系列事蹟相印證”；“從八世紀後期赤松德贊親政起，吐蕃迎來的印度高僧如寂護、蓮花生以及曾與漢地大乘和尚諍辯並取得勝利的蓮花戒等皆出身於自六、七世紀以來已成爲北印度佛教中心之一的那爛陀寺”。宿白：《藏傳佛教寺院考古》，文物出版社 1996 年版，第 7—10 頁。

② 《藏傳佛教寺院考古》，第 12 頁。

③ 張亞莎《西藏美術史》：此幅大日如來與衆菩薩“被認爲是吐蕃時期少量遺存之一，畫面已漫漶不清，正中主尊像的造像顯示出早期印度波羅藝術之風，早期波羅藝術造型嚴謹，體態苗條，裝飾性不强，顯得比較樸素”（中央民族大學出版社 2006 年版，第 89 頁）。不過在《十一世紀西藏的佛教藝術——從紮塘寺壁畫研究出發》一書中，作者它的時代明確定爲“大昭寺二期壁畫”，即西元 1080 至 1087 之間。見該書第 212 頁）。

④ 甲央等：《寶藏——中國西藏歷史文物》，朝華出版社 2000 年版，圖一〇四。

西夏唐卡研究》一書也舉出此幅,並認爲,"大昭寺雖然經過後代多次重修,但這些早期壁畫並没有重新繪製的痕跡,我們没有理由否定它們的存在";"但是從根本上來看,這些衛藏地區的大昭寺壁畫與1040年左右的塔波(Tabo)壁畫的用線風格所展示的優雅、舒緩曲線有關係,只是没有塔波風格的厚重線條"①。則仍是從繪畫風格的角度來認識它的時代。

大昭寺的這兩幅早期壁畫遺存究竟是否可以歸屬於吐蕃時期,或者還可以有另外的分析角度。這裏想從一兩個細節入手。

且看幾個可作比較的例子,即《中國藏傳佛教雕塑全集》著録故宫藏吐蕃時期出自東北印度工匠的金銅佛像,如釋迦牟尼坐像一尊,觀音菩薩坐像一尊②(圖3~4)。又《圖像與風格——故宫藏傳佛教造像》著録同期來自尼泊爾的一尊銅鍍金嵌寶石觀音菩薩坐像③(圖5)。關於前兩例佛坐像的坐具,《全集》圖版説明曰:"蓮花座後是方形寶座式靠背,雕出軟靠墊,靠背左右兩邊雕刻立起的獅子,獅子踏象,象卧蓮花上。圓形火焰頭光,頂部飾圓傘蓋、雙飄帶,蓮花座上爲長方底座,兩角刻卧獅,這種豪華的寶座形背光,在印度後笈多時期的佛像中已出現。"觀音坐像之説明曰:"背靠裝飾豪華的寶座,雕出軟靠墊,靠背兩側雕立獅、大象、蓮花。……圓蓮座下承長方台座,座中飾翻卷的臺布,左右角兩獅支撑"④。

本篇關注的細節之一,是坐具後面的所謂"軟靠墊",它正爲大昭寺早期壁畫和故宫收藏的金銅佛像所共有。而"軟靠墊"使用與造型的淵源均在印度,早期之例,如出土於納加爾朱納康達(龍樹山)的佛傳故事石雕《驚悉出家》⑤(圖6),又今藏法國吉美博物館的佛傳故事石雕《難陀出家》⑥(圖7),時代爲三世紀的南印度伊克什瓦庫王朝(甘蔗王朝)時期。之後的實例,有阿旃陀石窟第二窟、第10窟、第17窟中的雕像或壁畫,時代約當五世紀至六世紀⑦(圖8~9)。稍晚的例子,可以舉出埃羅拉石窟第12窟的佛雕像(圖10、圖18),時代約在六世紀至八世紀。

此所謂"軟靠墊",在佛經中名作丹枕或倚枕。玄應《一切經音義》卷二"丹枕"條曰:"案天竺無木枕,皆以赤皮疊布爲枕,貯以兜羅綿及毛,枕而且倚。丹,言其赤色也"⑧。又慧琳《一切經音義》卷四"丹枕"條:"天竺國風俗不用木石爲枕,皆赤皮或赤色布作囊,貯以覩羅綿及以毛絮之類爲枕,或用枕頭,或作倚枕。丹,紅赤色者用也。"又同書卷二十七:"丹枕,有釋

---

① 謝繼勝:《西夏藏傳繪畫——黑水城出土西夏唐卡研究》,河北教育出版社2002年版,第205—206頁。

② 二者均爲黄銅。楊新等:《中國藏傳佛教雕塑全集・第二卷・金銅佛(上)》,北京美術攝影出版社2002年版,圖一一、圖一五。

③ 故宫博物院:《圖像與風格——故宫藏傳佛教造像》,紫禁城出版社2002年版,圖一〇〇。

④ 兩件作品也收入《圖像與風格——故宫藏傳佛教造像》(圖六七、圖九六),圖版説明曰:"蓮座下是雙獅垂簾式台座,雙獅背向而踞。"按"垂簾"説又見於羅文華《龍袍與袈裟:清宫藏傳佛教文化考察》,紫禁城出版社2005年版,第288頁。

⑤ 印度國家博物館藏,本文照片爲參觀所攝。

⑥ 林保堯:《佛像大觀》,藝術家出版社1997年,第15頁。

⑦ 第二窟約開鑿於西元前二世紀至西元二世紀,不過窟内壁畫爲後繪。

⑧ 同書卷六釋《妙法蓮華經》第一卷之"丹枕"與此同。

枕著仙丹可以延壽，此謂不然。案天竺無木枕，皆以赤皮疊布爲枕，貯以覩羅綿及毛絮之類，枕而且倚。丹，赤色也，即同諸經朱色枕耳。頭枕、倚枕，悉赤如丹。”又同書卷十三“倚枕”，“案倚枕者，以錦綺繒彩作囊，盛耎物，貴人置之左右，或倚或憑，名爲倚枕也。”又卷四十九“倚枕”：“倚枕者，大枕也。錦綺繒彩作囊，盛輕耎物，置之左右前後，尊貴之人倚憑，名爲倚枕。”疊布，即棉布；覩羅綿即樹棉或曰木棉。所謂“耎物”、“輕耎物”，也當是棉花、毛絮之類。可知丹枕或倚枕，原系印度上流社會及巨富之家日常生活中的慣用之具。釋典中的描述也是如此。《大寶積經》卷一〇九，“其跋陀羅波梨家内，恒常鋪設六萬上妙六合床榻，雜色被褥以覆其上，復以真緋雜色繒綵用爲倚枕”①。跋陀羅波梨，巨富商主之子也。《佛本行集經》卷十九，“嗚呼我子！在於宫内，細滑床敷，柔軟氈褥，或覆天衣，或復兩邊挾置倚枕。或卧或偃，隨意自在”②。前舉佛傳故事石雕《驚悉出家》，表現的便是與此描寫相合的宫廷生活。在阿旃陀第 17 窟太子須大拏本生圖以及此窟的藻井裝飾畫中，也都可以見到丹枕在生活中或背倚或側憑的使用情景（圖 11～12）。第 26 窟涅槃石雕中的佛陀則是以丹枕枕首而卧（圖 13）。新疆庫木吐喇石窟第 16 窟主室前壁涅槃圖（今藏柏林亞洲藝術博物館）也有相似的圖景，却是龜兹石窟壁畫中鮮見的一例（圖 14）③。

丹枕用於佛教藝術，自然也有釋典的依據。如玄奘譯《大般若波羅蜜多經》卷三九八云，“妙香城内有諸士女，於其城中七寶臺上，爲法涌菩薩摩訶薩敷師子座”，“於其座上重敷裀褥，次鋪綺帊，覆以白氎，絡以綩綖，寶座兩邊雙設丹枕，垂諸幃帶，散妙香花”④。原是“貴人置之左右，或倚或憑”的倚枕亦即丹枕，移用於此，便又添一重尊禮之意。而丹枕之外，這裏提到的還有“綩綖”，此即本篇涉及的另一個細節問題。

綩綖是漢譯佛經中經常出現的一個名詞，但諸經對它的描述不盡一致。或曰以繒製成，如西晉竺法護譯《佛説海龍王經》卷三，云海龍王于大殿上化立師子之座，“敷無數百千天繒，以爲綩綖”⑤。或曰錦繡金縷，飾以瓔珞，如竺法護譯《普曜經》“瓔珞之飾床座綩綖”（卷一）；“吾子在宫時，茵蓐布綩綖。皆以錦繡成，柔軟有光澤”⑥（卷八）；《長阿含經》卷三“綩綖細軟，金縷織成，布其座上”⑦。又曰以綺，唐地婆訶羅譯《方廣大莊嚴經》卷十二：“我子在家時，坐卧敷綩綖。皆以綺飾成，柔軟而光澤”⑧。而隋吉藏《法華義疏》卷六云：“綩綖者，外國精絹也，名盤縮繡。富貴者重而敷之”⑨。可知綩綖原是異域的高檔織物，大略與中土絹、綺、繒等

① 《大正藏》第十一卷，第 608 頁。

② 《大正藏》第三卷，第 740 頁。

③ 周龍勤等：《中國新疆壁畫藝術・庫木吐喇石窟》第四卷，新疆美術出版社 2009 年版，圖二〇二。按圖版説明稱之爲“頭枕漢式花枕”。

④ 《大正藏》第六卷，第 220 頁。

⑤ 《大正藏》第十五卷，第 144 頁。

⑥ 《大正藏》第三卷，第 488 頁，第 535 頁。

⑦ 《大正藏》第一卷，第 23 頁。

⑧ 《大正藏》第三卷，第 614 頁。

⑨ 《大正藏》，第三十四卷，第 528 頁。

之精好者相仿佛，而以柔軟光潤精細華美爲特色。諸經譯者便只是從漢語中揀擇接近經文原義的字詞以釋義，中土其實並無與它恰切對應之物。此所以慧琳《一切經音義》釋"綩綖"一詞乃頗費躊躇，如《音義》卷十二釋《大寶積經》曰"若依字義，與經甚乖，今並不取。經云綩綖者，乃珍妙華麗錦繡綿褥、褫（音池）氈、花毯，舞筵之類也。字書並無此正字，借用也"。而唐窺基撰《妙法蓮華經玄贊》則以爲綩綖之譯並不恰當，因易作"婉莚"："重敷婉莚者，敷，陳設也，有作綩綖。綩音，《字林》：一遠反。《玉篇》：綩，紘也，紘冠也。今應作婉，婉，美文章。綖者，席褥，應作莚字。《切韻》：綖者，冠上覆。《玉篇》：冠前後而垂者名綖。今取文縟、華氈之類，綩綖以爲茵蓐，不知義何所從。故字應從婉莚"①。

不過排比諸經之義，綩綖實在並不等同於茵褥。譯經者取"綖"而不取"莚"，當是考慮其式與冕服之冠前後而垂的"綖"約略相當，於是借用"綖"在這裏的垂覆之義。"綩"字則是借來以表其"文"，——或織文，或繡文②。然而慧琳所舉綿褥、氈、毯，包括舞筵，其用途或者是鋪展，或者是圍護③，却皆非以輕薄柔軟之狀而成垂覆之式，窺基因此説"綩綖以爲茵蓐，不知義何所從"，且認爲若是席褥，"字應從婉莚"。

今細繹經義，所謂"於其座上重敷𥜿褥，次鋪綺帊，覆以白氎，絡以綩綖"，便是吉藏所云"重而敷之"、"重敷蓐上"④，那麽綩綖當是蒙覆於坐具之表，即𥜿褥、綺帊、白氎之外，更敷設綩綖而博取妝點華麗之效。譯者特地用了一個"絡"字，意在表明它的有垂穗如瓔珞之類。而他經提到綩綖，也常常是茵褥、氈毯與之並舉，且綩綖列在其末⑤，更每每强調它的"柔軟"或"柔軟細疊"，可據以想見其式。

按照這樣的理解，在印度早期石雕中便可以找到綩綖的實例，如印度國家博物館藏一件早期安達羅王朝石雕中坐具的敷設，石雕内容爲宫廷生活⑥（圖 15）。綩綖在佛教藝術中的使用，前期主要見於古印度西北部犍陀羅藝術中的石雕，如白沙瓦博物館藏佛傳故事中的《占夢》⑦（圖 16），拉合爾博物館藏《三十三天説法》⑧（圖 17）。後期可以埃羅拉佛教石窟中的樣式爲例，即它是敷設於仰覆蓮花之下的坐床上面，垂覆於兩個背向坐獅之間的一具半月式敷設。精細者，其外緣以聯珠紋爲飾，簡質者則光素無紋（圖 18～19）。

至於中土佛造像，自南北朝至隋唐，坐具中表現綩綖且採用犍陀羅樣式者，主要見於新

---

① 《妙法蓮華經玄贊》第五卷，《大正藏》第三十四卷，第 751 頁。

② 唐湛然《止觀輔行傳弘決》卷第七："綩綖者，《埤蒼》云：'綩者，衣繡裳也。'綖者，席也。應作莚字。此綖字是天子覆冠曰綖。亦可通用。"《大正藏》第四十六卷，第 387 頁。

③ 如白居易《青氈帳二十韻》"軟煖圍氈毯"，"平鋪小舞筵"。

④ 吉藏《法華統略》卷中："綩綖者，此間字書，未見其事。云是外國槃縮繡，大富家重敷蓐上也"（《續藏》第二十七卷，第 479 頁）。

⑤ 如西晉于闐國三藏無羅叉譯《放光般若經》第十八卷"譬如幻師持一鏡，……於中示現若干種坐：氍氀、毾㲪、綩綖……"（《大正藏》第八卷，第 130 頁）。

⑥ 照片爲參觀時所攝。

⑦ 栗田功：《ガンダーラ美術・Ⅱ・佛陀の世界》，二玄社 1990 年版，圖 PⅠ—Ⅳ。

⑧ 栗田功：《ガンダーラ美術・Ⅰ・佛伝》（改訂增補版），二玄社 2003 年版，圖四一四。

疆地區，如克孜爾石窟原位於第206窟主室右壁的《爲釋迦族女説法》、第207窟《蛤聞法升天因緣》[①]（圖20～21），又巴楚縣托庫孜薩萊遺址出土的唐代石膏磚雕[②]（圖22）。莫高窟第254窟南壁中央説法圖中，佛座垂下類如瓔珞的棋格紋坐具鋪設，與克孜爾石窟所繪很相似，大約是根據傳來的畫樣而稍加改造（圖23），因爲同窟南壁降魔變中魔王波旬之子也身穿紋飾相同的衣服[③]。至於中原地區，則實例很少，所知有臺灣震旦文教基金會藏北齊皇建二年比丘造佛七尊像碑[④]（圖24），此雖與印度石雕中的綩綖意趣相異，但綩綖的垂覆之式大抵一致。然而在漢傳佛教藝術中它終究没有形成流傳之勢。

如此以觀前舉故宮藏吐蕃時期銅坐像，所謂"圓蓮座下承長方臺座，座中飾翻卷的臺布"，或"蓮座下是雙獅垂簾式臺座"，此"臺布"與"垂簾"，所表現的便是在印度傳統圖式中長久保持着的"綩綖"，而在邊緣處作出皺褶以表現綩綖的質感。這是一種新的表現方式，以後便長久延續下來。而同埃羅拉雕像近似者也與之並存，如同爲故宮藏品的兩尊吐蕃時期出自斯瓦特的銅造像坐具敷設，即圖版説明稱作"梯形臺布"者[⑤]（圖25～26）。又艾爾米塔什博物館藏出自敦煌、時屬中唐亦即吐蕃統治時期的幾件擦擦，也是相似的例子[⑥]（圖27～29）。

圖式中尚有一個值得注意的細節，即蓮花臺下、獅子座側成犄角之勢的一對背向坐獅。獅子座本來源於印度，其造型的早期之例，可以舉出馬圖拉博物館藏石雕佛傳故事"四天王奉鉢"[⑦]（圖30），又卡特拉出土貴霜時期的佛陀坐像[⑧]（圖31），座間獅子均爲背向。前者時代約當一世紀，後者約成於二世紀前半葉。更晚的例子不勝枚舉。當然也不乏相向的一對坐獅之例，但畢竟以背向者爲主流。相反，東傳之後，坐具造型爲兩側一對正面坐獅，或是相向蹲踞的一對獅子，在魏晉南北朝至隋唐始終爲主流。然而安西榆林窟第25窟東壁菩薩曼荼羅經變中盧舍那佛蓮花下的獅子座，構圖却與印度的傳統圖式十分接近[⑨]（圖32）。此窟開鑿於吐蕃佔領時期。

如此，現在可以提出這樣一個意見，即吐蕃時期一種來自印度的佛造像樣式，其基本構圖與圍繞尊像的情境安排：背屏式坐床，坐床前方兩端各一對背向的坐獅。背屏裝飾摩具，

① 時代爲六至七世紀，今均藏柏林亞洲藝術博物館。新疆龜茲石窟研究所《中國新疆壁畫·龜茲》，新疆美術攝影出版社2008年，圖八〇、圖一二〇。

② 喀什地區博物館藏，本文照片爲參觀所攝。

③ 張元林《敦煌石窟藝術·莫高窟第二五四窟附第二六〇窟》（北魏），江蘇美術出版社1995年版，圖七三。

④ 《佛雕之美·北朝佛教石雕藝術》，臺北歷史博物館1997年版，圖四五。圖版説明曰："主尊結跏趺坐於須彌座，座上覆蓋華毯。"

⑤ 《中國藏傳佛教雕塑全集·第二卷·金銅佛（上）》，圖一二至一三。圖一二圖版説明曰"雙獅方座，前垂梯形臺布，瓔珞鑲邊，上刻花紋"。

⑥ 《俄羅斯國立艾爾米塔什博物館藏敦煌藝術品·Ⅰ》，上海古籍出版社1997年版，圖28:1、2。

⑦ 本文照片爲參觀所攝（孫毅華攝）。

⑧ 獅子座上的銘文曰："佛圖拉什塔的母親阿莫哈西及其父母一道，將此尊菩薩像置於自家的廟宇中，企願一切衆生，吉祥如意。"雖曰"菩薩"，但實爲佛陀形象。大約因爲早期人們把在各地到處傳法的佛陀稱作菩薩的緣故。赫爾穆特·吴黎熙《佛像解説》（李雪濤譯），社會科學文獻出版社2003年版，第112頁。按本文照片爲參觀所攝。

⑨ 段文傑《敦煌石窟藝術·榆林窟第25窟附第15窟》，江蘇美術出版社1993年版，圖八。

最簡單的一種爲背屏兩端一對摩竭；繁複者，摩竭下方有立在大象身上的獅羊。尊像背倚丹枕，丹枕或有表現縫製痕跡的横向紋路，兩端多有花朵式的束結。尊像上方的兩邊，通常有一對相向而舞的飛天。蓮花台下的坐床上面、兩個背向的坐獅之間，或垂覆“綩綖”。

大昭寺的兩幅早期壁畫遺存，尊像均是背屏式坐床，背倚丹枕，丹枕兩端有束結，坐床下方壺門内各一對背向的坐獅，其中一幅背屏兩端有一對摩竭。在坐床的細節安排上，此與吐蕃時期來自印度和尼泊爾的佛造像是一致的，只是拏具的表現形式尚比較簡略。而在這之後的藏傳佛教繪畫中，這種樣式的丹枕幾乎不再出現，因此判斷兩幅壁畫是否爲吐蕃時期的作品，這是一個可以重點考慮的因素。

餘　論

(一)

丹枕形成印度—吐蕃風格的表現形式之後，傳至西夏，又逐漸演變爲别一種藝術語彙。内蒙古黑水城遺址出土的西夏繪畫作品，如絹本釋迦牟尼佛、棉布本藥師佛、阿彌陀佛（殘片）等，圖像中真正的丹枕已不復存在，却是把丹枕變形爲坐具背屏，丹枕兩端有若花朵的束結變作背屏兩側的嵌實裝飾，即所謂“兩個‘紐扣’樣的寶石”①（圖 33～35）。而這一細節演變的過程，正顯示着印度—吐蕃—西夏的圖式傳播軌跡。

這裏可以順便涉及敦煌莫高窟第 465 窟的斷代問題。此窟目前被普遍接受的斷代論定是元代。謝繼勝《西夏藏傳繪畫——黑水城出土西夏唐卡研究》提出它的時代爲西夏早期，而吐蕃窟的可能性也不排除，其分析和考證，持之有理。第 465 窟的坐具多採用背屏嵌實的表現形式（圖 36），黑水城出土西夏繪畫的坐具圖式即與此幾乎完全相同，但元代遺存中，這種樣式已經極少見；而在吐蕃時期，它應爲幾乎是忠實於原樣的印度式丹枕。這一點，或可作爲西夏説諸論據的一個細節補充。

另一方面，丹枕作爲顯現圖像風格特徵的一個細節，在印度原有着古老的傳統，並且曾經是活躍在日常生活中的用具，因此在本土始終是充滿生命力的視覺語彙。它早就出現在印度教藝術，如印度國家博物館藏一件五世紀的石雕濕婆像②（圖 37）。在後來的莫卧兒王朝細密畫中，丹枕的使用，更比比皆是，造型與早期相比，也無多變化。而美國弗利爾藝術館藏《計時沙漏寶座上的賈漢吉爾》一幅，從它的構圖佈局尚可見出古老圖式的一脈相承（圖 38），雖然已經完全更换了語境。

① 《俄藏黑水城藝術品・Ⅰ》，上海古籍出版社 2008 年版，圖版七二、圖版八三至八五。所謂“兩個‘紐扣’樣的寶石”，見該書所收薩瑪秀克《十二至十四世紀黑水城漢藏佛教繪畫》一文，第六節“風格”中言及佛座樣式，作者説：“佛座靠背有綠色、藍色、橙黄色、黑色，並有大卷花圖案。有時底座的兩邊有兩個‘紐扣’樣的寶石。”（第 57 頁）

② 本文照片爲參觀所攝（陳菊霞攝）。

至於綩綖，在圖式傳播過程中也已成爲藏傳佛教圖像裏一種程式化的藝術語言，惟原初的垂覆之式依然長久保持不變。《寶藏》中著録一幅札達縣托林寺出土《度母像》布畫唐卡，著録者將唐卡歸屬於吐蕃時代①（圖 39）。從圖像中的拏具來看，它的時代似應在後弘初期，只是裝飾細節依然保留着吐蕃藝術的若干特徵，即如蓮花坐下的半月式“綩綖”。而這一表現形式，正是自後弘初期始變得十分流行，並且逐漸成爲藏傳佛教藝術中一個程式化的語彙，大量見於寺院壁畫、唐卡、木雕造像、擦擦，又五佛冠、經書木匣的裝飾圖案，等等②（圖 40～42）。雖有精細與粗略、華美與簡質之别，但構圖基本一致。這一圖式也爲西夏乃至元代所採用，如黑水城出土西夏繪畫，如安西榆林窟時屬元代的第四窟中的説法圖③（圖 43～44）。以後又延續到明清時代各種類型的藏傳佛教藝術④（圖 45～46）。不過綩綖的名稱或早已改變。——當“綩綖”在傳播過程中逐漸演變爲一種徒具形式的藝術語彙，而已完全脱離它原有的實用意義的時候，新的命名似乎就應該出現了⑤。

（二）

丹枕其實很早就進入中原地區，並且傳播開來，不過却改换了名稱，即易“丹枕”而爲“隱囊”⑥。《顔氏家訓·勉學篇》曰，南朝蕭梁盛時，貴遊子弟無不“坐棋子方褥，憑斑絲隱囊”。《南史》卷十二《張貴妃傳》：“時（陳）後主怠於政事，百司啓奏，並因宦者蔡臨兒、李善度進請。後主倚隱囊，置張貴妃于膝上共決之。”《資治通鑒》卷一六七胡注：“隱囊者，爲囊實以細軟，置諸坐側，坐倦則側身曲肱以隱之。”南北朝時期，可與文獻相互發明的圖像，見於龍門石窟賓陽中洞東壁的維摩詰像，美國大都會博物館藏李道贇等五百人造像碑中的維摩詰⑦（圖

---

① 《寶藏》，圖一〇五。圖版説明曰“這幅唐卡上的人物體態與大昭寺吐蕃壁畫人物十分相像。度母的坐姿微曲，頭向左傾，手指柔軟，這些都是吐蕃繪畫中菩薩形體的典型特徵”。

② 如出自阿里皮央村西側杜康大殿出土的各種木雕，見四川大學中國藏學研究所等：《皮央·東嘎遺址考古報告》，四川人民出版社 2008 年版，圖 7—13：1、3、4，圖 7—14：2、3，圖 7—16：1。如出自札達縣托林寺的木雕五佛冠殘件，出自日喀則地區的經書封蓋，謝繼勝：《中國藏傳佛教雕塑全集·6·木雕》，北京美術攝影出版社 2002 年版，圖四一、圖四九；又如出自札達、薩拉當雄等地的擦擦，張建林：《中國藏傳佛教雕塑全集·4·擦擦》，北京美術攝影出版社 2002 年版，圖八、圖九〇。

③ 敦煌研究院：《中國石窟·安西榆林窟》，文物出版社 1997 年版，圖一八一、一八四（東壁北側説法圖）；圖一八五（東壁南側説法圖；圖一八七（北壁東側靈鷲山説法圖）；圖一九〇（南壁西側説法圖）。

④ 如出自札達縣的明代擦擦，《中國藏傳佛教雕塑全集·4·擦擦》，圖一一六，如布達拉宫的清代木雕羅漢屏風，《中國藏傳佛教雕塑全集·6·木雕》，圖一八五。

⑤ 清工布查布《佛説造像量度經》“論座位則有備、便之别，備者，義制全備也。……所云便者，則隨便取用之辭，如蓮華座、月輪墊，是也”。所謂“月輪墊”，未知是否指此。又《清代工匠則例彙編》“佛像裝鑾”一項曰“神座彩畫胭脂，黄粉地錦邊，退嵌老色洋毯”；又有“神座神臺彩畫洋毯”每尺用料云云（王世襄：《清代工匠則例彙編》〔佛作、門神作〕，北京古籍出版社 2002 年版，第 145、152 頁）。裝飾於神座或神台的“洋毯”，似即“綩綖”。所謂“神”，乃“番佛神像”，即藏傳佛教造像。故宫所存實例甚多。

⑥ 關於隱囊的考證，見孫機：《中國聖火·唐李壽石槨線刻〈侍女圖〉、〈樂舞圖〉散記》，遼寧教育出版社 1996 年版，第 211 頁。

⑦ 此碑全稱《武猛從事汲郡山陽李道贇率邑義五百餘人造佛》，銘文曰“維大魏永熙三年歲在甲寅興建至武定元年歲次癸亥八月功就”。金申：《海外及港臺藏曆代佛像珍品紀年圖鑒》，山西人民出版社 2007 年版，第 86 頁。

47)，宋摹本《北齊校書圖》(圖 48)，又西安北郊北周安伽墓出土圍屏石榻正面屏風第二幅的宴飲圖[①](圖 49)。安伽是粟特人，在北周任同州薩保，職掌胡人的管理，因此有學者提出"安伽墓中隱囊使用之畫面，應即粟特部落生活風俗的寫真。易而言之，隱囊爲物之淵源，應即來自粟特等西域諸胡之民間"[②]。而此説實誤也。隱囊實淵源於印度的"丹枕"。中土原有隱几，席坐疲勞，隱几可藉憑倚，丹枕與隱几功用差似，却與枕的形制不同，東傳之後的以"隱囊"易"丹枕"，正是合乎情理。

敦煌壁畫中也曾出現隱囊的形象，如莫高窟第 431 窟(初唐)南壁觀無量壽經變九品往生中的四幅[③](圖 50～51)，這裏都是用來表現世俗生活。只是它終究没有在漢傳佛教造像藝術中流行開來而形成圖式，但却始終作爲生活用具長期沿用直到明清。清江浩然《叢殘小語》："隱囊形制，未有詳言者，蓋即今之圓枕，俗名西瓜枕，又名拐枕，内實棉絮，外包綾緞，設於牀榻，柔軟可倚，正尚清談、喜晏佚者一需物也。隱音印，即隱几之隱。"桂馥《札樸》卷四"隱囊"條："今牀榻間方枕，俗呼靠枕，即隱囊也。……'隱'讀如《孟子》'隱几'之'隱'。"隱囊在清代或又名作引枕。《紅樓夢》第三回曰王夫人的東耳房内"臨窗大炕上鋪着猩紅洋毯，正面設着大紅金線蟒引枕"，即是此物。故宫三希堂臨窗的炕褥上面陳放的憑倚之具，也便是引枕一對(圖 52)。只是這時候它的印度淵源早已鮮被提及。

最後要再次强調的是，"丹枕"、"婉綖"，俱來自漢譯佛經，只是丹枕未曾在漢傳佛教藝術中形成圖式廣泛流行，婉綖則主要見於龜兹壁畫。而當它被藏傳佛教藝術"拿來"，並普遍施用的時候，必會隨之有着相應的藏文稱謂，此尚待有識之士指明。本篇對"丹枕"、"婉綖"的名稱使用，旨在於通過對此一器一物歷史名稱的梳理和考訂，追索圖式來源，進而勾畫出圖式傳播演變的軌跡以及傳播過程中的若干相關問題。也意在表明，研究人物造型、人體比例，輔助裝飾、景物配置的表現風格，劃分藝術流派，論定時代特徵等等，即佛教藝術的圖像學研究之外，名物研究也是一個可以採用的方法。

---

① 陝西省考古所：《西安北周安迦墓》，文物出版社 2003 年版，圖版四四。

② 張乃翥：《龍門石窟與西域文明》，中州古籍出版社 2006 年版，第 84 頁。

③ 施萍婷：《敦煌石窟全集・5・阿彌陀佛畫卷》，商務印書館(香港)有限公司 2002 年版，圖八八、圖九一、圖九二、圖九四。按圖八八説明曰："畫中的枕頭，形如腰鼓，大且有花紋，爲我們保存了初唐枕頭的形象材料。"

圖 1　大昭寺早期壁畫之一（局部）

圖 2　大昭寺早期壁畫之二（局部）

圖 3　釋迦牟尼佛坐像　故宫藏

圖 4　觀音菩薩銅坐像　故宫藏

圖 5　銅鍍金嵌寶石觀音菩薩坐像　故宫藏

圖 6　石雕驚悉出家　納迦爾朱康達出土

圖 7　石雕難陀出家局部　吉美博物館藏

圖 8　阿旃陀第 10 窟壁畫

圖 9　石雕初轉法輪　阿旃陀第 17 窟

圖 10a 佛雕像 埃羅拉
第 12 窟

圖 10b 佛雕像局部
埃羅拉第 12 窟

圖 11 須大拏太子本生
阿旃陀 第 17 窟壁畫

圖 12 阿旃陀第 17 窟
藻井壁畫

圖 13 石雕涅槃圖局部
阿旃陀第 26 窟

圖 14 涅槃圖局部
庫木吐喇石窟第 16 窟

圖 15a 早期安達羅王朝
石雕 印度國家博物館藏

圖 15b 早期安達羅王朝
石雕 印度國家博物館藏

圖 16 《占夢》局部
白沙瓦博物館藏

圖 17 《三十三天説法》局部
拉合爾博物館藏

圖 18 石雕佛坐像
埃羅拉石窟第 12 窟

圖 19a 石雕佛坐像
埃羅拉石窟第 12 窟

圖 19b 石雕佛坐像
埃羅拉石窟第 12 窟

圖 20 《爲釋迦族女説法》
局部 克孜爾石窟第 206 窟
主室右壁壁畫

圖 21 《蛤聞法昇天緣》局部
克孜爾石窟第 207 窟壁畫

圖 22 石膏磚雕 巴楚
縣托庫孜薩萊遺址出土

圖 23 莫高窟第 254 窟
南壁中央説法圖

圖 24 北齊皇建二年比丘造佛七尊
像碑 震旦文教基金會藏

圖 25　釋迦牟尼佛坐像（斯瓦特）　故宮藏

圖 26　思惟蓮花手觀音菩薩坐像（斯瓦特）　故宮藏

圖 27　敦煌出土擦擦　艾爾米塔甚博物館藏

圖 28　敦煌出土擦擦　艾爾米塔甚博物館藏

圖 29　敦煌出土擦擦　艾爾米塔甚博物館藏

圖 30　石雕四天王奉鉢　馬圖拉博物館藏

圖 31a　石雕卡特拉佛陀坐像　馬圖拉博物館藏

圖 31b　石雕卡特拉佛陀坐像局部　馬圖拉博物館藏

圖 32　獅子座　榆林窟第 25 窟東壁八大菩薩曼荼羅經變

圖 33　釋迦牟尼佛局部
黑水城遺址出土

圖 34　阿彌陀佛(殘片)
黑水城遺址出土

圖 35　藥師佛　黑水城
遺址出土

圖 36　持花菩薩　敦煌莫高
窟第 465 窟窟頂西披壁畫

圖 37a　石雕濕婆像
印度國家博物館藏

圖 37b　石雕濕婆像
印度國家博物館藏

圖 38　計時沙漏寶座上的
賈漢吉爾　弗利爾藝術館藏

圖 39　《度母像》局部
托林寺出土

圖 40　擦擦(後弘初期)
札達縣

圖 41　木雕五佛冠殘件
（後弘初期）　札達縣托林寺

圖 42　木雕經書封蓋
（後弘初期）　日喀則地區

圖 43　藥師佛局部
黑水城遺址出土

圖 44　白度母曼荼羅局部
榆林窟第四窟南壁壁畫

圖 45　擦擦（明代）　札達縣

圖 46　木雕羅漢屏風（清代）
布達拉宫

圖 47　李道贊等五百人造像碑局部
美國賓西法尼亞大學博物館藏

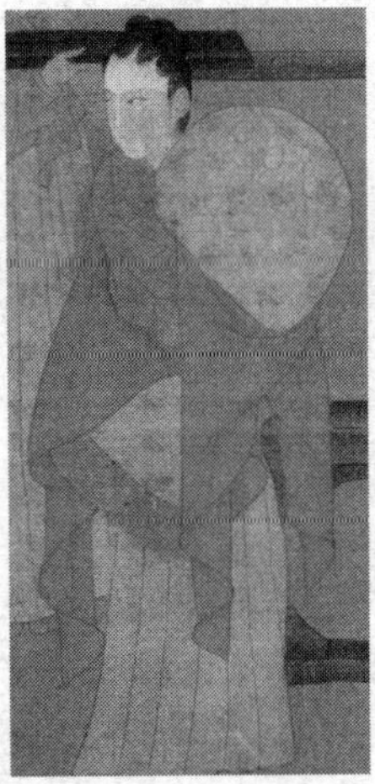

圖 48　校書圖局部
波士頓美術館藏

圖 49　圍屏石榻局部
西安北周安迦墓出土

圖 50　莫高窟第 431 窟
南壁上品下生

圖 51　莫高窟第 431 窟
南壁中品下生

圖 52　故宮三希堂一角

石刻新見唐人著述輯補

□黄 清 發

[摘　要] 近代以來石刻大量出土,取資石刻以輯考唐人著述,可補兩唐《志》之不足。本文利用新刊佈的唐代石刻文獻,輯得唐人著述 61 種,其中 53 種不見於兩唐《志》。8 種見於著録者,2 種與兩唐《志》所記書名小異。另于唐石中新見隋人著述 6 種,皆未見於《隋書·經籍志》,其中 1 種見於兩唐《志》,别爲附録於後。

[關鍵词] 石刻;新見;唐人著述

[作者簡介] 黄清發,上海交通大學國際教育學院副教授(上海,200030)

唐人著述,主要著録于《舊唐書·經籍志》及《新唐書·藝文志》,尤以新志爲備。然其時著述或因流傳不廣,或因各種原因而亡逸,對於全面瞭解唐代學術文化全貌,頗有不足。近代以來石刻大量出土,取資石刻以輯考唐人著述,先後有陳尚君《石刻所見唐人著述輯考》(原載《出土文獻研究》第 4 輯,後收入《陳尚君自選集》,廣西師範大學出版社 2000 年版);程章燦《唐代墓誌中所見隋唐經籍輯考》、《唐代墓誌中所見隋唐經籍續考》(均收入《古刻新詮》,中華書局 2009 年版);張固也《〈唐代墓誌中所見隋唐經籍輯考〉補正》(《文獻》1996 年第 4 期);潘明福《唐代墓誌中新見唐人著述輯考》(《文獻》2006 年第 2 期);①韓震軍《唐代墓誌中新見隋唐人著述輯考》(《中國典籍與文化》2008 年第 3 期)。其中,陳文取資宋以來出土石刻;程文主要取資于《唐代墓誌彙編》、《唐代墓誌彙編續集》、《西安碑林博物館新藏墓誌彙編》三書;潘文則主要取資于《唐代墓誌彙編續集》;韓文主要利用《全唐文補遺》第一至八輯,但有所遺漏。其後唐代石刻文獻續有刊佈,筆者于此亦有所得,故不揣譾陋,整理成文,以賡續前賢。本文所取以出土石刻爲限,僅以印本流傳者不取,大致據作者卒年爲序排列。諸家已輯録者,概不闌入,以免重複。另于唐石中尚新見隋人著述六種,别爲附録於後。疏誤之處,敬請方家賜正。

1. 李公淹:《適越記》三卷

《全唐文補遺》第八輯第 59 頁《大唐故遊擊將軍河南府轘轅府折衝都尉兼横海軍副使上柱國趙郡李府君(全禮)墓誌銘並序》:"(全禮)祖諱公淹,皇吏部員外、左司郎中、建渭二州刺史。才行過人,平嶺南諸州,撰《適越記》三卷,爲天下所知。"

① 潘文從《唐代墓誌彙編續集》輯出唐人著述 24 種,張固也據同書又補得 13 種,見氏撰《唐盧元福墓誌考釋》(《史學史研究》2008 年第 1 期)、《唐初高僧慧休記德文考釋》(《文獻》2008 年第 4 期)二文。

按：李公淹，兩唐書無傳，其名見《新唐書》卷七二上《宰相世系表》二上及《唐尚書省郎官石柱題名考》卷一、卷四，知其爲貞觀時人，歷史部員外、左司郎中、建渭二州刺史。郁賢皓《唐刺史考全編》即系爲貞觀中渭州刺史。唐平嶺南諸州事，《資治通鑑》卷一九二貞觀元年條云："冬，十月，乙酉，遣員外散騎侍郎李公掩持節慰諭之，（馮）盎遣其子智戴隨使者入朝。"[①]《適越記》當撰于其時或稍後。此書兩唐《志》均不載，已佚。

2. 褚亮：《褚亮文集》二十卷

《全唐文補編》第1793頁《大唐故散騎常侍弘文館學士贈太常卿陽翟縣〔開國侯褚公（亮）之碑〕》："所制文集，撰成廿卷。"

按：褚亮（560—647），兩唐書有傳。碑傳對讀，知褚亮字希明，河南陽翟人。陳後主時授太子洗馬，隋大業七年爲太常博士，貞觀時官終散騎常侍、弘文館學士。貞觀二十一年卒，年八十八。所撰文集，兩唐《志》均著録爲二十卷。今得見者，《全唐詩》收詩二首，《全唐詩續拾》補二首，存目二首。《全唐文》收文一卷，《唐文拾遺》補文三篇，《全唐文補編》又補一篇。詩文多有散佚。

3. 徐慈政：《門詁》十二篇

《河洛墓刻拾零》第161頁《唐故壯武將軍高平徐府君（慈政）墓誌銘並序》："（公）探幽文藝，養浩丘樊，雅重方書，尤好述作。其表疏□諫及雜文筆，並命削稿，唯撰《門詁》十二篇藏於家。"

按：徐慈政（589—665），生平事蹟僅見此誌。據誌，徐慈政字子憲，其先高平人，隋大業中補國子生，舉高第。太宗朝因其曾爲隱太子建成舊僚而不得進用，以壯武將軍致仕。麟德二年卒，年七十七。所著《門詁》十二篇，兩唐《志》均未載，已佚。

4. 釋普光：譯《解深密經》、《俱舍論疏》

《大唐大慈恩寺故大德大乘光法師墓誌銘》："（普光）遂得親承三藏，翻譯《解深密》等諸經。仍扣兩端，制述《俱舍論》等章疏。"[②]

按：釋普光（627—683），生平事蹟見《宋高僧傳》卷四《唐京兆大慈恩寺普光傳》及本誌。據誌，普光字處約，爲三藏法師玄奘弟子，俗姓王氏。長安大慈恩寺僧，永淳二年卒，年五十七。所譯《解深密經》，《開元釋教録》有載，云爲玄奘譯，據此誌知普光參譯，今存。《俱舍論疏》，《開元釋教録》未載，今《卍續藏》收普光《俱舍論法宗原》一卷，《大正藏》收普光《俱舍論記》三十卷，恐均非此書。普光二書，兩唐《志》均未載。

5. 劉仁軌：《劉氏行年記》

《全唐文補遺》第六輯第184頁《唐故朝請大夫守衛尉卿柱國分司東都賜紫金魚袋劉公（略）墓誌銘並序》："五代祖仁軌，生於隋季。皇唐建義之際，遊涉兵間，因撰《劉氏行年記》，

---

① 李公掩，應爲李公淹，可參《唐尚書省郎官石柱題名考》卷一《左司郎中·李公淹》條考證。

② 此從杜文玉《唐慈恩寺普光法師墓誌考釋》所附録文，《唐研究》第五卷，北京大學出版社1999年版，第466頁。

叙涇隋聖唐之事，卒相高宗、天后，陪葬乾陵。”

按：劉仁軌(601—685)，高宗武后時宰相，兩唐書有傳。所撰《劉氏行年記》，諸書所載書名及卷數多有不同，《新唐書・藝文志》載爲“《劉氏行年記》二十卷”。《崇文總目》卷二：“《劉氏行年記》十卷，劉仁軌撰。”《郡齋讀書志》卷五：“《河洛行年記》十卷。右唐劉仁軌撰。記唐初李密、王世充事。起大業十三年二月，迄武德四年七月秦王擒竇建德。第九卷述大業都城，第十卷載宫館園囿。且云：‘煬帝遷都之詔稱務從節儉，觀其宫室，窮極綺麗’云。”《直齋書録解題》卷五：“《行在河洛記》十卷。唐宰相尉氏劉仁軌正則撰。記李密、王世充事。末二卷記隋都城、宫殿、池苑。按《唐志》作《行年記》二十卷。”卷數有十卷、二十卷之分，書名有《劉氏行年記》、《河洛行年記》、《行在河洛記》之别。此書宋時尚存，後佚。司馬光《資治通鑑考異》尚有引及，名曰《河洛記》。

6. 崔釋：注《周易》、注《禮記》、注《孝經》、注《論語》、《律曆正朔書》、《經史稽疑》

《河洛墓刻拾零》第147頁《周故承議郎行洛州永昌縣丞清河崔君(釋)墓誌銘並序》：“注《周易》、《禮記》、《孝經》、《論語》，撰《律曆正朔書》，著《經史稽疑》。嘗有《覽楚漢》詩，詞氣頓挫，甚爲知音所許，庶幾得詩人之風焉。”

按：崔釋(655—698)，生平事蹟僅見於本誌。據本誌可知崔釋字研幾，清河東武城人。年十八舉進士，補任丘主簿。歷汾陰尉、臨汾丞、宜州司户，終永昌丞。聖曆元年卒，年四十四。崔釋著述六種，兩唐《志》均未載，今已佚。《覽楚漢》詩亦佚。《全唐文》卷九四七僅收其判文一篇。

7. 釋檀法師：譯《大寶積經》一百二十卷、《大無量壽經疏》、《金剛般若經疏》、《維摩》元章一部、《涅槃》元章一部、《經論總章》三十餘道、《金剛經章門》二卷

《全唐文補編》第417頁姜立祐撰《大唐京崇聖寺故翻譯大德檀法師塔銘並序》：“翻《大寶積經》一百廿卷，著《大無量壽經》、《金剛般若經》等疏，《維摩》、《涅槃》元章各一部，撰《經論總章》三十餘道、《金剛經章門》兩卷。行於世。”

按：唐釋檀法師，生平僅見此誌。因誌爲節文，僅知其俗姓朱氏，武后時洛陽崇聖寺僧。所譯、撰著述，《開元釋教録》未載，兩唐《志》亦均未載，今佚。

8. 杜嗣先：《兔園策府》及雜文筆共二十卷

杜維驥《徐州刺史杜嗣先墓誌》：“其所撰《兔園策府》及雜文筆合廿卷，見行于時。”①

按：杜嗣先(634—712)，生平見《元和姓纂》卷六及本誌。據誌，杜嗣先京兆人也，顯慶三年釋褐蔣王府典簽，累官禮部侍郎，神龍元年任徐州刺史。先天元年卒，年七十九。《兔園策府》一書，兩唐《志》未載。《郡齋讀書志》卷一四：“《兔園策》十卷。右唐虞世南撰。奉王命，纂古今事爲四十八門，皆偶麗之語。至五代時，行於民間，村野以授學童，故有‘遺下《兔園策》’之誚。”誤爲虞世南撰。《宋史》卷二〇八《藝文七》：“杜嗣先《兔園策》十卷”，同書卷二〇

---

① 此從叶國良《唐代墓誌考釋八則・徐州刺史杜嗣先墓誌》録文，見氏著《石學續探》，大安出版社1999年版，第128頁。

九《藝文八》:"杜嗣先《兔園策府》三十卷",誤一書爲二,所録卷數亦不同。近世敦煌發現唐寫本《兔園策府》殘頁,羅振玉收入《鳴沙石室佚書》。《全唐文補編》卷五據敦煌卷子伯二五七三、斯一七二二、斯六一四所録《兔園策府序》,補爲完篇。其所撰誌,已出土《畢粹墓誌》(《唐代墓誌彙編·咸亨 074》)、《王義墓誌》(同書長壽 020),可補其文。

9. 王洛客:《王洛客集》三十卷

《中國古代碑帖拓本》第 105 頁《大唐正議大夫試大著作上柱國太原王君(洛客)墓誌銘並序》:"往在并州,常慨虜鄣有塵,胡沙風海,遂著《軍要》十篇,以示天兵,中軍大使南陽公張亶公覽而行焉。……君在長寧府,時公主奢僭,窮極邸第,乃上《西亭賦》以諷,公主納焉。……凡所著述成卅卷。"

按:王洛客(653—712),生平事蹟見此誌。據誌,王洛客字炅,太原祁人也。爲唐代詩人王之涣伯父,嘗從王勃遊。儀鳳二年應下筆成章舉,解褐授許州長社尉充定襄軍管記。後累舉制科,神龍間授長寧府記室,尋試大著作郎。延和元年卒,年六十。王洛客集三十卷,兩唐《志》均未載,已佚。《軍要》十篇,當在其内。《西亭賦》爲單文,不述。

10. 李問政:《李問政集》三十卷

《新中國出土墓誌·河南三》第 102 頁《大唐正議大夫行鄭州别駕李公(問政)墓誌銘並序》:"雅善爲理,尤好著書,有集卅卷行於代。"

按:李問政(652—720),生平見《唐尚書省郎官石柱題名考》卷三、卷八及《千唐誌齋藏誌》八〇一《李符彩墓誌》,本誌尤詳。據本誌,李問政字就列,隴西成紀人,隋太師申國公李穆之玄孫。十九鄉貢進士上第,二十三解褐扶溝尉,累官和州刺史,後因事貶,終鄭州别駕。開元八年卒,年六十九。《李問政集》三十卷,兩唐《志》均未載,已佚。今得見者,唯其子《李符彩墓誌》中所存詩二句:"五文何彩彩,十影忽昂昂",已收入《全唐詩》(中華書局 1999 年簡體横排本)第一五册《新見逸詩附存》。

11. 鄭齊望:《鄭齊望集》二十卷

《邙洛碑誌三百種》一八一號崔顥撰《大唐故太子洗馬滎陽鄭府君(齊望)墓誌銘並序》:"有集廿卷行于時。"

按:鄭齊望(676—720),生平見於《全唐文》卷四〇一小傳及本誌,墓誌尤詳。據誌,鄭齊望始以進士擢第,又應制舉,補益州成都尉。後累舉制科,拜右補闕内供奉。尋正除,遷著作佐郎,終太子洗馬。開元八年卒,年四十五。《鄭齊望集》二十卷,兩唐《志》未載,已佚。

12. 盧照己:《盧照己文集》、盧照鄰:《盧照鄰文集》、盧照容:《盧照容文集》

《文物》2007 年第 6 期《唐故銀青光禄大夫金州刺史上柱國盧君(照己)墓誌銘並序》:"君諱照己,字炅之,范陽涿人。……君之昆弟八人,咸能知名當代,有若照乘、照鄰、照容,洎君並弱冠秀出,皆擅詞宗。翰墨浹於寰瀛,文集藏於天閣。……入爲國子司業,進所撰文集。敕書褒美,特付秘閣,賜物四十段。……(開元)七年遇疾,罷郡歸於洛京。病間就閑,閉門謝世。時聖制《平胡詩》、《偃松詩》二章,詞臣畢和,君感音進和,上深歎美,賜物四十段。他日又撰進亡兄照鄰、照容等文集,又降使慰賞,賜雜彩六十段。"

按：盧照已（651—723），生平事蹟僅見此誌。據誌，盧照已字炅之，范陽涿人，"初唐四傑"之一盧照鄰弟。儀鳳三年舉詞殫文律、藻思清華科高第，解褐授德州平昌尉。累應制舉，長壽二年授并州司倉參軍事。神龍初遷復州刺史，後入爲國子司業。尋遷光禄少卿，出爲豫州刺史。先天中，左授宣州别駕。開元初，制還舊資，授房州刺史。尋加銀青光禄大夫，授金州刺史。七年遇疾，罷郡歸於洛京。開元十一年卒，年七十三。《盧照已集》，兩唐《志》皆未載，已佚。所和《平胡詩》、《偃松詩》，亦並佚。近年出土《襄城縣主李令暉墓誌》（《西安碑林博物館新藏墓誌彙編》第287頁），署爲"正議大夫行光禄少卿上柱國盧炅之撰"，可補其文。

盧照鄰，兩唐書有傳，此不贅。《盧照鄰集》，兩唐《志》皆著録爲二十卷，今存。盧照容，其名僅見此誌，知爲盧照已兄。所撰文集，兩唐《志》皆未著録，已佚。

13. 裴光庭：《搖山往紀》、《維城前軌》、《續春秋》

《山西碑碣》第99頁張九齡撰《裴光庭碑》："嘗所著述，率於箴規，以爲惇叙九族，本枝百世，王者之盛德也。而義不可以無訓，作《搖山往紀》、《維城前軌》以諷之。微而章，志而〔晦〕，聖人之舉也。道不可以虚行，作《續春秋》，自戰國迄于周、隋以統之，臣子之義也。"

按：裴光庭（676—733），開元間官至宰相，生平詳本碑及兩唐書《裴光庭傳》，此不贅。《搖山往紀》、《維城前軌》二書，《新唐書·藝文志》收於子部儒家類，均載爲一卷。唯《搖山往紀》，新志録爲《搖山往則》，未知孰是。此後二書未見著録，今已佚。《續春秋》一書，據《舊唐書·裴光庭傳》："光庭又引壽安丞李融、拾遺張琪、著作佐郎司馬利賓等，令直弘文館，撰《續春秋傳》。上表請以經爲御撰，而光庭等依左氏之體爲之作傳，上又手制褒賞之。光庭委筆削于李融，書竟不就。"可知此書尚未撰就。

14. 桓臣範：《吏曹手鏡》三十卷、《刺史班條》一卷

《全唐文補遺》第九輯第362頁《大唐故左武衛大將軍桓公（臣範）墓誌銘並序》："（公）嘗撰《吏曹手鏡》卅卷、《刺史班條》一卷，盛行於代，斖斖可觀。"

按：桓臣範（673—736），附見於《新唐書·桓彦範傳》，知爲桓彦範弟，官終工部侍郎。又見《新唐書》卷七五上《宰相世系表》五上、《元和姓纂》卷四，均載其官終京兆尹。今據誌知桓臣範字士二，譙國龍亢人也。幼以門蔭補翊衛，弱冠拜奉禮郎，官終左武衛大將軍。與徐嶠爲忘年之交。開元二十四年卒，年六十四。據誌，云其官終工部侍郎、官終京兆尹之説均誤，可據改。《吏曹手鏡》、《刺史班條》二書，《新唐書·藝文志》均不載，已佚。

15. 張景尚：《大隱集》、注《老子》等共計一百八卷

《河洛墓刻拾零》第322頁《大唐故鳳州别駕張府君（景尚）墓誌銘並序》："進所撰《大隱集》，並注《老子》等一百八卷，特見褒錫，除鄂州别駕，仍知朝散大夫。"

按：張景尚（669—740），生平僅見於此誌。據誌，張景尚字希望，南陽西鄂人也。十七制舉登第，授亳州永城縣丞，改授千牛衛胄曹參軍，轉定王府兵曹參軍、梁王府録事參軍、衛王府屬，遷太子舍人。以儲後獲戾，出爲陵州仁壽令。久之，因進所撰著述，除鄂州别駕。尋遷太子左贊善大夫，除房州刺史。以公事累貶萬州司馬，轉鳳州别駕。開元二十八年卒，年七十二。所著《大隱集》、注《老子》，兩唐《志》未載，已佚。

16. 徐嶠:《易廣義》三十卷、《類二戴禮》百篇、《徐嶠文集》三十卷

《河洛墓刻拾零》第 339 頁劉迅撰《徐嶠墓誌》:"公撰《易廣義》卅卷,《類二戴禮》百篇,文集卅卷,世德如此,非不朽歟!"

按:徐嶠(687—742),生平事蹟見於《新唐書》卷一九九《徐齊聃傳》、《元和姓纂》卷二,爲徐齊聃孫、徐堅子。據墓誌可知,徐嶠字仲山,馮翊人也。未冠,以門蔭補太常寺太祝,轉陽翟尉、高陵丞。開元十二年,授下邽令、御史中丞。後拜駕部員外郎,轉郎中,遷中書舍人、兼集賢院學士。除大理少卿,尋改河南少尹、潤州刺史,兼江東道採訪處置使,又兼長樂、建安等郡經略大使。天寶初,爲晉陵郡太守,使並如故。天寶元年卒,年五十六。與《新唐書·徐齊聃傳》所載相比,頗有可據墓誌是正者,如傳云徐嶠字巨山,據誌應爲仲山;傳云河南尹,據誌應爲河南少尹;傳云集賢院直學士,據誌應爲集賢院學士。

徐嶠著述三種,《新唐書·藝文志》均未載。《全唐文》僅存其文一篇,①新出土《金仙公主墓誌》(《唐代墓誌彙編續集·開元 145》)、《桓臣範墓誌》(《全唐文補遺》第九輯第 362 頁)、《徐嶠妻王琳墓誌》(《河洛墓刻拾零》第 325 頁),可補其文。

17. 裴遵裕:《門譜》二十卷

《全唐文補遺·千唐誌齋新藏專輯》第 223 頁《大唐故冀州武強縣尉河東縣開國男裴府君(遵裕)墓誌銘並序》:"府君瞻智博物,通識多能。氏族頗精,著述尤麗,撰《門譜》廿卷。"

按:裴遵裕(681—743),其名僅見於《新唐書》卷七一上《宰相世系表》一上,爲肅代時宰相裴遵慶之兄。今賴此誌,知其生平事蹟。據誌,裴遵裕字仲良,河東聞喜人也。解褐授鄆州須昌縣尉,復調冀州武強縣尉。秩滿,歸東京嘉慶里。天寶二年卒,年六十三。所著《門譜》二十卷,《新唐書·藝文志》未載,已佚。

18. 崔君實:《崔君實文集》十卷、崔懸解:《崔懸解文集》五卷、崔谷神:《崔谷神文集》三卷、崔尚:《崔尚文集》二十卷

《全唐文補遺》第九輯第 364 頁《唐故陳王府長史崔君(尚)志文》:"曾王父君實,隋射策甲科,唐朝請大夫、許州司馬,文集十卷,藏于秘府。王父懸解,進士高第,坊州宜君縣丞,文集五卷,行於世。考谷神,制舉高第,陝州河北縣尉,文集三卷。……君國子進士高第,中書令、燕國公張説在考功員外時,深加賞歎。調補秘書省著作局校書郎。校理無闕,魚魯則分。作《初入著作局》詩十韻,深爲文公所賞。時有知音京兆杜審言、中山劉憲、吴興沈佺期贊美焉。……會賀幸温泉宫,獵騎張惶,雜以塵霧。君上疏直諫,詔賜帛及綵九十疋。獻《温泉詩》,其略曰:'形勝乾坤造,光輝日月臨。願將涓滴助,長此沃堯心。'帝嘉其旨意,賚雜綵三十疋。時録詩者多,咸稱紙貴。……爲朝集使作《上尊號表》,衆以爲能。……文集廿卷行于時。"

---

① 《全唐文》卷九五九徐□《(上闕)兼左驍尉(應爲"衛")大將軍知内侍上柱國虢國(闕)像銘》,岑仲勉《讀全唐文劄記》考爲徐嶠,可從。同書卷二六七徐嶠下收二文,一爲《金仙長公主神道碑銘並序》,應爲徐嶠之文,《全唐文補編》卷三三已移正。一爲《洺州帖》,岑仲勉《讀全唐文劄記》斷爲徐嶠之作。現據《徐嶠墓誌》,徐嶠未官洺州,此帖應爲徐嶠之作無疑,當移正。《全唐文》殆誤以徐嶠、徐嶠之爲一人。

按：崔君實，清河東武城人，生卒年不詳，其名見《新唐書》卷七二下《宰相世系表》二下及本誌。據本誌，崔君實隋射策甲科，官終唐許州司馬。《崔君實文集》十卷，兩唐《志》均著録，其後未見記載，已佚。

崔懸解，生卒年不詳，其名僅見《新唐書》卷七二下《宰相世系表》二下及本誌。[①]據本誌，崔懸解進士登第，官終宜君丞。《崔懸解文集》五卷，兩唐《志》皆未著録，已佚。

崔谷神，生卒年亦不詳，其名見《新唐書》卷七二下《宰相世系表》二下、《登科記考》卷二及本誌。據誌，崔谷神制舉高第，終陝州河北縣尉。文集三卷，亦未見兩唐《志》著録，已佚。

崔尚(680—745)，其名見於《新唐書》卷七二下《宰相世系表》二下、《唐尚書省郎官石柱題名考》卷二一、《登科記考》卷四等，本誌尤詳。據誌，崔尚字庶幾，進士高第，補秘書省校書郎。秩滿，授汜水縣尉，稍遷大理評事。俄遷右補闕，歷秘書郎、起居舍人、著作郎。無何，外轉竟陵郡太守。尋授汝陰郡太守，入爲虞部郎中。月餘，轉祠部郎中。改信王府司馬，出牧東平郡。歲餘，授濟王府司馬，改通川郡太守。以疾不之任，授陳王府長史。天寶四載卒，年六十六。《崔尚文集》二十卷，兩唐《志》未録。其詩《全唐詩》僅存一首，本誌所云《初入著作局》詩佚，《温泉詩》四句爲所見最新佚詩。其文《全唐文》存兩篇，本誌所云《上尊號表》已佚。近年新出土所撰《盧毉王墓誌》(《洛陽新獲墓誌續編》第85頁)、《鄭融墓誌》(《全唐文補遺》第九輯第356頁)，可補其文。

19. 崔藏之：注《老子道德經》

《新中國出土墓誌·河南三》第173頁《唐故朝議大夫行尚書膳部員外郎上柱國崔府君(藏之)墓誌銘並序》："開元初，上方闢圖書之府，徵内外之學。麗正學士、左常侍元公行沖與沙門一行特表聞薦，召入麗正殿，詳注莊老。公以進而無位，退不得隱，遂應進士，一舉登科。其年，上所注老經，制補集賢院直學士。"

按：崔藏之(694—750)，生平散見於《新唐書》卷七二下《宰相世系表》二下、《唐尚書省郎官石柱題名考》卷二四、《登科記考》卷二七，墓誌記載尤詳。據誌，崔藏之字含光，開元初應進士登第，補集賢殿直學士。外除，補益州參軍。授虢州司户參軍。歲餘，補長安尉，尋换揚州大都督府兵曹參軍。遷太府丞知庫，授藍田令，擢拜膳部員外郎。天寶九載卒，年五十七。所注《老子道德經》，兩唐《志》均未載，已佚。

20. 楊仲嗣：《楊仲嗣集》十三卷

《新中國出土墓誌·河南二》第323頁徐浩撰《故銀青光禄大夫前汝南郡太守楊公(仲嗣)墓誌銘並序》："所著文章集十三卷，嘗與左相陳公唱和，編之簡牘云。"

按：楊仲嗣(680—751)，見《舊唐書·楊元琰傳》，爲楊元琰子。據本誌，楊仲嗣字象，弘農華陰人。起家清廟齋郎，補衛王西閤祭酒，累太子通事舍人。以能遷通事舍人，轉尚衣奉御，兼舍人事。出爲汝州司馬，左遷袁州録事參軍。尋復中散大夫，累授光、邢、鄭、汴、許五州司馬。歷宋州長史，廬、潁、海、淄、趙五州别駕，累官高密、閬中、淄川、汝南四郡太守，加銀

① 按，《新唐書·宰相世系表》"南祖崔氏"條載爲："(崔)縣解，宜君丞。"誤，應爲崔懸解。

青光禄大夫。天寶十載卒，年七十二。文集十三卷，《新唐書・藝文志》不載，已佚。

21. 徐浚：唱和集

《邙洛碑誌三百種》一八四號徐浩撰《唐故朝議郎行馮翊郡司兵參軍徐府君（浚）墓誌銘並序》："（浚）常與太子賓客賀公、中書侍郎族兄安貞、吴郡張諤、會稽賀朝、萬齊融、餘杭何謇爲文章之遊，凡所唱和，動盈卷軸。"

按：徐浚（694—751），其名僅見《元和姓纂》卷二，生平詳見本誌。據誌，徐浚字孟江，其先東海郯人。十七明經高第，一命宣州參軍，再遷陳州司法，授絳郡録事參軍，終馮翊司兵參軍。天寶十載卒，年五十八。《全唐詩》未存其詩。常與徐浚唱和之賀知章、徐安貞、張諤、賀朝、萬齊融、何謇諸人，均爲吴越一帶人士。①此唱和集，《新唐書・藝文志》未載，恐未結集。

22. 苑咸：《苑咸文集》十卷

《全唐文補遺》第九輯第389頁《唐故中書舍人集賢院學士安陸郡太守苑公（咸）墓誌銘並序》："文集十卷，行之於世。"

按：苑咸（710—758），兩唐書無傳，生平事蹟散見於《登科記考》卷八、《唐詩紀事》卷一七，本誌尤詳。據誌，苑咸，馬邑善陽人，苑君璋玄孫。開元時除太子校書，仍留集賢院。服闋，歷左拾遺、集賢院學士。旋除左補闕，遷起居舍人，仍試知制誥。改考功郎中、兼知制誥，拜中書舍人。因事貶漢東司户，復除中書舍人。天寶末，出守永陽郡，又移蘄春，旋拜安陸郡太守。至德三年卒，年四十九。《苑咸文集》十卷，《新唐書・藝文志》著録爲《苑咸集》，注云："卷亡。"據誌可知爲十卷。今所見者，《全唐詩》存其詩二首，《全唐文》存其文十四篇，《全唐文補編》補殘文一篇。

23. 裴遵慶：《王政紀》

《河洛墓刻拾零》第634頁《唐常州無錫裴長官（謠）隴西李夫人墓誌銘並序》："（裴謠）曾祖諱遵慶，累歷台省，肅宗代宗宰相，著《王政紀》。"

按：裴遵慶（691—775），兩唐書有傳。《北京圖書館藏中國歷代石刻拓本彙編》第二七册第145頁收有《裴遵慶碑》，雖頗有漫漶，然尚可通讀。碑、傳所載官歷大致相同，知其以門蔭解褐，授興寧陵丞，累遷大理丞。後累歷台省，官至肅宗代宗朝宰相。然兩唐書《裴遵慶傳》均云其大曆十年卒，年九十餘。據碑，裴遵慶卒於大曆十年，年八十五，兩唐書所載實誤，可據改。所著《王政紀》，《舊唐書・裴遵慶傳》云："遵慶初登省郎，嘗著《王政記》，述今古禮體，識者覽之，知有公輔之量。"《新唐書・裴遵慶傳》亦同。據此推之，撰此書時大致在天寶初。《新唐書・藝文志》著録裴遵度《王政記》，據誌，裴遵度當爲裴遵慶。兩唐書所載均名《王政記》，墓誌載爲《王政紀》。今已佚。

24. 裴導：《六官典故》一百卷

《西安碑林博物館新藏墓誌彙編》第572頁《故右司御率府録事參軍裴君（衡）墓誌銘並

① 與徐浚唱和諸人生平之考證，可參讀胡可先：《新出土徐浚墓誌考述》，《吉首大學學報》2000年第4期，第11—15頁、34頁。

叙》："烈考常州録事參軍府君諱導。君常州之嗣子也。……常州府君精貫六經，合通百氏，修滯起廢，潛心振學。乃著《六官典故》百卷，賦《王業惟新》□章。别爲名家，冠軼文囿。"

按：裴導，生卒年不詳，僅據本誌知其終常州録事參軍。《全唐文》卷八一三收裴導文一篇，小注云："導，乾符初官常州司録。"當即本誌之裴導。然小注云其乾符初官常州司録，當誤。據本誌，誌主裴衡爲裴導子，裴衡貞元十四年卒，年四十五。據此推之，裴導當爲肅代時人，不可能晚至僖宗乾符初年。唐時尚另有一裴導，其名僅見《新唐書》卷七一上《宰相世系表》一上，亦爲中晚唐時人。《新表》之裴導祖裴守祚，父裴令温，而本誌所載之裴導，祖裴守真，父裴子餘，是别爲一人。《唐五代傳記資料綜合索引》將此二裴導分列爲兩人，甚是。《六官典故》一百卷，《新唐書·藝文志》未載，已佚。《王業惟新》爲單文，不述。

25. 樊湊：《樊湊集》二十卷

《全唐文補遺·千唐誌齋新藏專輯》第 278 頁《大唐故邢州内丘縣令南陽樊府君（湊）墓誌銘並序》："公體度弘正，神氣沉深。潔身利人，習静攻文。財成章句，鏗若金玉。凡廿卷，時輩愛慕，稱稟二雅之風。"

按：樊湊（709—780），生平僅見於此誌。據誌，樊湊南陽人，解褐潁州下蔡縣尉，歷任貝州歷亭縣丞、虢州閿鄉縣丞、同州朝邑縣丞，終邢州内丘縣令。建中元年卒，年七十二。集二十卷，《新唐書·藝文志》不載，已佚。

26. 郭湜：著述數十卷

《全唐文補遺·千唐誌齋新藏專輯》第 272 頁《唐故朝散大夫檢校尚書駕部郎中兼同州長史郭公（湜）墓誌銘並序》："耄雖及矣，而志未衰。著書數十卷。"

按：郭湜（700—788），兩唐書無傳，生平事蹟詳見本誌。據誌，郭湜字濰載，太原人。開元十二年進士擢第，補山陰尉，調太子典膳丞、四門博士、河東倉曹掾。無何，改湖城令。貶臨川户曹掾，移吉州長史。歷海鹽長城令、大理司直、江陵户曹，遷登封令。後檢校户部員外郎兼同州司馬。無何，遷駕部郎中兼本州長史。貞元四年卒，年八十九。志云郭湜"著書數十卷"，應包括《高力士外傳》在内。《高力士外傳》，《新唐書·藝文志》、《崇文總目》卷二、《直齋書録解題》均録爲一卷，知郭湜所著書亡佚甚多。

27. 陳元造：《古今表記》三十卷、詩五百餘篇

《新中國出土墓誌·河南三》第 248 頁《唐故秀才舉潁川陳府君（元造）墓誌銘並序》："（元造）以果行優悠，纂撰《古今表記》卅卷，所綴風什五百餘篇。其或遺簡脱編，往往他處，未及成綴。招捨得者，亦數百餘紙。備詳世人之口，故無能言之。"

按：陳元造（763—802），生平僅見此誌。據誌，陳元造字遂古，潁川人也。終生未仕，貞元十八年卒於台州官舍，年四十，其父陳皆時任台州刺史。《古今表記》三十卷，《新唐書·藝文志》未載，已佚。所作詩歌五百餘篇，恐未結集。今《全唐詩》未存其詩，已佚。

28. 李益：《李益集》

《書法叢刊》2009 年第 5 期《唐故銀青光禄大夫守禮部尚書致仕上輕車都尉安城縣開國伯食邑七百户贈太子少師隴西李府君（益）墓誌銘並序》："德宗皇帝統臨萬方，注意六義，詔徵公制述，令詞臣編録，閲覽終夕。精微動天，前以副本藏于天禄石渠之署。及制使馬宇奉

命東夷,又見公雅什爲夷人所寶,則中華之内,斷可知矣。……元和中,因張廣樂、賞麗曲,問其所自,知公屬詞,又兩徵文集,一見别殿。……由是有衛尉之命。"

按:李益(746—829),兩唐書有傳,此誌尤詳。據誌,李益字君虞,隴西狄道人。大曆四年進士登第,同年再中超絶科。大曆六年又中主文譎諫科,授河南府參軍,轉華州鄭縣主簿。秩滿,授渭南縣尉。累佐方鎮,歷幽州營田副使、檢校吏部員外郎,遷檢校考功郎中,加御史中丞。憲宗元和元年,詔拜都官郎中。未及真拜,出爲河南少尹,歷秘書少監兼集賢學士。文宗大和初年拜禮部尚書。大和三年卒,年八十四,贈太子少師。《李益集》,《新唐書·藝文志》不載,《直齋書齋解題》卷一九載《李益集》二卷,《郡齋讀書志》卷一七載《李益詩》一卷,流傳至今的主要有二卷本和三卷本。今《全唐詩》尚存其詩兩卷,《全唐詩續拾》卷二五補詩一首。《全唐文》卷四八一僅存其文一篇,《全唐文補編》卷六六補兩篇。近年新出《李益妻盧媚墓誌》,①署"益自纂文",爲李益最新佚文,可補。

29. 鄭魴:詩七百篇

《河洛墓刻拾零》第557頁《唐故尚書倉部郎中滎陽鄭府君(魴)墓誌銘並序》:"爲詩七百篇及《陳許行營功狀》,思理宏博,識者見其志焉。"

按:鄭魴(777—834),其名見《新唐書》卷七五上《宰相世系表》五上、《唐尚書省郎官石柱題名考》卷一七,本誌尤詳。據誌,鄭魴字嘉魚,滎陽人。釋褐奉禮郎,授秘書省校書郎充支度判官。累佐方鎮,入爲尚書屯田員外郎,除江州刺史,後以倉部郎中徵赴闕。大和八年卒,年五十八。所作詩七百篇,恐未結集。今《全唐詩》未存其詩,已佚。《陳許行營功狀》爲單文,亦佚。

30. 華封輿:《華封輿文集》十卷

《新中國出土墓誌·北京一》第29頁《唐故幽州節度兩蕃副使朝散郎檢校秘書少監兼御史中丞上柱國賜緋魚袋平原華府君(封輿)墓誌銘並序》:"自六經之外,至百家之書,逮釋氏、老子之説,無不該覽。著文集十卷。"

按:華封輿(788—846),生平僅見此誌。據誌,華封輿字德之,平原高唐人。元和初應方鎮辟,授崇文館校書郎。歷佐幽州,充幽州節度兩蕃副使,授秘書少監、兼御史中丞。會昌六年卒,年五十九。所著文集十卷,《新唐書·藝文志》未載,已佚。

31. 皇甫鉦:《春秋三傳異同》十二卷、《歷代君臣名位鄉里》十卷

《全唐文補遺·千唐誌齋新藏專輯》第405頁《唐故中散大夫守給事中柱國賜紫金魚袋贈刑部侍郎皇甫公(鉦)墓誌銘並序》:"(公)好古嗜學,手不釋卷。經史九流,文集記傳,暨方外著述山川草木之書,莫不畢覽。常以編策繁廣,學者難周,乃分諸事,條紀于簡牘,各以類聚,凡千餘卷。又集《春秋三傳異同》,凡一十二卷。《歷代君臣名位鄉里》,凡一十卷。其餘隨意纂録,三卷兩卷,未立名號者又數十卷。"

按:皇甫鉦(799—862),兩唐書未見其名,事蹟僅見《唐尚書省郎官石柱題名考》卷三、卷

① 此誌與李益墓誌2008年同出土於河南偃師,録文可參王勝明、李天道:《李益佚文及其文獻價值》,《文獻》2009年第4期,第56頁。

四。據誌可知，皇甫鉟字昭文，安定人。大和五年舉進士上第，始署楚州營田巡官，授太子校書。累佐方鎮，入爲監察御史，遷殿中侍御史，拜比部員外郎。累歷台省，後出爲江州刺史。復入拜吏部郎中，尋遷諫議大夫，兼知匭使，終給事中。咸通三年卒，年六十四。所著二書，《新唐書・藝文志》均未著録，已佚。另，未知名者凡千餘卷，亦佚。

32. 劉干:《渾議》五篇、《聲録》十七卷、重修《切韻》十二卷、《通纂》、《通例》共十卷

《河洛墓刻拾零》第606頁《唐故太子司議郎劉府君(干)墓誌銘並序》:"(公)常好著述，孜孜論評，撰《渾議》五篇，採希夷之奧域，得渾淪之精粹。……旋撰進《聲録》一十七卷，恩除萬年尉。重修進《切韻》一十二卷，《通纂》、《通例》共一十卷，恩除河南丞。"

按:劉干(805—862)，生平事蹟僅見此誌。據誌可知，劉干字知退，其先彭城人也。以五經登科，起家華州參軍，選授金吾録事。恩除四門博士、萬年尉、河南丞、河南府户曹參軍，終左春坊太子司議郎。咸通三年卒，年五十八。上述五種著述，《新唐書・藝文志》均未著録，已佚。又，《新唐書・藝文志》著録"《劉干詩》一卷"，然檢《全唐詩》、《全唐詩補編》均未録其詩，詩集早已亡佚。《全唐文》未載其文，新出《唐故太原王夫人墓銘》(《河洛墓刻拾零》第591頁)，署"徵事郎守河南府河南縣丞劉干撰"，爲其最新佚文，可補。

隋人著作附存

1. 王邵:《讀書記》三十三卷

《新中國出土墓誌・河南三》第92頁《大唐故朝議郎行羅州司户參軍上騎都尉太原王府君(慶詵)墓誌銘並序》:"曾祖邵，隋秘書少監，修齊、隋二國史，撰《讀書記》卅三卷。"

按:王邵，隋書有傳。據傳，王邵字君懋，太原晉陽人也。弱冠，齊尚書僕射魏收辟參開府軍事，累遷至中書舍人。隋文帝時拜著作郎，煬帝初遷秘書少監，數載後卒。《讀書記》一書，隋志未載，《舊唐書・經籍志》載《讀書記》三十二卷，云"王邵撰"。《新唐書・藝文志》載王劭《讀書記》三十二卷，即此書。然其名唯《舊唐書・經籍志》録爲王邵，餘皆爲王劭。據志，似當以王邵爲是。此書卷數，兩唐《志》與本志所載亦小異。

2. 皇甫緒:《皇甫緒文集》十卷①

《西安碑林博物館新藏墓誌彙編》第107頁《大隋故枹罕郡主簿□□公(緒)墓誌銘並序》:

① 本誌誌題爲"大隋故枹罕郡主簿□□公墓誌銘並序"，姓氏處恰泐。誌云:"公諱緒，字伯緒，安定朝那人，漢雍州牧鸞十八代胤也。自玄王枝分宋國，爰兹胙土，寔有芳苗。太尉漢朝稱珍史册，司徒周室見美詩人。"志題泐二字，志文又載其郡望安定，疑姓皇甫。考《全唐文補遺・千唐誌齋新藏專輯》第405頁《唐故中散大夫守給事中柱國賜紫金魚袋贈刑部侍郎皇甫公(鉟)墓誌銘並序》云:"公諱鉟，字昭文，其先自宋戴公之子充石字皇父，爲宋司徒。生仲。仲生發。發以王父字爲族。漢興，改父爲甫，因氏焉。至武帝初，雍州牧鸞，始自魯國徙茂陵，故起鸞爲始祖。鸞生哀，舉至孝，爲彭城相，北徙安定，家三水。哀生儁，東漢復爲安定都尉。儁生稜，渡遼將軍，以永平初徙居安定朝那，爲郡著姓。稜有八子，爲八祖，墳墓皆在安定郡城之西石虎穀口。"據此，皇甫氏以漢雍州牧皇甫鸞爲始祖，與本誌所云正合，故本誌誌主姓皇甫無疑。本誌"太尉漢朝稱珍史册，司徒周室見美詩人"二句，司徒指宋戴公子充石，太尉疑實爲都尉，即《皇甫鉟墓誌》所云之皇甫儁，云太尉者當是墓誌抬高先世之慣例。

“有文集十卷，未及鈐品，遇亂亡失。”

按：皇甫緒（567—618），生平僅見此誌。據誌，皇甫緒字伯緒，安定朝那人。起家毛州行參軍，大業元年授許州司法，大業七年轉枹罕郡主簿。義寧二年卒，年五十二。所撰文集，《隋書·經籍志》及兩唐《志》皆未著録，已佚。

3. 王通：《禮正》、《樂正》、《元經》、《易贊》

《邙洛碑誌三百種》一五三號《故南頓縣令王公(勱)墓誌並序》：“祖通，隋蜀郡司户書佐。自後無宦情，與弟東皋子俱放懷遠物。大業中，與著作佐郎辟，不至。著書六部，凡七十餘萬言，其自比《禮正》、《樂正》、《元經》、《易贊》。謚曰文中子，高尚其道，從素也。”

按：王通（584—618），[1]字仲淹，大業中隱於河汾，以著書講學爲業，號稱隋末大儒。隋書無傳，生平主要見於薛收《隋故徵君文中子碣銘》、署名杜淹《文中子世家》及兩《唐書》的相關記載，然頗存歧異。據本誌，王通官終蜀郡司户書佐，大業中與著作佐郎，辟不至。《禮正》、《樂正》、《元經》、《易贊》諸書，《隋書·經籍志》至兩唐《志》皆未載，四書中唯《元經》今存，餘皆佚。《元經》一書，《郡齋讀書志》卷十著録爲十卷，然據《崇文總目》未載而疑僞。《直齋書録解題》亦疑僞。清四庫提要史部編年類載《元經》十卷，云：“舊本題隋王通撰。唐薛收續，並作傳。宋阮逸注。”歷代皆疑爲阮逸僞作。據本誌，王通確撰並整理《元經》一書無疑，然所云薛氏傳者恐出依託。

以上計考及唐人著述 61 種，其中 53 種不見於兩唐《志》。8 種見於著録者，2 種與兩唐《志》所記書名小異。隋人著述 6 種，皆未見於《隋書·經籍志》，其中 1 種見於兩唐《志》。

---

① 王通生卒年説法頗有不同，此從近年李小成《文中子年譜》所考，見氏著《文中子考論》附録，上海古籍出版社 2008 年版，第 236—259 頁。

對《全宋文》的若干補正

□陳 福 康

[摘　要]《全宋文》所輯補的鄭思肖佚文尚有遺漏，對所輯鄭思肖文的分拆、改題有欠妥處，校勘頗有漏失，標點偶有錯誤。有人新發現的所謂鄭思肖佚文《贈郡王》不可靠。《全宋文》所輯朱夫人《自縊遺筆》當换補。

[關鍵字]　全宋文；鄭思肖；佚文；補正；辨析

[作者簡介]　陳福康，上海外國語大學文學研究院中國文學研究所研究員(上海，200083)

《全宋文》的出版，是我國當今在古代文獻整理出版方面的一件盛事，其偉大的意義和功績是用不着我來多説的。作爲一個讀者，我爲能看到如此巨著問世而感到幸運。自然，愛之深必然求全求備之心也更切。我只是翻看了這部大書最後幾册自己有點瞭解的宋末鄭思肖等人的文章，發現了一些問題，怕不記下來自己也會忘了，而寫下來也好供有關專家和讀者參考。我知道，《全宋文》規模這樣宏大，出於衆多學者之手，其中有點疏漏差誤是不可避免的。面對浩瀚的《全宋文》，任何一個讀者的補正都只能是小補正，更何况我這樣的淺學者。我只是遵照古人説的“勿以善小而不爲”，而寫這篇小文章的。而且，鄭思肖的《心史》一直有人説它是僞書，但此前問世的《全宋詩》已經把《心史》中的詩全部收入了，現在《全宋文》又把《心史》中的文全都收入了(見卷八三三一至八三三九，共釐爲九卷)，這就極有力地糾正了《辭海》《中國大百科全書》《中國歷史大辭典》以及中國社科院文學研究所主持編寫的大型《中國文學史》等等權威典籍中稱《心史》可能是僞書的謬説。這也是我十分高興的。爲了使有關鄭思肖的作品收得更全，校點得更準確，我有些淺見想獻曝。本來，在《全宋文》最後編輯校對階段，我曾主動向上海辭書出版社有關編輯提出過想來審讀有關宋遺民部分的文章的，但是没有如願，於是也就只好現在來寫這篇小文了。

一、《全宋文》鄭思肖佚文尚可補輯

1991 年上海古籍出版社出版我校點的《鄭思肖集》時，我曾對鄭思肖的佚文作過一點輯補。今見《全宋文》又增補了一則當年我尚未補輯的《題汗簡》。但此外還有可補者：

(一)《心史》初刻本(蘇州刊本)在張國維序文後附有一頁别紙，記有鄭思肖在《心史》手稿的外緘封上的題字，可視作一則短文（或是一副對聯）：

大宋世界無窮無盡
大宋鐵函經
德祐九年佛生日封
此書出日一切皆吉

按，《心史》蘇州本刊刻者對此有附注："此紙庚辰閏正月二十四日寺僧達始于廢紙中簡出，諸生文柟勘系真跡，今附原本中。"所謂"德祐九年佛生日"即癸未年（1283 年）四月初八，爲該則佚文的寫作時間。

（二）殘存《永樂大典》"卷三千三・九真・人・詩文"中，有"所南翁《謬餘集》"一則：

閲人齋記（十月作）
王德符扁讀書寓舍曰"閲人齋"。天地亦傳舍爾，奚獨傳舍哉？傳舍閲人耶，人閲傳舍耶？如欲知之，問諸傳舍。

按，《永樂大典》此處"所南翁"之"所"字比較模糊，今人整理誤寫爲"存"，但細辨實爲"所"字。元明時人有關鄭思肖的傳記中，載有他曾著《謬餘集》一書，今該書未見。然而該書除了明永樂時曾收入《大典》外，明楊士奇《文淵閣書目》卷四亦有著録。至遲在清時猶有人見過，如全祖望在《周先生囊雲集序》（《鮚埼亭集外編》卷二五）中説："予嘗見鄭所南《謬餘集》，其中多佛語。"錢大昕可能也見過，在其《補元史藝文志》卷四"集類"中，載有"鄭思肖《謬餘集》一卷"。可惜今僅能輯得這四十一字短文。

（三）清顧復《平生壯觀》卷九，記有鄭思肖自題枯梧畫一則：

鳳鳥不至樹已僵，陰霾毒霧何其長，安得日出兮照大荒。

按，顧復字來侯，號方涇上農，原籍武陵（今湖南常德），居江蘇常熟。其書中記載見到鄭思肖所作畫跡："枯梧，紙，上題云：'鳳鳥不至樹已僵，陰霾毒霧何其長，安得日出兮照大荒。'余從黄堰嶺西去爲景嶺，嶺上有昭明寺，北去數裹爲小茅山，再往北爲陶巷，有石貞山者，其弟介山，村中訓蒙，藏此。"據題詞内容判斷，寫作時間當在元亡宋後。

（四）元延佑三年（1316 年），吴中報國寺僧秋穀刊刻《壇經》，卷末有鄭思肖和景瞻的題跋，鄭思肖跋文爲：

《壇經》乃述六祖禪師本末，與夫接門弟子問答之語。其辭直截，豁露分明，示人更無隱語，達磨而下最爲奇特，可謂直指人心、見性成佛之快捷。但其間别有一句，雖不出於文字語言之外，却不在於語言文字之中。試問，諸人還讀得麽？若讀得出，立地化凡成聖；其或未然，且只循行數墨，亦福不唐捐。秋谷長老捐財入梓流通，撒向諸人面前，直是老婆心切。不知誰解體悉此意耶？所南翁跋

按，此秋穀刊本《壇經》今未見，其後高麗有翻刻，又經高麗傳入日本。今據日印本鈔録，"且"字誤作"旦"，二"捐"字均作"損"。

（五）臺灣故宫博物院藏有宋人葉鼎（字和仲，號山澗）隸書《金剛經》，册後有鄭思肖跋文：

此《六如經》一卷，是釋迦老子獨與須菩提説底消息。但問金剛之言何在，祇向他道掩彩。所南翁

按，此《金剛經》的書寫者，就是鄭思肖庚寅（1290年）六月"爲山澗葉君題《汗簡》後"的那位葉君。

（六）明清之際著名學者張自烈《正字通》"卷五・曰部・六七・書"徵引鄭思肖論學的一段頗爲精彩的話，尚未知原文出處和原文題目。又見清康熙時編《佩文韻府》"卷六・平聲・六魚韻・書・韻藻・增・蜕書"，亦徵引鄭思肖此段話（首五字未引）：

文非外致者。始於進學，必籍以書；終於造道，當蜕其書。泥書則物矣。

另外，我還找到臺灣故宫博物院藏有宋人劉松年《九老圖》，卷末有鄭思肖題跋："會昌五年三月二十四日，胡、吉、劉、鄭、盧、張等六賢皆多壽，余亦次焉，於東都履道坊敝居合齒之會。七老相顧，既醉且歡。静而思之，此會稀有。因各賦七言詩一章以記之，或傳之好事者。其年夏，又有二老年貌絶倫，同歸故鄉，亦來斯會。續命書姓名年齒，寫其形貌，附於圖右。仍以一絶贈之云：雪作鬚眉雲作衣，遼東華表暮雙歸。一鶴尤稀有何幸，今逢兩令感當時。所南翁録。"由於鄭思肖此跋基本鈔録自白居易詩文，所以我認爲不必算作鄭思肖佚文收入《全宋文》了。

二、《全宋文》對鄭思肖文的分拆、改題有欠妥處

《心史》是詩文集，《全宋文》只收文，當然要除去詩；《心史》等書中的鄭思肖文章當初在收集時，也不可能照現在編輯《全宋文》的體例所要求的那樣，按辭賦、詔令、奏議、公牘等等文體順序編排。因此，《全宋文》要對它分拆重編，是當然的。但我認爲有的地方的分拆安排

似有不妥。

例如，書中將《心史》中《久久書》的正文分在卷一(《全宋文》卷八三三一)，將正文前的短序、正文後的十篇跋則分在卷三(《全宋文》卷八三三三)，拆成二處安置，甚爲不當。《久久書》應視作一篇文章看。現在這樣處理，破壞了它的整體性，也不便讀者閱讀。《全宋文》還注明《久久書》的正文、跋文都又見諸《文章辨體匯選》一書，那麼我們就看看明末賀復征編選的該書，它正是嚴格按照“辨體”而“匯選”的，却並没有將《久久書》的正文、跋文像《全宋文》這樣打散分編，而是完整地收入同一卷(卷四三，“檄”類)中的。這就像《心史》中的《文丞相贊》，前面有序，而且比正文的“贊”還長得多，但我們决不能把這篇序拆開來另外放到“序”的部分去。(當然《全宋文》也没有這樣做。)

另，《全宋文》卷八三三三收有《中興集後序》一篇，其實該文在《心史》中的原題乃是《自序》。該文雖然在原書中置排在《中興集二卷》之後，但從其内容看，其實並不是《中興集》的“後序”，而是鄭思肖在《心史・總後叙》中提到的“前後自序五篇”中的一篇。它之所以被放在《中興集二卷》之後，是因爲它是對《心史》中詩歌部分(即《咸淳集》、《大義集》、《中興集》)的總結。因此，《全宋文》擅爲該文改題是不對的！

三、《全宋文》對鄭思肖文的校勘頗有漏失

我在 1991 年上海古籍出版社出版的《鄭思肖集》中曾説明，我當年校勘《心史》，是用林古度作序的汪駿聲金陵刊本爲底本，而與張國維作序的蘇州刊本比對；對《鄭所南先生文集》，則是用林佶的鈔本影印本爲底本，而與鮑廷博的知不足齋叢書刊本對校。今見《全宋文》收入鄭思肖文時的説明，可知採用的是和我當時一樣的做法。然而，我當年就感到在《心史》底本的選擇上有點欠妥。因爲，蘇州本和金陵本儘管都是同一庚辰年(1640 年)刊行的(按，《全宋文》所説的此二本刊行年代均有誤)，而且經過比勘發現二者也各有千秋，但蘇州本畢竟比金陵本要早問世約半年，而且，蘇州本明確説明它是根據井出《心史》手稿刻印的，金陵本則有點含糊其詞，似乎“底氣不足”，刊印者未必見過原稿。當年我因條件所限，圖書館善本書不讓複印，所以只能用一本根據金陵本排印的書作爲工作本，但我是用蘇州本和金陵本作了必要的校勘記的。這樣，我覺得也能彌補底本選擇上可能有的欠妥。今讀《全宋文》鄭思肖諸卷，發現編校者似乎没下什麽校勘工夫，只是把以前我寫的校勘記作了較大的删節而已。甚至我頗懷疑編校者連原書都没有看，只是把《鄭思肖集》有關部分拿來而已。以下舉些失校的例子：

《心史・中興集一卷自序》中金陵本“澤畔孤吟，塊然其形”諸語，蘇州本“塊”作“鬼”；

《心史・久久書・跋四》中金陵本“今天下大壞”諸語，蘇州本“壞”作“變”；

《心史・久久書・跋九》中金陵本“如之何不使我哭泣摧抑”諸語，蘇州本“抑”作“折”；

《心史・雜文・一是居士傳》中金陵本“奚以識其精神笑貌”諸語，蘇州本“笑”作“肖”；

《心史·雜文·先君菊山翁家傳》中金陵本“尹和靖書院堂長”諸語,蘇州本“靖”作“静”;

《心史·雜文·因山爲墳説》中金陵本“昔我西役見唐十八陵無不發掘”諸語,蘇州本“役”作“域”;

《心史·大義略叙》中金陵本“陳丞相懦儒”諸語,蘇州本“懦儒”作“儒懦”;

《心史·大義略叙》中金陵本“領兵十余萬”諸語,蘇州本“余萬”作“萬餘”;

《心史·大義略叙》中金陵本“留頭刳爲鉢盂,漆而金鑲”諸語,蘇州本“鑲”作“相”;

《心史·大義略叙》中金陵本“罔俾竟食言,劫劫報長恨”諸語,蘇州本“俾”作“使”;

《心史·後叙》中金陵本“古人糟粕”諸語,蘇州本“粕”作“魄”;

《心史·自跋》中金陵本“天、心、理、性”諸語,蘇州本“理、性”作“性、理”。

另外,蘇州本中的很多“賫”字,金陵本都改成了“齎”字。

還有,《心史·自序》(即《全宋文》誤改題爲《中興集後序》)中有“遊公佀”之名(金陵本、蘇州本同),實際應是“遊公佀”,“佀”是“似”的古字。今《全宋文》徑改爲“遊公似”,不能算錯,但應該出校記。

同文又有“蔡公抗”之名(金陵本、蘇州本同),實際根據其人之兄名蔡模、弟名蔡權來看,應是“蔡公杭”。記得錢大昕《廿二史考異》中對此人名字也有考訂。而且,《全宋文》卷七七一一有蔡杭小傳,已經指出過“誤作蔡抗”,但是《全宋文》此處却未能校出。

最有意思的是,鄭思肖該文中還有“蕭公山則”之名(金陵本、蘇州本同),實際此人應叫“蕭崱”(字則山),整理《心史》手稿的明人因不知此宋人,而誤認“崱”字爲二字了(這恰恰可以證明《心史》决不可能是明人僞造的)。《全宋文》對此也未能校出。

我上面説,頗疑編校者連原書都没有看,只是把《鄭思肖集》拿來而已,是有證據的。例如:

《鄭思肖集》排印本《心史·久久書·跋五》中“父母之言一出諸口”諸語,漏印一“一”字(但有空白處),《全宋文》此處居然也没有“一”字(且無空處);

《鄭思肖集》排印本《心史·大義略叙》中有“餘小黑舟亦迫奔去”諸語,“迫”爲“追”之誤植,《全宋文》此處亦同誤;

《鄭思肖集》排印本《心史·大義略叙》中有“不染干弋臊臭之毒”諸語,“弋”爲“戈”之誤植,《全宋文》此處亦同誤;

《鄭思肖集》排印本《心史·大義略叙》中在“回回即回紇也”後作了删節,並説明:“原文有十六字,系對少數民族誣衊之詞,徑删。”《全宋文》此處亦同。其實這是鄭思肖所記傳聞之詞。(“彼俗不食豬,俗傳爲回回之先所自出也。”)今人編《全宋文》,本爲最大限度地保存一代文獻以供專門研究者之用,與單行本《鄭思肖集》畢竟不同,是不必、也不該爲古人代作删改的。

《鄭思肖集》排印本《心史·大義略叙》中有“被鬻男女曰‘驅口’”、“直破家鬻子女”諸語,二處“鬻”皆爲“鬻”之誤植,“鬻”爲容器之名詞,“鬻”則是動詞賣也,二者音義皆異,然而《全宋文》此二處亦同誤;

《鄭思肖集》排印本《心史·中興集二卷序》中有“不敢槖籥風雲月露之妙”諸語,《全宋文》此處亦同,但“槖”當爲“橐”。“橐籥”爲語見《老子》的常用詞,雖然《正字通》云“橐,俗省作槖”,但僅省二筆而已,槖字並不常用。

另外,《全宋文》收鄭思肖集外《題畫蘭》:“求則不得,不求或與。老眼空闊,清風萬古。”注明采自“《宋稗類鈔》卷一二,又見《石渠寶笈》卷三二”。其實這些都是太晚的出處,較早當出自元末王逵的《鄭所南先生傳》,見程敏政《宋遺民録》、李詡《戒庵老人漫筆》所引。而更早則見於存世鄭思肖所畫墨蘭圖上所鈐之印章,印文即此四句,惟“萬”字作“今”。

《全宋文》收《鄭所南先生文集》時,似也没有認真校勘,也只是把《鄭思肖集》有關部分拿來而已。如《送吴山人遠遊觀地理序》一文,《鄭思肖集》有校勘記四十條,《全宋文》只是鈔録了其中十四條而已。這樣的例子還多,爲省篇幅就不舉了。《辭吴泮請儒師書》一文,《鄭思肖集》排印本有“不直一總指”諸語,《全宋文》此處亦同,但“總”乃“揔”之誤(此爲《鄭思肖集》出版社編輯所改),雖然“總”“揔”音同,義也有可通,但此處只能用“揔”。另,《十方禪刹僧堂記》中“衲子口中食”諸語,“口”字《全宋文》誤植爲“□”了。

四、《全宋文》對鄭思肖文的標點偶有錯誤

《鄭思肖集》的標點也偶有錯誤(有的是誤植,有的可能是出版社編輯改的),《全宋文》大多没有改正。這裏略舉幾個例子:

《全宋文》第三六〇册第四二頁《心史後叙》中又有“若夫《大宋中興頌》《鐃歌》《鼓吹曲》等作”諸語,應標點爲“若夫《大宋中興頌》《鐃歌鼓吹曲》等作”。“鐃歌鼓吹曲”本是漢代一種軍歌的名稱,這種曲子的内容都是顯示武威或歌頌盛世,後人多仿之。如唐柳宗元寫《唐鐃歌鼓吹曲》十二首(見《柳河東集》),宋薑夔寫《宋鐃歌鼓吹曲》十四首(見《白石道人歌曲》),與鄭思肖同時的謝翱也寫過《宋鐃歌鼓吹曲》十二首(見《晞髪集》),其後元陶宗儀寫過二首(見《輟耕録》),楊維楨寫過十三首(見《鐵崖古樂府補》),明宋濂、王紳、陶安、王洪、程敏政等人都寫過,直至清代還有徐嘉炎、杜臻、陳綸等人寫過(見《皇清文穎》)。因此,將“鐃歌鼓吹曲”點斷成兩種東西是不對的。

《全宋文》第三六〇册第七八頁《心史·大義略叙》中有“夏貴以淮西授韃去。夏,靖州太守康□叛”諸語,在這句話前面寫的是三月的事,後面寫的是四月的事,當中怎麼會寫到今年夏天的事呢?因此,此處似應標點爲“夏貴以淮西授韃。去夏,靖州太守康□叛”。這當是鄭思肖補叙去年夏天之事。

《全宋文》第三六〇册第八六頁《心史·大義略叙》中又有“伯顔及諸酋俱懷畏,欲退歸江南,或有一戰勝,俺俱去”諸語,但蒙古兵乃從北方入侵,怎麼會“欲退歸江南”呢?因此,這裏應標點爲“伯顔及諸酋俱懷畏,欲退歸,江南或有一戰勝,俺俱去”。此處本是“韃人嘗語南人”的話,“江南”當是“韃人”對南宋的稱呼。

《全宋文》第三六〇册第九四頁《心史・大義略叙》中有"又怯憐口户爲名隸籍,州縣鄉村、深山窮谷,各分地面打勘勾當"諸語,似應標點爲"又怯憐口户,爲名隸籍州縣鄉村,深山窮谷各分地面打勘勾當"。

《全宋文》第三六〇册第九四頁《心史・大義略叙》中又有"四方假'大義'之名,行劫婦而賣、殺人而食之,盜縱横甚熾"諸語,應標點爲"四方假'大義'之名行劫婦而賣、殺人而食之盜,縱横甚熾"。"四方假'大義'之名行劫婦而賣、殺人而食"諸語是"盜"的定語。

另外,《全宋文》第三六〇册第八二頁《心史・大義略叙》中有一處是分段另起排印的,破了全書均不分段的體例,不妥,同時也能證明編校者確是利用了排印本《鄭思肖集》的。

五、對《全宋文》未收的《贈郡王》一文的辨析

近時,有人在刊物上發表文章,稱從廣東某地《趙氏族譜》中發現一篇鄭思肖佚文《贈郡王》,但不披露該文及發現的地方。經我考查,該族譜爲民國二十六年(1937 年)廣東新會石印印行,譜中該文署名"三外野人思肖"。此文尚未收入《全宋文》,全文如下:

公諱必迎,字恩賚,號海雲,太宗皇帝第四子商王元份九世孫。其先數世居連以來,代有嘉施,邑懷其惠。公生於官邸,長於皇族,好讀書,儉服用,樸貌寡言,慮深識遠,天性至孝。嘉肖不佞,遂結爲同交,至忘形骸,而一毫帝胄之氣象不露。嘗言及朝廷多艱,必極言當出力効忠,有"國存與存,國亡與亡"之語。嘗會客飲,或報父自外署歸,懷不樂意,即走歸左右,開豁父意,或未釋,至忘寢食。父母有疾,禱天親藥,無所不至。其母邱氏安人嘗指之爲"劬勞子"。

先以宗子蔭補保義郎。恭帝即位,元伯顔逼于北方。計臣獻策,宜募兵于南都諸路。宗室多從事。公忠憤,特慷慨,請勤王。擢爲建安郡公。十二月,兼督廣州路府法大參軍,奉詔書入廣。肖時把酒數行餞公車。公殷勤與諸弟言别,載父母同行。端宗即位,又馳詔封公爲王,意天南有底柱也。

歷數年,不聞公豎績,而厓山既屋矣!天耶,人耶,遥弔烈魂,想公在焉。至今又十二年,有客來自粤,肖問之而公薨始數月也。細問何以不死于當年,乃知入廣初練諸路,頗建奇勳,未幾父喪,即奉旨入葬於新會之苦草,而厓山之事不與。公欲死者非一,而家人以後嗣勸之,公憮然曰:"既不忠,又不孝,將焉死得!"後數年,生一子,甫四歲,而公死得死所矣。其在十五年之後事乎?臨死,囑其家人修墓但存規模,不必表銘,杜元害也。

噫,公之烈烈逐宋魂,視今之靡靡食元禄者,公實以節義垂萬世矣!肖不孝不忠,有愧於公。因客還粤,聊具炷香,望粤拜稽。灑淚滿胸,瀝血數語,寄謁公靈。公來會我,駕雲乘風。拭淚拜祝:公之瓊居,昊昊穹穹;公之胤嗣,綿綿隆隆;趙朔有靈,孤起山中!

三外野人思肖頓首拜贈

原文“會客”誤作“會容”。“贈郡王”題下注有“贈於歿後”，文章最末注有“思肖乃鄭公了，一心懷趙，託名思肖”。

文中提到趙必迎“其先數世居連[江]”，今據《趙氏族譜》，知確有其事；文末所署“三外野人”，也確是鄭思肖晚年之號。但我認爲此文却極爲可疑。一，鄭思肖存世文章，包括集外佚文，風格都非常鮮明，極易判斷，如何此文文辭頗拙，一點不像？二，鄭思肖雖是連江人，但出生于臨安（杭州），十四歲後生活于吴門（蘇州），與趙必迎年齡又相差十六歲，如何與他“結爲同交，至忘形骸”？三，趙必迎“奉詔書入廣”，時在“恭帝即位”即咸淳十年（1274），此時鄭思肖人在蘇州，如何“時把酒數行餞公車”？四，鄭思肖如果認識趙必迎，又曾把酒餞行，知其在南方抗元，如何在《心史》詩文中，特别是《大義略叙》中一無提及？五，鄭思肖曾在《德祐謝太皇北狩攢宫議》一文中提出，寫文章“凡遇‘元’字，並削之，直書爲‘賊虜’，仍不得存賊虜年號。如我朝‘元年’，宜易爲‘初年’，或爲‘一年’。其他一切值用‘元’字，並以理易之。一得中興天子興，凡姓‘元’者，宜敕下易姓爲‘宋’，或易姓爲‘胡’。絶僞逆微跡，使不復聞其聲、見其字。”如何此文中却多次出現“元”字？

因此，我認爲以後《全宋文》如果補輯，此文不宜收入。

六、《全宋文》所收朱夫人《自縊遺筆》當换補

《全宋文》卷八三二三有據“元徐大焯《燼餘録》甲編”收入的朱夫人（安康郡夫人）《自縊遺筆》：“不免辱國，倖免辱身。不辱父母，免辱六親。大難即至，劫數回輪。妾輩同死，守於一貞。”

其實，徐大焯是與鄭思肖同時、且同居吴中的宋遺民。（可惜《全宋文》漏收其人之文。）朱夫人的自縊遺筆有多種繁略不同、文字相異的版本留存於世。如鄭思肖《心史》中有《五忠詠》詩，其五《隨駕内嬪某氏》之序就記道：“隨駕北狩内嬪某氏，虜酋屢欲犯之，以其吐語貞烈，竟不可得。乃書於裙帶上曰：‘誓不辱國，誓不辱身！’遂自經於虜館。死後爲虜人分臠其肉食之。”《心史・大義略叙》亦有相同記述（惟未記分臠食之一節）。這八個字就是最短的版本。

朱夫人自縊遺筆最常見的版本有二：

其一，元楊瑀《山居新話》卷四所記：至元十三年（1276）五月“十二日，内人安康朱夫人、安定陳才人、又二侍兒（失其姓氏）浴罷，肅襟閉門，焚香於地，各以抹胸自縊而死。解下，衣中有清江紙書一卷云：‘不免辱國，倖免辱身。不辱父母，免辱六親。藝祖受命，立國以仁。中興南渡，計三百春。身受宋禄，羞爲北臣。大難即至，劫數回輪。妾輩之死，守於一貞。焚香設誓，代書諸紳。忠臣義士，期以自新！丙子五月吉日泣血書.’十三日奉聞，露埋四屍，取其首懸于全后寓所，以戒其餘。在上都時濟門，予嘗聞之先父樞密。因觀周草窗《日鈔》亦載此事，又得祈請使日記官嚴光大《續史》所説相同。二書皆寫本。恨《三朝政要》、《錢唐遺事》

板行於世，皆失此一節。惜哉！若此貞烈，可不廣傳乎？因筆之於此。”楊瑀記載的不僅是最長的版本，而且更爲準確。因爲他不僅“聞之先父”，而且還參考了宋元之際周密、嚴光大的記述。可惜周密等人的二個寫本今均未得見。

其二，元末陶宗儀《南村輟耕録》卷三《貞烈》所記：至元十三年五月“十二日夜，故宋宫人安定夫人陳氏、安康夫人朱氏，與二小姬，沐浴整衣焚香，自縊死。朱夫人遺四言一篇于衣中云：‘既不辱國，倖免辱身。世食宋禄，羞爲北臣。妾輩之死，守於一貞。忠臣孝子，期以自新！丙子五月吉日泣血書。’明日奉聞，上命斷其首，懸全太后寓所。”可見文字及字數均不盡同。

另，元末王逢《梧溪集》卷一《感宋遺事》詩的自注，亦記此四言之文，基本同楊瑀（“計”作“逾”，“身”作“躬”，缺“劫數回輪妾輩之死”八字）。明田汝成《西湖遊覽志餘》卷六亦有記載，基本同陶宗儀（“免”作“不”）。明陸楫所編《古今説海》卷一一五《所略》三十一，基本同楊瑀。清盧秉鈞《紅杏山房聞見隨筆》卷十二《巾幗隨筆》載此事，亦基本同楊瑀。清姚之駰所編《元明事類鈔》卷十七《人品門》三，則據王逢詩注，而僅録前後共十六字。清潘永因所編《宋稗類鈔》卷十三《貞烈》第二十二，則全同陶宗儀。

由上可知，《全宋文》所據的徐大焯的版本，恰恰是不大準確，也流傳不廣的。因此，我認爲《全宋文》所收朱夫人《自縊遺筆》正文應取自楊瑀《山居新話》所記，而以其他諸本爲注釋或校記。

王安石《尚書新義》輯補*

□陳良中

［摘　要］　王安石《尚書新義》爲其變法的理論支柱，但久已亡佚，程元敏《三經新義輯考匯評（一）——〈尚書〉》一書輯録王氏《書》説554條，然遺漏東陽陳大猷《書集傳》一書。《書集傳》引王安石書説259條，42條同于諸家所引，58條可與諸家所引相互參正，其中159條不爲歷代《尚書》家引述。

［關鍵字］　王安石；尚書新義；輯補；陳大猷；《書集傳》

［作者簡介］　陳良中，重慶師範大學文學與新聞學院（重慶，400047）

王安石（1019—1086年），字介甫，撫州臨川人。慶曆二年（1042年）進士，封荆國公，謚文。是北宋著名的政治家、文學家、經學家。《尚書義》是他重要的經學著作，與《詩義》、《周禮義》合稱《三經新義》。王安石《尚書新義》十三卷，是書寫成於熙寧八年，是羽翼其變法之作。但《尚書義》一出便遭到當時學人的激烈批判，後來反對安石新學的理學佔據了思想陣營主導，《三經新義》由於不再被人重視而逐漸佚亡了。《經義考》已載爲"佚"。

臺灣學者程元敏先生《三經新義輯考匯評（一）——〈尚書〉》輯書85種，録王安石《書》説554條，裒輯之功甚大。然遺漏了東陽陳大猷《書集傳》（十二卷），國家圖書館藏有元刊本陳氏《書集傳》①，《續修四庫全書》和《中華再造善本》均收入。程元敏先生蓋誤信舊説以爲是書亡佚，失於輯考。

一、陳大猷《書集傳》所引王氏爲王安石

陳大猷《書集傳》引用諸家説稱謂謹嚴，凡不易混淆者概稱氏，同姓或別以朝代，如以孔

---

* 資助專案：國家社會科學基金資助項目《宋代尚書學研究》（專案編號：08CZS006）研究成果之一。

① 按陳大猷《書集傳》刊本明代已希見，朱彝尊《經義考》卷八十三云："葉文莊《菉竹堂書目》有陳大猷《尚書集傳》一十四册，西亭王孫《萬卷堂目》亦有之，其書雖失，或尚存人間。"（朱彝尊《經義考》卷八十三，中華書局1998年版，第461頁。）四庫館臣云"《集傳》惟葉氏《菉竹堂書目》載之，後不復見，則明季已佚矣，存者獨此二卷耳。"（永瑢等《四庫總目提要》卷十一《書集傳或問提要》，中華書局1965年版，第95頁）劉起釪先生《尚書學史》提及《書集傳》云"卷不詳"，似未見是書（劉起釪《尚書學史》，中華書局，1989年，第248頁）。又按程元敏《三經新義輯考匯評》完成於上世紀八十年代中，兩岸學術交流還不夠充分。關於陳大猷《書集傳》的價值筆者有專文論述。

氏稱僞孔安國，以唐孔氏稱孔穎達。或别以地望，如新安陳氏、三山陳氏。或别以字型大小，如以無垢稱張九成。少有引用對象難辨之弊。該書引王氏有王肅、王氏、新安王氏。所引王氏可以肯定爲王安石，如解《洪範》“五行：一曰水，二曰火，三曰木，四曰金，五曰土”、“咎征：曰狂，恒雨若。曰僭，恒暘若。曰豫，恒燠若。曰急，恒寒若。曰蒙，恒風若”、“五曰惡，六曰弱”、“五者來備，各以其叙，庶草蕃廡”，王氏解云：“庶草者，物之尤微而莫不養，則萬物得其性可知也。”①陳大猷所引4條解説文字完全同於王安石《臨川文集》中《洪範傳》之文，另外陳大猷解《洪範》所引王氏其餘諸條均可與王安石《洪範傳》相參證，此其一。解《舜典》“在璿璣玉衡以齊七政”，引王氏説：“璿，美珠也。”[1]黄倫《尚書精義》卷三云：“王雱以美珠爲璿。”[2]解“惟辟作福，惟辟作威，惟辟玉食。臣無有作福作威玉食，臣之有作福作威玉食，其害於而家，凶于而國，人用側頗僻，民用僭忒”，引王氏説：“皇極者，君與臣民所共由也。三德，人君所獨任，而臣民不得僭焉者也。”[1]卷七林之奇《尚書全解》卷二十五云：“善夫介甫之説。曰皇極者，君與臣民之所共由者也。三德者，君之所獨任，而臣民不得僭焉者也。”[3]此其二。又元董鼎《書傳輯録纂注》卷首有“纂注引用諸家姓氏”[4]，所引王氏有王弼、王肅、王安石、王十朋、王氏日休、王炎、王希旦、王道。書中引王安石説概稱王氏，餘則姓氏與名同稱，體例嚴謹。陳大猷《書集傳》所引王氏説有9條完全同于董鼎所引，19條可以相互參證，此其三。因此陳大猷《書集傳》所引王氏説可斷爲王安石《尚書新義》無疑。

陳大猷《書集傳》十二卷共引王氏説259條，其中42條與諸家所引全同，58條詳略和用辭有異，而不見諸家《尚書》著述引用者159條，可補王安石《書》説之佚。這對於全面認識王安石《尚書新義》及其思想具有重要參考價值，今輯録他書所未引者及略評可與他書參證之材料，以饗讀者。

二、陳大猷《書集傳》引王安石《書》説不見於他人所引159條

卷一《堯典》

1. 黎民于變時雍。

雍者，和之至也。

2. 分命羲仲。

羲和四官，各主一方之政，一時之事。

---

① 陳大猷《書集傳》卷七引王氏説云：“五行之爲物，其時、其位、其材、其氣、其性、其形、其事、其情、其色、其聲、其臭、其味，皆各有耦。推而散之，無所不通，一柔一剛，一晦一明，故有正有邪，有美有惡，有醜有好，有凶有吉，性命之理，道德之意，皆在是矣。耦之中又有耦焉，而萬物之變遂至於無窮。其相生也，所以相繼也。其相克也，所以相治也。”“狂則蕩，故常雨若。僭則亢，故常暘若。豫則解緩，故常燠若。急則縮栗，故常寒若。冥其心思無所不入，濟四者之惡者蒙也，故常風若。”“惡者小人之剛，弱者小人之柔。”“庶草者，物之尤微而莫不養，則萬物得其性可知也。”完全同于王安石《洪範傳》。

3. 分命羲仲，宅嵎夷，曰暘穀，寅賓出日。

日出爲暘，故曰暘穀。羲仲，居治東方之官。寅，敬。賓，導也。敬導出日。

4. 平秩東作。

物各當其分之謂平，事各當其序之謂秩。

5. 日中，星鳥。

陽生於子而終於午，仲春陽之中也，故言日中。陰生於午而終於子，仲秋陰之中也，故言宵中。

6. 以殷仲春。

仲春仲秋陰陽之至中，故曰以殷。仲夏仲冬陰陽之至正，故曰以正。

7. 分命羲仲宅嵎夷，曰暘穀。日中，星鳥，以殷仲春。厥民析，鳥獸孳尾。

聖人之道，上至於日月星辰，下至於草木鳥獸，外至於夷狄，皆聖人之所治也。

8. 允厘百工。

厘，析而治之之謂。

9. 疇咨若時登庸。

疇，如"疇離祉"之疇。咨，如"周爰諮諏"之咨。疇咨，使衆共咨訪也。

《舜典》

10. 既月乃日，覲四嶽群牧。

四嶽總百官，群牧總諸侯。日覲者，與之謀内外之政也。

11. 協時月正日。

王者必頒曆以一天下正朔，故巡守則考時月而協之。作曆不能無盈縮，及其久也，日不能無差，故考日而正之。

12. 歸格于藝祖，用特。

用特以見約也，先王非飲食，致孝乎鬼神不敢約也，然其約如此，則巡守不敢煩費可知。

13. 敷奏以言，明試以功，車服以庸。

敷奏以言，觀其志也。明試以功，察其事也。車服以庸，報其功也。

14. 食哉惟時。

《商訟》"歲事來辟"，則戒以"稼穡匪解"。周人遣諸侯于廟，則戒以"新佘終艾"，與此意同。

15. 惇德允元。

有德者，惇厚之。元善者，信任之。

16. 亮采惠疇。

采，事也。百官者，百揆之疇類也。宅百揆得人，則百官受其惠。

17. 五品不遜，汝作司徒，敬敷五教，在寬。

五品，言其人之品也。五典，言其品之典也。五教，言其以典教也。

舜以道制典，故史以謹教五典言之，故以典敷教，故舜以敬敷五教命之。（解"慎徽五典"）

18. 蠻夷滑夏。

蠻夷滑夏，在周則大司馬之職，當時以士官兼之。

19. 疇若予上下草木鳥獸。

上下者，或山或澤，或飛或潛。

20. 典樂教胄子。

胄子，將與其天職者也，不可以不敬，敬之之道，莫善於樂，故命夔典樂而教胄子。

21. 二十有二人。

二十二人者，四嶽一人，十二牧，九官。

22. 三考黜陟幽明。

積不善則浸至於幽，積善則浸至於明。

23. 分北三苗。

分北三苗者，黜幽也。然止于三苗，見萬國皆順軌而幹有司者寡矣。

卷二《大禹謨》

24. 嘉言罔攸伏。

嘉者，美之至也。

25. 嘉言罔攸伏，野無遺賢，萬邦咸寧。

嘉言罔攸伏，故野無遺賢，野無遺賢，故萬邦咸寧。

26. 都、帝德廣運。

都，君子所居。鄙，小人所居。故古者謂都爲美，謂鄙爲野。

27. 罔失法度，罔游於逸，罔淫于樂，任賢勿貳，去邪勿疑。

人君不能儆戒以守法度，而游於逸，淫于樂，則荒惑矣，荒惑則任賢豈能勿貳。任賢不一，與去邪豈能豈能勿疑？然所謂勿疑者，非於可疑之際而斷以勿疑也，考核情實無可疑然後可斷而去之爾。

28. 無怠無荒。

無怠，戒以勤。無荒，戒以治。

29. 耄期倦於勤。

八十九十曰耄，耄則昏矣。百年曰期頤，期者百年之名，期者則當頤養也。

30. 臨下以簡。

臨下以簡爲善，故元首叢脞則萬事墮哉。

31. 天之歷數在汝躬。

歷數，《易》所謂天地之數五十有五，所以成變化而形鬼神者是也。成變化，故昆蟲之出入，草木之生死，莫不待此以成。行鬼神，故自有形以至無形，自有心以至無心，莫不待此以行。帝王之興以天之歷數所在，非人事也。然人事果無與於廢興乎？曰有命有義，命所以立天道，義所以立人道，天之歷數在汝躬言命也。四海困窮，天禄永終，言義也。莫之爲而爲者，天道也。爲之而使然者，人道也。和同天人之際，使之無間，非聖人孰能與於此。

32. 昏迷不恭。

不明謂之昏,不悟謂之迷。苗以昏故迷,以迷故不恭。

33. 民棄不保,天降之咎,肆以爾衆士,奉辭伐罪。

天明畏自我民明威,民棄不保則天降之災咎,禹之用師,致天討而已。天降之咎,故以爾衆士奉辭伐罪。

34. 負罪引慝。

負罪而不釋,引慝而不拒,祗載而不違,此舜所以事瞽瞍也。

《皋陶謨》

35. 庶明勵翼。

庶官昭明勉勵而輔翼於己。

36. 何憂乎驩兜? 何患乎有苗? 何畏乎巧言令色孔壬?

驩兜誣人之功罪,害於知人;有苗違上政令,害于安民,故畏之。巧言以色,孔壬若共工静言庸違象恭是也,則無所不害,害之至也故畏之,畏又甚於憂也。有苗雖頑,然上之聰明不爲驩兜、共工之徒所蔽,則按其惡遷之而已,非所憂畏也,故于苗曰遷而已。

37. 亦行有九德,亦言其人有德,乃言曰載采采。

知人之方當考其行,行有九德,所以知其德者當考其事。今言其人有德,則當言其可見之行。曰載采采者,所謂可見之行也。

38. 寬而栗,柔而立,願而恭,亂而敬,擾而毅,直而温,簡而廉,剛而塞,强而義。

九德合之則爲三,分之則爲九。

39. 俊乂在官。

材可以治之謂乂。

40. 九德鹹事,俊乂在官。

所謂賢者在位,能者在職也。

41. 無曠庶官。

曠,用非其人,空其位,廢其事之謂也。

42. 五服五章。

服,所以章有德也。

43. 天聰明自我民聰明,天明畏自我民明威。

民受天地之中以生,其性命之所受與天爲一,其視聽好惡之公未嘗與天違也。

《益稷》

44. 華蟲。

華蟲取其文。

45. 粉、米、黼、黻絺繡。

米取養人,黼取其斷,黻取其辨。

46. 俟以明之，撻以記之，書用識哉。

此以禮教也。

47. 俟以明之。

若射矍相之，或斥出之，或留在位，此俟以明之之意。

48. 書用識哉。

《周禮》鄉黨之官以時書民孝弟睦淵（當爲“女”字旁）有學者，亦此意。

49. 鹹見五長，各迪有功。

師長各相率而赴功，故各迪有功。

50. 鳥獸蹌蹌。

鳥獸蹌蹌鼓舞，則萬物無不和矣。

51. 下管鞀鼓，合止柷敔，笙鏞以間，鳥獸蹌蹌，簫韶九成，鳳凰來儀。

管簞之族其音象鳥，鼓鐘之族其聲象獸，非特聲也，其制形亦然。先儒以笙爲象鳥翼，而塤篪亦皆爲鳥獸之形。

52. 簫韶九成，鳳凰來儀。

鳳凰鳴中律吕，色能五彩文章，能集其類，而君之治則見，亂則隱。

53. 夔曰：于予擊石拊石，百獸率舞，庶尹允諧。

夔既言韶之成，又歎美舜德化之妙，樂之形容有所不逮也。予方擊石拊石，不待衆樂之奏，百獸固已率舞，庶尹固已允諧，豈無自而然哉？皆帝德有以致之也。

54. 帝庸作歌。

治大成矣，上下宜相戒儆之時，故帝以此作歌。

卷三《禹貢》

55. 恒衛即從。

從，順也。順者，水不逆行也。

56. 厥貢璆、鐵、銀、鏤。

鏤，鋼鐵可鏤物者。

57. 成賦中邦。

土賦有及於四夷，田賦止於中邦而已。

58. 三百里諸侯。

于此乃建諸侯之邦。

《甘誓》

59. 乃召六卿

六卿蓋始于夏時。

60. 有扈氏威侮五行，怠棄三正，天用勦絶其命。

若是者自絶於天，故天勦絶其命。

61. 用命賞于祖，不用命戮於社，予則孥戮汝。

出師載廟社主行，示民以用命也。上用命則民用命，此所謂以躬率之也。

《五子之歌》

62. 五子鹹怨，述大禹之戒以作歌。

《小弁》之怨，親親也。親之過大而不怨，是愈疏也，五子之怨與《小弁》同。

63. 予懷之悲，萬姓仇予。

先王以敬民爲本，惟不敬民，故縱欲而喪志，喪志則失道而失政，此萬姓所以仇予，其言之序若出於一。

《胤征》

64. 羲和湎淫，廢時亂日。

羲和至夏合爲一官。

65. 政典曰：先時者殺無赦，不及時者殺無赦。

政典乃六典之一，周之六典蓋因于夏。

卷四《仲虺之誥》

66. 彰信兆民，乃葛伯仇餉，初征自葛。

民信之，然後可用以征伐，故繼言征葛。

《湯誥》

67. 上帝降衷於下民。

衷，中之謂也，民受天地之中以生。

68. 若有恒性。

人之生有善有惡，善者常性也，不善者非常性也。

《伊訓》

69. 古有夏先後，方懋厥德，罔有天災，山川鬼神亦莫不寧，暨鳥獸魚鼈鹹若。於其子孫弗率，皇天降災，假手於我有命。

君懋德則施及鳥獸，不懋德則其身不能保。

70. 爲下克忠。

湯逃尹於桀，克忠可見。

71. 制官刑，儆於有位，敢有恒舞于宫，酣歌于室，時謂巫風。敢有殉於貨色，恒于游畋，時謂淫風。敢有侮聖言，逆忠直，遠耆德，比頑童，時謂亂風。惟兹三風十愆，卿士有一於身家必喪，邦君有一于身國必亡，臣下不匡其刑墨。

有位之人以行義率風俗，以職業成政事，三風十愆敗風俗隳政事，故湯制官刑以此爲急。

《太甲上》

72. 肆嗣王丕承基緒。

非湯非尹，嗣王無可承之基緒，然則太甲不當不惠于阿衡以覆湯之典刑。

《太甲中》

73. 伊尹以冕服奉嗣王歸於亳。

商冕之制無所經見。

74. 自底不類。

人之類善,故不類謂之不善。

《太甲下》

75. 德惟治。

德者,得也,得道之謂也。

76. 無輕民事,惟難。無安厥位,惟危。

惟難也所以易,惟危也所以安。

77. 一人元良。

元者,善之長。良者,善之至。

78. 罔以辯言亂舊政。

能亂善惡之實者,辯言也。

卷五《盤庚中》

79. 非汝有咎比於罰。

非有咎於汝,比於罰而謫徙也。

80. 汝何生在上?

死則體魄降而在下,故曰汝何生在上。

81. 具乃貝玉。

古者以貝爲貨,以玉爲寶,後言貨寶,互相備也。

《盤庚下》

82. 無戲怠,懋建大命。

無戲,欲其嚴事也。無怠,欲其勤事也。

83. 用降我凶德。

降,有黜去之意。

卷六《牧誓》

84. 戎車三百兩。

以其車載則稱乘。

卷七《洪範》

85. 王訪于箕子,王乃言。

致禮然後問,故先言"王訪於箕子",而後曰"王乃言"。

86. 箕子乃言曰。

致禮以問然後告,故於是箕子乃言

87. 向用五福,威用六極。

向者,慕而欲其至。威者,惡而欲其亡也。

88. 汝則有大疑,謀及乃心,謀及卿士,謀及庶人,謀及蔔筮。

稽之人以盡其智,稽之鬼神以盡其神。

89. 曰雨，曰暘，曰燠，曰寒，曰風，曰時。

雨暘燠寒風，所以日五者來備以下之事。時，所以日工省惟歲以下之事。

90. 一極備，凶；一極無，凶。

極備極無，此饑饉疫厲所由作，故曰凶。

《旅獒》

91. 不矜細行，終累大德。爲山九仞，功虧一簣。

大德，細行之積也。九仞，一簣之積也。故細行不矜，足以累大德之全。一簣不勉足以虧九仞之成。

卷八《大誥》

92. 嗣無疆大曆服。

曆，歷數也。服，王事也。

93. 用甯王遺我大寶龜。

《大誥》言甯王者，以大誥以寧民故也。王者能若天道，賓四夷立政事以明，故《説命》《旅獒》《周官》言明王。使王姬執道，不敢驕以平，故《詩·何彼穠矣》言平王。征伐勝敵以武，故《詩》《玄鳥》《長髮》言武王。成王業，成民業，故《立政》《噫嘻》言成王，言各有所當。

94. 天閟毖我成功。

閟言否閉而不通，毖言艱難而不易。

95. 天棐忱辭，其考我民。

天之視監自民，民輔我則天輔我矣，民獻予翼則民輔我之效。

96. 若穡夫，予曷敢不終朕畝！

天欲殄殷若穡夫，予當收斂之終畝，使無遺也。

《微子之命》

97. 齊聖廣淵。

至一之謂齊，大而化之之謂聖。

《康誥》

98. 惟時怙冒。

怙之如父，冒之如天，惟怙冒是文王。

99. 紹聞衣德言，往敷求于殷先哲王，用保乂民。汝丕遠惟商耇成人，宅心知訓。别求聞由古先哲王，用康保民。

紹所聞于文王而被服其德言，然未可足也，又當往敷求殷先哲王，用其道以保乂民。猶未足也，又當大遠求商老成人。宅心而知其訓。猶不可以爲足，又當别求聞由古先哲王，用其道以康保乎民。

100. 要囚服念五六日，至於旬時。

或(兩字不清)刑，其罪既定，又爲之要書。

101. 矧惟外庶子訓人，惟厥正人越小臣諸節。

況外庶子所以訓人，與其正人之官，及小臣諸有符節者，謂將命出入之吏。

《酒誥》

102. 明大命于妹邦。

總其君與其臣民告之，故言邦。

103. 惟曰我民迪小子，惟土物愛，厥心臧。

言庶國化，文王誥教其民使迪小子。

104. 用燕喪威儀。

用燕飲喪其威儀。

105. 庶群自酒。

庶群自酒，言舉國之人化紂所爲。

106. 腥聞在上。

凡物成則香，敗則臭。

107. 予惟曰汝劼毖殷獻臣。

謂不敢忽慢之也。

108. 農父若保。

司徒，教官，主農，故云農父。

《梓材》

109. 自古王若兹監，罔攸辟。

自古王者，曆世相傳皆如此監，謂康叔無用刑辟。

110. 先王既勤用明德，懷爲夾。

先王既勤用明德以爲治，懷撫庶邦爲己夾輔。

卷九《召誥》

111. 厥既得蔔，則經營。越三日庚戌，太保乃以庶殷攻位於洛汭。

經營然後城郭途巷廟社朝市居室之位定，故庚戌太保乃以衆殷民治位於洛。

112. 皇天上帝改厥元子，兹大殷國之命。

皇天上帝其命無妄矣，元子大國其受命正大矣，惟弗敬德，雖元子大國不能無所受。

113. 大迪從子保。

迪者，謂天先而道之。從者，謂先天而天從之。

114. 節性惟日其邁。

殷人習紂之惡，習與性成矣。苟無以節之，則縱恣而不知所止。

115. 王其德之用，祈天永命。

王其惟德之用以祈求永命，蓋惟德能自貽哲命，獲吉而有歷年，永命謂有歷年也。

《洛誥》

116. 我二人共貞。

貞者，正也，必有正焉然後定。

117. 監我士師工。

事人之謂士，帥人之謂師，興事造業之謂工。

118. 作周恭先。

以恭倡後王也。

《多士》

119. 予亦念天即于殷大戾。

我念天即于殷災戾大矣。

120. 又曰夏迪簡在王庭，有服在百僚。

此怨周之不然也。

121. 予一人惟聽用德。

我惟聽用有德，汝殷士不務德，故我不得如夏之簡迪也。以聽用德，故今敢求汝于天邑商，苟汝好德，亦將聽用也。

122. 予惟率肆矜爾，非予罪，時惟天命。

章有德，討有罪，皆天命。

卷十《君奭》

123. 在昔成湯既受命，時則有若伊尹，格於皇天。在太甲，時則有若保衡。在太戊，時則有若伊陟、臣扈，格于上帝，巫咸乂王家。在祖乙，時則有若巫賢。在武丁，時則有若甘盤，率惟兹有陳保乂有殷，故禮陟配天，多歷年所。

巫賢、甘盤循爲此，伊陟、臣扈、巫鹹已有所列陳以保治有殷。

124. 又曰無能往來，兹迪彝教，文王蔑德降於國人。

周公又謂若無此五人往來於此以迪常教，則文王蔑有德降於國人也。

125. 鳴鳥不聞。

以其鳴中律吕，故曰鳴鳥。

126. 以予監于殷喪大否。

大否，大亂也。

《多方》

127. 時惟爾初。

與之更始，故曰“時惟爾初”。

《立政》

128. 王左右常伯、常任、准人、綴衣、虎賁。

綴衣，舉内侍之類。虎賁，舉外衛之類。職微且衆，而與三宅同戒者，以其近王也。

129. 乃有室大競。

無競惟人，惟得人爲能競。

130. 籲俊尊上帝。

尊賢則内可與之正心修身，外可與之立政立事，《孟子》言“存其心，養其性，所以事天”，此言正心修身以事天也。皋陶言典禮刑賞皆法於天,此言立政立事以事天也。所率以事天者皆天下俊民,所以尊上帝。

131. 宅乃事,宅乃牧,宅乃准。

宅者,居而安之之謂也。

132. 帝欽罰之。

天之罰之非遽而易之也,故曰欽。

133. 虎賁、綴衣、趣馬、小尹、左右攜僕。

此内廷小臣。

134. 虎賁、綴衣、趣馬、小尹、左右攜僕。

前言綴衣、虎賁,此言虎賁、綴衣,亦與序"三宅"同意。

135. 司徒、司馬、司空。

司徒、司馬、司空,諸侯之三卿也。

136. 克由繹之

繹如繹絲,謂窮其端緒。

137. 罔有立政用憸人。

憸人,小有才而不知先王之大道者也。

卷十一《周官》

138. 兹爲三公。

《老子》曰"公乃王",公與王同德。

139. 塚宰掌邦治,統百官,均四海。

均者,遠近多寡各得其分之謂。

140. 司徒掌邦教,敷五典,擾兆民。

四民無教則强閽?而不順,教所以擾之使順也。

141. 學古入官,議事以制,政乃不迷,其爾典常作之師。

學古入官,議事以時王之制,則政識所向而不迷矣,然而當務以典常爲師。

142. 功崇惟志,業廣爲勤。

周公思兼三王,所謂志也。夜以繼日,所謂勤也。

143. 位不期驕,禄不期侈。

功業既成,則戒於驕侈。

144. 作德心逸日休,作僞心勞日拙。

心雖逸而德日起,所以爲休。心雖勞而僞日彰,所以爲拙。

《君陳》

145. 王曰君陳,爾惟弘周公丕訓,無依勢作威,無倚法以削,寬而有制,從容以和。

此下告以政之節目也,廣而大之之謂弘。

《顧命》

146. 昔君文王武王宣重光，奠麗陳教，則肄肄不違，用克達殷集大命。

《易》曰“重明麗乎正，乃化成天下”，宣重光所謂重明也，奠麗所謂麗乎正也，陳教所謂化成天下也。

147. 越玉五重，陳寶、赤刀、大訓、弘璧、琬琰在西序，大玉、夷玉、天球、河圖在東序，胤之舞衣、大貝、鼖鼓在西房，兊之戈、和之弓、垂之竹矢在東房。

玉，所以象德也。大訓、河圖，道之所在也。赤刀、鼖鼓、弓矢，武事之所用也。舞衣，樂之具也。大貝，利之盡也。

148. 上宗奉同

同以祭先王。

149. 太保承介圭，上宗奉同瑁，由阼階隮，太史秉書由賓階隮。

三者皆傳器也

《康王之誥》

150. 皇天改大邦殷之命。

言大邦殷，見天命不足恃。

151. 遷於洛邑，密邇王室。

遷王室，周德化易以漸染，聰明易以檢察，威重易以鎮服。

152. 道有升降，政由俗革，不臧厥臧，民罔攸勸。

道有升降，故俗有厚薄，俗有厚薄故政隨而革，今商俗已異於前，不善其善者，則民無所勸而爲善。

卷十二《冏命》

153. 伯冏，惟予弗克於德，嗣先人宅丕後，怵惕惟厲，中夜以興，思免厥愆。

人主流於邪僻而不自知者，由所與居者非其人。則思勉厥愆在謹擇左右近習，故穆王先言此。

154. 發號施令，罔有不臧。

發之以爲警戒之謂號，施之以爲法守之謂令。

《文侯之命》

155. 即我禦事，罔或耆壽俊在厥服，予則罔克。

無競維人，周室所以至此者，以無人故也。

156. 追孝于前文人。

使已不失天下以祀先王。

157. 簡恤爾都。

簡者，察賢否功過而辨之之謂。恤者，憂而念之之謂。簡之者，義也。恤之者，仁也。有國然後有都，言都則國可知。

《費誓》

158. 汝則有大刑。

待之以可畏之刑，然後人從令，從令然後可以勝敵，勝敵而後人免於死亡，而宗社可保，則仁民孰大乎此！先王不得以而用兵，其于刑必使人易避難犯，申喻至熟而後加焉，故雖嚴而人不怨也。

《秦誓》

159. 惟古之謀人，則曰未就予忌。惟今之謀人，姑將以爲親。

古之謀人，謂以先王之道爲謀者。今之謀人，謂苟一時之利爲謀者。

三、陳大猷《書集傳》與他書所引有別者58條

(一) 朱子用王安石説而有改易，爲後來諸家所主

王氏解《堯典》“静言庸違”云：“静則能言，用則違之。”[1]卷一 朱子解云“静則能言，而用之則違背其言也”[5]，當是從王安石説而來。此後諸家多從朱子。又如《堯典》“方命圮族”，王氏云：“圓則行，方則止。方命者，逆命不行也。”[1]卷一 朱子云：“圓則行，方則止。方命，猶今言廢閣詔令也。”[6] 此條差異較大，“方命，猶今言廢閣詔令也。”當爲朱子解説之辭，而非王氏原意。此後諸家皆准朱子所引。

(二) 用語不同而語義無别

今略舉數例，如解《堯典》“在璿璣玉衡以齊七政”引王氏説：“璿，美珠也。”[1] 林之奇云“美珠謂之璿”[3]卷二，黄倫“美珠爲璿”[2]卷三。解《皋陶謨》“翕受敷施”引王氏説云：“合衆德而受之，敷衆德而施之。”[1]“衆”字王天與引爲“九”[7]，更切近經文“九德”。解《益稷》“隨山刊木”引王説：“隨山，相水所出入治之。刊，除木也，刊木以達險阻，除蔽障也。”[1]《書集傳》卷二“蔽障”王天與引爲“障蔽”。[7]卷三下 解《盤庚上》“恐沈于衆”王氏云：“恐，謂恐動之以禍福。沉，謂陷溺之於罪戾。”[1]卷五“禍福”林之奇引作“禍患”[3]卷十八。《酒誥》“汝劼毖殷獻臣”，王氏云：“殷獻臣，謂殷賢臣嘗仕殷而今裹居者。”[1]卷八“仕殷”董鼎“仕商”[4]卷四。以上數條，語意全同。解《大誥》“肆予曷敢不越卬敉甯王大命?”[1]卷八 王氏云：“於我者，不敢以累後人也。”“累”林之奇引爲“諉”[3]卷二十七，語意稍有差異。王安石解《湯誓》“有夏多罪，天命殛之”云：“以分言之，以臣伐君疑於亂矣。以天命言之，則湯所謂天吏，非稱亂也。”[1]卷四“以分言之”王天與引作“以常情言之”[7]卷八 此涉及君臣大倫，陳大猷所引更能切情。

(三) 截取詳略不一

各家引用王安石《尚書新義》多以己意截取，引文完全相同的比較少，或簡括大意，或詳略不一。解《益稷》“臣作朕股肱耳目”引王氏説：“下文汝翼汝爲，作股肱也。汝明汝聽，作耳目也。”[1]卷二 林之奇引作“‘臣作朕股肱耳目，予欲左右有民，汝翼；予欲宣力四方，汝爲’，言作股肱。‘予欲觀古人之象’至於‘汝聽’，言作耳目”。[3]卷六 夏僎“汝翼汝爲，言作股肱；汝聽、汝明，言作耳目”[8]，陳大猷乃簡括王氏之説，非直接引用。

解《大禹謨》“成允成功”引王氏説：“舉事當，人信之，謂之成允。鯀汨陳五行，禹行其所無事，可謂成允。然後能成功。”[1]卷二 王天與引文多“舉事當，人信之，謂之成允”，[7]卷三上 而無“鯀汨陳五行”以後文字。解《益稷》“予違汝弼”引王氏説：“拂我而相之謂之弼，故弼字或

作拂。比我而相之謂之輔，故《比卦》曰'比，輔也'。"[1]卷二陳櫟《書集傳纂疏》、董鼎《書傳輯録纂注》、《書經大全》引文只有前一句。解《禹貢》"恒衛即從，大陸既作"，王氏云："治水或言地名，則以地有水彌漫也。或言山名，則以山有水壅塞也。或言水名，則以水氾濫不循故道也。"[1]卷三黄倫引文多出"治山之水者自上而達之於下，治地之水者自小而達之於大，故初則至於川，次則入於河，終則歸於海，歸於海則無壅塞彌漫不見故道之患矣。治水或言載，或言治，或言厎績，其實一也。欲文其辭，故異其字耳。冀州治水至此，則無水患矣"[2]卷九一段文字《禹貢》"禹錫玄圭，告厥成功"，王氏云："禹納玄圭於舜，以告成功。"[1]卷三林之奇《尚書全解》、夏僎《尚書詳解》、《禹貢説斷》、胡渭《禹貢錐指》諸家皆以爲堯，而陳氏所引爲舜。《立政》"丕乃俾亂相我受民"，王氏解云："王者之得民，上則受之於天，下則受之于先王。曰受民者，欲其畏上帝、思先王而不敢忽也。"[1]卷十林之奇所引無"曰受民者"[3]卷三五以後文字。

（四）語意有别

《洪範》"五者來備，各以其叙，庶草蕃廡"，王氏解云："庶草者，物之尤微而莫不養，則萬物得其性可知也。"[1]卷七同于王安石《洪範傳》之文，"得其性"謂聖王之治萬物各遂其性，而林之奇引作"得其養"[3]卷二，是謂王者有養育萬物之功，不切儒家宗旨。

《周官》"功崇惟志，業廣爲勤，惟克果斷"，王氏解云："功以志崇，業以勤廣，斷以勇克，三者天下之達道也。"[1]卷十一蔡沈《書集傳》與陳氏同，而陳櫟《書集傳纂疏》、董鼎《書傳輯録纂注》、劉三吾《書傳會選》、《書經大全》、《欽定書經傳説匯纂》均爲"功以智崇，業以仁廣，斷以勇克，此三者天下之達道也。"王氏不過隨文釋義，而諸家用《中庸》云："知、仁、勇三者，天下之達德也"，改注文，未必合王安石之本意。

再如有增減語氣詞者，《堯典》"以親九族，九族既睦"，王氏解云："親者，親之也。睦者，交相親也。"[1]卷一陳櫟所引無"者"[9]字，不害文意。

總體上看，陳大猷引王安石《尚書新義》文字，除簡括原文外，引文較少改動，較少楊時、王居正、林之奇等理學家那種激烈批判語氣。

參考文獻：

［1］陳大猷：《書集傳》卷一，《續修四庫全書》本。

［2］黄倫：《尚書精義》，《文淵閣四庫全書》本。

［3］林之奇：《尚書全解》，《通志堂經解》本。

［4］董鼎：《書傳輯録纂注》，《通志堂經解》本。

［5］朱熹：《晦庵先生朱文公文集》，卷六十五，朱傑人、嚴佐之、劉永翔主編：《朱子大全》，上海：上海古籍出版社；合肥：安徽教育出版社，2002：3159。

［6］朱熹：《朱子語類》卷七十八，朱傑人、嚴佐之、劉永翔主編：《朱子大全》，上海：上海古籍出版社；合肥：安徽教育出版社，2002：2646。

［7］王天與：《尚書纂傳》卷三中，《通志堂經解》本。

［8］夏僎：《尚書詳解》卷五，《文淵閣四庫全書》本。

［9］陳櫟：《書集傳纂疏》卷一，《通志堂經解》本。

李孝光交游考

□陳 增 傑

[摘　要] 李孝光是元代中後期重要文學家、學者。他的交游十分廣泛，同當時政界、文壇重要人物多有往還。未應詔前，他往來兩浙、蘇南，常居金陵，與江南諸道行御史臺官員相交頗密；又與楊維楨吴下論詩，共倡浙派古樂府運動，團結和影響了周圍一批作家。兹據李孝光現存詩文，汲引有關史料，依事迹、地域稍作分類，舉其要者 40 位人物略加考述。不惟從中求證李氏生平行迹，且用以探尋元代中後期東南文化界的一般狀況。

[關鍵詞] 元詩；李孝光；交游

[作者簡介] 陳增傑，温州大學學報編輯部編審(浙江温州 325035)

李孝光(1285—1350 年)，字季和，號五峰，温州樂清(今浙江樂清市)人。元代中後期重要文学家、學者，《元史》入卷一九〇《儒學傳二》。李孝光一生交游頗爲廣泛，據現存來往詩文、史傳及其他雜著，其生平交往和歌詩唱酬有姓名事迹可考者約百餘人。兹舉其要者稍作分類，撮引史料略加考述。

本文所引五峰作品(詩、詞、文)，均自陳增傑編校《李孝光集校注》十五卷，上海社會科學院出版社 2005 年 9 月出版，簡稱"李集"；陳增傑輯校《李孝光集校注補遺》，載《温州歷史文獻集刊》第一輯，南京大學出版社 2010 年 12 月出版，簡稱"補遺"。

一、舉薦李孝光入朝任職的朵兒只、太平二相

朵兒只(1304—1355 年)，亦作朵而只、多爾濟，元太祖(鐵木真)功臣木華黎六世孫。文宗天曆二年(1329 年)襲國王位，惠宗至正七年(1347 年)官中書右丞相。事見《元史》卷一三九《朵儿只傳》。

太平(1301—1363 年)，初姓賀，名惟一，字允中，後賜姓蒙古氏。山西永和人。歷官御史大夫、中書參知政事，惠宗至正七年拜左丞相。事見《元史》卷一四〇《太平傳》。

右相朵兒只、左相太平在位，修治禮典，延攬人才，舉薦遺逸，時稱賢相，於孝光亦有知遇之恩。《元史·朵兒只傳》云："(至正七年)拜中書左丞相，冬陞右丞相，監修國史，而太平爲左丞相。是時朝廷無事，稽古禮文之事，有墜必舉。請賜經筵講官坐，以崇聖學。選清望官

專典陳言,以求治道。厰守令六事,沙汰僧尼。舉隱逸士事,見《太平傳》。……朵兒只爲相務存大體,而太平則兼理庶務,一時政權頗出於太平,趨附者衆。朵兒只處之凝然,不與較,然太平亦能推讓盡禮,中外皆號爲賢相云。"《元史·太平傳》載:"(至正七年)十一月拜太平左丞相,朵兒只爲右丞相。……舉隐士完者圖(諤勒哲圖)、執禮哈琅(濟爾噶朗)、董立、張樞、李孝光。時天下無事,朝廷稽古禮文之典,有墜必舉。平生好訪問人材,不問南北,記録于册,至是多進用之。""太平之爲相也,務廣延才彦。"

至正九年(1349年)七月,朵兒只、太平罷相,孝光自覺在朝中失去依靠,遂於次年秋辭職還歸。元陳德永《李五峰行狀》:"会二丞相去位,公亦以老病谢事。"[①]二丞相指右相朵儿只、左相太平。李集卷十《送朵兒只國王之遼東》,[②]爲至正九年秋在京送朵兒只赴任遼陽作。遼東,今遼寧遼陽,元置遼陽行省。《元史·朵兒只傳》:"九年罷丞相位,復爲國王,之國遼陽。"

二、《李五峰行狀》所舉友好

元陳德永《李五峰行狀》:"其與公友者,有若魯國公趙子(敬)、巙平章子山、郭幹卿侍御史;有若中書参政王都中、禮部尚書泰不華兼善、户部尚書貢泰甫;有若杜侍祭清碧、張仲舉祭酒、監丞陳衆仲,皆端人也。公真可謂天下士矣!"

趙世延(1260—1336年),字子敬,號迂軒,元汪古部人。仁宗延祐元年任中書參知政事,文宗即位拜中書平章政事,執掌政務。至順元年(1330年)封魯國公,是年秋養疾于金陵(南京)茅山;二年改封涼國公。惠宗至元二年辭金陵還蜀卒,享年七十七岁。世延歷事成宗、武宗、仁宗、英宗、泰定帝、天順帝、文宗、寧宗、惠宗九朝,居省臺五十餘年,立朝清介,抑暴扶良濟民,並有政績。《元史》卷一八〇《趙世延傳》稱:"負經濟之資,而将之以忠義,守之以清介,飾之以文學。凡軍國利病,生民休戚,知無不言,而於儒者名教,尤拳拳焉。爲文章波瀾浩瀚,一根於理。"清顧嗣立、席世臣編《元詩選癸集·趙平章世延》録詩7首。

孝光酬贈趙詩詞計9首,見卷八《次相國魯公鍾山韻》,卷九《寄玉虛劉宗師用趙涼公韻》《元日陪趙相國家宴》《壽平章涼國公號迂軒先生》《舟中上趙相國二首》,卷十五《水調歌頭·壽涼國公趙公》,補遺五排《壽母魯國夫人》,七律《興國公者,劉克憲五世祖也。國初爲都提控元帥,没封興國公,謚"武毅"。爲元帥時督餉興中府,當時所署事牘,有畫字並判移題曰,皆興公手所署畫也。克憲裝爲四牘,而魯公題其甲。魯公歸秦州,後十二月初六日,舟發建業城西。余將送公,初九日亦宿于方舟。明日猶泊劉君廟下,賦詩》。又爲撰《趙魯國公政

① 陳德永:《李五峰行狀》,清嘉慶四年(1799年)重輯《樂清澱溪李氏宗譜》載録。《李孝光集校注》附录二引,上海社會科學院出版社2005年版,第587—589頁。下引簡稱"行狀",不再出注。

② 本篇據《宋元四十三名家集·李五峰詩集》、《元詩選二集》戊集《五峰集》編録。《元詩選二集》己集甘立《允從集》、《元詩選三集》庚集陸友《杞菊軒稿》亦見選録,無注互出。今按當歸李作,詳陳增傑:《李孝光詩辨疑》,《陳增傑集》,黄山社2011年版,第795—796頁。

録》,見《行狀》,今佚。

《行狀》謂:"魯公才美冠世,逮事七朝,爲國元老,能以禮下公。"魯公晚年移居金陵,孝光出入趙府,陪侍家宴,甚受禮遇。作者《寄張伯雨》詩云:"沈元有奴客,遺我書一紙。新從城中來,佳否問何似。上言善眠食,下言丞相(魯公)旨:丞相幸康强,髮白顔色美。峨冠藻米裳,赤舄正几几。甚高先生(指孝光)賢,不用衣青紫。歲晚無乃寒,何時戒行李?時時問故舊,頗及張外史。日望兩客來,議論得亹亹。"(卷五)"兩客"指孝光、伯雨。魯公離金陵還蜀時,孝光隨舟"從行千里至池陽(安徽貴池)"送别。

孝光與魯公次子趙月魯亦頗有交往。詩有:卷五《寒汀小景圖爲去疾監丞作》,卷八《送公子趙去疾二首》,卷十一《去病秘丞趙君,凉國公子也》,補遺五排《送公子去疾還秦次笑隱韻》。按:趙月魯,字去疾,又字去病,歷官秘書監監丞(省稱"秘丞",從五品)、江浙行中書省理問(正四品)。《元史·趙世延傳》:"五子,達者三人:野峻台,黄州路總管;次月魯,江浙行省理問官;伯忽,夔州路總管。"據元丁復《檜亭集》卷三《金陵奉餞趙公子去疾理問侍平章魯公世延入蜀歸秦》詩,知去疾爲月魯之字。

巎巎(1295—1345年),亦作庫庫,字子山,號正齋、恕叟,元康里人。出身貴胄,平章政事不忽木之子。歷官江南行御史臺侍御使、禮部尚书、翰林學士承旨、江浙行省平章政事。博涉經史,通明國學,《元史》卷一四三《巎巎傳》言其"以重望居高位,而雅愛儒士甚于饑渴,以故四方士大夫翕然宗之,萃于其門。"擅長真、行、草書。明陶宗儀《書史會要》卷七《元庫庫》謂:"名重一時,評者謂國朝以書名世者,自趙魏公(趙子昂)後便及公也。"

《行狀》稱與孝光友者有"巎平章子山",今李集中無贈酬作。惟至正元年泰不華遷任紹興路總管,篆書李孝光所撰《王貞婦傳》,巎巎賦《清風篇》並行草書之,後刻爲石碑(參本文"泰不華"條),表明他們的交往關係。

郭幹卿,名未詳,太原(今屬山西)人。歷任監察御史、奎章閣學士、治書侍御史(正三品)。爲官廉正,元張養浩《歸田類稿》卷三《送郭幹卿序》云:"至大改元,始與今右司員外郎郭君幹卿,同拜監察御史……共事憲府,每私相勗……凡朝廷利疚得諸聞見者,靡不言之。其章則余二人必共議合署,聯其銜以上,未来之禍所甘心焉。"曹伯啓《曹文貞公詩集》卷六有《冬至日白霤道中偶成,録寄朱叔茂郎中、段惟德、魯子翬二都司,仍希於張白高參議、郭幹卿治書與兩司幕長及按郭郎中、邢孟直諸公處,以區區薄况達之》詩,袁桷《清容居士集》卷三四《孫孝子傳》稱"太原郭幹卿嘗曰",釋大訢《蒲室集》卷五有《送郭幹卿學士赴奎章閣次趙魯公韻二首》。

孝光所著《春秋述始》(今佚),得郭幹卿稱揚始聞名朝野。《行狀》云:"公生平著作有《春秋述始》,顯微闡幽,足發前賢之秘。侍御史郭幹卿嘗稱之於朝,而天下士大夫始知有公。"

王都中(1278—1341年),字元俞,一字邦翰,號本齋,福寧州(今福建霞浦县)人。父積翁,宋福建制置使,降元官江西行省參知政事,奉使日本遇害海上。都中以父恩授職,年十七任平江路總管府治中,歷仕福建、浙東、廣東道宣慰使都元帥,河南、江浙行省參知政事。卒謚清獻。有政绩,《元史》卷一八四《王都中傳》云:"都中歷仕四十餘年,所至政譽輒暴著,而治郡之績,雖古循吏無以尚之。當世南人以政事之名聞天下而位登省憲者,惟都中而已。又其清白之操，得於家傳。"《書史會要》卷七《元王都中》："以廉介自持，爲政簡而不九。大字似其爲人，小字亦善。"有《本齋詩集》三卷。清顧嗣立編《元詩選三集》已集《本齋集》録詩24首。

李集卷六有《寄憲使本齋王公》詩。憲使，指肅政廉訪司（憲司）的長官廉訪使（正三品）。詩云"卧鎮江海濱"，當指王任海北海南道肅政廉訪使時寄贈作。

泰不華（1304—1352年），字兼善，初名台哈布哈，亦作達普化（達布哈），蒙古人。世居白野山（伯頁山），父官台州（今浙江臨海）録事判官，遂居於台。至治元年（1321年）進士及第，歷仕禮部尚書、台州路達魯花赤。至正十年任浙東道宣慰使都元帥，十二年征方國珍戰死，年四十九。《元史》卷一四三《泰不華傳》（四庫全書本作《台哈布哈傳》）稱其"尚氣節，不隨俗浮沈。""善篆隸，温潤遒勁。"《元詩選初集》録詩23首。

泰不華曾師事李孝光，《元史》卷一九〇《儒林傳二・李孝光》："名譽日聞，泰不華師事之。"至正元年（1341年），孝光撰《王貞婦傳》以表彰臨海王貞婦受辱不屈死節事，兼善遷任紹興路總管，爲之篆書。清阮元《兩浙金石志》卷十八《元・清風嶺王烈婦祠碑》："石碑在紹興府學明倫堂，篆書十九行，字徑一寸。碑爲永嘉李孝光撰，泰不華書。"碑陰刻有巎巎《清風篇》行草。明葉盛《水東日記》卷二四《清風嶺碑》云："書刻之精，不必論已。獨念達公後來竟以浙東元帥節死于海，不愧貞婦，不負科目。蓋觀公之好尚，亦可以知其人矣。是雖本于公志操之素定，然李先生平日講學之功，子山公朋友期待之切，要亦不爲無助云。"李先生，指李孝光；子山，即巎巎。

李集中寄贈詩5首，見卷六《寄達兼善》，卷七《送兼善典僉》，卷八《送達兼善僉事》，卷九《次達公晚過釣臺韻》《喜雨次神字韻録呈達兼善》。《送兼善典僉》，典僉即典簽，元奎章閣學士院官員。據《元史・泰不華傳》："拜江南行臺監察御史。時御史大夫脱歡怙勢貪暴，泰不華劾罷之。文宗建奎章閣學士院，擢爲典簽，拜中臺監察御史。"奎章閣學士院建於文宗天曆二年（1329年），虞集《奎章閣銘》云："天曆二年三月吉日，天子作奎章閣。"兼善當於是年春夏自江南行御史臺（在建康今南京）調任赴京，本篇作於其時。兼善爲官廉正，"以清厲顯名，骨鯁不同於物。"[①]故作者送别贈言，期以"上言"明主，解民于懸。《送達兼善僉事》，僉事，肅政廉訪司官員（正五品）。《元史》泰傳："順帝即位……出僉河南廉訪司事，俄移淮西。"《元史・百官志二・肅政廉訪司》："淮西江北道，廬州路置司。"從《喜雨次神字韻録呈達兼善》詩中所寫"歸巡九江郡"及"淝水、灤湖"諸語看，當是順帝初年達任淮西廉訪司僉事出巡按察有作，李次韻和酬。《寄達兼善》爲於揚州送達赴官台州作，詩云"聞將入臨海（台州路治縣）"、"因君紫旄節"可知。据《元史》泰傳，達任台州路達魯花赤在至正十一年（1351年）秋，而李已於前一年即至正十年（1350年）冬卒（見《行狀》）。或達於此前另有赴台州之行。

貢師泰（1298—1362年），字泰甫，宣城（今屬安徽）人。泰定四年釋褐出身，歷官平江路總管、江浙行省參知政事、户部尚書。《元史》卷一八七本傳稱："性倜儻，狀貌偉然。既以文

---

① 陶宗儀：《書史會要》卷七《元台哈布哈》，上海古籍出版社1987年影印文淵閣四庫全書本，第814册，第762頁下。

字知名，而於政事尤長，所至績效輒暴著。尤喜接引後進。”著有《玩齋集》。《元詩選初集》戊集選録其詩。

杜本(1276—1350年)，字伯原，又字原功，號清碧。臨江路清江(今江西清江縣)人。博該經術，湛静寡欲，隱居武夷山中。至正三年，詔拜翰林待制兼國史院編修官。傳至杭州，稱疾固辭。《元史》卷一九九入《隱逸傳》。《元詩選初集》己集選録其詩。

據《行狀》，貢師泰、杜本皆孝光之友，現存文獻中未見往來作。

張翥(1287—1368年)，字仲舉，號蛻庵，晉寧路襄陵縣(今屬山西)人。歷任國史院編修官、侍講學士、翰林學士承旨，領河南行省平章政事，封潞國公。元顧瑛《玉山草堂雅集》卷六《張翥》：“少負才雋，豪放不羈，繼受業於李存先生道德性命之説，多所研究。又從仇遠先生學，遠於詩最高，翥學之得其音律之奥。於是以詩文知名一時。”《元史》卷一八六《張翥傳》：“翥長於诗，其近體、長短句尤工。文不如詩，而每以文自負。”今存《蛻庵集》五卷。《玉山草堂雅集》卷六、《元詩選初集》戊集選録其詩。

李孝光與張翥同游及次韻詩6首，聯句4首，見李集卷五《九月一日，李晉仲、張子長、張仲舉、蔡行之載酒西湖。是日會者凡九人，分韻得采字》，卷六《游雞籠山，同游者高季淵、張仲舉、李伯羽》(題據明鈔本)，卷十《为古滄藏主題安慶金君美秀野亭次張仲舉韻》《送古淡上人用張仲舉韻》《雲峰臺望月送張仲舉至秦郵驛》《次仲舉韻送亭上人》，卷十一《除夜宿室戒院，會者三人薩使君、張仲舉》《秋夜同張仲舉、訢笑隱龍翔寺聯句》，補遺聯句《鳳臺見月。會者晉寧張翥仲舉、僧會日上人，與坐者郯復禮而不爲詩。臺在保寧寺北》《石頭城》。兩人是旗鼓相當的對手，這從他們频相聯句可以看出。李《送伯循御史、天锡照磨至龙湾留别》云：“寄語揚州張仲舉，明月何處問吹簫。”(卷九)張有《歲云暮矣三首送李五峯之温州》詩：“歲云暮矣子將焉之，江南木落鴻鴈飛。娟娟美人淮水湄，淮水去不止，相思日千里。”“歲云暮矣子將焉往，燕山雪片大如掌。娟娟美人淮水上，淮水日夜流，相思人白頭。”“歲云暮矣子將焉行，江空木落天雨霜。娟娟美人淮水旁，淮水不回頭，行人上蘭舟。”①可見相惜倾慕之意。

陳旅(1288—1343年)，字衆仲，興化莆田(今屬福建)人。博學多聞，馬祖常、虞集交口游譽，平章趙世延力薦，舉爲國子助教。歷應奉翰林文字，遷國子監丞。《元史》卷一九〇《儒林傳二·陳旅》謂“其文典雅峻潔，必求合於作者，不徒以徇世好而已。”《書史會要》卷七《元陈旅》：“博學强記，以文章名世。善古隸，而行楷亦有法。”著有《安雅堂集》十二卷。《元詩選初集》戊集選録其詩。

李集卷十有《副提舉陳衆仲乘傳如臨川，爲江浙行中書請起學士虞伯生校文，賦詩送之》。《元史》陳傳：“元統二年，出爲江浙儒學副提舉。”“旅平生於師友之義尤篤，每感虞集爲知己。其在浙江時，集歸田已數載，歲且大比，請于行省參知政事孛术魯翀，親奉書幣，請集主文鄉闈。欲爲問候計，乃衝冒炎暑，千里訪集于臨川。”又據《元史》卷一八三《孛术魯翀

---

① 張翥此三詩見載明偶桓《乾坤清氣》卷八，《元詩選初集》戊集《蛻庵集》録同。清薩龍光編《雁門集》卷二收爲薩都剌詩，題無“送李五峯之温州”字。

傳》:“元統二年,除江浙行省參知政事。逾年,以遷葬歸鄉里。”可知陳旅如臨川(今江西撫州)請起虞集(伯生)主文,在順帝元統二年(1334 年)。本篇作於其時,時居杭州。李詩云:“平生識公殊恨晚,曾見雄才九鼎扛。”極爲稱慕。陳亦曾爲孝光門人作字說,《安雅堂集》卷十三《章命字子與説》云:“永嘉章命字子與,學於其鄉李季和先生,又從之錢唐,見行省元僚泰無善公,爲篆‘子與’兩大字。”

三、江南諸道行御史臺官員

江南諸道行御史臺(簡稱南行臺或南臺)於至元二十三年遷駐建康(南京),孝光居金陵,與南臺官員頻有交往,并得到他們的合力舉薦。《元史·李孝光傳》:“南行臺監察御史闔辭屢薦居館閣。”據元張鉉《至正金陵新志》卷六下《官守志二題名·行御史臺》載,南臺官員中如御史大夫多爾濟(泰定二年),御史中丞趙世延(泰定三年)、馬祖常(元統二年)、納琳(元統三年)、王士熙(至正二年。至元二年任侍御史),侍御史郭思貞(至順三年),治書侍御史圖沁巴哈(元統二年),都事彭敬叔(至正元年。至元六年任監察御史),監察御史王理(至順三年)、觀音奴(至元五年)及許有壬、王士讓、薩都剌等,均與孝光有過往。

馬祖常(1279—1338 年),字伯庸,元雍古部人。父官漳州路同知,家于光州。歷仕翰林直學士、禮部尚書,文宗至順四年(1333 年)拜江南行臺御史中丞。《元史》卷一四三《馬祖常傳》稱“工于文章,宏贍而精核”;“尤致力于诗,圓密清麗,大篇短章無不可傳者”。王士禛《居易録》卷二:“元代文章極盛,色目人著名者尤多,如祖常及趙世延、孛术魯翀、康里巙巙、貫雲石、辛文房、薩都剌輩皆是也。”著有《石田集》十五卷,《元詩選初集》丙集選録其詩。

李集卷十有《用馬中丞韻送志能賀冬之京師》詩,在建康作,馬祖常時任南臺御史中丞。

納琳(1281—1359 年),即納麟,亦作納璘,唐兀人。

李集卷二《洞神宫青溪堂記》:“延祐六年,盱江江廷楫濟川實來……修三神之祠。明年,又益樹壞垣,改作兩廡。始完,而御史中丞納琳侍御辅之,治書侍御史圖沁布哈、監察御史僧格達實過見之。”據《至正金陵新志》卷六下,納琳於元惠宗元統二年(1334 年)任江南行臺侍御史,元統三年(1335 年)升行臺御史中丞。又據《元史》卷一四二《納麟傳》,是年十一月,改元至元,詔拜中書參知政事。由是推知,本篇當作于元統三年。《金陵新志》載圖沁布哈任南臺治書侍御史,也在元統二年,可互證。

王士熙,字繼學,東平(今屬山東)人。王構長子。歷仕參知政事,惠宗至元二年任江南行臺侍御史,至正二年(1342 年)遷南臺御史中丞。《書史會要》卷七《元王士熙》稱:“風流蘊藉,爲名流所慕。書法亦清潤完整。”《元詩選二集》戊集《江亭集》云:“繼學爲詩,長於樂府歌行,與袁伯長、馬伯庸、虞伯生、揭曼碩、宋誠夫輩唱和館閣,雕章麗句,膾炙人口。”傳見《元史》卷一六四《王構傳》附。

致和元年(1328 年)泰定帝死,燕鐵木兒謀立懷王(即文宗,武宗次子,明宗之弟),“分命勇士執中書左丞朵朵、參知政事王士熙……等，皆下之獄”，[①]“各流於遠州，並籍其家”。[②]文宗天曆二年(1329)十月，“徵朵朵、王士熙等十二人于貶所，放還鄉里。”[③]天曆三年六月，復予録用。李集卷十《聞詔赦因次王繼學大參聽詔韻》二首，大參即參知政事，題“聞詔赦”，當作於天曆二年十月。結云：“定有新詩薦賓客，買絲願綉信陵君。”有冀望汲引之意。

彭敬叔，字叔儀，章邱(今山東章丘縣)人。孝光序稱“濟南彭叔儀”，《至正金陵新志》卷六下亦言“濟南人”，按章邱爲元濟南路屬縣，故云。惠宗至元六年任江南行臺監察御史，明年(至正元年)升行臺都事。终任湖北肅政廉訪司僉事。事見雍正《山東通志》卷二八之二《人物二元・彭敬叔》。元張養浩《歸田類稿》卷十二《陽丘張氏先塋碣銘》有“陽丘彭敬叔過余”語，則與養浩有交往。

元惠宗至元六年(1340 年)十二月，作者應南臺監察御史彭敬叔屬託，爲集慶路儒學刊刻之《樂府詩集》撰寫序言。李集卷二《樂府詩集序》：“監察御史濟南彭叔儀父前得其書，手自校讎，正其缺訛，及是更購求善本吴越之間，重爲校之，使文學童萬元刻諸學官。曰‘將使世之學士皆得受業焉。上且興禮樂，此足爲之兆。’屬孝光序之。”至正元年(1341 年)周慧孫所作《樂府詩集序》云：“憲臺幕賓濟南彭公叔儀父憫茂倩之用心，悼古樂今樂之異趣，慮其湮没無聞；郡博士童君萬元又能先意承志，遂鳩工鋟梓以廣其傳，慧孫適承乏勉力以竟其事。”按，彭刻《樂府詩集》稱至正元年集慶路儒學刊本，今見四部叢刊初編影印上海涵芬樓藏明汲古閣本，李序列于卷首。

王理，字伯循，興元路南鄭(今陝西漢中市)人。登進士第，文宗至順二年(1331 年)任翰林編修，三年赴調江南行臺監察御史，四年爲王構《修辭鑒衡》作序，俾集慶路儒學刊刻。惠宗元統二年(1334 年)四月，爲蘇天爵《元文類》作序。是年秋遷廣東道肅政廉訪司僉事(憲僉)，至元間改任江東道肅政廉訪司僉事。伯循詩多散佚，元唐元《筠軒集》卷五有題《王伯循僉事詩卷》詩，《元詩選癸集》癸上僅録存 2 首。

伯循與揭奚斯、釋大訢、程端禮、宋褧等並有唱酬，而與薩都剌、李孝光往還最密。薩《雁門集》有寄王詩 10 題 14 首；李集有 6 題 9 首，見卷三《采蓮曲(送王伯循)》，卷九《送王僉憲伯循》《送伯循御史、天錫照磨至龍灣留别》，卷十三《送李仲羽歸江東因寄伯循御史(三首)》《病起寄伯循御史(二首)》，卷十四《次韻伯循御史登滕王閣見寄》。

王士讓，名未詳。文宗至順三年(1332 年)，與王理(伯循)同任南行臺監察御史。李集卷十三《題王仕讓御史所藏畫卷》三首，“王仕讓”應作王士讓，“仕”爲“士”傳刻之訛。《草堂雅集》卷四載録張翥《王士讓御史三畫》，所題咏同，可證。補遺雜著《鄭復初哀詞》云：“問聞，余與監察御史王伯循、王士讓，行臺掾郭彝孟、薩天錫、觀志能，共爲酒牲，招其魂魄，祭之於鳳凰山下。”更見證他們的交往。

---

① 《元史・文宗紀一》，中華書局 1976 年校點本，第 3 册，第 704 頁。
② 《元史・文宗紀一》，中華書局 1976 年校點本，第 3 册，第 709 頁。
③ 《元史・文宗紀二》，中華書局 1976 年校點本，第 3 册，第 743 頁。

觀音奴(一作努),《元史》卷一九二《良吏傳二·觀音奴》:“觀音奴,字志能,唐兀(四庫本作古)人氏。居新州(今廣東新興)。登泰定四年(1327年)进士第。由户部主事,再转而知歸德府。廉明剛斷,發擿如神。民有銜冤不直者,雖數十年前事,皆千里奔走來訴。觀音奴立爲剖决,一日悉清。……後升爲都水監官。”致仕歸,卒年六十九。

觀音奴詩多散佚,《元詩選癸集》癸丙僅録存3首。與張翥、釋大訢並有唱和,而與薩都剌交往最深,兩人既爲同年,又在江南行臺同官。觀任南臺監察御史在惠宗至元五年(1339年),孝光與觀、薩同遊賦咏,過從頻密。李酬贈觀詩計8首,見卷六《送觀志能分韻得更字》,卷七《用馬中丞韻送志能賀冬之京師》,卷八《陪薩使君、志能遊城西光孝院得茶字》,卷十三《陪觀志能、薩天錫二使君遊城西光孝寺》,卷十四《用志能臺郎韻寄薩天錫使君,今爲江南諸道御史臺令史(二首)》《用觀志能韻寄薩天錫使君》,補遺七古《陪志能、伯誠二臺郎遊城北壞寺,用志能憶薩公韻》。

其《送觀志能分韻得更字》詩,當爲惠宗至正二年(1342年)觀音奴南臺監察御史三年任滿還朝時送别作。釋大訢《蒲室集》卷一《送觀志能臺郎赴都得勸字》詩,薩都剌《雁門集》卷七《送志能分得君字。志能與余同榜,又同南臺從事,考满北歸》詩,作於同時。蓋觀氏考满北行,餞送者七人,以“勸君更盡一杯酒”分韻賦别,大訢“得勸字”,薩“得君字”,李“得更字”也。

薩都剌(亦作拉,约1272—1345?),字天錫,號直齋,回回人。出身世家,生於代州雁門(今山西代縣)。泰定四年(1327年)進士,歷任鎮江路録事司宣差、江南諸道行御史臺掾史、燕南肅政廉訪司照磨、閩海肅政廉訪司知事,終淮西肅政廉訪司經歷(從七品)。[①]現存詩詞400餘首,收在《雁門集》,詩風豪健清朗。

李孝光與薩都剌是交誼篤厚、關係密切的詩友。李集中送贈唱和憶懷之什計29題49首(含聯句1首),見卷三《吴趨曲(送薩天錫)》《效玉臺體二首》(明鈔本題下原注“送天錫使君如京師”),卷五《和天錫郎中城字韻》,卷七《和薩郎中秋日海棠韻》,卷八《送薩郎中賦得新亭》《陪薩使君、志能遊城西光孝院得茶字》《次薩郎中題鐵塔寺壁》《次薩使君道林寺壁》《次天錫題暢曽伯都事幽居二首》,卷九《送伯循御史、天錫照磨至龍灣留别》《同薩使君天錫飲鳳皇臺》《次薩使君天錫登石頭城》,卷十《春雪寄薩天錫使君》,卷十一《陪薩天錫使君飲酒鐵塔寺,分題得籜龍軒分韻得而字》《除夜宿室戒院,會者三人薩使君、張仲舉》,卷十三《次薩使君天錫韻(四首)》《懷薩使君天錫(五首)》《懷薩使君》《次韻薩使君天錫雜咏(六首)》《陪觀志能、薩天錫二使君遊城西光孝寺》《次薩天錫郎中送蕭御史韻送薩天錫郎中》《和薩天錫郎中韻韵(三首)》,卷十四《次薩天錫使君六合詩韻(二首)》《用志能臺郎韻寄薩天錫使君,今爲江南諸道御史臺令史(二首)》《懷薩天錫使君(二首)》《用觀志能韻寄薩天錫使君》《次韻薩使君雜咏(二首)》;補遺五律《和天錫臺郎韻》、七古《陪志能、伯誠二臺郎遊城北壞寺,用志能憶薩公韻》,寄酬頻繁,數量極多。他還在《送陳君禮之婺女兼寄徐仲禮》中懷念説:“我之故人柏

---

① 陶宗儀《書史會要》卷七《元薩都拉》:“官至淮西廉訪司經歷。”上海古籍出版社1987年影印文淵閣四庫全書本,第814册,第763頁上。

臺史，三年不得一書紙。”（卷七）《秋夜同張仲舉、訢笑隱龍翔寺聯句》序云：“笑隱招天錫、仲舉與余飲酒。天錫宿臺中不來，惟余與仲舉會，是夕聯句云。”（卷十一）而今傳薩都剌《雁門集》，與李孝光往還詩僅存2首，見卷五《終南進士行和李五峰題馬麟畫鍾馗圖》《題畫竹》（別本作《李五峰孝光携墨竹索題》）。同卷《三益堂芙蓉》，當也是在建康與五峰和韻聯唱作，李集卷十有同題同韻詩，但題無署明。此外，李《次虞學士韻》（白髮眉山老）一首，當是李與薩同游京口（鎮江），見虞集《寄丁卯進士薩都拉天錫》後即用虞詩韻寫的。[1]總而觀之，李贈多而薩寄答少，出現這種情況，我想有三个原因：一是薩比李大十多歲，年輩高於李。二是薩爲世家子弟，又進士出身，雖仕路蹭蹬，交際極廣；而李一介布衣，教授州學，應詔前行迹亦僅限於江南一帶。三是薩在當時詩名籍甚，對於李之文才尚未有足够的認識。所以李對薩是推崇有加，稱曰“詩妙人皆誦，才高世不容”，題中屢用“薩郎中”、“薩使君”之類帶有虛高成分的名銜尊稱之；[2]而薩贈詩用“索題”字，直視李爲晚輩矣。

許有壬（1287—1364年），字可用，湯陰（今屬河南）人。延祐二年進士，歷事仁宗至惠宗七朝，終官集賢大學士兼太子左諭德，積階光禄大夫（從一品）。爲官正直，《元史》卷一八二本傳稱其“絶不爲巧避計，事有不便，明辨力諍，不知有生死利害，君子多之”。著有《至正集》《圭塘小稿》。

許曾任江南行臺監察御史、兩淮都轉運鹽司使。李集卷十《送許參議上官中書》：“企想才名二十春，遽陪清宴賦登臨。蒼生政藉經綸手，烈士盡知匡濟心。已覺東風蘇萬蟄，未愁白日作輕陰。官船擊鼓催官發，一夜秦淮春水深。”據《元史》本傳：“至順二年（1331年）二月，召參議中書省事，未幾，以丁母憂去。元統元年（1333年），復以參議召。”從“已覺東風蘇萬蟄”句看，本篇當是文宗至順二年二月許初召爲參議中書省事（元中書省參議府首領官）金陵送别作。許《至正集》卷十四有《游蔣山次李五峰韻》：“道途雖僕僕，得暇即登山。有樂來金地，何心夢玉闕。雪餘梅噴白，霜重樹留殷。畎畝無遺秉，郊原有敗菅。泉香龍已去，松老鶴初還。好作菟裘計，分雲住半間。”可見他們在金陵的交往。五峰原韻詩今不存。

四、其他官宦之交

除《行狀》所舉和南臺官員外，孝光的官宦之交尚有虞集（伯生）、馬昂夫（超吾）、魯子翬

① 参見本文“其他官宦之交·虞集”條及注①。

② 按，薩都剌於至順二年（1331年）調任江南諸道行御史臺掾史。掾史爲行臺低層吏員，秩從九品（見《元史·百官志二·御史臺》）。郎中則是中書省左右司、六部高級部員，秩五品。行中書省亦設郎中，秩從五品（見《元史·百官志一》及《百官志七》）。薩歷仕照磨（正九品）、知事（正八品），終官燕南河北道肅政廉訪司經歷（從七品）。而此作及七古《和薩郎中秋日海棠韻》、五律《送薩郎中賦得新亭》《次薩郎中題鐵塔寺壁》等，皆以“郎中”相稱，蓋沿用古稱，有尊美之意。秦漢郎中令（九卿之二，漢武帝時改名光禄勳）的掾屬有中郎、侍郎、郎中、虎賁、羽林等，統稱郎官。名爲侍衛，實乃獲選拔官員候任時的虛銜。李贈詩又稱“天錫臺郎”，釋大訢、張翥贈詩亦稱“薩天錫臺郎”，臺郎即行臺郎官，謂掾屬。

(字术鲁翀)、盧摯(疏齋)、趙俶(本初)、廉惠山海牙(公亮)、李桓(晉仲)、方積(叔高)等。

虞集(1272—1348年),字伯生,號邵庵,撫州崇仁(今屬江西)人。歷官大都路儒學教授、國子司業、奎章閣侍書學士,轉通奉大夫(從二品)。卒謚文靖。文宗時主修《經世大典》。《書史會要》卷七《元虞集》:"博文明識,精于辭藝。真行草篆,皆有法度;古隸爲當代第一。"著有《道園學古録》五十卷。《元史》卷一八一有傳。

李集卷八《次虞學士韻》,亦載清薩龍光編薩都剌《雁門集》卷三,題《和學士伯生虞先生寄韻》。編者案云:"顧俠君《元詩選》未及訂訛,而以此詩入李季和集中。考《元史》本傳李無官鎮江事迹,而情事亦絶不相侔,故特駁正如此。"今按:李此詩載明弘治刻本《五峰集》,《東甌詩集》《元詩選二集》均見選録,來源比較可靠;而《元詩選初集》薩名下不録。薩龍光云云,未足置信。余有專文辯論,此不贅。①

李集中涉及虞集的尚有,卷九《冶城飛龍亭詩卷》云:"先生曾对明光殿,奏報新松似鶴長。"先生,指虞集。虞《道園學古録》卷四《送道士趙虚一歸金陵》並序:"(天曆二年)三月二十五日,集侍立延閣,上顧問集:'嘗至金陵否?'集謹對曰嘗到。又曰:'冶亭是汝所題,往年八九至其處,新松当長茂矣?'……春明晝侍奎章閣,聖上從容問冶亭。爲報仙都趙真士,新松好護万年青。"二句即咏其事。卷十《副提舉陳衆仲乘傳如臨川,爲江浙行中書請起學士虞伯生校文,賦詩送之》。虞集、李孝光、楊維楨還曾一起爲太倉馬廷玉芝秀軒書額撰作。雍正《江南通志》卷三三《古蹟四太倉州・芝秀軒》載:"在州,元馬廷玉所居。虞集書額,李孝光撰記,楊維貞撰歌辭,時稱三絶。"

馬昂夫,亦作薛昂夫、司馬昂夫,名超吾,字昂(亦作卬)夫,號九皋。②漢姓馬,以字行。元大行畏吾兒(維吾爾族)人。③貴胄之後,歷官太平路、衢州路總管。雅好詩書,曾師從劉辰翁,與虞集、薩都剌、釋大訢等多有唱酬。至正十年(1350年)尚在世。元劉將孫《九皋詩集序》云:"卬夫以公侯胄子,人門家地如此,顧蕭然如書生,厲志于诗,名其集曰九皋,此其志過流俗遠矣。"赵孟頫《松雪齋集》卷六《薛昂夫詩集序》云:"昂夫乃西戎貴種,……事筆硯讀書,屬文學爲儒生,發而爲詩,樂府皆激越慷慨,流麗閒婉。"薩都剌《雁門集》卷十三《寄馬昂夫總管》稱:"衢州太守文章伯……人傳絶句工唐体。"著有《九皋詩集》,今佚。《元詩選癸集》録詩1首。亦善词和散曲,《草堂詩餘》卷上録詞3首,今編《全元散曲》録小令65首、套數1首。《書史會要・補遺》稱其"能篆書"。

孝光酬贈昂夫詩計7首,見卷七《次三衢守馬昂書壘韻》,卷八《五馬呈昂夫大尹》,卷九《次韻薛公三衢石橋(三首)》,卷十《次薛公信安太守韻(二首)》。昂夫家富藏書,築書樓名

---

① 陳增傑:《李孝光詩辨疑》,《陳增傑集》,黄山書社2011年版,第792—793頁。

② 涵虚子《詞品》評元詞曲家云:"馬九皋如松陰鳴鶴,……薛昂夫如雪窗翠竹,……馬昂夫如秋蘭獨茂。"(宛委山堂本《説郛》卷八四引)將馬九皋、薛昂夫、馬昂夫視作三人,明朱權《太和正音譜》卷上《古今群英樂府格勢》承之,並誤。

③ 王德淵《薛昂夫詩集序》云:"薛超吾,字昂夫。其氏族爲回鶻人,其名爲蒙古人,其字爲漢人。"見元周南瑞編《天下同文集》卷十五引,文淵閣四庫全書本。

"書壘",作以歌。元吴師道《禮部集》卷十二《書壘記》:"河内九皋公,平生薄嗜好,好讀書,所蓄凡萬卷。僑居豫章,辟樓鶴軒之左,悉置于其上,而以書壘名之。且特取先朝所賜《大學衍義》尊閣之,以爲壘之鎮。既自爲記以述其由,又作歌以道其樂,由是書壘之名聞于時。"孝光《次書壘韻》即爲和作。

五、温州、樂清地方官員

温州路達魯花赤路某,永嘉縣尹林泉生(清源);樂清縣尹姬文輝(延祐四年,1317年)、靳恕、衛迪(好義,至元二年,1336年)、宗儒,縣尉蔡卓(石雲),長林埸丞朱晞顔,宗晦山長陳輔賢,小鹿巡检謝仲連。

靳恕,字從矩。元泰定帝泰定二年(1325年)至文宗天曆元年(1328年)任樂清縣尹,抑制豪强,修治水利惠民,頗有政绩。李集卷四《原田》并序歌其賢政,記其離任時鄉民"卧塞其門"苦相挽留的情景。又有卷六《同靳從矩縣尹宿雁山天柱院》、卷八《代送靳尹》、卷九《送靳縣尹》、補遺五古《與靳縣尹》諸詩。

朱晞顔,字景淵,號瓢泉,長興(今浙江長興縣)人。曾任平陽州蒙古掾、樂清長林埸司丞、江西瑞州監税。吴澄集有晞顔父文進墓表,稱其能詩文而爲良吏。著有《瓢泉吟稿》五卷。前有牟巘、鄭僖二序。鄭僖序云:"君嘗丞長林,鹺事庬茸,籞導棼疏,日就成緒,乃能與李君五峰恣覽雁蕩山瓌容瑋狀,倡和彪休。風雲協其律吕,烟霞爲之澄廓。於時運使本齋王公,方巡眎其所職也,即改容禮貌之。"長林即長林埸,爲兩浙都轉運鹽使司管轄下的鹽埸,①在温州路樂清縣境。②丞即司丞,鹽埸佐吏,從八品。本齋王公即王都中,時任兩浙都轉運使。③

李集卷十一李、朱《丹巖聯句》,傳本《五峰集》不録,見載朱《瓢泉吟稿》卷一,題下原注:"李孝光同賦。"當是晞顔官樂清長林埸司丞時與孝光聯唱作。《瓢泉吟稿》涉李之作尚有兩篇,卷一《用中賦》并序:"友人李季和,咎余性褊,貽書勉以用和之道。因思古人西門豹佩韋欲其緩,董安于佩弦欲其急,乃托物以自儆。余謂二者皆非中行,不免一偏之溺也。作《用中賦》。"同卷《簡李五峰》詩:"今我忽不樂,長思草澤中。狂歌友樵牧,行樂意所從。一出風塵下,蹋翼棲樊籠。粱肉非不佳,快意野草豐。别君踰半載,茅塞心有蓬。俗物紛滿前,推挽難爲容。何由座置君,勝日支雙筇。钧窣三家陂,把菊臨西風。村酒不須貰,此樂誰能窮。"視孝光爲畏友,引爲同調矣。

---

① 《元史》卷九一《百官志七》,中華書局1976年校點本,第8册,第2313頁。

② 雍正《浙江通志》卷八五《鹽法下·場竈》:"長林埸,樂清縣地方。"商務印書館1934年影印光緒二十五年(1899年)重刊本,第2册,第1571頁上。

③ 《元史》卷一八四《王都中傳》,中華書局1976年校點本,第14册,第4231頁。

但現存李詩，除《丹巖聯句》外，並無他咏。頻見於李集的朱希顔，如卷七《與朱希顔會玉山人家書其壁》、卷十《送朱希顔》、卷十二《次朱希顔韻》《送周良臣上湖州幕兼寄希顔（二首）》《寄朱希顔（二首）》等，别是一人。雖則此朱希顔亦爲湖州吴興人，與朱晞顔同里，且名字中"希、晞"屬同音，又皆爲孝光詩友；但以事迹及稱謂考之，當非同一人。孝光《送周良臣上湖州幕兼寄希顔》之二云："建業水惡不可飲，瓢泉最美憶湖州。亦欲因君乘舴艋，故人正住霅溪頭。"苕溪下游吴興（湖州）至太湖一段稱霅溪，這裹指吴興。是希顔吴興人，隱遁霅溪者。《次朱希顔韻》云："士當未用思見用，不見南山半夜歌。跐踧黄塵赤日下，翻思幽谷弄春蘿。"歎希顔流寓江湖而不得志，冀其能效用於時。李詩所寫，都與《瓢泉吟稿》的著者朱晞顔經歷不同。其次，朱晞顔之"晞顔"是名（字景淵），而朱希顔之"希顔"是字（名未詳），亦爲不同。依古人稱謂習慣，贈酬作詩題例不出人正名，而用表字或别號，否則視爲不敬。這是詩文家寫作通例。李贈詩題皆稱"朱希顔"、"希顔"，可知"希顔"是其字而非正名。

六、浙派古樂府運動的詩友

元泰定、天曆間，李孝光與楊維楨吴下論詩，共倡古樂府創作，團結和影響了江南一批作家，競相唱和，蔚爲風氣。由於李、楊首倡，参與者又大多为浙籍詩人及靠近浙江的蘇南詩人（元時均屬江浙行省），故我們可以名之爲浙派古樂府運動。①這是元代中後期的一次詩歌革新運動，影響深巨，它後來被稱爲"鐵雅詩派"而風行元季明初詩壇。這一派詩人中，據現存資料考索，孝光與之相來往的，浙籍有：諸暨楊維楨（廉夫），錢塘張雨（伯雨）、李璺（宗表），富陽吴復（見心），檇李葉廣居（居仲），吴興郯韶（九成），淳安夏溥（大志），永嘉張天英（楠渠）、鄭東（季明），平陽鄭僖（天趣）；蘇南籍有：崑山顧瑛（仲瑛）、瞿智（慧夫）、郭翼（羲仲）、盧昭（伯融）、吕誠（敬夫）、釋德莊（蒙泉）、陸仁（良貴）、秦約（文仲）、姚文奂（子章）、袁華（子英）、盧熊（公武），姑蘇張遜（仲敏），無錫倪瓚（元鎮）等。

楊維楨（一作禎，1296—1370 年），字廉夫，號鐵崖、鐵雅、鐵仙、東維子、鐵笛道人等，諸暨（今屬浙江）人。②泰定四年（1327 年）進士，歷官天台縣尹、錢清鹽場司令、建德路推官，調江西等處儒學提舉。入明不仕。維楨天才豪放，詩酒風流，晚年往來錢塘、雲川、太湖、松江、吴門間，縱筆賦咏，"奇語天出，人推之爲仙才云"③。著述极豐，有《鐵崖古樂府》《鐵雅復古詩集》《東維子文集》等。《元詩選初集》卷五五《楊維楨鐵崖集》云："元詩之興，始自遺山；中統至元而後，時際承平，盡洗宋金餘習，則松雪爲之倡；延祐天曆間，文章鼎盛，希蹤大家，則虞、楊、范、揭爲之最。至正改元，人材輩出，標新領異，則廉夫爲之雄，而元詩之變極矣。"《明史》

① 陳增傑：《李孝光的生平和文學創作成就》，《浙江社会科學》，2005 年第 6 期，第 200—201 頁。

② 顧瑛《玉山草堂雅集》卷后二《楊維楨》謂"會稽人"。按，元諸暨州屬紹興路，紹興古稱會稽郡。

③ 顧瑛：《玉山草堂雅集》卷后二《楊維楨》，1935 年上海涉園重刊本，第 2 册，第 1 葉。

入《文苑傳一》。

楊維楨與李孝光是志趣投契的詩友，兩人齊名，並稱“李楊”。李集卷二《讀楊廉夫琴操辭》，卷三《箕山操爲許生作》（《大雅集》卷一選録題作《箕山操和鐵雅先生首唱》），卷七《題鐵仙人琴書安樂窩》《鐵笛歌爲鐵厓賦》，卷十三《舟過吴江》之一（楊維楨《西湖竹枝唱和》録爲和作），皆酬楊作。楊《東維子文集》卷十一《瀟湘集序》云：“余在吴下時，與永嘉李孝光論古人意。……遂相與唱和古樂府辭。好事者傳於海内，館閣諸老以爲李、楊樂府出而後始補元詩之缺，泰定文風爲之一變。”張雨《鐵崖先生古樂府叙》亦云：“《三百篇》而下，不失比興之旨，惟古樂府爲近。今代善用吴才老韻書，以古語駕御之，李季和、楊廉夫遂稱作者。……東南士林之語曰：‘前有虞（集）范（梈），後有李（孝光）楊（維楨）。’”①

李楊在創作上互見推服，桴鼓相應。楊儗韓體作《琴操》，“季和读之拍几三叫曰：‘杨廉夫，铁龙精也！人欲和之，谁敢，谁敢？’”②李作《太乙真人歌題莲舟图》，楊评：“此作乂是李骑鲸也！孰谓此老椎钝无爽气耶？”③《箕山操》是他們唱和的帶有示範意義的新題操體樂府，廣爲傳佈，“世称两操乃敌手棋也。”④李《題鐵仙人琴書安樂窩》《鐵笛歌爲鐵厓賦》二詩，刻劃鐵笛道人兀傲不羈的形象，豪健跌宕，筆意恣放，與鐵崖歌行體氣相類。鐵門詩人吴復編集《鐵崖先生古乐府》，特附載二作，足見看重。楊《西湖竹枝唱和叙・李孝光》譽云：“爲文幽深無際，其古樂府詩尤長於興喻，海内學者喜誦之，故至正文體爲之一變云。”给予高度評價。蓋兩人才情相匹，李又大楊 11 歲，故楊於李尤推尊。其謂已作《琴操》，乃接受李之挑战因而激发灵感：“余与永嘉李季和在吴下論古今人詩，季和酒酣，歌退之《羑里操》，舉酒屬予曰：‘楊廉夫崛强作漢魏人古樂府，亦能作昌黎伯《琴操》乎？’余激其挑，亟領曰‘請題’。季和遂命《精衛》而下，凡九題。”⑤將李引为首席“唱和友”，⑥在文章中一再加以稱舉。嘗歎曰：“詩難，樂府爲尤難。吾爲古樂府，非特聲諧金石，可勸可戒，使人懲創感發者有焉。善和予者，惟李季和。季和死，和者寡矣！”⑦孝光卒後，維楨痛感失去知音和作詩對手，深表懷念，讀詩至感

---

① 張雨：《鐵崖先生古樂府叙》，楊維楨《鐵崖先生古樂府》卷首，商務印書館 1929 年縮印《四部叢刊初編》景明本，第 244 册，第 1 葉。

② 元楊維楨：《鐵雅先生復古詩集》卷一《琴操序》，商務印書館 1929 年縮印《四部叢刊初編》景明本，第 244 册，第 3 葉。

③ 賴良：《大雅集》卷一引，上海古籍出版社 1987 年影印文淵閣四庫全書本，第 1369 册，第 514 頁下。

④ 吴復：《箕山操附識》，楊維楨《鐵崖先生古樂府》卷一《箕山操》附，商務印書館 1929 年縮印《四部叢刊初編》景明本，第 244 册，第 4 葉。

⑤ 楊維楨：《鐵雅先生復古詩集》卷一《琴操序》，商務印書館 1929 年縮印《四部叢刊初編》景明本，第 244 册，第 3 葉。

⑥ 賴良《大雅集》卷一《箕山操和鐵崖先生首唱》引楊維楨評：“和余操者，李季和为最。”楊維楨《鐵崖文集》卷二《鐵笛道人自傳》：“与永嘉李孝光、茅山張伯雨、錫山倪瓚、昆陽顧瑛爲詩文友。”又《東維子文集》卷九《風月福人序》：“優游光景，過於樂天，有李五峰、張句曲、周易痴、錢思復爲唱和友。”《明史》卷二八五《文苑傳一・楊維楨》：“維楨詩名擅一時，號鐵崖體。與永嘉李孝光、茅山張羽、錫山倪瓚、昆山顧瑛爲詩文友。”

⑦ 章琬：《輯鐵雅先生復古詩集序》，楊維楨《鐵雅先生復古詩集》卷首，商務印書館 1929 年縮印《四部叢刊初編》景明本，第 244 册，第 1 葉。

激處，乃大呼“安得起吾季和而見之，寧不爲之擊節而起舞乎”?[①] “且命(門人)吴復録季和死後凡若干首，至其墓焚白之。”[②]備見傾倒之意。從楊維楨的這些評論，也能够表明李孝光作爲古樂府辭的首倡者之一，他在浙派古樂府運動中的貢獻和地位是毋庸置疑的。“李楊”並稱，並非徒有虚名。[③]

張雨(1277—1350 年)，[④]又名天雨，内名嗣真，字伯雨，號貞居子、句曲外史。錢塘(今杭州)人，一云吴郡(今蘇州)人。[⑤]年二十，棄家入道。元顧瑛《草堂雅集》卷五《張雨》:“博覽群書，故其詩清曠俊逸，時輩不能及。始隱茅山，後徙杭之靈石澗，與趙魏公、虞翰林友善，詩名震京師。”明田汝成《西湖遊覽志餘》卷十五《方外玄踪》:“作大草尤妙，小楷變率更家數，世稱二絶。詩宗杜，古選類大曆間諸子;文學韓，而冷語類漢。”《四庫全書總目・句曲外史集》提要:“雨詩文豪邁灑落，體格遒上。早年及識趙孟頫，晚年猶及見倪瓚、顧瑛、楊維楨，中間如虞集、范梈、袁桷、黄溍諸人，皆深相投契。耳濡目染，淵源有自，固非方外枯槁者流氣含蔬筍者比矣。”著有《句曲外史集》七卷，一名《貞居先生詩集》。

伯雨爲孝光方外契友，唱酬甚夥，見卷五《登任玉女仙臺》《寄張伯雨》，卷九《用前韻寄張尊師(二首)》《次張伯雨韻》《次張伯雨韻寄徐閑遠真士》《又次張尊師韻寄沈紫元(二首)》，卷十《用群字韻寄伯雨尊師》，卷十一《燈花聯句》。又卷二《送瞿慧夫上青龍鎮學官詩序》云:“予每讀句曲外史所詠《送瞿博士上青龍學官》詩，愛其華婉新麗，飄然有仙氣。欲口占效之，輒困。譬學爲《頌》，不之魯不工。”極爲稱慕。張《句曲外史貞居先生詩集》卷五《寄李季和》稱云:“孰與言詩李髯叟，一日不見已爲疏。因覩故京來白下，載聞新作過黄初。小峰待月許攜被，中林放鶴要回車。杜陵醉歌不易得，豈惜華陽真逸書。”互爲傾服。他在至正六年(1346 年)寫的《鐵崖先生古樂府叙》中説今代古樂府“李季和、楊廉夫遂稱作者”(詳前文引)，以“李楊”並稱，評價很高。《燈花聯句》是他們著名的聯唱之作，各有小序。李集序云:“十月初三日，登昭明太子讀書台，又覩福鄉井，暮還自外。貞居子家僮具酒，天始霜，殊寒。設爐火，閉門，則置兩燈坐下。頃之，兩燈皆作花，遂聯句酒間。”張集序云:“永嘉李季和自金陵持

---

① 楊維楨:《劉彦昺集序》，明劉炳《劉彦昺集》卷首，上海人民出版社 1999 年文淵閣四庫全書電子版。

② 章琬:《輯鐵雅先生復古詩集序》，楊維楨《鐵雅先生復古詩集》卷首，商務印書館 1929 年縮印《四部叢刊初編》景明本，第 244 册，第 1 葉。

③ “李楊”並稱，始見元張雨《鐵崖先生古樂府叙》。明人評論亦多以兩家詩並舉，如貝瓊《乾坤清气序》:“有元混合天下，一時鴻生碩士若劉、楊、虞、范出，而唱國家之盛。而五峰、鐵崖二公繼作，瑰詭奇絶，視有唐爲無愧。”(明偶桓《乾坤清氣》卷首)章懋《新刊楊鐵崖詠史古樂府序》:“然其時衆作悉備，惟古樂府未有繼者。於是會稽楊鐵崖先生與五峰李季和始相倡和，爲漢魏樂府辭，崛强自許，直欲度越齊梁，而上薄《騷》《雅》，偉乎其志哉!”(《楓山集》卷四)

④ 張雨卒於至正十年(1350)。元顧瑛《草堂雅集》卷五《张雨》跋語:“伯雨至正十年秋歿於錢塘開元宫，葬南山靈石塢。予偕楊廉夫、袁子英祭墓下。復得其詩，用刊於左。”

⑤ 楊維楨《東維子文集》卷七《郯韶诗序》稱“錢塘張天雨”，顧瑛《草堂雅集》卷五、陶宗儀《書史會要》卷七、《四庫全書總目》提要皆謂“錢塘人”。而《趙氏鐵網珊瑚》卷三引張雨《東坡書蔡詩帖跋》自署“吴郡張雨”，虞集《道園學古録》卷四八《崇壽觀碑》亦云“吴郡人”。吴郡或其祖籍。

趙涼公書來，累宿菌閣下。十月三日夜，天始霜，殊寒，兩燈並作花，遂聯句於酒間。”張序謂“累宿菌閣下”，可知是在伯雨所居金菌山菌閣作（非後來的杭州馬塍菌閣）；①這同李序寫到的“昭明太子讀書臺、福鄉井”諸古迹（均在茅山）相協合。②

顧瑛（1310—1369 年），一名阿瑛，通行作瑛，又名德輝，字仲瑛（亦作英），自號金粟道人。蘇之崑山（今江蘇昆山縣）人。嘗舉茂才，辟會稽縣學教諭、崑山州佐官（自撰墓誌謂“辟貳崑山事”），皆力辭不就。汗漫江湖，詩酒自娱。至正十八年（1358 年），自製壙志。明王鏊《姑蘇志》卷五四《人物十四文學・顧阿瑛》：“少輕財結客，豪宕自好。年三十，始折節讀書，益購古書名畫彝鼎祕甋。築別業於茜涇西，曰玉山集處，日夜與客置酒賦詩其中。四方文學之士若河東張翥、會稽楊維禎、天台柯九思、永嘉李孝光，方外之士若張伯雨、于彦成、琦元璞，與凡一時名士，咸主其家。其園池亭榭之盛，圖史之富，與夫餼館聲伎，並鼎甲一時。而才情妙麗，與諸公亦畧相當。風流文雅，著稱東南。”《明史》卷二八五《文苑一顧德輝》所載略同。著有《玉山逸藁》，編有《玉山草堂雅集》《玉山名勝集》。

孝光爲玉山草堂席上勝客，李集卷七《與朱希顔會玉山人家書其壁》，玉山人家，即指顧瑛玉山草堂，在崑山縣西界溪上。顧編《玉山草堂雅集》卷後一《李孝光》叙云：“詩文自成一家，爲東南碩儒。戊子春，過婁江回憩草堂，繼即應召秘书監著作，故其述作不多得，今所刊録皆口授云。”録李詩 88 章（題）121 首。楊維楨《玉山雅集圖記》：“至正戊子二月十又九日之會，爲諸集之冠……時期而不至者，句曲外史張雨、永嘉徵君李孝光、東海倪瓚、天台陳基也。”③

李集卷十《送堅上人還雲門》：“送客去游梁楚間，桃花开半含花斑。幽蘭白雪令人瘦，鳳皇麒麟何日還？江作蛇行過全楚，天將雲去見三山。借問石城在何處，不緣離别損朱顔。”堅上人，石庭堅，又名法堅。《元詩選癸集》壬集上：“法堅，會稽雲門寺僧，寓吴中。”本篇當是堅上人往游梁楚歸還雲門道中送别作。冒刻本《五峰集补遺》據《元詩選二集・五峰集》編録，題《送堅上人還雲門次顧仲瑛韻》。按，原題“次顧仲瑛韻”五字有誤。《玉山名勝集》卷四編録題作《次韻送堅上人還雲門》，“次韻”二字亦未妥。據顧瑛《玉山名勝集》卷四《至正辛卯正月八日，雪中與郯九成、陳惟允遊虎邱，夜宿賢上人竹所。明日始霽，乃登劍池，取水煮茗，圖景賦詩。詩成而九成上馬入城，予獨拂蘚讀碑，得邂逅石庭堅上人於雨花軒上，對坐談詩不絶。庭堅乃以卷求詩，遂和李五峰韻以紀》（二首）詩，可知李此篇爲原唱，顧詩乃爾後次韻

---

① 陳旅《安雅堂集》卷七《張外史馬塍菌閣記》：“外史舊有菌閣在金菌山，吴興趙文敏公篆牓，極古。兹復以真蹟署新閣，意扁舟往來，所志在菌山也。”金菌山在金壇縣，見雍正《江南通志》卷三二《輿地志・古蹟三鎮江府》。清梁詩正等輯《西湖志纂》卷七：“菌閣，《成化杭州府志》：在西馬塍，元句曲外史張雨故居。”

② 李集卷五《登任玉女仙臺》并序：“余客崇壽，日暮少揭華齋，望見東崦中有廜廯，因問何民所棲。貞居云：‘任玉女之祠也……。’明日，因从貞居策杖上觀。”詩云：“路經福鄉井，帝子動精魄。”崇壽觀在茅山。虞集《道園學古録》卷四八《崇壽觀碑》：“大元至治二年，句曲外史張君嗣真始來主之。……循池西南，得昭明太子讀書臺。臺東有井，曰福鄉井。福鄉者，因昭明道館名也。”

③ 顧瑛：《玉山名勝集》卷二《雅集志》引，上海古籍出版社 1987 年影印文淵閣四庫全書本，第 1369 册，第 17 頁下。

作，故題不當有"次顧仲瑛韻"或"次韻"字。顧詩作於"至正辛卯"即元順帝至正十一年（1351年），時五峰已去世（李卒於至正十年，1350年），又安得"次顧仲瑛韻"？其爲後人妄加無疑，今予删除。且李、顧詩非同時和唱之作，李賦贈堅上人還雲門在前，顧和韻則在數年之後。顧詩題云"庭堅乃以卷求詩"，謂石庭堅上人出所存舊卷索題。仲瑛見卷中有舊友李五峰《送堅上人還雲門》墨翰，遂次五峰詩韻以賦。其事實本末明白清楚。同時郯韶有《簡于匡山次李五峰韻》（《元詩選二集》辛集《雲臺集》），夏溥有《次李五峰送堅上人還雲門》（《元詩選癸集》丙集），皆步韻李此咏而作，益證。

瞿智，一名榮智，字慧夫，又作睿夫、惠夫。其先嘉定州人，父晟遷居崑山。與兄信字實夫齊名，稱二瞿先生。孝光言"至見其人，魁岸温偉，風致皦然"。[①]《元詩選三集》辛集《瞿博士智》："智嗜學明《易》，至正間，憲司試辟授青龍鎮學教諭，攝紹興府録判，尋棄官去。睿夫博雅能詩，以書法鉤勒蘭花，筆致妙絶。時寓華亭，所居有通波閣，與黄晉卿、段吉甫、李季和、成原常、張伯雨諸君友善。"元黄玠《彦明王先生爲予言，慧夫青龍教諭時已向慕，且出示張伯雨、李五峰所贈言。伯雨故交，李與余生同，六人今皆不存，覽之愴然，爲賦此詩》："聞説瞿文學，與交皆偉人。曹劉不可作，張（雨）李（孝光）故相親。"[②]

郭翼（1305—1364年），字羲仲，一作熙仲，號東郭生，又自稱野翁。崑山人。顧瑛《玉山草堂雅集》卷十一《郭翼》："明敏博學，不屑为舉業，專志爲古文，詩尤精悍。家貧不肯干謁，以東郭先生故事命其齋曰雪履。縉紳先生無不愛重之。人言婁東之能詩者，必曰東郭生云。"明王鏊《姑蘇志》卷五四《人物十四文學・郭翼》："爲文詞必欲追古作者，楊廉夫謂其文可方軌西京，李孝光謂其詩佳處與人不同調。翼素有大志，嘗出策干時貴，不能用，遂歸耕婁上。老得訓導官，竟與時忤，偃蹇以終。"著有《雪履齋筆記》等。《元詩選二集》庚集選録其詩。

郭翼於五峰尤推許，元盧熊《元故遷善先生郭君墓誌銘》言"其于一時文人少所許予，獨稱永嘉李君孝光及天台丁公復所爲詩。李公亦謂先生之詩，佳處與人不同調。"[③]其《林外野言》卷下《和讀李五峰集》云："先生住婁八十日，金石遺音手自題。人物風流擬江左，文章典雅重淮西。鳳來山郭時稱瑞，鯨破滄溟勢欲齊。著作新聞徵士詔，天光久待照青藜。"寄懷詩友《漫興九首》之八云："永嘉爲儒有陳子，更思文雅得曹髯。"[④]陳子指陳德永，曹髯指李孝光，甚見敬重。

盧昭，字伯融。《玉山草堂雅集》卷二《盧昭》："閩人，僑居東滄（屬崑山）。從明師爲舉子業，詩文尤有法，縉紳先生器重之。予交于其父子間，視伯融尤相愛重云。"

---

① 舊題明朱存理撰、趙琦美編《趙氏鐵網珊瑚》卷七《送瞿慧夫上青龍鎮學官詩序》引，上海古籍出版社1987年影印文淵閣文淵閣四庫全書本，第815册，第467頁上。

② 此詩黄玠《弁山小隱吟録》無收，見録舊題明朱存理撰、趙琦美編《趙氏鐵網珊瑚》卷七《送瞿慧夫上青龍鎮學官詩序》引，上海古籍出版社1987年影印文淵閣文淵閣四庫全書本，第815册，第469頁上。

③ 朱珪：《名蹟録》卷四引，上海人民出版社1999年文淵閣四庫全書電子版。

④ 朱存理：《珊瑚木难》卷七引，上海古籍出版社1987年影印文淵閣四庫全書本，第815册，第214頁上。

吕誠，後名肅，字敬夫。《玉山草堂雅集》卷十一《吕誠》："吴之東滄人。幼聰敏，喜讀書，尤良于唐三宗師楷法。時東滄之俗尚靡，獨能去豪習事文雅，故名士咸與之交。家有來鶴亭、梅雪齋，日與郭羲仲、陸良貴倡和其間。詩意清新，不爲腐語，東滄之人多誦之。"邑令屢聘爲訓導，不受，卒老於鄉。著有《來鶴亭詩》八卷。《元詩選三集》辛集選録其詩。

釋德莊，號蒙泉，又稱莊蒙泉。

陸仁，字良贵，自號樵雪生、乾乾居士。崑山人。楊維楨《西湖竹枝唱和叙》："陸仁字良貴，河南人。明經，好古文，其詩學有祖法，清俊奇偉……縉紳先生莫不稱道之。其翰墨法歐宿章草，皆灑然可觀。"明陸容《菽園雜記》卷十三按云："陸本崑山太倉人，其稱河南，蓋姓氏郡望耳。"《玉山草堂雅集》卷十五《陸仁》："爲人沉静簡默。與予有葭莩之好，故舟楫時過草堂，相與談詩，清話终日忘歸。當時館閣諸公皆重之，稱爲陸河南云。"陸《寄五峰李著作一首》云："想得賜金歸里第，雁山依舊足清游。"著有《乾乾居士集》。《元詩選三集》辛集選録其詩。

秦約，字文仲。先世淮安，宋詩人秦觀之後。遷居崇明（今屬上海），再遷崑山。元至正間任崇德州教授，明初官溧陽教諭。楊維楨《西湖竹枝唱和叙》："淮海人。博學强記，不妄交。隱居著書，尤好吟咏。古樂府如《精衛》《望大石》，律詩如《吴桓王》《岳鄂王》諸篇，的的可傳也。"《菽園雜記》卷十三按云："秦則崇明人，居太倉。崇明時屬揚州，故稱淮海。"《玉山草堂雅集》卷十三《秦约》："淮海鹽城人，居婁江，孝友先生秦君德卿之子也。家傳《詩經》之學，文行兼备，爲鄉閭所稱。"《姑蘇志》卷五四《人物十四文學・秦約》："約文章務求理勝，而詩尤工，張潞公、貢尚書師泰尤所推重。所著詩文曰《樵海集》。"

孝光於元順帝至正四年（1344 年）客游婁縣（今江蘇昆山市），與瞿智、郭翼、盧昭、吕誠、釋德莊、陸仁、秦約諸人結交。時瞿智上任青龍鎮（今屬上海松江）教諭，張雨、錢惟善、陳德永、王冕、梁恂、吕誠等均有贈詩，孝光爲作《送瞿慧夫上青龍鎮學官詩序》（李集卷二）。至正五年（1345 年）正月八日復於海寧東齋題云："余客游婁縣，與瞿、郭、盧、吕諸君，日相從爲嬉游。登山臨水，飲酒賦詩，五六人者無不與。將去婁，又和此詩爲别。"至正八年（1348 年）二月廿五日再題："往年過婁縣，適瞿君慧夫將上青龍鎮博士。諸君皆賦新詩以送之，使予爲序。"又嘗於松江玄（元）真道院聚會，李集卷十一《元真館小集》序云："至正四年十二月十七日，予從客過如林，還謁元真館。盧伯融爲酒食，來餉會六七人，醉而以'山意衝寒欲放梅'分韻，予得'衝'字。七人者，李孝光季和、釋德莊蒙泉、郭翼羲仲、瞿智惠夫、陸仁良贵、吕誠敬夫也。"①卷十四有《秦文仲饋松肪酒，且有詩云："松肪之酒可却老，長年便好築糟丘。急须爲我浮太白，看到月生東海頭。"予得之甚喜，僮子謂我少開嘗。適郭熙仲、瞿惠夫、陸良贵、莊蒙泉至，皆飲一卮，因和此詩以寄，使追理也》詩。

---

① 題及序文並據明朱存理《珊瑚木難》卷七引録，傳本《五峰集》題作《元冬館飲酒分韻得衝字》，無小序。

七、書畫家詩友

有柯九思（敬仲）、倪瓚（元鎮）、朱德潤（澤民）、李士行（遵道）、吴睿（孟思）、朱珪（伯盛）等。

柯九思（1290—1343年），字敬仲，號丹丘生，台州仙居（今浙江仙居縣）人。得元文宗賞識，天曆間由太學轉官，仕至奎章閣鑒書博士。《元詩選三集》戊集《柯博士九思》："在太學時，遇文宗于潛邸。及即位，擢爲典瑞院都事，置奎章閣，特授學士院鑒書博士。凡内府所藏法書名畫，咸命鑒定。"至順二年（1331年）被罷黜，退居平江（今蘇州）。書畫、詩文、鑒别古物，均爲當世所稱。《玉山草堂雅集》卷一《柯九思》："其宫詞尤爲得體……議者以爲不在王建下。畫竹用文湖州墨法，墨花尤出新意。蓋游戲出於天資，不與俗工同日語也。"雍正《浙江通志》卷一八一《柯九思》引《兩浙名賢録》："與虞集、趙孟頫爲友。工於詩，尤善畫竹木，以書法作之，筆勢生動，每得意輒題詩其上，一時稱爲三絶。"

李集卷六《送僧朴菴用柯敬仲韻》，卷十三《題敬仲古木》，卷十四《題柯博士墨竹》。其《送僧朴菴用柯敬仲韻》一詩，元人王逢曾釋其本事。僧朴庵，即趙惇（一作淳）。王《梧溪集》卷四上《讀僧惇朴庵〈松石稿〉，爲其徒智升題》并序："惇，黄巖人，趙宋宗室裔，先輩胡石堂門生也。性介潔，不樂茹腥血，因祝髮爲沙門。壯遊金陵，與五峰李孝光并受知梁王。一日公引柯九思見，柯以寫竹遂親幸。王即位，獨召用柯。李後送公詩云（即本篇略），若不能無慨者。"梁王（當作懷王）指圖貼睦爾。武宗次子，明宗弟。泰定帝即位，封懷王。泰定二年（1325），出居建康（南京）。泰定帝病死，懷王入即帝位，改元天曆（1328），是爲文宗。孝光詩云："仙吏今上天，令人淚沾臆。"言文宗即位，柯九思受召獲用于朝，而朴菴退老雲間，榮念灰如，引人感慨。

孝光《良常草堂詩》（卷三）爲九思所稱譽。據《趙氏鐵網珊瑚》卷八《良常張氏遺卷》載，至正、至元間，金壇人張經（德常）築室荆溪，扁曰良常草堂。朱德潤（澤民）爲繪家山圖，李孝光、倪瓚、吴克恭、朱德潤、韓友直、張翥等賦詩。柯九思《良常草堂詩卷跋》云："予常爲德常記草堂矣，復見此卷。誦五峰之詞，甚奇古；仲穆使君之篆，筆力遒劲；澤民、若水之畫清潤，張助教之詩流麗，皆令人歛衽，故爲之識其後。丹丘柯九思題于王氏環慶堂。"

八、方外詩友

孝光方外詩友，釋氏有釋大訢（笑隱）、釋廷俊（懶菴）、僧樸庵（趙惇）、惟則禪師（天如）、璣天則（機天則）首座、南堂遺老清欲（了庵）、雪庵和尚（李溥光）、覺此山和尚、古愚上人等；道氏除張雨（伯雨）外，有吴全節（閑閑）、陳玉林（寶琳）、沈紫元（秋淵）、劉雲江（玉虚）、同别峰(大同)等。

釋大訢(亦作欣,1284—1344年),俗姓陳,字笑隱,南昌(今屬江西)人。杭州中天竺住持,文宗即位,召主集慶龍翔寺,授太中大夫(從三品)。著有《蒲室集》十五卷。虞集、歐陽玄爲其文集作序,備加推重。明蔣一葵《堯山堂外紀》卷七三《欣笑隱》:"笑隱工於古文,而詩尤清婉。"明田汝成《西湖游覽志餘》卷十四《方外玄踪》:"有學行,研究教典,旁貫百家。"《四庫全書總目》卷一六七《蒲室集》提要:"其五言古詩,實足揖讓于士大夫間;餘體亦不含蔬筍之氣,在僧詩中猶屬雅音。……集中多與趙孟頫、柯九思、薩都拉、高彦敬、虞集、馬臻、張翥、李孝光往来之作。"

李集卷十一《秋夜同張仲舉、訢笑隱龍翔寺聯句》,序云:"笑隱招天錫、仲舉與余飲酒。天錫宿臺中不來,惟余與仲舉會,是夕聯句云。"《蒲室集》卷六題作《秋夜同太原張翥仲舉、永嘉李孝光季和龍翔寺聯句》。元惠宗元统元年(癸酉,1333年)秋居金陵作。孝光、仲舉、笑隱龍翔寺聯句情景,元人孫炎在《午溪集序》中有頗爲生動的描述,録如下:"元統癸酉秋,監察御史辟河東張仲舉爲金陵郡博士教弟子。時永嘉李孝光、天台丁仲容、僧笑隱咸在,炎以弟子員得從之游。登石頭城,坐翠微亭故趾,大江西來如白虹遶城下,淮南諸山盡在几席。是日,諸先生效韓孟聯句。仲容耆飲,口訥訥不能語;孝光顙漆黑,仲舉長面而鶴身,善談謔。酒酣,日已没,宿龍翔方丈。仲容困酒先引去,笑隱出燭,中坐,孝光在左,仲舉在右,昆侖奴作遞書郵。仲舉首倡,曰'先皇昔潛邸,梵宫冠東南。遺弓泣父老';次授笑隱,云云。比曉,仲舉奪筆走數韻成章。余嘗論:仲容詩若大宛天馬,舉足萬里,有蓋世之氣;仲舉如鳴球琴瑟,合軒轅氏律吕;孝光若禹九鼎,神奸物怪,愴人心魄;笑隱如棠溪之金,隨手鑄器,不離模範,而神采焰焰可畏。"[①]補遺五排《送公子去疾還秦次笑隱韻》,系惠宗至元二年(1336年)於金陵送魯公(趙世延)還蜀,次笑隱《金陵奉餞趙公子去疾理問侍平章魯公世延入蜀歸秦二十韻》作。雜著《發建業帖》,[②]惠宗至正元年(1341年)五月致笑隱函,時居金陵。

九、其他詩友

同里及温州、台州詩友有:樂清干彦明、翁葵(景陽)、朱希晦(景文),永嘉夏迪(簡伯)、戴穮(春潤)、徐淮(元澤),平陽鄭僖(天趣),天台丁復(仲容),黄巖張子約(顔樂)、陳德永(叔夏)、鄭廷瑞、鄭廷舉等。他地詩友有:吴興朱希顔,金華張樞(子長),浦江鄭淵(仲涵),遂昌鄭元祐(明德),諸暨王冕(仲章),會稽蕭元泰、陳謨(仲嘉),上虞魏壽延(仲遠),慈谿黄玠(伯

① 陳鎰:《午溪集》卷首引,上海人民出版社1999年文淵閣四庫全書電子版。

② 此帖著録於清乾隆十九年編撰《石渠寶笈》初編卷十《元諸名家尺牘册》。墨迹尚存,見載福建人民出版社1994年版《故宫文物大典》第2册第724頁、文物出版社1999年版《中國古代書畫圖目》第19册第280頁。

成)，餘姚岑安卿(静能)，慶元王厚孫(叔載)、程端禮(敬叔)；大都宋褧(顯夫)，合肥潘純(子素)，溧陽叓所性，金壇張經(德常)，無錫華幼安(彦清)，姑蘇吴溥(溥泉)，宜興岳仲遠，豫章熊太古，廣信鄭原善(復初)，廬陵張昱(光弼)，崇安彭炳(元亮)，閩清吴鑒(明之)等。

丁復，字仲容，一字笑隱，號檜軒。天台(今浙江天台縣)人。少負逸才，有盛名。延祐初遊京師，與楊載(仲弘)、范梈(德機)同被薦館閣。復度當國者不能用，不俟報可，翩然去之。乃绝黄河，憩梁楚，過雲夢，窺沅湘，陟廬阜，浮大江而下，遂家金陵。①寓居城北深僻處，庭有兩檜樹，醉吟咿唔，因名其什曰"雙檜亭詩"。至正間曾任集慶路儒學訓導。②年七十餘卒。③今存《檜亭集》九卷，《玉山草堂雅集》卷三、《元詩選二集》已集選録其詩。

李集卷二《檜亭集序》撰於惠宗至元六年(1340年)十月，時居建業(南京)。謂丁中年所作，"皆已絶去生獰操蹙，精悍猶之宛馬，不踶不齧不踅，而日行千里，衆馬雖十駕不能超也。"又曰："仲容拓落不耦，莫爲知己，獨鳴之聲詩，以自陶寫其菀结之氣。夷睨世之學士後生，蹴踏翰墨之場，縮手袖間而去之。時時危坐而飲酒，沃涑愁思，吐咳新語，數少出其奇。"頗爲精要。這些評論後來爲《元詩選》《浙江通志》《元詩紀事》諸書所沿用。

李集尚有卷二《題丁仲容〈夏日過龍翔寺養蒙室問琦元璞書記，因讀鄭明德詩就韻奉贈〉詩後》，卷十一《望鍾山聯句》(丁《檜亭集》卷二題作《同永嘉李季和望鍾山聯句》)，卷十四《送人兼簡丁仲容二首》。丁復有《與李五峰先生》诗："雁荡山前結屋牢，先生攲枕聽松濤。麒麟一出空祥瑞，鳳鳥孤飛惜羽毛。漢代文章遷史盛，晉時人物謝安高。懶將白髮供朝紱，縱有金魚换酒醪。"④

陳德永，字叔夏，號兩峰，黄巖(今浙江黄巖市)人。善書法。《書史會要》卷七《元陳德永》："德望清重，書宗李北海。"明豐坊《書訣》："自鍾王以來知此祕者……元則胡汲仲、趙子昂、仲穆、巙子山、宣伯絅、薛宗海、仇仁近、黄晉卿、傅汝礪、俞伯貞、曹世長、陳叔夏。"萬曆《黄巖縣誌》卷五《人物・儒林元》："陳德永，字叔夏，號兩峰，邑西人。自幼岐嶷，從林紘齋、盛聖泉二先生游。二先生之學實出魯齋王公，王公則源流於朱子者也。臺省辟爲和靖書院山長，歷官江浙儒學提舉。清碧杜公稱其文章似歐陽子，尤長於理。所著有《兩峰慚草》行於世。從祀鄉賢祠。"雍正《浙江通志》卷一八一入《文苑傳》。作品多散佚，《元詩選三集》己集選録其詩14首。

按，德永爲李孝光長婿，兩人又是詩文相契的密友。李酬贈詩9首，見卷六《和叔夏賦朝雪》《和叔夏觀石梁二首》，卷七《和叔夏寄童質夫》《與叔夏游石門，叔夏有"很石忽中斷，勢若

---

① 危素：《檜亭集序》，《檜亭集》卷首引，上海古籍出版社1987年影印文淵閣四庫全書本，第1208册，第337—338頁。

② 元集慶路儒學刊刻《至大(正)金陵新志》後附吏員名録，署有"本路儒學訓導丁復"。見文淵閣四庫全書本。

③ 民國《臨海縣誌》卷二二《人物文苑元・丁復》，中國地方志集成《浙江府縣志輯》，第46册，第447頁上。

④ 此作傳本《檜亭集》無收，見録《元音》卷十、《元詩選二集》己集《檜亭集》。按，此詩又載《元詩選初集》壬集釋大訢《蒲室集》，題同；明李㮚《草閣詩集》卷五亦見收録，題作《贈五峰先生》。

兩虎門”之句，余輒足之》《和陳叔夏章字韻詩送此山師》，卷九《次韻送叔夏》，補遺七古《和叔夏韻寄童质夫》《用叔夏韻壽弟思誠》。孝光《雁山十記·始入雁山觀石梁記》云：“泰定元年冬，予與客張子約、陳叔夏復来。”清戚學標《三台詩話》謂：“李五峰孝光，家距雁山五里，往來黄巖，與鄭延舉及伯氏延瑞厚，尤與陳叔夏德永爲詩文密契。叔夏游雁山，必至其家，往往從一僮襆被去宿巖下。深山暮色蒼然，怪鳥叫呼，殆不類人世。兩人方對席飲酒，吟詠不已。”①德永寫有《遊石梁記》，文筆簡峭，與孝光此記相彰美。明陳繼儒《辟寒部》卷三、《銷夏部》卷一鈔録李、陳二記，以爲美文欣賞。李卒，德永爲作《李五峰行狀》，記述其岳丈生平、游歷、著作和成就，是一篇研究李孝光的寶貴資料。

十、從游門人

孝光早年“隱居雁蕩山五峰下，四方之士，遠來受學。名譽日聞，泰不華師事之。”②後曾在越州(紹興)郡庠任教。③至順三年(1332年)應江南行臺聘，任昇州(江蘇江寧)學宫學官，“昇士從之如雲”。④元末明初著名學者朱右、陶宗儀俱出自他門下。明初詩人李曅(宗表)，著有《草閣詩集》，慕孝光文名，曾“持製作請教”。⑤朱彝尊《静志居詩話》卷四《李曅》言：“草閣得詩法于李季和”，歌行“一氣孤行，獨開生面”。

朱右(1314—1376年)，字伯賢(一作序賢)，號鄒陽子，臨海(今浙江台州市)人。⑥元末曾任慈溪、蕭山縣學教諭。明洪武三年徵召參修《元史》，繼預修《大明日曆》《洪武正韻》。授翰林院編修，轉晉府右長史，卒于官。伯贤博通群書，著述甚富，朱彝尊《静志居詩話》卷二《朱右》稱：“伯賢當日，亦以理學文章自命。於《春秋傳》《國語》則有《類編》，於戰國先秦兩漢則有《秦漢文衡》，於唐宋則首定韓、柳、歐陽、曾、王、三蘓文爲《八先生文集》，於元則有《文穎》，而又於史則有《歷代統紀要覽》《通鑑綱目考證》。其言曰：‘凡民之欲足而止，惟學不可以足而止。’可謂有志者矣。”《四庫全書總目》卷一六九《白雲稿》提要：“右爲文不矯語秦漢，惟以唐宋爲宗。嘗選韓、柳、歐陽、曾、王、三蘇爲《八先生文集》，八家之目實權輿於此。其格律淵源悉出於是，故所作類多修潔自好，不爲支蔓之詞，亦不爲艱深之語。”今存《白雲稿》五卷，傳見《明史》卷二八五《文苑一·趙壎傳》附。

朱右曾師從陳德永，後復至建業(南京)從學李孝光。元張天英《白雲稿序》云：“是後伯

① 清陶元藻：《全浙詩話》卷二四《元陳德永》引，嘉慶元年(1796年)怡雲閣藏板。

② 《元史·儒林傳二·李孝光》，中華書局1976年校點本，第14册，第4348頁。

③ 李集卷八有《越州郡庠壁和顔氏子韻》，又卷十一《山陰縣學文會用杜詩分韻得春字》，從二詩推知。

④ 程端禮：《畏齋集》卷四《送朱伯華歸永嘉序》，上海人民出版社1999年文淵閣四庫全書電子版。

⑤ 徐一夔：《始豐稿》卷十二《國子助教李君墓誌銘》，上海人民出版社1999年文淵閣四庫全書電子版。

⑥ 李孝光《白雲稿序》稱“臨海朱伯賢”，《明史》卷二八五朱傳亦謂“臨海人”；元張天英《白雲稿序》謂“天台人”，雍正《浙江通志》卷一七六朱傳引《儒林録》謂“寧海人”。今從李序。

賢復如建業，從李季和游，留歲餘。”雍正《浙江通志》卷一七六《人物儒林・朱右》引《儒林録》：“嘗遊李五峯、陳兩峯之門。”民國《臨海縣誌》卷二二《人物文苑・朱右》：“又受文法于李孝光。”孝光《白雲稿序》（李集卷二）作於元惠宗至正五年（1339 年），時寓錢塘（杭州）。序稱其“伯賢生”，謂“好學而敏，嘗從吾甥叔夏游。”“今年過余錢塘，出其所著《白雲稿》請於余。余曰：‘凡民之欲足而止，惟學不可以足而止。’”“凡民之欲”二語，誠論學格言，故爲伯賢所師承遵守（見前文《静志居詩話》引）。

陶宗儀，字九成，號南村，黄巖（今浙江黄巖市）人。元末舉進士不第，即棄去，刻志古學，不求妍于時。得舅氏趙雍（仲穆）篆筆，與王蒙（叔明）是中表兄弟。出游浙東西，避地松江（今屬上海）亭林，結廬而居，教授子弟，力耕自給。雅好著述，畎畝間筆研自隨，遇有所得，輒摘葉書之，久而萃録成帙，名曰《南村輟耕録》，凡三十卷。又纂著有《説郛》一百卷（别本一百二十卷）、《書史會要》九卷、《四書備遺》二卷。

宗儀嘗師從李孝光。明王掖《贈南邨先生序》：“先生皙質而長身，風神灑然。嘗師事潞國張公翥、永嘉李孝光、京兆杜本，務古學，無所不覽。”[①]《明史》卷二八五《文苑傳一・陶宗儀》：“出游浙東西，師事張翥、李孝光、杜本，爲詩文咸有程度。”其所著《南村輟耕録》涉及李事二則，皆尊曰“先生”。卷三《貞烈》叙臨海王貞婦死節事，“著作李五峯先生孝光爲記”。卷十一《寫像秘訣》言：“至正乙酉間，槜李葉居仲廣居寓思善之東里教授。余從永嘉李五峯孝光先生往訪之，時思善在諸生中，年方十二三，已能丹青，亦能寫真。先生即俾作一圓光小像，面部僅大如錢，而宛然無毫髮異。先生喜，作文以華之。”

（寫于 2011 年 4 月 25 日，8 月 6 日改定）

① 張丑：《清河書畫舫》卷十一上《元王蒙・南邨真逸圖》引，上海人民出版社 1999 年文淵閣四庫全書電子版。

重讀《蒙古字韻》

□甯忌浮

[**内容提要**]《蒙古字韻》是用八思巴字譯寫的漢語韻書。韻字全部來自《新刊韻略》。聲韻調系統源於韻圖《七音韻》,反映出十三世紀北方方言的語音面貌:韻部大歸併,入聲韻變成純入聲調,舌面音産生,全濁擦音開始清化。它是現在能見到的第一部近代漢語韻書,《中原音韻》與之相銜接。它開創了與《切韻》系韻書孑然不同的韻書編纂體例:韻部——聲類——調類。

[**關鍵詞**] 韻圖《七音韻》;舌面音産生;濁擦音清化

[**作者簡介**] 寧忌浮,吉林省社會科學院研究員

對宋人韻書,如《廣韻》《集韻》,金人是改良,元人是革命。革命的先鋒是《蒙古字韻》。在漢語韻書史上,《蒙古字韻》佔有五個第一。

一、第一個用拼音文字譯寫漢語韻書。爲後世《洪武正韻譯訓》《四聲通考》《四聲通解》導夫先路。

二、第一個大勢合併韻部。此前韻書,宋人爲206部,金人爲160部、106部。此书大刀闊斧,合併爲15部!是後世的19、18、20、12、13部的先驅。

三、第一個取消入聲韻。古入聲字併入陰聲韻,其分併規律與《中原音韻》一致。

四、第一個以韻爲綱,用"韻——聲——調"新體例編纂韻書。冲破了《切韻》系韻書"四聲統領諸韻"的傳統模式,開創了"諸韻各統四聲"新的韻書編纂模式。

五、第一個没有反切和注釋的韻書。

金人、元人努力將韻書靠近活的語言。從唐末五代到元朝統一,四百年,王朝更迭不斷,民族融合頻繁,漢語,特别是北方方言,隨着社會的動蕩而加速變化。語音的演變自然會在韻圖、韻書上有所反映,《蒙古字韻》記録了《切韻》系韻書所没有的語音現象。如果請語音史家評價,其必曰:《蒙古字韻》是第一部近代漢語韻書。

第一節 《蒙古字韻》與《新刊韻略》

《蒙古字韻》的藍本是《平水韻》(《新刊韻略》)。《古今韻會舉要及相關韻書》以大量例證論定:"《蒙古字韻》是《平水韻》(《新刊韻略》)的改併重編,《蒙古字韻》的韻字幾乎完全来自

《平水韻》,連韻字的排列次第都很少更動。”①

一 《蒙古字韻》的韻字數目

近年来,我對《蒙古字韻》的韻字,重新逐韻、逐字點數,統計。同時,又對《新刊韻略》的韻字再次核查,逐韻、逐字点數,統計。並將二者逐韻、逐字勘比。

《蒙古字韻校本》現存韻字數是 9 131。缺失部分,經考訂增補,補出 307 字。②《蒙古字韻》全書當有韻字 9 438。

《新刊韻略》全書共有韻字 9 311。與《蒙古字韻校本》現存部分相應的韻字數爲 9 000。

《蒙古字韻校本》現存部分有 235 字不見於《新刊韻略》,可視爲朱宗文校本增補。

《新刊韻略》有 104 字不見於《蒙古字韻校本》,可視爲校本脱漏。爲缺失部分補出的韻字,將有 4 個重出字,《蒙古字韻》按理是不能收録的,此亦可歸入脱漏。全書脱漏韻字合計爲 $104+4=108$。

如果除去增補的 235 字,再加上脱漏的 108 字,當是《蒙古字韻》原刊本全書的韻字數:

$$9\,438-235+108=9\,311$$

與《新刊韻略》全書韻字數相等。

現將《蒙古字韻》和《新刊韻略》的韻字數分韻統計如下:

《蒙古字韻》與《新刊韻略》韻字統計表

蒙古字韻		新刊韻略		蒙古字韻	
韻部	字數	韻部及其字數	合計	失收	增補
一東	414	東 董 送 冬 腫 宋 庚 梗 敬 蒸 徑 130 29 44 88 32 25 28 10 9 4 1	400	3	17
二庚	499	庚 梗 敬 青 迥 徑 蒸 東 139 55 50 72 34 53 82 2	487	4	16
三陽	545	陽 養 漾 江 講 絳 265 102 113 30 10 8	528	3	20
四支	1 915	支 紙 寘 微 尾 未 齊 薺 霽 灰 賄 359 234 216 62 34 36 126 45 165 72 26 隊 泰 質 物 陌 錫 職 緝 56 30 107 12 98 93 86 58	1 915	25	25
五魚	1 115	魚 語 御 虞 麌 遇 屋 沃 物 月 質 89 77 45 230 146 146 173 71 45 48 33	1 103	11	23
六佳	456	佳 蟹 卦 咍 海 代 泰 支 紙 寘 陌 職 54 21 85 49 32 43 36 3 1 2 102 31	459	5	2
七真	580	真 軫 震 文 吻 問 元 阮 願 158 62 81 77 32 45 56 35 25	571	4	13

① 《古今韻會舉要及相關韻書》,中華書局,1997 年,第 161—165 頁。

② 《蒙古字韻補闕》,載《内蒙古大學學報》1996 年 1 期。

(續表)

<table>
<tr><th colspan="2">蒙古字韻</th><th colspan="2">新刊韻略</th><th colspan="2">蒙古字韻</th></tr>
<tr><th>韻部</th><th>字數</th><th>韻部及其字數</th><th>合計</th><th>失收</th><th>增補</th></tr>
<tr><td>八寒</td><td>457</td><td>寒 旱 翰 删 潸 諫 元 阮 願 先 銑 霰
172 56 97 62 32 39 24 10 8 1 3 1</td><td>455</td><td>9</td><td>11</td></tr>
<tr><td>九先</td><td>528</td><td>先 銑 霰 元 阮 願
212 108 127 38 24 17</td><td>526</td><td>13</td><td>15</td></tr>
<tr><td>十蕭</td><td>949</td><td>蕭 篠 嘯 肴 巧 效 豪 皓 號 藥 覺
165 73 66 61 23 42 98 72 69 178 75</td><td>922</td><td>15</td><td>42</td></tr>
<tr><td>十尤</td><td>466</td><td>尤 有 宥
190 120 144</td><td>454</td><td>4</td><td>16</td></tr>
<tr><td>十二覃</td><td>390</td><td>覃 感 勘 鹽 琰 豔 咸 豏 陷
65 49 33 69 46 40 30 19 25</td><td>376</td><td>1</td><td>15</td></tr>
<tr><td>十侵</td><td>123</td><td>侵 寑 沁
65 32 24</td><td>121</td><td>0</td><td>2</td></tr>
<tr><td>十歌</td><td>311</td><td>歌 哿 箇 曷 合
115 56 41 73 20</td><td>305</td><td>2</td><td>8</td></tr>
<tr><td rowspan="2">十五麻</td><td>存 383</td><td>麻 馬 禡 屑 月 葉 黠 洽
53 32 36 122 18 69 25 23</td><td>378</td><td>5</td><td>10</td></tr>
<tr><td>佚 307</td><td>麻 馬 禡 歌 屑 月 葉 黠 洽 曷 合
50 14 39 6 34 27 33 18 32 20 48</td><td>311</td><td>4</td><td>?</td></tr>
<tr><td>合計</td><td>9 438</td><td></td><td>9 311</td><td>108</td><td>235</td></tr>
</table>

二、因襲《新刊韻略》韻字排列而致誤舉例

例 1 《蒙古字韻校本》下五 b 行 4—5

平 雲……上 殞……顛顚麇

麇，《廣韻》丘粉切，溪母字，不當在此。《蒙古字韻》爲甚麼會錯？查《新刊韻略》吻韻末尾小韻：

顛……云粉切顚上同麇……

麇字前脱落小韻間隔號"○"！《蒙古字韻》失察，將它們當成了同一個小韻。

例 2 《蒙古字韻校本》下六 a 行 1

上 亶癉潓

潓，《廣韻》胡玩切。《集韻》胡玩切，又緩韻户管切，註："漫潓難測也。"不當在此。

《新刊韻略》在上聲旱韻之末尾【新添】欄目下據《廣韻》增入："亶，信也厚也誠也大也多也穀也。多旱切。癉，病也。"又據《集韻》增入："潓，漫潓難測也，胡管切"，排在"癉，病

也”之下。遺憾的是，“㴱”之上脱落小韻間隔號“○”！《蒙古字韻》失察，竟將它們當成同一個小韻。

例 3　下十 b 行 3

上　鴘葂莬

“葂莬”二字不當在此。查《廣韻》獮韻：

鴘，埤蒼云鷹鷂二年色披免切一　○　免，……亡辨切八……

《集韻》獮韻：

鴘，披免切鷹隼二歲色赤文一　○　免，美辨切……葂莬，闕人名莊子有蔣閭葂或作莬……

《新刊韻略》銑韻末尾小韻原據《廣韻》作：

鴘，鷹鷂二年色披免切

后來據《集韻》重添“葂莬”二字，直接排在“鴘”小韻下：

鴘，鷹鷂二年色披免切【重添】葂，闕人名莊子有蔣閭葂 莬，音上同亡辨切

遺憾的是，【重添】前脱漏小韻間隔號“○”！《蒙古字韻》依照《新刊韻略》，將“葂莬”二字與“鴘”緊密地連在一起，變成了同音字。

例 4　下十三 b 行 6

入　縛懮

“懮”字不當在此。“懮”《廣韻》許縛、狊籰二切。“縛”，符钁切。查《新刊韻略》藥韻：

縛，繫也符钁切　懮，驚懮又曰遽視許縛切

兩個小韻之間脱漏小韻間隔號“○”！《蒙古字韻》失察，竟然將此二字當成同音字。

《蒙古字韻》當於下十七 b 第 5、6 行之間補出一個八思巴字、一個漢字：

　入　懮

三、韻部的分併

《蒙古字韻》將《新刊韻略》106 韻合併爲 15 個韻部，取消入聲韻，入聲字分别併入 6 個陰聲韻。現將二者的分併關係圖示如下（上行爲《新刊韻略》韻目，舒聲韻只列平聲及去聲泰韻）：

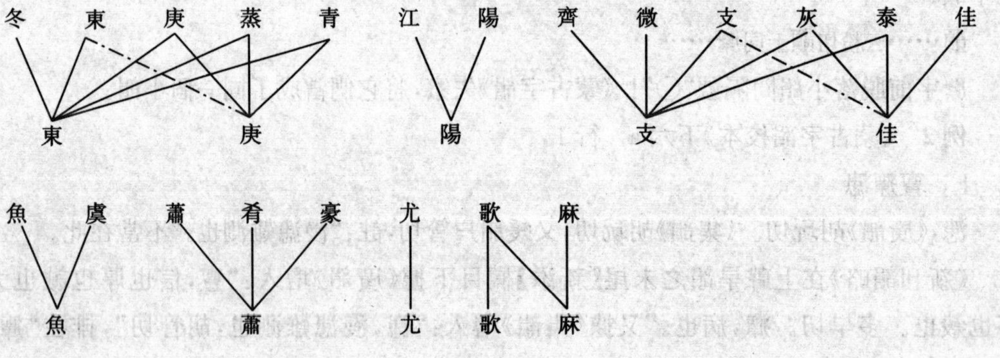

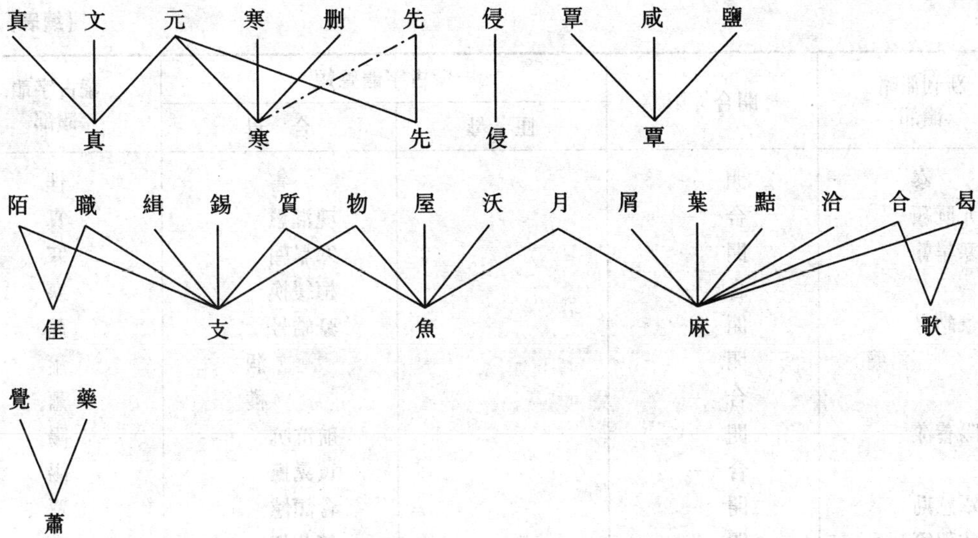

四、聲類的分併

《新刊韻略》的聲類與《切韻》系韻書一致，可用傳統三十六字母表示。《蒙古字韻》對它做了較大幅度調整、分併，雖然聲類総數只減少一個，但其增損却至爲突出明顯，展示出語音的演化。

《蒙古字韻》聲類用八思巴字母標註，不用傳統的三十六字母。爲便於指稱，研究者們採用《七音通考》所用字母。共有 35 個：

見 溪 群 疑 端 透 定 泥 知 徹 澄 孃 帮 滂 並 明 非 奉 微 精 清 從 心 邪 審 禪 曉 匣 合 影 幺 魚 喻 来 日

《蒙古字韻》將傳統三十六字母的"照穿牀"併入"知徹澄"；"非"與"敷"合併；從"匣"母分出"合"母；從"影"母分出"幺"母；"疑""喻"二母有分有合，更從中立出一個"魚"母。

傳統"匣" "影""疑" "喻"四母字的分化，完全是按着等韻圖的開合等第進行的。下表所註開合等第，依照《韻鏡》及梁僧寶《四聲韻谱》。

匣母。 現將《新刊韻略》的匣母字在《蒙古字韻》中的分化表出之：

新刊韻略韻部	開合等第	蒙古字韻聲類		蒙古字韻韻部
		匣　母	合　母	
東董送	合　一		洪澒哄	東
	合　三	雄		庚
虞麌遇	合　一		胡户護	魚
屋	合　一		縠	魚
灰賄隊	合　一		廻瘣	支
泰	合　一		會	支
職	合　一		或	支
灰賄隊	開　一		孩亥	佳

（续表）

新刊韻略韻部	開合等第	蒙古字韻聲類		蒙古字韻韻部
		匣母	合母	
泰	開　一		害	佳
元阮願	合　一		魂混慁	真
寒旱翰	開　一		寒旱翰	寒
	合　一		桓緩换	寒
豪皓号	開　一		豪皓号	蕭
藥	開　一		涸	蕭
	合　一		穫	蕭
陽養漾	開　一		航沆吭	陽
	合　一		黄晃攩	陽
覃感勘	開　一		含頷憾	覃
歌哿箇	開　一		何荷賀	歌
曷	開　一		曷	歌
歌哿箇	合　一		和禍和	歌
曷	合　一		佸	歌
蒸	合　一		弘	東
庚梗敬	合　二		横丱横	東
佳　卦	合　二		怀　坏	佳
删潸諫	合　二		還睆患	寒
麻馬禡	合　二		華踝摦	麻
黠	合　二		滑	麻
蒸	開　一		恒	庚
職	開　一		劾	佳
元阮願	開　一		痕很恨	真
尤有宥	開　一		侯厚候	尤
庚梗敬	開　二	行杏行		庚
青迥徑	開　四	形婞脛		庚
迥	合　四	迥		庚
江講絳	開　二	降項巷		陽
齊薺霽	開　四	奚傒系		支
錫	開　四	檄		支
齊　霽	合　四	攜　憓		支
佳蟹卦	開　二	膎蟹邂		佳
陌	開　二	覈		佳
真	開　四	礥		真
删潸諫	開　二	閑僩莧		寒
先銑霰	開　四	賢峴見		先
	合　四	玄泫縣		先
篠	開　四	皛		蕭
肴巧效	開　二	肴佼效		蕭
覺	開　二	學		蕭

（续表）

新刊韻略韻部	開合等第	蒙古字韻聲類		蒙古字韻韻部
		匣母	合母	
鹽	開 四	嫌		覃
咸豏陷	開 二	咸豏陷		覃
麻馬禡	開 二	遐下暇		麻
黠	開 二	黠		麻
屑	開 四	纈		麻
	合 四	穴		麻

上表顯示：

1.《新刊韻略》的匣母字，一等開口、合口，《蒙古字韻》全歸入合母。

2. 二等合口歸入合母。

3. 二等開口歸入匣母。

4. 四等開口、合口全歸入匣母。

5. 一等開口蒸（登）、職（德）、元（痕）、尤（侯）之匣母字：恒、劾、痕很恨、侯厚候，雖歸入合母，但其所隸屬的韻類却不是一等。

6. 三等合口唯一匣母小韻：東韻"雄"，《蒙古字韻》歸入庚韻，仍讀匣母。

影母。現將《新刊韻略》影母字在《蒙古字韻》中的分化表出之：

新刊韻略韻部	開合等第	蒙古字韻聲類		蒙古字韻韻部
		影母	幺母	
東董送	合 一	翁蓊瓮		東
冬腫宋	合 三	雍擁雍		東
庚梗敬	開 三	霙影映		庚
	合 二	泓		庚
陽養漾	開 一	坱盎		陽
	開 三	央鞅怏		陽
	合 一	汪 汪		陽
	合 三	枉		陽
支紙寘	開 三	漪倚懿		支
微尾未	開 三	衣扆衣		支
質	開 三	乙		支
職	開 三	憶		支
緝	開 三	邑		支
支紙寘	合 三	逶委		支
微尾未	合 三	威鬼尉		支
灰賄隊	合 一	隈猥		支

(续表)

新刊韻略韻部	開合等第	蒙古字韻聲類		蒙古字韻韻部
		影母	幺母	
	合　三	穢		支
泰	合　一	薈		支
魚語御	合　三	於　飫		魚
虞麌遇	合　三	紆傴嫗		魚
屋	合　三	郁		魚
	合　一	烏隝惡		魚
屋	合　一	屋		魚
沃	合　一	沃		魚
灰賄隊	開　一	哀　爱		佳
泰	開　一	藹		佳
佳	合　二	蛙		佳
陌	合　二	擭		佳
文吻問	開　三	殷隠檼		真
	合　三	煴惲醞		真
真軫震	合　三	贇		真
元阮願	開　一	恩		真
	合　一	温穏		真
寒旱翰	開　一	安　按		寒
	合　一	剜椀惋		寒
删潸諫	合　二	彎　綰		寒
先銑霰	開　三	焉偃堰		先
	合　三	鴛婉怨		先
豪皓号	開　一	鏖襖奥		蕭
藥	開　一	惡		蕭
蕭篠嘯	開　三	妖夭		蕭
藥	開　三	约		蕭
藥	合　一	臒		蕭
藥	合　三	嬳		蕭
尤有宥	開　一	謳歐漚		尤
	開　三	憂		尤
覃感勘	開　一	諳晻暗		覃
	開　三	淹奄裺		覃
侵寑沁	開　三	音飲蔭		侵
歌哿箇	開　一	阿		歌
曷	開　一	遏		歌
歌哿箇	合　一	倭　涴		歌
曷	合　一	斡		歌
麻馬禡	合　二	窊		麻
月	開　三	謁		麻
葉	開　三	腌		麻

（续表）

新刊韻略韻部	開合等第	蒙古字韻聲類		蒙古字韻韻部
		影母	幺母	
庚梗敬	合四		縈	東
庚梗敬	開二		甖	庚
	開四		嬰瘿	庚
青迥徑	合四		鎣	庚
支 寘	開四		伊 縊	支
齊 霽	開四		鷖 翳	支
質	開四		壹	支
昔	開四		益	支
緝	開四		揖	支
寘	合四	恚		支
佳蟹卦	開二		娃矮隘	佳
陌	開二		戹	佳
真軫震	開四		因 印	真
删潸諫	開二		殷 晏	寒
先銑霰	開四		煙 宴	先
先銑霰	合四		淵 餶	先
肴巧效	開二		坳拗袎	蕭
覺	開二		渥	蕭
蕭篠嘯	開四		幺杳	蕭
尤有宥	開四		幽黝幼	尤
咸豏陷	開二		黯	覃
鹽琰豔	開四		懕黶厭	覃
侵寢沁	開四		愔	侵
麻馬禡	開二		鵶啞亞	麻
黠	開二		軋	麻
屑	開四		噎	麻
屑	合四	抉		麻

上表顯示：

1.《新刊韻略》影母一等字不論開合仍讀影母。

2. 三等不論開合仍讀影母。

3. 二等合口仍讀影母。

4. 二等開口讀幺母。

5. 四等不論開合均讀幺母。例外 1：寘韻重纽四等影母“恚”讀影母，例外 2：屑韻重纽四等影母“抉”讀影母（此字疑誤，平、去二聲的“淵”“餶”已讀幺母，四聲當相承）。

疑母。現將《新刊韻略》疑母字在《蒙古字韻》中的分化表出之：

新刊韻略韻部	開合等第	蒙古字韻聲類				蒙古字韻韻部
		疑母	零聲母	喻母	魚母	
哈海代	開　一	嵦　礙				佳
泰	開　一	艾				佳
陽養漾	開　一	昂　駠				陽
藥	開　一	咢				蕭
豪皓号	開　一	敖　傲				蕭
寒旱翰	開　一	豻　岸				寒
曷	開　一	嶭				歌
歌哿箇	開　一	莪我餓				歌
侯厚候	開　一	藕				尤
佳蟹卦	開　二			崖騃		佳
陌	開　二			額		佳
刪潸諫	開　二			顏眼鴈		寒
肴巧效	開　二			聱齩樂		蕭
覺	開　二			嶽		蕭
麻馬禡	開　二			牙雅訝		麻
庚梗敬	開　二			鞕		庚
咸豏陷	開　二			嵒		覃
齊薺霽	開　四			倪　詣 蓺		支
錫	開　四			鶂		支
先銑霰	開　四			妍　硯		先
屑	開　四			齧		麻
蕭篠嘯	開　四			堯		蕭
佳蟹卦	合　二				聵	佳
刪潸諫	合　二				頑	寒
黠	合　二				刖	麻
麻馬禡	合　二				瓦	麻
冬腫宋	合　三				顒	東
支紙寘	合　三				危硊僞	支
微尾未	合　三				巍　魏	支
魚語御	合　三				魚語御	魚
虞麌遇	合　三				虞麌遇	魚
沃	合　三				玉	魚
物	合　三				崛	魚
元阮願	合　三				元阮願	先
月	合　三				月	麻
灰賄隊	合　一				桅隗磑	支
泰	合　一				外	支
虞麌遇	合　一		吾五誤			魚
物	合　一		兀			魚

（续表）

新刊韻略韻部	開合等第	蒙古字韻聲類				蒙古字韻韻部
		疑　母	零聲母	喻　母	魚　母	
寒旱翰	合　一		刓　玩			寒
歌哿箇	合　一		訛　卧			歌
支紙寘	開　三	宜螘議				支
微尾未	開　三	沂顗毅				支
霽	開　三	劓				支
隊	開　三	刈				支
物	開　三	疙				支
緝	開　三	岌				支
陌	開　三	逆				支
職	開　三	嶷				支
真軫震	開　三	銀　慭				真
殷隱焮	開　三	圻听垽				真
庚梗敬	開　三	迎　迎				庚
蒸迥徑	開　三	凝　凝				庚
侵寑沁	開　三	吟				侵
鹽琰豔	開　三	嚴儼釅				覃
陽養漾	開　三	仰仰				陽
藥	開　三	虐				蕭
元阮願	開　三	言钀				先
先銑霰	開　三	彦				先
月	開　三	钀				麻
屑	開　三	孽				麻
葉	開　三	業				麻
尤有宥	開　三	牛				尤

上表顯示：

1.《新刊韻略》疑母開口一等字仍讀疑母。

2. 開口三等仍讀疑母。

3. 開口二等、四等讀喻母。

4. 合口二等、三等讀魚母。

5. 合口一等讀零聲母。有例外：灰賄隊、泰的合口一等疑母字讀魚母。

喻母。現將《新刊韻略》的喻母字在《蒙古字韻》中的分化表出之：

新刊韻略韻部	開合等第	蒙古字韻的聲類				蒙古字韻韻部
		喻　母	魚　母	疑　母	例　外(影)	
東董送	合　四	融				東
冬腫宋	合　四	容勇用				東
庚梗敬	合　四	營潁				東

(续表)

新刊韻略韻部	開合等第	蒙古字韻的聲類 喻母	魚母	疑母	例外(影)	蒙古字韻韻部
魚語御	合四	余與豫				魚
虞麌遇	合四	逾庾裕				魚
屋	合四	育				魚
沃	合四	欲				魚
支紙寘	合四	惟唯遺				支
齊薺霽	合四	鋭				支
質	合四	聿				支
陌	合四	役				支
真軫震	合四	匀尹				真
先銑霰	合四	沿兖掾				先
屑	合四	悦				麻
支紙寘	開四	移酏易				支
齊薺霽	開四	曳				支
質	開四	逸				支
陌	開四	繹				支
錫	開四	鷁				支
職	開四	弋				支
緝	開四	熠				支
真軫震	開四	寅引胤				真
侵寑沁	開四	淫				侵
庚梗敬	開四	盈郢				庚
蒸迥徑	開四	蠅　孕				庚
先銑霰	開四	延演衍				先
陽養漾	開四	陽養漾				陽
蕭篠嘯	開四	遥鷕耀				蕭
藥	開四	藥				蕭
麻馬禡	開四	邪野夜				麻
屑	開四	抴				麻
葉	開四	葉				麻
鹽琰豔	開四	鹽琰豔				覃
尤有宥	開四	猷酉狖				尤
支紙寘	合三		爲蒍僞			支
微尾未	合三		韓韙胃			支
齊薺霽	合三		衛			支
虞麌遇	合三		于羽芋			魚
屋	合三		囿			魚
質	合三		颶			魚
物	合三		颮			魚
真軫震	合三		筠殞			真
文吻問	合三		雲頵韻			真

（续表）

新刊韻略韻部	開合等第	蒙古字韻的聲類				蒙古字韻韻部
		喻　母	魚　母	疑　母	例　外(影)	
元阮願	合　三		袁遠遠			先
先銑霰	合　三		員瑗			先
月	合　三		越			麻
陽養漾	合　三		王往迋			陽
藥	合　三		籰			蕭
庚梗敬	合　三		榮永詠			東
支紙寘	開　三			矣		支
先銑霰	開　三			焉		先
蕭篠嘯	開　三			鴞		蕭
尤有宥	開　三			尤有宥		尤
鹽琰豔	開　三			炎		覃
葉	開　三			曄		麻
職	合　三				域	支

上表顯示：

1.《新刊韻略》喻母四等字不論開合一律仍讀喻母。

2. 三等合口讀魚母。

3. 三等開口與疑母字混同。

4. 特例：職韻合口三等“域”讀影母。

喻母開口三等字與疑母開口三等字混同。《蒙古字韻》對已混同的開口三等疑母、喻母字仍用疑母字譯寫。

關於喻母和疑母的分合，下文討論。

第二節　《蒙古字韻》與韻圖

一、《蒙古字韻》與《韻會》《七音通考》審音定韻都是依據韻圖《七音韻》

《蒙古字韻》與韻圖的關係，學者們已經注意到。宋洪民認爲：“牙喉音嚴格區分等第是《蒙古字韻》中的客觀存在”。①宋洪民又指出：“《蒙古字韻》編者更看重韻書和韻圖的分類。説到重視韻圖，實際上就是關心韻圖排列的等第（而非僅指按韻母標準分出的等第），如喻三、四等區分，重纽两類區分，但重三與普三、重四與純四則因爲韻圖上的等第相同就分别可以同音。”②

① 宋洪民《八思巴字實際應用文獻與〈蒙古字韻〉比較研究》，待刊稿，第70頁。

② 宋洪民《八思巴字實際應用文獻與〈蒙古字韻〉比較研究》，待刊稿，第81頁。

《蒙古字韻》所依照的韻圖是哪一種呢？今傳本《蒙古字韻》序文没有説明。《古今韻會舉要》【凡例·韻例】第七條：

舊韻所載，考之《七音》，有一韻之字而分入數韻者，有數韻之字而併爲一韻者。今每韻依《七音韻》各以類聚，註云【已上案《七音》屬某字母韻】。

《古今韻會舉要》依據的是《七音韻》。

《禮部韻略七音三十六母通考》（簡稱《七音通考》）卷首有題记云：

韻书始於江左，本是吴音。今以《七音韻母》通考韻字之序。惟以雅音求之，無不諧叶。

《七音韻母》即《韻會》所説的《七音》《七音韻》。

《七音通考》書名下有陰梓六字：

《蒙古字韻》音同

楊耐思先生論述《蒙古字韻》與《古今韻會舉要》《七音通考》三者的關係説：

這三種同一個時期出現的韻書，雖然各自的體例不同，收字的範圍有大小，所用的名詞術語不一致，但是它們所代表的音韻系統基本上相同。就聲類、韻類的類别，聲類和韻類配合的情況以及小韻的數量而論，彼此的差别是極其有限的。所不同的是有一些小韻或一些韻字的歸屬，各種韻書作出不同處理。……三種韻書記録的是一個共同的語音基礎，也就是十三、四世紀時期的實際語音。①

楊耐思先生明確指出：

《韻會》在審音定韻方面，都是根據《七音韻》。②

《七音韻》是《韻會》審音定韻的根據，是《七音通考》的根據，也是《蒙古字韻》的根據。《七音

① 杨耐思《韻會、七音與蒙古字韻》，載《语言文字學術論文集》，知識出版社 1989 年。又見《近代漢語音論》，商務印書館 1997 年，第 143—144 頁。

② 杨耐思《韻會、七音與蒙古字韻》，載《语言文字學術論文集》，知識出版社 1989 年。又見《近代漢語音論》，商務印書館 1997 年，第 143 頁。

韻》記録了十三、四世紀的實際語音。《七音韻》是什麽書？韻書？韻圖？是韻圖，是“三種同一個時期出現的”、“音韻系統基本上相同”的“韻書”所共同依據的韻圖。

可惜，韻圖《七音韻》已佚。

能否依據《蒙古字韻》《韻會》《七音通考》所表現出的共同語音面貌，參照韻圖《四聲等子》《切韻指掌圖》《切韻指南》，試對《七音韻》進行構擬呢？我要冒險一試。

二、韻圖《七音韻》圖式考索

《七音韻》的表格設計與傳統韻圖大體一致，惟“七音”、“三十六字母”、入聲之安排及列字的部居、等第，與傳統韻圖多有不同。《七音韻》與傳統韻圖的差異，是語音演化的反映。現實語音是《七音韻》列字的重要依據。

（一）“七音”、“三十六母”

《蒙古字韻》無“七音”的標註，正文也無“三十六字母”。《韻會》有“七音清濁”而無“三十六字母”，《七音通考》有“三十六字母”而無“七音”。

《韻會》的“七音”是：

角，徵，宮、次宮，商、次商，羽，半徵，半商。

現將《韻會》與有“七音”標註的韻圖做比較，從而推測《七音韻》的“七音”。

	見组	端组	知组	帮组	非组	精组	照组	影组	来母	日母
七音略	角	徵		羽		商		宮	半徵	半商
切韻法	角	徵		羽		商		宮	半徵	半商
七音綱目	角	徵		宮		商		羽	半徵	半商
四聲等子	角	徵		宮		商		羽	半徵	半商
切韻指南	牙	舌		脣		齒		喉	半舌	半齿
韻會	角	徵	次商	宮	次宮	商	次商	羽	半徵	半商

從上表可知，韻圖中的“七音”有两個系列：一是以《七音略》爲代表的：角徵羽商宮半徵商。二是以《四聲等子》爲代表的：角徵宮商羽半徵商。《七音韻》當屬第二系列。《七音韻》與《四聲等子》的差異在於，照組的塞擦音照穿牀與知組知徹澄合併。《蒙古字韻》將照穿牀合併於知徹澄，作徵音。《韻會》將知徹澄合併於照穿牀，作次商音。

《韻會》對《七音韻》的聲韻系統是有改動的，東韻“公”字下按語聲稱：“今韻所編，重加訂定”。“次宮”“次商”恐怕也不是韻圖《七音韻》原有的名目。《韻會》的“七音”與《七音韻》恐怕有些距離。《蒙古字韻》保存《七音韻》的原始面貌可能更多些。

《七音通考》的“三十六字母”，與《七音略》《四聲等子》等傳統韻圖不全同。删除“照穿牀”三個字母，增加“魚幺合”三個，總數仍是三十六。

新的“三十六字母”不是《七音通考》的發明，而是韻圖《七音韻》的首創。《七音通考》只是使用《七音韻》的“三十六字母”去全面分析、考訂《禮部韻略》的聲韻結構，它的書名已經交代的很明確：《禮部韻略七音三十六母通考》。

關於"三十六字母"的排列次序。

《韻會》《七音通考》的排列與《蒙古字韻》不全同。

先把視野放大些，考察常見的韻圖及標註字母的韻書，看看它們的排列。

《韻鏡》：帮滂並明，非敷奉微，端透定泥，知徹澄孃，見溪群疑，精清從心邪，照穿牀審禪，影曉匣喻，来日

《七音略》同上。

《盧宗邁切韻法》：見溪群疑，端透定泥，知徹澄孃，帮滂並明，非敷奉微，精清從心邪，照穿牀審禪，影曉匣喻，来日

《切韻指掌圖》同上。

《七音綱目》同上。

《改併五音集韻》：見溪群疑，端透定泥、知徹澄孃，帮滂並明、非敷奉微，精清從心邪、照穿牀審禪，曉匣影喻，来日

《四聲等子》同上。

《切韻指南》同上。

以上八種韻圖韻書，可分爲两個系列：一是以脣音帮母爲首，《韻鏡》是其代表。二是以牙音見母爲首，《五音集韻》是其代表。

在第二系列裏，又以喉音字母的不同排列分成两類：一是"影曉匣喻"，《切韻指掌圖》爲代表。二是"曉匣影喻"，《五音集韻》爲代表。

現在回到《韻會》《七音通考》與《蒙古字韻》。

《韻會》：見溪群疑魚，端透定泥，帮滂並明、非敷奉微，精清心從邪、知徹審澄孃禪，影曉匣幺合喻，来日

《七音通考》同上。

《蒙古字韻》：見溪群疑，端透定泥、知徹澄孃，帮滂並明、非奉微，精清從心邪、審禪，曉匣合影魚幺喻，来日

《韻會》的七音清濁及字母排列參照了《七音綱目》，偏離了《七音韻》。《蒙古字韻》的字母次第，可能是忠實地依照韻圖《七音韻》。

綜上所述，韻圖《七音韻》的"七音"與《四聲等子》一致，"三十六字母"的次第與《五音集韻》一致。"三十六字母"一列三十六行，與《切韻指掌圖》一致。

現將《七音韻》的"七音""三十六字母"列出：

角	徵	宮	商
見溪群疑	端透定泥知徹澄孃	帮滂並明非敷奉微	精清從心邪審禪

羽	半徵	半商
曉匣合影魚幺喻	来	日

(二)"四等"、"四聲"及入聲字的安排

《指掌圖》每圖題目下縱行四列，由上而下，標註"平、上、去、入"四聲，四聲内再列四等。

試舉【一獨】圖見母爲例(《指掌圖》竪排,本文不得不改爲横排。示意而已):

一獨	平	上	去	入
見	高 交 驕 驍	暠 絞 矯 皎	誥 教 驕 叫	各 覺 脚 ○

《四聲等子》每圖題目下無四聲四等的標註。正文縱行四列,由上而下,分别填註一、二、三、四等韻字,每等内再分四聲(《四聲等子》也是竪排):

效攝外五		全重無輕韻		
見	高 杲 告 各	交 絞 教 角	嬌 矯 驕 脚	澆 皎 叫 ○

《切韻指南》與《四聲等子》一致。

《七音韻》當與《四聲等子》《切韻指南》一致。

在傳統韻圖中,入聲字没有獨立成圖的。《韻鏡》《七音略》入聲配陽聲韻,《切韻指掌圖》《四聲等子》《切韻指南》入聲兼配陰陽。

《韻會》完全保留《禮部韻略》的入聲韻,依照《平水韻》合併爲17部。入聲韻與舒聲韻的關係,配陽聲韻還是配陰聲韻?《韻會》没有説明。《七音通考》與《韻會》一致。《蒙古字韻》没有入聲韻,17個入聲韻分别隸屬於支、魚、佳、蕭、歌、麻6個陰聲韻。《七音韻》入配陰。

(三) 每圖末尾所標註的韻目

《韻鏡》、《七音略》、《切韻指掌圖》用二百零六韻。

《四聲等子》、《切韻指南》用《五音集韻》的一百六十韻。

《七音韻》用《平水韻》的一百零六韻。

(四) 圖數

《韻鏡》43圖,《七音略》43圖。

《切韻指掌圖》20圖,《四聲等子》20圖。

《切韻指南》24圖。

《七音韻》或有27圖。二十七圖及其所標註的韻目:

【一獨】東董送、冬腫宋

【二開】庚梗敬、青迥徑、蒸

【三合】庚梗敬、青迥徑、蒸

【四開】江講絳、陽養漾

【五合】江講絳、陽養漾

【六開】支紙寘、微尾未、齊薺霽、質、物、陌、錫、職、緝

【七合】支紙寘、微尾未、齊薺霽、灰賄隊、泰、質、職、陌

【八獨】魚語御、虞麌遇、屋、沃、物、月、質

【九開】佳蟹卦、灰賄隊、泰、陌、職

【十合】佳蟹卦、陌、職

【十一開】真軫震、文吻問、元阮願

【十二合】真軫震、文吻問、元阮願

【十三開】寒旱翰、删潸諫、元阮願

【十四合】寒旱翰、删潸諫、元阮願

【十五開】先銑霰、元阮願

【十六合】先銑霰、元阮願

【十七開】蕭篠嘯、肴巧效、豪皓号、覺、藥

【十八合】覺、藥

【十九開】尤有宥

【二十合】尤有宥

【二十一獨】覃感勘、咸豏陷

【二十二獨】鹽琰豔

【二十三獨】侵寢沁

【二十四開】歌哿箇、曷、合

【二十五合】歌哿箇、曷

【二十六開】麻馬禡、歌、曷、合、黠、洽、屑、葉、月

【二十七合】麻馬禡、黠、屑、月

三、從小韻的非常規排列上溯《七音韻》

《蒙古字韻》《韻會》以及《七音通考》有一批小韻排列的位次与舊韻很不一致。如先韻的"賢"字小韻,不跟"堅""牽"等排在一起,而獨自成爲一類。《韻會》給它單獨立了一个"賢字母韻"。又如尤韻,"牛"字併入"尤"字小韻,《蒙古字韻》將"尤""有""宥"譯寫成疑母,《韻會》註爲"角次濁音",《七音通考》"疑鳩:尤"。再如,真韻"痕"字小韻,不與"根"等小韻排在一起,却歸入"巾"字小韻一類。

怎樣解釋這些現象?依據八思巴字的拼寫規則去解釋,好像也未必能說得讓讀者聽清楚。

上文已經講到《蒙古字韻》与《韻會》《七音通考》審音定韻都是根據韻圖《七音韻》。如果我们用這些現象泝測《七音韻》,把它們還原到等韻圖上,或許能看得清楚些。

(一)中古開口二等字的分化

《蒙古字韻》含有開口二等字的韻部有:陽、庚、佳、寒、蕭、覃、麻,計七個韻部。在這些韻部中,開口二等字分化成两個部分:一爲舌齒脣音及疑影母字,二是見溪曉匣四母字。試以覃韻爲例,二等字来自《新刊韻略》的咸豏陷三韻。《蒙古字韻》將舌齒音及疑影母字歸入一等韻内,與"甘感紺"同韻類;見溪曉匣四母字(監緘歉喊咸)獨立爲一類。

《韻會》將舌齒音及疑影母字標注爲"甘字母韻",見溪曉匣四母字標注爲"緘字母韻"《七音通考》"見緘:監""匣緘:咸""審甘:衫"。《韻會》《七音通考》與《蒙古字韻》完全相同。它們都是依據韻圖《七音韻》的列字来分類排字的。

現在就《蒙古字韻》和《韻會》《七音通考》所提供的信息，試構擬《七音韻》覃韻韻圖，并與《四聲等子》對照。限於篇幅，只能節選 10 個字母。只收録第一、第二等。《四聲等子》的入聲字、冷僻字不録出，誌以“＊”號。《七音韻》列字盡量選用與《四聲等子》相同的字。

七音韻

幺	喻	影	合	匣	曉	審	知	溪	見
	巌	諳	含		憨	衫		堪	甘
黯		晻	頷		喊	摻	斬	坎	感
		暗	憾			釤	站	勘	紺
				咸					監
				豏	喊				減
				陷				歉	監

四聲等子

影	匣	曉	審	知	疑	溪	見
諳	○	憨			＊	堪	甘
晻	頷	喊			＊	坎	感
暗	憾	＊			＊	勘	紺
＊	＊	＊			＊	＊	＊
＊	咸	＊	衫	詁	巌	鵮	監
黯	豏	喊	摻	＊	＊	＊	減
＊	陷	＊	釤	站	＊	歉	監
＊	＊	＊	＊	＊	＊	＊	＊

两種韻圖差别非常明顯。《七音韻》與傳統统韻圖《四聲等子》的差别是語音演變的反映。見溪曉匣獨立，表明它們的讀音發生了變化。舌齒音字歸入一等韻，説明見溪曉匣的韻母産生了介音[iʻ]。“監、歉、喊、咸”的聲母已經舌面化，從[k]、[kʻ]、[x]、[ɤ]轉化爲[tɕ]、[tɕʻ]、[ɕ]、[ʑ]。

[tɕ]、[tɕʻ]、[ɕ]、[ʑ]是新的聲母，但韻圖不能爲它們創製新字母。宋金元時代韻圖字母只能有三十六個！《七音韻》已經在減去三個字母（照、穿、牀）的前提下創立了三個新字母：幺、魚、合，減三增三，仍是三十六。現在無字母可減，只能利用升降列字等第的方法，表現新聲類的誕生。將舌齒音及疑影母字升等，見溪曉匣四母便突現出来。韻圖的等第，本爲韻母而設。《七音韻》的等第，既表現韻類也表現聲類。“四等”實際已經變成了“四類”。

麻韻的“嘉戛、髂楬、鰕瞎、遐黠”，寒韻的“間、慳、閑”，佳韻的“佳格、揩客、赫、蟹核”，庚韻的“庚、阬、脝、行”，蕭韻的“交覺、巧殼、孝、肴學”，與覃韻的“監、歉、喊、咸”一致。《新刊韻略》的江講絳覺四韻在《蒙古字韻》及《韻會》中的分化，與肴巧效三韻一致，或曰同步：舌齒脣音及疑影母字歸入一等韻，見溪曉匣四母字獨立。“江、腔、肛、降”已經舌面化，聲母讀[tɕ]、[tɕʻ]、[ɕ]。至於“江”與三等陽韻的“薑”字同音，是“薑”字併入“江”。陽韻“薑、羌、香”讀同“江、腔、肛”，是三等開口見溪群曉母字舌面化的先行者。

（二）開口四等見溪曉匣舌面化

《蒙古字韻》含有《新刊韻略》開口四等字的韻部有：庚、支、真、先、蕭、尤、覃，六個韻部。以支韻爲例。支韻將所收録的四等齊韻字分成两个部分：舌齒脣音及疑影母字爲一類，與三等韻的“羈”等字同韻類；見溪曉匣四母字獨立爲一類。

《韻會》給見溪曉匣四母字立“鷄字母韻”，舌齒脣及疑影母字屬“羈字母韻”。《七音通考》“見鷄：鵄”“從羈：齊”。

《四聲等子》將齊韻開口字歸入【蟹攝外二·開口呼】,全部列在四等。

依據《蒙古字韻》和《韻會》《七音通考》所提供的信息,試構擬四等齊韻字在《七音韻》的位置。只選 11 個字母。

来	喻	幺	匣	曉	從	帮	知	端	溪	見
							菑 滓 胾 櫛			
黎 禮 隸 栗	倪 詣 逸	鷖 黳 壹		犧 喜 戲 絶	齊 薺 霽 疾	篦 閉 必	知 徵 智 陟	低 邸 帝 的	欺 綺 器 乞	羈 紀 寄 訖
			奚 傒 系 檄	醯					谿 啟 契 喫	鷄 計 吉

《蒙古字韻》開口三等字、開口四等字韻母相同,羈=低=鷄。鷄與羈的差別在聲母。齊韻的舌齒脣音及疑影母字併入“羈字母韻”,旨在突顯“鷄、谿、醯”與三等字“羈、欺、犧”的聲母差異。“羈欺犧”聲母是[k][k‘][x],“鷄谿醯奚”聲母是[tɕ][tɕ‘][ɕ][ʑ]。

青韻與齊韻相似:

来	匣	曉	心	清	精	明	並	滂	泥	定	透	端	溪	見
零			星	青	菁	冥	屏	俜	寧	庭	汀	丁		京
	刑	馨											輕	經

奇妙的是《蒙古字韻》庚韻的四等開口見溪曉匣四母字竟與二等開口見溪曉匣四母字合併,“經”同“庚”、“輕”(重纽四等)同“阬”、“馨”同“脝”、“刑”同“行”。《韻會》爲它們立“經字母韻”。而舌齒脣音字,《韻會》則歸入“京字母韻”。《七音通考》“見經:庚”“見經:經”“見京:京”“端京:丁”。

真韻開口重纽四等見、匣二母字,尤韻四等見、群二母字獨自爲一个韻類,與齊韻一致。

先韻、蕭韻、覃韻、麻韻開口四等的舌齒脣音小韻與三等交錯混排,但見溪群曉卻嚴格對立:堅牽/犍愆,驍蹻翹曉/驕趫喬嚻,兼謙/檢欠,結挈脅/訐朅歇。它們的韻母是相同的。對立的是聲母,四等見溪曉匣聲母讀舌面音。

（三）庚、麻二韻合口四等見溪曉匣開始舌面化

庚韻原清韻合口重紐四等的影、喻母字以及曉、心母字，《蒙古字韻》併入東韻，而溪、群二母留下來，與原青韻合口字，組成見、溪、群、曉、匣一組字群：

見　　扃熲○○
溪　　傾頃○○
群　　瓊○○○
曉　　○詗○○
匣　　○迥○○

它們的聲母由舌根音讀成舌面音。

東韻的"雄"小韻，從東韻降下來加入，與青韻匣母"迥"平上相配：

匣　　雄迥○○

"雄"《廣韻》羽弓切，"羽"是喻母字。《集韻》胡弓切，《新刊韻略》回弓切。五大韻圖都作匣母。匣母"雄"脱離東韻，由三等字降到四等，與"扃、傾、瓊、詗、迥"爲伍，表明它跟"迥"一樣讀舌面音。

《韻會》爲它們設立了"雄字母韻"、"頃字母韻"。

麻韻合口見溪群曉匣，四等字與三等字對立：

	見	溪	群	曉	匣
三等	厥	闕	鷢	狘	
四等	玦	闋		血	穴

三等韻的舌齒疑喻小韻又與四等小韻混雜，它們的韻母相同。對立的原因在聲母不同，四等字"玦闋血穴"的聲母讀舌面音。

（四）三等開口曉母字讀舌面音[ɕ]

學者們已經發現，匣母字和曉母字，在《韻會》裏位置很特别。竺家寧先生説："考韻會作者有把匣母和曉母字獨立成韻的趨向。"①竺先生的觀察是正確的，爲什麽會産生這種趨向？我們先看看曉母字。有所謂"獨立成韻的趨向"的是三等開口曉母字。

《蒙古字韻》含開口三等曉母字的韻部有：庚、陽、支、真、先、蕭、尤、覃、侵、麻，計十個，除支、蕭、麻三韻，曉母字都讀舌面擦音[ɕ]。

1.《蒙古字韻》侵韻末尾：

平　歆

只有這一個小韻一個韻字。"歆"本三等字，與"金、欽、祲、音"的韻母相同。可是《蒙古字韻》侵韻的第一個小韻是"金"，而"歆"却被抛到最末尾。《韻會》"金、欽、祲、音"屬"金字母韻"，"歆"單獨屬"歆字母韻"。《七音通考》"見金：金"、"精金：祲"、"影金：音"、"曉歆：歆"。

---

① 竺家寧《古今韻會舉要的語音系統》，台灣學生書局，1986年，第88頁。

《七音韻》該是什麽樣的呢？試構擬。只選 7 個字母。附列《四聲等子》。《四聲等子》的入聲字、冷僻字不録，誌以“*”號。

七音韻

幺	影	曉	精	知	溪	見
				先		
				讚		
愔	音		祲	針	欽	金
	飲			枕		錦
	蔭		浸	枕		禁
		歆				

四聲等子

影	曉	精 照	溪	見
		○		
		怎		
		○		
		○		
		先		
		*		
		讚		
		*		
音	歆	針	欽	金
飲	*	枕	*	錦
蔭	*	枕	*	禁
*	*	*	*	*
愔		祲		
○		*		
○		浸		
*		*		

《七音韻》曉母“歆”降等，獨自佔據第四等格。傳統韻圖精組字一向是排在四等格的，《七音韻》爲突顯“歆”字，竟然把精組字提升在第三等格。“歆”與“金欽針祲音愔”的韻母在《新刊韻略》相同，在《中原音韻》相同，在《蒙古字韻》在《韻會》也必相同。它們的差別在哪裏？在聲母！三等見溪群聲母讀[k][k‘][g]，曉母原與它們相配合讀[x]。現在曉母字爲什么降等？它不再讀[x]了！它和二等、四等的曉母字一样讀舌面音[ɕ]。

韻圖《七音韻》曉母“歆”獨自降到最末的四等格位，於是《蒙古字韻》便把“歆”抛到侵韻全韻的最末尾，於是《韻會》便給“歆”單獨立了一个“歆字母韻”。

至於韻圖《七音韻》將“歆”字降等的旨趣，《蒙古字韻》《韻会》的作者未必真正領會。《蒙古字韻》竟給“歆”字的韻母譯寫爲[eim]，“金”字的韻母是[im]（音標録自《蒙古字韻校本》卷末《八思巴字字頭轉寫表》）。

《韻會》的“字母韻”不等於韻母！“歆”不可能“獨立成韻”。

2.《蒙古字韻》庚韻末尾：

平　脝亨馨興　去　興

“興”在《新刊韻略》蒸韻，三等曉母字。“脝亨”二等曉母字，“馨”四等曉母字，“興”與它們同音，都讀舌面音[ɕ]。《韻會》注："音與庚韻亨同"、"已上屬經字母韻"。《七音通考》"知京：蒸"、"曉經：興"。

3.《蒙古字韻》尤韻倒數第四、三、二小韻：

平　樛　上　糾

平　虯　上　蟉

平　休　上　朽　去　齅

曉母"休"字本與"鳩邱裘秋憂劉"同爲三等字，降到四等與"樛、虯"爲伍。"樛"與"休"、"鳩"與"休"，韻母相同。四等"樛休"與三等"鳩邱"的差别在聲母，四等字聲母已經舌面化。《韻會》"休"字"屬樛字母韻"。《七音通考》"見樛：樛"、"曉樛：休"。

4.《蒙古字韻》覃韻末尾：

平　杴　上　險

平　嫌

"杴、險"三等字，"嫌"四等字。《韻會》"杴"字"屬杴字母韻"，"險"字"屬歉字母韻"，"嫌"字"屬嫌字母韻"。"歉"四等字。

5.《蒙古字韻》真韻：

上　緊

平　欣　　　去　釁焮

平　礥

"欣焮"是三等曉母字，"礥"是四等字。《韻會》"欣"字註"欣字母韻"，"礥"字註"屬欣字母韻"。《七音通考》"曉欣：欣"、"匣欣：礥"。

6.《蒙古字韻》先韻：

平　堅　甄　上　蠒　去　見

平　軒　　上　幰　顯　去　獻

"軒"三等字，與四等"堅"爲伍，與"堅"一道舌面化。《韻會》"軒"字"屬堅字母韻"。《七音通考》"曉堅：軒"。

7.《蒙古字韻》陽韻：

平　薑江　上　講襁　去　絳彊

平　香肛　上　響備　去　向

平　降　　上　項　　去　巷

《韻會》"香"字註"音與肛同"、"屬江字母韻"。"響"字註"屬講字母韻"。"向"字註"屬絳字母韻"。《七音通考》"曉江：香"。

（五）庚、陽二韻三等合口曉母字開始讀舌面音

庚韻原合口三等見母字、喻母字併入東韻，"璟"與"拱"同音，"榮"與"顒"同音。唯獨將曉母"兄"字留下來。"兄"爲什麼不能跟"璟榮"一起併入東韻曉母"胷"字小韻呢？它的聲母

與“胷”不同。東韻三等曉母字的聲母没有變化，而庚韻三等曉母字的聲母却不再讀舌根擦音了，只好留下來降等，與四等曉母“詗”字平上相配。《韻會》“璟”屬“拱字母韻”，“榮”屬“弓字母韻”，“兄”屬“兄字母韻”。

陽韻原合口三等見、溪、群、影、喻小韻“誆、匡、狂、枉、王”上升與一等見、溪、曉、影小韻“光、曠、荒、汪”爲伍，唯獨將曉母“怳況”丢下來。“誆”“匡”的聲母仍讀[k]、[k‘]，而“怳況”的聲母不可能再讀[x]了。如仍讀[x]，它們便能併入“荒”小韻。“怳況”的聲母讀什麽？舌面擦音[ɕ]。

（六）開口匣母字與見溪曉母字分離，開始清化

現在看看匣母。此處討論的匣母字是指《蒙古字韻》《韻會》的匣母字，亦即韻圖《七音韻》的匣母字。《新刊韻略》的匣母字，在《蒙古字韻》裏已經分化爲合母與匣母两類。

試以《蒙古字韻》庚韻的匣母字爲例。上文已經指出《新刊韻略》庚梗敬韻和青迥徑韻的見溪曉匣母字與舌齒脣音字分立，見溪曉匣四母字的韻母是相同的。既然如此，見溪曉匣四母字就應依次相連排在一起。可是《蒙古字韻》《韻會》以及《七音通考》却把匣母小韻剔出，單獨作一類。《蒙古字韻》把它們放在韻部最末尾。《韻會》“庚、阬、亨”“屬經字母韻”，“行”“屬行字母韻”。《七音通考》“見經：庚”“曉經：亨”“匣行：行”。爲什麽會這樣？它們一定有共同的依據，那就是韻圖《七音韻》。現就《蒙古字韻》《韻會》以及《七音通考》所提供的材料，参照《四聲等子》，試構擬《七音韻》庚韻的開口圖。只選 10 個字母。《七音韻》的列字盡量選用《四聲等子》的列字。《四聲等字》的冷僻字、入聲字不録，誌以“＊”號。

七音韻

幺	影	合	匣	曉	審	帮	知	群	見
					生	崩	丁		絚
					省				
						迸	偵		亙
罌	英	恒			昇	并	徵	擎	兢
瓔	影					丙	整		景
瑩	暎				勝	柄	政	競	敬
				亨					耕
									剄
				興					更
			形						
			杏						
			行						

四聲等子

影	匣	曉	審	帮	知	群	見
＊	恒			崩		○	絚
○	○			○		○	＊
○	○			＊		○	亙
＊	＊			＊		○	＊
罌	莖	亨	生	繃	朾	○	耕
＊	杏	＊	省	＊	＊	○	耿
＊	行	＊	生	迸	＊	○	更
＊	＊	＊	＊	＊	＊	○	＊
英		興	昇	冰	徵	＊	兢
影		○	○	丙	＊	＊	景
暎		興	勝	柄	政	競	敬
＊		＊	＊	＊	＊	＊	＊
嬰	形	馨		并		○	經
巊	婞	＊		＊		○	剄
瑩	脛	＊		＊		○	徑
＊	＊	＊		＊		○	＊

两種韻圖差别之巨,恍如隔世。《七音韻》已經打破舊韻圖的等第疆界,四大横格已不再與韻母的等第相一致,舊圖三等韻字"兢"上升到二等字的格位,而原二等字却降到三等格位。匣母字竟然獨自下降到最末一格!"形杏行"与"耕鏗亨"一起跟舌齒脣音字分立,它們的韻母是相同的。差别只能在聲母了。它的聲母與"耕亨"已經同讀舌面音了,那么,差别到底在什麼地方?濁音清化!"形杏行"的聲母不再是濁擦音[ʑ],而讀清擦音[ɕ]。"行"與"興"聲母相同。

再舉一例。《蒙古字韻》先韻末尾:

平　賢弦絃蜆舷　上　峴俔晛　去　見現

"賢",《新刊韻略》胡田切,"堅",古賢切,同韻類。按理,"賢"應當與"堅""牽""軒"排在一起。可是《蒙古字韻》却把"賢"抛到先韻的最末尾,遠離"堅"等。《韻會》先韻之首是"堅""牽",倒數第三是"賢",並創立"賢字母韻""峴字母韻""現字母韻"。"堅""牽"等屬"堅字母韻"。《七音通考》與《韻會》一致:"見堅:堅"、"溪堅:牽"、"匣賢:賢"。三部書完全一樣,都把"賢"孤立出來,放置在韻部的末尾。它們都源於韻圖《七音韻》。傳統韻圖,如《韻鏡》《四聲等字》,"賢"與"堅"都排在同一個等格位。《七音韻》大概與庚韻"行"小韻一樣,"賢"字不與"堅、牽、軒"排在同一個格位了,匣母字降等。試構擬先韻開口圖的"見""溪""曉""匣"四母。爲排印之方便,改爲横排,且從左向右排列。

見	○○○○	鞬蹇建○	堅齏見○	○○○○
溪	○○○○	愆○譴○	牽遣俔○	○○○○
曉	○○○○	○○○○	軒顯獻○	○○○○
匣	○○○○	○○○○	○○○○	賢峴現○

《七音韻》把匣母字降至最低等,於是,《蒙古字韻》《韻會》《七音通考》便將"賢"抛到韻部的末尾、最末尾。

上文已經討論過開口四等見溪曉匣舌面化,"堅、牽、軒、賢"的聲母讀[tɕ]、[tɕʻ]、[ɕ]、[ʑ]。既然如此,匣母字就應該和見溪曉母字相連屬,排在一列。可是,"賢"字降等了!降等,説明匣母字在變化!變化就是差别。"賢"與"堅"的差别在哪裏?韻母不可能不同,差别只能在聲母。全濁擦音向哪個方向演化?方向只有一個——清化。"賢"字的聲母已經由舌面濁擦音[ʑ]演變成舌面清擦音[ɕ]。韻圖《七音韻》"賢"字降等,旨在凸顯全濁擦音清化!"賢"字降等,旨在展示它所記録的是不見於此前韻圖韻書的新的語音現象!

《蒙古字韻》《韻會》没有領會到《七音韻》匣母降等的意圖。《蒙古字韻》把它視爲一個新的韻類,韻母譯寫成[een],"堅"的韻母是[en](音標録自《蒙古字韻校本》卷末《八思巴字字頭轉寫表》)。《韻會》創立"賢字母韻"與"堅字母韻"對立。"賢字母韻"和"堅字母韻"是兩個不同的韻母嗎?"賢"與"堅",從《切韻》、《中原音韻》、《韻略易通》、《五方元音》一直到現代方言，它們的韻母都是相同的。“字母韻”不等於韻母！《蒙古字韻》的譯寫不可信。

又，《蒙古字韻》覃韻末尾：

平　嫌

《韻會》爲之創立“嫌字母韻”。“嫌”與“賢”性質相同。

（七）真、尤、佳、庚、陽五韻一等合母字清化

1.《蒙古字韻》真韻，一等合母“痕、很、恨”不與“根、艮，懇、恩”相連屬，却跟三等韻字“巾、真、津、因、邻”爲伍。《韻會》“痕”字“屬巾字母韻”。《七音通考》“匣巾：痕”。它们都源於韻圖《七音韻》（爲節省篇幅，只列舉 6 个字母，且横排，不加线條。示意而已）：

見　根○艮○　○○○○　巾謹靳○　○○○○
溪　○懇○○　○○○○　○○○○　○○○○
曉　○○○○　○○○○　○○○○　欣○焮○
匣　○○○○　○○○○　○○○○　礥○○○
合　○○○○　○○○○　痕很恨○　○○○○
影　恩○○○　○○○○　殷隱檼○　○○○○

2.《蒙古字韻》尤韻，一等曉母“吼詬”、合母“侯厚候”不與“鉤茍遘”同韻類，却跟三等“鳩九救”爲伍。《韻會》“吼、侯”屬“鳩字母韻”。《七音通考》“曉九：吼”、“合鳩：侯”。韻圖《七音韻》當是：

見　鉤茍遘○　○○○○　鳩九救○　樛糺○○
曉　○○○○　○○○○　○吼詬○　休朽齅○
合　○○○○　○○○○　侯厚候○　○○○○
影　謳嘔漚○　○○○○　憂○○○　○○○○

3.《蒙古字韻》將入聲德韻開口牙喉舌齒音字併入佳韻。分成两類，牙舌齒音爲一類，喉音曉匣爲一類。《韻會》與《蒙古字韻》相同，前一類立爲“克字母韻”，後一類立爲“黑字母韻”。《七音通考》“端克：德”“曉黑：黑”“合黑：劾”。

《蒙古字韻》和《韻會》依據的《七音韻》或許是這樣的：

溪　開愷磕○　揩楷劾客　○○○克　○○○○
端　○歹帶○　○○○○　○○○德　○○○○
曉　咍海○○　○○譮赫　○○○○　○○○黑
匣　○○○○　膎蟹邂覈　○○○○　○○○○
合　孩亥害○　○○○○　○○○○　○○○劾

4.《蒙古字韻》庚韻，將中古一等登韻匣母“恒”字安插在“成”“霙”两個小韻之間，韻類相同。《韻會》《七音通考》與《蒙古字韻》不同，“恒”屬“搄字母韻”。《四聲等子》【曾攝内八】圖，“恒”在一等。《蒙古字韻》或與《七音韻》相同。（參見上文（三）匣母字清化之《七音韻》簡圖。）

《七音韻》把“痕”降至三等，與“巾”同等，是“痕”的韻母與“巾”同爲[in]嗎？不可能！從古至今，“痕”的韻母都没有[i]介音。問題還是在聲母。一等匣母字古今最大不同只在清濁。“痕”“侯厚候”“劾”“恒”降至三等，表明它們已經清化。

5.《蒙古字韻》陽韻倒數第二小韻：

平湟瑝騜黄皇…… 上晃…… 去攩擴暀

“黄”與“光、曠、汪、荒”都是唐韻合口字，韻母相同。《蒙古字韻》爲什麽把它與“光”等分開放到全韻末尾？而且譯寫的八思巴字之主元音也不同。《韻會》給它單立一個“黄字母韻”。《七音通考》“見光:光”、“合黄:黄”。三種韻書一致。它們定有共同來源。

韻圖《七音韻》陽韻合口圖或許是：

見	光廣誑〇	〇〇〇〇	〇〇〇〇	〇〇〇〇
審	雙〇〇〇	〇〇〇〇	霜爽〇〇	〇〇〇〇
曉	荒慌〇〇	〇〇〇〇	〇〇〇〇	〇怳況〇
合	〇〇〇〇	黄晃攩〇	〇〇〇〇	〇〇〇〇
影	汪枉汪〇	〇〇〇〇	〇〇〇〇	〇〇〇〇

韻圖將合母小韻降等。

關於“黄”類，陳鑫海有詳細討論：“《蒙古字韻》中‘湟’類的八思巴字頭，是保留了稍早時期蒙古語對音的寫法，這與政治上因素有關。我们應該把它合併到‘光’類中去。①用早期蒙古對音的寫法，可能與皇權有關。可是，爲什麽把它放在全韻的末尾呢？而且“皇”列於“黄”字之下。更有甚者，朱忠文竟然在“黄”字之上加添“湟瑝騜”三個字，不是对皇權的大不敬嗎？是《蒙古字韻》編纂者按《七音韻》把“黄”小韻放在韻部末尾。譯寫者或许“凸出政治”，“保留了稍早時期蒙古語對音的寫法”。《七音韻》對“黄”小韻的處理，與“恒、痕、侯、劾”性質相同，提示全濁聲母清化，即聲母由[ɣ]演變爲[x]。

(八) 疑母開口三等字與喻母開口三等字混同

1. 疑喻混同例

(1)《蒙古字韻》支韻疑母

平 宜疑沂 上 螘蟻顗矣 去 議毅刈 入 屹逆

《韻會》“矣，于已切，音與螘同”。《七音通考》“疑已:矣”。

三種韻書如此一致！止攝喻母開口三等只有于紀切一個小韻，《禮部韻略》《新刊韻略》都只收一個“矣”字。三部書都如此關注它，當然都是遵循《七音韻》。《七音韻》支韻開口圖的疑母：

疑	〇〇〇〇	〇〇〇〇	宜矣義屹	〇〇〇〇

① 陳鑫海《〈蒙古字韻〉韻母系統研究》，待刊稿第33頁。

(2)《蒙古字韻》蕭韻疑母：

平 鴞 入 虐疟

《韻會》"鴞，于嬌切，角次濁音。"《七音通考》"疑驕：鴞"。

效攝三等喻母只有平聲一個小韻，《禮部韻略》《新刊韻略》只有一個"鴞"字。"虐疟"是藥韻疑母字。《七音韻》蕭韻開口圖的疑母：

疑 敖○傲咢 ○○○○ 鴞○○虐 ○○○○

(3)《蒙古字韻》尤韻疑母：

平 牛尤有疣訧邮 上 有右友 去 宥又佑祐囿侑

《韻會》"尤，疑求切，角次濁音"，"牛，疑尤切，音與尤同"，"有，云九切，角次濁音"，"宥，尤救切，角次濁音"。

《七音通考》"疑鳩：尤、疑鳩：牛"，"疑九：有"，"疑救：宥"。

"尤、有、宥"讀疑母！真是空前絕後的讀音！《韻會》《七音通考》不可能照抄《蒙古字韻》，它們的後面必有一个權威的樣板。《七音韻》尤韻圖節録：

見 鉤苟遘○ ○○○○ 鳩九救○ 樛糾○○

疑 ○藕○○ ○○○○ 牛有宥○ ○○○○

喻 ○○○○ ○○○○ 猷酉狖○ ○○○○

(4)《蒙古字韻》先韻疑母平聲有"言焉漹"三字。《韻會》："焉，尤虔切，音與延同。蒙古韻音疑母。"《七音通考》"疑鞬：焉"。

《蒙古字韻》覃韻疑母平聲有"嚴炎"二字，①《韻會》"炎，疑廉切，音與嚴同"。《七音通考》"疑箝：嚴"、"疑箝：炎"。

《蒙古字韻》麻韻佚補：疑母入聲有"業孽曄饁"等字。"曄饁"是喻母三等字，是"炎"的入聲。《韻會》"曄，疑輒切，音與屑韻孽同"。此小韻另有"饁""業"等字。《七音通考》"疑訐：曄"、"疑訐：孽"、"疑訐：業"。

"焉"、"炎"、"曄"讀疑母，可能是《蒙古字韻》《韻會》《七音通考》自家依據"矣""尤""鴞"等類推，不是直接抄録《七音韻》。"焉"字《韻會》就不讀疑母。《七音韻》列字，似乎不能舍棄韻圖常用字"言""嚴""業"，而選用"焉""炎""曄"。當然，《蒙古字韻》"焉""炎""曄"讀疑母與《七音韻》是一致的，但它不是直接依據《七音韻》。

2. 疑喻混同是疑母字讀同喻母

疑母開口三等字與喻母開口三等字混同，説明疑母三等字已經讀成了零聲母，與當時的語音演變大勢相一致。爲什麽不標註喻母，而仍然用疑母呢?

"尤"聲母讀〔ŋ〕，于史无徵，方言無據。周德清讀"牛"作"尤"，他的後人江西高安老屋周

---

① 《蒙古字韻校本》炎與鹽合併，系傳抄之誤。宋洪民有詳細校訂，見《八思巴字實際應用文獻與〈蒙古字韻〉比較研究》第81—83頁。

家，至今仍讀“牛”爲“尤”。《蒙古字韻》“尤”“牛”同音，是“牛”併入“尤”；疑母開口三等字與喻母開口三等字混同，是疑母併入喻母。

牛→尤　　疑→喻

而不是

牛←尤　　疑←喻

楊耐思先生说：“云母照説不可能變成鼻音，只可以説是寄生出一個[ŋ]。”①爲什麽要寄生出一个鼻音呢？

《七音韻》爲什麽不將“尤牛、有、宥”安置在字母喻之下呢？字母喻之下已有字：

猷　酉　狖

“猷、酉、狖”舊屬喻母四等字，在傳統韻圖裏，與喻母三等字是對立的。在《七音韻》裏也勢不兩立。《蒙古字韻》“尤牛”和“猷”都與“鳩、邱”韻母相同，《韻會》同屬於“鳩字母韻”。一個韻類裏，只能有一個喻母小韻。“尤牛”已無家可歸。疑母有空，只好僑居於此。

同理，支韻與喻三“矣“對立的有喻四“以”，蕭韻與“鴞”對立的有“瑶”，先韻與“焉”對立的有“延”，覃韻與“炎”對立的有“鹽”，麻韻與“曄”對立的有“葉”。

《蒙古字韻》《韻會》《七音通考》依據《七音韻》將喻母開口三等字和疑母開口三等字歸入疑母，不是這些字的實際讀音。其實它們的讀音和《中原音韻》是一致的，都是零声母。“尤”“矣”“鴞”“焉”“炎”“曄”隸屬於疑字母之下，是《七音韻》的權宜之計，不得已而爲之。僅此一端，亦可見韻圖的局限性。

疑母歸喻，是十三、十四世纪聲母演變的大趨勢。有必要對疑、喻二母字的分併做全盤考察。以《蒙古字韻》爲考察對象，將它的疑、喻二母字按開合列出两張表。

表一　中古開口疑喻母字在《蒙古字韻》的分併

蒙韻聲母		疑	喻	疑(喻)		喻	
韻部＼韻類＼中古聲母		疑一	疑二	疑三	喻三	疑四	喻四
陽	岡	昂					陽
	薑			仰			
蕭	高	敖咢	聱嶽				
	驕			虐	鴞	堯	瑶藥
歌	歌	俄䕎					

① 楊耐思《漢語“影、幺、魚、喻”的八思巴字譯音》，載《中國民族古文字研究》，中國社會科學出版社 1984 年。又見《近代漢語音論》，商務印書館 1997 年，第 65 頁。

(续表)

韻部	韻類	疑	喻	疑(喻)		喻	
		疑一	疑二	疑三	喻三	疑四	喻四
佳	該	皚艾	崖額				
尤	鉤	藕					
尤	鳩			牛	尤		猷
寒	干	岸	顏眼				
覃	箝		喦巖	嚴驗	炎		鹽
麻	牙		牙				
麻	訐			業孽钀	曄		夜葉抴
麻	结					齧	
先	鞬			言	焉	妍	延
庚	驚		硬	迎凝			盈蝇孕
真	巾			銀圻			寅
侵	金			吟			淫
支	羈			宜沂刈屹逆嶷岋	矣	倪蓺鷁	移以曳逸弋亦熠

表二　中古合口疑喻母字在《蒙古字韻》的分併

韻部	韻類	零聲母	魚				喻
		疑一		疑二	疑三	喻三	喻四
歌	戈	訛					
寒	官	刓					
寒	關			頑			
先	涓				元	袁員	
麻	瓜			瓦刖			
麻	玦				月	越	悦
佳	乖			聵			
陽	光					王	

（续表）

韻部 \ 韻類 \ 中古聲母 \ 蒙韻聲母		零聲母	魚				喻
韻部	韻類	疑一		疑二	疑三	喻三	喻四
蕭	獿					篗	
東	弓				顒	榮	融容營
魚	孤	吾兀					
	居				魚虞玉	于囿	余逾育欲
真	君						匀
	雲					雲筠	
支	惟						惟鋭聿役
	嬀			桅外	危巍	爲帷韡衛	

中古疑喻母字在《蒙古字韻》分併圖示

	喻开口		疑开口	疑合口		喻合口	
疑 ←			一等	一等			→ 零聲母、魚
喻 ←			二等	二等			→ 魚
疑(喻) ←	三等	←	三等	三等	→	三等	→ 鱼
喻 ←	四等	←	四等			四等	→ 喻

（九）關於“吾”“訛”“刓”

它們原本是疑母合口一等字。《蒙古字韻》將“吾五誤兀”排在魚韻的最末尾、“訛卧”排在歌韻的最末尾、“刓玩”却排在同韻類的最前面。《蒙古字韻》的八思巴文譯寫爲：

 吾　 訛　 刓

“一”是“字頭符”。照那斯圖先生非常明確指出：“字頭符實際上也是一種零聲母符號。説得更確切些，字頭符“一”是用於 i、u、e、o 四個元音字母前的零聲母符號。”①《七音韻》作爲韻圖，是如何表示疑母一等合口字變成零聲母的呢？《韻會》“吾”仍註爲“角次濁音”。《七音通考》“疑孤：吾”。《韻會》對《蒙古字韻》“吾五誤兀”的位置特别安排及譯寫加字頭符，並無反應。這些情況，讓我想象：《七音韻》仍用降等的方法，表示“吾”的聲母[ŋ]已經脱落，變成了零聲母，“吾”仍列在“疑”母下。

---

① 照那斯圖《論八思巴字》，載《民族語文》1980 年 1 期第 41 頁。

魚	影	合	精	端	疑	群	溪	見
○	烏	胡	租	都	○	○	枯	孤
○	隖	户	祖	覩	○	○	苦	古
○	惡	護	作	妬	○	○	袴	顧
○	屋	縠	鏃	篤	○	○	哭	穀
○	○	○	○	○	吾	○	○	○
○	○	○	○	○	五	○	○	○
○	○	○	○	○	誤	○	○	○
○	○	○	○	○	兀	○	○	○
魚	於	○	且	○	○	渠	墟	居
語	傴	○	○	○	○	巨	去	舉
御	飫	○	怚	○	○	遽	驅	據
玉	郁	○	蹙	○	○	鞠	麴	菊
○	○	○	○	○	○	○	○	○
○	○	○	○	○	○	○	○	○
○	○	○	○	○	○	○	○	○
○	○	○	○	○	○	○	○	○

（十）清濁分韻現象

《蒙古字韻》先、蕭、覃、麻四個韻部中所收録的中古開口四等韻字，全濁聲母字多歸入三等韻中。三等字也有混入四等韻的。試以先韻爲例：

日来	喻幺影	匣曉	禪審	邪心從清精	明並滂帮	澄徹知	泥定透端	疑群溪見
然蓮	延		禪	涎 前	眠駢	纏 邅	年田天顚	言乾愆鞬
	煙偃	軒	羶	先 千箋	篇邊	闡饘		牽堅
		賢						

《韻會》與《蒙古字韻》同，“田”“駢”“前”“涎”“蟬”屬“鞬字母韻”，“賢”獨立爲“賢字母韻”，“堅字母韻”13個聲類竟没有濁音字！

清濁分韻現象説明全濁系統在鬆動。

（十一）尚不能解釋的小韻非常規排列

《蒙古字韻》《韻會》小韻的非常規排列現象，都可以上溯到韻圖《七音韻》。《七音韻》删除舊韻圖的“照穿牀”三個字母，創立“合幺魚”三個字母，反映了現實語音。又在保持三十六字母的規則前提下，升降列字等第，反映語音的新變化，記録新聲類的産生。《七音韻》依據現實語音對傳統韻圖進行改革。舊韻圖見溪曉匣四母字，特别是曉匣二母，位次升降最爲突出。《七音韻》的改革，多數都可以用音理，用語音演進史去解釋。但也有一些，我不能解釋，開列如下，向師友、專家求教。

1. 庚韻“泓”小韻，只有平聲一個小韻一個字。《蒙古字韻》把它放到韻部的末尾，《韻會》爲它單立一個“泓字母韻”。曾梗二攝的合口一二等字都併入東韻，爲什麽獨獨把一個影母字遺留下來？

2. 支韻合口三等見溪群諸母字，《蒙古字韻》將它們合併到一等灰韻，而曉母“麾”却被拋在韻部的尾部，遠離“嬀”“虧”“逵”“危”“逶”。《韻會》爲它單立“麾字母韻”。韻圖《七音韻》的曉字母及相關字母必是：

見	嬀詭貴國	○○○○	規癸季橘	○○○○
曉	灰賄誨○	麾毁諱洫	隳○嘒獝	○○○○
影	逶委尉域	○○○○	○○○○	○○恚○
喻	○○○○	○○○○	○○○○	惟唯遺聿

“灰”、“麾”、“隳”，它們的區别在哪裏呢？

3. 支韻合口四等影喻母字，《蒙古字韻》放在韻部的最末尾。譯寫的八思巴字韻母與“規”“隳”不同。《韻會》爲之立“惟字母韻”、“恚字母韻”。顯然，韻圖《七音韻》一定把它們下降到四等。（見上表）

4. 真韻合口三等影喻母“贇”“雲”，《蒙古字韻》放在真韻的最末尾，遠離“君”“囷”“群”“薰”。《韻會》爲它們立“筠字母韻”。與支韻的“惟”“恚”相似。韻圖將它們降等了：

見	昆鯀○○	○○○○	君○攈○	○○○○
曉	昏○○○	○○○○	薰○訓○	○○○○
影	温穏○○	○○○○	○○○○	贇惲醖○
魚	○○○○	○○○○	○○○○	雲殞韻○

“贇”“雲”爲什麽要下降至第四等？

5. 尤韻奉母“浮”，《蒙古字韻》爲什麽把它放在全韻的最末尾，《韻會》爲之立“浮字母韻”。陽韻、支韻、魚韻、真韻、寒韻、覃韻、麻韻的奉母字都與非敷微母字相連屬。韻圖爲什麽將“浮”降等？奉母字也開始清化？

第三節 《蒙古字韻》所反映的語音演化現象

一、韻類的分併

1. 元韻由臻攝分出併入山攝，與先仙韻合併

韓道昭在《五音集韻》卷首《入册檢韻術曰》有“臻攝戴元三”條，可知元韻已經鬆動，但仍“戴”于臻攝。《五音集韻》目録元韻的位次已不同於《廣韻》：

《廣韻》　真、諄、臻、文、欣、元、魂、痕、寒、桓、删、山、先、仙

《五音集韻》真、諄、　文、殷、痕、魂、元、寒、　　山、　　仙

《蒙古字韻》始將元韻徹底脱離臻攝，併入先韻（脣音併入寒韻）。《中原音韻》與之相同。

2. 蟹攝的齊韻、灰韻、泰韻的合口字併入支韻。《中原音韻》與之相同。

3. 江韻併入陽韻。《中原音韻》與之相同。

4. 梗攝合口字的大多數及二等脣音明母，共有53個韻字併入東韻。東韻的匣母“雄熊”二字併入庚韻。《中原音韻》與之一致。唯“雄熊”仍留在東鐘韻。

5. 戈韻三等牙喉音“瘸、鞾靴、迦、伽茄、呿”等字併入麻韻。戈韻三等字併入麻韻，不始于《蒙古字韻》，韓道昭早已將這些字併入麻韻。《五音集韻》麻韻見母三等“迦”字註文：

> 居伽切。釋迦，出《釋典》。又音加。此字元在戈韻收之。今將戈韻第三等開合共有明頭八字，使學者難以檢尋。今韓道昭移於此麻韻中收之，與遮車蛇奢同爲一類，豈不妙哉！達者細詳，知不謬矣。

《蒙古字韻》將入聲屑韻、葉韻、月韻字派入麻韻，“哲”与“遮”相配，“撤”与“車”相配，爲《中原音韻》創立車遮韻提供了全部原材料。

《蒙古字韻》的十五韻，奠定了近代漢語韻母體系的基本格局。《中原音韻》的十九韻是從十五韻分出来的：

東	庚	陽	支		佳	魚	蕭	歌	麻		真	寒		先
東鐘	庚清	江陽	支思	齊微	皆来	魚模	蕭豪	歌戈	家麻	車遮	真文	寒山	桓歡	先天

覃		侵
監咸	廉纖	侵尋

二、聲類的演化

1. 舌面音[tɕ][tɕʻ][ɕ]的産生

開口二等韻見、溪、曉、匣四母字，開口四等韻見、溪、曉、匣四母字，聲母已經舌面化。部分開口三等曉母字舌面化。開口三等韻的見、溪、群、曉母的大多數字，還没有舌面化的迹象。唯陽韻的“薑、羌、强、香”與已讀舌面音的“江、腔、肛、降”合併。

從《蒙古字韻》《韻會》的〔tɕ〕〔tɕʻ〕〔ɕ〕分布，可以推知現代漢語舌面音的演化過程：舌根音舌面化先於舌尖音，二等韻四等韻先於三等韻，舌根擦音先於舌根塞音。

趙蔭棠先生認爲《中原音韻》見曉系已經讀〔tɕ〕〔tɕʻ〕〔ɕ〕。他依據“每調之内，同音之字不

能重見"(即周德清的"《音韻》内每空是一音") 規則,做出這個論斷的。他又從清乾隆間的《團音正考》、明萬曆間葉秉敬的《韻表》、喬中和的《元韻譜》、隆慶間本悟的《韻略易通》,上推至元人吴澄,論證《中原音韻》有舌面音。他將"高"、"交"、"嬌"的聲母分别寫作〔k〕、〔c〕、〔tɕ〕。説《中原音韻》時代牙喉音舌面化了,是可信的。但在《中原音韻》一書中却找不到證據。"高"、"交"、"嬌"的鼎立,可以用韻母不同解釋:

$$高 \neq 交 \neq 嬌$$

$$褒 \neq 包 \neq 標$$

《中原音韻》一書中看不到舌面音,不能説周德清未發覺北方方音中舌面音的存在,只能説,聲母的舌面化,對他的書無關緊要。《中原音韻》爲作詞而設,元曲講究的是韻,是调!是"平分陰陽"!是"入派三聲"!"交"字聲母是〔tɕ〕,還是〔k〕,都不影響演唱。可以説《中原音韻》一書中看不到舌面音的明顯標记。

王力先生論述"現代[tɕ][tɕʻ][ɕ]来源"説:"普通話裏舌根音的舌面化,可能比舌尖音的舌面化早些,也可能是同時。"①《蒙古字韻》能给王先生"舌根音的舌面化,可能比舌尖音的舌面化早些"的論斷提供佐證。

2. 舌根鼻音[ŋ]脱落,零聲母範圍擴大

《蒙古字韻》將《新刊韻略》的疑母字的大多數都併入魚母、喻母。只有開口一等字及部分開口三等字還讀舌根鼻音。如:

陽韻:昂,佳韻:皚、艾,寒韻:岸,蕭韻:敖、傲、咢,尤韻:藕,歌韻:莪、我、餓。

陽韻:仰,庚韻:迎,真韻:銀,侵韻:吟。

《中原音韻》殘存的疑母字更少了:

江陽　昂卬

蕭豪　敖、傲

歌戈　莪、我、餓

3. 全濁聲母開始清化

《蒙古字韻》《韻會》《七音通考》雖然都保存着全濁聲母系统。但這個系统已經鬆動,全濁摩擦音匣母、合母已經開始讀同清擦音。匣母字、合母字首先清化,符合漢語濁音清化規律。前人對歷史文獻的探索,論證了這條規律。羅常培先生在《唐五代西北方音》一書中指出:"濁摩擦音的變清要比濁破裂音早得多。"②邵榮芬先生考察敦煌俗文學中的别字異文,發現唐五代西北方音的"濁擦音當時大概全都併入和它相對的清擦音了"。③現代漢語方言的演

---

① 王力《漢語史稿》,中華書局 1980 年新 1 版,第 124 頁。

② 《唐五代西北方音》,國立中央研究院歷史語言研究所單刊甲種之十二,民國二十二年,上海,第 141 頁。

③ 邵荣芬《敦煌俗文學中的别字異文和唐五代西北方音》,原載《中國語文》1963 年第 3 期。又見《邵荣芬音韻學論集》,首都師範大學出版社,1997 年第 280—343 頁。

化現象也提供了例證。崔榮昌、李錫梅《四川境内的"老湖廣話"》一文説:"濁擦音較易清化,濁塞音、濁塞擦音則較爲穩定。"①

到《中原音韻》全濁聲母徹底銷聲匿迹。

三、聲調的演化

本小節主要討論入聲問題。《蒙古字韻》將《新刊韻略》的 17 個入聲韻分併爲 6 大類,分别隸屬於支、魚、佳、蕭、歌、麻 6 個陰聲韻。《中原音韻》與《蒙古字韻》一致。

試將它們的分併關係做圖示。爲便於研究,將 17 個入聲韻還原爲《廣韻》的 34 個入聲韻。圖示中的數字是韻字數目。《蒙古字韻》共收入聲字 1 762 個,《中原音韻》共收入聲字 735 個。

《蒙古字韻》

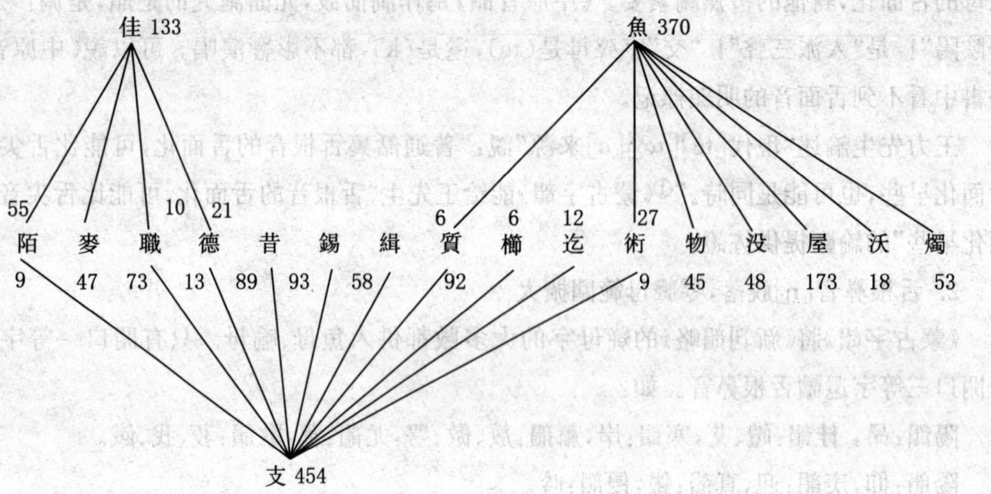

《中原音韻》

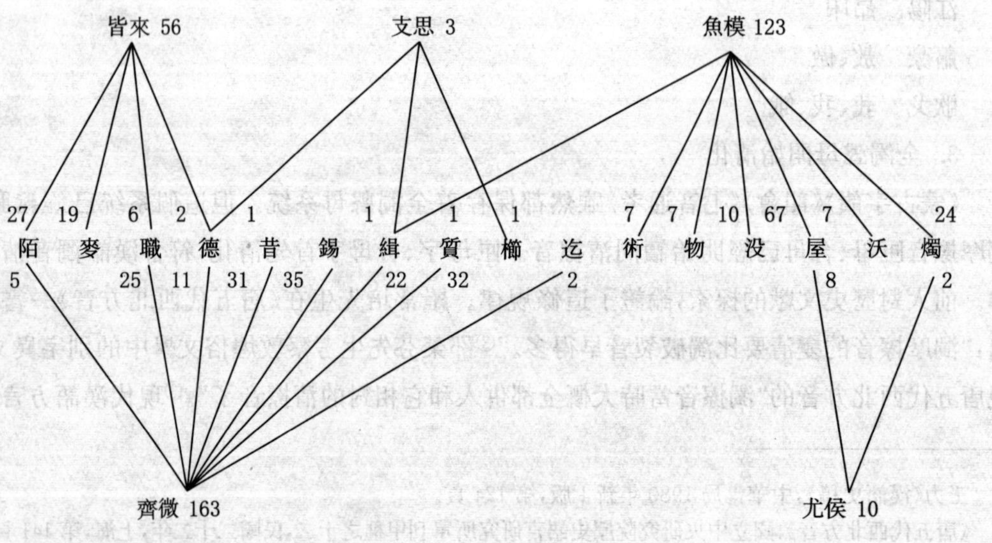

① 崔榮昌、李錫梅《四川境内的"老湖廣話"》,載《方言》1986 年 3 期。

《蒙古字韻》

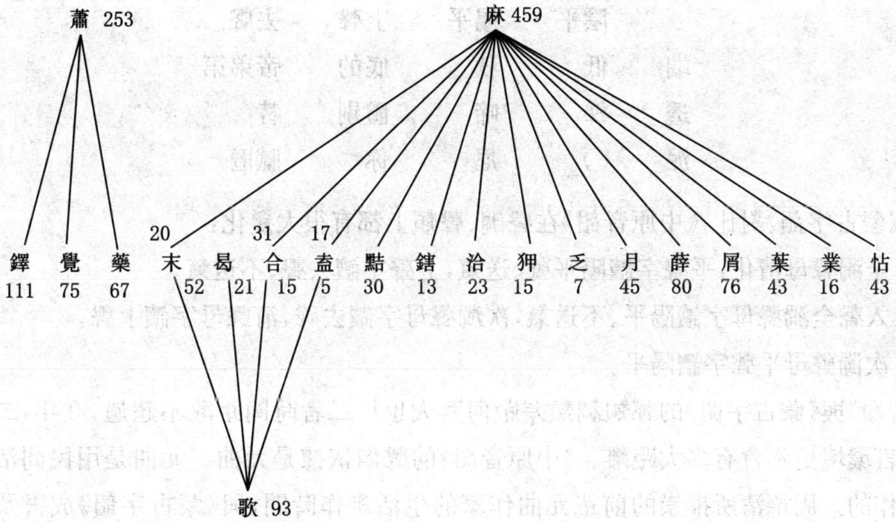

《中原音韻》

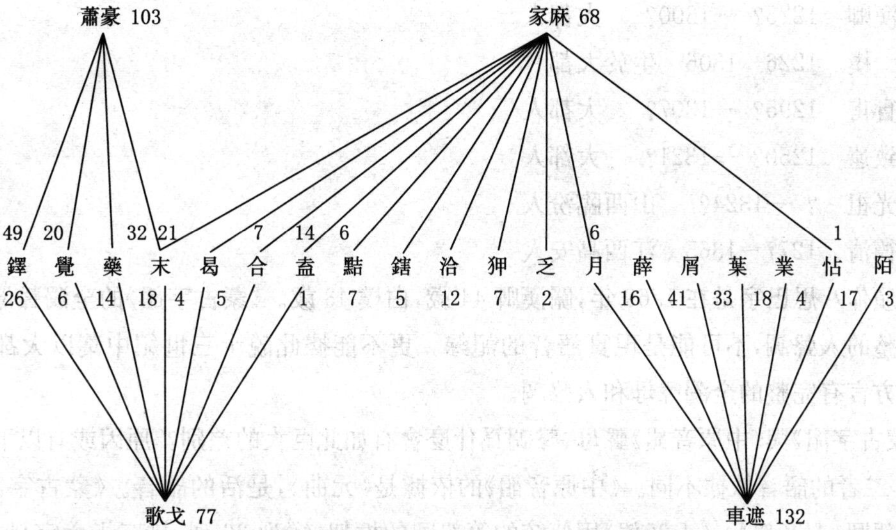

就入聲字歸韻而言，可以説，《中原音韻》是在《蒙古字韻》的基礎上進行再分併，差别並不很大。但是，《中原音韻》却分解了《蒙古字韻》的入聲調，將入聲字派入平上去三聲，即所謂的"入派三聲"。試舉幾個小韻爲例，觀察其分派情形。每個小韻只列出一個二書皆收的韻字。

《蒙古字韻》支韻：

	平	上	去	入
端	低	底	帝	的
透	梯	體	替	剔
定	啼	弟	第	狄
孃	尼	你	膩	匿

《中原音韻》齊微韻：

	陰平	陽平	上聲	去聲
端	低	狄	底的	帝弟第
透	梯	啼	體剔	替
泥	○	尼	你	膩匿

與《蒙古字韻》對比，《中原音韻》在聲調、聲類上都有很大變化：

1. 全濁聲母清化，平聲字讀陽平聲、送氣，上聲字讀去聲、不送氣。

2. 入聲全濁聲母字讀陽平、不送氣，次濁聲母字讀去聲，清聲母字讀上聲。

3. 次濁聲母平聲字讀陽平。

《中原音韻》與《蒙古字韻》的聲類調類差距何其大也！二者時間距離不超過50年，二者所生存的語言環境更不會有多大距離。《中原音韻》的聲韻依據是元曲。元曲是用民間活生生的語言創作的。周德清所推崇的前輩元曲作家的生活創作時間，與《蒙古字韻》成書及通行時間是一致的。請看幾位元曲作家的年里：

關漢卿　1225？—1300？　大都人

白　樸　1226—1306　生於大都

王實甫　1295？—1307？　大都人

馬致遠　1250？—1321？　大都人

鄭光祖　？—1324？　山西臨汾人

周德清　1277—1365　江西高安人

忽必烈頒佈八思巴字是在1269年，關漢卿44歲，白樸43歲。《蒙古字韻》的全濁聲母系統和獨立完整的入聲調，不可能是現實語音的記録。更不能據此説十三世紀中葉以大都爲中心的北方方言有完整的全濁聲母和入聲調。

《蒙古字韻》與《中原音韻》聲母、聲調爲什麼會有如此巨大的差别？原因或有以下三條：

1. 二者的語音依據不同。《中原音韻》的依據是《元曲》，是活的語音。《蒙古字韻》依據的是等韻圖《七音韻》。《七音韻》用傳統的等韻圖的框架，縱列36列，排三十六字母；横排四等，每等分平上去入四聲，每張圖576個格位，每格只能列入1個字。在圖中完整地展示"入派三聲""濁音清化"是不可能的。三百年后，徐孝做《等韻圖經》，改動了傳統韻圖的結構，縱列15列22個字母，横排三等，每等分平、上、去、如四聲，且有韻書《合併字學集韻》相配合，才將入聲字列入"如聲"(平聲陽)和去聲，在韻圖上徹底取消了入聲調。

2. 二者的功用、讀者對象不同。《蒙古字韻》"是在推行八思巴字的過程中，根據實際需要而産生的，是供人們研習、使用八思巴字進行譯寫所應用的一種範本"。[①]《中原音韻》是元曲創作、演唱的經驗總結，爲元曲作家、演員創作、演唱提供語音規範。元曲有嚴格的韻律、

① 照那斯圖、楊耐思《蒙古字韻校本·前言》，民族出版社1987年，第2頁。

平仄律。周德清特别强調的是“平分陰陽”，是“入派三聲”。

3. 二者的政治經濟背景不同。《蒙古字韻》屬官方的，雖然尚未發現政府的推行文件。而《中原音韻》屬民間的，出入於勾欄瓦舍。

《中原音韻》“入派三聲”是十三、十四世紀“中原之音”的真實反映。《蒙古字韻》無入聲韻，有入聲調，是韻圖《七音韻》的翻版。它不是十二、十三世紀北方方言的真實記録，但把入聲字派入陰聲韻，與現實語言是一致的。入聲字歸派陰聲韻，爲入聲字的歸調打下了基礎。《蒙古字韻》入派陰，是《中原音韻》“入派三聲”的前奏。

第四節　《蒙古字韻》的韻類、韻母、聲母

一、《蒙古字韻》的韻類表

魚	東	庚	真	侵	尤	支	陽	佳	寒	先	覃	蕭	麻	歌
		驚	巾	金	鳩	羈								
							岡	該	干		甘	高	怛	歌
		搄	根	簪	鉤	菑	莊	刻						
								佳			緘	交	嘉	
		經	緊		樛	鷄	江		間	堅	兼	驍	結	
										鞬	檢	驕	迦	
		行		歆				黑		賢	杴			
孤	公		昆		剖	嬀								
居	弓	扃	君			規								

（续表）

魚	東	庚	真	侵	儿	支	陽	佳	寒	先	覃	蕭	麻	歌
						恚	光	乖	關			郭	瓜	戈
		泓												
		兄	贇			麾	怳			涓		矍	玦	
													厥	
					浮		黄		官	卷				

東韻　八思巴字 42，漢字 414。《蒙古字韻》分两類：公類、弓類。

東韻韻母：公〔uŋ〕、弓〔iuŋ〕

庚韻　八思巴字 56，漢字 499。《蒙古字韻》分 7 類：驚類、揯類、雄類、庚類、泓類、兄類、行類。

庚韻韻母：揯〔əŋ〕、驚庚行〔iŋ〕、雄兄〔iuəŋ〕、泓〔uəŋ〕。

陽韻　八思巴字 59，漢字 545。《蒙古字韻》分 6 類：岡類、薑類、光類、莊類、黄類、怳類。

陽韻韻母：岡〔aŋ〕、薑〔iaŋ〕、光黄〔uaŋ〕、怳〔iuaŋ〕、莊〔oŋ〕

支韻　八思巴字 82，漢字 1915。《蒙古字韻》分 7 類：羈類、菑類、鷄類、嬀類、規類、麾類、恚類。

支韻韻母：羈鷄〔i〕、菑〔ɪ〕、嬀麾〔ui〕、規恚〔iui〕

魚韻　八思巴字 46，漢字 1115。《蒙古字韻》分兩類：孤類、居類。

魚韻韻母：孤〔u〕、居〔iu〕

佳韻　八思巴字 51，漢字 456。《蒙古字韻》分 5 類：該類、乖類、佳類、刻類、黑類。

佳韻韻母：該〔ai〕、乖〔uai〕、佳〔iai〕、刻黑〔əi〕

真韻　八思巴字 73，漢字 580。《蒙古字韻》分 6 个類：巾類、昆類、君類、根類、緊類、贇類。

真韻韻母：巾緊〔in〕、昆〔un〕、君贇〔iun〕、根〔ən〕。

寒韻　八思巴字 57，漢字 457。《蒙古字韻》分 4 类：干類、岏類、關類、間類。

寒韻韻母：干〔an〕、官〔uon〕、關〔uan〕、間〔iɛn〕。

先韻　八思巴字 54，漢字 528。《蒙古字韻》分 5 類：鞬類、堅類、涓類、卷類、賢類。

先韻韻母：鞬堅賢〔iɛn〕、涓〔iuɛn〕、卷〔iuon〕

蕭韻　八思巴字 78、補 1，漢字 949。《蒙古字韻》分 6 類：高類、驕類、驍類、郭類、交類、玃類。

蕭韻韻母：高〔au〕、交〔iau〕、驕驍〔iɛu〕、郭〔uau〕、玃〔iuɛu〕。

尤韻　八思巴字 51，漢字 466。《蒙古字韻》分 5 類：鳩類、掊類、鉤類、樛類、浮類。

尤韻韻母：鉤〔əu〕、鳩樛〔iəu〕、掊浮〔uou〕。

覃韻　八思巴字 54，漢字 390。《蒙古字韻》分 5 類：甘類、檢類、兼類、緘類、杴類。

覃韻韻母：甘〔am〕、緘〔iam〕、檢兼杴〔iɛu〕。

侵韻　八思巴字 26，漢字 123。《蒙古字韻》分 3 類：金類、簪類、歆類。

侵韻韻母：金歆〔im〕、簪〔əm〕。

歌韻　八思巴字 34，漢字 311。《蒙古字韻》分 2 類：歌類、戈類。

歌韻韻母：歌〔o〕、戈〔uo〕

麻韻　存：八思巴字 55，漢字 383。《蒙古字韻》分 5 類：結類、瓜類、嘉類、玦類、厥類（八思巴字 4，漢字 7）。

補佚：八思巴字 34，漢字 307。分 3 類：厥類（八思巴字见上，漢字 6）、迦類、怛類。

麻韻韻母：怛〔a〕、嘉〔ia〕、瓜〔ua〕、迦結〔iɛ〕、厥玦〔iuɛ〕

《蒙古字韻》15 韻現存：八思巴字 818＋1，漢字 9131，韻类 70。

麻韻補佚：八思巴字 34，漢字 307，韻類 2。

全書合計：八思巴字 853，漢字 9438，韻類 72，韻母 52。

二、《蒙古字韻》韻母表

東			uŋ 公	iuŋ 弓							
庚	əŋ 絚	iŋ 京經 行	uəŋ 泓	iuəŋ 雄頃 兄							
陽					aŋ 岡	iaŋ 江	uaŋ 光黄	iuaŋ 怳		oŋ 莊	
支	ï 菑	i 羈鷄	ui 嬀麾	iui 規恚							
魚			u 孤	iu 居							
佳	əi 刻 黑				ai 該	iai 佳	uai 乖				
真	ən 根	in 巾緊	un 昆	iun 君贇							
寒					an 干		uan 關		iɛn 間		uon 官

（续表）

先						iɛn 鞬堅 賢	iuɛn 涓			iuon 卷
蕭			au 高	iau 交	uau 郭	iɛu 驕驍	iuɛu 玃			
尤	əu 鉤	iu 鳩樛							uou 裒浮	
覃			am 甘	iam 緘		iɛm 檢兼 嫌				
侵	əm 簪	im 金歆								
歌								o 歌	uo 戈	
麻			a 怛	ia 嘉	ua 瓜	iɛ 迦結	iuɛ 厥玦			

三、《蒙古字韻》聲母表

K 見	Kʻ溪	ɡ群	ŋ疑		
tɕ見	tɕʻ溪	dʑ群			
t 端	tʻ透	d 定	n 泥		
ʧ知	ʧʻ徹	dʒ 澄	ɲ 孃		
p 幫	pʻ滂	b 並	m 明		
f 非		v 奉	ʋ 微		
ts 精	tsʻ清	dz 從		s 心	z 邪
				ʃ 審	ʒ 禪
				x 曉合	ɣ 合
				ɕ 曉匣	ʑ 匣
ʔ影	ʔj 幺	Ø(Øw 魚 Øj 喻 Ø疑)			
				l 來	ɽ 日

附録:本表參考了六位先生對“影、幺、魚、喻、曉、匣、合”七母的擬音。現將六位先生的擬音録出:

	影	幺	魚	喻	曉	匣	合
俞昌均	ʔ	ʔj	Ø	j	h	ɦ	ɣ
竺家寧	ʔ	Ø	Øu	Ø	x	ɣi	ɣ
花登正宏	ʔ	ʔj	Ø	Øj	x	ɦ	ɦ
李添富	ʔ	j	w	0	x	ɣj	ɣ
楊徵祥	ʔ	j	w	Ø	x	ɣj	ɣ
李立成	ʔ	ʔj	Ø	Øj	x	ɣj	ɣ

第五節 韻圖《七音韻》構擬

宮								徵								角				
微	奉	敷	非	明	並	滂	帮	孃	澄	徹	知	泥	定	透	端	疑	群	溪	見	
瞢 夢	馮 奉 鳳		風 覂 諷	蒙 蠓 孟	蓬 唪		 琫	醲	崇	忡 寵	中 冢 中	農	同 動 洞	通 捅 痛	東 董 涷			空 孔 控	公 礦 貢	一 獨
									蟲 重 仲								窮 共	穹 恐 恐	弓 拱 供	

			半商	半徵	羽							商						
			日	来	喻	幺	魚	影	合	匣	曉	禪	審	邪	心	從	清	精
	冬 腫 宋	東 董 送		籠 蘢 弄				翁 蓊 瓮	洪 澒 橫		轟	鏞 廱	春		鬆 送	叢	怱 謥	騣 總 稯
蒸	青 徑	庚 梗 敬																
			戎 冗	隆 隴	融 甬 用	縈	顒 永 詠	雍 擁 雍			胷 夐			松 頌	嵩 悚	從 從	樅	縱 縱

宮								徵								角				
微	奉	敷	非	明	並	滂	幇	孃	澄	徹	知	泥	定	透	端	疑	群	溪	見	
					彭 倗 倗	烹	崩 迸		棖 鋥	瞠	丁 偵	獰	騰 鄧		登 等 嶝			 肯	揯 亘	二開
				明 茗 命	平 竝 病	俜 聘	兵 丙 柄		呈 鄭	檉 逞 遉	貞 整 正	寧 濘 甯	庭 挺 定	汀 珽 聽	丁 頂 矴	迎 迎	擎 競	卿 慶	驚 警 敬	
																		阬 謦 罄	庚 剄 勁	

			半商	半徵	羽							商						
			日	来	喻	幺	魚	影	合	匣	曉	禪	審	邪	心	從	清	精
蒸	青 迴 徑	庚 梗 敬		楞 冷									生 省		僧	層 贈		增
			仍	令 領 令	盈 郢 鞕	甖 癭 鎣		霙 影 映	恒			成 盛	聲 聖	餳	星 醒 性	情 靜 淨	清 請 倩	精 井 甑
											脝 興							
										行 杏 脛								

宮								徵								角				
微	奉	敷	非	明	並	滂	幫	孃	澄	徹	知	泥	定	透	端	疑	群	溪	見	
																				三合
																	瓊	傾 頃	肩 頫	

	半商	半徵	羽							商						
	日	来	喻	幺	魚	影	合	匣	曉	禪	審	邪	心	從	清	精
東 青迥 庚梗						泓										
								雄 迥	兄 詗							

宮								徵								角				
微	奉	敷	非	明	亚	滂	帮	孃	澄	徹	知	泥	定	透	端	疑	群	溪	見	
亡	房	芳	方	茫	傍	滂	帮	娘	長	昌	張	囊	唐	湯	當	昂		康	岡	四開
網		仿	昉	莽	棒		榜		丈	昶	長	曩	蕩	曭	黨			忼		
妄	防	訪	放		傍		謗		仗	悵	帳	儾	宕	儻	讜	枊		抗	鋼	
																	强	羌	薑	
																仰	彊	控	講	
																仰			絳	

		半商	半徵	羽							商						
		日	来	喻	幺	魚	影	合	匣	曉	禪	審	邪	心	從	清	精
江	陽	穰	郎	陽				航			常	商		桑	藏	倉	臧
講	養	壤	朗	養			块	沆			上	賞		嗓	奘	蒼	駔
絳	漾	讓	閬	漾			盎	吭			尚	餉		喪	藏		葬
			良				央		降	香			詳	襄	牆	鏘	將
			两				鞅		項	響			橡	想			奬
			亮				怏		巷	向				相	匠		醬

宮								徵								角				
微	奉	敷	非	明	並	滂	帮	孃	澄	徹	知	泥	定	透	端	疑	群	溪	見	
									幢 撞	窓	椿 戇						狂	匡 曠	光 廣 誑	五合
									牀 狀	創 搶 刱	莊 壯									

		半商	半徵	羽							商						
		日	来	喻	幺	魚	影	合	匣	曉	禪	審	邪	心	從	清	精
江 講 絳	陽 養 漾		瀧			王 往 旺	汪 枉 汪			荒 慌		雙					
								黃 晃 攩									
												霜 爽					
										怳 況							

微	奉	敷	非	明	並	滂	幫	孃	澄	徹	知	泥	定	透	端	疑	群	溪	見	
宮								徵								角				
									漦	差	菑									六開
									士		滓									
									事	廁	胾									
											櫛									
微	肥	霏	非	弥	陴	紕	卑	尼	馳	絺	知	泥	嗁	梯	低	宜	奇	欹	羈	
尾	陫	斐	匪	渳	婢	諀	妣	柅	豸	耻	徵	禰	弟	體	邸	矣	技	綺	几	
未	狒	費	沸	寐	鼻	譬	臂	膩	緻	眙	智	泥	第	替	帝	義	芰	器	寄	
				蜜	邲	匹	必	暱	秩	抶	陟	惄	狄	逖	的	屹	劇	乞	訖	
																	祇	谿	鷄	
																		啓		
																		契	計	
																		喫	吉	

	半商	半徵	羽							商						
	日	来	喻	幺	魚	影	合	匣	曉	禪	審	邪	心	從	清	精
齊 微 支											釃	詞	思	慈	雌	貲
薺 尾 紙											屣	兕	徙		此	紫
霽 未 寘											駛	寺	賜	字	刺	積
											瑟					
職 陌 質																
勿 緝 錫																
	兒	離	移	伊		漪			犧	時	絁		西	齊	妻	齎
	爾	邐	酏			倚			喜	是	弛		洗	薺	泚	濟
	二	詈	易	縊		懿			戲	豉	翅		細	穧	砌	霽
	日	栗	逸	壹		乙			絁	石	失	席	悉	疾	七	堲
								奚	醯							
								徯								
								系								
								檄								

宮								徵								角				
微	奉	敷	非	明	並	滂	帮	孃	澄	徹	知	泥	定	透	端	疑	群	溪	見	
				縻 靡 媚 密	皮 被 佩 弼	披 嚭 帔 堛	陂 彼 賁 碧	 諉	鬌 錘	吹 吹	追 捶 惴	捼 餧 内	頹 兑	蓷 腿 娧	磓 對		逵 跪 匱	虧 跪 喟	嬀 詭 媿 國	七合
																	葵 揆 悸	闚 跬 闃	規 癸 季 橘	

			半商	半徵	羽							商						
			日	来	喻	幺	魚	影	合	匣	曉	禪	審	邪	心	從	清	精
齊 薺 霽	微 尾 未	支 紙 寘	蕤 蘂 芮	纍 絫 類			危 硊 僞	逶 委 尉 域	迴 瘣 會 或		灰 賄 誨	垂 菙 睡	 水 税	隨 遂	睢 髓 邃	摧 辠 萃	崔 皠 翠	劑 觜 醉
	  泰	灰 賄 隊									麾 毀 諱 洫							
職	陌	質 錫								攜 慧	隳 嚖 獝							
					惟 唯 遺 聿			 恚										

宮								徵								角				
微	奉	敷	非	明	並	滂	幫	孃	澄	徹	知	泥	定	透	端	疑	群	溪	見	
無	扶	敷	跗	模	酺	铺	逋		鉏	初	菹	奴	徒		都			枯	孤	八獨
武	父	撫	甫	姥	簿	普	補		齟	楚	阻	怒	杜	土	覩			苦	古	
務	附	赴	付	暮	捕	怖	布		助		詛	怒	渡	菟	妒			袴	顧	
目	伏	拂	福	木	暴	扑	卜			矗		訥	獨	禿	篤			哭	縠	
																吾				
																五				
																誤				
																兀				
								袽	除	攄	豬						渠	墟	居	
								女	伫	楮	貯						巨	去	舉	
								女	箸	處	著						遽	驅	據	
								肭	舳	俶	竹						鞠	麴	菊	

		半商	半徵	羽							商						
		日	来	喻	幺	魚	影	合	匣	曉	禪	審	邪	心	從	清	精
虞	魚		盧				烏	胡		呼		疏		蘇	徂	麤	租
麌	語		魯				隖	户		虎		所			粗		祖
遇	御		路				惡	護		謼		疏		訴	祚	措	作
			禄				屋	縠		熇		縮		速	族	簇	鏃
沃	屋																
物	質																
		如	臚	余		魚	於			虛	蜍	書	徐	胥		疽	且
		汝	吕	與		語	傴			許	墅	暑	敘	諝	咀	取	
		洳	慮	豫		御	飫			呴	署	恕		絮	聚	覷	怚
		肉	六	育		玉	郁			蓄	熟	叔	續	肅	崒	促	蹙

宮								徵								角				
微	奉	敷	非	明	並	滂	帮	孃	澄	徹	知	泥	定	透	端	疑	群	溪	見	
				埋	牌				柴	釵	齋	能	臺	胎		皚		開	該	九開
				買	罷		擺		廌	茝		乃	殆		歹			愷	改	
				賣	粺	派	拜		眦	差	債	柰	大	泰	帶	艾		磕	蓋	
				陌	白	拍	伯		宅	册	責	搦								
																崖		揩	佳	
																騃		楷	解	
																		劾	懈	
																额		客	格	
									崱	測	昃		特	忒	德			刻		

			半商	半徵	羽							商						
			日	来	喻	幺	魚	影	合	匣	曉	禪	審	邪	心	從	清	精
	灰	佳		来		娃		哀	孩		哈				鰓	裁	猜	栽
	賄	蟹				矮			亥		海		灑			在	采	宰
泰	隊	卦		賴		隘		藹	害				曬		賽	載	蔡	再
						啞							索					
	職	陌								膎								
										蟹								
										邂	譮							
										覈	赫							
				勒									色		塞	賊		則
									劾		黑							

宫								徵								角				
微	奉	敷	非	明	並	滂	帮	孃	澄	徹	知	泥	定	透	端	疑	群	溪	見	十合
										衰 揣 嘬								 快	乖 怪 虢	

		半商	半徵	羽							商						
		日	来	喻	幺	魚	影	合	匣	曉	禪	審	邪	心	從	清	精
支 紙 寘	佳 蟹 卦					 聵	蛙 擭	懷 畫 獲		 澅		衰 帥 摵					

宮								徵								角				
微	奉	敷	非	明	並	滂	幫	孃	澄	徹	知	泥	定	透	端	疑	群	溪	見	
										  櫬	臻			吞 褪				 懇	根 艮	十一開
				旻 愍	頻 牝	繽	賓 儐		神 紖 陳	瞋 辴 疢	珍 軫 震	紉				銀 听 憖	勤 近 近		巾 謹 靳	
																			緊	

	半商	半徵	羽							商						
	日	来	喻	幺	魚	影	合	匣	曉	禪	審	邪	心	從	清	精
元 文 真 阮 吻 軫 願 問 震						恩					莘					
	人 忍 刃	隣 嶙 遴	寅 引 胤	因 印		殷 隱 檼	痕 很 恨			辰 腎 慎	申 矧	賮	辛 信	秦 盡	親 親	津 盡 晉
								礥	欣 衅							

宮								徵								角				
微	奉	敷	非	明	並	滂	帮	孃	澄	徹	知	泥	定	透	端	疑	群	溪	見	
文 吻 問	汾 憤 分	芬 忿 湓	分 粉 糞	門 悗 悶	盆 坌	濆 噴	奔 本 					 嫩	屯 囤 鈍	暾 畽 褪	敦 頓			坤 閫 困	昆 鯀 	十二合
									脣 盾 順	春 蠢 	屯 準 稕						群 窘 郡	囷 麕 	君 攈	

			半商	半徵	羽							商						
			日	来	喻	幺	魚	影	合	匣	曉	禪	審	邪	心	從	清	精
元 阮 願	文 吻 問	真 軫 震		論 論				温 穩 	魂 混 慁		昏 				孫 損 巽	存 鐏 	村 忖 寸	尊 撙 捘
			犉 蝡 閏	淪		匀 尹 					薰 訓	醇	 舜	旬 徇	荀 笋 峻		逡	遵 儁
							雲 殞 韻	贇 惲 醖										

微	奉	敷	非	明	並	滂	帮	嬢	澄	徹	知	泥	定	透	端	疑	群	溪	見	
宮								徵								角				十三開
	蹯	飜	蕃	蠻		攀	班		潺			難	壇	灘	單	豻		看	干	
晚	飯		反				版		棧	剗	醆	赧	但	坦	亶			侃	笴	
萬	飯		販	慢	辦	襻			棧	鏟		難	彈	炭	旦	岸		侃	旰	
																顏		豻	間	
																眼			簡	
																鴈			襇	

		半商	半徵	羽							商						
		日	来	喻	幺	魚	影	合	匣	曉	禪	審	邪	心	從	清	精
			爛		殷		安	寒				删		跚	殘	餐	
删	寒		嬾					旱		罕		潸		散	瓚		
潸	旱		爛		晏		按	翰		漢		訕		散		粲	贊
諫	翰																
									閑								
									僩								
									莧								

宮								徵								角				
微	奉	敷	非	明	並	滂	幫	孃	澄	徹	知	泥	定	透	端	疑	群	溪	見	十四合
				瞞	槃	潘	般						團	湍	端			寬	官	
				满	伴							暖	斷	疃	短			款	管	
				縵	叛	判	半					愞	段	彖	鍛				貫	
																岏				
																玩				
											跧								關	
									撰											
									饌	篡									慣	

		半商	半徵	羽							商						
		日	来	喻	幺	魚	影	合	匣	曉	禪	審	邪	心	從	清	精
			鑾				剜	桓		歡				酸	欑		鑽
删	寒		卵				椀	緩						算			纂
潸	旱		亂				惋	換		喚				筭	攢	竄	鑽
諫	翰																
						頑	彎	還									
							綰	睆									
								患									

宮								徵								角				
微	奉	敷	非	明	並	滂	幫	孃	澄	徹	知	泥	定	透	端	疑	群	溪	見	
																				十五開
				眠 緬 麪	蹁 辮 卞				纏		邅 驙	秊 撚 晛	田 殄 電	天 腆 瑱	顛 典 殿	言 钀 彦	乾 件 健	愆 譴	鞬 蹇 建	
						篇 鶣 片	邊 編 變			燀 闡 硟	鱣 展 戰							牽 遣 俔	堅 蠒 見	

	半商	半徵	羽							商						
	日	来	喻	幺	魚	影	合	匣	曉	禪	審	邪	心	從	清	精
元 先 阮 銑 願 霰																
	然 橪	蓮 輦 練	延 演 衍							鋋 善 繕		次 羡		前 踐 荐		
				煙 宴		焉 偃 堰			軒 攇 獻		羶 扇		先 銑 霰		千 淺 蒨	箋 剪 薦
								賢 峴 見								

宮								徵								角				
微	奉	敷	非	明	並	滂	幫	孃	澄	徹	知	泥	定	透	端	疑	群	溪	見	
																		卷 綣 券	卷 攣	十六合
									船 篆 傳	穿 舛 釧	專 轉 囀						權 圈 倦	犬	涓 畎 睊	

	半商	半徵	羽							商						
	日	来	喻	幺	魚	影	合	匣	曉	禪	審	邪	心	從	清	精
元 先 阮 銑 願 霰		攣 臠 戀														
	堧 輭		沿 兖 掾	淵 悁	元 阮 願	鴛 婉 怨		玄 泫 縣	翾 蠉 絢	遄		旋 漩	宣 選 選	全 雋	詮	鐫

宮								徵								角				十七開
微	奉	敷	非	明	並	滂	帮	孃	澄	徹	知	泥	定	透	端	疑	群	溪	見	
				毛	庖	胞	褒		巢	抄	嘲	猱	陶	饕	刀	敖			高	
				卯	鮑		寶			炒	爪	腦	道	討	倒			考	暠	
				帽	鉋	奅	報		棹	抄	罩	橈	導		到	傲		犒	誥	
	縛			寞	雹	濼	博					諾	鐸	託		咢		恪	各	
																聱		敲	交	
																齩		巧	絞	
																樂		磝	教	
																嶽		殼	覺	
				苗	瓢		鑣		晁	怊	朝		迢			鴞	喬	趫	驕	
				眇	摽		褾		肇		沼		窕						矯	
				妙	驃				召		照		藋				嶠			
									著	綽	著					虐	噱	却	脚	
						漂				超				祧	貂		翹	蹻	驍	
						縹						嫋		朓	鳥				皎	
						剽								糶	吊			竅	叫	
										婼										

			半商	半徵	羽							商						
			日	来	喻	幺	魚	影	合	匣	曉	禪	審	邪	心	從	清	精
豪	肴	蕭		勞		坳		鏖	豪		蒿		稍		騷	曹	操	糟
皓	巧	篠		老				襖	皓		好				嫂	皂	草	早
号	效	嘯		嫪		靿		奥	号		耗		稍		喿	漕	操	竈
				落		渥		惡	涸		壑				索	昨	錯	作
鐸	覺	藥								肴	虓							
										佼								
										效	孝							
										學								
			饒	聊	堯			妖			嚻	韶	燒					
			擾	了	鷕			夭				紹	少					
				料	窔							邵	燒					
			若	略	藥			約			謔	勺	爍					
						幺					曉				蕭	樵	鍫	焦
						杳				皛	曉				篠		悄	剿
						要									笑	誚	陗	醮
															削	嚼	鵲	爵

宮								徵								角				
微	奉	敷	非	明	並	滂	幫	孃	澄	徹	知	泥	定	透	端	疑	群	溪	見	十八合
								搦	浞	逴	捉							廓	郭	
																		躩	玃	

	半商	半徵	羽							商						
	日	来	喻	幺	魚	影	合	匣	曉	禪	審	邪	心	從	清	精
鐸 藥		犖					臒	穫	霍		朔					
					籰	嬳			戄							

宫								徵								角				
微	奉	敷	非	明	並	滂	帮	嬢	澄	徹	知	泥	定	透	端	疑	群	溪	見	
									愁	搊	鄒		頭	偷	兜			彄	鉤	十九開
											掫	穀		黈	斗	藕		口	苟	
									驟	簉	皺	耨	豆	透	鬬			寇	遘	
				繆			彪		儔	抽	輈					牛	裘	邱	鳩	
								紐	紂	丑	肘					有	舅	糗	九	
				謬				糅	冑	畜	晝					宥	舊		救	
																	虯		樛	
																	蟉		糾	

	半商	半徵	羽							商						
	日	来	喻	幺	魚	影	合	匣	曉	禪	審	邪	心	從	清	精
		樓				謳					摉		擻	鯫		緅
尤		塿				歐					溲		叟		趣	走
有		陋				漚					瘦		瘷		輳	奏
宥																
	柔	劉	猷	幽		憂	侯			讎	收	囚	脩	酋	秋	啾
	蹂	柳	酉	黝			厚		吼	受	首		滫			酒
	蹂	溜	狖	幼			候		蔻	授	狩	袖	秀	就		僦
									休							
									朽							
									齅							

宮								徵								角				
微	奉	敷	非	明	並	滂	幫	孃	澄	徹	知	泥	定	透	端	疑	群	溪	見	
謀			不		裒															二十合
			缶	母	部	剖	掊													
		副	富	茂		仆														
	浮																			
	婦																			
	復																			

	半商	半徵	羽							商						
	日	来	喻	幺	魚	影	合	匣	曉	禪	審	邪	心	從	清	精
尤																
有																
宥																

宮								徵								角				
微	奉	敷	非	明	並	滂	帮	孃	澄	徹	知	泥	定	透	端	疑	群	溪	見	二十一獨
 鋄 	凡 范 梵	 汎							讒 湛 賺	攙 儳	 斬 蘸	南 	覃 禫 憺	貪 襑 撢	耽 黕 擔			龕 坎 勘	甘 感 紺	
																喦 		 歉	緘 減 鑒	

		半商	半徵	羽							商						
		日	来	喻	幺	魚	影	合	匣	曉	禪	審	邪	心	從	清	精
咸 豏 陷	覃 感 勘		婪 壈 濫		 黯 		諳 晻 暗	含 頷 憾		憨 喊 		攕 摻 釤		毵 糁 三	蠶 蹔 暫	参 惨 	簪 昝
									咸 豏 陷	 喊 							

二十二獨	角				徵								宮							
	見	溪	群	疑	端	透	定	泥	知	徹	澄	孃	帮	滂	並	明	非	敷	奉	微
	 檢 劍	 欠	箝 儉	炎 儼 釅	 點 店	添 忝 掭	甜 簟 [illegible]	鮎 念	霑 颭 占	覘 諂 韂		黏	砭 貶 窆							
	兼	謙 歉 傔																		

	商							羽							半徵	半商
	精	清	從	心	邪	審	禪	曉	匣	合	影	魚	幺	喻	来	日
鹽琰豔 咸豏陷																
	尖 僭	僉 憸 壍		銛		苫 陝 閃	撏 剡 贍				淹 奄 裺			鹽 琰 豔	廉 斂 殮	髯 冉 染
			潛 漸										懕 黶 厭			
								杴 險	嫌							

微	奉	敷	非	明	並	滂	幫	孃	澄	徹	知	泥	定	透	端	疑	群	溪	見	
宮								徵								角				
									岑	參 讖	簪 譖									二十三獨
						品	稟	賃	沉 朕 鴆	琛 踸 闖	碪 枕 枕					吟	琴 噤 矜	欽	金 錦 禁	

	半商 日	半徵 来	喻	幺	魚	影	合	匣	曉	禪	審	邪	心	從	清	精
			羽							商						
侵 寢 沁											森 滲					
	任 荏 妊	林 廩	淫	愔		音 飲 蔭				諶 甚 葚	深 沈	尋	心 伈		侵 寢 沁	祲 浸 祲
									歆							

微	奉	敷	非	明	並	滂	帮	孃	澄	徹	知	泥	定	透	端	疑	群	溪	見	
宮								徵								角				
												那	駝	佗	多	莪		珂	歌	二十四開
												娜	柁		嚲	我		可	哿	
												柰	馱	拖	癉	餓		坷	箇	
																嶭		渴	葛	

	日	来	喻	幺	魚	影	合	匣	曉	禪	審	邪	心	從	清	精
	半商	半徵	羽							商						
		羅				阿	何		訶				娑	醝	蹉	
歌		攞					荷		歌						瑳	左
哿		邏					賀						些			佐
箇						遏	曷		喝							
曷 合																

微	奉	敷	非	明	並	滂	帮	孃	澄	徹	知	泥	定	透	端	疑	群	溪	見	二十五合
宫								徵								角				
				摩	婆	頗	波					挼		詑				科	戈	
				麽		叵	跛						堕	妥	捶			顆	果	
				磨		破	播					愞	惰	唾				課	過	
				末	跋	鏺	茇						奪	侻	掇			闊	括	
																訛				
																卧				

	半商 日	半徵 来	喻	幺	魚	影	合	匣	曉	禪	審	邪	心	從	清	精
			羽							商						
		騾				倭	和						莎	矬		
歌		裸					禍		火				鎖	坐	脞	
哿		攞				涴	和		貨					座	剉	挫
箇		捋				斡	佸		豁						撮	繓
曷																

二十六開	角				徵								宮							
	見	溪	群	疑	端	透	定	泥	知	徹	澄	孃	幫	滂	並	明	非	敷	奉	微
								拏	樝	叉	茶		巴	葩	爬	麻				
									鮓	奼			把			馬				
									詐	詫	乍		霸	帕		禡				
					怛	闥	達	捺	哳	察	煠		八		拔		髮		伐	韈
	嘉			牙																
	檟			雅																
	駕	髂		迓																
	戛	楬																		
	迦	呿	伽								蛇									
											射									
	訐	朅	竭	钀			姪				舌				蹩					
									遮	車										
									者	奲						乜				
									柘											
	結	挈			窒	鐵		涅	哲	撤			鼈	瞥		蔑				

商							羽							半徵	半商			
精	清	從	心	邪	審	禪	曉	匣	合	影	魚	幺	喻	来	日			
					鯊							鴉						
					灑							啞				麻		
					嗄							亞				馬		
帀	攃	巀	躠		殺							軋		剌		禡		
							鰕	遐										
								下								曷	合	
							嚇	暇								黠	洽	
							瞎	黠								屑	葉	月
				衺		闍							邪					
				灺		社							野					
		藉		謝									夜					
		捷				折	歇						抴					
嗟			些		奢													
姐	且		寫		捨										惹			
借			卸		舍													
節	切		屑		攝		脅	纈		謁		噎	翳	列	熱			

宮								徵								角				
微	奉	敷	非	明	並	滂	帮	孃	澄	徹	知	泥	定	透	端	疑	群	溪	見	
																				二十七合
											檛 茁	貀						誇 騍 跨	瓜 寡 刮	
																	瘸 鷢	闕	蹶	
										歠	輟							闋	玦	

	半商	半徵	羽							商						
	日	来	喻	幺	魚	影	合	匣	曉	禪	審	邪	心	從	清	精
麻 馬 禡 黠 屑 月																
					瓦 刖	窊	華 騍 摦 滑		華 化		葰 刷					
									韡 犾							
	爇	劣	悅		月	抉		穴	血	啜	說	蜥	雪	絕		蕝

尾聲《蒙古字韻》成書過程試探

《蒙古字韻》是漢語韻書，是用蒙古新字譯寫（注音）的漢語韻書。照那斯圖先生說，《蒙古字韻》“起初的名稱——《蒙古字韻略》”。[①]《古今韻會舉要及相關韻書》說，“《蒙古字韻》書名最準確的叫法應該是：《蒙古字/韻略》。[②]

關於《蒙古字韻》的成書時間。至元六年（1269）忽必烈下詔，推行蒙古新字八思巴文，用來“譯寫一切文字”。第二年又下詔：“今後不得將蒙古字道作蒙古新字。”《蒙古字韻》能作爲譯寫漢語的“標準或依據”，它大約是官修的，也許有幾分像《洪武正韻》。但编纂者是誰？成書於何年？均失考。照那斯圖先生 2004 年指出，《蒙古字韻》“可能與八思巴字的頒佈同時產生，即便稍晚也相差不遠”。[③]他的學生宋洪民遵循他的思路，研究《龍門神禹廟聖旨碑》，將碑上的 96 個八思巴字和 110 個（出現 128 次）漢字，與《蒙古字韻》做多方位比較，發現相符程度很高。於是推斷：“在《龍門神禹廟聖旨碑》刻寫的至元十二年即公元 1275 年，作爲八思巴字書寫規範依據的《蒙古字韻》應該已經成書。”[③]1275 年可作爲成書的下限。上限當是至元七年（1270）。

《蒙古字韻》也是急就章，但并非一蹴而就。它在韻書史上建樹頗豐，必有深厚根基與可靠依據。它的藍本是金人王文郁的《新刊韻略》，然絶非從《新刊韻略》一步跳躍到《蒙古字韻》。《蒙古字韻》的编纂或有三个過程。

一、將《新刊韻略》的 106 韻改併爲 15 韻，取消入聲韻，入聲字分併到 6 個陰聲韻。這是韻書史上一項有意義的變革，改變了此前韻書“調——韻——聲”的編纂體例，創建了新的體例：“韻——調——聲”。

這是《蒙古字韻》编纂者的第一步工作。

也許早已有人將 106 韻的《新刊韻略》改併爲 15 韻的《韻略》。《蒙古字韻》的编纂者在這個《韻略》基礎上再改併。

二、依據反映時音的等韻圖《七音韻》對 15 韻進行改併：

1. 剔除 15 韻的反切和註釋；

2. 按《七音韻》的“四聲相承”原則，重新編排各韻部内的小韻。以聲類統領調類，同聲母的小韻，按平上去入四聲相連屬。這是韻書史上又一項有意義的變革，將韻書的編纂體例由“韻——調——聲”又向前進爲：“韻——聲——調”。

這種以聲類統领調類的排列小韻方法，給譯寫帶來方便。蒙古語不分聲調。同聲母的平上去入四個聲調的小韻依次排成一行，如支韻的“低、底、帝、的”標注一個八思巴字就可以

---

①③　照那斯圖《〈蒙古字韻〉拾零》，載《語言科學》2004 年第 2 期。

②　《古今韻會舉要及相關韻書》，中華書局，1997 年，第 159 頁。

③　宋洪民《八思巴字實際應用文獻與〈蒙古字韻〉比較研究》，待刊稿，第 49 頁。

了。倘若以調統聲，“低、底、帝、的”就要標注 4 次同一個八思巴字。

3. 按《七音韻》的三十六字母次第排列聲類。《蒙古字韻》正文不標注字母，但卷首有字母表。依照《七音韻》將“匣、影、喻”三個字母各分两類，但未標出“合、幺、魚”三個字母的名稱。

4. 依據《七音韻》列字的等第，調整聲母的位置。

當然，《蒙古字韻》也有不遵從《七音韻》的地方，如：敷母与非母合併，字母變成了三十五個；疑母開口二等完全讀爲喻母。

三、譯寫。基本按八思巴字正常書寫方式進行。

本文所用《蒙古字韻》是《蒙古字韻校本》，照那斯图、楊耐思著，民族出版社，1987 年。向前輩學者照那斯圖先生、楊耐思先生致敬，致謝。

本文参考文献

楊耐思《近代漢語音論》，商務印書館 1997 年。

杨耐思《韻會、七音與蒙古字韻》，載《语言文字學術論文集》，知識出版社 1989 年。

楊耐思《漢語“影、幺、魚、喻”的八思巴字譯音》，載《中國民族古文字研究》，中國社會科學出版社 1984 年。

照那斯圖《論八思巴字》，載《民族語文》1980 年第 1 期第 41 頁。

照那斯圖《〈蒙古字韻〉拾零》，載《語言科學》2004 年第 2 期。

竺家寧《古今韻會舉要的語音系統》，臺灣學生書局，1986 年。

李添富《古今韻會舉要研究》，臺灣師範大學國文研究所博士論文，1980 年，影印手稿。

楊徵祥《蒙古字韻音系研究》，臺灣成功大學中國文學研究所碩士論文，1996 年，打印稿。

宋洪民《八思巴字實際應用文獻與〈蒙古字韻〉比較研究》（中國社會科學院博士後研究工作報告）2010 年，打印稿。

陳鑫海《〈蒙古字韻〉韻母系統研究》（北京大學碩士研究生論文），2008 年，打印稿。

寧忌浮《古今韻會舉要及相關韻書》，中華書局 1997 年。

八十韻本《洪武正韻》的校本考*

□丁治民　王豔芬

［摘　要］《永樂大典》是依據八十韻《洪武正韻》進行統字和系事的，但《永樂大典》所引《洪武正韻》423個韻字的注釋中有63條與現存八十韻本《洪武正韻》的注釋不同。《明實録》等載明太祖于洪武二十三年命翰林院對《洪武正韻》重加校正，因此，《永樂大典》所據《洪武正韻》可能是洪武十二年刊行的八十韻本的校正本。

［關鍵字］《永樂大典》；《洪武正韻》；八十韻本；校本

［作者簡介］丁治民、王豔芬，温州大學人文學院（浙江温州，325035）

對《洪武正韻》作全面研究且成果最顯者當推甯忌浮先生的《洪武正韻研究》，這是海内外的共識。甯先生指出："現在能見到的(《洪武正韻》)都是明代的官刻和藩府刻本，《中國古籍善本書目》收録(《洪武正韻》)二十八種一百五十部，分别藏於八十五家圖書館。其中注有刊刻時間或地點的一十二種，只注明刻本的十六種……按刊刻時間算，除去兩部洪武原刊本，都是正德、嘉靖、隆慶、萬曆及崇禎本。建文、永樂、洪熙、宣德、正統、景泰、天順、成化、弘治，均未見有重刊本傳下來，或許這一百年間就真的很少或没有翻刻過。……嘉靖及其以後的重刊本，行款、版式均與初刻本同，初刻本的錯誤亦未校正。衡莊王朱厚熜説：'敬遵式壽梓'，這是重刊者共同遵守的規距。"

《洪武正韻》有洪武八年刊行的七十六韻本和洪武十二年刊行的八十韻本，其中八十韻本爲甯忌浮先生所發現，現藏於北京圖書館。八十韻本的發現不僅有力地推動對《洪武正韻》的深入研究，而且與其相關的好多懸而未決的問題都得以迎刃而解。如《永樂大典》與《洪武正韻》之韻部、字序等差異一直困擾着《永樂大典》的研究者，甯先生指出："《永樂大典》用《洪武正韻》韻部統字、韻序、字序、反切、注釋均以八十韻爲准。"甯先生的研究使得兩者撲朔迷離的關係得以全面揭示。嘉靖及其以後的重刊本均爲七十六韻本，所以甯先生説："就目前得到的材料看，流傳下來的《正韻》，八十韻本只有一部……八十韻本很可能一直未重刊。"

《明實録·太宗實録》永樂五年十一月乙丑："太子少師姚廣孝等進《重修文獻大成》，書

* 本文獲得國家社會科學基金(編號：05BYY053)和中國博士後科學基金(20070410403)的資助。初稿承蒙魯國堯、甯忌浮、黄笑山三位先生賜正，特致謝悃。文中失誤，概由作者負責。

凡二萬二千二百一十一卷，一萬一千九百五本，更賜名《永樂大典》。上親制序以冠之，其文曰：'昔者聖王之治天下也……始于元年之秋，而成於五年之冬。總二萬二千九百三十七卷，名之曰《永樂大典》。'"《永樂大典》應有二萬二千九百三十七卷，一萬一千九百五本，但由於衆所周知的原因，《永樂大典》大多亡佚了。經過多方的搶救和保護，《永樂大典》現存於世僅八百多卷，其中中華書局兩次影印共收七百九十七卷（十册，其中第十册爲目録），上海辭書出版社於 2003 年影印出版海外新發現十七卷（一册）。

《永樂大典》是以八十韻本《洪武正韻》爲綱，（甯忌浮 2003）採取按韻與分類兩者相結合的"用韻以統字，用字以系事"的編輯方法。也就是依照《洪武正韻》的韻目，按每韻下分列單字，在每一個字下詳注其音韻、訓釋和它的篆、隸、楷、草各種書體，再依次把有關天文、地理、人事、名物、以至奇文異見、詩文詞曲等隨文收載。明成祖稱讚這種編輯方法是"揭其綱而目畢張，振其始而末具舉"。

現存《永樂大典》共注釋一千四百九十六個韻字，其中引用《洪武正韻》的爲 423 個，現列表如下：

《永樂大典》册數	所注釋的韻字數	引用《洪武正韻》的韻字數
第一册	97	35
第二册	223	62
第三册	113	35
第四册	89	28
第五册	247	65
第六册	314	70
第七册	82	37
第八册	206	43
第九册	114	37
海外新發現	11	11
總計	1 496	423

《永樂大典》所引《洪武正韻》韻字排列順序，除一例外，與八十韻《洪武正韻》完全相同。① 如果《永樂大典》依據的就是現存的八十韻《洪武正韻》，那麼《永樂大典》所引的四百二十三條《洪武正韻》的注釋與現存八十韻的《洪武正韻》的注釋應該完全相同，當然應當允許鈔胥誤寫，但如果有，比例應當不會太高，而且失誤的應是以形似爲主。雖然現在見到《永樂大典》殘卷爲"嘉靖鈔本"，但重録時有嚴格的規章制度，據徐階《處理重録大典奏疏三》："其論葉數須以實寫之字扣算……每人每日鈔寫三頁，如遇有差錯，發與另寫，不拘一次二次，只算一頁。"但事實上，《永樂大典》所引用四百二十三條的《洪武正韻》中有六十三條與八十韻《洪武正韻》在注釋上有差異，不同近 15%，這一比例應是比較高的。現不憚煩瑣，開列於下：

序號	韻目	韻字	永樂本	北圖本	注
1	一東	螽	陸機疏	陸璣疏	北圖本是
2	一東	庸	二十日	歲二十日	北圖本是
3	一東	廱	天子曰辟廱	天子辟廱	永樂本是
4	六模	餬	左傳糊口	左傳餬口	北圖本是
5	六模	弧	易弦木爲弧,古史黄帝爲弧矢之利,禮記桑弧,左傳桃弧,史記檿弧	易弦木爲弧,禮記桑弧,左傳桃弧,史記檿弧	永樂本是
6	六模	狆	侵精者曰代	侵精者曰伐	北圖本是
7	六模	粗	大精粗	小大精粗	北圖本是
8	六模	烏	小而頸白不反哺者謂之雅	小而頸白不反哺者謂之鴉	兩可
9	六模	梳	櫛踈者曰梳、亦作梳、頭蓬不暇□	櫛踈者曰梳、亦作疏、頭蓬不暇梳	
10	八灰	羆	獸似熊而黄白色	獸似熊黄白色	永樂本是
11	八灰	卑	下賤也	下也,賤也	北圖本是
12	八灰	埤	孟子爲淵毆魚	孟子爲淵歐魚	北圖本是
13	八灰	銔	旗名	名	永樂本是
14	八灰	披	亦作柀	亦作被	北圖本是
15	八灰	枚	杜預曰不指其事,汎蔔吉凶,枚卜功臣	杜預曰不指其事,汎卜吉□,書枚卜功臣	北圖本是
16	九真	旦	莊子有神宅而無情死、又翰韻	莊子有旦宅而無情死、又諫韻	北圖本是
17	九真	罇樽鷷	罇樽洪武正韻租昆切。同上。鷷洪武正韻租昆切,西方雉名也	罇樽鷷洪武正韻租昆切,西方雉名也	永樂本是
18	九真		見檀弓	見檀弓篇	北圖本是
19	十三蕭	鍫	方言畚鍫也,江淮南楚之間謂之臿	方言鍫也,江南楚之間謂之臿	永樂本是
20	十八陽	裝	亦作裵	亦作裝	永樂本是
20	十九庚	艼	醯京切	醯經切	北圖本是
21	十九庚	兵	又刀劍曰短兵,楚辭車錯轂兮短兵接,范甯注穀梁傳五兵,矛、□、鉞、刀、楯、弓、矢,兵本戎器,後世曰呼士卒爲兵	又弓劍曰短兵,楚辭車錯轂兮短兵接,范甯注穀梁傳五兵,戈、□、鉞、弓、楯、刀、矢,兵本戎器,後世因呼士卒爲兵	永樂本是
22	十九庚	精	凡物之純至者曰精	凡物之純至者曰精	兩可
23	二十尤	抌	或作舀、揄、挑	或作舀、褕、桃	永樂本是
24	二十尤	蕵	草盛貌	草成貌	永樂本是
25	二十尤	逌	逌爾,笑貌	逌爾,雅貌	永樂本是

（续表）

序號	韻目	韻字	永樂本	北圖本	注
26	二十尢	遊	浮江	浮行	北圖本是
27	六姥	鹵	漢書血流漂鹵,又鹵莽,輕脱	漢書血流漂鹵,又鹵薄法從物數,又鹵莽,輕脱	北圖本是
28	八賄	餧	亦作餧鮾	亦作餧餒	北圖本是
29	八賄	棰	路温舒棰楚之下	路温舒傳棰楚之下	北圖本是
30	八賄	縈	左傳佩玉蘂然,服飾備也,女水切,音義竝同,重出誤故去其一	左傳佩玉縈然,服飾備也,汝水切,音義竝同,重出誤故去其一	永樂本是
31	八賄	蕊	又草木叢	又草木叢生貌,又聚也	北圖本是
32	八賄		漢鄒陽傳入於骨髓	漢鄒陽傳入於骨髓	北圖本是
33	八賄	瀡	方言齊人謂滑曰瀡	方言齊人謂滑曰隨	永樂本是
34	十八養	廣	又度廣又廣輪廣袤	又度廣曰廣又廣輪廣袤	北圖本是
35	二十有	傁	左傳傳傁晉大夫	左傳傳傁晉大夫	北圖本是
36	二十有	嗾	使犬聲	使大聲	永樂本是
37	一送	鬨	兩土相對	兩土相對	永樂本是
38	一送	横	又作户孟切	又作反孟切	永樂本是
39	一送	鞚	苦貢切	苦貢切,馬勒,通作控	北圖本是
40	一送	中	鄭司農曰治中謂治職薄書之要也	鄭司農曰治中謂其治職薄書之要也	北圖本是
41	二寘	置	又驛也,馬遞曰置,步遞曰郵	又驛也,馬遞曰置	永樂本是
42	三未	塈	詩頃箱塈之	詩頃筐塈之	北圖本是
43	三未	屭	贔屭,作力貌	贔屭,壯大貌,又作力貌	北圖本是
44	三未	盻	研計切	計研切	永樂本是
45	四霽	徛	俗作猗	俗作徛	永樂本是
46	五禦	處	昌□切	昌據切	北圖本是
47	五禦	絮	就食器中,調足鹽梅,是嫌是惡	就食器中,調足鹽梅,是嫌食惡	北圖本是
48	七泰	憾	飾也	飭也	永樂本是
49	八隊	兑	水中之中鍾聚也,又成蹊也、從□從兒,□音沿,兒與人同象兑卦,又象人笑貌,亦作兑,凡從兊者皆然	水中之中鍾聚也,又戌蹊也、□從幾,□音沿,幾與人同象兑卦,又象人笑貌,亦作兊,凡從兊者皆然	永樂本是
50	八隊	駾	混夷駾矣	昆夷駾矣	兩可
51	一屋	摝	禮大司馬三皷摝鐸	禮大司馬三鼓摝鐸	北圖本是
52	一屋	伏	歷歷忌日四氣伏謝	歷忌日四氣代謝	北圖本是

（续表）

序號	韻目	韻字	永樂本	北圖本	注
53	一屋	服	又盛弓弩器,亦作箙鞴、土俗因形名之曰服	又或弓弩器,亦作箙、土俗因形名之曰鵩	當作“盛”“鞴”“鵩”
54	八陌	佰	漢志秦孝公開阡陌,古阡陌字也	漢志秦孝公開仟佰,古阡陌字也	北圖本是
55	八陌	莫	左傳説詩德正應和曰莫	左傳説詩德應正和曰莫	永樂本是
56	八陌	貘	寢其皮辟温,圖其形辟邪	寢其皮辟温,圖其形辟邪	北圖本是
57	八陌	百	後漢書注五百字爲伍佰	後漢書注五百字本爲伍佰	北圖本是
58	十九庚	形	現亦作侀	現也亦作侀	永樂本是
59	四霽		禮記棗李疐之,削瓜土疐之	禮記棗李疐之,削瓜土疐之	永樂本是
60	二紙	只	母也天只	毋也天只	永樂本是
61	二紙	底	漢志曰官居卿以底日,左傳作底	漢志曰官居卿以底日,左傳作底	北圖本是
62	二紙	坻	又支、濟二韻	又支、濟二韻	北圖本是
63	二紙	痕	歐傷	歐傷	兩可

上述六十三條的不同,確有形似而訛,如“被”與“披”、“歲”與“歲”、“餧”與“餒”等,但如果全歸以鈔錯加以解釋,恐難以令人信服,因爲“嘉靖鈔本”是全仿“永樂鈔本”,這不僅包括版式、尺寸、書法,也應包括其内容和字形,謄録官生應該是不管其正誤對錯,只需依葫蘆畫瓢,他們應没有時間、精力和可能核查原書的底本,也應不敢有如此的膽量擅改、擅補、擅删,更何況是對《洪武正韻》。現再舉幾例加以説明:

一、字　　序

卷之三千五百八十二　九真

尊　p2103 洪武正韻租昆切,尊卑也、又重也、高也、貴也、恭也、又酒器,説文作罇,從木者後人所加……

罇樽　p2103 洪武正韻租昆切。同上。(案:同上是指與“尊”同。)

卷之三千五百八十五　九真

鷷　p2149 洪武正韻租昆切,西方雉名也……

八十韻本:

尊租昆切,尊卑也、又重也、高也、貴也、恭也、又酒器,説文作罇,從木者後人所加。罇樽鷷,西方雉名也……

七十六韻本(四庫本):

尊租昆切,尊卑也、又重也、高也、貴也、恭也、又酒器,説文作罇,從木者後人所加。鷷西方雉名也……

七十六韻本“尊、鷷”爲二個韻字，也是二個詞，“罇、樽”只在注釋中出現，尚未從“尊”中獨立出來，與“尊”構成一組異體字；八十韻本“罇、樽”已從注釋中獨立出來，本應與“尊”構成異體，但從形式上看，“罇、樽”與“鷷”構成異體，這當然是錯的。即便讀者可以接受“罇、樽”與“尊”爲異體，但也不可否認八十韻本在這一點上是有失誤的，因爲八十韻本對待異體，在其下往往注上“同上”二字，如“蠡又見齊咨濟三韻螺同上。”而《永樂大典》是對的，“罇、樽”獨立，注明“同上”二字，與“尊”構成異體，“罇、樽、尊”爲三個字，一個詞，“罇、樽、尊”與“鷷”爲四個字，還是二個詞。

二、衍　　文

卷之二千二百五十九　六模

弧　p725 洪武正韻洪孤切，木弓。易弦木爲弧，古史黄帝爲弧矢之利，禮記桑弧，左傳桃弧，史記檿弧……

八十韻本：

胡洪孤切……弧木弓。易弦木爲弧，禮記桑弧，左傳桃弧，史記檿弧……

七十六韻本：

胡洪孤切……弧木弓。易弦木爲弧，禮記桑弧，左傳桃弧，史記檿弧……

鈔書有可能會出現衍文，但如果爲耳熟能詳的句子，寫了上句，不經意寫出下句，如上表中的“置”，永樂本爲“又驛也，馬遞曰置，步遞曰郵”，而八十韻本爲“又驛也，馬遞曰置”，這可以理解，可多出的是一本書中的一個句子，或一個詞，前後文之間没有必然的語義聯繫，如果没有一個正式的增補的工作過程，恐怕難以有這樣的結果。

卷之五千二百六十八　十三蕭

鍫　p2420 洪武正韻此遥切，方言畚鍫也，江淮南楚之間謂之臿……

八十韻本：

𦈢此遥切……鍫方言鍫也，江南楚之間謂之臿……

七十六韻本：

𦈢此遥切……鍫方言畚鍫也，江淮南楚之間謂之臿……

方言卷五：

臿，燕之東北朝鮮洌水之間謂之斛，（湯料反，此亦鍫聲轉也。）宋魏之間謂之鏵；或謂之鍏。（音韋）。江淮南楚之間謂之臿，沅湘之間謂之畚，趙魏之間謂之喿，（字亦作鍫也。）東齊謂之梩。（音駭，江東又呼鍫刃爲鍫，普蔑反。）周祖謨先生校：“臿，盧本改作鍫，非。廣雅釋器‘鏵畚䤵梩喿，臿也’，本此。”

“鍫”作爲被解釋詞，後直接加“也”字，永樂所據本覺得八十韻本語氣不通，在“鍫”前又加了"畚"字。但這一改動與《方言》不同,這説明改動時没有參考《方言》原書,而是與七十六韻本同,這説明改動時參考了七十六韻本。《永樂大典》在鈔書時是否可能一邊以八十韻本爲准,一邊又以七十六韻本爲參考而隨時改動。我們認爲這一可能性比較小,因爲《永樂大典》所據本與七十六韻本《洪武正韻》也不完全相同(見其他幾條的論述)。如果這一可能性很小的話,那麽這只能説明一個問題,即《永樂大典》所據本既非現存八十韻本,又非七十六韻本。

三、訛　　文

卷之二千四百七　六模

梳　p1144 洪武正韻山鉏切,櫛踈者曰梳,細者曰枇,以梳理發,亦曰梳,杜甫詩一月不梳頭,亦作梳,揚雄傳頭蓬不暇□……

八十韻本:

蔬山鋤切……梳,櫛疎者曰梳。細者曰枇,以梳理發,亦曰梳,杜甫詩一月不梳頭,亦作疏,揚雄傳頭蓬不暇梳……

七十韻本:

蔬山鋤切……梳,櫛疎者曰梳。細者曰枇,以梳理發,亦曰梳,杜甫詩一月不梳頭,亦作疏,揚雄傳頭蓬不暇疏……

七十六韻本是,八十韻本及永樂本均誤。永樂所據本把"踈、疏"的形符"⺪"均改爲"足",這是偏旁部首楷正,如果這一做法得到嘉靖鈔本規定所認可的話,那麽"貘"中"寢其皮辟温,圖其形辟邪"與"寢其皮辟温,圖其形辟邪"就難以解釋,所以,按理説,就連字形的偏旁部首亦不可加以楷正;而且"亦作梳",當爲"亦作□"。訛文中,應是形似而誤,但"逌爾,笑貌"與"逌爾,雅貌"就字形看,兩者相距甚遠,難以以字形而訛加以解釋。

既然上述的不同不能籠統地以鈔錯加以解釋,那麽二者爲何不同,就值得我們思考。《永樂大典》所據八十韻《洪武正韻》會不會與現在所見到的八十韻《洪武正韻》不是同一個版本呢? 甯先生説"八十韻本很可能一直未重刊",從目前的材料看,我們同意甯先生的觀點。八十韻本雖未重刊,但不等於説八十韻就没有其他的本子。從史料記載看,八十韻《洪武正韻》確有校本存在的可能。

《明實録・太祖實録》卷二百五:"(洪武二十三年冬十月)戊寅,詔刊《韻會定正》。時《洪武正韻》頒行已久,上以其字義音切未能盡當,命翰林院重加校正。學士劉三吾言:'前太常博士孫吾與所編韻書,本宋儒黄公紹《古今韻會》,凡字切必祖三十六字,音韻歸一。'因以其書進,上覽而善之,賜名曰《韻會定正》,命刊行焉。"

周賓所《識小編》:"(洪武二十三年),《洪武正韻》頒行已久,上以其字義音切尚多未當,命詞臣再校之。學士劉三吾言:前後韻書,惟元國子監生孫吾與所纂《韻會定正》音韻歸一,應可流傳。遂以其書進。上覽而善之,更名《洪武通韻》,命刊行焉。今其書不傳,仍行《正韻》。"

從上述史料可以得出,明太祖於洪武二十三年命翰林院對《洪武正韻》加以校正是確有其事,我們認爲不論校正是否最後實施,校正的物件當爲洪武十二年的八十韻本,而非七十六韻本,這應是可以肯定的。根據《明實録》中的史料,懷疑《永樂大典》所據的《洪武正韻》爲明太祖命令翰林院校正之本是臺灣學者楊家駱先生,楊先生說:

"《大典》所據《正韻》,當係上引《實録》所記命翰林院重校後敕定之本。讀畫齋叢書本《文淵閣書目》卷十二著録之韻書,《洪武正韻》《韻會定正》後即次以《添補改正韻書》(書名下載:一部八册)。此《添補改正韻書》,疑即敕校《正韻》之定稿,殆以成書在建文間,内憂方亟,未克賜名刊佈頒行,姑稱之爲《添補改正韻書》耳。以是除一見《文淵閣書目》外,别無著録之者;除《大典》一用外,世幾不知有其書。至閣藏《添補改正韻書》,至遲當亡於萬曆三十三年孫能傳、張萱等編《内閣藏書目録》前,以目中不復著録也。……駱至今仍未得《韻會定正》確有刻本之證,蓋有旨刊行而未果也。"②

楊先生根據《文淵閣書目》著録韻書的排列次序,推測《添補改正韻書》爲《洪武正韻》敕校之定稿,並解釋其不存的原因。需要指出的是楊家駱先生並不知道《洪武正韻》有八十韻本,其所說的《添補改正韻書》當是由七十六韻本發展而來,而非對八十韻《洪武正韻》加以校正。③但虞萬里先生對這一説法並不贊成,虞先生指出:

"《實録》此段文字主要叙述刊行《韻會定正》而附帶叙及《正韻》。當時雖下了'重加校正'的命令,因爲學士劉三吾的進言而刊行孫書,最後《正韻》是否'重加校正',未有記録。倘若確實已'重加校正',則楊氏之推測極有可能,只是《添補改正韻書》稿本不存,無從質正。既然無從質正,則楊氏謂'《大典》所據《正韻》,當係上引《實録》所記命翰林院重校後敕定之本'之説更難令人信從。"

虞先生不同意楊先生觀點的主要理由是"《添補改正韻書》稿本不存,無從質正"。楊先生的提法發人深思,虞先生的批評也不無道理。孰是孰非,必須要有新的材料加以證明,我們從《永樂大典》所據《洪武正韻》與現存八十韻《洪武正韻》的注釋有差異而提出《永樂大典》所據《洪武正韻》爲洪武十二年刊行的八十韻《洪武正韻》的校正本。這一校本可能未及刊行,或許僅爲寫本。當然這一材料並非直接的材料,只希望能給楊、虞二先生的争論提供一些佐證材料。推論恰當與否,祈請博雅君子正之。

附注:

① 拙稿所據八十韻本《洪武正韻》是承甯忌浮先生複印惠賜。在此謹向甯先生致以誠摯的謝意。

② 楊氏文未見,據顧力仁《〈永樂大典〉及其輯佚書研究》一書第 87 頁轉引。

③ 我們並不贊同楊先生認爲《添補改正韻書》爲《洪武正韻》校正之本之説,我們同意其懷疑《永樂大典》所據的《洪武正韻》爲校正之本之説。

阮元揅經室遺文拾遺

□陳鴻森　潘妍艷

［摘　要］ 阮元爲嘉、道學術巨擘，其所爲文，先後刊有《揅經室》四集，另《續集》、《再續集》各若干卷。顧其遺文未入本集者尚夥，向嘗從群書、墨跡等采獲，爲《阮元揅經室遺文輯存》、《續輯》、《再續輯》、《拾補》、《續補》諸稿，共得集外文二百二十篇。近竭意蒐訪，復得六十篇，兹最録之，以補前輯所未及。

［關鍵詞］ 阮元；揅經室集；輯佚；清代學術

［作者簡介］ 陳鴻森，臺灣"中央研究院"歷史語言研究所研究員。潘妍艷，北京大學中文系中國古典文獻學專業碩士研究生。

一九八七年夏，余繼蒐輯錢大昕、王鳴盛兩家遺文之後，續輯阮元揅經室遺文。阮氏爲清代學術巨擘，"身歷乾、嘉文物鼎盛之時，主持風會數十年，海内學者奉爲山斗焉"。[①]所撰諸家序跋甚夥，多隨本書以行，未編入《揅經室集》者頗不鮮見。余汎覽書城，有見輒手録之，如是者十數年，所積漸富。嘗歎潘祖蔭、江標、鄧秋湄、繆荃孫、王欣夫等輯録黄丕烈群書題跋；陳乃乾、蔣穀孫、王欣夫、李慶等蒐采顧千里遺文，皆至數四，惟恐片文戔語之遺。而阮元學術望重一代，非顧、黄所可比及，乃其遺文佚篇百數十年來迄未有爲之收拾者，寧非藝林闕事哉！二〇〇〇年夏，因就歷年所集，以類相從，録爲《阮元揅經室遺文輯存》一稿，分載於《大陸雜誌》第一〇三卷，[②]所集凡百二、三十篇。其後續有所得，先後刊布有《續輯》、《再續輯》、《拾補》、《續補》諸稿，[③]合前後所集，共得阮氏集外文二百二十篇。今復從群書、墨蹟等采獲，並四方友人檢示惠寄者，續得揅經佚文六十首，兹寫録成篇，題曰《揅經室遺文拾遺》，以補前輯之缺。勞勞二十載，晨鈔露纂，手檢群籍，不下一二萬種，以有涯追無涯，力亦殆矣。近者秘本、手牘紛出，補續更無盡期。北京大學中文系研究生潘妍艷君治清學，與余同嗜，佐余蒐討，不懈勤求，用心特爲周至。今得潘君之助，補所未備，將此事作一結束，誠造化因緣也。

---

① 《清史稿》卷三六四阮氏本傳，1976—1977年，北京：中華書局點校本，頁11424。

② 陳鴻森《阮元揅經室遺文輯存》，2001年，《大陸雜誌》第103卷第1期，頁44—47；第2期，頁38—48；第3期，頁26—48；第4期，頁1—10；第5期，頁14—22；第6期，頁3—7。

③ 陳鴻森《錢大昕、王鳴盛、阮元三家遺文續輯》，2003年6月，刊於林慶彰主編《經學研究論叢》第11輯（臺北：臺灣學生書局），頁285—315；《阮元揅經室遺文再續輯》，2007年4月，刊於《中國典籍與文化論叢》第9輯，頁272—280；《錢大昕、王鳴盛、阮元三家遺文拾補》，2007年12月，刊於"中央研究院"文哲所《中國文哲研究通訊》第17卷第4期，頁155—185；《阮元揅經室遺文續補》，2009年5月，刊於高雄師範大學《經學研究集刊》第6期，頁93—114。

其他檢點未及，當俟來者，良深翹望。二〇一一年十一月，陳鴻森。

目　次

陳氏重修青藤書屋記

山陰縣治南里許，有青藤書屋，爲明徐文長先生故宅。宅故有青藤一本，枝幹蟠屈，大如虬松，爲先生手植。藤覆方池，寬徑十尺許，名天池，池雖小，而通泉，不竭不溢。先生自號“青藤山人”，又號“天池”，皆以此。其題額曰“青藤書屋”者，則國朝陳老蓮洪綬筆也。

宅凡三楹，中設先生栗主，三百年來受是宅者，咸敬禮先生勿替。聞有金進士傳世授徒於是，前後凡數十年，每朔望率弟子瞻拜，奉事尤謹。于時青藤抽條發榮，緑陰如纖，蓋青藤之靈與先生俱不朽矣。先生爲明一代才人，受知於大府胡公宗憲，禮遇之隆，一時無儷。遇事後，張公元忭知之；卒後，陶公望齡知之，袁公宏道又知之。先生雖不遇，可以無憾。今書屋爲陳氏所有，而敬禮先生如故。凡酬字堂、嬰桃館、柿葉居諸勝，悉爲補綴，頓還舊觀，是可憙也。

予又聞先生有墓在山陰之木栅鄉，碑趺仆泐，松楸慘然，儻能即爲修葺，不使湮没於荒榛蔓草間，則又予之所樂聞也。嘉慶九年十二月，撫浙使者儀徵阮元撰。（據浙江圖書館藏拓片迻録）

改建江西貢院號舍碑記

江西貢院在東湖之東，舍屋卑狹，士之試者，檐觸其首，雨淋其膝。屋覆石片，漏者居半。舍中長巷，地惟塗泥，每遇秋雨，旋濘陷足。舍尾厠屋，雨泛日炙，其臭甚遠。東湖納一城之汙，而群資爲飲；且潦甚之年，其水浸入闈西場舍者，深輒及咫。號舍總數第如額而已，敬遇國恩，廣額加録遺才，猝增蘆席棚號千餘座，夜不得卧，雨不能蓋，一人譁出，千人坐驚，凡此皆多士所苦也。

嘉慶乙亥，元撫江西，江西紳士願修改之。於是擴買院東牆外地基，展地增舍若干號，東、西場舊屋咸撤之，改建高、寬且深者。復掘東湖淤土，增培舍基，舍高而湖濬，蓋兩得之。舍屋之椽盡覆以瓦，舍巷接石爲路，舍尾改造厠屋以穴，遠流其穢于屋之外。加甃甕井三十有二，以供汲飲。闈内縱横甬道，皆易其石；棘牆外東、南、西三面之路，亦培湖土高之，且加石焉。自今伊始，庶幾多士得居爽塏，專心于文，恬坐卧而遠疾癘，此其所樂也。

是工也，用白金數萬，爲省内外紳士所輸，而在省紳士實鳩之。非衆義之集，曷克舉事！非有所倡、有所勤，曷克蕆事！經始于二十年十月，越二十一年七月成。元與學使者王少宰鼎暨僚屬、紳士樂觀而共落之，四顧焕然，氣象聿新，不其禕與！今而後，文學道誼科名之盛，當更有翊乎聖運者。爰諾紳士之請，記其事之本末，且備書鳩工、捐金名氏，而被之於碑。（録自張鑑等纂《雷塘庵主弟子記》卷五）

改建廣東貢院號舍碑記

各行省鄉試號舍，初創即定其尺寸，縱有所修，無能改作，士子雖受促，無如何。余爲士，坐江南、順天號舍，皆寬舒。撫浙及江西，見其舍皆湫隘，增修改之。道光元年，余兼辦廣東巡撫監臨事，見號舍更湫隘，蓋因粵東試闈本在粵秀山應元宫前，國初用闈地封藩，至康熙甲子乃改闈於老城東南隅。地本不寬，經營者度非文人，不知士子苦，以致宇舍太小，烈日涷雨，殊難耐之。余步周舍前後，命匠人持尺通量之，若北段拆去巡屋，上有二丈七尺地；南段使官廳遷於南，可展出九丈三尺地；甬道東西，使東舍展向西，西舍展向東，可各得一丈八尺地。撤闈後，問之在籍翰林編修劉公彬華、庶常謝公蘭生、書院監院吴蘭修、李清華等，僉謂士子苦此久矣，若提倡更張之，其事尚易集。

余思浙及江右皆增修改試闈，今粵闈何不可辦？乃率官屬倡捐俸銀，於是省會紳商繼捐之，廣屬暨外郡紳士又繼捐之。捐雖未集，而紳士議鳩工者先拆舊舍，界畫其地，以示事在必行。經始於元年冬十二月，二年六月成，稍增舊舍之數，共七千六百二間。計舊舍後牆至前號舍之後牆六尺四寸者，今展深爲八尺六寸；舊舍中有瓦處南北三尺四寸者，今展深爲四尺六寸；舊舍左右牆寬三尺一寸者，今展寬爲三尺四寸；舊舍瓦簷至地高五尺四寸者，今加高爲六尺五寸。舊舍坐兩層板上長下短，夜不能並而卧，今使板同其長，可安卧。簷之外長巷，舊多泥塗，雨水浸人，今皆鋪以石，理其溝，高低有準，無積水滌泥之患。濬舊井，開新井，共二十四井。號尾之厠，臭延於内，今爲高厠欹槽，流其穢於牆之外。凡甎瓦木石灰土之工，皆堅厚；又舊圍牆加修高堅，以嚴關防。舊謄録所地甚小，今以對讀所併入謄録所，增建對讀所於隙地中。大門外上地舊有溝，潦雨陷足，今亦甃以甎石。

是役也，共用銀四萬幾百有奇，司工者榜其工用之數，使共見之，以示不誣。工將蕆，請撰文刻石記其事，爰書其大略如此。至於鄉官士商之議事者、捐銀者、司工者，當再立一碑，備列而書刻之。（録自張鑑等纂《雷塘庵主弟子記》卷五）

昭文歸氏義莊記

將以敦世善民，成教化，厚風俗，莫重於宗法。《戴記》謂敬宗故收族，極之於財用足而百志成，實惟宗法有以致之。然古者大功以上同財，則小功以下其親漸殺，亦不能不使之各私所有；而况去古既遠，田不公給，業無世守，其勢益涣。於是有一姓之所繫，一人之所生，而派别未分，遂致貧富異等，豐嗇不齊，然則行宗法於今日，義莊之設其亟矣。

昭文歸氏，世爲吴中著姓，明嘉靖中有諱椿者始居白茆，濱江沮洳。乃相水遠近，疏渠置牐，久之，悉爲良田，廬舍、市肆稠如邑居，鄉人利賴，至於今稱之。九世孫諱景泭者，國子生，居約而厚施，慨然思置義莊，以贍其族，嘗手擬《規條》；其時産不足千畝，不果行。將終，以《規條》授席孺人，曰："吾子孫有賢者，其克竟吾志乎！"

後二十五年歲庚午，長子訓導君衡偕其弟衡，始割東西鄉田一千畝有奇爲義田，而以東鄉田二十畝，爲五世以上祖塋祭田；置文昌巷屋七廈三十楹爲義莊，設宗祠於中，義塾附之，蓋一如席孺人所受《規條》云。於是兩君復推廣其事，置興福山田三畝爲族墓地，蔣梅棚田一畝爲義冢地，唐墅田十五畝爲惜字、施衣藥、棺槥費，皆一時與義莊並舉。

吴中士大夫建義莊者凡數家，惟范氏最著，自有宋至今七八百年，而守之弗替。蓋范氏義莊經文正、忠宣、清憲三上於朝，而事始克成，故區畫尤爲盡善。今歸氏之爲義莊，《規條》先定，越數十年乃踵而成之，再世而事就。與范氏比，則先人能以敬宗收族勗其子孫，而後人又能不私其財，推其田宅以終先志，均可謂賢矣。大府既給帖勒石，以俾世守；且核令公事實，上之禮部，稽例旌其孝義，蓋國家崇尚宗法，所以風示衆庶者於是乎在。抑嘗讀《太僕集·世美堂後記》，稱述其王孺人祭祀、賓客、婚姻，贈遺無所失，姊妹之無依者悉來歸，四方學者館餼莫不得所。今觀席孺人教成其子，卒無負《規條》之授，是又歸氏之賢婦，宜可稱述者也。（録自歸令瓛纂《京兆歸氏世譜》卷八）

夏時考序

《小正》爲姒氏遺書，當孔子時，已歎爲僅見，今賴《大戴》以傳者。至宋，傅崧卿始别爲句解，由是金氏履祥、王氏廷相各有詮解。我朝張徵士稷若、戴編修東原、孔翰林巽軒、畢尚書秋颿輩，尤極力表章，學者漸知所從事矣。今無錫安君吉博采衆論，而下以己説，介錢君楳溪以示予，予受而讀之。

安君云：《小正》因時布政，知殷周皆因于夏禮，改月而不改時政；《月令》改其時政，是吕不韋爲秦人制禮，非三代之禮也；經典三正竝行，夏禮不改。又云：傳"震也者，鳴也；雊也者，鼓其翼也"，據徐堅《初學記》，當作"震也者，鼓其翼也；雊也者，鳴也"。經"祭耒，始用暢"，據《説文》："瑒圭，尺有二寸，有瓚，以祠宗廟者。"經當作"瑒"字等義，皆有卓識。予意《北堂書鈔》、《白孔六帖》、《藝文類聚》中引《夏正》，尚有異同，如"囿也者，園之樊者也"，"樊"乃"燕"之本字，"燕"乃篆隸之譌，似亦可據。

安君書名《夏時考》者，尚有《讀堯典》，《讀洪範》，《讀豳風》，《讀周易》，《讀春秋》，讀《爾雅》、《史記》、《國語》等考，皆以《夏正》爲權輿。兹特因其先梨行，就《小正》序以歸之，而大恉不外是焉。嘉慶十一年孟冬月，揚州阮元書。（録自安吉本書卷首）

經書算學天文考序

德清許君積卿，余丙午同年友也，精研經史，於推步算數尤明。丁巳冬，以上元陳君所撰

《經書算學天文考》示余，大要以《五經算術》猶多漏略，因據今法及授時術一一推衍，補所未備。宣城梅徵君爲國朝算學弟一，陳君之學出于梅氏，知其淵源有所自矣。圖中有初學未易明者，兼爲商略改之。嘉慶二年正月八日，儀徵阮元序。（録自陳懋齡本書卷首）

古錢考序

宋歐陽、趙、洪諸家爲金石之學，專門著書，大都以金石文字可與史傳正其闕謬，以傳後學，庶幾益于多聞。又以陵遷谷變，淪湮磨滅，金石之固，猶不足恃，惟筆之于書，則有時而或傳耳。錢刀亦古金之一，日流轉于市井庸夫之手，非若古物奇器、豐碑巨刻，猶有愛惜而護持之者，其毁傷銷棄也較易；而其有資于考證，有裨于史傳，豈淺鮮哉！

秦之半兩、漢之五銖、新莽之貨布諸品，皆可與後世之度量、權衡相印證。蓋古以二十四銖爲兩，五銖錢十枚計重二兩二銖。後魏武定之初，稱錢一枚重五銖者乃聽入市，史言百錢重一斤四兩二十銖。隋高祖亦鑄五銖錢，重如其文，史言每錢一千重四斤二兩。杜氏《通典》云：後魏五銖錢一千，重十一斤以上，“而隋代五銖錢一千重四斤二兩，當時（是）大小秤之差耳”。《漢書》言王莽貨布“長二寸五分，廣一寸，首長八分有奇，廣八分，其圜好徑二分半，足枝長八分，間廣二分，其文右曰‘貨’，左曰‘布’，重二十五銖”。以今尺度之，所謂長二寸五分者，得一寸六分有奇；廣一寸者，得六分有半；八分者，得五分。而二十五銖者，今稱得百分兩之四十二；五銖錢十枚，所謂二兩二銖者，亦稱得今之一兩弱。即此可知，今時之大于古者，權爲甚，而度次之矣。若以先儒所云積黍爲分、爲銖、爲龠之法求之，則今時之量大于古者，又可推矣。

自南北朝以年號鑄錢，流傳至今，尤足以訂古書之僞。如杜氏《通典》言：“漢興，更令民鑄莢錢。”注云：“文曰‘漢興’。”讀史者皆以《通典》之言爲可信。今觀其錢文，亦是俗楷，並非漢初篆隸之體，而“漢興”乃東晉時僞漢李壽年號，則錢爲李壽所鑄，《通典》之誤，得此而正矣。劉宋主子業永光元年乙巳爲明帝篡弑，是年即改元泰始，但子業自八月以後，尚改元曰景和，人多不知。而古錢流傳者，乃有景和二銖，馬氏《通考》以爲宋廢帝景和二年鑄，是又不知景和之無二年也。他如漢文之“五銖”（按“漢文”疑“漢武”之誤）、唐高之“開元通寶”、宋之三體“淳化”，形質古厚，與六朝之鵞眼綖環、印鉛鎔銕者合觀並玩，而世運之升降，亦概可知矣，豈獨游藝云爾哉！

然而聚之固難，聚而不散更無其理。是宜筆之于書，傳之其人，乃可以有補于前聞，有裨于後世耳。甌山金硯雲先生爲檜門總憲子，鍵户著書，不求仕進，有所撰《古錢考》四卷，今其孫孝廉衎宗將校而刊之，問序于余。觀其書，收集甚廣，是有志于歐陽、趙、洪之業者，因爲述古錢之有關于學問，而以弁其卷端。嘉慶壬戌仲冬，儀徵阮元序。（録自金忠淳本書卷首，北京大學圖書館藏本）

雒陽存古録序

介休馬令尹性好金石文字，而兩次作令於雒陽。雒陽爲金石淵藪，是天縱之令於此也。令尹於邑東門千祥寺間地建存古閣，佇古石六十八種，猶憾鮮獲漢魏間物，僅得晉韓壽墓石；然於前魏邑志已增廣九百餘種。近年聞濟寧州學者於任城古地，又多所尋獲。有此二人之好古力搜，是又出於元暨畢秋帆先生所志之外矣。《山左志》之板，元已歸入曲阜聖廟。雒陽、任城二家如有書，曷再歸其書於聖廟！

乙巳秋，馬令尹以《雒陽存古録》上下二册見寄乞序，元覽而嘉之。其搜討之勤，記述之備，以接武歐陽，不其善乎！馬令尹，元九孫恩高之叔岳父也，伻來，更以雒陽紫黄白緑牡丹數種栽盆見寄。金石、牡丹皆出於雒陽，元昔撫中州，禱雪於嵩高，擬歸途過雒陽一瞻古邑山川；惟慮地方多費供帳，是以中止，至今猶戀戀焉。又思歐陽公《牡丹志》久有成書，嘉慶間，俞伯扶孝廉又續之。元於歸田後又讀二《志》，隨手補記數十條於雒陽花後；於五代時養花之家，新出之種，記花之屏，宋初五代舊事各數十條，籤記歐書之後，頗有可觀。惜癸卯春同歸書燼，至今猶耿耿也。道光乙巳大雪後，頤志老人阮元序於康西新第之怡志林泉樓下。（録自史語所傅斯年圖書館藏馬恕本書卷首）

森按：此文孫廣海君檢示，書此誌謝。

小碧琅玕館印譜序

余童年用印，倩畢旋之刻一小田黄“阮元印”，攜入京師，隨用六十年，不勝平漫，直至癸卯年燬於火。次則門生陳曼生在余幕刻者最多。曼生與表弟林小溪同幕，同朝夕，宜乎其多得曼〔生〕石矣。曼生石一時推重，時奚鐵生、王椒畦之畫又同重一時。《林氏梅花書屋》畫卷在表侄處，故茮生得奚、王畫法甚高，世但以印篆一事掩茮生也。即印論，茮生專法曼生。曼生爲余刻“阮氏琅嬛仙館收藏印”，今只此一印存矣。少前董小池洵亦絶佳，而世少傳之，爲余刻“雷塘盦主”印，至今入火未燬。上款云：“老客京華舊部民，蕭蕭白髮不憂貧。平生幾度揚州住，惜未逢公作主人。嘉慶庚午冬。”蓋爾時有印皆出曼生手，倩小池刻者少也。

印首推秦漢，末有宋元。余有漢印五百鈕，半以入貢，只存百鈕一合，癸卯燬於火；入火者，石堅於銅。又存宋元花押、蒙古字印百鈕，在福兒處。每憶舊印，爲之惘惘。今茮生之印亦以(已)成名，是以叙之而棖觸舊懷也。蘇公弔歐公詞云“世間萬事轉頭空”，未轉頭時皆夢，豈獨印哉！（録自阮充《雲莊印話》頁三）

森按:《小碧琅玕館印譜》,林鴻(茦生)著,其書未見,此序録自阮充《雲莊印話》(《遁盦印學叢書》本,民國十一年上海西泠印社木活字本)。序末未記年月,文中多追往憶舊之語,蓋暮年所爲,信筆書之,未加翦裁。

重刊算學啓蒙序

祖頤序《四元玉鑑》,偁朱氏嘗游廣陵,學者雲集,編集《算學啓蒙》,趙元鎮先後付梓,謂二書相爲表裏。元昔撫浙時,獲得《玉鑑》舊鈔本,儗演細艸未果;甘泉羅君茗香得其寫本,補全細艸刊布,而以未見《啓蒙》爲憾。近年羅君又從都中人于琉璃廠書肆中得朝鮮重刊本,計三卷。因思《論語皇侃疏》、《七經孟子考文》傳自日本,皆收録入《四庫全書》,中國刊行已久。今得此書,亦可依例刊行。

案此書總二十門,凡二百五十九問,其名術、義例洵多與《玉鑑》相表裏,羅君爲之互斠,其證得七。《玉鑑》首列和較冪積諸圖,始于天元,終于四元,義主精邃,所得甚深。考大德癸卯莫若序,計後此書四年。此書首列乘除布算諸例,始于超徑等接之術,終于天元如積,開方由淺近以至通變,循序而進,其理易見,名曰《啓蒙》,實則爲《玉鑑》立術之根,此一證也。《玉鑑》原本十行,行十九字,"今有"低一格,"術曰"又低二格,與此書同式,此二證也。《玉鑑》斗斛之"斗"别用"㪷",此假借字,本《漢書・平帝紀》及《管子・乘馬篇》,尚雜見于唐以前之《孫子》、《五曹》、《張丘建》諸算經;其鈞石之"石",《説文》本作"祏",《玉鑑》作"碩",碩與石古雖互通,然假"碩"爲鈞石之"石",則廑見于《毛詩・甫田疏》引《漢書・食貨志》,而算書罕見;又若《玉鑑》晥田之"晥",雖見于李籍《九章音義》,而字書所無,此書并同,此三證也。《玉鑑》雖亦三卷,而門則爲二十四,問則爲二百八十八,較多于此書四門、二十九問,然以四字分類,其體裁彼此無異;且如商功修築、方程正負之屬,則又二書互見,此四證也。《玉鑑》如意混和第一問,據數知一秤爲十五斤,適合此書之斤秤起率,此五證也。《玉鑑》鎖套吞容第九問"方五斜七八角田",左右逢元第六、第十三、第二十諸問,有小平、小長,皆向無其術。此書卷首明乘除段,即載平除長爲小長、長除平爲小平之例;其田畮形段第十五問復載方五斜七八角田求積通術,此六證也。他如《玉鑑》或問歌彖第四問,與此書盈不足術第七問;又《玉鑑》果垜疊藏第十四問,與此書堆積還源第十四問;又《玉鑑》方程正負第四問,與此書方程正負第五問,其問題約略相同,此七證也。是此書真朱氏原書佚而復出,可憙之至矣。同郡中學人請鳩工以朝鮮原刻本縮版影印,并其末所載楊輝《海島算法》一番亦爲坿列。間有魚豕,悉仍其舊,但各標△于誤字旁,别記刊誤于卷末,示不誣也。

羅君又以爲此書七證之外,兼有四奇。昔盛德璋太璞儀譔《嘉靖惟揚志》,及此書原序結尾署"惟揚學算趙城元鎮","惟揚"二字相同。或疑元至正二十二年壬寅始改揚州爲維揚府,在此書大德三年後,其時不應有"惟揚"之偁,且"惟"與"維"字又各異;不知宋《寶祐志》已據《禹貢》"淮海惟揚州"作惟揚矣,見《嘉靖志》注。至"惟"、"維"皆助語辭,古本通用,《韻會》謂《毛詩》助辭多用“維”,《書》及《論語》則用“惟”。是趙爲吾鄉人無疑,當元大德時曾爲朱氏刻梓二書;今吾鄉揚州從事于斯者正復雲集,遺澤未湮,二書又先後爲吾鄉人所校覈刊行,其奇者一也。趙序謂“將見拔茅連茹,以備清朝之選”,在大德時不過尋常頌語,而竟爲我天朝預兆,其奇者二也。此書成于大德己亥七月既望,乃歷今五百四十年,計都中寄此書到揚州年月日悉符,其奇者三也。元于嘉慶之初得《玉鑑》,今于道光十九年予告歸惟揚,又見《啓蒙》,且目見羅君等算斠刊刻,樂觀厥成,其奇者四也。至于庫務解税、折變互差二門,有中統至元時市廛日用及市舶司之税價,尤足以資元初交易之考證焉。大清道光十九年己亥九月,揚州予告大學士、太子太保在籍食俸阮元序。(録自朱世傑本書卷首,道光十九年刻本)

地球圖説補圖序

嘉定錢少詹主講蘇州紫陽書院,以《地球圖説》手稿若干葉,授其門人元和李尚之鋭,尚之以意聯屬爲一卷。書中所稱弟一、弟二圖之等,並佚不見。然有説無圖,讀者驟難通曉,今依其説,補作諸圖綴於其後,以示初學云爾。凡坤輿全圖二、太陽併游曜諸圖一十九,共二十一圖。時嘉慶四年歲次己未,日在南斗。(録自阮元本書卷首)

抱經堂校刻書總序

書無刊本以前,聚于類書;書有刊本以後,聚于叢刻。叢刻之意,或以存古書,或以便檢閲也。自宋《百川學海》以來,不下數十部,少者十數種,多者至數百種。然其弊也,非妄爲删節,即謬作評語;抑或擇焉不精,去取失當,穢書贋作,側于經訓,上則厚誣古人,下則詒誤後學。蓋非積學有年,心知其意,而欲其選擇之宜、讎校之善,難矣。

仁和抱經盧先生以經術名儒出身詞苑,往來設教于江浙之間數十年,生徒從者千百人。先生無嗜欲之好,日事鉛槧,讀一書,必多求善本互相考訂,于是家之所儲數萬卷,無俗本,無譌字;又取其書之有益于人者付諸梓人,以公于世。元束髮授經之年,即知先生之學。甲辰、乙巳間,先生所校刻賈子《新書》、揚子《方言》、《白虎通》新出,購而讀之,甚歎綜覈之精,出岳肅之、毛誼甫之上。既而筮仕在都,友朋郵寄,得遍見《經典釋文》、《群書拾補》諸刻,用力之勤,益深歎服。

歲乙卯秋,元奉命督學兩浙,時先生出遊白下,喜其歲莫言歸,可以晤語。不謂首紀方更,遂捐館舍,人亡室邇,愴感倍增,蓋願見顔色者十年,而終不獲見也。先生没,先生之家甚貧,書之外無長物。元恐其所校書久而就損,謹以其書之所以益人之故詳爲叙述,俾學者知先生之書,非向來叢刻者之比;且願慕先生之爲者,有以法其意而繼其事,庶乎漢魏、唐宋中凡可以裨經傳子史之學者，盡鳩一篋，不亦善哉！書之已刻者共十有六種，既總述其概于前，復分言之，以附見于各編云。嘉慶元年五月夏至日，儀徵館後學阮元序。（録自盧文弨《抱經堂叢書》卷首）

唐詩别裁集引典備注序

少年學詩，不能不有所揣摩，所入手者偶偏，即隨之迤去，漸成結習，不能改已。國朝詩家各就其性之所近者爲之，北王南朱，風格清正。而權衡中正，不致偏流者，莫如歸愚先生。先生之詩，雅主全唐，有《唐詩别裁》之選，久已家手一編矣。近年蘇州俞君乃凡注成《别裁》二十卷，其子及其門人刻成，請序之。

元病足乞假，爲之披尋累日，喜其徵引之詳、考訂之備，學之者數典不忘，開卷有益，由此日沈酣於唐人，不致爲客氣偏勝者所誘，則此注之爲力也大矣。願印萬本，與學者共之！道光十八年夏，選樓老人阮元序。（録自俞汝昌本書卷首）

秀鍾堂詩鈔序

予奉使兩浙時，書冏卿奉使往粤，相遇於西湖舟次，傾蓋訂交，書君蓋醇然粹然者也。歲己未，君重拜兩淮鹺政之命，鹺政駐揚州，爲余桑梓地。君舊爲此官，有惠政，揚之商民思之；及君之復來揚也，鄉人自南來者，言君廉潔簡厚如初涖時。是冬，予奉命撫浙，浙與揚相距尤近，鄉人之稱君者無間言也。明年庚申秋，君寓書來浙，以尊甫芝圃先生詩屬序。余受而讀之，其命意也藹然如春，其立言也温然如玉，以仁人君子之用心，而發抒其忠君愛國之意，乃知君之醇然粹然者，其得於家學者深也。

夫詩之爲教，温柔敦厚，本乎志，發乎情，而格律才藻次之。《詩·大序》曰："詩者志之所在（之）也，在心爲志，發言爲詩。"陸機有言"詩緣情而綺靡"，李善注："謂詩以言志，故曰緣情。"然則言詩而第模範山水、藻繪風雲，修飾其文采而推敲於字句之間者，抑末也。

先生早年入詞館，以文章名海内，卿雲糺縵，蔚爲國華。及出而榷關鳳陽、杭州，清聲遺愛，楚越之人至今樂道之。余生也晚，不獲見公行事，而讀公之詩，知公之志；又獲與令嗣交，得悉公生平梗概，所謂温柔敦厚，若公者足以當之。且以知冏卿之克繼家學者，來有自而傳無窮也。嘉慶五年秋七月，館後學愚姪阮元序於台州行幕。（録自寅保本書卷首）

森按：此文承復旦大學圖書館王亮博士惠録，書此誌謝。

胡西棽詩草序

江都胡西棽先生，壽八十開九，而精神清健，無異六七十時。先生少抱經濟之學，未得用於世；長乃多所遊歷，古道照人，練於時務，政刑章疏諸大端，割析精敏，以故掌封圻者交聘焉。

先生年晚而未得嗣，人或曰：掌刑者艱於後。先生曰："吾正欲於刑中求後也。"故先生之治刑也，究心甚深，有合於歐公所云"死者與我皆無憾"者。卒舉丈夫子，先生曰："吾有子矣，此事可已。"遂杜門却聘，娱林泉以至於今。

元童丱時，與先生居相鄰。先生見元詩而奇之，期元甚重，異於尋常子弟，授元以《文選》，俾成誦。元受業於李晴山先生之門，亦先生教之也。元學每有所進，或登一榜、進一秩，先生必極喜曰："吾所期者非謬。"然則元生平知己之深且早者，有過於先生者乎？無有也。先生以餘事爲詩，多不存稿。元曩日録得一卷，兹爲刊於杭州節院，雖不足以覘其全，亦可以略見風旨也。嘉慶六年冬甲子，阮元序。（録自胡廷森本書卷首）

永報堂詩集序

《管子》曰："詩者，所以記物也。"《賈子》曰："詩者，志德之理而明其指，令人緣之以自成也。"學者貫練經史，總閱名實，博矣；而不極之以風俗瑣言，雖工，猶不工也。

吾鄉李君艾塘，少不受帖括束縛，獨以古書自娱，性任俠，樂朋友。長而遨遊，自京師、楚豫、閩浙，以洎三粤之遠，靡不徧涉。而揚州又當舟車之衝，昔者四方洪秀偉彦之士接踵相至，且數邀翠華宸賞，亭館之盛，花木之美，富甲天下。艾塘日夕搜討其間，狐腋非一皮能温，雞跖必數千而飽，二十年成《畫舫録》一書，余嘗以爲有《東京夢華》、《洛陽伽藍》之風。且所録皆昇平故事，聞者竟日忘疲，而無有志微噍殺之響，可謂宋畫吴冶，極刻鏤之致矣。故其積而爲詩，皆峻切訐直，託諭清遠；又如瓦棺篆鼎，時花美女，寫其意之所得，寧爲郊、島之寒瘦？而一切臺閣氣象，無以犯其豪端，則雖管、賈所論，無以易也。且所交尤善學問之士，如容夫之沈博、保期之純粹、里堂之精審、鄭堂之淵雅，則其所學於古者亦不後於人也。

歲丙寅，艾塘以所作《防風館詩》上下二卷索序，余因爲艾塘識其所得如此。今艾塘齒將老矣，而沓輯不輟，酒闌鐙灺，爲人道疇曩事，亹亹不倦。若隨筆疏記之，必有補於《揚州圖經》者，曷再以詩紀之！阮元序。（録自李斗本書卷首）

蒨霞軒遺稿序

《蒨霞軒遺稿》者，平湖錢明經雨香之所作也。先是，余督學兩浙，歲試嘉屬，得雨香卷，置高等。會有《輶軒録》之選，爲余采擇者，雨香其一也。後數年而雨香以疾卒，其友人朱職方右甫，擕其遺稿兩册來乞序，將梓行之。

雨香之詩，不矜才，不使氣，有優游自得之致，似不應夭其天年者，而雨香竟止於此，可慨矣。且以余所知，兩浙多能詩之士，如吴澹川、吴侃叔、邵東匯、胡霖若、周青上，皆相繼以没，不重有慨與！因即付右甫，俾擇其尤者，得什之七八，付之剞劂，并書數語以叙其端。嘉慶十四年春三月既望，阮元序。（録自錢仁榮《蒨霞軒詩鈔》卷首）

敦艮堂全集序

仁和蔣東橋先生，澹雅沈博，雄於文辭，顧其暮年頗致疢疾，著述等身，幾至散失；幸其哲嗣秋吟太史能竟父業，裒而録之，有《敦艮堂集》二十卷。其生平行誼，見於紀文達、戴文端所撰兩墓石，及秦小峴司寇所撰小傳。

先生與杭堇浦先生以文學相友，杭先生推先生之文，以爲少比偶，故文力雄大。元讀之，竊以爲先生之文少排比者，固入唐宋窔奥，然其以比偶造漢室者殊不少也。文章之盛，無過於漢，司馬長卿《諫獵書》不逾三百字，而比偶成文者十有二；班孟堅《兩都賦序》不逾四百字，而比偶成文者亦十有二。其文愈比，其力愈大，何者？《易》首乾坤，非畫一而删奇偶；《禮》配文章，非尚白而黜青朱，謂無比偶始爲古文，豈其然歟！

竊謂先生之文雄材大力，尤在集前數卷，合於《兩都賦序》所謂雍容者。蓋雍容之爲度也，式金玉爲聲，協宫商，不爲倔辭以撟舌，不爲客氣以非態，文人心性，衷以和平，國家運會，著其鴻業，古人文章同乎三代者此也。先生著作，在於六經、《漢書》、《水經注》諸書，自足不朽；迨乎詩文，乃其後者。元讀之竟，乃摧論文體，發明先生心力所在，不爲杭先生之言所歧，序於卷末云爾。嘉慶辛未秋，館後輩阮元。（録自蔣師爚本書卷首）

食味雜詠序

東墅夫子之學，明通廣博，無所不識。惟其學識能包括于多士之外，故其取士得人爲最盛，而于經史實學孤寒之士，奬拔尤力，如汪君容甫等是也，語見元所撰《墓誌》中。《荀子》、《逸周書》世無善本，夫子皆精校而刊之，世珍其本。

此卷爲偶詠食品之詩，通乎雅俗，然考證之多，非貫徹經史蒼雅、博極群書者不能也。宋元人如茶、酒、糖霜、荔支、菌、蟹，皆有譜録，又《疏食譜》、《易牙遺意》、《饌史》等書，皆入《四庫》。此卷所著，傳之後來，在蔡襄、高似孫之上；若出于乾隆初年，必入《四庫》矣。又元所收《四庫》未收之書，如元人《南海百詠》、《梅花百詠》，皆紀以百；此卷一百一首者，蓋用應休璉《百一詩》例也。嘉慶十八年，門生阮元謹序。（録自謝墉本書卷首）

口頭吟詩草序

杭州南屏塹庵，有僧庵在竹林最深處，詩僧小顛居之，余昔在杭，嘗游其間。小顛能詩傲物，與一時名流相接，余題其室扁曰"七代詩僧精舍"，蓋小顛以上居此者皆詩僧，至小顛七代矣。或曰"詩傳七代而無名，今子名以七代，豈以後將失詩傳耶?"余爲之憮然。

余去杭後，小顛没，其弟子嘯溪復能詩，不失其傳。嘯溪昔來粤，爲羅浮之游；甲申又至，並以詩一卷相示，余因題其詩卷曰："漫將衣缽説南能，七代詩傳百代僧。鐘後月前明不斷，南屏深處一詩鐙。"嘯溪以後皆傳詩弟子，則余詩爲公案矣。長至日，阮元識于嶺南節院。

"詩鐙"二字比"禪鐙"何如？嘯溪參之，此亦禪藻也。（録自釋嘯溪本書卷首，南京圖書館藏本）

時畬堂詩稿序

樂山通家以《時畬堂稿》來，閲其前後各作，則遊歷于江浙者亦頗久，江山主客，興會性情皆見于詩。是時元在吴會，惜未見此老詩人也。王柳村，元家鄉詩友也，憶其曾屢言及荔扉、蘇亭。今又二十餘年，來滇南閲蘇亭集，以證柳村之説，益悵然嚮往之矣。時道光九年秋，阮元識于宜園。（録自袁文揆本書卷首）

草草草堂詩選序

康熙時，虹橋以木板爲之，所以漁洋《修禊》詩"一字闌干九曲紅"也。後人訛以爲一木之橋，則言之者過；果一木，安能九曲紅耶？且本"紅"字，後黄氏改造爲石橋，改"紅"爲"虹"，正在此時，但"虹"字不及"紅"字之韻。造石橋迺錫之先生之祖，故先生號虹橋舊主人，此卷内曰"津頭楊柳舒青眼，似識虹橋舊主人"，即此。

元於江文叔先生爲表姪，而年長於文叔，文叔妻兄即錫之先生也。先生天性閒雅，工於詩，元昔曾識之，而未及聯吟。今觀集内袁壽階、張老薑、江元卿諸詩友，則元所及聯吟者也。

道光甲辰，稼軒上舍刻此集成，迴憶當年曾在康山草堂，與錫之先生皆及仰見翠華羽葆，爲之揮淚而歎，不可與今時之人道也。元謂詩無論工否皆宜刻之，可傳舊事，記舊人，況詩本工耶！其工處，梅叔弟略言之矣。元新居有黄梅花四株，索句未得，今觀此稿四律甚工妙，爲之輟筆可也。二月清明後一日，頤性老人阮元識。（録自黄純嘏本書卷首）

實事求是齋集序

《求是齋集》四卷，亡友汪文端公之所箸也。近今百餘年間，文學侍從之臣能以道義自處，海内人士無不知有汪文端者。公於學無所不通，自六經子史，旁逮百家技術之屬，悉得其崖窔。所爲文，廉而不劌，直而不縱，寬裕肉好，大雅之作也。顧公生平嚴操履，務篤實，不欲以文章名，廟堂箸作，既不可得見；私家譔述，脱稿即散去，不自捃拾，以故海内人士又無不以人品、學問如公者，不獲見其文爲憾。

己酉長夏，元養疴里中，令子桐階太守輯公遺集，舉以示元，且道其艱於搜訪，什不及二三，續得當隨付剞劂，意甚戚。元謂德行本也，文藝末也，古之賢士大夫其信今而傳後者，傳其文乎？抑傳其人乎？苟傳其文，雖賦如相如、文如揚雄，君子猶有病焉。若夫老成宿學，蓄道德，能文章，身歿之後，聲施爛然，後之人得其一二論説，粹然如精金美玉鐘鼎之可寶貴，文之多寡何算焉！

元少與公兩共筆研，一從遊於興化任子田先生門，一從遊於江都李晴山先生門。長復與公鄉、會兩榜爲同歲生，歷仕三朝，其於公之生平行事與其知遇，稔之最深。公自束髮至立朝，造次進退無不以禮，誠有古君子所不能過者，其風動當世，歷久不衰，固其宜也。然則文之傳不傳，又豈必以多乎哉！元嘉太守之能不墜其先緒，而公之文得以稍存於世，俾海内人士讀公之文，觀摩景行，有所矜式也，爰樂得而序之。賜進士出身，誥授光禄大夫、太傅，予告大學士在籍支食全俸，前南書房翰林年愚弟阮元拜譔。（録自汪廷珍《實事求是齋遺稿》卷首）

陔蘭書屋詩集序

余嘗謂詩者，志也，可以覘其志而不能揜；詩者，持也，可以驗其所持而不可拔。吾鄉潘芝軒尚書，早歲登巍科，躋顯仕，文望冠海内，門下士徧天下，皆一時人傑，咸能登高作賦，無愧九能矣；其楘訓所授於庭者，悉以雅頌正聲垂爲庭誥。今其哲嗣紱庭隨宦京邸，以詩稿寄滇，問序於余。

余惟《詩三百篇》皆緣情作也，性情正而詞意醇，法律嚴而心氣定，乃可與言詩。近今詩家輩出，求其去淫濫、歸雅正者蓋鮮。觀紱庭諸作，皆發抒性靈，意存忠厚，清而不失之薄，華而不失之靡，巧而不失之纖。生長華閥而不役志於富貴，年逾弱冠而能力持乎風雅，繼家風之清素，結朋簪於老蒼，皆可於此集覘之，正所謂覘其志而不能揜，驗其所持而不可拔者也。

他日踵武瀛洲，和聲鳴盛，庸可量乎！是爲序。儀徵阮元撰。（録自潘曾綬本書卷首）

栖飲草堂詩鈔序

余督學浙江時，即識湯子點山；撫浙時，亦常見其詩古文無間也，故曾有冒點山之名而以詩古文來者，余能斥其僞也。顧點山雄於文而僅效職於縣尉，或爲惜之，且期其位之顯。余以爲不必爾也，唐縣尉以詩傳於今者多矣，《宰相世系表》中，豈皆以詩爲家法者哉？高爵厚禄，足以汩没其性情，性情既失，何以爲文？點山思不必出其位而勿懈於古，性情既真，格律必勝，若以彼易此焉，余知其憖之矣。儀徵阮元序。（録自湯禮祥本書卷首）

慕陵詩稿序

前予視學浙中，采兩浙之詩爲《輶軒録》，務在網羅放佚，章顯幽仄。郭君祥伯以越州徵君陳無波先生詩見寄，五言高遠，得唐人之遺，亟著於録。

越一年，先生之後人昌以其遺詩鈔爲一帙，介祥伯乞一言以張之。述其先人蚤歲游四方，徧歷閩粤、豫章、荆楚，所爲詩甚多，客死湘中，零落殆盡。今所掇拾，皆得之鼠殘魚蠹之餘，顧得備采風之末，使死者有知，永永不恨。予聞而傷之，其詩善往復自道顑頷感槩，而不厎于怨，杜牧所謂《騷》之苗裔，文中子所謂有君子之心者，庶幾近之。

夫特立之士，不因人以傳，下此者皆有所因。先生之詩自傳可必，若夫因人以傳，予固非所任也，亦何以張之哉！雖然，網羅放佚，章顯幽仄，予宿昔之志也，遂書以貽其後人，且復於祥伯云爾。儀徵阮元序。（録自陳榮杰本書卷首）

摹刻王復齋鐘鼎款識題記

宋拓《鐘鼎款識》原册計三十葉，宋復齋王氏所集，計五十九器。内有青牋者十五器，爲畢良史所收；末葉楚公夜雨雷鐘重見。玩其題識，皆復齋之筆也。揚州阮氏積古齋所藏，嘉慶七年秋摹勒成册。（録自阮氏摹刻本卷首）

東坡先生萬言書注題記

余寓京邸前門外，值長夏無事，拜會程朴齋侍御，借此閒叙消晝。偶見案頭是書，因假而

録之。(廣州中山大學圖書館藏本墨跡)

森按:此文承中山大學中文系關瑾華博士寄示,書此誌謝。

協律鉤玄題記一

昔人論詩,謂至晉始有警句。非晉以前不屑爲警句也,風氣未開,句無所謂警也;非晉以後必求爲警句也,風氣已開,句不得不警也。六律所調,豈得聲稀?八珍所到,豈得味淡?唐詩風氣開于工部,遂有"語不驚人死不休"之句,非力求警句,安有是語耶!長吉之詩,苦心孤詣,慘淡經營,取法鮑庾,探源屈宋,古香古豔,有色有聲,始無一字不警,較太白詩,只巧得些子。設杜陵復生,亦必許其人入室,則亦可謂傑特者矣。顧人多以鏤刻少之,其于古詩之源流,幾曾夢見?特爲書之,以□後昆。頤性老人。

須知警在句,却不盡在句。意驚則句無不驚;人云亦云,句安得警?昌谷詩不迴不猶人。

詩無好歹,昌谷可廢;詩有好歹,昌谷固甚佳也。又記。(據葛兆光《看瀾集》逡録,北京大學圖書館藏陳本禮《協律鉤玄》卷首)

協律鉤玄題記二

昌谷以屈宋揚馬之才,處元和靡荼之際,詩欲古辟,與造化争奇。而文筆靡荼之輩當鑄金呼佛狀也,乃阻其進,投諸溷,排擠之曾不遺餘力。夫天所靳乎其遇如此,而畀以才,何爲也哉?所幸英靈難泯,二百許詩復見于後世,而營營蒼蠅下士□,生命逢辰死猶厄,而哲人速謗,豈不信歟!史稱"長吉細瘦,通眉,長指爪,能苦吟疾書",暇時從小奚奴騎驢,背攜古錦囊,蹀蹀荒野間。此其人胸懷静默,動作古雋,何減漢魏清流哉!嗚呼!知其詩者或宣矣,豈獨人也哉?阮元記。(同上,卷二之末)

森按:以上二文承孫廣海先生檢示,書此誌謝。

林氏飼鶴圖題記

道光十七年正月,少穆大公祖述職來京,奉其封公老大人遺照屬題卷首,仰見在陰高鳴,子乃克和,皋羽之清,待飼之惠。繼此作者,當更多矣。阮元謹識。(録自黄澤德編《林公則徐家傳飼鶴圖暨題詠集》)

明史樂府跋

陽城張氏《豔雪堂詩集》久已著名，今展此小册，蓋其尤精妙者。式方孝廉曷不選數百首刻之，則傳世者不獨《明史樂府》也。丙申夏日，儀徵阮元跋於節性東齋。（録自張晉《豔雪堂詩集》卷首）

寄生館集跋

《寄生館集》文筆並長，於黄河利弊言之尤切，蓋謂潘尚書築隄束水，以水攻沙，本于漢張戎"河行急則自刮除成空而稍深"之説，且爲深黄出清對壩之議，洵河漕至論也。夫築隄者束水也，對壩者亦束水也，築隄者年年使隄加接，插入海水之内，則攔門之沙可攻而破，沙破則入海之水急，水急則低，低則上游之水相逼而來更爲有力，有力則海口之沙愈破愈深，此一定之事，故深黄必自年年接築海口束隄始。

夫黄河之性泥多水少，暫緩即停，非有束逼，安能攻沙？譬如今之火鎗，以三錢重之火藥，能發三錢重之鉛丸于百步之外，貫革洞堅，勝於古弩，此何也？鎗管窄逼使急出也；若鎗之鐵管，底雖斂而口漸侈，則藥發必無聲無力，而丸墜于十步之内矣。若海口隄不接束，何以異此？且對壩束水，慮水之静緩而使之動急也，似險而安，似溢而暢。此不但漢張戎始言之，《周官·考工記》已言之矣，《匠人》曰"善溝者水漱之"，鄭康成注："漱，猶齧也。"漱之一字，千古束水攻沙之祖法也。《匠人》又曰"梢溝"，鄭司農注曰："梢，謂漱齧之。"是漱與梢之義相同，皆攻沙之法也，但束之不可太隘而致上潰，攻之不可挑水偏重而致旁決，疾徐甘苦自有輪扁在也。道光乙酉歲十二月，揚州阮元跋。（録自蕭令裕本書卷首）

森按：此文承中國社會科學院歷史所楊艷秋教授惠寄，書此誌謝。

華屏詩册跋

元與韓介堂同年同爲朱文正師丙午所取前列佳士。自介堂分符竹後，遂不復相見，今廑此《華屏詩册》，爲之欷然。六十年矣，今忽有伯符孝廉來謁，知爲韓同年之孫，即與予孫恩海同年舉于鄉，兩代世誼，爲之欣幸。計丙午同年之孫而後復中者甚多，若有有心人訪求于科目之中，而得者必多其人，可以爲丙午後録，亦佳話也。即如今江西藩臺費公之尊人，丙午大同年也，此類更多。記前年曾有一太守來謁，自言其祖南海丙午舉人，因彼時位尊，不敢來

序。此皆可人之後録者也。乙巳九月，阮元識于册内。頤性老人。（録自韓廷秀《雙牖堂詩集》卷首）

森按：此文承北京大學歷史系博士生喬志勇君惠録，書此誌謝。

吴穀人未刊稿跋

吴穀人前輩詩稿未刊者，片紙足以傳世，況其哲嗣探花公所收集，五百年後皆珍如琳琅乎！卷中即有貽元總督兩湖詩："庾公一樣南樓月，早晚清秋待倚闌。"迴思舊事，感慕繫之三十年。元初識前輩，在阿文成公孫那文毅公書齋。前輩爲文毅之師，元亦有蒙教益之處，人不知也。後學阮元敬題，時道光廿七年二月二日。（録自有正書局影印《吴穀人手書有正味齋續集之九未刊詩稿》卷末）

趙松雪書酒德頌跋

趙松雪延祐三年書《酒德頌》卷，是年松雪年六十三矣，其拜翰林學士承旨亦在是年。予以今《文選》本校之，"萬期"上趙書多"以"字；"陳説禮法，是非鋒起"八字，趙書在"奮袂攘襟，怒目切齒"之後，且"奮"上多"乃"字，"鋒起"作"蠭起"；"豁爾而醒"，趙書作"恍爾而醒"；"不覩泰山"作"不見泰山"；"利欲"作"嗜欲"；"載浮萍"作"載萍"。凡此數處，互有短長，豈松雪所據宋以前本竟大異今本耶？又予見隋人書《史孝山出師頌》墨蹟，以今本《文選》校之，異處亦多，是知古籍訛舛，無從校正者多矣。

拖尾有徐有貞等六人跋，陳鑑，海鹽人，有《句谿詩集》；劉珏，長州人，有《完庵詩集》。楊循吉，字君謙，官禮部主事，有《松籌堂集》，吴縣人，與徐武功同里，跋中甚推重武功，毋乃以奪門勞績爲鄉里榮耶！淵如前輩同年購得是卷，屬爲考證之，故書此。阮元。（録自北京故宫博物院藏本卷末墨跡）

袁氏清芬世守册跋

六朝立州中正，乃有"上品無寒門，下品無世族"之譏，然誦芬詠烈、孝義文章，究以世德之家爲多。唐以後中正之法廢，世族多流爲寒士，亦有非世族其來不可知而驟入流品者。吴中舊家世德，袁氏其一，又愷兄博學能文章，是册文獻足以徵之，設以門望孝節求之，自當列上品也。阮元跋。（録自袁氏《清芬世守》卷末，上海文藝美術社影印本）

森按：此文承上海博物館柳向春教授檢示，書此誌謝。

桂林覲親圖册跋

霍山學兄以此册屬題。元奉諱以來，不爲韻語，欲爲題跋，則又以玆境棖觸，不能下筆。嗚呼！讀梅莽師“人生極得意處，即人生極不可迴首處”二語，尚何言哉！罄之矣。丁卯春，揚州阮元識。（録自《華辰二〇〇三年春季拍賣會圖録》）

森按：《桂林覲親圖》册爲杭州沈學寬屬友繪其早年赴桂林覲親之情境，以志風木之悲。册内除阮元題跋外，另有鐵保、屠倬、蔣因培、陳文述諸人題識。

漢石經殘字跋

余家藏漢石經殘字此本一，藏唐開成石經全搨本二部；又雙鉤得孟蜀石經殘碑有注者。又拓得河南北宋石經二石，又拓得南宋石經全部，皆藏文選樓中，元識。（録自有正書局影印文選樓藏《漢石經殘字》）

漢熹平二年□府君殘碑跋

乾隆癸丑十月，元按試至曲阜，黄司馬易訪得此石於東關外，告元掘土出之，審視得七十三字，不全者六字。其“熹平二年十一月乙未”下“遘”字存少半，此卒之年月，非立碑年月，如魯峻卒於熹平元年□月，碑立於二年四月也。因移置孔子廟，以貺學者。學使、詹事府詹事儀徵阮元識。（據史語所傅斯年圖書館所藏原碑拓本迻録）

森按：此碑《山左金石志》卷八著録。此文承孫廣海先生檢示，書此誌謝。

唐魏棲梧書善才寺碑跋

有唐一代碑版多是北派，以褚、歐二家爲正宗。歐、褚出於北魏、周、齊、隋，與虞之南派判若江河。北派出於索靖之隸法，何嘗出於鍾、王哉！凡字中微帶隸意者，皆是北派。此碑在唐已至開元矣，而弟十葉“掃”字、“和”字猶存隸意，與登善之常帶隸意者，淵源顯見。又柳誠懸書法淵源亦出於此等碑版，静觀此碑，上與褚、薛及北朝諸碑相承，下與誠懸各碑相貫，終唐之世，以及開成石經，未有不沿於歐、褚者。吾固曰閣帖盛而碑版晦，碑版晦而書派紊，此等舊碑在世，猶可印證吾言，再數百年，無知之者矣。

僞翦"褚遂良"三字，細審"褚"字翦斷，"遂良"二字紙本相連非翦。此碑内不應有"褚"字，尤不應有"遂良"二字，此或從褚公他碑内翦來者歟！然亦可見其酷肖矣。

魏棲梧不見於《宰相世系表》，然《魏徵傳》：徵子叔瑜善草隸，以筆意傳其子華及甥薛稷。棲梧之年在其後，是書派端出于褚也。嘉慶廿四年三月，從春湖中丞處得讀此碑，雨窗清静，聊識册尾。揚州阮元，時在桂林行館。（録自 1929 年李宗瀚影印《唐魏棲梧善才寺碑》）

爨龍顔碑跋

此碑文體、書法皆漢晉正傳，求之北地，亦不可多得，乃雲南第一古石，其永寶護之。總督阮元。

今雲南遭逆回之亂，此碑存毁未可知，安得不鄭重寶貴耶！（録自王敏輯《北京圖書館藏善拓題跋輯録》頁二〇九）

張蒿菴自叙墓誌跋

趙邠卿生立圓石，達者情也；蒿菴此石，情亦相同。蒿菴沈濳經注，尤精於《儀禮》，以唐石經校明監本，得其脱文三節。元奉敕校勘石經，自任《儀禮》，取蒿菴説載入《考文》内，昨者詔書論及，此實臣爾岐功也，因綴於此。乾隆五十九年秋，阮元識。（録自陳介錫編《桑梓之遺録文》，《山東文獻集成》第一輯）

閻星持白桃花詩跋

乙卯春試青州，昌樂閻生詠白桃花，有句云"華髮又來前度客，紅顔空憶去年門"。元亦成一絶云："獨依露井抱雲和，惟有春風拂素娥。簾外無人歌舞歇，月明終是殿前多。"書此以示閻生。伯元。

道光丁酉，閻星持年兄以此舊書畫扇相示，展視之，已四十三年矣。星持丁丑成進士，官中書舍人，元入閣，尚同票擬。未幾，轉起居注主事。閣中少此極諳練之老手，人共惜之；且具此才，竟不傳取士衣鉢耶！選樓老人阮元，時年七十四。

記乙卯青州詩，以閤爲最佳。撤棘後，又同遊馮相國佳山堂，看玲瓏巨石。又命閤賦《萬柳堂詩》，亦甚佳。《白桃花詩》，後回歷下，作此者亦多，惟曲阜桂未谷馥有二句云"雪滿空山人獨立，是他古德悟來時"，則更超妙之極，至今記之不忘。伯元再識。（録自陳介錫編《桑梓之遺録文》）

與法時帆書

制科之事，惜未成書，侍欲總爲《徵車摭言》一書，因思老前輩博覽古今，尤精熟本朝館中掌故，如有事關康熙己未者，能開示數條，以便書中録載，當更爲詳備也。草此，奉候近安，不具。時帆老前輩，館侍阮元頓首。十月十七日桐廬舟次。

回書送汪蕉亭敞同年處爲速。（録自《中國歷代書法家名人墨跡》）

與黄小松書一

〔天〕台行館接奉□書，諸蒙□注，兼悉近祉。河工事重，未克來南，固應如此，但又少一次相聚耳。山東有續得之件，儘可收入《續録》中。元夏半回省，便應開刻，貞石朗齋所辦太詳，尚須删節之。現因纂辦全浙之詩，非朗齋不勝此任，已留彼在省，僦居城隍山，春間少病，近愈，已爲開卷。

浙中金石，杭州已得勒成；惟外府未就，亦無甚古者。近日謝藩台于藩署得晉永平甎，元署中亦得一甴，又于寧波得晉永嘉甎一甴，反較石爲古。近□元倡修湖上之四賢祠及嘉興之暴書亭，皆將告成。西湖雖佳，但出城拘束，不能暢遊，安得如明湖小滄浪，可朝夕往來耶！草此奉致，并候近安，不具。小松先生足下，弟阮元頓首。四月廿四日上虞舟次。

按《山左金石志》卷七云："此書編纂已畢，將付刊矣。丁巳三月，得錢唐黄司馬易書云：'郭巨石室尚有建安二年高令春及天保九年劉章、武定二年南青州刺史鄭伯猷題刻，多未見者。'又云：'近日濟南、泰安一帶，新出六朝、唐人石刻甚多'，皆未録入，待好古者勒爲續編。"與此札所言"山東有續得之件"云云正合，則此信蓋嘉慶二年丁巳四月作。《雷塘庵主弟子記》卷一：嘉慶二年"四月，試台州"，與此"天台行館接奉□書"二者正合，亦其證也。

與黄小松書二

小松先生手啓：前接手翰，並寄《小蓬萊閣金石》刻本，遠謝□意，感慕感慕。本擬來杭可以盤桓，今因李河帥奉留未果，未知明年秋冬間能相遇否也？《山左吉金志》刻成，以一帙奉寄;《貞石志》秋仲刻成再寄。

元與張芑堂相商,摹刻天一閣北宋石鼓文于府學,今已刻成一鼓,其精神意趣遠勝芑堂家陸雲中所刻,今以呈覽,俟刻全再以奉寄。浙中金石無古者,所遇寥寥,惟纂書刊書之興遠勝山左耳。兩浙詩已録存三四千家,專托朗齋删定,頗成鉅觀。今乘尊使回東之便,肅此,並候□□,諸惟□□,不具。弟阮元頓首。六月六日。

孫淵如、秬香二函乞爲確交。又孔氏北宋石鼓拓本事見于芑堂札中,兹不贅。

森按:此札自"芑堂家陸雲中所刻"以下,北京國家圖書館藏本原淆錯在他札之後,今移正。《揅經室三集》卷三《杭州揚州重摹天一閣北宋石鼓文跋》云:"元於嘉慶二年夏,細審天一閣本,復參以明初諸本,推究字體,摹擬書意,刻爲十石,……置之杭州府學明倫堂壁間。"與此札言"元與張芑堂相商,摹刻天一閣北宋石鼓文於府學",二者正合,則此信嘉慶二年季夏撰也。

與黄小松書三

元啓,小松先生足下:頃接朗齋來函,知近趾先在李河帥幕府,今又應伊撫軍之招,賓主契合,且省中得署臬孫同年爲同臭味,其所講求而搜獲者當更詳備矣。《山左金石志》係元與秋帆制〔府〕所同纂。今吉金業已刻成,係畢、阮二人同列之銜。〔貞石志〕俟明年秋末再爲謀刻。今聞伊撫軍〔風〕雅好古,迥出時賢之上,私心亦深欣慕。山左金石甚多,除元所得千七百種,□□尚有數百種,編爲《待訪録》。如撫軍能與孫觀察同編爲續録,豈不更爲美備?足下便中籌之可耳。(如可搜訪,即爲寄知,以便將目録抄寄。)

浙中金石次第搜羅,今據趙晉齋諸處所收,録出杭州一府;又托何夢華諸公親至臨安、於潛一帶,搜得吴越碑及東坡詩刻等件,已爲美備矣。餘府次第求之,明年秋可得大端矣。元所纂,得件等事甚多,惟趁此三年中,力所可爲〔則無〕不爲,貪之一字,此中不避也。李生伊晉〔新〕得七種,未能收入,乞便中寄至朗齋處。〔至〕囑〔至〕囑。小滄浪風景若何?近時有宴會否?□□□遊輒不忘也。肅此,並候即安,不具。弟阮元頓首。九月廿日。

再啓者:元摹石鼓事,係與張芑堂、江墨君、錢梅谿數君子及刻者吴厚生共商定者。〔乞〕爲補圖,圖用一小幅足矣,便中賜下,至感至感。元又白。

圖中布置之地,須得西園光景,今以自置西園箋一幅呈覽,得其大意可矣。

森按:以上三札據北京國家圖書館藏《阮元孫星衍二家書札》墨跡迻録,另有第四札殘損太甚,不具録。

與焦里堂書

春氣久晴，忽然雷鳴，大雨驟至，湖水泛漲，欲要發水之勢，甚爲防之，緊要緊要。乃湖水泛堤，不可不防禦，爲嚴防加堤爲要也。并祈問候請里堂老姊丈，阮元頓首。（録自劉恒主編《歷代尺牘書法》）

與朱椒堂書

椒堂年兄大人啓：兩接手函，具知政履清和爲慰。生近況如昔，惟以玩古爲樂。《積古齋款識》現已起稿將成半數，兄如有所見所聞，祈一一詳示。此作不求其多，力求其精，是後務須年兄隨時指教之也。手此，肅候近祉，不具。生阮元頓首。二月十八日。
蘭汀祈轉候。（録自上海嘉泰公司二〇〇七春季藝術品拍賣圖録）

森按：此文承復旦大學中文系傅傑教授檢示，書此誌謝。

與王竹所書

前蒙改削諸生詩課，殊費清心，俟刻就再爲奉寄。比讀來函，備悉起居清吉，著作日新，兼示新刻詩詞各種，尤爲欣慰。王光禄云："著書不刻，不如不著。"此吾輩不朽事業，宦境清貧，不足恤也。至未刻之《北遊日記》、《柳絮集》，亟宜付梓爲要。《北遊日記》已有令兄序文，元可不作。所作《柳絮集序》，另繕呈政。

元現試泲南，諸生間有能詩者，終不能深合古人意度。歷城視他邑稍可，亦並無出衆之才。今觀《柳絮集》才調如此，豈靈秀獨鍾於香閣耶？細閱集中諸作，皆極清麗，其《閨中雜詠》百首，標題似未合宜。就愚見當題爲"擬韓偓香奩詩一百首"九字，或題爲"擬古閨情一百首"七字爲安。鄙論有當〔否〕，祈采擇之。

元裒成《山左金石志》已得一千餘件；自著《毛詩補箋》略有梗概。如文駕來省，當出以商定。小滄浪湖山荷柳正佳，趁此可笠屐同遊耳。兹寄上家人自製團扇一柄，聊供銷夏之需。餘俟撤棘再佈，不宣。元頓首，竹所老詞丈先生足下。（録自李湘芝《柳絮集》卷首）

森按：《柳絮集序》，甲寅初秋撰，拙稿《輯存》有其文。札言"所作《柳絮集序》，另繕呈政"，則此札乾隆五十九年七月撰也。

與王柳村書

昨接手翰並古詩一章，詞旨真摯，但獎借逾格，愧不敢當，期與故人同盟此素心耳。弟久擬過曲江亭上，爲茶瓜之會，以逭溽暑，兼商搉《淮海英靈續集》、《江蘇詩徵》、《皇清碑版録》諸書。緣俗冗牽絆，未能踐約；然鄙人之懷，固無日不拳拳於青溪碧樹間也。

尊作清醇超逸，具斜川、輞川高格。弟詩辱選定二百餘篇，足徵巨眼，與吴澹川所選如出一手。兹送上端硯二方，古墨二盒，江郎山茶二瓶，希鑒登，不備。丙寅六月二十日，阮元。（録自王豫《種竹軒詩選》卷首）

與宋定之書

阮元頓首，定之足下：連日細閲大著《諧聲補逸》一書，因聲求義而得古人制字之本，其間孳乳之由，闢通之迹，甚爲分明；發覆正謁，新義疊出。觀於此而猶昧於形聲者，真孏材矣；然海内實能貫徹於此而無惑者，不過數人而已。大致已極謹細，無可疵議，望即謄一清本，以便借鈔，存之篋笥爲囑。元頓首。（録自宋保《諧聲補逸》卷首）

與薛介伯書一

真一堂道士壇，有明崇禎間水陸道教畫象，工力甚鉅，元昨捐錢二萬稍整之。前過壇，見其款爲崇禎時田都督之物，田爲椒房親，即今田家巷。都督陜西人，其妻女何以又在揚州？且此籙斷非民間所能創爲。元昨作《記》未晰也，希略考之。

與薛介伯書二

始見此《籙》，知其必有來由，故不敢輕下斷語。今得此考（按薛君《真一堂黄籙記》），若有神道護持，以待今日好學者爲之。至推原《隋書·經籍志》，則尤出於意外者也。予復何言記之？則既定之矣。（録自薛壽《學詁齋文集》卷上）

與童萼君書一

文好極，可期必售。三場不必求工，但妥貼無弊即足矣，切切。特令學生來請安，兼道賀也。晉珊年兄，元頓首。（録自北京國家圖書館藏《于敏中阮元等書札》册阮氏墨蹟）

與童萼君書二

使來，接到手書，得悉近事。並晤滌卿，問知近體安健，惟事太繁，巨細固宜必視，但亦須擇其尤者加意，其輕者略焉。武侯決細罪，敵人樂其食少也。山東各事已難，又加以河患，無可奈何，惟有次第奈心耳。

年兄劾八叉之摺，都中有以爲快者，然亦有以爲非者。八叉之羽不少，交番之件，生不知其細底，微聞其略。如果事涉兩疑，則寧以從事主爲穩；緣即使如此，不過一箇失入公過，且如此更見得無成心。若事涉兩可，而必符原辦，涉事主再告（必有使之告者），必有欽使，欽使意在那邊，則撫、臬前此兩摺轉似專爲此而云然。嫌疑一墮，百口難分，撫、臬轉皆入八叉彀中矣。但生不知其詳，姑懸揣耳，仍希自酌之。鐙下匆匆呵筆作此惡札，亦足見眼花之至矣。并候陞祺，不具。萼君年兄先生，生元頓首。廿日長夏。（録自俞冰主編《名家書札墨跡》册十《清代名人手札殘簡》）

森按：此文從遊林静宜君檢示，書此誌謝。萼君名槐，浙江鄞縣人。阮元撫浙，嘗引居幕府。嘉慶十年，成進士。二十四年九月，任山東按察使，嘗劾前任按察使温承惠濫禁無辜，事詳《清史稿》温氏本傳、方濬師《蕉軒隨録》卷四《徐文誥案》。此札所言，似即其事。

與吴子苾書

齊平戎盤，乾隆年間即見之，識爲僞鑿，故《積古齋款識》内不收之。昨又從内城人家見此拓，如見故人。問之東卿葉氏，葉氏云："此乾隆間歙人巴慰祖用真舊盤而撰爲銘篆刻成者，然亦工極矣。"此拓應否摹載而識其人與時，不貽後人之惑，希酌之。子苾年老先生，元頓首。

鏡銘册看過，甚佳，題首四字。（録自北京國家圖書館藏《阮元俞樾等書札》册阮氏墨蹟）

與徐山民書

渡江遠來,渴思晤語,徒以賤軀抱病,伏處墓庭,未能接教,悵歉悵歉。蒙賜書件,謹已拜讀。兹呈書箋數件,伏乞檢收是幸。此上,山民待詔翰林足下,弟制阮元頓首。(録自徐達源輯《紫藤花館藏帖》第二册,北京大學圖書館藏拓本)

書示兒曹屬刻謝東墅文稿事

東墅師集十餘册,年來暇時檢閲,進呈各頌賦皆雅正可觀,其跋御製詩文亦皆體要,惟除頌揚之外無所有,亦未能及芸楣先生之經進稿,刻之無謂。除此,則館賦多而不甚精湛,嘉慶以來館中好賦有勝之者矣,亦不宜刻。至于論篆文小學數篇,在乾隆時則獨得之妙,在嘉慶後則人之精過于此者多矣,刻之反形其短。贈答古今體詩未能合家數,蓋夫子于此不及八股之功深也,斷不可刻。惟食物百一首,雖小品而實以卓□見長,合于古人譜録之格,爾等可即在京中廠肆照此寫刻之。此卷之出,必爲大雅所賞,而不爲後人所譏。其中恐尚有訛字,椒堂太常知嘉禾之俗,再請覽正之。刻宜速,刻成印三百本,寄百與謝江,餘者分送人。

〔此〕書非謝老二所藏,乃曹中堂處獨有其稿,我十六七年在京師抄得者,以抄本寄謝老二,故今謝江又攜來也。序中不説曹一層,一則似爲曹而方刻,再則曹何不刻而阮刻?反形其短,故不言其所自。(先發寫宋字,寫成再與朱校,切勿以原本先付。此等每每刻不成而反遺失,慎之慎之。支公帳。大白紙可與朱看,此條不必與看;汪喜孫亦與看。)

刻成,寄十數本與石韞玉;京中潘芝軒亦給三四本。

曹、盧處亦各送四本。

戴金溪、李宗昉等皆與之。王伯申、朱詠齋,及浙江人如陳、沈、汪喜孫多給數本,當與有學之人;金正喜亦可與一二本。(録自北京國家圖書館藏謝墉《食味雜詠》清鈔本卷首墨蹟)

森按:此札原分三紙黏貼卷首。所云"大白紙可與朱看",蓋指前一條可示之朱爲弼;次條曹中堂云云者則毋示之。所言"食物百一首"者,蓋即《食味雜詠》,則此題阮元所擬也。

東嶽廟斗壇延壽殿碑

京師朝陽門外東嶽廟,巍爲古祀,廟貌常新,惟西廊内斗壇延壽殿、火祖殿日漸傾圮,住持等發願重修。又此院内住持等，發願修立海神、倉神左右配殿，謂此斗母主於消灾，火神永護平安，海神通於津淀，倉神保於糧儲，皆賴衆善之力，以祈神明之福。鳩工成立，焕然一新，住持道官馬宜麟等立石，乞文書刻以垂久遠。時道光十七年夏五月，經筵講官、太子少保、體仁閣大學士管理兵部，阮元。（據史語所傅斯年圖書館所藏原碑拓本逐録）

森按：此文承孫廣海先生檢示，書此誌謝。

儀徵縣沙漫洲岸遷建惠澤龍王廟碑

儀徵縣南凭大江，春秋祀典最重龍神。沙漫洲口，《府志》有開江龍王廟，康熙中建，乾隆四十八年重修。其地爲江中積沙，不高不堅，潮汐所齧。五十餘載，雖祀事無闕，而廟貌已敝，且廟門已圮，陷入江心。

道光二十年三月，今南河總督長白麟公慶方攝兩江總督兼鹽政事，行部淮揚，至儀徵，以問鹺法而視水利。公先於道光四年出守潁郡，眷屬舟出真州鑾江，猝遇風浪，一舟已覆，望禱於沙漫洲龍神廟，危而獲安。及今秉節重來，迴感靈佑，詣廟升香，禮也。顧見江水傾頹，棟宇陊剥，欲捐俸金，再事修建。時淮南監掣同知謝元淮從公，以工事屬之，且謂地勢卑，工難固，宜移建於對岸高阜，謝丞履度之。有副貢郎中鄒衍泰，願舍洲阜地五十餘畝以建廟，白于公，遂定遷建之議。而公以昔之驚風駭浪，眷屬厄於此洲，推己及人，軫念行旅，語謝丞曰："長江之險，俗所稱'上有六百丈，下有黄天蕩'，此江此廟，即黄天蕩，自斷鷂口至沙漫洲，最爲風濤湍急、舟楫警心之處。上游、下游今皆設有紅船救溺公局，而儀徵獨無，盍即新廟旁增設此局，以廣救拯乎？"公即首先倡助金二千二百兩。淮官商翕然於公之好善樂施、躬行實踐也，自都轉運司沈公以下，亦各捐助，工得以成。且洲之東北，爲鹽艘屯船環泊之所，業鹺者無不感公高義，按年樂輸，救生局經費年得銀千五六百兩，無虞其缺。局中章程，皆依京口救生局法，設董事人經理，以期歷久不渝。蓋至是而瓜洲以上，直至金陵，百八十里，節節皆有救生紅船，此江中莫大之功德，其所全活，豈可以數計哉！

夫以麟公之蒙神之貺，雖然，豈爲一人之安致貺而責報哉！必預知夫有力而有爲之人，肯因時而施貺也。神號惠澤，固先澤及於惠人，而後能使惠人永施惠於無窮之人也。治河之政普矣，推惠及民，皆乎此心，夫豈乘輿溱洧之所可共論哉！

是役也，主議者，麟公慶；率屬承辦者，沈公拱辰；在工經理者，南監掣謝丞元淮；巡催者，前署批驗大使張衍齡、前儀徵典史謝予誠；購料辦工之董事，則無錫監生蔡堅。捐助官商，則書於碑陰。予告太子太保、體仁閣大學士，鄉人阮元撰，道光二十一年歲次辛丑二月穀旦。（據北京大學圖書館藏拓片逐録）

《經義述聞·春秋左傳》辨正七則*

□郭鵬飛　蕭敬偉

［摘　要］《經義述聞》匯集王念孫、王引之父子讀經心得，其書就經籍疑難之處，詳加辨析，是爲一代經學名著。然智者千慮，容或有失，今就書中"雖衆"、"應乃懿德"、"受下卿之禮"、"弔二叔之不咸"、"子臧之服"、"昔趙衰以壺飧從徑餒而弗食"、"必親其共"等七篇，詳加檢討，以觀王氏父子之得失。

［關鍵詞］王念孫；王引之；《經義述聞》；《春秋左傳》

［作者簡介］郭鵬飛，香港城市大學中文、翻譯及語言學系副教授。蕭敬偉，嶺南大學講師。

一、僖公四年：雖衆

王引之曰：

> "雖衆，無所用之。"家大人曰："雖衆，本作雖君之衆。此對上文'以此衆戰'、'以此攻城'而言，故曰'雖君之衆，無所用之。'唐《石經》脱去'君之'二字，則文義不明，而各本皆沿其誤。《商頌·殷武·正義》、《周官·大司馬·疏》、《文選·西征賦·注》、《白帖》五十三、五十八、《太平御覽·州郡部十四》引此竝作'雖君之衆。'"①

王念孫以各本《左傳》"雖衆"脱"君之"二字，所持理由並不充份。竹添光鴻（1889—1978）反駁曰：

殊不知諸書有"君之"二字者，自以意增之，以明其義耳。古人引用，此例多有。②楊伯

* 本論文爲"王引之《經義述聞》斠正"研究計劃階段性成果，計劃得到香港政府研究資助局優配研究金資助（編號：143808），謹此致謝。

① 王引之：《經義述聞》，江蘇古籍出版社 2000 年影印清道光七年（1827）本，第 405 頁下。

② 【日】竹添光鴻：《左氏會箋》，臺灣漢京文化事業有限公司 1984 年版，第 1 册第五，17 頁。案：《左氏會箋》竹添光鴻自序曰："《左氏傳》之存于皇國者，以御府舊鈔卷子金澤文庫本爲最古，凡三十卷，蓋隋唐之遺經……唐人真本今存皇國者，除余家《漢書·揚雄傳》外……《左傳》三十卷，獨爲足本，洵絶世之寶也……余深爲斯經慨焉，乃以卷子本爲底本，參之《石經》與宋本，而經注之有異同者，加小圈于右旁，一一疏明……。"（見是書第 1 册自序，第 1—3 頁。）若氏言可信，則《左氏會箋》本乃以唐卷子本爲底本之校本，極爲珍貴。此本亦無"君之"二字，王念孫推翻各本所記，稍覺武斷。

峻(1909—1992)曰：

> 《商頌·殷武·正義》、《周官·大司馬·疏》、《文選·西征賦·李善注》、《白帖》五十三及五十八、《太平御覽·州郡部十四》引此並作"雖君之衆"，蓋皆述《傳》文之意，非《傳》文本是四字句。①

竹、楊二氏所説雷同，但考《詩經》、《周禮》、《正義》之文，皆以引文形式鋪陳，而非轉述《傳》意，竹、楊所論是否正確，難下判斷；而就文意論之，王氏以缺"君之"二字，則文義不明，實可斟酌。本《傳》原文曰：

> 齊侯陳諸侯之師，與屈完乘而觀之。齊侯曰："豈不穀是爲？先君之好是繼，與不穀同好如何？"對曰："君惠徼福於敝邑之社稷，辱收寡君，寡君之願也。"齊侯曰："以此衆戰，誰能禦之？以此攻城，何城不克？"對曰："君若以德綏諸侯，誰敢不服？君若以力，楚國方城以爲城，漢水以爲池，雖衆，無所用之。"②

就文意而論，屈完以"雖衆，無所用之"回應齊侯"以此衆戰，誰能禦之"的威嚇，亦意義圓足，無不清之病，加以唐《石經》以下，各本均作"雖衆"，似無需堅持脱落"君之"二字之説。

二、僖公十二年：應乃懿德

王引之曰：

> 十二年《傳》："余嘉乃勳，應乃懿德，謂督不忘。"《正義》曰："應，當也。言我當女美德。"引之謹案：訓應爲當，於義無取。《廣雅》曰："應，受也。"言我受女美德而不忘也。古訓應爲受，説見《尚書》"應保殷民"下。③

案：王氏訓"應"爲"受"，甚是，而斥《正義》訓"應"爲"當"，於義無取，則可商榷。"當"亦可訓"受"，《國語·晋語六·郤至勇而知禮》：

---

① 《春秋左傳注》，中華書局1990年修訂本，第1册293頁。

② 《春秋左傳注疏》，臺灣藝文印書館1981年影印清嘉慶二十年(1815)《十三經注疏·附阮元等校勘記》，第6册202頁下—203頁上。

③ 《經義述聞》，第407頁下。

郤至甲胄而見客，免胄而聽命，曰："君之外臣至，以寡君之靈，閒蒙甲胄，不敢當拜君命之辱，爲使者故，敢三肅之。"①

《國語·晋語九·趙襄子使新稚穆子伐狄》：

襄子曰："吾聞之：德不純而福禄並至，謂之幸。夫幸非福，非德不當雍，雍爲不幸，吾是以懼。"②

《韓非子·揚權篇》：

左右既立，開門而當。③

王先慎（1859—1922）《韓非子集解》引舊注曰：

左右，謂左輔右弼也。君臣既通，輔弼之臣斯立。如此，則同類相從，同聲相應，四方賢才畢來矣。君但開門而當之，無所遮擁也。當，受也。④

陳奇猷（1917—2006）贊同王説。⑤"當"有"受"義，然則孔穎達（574—648）訓"應"爲"當"，⑥亦非無據。惠棟（1697—1758）讀"應"爲"膺"，言膺受女美德，⑦亦通。

三、僖公十二年：受下卿之禮

王引之曰：

"管仲受下卿之禮而還。"家大人曰："受上當有卒字。上文管仲辭上卿之禮，是欲受下卿之禮也。王雖不許，而管仲終不敢以上卿自居，故曰'卒受下卿之禮而還。'若無卒

---

① 上海師範大學古籍整理研究所點校：《國語》，上海古籍出版社1988年版，下册第415頁。

② 《國語》，下册第499頁。韋昭（204—273）注："當，猶任也。雍，穌也。言唯有德者，任以福禄爲穌樂也。"同書，第500頁。案："當"爲"受"，言無德不受穌樂。韋説猶有間隔。

③ 陳奇猷：《韓非子新校注》，上海古籍出版社2000年版，上册第137頁。

④ 王先慎：《韓非子集解》，《諸子集成》本，香港中華書局1978年版，第5册30頁。

⑤ 《韓非子新校注》，上册第140—141頁。

⑥ 《春秋左傳注疏》，第223頁上。

⑦ 惠棟：《春秋左傳補註》，臺灣商務印書館1986年影印文淵閣《四庫全書》本，第181册138頁上。

字，則與上文不相應矣。自唐《石經》始脱卒字，而各本皆沿其誤。《杜注》：'卒受本位之禮'，卒受二字即本於正文。《白帖》五十九、《太平御覽·人事部》六十四引此竝作'卒受下卿之禮'，《史記·周本紀》同。"①

案：楊伯峻《春秋左傳注》引王氏説後道：

然金澤文庫本、敦煌初唐寫本殘卷俱無"卒"字。②

劉文淇(1789—1854)曰：

《年表》：齊桓公三十八年："使管仲平戎於周，欲以上卿禮。讓，受下卿。"③

考本《傳》原文曰：

王以上卿之禮饗管仲。管仲辭曰："臣，賤有司也。有天子之二守國、高在，若節春秋來承王命，何以禮焉？陪臣敢辭。"王曰："舅氏！余嘉乃勳！應乃懿德，謂督不忘。往踐乃職，無逆朕命！"管仲受下卿之禮而還。④

就《春秋左傳》現存版本與類書、《史記》比較，無從斷定"卒"字有無，論文意，則無"卒"字亦通。王念孫以無"卒"不與上文相應，未必然也。

四、僖公二十四年：弔二叔之不咸

王引之曰：

《詩序》："《常棣》，燕兄弟也。閔管、蔡之失道，故作《常棣》焉。"《箋》曰："周公弔二叔之不咸，而使兄弟之恩疏。召公爲作此詩，而歌之以親之。"《正義》曰："咸，和也。咸與諴同。《説文》'諴，和也。'言周公閔傷管、蔡二叔之不和睦，流言作亂，用兵誅之，致令

① 《經義述聞》，第407頁下。

② 《春秋左傳注》，第1册342頁。案：金澤文庫本可參竹添光鴻：《左氏會箋》，第1册5、64頁。又敦煌卷子本可參李索《敦煌寫卷春秋經傳集解校證》，中國社會科學出版社2005年版，第51頁。

③ 劉文淇：《春秋左氏傳舊注疏證》，日本中文出版社1979年版，第306頁。《史記·十二諸侯年表》，可參【日】瀧川龜太郎：《史記會注考證》，臺灣洪氏出版社1981年版，第253頁上。

④ 《春秋左傳注疏》，第223頁上。

兄弟之恩疏。”曹植《求通親親表》亦云:“昔周公弔管、蔡之不咸,廣封懿親以藩屏王室。”是也。①

案:王引之以“咸”爲“諴”的借字,釋作“和”。楊樹達(1885—1956)對“咸”字有更新體察,其於《積微居小學述林全編》卷六《〈詩〉“敦商之旅克咸厥功”解》云:

知咸有終竟諸字義者,僖公二十四年《左傳》云:“昔周公弔二叔之不咸。”不咸,謂不終也。杜《注》訓咸爲同,亦非也。《毛班𣪕》云:“王令毛伯更虢城公服,甹王位,作四方望,秉繁蜀巢。令錫鈴勒,咸。王令毛公以邦冢君士馭國人伐東國痟戎,咸。王令吴伯曰:以乃師右比毛父!”咸字再見。《史懋壺》云:“王在葊京溼宫,親命史懋路筮,咸。王乎伊伯錫懋貝。”諸咸字皆竟字之義也。蓋周自大王翦商,至武王率三千人伐紂於牧野,始克竟太王翦商之功,故曰敦商之旅,克咸厥功也。鄭《箋》乃云:“武王克殷而治商之臣民,使得其所,能同其功於先祖,”失其義矣。按敦之訓伐,咸之訓終,前人訓詁皆不之及,今會合彝銘故書證成其説,知古訓之失傳者多矣。②

楊氏以彝器銘文證成“咸”有“終”義,從而論《左傳》“不咸”爲“不終”,其説有力。考金文“咸”字多用作“完畢”之義,如《作册般甗》曰:

王宜人方,無敄,咸。③

《𣄨尊》:

王誥宗小子于京室,曰:“……叀王龏德欲天,順我不敏。”王咸誥。𣄨賜貝卅朋。④

《德方鼎》:

唯三月,王才成周,延珷福自鎬,咸。⑤

《小盂鼎》:

---

① 《經義述聞》,第411頁上。
② 楊樹達:《楊樹達全集·積微居小學述林全編》,上海古籍出版社2007年版,上册第343頁。
③ 中國社會科學院考古研究所編:《殷周金文集成釋文》第1卷,香港中文大學中國文化研究所2001年版,第593頁,器號944。
④ 《殷周金文集成釋文》第4卷,第275頁,器號6014。
⑤ 《殷周金文集成釋文》第2卷,第305頁,器號2661。

即立中廷，北嚮。盂告，𠟭伯……告咸。[①]

此皆爲例。更如《矢令方彝》：

乙酉，用牲于康宫。咸既，用牲于王。[②]

“咸”與“既”連用，更顯“終畢”之義。《左傳》“昔周公弔二叔之不咸”，是指周公哀管、蔡二叔不能善終。由此可見，楊氏之言較王引之説更有理據。

五、僖公二十四年：子臧之服

王引之曰：

“子臧之服，不稱也夫。”《釋文》服作及，云：“一本作服。”家大人曰：“作及者是也。及謂及於難。”桓十八年《傳》：“周公弗從，故及。”《杜注》：“及於難也。”凡《傳》言“及”者，皆放此。言子臧之所以及於難者，由服之不稱也。“不稱也夫”，是推原其所以獲禍之故。昭元年《傳》“莒展之不立，棄人也夫”，語意與此相似。但言不稱，而不言服者，蒙上文不稱其服而省也。子臧之及，承上身之災也而言。下文“自詒伊慼，其子臧之謂矣”，又承子臧之及而言。若作子臧之服，則非其指矣。服字右半與及相似，又涉上文兩服字而誤。[③]

瑞典高本漢(1879—1978)、[④]楊伯峻[⑤]贊同王説。日人安井衡(1799—1876)則曰：

詩意本言德不稱服，此斷章取義，言服不稱其度，故曰“子臧之服。”作服似長。[⑥]

案：本《傳》原文爲：

鄭子華之弟子臧出奔宋，好聚鷸冠。鄭伯聞而惡之，使盜誘之。八月，盜殺之于陳、

① 《殷周金文集成釋文》第2卷，第417頁，器號2839。
② 《殷周金文集成釋文》第6卷，第26頁，器號9901。
③ 《經義述聞》，第411頁下。
④ 【瑞典】高本漢著，陳舜政譯：《高本漢左傳注釋》，臺灣編譯館中華叢書編審委員會1979年，第118—119頁。
⑤ 《春秋左傳注》，第1册427頁。
⑥ 【日】安井衡：《左傳輯釋》卷6，臺灣廣文書局1979年版，上册第34頁。

宋之間。君子曰:"服之不衷,身之災也。《詩》曰:'彼己之子,不稱其服。'子臧之服,不稱也夫。《詩》曰:'自詒伊慼',其子臧之謂矣。《夏書》曰:'地平天成',稱也。"①

文意表明子臧之亡,緣自服之不稱,君子先引"彼己之子,不稱其服"之詩,後實指子臧之服爲不稱,舖述自然,呼應比"之及"更爲緊密;況下文即引《詩》"自詒伊慼"應子臧殺身之事,文意清晰完足,王引之謂"若作子臧之服,則非其指",並不適切。然而,陸德明(556—627)《經典釋文》"之及"、"之服"共録,②兩説宜並存之,私意則以爲作"之服"稍勝。

六、僖公二十五年:昔趙衰以壺飧從徑餒而弗食

王引之曰:

"昔趙衰以壺飧從徑餒而弗食。"杜讀至徑字句絶,云:"徑,猶行也。"《釋文》:"徑,古定反。一讀以壺飧從絶句,讀徑爲經,連下句。乖於杜意。"《正義》曰:"杜以《傳》文爲徑,③故釋爲行,上讀爲義。劉炫改徑爲經,謂經歷飢餒,下屬爲句。輒改其字以規杜氏,非也。"武進臧氏用中《拜經日記》曰:"案顧氏《隸辨》、徐氏《紀産碑》:'雖直徑菅',徑菅,即經管也。《史記·高祖本紀》:'夜徑澤中。'《索隱》曰:'徑,舊音經。'《楚詞·招魂》:'經堂入奧。'經,一作徑。蓋古通用。當從劉光伯讀作經,下屬爲句。"家大人曰:"臧説是也。《史記·甘茂傳》:'今之燕必經趙。'《秦策》經作徑。《大宛傳》:'經匈奴。'《索隱》本經作徑。是古字多以徑爲經也。《韓子·外儲説左篇》以此爲箕鄭事,云:'箕鄭挈壺餐而從。'亦以從字絶句。下云'迷而失道,與公相失,飢而道泣,寢餓而不敢食',始言迷而失道,繼言飢而道泣,終言寢餓而不敢食,則爲時已久矣,故《傳》約言之曰:'經餒而弗食。'"④

案:"昔趙衰以壺飧從徑餒而弗食",向有異説。《杜注》以"徑"字句絶,釋"徑"作"行",武億(1745—1799)《經讀考異》從其説。⑤王念孫從劉炫、臧庸(1767—1811)説,⑥以"徑"爲"經",

① 《春秋左傳注疏》,第257頁下—258頁上。

② 黄焯:《經典釋文彙校》,中華書局2006年版,第495頁上。又《左氏會箋》本亦作"臧之服",第1册第6,55頁。

③ 《正義》原文尚有"杜以徑猶行者"六字。《春秋左傳注疏》,第264頁上。

④ 《經義述聞》,第412頁。

⑤ 武億:《經讀考異》,《續修四庫全書》影印華東師範大學藏清乾隆五十四年(1789)小石山房刻本,第173册132頁下。

⑥ 劉炫説見孔穎達《春秋左傳正義》,《春秋左傳注疏》,第264頁上。臧庸説見氏著《拜經日記》,《續修四庫全書》影印北京大學圖書館藏清嘉慶二十四年(1819)武進臧氏拜經堂刻本,第1158册62頁上。

讀作“經餒而弗食。”焦循(1763—1820)《春秋左傳補疏》:

循按:《淮南·本經訓》云:“接徑歷遠。”高誘注云:“徑,行也。”杜本此。徑與經古字通,《廣雅》:“經,徑也。”《孟子》:“經德不回。”趙岐注云:“經,行也。”《文選·魏都賦》劉逵注云:“直行曰經。”是經亦訓行。劉炫改徑爲經,義得通也。竊謂《説文》:“徑,步道也。”《史記·高帝紀》:“夜徑澤中。”《注》云:“徑,小道也。”蓋衰本以壺飧從重耳,有時重耳行大道,衰由小道,亦餒而不食,謂不以相違而自私也。從字絶句,徑一字句,餒而弗食四字句,或屬上讀從徑,或屬下讀經餒,皆不辭。徑依《曲禮注》訓爲邪行。①

焦氏認爲“徑一字句”,以“衰由小道,亦餒而不食”。安井衡、②竹添光鴻、③劉壽曾(1838—1882)、④高本漢、⑤楊伯峻⑥等贊同焦説。俞樾(1821—1906)《群經平議》另有見解,曰:

《集解》曰:“徑,猶行也。”《正義》曰:“杜以徑猶行者,以《傳》文爲徑故,釋爲行,上讀爲義。劉炫改徑爲經,謂經歷饑餒,下屬爲句,輒改其字以規杜氏,非也。”樾謹按:杜、劉二説,雖有上讀下讀之不同,然實則此字皆贅設也。如杜説,則但曰“以壺飧從”足矣,何必曰“從徑”乎?如劉説,則但曰“餒而弗食”足矣,何必曰“經餒”乎?且以情事言之,重耳與趙衰同行,餒則俱餒,重耳不食,衰自無獨食之理,此亦何足爲異乎?焦氏循《左傳補疏》曰:“徑,小道也,蓋衰本以壺飧從重耳,有時重耳行大道,衰由小道亦餒而不食,謂不以相違,而自私也。從字絶句,徑一字句,餒而不食四字句。”按此説,於情事爲合,惟句讀似尚未得,徑字仍當上屬。趙衰以壺飧從徑者,謂以壺飧從小道也,猶《史記·欒布傳》所云:“從閒道也。”重耳行大道,衰由小道,故謂之從徑。師古注《漢書·張騫傳》曰:“從,由也。”是從徑即由徑也。《韓子·外儲説左篇》以此爲箕鄭事,其曰:“迷而失道,與公相失,飢而道泣,寢餓而不敢食。”雖與《左傳》紀載不同,然可證其與重耳分道而行,舊説均未得其義也。⑦

俞指“曰餒而弗食足矣,何必曰經餒乎?”甚是,而以徑字上讀,釋爲“從小道”,則意猶有間。

---

① 焦循:《春秋左傳補疏》,《續修四庫全書》影印上海辭書出版社藏清道光六年(1826)半九書塾刻《六經補疏》本,第124册456頁上。

② 《左傳輯釋》卷6,上册第39—40頁。

③ 《左氏會箋》,第1册第6,65頁。

④ 説見劉文淇:《春秋左氏傳舊注疏證》,第396頁。

⑤ 《高本漢左傳注釋》,第122—123頁。

⑥ 《春秋左傳注》,第1册436頁。

⑦ 俞樾:《群經平議》,《續修四庫全書》影印清光緒二十五年(1899)刻《春在堂全書》本,第178册408頁。

本《傳》只言“昔趙衰以壺飧從徑餒而弗食，故使處原”，再無上下文意互參，然此事見於《韓非子·外儲説左下》，則可以之爲論説基礎。今録其文，曰：

> 晋文公出亡，箕鄭挈壺餐而從。迷而失道，與公相失，飢而道泣，寢餓而不敢食。①

文章明言“晋文公出亡，箕鄭挈壺餐而從”，是從者爲從晋文公，而非從徑。由“迷而失道，與公相失”一語，可以推尋本《傳》之“徑”爲小道，一字爲句，而“餒而弗食”爲另一句。故衆家之言，以焦循説較爲合理。

七、僖公三十一年：必親其共

王引之曰：

> 三十一年《傳》：“取濟西田，分曹地也。使臧文仲往，宿於重館。重館人告曰：‘晋新得諸侯，必親其共。不速行，將無及也。’”家大人曰：“‘必親其共’，共字義不可曉，當是先字之誤。先字隸書作失，形與共字相似。言諸侯之使，來分曹地，晋必親其先至者而多與之地，若後至則無及於事，故下文曰：‘不速行，將無及也。’《魯語》載重館人之言，曰：‘諸侯莫不望分而欲親晋，皆將争先。晋不以固班，亦必親先者。’是其明證矣。先字不煩音釋，故杜無注，陸亦無音。若是共字，則不得無音釋也。唐《石經》始誤作共。”②

王念孫指“必親其共”之“共”義不可曉，以“共”、“先”二字隸書相似，並據《魯語》“亦必親先”之語，改“共”爲“先”。③“共”字之義，宋林堯叟《左傳句讀直解》已有解釋，曰：

> 晋文公新得諸侯爲伯，必親暱其恭順有禮之人。文仲若不速行，則先至者受地已盡，後至者將無及於事。④

林解“共”爲“恭”，安井衡亦曰：

---

① 《韓非子新校注》下册，第729頁。案：箕鄭，當爲趙衰之誤。

② 《經義述聞》，第414頁下—415頁上。

③ 高本漢贊同王説。見《高本漢左傳注釋》，第144頁。

④ 王道焜、趙如源編：《左傳杜林合注》，文淵閣《四庫全書》本，第171册467頁下。

共音恭。霸主召之，先諸侯而至，恭也。《國語》作先，左氏作共，字異而意同，不必破共爲先矣。①

楊伯峻引錢綺(1798—1858)《左傳札記》駁王念孫之言，曰：

“先至則爲共，後至則爲不共。《國語》自作‘先’字，不必與《内傳》同也。”錢駁甚是。金澤文庫本、敦煌寫本殘卷皆作“共”字。②

劉壽曾曰：

共、先形不相近。此共當讀如君。謂許不共之共。内、外《傳》字不必相合，王説非。③

案：讀“共”爲“恭”，文獻習見，《左傳》僖公二十七年：

公卑杞，杞不共也。④

陸德明《經典釋文》：

共音恭，本亦作恭。⑤

“必親其恭”，文意可通，不必據《國語》改“共”爲“先”。就字形而言，“共”、“先”形體不同，“共”字甲文作續五・五・三、京都四五九A《甲骨文編》，金文作共覃父乙簋、善鼎、禽肯匠《金文編》。秦漢文字作效三五、秦一七五《睡虎地秦簡文字編》，共倉、魯共鄉《漢印文字徵》、⑥居延、曹全碑、鄧石如。⑦“先”字甲文作甲一九九二、甲三五二一、乙三七九八《甲骨文編》，金文作揚簋、善鼎、虢季子白盤《金文編》。秦漢文字作效二五、秦八七《睡虎地秦簡文字編》，湣于先印、苛先印信《漢印文字徵》、⑧

① 《左傳輯釋》卷7，上册第7頁。竹添光鴻亦承安井衡説，見《左氏會箋》，第1册第7，48頁。
② 《春秋左傳注》，第1册486頁。
③ 説見劉文淇：《春秋左氏傳舊注疏證》，第447頁。
④⑤ 《春秋左傳注疏》，第266頁下。
⑥ 李圃主編：《古文字詁林》，上海教育出版社2004年版，第3册212—213頁。
⑦ 趙熊主編：《新編隸書字典》，世界圖書出版西安公司2003年版，第31頁。
⑧ 《古文字詁林》，第7册756—758頁。

居延、先曹全碑、先鄧石如。①無論從共時或歷時的角度看，二字形態大異，王念孫說法不確。

王氏父子識力極高，考證往往一言九鼎，然有時亦不免勇於立説，如改“子臧之服”爲“子臧之及”、加“君之”二字於“雖衆”之中，均有所偏。又王氏未睹遠古文字，則或影響判斷，如“周公弔二占之不咸”，王氏釋“咸”爲“諴”的借字，不知“咸”有“終畢”之用；又以爲“共”、“先”形近而指“必親其共”乃“必親其先”之誤，實則二字形體大異。不過，此皆大醇小疵，無損王氏父子於經學上的輝煌貢獻。

聯絡人：郭鵬飛

聯絡方法：

地址：香港 九龍塘達之路 香港城市大學 中文、翻譯及語言學系

電郵：ct079572@cityu.edu.hk

① 《新編隸書字典》，第28頁。

嘉道之際北京士大夫的崇祀鄭玄活動

□車 行 健

[摘 要] 清代嘉慶、道光年間,以胡承珙、胡培翬爲首的一群在北京擔任京官的士大夫們發起了爲東漢經學大師鄭玄公祭的活動。此活動從嘉慶十九年開始,直至道光六年,至少舉辦了四次。參與的學者主要都是在學術上傾向漢學的學者,如胡承珙、胡培翬、郝懿行、陳奐等人,但也有傾向宋學立場的學者參與其中,如陳用光、夏炘,甚至亦涵蓋了在學術立場上轉向今文經學的學者,如龔自珍與魏源等人。當時這些士大夫們舉行公祭鄭玄的活動,一方面呈顯出士林交遊及文人雅集活動的狀況。另一方面,亦極具象徵性地反映出了當時學界所尊崇的主流學風。稍後不久,由張穆、何紹基所主導的顧祠修禊活動,則又標示出了另一個不同的學風,亦即强調顧炎武經世致用的一面,而非考證學風的面向。嘉道年間是清王朝國勢由盛而衰的轉折點,而在學術風尚的表現則是由乾嘉漢學過渡到晚清今文經學。當時的主流學風可藉由士大夫們自覺的崇敬先儒前賢的儀式性活動象徵性地呈現出來,而當崇敬的對象改變或被賦予不同的意涵時,則往往也標識着主流學風的轉變。

[關鍵詞] 鄭玄公祭;顧祠修禊;胡承珙;胡培翬

[作者簡介] 車行健,臺灣政治大學中文系副教授

一、序　　言

清代嘉慶、道光年間,以胡承珙(1776—1832)、胡培翬(1782—1849)爲首的一群在北京擔任中級京官的士大夫們發起了爲東漢著名的經學大師鄭玄(127—200)公祭的活動。據胡培翬《漢北海鄭公生日祀於萬柳堂記》載:

> 培翬春闈報罷,將出都門,墨莊宗兄邀宿齋中度夏。閒暇無事,遂蒐取各書,與《後漢書》本傳參考,補其缺略,成《鄭公傳考證》一卷。於《太平廣記》中得《别傳》云:"康成永建二年七月戊寅生。"墨莊以《順帝紀》是年七月書甲戌朔推之,知戊寅爲七月五日。余因謂墨莊曰:"昔臧榮緒以庚子陳經,遂有生日之祝,近人多爲歐陽、二蘇作生日,若鄭公之有功聖經,詎出歐、蘇下?今國家表章絶學,改革前典,既已復祀鄭公兩廡,吾儕於其生日,私致芹藻之敬,不亦可乎?"墨莊曰:"然!"遂作啓,相與徵同志十餘人,祀之於萬柳堂。[①]

---

① 見氏撰:《研六室文鈔》,黄智明點校、蔣秋華校訂之《胡培翬集》,"中央研究院"中國文哲研究所 2005 年版,第 228—229 頁。

這次的祭祀活動是發生在嘉慶十九年甲戌(1814),此後直至道光六年丙戌(1826),又至少舉辦了三次的公祭活動。參與的學者開始時主要都是在學術上傾向漢學的學者,如胡承珙、胡培翬、郝懿行(1757—1825)、馬瑞辰(1782—1853)、陳奐(1786—1863)等人,但也有傾向宋學立場的學者參與其中,如陳用光(1768—1835)①、夏炘(1789—1871)②,甚至亦涵蓋了在學術立場上明顯轉向今文經學的學者,如龔自珍(1792—1841)與魏源(1794—1857)等人。從參與人物的學術屬性中恰好具體而微地顯示出了清代學術的主要面向。③

當時這些學者會發起且舉行這樣的崇祀鄭玄的活動,是具有多方面的意義的,一方面呈顯出當時士林交遊及文人雅集活動的狀況,類似的活動還有由翁方綱(1733—1818)在乾隆年間所發起的"爲東坡壽"的聚會,以及其他學者舉辦的爲歐陽修(1007—1072)、黄庭堅(1045—1105)、顧炎武(1613—1682)等先賢祝壽或公祭的儀式。另一方面,由承襲乾嘉漢學餘緒的胡承珙、胡培翬等人在嘉道之際所倡導的公祭鄭玄的活動,這本身就極具象徵性地反映出了當時學界所尊崇的主流學風。但有趣的是,在稍後不久的道光二十三年(1843),由張穆(1805—1849)、何紹基(1799—1873)所主導且一直持續至同治年間的"顧祠修禊"活動,却又標示出了另一個不同的學風。這其中所顯示的意義就是:在清代國勢由盛轉衰的道光年間,士大夫們藉由崇祀顧炎武來强調其經世致用的學問面向,而非乾嘉學者重視的考證學風的面向。嘉道之際是清王朝國勢由盛而衰的轉折點,而在學術風尚的表現上則是由盛極一時的乾嘉漢學過渡到倡言經世致用的晚清今文經學。當時的主流學風可藉由士大夫們自覺的崇敬先儒前賢的儀式性活動象徵性地呈現出來,同樣地,當崇敬的對象改變或被賦予不同的意涵時,往往也標識着主流學風的轉變。因而考察這類在文人雅集基礎上所舉行的崇祀先儒的儀式性活動,不但可一窺當時士人交遊的狀況,更可從中覘睹學風發展與演變之痕跡。

---

① 陳用光師事姚鼐(1731—1815),又嘗遊於翁方綱門下,習聞二家緒論而篤守之。(參張舜徽:《清人文集别録》,華中師範大學出版社 2004 年版,第 311 頁。)陳氏嘗謂:"力宗漢儒,不背程朱,覃溪師之家法也;研精攷訂,澤以文章,姬傳師之家法也。"(《太乙舟文集・祁寯藻〈序〉》,《續修四庫全書》,上海古籍出版社 1995 年版,第 1493 册,第 254 頁下。)以此,羅檢秋將其歸入汲取漢學的宋學家。(參氏撰:《嘉慶以來漢學傳統的衍變與傳承》,中國人民大學出版社 2006 年版,第 73—74 頁。)又關於陳用光的相關研究請另參柳春蕊:《晚清古文研究——以陳用光、梅曾亮、曾國藩、吴汝綸四大古文子爲中心》,江西出版集團・百花洲文藝出版社 2007 年版,第一章。

② 關於夏炘的學術傾向,詳見第四節。

③ 周予同(1898—1981)在序皮錫瑞(1850—1908)的《經學歷史》時認爲中國經學可以歸納爲西漢今文學、東漢古文學和宋學這三大派。而他在《漢學與宋學》一文中則依梁啓超(1873—1929)的主張將清學的演變情形分爲三個時期,即順治、康熙、雍正三朝的啓蒙期,這時期的特色是反明而復於漢、宋。其次則是約當乾隆、嘉慶二朝的全盛期,以考證學爲特長,可説是反宋而復於後漢。最後則是約當道光、咸豐、同治、光緒四朝的蜕變期,由經典研究的後漢古文學蜕變而爲前漢今文學。(以上參朱維錚編:《周予同經學史論著選集》增訂本,上海人民出版社 1996 年版,第 93 頁、第 329—330 頁。)所謂"東漢古文學"或"後漢古文學"一般指的就是狹義的漢學。由此可知,清代的學術是包括了今文學派、漢學派與宋學派這三大派。

二、清儒祝祭先儒的風氣

從上引胡培翬的《漢北海鄭公生日祀於萬柳堂記》中可知，其時士大夫多有爲“歐陽、二蘇作生日”的風氣，胡培翬之語可從時人詩文集中找出不少例證，如陳用光《太乙舟詩集》便載有：《六月二十一日邀同人集太乙舟爲歐陽文忠公作生日，梧門先生以集中寄許微人絶句分韻，用光得聲字》。[①]張祥河(1785—1862)的《小重山房詩詞全集》中亦有幾首詩與此事有關，如《詩舲詩録・卷三》便載有《歐陽文忠公生日，碩士、蘭雪二丈招同朱虹舫、徐星伯、黄霽青、謝向亭、潘功甫、龔定菴集九里梅花村舍賦詩，即席呈二丈》。[②]《詩舲詩録・卷四》亦有《六月二十一日集蘭雪舍人齋爲歐陽公壽，公年四十，自號醉翁，是歲適紀丙戌，因用集中題滁州醉翁亭韻》一詩。[③]其《怡園集》又有《立秋後三日歐陽公生辰，王少鶴、白蘭巖招集同人拜滁州象於慈仁寺，分韻得賢字》詩。[④]而年次稍晚的朱琦(1803—1861)在其《怡志堂詩初編》中亦有二詩紀此事：其一、卷五載有《六月二十一日邵蕙西招集同人爲歐陽文忠公作生日。會者凡八人：梅伯言農部、曾滌生閣學、龍翰臣侍講、孫芝房編修、劉椒雲學博、周子静孝廉。以天下文章莫大乎是分韻，得下字》。[⑤]其二、卷八有《六月二十一日歐陽文忠生日，林穎叔水部、同少鶴農部招集松筠菴，拜公絹本遺像，潤臣舍人亦攜詩龕摹本張壁間。與會者：陶鳧香、張詩舲兩侍郎、錢萍江理少、龍翰臣通副、孔繡山中翰、劉炯甫孝廉。圖爲穎叔所藏，上有乾隆御墨，並晁、李二跋，分得宜字》。[⑥]

至於胡培翬所提及的“二蘇”，其實指的就是蘇軾(1036—1101)，清人爲蘇軾作壽的風氣很盛，時人詩文歌詠其事者也頗不少，如陳用光《太乙舟詩集》卷四“七言古體詩”便載有：《東坡生日法梧門侍講過訪，因邀仝楊蓉裳農部、張船山、吴山尊兩前輩暨從子希祖、希曾小集太乙舟爲東坡壽，山尊未來，船山以所摹宋本東坡象見示，用光欲船山爲更摹一幅，並摹山谷像見惠，遂作長句一首乞之》、《覃溪師招作東坡生日，出所藏宋刊施顧注本詩集、天際烏雲帖及吴荷屋前輩所得茶録舊拓本傳觀，賦長古一篇》、《丙寅十二月十九日小峴先生邀作東坡生日，因得觀其八世祖舜峰先生會試硃卷及凱還圖畫像，丁卯元旦夜作七古一首》及《東坡先生生日設祀於蝶寄小舫，邀朱學博存仁、楊孝廉殿春同賦爲壽》等詩紀其事。[⑦]又如朱珔(1769—

---

① 陳用光：《太乙舟詩集》卷四，《續修四庫全書》，上海古籍出版社 1995 年版，第 1493 册，第 91 頁上。

② 張祥河：《小重山房詩詞全集》，《詩舲詩録》卷三，《續修四庫全書》，上海古籍出版社 1995 年版，第 1513 册，第 260 頁上。

③ 張祥河：《小重山房詩詞全集》，《詩舲詩録》卷四，第 270 頁上。

④ 張祥河：《小重山房詩詞全集》，《怡園集》，第 578 頁上。

⑤ 朱琦：《怡志堂詩初編》卷五，《續修四庫全書》，上海古籍出版社 1995 年版，第 1530 册，第 170 頁下—171 頁上。

⑥ 朱琦：《怡志堂詩初編》卷八，第 194 頁上。

⑦ 陳用光：《太乙舟詩集》卷四，第 88、89 頁、第 90 頁下、第 91 頁下。

1850)之《小萬卷齋詩稿》亦載有《梁芷林花舫消寒第四集，以十二月十九日爲蘇文忠公生日設祀，是日立春，成五言三十二韻》、《臘月十九日社友集韓司寇還讀齋爲蘇文忠公生辰設祀，年丈潘榕皋農部（奕雋）詩先成次韻》。①而共同發起公祭鄭玄的胡承珙亦曾參與過其事，其《求是堂詩集·卷十四》便載有二詩記述其事：《丙子十二月十九日同人集梁茝鄰（章鉅）禮部寓齋爲東坡先生生辰設祀》及《霽青編修招同人集寓齋爲東坡先生作生日，賦得赤壁置酒李委吹笛故事》。②此外，朱琦的《怡志堂詩初編·卷五》之《劉寬夫侍御招集同人壽東坡先生，忽忽今數月矣，爲補此詩》亦與此事有關。③

清代士大夫這類藉由爲先儒做冥壽而舉行的崇祀紀念追思活動的風氣，據魏泉教授研究，當是由翁方綱所發動的。翁方綱一生心儀蘇軾，他於乾隆三十三年（1768）廣東學政任内，以六十金購得蘇軾的《天際烏雲帖》墨跡，又於韶州道中，在英德南山後崖壁間發現了蘇軾的手題，因重摹勒石二片，一片嵌在廣州使院壁間，一片留以自隨。因有這二重金石翰墨因緣，翁方綱自此遂自號"蘇齋"。後來他又於北京琉璃廠購得一部宋版的《施顧注蘇詩》殘本，從此以"寶蘇"名其室，而其"蘇齋"之號也從此廣爲人知。翁方綱於乾隆三十八年（1773）十二月十七日購得此書，十二月十九日恰是蘇軾生日，他便於當天以合裝《蘇齋圖》供奉於蘇軾像前，並邀集同人小集祝拜蘇軾生日，自此便開啓了翁方綱持續數十年的"爲東坡壽"的活動。一直到嘉慶年間，經過翁方綱堅持了近二十年的"爲東坡壽"的活動，不但逐漸爲人接受並仿效，並且祝壽的對象也不限於蘇軾，還擴及了其他的知名文人，如歐陽修、黄庭堅等宋賢，甚至也包括了李東陽（1447—1516）、王士禎（1634—1711）等明清先賢。④

不過在這類爲先儒祝壽致祭的活動中，歷時最久，規模最大，參與人數最多的當推在道光年間由張穆與何紹基發起的"顧祠修禊"活動。這個活動從道光二十三年（1843）開始，據張穆《亭林年譜題詞》云："道光二十三年穆與太史創議鳩貲爲先生建祠堂於京師慈仁寺西偏。"⑤太史即爲時任國史館提調的何紹基，他曾有《别顧先生祠》紀此事。⑥朱琦在《崑山顧亭

---

① 朱珔：《小萬卷齋詩稿》，清光緒十一年嘉樹山房藏版，卷二十一，第六葉 B—七葉 A；卷三十，第十九葉 A—二十葉 A。

② 胡承珙：《求是堂詩集》卷十四，《續修四庫全書》，上海古籍出版社 1995 年版，第 1500 册，第 126 頁下、第 127 頁上、第 130 頁下。

③ 朱琦：《怡志堂詩初編》卷五，第 170 頁上。

④ 以上敘述請參魏泉：《士林交游與風氣變遷——十九世紀宣南的文人群體研究》，北京大學出版社 2008 年版，第 37—41、48、50、69 頁。

⑤ 張穆：《㞐齋文集》卷三，山西人民出版社 1986 年版，第二十一葉 A。

⑥ 何紹基此詩述建祠事甚詳，其云："亭林先生祠，小子始營繕。緊惟城西偏，慈仁森佛殿。當時寺宇宏，市集萃圖卷。國初諸老儒，買書乘暇宴。先生結契廣，僑寓置爐扇。至今雙松下，彷彿見遺跰。承平二百載，光陰若流箭。古碣餘斷龜，空梁墜饑燕。我卜隙地寬，謂可靈爽奠。諸公聞此議，合作相呼忭。畚鍤猥見屬，木甓自遴揀。删蕪出古樹，明月夜來罥。崇崇屋三楹，爛爛秋一片。落成奉遺像，覽揆潔盥薦。肅然道義容，警我塵土賤。"（見《何紹基詩文集》，龍震球、何書置點校，岳麓書社 2008 年版，第一册，第 168 頁。）

林先生祠記書後》亦説道：

咸豐二年韓君介孫教諭崑山，既於玉山講院之左建顧先生祠，而爲之記。……近世學者頗知趨嚮先生，而吾友張石洲始爲先生年譜。道光二十三年，道州何子貞又同石洲創爲先生祠於京師慈仁寺之西南隅。後十三年爲咸豐六年，琦又爲先生《祠記》，而介孫於崑山適建先生祠，前後數年間，南北若合符契，樸學滋盛矣。①

張星鑑(1819—1878)在《唐市新建顧亭林先生祠記》則表露出了當時士大夫祠祭顧炎武的心聲：

京都廣寧門慈仁寺於道光二十三年建顧亭林先生祠，創是舉者，道州何編修紹基、山右張明經穆，捐石刻記者漢陽葉侍讀名澧也。先生足跡遍天下，所至都邑皆愛敬先生，先生之祀於京都也，四方學人所願也。②

顧祠祭事一直迴盪到民國年間士大夫的心中，瞿兑之(宣穎，筆名楚金，1894—1973)在《道光學術》文章的開頭就敘及此事，並深致慨歎，其云：

昔者道光二十三年，何紹基、張穆創建顧亭林祠於燕京廣寧門内之慈仁寺，歲舉祀事。及咸豐六年重修，而朱琦、王錫振爲文以紀之，今祠尚巋然。嘗過而仰瞻慨歎，作而言曰："烏乎！此世運之關鍵，君子所以俯仰百年，而有深憂者有以夫！"③

據魏泉研究，從道光二十三年十月顧祠修建完工，次年二月二十四日舉辦首次公祭開始，一直到同治十二年(1873)，在這三十年中，每年的春季(上巳前後)、秋季(重九前後)和顧炎武生日(五月二十八日)都有祭祀活動，總共舉行祀事85次，前後參與過祀事的士大夫共有286人。④如此的盛況，確實是無與倫比的。

就是因爲這類由士林交遊及文人雅集所形成的崇祀該文人群體所心儀的先儒前賢活動，在清代中葉以後是如此的頻繁而密集，這個現象自然也反映在當時的小説中，晚清著名的小説《孽海花》在第十一回《潘尚書提倡公羊學，黎學士狂臚老韃文》中就曾生動地描摹了

① 朱琦：《怡志堂文初編》卷六，《續修四庫全書》，上海古籍出版社1995年，第1530册，第252頁。案：朱氏此文自紀作於咸豐七年十二月。

② 張星鑑：《仰蕭樓文集》，清光緒六年刊本，第四十六葉B。

③ 楚金：《道光學術》，《中和月刊史料選集》第一册，《近代中國史料叢刊》第六十輯，文海出版社1970年版，第260頁。

④ 以上敘述請參魏泉：《士林交遊與風氣變遷——十九世紀宣南的文人群體研究》，第152—153頁。又關於顧祠祭事的相關研究請另參王汎森：《清代儒者的全神堂——國史儒林傳與道光年間顧祠祭的成立》，《中央研究院歷史語言研究所集刊》第七十九本第一分，2008年。

光緒年間北京士大夫公祭東漢今文經學大師何休(129—182)的情景:

……(袁)尚秋因剛纔的話,怕(陸)菶如芥蔕,特地走過來招呼道:"菶兄,八瀛尚書那裏,你今天去嗎?"菶如正收拾筆硯,聽了摸不着頭腦,忙應道:"去做什麽?"尚秋道:"八瀛尚書没有招你嗎?今天是大家公祭何邵公喲!"菶如愕然道:"何邵公是誰呀?八瀛從没提道人。喔,我曉得了,大家知道我跟他没有交情,所以公祭没有我的分兒!"尚秋忍不住笑道:"何邵公不是今人,就是注《公羊春秋》的漢何休呀!八瀛先生因於前幾天錢唐卿在湖北上了一個封事,請許叔重從祀聖廟,已經部議准了,八瀛先生就想着何邵公,也是一個漢朝大儒,邀着幾個同志,議論此事,順便就在拱宸堂公祭一番,略伸敬仰的意思。菶兄你高興同去觀禮嗎?"……那時(荀)子珮看見尚秋開口道:"你來得好晚,公祭的儀式,我們都預備好了。"尚秋聽了,方曉得他們在對面拱宸堂裏鋪排祭壇祭品,就答道:"有勞兩位了。"龔尚書手拿着一本書道:剛纔(盛)伯怡議,這部北宋本《公羊春秋何氏注》,也可以陳列祭壇,你們拿去罷!"①

案:《孽海花》中人物皆有所實指,據冒鶴亭(1873—1959)考證,袁尚秋係影射袁昶(爽秋,1846—1900)、陸菶如影射陸潤庠(鳳石,1841—1915)、八瀛尚書影射潘祖蔭(伯寅,1830—1890)、錢唐卿影射汪鳴鑾(柳門,1839—1907)、荀子珮影射沈曾植(子培,1850—1922)、龔尚書影射翁同龢(叔平,1830—1904)、盛伯怡影射盛昱(伯熙,1850—1899)。②而小説中所謂"錢唐卿在湖北上了一個封事,請許叔重從祀聖廟,已經部議准了"事亦實有所本③,據思仿《孽海花考證》云:

按錢端敏即汪柳門鳴鑾。《清史稿》本傳云:少勤學,同治四年成進士,選庶吉士,授編修,還司業,益覃研經學。謂聖道垂諸六經,經學非訓詁不明,訓詁非文字不著,治經當從許書入手,嘗疏請以許慎從祀入文廟。《續東華録》:光緒二年,國子監司業汪鳴鑾奏請以漢儒許慎從祀文廟,經部議准,奉旨報可,即謂此也。惟疏請時汪官司業,非在湖北,此則小説不盡與史合也。④

---

① 曾樸撰、葉經柱校注:《孽海花》,三民書局 1998 年版,第 116—118 頁。

② 參冒鶴亭:《孽海花閒話》,魏紹昌編:《孽海花資料》,上海古籍出版社 1982 年版,第 220、221、225、232、236、253—255 頁;又參劉文昭:《孽海花人名索隱表》(同上),第 329、338、341、349、351、353 頁;及三民版《孽海花》所附《孽海花人名索隱表》,第 1、3、4、5、8 頁。又據錢基博《孽海花考信録》云,該書影射姓名的方式是:"多取同聲通假之例,而參以誼類相比。"(該文收入《孽海花》,桂冠圖書股份有限公司 2001 年版,附録,引文見第 443 頁。)

③ 趙景深云:"《孽海花》所敘大都是實事,第二十一回明白揭出:"這部《孽海花》,却不同別的小説,空中樓閣,可以隨意起滅,逞筆翻騰,一句假不來,一句謊不得。"這確是實話。我們至少可以説:事實的輪廓都是真的;加油加醤,自是在所不免。"(參氏撰:《曾孟樸的孽海花》,桂冠版《孽海花》,附録,引文見第 448 頁。)

④ 思仿:《孽海花考證》,《中和月刊》第六卷合訂本,《近代中國史料叢刊續編》第二十一輯,文海出版社 1975 年版,第 32—33 頁。

在此回小說的描寫中，由影射潘祖蔭的八瀛尚書發動，影射翁同龢的龔和甫尚書從旁附議贊助公祭何休的舉動，的確也真實而生動地反映了光緒年間潘、翁二人熱心提倡《公羊》學的實況。①

三、嘉道士人崇祀鄭玄的先導

由上節叙述可知，胡承珙、胡培翬等人於嘉道之際所發起的公祭鄭玄活動當是直接受到乾隆年間由翁方綱所發起的"爲東坡壽"之影響，這類的爲某一特定的先儒或前賢祝祭做壽的活動仍是屬於士林交遊與文人雅集的性質，就如張祥河對他曾參與過的宣南詩社的追憶所云：

> 宣南詩社，京朝士夫朋從之樂，無以逾此。或消寒，或春秋佳日，或爲歐蘇二公壽。始則陶雲汀制軍澍、周稚圭中丞之琦、錢衎石給諫儀吉、董琴南觀察國華諸公。繼則鮑雙湖侍郎桂星、朱椒堂漕帥爲弼、李蘭卿都轉彦章、潘功甫舍人曾沂諸公。後則徐廉峰太史寶善、汪大竹比部全泰、吴小谷太守清皐、西谷府丞清鵬諸公。其間人事不齊，旋舉旋輟。而余與吴蘭雪舍人嵩梁每舉必預。陶制府官江南時，歲寄宴費。余監司山左，亦仿此例。至是輒憶野寺看花、涼堂讀畫，爲不可多得之勝事矣。②

雖然有此直接的淵源，但胡承珙、胡培翬等人在其時會有如此崇敬鄭玄之舉，也與當時鄭玄在官方祀典逐漸受到重視有關，這包括恢復鄭玄從祀孔廟的倡議與阮元(1764—1849)以學政巡撫之尊在山東與浙江二地的對鄭玄尊崇，尤其是前者更直接激勵了胡承珙、胡培翬公祭鄭玄的舉動。③以下分别對此二者叙述之。

(一) 鄭玄復祀孔廟的倡議：

鄭玄自唐太宗貞觀二十一年(647)配享孔廟，此後從宋至明初皆未變，直至嘉靖九年(1530)，大學士張璁(1475—1539)力主更定祀典，他據程敏政(1445—1499)之言以"傳道之師"來取代"傳經之師"，遂將包括鄭玄在内的多位先儒"各祀於鄉"。④康熙二十年(1681)，時

---

① 據貢少芹《近五十年見聞録》(廣文書局 1991 年版)云："光緒朝常熟翁相當國時，京師盛行公羊學。蓋翁相酷好此，凡遇講公羊者，皆引爲知己，不惜極力援拔。一時士大夫乃以此爲終南捷徑。"(卷二，第 8 頁。)

② 張祥河：《關隴輿中偶憶編》，《叢書集成三編》，新文豐出版公司 1997 年版，文學類，第六十八册，第 2 頁 B—3 頁 A。

③ 胡培翬《漢北海鄭公生日祀於萬柳堂記》云："'今國家表章絶學，改革前典，既已復祀鄭公兩廡，吾儕於其生日，私致芹藻之敬，不亦可乎？'墨莊曰：'然！'"(見氏撰：《研六室文鈔》，黄智明點校、蔣秋華校訂之《胡培翬集》，第 229 頁。)

④ 參《山東省志・諸子名家志》編纂委員會：《鄭玄志》，山東人民出版社 2003 年版，第 364—365 頁；又參張壽安：《打破道統，重建學統——清代學術思想史的一個新觀察》，《中央研究院近代史研究所集刊》，第五十二期，2006 年 6 月，第 62—64 頁。

任國子監祭酒的王士禛對此提出了異議，他在《請增從祀理學真儒疏》中建言：

> 竊惟至聖之道，萬古爲昭，兩漢以來諸儒，凡發明經傳，踐履純正者，皆得從祀兩廡，俎豆千秋，典至隆也。臣查現在從祀先儒外，歷代諸儒，有功聖門，尚有當酌議增祀者，敬爲我皇上陳之。……鄭康成……史稱純儒，唐、宋以來，皆列從祀，明嘉靖間始以張孚敬之議，改祀於鄉，公論久鬱，此漢儒之當復祀者也。……伏祈睿鑒，敕下禮部議覆施行，爲此具本，謹具奏聞。①

陸隴其(1630—1692)在康熙二十四年(1685)纂修《靈壽縣志》時也提出了類此的主張，其云：

> 漢儒鄭康成，歷代從祀，嘉靖九年，以其學未純，改祀於鄉。然其所注《詩》、《禮》現今行世，程、朱大儒亦多採其言，恐不當與何休、王肅輩同置門墻之外。若以其小疵而棄之，則孔門弟子亦有不能無疵者，豈可以一眚掩大德乎？謹附記於此，以備議禮者之採擇。②

此外，康熙朝中另一位大學者朱彝尊(1629—1709)也對鄭玄罷從祀之舉表達出反對之意，他在《鄭康成不當罷從祀議》文中極力爲鄭玄辯護，他指出鄭玄爲諸經所作之箋傳，"經自爲經，緯自爲緯，初不相雜。"即使引用緯書，也是取其醇者。但却因爲如此，遂使宋元儒極口詆之，甚至"以此罪之，竟黜其祀者"。然而即使宋儒如朱子(1130—1200)、蔡沈(1167—1230)在作注時也不免有徵引緯書，因此在朱彝尊看來，這樣的"在漢儒則有罪，在宋儒則無誅"的現象，是會讓後學感到不平的。最後他將矛頭指向程敏政，批評他說："況鄭氏之功，文公、成公未有異議，乃一程敏政罷之，非萬世之公論也。"因而他主張"宜復其從祀孔廟，不當罷。"③

康熙年間學者熱心地爲鄭玄恢復從祀孔廟地位的呼聲最終在雍正朝獲得正面的回響，雍正二年(1724)決定對孔廟祀典做全面整理，而其重點則在配享諸儒之復祀、增祀的檢討。據張壽安教授研究，當時議請宜增宜復計 22 人，最後經雍正裁奪後，將明代洪武至嘉靖年間所罷黜的漢唐諸儒做了個反正，雖然不是每位議立復祀的先儒都獲准復祀，如戴聖、何休被評爲"未爲純儒"，鄭衆、盧植(？—192)、服虔(？—192)、范甯(339—401)亦被議爲"謹守一家之言"而皆未能再進入孔廟的"萬神殿"中，但鄭玄却以"純粹深通"的評語而終得以恢復其

---

① 王士禛：《請增從祀理學真儒疏》，《帶經堂集》卷五十一，《續修四庫全書》，上海古籍出版社 1995 年版，第 1414 册，第 426 頁。

② 陸隴其：《靈壽縣志》卷之三上《祀典》，康熙二十五年刊本，《中國方志叢書》，成文出版社 1976 年版，第一葉 B。

③ 朱彝尊：《鄭康成不當罷從祀議》，《曝書亭全集》卷六十，《四部備要》本，臺灣中華書局 1966 年版，第三葉 A—B。

從祀孔廟的崇高地位。①

(二) 阮元在山東、浙江尊崇鄭玄的作爲:

阮元於乾隆五十八年(1793)擔任山東學政後②,便積極地推動修復鄭玄在高密祠墓的工作,據其《重修高密鄭公祠碑》一文所述:

> 元嘗博綜遺經,仰述往哲,行藏契乎孔、顔,微言紹乎游、夏,則漢大司農高密鄭公其人矣。……公墓祠在高密縣西北濰水東岸,四牡結轡於鄭公之鄉,高車竝軌於通德之門,是北海太守孔文舉所開建也。元以視學涖止斯土,展省祠墓,圮陁實甚,宰木不捍於樵采,驚沙坐見其飛積。趙商漢碑未傳於著録,承節摹碣埋蝕於泥土,遂乃倡搢紳之夙願,鳩木石之工材,始於乾隆五十九年冬十月,至六十年秋八月成。掘沙百尺,門防易以東向,植樹四垣,饗堂翼其南榮。聽事啓楹,則長吏齋祀所止息也;茅廬栖畝,則賢裔耕讀便蠲除也。復將擢彼秀異,用請於朝,以奉登俎,世世勿絶,庶使大儒之祀不致忽諸之歎,治經之士無歉仰止之懷,居斯鄉者,積學砥行,感憤而起,不益偉與!③

又其《金承安重刻唐萬歲通天史承節撰後漢大司農鄭公碑跋》亦有述此事:

> 漢高密鄭司農祠墓在濰水旁礪阜山下,承祀式微,不能捍采樵者。濰沙乘風内侵,其深及墻,祠宇頽没,元率官士修之。祠南門外積沙深遠,遂改門東向。植松楊行栗於西南,以殺風勢。修齊正殿,改書木主,增建旁屋三楹,爲官吏祭宿地。建坊書"通德門",以復孔文舉之舊。祠外田廬號"鄭公莊"者三,散據高密、安邱、昌邑三縣地,鄭氏苗裔百數十人居之,務農少文,而譜系世守猶可考。擇其裔孫憲,書請於禮部劄,爲奉祀生,給田廬,使耕且讀。④

阮元對鄭玄的尊崇行爲在山東學政任内只是"修鄭司農祠墓、建通德門,立其後人。"⑤主要仍

---

① 以上敘述參張壽安:《打破道統,重建學統——清代學術思想史的一個新觀察》,第70—71頁。相關原始文獻參《欽定大清會典事例》(崑岡等奉敕撰,光緒二十五年刊本),卷四三六,《禮部》。原文如下:"雍正二年諭:'先儒從祀文廟,關繫學術人心,典至重也,宜復宜增,必詳加考證,折衷盡善,庶使萬世遵守,永無異議。爾等所議復祀諸儒,雖皆有功經學,然戴聖、何休,未爲純儒;鄭衆、盧植、服虔、范甯,謹守一家之言,轉相傳述,視鄭康成之醇粹深通,似乎有間,……著再公同確議,務期至當不易。'……遵旨議定:……嘉靖九年,林放、蘧瑗、鄭康成、鄭衆、盧植、服虔、范甯七人,改祀於鄉;……今議得二十二人中,林放、蘧瑗、秦冉、顔何、鄭康成、范甯六人,允宜復祀。"又清人相關討論鄭玄復祀孔廟問題的尚有任兆麟《論復鄭康成從祀》(《有竹居集》,卷六。原書未見,收録於王利器:《鄭康成年譜》,齊魯書社1983年版,《祀典》,第347頁)及洪頤煊(1765—1837)《鄭康成不應罷從祀議》(《筠軒文鈔》卷一,《續修四庫全書》第1489册,上海古籍出版社1995年版,第584頁下、第594頁),但二人皆是乾嘉時人,撰此類文時鄭玄早已恢復從祀的地位。

② 案:阮元於乾隆五十八年六月二十五日奉旨出任山東學政,參王章濤:《阮元年譜》,黄山書社2003年版,第49頁。

③ 阮元:《重修高密鄭公祠碑》,《揅經室集》,鄧經元點校,中華書局1993年版,下册,第732—733頁。

④ 阮元:《金承安重刻唐萬歲通天史承節撰後漢大司農鄭公碑跋》,《揅經室集》,上册,第539頁。

⑤ 阮元:《西湖詁經精舍記》,《揅經室集》,上册,第548頁。

是表現了個人的崇拜景仰態度。但當他於嘉慶四年(1799)接任浙江巡撫後①,在其所創建的杭州詁經精舍中推動拜祀鄭玄(同時也包括許慎[30—124])的作爲,則已是超出個人崇敬的範圍,而立足於一個更高大、更强而有力的位置來對鄭玄做極大程度的推尊。關於此事的原委,他自己在《西湖詁經精舍記》中有完整的記述,云:

(阮元)於督學浙江時,聚諸生於西湖孤山之麓,成《經籍籑詁》百有八卷。及撫浙,遂以昔日修書之屋五十間,選兩浙諸生學古者讀書其中,題曰"詁經精舍"。"精舍"者,漢學生徒所居之名。"詁經"者,不忘舊業且勗新知也。諸生請業之席,則元與刑部侍郎青浦王君述庵、兖沂曹濟道陽湖孫君淵如迭主之。諸生謂周、秦經訓至漢高密鄭大司農集其成,請祀於舍,孫君曰:"非汝南許洨長,則三代文字不傳於後世,其有功於經尤重,宜竝祀之。"乃於嘉慶五年五月己丑,奉許、鄭木主於舍中,群拜祀焉,此諸生之志也。元昔督學齊、魯,修鄭司農祠墓,建通德門,立其後人,是鄭君有祀而許君之祀未有聞,今得並祀於吴、越之間,匪特諸生之志,亦元與王、孫二君之志。②

從中央朝廷的重新恢復鄭玄從祀孔廟之舉,至以封疆大吏之尊在地方上推動崇祀鄭玄的作爲,這些舉措從表面上來看固然與當時漢學復興的進程相迴應,但對於身處其時的那些崇尚漢學學風的士大夫們來説,能將所研治之抽象學問轉化爲一具體可親的實際對象來崇敬,而且這種崇敬活動又是一種帶有高度認同感及文人酬酢之樂的群體行爲,如此一來,嚴肅的學問本身,尤其是餖飣考據的煩瑣漢學,才更能與他們的生命産生呼應。

四、嘉道年間北京士大夫崇祀鄭玄活動的分析

嘉慶十九年甲戌由胡承珙、胡培翬在北京所發起的公祭鄭玄活動,一直至道光六年,從

① 案:阮元於嘉慶四年十月初三日奉旨署理浙江巡撫事務,嘉慶五年正月初八日,實授浙江巡撫。參王章濤:《阮元年譜》,第182、192頁。

② 阮元:《西湖詁經精舍記》,《揅經室集》,上册,第547—548頁。案:《詁經精舍文集》卷三有收諸生所作《詁經精舍崇祀許鄭兩先師記》共四篇,其中陸堯春所作者對精舍創議崇祀許、鄭過程有較深入之描述,其云:"維時堯春與錢唐嚴君杰、烏程周中孚,有創立鄭祠之議。謀於觀察孫公,公欣然以爲當;且謂許氏翼經,功與鄭氏埒,亦宜祀,其地即於精舍可。爰請於中丞,涓吉日,恭立兩先師栗主。是日也,絜牲醴,具菜果,率諸生拜於堂下,至誠且肅。"(《詁經精舍文集》卷三,《叢書集成新編》第五十九册,新文豐出版公司1985年版,第62頁。)又案:張壽安《打破道統,重建學統——清代學術思想史的一個新觀察》一文對阮元在山東與浙江推尊的作爲亦有詳細的敘述,相關論述參該文第94—96頁。此外,張教授該文亦有探討孫星衍(1753—1818)於嘉慶元年(1796)奏請議立鄭玄五經博士一事,然此事前後歷時十年,最終未果,且終清之世,亦未能得立。所以此事對嘉道士人尊崇鄭玄行爲的影響恐遠不及鄭玄復祀孔廟及阮元在魯浙二省之舉措。張教授對此事之相關討論參該文第87—92頁。

現可考的材料中可知，這個公祭活動至少一共舉行了四次。而發起這樣的公祭鄭玄活動，其原委清楚地記載在第一節所引録的胡培翬《漢北海鄭公生日祀於萬柳堂記》文中。在這篇文章中，胡培翬指出他和胡承珙一起推算出了鄭玄的生日爲七月五日，因而便欲效法南朝臧榮緒(415—488)在孔子生日陳《五經》以祝之①，以及時賢爲歐、蘇二公作生日的風雅舉措。於是便由胡承珙提筆作啓②，徵集了十餘位同道，一同祀之於萬柳堂。當天祝祀的情况，據胡培翬言：

是日也，宿雨初霽，天高景澄，而兹堂又僻處都城之東南隅，車轍罕至，塵囂遠隔，同人再拜禮成。登樓凝眺，懷古思舊，酌蔬賦詩，盡歡而退，屬余記之，時嘉慶甲戌歲也。同祀者：棲霞郝蘭皋懿行、涇朱蘭坡珔、胡墨莊承珙、玉鏟世琦、文登畢九水亨、陽湖洪孟慈飴孫、桐城馬元伯瑞辰、徐樗亭璥、胡小東方朔、祈門陳謦園士瀛、錢塘葉小鶇朝采及培翬也。③

關於公祭地點萬柳堂，胡承珙亦曾有文記之：

萬柳堂者，故益都相國别業，康熙間嘗招鴻博諸君子觴詠于此者也。在水一方，去天尺五，蓮池放棹，花嶼移牀，嬲飛絮而擘箋，拗碧筩而遞盞，其已事矣。既而火城不返，沙路旋平，奉誠之主既遷，王珣之宅遂捨。堂後歸倉場侍郎石公文柱，始改爲拈花寺。樹猶如此，艸條爲之泫然，池又已平，倒載歸于何處？過之者輒有甘棠愛樹之思，峴首沈碑之慕焉。今者，寺尚拈花，人思補柳，時朱埜雲處士補種柳五百株。草色迷舊，烟痕逗新，遂以壬申二月晦日，偕同人游焉。

---

① 《南齊書·臧榮緒傳》載："榮緒惇愛五經，謂人曰：'昔吕尚奉丹書，武王致齋降位，李、釋教誡，竝有禮敬之儀。因甄明至道，乃著《拜五經序論》。常以宣尼生庚子日，陳《五經》拜之。自號"被褐先生"。'"(《新校本南齊書》卷五十四，《高逸》，鼎文書局1980年版，第937頁。)

② 胡承珙這篇題爲《約同人七月五日爲鄭康成生日設祀啓》的啓文内容如下："昔樊侯作誦，必推申甫之生；臧生敶經，厥有庚子之拜。炳諸往古，沿逮今兹，漢大司農北海鄭君，道亞生知，照鄰殆庶，囊括大典，网羅衆家。鉤《河》摘《雒》之精，《起廢》《箴膏》之要，信乎大雅之懿，通人之冠矣。若乃嗇夫捧檄，已安里閭；賊徒戢戈，不入縣境。本初跋扈，致敬於東州；仲瑗宏通，願居於北面，此其所以布衣雄世，高車式門者也。屬冀部迫豺虎之灾，致賢者厄龍蛇之讖。而遐稽《别傳》，用綴遺聞。當永建之二季，實覽揆于初度。七月曰相，五日爲期。是則流火乍逢，輒抒懷舊之念；範金欲事，必依通德之門者矣。夫禮隆降誕，於古無徵，而哲命初生，其時宜謹。懿夫閒史，藏書禮堂，所寫涷醪，介壽幽雅。是分苟義，據之昭通。儻神靈之憑鑒，我等高山是卬，同志爲朋，願逐後車之塵，敢忘豆間之祭？比諸舍菜，雖芹藻而可將；相約合錢，貴束脩之自致。庶幾瓣香有在，歸於六藝之文，靈風灑然，歆兹一斛之酹。"(見氏撰：《求是堂文集》，《駢體文》卷一，道光十七年刊本，《續修四庫全書》，上海古籍出版社1995年版，第1500册，第323頁下。)

③ 胡培翬：《漢北海鄭公生日祀於萬柳堂記》，《研六室文鈔》，黄智明點校、蔣秋華校訂之《胡培翬集》，第229頁。

至則女墻覆雲，僧房閉日，古佛欲卧，面餘網塵，啞鐘不縣，腹飽苔繡，其東則御書樓也，奎章炳若，靈光巋然，相與緣桄而登，凭檻而望，户外修竹翩隨哀翻，城頭好山忽與眉接。于時野氣勃發，林芳轉清，山桃小紅，沙荻短翠，新植之柳，含青濛濛，就殘之花，綴白點點。乃復越斷澗，驀層坡，藉草成莫，蔭柏作蓋，勝槩追古，遥情抒今。……危樓再升，疏酌更舉，觀東皋之春事，延西崦之夕陽，蔬香半畝，闌入酒尊，農謌數聲，妍勝菱唱，曲水淺淺，風來自波，高柯亭亭，烟脱忽暝。然後旋軫弭轡，雲散而歸，將以此導禊飲之先路，躡帬屐之後塵焉。……①

從胡培翬的記文中可知，這次的公祭活動除倡議的胡培翬、胡承珙二人外，尚有郝懿行（蘭皋）、朱珔（蘭坡）、胡世琦（玉鐎，1775—1829）、畢亨（九水）、洪飴孫（孟慈，1773—1816）、馬瑞辰（元伯）、徐璈（樗亭，1779—1841）、胡方朔（小東，1791—1833）、陳士瀛（警園）、葉朝采（小輈，1798—?）等，共 12 人。而整個公祭過程除了最重要的祭拜活動之外，主要的是同仁間的“登樓凝眺，懷古思舊，酌蔬賦詩”的賞玩酬酢，可以看出仍是屬於文人雅集的性質。

第二次公祭活動則是在五年後的嘉慶二十四年己卯（1819），胡培翬在《漢北海鄭公生日祀於萬柳堂記》文末補記了這次活動的過程，其云：

己卯歲七月初五日，復祀於萬柳堂。同祀者：元和蔣香度廷恩、新城陳石士用光、嘉興錢衎石儀吉、桐城光栗原聰諧、長洲陳碩甫奂、崇明陳辛伯兆熊、鶴山馮晉魚啓蓁、邵陽魏默深源、武進張彦惟成孫，暨朱蘭坡、胡墨莊、徐樗亭與余。向之同祀者，洪君孟慈已宦歿湖北，郝君蘭皋以病不能至，餘六人俱已出都。憶甲戌，海昌陳同年受笙均爲余繪圖，且賦詩一章，今亦出都矣。②

---

① 胡承珙：《游萬柳堂記》，《求是堂文集》，《駢體文》卷二，第 339 頁下、第 340 頁上。除駢文外，胡承珙又有詩詠其地，其《求是堂詩集》中有《游萬柳堂》二首，一云：“廉園何怪地傳疑（元廉希憲萬柳堂相傳在右安門外，已莫詳其處矣），國老風流轉盼移；碧水春風猶野外，綺堂晴翠想當時。（徐東海《萬柳堂詩》“綺堂晴翠千峰秀”）太平多暇游能數（入聲），宰相憐才事可思；蘋葉荒蕪魚子少，沙鷗應亦恨來遲。”二云：“苔痕漠漠荻芽肥，無復垂竿坐釣磯；高柳已隨人去盡，閒雲猶共鳥爭飛，危樓山色迎朝爽，破寺鐘聲戀夕暉，莫道新栽林樹小，緑陰終解罥春衣。（時朱埜雲處士補種柳五百株）”（卷十二，第 111 頁下。）詩文可以互相參照。又前人有關萬柳堂的記載頗不少，兹引録崇彝《道咸以來朝野雜記》（點校本，北京古籍出版社 1982 年版）與鄧之誠《骨董瑣記全編》（北京出版社 1996 年版）的記載以供參考。崇彝《道咸以來朝野雜記》謂：“萬柳堂，在沙窩門内（即廣渠門之俗名），本馮益都相國别業，當年宴鴻博於此，爲風雅勝地。此業後歸石姓，復改爲拈花寺。阮文達、潘文勤二公曾補種柳二之，今寺亦廢。”（第 25 頁）又鄧之誠《骨董瑣記全編》“宣南名跡”條則謂：“萬柳堂在夕照寺之旁，馮文毅所建，後歸石文桂，改建拈花寺，康熙末年即廢，鮑西風詩所謂‘故相遺墟尚可尋’是也。……阮文達嘗於拈花寺補柳，屬朱隺年作圖。同光時，潘文勤尚補植新柳，招勝流觴詠。顧其地荒辟，積瀦爲泊，去御河流處絶遠，今竟無過而問之者矣。”（第 110 頁）

② 胡培翬：《漢北海鄭公生日祀於萬柳堂記》，《研六室文鈔》，黄智明點校、蔣秋華校訂之《胡培翬集》，第 229—230 頁。

雖然有些人事的異動，但整體來説，這次的公祭活動似比上次的規模更大，反響也更熱烈，這次的與會者錢儀吉（衎石，1783—1850）也有專文記此事，其《鄭君生日祠記》云：

> 先儒北海鄭君卒於漢獻帝建安五年，年七十四，范蔚宗之言云爾，不及其生者，史例也。惠定宇氏引《鄭君别傳》謂生於永建二年七月戊寅。胡侍御承珙考是年七月甲戌朔日食見於《本紀》，以是知鄭君之生爲七月五日。嘉慶十九年同人爲位於海岱門外之萬柳堂以祀，至二十四年祀如初，儀吉與焉。……遂記之同會者：元和蔣廷恩、新城陳用光、涇朱珔、胡承珙、桐城徐璈、光聰諧、鶴山馮啓蓁、武進張成孫、益陽（案：當做邵陽）魏源、太倉陳奂、陳兆熊，爲之主者歙胡培翬，以事不至者金應麟、沈欽裴、汪喜孫、錢師康也。①

陳奂在《師友淵源記》中對此也有回憶：

> 曩者萬柳堂公祭十有三人，胡給事墨莊承珙、朱編修蘭坡珔、陳編修石士用光、徐户部樗亭璈、錢户部衎石儀吉、蔣中書香度廷恩、魏明經默深源、胡户部竹邨培翬、張上舍彦惟成孫、馮中書晉漁啓蓁、光刑部栗原聰諧，名賢雅集，極一時盛事，奂亦厠殿與姪陳庶常辛伯兆熊焉。②

綜合三人的記述，可以知道，此次與祭者計有胡承珙、胡培翬、朱珔、徐璈、蔣廷恩（香度，1752—1822）、陳用光、錢儀吉、光聰諧（栗原，1781—1858）、陳奂、陳兆熊（辛伯）、馮啓蓁（晉魚，？—1849）、魏源、張成孫（彦惟，1798—?）等，共13人。但事實上原先邀約的人數還更多，因爲有的人受邀却未能赴會，包括金應麟（1793—1852）、沈欽裴、汪喜孫（1786—1848）、錢師康。此外再加上第一次即有參加，但此次却"以病不能至"的郝懿行。

綜合這二次公祭，可知共有25人次參加，扣掉二次重復參加的四人（胡承珙、胡培翬、朱珔、徐璈）外，共有21人參加這兩次的祀鄭活動。如果再包括錢儀吉所記的第二次祀鄭活動"以事不至"的四人，如此一來，與這兩次祀鄭活動有關的士大夫共有二十五人，在當日京城的文人雅集活動中，也算是頗有規模了。這類的文人雅集除了原有舊同仁聯絡感情的作用外，還提供了新成員彼此結識訂交的機會，陳奂自言他就是在這個場合上"始獲與墨莊交"。③

---

① 錢儀吉：《鄭君生日祠記》，《衎石齋記事稾》卷一，《續修四庫全書》，上海古籍出版社1995年版，第1508册，第505頁下、第506頁上。

② 陳奂：《師友淵源記》，民國二十三年《邃雅齋叢書》據《函雅堂叢書》本影印，《叢書集成續編》第二四七册，新文豐出版公司1989年版，第15頁B。

③ 陳奂：《師友淵源記》，第14頁B。又陳奂：《毛詩後箋序》亦云："曩奂游學至京師，相見胡墨莊先生於萬柳堂，己卯秋七月也。"（見胡承珙：《毛詩後箋》，郭全芝校點，黄山書社1999年版，上册，第3頁。）案：據山本正一《陳碩甫年譜》云：》胡承珙此年冬天赴閩，二人便未再相見，因此二人直接的交往還不到半年。（參林慶彰、楊晉龍主編：《陳奂研究論集》，"中央研究院"中國文哲研究所2000年版，第130頁。）

由於陳奂與胡承珙治《毛詩》"志術既同",因此當胡承珙病篤時,還遺言囑陳奂讐校其所著之《毛詩後箋》[①],陳奂不但欣然答應,而且還將"《後箋》之未畢者補之。"[②]由此可見二人情誼之一斑。

第三次公祭的時間是在時隔一年後的嘉慶二十五年(1820)庚辰,此次祭事不見於胡培翬的記載,而是出現在夏炘(心伯)的《聞見一隅録》中,其言道:

> 績溪胡竹邨農部、涇胡墨莊承珙編修共攷七月五日爲康成生日,京師講經學者聚集設祭,行之已數年矣。己卯冬,余至京。庚辰七月五日,復會於陶然亭,到者二十有三年,流連終日,極山林開曠之樂。[③]

雖然這次與會人數的規模更甚於前兩次,但夏炘對他所參加的這次公祭活動似乎頗有微詞,他批評道:

> 然竊觀諸君子恭敬凝重,講論經義者,固亦有人。其中有閒譚戲謔者,有醉酒歡呼者,有脱衣袒襲者。遐想明時羅文恭、徐文貞二公講學於京師僧舍;鄒南臯、馮少墟二先生講學於首善書院,其氣象當不如是。又上溯南宋之時,朱子與吕伯恭會於三衢,與陸子静會於白鹿洞,其氣象更必不若是,然後知漢學之不如宋學也。[④]

治學"自朱子人,而終身服膺不衰"[⑤],且自謂:"平生酷嗜朱子之學"的夏炘[⑥],從他措辭如此强烈的批評話語中,明顯可以看到他對當時的漢學家們欠缺涵養工夫之不滿,而這種不滿自然也轉化到了漢、宋學之優劣高下的評騭比較中,其最終得出漢學不如宋學的結論也是不令人意外的。

夏炘的批評給後來的李慈銘(1829—1894)留下了深刻的印象,他在同治二年(1863)的日記中記道:

> 憶道光初,胡竹邨氏曾舉是祭,所招有龔定庵、夏心伯。而《定庵集》中有詩紀事,乃痛砭鄭君之學,心伯著《庭聞録》深詆同集之人,叫讙裸袒。夫以胡氏經學名家,又

---

① 陳奂:《師友淵源記》,第15頁A。

② 引文見胡培翬《求是堂文集序》,《研六室文鈔》,黄智明點校、蔣秋華校訂之《胡培翬集》,第186頁;又參陳奂:《師友淵源記》,第15頁A;及陳奂:《毛詩後箋序》,第3頁。

③ 夏炘:《聞見一隅録》卷之二《日下録》,同治五年刻本,第八葉B。

④ 夏炘:《聞見一隅録》,第八葉B—九葉A。

⑤ 語見張舜徽:《清人文集别録》,第363頁。

⑥ 語見夏炘:《景紫堂文集》卷九《記益友胡竹邨先生事》,《近代中國史料叢刊》第九十四輯,文海出版社1973年版,第12頁B。

爾時承乾嘉之後，海宇晏清，人才尚盛，而召客已不能盡擇。蓋同方同術，自古爲難，何論今日耶？即如都中近日顧祠大會，大率不識一字之朝貴及翕熱奔走之少年，其胸中尚不知《日知録》爲何書，而儼然衣冠，春秋奠醱，奴顔婢膝，塵汙糞言，吾知亭林炎灵遁逃之不暇矣。禮堂孤學，服膺畢生，束帶陳經，羹墻可見，奚必修市脯之敬，盡村酤之酹乎？[①]

李慈銘所指出的道光初的那次聚會應是道光六年丙戌(1826)由胡培翬所發起的第四次公祭鄭玄活動，而夏炘所批評的應是嘉慶二十五年(1820)的第三次公祭活動，李慈銘將二者混在一起談了。第四次的公祭鄭玄龔自珍確實有詩紀之，他在該年七月祭事結束後寫下了一首長詩，詩題爲：《同年生胡户部(培翬)集同人祀漢鄭司農於寓齋，禮既成，繪爲卷子，同人爲歌詩，龔自珍作祀議一篇質户部，户部屬檃括其旨，爲諧語以諧之》。[②]

由於後兩次的公祭鄭玄活動皆没有留下與會核心人士(如胡培翬)的第一手翔實報導，所以對活動的細節與實際參與人士的掌握皆不若前兩次清晰。不過從上面引述的種種記述材料仍可知這四次公祭鄭玄活動的靈魂人物應該就是胡培翬，這四次聚會都是由胡培翬所發動的[③]，而前兩次公祭的地點在萬柳堂，第三次在陶然亭，第四次則在胡培翬的寓邸。正是因爲胡培翬與這幾次公祭鄭玄活動的關係密切，且前兩次均在萬柳堂舉行，以致有人誤會龔自珍詩題所謂之："同年生胡户部(培翬)集同人祀漢鄭司農於寓齋"，以爲萬柳堂就是胡培翬的産業。[④]

胡培翬在道光十年(1830)受到户部假照案的牽連，遭到鐫級的處分，雖然到了道光十三年(1833)，奉旨準捐復原官，但他却"以親老，不復出矣"。[⑤]因此，由他在北京所舉行的公祭鄭玄活動最遲應止於道光十三年，但從道光六年以後，就不再有相關記載述及此事了。雖然如此，胡培翬在嘉道年間所舉辦的祀鄭活動還是迴盪在道咸以後士大夫的腦海裏，爲他們留下了深刻的印象，前引李慈銘在同治年間的日記就可見一班。當然，當迴盪的力量大到某一程度時，祀鄭這件事就不會只停留在士人的印象回憶當中，有時還甚至會轉化爲實際的行動，如蔣湘南(1796—1854)在道光十六年(1836)的七月五日就曾效法胡培翬之舉，於齋中設祀

---

① 原文未見，轉引自羅繼祖：《楓窗三録》，大連出版社 2000 年版，第 423—424 頁。

② 劉逸生、周錫䪖：《龔自珍編年詩注》，浙江古籍出版社 1995 年版，第 265 頁。

③ 第一次據胡培翬《漢北海鄭公生日祀於萬柳堂記》言，是胡培翬向胡承珙提議，獲得胡承珙的同意與支持。第二次則據錢儀吉《鄭君生日祠記》言："爲之主者歙胡培翬。"張星鑑《陳碩甫先生傳》亦言："胡户部實主其事。"(見繆荃孫纂録：《續碑集傳》卷七十四，《近代中國史料叢刊》第九十九輯，文海出版社 1973 年版，第八葉 B。)第三次舉行時，胡承珙已於前一年的嘉慶二十四年離京南下任福建延建邵道。(《清史列傳》卷六十九，《儒林下》，《胡承珙》，清國史館原編，臺灣中華書局 1983 年版，第 32 頁 B。)。第四次則在龔自珍的詩題中就明言"同年生胡户部(培翬)集同人祀漢鄭司農於寓齋。"

④ 鄧之誠謂："或曰：萬柳，竹村之堂也，龔自珍詩可證。"(見氏撰：《骨董瑣記全編》，第 110 頁。)其實龔詩只説在寓齋祀鄭，並未説寓齋就是萬柳堂。

⑤ 參胡培系：《族兄竹邨先生事狀》，《研六室文鈔》，黄智明點校、蔣秋華校訂之《胡培翬集》，第 15—16 頁。

禮敬鄭玄，並留下了詩歌紀録此事。[①]又如咸豐九年(1859)左右，陳奐的弟子張星鑑之同學趙次侯(1828—1900)適逢三十歲生日，而其生日正好與鄭玄的七月五日相同，因此其同志便欲爲其稱觴祝壽，但趙次侯以"古無慶生日之禮"的理由婉拒，且提出"爲吾壽，曷不爲先師鄭君壽?"的想法。這個提議獲得大家的同意，於是他們便於家塾内，"謹書先師神位，肅衣冠而拜之。"[②]從這兩個例子都可以看出，儘管已身處時代與學風轉變的空氣中，但承繼乾嘉漢學餘緒的嘉道之際漢學家們的祀鄭舉動，仍爲道咸之後的士人們提供了一定程度的儀範作用。

五、與祭者撰作之祀鄭詩所反映的意義

嘉道之際由胡培翬所主辦的這幾次祀鄭活動也留下了幾首歌詠此事的相關詩歌，如與胡培翬共同倡議發起公祭鄭玄的胡承珙在其詩集中就留下了《七月五日同人集萬柳堂爲鄭康成生日致祭》詩，該詩内容如下：

司農北海天人姿，六經絶業千秋師，炯如日星麗雲漢，亘若河嶽環陬維。
巋然通德小天下，炎精世亂羌獨治? 宣尼夜半呼起起，令人却憶生申時。
乾象之曆亦已改，仰觀流火無差池，茆菹束脯致精潔，於粲灑掃陳祝詞。
想見冀州高會日，攝齋上座揚鬚眉，太山太守尚北而，何况六代沿今兹。
吾儕落落苦難偶，各抱遺經思不朽，望塵十丈拜馬蹄，何如挾策隨車走?
眼花耳熱千金歡，何似經神一杯酒? 此間自是壇坫場，相國風流百年後。
當時群屐數難終，彈指園亭竟何有? 况復登樓思古情，碣石沈淪憶來久。
君不見白雲一片漢時秋，猶照城東數株柳![③]

胡承珙參與過嘉慶十九年與二十四年的祀鄭活動，從此詩之詩題及詩文中皆未提供可辨識的資訊，然檢視胡承珙《求是堂詩集》，此詩收録於卷十五《賞春集》，此詩前後所收録的詩歌有《爲亡友張阮林鈔所著左傳辨杜八卷成有感》及《夕照寺亡友張阮林旅殯在焉》。案：張阮林(聰咸)生於乾隆四十八年(1783)，死於嘉慶十九年[④]，則胡承珙此首祀鄭詩當即作於是年，而其所詠者也應是第一次公祭鄭玄活動之情景。

參與過首次公祭鄭玄活動的郝懿行也有詩紀此事，其詩題爲《嘉慶甲戌七月五日同人於萬柳堂集爲北海鄭公生日設祭賦詩紀之兼呈同集諸子》：

---

① 蔣湘南：《漢經師鄭司農生日設祀齋中禮畢賦詩以志》，《春暉閣詩選》，《續修四庫全書》卷六，上海古籍出版社 1995 年版，第 1541 册，第 214 頁下。

② 張星鑑：《漢北海鄭君生日祀於虞山趙氏書齋記》，《仰蕭樓文集》，第四十三葉 A—四十四葉 A。

③ 胡承珙：《求是堂詩集》卷十五，第 135 頁下。

④ 參江慶柏編著：《清代人物生卒年表》，人民文學出版社 2005 年版，第 418 頁。

古今如旦暮，燕齊猶比鄰，天涯聚首日，共拜傳經人。

城南選勝地，遲客聽車輪，柳條晼垂帽，芳草如鋪茵。

我生距千載，懸弧後一晨余以七月六日生，家園傍通德，汲古尊經神。

書帶縈階下，竹窗懷清新，論述有至樂，擁書不知貧。

俛仰一頭雪，慨然望車塵，敢謂同鄉里，鑽研情獨親？

敬從諸子後，持蔬爲主賓，緬想行酒日，悽愴歲在辰。①

郝懿行跟鄭玄既是同鄉，生日又差一天，自然對鄭玄的態度除了敬仰之外，更多了幾分的親切。

此外，端木國瑚（鶴田，1773—1837）《太鶴山人集》亦有《胡竹村農部培翬以七月五日祀鄭司農於京師萬柳堂乃司農生日也属賦詩》一詩紀之。其詩云：

野堂號萬柳，宿昔常經過，不見廉孟子，空聞雨打荷。

益都属在邇，高會鴻辭科，朝芳容易歇，佛地笑拈花。

幸來胡農部，學禮今名家。推尋高密傳，逸事興嘆嗟。

降生日奎豖戊戌日，厄歲非龍蛇，敬同庚子例，義起無人瑕。

應聲集朝彦，釋菜來參差，一朝通德門，直輳東華車。

千年書帶草，接跡生鑾坡，禮堂萬柳陰，學市成婆娑。

其時属流火，薦及七月瓜，讀書此北面，吾道歸包羅。

萬物務根本，徒事枝葉那，西風萬條烟，其奈秋堂何？

人生易夕照，此會誰人多，願从祭酒末，一餕朱顔酡。②

端木國瑚不見載於第一次與第二次公祭活動的名單中，而第三次的祀鄭活動舉事地點據夏炘言，是在陶然亭，而第四次的地點據龔自珍詩云，是在胡培翬的寓齋，因此端木國瑚此詩所紀的究竟是何時所辦的祀鄭活動，就頗令人費解。比較可能的情況應是在有明確資料可考的四次公祭活動之外的另外一次，考端木國瑚子端木百禄所編、陳謐補編的《太鶴山人年譜》，在道光元年至十三年間，端木國瑚只有在道光二年至三年及十年至十三年有在北京的紀録③，但他在道光三年（1823）的上半年離京南歸④，而道光十年他又是在八月初

---

① 郝懿行：《曬書堂詩鈔》卷上，《續修四庫全書》，上海古籍出版社 1995 年版，第 1481 册，第 634 頁下。

② 端木國瑚：《太鶴山人集》卷十二，清刻本，第二十一葉 B—二十二葉 A。

③ 端木百禄編、陳謐補編：《太鶴山人年譜》，《乾嘉名儒年譜》第十三册，北京圖書館出版社 2006 年版，第 10 頁 B—15 頁 A。

④ 龔自珍在道光三年曾寫下《送端木鶴田出都》一詩以贈之。參劉逸生、周錫䪖：《龔自珍編年詩注》，第 196—197 頁。樊克政將此詩之作繫於此年上半年，因爲“本年七月以後，龔自珍以居憂無詩。”參氏撰：《龔自珍年譜考略》，商務印書館 2004 年版，第 229 頁。

才始至北京。①再對照詩中所明言之“高會鴻辭科”,恰好道光二年、三年、十二年及十三年這四年皆有會試舉行。②除道光三年下半年他人已不在京師可加以排除外③,道光十二年與十三年皆在胡培翬因户部假照案的牽連而遭到鐫級處分的道光十年之後,從常理來判斷,胡培翬在道光十年之後再舉辦公祭鄭玄這類同仁雅集活動的可能性應該不會太高,因而端木國瑚詩中所紀的祀鄭活動便較有可能是在道光二年於北京萬柳堂所舉行的。如果這個假設成立的話,則由胡培翬在嘉道之際於北京所舉辦的公祭鄭玄活動至少就有五次的紀録。

綜合三人之祀鄭詩,大體上可以看出他們不但在詩中表達出對公祭鄭玄活動本身的肯定之外④,而且也對鄭玄本人的人格、學問及事跡深致欽慕敬仰之忱,尤其是胡承珙從對鄭玄的禮敬的情緒中激發出“吾儕落落苦難偶,各抱遺經思不朽”的志向,强烈展現出藉由鑽研經書而獲得不朽名聲的企圖。

但在這些正面表達對鄭玄禮敬的祀鄭詩中,也有態度鮮明地表現出對鄭玄的學術不予苟同的詩作,這就是龔自珍於道光六年七月,在參加完了公祭鄭玄之後所寫下的一首題爲《同年生胡户部(培翬)集同人祀漢鄭司農於寓齋,禮既成,繪爲卷子,同人爲歌詩,龔自珍作祀議一篇質户部,户部屬檃括其旨,爲諧語以諧之》的長詩,詩歌的内容如下:

> 我稽十三經,名目始南宋。異哉北海君,先期適兼綜。《詩箋》附庸毛;《易》爻辰無用;《尚書》有今文,只義餽貧送;四辨餽《堯典》;三江饋《禹貢》;《魯論》與《孝經》,逸簡不可諷;《爾雅》賸一鱗,引家亦摭弄。排何發《墨守》,此獄不可訟,吾亦姑置之,説長懼驚衆。唯有《孟》七篇,千秋等塵封。我疑《經籍志》,著録半虚哄,義與歆莽違,下筆費彌縫;何況東漢年,此書未珍重。余生惡《周禮》,《考工》特喜誦。封建駁子輿,心肝爲隱痛。五帝而六天,誕妄讖所中。同時有四君,偉識引余共。堂堂十七篇,姬公發孔夢,經文純金玉,注義峙麟鳳。吾曹持議平,功罪勿枉縱,鄭功此第一,千秋合崇奉。(鄭兼治十三經,人間完本有《詩》、《三禮》。輯録本有《箴膏肓》、《起廢疾》、《發墨守》、《易》、《書》、《魯論》、《孝經》、《爾雅》注也。《孟子注》見隋《經籍志》,《隋志》殆未可信。莊君綬

---

① 端木百禄編、陳謐補編:《太鶴山人年譜》,第13頁B。

② 這四年分别是:道光二年壬午恩科、道光三年癸未科、道光十二年壬辰恩科、道光十三年則是癸巳科。以上參見江慶柏編著:《清朝進士題名録》,中華書局2007年版,中册,第817、828、864、875頁。

③ 龔自珍《送端木鶴田出都》詩有“此鶴南飛誓不回”句,劉逸生、周錫䪖《龔自珍編年詩注》謂此句係述説端木此年應癸未科會試落第南歸事。(第196—198頁)。案:清代會試一般在春季三月舉行,端木落第後至遲在七月前便已離京南歸,因而應當無緣參與是年七月五日公祭鄭玄的活動。

④ 端木國瑚詩有“敬同庚子例,義起無人瑕”二句,但事實上公祭鄭玄之舉在當時不是没有引起時人的質疑,錢儀吉在《鄭君生日祠記》中就記述道,當他參加完祀鄭活動後,就有人向他提出:“生日爲壽,非古也;以唐後之禮奉漢儒,可乎?”以及“爲位於寺禮與?”的詰問。針對前者,他用“隨時之義”的理由來回應,至於後者,他則認爲是“不得已焉爾”,因爲若在學校或公家的場地祭祀的話,皆限制甚多,於是只好“公私爲會,一切皆託之釋子之宫”,而且他又認爲“儒而釋之”是不可的,但若“釋而儒之”,“又何病焉!”(見氏撰:《鄭君生日祠記》,《衎石齋記事稾》卷一,第505頁下、第506頁上。)

甲、宋君翔鳳、劉君逢禄、張君瓚昭言封建,皆信《孟子》,疑《周禮》,海内四人而已。張説爲尤悲也。)①

劉逸生對此詩有如下的評論:

(此詩)本是一篇對漢代鄭玄的經學發表議論的著作,龔氏把它改爲韻語,對鄭氏兼治十三經的成績,評價頗爲中肯,詩中不滿鄭氏解釋《周禮》中的封建,貶《周禮》而信《孟子》,可以看出龔氏在經學中的見識,是後人研究龔氏經學思想的一篇重要作品。②

麥若鵬《龔自珍傳論》對此詩的内涵有更爲詳細的解説,其云:

詩中確指《十三經》之名起於南宋,而鄭玄早在東漢就進行綜合整理注釋,使這些典籍得以完整地保存下來,其功不可磨滅,龔自珍指出鄭玄整理注釋古籍也有缺失。如把不屬於"經"的"傳"、"記"等古籍劃入"經"的範圍,在注釋中摻進了讖緯的誕妄語言等等。《周禮》爲古文經,在群經中出現最晚,傳説爲周公所作,兩漢的今文家多不相信,鄭玄采取調和今古文的辦法,彌縫折中,但難自圓其説。……龔自珍在詩中坦率地指出,"余生惡《周禮》,《考工》特喜誦。"説明龔自珍認爲"禮經爲《周禮》"的觀點是錯誤的。至於《儀禮》十七篇……從鄭玄開始全注十七篇,前無所繼承,獨闢途徑,後啓來者。所以龔自珍特别加以贊揚。③

巧合的是,龔自珍的生日也與鄭玄同是七月五日,但關於這點,他本人並没有像郝懿行一樣在詩歌中提及此事,也不像上節提到的張星鑑注意到其同學趙次侯與鄭玄同日生的關聯,却反而是當時人曹籀在序龔自珍的文集時有意地提到了這個巧合。④龔自珍之所以不像郝懿行與張星鑑等人那麽在意與鄭玄生日接近的現象,這其中最主要的原因應該是與他的思想轉向有直接的關係。嘉慶二十四年他在京師向劉逢禄(1776—1829)問公羊家言,這次的會晤對龔自珍的思想有極大的影響,他自言"從君燒盡蟲魚學,甘作東京賣餅家!"⑤劉逸生認爲這年是龔自珍"從古文經學轉向今文經學……決定性的一年"。⑥思想既然已從古文經學

① 劉逸生、周錫䪖:《龔自珍編年詩注》,第265—266頁。
② 劉逸生、周錫䪖:《龔自珍編年詩注》,《前言》,第9頁。
③ 麥若鵬《龔自珍傳論》,安徽大學出版社2005年版,第223頁。案:麥氏謂鄭玄始全注《儀禮》十七篇,此説不確。馬融(79—66)及盧植皆有注《儀禮》,關於此問題的討論請參黄彰健:《經今古文學問題新論》,"中央研究院"歷史語言研究所1982年版,第336頁。
④ 參龔自珍:《龔自珍全集》,王佩諍點校,上海古籍出版社1999年版,附録,第654頁。
⑤ 劉逸生、周錫䪖:《龔自珍編年詩注》,第20頁。
⑥ 劉逸生、周錫䪖:《龔自珍編年詩注》,《前言》,第4頁。

轉向今文經學,則他再去參加由他的同年友胡培翬所主辦的,目的在推尊東漢古文經學大師鄭玄的祭典活動,自然會覺得格格不入。①

龔自珍這首與衆不同的祀鄭詩所顯示出的意義自然不能只侷限於龔自珍本人的思想意識狀況,而是從某種角度來説,根本性地反映了整體學風的微妙變化。龔自珍所參與的公祭鄭玄活動的時刻正處於學風轉變之際,亦即從乾嘉漢學逐漸轉向道咸以降之今文經學,因而思想活躍且又敏鋭的龔自珍正巧在此時遇到劉逢禄,並受其影響,最後使其從身受漢學家學薰陶的學風中"改宗"、"皈依"常州今文經學。但其時乾嘉漢學仍深入人心,再加上始終未曾失去影響力的程朱宋學亦不乏崇奉者,於是這三種學風便在以士林交遊雅集爲主的活動中,意外地形成了多聲共鳴的有趣情況。龔自珍這首帶着當年何休慨歎鄭玄"入吾室,操吾矛"意味的祀鄭詩②,以及夏炘板着道學家的嚴肅臉孔對參與聚會的漢學家們的荒唐行徑大加斥責,都讓我們看到了這幾次以尊崇漢學爲主軸的儀式性活動中"反漢"、"非漢"的插曲。

六、結　　論

嘉道士大夫們的公祭鄭玄活動本身就具有豐富的意涵。這類儀式性的活動往往具有高度的象徵意義。可以説清儒藉由祠祭他們心儀的先儒前賢來表彰某種學術文化的價值風尚,因而在這種表彰的過程中亦往往反映了他們在其身處時代及置身之群體中,所自覺認知或把握到的重要學術風氣,或甚至欲以他們所崇奉的學術風氣來取代原有的風尚。如嘉道之際上承鼎盛之乾嘉漢學餘緒,胡承珙與胡培翬二人藉由漢學考證的方式,獲知鄭玄的確切生日,因而發起這幾次的祭鄭活動,這本身就極具象徵性地反映出了當時學界所尊崇的主流學風。但稍後不久,由張穆、何紹基所主導的顧祠修禊活動,則又標示出了另一個不同的學風,亦即强調顧炎武經世致用的一面,而非考證學風的面向。③誠如魏泉教授所説的:

> 從嘉慶至道光初年的祭祀鄭玄,到道光二十三年的修建顧祠,這一變化本身就反映了當時京師學者中學術思想和治學祈向的一種轉變。④

---

① 事實上龔自珍對鄭玄的批評不只有此詩,據其自云,他還有《非鄭》一篇。(見《已亥雜詩》第63首"經有家法夙所重,詩無達詁獨不用。我心即是四始心,泬寥再發姬公夢。"詩註。(劉逸生、周錫䪖:《龔自珍編年詩注》,第528頁。)王佩諍《龔自珍佚著待訪目》亦列有此篇。(參龔自珍:《龔自珍全集》,第662頁。)

② 《後漢書·鄭玄傳》:"時任城何休好公羊學,遂著《公羊墨守》、《左氏膏肓》、《穀梁癈疾》;玄乃發《墨守》;起《膏肓》;鍼《癈疾》。休見而歎曰:'康成入吾室,操吾矛,以伐我乎!'"(見《新校本後漢書》《張曹鄭列傳》,鼎文書局1991年版,第1207—1208頁。)

③ 參王汎森:《清代儒者的全神堂——國史儒林傳與道光年間顧祠祭的成立》,第82頁。

④ 魏泉:《士林交游與風氣變遷——十九世紀宣南的文人群體研究》,第152頁。

直至晚清小說《孽海花》所描述的公祭何休活動，儘管這只是小說中所呈現的虛擬的祭典，但也適切地反映出盛行於同光年間的主流學風。從鄭玄至顧炎武，再至何休，這個演變的脈胳是有跡可循的。

此外，這類的祭典既是屬於文人雅集、宴會酬酢的性質，因而在成員的組成上就很難只從學術立場的角度來挑選與會成員，更多的是同年、同鄉或官場上的同事關係，既然如此，與會者的學術傾向自然也不可能就會與祭鄭活動的發起人胡承珙與胡培翬的漢學立場一致，所以才會有終身服膺朱子的夏炘譏刺漢學家之缺乏涵養工夫，也會有"改宗"今文家的龔自珍對鄭玄經學的批評。這個情況讓吾人注意到了一個有趣的現象，亦即雖然這類的祭典活動皆似乎若合符節地呼應到當時的主流學風，但所謂主流，其實也只是個相對的概念，在所謂的主流學風之外，其他的學風也皆並未消聲匿跡，尊崇服膺或思欲興廢繼絶者亦大有人在。或許這種多元並存、多聲共鳴的現象就是清代學術的實況。

《周禮正義》(春官)校對商榷

□汪 少 華

[摘　要] 中華書局點校本《周禮正義》第5—6册校對漏誤123處:乙巳本正確,因漏校而誤從楚本;乙巳本正確,因誤判而從楚本;乙巳本錯誤,因漏校而從楚本;乙巳本錯誤,未從楚本改正;乙巳本、楚本兩可,因漏校而未出校;乙巳本、楚本錯誤,改而未出校;乙巳本、楚本不誤,排印錯訛;乙巳本、楚本訛脱衍倒失校(涉上下文而訛,形近而訛,脱文,衍文,倒文,出處錯誤)。

[關鍵詞] 周禮正義;校對

[作者簡介] 汪少華,復旦大學出土文獻與古文字研究中心教授(上海　200443)

中華書局排印王文錦、陳玉霞點校本《周禮正義》用力甚勤,校點甚精,令人欽佩。但是這部86卷200多萬字的鉅著涉獵廣、難度大,點校者萬得之隙也不免有半失之差。筆者近來爲《孫詒讓全集》點校《周禮正義》第5—6册(春官),兹將其中疑爲校對失誤者臚列如下①,以便讀者在原點校本上循頁修改;如有謬誤則期望指正,減少新點校本的錯誤。

中華書局點校本《周禮正義》前言:

> 乙巳本是經過孫氏親自校定的本子,錯字最少,自應據之點校。唯此本印刷粗劣,模糊不清,許多字很難辨認,況且字小密排,也難施標點。楚本字大紙白,刻印清晰,唯錯字甚多,且每有竄易孫氏原文者。針對這種情況,我們的做法是:以乙巳本做底本,以楚本做工作本。用乙巳本和楚本逐字對校,先用鉛筆把楚本改成乙巳本,然後再進行點校。凡楚本誤者,徑改不出校;凡乙巳本誤而楚本不誤者,則據改出校。書中引文遇有難於標點或疑有脱誤者,就盡量尋檢原書核對,偶有校正,也出了校記。

《周禮正義》200多萬字,"用鉛筆把楚本改成乙巳本",逐字對校,萬分辛苦,因而難免漏誤。例如:

(一) 乙巳本正確,因漏校而誤從楚本:

1. 賈疏云:"……《左氏》昭十八年,夏五月,宋衛陳鄭灾,時鄭子産使子寬、子上巡群屏攝。彼鄭司農云:'束茅以爲遮蔽,祀神之處,草易然,故巡行之。'"(5册1247頁)

① 疑爲標點失誤76處,另撰《〈周禮正義〉(春官)標點商榷》。

按：此從楚本訛作“祀神”，乙巳本、賈疏[①]並作“祭神”。290頁所引不誤。

2. 王氏《訂義》引崔靈恩云：“三牲俱足，以禋爲名稱；若少其一，則但云實柴；若少其三，則以積薪爲名。”（5册1301頁）

按：此從楚本訛作“若少其三”，乙巳本、王與之《周禮訂義》卷三三並作“若少其二”；楚本訛作“積薪”，乙巳本“薪”前一字模糊，《周禮訂義》卷三三作“燎薪”[②]。

3. 故《小司徒》云“凡小祭祀用牛牲”是也。（5册1305頁）

按：楚本訛作“用牛牲”，乙巳本、《小司徒》（811頁）並作“奉牛牲”。

4. 《詩·周頌·潛》序云：“冬季薦魚，春獻鮪也。”（5册1332頁）

按：楚本訛作“冬季”，乙巳本、《詩經》[③]並作“季冬”。266頁所引不誤。

5. 哀六年云：“王曰：‘三代命祀，祭不越望，江漢睢漳，楚之望也。’”（5册1416頁）哀六年“楚昭王曰，三代命祀，祭不越望，江漢睢漳，楚之望也”。（5册1417頁）

按：楚本訛作“睢”，乙巳本、《左傳·哀公六年》[④]並作“雎”，陸德明《釋文》：“雎，七餘反。”[⑤]

6. 《白虎通義·宗族篇》云：“……《禮》曰‘惟是三族之不虞’，《尚書》曰‘以親九族’，義同也。”（5册1438頁）

按：《儀禮·士昏禮》“惟是三族之不虞”，《白虎通義·宗族篇》引作“惟氏三族之不虞”，陳立疏証：“‘是’作‘氏’，古是、氏通用。”[⑥]乙巳本引《白虎通義》作“氏”不誤，楚本不必同改。

7. 注云“賜猶命也”者，……賈疏云：“……而言賜猶命也，欲見賜命相將之物，故覲禮賜侯氏以車馬，及命書與篋服同時也。”（5册1446頁）

按：楚本訛作“而言賜猶命也”，乙巳本、賈疏[⑦]並作“而言賜猶命者”。

8. 云“門、夾室皆用雞”者，“夾”《釋文》作“俠”，下同。案：俠夾字通。《雜記》及《雞人》並不作“俠”，陸本非是。（6册1469頁）

按：乙巳本“《雞人》”下有“注”字，是。《雞人》“共其雞牲”鄭注：“釁廟以羊，門、夾室皆用雞。”（1512頁）

9. 賈疏云：“罍用瓦，取質略之義也。”（6册1499頁）

按：楚本訛作“義”，乙巳本、賈疏[⑧]並作“意”。

10. 蓋先鄭意祭穀爲粢，既可通稱盛，以相比例，則酒器爲盛，亦可通稱粢，瓢粢即爲破瓠

---

① 《十三經注疏》752頁中，中華書局，1980年。

② 《文淵閣四庫全書》經部禮類。

③ 《十三經注疏》595頁中。

④ 《十三經注疏》2162頁上。

⑤ 黄焯《經典釋文彙校》610頁，中華書局，2006年。

⑥ 陳立《白虎通疏証》399—400頁，中華書局，1994年。

⑦ 《十三經注疏》767頁中。

⑧ 《十三經注疏》771頁上。

爲盛。(6 册 1501 頁)

按:楚本訛作"爲破瓠爲盛",乙巳本作"謂破瓠爲盛"。

11.《鬱人職》"凡祭祀賓客之祼事,和鬱鬯以實彝而陳之"是也。(6 册 1505 頁)

按:楚本訛作"貫彝",乙巳本、《鬱人》(1490 頁)並作"實彝"。

12.《春秋傳》曰:"照臨敝邑。"(6 册 1507 頁)

按:楚本訛作"敝",乙巳本、鄭玄注[①]並作"弊"。孫疏(1508 頁):"引《春秋傳》曰'照臨弊邑'者,《左》昭三年傳,齊晏嬰語。杜本'弊'作'敝',字同。"因爲鄭注引作"弊",所以孫疏要説明"杜本'弊'作'敝'"。

13.《曲禮》孔疏引何氏《隱義》云:"酳,飲畢盪口也。"(6 册 1518 頁)

按:楚本訛作"飲",乙巳本、孔疏[②]並作"飯"。

14. 江永云:"饋獻一節,《禮運》孔疏謂是尸入室之後;賈以執其殽當饋獻節,在尸未入室之前。"(6 册 1519 頁)

按:楚本訛作"是",乙巳本、江永《禮書綱目》卷四二[③]並作"在"。

15. 王念孫云:"……然則犧者,牲之總名,而六畜之所公共,尊者謂之犧,何以知必爲牛也。"(6 册 1527 頁)

按:楚本訛作"尊者",乙巳本、王念孫《廣雅疏證》卷七下[④]並作"尊名"。

16. 云"尊以祼神"者,祼獻散又通稱。(6 册 1528 頁)

按:楚本訛作"散又",乙巳本作"散文"。

17. 鄭《禮運》注引《酒正》五齊説之云:"字雖異,醆與盎齊與沈,蓋同物也。"(6 册 1536—1537 頁)

按:楚本訛作"齊與沈",乙巳本、鄭注[⑤]並作"澄與沈"。

18. 云"唯大事與大廟,備五齊三酒"者……(6 册 1539 頁)

按:楚本訛作"與",乙巳本、上文(1535 頁)鄭注並作"於"。

19.《史記·高祖本紀》集解引臣瓚云:"案《禮記》及《大戴禮》有釁廟之禮,皆無祭祀。"(6 册1567 頁)

按:楚本訛作"祭祀",乙巳本、《史記·高祖本紀》集解[⑥]並作"祭事"。

20. 賈疏云:"……鄭注云:'三璋之勺,形如圭瓚。'《玉人》不見圭瓚之形,而云'形如圭璋'者,鄭欲因三璋勺,見出圭瓚之形,但三璋勺雖形如圭瓚,圭瓚之形即此《漢禮》文,其形則大,三璋之勺徑四寸,所容蓋似小也。"(6 册 1591 頁)

---

① 《十三經注疏》771 頁中。

② 《十三經注疏》1242 頁下。

③ 《文淵閣四庫全書》經部禮類。

④ 《爾雅　廣雅　方言　釋名清疏四種合刊》563 頁下,上海古籍出版社,1989 年。

⑤ 《十三經注疏》1416 頁中。

⑥ 《史記》351 頁,中華書局,1982 年。

按：楚本訛作“形如圭璋”，乙巳本、《玉人》注（3338頁）、賈疏[①]並作“形如圭瓚”。

21.《月令》孟春，“其氣疏以達”，注云“器疏者，刻鏤之”。（6冊1599頁）

按：楚本訛作“其氣”，乙巳本、《月令》[②]並作“其器”。

22. 賈《司服》疏云：“凡天子冕服有章者，舊説天子九章，據大章而言。其章則小章，章依命數，則皆十二爲節。上公亦九章，與天子同，無升龍，有降龍，其小章，章别皆九而已。”（6冊1609頁）

按：楚本訛作“其章則小章”，乙巳本、賈疏[③]並作“其章别小章”。

23.《書》孔疏引鄭《書注》云：“會讀爲繪。……凡畫者爲繪，刺者爲繡。此繡與繪，各有六，衣用繪，裳用繡。”案：“繪”當作“繢”。（6冊1628頁）

按：楚本訛作“當作”，乙巳本作“皆當作”。孔疏説了四個“繪”，有“皆”是。

24. 案：諸説皆駁鄭之誤，陸佃、劉彝謂王袞冕十二章，公袞冕九章，與《續漢書·輿服志》漢明帝所定冕服制同，而戴震、金鶚同謂天子有十二章及九章之袞，説尤精覈矣。（6冊1631頁）

按：楚本作“而戴震、金鶚同謂”，涉上“冕服制同”而訛；乙巳本作“而戴震、金鶚則謂”，“而……則……”表轉折，是。

25. 賈疏云：“鄭知登龍於山者，周法皆以蟲獸於章首，若不登龍於山，當以山爲章首，何得猶名袞龍乎？”（6冊1631頁）

按：楚本訛作“以蟲獸於章首”，乙巳本、賈疏[④]並作“以蟲獸爲章首”。

26. 任大椿云：“……又考《古今注》：‘伍百，一伍之伯也。五人曰伍，伍長爲伯，故稱伍伯。’”（6冊1637—1638頁）

按：楚本訛作“伍百”，乙巳本、任大椿《弁服釋例》[⑤]並作“伍伯”。

27. 金鶚亦駁賈、孔説云：“……《禮器》言韡冕之制，上大夫七，下大夫五，士三，此王朝之大夫是也。”（6冊1664頁）

按：楚本訛作“大夫是也”，乙巳本、金鶚《求古録禮説·冕服考》[⑥]並作“大夫、士也”。《冕服考》上文説：“王朝之士得服冕也。”

28. 賈疏云：“……以鄭云有司恒主脩除，祧亦脩除之，守祧恒言黝堊，廟亦黝堊之。”（6冊1683頁）

按：楚本訛作“恒言黝堊”，乙巳本、鄭注（1682頁）、賈疏[⑦]並作“恒主黝堊”。

① 《十三經注疏》777頁下。

② 《十三經注疏》1355頁中。

③ 《十三經注疏》783頁下。

④ 《十三經注疏》782頁上。

⑤ 《清經解》第3冊503頁下，上海書店，1988年。

⑥ 《清經解續编》第3冊297頁上，上海書店，1988年。

⑦ 《十三經注疏》784頁中。

29. 段玉裁、阮元、胡培翬並謂作隋爲正字,是也。今考《士虞》注訓“墮下”,則又正以“墮下”爲釋。蓋隋、墮二字義並通,二《禮》正文自當作“隋”。(6 册 1684 頁)

按:楚本作“以‘墮下’爲釋”,涉上“墮下”而訛。乙巳本作“以‘墮’義爲釋”。

30. 始竁者,對得吉後之營始丘隧等,爲肇始之事也。(6 册 1700 頁)

按:楚本作“營始”,涉上“始竁”、下“肇始”而訛。乙巳本作“營治”。下文(1701 頁)説“‘及竁以度爲丘隧’者,謂既卜宅得吉,則兆域已定,遂營壙治丘隧也”,“營壙治丘隧”可證。

31. 賈疏云:“此謂諸官依法令供給喪家者,不待王命,職喪依式令之使相供。”(6 册 1709 頁)

按:楚本訛作“令供給”,乙巳本、鄭注(1682 頁)、賈疏[①]並作“合供給”。

(二) 乙巳本正確,因誤判而從楚本:

32.《说文·聿部》云:“肆,習也。重文肄。篆文肆。”经典皆从重文。校語:“重”原訛“篆”,據楚本改。(5 册 1462 頁)

按:《说文·聿部》:“肆,習也。肄,篆文肆。”[②]對照孫疏所引可知:孫疏這裏所謂“重文”指的就是“篆文”(“重文肄”下檔標逗號),所以乙巳本作“经典皆从篆文”原本不誤,楚本不明孫疏引《说文》之例而誤改。孫疏引《说文》稱“重文”指下文緊接的“篆文”、“古文”或“籀文”,這一特點無一例外。例如《説文·𩺰部》:“瀺,捕魚也。漁,篆文瀺,從魚。”[③]孙疏 30 頁引作:“瀺,捕魚也。重文漁,篆文瀺,從魚。”《説文·火部》:“㸑,以火乾肉。𤎅,籀文不省。”[④]孙疏 383 頁引作:“㸑,以火乾肉。重文𤎅,籀文不省。”《説文·米部》:“糂,以米和羹也。一曰粒也。從米甚聲。䊤,籀文糂從朁。糝,古文糂從參。”[⑤]孙疏引作:“糂,以米和羹也。一曰粒也。重文糝,古文糂從參。”《説文·入部》:“仝,完也,從入從工。全,篆文仝,從玉,純玉曰全。”[⑥]孙疏 3327 頁引作:“仝,完也。重文全,篆文仝,從玉,純玉曰全。”

(三) 乙巳本錯誤,因漏校而從楚本:

33.《史記·張蒼傳》云:“秦時爲御史,主柱下方書。”(5 册 1291 頁)

按:“史記”,楚本作此,乙巳本訛作“史祀”。未出校,下同。

34. 賈疏云:“……《尚書·君奭》云:‘公曰:君奭,我聞在昔,成湯既受命,時則有若伊尹,格於皇天。’鄭注云:‘皇天,北極大帝。’”(5 册 1307—1308 頁)

按:“我聞”,楚本、賈疏[⑦]並作此,乙巳本訛作“我問”。

35. 而《郊特牲》篇云,“家主中霤而國主社”。(5 册 1320 頁)

---

① 《十三經注疏》784 頁中。

② 許慎《説文解字》65 頁,中華書局,1979 年。

③ 許慎《説文解字》245 頁。

④ 許慎《説文解字》208 頁。

⑤ 許慎《説文解字》147 頁。

⑥ 許慎《説文解字》109 頁。

⑦ 《十三經注疏》757 頁下。

按:此從楚本作"家",乙巳本衍一字作"家家"。

36. 然則鄭意豚解體解通謂之肆,而此經之肆,則專屬體解,無豚解,賈疏謂肆解爲二十一體是也。但此經肆獻祼爲祭祀之隆禮,文次先後,蓋無定例,此肆亦當爲豚解體解之通名,不必專屬體解也。(5 册 1335 頁)

按:此從楚本作"專屬體解,無豚解",而乙巳本作"專屬豚解,無體解"。上文孫疏指出"豚解"與"體解"的不同在於"豚解者爲七體,體解者爲二十一體"。既然"此經之肆"就是賈疏所説的"肆解爲二十一體",那就必定是"專屬體解,無豚解"。否則也不能與下文"不必專屬體解"吻合。可見楚本改動是正確的。

37. "以賓禮親邦國"者,五禮之三也。(5 册 1348 頁)

按:此從楚本作"三",乙巳本訛作"二"。

38. 賈疏云:"謂説武王於文王受命十一年觀兵之時,武王於孟津渡河,升舟入水在前,鼓鍾亞,亞王舟後。"(6 册 1480 頁)

按:"前",楚本、賈疏[1]並作此,乙巳本訛作"舟"。

39. 此注説九獻但用醴盎者,專據時祭用二齊言之。(6 册 1480 頁)

按:楚本"醴盎",乙巳本訛作"禮盎"。

40.《國語·魯語》云:"以德榮爲國華。"(6 册 1565 頁)

按:楚本"魯語",乙巳本訛作"魯國"。

(四) 乙巳本錯誤,未從楚本改正:

41. 又《墨子·明鬼下篇》云:"昔者虞夏及商周三代之聖王,其始建國營都,曰必擇國之正壇,置以爲宗廟;必擇木之脩茂者,立以爲菆社。"(5 册 1424 頁)

按:此從乙巳本作"曰"字,楚本與《墨子閒詁》[2]均作"日"字,屬上。

42.《御覽·禮儀部》引《皇覽·逸禮》云:"距冬至四十六日,則天子迎春於東郊堂,距邦八里,堂高八尺,堂階八等。自春分數四十六日,則天子迎夏於南堂,距邦七里,堂高七尺,堂階七等。自夏至數四十六日,則天子迎秋於西堂,距邦九里,堂高九尺,堂階九等。自秋分數四十六日,則天子迎冬於北堂,距邦六里,堂高六尺,堂階六等。"(5 册 1429—1430 頁)

按:此從乙巳本作"則天子迎春於東郊堂",楚本與《太平御覽》卷五二八均無"郊"字[3]。

(五) 乙巳本、楚本兩可,因漏校而未出校:

43. 引以證鑄器銘功之事。(5 册 1280 頁)

按:此從楚本作"引以",乙巳本作"此引之者"。

44. 凡樂工等無爵者,總有六百十六人。(5 册 1294 頁)

按:楚本"總有",乙巳本作"總"。

---

① 《十三經注疏》769 頁下。

② 《墨子閒詁》卷八,宣統二年(1910)瑞安孫氏刻本。

③ 李昉等《太平御覽》2396 頁上,中華書局,1995 年。

45.《詩・大雅・鳧鷖》疏引孫炎義同。(5 册 1303 頁)

按:乙巳本"疏"前有"孔"字。

46.《楚辭・天問》云"地方九則",王注云:"謂九州之地,凡有九品。"(5 册 1373 頁)

按:楚本"楚辭・天問",乙巳本無"楚辭"。

47.《少牢饋食禮》云:"司宫筵于奥,祝設几于筵上,右之。"注云:"布陳神坐也。席東面,近南爲右。"(6 册 1552 頁)

按:楚本"東面",乙巳本作"東西",各有所本①。

48. 詒讓案:先鄭引《易》者,亦證貞爲卜問,故又以問釋之。後鄭《太卜》注引此文,證問於正之義,則亦兼此貞正之訓,與《易注》義同。(6 册 1570 頁)

按:楚本"則亦兼此貞正之訓",乙巳本作"則亦兼取貞正之訓"。

49. 詒讓案:此經五等諸侯之服,區爲三等,皆據本服言之。其加等之褒衣,則視恩禮之隆殺,唯王所命,其差次不得豫定也。(6 册 1661 頁)

按:楚本"不得豫定",乙巳本作"不能豫定"。

(六) 乙巳本、楚本錯誤,改而未出校:

50.《説文・冎部》:"髀,别也。讀若罷。"(5 册 1322 頁)

按:此從《説文》作"髀"②,乙巳本、楚本並訛作"髀"。

(七) 乙巳本、楚本不誤,排印錯訛:

51. 覲之言勤也,欲其勸王之事。(5 册 1348 頁)

按:"勸王",乙巳本、楚本、鄭注③並作"勤王"。1353 頁所引不誤。

52.《玉人》謂之"命圭",《觀禮》謂之"瑞玉",《穀梁》定八年傳謂之"封圭"。(5 册 1381 頁)

按:"觀禮",乙巳本、楚本並作"覲禮"。

53.《公羊》何注又云:"璋者,所以郊事天,《詩》云'奉璋峨峨,髦土攸宜'是也。"(5 册 1397 頁)

按:"髦土",乙巳本、楚本、何注④並作"髦士"。3338 頁所引不誤。

54. 裃審孔義,似以此攝裸專屬后言。(5 册 1410 頁)

按:"裃審",乙巳本、楚本並作"諦審"。

55.《大戴禮記・夏小正》云:"正月,農師均田。均田者,始除田也。言農夫急除田也。"(6 册 1486 頁)

按:"農師",乙巳本、楚本均作"農帥"。《大戴禮記・夏小正》"農率均田",孫詒讓斠補:

---

① 詳見《儀禮注疏》1050 頁注②,北京大學出版社,2000 年。

② 許慎《説文解字》86 頁。

③ 《十三經注疏》759 頁下。

④ 《十三經注疏》2340 頁下。

“農率即帥，謂農官也。”①

56. 金鶚云：“大祀用玉帛牲牷。《典瑞》言圭璧以祀日月星辰，兩圭爲邸以旅四望，璋邸射以祀山川。”(6 册 1466—1467 頁)

按：“兩圭爲邸”，乙巳本、楚本均作“兩圭有邸”，與《典瑞》(1586 頁)相同。

57. 《書・顧命》曰：“成王將崩，命大保芮伯、畢公等將冕服，馮玉几。”(6 册 1543 頁)

按：“將冕服”，乙巳本、楚本、《尚書・顧命》②並作“被冕服”。孫疏 1547 頁引《書・顧命》亦作“被冕服”。

58. 《有司徹》云：“尸還几北面尊於筵上，左之。”(6 册 1552 頁)

按：“尊”，乙巳本、楚本、《有司徹》③並作“奠”。

59. 王説與先鄭同。但禘繹先鄭意，蓋謂瓚爲挹鬯之勺，因以爲爵，説殊未析，詳《玉人》疏。(6 册 1589 頁)

按：“禘繹”，乙巳本、楚本並作“諦繹”。

60. 下文云“上公九命，侯七伯七命，子男五命”，是則諸侯之儀亦視其命也。(6 册 1606 頁)

按：“侯七伯七命”，乙巳本、楚本、當頁下文並作“侯伯七命”。

61. 《大宗伯》云：“以血祭社稷、五祀、五嶽。”(6 册 1623 頁)

按：“以血祭社稷”，乙巳本、楚本、《大宗伯》(1314 頁)並作“以血祭祭社稷”。

62. 《典禮》云“死寇曰兵”，注云“當饗禄其後”。(6 册 1697 頁)

按：“典禮”，乙巳本、楚本並作“曲禮”。

(八) 乙巳本、楚本訛脱衍倒失校：

涉上下文而訛：

63. 蓋席亦有鋪陳之義，“鄉飲酒禮”注云：“席，敷陳也”是也。(5 册 1253 頁)

按：“敷陳”，鄭玄注原作“敷席”④，涉上“鋪陳”而訛。

64. 《少牢饋食禮》云：“宗人奉槃東面于庭南，一宗人奉匜水西面於槃東，一宗人奉簞巾西面於槃北。”(5 册 1294 頁)

按：“西面於槃北”原作“南面於槃北”⑤，涉上“西面於槃東”而訛。2034 頁引文作“南面於槃北”不誤。

65. 賈疏引《孝經援神契》云：“社者，五土之總名。稷者，原隰之神。五穀，稷爲長，五穀不可徧敬，故立稷以表名。”(5 册 1317 頁)

按：“五土之總名”，賈疏原作“五土之總神”⑥。孫疏 694、900、1488、2030 頁四次引賈

---

① 孫詒讓《大戴禮記斠補》16 頁，中華書局，2010 年。

② 《十三經注疏》237 頁下。

③ 《十三經注疏》1207 頁中。

④ 《十三經注疏》980 頁下。

⑤ 《十三經注疏》1201 頁中。

⑥ 《十三經注疏》758 頁上。

疏所引《孝經緯》作“神”:“社者,五土之摠神”;1434頁説“五土之總神,即謂社也”,與賈疏同;696頁引焦循“社爲五土之總神”,肯定“其説甚是”。

66. 凡天子諸侯獻新物,皆用薦禮,故《公羊》桓八年何注云:“無牲無祭謂之薦。天子四祭四薦,諸侯三祭三薦,大夫士再祭再薦。”(5册1331頁)

按:“無牲無祭”,何注原作“無牲而祭”①。《穀梁傳·桓公八年》范甯注:“無牲而祭曰薦,薦而加牲曰祭,禮各異也。”②

67. 賈疏云:“據上文云哀邦國之憂,則此亦據諸侯邦國之内而言。但天子諸侯絶傍期,傍期已下無服。若始封之君不臣諸父昆弟,亦有服。今云親焉服焉者,鄭廣解哀義,不專據天子諸侯之身也。”(5册1345頁)

按:“親焉服焉”,賈疏原作“親者服焉”③,是針對鄭玄注“哀謂親者服焉”。

68.《射義》云:“《貍首》者,樂會時也。諸侯以樂會天子爲節。”(5册1354頁)

按:“樂會天子”,《射義》原作“時會天子”④。

69. 金鶚云:“《司儀》‘凡諸公相爲賓,及將幣交擯,每門止一相,及廟,惟上相入’。又云‘諸公之臣相爲國客,及將幣旅擯,每門止一相,及廟,惟上相入’。”(5册1423頁)

按:後一“惟上相入”,《司儀》原文(3045頁)、金鶚《求古録禮説·廟在中門内説》⑤並作“惟上君入”。賈疏云:“與前諸公少異。彼是兩君,故云唯上相入,則兩君擯介各有。此上相亦不入,故據君而言也。”(3045頁)

70. 掌祀掌外祀之兆,守祧掌内祀之廟,肆師爲宗伯之攷,佐成禮事,故通掌内外祀之禁令也。(6册1474頁)

按:“掌祀”當爲“典祀”,涉下而誤,見1674頁。141、2883頁所引不誤。

71. 賈疏云:“……而柴於上帝者,以實柴祭帝,即此經類于上帝,一也。祈於社者,即此經封于大神,二也。”(6册1483頁)

按:“二也”賈疏原作“一也”⑥。此“一也”表示兩者對比相同,不表示序數。例如孫疏2497頁引賈疏:“此说先郑云‘复谓奏事’,即彼後郑云‘复谓朝廷奏事’,一也。此先郑云‘逆谓受下奏’,即彼後郑云‘自下而上曰逆,谓上书’,亦一也。”

72. 賈疏云:“……今以喪中爲吉,喪不可與吉時同,故略同大夫士禮。”(6册1502—1503頁)

按:“今以喪中爲吉喪”,賈疏原作“今以喪中爲吉祭”⑦。

① 《十三經注疏》2218頁下。
② 《十三經注疏》2376頁上。
③ 《十三經注疏》759頁中。
④ 《十三經注疏》1686頁下—1687頁上。
⑤ 《清經解續编》第3册255頁中。
⑥ 《十三經注疏》769頁下。
⑦ 《十三經注疏》771頁上。

73.《左傳》孔疏引李巡云:"卣,鬯之器也。"(6 册 1505 頁)

按:《左傳·僖公二十八年》孔疏:"《釋器》云:'彝、卣、罍,器也。'李巡曰:'卣,鬯之罇也。'"①"罇"涉上而訛作"器"。

74. 黄以周讀"脩"爲"滫",云:"《士虞禮》'明齊溲酒',溲之言滫。《内則》注'齊人溲曰滫'是也。"(6 册 1538 頁)

按:"齊"當爲"秦",《内則》注:"秦人溲曰滫,齊人滑曰瀡也。"②

75. 棺在殯則棺菆,既窆則加見,皆謂覆之。(6 册 1557 頁)

按:"棺菆",鄭注原作"椁菆"③,1560 頁引"棺在殯則椁菆"不誤。

76. 王肅私定《家語·郊問篇》遂云"郊之日,天子大裘以黼之。既至泰壇,王脱衮矣,服衮以臨燔柴,戴冕藻十有二旒"。(6 册 1626 頁)

按:"王脱衮",《孔子家語·郊問》④作"王脱裘","脱裘"而"服衮"。

形近而訛:

77. 又云"遂歈其焌契",注云:"焌謂以契注燋火而吹之也。"(5 册 1282 頁)

按:"以契注"當爲"以契柱",見 1958 頁《華氏》注。

78.《太平御覽·地部》引《物理論》云:"地者其神曰祇。祇,成也,百生萬物備成也。"(5 册1296 頁)

按:"百生萬物"當爲"育生萬物"⑤。

79.《覲禮》……賈彼疏……又謂"或可周禮此二者爲歆神……"。(5 册 1304 頁)

按:"二者"賈疏原作"三者"⑥。

80. 賈疏述注"則"上有"士"字,云:"凡言士者,無問天子士、諸侯士,則皆爵弁以助祭也。"(5 册 1369 頁)

按:"則皆"賈疏原作"例皆"⑦。下文任大椿引《大宗伯》疏"謂無問天子士、諸侯士,例皆爵弁以助祭"作"例皆",不誤。

81.《詩·大雅·行葦》孔疏引《漢禮器制度》説大斗云:"勺五升,徑六寸,長三尺。"(6 册 1506 頁)

按:"三尺",孔疏引《漢禮器制度》作"二尺"⑧。

82.《覲禮》注云:"以韋衣木,廣袤各如其圭之大小。"(6 册 1575 頁)

---

① 《十三經注疏》1826 頁上。
② 《十三經注疏》1461 頁下。
③ 《十三經注疏》775 頁下。
④ 《四部叢刊》本。
⑤ 《太平御覽》171 頁下。
⑥ 《十三經注疏》1094 頁上。
⑦ 《十三經注疏》761 頁上。
⑧ 《十三經注疏》535 頁中。

按:“圭”,《覲禮》鄭注作“玉”①。

83. 孔謂“天子至大夫,含皆用玉”是也。《左》成十七年傳云“子叔聲伯夢食瓊瑰”,哀十一年傳云“陳子行命其徒具含玉”,並大夫含用玉之證。孔疏謂“大夫不以珠玉爲含者,以珠玉是所含之物故言之,非謂當時實含用珠玉”,殆不足據。(6 册 1603 頁)

按:“不以珠玉爲含者”之“不”,《禮記·雜記下》孔疏作“而”②。

脱文:

84.《御覽·禮儀部》引《禮含文嘉》云:“五祀,南郊、北郊、西郊、東郊、中兆正謀。”又引舊注云:“東郊去都城八里,南郊七里,西郊九里,北郊六里,中郊西南,去城五里。”(5 册 1326 頁)

按:“中兆正謀”,《太平御覽》卷五二七作“中郊,兆正謀”。“中郊”與舊注“中郊西南去城五里”相吻合。“兆正謀”所對應的舊注是:“兆者,作封畔兆域也。謀者,方欲迎氣,齋戒自端正,謀慮其事也。”③

85.《通典》亦申鄭説云:“……又案《禮記》禘於大廟之禮云,‘毁廟之主升合食,而立二尸’。”(5 册 1343 頁)

按:“《禮記》禘於大廟之禮云”,《通典》卷四九作“《逸禮》記‘禘於大廟’禮云”④。孫疏 10 册 2493 頁“竊謂古者祭天地以下外神,蓋所祭與配食者共一尸,猶《通典·吉禮》引‘禘於大廟’《逸禮》云‘毁廟之主升合食於大祖,而立二尸’。”可證有“逸”字是。

86. 祭有司亦謂專主祭事之官,猶《國語·魯語》有“宗有司”,韋注云:“有司,宗官司事臣也。”(5 册 1451 頁)

按:韋注“有司”前脱一“宗”字⑤。

87.《士喪禮》君視斂云“釋采入門”,注云:“釋采者,祝爲君禮門神也。必禮門者,明君無故不來也。”(6 册 1510 頁)

按:“必禮門者”,鄭注原作“必禮門神者”⑥,與上文“禮門神”一致。

衍文:

88.《覲禮》“祭天燔柴,祭山川丘陵升,祭川沈,祭地瘞”。(5 册 1304 頁)

按:“祭山川丘陵升”之“川”字衍⑦,此字與下“祭川沈”衝突。1328、2621、2854 頁引《覲禮》均作“祭山丘陵升”。

89. 云“省牲鑊”者,……賈疏謂“省視,視烹牲之鑊”,是謂大宗伯直省鑊不省牲,非也。

---

① 《十三經注疏》1089 頁上。

② 《十三經注疏》1566 頁中。

③ 《太平御覽》2392 頁上。

④ 杜佑《通典》1378 頁,中華書局,2003 年。

⑤ 上海師範大學古籍整理研究所校點《國語》174 頁,上海古籍出版社,1998 年。

⑥ 《十三經注疏》1141 頁上。

⑦ 《十三經注疏》1094 頁上。

（5 册 1405 頁）

按："省視，視烹牲之鑊"，賈疏原作"省視烹牲之鑊"①。

90.《喪大記》"大夫殯以椁幬"，注云："幬或作錞，或作焞。"（6 册 1560 頁）

按："椁"字衍②。

倒文：

91.《詩·小雅·甫田》云"以社以方"，鄭箋云："秋祭社與四方，爲五穀成熟，報其功也。"孔疏謂秋功報成，總祭四方。（5 册 1323 頁）

按："秋功報成"，孔疏原作"秋成報功"③，與鄭箋"報其功"相應。

出處錯誤：

92.《詩·淇奧》孔疏引鄭《書注》又謂芮伯爲宗伯。（5 册 1249 頁）

按："淇奥"當爲"桑柔"，《詩經·大雅·桑柔》孔疏："《顧命》注'芮伯入爲宗伯'。"④659 頁《詩·淇奥》孔疏引鄭《書注》云："公兼官，以六卿爲正次。"疑彼此混淆誤憶。

93.《禮器》云："黄目，鬱氣之上尊也。"（5 册 1253 頁）

按："禮器"當爲"郊特牲"⑤。1515 頁《郊特牲》曰："黄目，鬱氣之上尊也……"出處不誤。孫疏 1531 頁説"引《郊特牲》者，證黄金爲目之義。"

94.《士喪禮》云："筮宅，冢人營之。"又《記》云："冢人物土。"注云："冢人，有司掌墓地兆域者。"（5 册 1267 頁）《士喪禮》云："筮宅，冢人營之。"又《記》云"筮宅，冢人物土"。（6 册 1704 頁）

按："冢人物土"、"筮宅，冢人物土"出自《既夕禮》，非《士喪禮》。2703 頁引作"《既夕記》"不誤。

95.《大宰》八職云"胥掌官叙以治叙"。（5 册 1269 頁）

按："大宰"當爲"宰夫"，見 1 册 193 頁。

96. 黄以周云："……隱元年傳：'考仲子之宫將萬焉，公問羽數于衆仲。'尤爲萬有羽舞之顯證。"（5 册 1278 頁）

按："元年"當爲"五年"⑥。

97.《春秋繁露·如天之爲篇》云："天地之間，有陰陽之氣常漸人者，若水常漸魚也。"（5 册 1284 頁）

按："如天之爲"當爲"天地陰陽"⑦，兩篇前後相次。

---

① 《十三經注疏》763 頁中。

② 《十三經注疏》1583 頁中。

③ 《十三經注疏》474 頁下。

④ 《十三經注疏》558 頁中。

⑤ 《十三經注疏》1455 頁上。

⑥ 《十三經注疏》1727 頁下。

⑦ 蘇輿《春秋繁露義證》467 頁，中華書局，1992 年。

98. 又《職方氏》“甸服”注云:“甸,田也,治田入穀也。”(5 册 1285 頁)

按:“甸,田也,治田入穀也”非《周禮·夏官·職方氏》“甸服”注,而是《周書·職方》“甸服”孔晁注①。2295 頁引此作“《職方》孔注”不誤。

99. 鄭《小子》注以此三祀通爲積柴。(5 册 1301 頁)

按:“小子”當爲“羊人”,兩篇前後相次。《羊人》:“凡沈辜、侯禳、釁、積,共其羊牲。”鄭玄注:“積,積柴,禋祀、楢燎、實柴。”孫疏:“《大宗伯》祀天神有禋祀、實柴、槱燎三法,注云‘槱,積也’。三祀皆積柴實牲體焉,或有玉帛,燔燎而升煙,故後鄭以‘積’晐彼三祀也。”(2394—2395 頁)

100. 若《左》昭三年傳,王子朝以成周之寶珪沈於河,此則妄干大位,媚神求福,非常法也。(5 册 1303 頁)

按:“昭三年”當爲“昭二十四年”②。1315、1328 頁引此並作“昭二十四年”,不誤。

101.《釋地》郭注亦云,霍山在衡陽湘南縣南,今在廬江灊縣西,即天柱山,灊水所出也。漢武帝以衡山遼曠,因讖緯皆以霍山爲南嶽,故移其神於此。今其土俗人,皆呼之爲南岳。南岳本自以南山得名,非從近也。而學者多以霍山不得爲南岳,又言從漢武帝始乃名之。如此言,爲漢武在《爾雅》前乎?斯不然矣。依郭説,則南嶽本爲衡陽之衡山,衡山一名霍山。漢武移南嶽於廬江之天柱,天柱本不名霍山,因漢武移祀,遂稱天柱爲霍山。(5 册 1327 頁)

按:“郭注亦云”以下、“依郭説”之前的内容,見於《爾雅·釋山》邢疏所引③,更見於《詩經·大雅·崧高》孔疏④、《左傳·昭公四年》孔疏⑤、《禮記·王制》孔疏⑥所引郭注,故“《釋地》”當爲“《释山》”。

102.《説文·艸部》亦有束茅灌鬯爲莤酒之説。(5 册 1336 頁)《説文·艸部》云:“莤,禮祭,束茅加於祼圭,而灌鬯酒。”(6 册 1589 頁)

按:兩處“艸部”當爲“酉部”⑦。孫疏 289 頁引《説文·酉部》不誤:“莤,禮祭,束茅加于祼圭,而灌鬯酒,是爲莤,象神歆之也。從酉從艸。《春秋傳》曰:爾貢苞茅不入,王祭不供,無以莤酒。”

103.《公羊》閔二年徐疏云:“何氏之意,以爲三年一祫,五年一禘,謂諸侯始封之年,禘祫並作之,但夏禘則不礿,秋祫則不嘗而已。一祫一禘,隨次而下,其間三五參差,亦有禘祫同年時矣。”(5 册 1341 頁)

---

① 黄懷信等《逸周書彙校集注》1059 頁,上海古籍出版社,1995 年。
② 《十三經注疏》2106 頁上。
③ 《十三經注疏》2618 頁中下。
④ 《十三經注疏》566 頁上。
⑤ 《十三經注疏》2033 頁中。
⑥ 《十三經注疏》1329 頁上。
⑦ 許慎《説文解字》313 頁。

按:“閔二年”當爲“定八年”[①]。

104. 云“遇偶也,欲其若不期而俱至”者,遇偶,《爾雅·釋詁》文。(5册1353頁)

按:“遇,偶也”,見於《爾雅·釋言》[②]。

105.《説文·宀部》云:“官,吏事君也。”(5册1375頁)

按:“宀部”當爲“𠂤部”[③],孫疏14頁不誤。

106.《爾雅·釋詁》云:“摯,至也。”(5册1383頁)

按:“《爾雅·釋詁》”下當加“注”字。《爾雅·釋詁下》:“薦、摯,臻也。”郭璞注:“薦,進也。摯,至也。故皆爲臻至也。”[④]

107.《公羊》僖二十一年傳云:“諸侯祭土。”何注云:“土謂社也。”(5册1419頁)

按:“二十一年”當爲“三十一年”[⑤]。

108.《宋史·禮志》何洵直議云:“古者葬祔以其班,祫以其班,爲尸及賜爵以其班,故昭常爲昭,穆常爲穆,廟次雖遷,昭穆之班,一定不移……知昭穆爲定班,而廟次、世次未始異也。”(5册1436頁)

按:所引何洵直議不見於《宋史·禮志》,而見於宋衛湜《禮記集説》卷三十[⑥]。

109.《既夕禮》云:“筮宅,冢人營之。掘四隅,外其壤;掘中,南其壤。”又云:“指中封而筮。”彼掘地出壤,即此甫竁……《既夕禮》“筮宅,主人往兆南,北面免絰,筮,主人絰,哭”。……依《既夕禮》“掘地就中封而筮”,下云“若不從筮,擇如初儀”,注云“更擇地而筮之”。(5册1457頁)又據《既夕禮》,先筮宅,後卜日,敘次甚明。又筮宅,先掘四隅及中,即此所謂甫竁。又云“指中封而筮”……(6册1699頁)

按:兩處“《既夕禮》”當爲“《士喪禮》”[⑦]。孫疏當頁下文引《士喪禮》注“兆,域也”,對應經文就是“主人往兆南”,1458頁下文説“《士喪禮》掘地出壤,即穿壙也”,與此同爲“掘地出壤”;又1267、1945頁引“筮宅,冢人營之”、1695頁引“筮宅,冢人營之。若不從,筮擇如初儀”及注“更擇地而筮之”,均作“《士喪禮》”。

110.《孔叢子·儒服篇》説出師之禮云:“以齊車戴遷廟之主及社主行,大司馬職奉之。凡行主皆每舍奠焉,而後就館。主車止於中門之外,外門之内。廟主居於道左,社主居於道右。已克敵人,設奠以反主、反社主如初迎之禮。”(5册1447頁)《孔叢子·儒服篇》説禡在已克敵之後。(6册1485頁)《孔叢子·儒服篇》云:“天子使有司以特牲告社,告以所征之事而受命焉。”(6册1480頁)

---

① 《十三經注疏》2340頁上。
② 《十三經注疏》2584頁中。
③ 許慎《説文解字》304頁。
④ 《十三經注疏》2577頁中。
⑤ 《十三經注疏》2263頁中。
⑥ 《文淵閣四庫全書》經部四禮類三。
⑦ 《十三經注疏》1142頁下。

按:三處“儒服”均當爲“問軍禮”①。孫疏2027頁引《孔叢子·問軍禮篇》云:“告大社,冢宰執蜃宜於社。”2355頁引《孔叢子·問軍禮》云:“軍敗,天子素服哭於庫門之外三日,大夫素服哭於社,亦如之,蓋喪禮也。”均不誤。

111.《春秋繇露·郊祀篇》亦云:“天子每將興師,必先郊祭以告天,乃敢征伐,行子道也。”(6册1482頁)

按:“郊祀”當爲“郊祭”②。

112.《龜人》“貍物”注亦云“謂犧刀含漿之屬”。(6册1506頁)

按:“龜人”當爲“鼈人”,見305頁。

113.《喪大記》云:“浴水用盆,沃水用枓。”注云:“以枓酌水沃尸也。”(6册1506頁)

按:“注”當爲“疏”:“用枓酌盆水沃尸也。”③

114.《左》襄十七年傳云:“衛侯貞卜。”杜注云:“正卜。”(6册1568頁)

按:“襄十七年”當爲“哀十七年”④。1570頁引洪頤煊云“《左》哀十七年傳,衛侯貞卜”不誤。

115.《御覽·珍寶部》引《尚書大傳》云:“瑞也者,屬也。無過行者,得復其圭,以歸其國;有過行者,留其圭;能改過者,復其圭。”(6册1573頁)

按:所引内容與《御覽·珍寶部》(卷八百六)⑤差距較大,而與宋章如愚《群書考索》卷四十四《禮器門》⑥完全一致。

116.《史記正義》引鄭《書注》云:“五玉瑞節,執之曰瑞,陳列曰玉也。”(6册1573頁)

按:“《史記正義》”當爲“《公羊傳·隱公八年》(或《公羊》隱八年)徐疏”⑦。孫疏1573、1575頁所引“《公羊》隱八年徐疏引鄭《書注》”出自同一處。《史記集解》引鄭《書注》則爲:“五玉,即五瑞也,執之曰瑞,陳列曰玉也。”⑧

117.《小宗伯》注云:“鎮,安也。”(6册1595頁)

按:“小宗伯”當爲“大宗伯”,見1380頁。3344頁所引不誤。

118.《郊特牲》云:“朝服以縞,自季康子始。”(6册1639頁)

按:“郊特牲”當爲“玉藻”⑨。

119.《左》昭二十五年傳“日過分而未至,三辰有災,於是乎百官降物”。(6册1658—1659頁)

---

① 《孔叢子》四部叢刊本。
② 蘇輿《春秋繁露義證》405頁。
③ 《十三經注疏》1576頁上。
④ 《十三經注疏》2179頁中。
⑤ 《太平御覽》3580頁。
⑥ 《文淵閣四庫全書》子部類書類。
⑦ 《十三經注疏》2209頁中。
⑧ 《史記》26頁。
⑨ 《十三經注疏》1477頁下。

按："二十五年"當爲"十七年"[1]，250、910、1790、2965 頁所引不誤。

120.《公羊》僖二十四年，何注云"士爵弁緻衣裳以助公祭"。（6 册 1667 頁）

按："二十四年"當爲"二十五年"。孫疏 1666 頁引《公羊》昭二十五年何注云："禮，諸侯裨冕以朝天子，以祭其祖禰。"與此是上下文："禮……諸侯朝朝服，夕深衣，玄端以燕，裨冕以朝天子，以祭其祖禰，卿大夫冕服而助君祭，朝服祭其祖禰；士爵弁緻衣裳以助公祭，玄端以祭其祖禰。"[2]

121.《穀梁》文二年疏引衛宏《漢舊儀》云："主藏廟太室中西牆壁埳中。"（6 册 1678 頁）

按："《穀梁》文二年疏"當爲"《通典·凶礼》"[3]。

122. 宣二年《公羊傳》"入其大門，則無人門，入其閨則無人閨"。（6 册 1680 頁）

按："二年"當爲"六年"[4]，1018 頁所引不誤。

123.《檀弓》疏引《白虎通》作"大夫栗士槐"。（6 册 1699 頁）

按："檀弓"當爲"王制"[5]。

---

① 《十三經注疏》2082 頁下。

② 《十三經注疏》2329 頁中。

③ 杜佑《通典》2133 頁。

④ 《十三經注疏》2279 頁下。

⑤ 《十三經注疏》1335 頁上。

興化李審言先生年譜長編稿*

□柳 向 春

［摘　要］　興化李審言先生係清末民初之際蜚聲大江南北之駢文家，生平結交，幾皆勝流，文酒流連，莫非珠璣。今鈎稽文獻，於其生平略施梳理，庶幾爲知人論世之助。

［關鍵詞］　李詳(審言)；年譜

［作者簡介］　柳向春，上海博物館副研究員(上海 200003)

李詳(1859—1931年)，字審言，又作慎言，中年號後百藥生，字龢生，又更爲愧(媿)生，自署齳叟。揚州興化人。明中極殿大學士文定公春芳八世孫，世居邑儒學街與東嶽廟橋下最南端大磨子交匯處春芳幼子茂對舊宅。父增字升華，娶趙氏。嘗充縣主簿，後事貨殖，以經營不善破家。道光二十九年，升華以祖産付胞兄均代管，攜妻遷鹽城西鄙秦南倉鎮業田、行賈。舉二子一女，長詢，嗣兄均。審言其次也。家固乏，而督審言讀甚嚴。

審言生平，尤篤嗜於《文選》，進而又喜"四劉之學"，即《漢書藝文志》、《世説新語》、《文心雕龍》、《史通》，皆有所發明。於乾嘉先輩，則極稱汪容甫中《述學》，拳拳服膺，每傚其體。而又於儀徵阮伯元元之《揅經堂集》、嘉定錢曉徵大昕之《潛研堂集》膜拜肫然，故榜"二研"以名其堂。審言論文，不主桐城，每恨其末流疏於考證；論詩又薄西江，皆與時流異趣①，而以所事爲"子部雜家之學"自許許人。尤以駢文名世，如皋冒鶴亭廣生嘗謂："方今駢文，北王南李。"王者，爲汾陽王書衡式通。而審言則以雕藻，書衡則以秀潤。一時論儷體者，又以審言爲第一，元和孫益庵德謙次之。然兩家取徑實有不同，審言以爲駢文全須隸事，不可拾他人唾餘；益庵則以秀潤有逸氣爲上，以爲"文章之妙，不在事事徵實"。由此亦知審言駢文之精隸事而乏韻致。特審言之筆札，則詞筆疏俊而氣調岸異，繁采既銷而古艷自生，正乃蕭散似魏晉人作。審言於學，不自限於文章一途，所撰論學之文及考證文字，亦自淵雅精醇，爲時流所推

* 按：本年譜僅爲草創，遺漏尚多，補苴調脈，尚待異日。又卷前審言生平學術簡況，多參錢基博《現代文學史》有關部分(世界書局 1933 年版)。年譜編撰過程中，屢得同門余彦焱博士將伯之助，同門東北師範大學王立民博士代檢《葉昌熾日記》中有關材料，友人南通嚴曉星君寄閲《滄遠樓叢墨》以供參考，良見厚誼，在此一併致謝。

① 據沈其光《瓶粟齋詩話》初編卷七："興化李審言先生……其詩大抵源於《騷》、《選》，而汪洋肆衍於杜……先生自云：'我之詩，自成爲李審言之詩，不欲依草附木使人云此學某家某家。捧心之顰、齲齒之笑，皆世所矜道者，我則羞之。'其自道如此……先生論詩，於唐喜少陵、昌黎、玉溪，於宋喜東坡、半山。"《民國詩話叢編》本五，張寅彭主編，上海書店出版社 2002 年版，第 554—556 頁。

重，承其鄉先輩之遺規，而有志張大之，洵爲揚州學派之後勁。一生著作宏富，有《愧生叢録》四卷《續録》一卷、《顔氏家訓補注》一卷、《世説新語箋釋》一卷、《藥裹慵談》八卷①、《選學拾瀋》一卷、《杜詩証選》一卷、《韓詩証選》一卷、《汪容甫文箋》一卷、《文心雕龍補注》一卷、《學製齋駢文》二卷、《學製齋文集》四卷、《學製齋詩集》四卷②、《哀江南賦集注》一卷、《清代學術概論舉正》一卷、《江南通志存稿》二卷、《興化縣志存稿》二卷等。又有手書日記近百卷，惜其太半已毁於文革期間，而劫餘之《甲辰日記》與《後百蘗生日記》等二十餘册，則尚未行世，難窺其詳。審言手稿十七種，建國之初即捐諸國家，現存國家圖書館中。生平友朋函札數册，現藏於上海博物館。

子五人：壬祐、鴻祐、武祐、景祐、承祐(即稚甫)；女一人：婉娟。又孫男八人，女四人。

咸豐九年己未　1859　一歲

四月初二生，時母趙太孺人年三十三。

咸豐十年庚申　1860　二歲

二月初九，妻趙孺人雲珠生。

同治三年甲子　1864　六歲

父升華先生爲教授《龍文鞭影》。

審言《先君子手書龍文鞭影敬跋》："此《龍文鞭影》二册，先君子迻書楷則，授爲日課，榻署不肖之名，題於卷首，時同治甲子也。"

同治四年乙丑　1865　七歲

父升華先生購得吴枚庵《與稽齋叢稿》原稿。

《愧生叢録》卷三："吴枚庵《與稽齋叢稿》原本僅存詩詞，據目，連《雨窗懷舊録》共二十卷。先君子升華府君於同治乙丑購自吴門書攤。稿中塗改幾十之三四，爲枚庵親筆。間有眉批於上，曰西阯者，王鳴盛也；琢堂者，石韞玉也。"

同治十三年甲戌　1874　十六歲

客揚州。

光緒元年乙亥　1875　十七歲

偕友人游邑城南百花洲明宗子相祠墓。

從江都史小庭先生受《春秋左氏傳》。史氏平居多張汪容甫，審言藉以始知容甫之名。後史氏卒，審言爲撰《祭史先生文》以悼之。

以家貧體病，寄食於鹽城縣岡門鎮許氏四姨母。許氏藏書近百篋，始得見汲古閣本《十三經注疏》、十七史、《文選》等。授徒之暇，日夜攻讀，尤喜昭明諸篇。

---

① 按：審言子稚甫《二研堂全集叙録》云："斯書專論當代掌故，初名《脞語》，又曰《拭觚》、《竊記》，後易今名。"(《李審言文集》附録，江蘇古籍出版社1988年版。本年譜中所引審言著作非特别説明者皆本此本。)

② 夏敬觀《忍古樓詩話》言："興化李審言詳著作甚富，辛未被水，遺稿漂失。歿後，其詩卷亦不知所在。兹檢視篋中，得其詩十數篇……合以陳石遺《近代詩鈔》所録，存者僅矣。"(《民國詩話叢編》本三，第11—12頁)當爲傳聞不切之故。

光緒七年辛巳　1881　二十三歲

赴揚州應府試，與泰州袁淡生銜交，偕爲平山湖上之游[①]。

館清江浦。

讀羅叔言《面城精舍札記》，甚重其人。

光緒八年壬午　1882　二十四歲

正月初二，父卒。遺命"毋廢讀，必反故居，振衰宗，存吾李氏，則孝子矣。"[②]

光緒九年癸未　1883　二十五歲

居憂里中，點勘黄仲則詩一過。

光緒十年甲申　1884　二十六歲

病少瘥，爲許氏姨母薦，館鹽城李氏，仍宿許氏。

二月，舅氏沙溝趙芝田次女雲珠來歸，時廿五齡。

三月，同縣顧石孫碩書招同就縣試。

秋，赴揚州應府試，長白宜麟列審言爲第五。

光緒十一年乙酉　1885　二十七歲

四月，科試覆試試題爲"楊柳依依解送行"，審言詩有"金城憐再到，霸岸惜長征"句，爲學使瑞安黄漱蘭體芳密圈，取爲興化縣學第一，晉附學生員[③]。

舉長子壬祐。

光緒十二年丙戌　1886　二十八歲

九月，至泰州歲試，爲長沙王益吾先謙取爲一等[④]，遂補廩膳生。

江都方地山爾謙、方澤山爾咸昆仲同補諸生，審言與二方訂交，當即在此時。

同月，與袁淡生相遇於書肆，並介審言交泰州高星仲爾庚、李極軒星南、盧希侶求古、袁季牧鑣、東臺汪作舟濟、夏虎臣寅官等。

光緒十三年丁亥　1887　二十九歲

歲末，負官賦未償，追胥至門。

本年，結識高郵宣古愚人哲。

光緒十四年戊子　1888　三十歲

正月，與袁淡生相集於泰州，置酒邸舍，座客有李極軒星南、盧希侶求古、高星仲爾庚、袁季枚鑣、夏虎臣寅官、顧石孫碩、汪作舟濟等。

撰成《選學拾瀋》初稿一卷，刊於揚州。正月十一日，王益吾爲之作批云："所撰各條，並皆佳妙，無可訾議，但恨少耳。"

---

① 按：此説據審言《學製齋文鈔》卷二《袁淡生傳》。又審言《汪容甫文箋序》云："年十九，遇袁淡生於揚州。"與此説不同，未知孰是。

② 按：遺命見《李審言全集》附陳訓正《興化李先生墓表》，然《墓表》云審言父卒於二十二歲時，誤。

③ 按：審言《藥裹慵談》卷六"黄漱蘭先生"條可參。

④ 按：《藥裹慵談》卷二"丙戌戊子文字之交"條詳記此三年間交遊事，可參。

以試第一，補廩膳生。

兄問源卒，兄子、女皆殤。

光緒十五年己丑　1889　三十一歲

臨桂謝子受元福，時補授淮揚海道，審言以《擬阮籍詠懷》、《杜老詠懷古跡》、《竹枝詞》等詩受知①。

館興化淩氏，宿表兄徐季香家，爲群友奉爲導師，迭相問難。

光緒十六年庚寅　1890　三十二歲

館興化。

聞上海太古船被焚，作《哀輪船文》。

光緒十七年辛卯　1891　三十三歲

春，往清江謁謝子受，留爲書記，又教授謝氏猶子承禧，遂得盡觀謝氏四百篋藏書，并與謝氏幕友上元周左麾鉞訂交②。

審言《西園鶴賦》："余以光緒辛卯獲游桂林先生之門，假館官邸，儵再冬夏。"

審言《説别一首贈周左麾》："詳於光緒辛卯，浪跡袁浦，桂林謝子受先生招置賓館。時周君左麾客先生處最久，才名藉甚。余初至修謁，敬爲畏友。"

與營務處文案正定王道農耕心訂交於淮揚海道署。

請居停主人謝子受書龔定庵之《最録南唐五百字》，爲兒童放格。

八月，七舅與妗母并卒，時與表弟趙廉昉等友人方游焦山。

審言《辛卯八月游焦山記》："余於省試之後……因與友人袁君澹生、羅君耳伯、表弟趙君廉昉買舟往游。"

本年，作《乞劉明府修宗子相祠墓書》致興化縣新津劉德澍③。

審言《重修百花洲宗子相祠墓記》："歲在辛卯，余館淮揚海道署，作書致邑令劉君德澍，請其修復……余文集中有致劉令書及《城南舊遊記》，本末具在。"

與鹽城陳惕庵玉澍（初名玉樹）訂交。

交邑人蕭遜夫昆仲。

光緒十八年壬辰　1892　三十四歲

仲夏五月，寄書與王益吾，未達。

---

① 按：事參《藥裹慵談》卷二"謝子受先生"條。

② 按：周氏軼事可參《藥裹慵談》卷二"周左麾"條。又卷六"汪容甫文箋"條中云："光緒辛巳，館淮陽道署，上元周左麾鉞問《廣陵對》……"則似兩人於光緒七年已訂交，然考文中所述問對之地點，即知"辛巳"爲"辛卯"之誤。又該條下文中云"丁巳充江楚編譯官書局幫總纂，坐辦陳慶年好傾人以爲快，一見即問汪容甫自序'目瞑意倦'四字所出"，"丁巳"亦爲"丁未"之誤。

③ 按：此役多得宗氏族人及興化名士姚松亭、薛季千、王慕唐等資助，遂使宗公祠煥然一新。至1945年，宗公祠毁於抗戰烽火。

助謝子受緩故總兵陳國瑞女案①。

光緒十九年癸巳　1893　三十五歲

春,鹽城友人陶湛春、陳惕庵主修天妃、正越兩閘,審言以淮揚海道西賓之便,多爲騎驛。

夏,於清江浦晤武進劉葆貞可毅,爲贈鄉會試朱卷一册。

秋,再赴江寧舉鄉試不第。嘗游莫愁湖、登曾公閣。

友周左麾登賢書,遂作《説別一首贈周左麾》。

光緒二十年甲午　1894　三十六歲

三月,作《選學拾瀋自序》一。

以喘嗽病劇,由清河歸里。"於至友王君奏雲所,見淩次仲《校禮堂文集》載容甫墓志。"(《汪容甫文箋序》)

七月,天妃、正越兩閘告成。

秋,署鹽城縣湖南楊嶽芳以纂修鹽城縣志,聘審言爲分纂。

審言《與鹽城縣劉楚薌明府書》:"客歲乃蒙雲村明府謬采虛聲,遠頒嘉幣,招與惕庵孝廉同纂邑志,垂之方來。"

冬月,有事江寧,偶過鄭蘇堪寓所外,見其集陶聯,嘆爲不俗。

鄉居期間,多得摯友蕭瑞卿、遜夫昆弟之助。

本年,刊行《選學拾瀋》一卷。

五月,同里友人王奏雲庭暎卒。

光緒二十一年乙未　1895　三十七歲

本年及次年,得病幾殆。

夏六月,《鹽城縣志》刊版告成。

就醫來城,過景范書院,作詩紀事云:"昔年泥飲范祠東,華月高升蠟炬紅。留得黄公酒鑪在,看余衰病已成翁。"②

本年,撰《與鹽城縣劉楚薌明府書》。

光緒二十二年丙申　1896　三十八歲

正月,作《顧耳山姻丈六十壽序》。

冬,偕姨弟鹽城許梓卿葆生訪友人汪作舟於東臺。

於東臺暫居時,結交丹陽吉鳳池城,遂賦詩云:"海隅喜見文章聚,誰信中間有客星。"③

應門人李緦宸寅恭請,作其父《死事遊擊李君墓志銘》。

本年又作《自序》,慨身世零落,於汪容甫而愈下。

---

① 按:此案詳參《藥裹慵談》卷四"陳總兵慶雲之女"條。

② 按:此詩見審言《學製齋文鈔》卷二《范黨緣起》,《學製齋詩鈔》未録。

③ 按:審言此詩未見《學製齋詩鈔》,可參《藥裹慵談》卷五"記東臺之游"條。

光緒二十三年丁酉　1897　三十九歲

重至清河，再逢王道農，訪之於觀音寺。

作《梁姨母趙太孺人六十壽序》、《答王益吾先生書》。

女婉娟生。

光緒二十四年戊戌　1898　四十歲

初春，坐館鹽城，授句容王煦堂貞春第二子，自此而還凡五年。

約本年，與道農弟王雷夏宗炎相識。

光緒二十五年己亥　1899　四十一歲

二月初九，作《内人四十生日》詩。

二品銜江蘇補月道員合肥蒯禮卿光典奉命於鹽城清丈竈地，訪求文士，得審言及陳玉澍。

於禮卿署中識蒯氏弟子蘇州余同伯鈞。

秋冬之交，爲門人句容王月莊、章步雲、經壽庵所爲《嘉會》、《留别》詩作序，名曰《海上題襟詩序》。

鹽城令友粤人沈氏冒稱番禺陳蘭甫澧之高弟，爲審言所揭。

入學受知師瑞安黄漱蘭卒，年六十八，作《黄漱蘭先生誄》。

審言《與叔頌太史書》："竊撰誄文一首，介句容王月莊禮部奉達左右，乞爲寄示哲兄，陳諸像設。"

又漱蘭子黄仲弢紹箕復書凡數百言，藏篋中，後爲鼠嚙盡。

九月，友人泰州袁淡生銜卒於浙江之景寧縣任，年三十九。作《哭袁淡生銜》。

作《丹徒謝先生庭蘭挽詩》。

光緒二十六年庚子　1900　四十二歲

始作《正史源流急就篇》。

十二月，門生句容經壽庵家齡建議函請仁和譚復堂獻爲所作《學製齋駢文》序，遂録文二十餘首命經生代呈。

冬，譚復堂來函，評審言文云："熟精《選》理，自鑄偉辭，無從來旁採胠篋之敝，當製序以張之。"①

作《吊許竹筼侍郎袁爽秋太常》、《和王煦翁有感寄示賓華先生》二首、《示陳惕庵玉樹》等詩。

光緒二十七年辛丑　1901　四十三歲

邑令陳樹涵聘審言爲學堂教習。

審言《陶君湛春行狀書後》："辛丑壬寅之間，懷寧陳君樹涵署鹽令，遵朝旨興剏學堂，拆城西僧寺爲之，延惕庵及余爲教習。"

五月二十日，收譚復堂函並序文。並作《復譚仲修先生書》，而復堂之訃聞亦隨至。

---

① 按：此事首末可參《藥裹慵談》卷二"譚復堂先生"條。

《復堂日記》四月初七條①:“撰李審言《學製齋文序》成,走筆屬草不能工也。”

作復堂挽詩云:“書報秣陵垂盡日,死當漢代中興時。”

赴江寧省試未第。九月,如約坐館蒯氏,授其二子讀,寓江寧安品街蒯府廳事之西簃,自此而還五年②。

撰《李小池太守六十壽序》。

光緒二十八年壬寅　1902　四十四歲

冬,周左麾隨兩湖總督南皮張香濤之洞來江寧,審言贈詩有:“累欷請爲陳前事,壓雪嚴更剔燈穗。”

瑞安黄仲弢隨南皮來江寧,欲招審言至兩湖學堂,以已受蒯禮卿聘辭。

冬,蒯禮卿督鹺揚州儀徵淮鹽總棧,審言亦曾隨往,結識儀徵劉張侯師蒼。並曾隨方地山昆弟偕張侯同游梅花嶺。又從張侯處假鈔《楊季子集》。

《愧生叢録》:“壬寅始交張侯,訪於青溪舊屋。”

冬,張南皮履勘儀棧,出南齊張融《海賦》“積雪中春,飛霜暑路”句命門人蒯禮卿、黄仲弢覓對,審言乃代蒯氏以東晉郭璞《江賦》句“總括漢泗,兼包淮湘”爲對。

本年,審言與江陰繆藝風荃孫以蒯禮卿之介相識。

《藝風老人日記》十月二十七日③:“陳詩與李審言詳、梁慕韓來。”

本年,與邵陽李曉暾世由交。

本年,曾至蘇州,訪惠定宇之後。

游蘇州日,嘗於學士街購得張宗楠編《漁洋詩話》,後作《蘇州禖詩》之一即詠此:“順康人物見新城,詩話新編照眼明。忽憶元和惠紅豆,經師肯署小門生。”④

本年,作《爲蒯禮卿觀察和張孝達尚書金陵禖詩》十六首⑤。

七月,友人東臺汪作舟濟卒。

八月初三夜,友人劉張侯溺水死,年二十九。

光緒二十九年癸卯　1903　四十五歲

正月初一,作《寄蒯禮卿觀察光典十二圩差次》詩。

正月初二,作《先子忌日》詩。

正月初三,購得江寧汪梅村、寶應成芙卿、德清戴子高三君所著書。

---

① 《近世學人日記》本,范旭侖、牟曉朋整理,河北教育出版社 2001 年版,第 413 頁。

② 審言《學製齋文鈔》卷五《先妻趙孺人事述》云:“壬寅以後,余館江寧合肥蒯君光典所五年。”當有誤。

③ 北京大學出版社 1989 年版,第 1513—1514 頁。按:筱珊《興化李君妻趙孺人壙志》(《藝風堂文續集》卷二,宣統二年刻民國二年印行):“光緒癸卯,余與興化李明經詳訂交。長箋特賁,興託夫千言;短札往商,師資夫一字。交誼日祕,於今五年。”今據《日記》,可知其誤。

④ 按:此詩《學製齋詩鈔》未録,見《藥裹慵談》卷二“惠定宇稱小門生”條。

⑤ 按:據審言《學製齋文鈔》卷一《蒯禮卿觀察金粟齋遺集書後》云審言代禮卿和張香濤《金陵雜詩》十六首,而蒯氏《金粟齋集》中僅載十一首,係爲禮卿從子編集時所删定(《藥裹慵談》卷二“張文襄金陵雜詩”條亦云和詩爲十六首)。然今《學製齋詩鈔》卷一所載亦僅十一首,未知何故?

《學製齋詩鈔》卷一:《正月初三出遊購得汪梅村成芙卿戴子高三君所著書》。

正月,豐潤張幼樵佩綸卒,爲作挽詩①。

二月,蒯禮卿自儀棧歸江寧,審言藉知仁和鮑紫來毓東之名。又與蒯氏論文,評吴摯甫文爲疏於考據②。

四月,客揚州,交鮑氏。

閏五月十一日,繆筱珊歸還《史學急就篇》並贈文集一部。

九月十五日,送繆筱珊壽詩,即《筱珊先生六十生日獻此爲壽》詩。

本年,嘗偕梁公約訪義寧陳伯嚴三立(號散原),並作《簡陳伯嚴吏部三立》詩爲贄。

訪陳之夕,散原即作函與梁公約③,讚審言爲"温雅君子",並言其贈詩"深得涪翁真處",遂作《次韻二章酬審言詩家》④,請公約轉交審言。審言見散原答詩後,又作《用前韻重答伯嚴》詩二首。

本年,審言於蒯氏座上遇石棣楊仁山文會,參究生死,仁山謂曰:"爾亦頭陀,墮落受苦。"爲悚然良久。

本年,作《讀鄭蘇龕孝胥海藏樓詩蒯禮卿觀察所贈》。

約於本年,以門人經家齡請,爲其姑丈江寧李小池圭作《清故運同銜升用同知浙江海寧知州李君事狀》。

光緒三十年甲辰　1904　四十六歲

二月,赴揚州,寓居花園巷安徽會館。作《甲辰二月移館揚州花園巷間日出遊得詩八首》。

時《全唐文》舊版藏安徽會館中,遂與同事山陽段笏林朝端、合肥殷孟樵晉齡檢核版片,擬捐資修補完善,惜版皆腐窳不堪,乃罷。

四月,於揚州寓廬作《顏氏家訓補注跋》、《融齋類稿四旬集寫本序》。

又於揚州書肆獲睹譚仲修舊藏小遂初堂刻本《三國志考證》八卷,中多祥符周星詒校語。本月乃借録作跋⑤。

請蒯禮卿言於滿洲恩新甫銘運司,捐貲取任子田後人所藏《燕禧堂五種》書版,置淮南書局發賣。遂以蒯氏之屬致書興化縣陳曉珊大令,以主人不許未果。

又寓揚州日,擬訪揚州有儀堂總教習臨桂王幼霞鵬運,遷延未發,而王氏以游蘇州猝病,卒於旅舍。

訪得袁淡生長子之穆,導遊小金山、平山堂諸勝。

購得王念孫《丁亥詩鈔》。

---

① 按:此詩《學製齋詩鈔》未載,見於《藥裹慵談》卷三"張幼樵學士"條。

② 按:事見《藥裹慵談》卷六"吴摯父文"條。

③ 《學土》卷二《陳伯嚴先生書札》第一函,廣東高等教育出版社 1996 年版,第 156—157 頁。

④ 《散原精舍詩文集》卷上收此詩,名曰《次韻酬李審言見贈二首》,《中國近代文學叢書》本,陳三立著,李開軍校點,上海古籍出版社 2003 年版,第 62—63 頁。

⑤ 按:跋文見於鄧實、黄節主編《國粹學報》第六十三期,宣統二年正月。

《愧生叢録》卷六:"甲辰客揚州,於運司街前書坊購得王懷祖先生《丁亥詩鈔》一册……蒯禮卿觀察從余乞去。余屬門人李寅恭影寫一本,以正本歸蒯。"

收得友人南陵徐積餘乃昌惠贈《糧儲詞》。

《蘗裹慵談》卷五"雞汁瀹龍井茶"條:"余甲辰客揚州,徐積餘觀察以新刊胡研孫《糧儲詞》見寄。"

收得友人合肥張文運子開惠書陶文。

《蘗裹慵談》卷六"張子開書桃花源記"條:"余甲辰客揚州,以素紙乞子開書,未幾寄來揚州,余展卷,見所書爲陶公《桃花源記》。"

寓居揚州時,得見沈樹鏞藏水搨《瘞鶴銘》,卷末有丁敬身題記[①]。

八月,訪合肥李健父國松於鎮江,得見其所藏水前拓《瘞鶴銘》[②],並有《題李健父所臧水搨瘞鶴銘》七古詩。

九月二十一日,桐城馬通伯其昶於劉訪渠處得耳審言之名,乃遂以《屈賦析微》稿本見寄,以求審定[③]。審言爲酌改數條即以寄還。

十月十六日,馬通伯再次致函,復寄呈《屈賦》稿本,請批閱全稿[④]。

本年,南皮張文襄回鄂督任,謝恩表中有"笠檐蓑袂"句,同人段笏林、殷孟樵就審言問其所出,答以查初白之《紀恩詩》。

本年,作《喜伯嚴吏部復官》。

本年,友人鹽城高鑒之鏡蓉以寒疾卒,年五十一[⑤]。審言長子訔及其門。

光緒三十一年乙巳　1905　四十七歲

二月,陳散原作《次韻酬李審言維揚見寄》[⑥],句云:"英雄淮海無雙士,莫遣瓊花照逝波。"隱以山谷之稱少游相勖。

四月,由家赴金陵,過揚州,友人王道農方辦戚家汉鳌金,遂過訪。

本月,作《伯嚴吏部自江西歸以素紙乞寫新詩》。

五月二十九日,還繆筱珊《洛陽伽藍記》。

六月初九,繆筱珊來拜。

---

① 按:參《愧生叢録》卷三。又上海古籍出版社《翰墨瑰寶——上海圖書館藏珍本碑帖叢刊》本(2006 年 8 月)中收有沈氏舊藏水後拓本一種,但非審言所見者。

② 按:此本現存上海圖書館,近有上海古籍出版社《翰墨瑰寶——上海圖書館藏珍本碑帖叢刊》本行世。

③ 按:原函見《學土》卷三《馬通伯先生書札》第一函,廣東高等教育出版社 1997 年版,第 99—100 頁。又函前有審言子稚甫先生識語有:"時審言先生《論桐城派》一文已在《國粹學報》刊載……"云云,今考《論桐城派》一文發表於《國粹學報》第四十九輯,係光緒三十四年十二月二十日出版者。而馬通伯之《莊子故》、《屈賦析微》等諸作,皆已於光緒三十一年夏間爲李國松刊入《集虚草堂叢書》之中。故此兩函繫於本年,而稚甫先生之語亦恐有誤。

④ 按:原函見《學土》卷三《馬通伯先生書札》第二函,第 100—101 頁。

⑤ 按:鑒之事可參《蘗裹慵談》卷六"高鑒之"條。

⑥ 《散原精舍詩文集》卷下,第 160 頁。

六月十九日夜，偕合肥劉訪渠澤源、殷孟樵晉齡登雞鳴寺，躡豁蒙樓，次日作《六月十六日夜偕諸友登雞鳴山坐豁蒙樓良久得詩一首寄訊蒯禮卿觀察》①。

七月初八，還繆筱珊《癸巳賸稿》，又借《柳南隨筆》，代校新刊之《安禄山事跡》。

七月十二日，應繆筱珊約小飲，同座有東臺陳伯石汝玉、梁慕韓（即梁公約）、邵陽魏季詞繇。

七月十七日，送還繆筱珊《安禄山事跡》、《柳南隨筆》。

七月十八日，繆筱珊送交《湖北通志》未完稿。

七月二十六日，從繆筱珊借閱《湖北通志》殘稿。

七月二十八日，繆筱珊來拜。

八月初六，還繆筱珊《湘軍志》、《敦夙好齋詩》，並贈筱珊《養一全集》。

八月十九日，繆筱珊贈《董西厢》、刻本《劉賓客外集》、寫本《司空表聖》。

八月二十九日，蒯禮卿招飲，座客又有陳伯石、繆筱珊、王小□、梁慕韓。

十月十二日，還繆筱珊《國史》五傳、《章實齋集》，又與繆氏、陳伯石、淮陰吴温叟涑等乘小船至復成橋游商務學堂。

審言《吴温叟青溪泛月圖後記》："余與温叟、白石同館禮卿觀察所，獲侍藝老，奉手受教。一日招余三人及江寧程君一夔，賃一小艓子，沿緣青溪之間……還飲於金陵春……"又補記云："此記寄温叟，來書言同游者尚有梁君公約……"

十月二十五日，爲繆筱珊代校《張處士集》。

十月三十日，訪繆筱珊。

十一月初八，繆筱珊送劉集一部。

本月，爲繆筱珊以明藍格鈔本代校仁和朱子涵《結一廬叢書》中《劉賓客集》紅樣本②。

十二月初二，還書與繆筱珊，並借《黄梨洲》、《李申耆》、《汪容甫》三年譜，《冷廬雜識》、《考異》。

十二月初四，借繆筱珊王黄李三君年表、善注與五臣《考異》、《冷廬雜識》、《思舊録》。

十二月初六，偕劉訪渠訪繆筱珊。

十二月初八，繆筱珊送朱刻《金石録》、自刻《安禄山事跡》、《十三處戰功録》、《大唐起居注》、《廣陵妖亂志》。

十二月初九，繆筱珊來送歸鄉，未遇。同日，赴繆筱珊還書。

十二月，返里。

本年，曾與高郵宣古愚晤。

本年，代作《兩江總督周制軍七十壽序》。

---

① 按：夜游事見《藥裹慵談》卷六"南京雞鳴寺豁蒙樓"條，惟《慵談》繫此於六月十九日，而據《學製齋詩鈔》載原詩題，則爲六月十六日事，未知孰是？

② 按：又可參《愧生叢録》卷三。

光緒三十二年丙午　1906　四十八歲

二月二十七日，以母年屆八旬，繪《慈竹居圖》，並徵陳散原等友朋題詠。散原所作即《爲李審言題慈竹居圖》①。

《陳伯嚴先生書札》第六函②："屬題匆促命筆，陋劣已甚，幸哂而教之。歸壽何日，當走別一罄積抱耳……"

二月二十八日，訪繆筱珊。

二月二十九日，借繆筱珊《淮海英靈》十二册、《廣陵詩事》四册。

三月初四，繆筱珊來拜。

三月二十一日，繆筱珊來拜。

四月初四，繆筱珊以所題《慈竹居圖》見還。

《藝風老人日記》③："送《慈竹居圖》與李審言。"

閏四月初九，還繆筱珊《説苑》。

五月初九，送畫與繆筱珊，並借《孟晉齋集》、《駢文類稿》。

五月二十一日，繆筱珊送《孫鴻慶集》及補逸廿卷，並索還《駢文類稿》。

五月二十二日，繆筱珊送《孫鴻慶集》、《大全集》、《内簡尺牘》。

五月二十四日，繆筱珊送《國朝事略》。

五月，魏季詞作《慈竹圖爲興化李審言賦》。

六月，合肥李仲仙經羲游焦山，審言寄詩云："謝生未了蒼生事，莫築焦山賞寂亭。"

六月，蒯禮卿奉命任歐洲留學生監督，遂辭館，作《向禮翁乞解館養疴書已發喜復賦此》、《送蒯禮翁赴歐洲》。

七月十九日，歙縣汪仲伊宗沂借取《九經説》二册。

七月二十三日，送繆筱珊《顧鳳翔詩》。

七月二十八日，送詩稿與繆筱珊。

又作《寄益吾先生以慈竹居圖乞題》，本月王益吾爲作《慈竹居圖爲李詳審言題》④以報。審言接王氏來函後次日，復作回函，即《謝益吾先生惠題慈竹居圖書》。

作《淮揚海道蒯觀察五十壽序》兩篇。

作《得家書知淫潦爲災所居辟左秋冬以後慮有盗警將移家縣城以遂昔志》詩。

八月朔，訪繆筱珊。

八月，歸里。

十一月初五，繆筱珊收得審言鹽城來函。

---

①《散原精舍詩文集》卷下，第192—193頁。

②《學士》卷二，第159頁。

③ 第1854頁。

④ 見王先謙《虚受堂詩存》，岳麓書社1986年版，第649頁。

十二月二十六日，繆筱珊薦審言於兩江總督長白端匋齋方①。

十二月二十九日，繆筱珊收得鹽城審言來函，即覆。

《繆藝風先生書札》第一函②："手教誦悉。午帥來，學堂、書局必有可以位置，弟必留意。書局日内即有缺亦未可知。"

歲末，於鹽城買草屋數間。

本年，汪仲伊就聘蒯氏，與審言望衡而居，每日必談至三更始罷③。

本年，作《憶歸有作》詩，刊《李審言詩》一卷。

本年，誓之江水，從此不復授徒。

八月初四，友人鹽城陳愓庵玉樹卒，年五十四。

十月，友人歙縣汪仲伊宗沂卒，作《汪仲伊先生宗沂挽詩》。

光緒三十三年丁未　1907　四十九歲

正月二十一日，繆筱珊收得審言鹽城來函。

二月二十七日，繆筱珊收得審言鹽城來函。

二月三十日，審言自家鄉返寧，以繆筱珊、蒯禮卿之薦任職江楚編譯官書局。

兩江總督端匋齋於江寧紅紙廊設"江楚編譯官書局"，以江陰繆筱珊荃孫任總纂，審言爲幫總纂，與臨桂況夔笙周頤分撰《陶齋藏石記釋文》④，然與夔笙頗不相能⑤。

三月初一，繆筱珊來訪。

三月初四，訪繆筱珊。

三月初五，審言覆車。

三月十一日，訪繆筱珊，送《三垣筆記》與筱珊，並借《翁覃溪詩集》。

---

① 按：筱珊薦審言於端匋齋事，又可參本年七月末筱珊來函，見於《學土》卷二，第162頁。

② 《學土》卷二，第162頁。

③ 按：二人訂交事，可參《藥裹慵談》卷五"汪仲伊進士"條。

④ 《先妻趙孺人事述》云："丁未，復館江楚編譯官書局。"又《分撰匋齋藏石記釋文題記》："光緒丁未，余以江陰繆藝風、合肥蒯禮卿兩君，薦之兩江制府端尚書，充江楚編譯官書局幫總纂。時實無書可纂，支官錢，治私書，即《匋齋藏石記》是也。總纂本屬藝風，渠方爲匋齋辦《消夏記》，論列書畫，不暇兼顧，薦臨桂況夔笙周儀領之，夔笙妄自尊大，蔑余於此道瞢如，擇拓本無首尾及漫漶模糊不辨字跡者一以屬余，而時來刺探釋文何若，將爲抵巇下石之舉，余深知其故。昔觀王述庵侍郎《金石萃編》，悉其條理。又素悉錢少詹、阮文達兩集，幸未墜人雲霧，爲人所中，余亦目耗精銷於此書矣。"可見當日審言所致力者。

⑤ 張爾田《近代詞人逸事》："夔笙爲兩江總督端忠敏幕客，爲之審定金石，代作跋尾，忠敏極愛之。時蒯禮卿亦以名士官觀察，與夔笙學不同，每見忠敏必短夔笙。一日，忠敏宴客秦淮，禮卿又及夔笙，忠敏太息曰：'我亦知夔笙將來必餓死，但我端方不能看其餓死。'夔笙聞之，至於涕下。"此雖言禮卿與夔笙事，然以禮卿與審言相知之深，亦可見況、李二人積不相能之態。該條又云："李審言，禮卿客也，有詠忠敏詩云：'輕薄子雲猶未死，可憐難返蜀川魂。'自是有宴會，夔笙與審言必避不相見。噫，忠敏之愛才，無愧明珠太傅，而夔笙知己之感，雖死不忘，尤可念也。"而《詞學季刊》之編者按云："況李交惡事，據審言先生哲嗣語予，其先人詠忠敏詩云云，蓋別有所指，非詆夔笙，或孟劬先生偶據傳聞之語歟？"見於《歷代詞話續編》，張璋等編纂，大象出版社2005年版，第351頁。

三月十八日，繆筱珊以俞曲園先生行狀求審言編初稿。

三月二十四日，還繆筱珊《翁覃溪詩集》、俞曲園行狀，又借《攻媿集》二十四册。

四月十三日，訪繆筱珊。

四月二十九日，於繆筱珊處借《清白士集》。

五月初七，訪繆筱珊。

五月二十二日，訪繆筱珊。

六月初四，繆筱珊贈《敬孚集》。

六月十二日，繆筱珊來訪。

六月，繆藝風爲言“本朝刻仿宋經疏，和珅刻《禮記》、劉聚卿刻《論語》，止有此二人。”又云：“蘇州書局刻陳瑑《説文引經考》，乃沈學子先生書，相較不易一字。”①

與友人四人同游金陵之後湖。

《丁未六月游後湖記》：“丁未六月五日，清河吴君温叟、丹徒陳君宜甫、儀徵吴君召封、江都梁君公約，相約爲後湖之游。”

七月初五，從繆筱珊借《元文類》。

七月初八，繆筱珊過訪。

九月二十日，繆筱珊過訪。

十月，作《窳記自序》。

秋，以諸友勸，將家鄉草屋改作。

十一月十六日，過訪繆筱珊。

十二月十四日，過訪繆筱珊。

本月，刊《贈梁公約》②、《再訓公約》③、《贈丹徒陳星南祺壽》詩於《國粹學報》第三十七期。

本年，重晤吉鳳池城於江寧。

本年，代貴池劉恂甫詒慎作《徐積餘觀察四十壽序》。

本年，瑞安黄仲弢紹箕卒，年五十五。有《挽黄仲弢提學詩》。

又此數年間，又曾編定黄仲弢《蔘綏閣集》④。

本年，表弟趙軒臣雲官卒。

光緒三十四年戊申　1908　五十歲

二月二十七日，繆筱珊過訪，並借《三垣筆記》。

四月初六，作函與繆筱珊，並奉呈《題董授經比部所刊島田彦楨〈皕宋樓藏書源流考〉》六首⑤。

---

① 按：此二語皆見於《愧生叢録》卷四。

② 按：《學製齋詩鈔》卷一收此詩作《示梁公約茭》。

③ 按：《學製齋詩鈔》卷一收此詩作《答公約》。

④ 按：編集始末參《藥裹慵談》卷六“黄仲弢蔘綏閣集編輯始末”條。

⑤ 按：函即《藝風堂友朋書札》“李詳”第八通，第784頁；詩即《藝風堂友朋書札》“李詳”第二十三通，第791—792頁。

約四月初七，返鄉。

四月二十一日，趙孺人病卒，年四十九。

五月初一，次子鴻祐舉一子，名傳恭。

六月二十四日，訪繆筱珊，並借《三垣筆記》。

六月二十五日，繆筱珊回拜。

六月，長子壬祐復舉一子，名傳敬。

本月，刊《題董授經比部所刊島田彦楨〈皕宋樓藏書源流考〉》六首、《題漢射陽石門畫像詩》於《國粹學報》第四十三期。

八月初三，訪繆筱珊。

八月二十七日，訪繆筱珊，借《南渡録》。

九月，作《亡妻趙孺人卒後百三十日矣秋氣侵人肺病小作感念昔日牛衣相慰之狀哭之以詩》。

作《先妻趙孺人事述》。

十月二日，繆筱珊還《三垣筆記》兩部，並撰《三垣筆記序》。

《藝風堂文續集》卷六《三垣筆記跋》[①]："荃孫初得是書於黄再同同年所，假歸録附，止得崇禎上一卷、弘光一卷。後汪穰卿中翰鈔之於八千卷樓，則多出崇禎下一卷、附識一卷。及至金陵，吾友興化李君審言爲求之李氏族中，得兩鈔帙，彙鈔而詳校之，似可爲定本矣。"

十月十二日，繆筱珊過訪。

十月十三日，繆筱珊接審言辨《三垣筆記》書[②]。

十月十四日，訪繆筱珊。

十月十六日，適竹居訪張子開，逢繆筱珊及子僧保、劉訪渠。

十月十八日，訪繆筱珊，借《彈指詞》，又送《三垣筆記》兩册與筱珊。

十月二十三日，與繆筱珊晤談。

十月二十八日，繆筱珊詣談。

本年秋，請繆筱珊志亡妻趙孺人墓志。

《興化李君妻趙孺人壙志》[③]："戊申秋日，(審言)出其賢妻趙孺人《事述》，屬余志墓。"又嘗函請馬通伯爲趙孺人作傳[④]，爲婉拒。

十一月初九，丹徒柳翼謀詒徵招飲老萬全，繆筱珊、吴温叟、清河王壽泉錫祺、梁慕韓同席。

十一月十五日，還繆筱珊《明史論斷》，又借蔡、嚴《筆記》。

---

① 宣統二年刻民國二年印本。

② 按：此書或即《藝風堂友朋書札》"李詳"第五通，第781—782頁。

③ 《藝風堂文續集》卷二。

④ 上海博物館藏原件。

十一月二十一日，訪繆筱珊。

十一月二十四日，與繆筱珊晤談。

十一月二十七日，繆筱珊詣審言談，借予嚴勘《鮚琦亭集》。

本月，刊《窳記》於《國粹學報》第四十八期。

十二月初六，訪繆筱珊。

《藝風老人日記》①："李審言來，交劉訪渠所託送剌古一聯、十支筆，求題沈先生字及《黄庭》、《蘭亭》兩本。"

十二月，作《正史源流急就篇自序》。

本月，刊《論桐城派》一文於《國粹學報》第四十九期。

本年，廣州梁星海鼎芬游江寧，訪士於陳伯嚴，以審言、朱仲我、吴温叟、梁公約等對，乃各書團扇相贈，贈審言者爲《江上懷朱一新》五律一首。審言答詩《梁節庵廉使來客江寧以團扇見贈所寫之詩乃懷朱鼎父侍御舊作賦此奉答》。

本年，友人王道農就江南圖書館聘，來江寧，與審言重逢，多所酬唱。時友人周左麾方任圖書館提調，三人遂多往還。

本年，作《李仲仙中丞五十壽序》。

本年，又應餘杭沈念爾祖緜請，作其父《錢唐沈竹礽先生墓表》。

戊申己酉之間，識武進劉葆良樹屏，以其從兄葆貞事實册屬題，爲作七律一首，用晉閻丘沖事。原稿已佚。

又寓居安慶之時，嘗過李健父，贈詩云②："三萬牙籤插架新，難從計簿乞閑身。異代風流成若容，慧業當時龔自珍。幸舍加餐多上客，誃臺逃責愧諸賓。江南江北常相見，猶是栖栖一旅人。"

十二月，友人江寧周左麾病卒。

宣統元年己酉　1909　五十一歲

正月初九，繆筱珊爲撰亡妻趙孺人壙志③。

二月，繆筱珊作函與審言。

《繆藝風先生書札》第六函④："日盼君來，欣聞到館，忭甚。承惠謝謝，《正誼堂文》弟所未見也。嫂夫人壙志早成篇，即鈔出送上，弟不成文耳。"

二月二十六日，送繆筱珊雞卵二百枚、《正誼堂集》一部，取筱珊所撰趙孺人壙志文。

二月二十七日，訪繆筱珊。

二月，續刊《窳記》於《國粹學報》第五十一期。

---

① 第五册，第2128頁。

② 按：此詩《學製齋詩鈔》未録，見《藥裹慵談》卷三"成若容龔定庵"條。

③ 按：即《興化李君妻趙孺人壙志》。

④ 《學土》卷二，第164—165頁。

閏二月初四，繆筱珊來訪。

閏二月五日，繆筱珊作柬與審言。

閏二月初八，繆筱珊來拜。借筱珊《遺民集》等去。

閏二月十日，繆筱珊和審言詩。

閏二月二十三日，繆筱珊還《□嘯堂詩》、《山志》，又借《越縵堂集》去。

約本月，因繆筱珊之勸往拜江寧布政使樊樊山。

《藝風堂友朋書札》樊增祥第七通[①]："藝風前輩同年大人道席：辱和詩，既工且敏，兼有馬枚矣。欣荷欣荷。代致李君函件，固亦今之作手也。如來見者，定當倒屣……李君鈔示舊作，有極佳者，贈弟二律恰不滿意，特較勝於今之少年，專作不可解語耳。"

閏二月，刊《正史源流急就篇》一文於《國粹學報》第五十二期。

三月初一，訪繆筱珊。

三月初三，與吴温叟、梁公約、柳翼謀公請繆筱珊於豁蒙樓。

三月二十一日，繆筱珊約晚宴。

《藝風老人日記》[②]："晚約楊惺吾，琦仲和、李審言、王道龐、陳善餘、丁善之、丁秉衡、金絅孫仝席。"

三月二十六日，繆筱珊來談。還筱珊《澹園集》、《圭美堂集》，並贈《七子詩選》二册與筱珊第三子[③]。

三月二十七日，還繆筱珊《遺民集》。

三月，楊惺吾以端午橋之聘來寧，審言以同門友丁秉衡之招，於七家灣江寧圖書館與惺吾有一日之集。審言《贈宜都楊守敬先生》詩當即作於此時。

本月，見謝皐羽《西臺慟哭記》"明年别公漳水湄"句，乃知黄黎洲《明夷待訪録》全謝山序云"神傷於漳水之湄"用此典，遂録於所藏鈔本之上。

本月，於金陵冶城寓廬作《明史䄠著序》、《文心雕龍黄注補正序》、《庾子山哀江南賦集注序》[④]、《愧生叢録自序》。

本月，刊《顔氏家訓補注》、《韓詩証選》、續刊《窳記》於《國粹學報》第五十三期。

本月，續刊《韓詩証選》於《國粹學報》第五十四期。

四月間，嘗返鄉。

---

① 下册，第 112 頁。按：《藝風老人日記》閏二月初八（第六册，第 2155 頁）云："審言借《遺民集》、《澹園文集》、《圭美堂集》去。和樊山詩。"疑樊山之函即就藝風日記中所云和詩而作。故審言拜會樊山，亦當即在此後不久。

② 第六册，第 2167 頁。

③ 按：可參《藝風堂友朋書札》"李詳"第二十通，此函亦作於是日，第 790 頁。又此函中所言恩施樊樊山增祥貪没審言文稿事，可參《藝風堂友朋書札》"李詳"第十九通（第 789—790 頁）《繆藝風先生書札》第三函（《學土》卷二，第 163 頁）及《學製齋駢文》卷一《乞樊雲門方伯檢還學製齋文稿書》、《學製齋文鈔》卷二《書樊雲門方伯事》等。

④ 按：《李審言文集·庾子山哀江南賦集注序》末署"宣統辛亥元年三月"，當誤，姑繫於此。

五月初八，由里居致繆筱珊函。

五月十八日，由里至寧。次日，作函與繆筱珊，言鮑紫來訪謁未遇等情形①。

五月，值王壬秋於江寧，曾於山陰俞恪士明震宅内拜謁。壬秋曾訊及同里劉融齋熙載後裔，並爲解"湘綺樓"命名緣起②。

五月底，又有胡氏愚園之集，與會者有長洲朱仲我孔彰、獨山莫仲武繩孫、江陰繆藝風荃孫、邵陽魏季詞繇、義寧陳伯嚴三立、清河王壽萱錫祺、漢壽易實甫順鼎、興化李審言詳、丹徒柳翼謀詒徵、貴池劉蘧六世瑗、劉恂甫詒慎、貴陽陳君等；期而後至者，清河吴温叟涑、江都梁公約菼③。

《湘綺樓日記》五月二十七日④："江南文士開歡迎會，設宴胡園。發起人李世由，臣典子爵之孫；劉世瑗，芝田巡撫之子。代表爲繆小山，昨於雲門處見，不識之矣。照片攝影，初定茶會，今乃翅席。"

五月，繆筱珊爲學部奏派爲京師圖書館正監督。

本月，刊《融齋類稿四旬集寫本序》於《國粹學刊》第五十五期。

六月三日，端匋齋以交卸江督，轉任北洋。上船臨行，審言與朱仲我至碼頭送别⑤。

六月十一日，審言作函與繆筱珊，請贈鮑紫來文集一部⑥。

六月十四日，繆筱珊送瞿目兩部與審言，文集一部與鮑紫來。

六月十六日，繆筱珊來談。

本月，續刊《韓詩証選》、《窳記》(新改名《愧生叢録》)於《國粹學報》第五十六期。

七月朔，訪繆筱珊。

七月初七，訪繆筱珊。

七月初八，繆筱珊回拜。

本月，續刊《韓詩証選》、《窳記》、刊《文心雕龍黄注補正》於《國粹學報》第五十七期。

八月十二日，作《藝風先生膺帝國圖書館之聘入都有日賦此贈别》詩奉呈繆筱珊⑦。

八月十三日，繆筱珊約同小飲雲自在龕。

《藝風老人日記》⑧："約徐因卿、梅斐漪、李審言、宗子岱、金湗老、趙□生、趙穆士小飲雲自在龕。"

---

① 按：即《藝風堂友朋書札》"李詳"第十二通，第 786 頁。

② 按：詳參《藥裹慵談》卷三"湘綺樓緣起"條、卷五"劉融齋中允"條。

③ 按：事參《藥裹慵談》卷五"己酉愚園之集"條。

④ 岳麓書社 1997 年版，第 2982 頁。

⑤ 《分撰匋齋藏石記釋文題記》："匋齋移督直隸，余與仲我往送。時直盛暑，仲我與余衣冠拱立，匋齋微頷之而已。仲我嘆息，余云：'第忍須臾。人方匋齋爲畢鎮洋，即此慢賢一端，去畢遠甚。'"

⑥ 按：函即《藝風堂友朋書札》"李詳"第一通，第 780 頁。

⑦ 按：事參《藝風堂友朋書札》"李詳"第十一通，第 785 頁。詩即《藝風堂友朋書札》"李詳"第十八通，第 789 頁。

⑧ 第六册，第 2207 頁。

八月二十日，訪繆筱珊。

八月二十三日，交《愧生叢録》與繆筱珊[①]，乞爲作序。次日，筱珊爲批點數處歸還[②]。

《藝風老人日記》八月二十三日[③]："李審言交《愧生叢録》來，極佳，選理精熟。"

八月二十五日，繆筱珊來拜，審言復作函道謝[④]。

八月，刊《愧生叢録》二卷，友人朱仲我署檢。

卷前《江陰繆先生札》："審言仁兄有道：昨示《隨筆》二册，閎通淹雅，選理尤精，在《讀書脞録》、筠軒《叢録》之間，必傳之作！原書奉趙，略籤數條，無關宏指。昔年見吴勤惠公以《禮記訓纂》贈丁儉卿師，次日即還駮正各條，皆數百言，先輩真不可及也。手答，即請箸安。弟荃孫頓首。"

本月，刊《正史源流急就篇》、續刊《文心雕龍黄注補正》、《愧生叢録》於《國粹學報》第五十八期。

九月初九，送《隨筆》[⑤]與繆筱珊。

本月，刊《明史裸著序》、續刊《愧生叢録》於《國粹學報》第五十九期。

十月初七，繆筱珊收得審言來函。

十月二十一日，訪繆筱珊，借《孳經室》再續集。

十月，作《西漢節義傳序》。

十月，《陶齋藏石記》由商務印書館刊行。

端匋齋自序云："助余勘定者，則有臨桂況周頤、湘陰龔錫齡、興化李詳、丹徒陳慶年……"

龔錫齡序云："丙午歲，公(匋齋)再督兩江……並出前後臧石都七百種，命(錫齡)與況中翰周頤、李明經詳共任録文之役……越二年，成書四十四卷……"

冬月初三，交興化代理知縣仁和吴董卿用威，作《己酉冬月三日與董卿明府乍過既通款曲兼述近事因有此贈》詩[⑥]。

十一月初九，還繆筱珊《孳經室集》。

十一月二十三日，訪繆筱珊，並還《先哲遺書》價。

十一月二十八日，繆筱珊約晚飲。

《藝風老人日記》[⑦]："晚約禮卿、佑彦、健之、積餘、子琴、審言、小濤、竹農小飲雲自在龕。"

本月，刊《西漢節義傳序》、續刊《文心雕龍黄注補正》於《國粹學報》第六十一期。

---

① 按：參《藝風堂友朋書札》"李詳"第十五通，第788頁。

② 按：繆氏回復即《繆藝風先生書札》第五函，見於《學土》卷二，第164頁。

③ 第六册，第2209頁。

④ 按：參《藝風堂友朋書札》"李詳"第十六通，第788—789頁。

⑤ 按：此《隨筆》當即《愧生叢録》之刊本。

⑥ 按：審言又曾將此詩呈繆筱珊求政，參《藝風堂友朋書札》"李詳"第三通，第780頁。

⑦ 第六册，第2237頁。

臘月初八，訪繆筱珊，借《語石》。

本月，續刊《文心雕龍黄注補正》、刊《京師坊巷志序》、《顧詩箋注序》於《國粹學報》第六十二期。

本年，嘗以《愧生叢録》一册寄呈安徽提學使嘉興沈子培曾植。

本年，又作《王次回〈疑雨集〉悼亡之作居多忽得一首題其卷端蓋余妻趙孺人葬已三月矣》詩。

許氏姨母卒，表弟趙廉昉能官卒。

宣統二年庚戌　1910　五十二歲

正月，將舊録周季貺《三國志考證校語》及自撰跋文刊發於《國粹學報》第六十三期。

正月十日，沈子培閱看《愧生叢録》。

《海日樓日記》①："閱李審言詳《媿生叢録》，掩雅有思理，真讀書人也。"

二月初二，送繆筱珊《道光乙酉縉紳便覽》，又代吴闐生託校《姑溪集》，筱珊乃並粤雅刻本、三舊鈔本均交審言。

二月初六，繆筱珊送葉刻《搜神記》、《石林詩話》。

二月十四日，訪繆筱珊。

刊《杜詩証選》及序、《吊任子田先生文》、《汪容甫先生贊》、《自序》、《答王益吾先生書》於《國粹學報》第六十四期。

三月初六，訪繆筱珊。

三月初八，與繆筱珊、劉葆良、滿洲震在廷鈞同在圖書館閱書。

三月十五日，繆筱珊約小飲於雲自在龕。

《藝風老人日記》②："約章式之、錢□□、丁芝森、章琴若、王希玉、劉蘧六、茅子貞、李審言、丁秉衡小飲雲自在龕。"

三月二十日，繆筱珊交《姑溪集》，仍請審言代校。

三月二十五日，繆筱珊交張彦惟文與審言代校。

三月，續刊《杜詩証選》於《國粹學報》第六十五期。

四月初八，訪繆筱珊。

四月十四日，繆筱珊約同會議。

《藝風老人日記》③："約王壽瑗、李審言、趙君閎、震在廷、宋澄之、陳善餘會議。"

四月二十五日，交《詔諭》第一卷與繆筱珊，筱珊核過，添聖訓甚多。

四月二十七日，訪繆筱珊。

四月，友人王道農來訪，贈齁喘方。

---

① 轉引自許全勝《沈曾植年譜長編》，華東師範大學博士論文，劉永翔教授指導，2004年，第332頁。

② 第六册，第2271頁。

③ 第六册，第2279頁。

四月，沈子培致函繆筱珊，云觀審言《叢録》，幾疑爲乾嘉間人物，請示本末。筱珊遂以所學告之，乃擬聘爲存古學堂教習。

本月，續刊《杜詩証選》、刊《五君頌》、《辛卯八月游焦山記》、《城南舊遊記》、《送經壽庵之天津序》、《三怪物賦》、《哀輪船文》於《國粹學報》第六十六期。

五月朔，訪繆筱珊。

五月初，本擬偕繆藝風同赴安慶，以家事未果。

《學製齋文鈔》卷二《記與沈子培先生定交事》："繆赴皖，招余同往，余已至江寧下關江口蕭家飯店，勿意家事促反。繆以告，先生云：'頃者新創存古學堂，欲聘李爲教員，每月五十金，可供其嗜好否？'繆云：'渠不喫雅片，且好讀書，但患肺喘耳。'先生即具聘書，與新提學吴君同甲署名。"

《藝風老人年譜》[①]："五月，沈子培方伯招游皖城。"

五月十一日，自繆筱珊處取敦煌經卷。

五月十三日，繆筱珊收得審言來函。

五月十八日，交繆筱珊《詔諭》一卷。

《繆藝風先生書札》[②]："書一卷收入，十八再交。即囑賬房預備，無妨廿日就道。住處必須留下，以備通信。至寄卷一層，兄必須往會沈方伯，届時面議也。統計之，諭旨以少存爲上。"

五月二十日，繆筱珊送新刻《常州先哲書》三種。此日去寧返鄉。

六月四日，沈子培有函敦聘審言任教安徽存古學堂。

七月，往看友人王道農病，與共食於友人常熟丁秉衡國鈞所。

七月十六日，拜會繆筱珊，並接得筱珊代轉沈子培存古學堂聘書[③]。

《藝風老人日記》六月十四日[④]："沈子培寄紙來並李審言信及関書。"

《藝風老人日記》七月十六日[⑤]："李審言來，面交沈方伯信及関書。"

七月十七日，以將赴皖，至繆筱珊處辭行。

《藝風老人日記》[⑥]："李審言來，即赴皖。帶上《結一廬叢書》兩部，集十六本。"

七月二十七日，至皖，客此月餘，於存古學堂授史學及文選學，時提調爲臺州王子常詠麑，任教員者又有長洲朱仲我孔彰、桐城姚叔節永概、黟縣胡元吉等。

---

① 第八册，第3419—3420頁。

② 《學土》卷二，第163頁。

③ 按：審言哲嗣中山大學已故教授李稚甫先生以爲："宣統元年，先君應聘至存古學堂任教，曾一見培老，此二人定交之始。"（見於《學土》卷二，第153頁）當係偶誤。

④ 第六册，第2295頁。

⑤ 第六册，第2303頁。

⑥ 第六册，第2304頁。

《藝風堂友朋書札》"沈曾植"第十四通①:"去月廿八,自皖啓程,驪駒在門,而審言駕到,傾蓋之喜出望外,而杼軸之懷,匆匆不能罄也……八月廿七日。"

《記與沈子培先生定交事》:"余以八月杪到安慶,先生交卸在即,朱先生導余往謁,極致傾慕。座客有臺州王子常。次日即別去。"

七月二十九日,偕朱仲我往拜姚叔節。

《慎宜軒日記》②:"是晚,仲我偕興化李君詳(字審言)來,任存古史席。"

七月,作《汪容甫文箋序》。作《送沈乙盦方伯曾植歸里》詩、《贈臺州王子常先生詠麑》詩。

八月初一,繆筱珊收得審言來函,並於十二日作覆。

八月初六,姚叔節招飲。

《慎宜軒日記》③:"夕,邀校友小飲於次巖家,凡二席。"

八月初七,姚叔節招宴。

《慎宜軒日記》④:"邀校友於次巖家,又二席乃畢,爲生子故也。"

八月十一日,姚叔節來訪。

《慎宜軒日記》⑤:"訪仲我、審言、倫叔、次勛。"

八月十八日,姚叔節招與朱仲我、桐城方倫叔守彝同游長嘯閣。

《慎宜軒日記》⑥:"招李審言、朱仲我、倫叔、述庵小飲長嘯閣上。"

方守彝《網舊聞齋調刁集》⑦卷八有《庚戌八月李君審言自揚州來皖與朱翁仲我同應存古學堂之聘叔節邀飲長嘯閣僕亦陪座明日李君有詩屬和》。

又九月初七姚叔節和審言詩一首⑧,題《嘉興方伯招致仲我審言兩先生來皖開存古學堂規模既定嘉興去位秋日無聊邀登長嘯閣辱兩先生賜詩敬次韻呈教》。

八月二十日,往訪姚叔節。

《慎宜軒日記》⑨:"審言來。"

八月二十七日,沈子培致函繆筱珊問及審言近況。

《藝風堂友朋書札》"沈曾植"第十四通⑩:"審言在彼情狀如何?"

九月初六,姚叔節來訪。

《慎宜軒日記》⑨:"訪仲我、審言。"

九月九日,方倫叔約登大觀亭,同游者朱孔彰,姚叔節後至,審言有長句《方倫叔守彝邀

①⑩ 第178頁。

② 沈寂等標點,國家清史編纂委員會·文獻叢刊,黄山書社2010年版,第1160頁。

③④⑤ 第1161頁。

⑥⑨ 第1162頁。

⑦ 民國十四年排印本。

⑧ 《慎宜軒日記》九月初七日:"和李、朱二君詩。"第1164頁。又參《學土》卷三《姚叔節先生書札》第一函,第102頁。

⑨ 第1163頁。

與仲老同游大觀亭作重九之會復至清水塘觀余忠宣殉節處折赴長嘯閣小飲皆登高勝地也時姚叔節後至率成長句以博諸君一和》，朱、方二人皆有和作①。

九月十三日，繆筱珊發致審言函。

寓居安慶之時，桃源尹輅叔彦林曾來訪，作《贈桃源尹輅叔彦林》詩。

姚叔節以稿本《慎宜軒筆記》見示，以匆匆旋里，採十餘條入《愧生叢録》中②。

在皖期間，識全椒吴述庵承志，並作《謁余忠宣祠》詩、《呈朱經田中丞家寶》詩、《病肺呻吟俯坐不卧聞朱先生孔彰頌離騷聲嚨胡不絶亦異趣也》詩、《中秋對月感逝》詩、《題王文端松泉圖遺照應合肥樊稼亭嘉穀之請》詩。

九月，自安慶返寧。宣古愚以京師攜回之王氏刻《笥河文集》爲贈③。

九月二十二日，繆筱珊交王琦注《太白集》、樂史《翰林别集》、蕭士贇補注《翰林集》與審言。

本月，繆筱珊入都，爲籌劃建京師圖書館事。

秋冬之際，收得朱仲我來函，約期同赴安徽存古學堂，並寄重九游大觀亭和詩④。

又本年底，再收得朱仲我來函，言及存古學堂招生之事⑤。

本年，詔有保舉人才入京，經大學士驗看，加以考語，改授部曹者。南北向以“山人”名者，皆供驅使矣。乃賦詩紀之云⑥：“南郡諸生説上京，東山果有濟時情。賓賢枉被群公熱，是鏡能高處士名。萬柳新荷誰主客？一絲九鼎費將迎。坐中惜乏漁洋老，請頌當筵蛺蝶行。”

八月，舊友正定王道農耕心卒。

十二月九日，友人合肥蒯禮卿卒，年六十五。

宣統三年辛亥　1911　五十三歲

二月，刊《汪容甫文箋》於《國粹學報》第七十六期。

約三月，再赴安慶存古學堂。

《慎宜軒日記》三月初一日⑦：“存古開學。”

本月，作《庚子山哀江南賦集注自序》。

本月，續刊《汪容甫文箋》、《杜詩証選》於《國粹學報》第七十七期。

四月初四，繆筱珊發致審言安慶函。

---

① 朱氏和作題云：“庚戌九日游大觀亭，李君審言、方君倫叔先到，余獨後。回至小蓬萊飲酒，姚君叔節忽至，極懽而散。李、方先作古歌，余次其韻兼簡叔節。”《學土》卷三，第97—98頁。此事又可參《藥裹慵談》卷二“庚戌九月大觀亭之集”條。

② 按：參《愧生叢録》卷六。

③ 按：《學製齋詩鈔》卷三《莊紉秋自京師惠寄笥河詩集賦此謝之》自注云：“宣君古愚於庚戌八月自京師攜回王氏刻本《笥河文集》，贈余江寧。”而審言自七月末赴安慶，九月始返金陵，故姑繫此事於此際。

④ 按：見《學土》卷三，即《朱仲我先生書札》第一函，第97—98頁。

⑤《學土》卷三《朱仲我先生書札》第二函，第98頁。

⑥ 按：此詩《學製齋詩鈔》未録，見《藥裹慵談》卷三“大學士驗人才”條。

⑦ 第1182頁。

四月十三日，繆筱珊收得審言安慶來函，十四日，筱珊作回函。

四月十七日，姚叔節來拜。

《慎宜軒日記》①："見中丞、提學并拜健甫、仲我、審言、倫叔。"

四月二十七日，作函與繆筱珊②。二十九日，繆筱珊收得此函。

四月二十九日，姚叔節爲先生亡妻作傳。

《慎宜軒日記》③："作李審言夫人傳。"

四月，作《清翰林院檢討蒯光典行狀》、《脞語自序》。

本月，續刊《杜詩証選》、刊《庾子山哀江南賦集注》於《國粹學報》第七十八期。

五月初二，繆筱珊收得審言安慶四月二十九日所作函④，並所撰《蒯君別傳》一分。次日，筱珊作覆。

五月二十五日，繆筱珊收得審言來函并文。

五月，爲臺州王漱巖葆楨作《南洋勸業會雜詠題辭》⑤。

本月，續刊《汪容甫文箋》、《文心雕龍黄注補正》、《愧生叢録》、刊《脞語》於《國粹學報》第七十九期。

六月初六，姚叔節自家中寄書及函。

《慎宜軒日記》⑥："與敬庵及審言書，均寄書贈之。"

六月二十四日，繆筱珊發致審言函。

六月，學堂暑假，遂歸里，提學使吴棣軒同甲强留三箱藏書爲質，以求續聘。未幾武昌事起，書亦星散無存。

本月，續刊《汪容甫文箋》、《愧生叢録》、《脞語》於《國粹學報》第八十期。

閏六月，續刊《愧生叢録》、《脞語》於《國粹學報》第八十一期。

七月，作書友人鮑紫來於揚州魚皮巷寓所。

十月，作《見匋齋藏石記印本感賦》詩三章。

約於本年初或上年末，爲友人吴述庵作其祖《全椒吴公棣園墓志銘》，述庵以書來謝，並贈吴山尊手録汪容甫遺詩一葉⑦。

約於本年初或上年末寓安慶之時，頗與王子常往還，嘗贈審言以《雅希集》及配臨海屈逸珊蕙纕夫人詩，計高尺許，皆罹於皖劫。又嘗篆峿臺銘篆聯贈審言云："其人好古有奇作，從君望道樂無涯。"

約本年，以《趙孺人事述》附以小啓（即《與屈逸珊夫人爲先妻徵詩啓》）奉屈夫人，乞爲品

①③　第1187頁。

②　按：即《藝風堂友朋書札》"李詳"第九通，第784頁。

④　即《藝風堂友朋書札》"李詳"第十通，第785頁。

⑤　按：事參《藥裹慵談》卷二"王漱巖南洋勸業會雜詠"條。

⑥　第1191頁。

⑦　按：參《藥裹慵談》卷六"吴山尊録汪容甫詩"條。

題。屈氏乃爲題七絶四首①。

本年,作《蕭君逊大八丨壽序》。

本年,續刊《愧生叢録》、《脞語》於《國粹學報》第八十二期。

子承祐(稚甫)生,繼室劉出。

三月二十四日,友人東臺陳伯石汝玉病卒,年六十七。

十二月初十,母趙太孺人卒,年八十五。

民國元年壬子　1912　五十四歲

二月初五,繆筱珊於海上寓所虹口聯珠樓收得審言來函。

三月二十一日,繆筱珊收得審言來函,並於二十九日作覆,發往鹽城秦南倉②。

四月,於邵伯鎮邂逅舊友高郵宣古愚,出示王益吾函並所贈《漢書注》三册,遂相攜往上海,以爲東道主。

四月初九,往訪繆筱珊。

四月初十,繆筱珊回拜。

四月十一日,鄧秋枚實約至半齋晚宴。

《藝風老人日記》③:"晚到半齋,鄧秋湄約李審言、況夔生、袁承業、李曉暾、王壽軒同席。"

四月十三日,繆筱珊收得審言便條。

四月十五日,訪繆筱珊。

四月十七日,繆筱珊約同小飲於式式軒。

本月,至大馬路虹廟衖對巷沈子培寓所拜謁。又曾與繆筱珊、陳散原、李健甫、徐積餘、劉蔥石、鄧秋枚等諸友懽晤。

本月,作《哀洹陽爲前江督端尚書作》,昭文孫師鄭雄、滿洲寶瑞臣侍郎皆以爲實録④。

本月,又作《壬子四月薄游上海昔時舊故皆不期而遇歸里作此寄贈屬李君曉暾登之報端冀見之者互相傳告不能一一奉簡也》。

四五月間,收得姚叔節京師來函,並以所作詩一卷請加評定⑤。

陳散原求閲姚叔節近稿,審言爲鈔一册,請加墨評。散原回函作謝,並撰《和答審言先生見貺之作》⑥,又惠贈詩集二册。而之後審言又作《伯巖先生和余詩來再答其意》,以爲回應。

未久,返鄉。有《六月四日夜起》詩之作。

---

① 按:詩見《藥裹慵談》卷二"王子常屈逸珊夫人"條。

② 按:即《繆藝風先生書札》第七函,見於《學土》卷二,第165—166頁。

③ 第六册,第2478頁。

④ 按:此説見於《分撰匋齋藏石記釋文題記》。又《藥裹慵談》卷五"哀洹陽"條云:"余於壬子四月作《哀洹陽》詩,爲端忠敏而發,一時附端者頗致不滿。昭文孫師鄭謂'不愧杜陵詩史'。襄陽周君自京師客上海,述寶瑞臣侍郎言及忠敏云:'"出山富貴爲群奴",輿化李先生詩,有旨哉。'"

⑤ 《學土》卷三《姚叔節先生書札》第二函,第102—104頁。

⑥ 又見於《散原精舍詩續集》卷上,名作《答李審言》,第369頁。

八月初，爲從弟所迫，至於訟官。

九月二十四日，繼室劉氏卒。作《九月二十四日記痛悼繼室劉氏》詩。

秋冬間，肺病纏身，創傷繼之，呻吟相屬。

冬月初一，繆筱珊發審言鹽城函①。六日，審言收得此函，並隨即作覆②。至十二日，筱珊收得審言回函並詩，即《得藝風先生冬月朔日書知屬疾甫痊閉門讎校已盡數種憐餘傷悼期爲滬游感激寄此》。

十一月二十六日，繆筱珊發審言鹽城函，附致張秀蓀函。

十二月朔，筱珊收得審言回函，並於臘八作覆③。

十二月初十，作《許姨母靈表》。

十二月十二日，覆繆筱珊函。允繆氏來函所請爲其文集作序，並寄《廣雅堂詩集》一部，請藝風於暇時批點，以備審言注南皮詩之參考④。

冬，作《湘綺先生却聘南下暫居上海賦此奉簡》。

本年，作《劉君蕙石聘余教其一子一姪以家禍遷延未赴寄此謝之》詩、《倣杜陵存没口號》詩。《顧石孫親家留滯河南令弟燕卿羈宦陝西欲歸不得寄此代簡》詩，當即作於本年。

又民初之際，審言嘗以留存鄉邦之劉融齋、鄭板橋著作版刻集資刷印⑤，分贈友好，流佈海內。姑繫於此。

又應南通費師洪範九之請作《南通州費君鑑清小傳》。鑑清爲範九父，卒於本年，故姑繫此。而範九著籍稱弟子，當亦即是時。

民國二年癸丑　1913　五十五歲

正月十六日，友人廬江吴彦復保初卒，年四十五。作《挽吴彦復》詩。審言與吴氏結交於江寧陳散原宅，再見於蒯禮卿座上，又晤於秦淮酒肆，有張子開同集。

正月二十五日，訪繆筱珊。

正月二十七日，繆筱珊收得審言來便條。

正月二十八日，訪繆筱珊借書。

正月二十九日，繆筱珊發審言一明片⑥。

---

① 即《繆藝風先生書札》第八函，《學土》卷二，第166—167頁。

② 按：即《藝風堂友朋書札》"李詳"第十三通，第786—787頁。

③ 按：筱珊回函當即《繆藝風先生書札》第九函，《學土》卷二，第167—168頁。又此函卷末署"臘八"，而《藝風老人日記》則繫於九日。

④ 按：筱珊來函即《繆藝風先生書札》第十函(《學土》卷二，第168—169頁)，審言回函則爲《藝風堂友朋書札》"李詳"第六通，第782—783頁。

⑤ 蔣抱玄《聽雨樓詩話》(《民國詩話叢編》本五，第295頁)云："曩年向興化袁氏購得鄭板橋未刻詩一册，係先生壯年之作。是時字體係松雪參東坡，不類晚年放縱，余甚寶貴之。册中多精心結構之作，而全集俱未收。蓋隨時吟詠，大半散佚，所得者或視爲祕寶，不欲共諸同好也。"則審言印行之板橋集，或即此。

⑥ 按：此明片或即《繆藝風先生書札》第十一函(第169—170頁)。惟函署"卅日"，而《藝風老人日記》作二十九日。而函中述審言欲借《野獲編》及藝風願介紹審言與葉鞠裳相識事，則正爲此間之事。

二月，就原“江楚編譯官書局”總辦貴池劉聚卿世珩館於上海戈登路二十三號①，多與沈子培等往來。

《學製齋文鈔》卷二《記與沈子培先生定交事》：“癸丑二月，余就劉聚卿館於上海戈登路，先生寓麥根路杉板橋堍朝西樓上，相距數牛鳴地。每星期輒往，往或留飯，或午後具餅餌。夫人崑山李氏，量客設食，若不知有賓主者。”

二月初二，審言致函於閩縣鄭蘇堪孝胥之長子鄭垂，求蘇堪詩作。蘇堪當即回復，並於次日以《海藏樓詩》遺審言。

《鄭孝胥日記》②：“有李審言名詳者與大七書，索余詩，且示癸卯舊作《讀海藏樓詩》七律一首。”

二月初二，繆筱珊收得審言來便條，即爲正月二十九日筱珊明片之回復③。

二月初五，繆筱珊作函與審言④。

二月初五，審言寄詩與蘇堪，即《蘇堪見惠海藏樓詩副以一書盛稱余癸卯舊作賦此奉簡》。次日，復訪蘇堪於海藏樓，未遇，留七古一首。

二月初七，蘇堪回訪審言。

《鄭孝胥日記》二月七日⑤：“往訪李審言，遺余新作文數首及所著《愧生叢録》。”

《鄭孝胥日記》二月八日⑥：“讀李審言所著《趙孺人事述》，其辭甚哀。”

二月初八，繆筱珊收得審言來便條，並發審言一柬⑦。

二月初九，訪繆筱珊，遂共飯。

二月初十，從繆筱珊借《野獲編》、《語石》、《文編》、《晉書藝文志》，借予筱珊《毛詩》大字疏。

二月十二日，與鄭蘇堪簡，蘇堪即作覆。

《鄭孝胥日記》⑧：“李審言來簡催余作詩，復書‘請何日來此更談一次方能命筆。’”

二月十四日，姚叔節作函與審言。

《慎宜軒日記》民國二年三月二十一日⑨：“與李審言書。”

二月十五日，訪鄭蘇堪於海藏樓。

二月十九日，遺鄭蘇勘七古一首，即《酬蘇翁》。次日，蘇堪作《李審言室趙孺人》詩，並作函與審言。

---

① 參《慎宜軒日記》民國二年五月初七日條下注：“李審言寓上海戈登路廿三號劉宅。”第1235頁。

② 第三册，第1456頁。

③ 按：審言便條即《藝風堂友朋書札》“李詳”第七通，第783頁。

④ 按：函即《學土》卷二《繆藝風先生書札》第十三函，第171頁。

⑤⑥⑧ 第三册，第1457頁。

⑦ 按：此柬即《學土》卷二《繆藝風先生書札》第十五函（第172頁），約審言次日便飯，即審言此日便條之回復。

⑨ 第1230頁。

二月二十三日，與鄭蘇堪同訪陳散原，遂共飯。座客有閩縣李拔可宣龔、蘄縣陳仁先曾壽、紹興諸貞壯宗元。

《鄭孝胥日記》①："李審言來，同過伯嚴，遂至小有天，邀拔可、仁先、貞壯共飯。"

二月二十六日，鄭蘇堪作《春陰簡李審言》②。次日，審言回寄答詩一首。

三月初三，寄詩與鄭蘇勘。繆筱珊致兩函、詩兩册來，請審言代爲勘定③。

本日，以上巳社集，結識仁和徐仲可珂。不日内，收得仲可來函，並送呈其外舅朱研冰遺墨一册④。

《吴興周夢坡先生年譜》⑤："上巳日，淞社同仁修禊徐園，會者二十二人。府君與劉翰怡京卿主席，是爲淞社第一集。"

三月初六，訪鄭蘇堪於海藏樓。

三月初七，從繆筱珊借得《古學匯刊》第三期。

三月十四日，以徐積餘之介，結識長洲葉鞠裳昌熾。

《葉昌熾日記》⑥："興化李君審言名詳，孰精選學。舊在蒯禮卿前輩處課讀，今爲聚卿延教其子弟。午後介積餘同來，衣冠甚古，望而知爲樸學。出所著《媿生叢録》一册爲贄，'媿生'其自號也。又贈七言古詩一首，起二句云：'雁宕龍湫古未闢，伐木登山奇始獲。'又云：'體仿雜事南宋詩，碑廣韓陵北朝石。'頗能推見著書之意，但媿不敢當耳。"

三月十六日，鄭蘇堪作函與審言，爲答審言所作《肺病數日不出效海臧體》。葉鞠裳次審言贈詩韻，作七古一首⑦。

三月十七日，繆筱珊收得審言來柬並覆⑧。

同日，姚叔節於北平收得審言函。

《慎宜軒日記》四月二十三日⑨："得李審言書。"

三月十八日，葉鞠裳以所作七古托徐積餘轉交審言。

《葉昌熾日記》⑩："晨以一函致積餘借書，附古詩一首託轉交李翁。適逢其同舍治喪，執紼在途，至晚始有復書來。送至《梁書四》一册、《陳書》二册、《隋書》三册（《地理志》一本，又首尾二本）。拙稿兩種前已贈之，言爲李審言取去。"

---

① 第三册，第1459頁。

② 《海藏樓詩集》卷八，《中國近代文學叢書》本，黄坤、楊曉波校點，上海古籍出版社2003年版，第242頁。

③ 按：筱珊所作兩函當即《學土》卷二《繆藝風先生書札》第十六函、第十七函（第172—173頁）。

④ 《學土》卷三《徐仲可先生書札》，第104—105頁。

⑤ 周延礽撰，民國二十三年刻本。

⑥ 江蘇古籍出版社2002年版，第十一册，第7113頁。

⑦ 按：審言原詩及葉氏和詩均見《葉昌熾日記》，第十一册，第7114—7116頁。

⑧ 按：筱珊回函或即《繆藝風先生書札》第十二函（《學土》卷二，第170—171頁）。函中言："葉緣督吃煙，外觀稍欠，實則精神内斂，動筆即健。"正當審言初遇鞠裳之後。

⑨ 第1233頁。

⑩ 第十一册，第7117頁。

三月二十二日，送繆筱珊詩稿及《語石》。

三月二十三日，繆筱珊致審言柬以示謝[①]。

三月二十八日，訪鄭蘇堪於海藏樓。

三月二十九日，繆筱珊致審言柬[②]，送《古學報》一、三兩期及《後村詩話》、《水心集》。

春，陳石遺過滬，於海藏樓見鄭氏贈審言詩篇，遂頗留意。後於報端得見審言數詩，乃評爲"非近日妙手空空一派。"[③]

四月初七，鄭蘇堪作函與審言，答其斷髮之惑。

四月初八，繆筱珊交送《古學彙刊》第四期。

四月二十三日，姚叔節自京返里，途經上海，與審言相晤。

《慎宜軒日記》五月二十八日[④]："偕倫叔訪夢華、伯嚴、廉惠卿、樊山、介庵、審言，各久談。"

四月二十五日，繆筱珊致審言一柬。

四月二十七日，訪繆筱珊，還《後村詩話》、《葉水心集》、《古學彙刊》，又借《桂馨堂集》。

四月二十九日，從繆筱珊借《蘇詩編年集成》。

五月初六，徐積餘招飲。

《藝風老人日記》[⑤]："積餘招飲，菊裳、瘦唐、菊生、審言、聚卿、梅庵、蘇龕、百年同席。"

《葉昌熾日記》[⑥]："積餘招同興樓。今日適爲先妣忌辰，本擬函辭，但辤必改期，非所以衈主人也。座中有蕙石，屢約而未能一見。奴子病足，攜杖獨往。主人爲特設素肴，亦未舉箸，清談啜茗而已。同坐九人，蓺風、審言之外，陳伯嚴同年三立、胡瘦唐侍御思敬、李梅庵觀察瑞清，皆初識荆。鄭蘇龕、張鞠生則舊雨也。"

五月初八，葉鞠裳收得審言函。

五月初十，偕方倫叔共訪鄭蘇堪於海藏樓。又葉鞠裳作函與審言。

《葉昌熾日記》[⑦]："審言索觀崔忻井闌詩，午後手録一通并作函付郵。"

五月十一日，托徐積餘轉交葉鞠裳所撰《海上流人徵事啓》。

《葉昌熾日記》[⑧]："今日爲黄蕘翁百五十歲生辰……積餘又爲李審言袖交《海上流人録徵事啓》駢文，胎息甚古，然欲仿《永嘉流人録》之例爲海上寄公人作小傳，近於標榜聲氣，不敢與聞也。"

---

① 按：即《學土》卷二《繆藝風先生書札》第十八函（第173—174頁）。云："拙稿承法家鑑定，何幸如之！遵删遵改，決不護短，本不足存也。"

② 按：此柬當即《繆藝風先生書札》第十四函，《學土》，第171—172頁。

③ 《石遺室詩話》卷九，《新萬有文庫》本，遼寧教育出版社1998年版，第125頁。

④ 第1238頁。

⑤ 第七册，第2600頁。

⑥ 第十一册，第7139頁。

⑦ 第十一册，第7141頁。

⑧ 第十一册，第7142—7143頁。

五月十二日，王益吾於平江收得審言來書[①]竝詩《寄王逸梧先生平江》。

五月十四日，葉鞠裳作七古一首，諷諫審言。

《葉昌熾日記》[②]："作七言古詩一首。三疊前韻贈審言。聞撰《海上流人録》，正在徵求事實，此汝南月旦評也。以俟後賢，不亦可乎！并以諷之。"

五月十六日，徐積餘招海上流寓諸君子同集，座客有劉聚卿、陳三立、繆筱珊、李審言、葉鞠裳、臨川李梅庵瑞清、新昌胡瘦唐思敬、鄭蘇堪、張菊生。

五月十七日，王益吾回函，贈《西域傳》一册，並次韻審言原詩一章[③]。

《癸丑夏仲得審言仁弟惠詩次韻一章録奉吟正》："斯文將喪欲無書，道合何須嘆索居。心事直教傳委曲，足音已似到空虛。寄身倘作乘桴想，娱母回思畫竹初。忠孝文章千古在，我知蘿薜壓簪裾。"

本日，鄭蘇堪過訪。

五月二十一日，遺鄭蘇堪常熟新刻《羅昭諫集》二册。

五月二十五日，與丁秉衡同訪繆筱珊。晚赴李曉暾宴。

《黄侃年譜》[④]："晚至曉敦處飯，新識程海平、十發兄弟，況周儀、李詳亦在座。"

《蘗裹慵談》卷六"鬮韻聯句"條："往館上海，李曉敦世由招飲白克路寓舍。客有臨桂況夔笙周頤、湖南程子大頌萬、湖北黄季剛侃。余到甚遲。子大倡鬮韻聯句，作香奩體。"

五月二十八日，送還繆筱珊《野獲編》、王琦注李集、樂史李外集、蕭注李集、長沙師《西域傳補注》，又索《詩經注疏》。

約五月底，新建夏劍丞敬觀過訪，遂訂交，並作《新建夏劍丞觀察過訪賦贈》。劍丞亦有《次韻答李審言》之作。

約六月至八月間，返鄉里居。

八月初，自鄉歸滬，過鎮江，作《癸丑八月杪鎮江寓樓晚眺》詩。

九月初六，過訪繆筱珊。

九月初七，繆筱珊與審言、梁公約談劉聚卿囑跋各書。

九月初十，鄭蘇堪過訪。

九月十二日，繆筱珊致審言一柬。

九月十九日，繆筱珊答審言來便條。

九月二十六日，繆筱珊收得審言來柬。次日，筱珊致審言一柬。

十月十八日，鄭蘇堪過訪。

十月十九日，訪繆筱珊。

---

① 按：即《學製齋駢文》卷一《答益吾先生書》。

② 第十一册，第7145—7146頁。按，詩亦見《日記》。

③ 《學土》卷三《王益吾先生書札》，第95—96頁。此詩《虛受堂詩存》未録。

④ 司馬朝軍、王文暉合撰，湖北人民出版社2005年版，第77頁。

十月二十一日，訪鄭蘇堪於海藏樓，求書送某醫士匾額。

夜，喘息不卧，作《書郭君禮徵爲余同伯立後事》。

十月二十六日，訪鄭蘇堪於海藏樓，未遇。

十月二十七日，繆筱珊收得審言來便箋，次日作覆。二十九日，筱珊接審言條。

十月二十八日，葉鞠裳收得審言來函一通。

《葉昌熾日記》[①]："得李審言明經書，言吴枚庵自定詩稿已攜在行篋，可寄示，欲易五十元。"

十一月初三，與徐積餘於繆筱珊處便飯，筱珊交還廣雅詩二册。又葉鞠裳發審言函。

十一月初七，筱珊售《東湖雜記》與審言，又接審言條。

十一月初九，葉鞠裳收得審言來函一通。

《葉昌熾日記》[②]："得李審言書。寄至吴枚庵詩寫本，似手稿，有删改處。眉端間有諸家評語，題曰：'與稽齋叢稿'。原本三十卷，今佚存二十卷，詩詞全，自二十一卷以下皆缺，計闕《雜文》四卷、《雨窗懷舊録》四卷、《詩臆》一卷、《楚游紀程》、《宋游記程》合一卷。尚有附録三種，曰《楚游贈言》、曰《借書圖題詞》、曰《撚鬚索句圖題詞》，亦佚。據審翁自跋，同治乙丑其太翁客於吾郡，在閶門外冷攤得此集。未知海内尚有完本否？"

十一月十三日，鄭蘇堪過訪，還文稿歸。葉鞠裳寄審言函。

十一月十九日，筱珊致審言一柬。

十一月二十日，葉鞠裳收得審言來函一通。

十一月二十四日，與張子開、劉訪渠同訪繆筱珊早飯，並以王文敏試卷求題。

十一月二十五日，葉鞠裳又得審言函。並餽松泉白玫瑰酒兩瓶、筍乾二斤、白糖三斤，報鞠裳枇杷之貺也。

十一月二十六日，與張子開、劉訪渠同過鄭蘇堪於海藏樓。

十一月二十七日，葉鞠裳復審言函，請以三十元爲壽，以吴集歸葉。

十一月二十九日，葉鞠裳收得審言來函一通。

《葉昌熾日記》[③]："得李審言快信一函。吴集允三十元見歸，請益拙稾兩部。'永遠杜賣'、'找絶'等詞甚不雅馴，李君爲失言矣。"

十二月初一，葉鞠裳托寄審言函一通。

《葉昌熾日記》[④]："聞仲侯午車赴滬，即送去一緘。附復審言函，由滬莊付書價三十元、《藏書紀事詩》竹紙一部，告以《語石》已售罄，未續印。"

十二月初五，繆筱珊致審言一柬。

---

① 第十一册，第 7210 頁。

② 第十一册，第 7216—7217 頁。

③ 第十一册，第 7232—7233 頁。

④ 第十一册，第 7233—7234 頁。

十二月初六，葉鞠裳收得審言函，知書價已付訖。

本年，“江蘇通志局”恢復，原安徽巡撫金壇馮蒿庵煦任總纂，聘審言爲協纂。

爲鮑紫來作《端虛室賸稿序》。

約本年，作《海上流人録徵事啓》文，並函請沈子培是正，子培復函以“流人”之目可議。

武進莊紉秋綸儀見《徵事啓》，乃移詩定交。

審言《見散原陳君新詩》、《見石甫易君新詩》、《見樊山近詩》、《宣兄古愚招飲半齋以雨未赴記往日晨與古愚語拉雜書之以寓懷抱》六首、《余里居二年生計漸窘客滬以來作書貸於公約靄如頃有嚴君飴庭過訪即致梁夏託寄餅金如余所乞石友風義見於今世不覺感激述爲此詩》等當即作於本年。

本年，沈子培有《答李審言》七律二首。

本年，友人仁和鮑紫來毓東卒，年六十九。作《哀鮑紫來毓東》詩。

本年，友人山陽徐賓華嘉卒，年八十。有《挽山陽徐遁庵先生》詩。

本年，友人清河王壽萱錫祺卒，年五十九。後審言嘗作《追悼王壽萱錫祺》詩挽之。

民國三年甲寅　1914　五十六歲

二月二十一日，致繆筱珊函並餽物。

二月二十六日，訪鄭蘇堪於海藏樓。

二月二十八日，繆筱珊約同震在廷吃飯。

三月初五，鄭蘇堪過訪，未遇。繆筱珊致審言一柬。

三月初六，繆筱珊收審言柬。

三月初七，筱珊致審言一柬。

三月十三日，繆筱珊約請小飲悦賓樓。

《藝風老人日記》[①]：“請羅叔藴、范偉君、章一山、李審言、況夔生、程名孫、吴石潛小飲悦賓樓，菜可。”

三月十五日，赴海藏樓看櫻花。

《鄭孝胥日記》[②]：“李審言、俞恪士、陳仁先來看花，遂同至悦賓樓晚飯。”

三月二十六日，出席淞社會議。

《藝風老人日記》[③]：“淞社開會，翰怡主盟。所予人生人有徐仲可，熟人子開、子淵、幼舲、審言、一山、子晴、夢坡、蘭史、仲篪、聽邠、莪廷、光珊、志韶、蒼石、醉愚同席。”

四月初二，訪繆筱珊，借徐注《哀江南賦》。

四月二十七日，繆筱珊致審言一柬。次日，審言回條。

四月三十日，訪繆筱珊。

---

① 第七册，第 2708 頁。

② 第三册，第 1512 頁。

③ 第八册，第 2711 頁。

又約於本年四月下旬，審言曾央陳散原爲所作駢文序，未果。

五月初二，繆筱珊來久談。

五月初六，訪鄭蘇堪於海藏樓。

五月二十六日，繆筱珊致審言柬。

閏五月初五，鄭蘇堪過訪。

閏五月十三日，還繆筱珊庾子山《哀江南賦》。

閏五月十九日，鄭蘇堪作函與審言，商榷詩稿。

閏五月二十六日，鄭蘇堪作函求代校詩稿。

閏五月二十九日，鄭蘇堪作函致謝。

七月，於《雅言》第一卷第八期刊發爲費師洪所作其父《南通州費君鑑清小傳》。

八月二十六日，繆筱珊收審言條。

八月二十八日，訪鄭蘇堪於海藏樓，並贈書多部。

《鄭孝胥日記》[①]："李審言來，以《興化縣志》、李福祚《三述》、趙鴻書《蜕樵詩鈔》遺余。"

九月初五，訪繆筱珊。

九月初七，繆筱珊約同劉蘧六、唐元素小飲。

十月初七，訪鄭蘇堪於海藏樓。

十月初八，約請諸友人共飯。

《鄭孝胥日記》[②]："李審言約至老半齋午飯，座有馮夢華、楊子勤、唐元素（旗人震鈞）及審言之子毅甫。"

十月初十，鄭蘇堪過訪。

十月十四日，馮夢華約午飯。

《鄭孝胥日記》[③]："馮夢華約午飯，座中爲朱古微、王聘三、陳伯嚴、唐元素、李審言、魏梅村。"

十月二十四日，繆筱珊致審言柬。

十一月初六，鄭蘇勘以審言所注張南皮詩使趙竹君轉交王雪澂。

《鄭孝胥日記》[④]："竹君約午飯，攜審言所注南皮詩使轉交王雪澂。因談南皮外任以後竹君所知軼事最詳，他日余當執筆就竹君記之，附於詩後，則讀其詩者可悉得其意矣。"

十一月十八日，於繆筱珊處便飯。

十一月二十三日，繆筱珊致審言明片。

十二月十日、十一日，繆筱珊收審言來條。

本年，上虞羅叔蕴振玉自東瀛歸淮上省墓，過滬上，與審言相識，一再晤對。前此，審言

---

① 第三册，第1535頁。

② 第三册，第1539頁。

③ 第三册，第1540頁。

④ 第三册，第1544頁。

嘗介友人山陽徐賓華嘉索聯，叔蘊爲篆“博學以文，行己有恥”以贈。

江寧蔣蘇庵國榜受業。

蔣國榜《學製齋駢文序》：“國榜與弟國平束髮受書，即心識先生之文。乃先生前客江寧，無由自見。去年，馮蒿庵先生始紹介以奉教左右。”

爲蔣蘇庵勘定其父平叔遺詩，並作《蔣君厚民遺令跋》、《江寧蔣君平叔遺詩序》。

撰《劉蕙石參議四十壽序》。

冬至，馮煦爲撰《學製齋駢文序》。

本年嘗作《奉懷段笏林先生山陽》詩。

本年夏間始，陸續刊所作詩文於《文藝雜誌》①。載第二期者有：《城南舊遊記》、《丁未六月游後湖記》、《辛卯八月游焦山記》、《射湖春泛記》文及《悲洍陽》詩，同期又有蘇堪之《雨中簡李審言》；載第三期者有：《上王益吾先生書》、《答王益吾先生書》、《乞樊雲門方撥檢還學製齋文集書》文及《甲辰二月移館揚州花園巷間日出遊得詩九首》、《筱珊先生六十生日獻此爲壽》、《小除病起寄王雷夏日本》詩；載第四期者有：《江寧蔣平叔遺詩序》文及《游莫愁湖》、《讀鄭蘇龕海藏樓詩》、《射陽故城懷古》、《世事》、《寄董仲petition學士湖北》、《韓信釣台》詩；載第五期者有：《復譚仲修先生書》、《與鹽城縣劉楚薌明府書》、《與會稽姒季先孝廉書》、《與宣古愚書》文及《伯嚴吏部自江西歸以素紙乞寫新詩》、《爲蒯禮卿觀察和張孝達尚書金陵褉詩》詩；載第六期者有：《黄漱蘭先生誄》、《五君頌》、《汪容甫先生贊》文及《六月十六日夜偕諸友登雞鳴山坐豁蒙樓良久得詩一首寄訊蒯禮卿觀察（有序）》、《朝天宫謁顧亭林先生祠》、《陸務觀言少陵去蜀有一子留守浣花草堂此事甚新邀同人詠之》詩；載第七期者有：《京師坊巷志序》、《謝徐積餘觀察題慈竹居圖啓》文及《徐篤甫自京師寄東洲草堂詩至作此謝之》、《沈乙盦先生贈冒君鶴亭新刊二黄先生詩賦寄冒君》詩，同期又有馮蒿叟《學製齋文集序》文及興化徐德培篤甫《和李審言》詩；載第八期者有：《表弟兩趙君傳》、《王君奏雲傳》、《懷知詩序》、《自序》文，同期均耀《慈竹居零墨》又有“李審言”條；載第九期者有：《端虚室賸稿序》文及《上朱經田中丞》、《寄徐積餘觀察》、《述舊一首呈左庵》、《寄雷交王七兄》詩；載第十期者有：《廣謳一首爲劉楚薌明府作》、《與汪作舟孝廉書》、《與海寧許次曼書》、《寄顧石蓀書》文及《焦山歌寄李仲仙中丞兼示健父孝廉》、《題筱珊先生垂虹感舊圖》、《寄益吾先生以慈竹居乞題》詩；載第十一期者有：《憶歸有作》、《贈常熟丁秉衡同學》、《贈梁節庵》、《寄伯嚴吏部》、《贈宜都楊先生守敬》、《金甡生丈過訪未值敬呈一首》詩。

十一月二十四日，宜都楊惺吾守敬卒，年七十六。作《楊守敬先生挽詩》。

民國四年乙卯　1915　五十七歲

二月二十七日，送脂油與繆筱珊。

---

① 按：此刊民國三年夏上海創刊，月刊，鉛印平裝本。第十三期始改季刊，石印綫裝本。版權葉題文藝雜誌社發行，封面題掃葉山房發行。松江雷瑨（君曜）主編，停刊時間不詳。第二至十一期未署出版年月，今故繫此。

三月初一，刊《寓齋襍詩》於上海《國學雜誌》第一期。

三月初二，周湘舲招飲。

《藝風老人日記》①："周湘舲招飲，龐蘧庵、李審言、龐鼎臣、子修、古微、拙存、翰怡同席。"

三月初三，陳散原函邀六日晚宴。繆筱珊致審言柬五日招飲，次日，審言回條。

三月初四，鄭蘇堪過訪。

三月初五，繆筱珊、徐積餘招飲。

《藝風老人日記》②："與積餘公請龐劬庵、瞿良士、李審言、宗子岱、古微、雪丞、屏山、晦若。"

三月初六晚，陳散原宴於滬上新半齋小有天，座客有安吉吴缶廬昌碩、閩侯李拔可宣龔、錢塘吴董卿用威、江都王義門景沂，散原屬義門集資代審言刊刻詩文。

三月十二日，沈子培招飲，坐客有羅叔藴、武陵趙伯藏于密、漢軍楊子勤鍾羲、滿洲唐元素晏、歸安朱古微孝臧，共六人③。羅氏復允代刻審言所注汪文，以未能理出作罷。

《雪堂自述·五十日夢痕録》④："三月二十二日"條："培老約午飲，座客爲楊子勤太守鍾羲、震在亭主政鈞、李君審言詳、趙伯藏太守于密。"並於審言云："李君興化人，工駢儷之文，所注汪庸甫先生文至精密。相知已久，去年始相見於滬上。"

三月十五日、十六日，繆筱珊致審言柬。

三月十七日，繆筱珊得審言函，次日，筱珊回柬。

約三四月間，冒鶴亭來函致候。

四月初三，與馮夢華等同訪海藏樓，未遇。

《鄭孝胥日記》⑤："李審言、馮夢華皆來，又有一人章姓（一山），在商務印書館編輯所，疑是章梫。"

四月初六，繆筱珊致審言柬。

四月十七日，訪繆筱珊。

四月十九日，鄭蘇堪約同諸友人午飯。

《鄭孝胥日記》⑥："邀馮夢華、楊子勤、唐元素、李審言、鄭積臣、堯臣、孟純蓀等午飯。"

四月二十三日，訪鄭蘇堪於海藏樓，求書《學製齋駢文》封面。

四月二十五日，繆筱珊來拜。

四月，蔣國榜爲撰《學製齋駢文序》、審言撰《學製齋駢文自序》。

約本月，作《伯嚴吏部移歸金陵計已安處矣寄此奉聞》詩。

---

① 第七册，第 2826 頁。

② 第七册，第 2827 頁。

③ 按：與席者名參《蘗裏慵談》卷六"談藝瑣録"條及《愧生叢録》卷四，均較羅叔言所記者多朱古微一人。

④ 按：《中國學人自述叢書》本，江蘇人民出版社 1999 年版，第 96 頁。

⑤ 第三册，第 1561 頁。

⑥ 第三册，第 1563—1564 頁。

四月，陳散原還金陵舊居，得審言寄詩並請爲先妻趙孺人作傳，遂作《乙卯四月還金陵舊居審言先生寄詩見訊次韻奉酬》[①]。

五月十七日，葉鞠裳收得審言一函、駢文舊稾一卷，求作序。

《葉昌熾日記》[②]："得李審言一函、駢文舊稾一卷，求作序。云先有譚仲修、馮夢華兩序，今子培、蓺風亦允贈言矣。然則需鄙人一紙爲諸公作輿臺乎？又贈詩兩絶爲羔雁，頗不俗。"

五月十八日，繆荃孫撰《學製齋駢文序》，二十一日寄予審言[③]。

五月二十日，葉鞠裳寄審言一函，言展期當作文序以報命。

五月二十二日，繆筱珊接審言柬。

五月二十四日，繆筱珊回審言柬。

五月二十九日，與袁季子赴繆筱珊處早飯。

同月，沈曾植撰《學製齋駢文序》，前此，審言曾作《沈培老允爲鄙集撰序作詩促之》兩首。

六月初二，繆筱珊收得審言函。

六月初七，與劉訪渠同訪繆筱珊。

六月初十，訪鄭蘇堪於海藏樓，並以畫二軸求爲題簽。

六月十八日，繆筱珊收得審言一柬。次日，審言再致一條與筱珊。

六月二十一日，繆筱珊約同劉訪渠、章一山、羅子敬、劉季英、褚里堂於悦賓樓小飲。

七月初，鄭蘇堪爲介紹作哈同之壽屏，即《七月七日哈同及妻羅迦陵壽詩》。

《鄭孝胥日記》七月朔[④]："有姬佛陀者來訪，乃哈同之管事，云哈同生日欲作壽屏，詢余能爲文否？余爲介紹與李審言。"

七月初三，冒鶴亭作函與審言，並贈書數部。

七月初九，訪鄭蘇堪於海藏樓，贈所著《學製齋文》。

七月十二日，葉鞠裳作成審言駢文稿序。

《葉昌熾日記》[⑤]："作李審言駢文稿序一首，先有譚仲修、馮夢華兩序，難乎爲繼。六七日前即搆腹稿，因病而輟，今日始力疾續成之。"

七月十四日，繆筱珊收審言柬。葉鞠裳改定審言駢文序，自繕清稿一通，並於次日寄出。

《葉昌熾日記》七月十五日[⑥]："寄李審言書、駢文序一首、原稿二册，雙挂號……"

七月十八日，葉鞠裳得審言書，謝撰序。

七月二十一日，鄭蘇堪過訪，並交付王氏壽文節略，請審言代作。

---

① 按：參《陳伯嚴先生書札》第八函，見《學土》卷二，第 160 頁。又《散原精舍詩續集》卷中收此詩題作《次韻答李審言滬居見寄》，第 464 頁。

② 第十二册，第 7559—7560 頁。按：審言所作兩絶亦見《日記》。

③ 按：文見《藝風堂文漫存·乙丁稿》卷二，題《李審言儷體文集序》。

④ 第三册，第 1574 頁。

⑤ 第十二册，第 7581 頁。

⑥ 第十二册，第 7582 頁。又鞠裳此文收入《奇觚廎文集》卷上，名《李審言學製齋駢文序》，民國十年刊本。

七月二十八日，訪鄭蘇堪於海藏樓，交王氏壽文，並獲潤筆八十元。葉鞠裳得審言寄駢文兩部，並於次日作覆感謝。

《葉昌熾日記[①]》："午前欲寄雲間信，正在繕函而海上郵筒迭至。閣筆披覽，一爲李審言寄駢文兩部，其弟子江寧蔣蘇庵以活字排印，又益蓺風、子培兩序，無函。"

九月初十，刊《五君頌》於上海《文星雜誌》第二期。

十月十九日，訪繆筱珊送《通甫類稿》。

十月二十一日，訪鄭蘇堪於海藏樓。

《鄭孝胥日記》[②]："李審言來，遺魯一同《通甫類稿》、吴昆田稼軒《漱六山房集》，又求余爲題其室趙孺人舊居圖。"

十月二十五日，繆筱珊收得審言來條。二十八日，繆筱珊發審言柬。

十月二十六日，鄭蘇堪過訪。

十一月初三，鄭蘇堪爲題趙孺人舊居圖，即《望廬圖》，並過訪，未遇。

十一月初六，冒鶴亭作函與審言，爲言刊行《永嘉叢刻》事及近況。

十一月初十，繆筱珊收得審言一柬。十二日，繆氏回柬。

十二月初一，繆筱珊收得審言來條。

十二月初五，繆筱珊約同便飯。

《藝風老人日記》[③]："約李審言、張爾常、王繼孫便飯。"

十二月十六日，訪鄭蘇堪於海藏樓。

本年，門人江寧蔣蘇庵國榜以審言前此之駢文釐爲兩卷，以活字印行，名《學製齋駢文》。

本年，當塗詩人奚度青侗，知《學製齋駢文》校印將畢，遂寄五十金預定。審言感而爲賦《寄奚君》一首。

詩序云：當塗詩人奚君度青，伏讞海門，知余駢文校印將畢，先寄餅金五十預定若干部，隱禹退之薄少相助之意，而懲杜陵寒暄虚名之問，此意表行事，豈復今人所有，感極寄此。

按：民國九年庚申，審言門人費範九作《往聞李審言師刊所著〈學製齋駢文〉奚度公寄餅金五十成其役余志諸心有年矣今得見度公於南通路工處懽然有作》[④]："李公昔刻駢文日，款款函金寄海堧。愧我後山詩弟子，感君韋陀佛因緣……"

本年，作《李健父三十九生日賦詩爲壽》。

約於本年，作《侯官陳石遺詩話載余數詩謂非妙手空空可比石遺殆未知余論詩之説見於拭觚者記以一詩》。石遺閲後，於《詩話》中仍讚以"非妙手空空兒"[⑤]。

---

① 第十二册，第 7589 頁。

② 第三册，第 1587 頁。

③ 第七册，第 2900 頁。

④ 見氏著《澹遠樓詩存》，《澹遠樓叢墨：費範九詩文集》本，《江海文庫》第三輯，南通市文學藝術界聯合會 2006 年版，第 20 頁。

⑤ 《石遺室詩話》卷十七，第 242 頁。

民國五年丙辰　1916　五十八歲

正月，返鄉里居。在里跌傷右臂及足，不能赴館①，劉聚卿乃别延吴縣曹君直元忠爲代。九月初，審言赴館，至歲末與君直别。

仲春，爲潮陽鄭堯臣國助刊《龍溪精舍叢書》本《文心雕龍補注》作序。

五月，作《丙辰五月奉懷滬上諸友絶句》②。

五月初八，鄭蘇堪作一詩以答審言。

居里期間，收得陳散原依所請作《興化李審言妻趙孺人家傳》。

九月初六，劉聚卿壽辰，以審言所作壽序張壁，爲吴縣曹君直元忠所嘆服，以爲"孔㢸軒《戴氏遺書序》不是過也。"二氏遂定矜契③。

九月十一日，作書與沈子培，並隨奉《丙辰五月奉懷滬上諸友絶句》一册、蝦米兩包。

九月，以《丙辰懷人詩》一册遺鄭蘇堪，又作《鄴都行寫呈鄭海藏先生正之》詩。

《鄭孝胥日記》本年九月十二日④："李審言來，遺余《丙辰懷人詩》一册，索詩二部及金墓志、高墓志各一通。"

《鄭孝胥日記》本年九月十三日⑤："李審言寄詩一首，並録示所作《鄴都行》。"

九月二十六日，繆筱珊約同曹君直、海寧王静庵國維、徐積餘、海寧費景韓寅小飲⑥。

十月初九，王静安來拜。

十月十七日，訪鄭蘇堪於海藏樓。

十月二十日，夜夢亡妻趙孺人，作《十月二十日趙孺人入夢》二首。

十月二十四日，贈葉鞠裳《懷人詩》一册。

十一月十四日，葉鞠裳得審言書並舊鈔本兩册。

《葉昌熾日記》⑦："又得李審言書。附到舊鈔樣本兩種各二册，一爲宋林之奇《尚書全解》，云是毛鈔。余所見汲古本多矣，似不如此，但紙墨尚古耳。一爲吴農祥《流鉛集》，方文輈選定之本，欲售翰怡，求爲介紹。吴集索百元，林書又增六十，此當問醉愚，鄙人雅不願

---

① 《中國近代名賢書札》八二"陳祺壽書信函"10，陳祺壽致吉城："審言至今未來，聞其以傾跌未痊故遲之耳。"文物出版社，2006 年，第 476 頁。

② 按：所詠諸人依次爲：江陰繆藝風荃孫、嘉興沈子培曾植、閩縣鄭蘇堪孝胥、義寧陳伯嚴三立、金壇馮蒿叟煦、長洲葉鞠裳昌熾、南陵徐積餘乃昌、臨川李梅庵瑞清、蘄水陳仁先曾壽、秀水陶拙存葆廉、陽湖劉葆良樹屏、上元宗子戴舜年、漢軍楊子琴鍾羲、貴池劉蔥石世珩、滿洲唐元素晏、元和孫益庵德謙、仁和張孟劬爾田、吴縣曹君直元忠、武進莊紉秋綸儀、寧海章一山梫、合肥李健父國松、貴池劉遜甫詒慎、烏程周夢坡慶雲、劉翰怡承幹、張石銘均衡、桐城葉浦蓀玉麟、鄱陽洪述之鑑、寶應朱峻甫嵩生、高郵宣古愚人哲、江都王義門景沂、江寧蔣蘇庵國榜。

③ 按：事參《藥裹慵談》卷五"曹君直定交之始"條。

④⑤ 第三册，第 1628 頁。

⑥ 《羅振玉王國維往來書信》第二二三通（《王國維致羅振玉函》，王慶祥、蕭文立校注，羅繼祖審訂，東方出版社 2000 年版，第 177 頁）言："……乃於廿八日鼓勇往藝風處假之。是日適渠宴李審言（此君今年臥病在家，至近月乃至滬），坐中有徐積餘……"與此不同。此據《藝風老人日記》。

⑦ 第十二册，第 7885 頁。

居間。”

十一月十五日，繆筱珊發審言一柬。

十一月十六日，訪鄭蘇堪於海藏樓。葉鞠裳發致審言函。繆筱珊、徐積餘公請小宴。

《藝風老人日記》[①]：“偕積餘公請張菊生、李審言、劉健之、惠了、景韓、醉愚、息塵。積餘不至，孟平、石銘均辭，然菜甚佳。”

十一月二十一日，葉鞠裳閱審言《懷人詩》，有感泣下。

《葉昌熾日記》[②]：“李審言贈《懷人詩》一册，皆寄懷海上知交之作。不遺下走，并及亡兒，閱之憮然欲涕。”

十一月二十六日（西曆 12 月 20 日），刊《管領》、《夢亡室趙孺人》、《題黄公度人境廬詩集》、《題周夢破所藏峴山逸老圖（有序）》、《夏靄如仁瑞権婺源太白釐局書來告有孺人之喪於是靄如再賦悼亡寄此慰之即效其體》、《寧海章一山梫以四詩見贈依體酬之》、《寄陳庸庵尚書杭州》詩於《大中華雜誌》第二卷第十二期。

十二月六日，爲徐積餘題其所藏《明萬曆十二年縉紳宦林便覽》七絶四首。

十二月十五日，繆筱珊發審言一函。

本年，作《壽李梅庵五十》詩、《江寧蔣蘇庵爲余印學製齋駢文成謝以一詩》、《金香嚴先生爲余畫望廬圖作此奉謝》詩、《周夢坡屬詠理安寺經塔》詩。

本年，刊《自贈一首兼寄古愚京師》、《送蒯禮翁赴歐洲》、《憶昔贈夏虎臣編修》於《文藝雜誌》第十二期。

本年，出版《李審言丙辰懷人詩》一卷鉛印本。

本年，爲無錫丁仲祜福保作《丁仲祜歷代詩話續編序》。

本年，友人陶湛春鴻恩卒，作《陶君湛春行狀書後》。

民國六年丁巳　1917　五十九歲

早春，榮縣趙堯生熙作《新歲寄李君》七絶一首贈審言[③]。

李子今春無恙否，江南薊北渺愁予。諸郎個個三珠樹，燕子日長宜讀書。

二月初五，繆筱珊收得審言來函，九日回函。

閏二月二十日，赴繆筱珊早飯，筱珊送《藝風文續集》、《續書目》。

閏二月二十三日，鄭蘇堪過訪。

《鄭孝胥日記》[④]：“過李審言，見曹君直所著《禮議》，審言以遺余。”

閏二月二十八日，審言偕友人葉浦蓀玉麟、洪述之鑑訪鄭蘇堪於海藏樓。

三月初九，訪鄭蘇堪於海藏樓，並代求書聯。

---

① 第七册，第 3007 頁。

② 第十二册，第 7892 頁。

③ 《趙熙集·香宋詩集》卷四，王仲鏞主編，巴蜀書社，1996 年，第 513 頁。

④ 第三册，第 1656 頁。

三月二十七日，與王叔用於會賓樓同入一元會[①]。繆筱珊來拜。

三月三十日，訪繆筱珊，借《陳仲魚集》、《韓城志》。

春末，趙堯生作《感舊》五首，其末一首即爲寄贈審言者。

《感舊》之五[②]："望斷南鴻一字無，范公祠畔藕花居。故人老似王秋史，黄葉林中自著書。"

四月二十一日，審言持門人蔣國榜蘇庵卷子，赴海藏樓代求題詞。

《鄭孝胥日記》[③]："李審言來，持南京蔣氏卷子一，代求題詞。"

春夏間，嘗以餘姚阮荀伯性存、經壽庵等邀，赴杭遊覽六日，作《游杭詩録》。

《鄭孝胥日記》本年四月二十八日[④]："李審言來，以《游杭詩稿》示余，求評數語。"

與此左近，錢塘吴子修慶坻爲作《游杭詩序》，審言感而賦《奉謝吴子修先生惠賜游杭詩序》三首。

五月初二，送繆筱珊藕粉，筱珊即作覆感謝。

五月初四，鄭蘇堪爲題蔣氏卷子。

五月初六，訪鄭蘇堪於海藏樓。又走訪繆筱珊。

五月初九，繆筱珊送《居易堂集》。

五月二十一日，繆筱珊收得審言來函。

五月二十七日，從繆筱珊借《實齋集》一册。

六月二十九日，訪鄭蘇堪於海藏樓。

《鄭孝胥日記》[⑤]："李審言來，爲蔣國榜求書，送《金陵叢書》第二集一部。"

秋初，發起一通社，集滬上諸學人，以論學爲尊[⑥]。

八月初一，訪鄭蘇堪於海藏樓。

八月初六，訪鄭蘇堪於海藏樓，並贈書。又訪繆筱珊，並還書。

《鄭孝胥日記》[⑦]："李審言送來《藝術叢編》八册，乃羅叔藴等爲哈同選印者。"

《藝風老人日記》[⑧]："審言送還《居易堂集》、《實齋文》一册。"

十月十七日，訪鄭蘇堪於海藏樓。

---

① 按：會員有鄭蘇堪、朱古微、王聘三、楊子勤、唐元素、章一山等。

② 《趙熙集·香宋詩集》卷四，第518頁。

③ 第三册，第1667頁。

④ 第三册，第1668頁。

⑤ 第三册，第1680頁。

⑥ 《羅振玉王國維往來書信》第三六四"王國維致羅振玉"1917年8月27日（七月初十）函（第286頁）："秋後，李審言又發起一通社，每月在孫處集二三次，以談學爲的，人數即上數人（夔笙與李不合，恐不來），亦邀永入社。然亦何必有此種名目耶。將來爲應酬計，初一二次勢不能不往，好在不過閒談，無他事也。"又據該函，則參與者有孫益庵、張孟劬、劉翰怡等。而所謂"孫處"者，當即孫益庵處。

⑦ 第三册，第1684頁。

⑧ 第八册，第3088頁。

十月二十四日，訪繆筱珊。

十月二十六日，鄭蘇堪來訪。

十一月初三，繆筱珊約同小飲。

《藝風老人日記》①："約金錢孫、翁弢夫、李審言、葉焕彬、徐積餘、費景韓、張爾常、子齡小飲都益處，菜佳。"

十一月二十八日，繆筱珊收得審言來函，次日回一柬。

十二月初五，繆筱珊收得審言來條。

十二月初六，繆筱珊收得審言消寒四集。

十二月初八，訪鄭蘇堪於海藏樓。

十二月，僚婿鹽城陶小石鴻慶卒，年五十九。作《清故舉人内閣中書鹽城陶君墓志銘》。

本年，審言《文心雕龍補注》一卷爲潮陽鄭氏刊入《龍溪精舍叢書》"集部"。

約本年，作合肥張樹錡《元莊先生墓志銘》，又作《贈曹君直舍人元忠》詩、《徐積餘觀察五十壽詩》、《潯溪詩徵序》。

約本年，以夏劍丞求閲《游杭詩録》，遂寄贈，並函詢朱竹垞《瀛洲道古録》稿本事。

本年，沈子培有《答李審言》五絶二首。

九月二十二日，友人長洲葉鞠裳昌熾卒，年六十九。

十一月二十六日，受知師長沙王益吾先謙卒，年七十七。

民國七年戊午　1918　六十歲

二月十五日，繆筱珊與徐積餘同請審言及馮夢華、湖州劉翰怡承幹、會稽顧鼎梅燮光、宗子岱、儀徵劉謙甫富曾。

二月十九日，與繆筱珊同詣胡公武。筱珊送《三唐人集》。

二月二十六日，與張子開、劉訪渠同訪繆筱珊。

三月初一，訪鄭蘇堪於海藏樓。

三月初六，鄭蘇堪過訪。

三月十三日，送繆筱珊《孫仲容集》並小肚八枚。

三月二十日，鄭蘇堪、張菊生、李拔可過訪，園中牡丹已殘，籐花甚盛。

四月初二，六十生辰。

五月初十，訪鄭蘇堪於海藏樓。

《鄭孝胥日記》②："李審言來談，余言欲將《信陵君傳》編作戲本，名《夷門客》，當使天下知貧賤自處之高，意氣相許之重。李甚然之。"

五月十一日，繆筱珊來拜。

五月十九日，繆筱珊送審言壽聯並書。

---

① 第八册，第3108頁。

② 第三册，第1732頁。

五月二十二日，訪繆筱珊。

五月二十四日，作《夢坡先生賜詩爲壽敬和原韻奉謝》[①]。

詩壇樹羽作長城，摠用偏師竟未成。忽荷寵光傳雅引，遠承湔袚愧餘生。蹉跎日涉中年味，陶寫甯知我輩情。請續黄州江上事，南飛譜入七絃聲。（先生善鼓琴）

漫將己未媲庚寅，幾歷滄桑劫後塵。喪亂重賡太清紀，播流共署永嘉人。青盲避世休家衖，白首談經守席珍。晚記杜陵思少壯，却羞馳騖换因循。

五月二十六日，與繆筱珊晤。

五月二十八日，鄭蘇堪過訪。

《鄭孝胥日記》[②]："過李審言……審言以丁福保所印《四十二章經》及《金剛經箋注》二種遺余。"

五月二十九日，繆筱珊撰審言壽詩，即《繆藝風先生手札》第十九函所録《審言仁兄大人壽用湘舲社長韻乞政》[③]。

六月初一，淞社同人公請。

《藝風老人日記》五月二十六日[④]："接周湘舲初一日請李審言知會。"

《藝風老人日記》六月初一[⑤]："赴淞社之約公請李審言。"

六月初二，繆筱珊作和審言詩。

六月二十一日，訪鄭蘇堪於海藏樓。

六月二十八日，訪鄭蘇堪於海藏樓，並求書"二研堂"匾額。

《鄭孝胥日記》[⑥]："李審言來，又求書'二研堂'匾，自云慕潛研堂、揅經室，故曰'二研'，求余跋之。"

七月十一日，繆筱珊致審言一柬，次日接審言兩函，再覆一柬。

七月二十九日，周慶雲作函與審言，并附所填《清平樂》一闋[⑦]。

八月初三，繆筱珊收審言柬。

八月初四，赴繆筱珊處小飲。

八月初十，繆筱珊收審言柬。十一日，繆筱珊發審言一柬。十四日，筱珊再致審言一條。

中秋後三日，作《晨風廬唱和詩續集序》。

九月，以六十生辰，沈子培作詩爲壽。

《海日樓詩注》卷九《審言今年六十余欲爲壽言無緣以發審言忽以西城員外丞請如其意

① 2007年嘉德春季古籍善本拍賣會圖録，第2308號。
② 第三册，第1736頁。
③ 《學土》卷二，第174頁。
④ 第八册，第3172頁。
⑤ 第八册，第3173。
⑥ 第三册，第1739頁。
⑦ 上海博物館藏原件。

爲之》。

十一月十四日，以繆筱珊之招宴於興華川，座客有鄭蘇堪、陳石遺、朱古微、順德羅掞東惇曧等。

十二月初一，繆筱珊與徐積餘來長談。

十二月初五，借繆筱珊《汾州志》十六册，换《永清志》四册。

本年，刊《雷君曜過訪寓廬作此贈之》、《劉蕙石參議四十壽序》於《文藝雜誌》第十三期。

民國八年己未　1919　六十一歲

四月十五日，繆筱珊還《汾州府志》，並索《永清志》去。

四月十七日，鄭蘇堪來訪。

四月十九日，訪繆筱珊，送蝦米。

六月初二，訪鄭蘇堪於海藏樓。

六月初七，繆筱珊接審言詩。

六月十一日，淞社同人宴集。

《藝風老人日記》①："即赴淞社之約，周湘舲、劉翰怡、張石銘、宗子戴、李審言、李經宜、費景翰、沈醉餘、吴倉石、姚華梁、白也詩、潘蘭史、楊子姺、朱令陶、惲季申、瑾叔、陶拙存、錢履樛同請。"

六月十九日，訪沈子培，於沈寓遇陳石遺、鄭蘇堪。

七月朔，訪鄭蘇堪於海藏樓。

《鄭孝胥日記》②："李審言來談，且乞書扇。審言云，見新出《當代名人小傳》，文頗可觀，乃孫姓所作。"

閏七月初六，繆筱珊致審言一柬。初八，繆筱珊接審言一柬。

閏七月十一日，繆筱珊送《乙丁稿》後半。

閏七月十八日，繆筱珊接審言一柬。

閏七月二十日，訪鄭蘇堪於海藏樓。

九月二十日，訪鄭蘇堪於海藏樓。

本月，刊"戬壽堂雙甲壽言"五律於上海《廣倉學會雜誌》第四期。

十月初三，與繆筱珊約，未至。

十月初四，繆筱珊接審言一信。

十月初六，訪繆筱珊談，送海味兩色，早飯後去。

十月初七，筱珊接審言一柬。

本月，題周夢坡藏明徐開晉繪《劉忠介公遺像》。

十月二十一日，筱珊接審言一信。

---

① 第八册，第 3295 頁。

② 第四册，第 1791 頁。又按：《當代名人小傳》係沃丘仲子即費行簡作，此云孫姓撰誤。

十一月朔，偕劉公魯同訪鄭蘇堪於海藏樓。

興化縣趙興霙延聘纂修縣志，以貲絀中輟。

《淞社公祭繆藝風先生文》當即作於本年。

本年，陳石遺有《次韻答李審言》[①]。

十月十一日，友人長洲朱仲我孔彰卒，年七十八。

十一月初一，友人江陰繆筱珊荃孫卒於謙吉里寓所，年七十六。

十一月十九日，番禺梁星海鼎芬卒，年六十三。

友人常熟丁秉衡國鈞卒。

民國九年庚申　1920　六十二歲

三月初三，淞社四十五集。

《吴興周夢坡先生年譜》："上巳禊飲淞濱天韻樓，作淞社四十五集，到者二十餘人。府君攜文待詔《蘭亭圖》、洮河緑石硯、宋淳祐刻《蘭亭》拓本，出以相質，並疊己未靈峰修禊韻呈同社，李丈審言、胡先生璞安等均有和作。"

三月二十二日，訪鄭蘇堪於海藏樓。

五月十五日，劉翰怡作書與審言。

五月二十三日，訪鄭蘇堪於海藏樓。

六月十二日，訪鄭蘇堪於海藏樓。

六月二十九日，致鄭蘇堪書，言次日過訪。

七月初二，與竇應成漱泉之子静生同訪鄭蘇堪於海藏樓。

九月，阜寧縣函聘審言爲總纂，龐友蘭等爲分纂，主持纂修《阜寧縣志》。

十二月初七，鄭孝胥作函與審言，言所見江弢叔《伏敔堂詩集》等事。

十月二十二日，訪鄭蘇堪於海藏樓。

十一月初九，與鄭蘇堪同探沈子培病，未見。

《鄭孝胥日記》[②]："聞沈子培病，走往視之。道逢李審言，以所撰《鹽城陶君鴻慶墓志》稿示余，遂同過子培。不能見客，見其子慈護。"

十一月十七日，訪鄭蘇堪於海藏樓。

十二月初六，訪鄭蘇堪於海藏樓。

十二月初八晚，劉聚卿招約，座中有鄭蘇堪、楊子勤、吴興蔣孟苹汝藻、徐積餘。

本年，作《通義堂文集序》。

六月二十二日，友人滿洲鑲紅旗唐元素晏(震在廷鈞)卒，年六十四。

八月初一，友人臨川李梅庵瑞清中風卒，年五十四。

---

① 《陳石遺集》上《石遺室詩集》卷九，第283頁。

② 第四册，第1851頁。

民國十年辛酉　1921　六十三歲

二月十五日，訪鄭蘇堪於海藏樓。

三月三十日，訪鄭蘇堪於海藏樓。

四月初三，鄭蘇堪爲審言書陶鴻慶墓志。

五月初三，鄭蘇堪過訪，觀劉聚卿氏所藏文衡山《石湖圖》、董思白仿高房山山水。

六月二十四日，訪鄭蘇堪於海藏樓。

秋，王克庵雷夏來書求爲其兄耕心文集作序。

十二月朔，訪鄭蘇堪於海藏樓。

十二月十七日，途經鎮江，曾訪如皋冒鶴亭廣生。以冒氏母方彌留之際，未見。

本年，嘗撰盛氏四公子三十壽文。今未見。

《鄭孝胥日記》十一月朔[①]："林質齋來言，'盛杏孫之四子三十歲，李審言爲作壽文，欲求公書而不敢言。'余笑曰：'使杏翁而在，亦不能爲書壽文也。'"

本年，商務印書館刊梁啓超《清代學術概論》一卷，審言以爲論事多乖、引證疏繆，乃於報端爲文正之。後寫定爲《清代學術概論舉正》一卷。

又本年，劉翰怡允代刊《三垣筆記》入《嘉業堂叢書》，審言亦嘗助其改定所撰《鄭堂讀書記跋》。

民國十一年壬戌　1922　六十四歲

閏五月十七日，訪鄭蘇堪於海藏樓。

六月初十，往拜劉翰怡，爲謝允刻《三垣筆記》事。

《求恕齋日記》[②]："午後，李審言來。以其先德之《三垣筆記》勸余刻入《嘉業堂叢書》，余許之，伊甚感激，特爲道謝。"

六月十九日，訪鄭蘇堪於海藏樓。

《鄭孝胥日記》[③]："李審言來，又求書聯八幅，彼挾以賂官紳爲請託之具。"

六月，作《龍宛居士集序》。

十一月二十九日，訪鄭蘇堪於海藏樓。

《鄭孝胥日記》[④]："李審言來，將歸里。"

本年，與綿竹曹纕蘅經沅結識於海上，並贈其《學製齋駢文》二册[⑤]。

本年，撰《金壇馮蒿庵先生七十晉九壽序》。

本年，中華書局石印諸暨蔣瑞藻《新古文辭類纂稿本》行世，中收審言文二十三首。

---

① 第四册，第 1888 頁。

② 劉承幹撰，上海圖書館藏稿本。

③ 第四册，第 1918 頁。

④ 第四册，第 1935 頁。

⑤ 曹氏《借槐廬詩集》卷一壬戌作《五百家駢文萃題詞呈周子幹八首》之六："藥房雅雋（李審言）撫齊梁，海上相逢鬢已霜。（審言授徒歇浦，上年呈贈駢文二册。）南北遥遥成二妙，瓣香我更拜汾陽（王書衡）。"王仲鏞編校，巴蜀書社 1997 年版，第 40 頁。

本年，周夢坡刊成《南潯志》六十卷，並舉贈審言。

《吴興周夢坡先生年譜》附載審言答夢坡書："承賜《南潯志》一裹，體例精審，規模自古，較之謝城書爲完備，不獨如驂之靳而已。"

十月三日，友人嘉興沈子培曾植病卒，年七十三。

本年，始遷回興化故里。

民國十二年癸亥　1923　六十五歲

東南大學聘爲國文教授，授陶杜韓詩。後以戰火頻仍，未及兩載即辭職歸鄉。

元旦，周夢坡賦《書懷》四章，審言有和作①。

三月十四日，訪鄭蘇堪於海藏樓，時審言居廣仁醫院。

四月初四，訪鄭蘇堪於海藏樓，遂約至會賓樓午餐。

夏五月，陳石遺爲作《學製齋詩鈔序》②，云："其詩之爲選體，若鍾記室所云，師鮑照學謝朓者矣。故獨刻意學杜，用事甚備，雅近亭林、覃溪，不泛爲留連景光，繳繞懽戚之詞，可以藥年少之子十首以上詞意率不甚相遠者。"

七月六日，冒鶴亭作函審言，言及近作《冒得庵、嵩少兩先生年譜》，並述冒、李兩氏三百年之交誼③。

八月二十二日，段笏林作函與審言。二十四日，段氏收至審言回函。

十月十六日，劉翰怡致審言函，詢《三垣筆記》校閱情形。

約十月下旬，審言復作滬游。

十月二十六日，劉翰怡覆審言函，告知《三垣筆記》校樣情形，並請審言作序。

十一月十一日，段笏林作函與審言，再爲詳述近況④。

本月，周夢坡壽，審言趨賀，并識安吉吴昌碩俊卿。

本年，石遺曾有函與審言，述所輯《近代詩鈔》之緣起⑤。

本年，石遺又有《審言見示論詩之作次韻奉答》⑥。

本年，友人桐城姚叔節永概卒，年五十八。

本年，友人吴縣曹君直元忠卒，年五十九。

民國十三年甲子　1924　六十六歲

五月，馬通伯弟子梅縣李續川崇元來謁，並爲述馬氏之言云⑦："汝到江南可就李先生商

---

① 按：此據《吴興周夢坡先生年譜》説，今江蘇古籍出版社《李審言全集》本中未見此和作。

② 《陳石遺集》上《石遺室文四集》，第 681—682 頁。

③ 《學土》卷三《冒鶴亭先生書札》，第 113—114 頁。

④ 《學土》卷三《段笏林先生書札》，第 105—107 頁。

⑤ 《學土》卷一"陳石遺先生書札"第一函，第 27—28 頁。

⑥ 《陳石遺集》上《石遺室詩續集》卷一，第 354 頁。

⑦ 按：語見《清暉山館友聲集——陳中凡友朋書札》"李詳"第二通，吴新雷等編，江蘇古籍出版社 2000 年版，第 29 頁。

榷文字，聲應氣求，必可相合。”遂與訂交，並多過從。

作書李拔可，述其遭辱變故之事。

十月五日，作函與鹽城陳覺元鍾凡。

秋，與如皋冒鶴亭多所往還。

《冒鶴亭先生年譜》[①]：“秋，先生（冒鶴亭）赴南京探視長子……後晤李審言父子，時李審言任南京東南大學國文系教授。作《贈李稺甫》，即李審言子，時年十五。”

又云：“是秋，先生（冒鶴亭）同李審言、梁公約、程伯臧至石壩園尋舊院遺址。程伯臧作《同李審言梁公約冒鶴亭石壩園尋舊院遺址吊馬湘蘭》。”

十一月初九，參與滬濱淞社雅集。

十一月十九日，劉翰怡致審言函。

冬，在揚州會晤冒廣生。

《冒鶴亭先生年譜》[②]：“冬，先生（冒鶴亭）晤李審言於揚州，囑請李爲先生母周太夫人作墓志銘，出初稿，曾與先生推敲，李始已易二稿[③]。是冬，先生攜帶《冒巢民徵君小像立軸》，請李審言作像讚。”

十一月，海安韓紫石國鈞於江寧兼督辦軍務，群往賀謁，審言獨不可。

民國十四年乙丑　1925　六十七歲

二月，於東南大學之南簃作《楚辭翼注序》。

六月，爲嘉應古公愚直作《諸葛忠武侯年譜序》。

秋冬之際，屢爲病梗，歲末尤劇。

本年，曾往滬上，與友人揚州秦曼青更年、海寧陳乃乾乾及門人丹徒尹碩公炎武搜羅汪容甫喬梓著作，匯爲《江都汪氏父子叢書》，由中國書店影印行世。

本年，作《江都汪氏叢書序》。

約於本年，作《江蘇省長泰縣韓公夫人王氏墓志銘》。

本年，老友淮安段笏林朝端卒，年八十三。

民國十五年丙寅　1926　六十八歲

正月，以病辭東南大學講席。

正月，作《嚴氏三世耄耋圖序》。

二月，作《韓紫石先生七十壽序》。

二月十六日，鄭蘇堪收得審言來函。

三月，以邑名跡文峰塔去歲修復事撰《重修文峰塔記》。

---

① 冒懷蘇撰，學林出版社 1998 年版，第 238 頁。

② 第 239—240 頁。

③ 按：原注：“李審言此二稿均收入《重輯如皋冒氏先世潛徽録》，未刊稿”。

約暮春間，本年，滎縣趙堯生熙有《答龢叟用杜子渭北江南韻》、《再答》五絶兩首致審言[1]。

四月初五，作函與陳斠玄，爲薦李續川以代東南大學講席[2]。

四月許，曾有杭州之行，寓西湖公園間壁昭烈祠内，並成《丙寅游杭絶句》一册。

七月，作《韓詩萃精序》、《陶集説略序》。

本年，與青浦沈樂賓其光結文字交，郵筒往還甚頻。後又介其與陳石遺交遊。

本年，遺書朱古微，求其以整理沈子培遺集之便，代爲搜訪子培所作祝壽詩，未得。

七月十八日，舊交臨桂況夔笙周頤卒，年六十八。

友人貴池劉聚卿世珩卒，年五十二。

民國十六年丁卯　1927　六十九歲

正月十五，爲門人費範九作《延旭軒儷語》序[3]。

本月，作《武進蔣少穎先生傳》。

八月，朱古微爲檢得子培壽詩寄上，審言回函言欲爲此詩箋注[4]。

九月，爲沈子培詩《審言今年六十余欲爲壽言無緣以發審言忽以西城員外丞請如其意爲之》作跋，刊諸報端。

故鄉興化設局纂《興化縣續志》，縣長沈道叔以審言爲主持，惜未及蕆事審言即卒。

作《送興化縣長沈君道叔去任序》。

陳石遺有《答龢叟》之作[5]。

約本年，以趙堯生之介，始與成都林山腴思進通書問，遂作《與成都林山腴舍人思進書》，並寄贈《學製齋駢文》、《三垣筆記》及一詩[6]。

正月，友人江都方澤山爾咸病咯血卒，年五十五。

七月初六，友人金壇馮蒿庵煦卒，年八十五。

本年，友人江都梁公約菼病卒，年六十四。

民國十七年戊辰　1928　七十歲

倦游歸里，與邑人楊甘伯多所往還。

二月十三日，作書與李健甫，代亡友陳星南子保之求李氏所藏彝器精品打本一份[7]。

三月，爲本邑性蓮和尚作《木塔寺第四次傳戒録序》。又作《如臯孝惠石君墓志銘》。

---

① 《趙熙集・香宋詩集》卷六，第673頁。

② 按：詳見《清暉山館友聲集——陳中凡友朋書札》"李詳"第二通，第27—31頁。

③ 費氏《延旭軒儷語》卷前，《澹遠樓叢墨：費範九詩文集》本，第204頁。按：此文未收於《李審言文集》。

④ 按：函即《學製齋書札》卷下《復朱古微先生書》。

⑤ 《陳石遺集》上《石遺室詩續集》卷二，第391頁。

⑥ 按：此詩未見於《學製齋詩鈔》。

⑦ 按：函即《學製齋書札》卷下《致合肥李木公國松書》。

清明前，趙堯生有《懷齳叟》五絶二首[①]。

四月，作《楊君甘伯三十晉九壽序》。

約本月間，於海上報端撰文評沈瘦東之詩。

《瓶粟齋詩話》[②]："揚州李審言先生詳言：'沈瘦東詩雖承吴下派，而讀書尚有餘於詩之外者，稍加酸辣味則不墮入乾酪，爲北人所誚也。'此論登諸上海新聞報紙。當時朱遯庸先生見之，摘入其日記中(戊辰四月十六日《遯廬日記》)。"

仲春，作《駢文學自序》。

重陽後一日，作《程公勖名人集題詞小序》。

九月，作《分撰匋齋藏石記釋文題記》。

約秋間，趙堯生有《懷審言》七絶一首[③]。

孟冬，作《新修興化縣志序》。

山陰蔡鶴琴元培任大學院長(後改中央研究院)，聘審言、新會陳援庵垣、紹興周豫才樹人、績溪胡適之適、旌德江紹原、蕭縣劉開渠、常州劉海粟等十二人爲特約著述員。紹興許季茀壽裳代表蔡氏邀請審言赴京，整理生平著作，交付出版。並特索《清代學術概論舉正》去[④]。

本年，作《謝大學院院長蔡孑民先生啓》。

本年，周夢坡輯《晨風廬唱和續集》十二卷梓成，審言有序。

《吴興周夢坡先生年譜》周延礽案語："府君輯丁巳至丙寅同人唱和之作，戊午鋟版，至是年成，有李丈審言序。"

秋，冒鶴亭有《客秣陵得七絶句》，其一即爲懷審言之作。詩云[⑤]："巷陌斜陽戰馬屯，喧喧笳鼓易黄昏。舊人零落無尋處，只剩揚州李審言。"

古公愚以審言汪容甫文箋注爲主，續以所作補注四篇，合編爲《汪容甫文箋》二卷，以聚珍版印行[⑥]。

友人周夢坡作《壽李審言七十用東坡渼坡魚韻》[⑦]。

門人費範九作《壽李審言師七十》聯句且序云[⑧]：

友人丹陽吉鳳池城卒，年六十二。

---

① 《趙熙集·香宋詩集》卷六，第 694 頁。

② 三編卷四，第 688 頁。

③ 《趙熙集·香宋詩集》卷六，第 701 頁。

④ 參 1927 年 10 月 20 日許季茀致魯迅函："大學院將設編譯處，兄與紹原皆在延請之列。此機關辦法，與從前北京的完全不同，係延請專心著述而不兼他務者爲主。版權固然歸本人，即印刷亦聽各人之便，自印或院印均可。"見於《江紹原藏近代名人手札》，江小蕙編，中華書局 2006 年版，第 9 頁。

⑤ 轉引自王賡《今傳是樓詩話》五零六"李審言詳詩"條，《民國詩話叢編》本，第 485 頁。

⑥ 按：此本下卷專收審言所注四篇，即《自序》、《哀鹽船文》、《吊黄祖文》、《狐父之盗頌》。

⑦ 《夢坡詩存》卷十一，民國二十二年刻本。

⑧ 《延旭軒儷語》，第 226—227 頁。

民國十八年己巳　1929　七十一歲

曾短期赴寧。回鄉後即從事著作之整理,又將藏書陳列於邑之北大街東寺橋東側石麓書院,名"審言圖書館",供人借閱。並以族玄孫育才專司典藏。

二月十六日,鄭蘇堪收得審言所寄詩。

三月初二,蘇堪再收得審言所寄詩。

《鄭孝胥日記》①:"李審言寄七古一首,索和前詩,即和前律寄之。"

四五月間,趙堯生作《有寄》二首,中有:"白頭渭水銅仙淚,商略餘生到紫鵑。"案語引《致李審言書》:"四十年前與友人賞傳奇,即《紅樓夢》言志,友人曰平兒第一,不佞曰乃所願則紫娟也,而其人入翰林、守大邦,大吏先後列薦。若僕者,其以啼血終矣。嘗自笑它年小傳,惟入《虞初》耳。"②

五月初,趙堯生收得審言來函並詩,隨即步原韻賦七古一首,即《壽鱓叟七十即步原韻》③。

六月,爲邵陽李曉暾世由《暾廬類稿》作序。

十月,應趙聘卿昆仲請爲其父海仙作《壽石軒醫案集序》,又作《李善文選注例序》。

《侯官陳石遺先生年譜》卷七④:"鱓叟(李審言號)寄詩,次其韻。第二韻槐字、三韻才字、四韻裁字皆眼前字,甚難出色。公押槐葉冷淘、邢子才、修竹風裁,皆極雅切。"

秋,趙堯生作《秋夜懷範九並訊興化老人》⑤。

冬日,收得陳石遺來函,言所編《福建通志》及生子事⑥。

除夕,趙堯生作《己巳歲除便寄鱓叟》⑦。

十二月十四日,友人桐城馬通伯其昶卒,年七十四。

丹徒陳善餘慶年卒,年六十七。曾爲江楚官書編譯局坐辦,於審言多所齮齕。

民國十九年庚午　1930　七十二歲

初春,趙堯生贈審言小照一幅,並作《寄審言附小相奉慰》⑧。

二月二十九日,蔡鶴琴就續聘特約著述員事作書於審言⑨。

四月,作《韓止叟年譜自傳統序》、《書樊雲門方伯事》。

約四月,趙堯生寄詩祝壽,即《壽審言》⑩。

---

① 第四册,第 2230 頁。

② 《趙熙集・香宋詩集》卷六,第 710—711 頁。

③ 《趙熙集・香宋詩集》卷六,第 711—712 頁。

④ 陳聲暨編,王真續編,葉長青補訂,《陳石遺集》附,福建人民出版社 2001 年版,第 2056 頁。

⑤ 《趙熙集・香宋詩集》卷六,第 712 頁。

⑥ 《學土》卷一《陳石遺先生書札》第五函,第 33—34 頁。

⑦ 《趙熙集・香宋詩集》卷六,第 715 頁。

⑧ 《趙熙集・香宋詩集》卷六,第 718 頁。

⑨ 《蔡元培書信集》,高平叔、王世儒編注,浙江教育出版社 2000 年版,第 1094 頁。

⑩ 《趙熙集・香宋詩集》卷六,第 719 頁。

七月，作《李氏一家集序》。

夏，門人費範九作《聞李審言師至江都因勸作滬游》[①]。

九月，爲泰興金蘅意作《泰興新志序》。

十一月初七，蔡鶴琴復時任教育部次長昌黎李潤章書華函，爲維持審言特約著述員薪水事致謝[②]。

冬，趙堯生作《答審言》[③]。

本年，又有《與張江裁四函》。

民國二十年辛未　1931　七十三歲

三月十四日，故人恩施樊樊山增祥卒，年八十六。

四月初三，病卒故居，年七十三。陳石遺哭以五言十二韻。

趙堯生作《悼審言》二首[④]。

友人曹纕蘅作《挽李審言》[⑤]。

弟子王翰棻作聯語挽云[⑥]：一生被天下大名，晚歲猶餘身世感。十載飫師門懿訓，不才常負老人期。

本年，所居被水，遺稿或有飄失。

作《蒯禮卿觀察〈金粟齋遺集〉書後》，此爲審言絶筆之作。

民國二十三年甲戌　1934

刊《學製齋論學書札》於中華書局版《中國語文學研究》。

卷前錢基博題記："詞筆疏俊而氣調岸異，繁采勿務，古艷自生，乃正蕭散似魏晉間人也。"

民國二十五年丙子　1936

蘇州章氏國學講學會於《制言》刊載《愧生叢録》之《續録》。

本年，子稚甫又以《世説新語箋釋》一卷依序校録付梓，未及問世，遽爲灰燼。

民國二十七年戊寅　1938

《興化李審言先生與東莞張次溪論文書》一卷，爲張氏雙肇樓收入《京津風土叢書》排印出版。

民國二十八年己卯　1939

子稚甫以《選學拾瀋》一卷重校定本付《制言》刊佈（總第49期，1939年第2期）。

子稚甫以《李善文選注例》付《制言》刊佈（總第50期，1939年第3期）。

子稚甫以《世説新語箋釋》一卷原稿付《制言》刊佈（總第52期，1939年第7期）。

---

① 《澹遠樓詩存》，第137頁。

② 《蔡元培書信集》，第1205頁。

③ 《趙熙集·香宋詩集》卷六，第726頁。

④ 《趙熙集·香宋詩集》卷六，第729頁。

⑤ 《借槐廬詩集》卷二，第120頁。

⑥ 《自有餘齋稿》"聯語"《挽䶮叟師》，第112頁。

世交冒鶴亭子叔子景璠(效魯)作《光宣雜詠》,中有憶審言句云[①]:“雅詞略近汪容甫,博學差同顧澗蘋。月旦過廳天下喻,北王(式通)南李兩文人。”(李審言)

民國三十年辛巳　1941

子稚甫作《二研堂全集叙録》,刊於貴陽謝六逸主編之《文訊月刊》。

1956 年

宣統元年版《愧生叢録》二卷收入中華書局《清人考訂筆記》,影印出版。

1958 年

人民文學出版社出版《汪容甫文箋》排印本。

1965 年

中華書局出版《清人考訂筆記(七種)》,影印審言《愧生叢録》宣統元年刊本。

1969 年

臺灣進學書局據民國二十七年雙肈樓排印本影印《京津風土叢書》第一輯,中收《興化李審言先生與東莞張次溪論文書》一卷。

1977 年

《汪容甫文箋》二卷收入臺北廣文書局《筆記六編》中,影印發行。

1981 年

五月,子稚甫作《李詳傳略》,後刊發於 1984 年《中國現代社會科學家傳略》第四輯。

1983 年

宣統元年版《愧生叢録》二卷收入臺灣文海出版社《清人考訂筆記九種》,影印出版。

張舜徽、王利器應子稚甫所請,分别爲《李審言文集》作序。

1985 年

五月,子稚甫作《二研堂全集叙録跋》。

1987 年

五月,子稚甫以審言生平致友朋之函札編爲兩卷,作《學製齋書札前言》。

六月,子稚甫匯集審言未完殘稿四種,即《陶集説略》、《庾子山哀江南賦集注》、《杜詩釋義》、《王荆文公詩補注》勒成一編,作《箋注雜存案語》。

1989 年

子稚甫、孫傳硯編集整理審言主要著作計二十三種,結集爲《李審言文集》,交江蘇古籍出版社梓行。

孫傳硯以《文集》撰序事函請錢鍾書,爲婉拒[②]。

1999 年

臺灣“中央研究院”文學哲學研究所據 1958 年人民文學出版社本再次排印《汪容甫文

---

① 《叔子詩稿》,安徽文藝出版社 1997 年版,第 28 頁。

② 錢函轉引自卞孝萱《冬青書屋筆記三則》,見於《中國文化》第二十四期,2007 年,第 33—36 頁。

箋》，收入《汪中集》中。

2000 年

江蘇古籍出版社據《李審言文集》本將《愧生叢録》、《藥裹慵談》各自重新排印出版。

中華書局出版《增訂文心雕龍校注》，審言之補注盡數録入。

2001 年

臺灣"中央研究院"文哲所出版《汪中集》，據人民文學出版社本《汪容甫文箋》再爲排印。

2004 年

中華書局《清人考訂筆記(七種)》再版。

羅振玉先生對文選學的貢獻及其後繼者的系統研究

□陳復興

［摘　要］ 羅振玉先生二十世紀初在中國最早刊佈《敦煌本文選殘卷》與日本金澤文庫藏《古寫本文選集注殘卷》，並分別撰著序與跋。此爲傳統文選學研究提供出新的文獻並展示出新的路向與範本。遵其路向循其範本而系統探討者，則以劉師培、饒宗頤、邱棨鐊三家爲代表，其論著皆以版本斠證方法，縷述此兩種唐鈔本《文選》在文選學與文獻學上的珍貴價值。三家之論作皆爲對羅先生學術業績的認同與發展。因之，此種以羅先生提供的文獻爲基礎，也以其考評爲起點，運用共同的方法而創獲之連貫性的學術成果，足可以冠以文選羅氏學之通名。

［關鍵詞］ 羅振玉；文選；唐鈔本；羅氏學

［作者簡介］ 陳復興　吉林省社會科學院研究員（北京　100070）

引　言

羅振玉先生（1866～1940年），浙江上虞人。十九世紀末葉，先後於上海創辦農學社與《農學報》，專事搜集、翻譯、刊行外國農學著作，志在振興我國農業，以求富强之道。又創辦東文學社，遴聘外國教師，培養譯著人才。旋被聘爲上海南洋公學虹口分校校長，繼而創辦江蘇師範並任監督。期間編輯印行過《教育世界》雜誌。辛亥革命前夕，奉清政府召，任學部參事官，兼京師大學堂農科監督，曾赴日本國考察教育與農業。

作爲至誠的學者，羅振玉先生在中國近代學術史上，卓然爲一代儒宗、開創諸多研究領域的先師。其後繼者可謂不絶如縷，其著述享譽中外，彰顯出吾華文化之靈光瑰麗。上世紀之初，正值羅振玉先生學術活動旺盛期，幸逢河南安陽殷墟甲骨、敦煌石室經卷、西域諸城漢晉木簡，直至北京内閣大庫之宋元刊本等等古文字、古典籍、古器物相繼發掘發現之時。羅振玉先生以其獨具的學術鋭敏，立即洞察到這些神物秘籍所蘊含的深邃恒久的文化價值，傾注個人全部財力與精力，廣事搜集、整理、刊行，公諸於世，俾廣爲傳播而免於湮滅。他並且創造性地運用有清二百四十餘年所釀就的考據學方法，將上述文物與文獻加以辨析、整理、考釋，從而尋其條貫，創其義例，成爲體系燦然可觀的學術精品。其《殷墟書契》前後編、《殷墟書契考釋》、《殷墟書契精華》、《殷墟書契待問編》等，則爲其學術之最高標誌，中國古文字學於兹發軔，中國上古史於兹獲得實證，中國古代典籍之訛誤於兹得以補正，中國古代社會生活於兹可見寫真。這是任何關於羅振玉先生的話題，都不能不稍爲述及的。

上

羅振玉先生於中國傳統文選學的貢獻，在其廣闊的學術天地間雖屬一隅，但是他所發現的文獻及其所指示的路向，却爲這門有千年研究歷程的學問開闢出一個新境界，提供出一個新範本。以此文獻爲張本，以此路向爲遵循，繼續探索而創獲斐然者，在中外學術界皆不乏人。

以一部書的研究而成爲一門獨立學問者，在中國最早惟有《昭明文選》。其書三十卷，爲南梁昭明太子蕭統會聚其親重之身邊文士若劉孝綽等所編纂。其所選録包括自周秦迄南梁天監中通貫千載的詩賦文章，涵蓋了其間一百三十余位作家的文辭佳構，竟達七百餘篇。因此，《文選》理所當然地成爲現存的總集之首。蕭統所標舉的理論批評原則，即《文選序》所謂“事出於沉思，義歸乎翰藻”之旨，意圖在於尊經籍重子史的同時，給予可得“人耳之娱”與“悦目之玩”的文囿辭林以獨立的地位。其標舉的原則與選録的實踐，集中地表徵出中古時期日漸明朗的文學自覺精神。因此，《文選》自隋代直至近世，始終受到學林文士的尊尚。大詩人杜甫的家居生活與詩歌創作總是不忘《文選》，有提示兒輩讀《文選》句云：“呼婢取酒壺，續兒誦《文選》。”①兒子生日又有句云：“詩是吾家事，人傳世上情。熟精《文選》理，休覓彩衣輕。”②與歐陽修合撰《新唐書》的宋祁以其反復鈔讀《文選》而知名，人稱“選哥”。

《昭明文選》的專門研究，始於隋而大盛於唐。隋有蕭該，爲蕭統後輩，承其家學著《文選音》。隋唐間有曹憲，精於文字訓詁與《文選》之學，著《文選音義》。繼其業者則有許淹、李善、公孫羅等。許氏也有《文選音義》、公孫氏則有《文選鈔》與《文選音決》之作，惟李善於唐高宗顯慶年間成《文選注》六十卷，時稱文選學，並教授於汴鄭間。從其學者四方而至，可謂極一時之盛，而曹許等諸家之作基本不傳。③至玄宗開元初，有吕延祚等指責李善選注，所謂“精核注引則陷於末學，質訪指趣則巋然舊文，祇謂攪心胡爲折理”云云。④並邀集吕延濟、劉良、吕向、張銑、李周翰等重注《文選》，恢復蕭統原有之三十卷，是爲五臣《集注文選》，從而得到玄宗的認同並賞賜。此後李善注則日漸冷落。迨天寶之亂，經籍散亡殆盡。有宋立國，五臣注盛行於世。《文選》之各家傳刻，紛然競現，錯簡闕訛，魯魚亥豕，累見不鮮，難得唐代善

---

① 杜甫：《水閣朝霽奉簡雲安嚴明府》，《杜詩詳注》第 3 册，中華書局 1979 年版，第 1248 頁。

② 杜甫：《宗武生日》，《杜詩詳注》第 4 册，中華書局 1979 年版，第 1477—1478 頁。

③ 《舊唐書・儒學上》、《新唐書・文藝中》。

④ 吕延祚：《進集注文選表》，《文選》（據宋紹興陳八郎刊本影印），臺北“中央圖書館”1981 年影印本，第 5 頁。

本以資勘正。又有好事者將李善注與五臣注合併刊行，名曰《六臣注文選》，或以五臣注爲主下附李善注，或以李善注爲主下附五臣注，一家之注在不同刻本中時有差異，同一合併本中兩家之注又互見羼雜。其時，李善注本至受尊尚。淳熙中尤袤又從合併本剔出李注，讎校鋟木，遂出單行之本。此即清嘉慶胡克家刻本之祖本，胡本則流布至今，雖"尋究尤本，輒有致疑，鉤稽探索，頗具要領"，[1]然已非李注之原貌。有清一代，文選學大盛，學者以考據派家法完成之專著竟至數十種，若梁章鉅《文選旁證》、胡紹煐《文選箋證》、何義門《讀書記・文選》、朱珔《文選集釋》等等，均爲考核精審，訓釋精鑿，辯證蕭選白文與李注訛誤之名著。而許巽行則校理《文選》至七十二歲，前後反復十三次，而成《文選筆記》之作，然其所據之標準底本，也只是明汲古閣之毛晉刊本。[2]有清一代之文選學著作，勤苦披瀝，補苴罅漏，功自不泯。但是，由於其所見文獻不足，終留有頗大的遺憾。

此所謂遺憾，即有清一代大師們雖精於考證與校勘，但是，他們皆不曾親睹蕭選白文與李注原貌之一鱗半爪。自宋淳熙中尤袤翻刻《文選》李善單注本，迄有清一代胡刻本出，歷時已近千載，被後世視爲訓詁之資糧、文獻之寶藏的《文選》李注終非完美之作。直至上世紀初，敦煌石室秘籍被發現，羅振玉先生即如其珍視刊行殷墟書契一樣，傾力搜集刊行近二十種石室佚書，若《鳴沙石室佚書》、《群經叢殘》、《群書叢殘》等，並分別撰著精鑿之序跋，賅論其與今本異同得失。[3]其刊行於 1917 年之《鳴沙石室古籍叢殘》，即敦煌石室所出六朝至唐寫本經籍，其中即有隋唐寫本《文選》殘卷。羅先生最早刊佈於世之敦煌本《文選》殘卷共四種，並撰跋語。其一爲張衡（平子）《西京賦》；其二爲東方朔（曼倩）《答客難》與揚雄（子雲）《解嘲》。以上各篇皆有李善原注，先生亡友蔣伯斧已做考證，先生在其跋語中予以認同，並下結論謂："善注世無善本，今宋刊善注本乃從善注及五臣注合併本中選録出之，非善注單行本之舊。……此善注二卷可證今本之失，其可貴不待言。"其三爲任昉（彦昇）《王文憲文集序》；其四爲沈約（休文）《恩倖傳論》與范曄（蔚宗）《光武紀贊》。以上各篇皆白文無注。沈范之作，蔣氏已考定爲"昭明舊籍"。任作以其"既無書題，又佚篇目"，蔣氏"不知亦爲蕭選"而未予考論。羅振玉先生認定此數篇無注白文，則爲蕭統《文選》原貌。"至蕭選舊本在善注前者，人間所絶無，其可貴更在善注本之上，以校今本可是正訛誤不少"。先生並以其刊行之隋唐寫本《王文憲文集序》及《恩倖傳論》同通行之胡刻李善注本對校，以十條斠證示範，"絜其異同，並以是爲優矣"。同時以寫本避諱缺筆之字，考定《恩倖傳論》和《光武紀贊》出於唐初人之手，而《王文憲文集序》則出於隋代。[4]

羅振玉先生發現並刊行之隋唐寫本的《文選》殘卷，及其據以做出的斠證範例與跋語所表徵的結論，是爲文選學開新境指新途，遠超清代學者所達到的水準。此即羅振玉先生於文

① 胡克家：《重刻宋淳熙本文選序》，《文選》上册，中華書局 1977 年版。

② 饒宗頤：《敦煌本文選斠證》，陳新雄、于大成主編《昭明文選論文集》第一册，臺北木鐸出版社 1975 年版，第 101 頁。

③ 甘孺（羅繼祖）：《永豐鄉人行年録》，【日本】中文出版社 1990 年版，第 69 頁。

④ 羅振玉：《敦煌本文選殘卷跋》，《羅雪堂先生全集・雪堂校刊群書敘録》第一册，臺灣大通書局，1972 年。

選學貢獻之一。

羅振玉先生於文選學貢獻之二,即在其刊行發現於日本的《古寫本文選集注》(以下簡稱《文選集注》或《集注》)。此書在中國不見著録,自兩宋以降士林全然不知,因之雖殘頁斷章,亦彌足珍貴。羅振玉先生刊行時照例撰有精湛的序文,交代發現編纂《古寫本文選集注》的原委,並對文本做出初步斠證。

此前清政府赴日外交官董康於光宣間獲悉金澤稱名寺藏有《古寫文選集注》,訪求之而見三十二卷,認爲是我國五代時寫本,日本人聞之而驚,其政府列爲國寶。羅振玉先生於辛亥革命前(1909年),曾奉學部命以京師大學堂農科監督身份赴日考察農學,對此書曾"欲往披覽,匆匆不果,乃遣知好往彼移寫,得殘卷十有五",再加入先生原藏之卷,並其他藏家個别之章,經過整理,共得十六卷,交武進董氏誦芬樓付梓。至1918年正式刊出,"然距影寫,則已十年,其卒得印行,亦幸事也"。①

羅振玉先生經考證,已否定董康以爲我國五代寫本之説,認爲"於唐諸帝諱,或缺筆或否,其寫自海東,抑出唐人手,不能知也"。此足見先生治學嚴謹之風。並持此《文選集注》本,"與善注本詳校,異同甚多。且知其析善注本一卷爲二,蓋昭明原本爲三十卷,善注析爲六十卷,此又析爲百二十卷,卷第固可知矣,而作者卒不可知也"。②此啓示研治文選學者當知,有清通行至今之《文選》李注,與唐代蕭選白文並李善注"異同甚多",惟此《古寫本文選集注》始爲蕭選李注之原貌。

此《古寫本文選集注》"于李善及五臣注外,有陸善經注,有音決,有鈔,皆今日我國所無者也"。③此又啓示研治文選學者當知,雖李善注向稱淹貫古今,賅博淵洽,爲學林所宗,但是總集唐代文選學大成者,實在一百二十卷之《古寫本文選集注》一書。其書以李善注冠首,次則公孫羅文選鈔及音決,次則五臣注,次則陸善經注,最後則有《集注》編纂者按語。儘管此編纂者今尚未考知,但是,雖經吕延祚等對李善注之訾議,其人依舊高標崇賢之學,同時也於諸家説兼收而並蓄之。

此《古寫本文選集注》所列諸家説,惟陸善經一家不見著録,只有南宋王應麟《玉海》卷五十四《集賢注記》引語中有謂:蕭統後人蕭嵩於開元間曾"以先代舊業"集合數人"專注《文選》",其中即有陸善經氏,而"事竟不成"云云。但是,《古寫本文選集注》自卷八迄卷一百一十六皆録有陸善經注,證明"事竟不成"一語不能包括陸善經之作。《古寫本文選集注》中廣泛採録諸家之説,則爲唐代文選學已成顯學的實證。而《古寫本文選集注》編纂者於諸家注末尾所加之按語,多爲考校唐人諸注本異文,證明其人必多見唐代選學著作善本。此種按語與其系統採録諸家注,則具有同等珍貴價值。④

羅振玉先生所刊《古寫本文選殘卷跋》交代其書爲十六卷。日本金澤文庫所藏者"多短篇殘紙而已",或已字跡漫漶,難以辨識,故知此十六卷摹寫部份當爲其中約略字跡清晰、章

---

①②③ 羅振玉:《日本古寫本文選殘卷跋》,《羅雪堂先生全集·雪堂校刊群書叙録》第一册。

④ 邱棨鐊:《文選集注研究》,臺灣文選學研究會1978年版,第1—2頁。

句聯貫者，其慘澹苦心，今日猶可想見。不過，臺灣大通書局於 1972 年印行之《羅雪堂先生全集》中《古寫本文選殘卷》則爲二十一卷，較先生《跋》所交代的多出五卷。此疑似《全集》編輯先生根據需要另行補入者。因爲羅振玉先生 1911 年十月至 1919 年春旅居日本京都，《古寫本文選殘卷》刊行於 1918 年，不久先生即攜眷返國而暫居天津。由《古寫本文選殘卷》刊行至先生返國，其間未必還能從金澤文庫摹寫新的篇目增入其刊本之中。

羅振玉先生於文選學貢獻之三，即其慨捐宅第作爲日本所藏唐鈔《文選集注》印行之資。先生至日本之初，即於京都净土寺町置地建宅。寓居日本京都八年，除閉户著書外，惟務訪求日本所藏我國文化秘籍，使其刊行流傳。其歸國前夕，將自建蟄居的這座宅第捐贈京都文科大學，俾其鬻售專款用於日藏漢籍之刊佈。兹事委託内藤虎次郎、狩野直喜兩博士。其後陸續刊行者即所謂《京都帝國大學文學部影印舊鈔本叢書》(1935 年至 1942 年)凡十集，《古寫本文選集注》即列其中。①

羅振玉先生捐宅印行《古寫本文選集注》，實可謂中國文化史上的善舉、義舉，因此，一直爲中外學者所稱頌。七十年前日本學者新美寛先生説："使《文選集注》廣爲流傳者，實應歸功羅叔言翁。……翁於辛亥革命間來日，卜居京都市净土寺町，歸國之際，舉其寓宅所得，捐贈以爲東海舊鈔本《文選集注》之資。以此托君山(狩野字)、湖南(内藤字)兩先生。"②十二年前，我國學者周勳初教授説："羅振玉對保存傳播此書做出了很大的貢獻。他於清末東渡，發現此書後，珍如拱璧，決心保護此書，不讓其湮廢。"③

然則羅振玉先生當年捐宅刊佈《古寫本文選集注》的宿願與貢獻，在當代中國的承繼並完滿實現者即周勳初教授。其所重新搜求並編纂之煌煌三鉅册的《唐鈔文選集注彙存》乃其標誌。勳初先生於上世紀末應邀赴日本奈良女子大學講學。其間，於繁忙的授課指導學生同時，在日本學界友好幫助下辛勤搜求，其所得除原京都大學文學部承羅振玉先生委託影印之金澤文庫《文選集注》外，尚有其他文化機構與個人私家收藏的《古寫本文選集注》殘頁。在國内搜求所得也頗爲可喜，若海鹽張氏所藏二卷、楚中楊氏所藏一卷、天津市藝術博物館所藏《文選集注》第四十八卷，以及北京圖書館所藏有關殘頁等等，非但羅振玉先生刊行之《古寫本文選殘卷》所未曾收入，京都大學文學部影印之金澤文庫《文選集注》本也不可能收入。因此，周勳初先生搜集編纂之《唐鈔文選集注彙存》當爲至今最完善的版本，共得二十四卷，恰好爲羅振玉先生所謂《文選集注》一百二十卷之"什二"。

全書結構足稱完備。周勳初教授親撰之長篇《前言》冠首，豐富備用的《附録》殿后。《附録》包括近代諸家題跋手書影印三件：其一，羅振玉先生刊行《唐寫文選集注殘本序》全文；其二，汪大燮評鑒《文選集注》唐寫書法之作；其三，田伏侯記述出使日本時得《文選集注》中《七啓》等完篇之作。録此三件，頗含寓意。此外，則爲日本横山宏教授之《《文選集注》研究論著

① 甘孺(羅繼祖)：《永豐鄉人行年録》，第 76 頁。

② 周勳初：《唐鈔文選集注彙存·前言》注釋〔三〕，上海古籍出版社 2000 年版。

③ 周勳初：《唐鈔文選集注彙存·前言》。

目録》，全面展示了中日兩國學者於此領域的研究成果。雋雪豔女士之《現存〈文選集注〉一覽表》、吳正嵐先生之《〈文選集注〉引書索引》，足見功力，切合實用。此足以證明《唐鈔文選集注彙存》實爲體大思精裨益學林之傑構。

而周勳初教授撰著之《前言》，實爲自上世紀初直至當下《文選集注》研究之總結性的論作。對於《文選集注》的發現與傳播、其編者與成書年代、其中採録之佚注佚説，以及《文選集注》在文選學、歷史文獻學、語言學諸多方面的學術價值，都做出了綱領性的述評，於我輩啓迪頗深。其中不只準確地評述了中外歷代學者有關《文選集注》的研究成果，而且撰著者本人基於對《文選集注》的精心探索而得到的獨見新義，也時時予人耳目一洗之快。兹舉三例：《文選集注》第六十八卷首頁，有三方印章，曰"□卅田氏藏書之印"，曰"田偉後裔"，曰"審美珍藏"。臺灣文選學者邱棨鐊先生考定爲宋初藏書家田氏舊藏。周勳初教授根據宋代印章與近代印章風格之差別，並卷内多處鈐有"潛"、"潛山"等小印，認定該卷收藏者爲近代人田潛，與宋代藏書家田偉無涉，遂介紹了田潛的簡歷及其購藏的過程。此可謂確定無疑之見。此其一。其二，今通行之李善單注本與五臣注各本，其任昉《奏彈劉整》一篇正文皆録有劉整之嫂的本狀及有關人物的供詞。周勳初教授根據唐鈔《文選集注》中陸善經注及《集注》編纂者按語考定，唐代李善單注本該篇正文原無此本狀與供詞，此類文字原爲李善注文所引。今通行之李善單注本，乃出於宋代刻印者依傍五臣注本改竄其舊貌而致訛誤。此可謂研讀《文選集注》之示範。此其二。周勳初教授論述魏晉以來之歷史文獻，認爲其時史學著述甚多，自唐初官修正史，私家著述大多散佚。雖清代學者若湯球等苦心輯佚，不無所獲，但是《文選集注》中諸家所引史料之豐富，則是清人所從不及見的，足以補其缺漏。如《文選集注》卷八十五《與嵇茂齊書》作者趙景真名下，《鈔》所引干寶《晉紀》叙嵇康與呂安事甚詳，則現存古籍皆付闕如。此可謂文獻家獨具之睿識。①

以此足見，周勳初教授於海内外廣搜博求編纂而成之《唐鈔文選集注彙存》，是實現了羅振玉先生將近百年前所謂"不謀印行異日求此且不可得"之宿願，確有國寶"迎歸故土"之寓意，而且勳初先生的治學態度與方法，也讓我輩隱隱感悟到羅振玉先生及其素交王國維先生表徵出的乾嘉學派之遺風。

下

羅振玉先生所發現、整理與刊行之著作，以數十種計，其影響最廣遠者則爲《殷墟書契前後編》、《流沙墜簡》、《鳴沙石室古佚書》與《鳴沙石室古籍叢殘》等，而此數種著作皆分别成爲專門之學，若《殷墟書契》之於古文字學，《流沙墜簡》之於漢晉木簡之學，《鳴沙石室古佚書》之于敦煌學。此數種專門之學及其後繼者，可謂代有名家，創獲日新。先生刊行之日本金澤

---

① 周勳初：《唐鈔文選集注彙存·前言》。

文庫《古寫本文選集注殘卷》與《敦煌本文選殘卷》(收于《鳴沙石室古籍叢殘》),同樣是傳統文選學研究的專門之學。本先生之文獻,循先生之路向,承先生之業績而探究者,可以三家爲代表,最初爲劉師培先生,次則饒宗頤先生,當代則有邱棨鐊先生。

劉師培先生大約于1910年前後,在其與章太炎先生等創辦的《國粹學報》(第七十七期)發表《敦煌新出唐寫本提要》一文,其中包括關於《文選李注卷第二殘卷》、《文選李注殘卷》及《文選白文殘卷》的校讀記,可謂本羅振玉先生之文獻所做出的最早的回應。

於此,需要補充交代一點:羅振玉先生所發現刊行之《鳴沙石室古佚書》、《鳴沙石室古籍叢殘》等,最初皆來源於法國人伯希和之手。1907年,伯氏繼英國人斯坦因之後,至敦煌訪古,兩者相繼盜取莫高窟藏古寫本經卷秘寶至數千卷,分别偷運回國。1909年,伯氏由我國西北返法,經北京暫駐,邀羅振玉先生會晤。其行篋中尚攜有一部份珍本。先生見之歎爲瑰寶,以攝影照片留下十餘種,遂即撰《鳴沙山石室秘録》一卷,刊於《國粹學報》。①劉師培先生文即據此而作。

劉師培先生所撰《提要》,是以吴郡袁刻六臣注合併本(五臣注爲主,李善注從後),茶陵陳刊增補六臣合併本(李善注爲主,五臣注從後),以及汲古閣毛刊李善單注本、鄱陽胡刊尤袤之李善單注本,同敦煌石室本《文選》殘卷校勘,證明宋以後諸本蕭選白文及李善注同唐鈔敦煌本皆有差異,而諸本李善注與五臣注又時有相混。先生重點以敦煌本《西京賦》殘卷與諸本同篇對勘,發現尤、毛二本以及袁、陳本校語所見之正文皆有與敦煌本不同者,並指出:"後世所傳李注本已失唐本之真。……其弗誤者僅此卷(指敦煌本),蓋繕寫之時,距李注成書未遠,所據又非一本。……故各本訛誤,必資此卷相校正,李注亦然。"《文選》李善注義例,凡此前有先賢之注,必冠首,繼之始以"臣善曰"而出己義。《西京賦》前有薛綜注,李善注皆先引之。此即敦煌本之模式,而宋以後諸本則不盡然。故劉師培先生對校之後,作出提要謂:有李注誤爲薛注者,有薛注誤爲李注者;有各本(指宋明諸刻本)薛注所挩字句,而此(指敦煌本)獨有者;有各本李注所挩字句,而此獨有者;(敦煌本)有與各本李注迥不同者;有各本所有薛注,而此獨無者;有各本所有李注,而此獨無者;有各本李注從省,而此弗從省者;有各本李注不從省,此獨從省者;有薛注之字與各本均異者;有李注之字與各本均異者。劉師培先生利用敦煌本張衡《西京賦》殘卷與宋明刻本對勘,所做出的十條《提要》,可謂精贍至極。其以此得出的結論謂:

> 竊以爲:此卷所無薛注,均他注竄入之詞,所無之李注或李邕所增,或亦他注所竄入。若字句有損益,則由後儒所點竄,或傳寫挩訛。由此卷而推,則凡薛注之采及魏晉諸書,以及李注依本文敷繹者,半非薛李固有之文。惜乎何陳胡三家之未睹此也。②

---

① 甘孺(羅繼祖):《永豐鄉人行年録》,第39頁。
② 劉師培:《敦煌新出唐寫本提要》,《劉申叔遺書》下册,江蘇古籍出版社1997年版,第2008—2010頁。

繼之，劉師培先生之《李注殘卷》一篇，則是以敦煌本之東方朔《答客難》、揚雄《解嘲》殘卷與宋明刻諸本同篇對勘，爲前述一條《提要》做補證。先生一再指出，"此亦李注未經竄亂之本也"，"此卷足證後世所傳李本均與唐本乖違"，"均治選學者所當考及也"。①最後，其《文選白文殘卷》一篇，是考訂沈約《恩倖傳論》與范曄《光武紀贊》兩文殘卷，爲蕭統《文選》白文無注本，即《梁書・本傳》與《隋書・經籍志》所云之三十卷本。指出唐鈔"此卷所據之本與李注之本(指宋刻)不同"，"訛文俗字，雖亦附見於其中，然視宋本經後人改竄者，固弗同矣"。②惟劉師培先生《提要》未涉敦煌本《文選》殘卷之任昉《王文憲文集序》白文，是否由於其殘頁"既無書題，又佚篇目"，不得確知，但是絶對不會出於"不知亦爲蕭選"。而正是此《王文憲文集序》殘卷，數年後羅振玉先生刊行《鳴沙石室古籍叢殘》撰其跋語時，作爲尤爲珍貴之顯例與宋刻本校證者，已如上文，此不重述。羅氏爲《敦煌本文選殘卷》之最早發現並遂即刊行者，劉氏乃最早爲之校證並撰著《提要》者。兩人見解基本一致，而且互爲補充，遥相默契。此實堪稱近世學術史一項美聞佳談。

香港學者饒宗頤先生撰著《敦煌本文選斠證》(一)、(二)篇，先後發表於《新亞學報》三卷一期(1957 年 8 月)與二期(1958 年 2 月)。此爲繼羅振玉、劉師培兩先生之後，對《敦煌本文選》做系統全面研究的代表性論著，可以視爲循羅振玉先生路向並承續其業的典範性成果。

饒先生在其論作前言中，明確交代"敦煌莫高窟石室所出唐人文選寫卷，羅叔言影入《鳴沙石室古籍叢殘》者，有《西京賦》、東方朔《答客難》、揚雄《解嘲》，此三種皆有李善注；又任昉《王文憲集序》、沈約《恩倖傳論》至范曄《光武紀贊》，則爲白文"。他正是以羅振玉先生業已刊行之四種唐寫《文選》殘卷爲基礎，繼續廣泛尋求、搜集、影録。所得有"日本神田喜一郎影入《敦煌秘籍留真新編》者，有揚雄《劇秦美新》、班固《典引》、王儉《褚淵碑文》，俱白文無注，及《文選音》一種"。他一直探索到當年斯坦因與伯希和盜運至英法的敦煌石室秘籍："余旅法京時，每日至國家圖書館，館藏有關《文選》各寫卷讀讀殆遍。又倫敦大英博物院藏亦有《文選》殘卷三種，爲成公綏《嘯賦》、《答臨淄侯》、《陽給事誄》殘簡，並爲影録。計英法所庋敦煌《文選》寫本，共得十六……"③饒先生在英法所得十六卷《文選》殘簡，包括《西京賦》、謝朓《樂府》、《王文憲文集序》等賦詩文一十九篇。其白文無注者，若倫敦藏之《嘯賦》，巴黎藏之《劇秦美新》、《典引》、《恩倖傳論》、《光武紀贊》、《王文憲文集序》及《褚淵碑文》等等，並著卷數於末，實即原來之三十卷本，乃昭明固有之編第，至李善作注始析爲六十卷。以此可見，蕭選三十卷白文本至唐猶存於世。另李善注本則有巴黎藏之《西京賦》、《答客難》與《解嘲》，爲唐初永隆間鈔本。羅振玉先生先後編訂紬《敦煌石室遺書》(1909 年)與《鳴沙石室古籍叢殘》(1917 年)之數種敦煌本《文選》殘卷，饒先生皆得紬讀其原件，謂"茲

---

① 劉師培：《敦煌新出唐寫本提要》，《劉申叔遺書》下册，第 2011 頁。

② 劉師培：《敦煌新出唐寫本提要》，《劉申叔遺書》下册，第 2011—2012 頁。

③ 饒宗頤：《敦煌本文選斠證》，陳新雄、于大成主編《昭明文選論文集》第一册，臺灣木鐸出版社 1975 年版，第 97 頁。

十數卷,俱唐人或更早之寫本,吉光片羽,彌覺可珍”。①此與羅振玉先生《敦煌本文選殘卷跋》文之論,可謂意脈貫通。

饒宗頤先生斠證英法藏敦煌本《文選》殘卷,有以下數種:(一)永隆寫本《西京賦》薛綜李善注;(二)東方朔《答客難》與揚雄《解嘲》李善注殘卷;(三)成公綏《嘯賦》白文殘卷;(四)謝靈運鮑照《樂府》七首白文殘卷;(五)楊修《答臨淄侯箋》白文殘紙。饒先生以薛李注之《西京賦》、《答客難》與《解嘲》爲斠證重點。此種選擇正與羅振玉先生半世紀以前所刊行之《敦煌本文選殘卷》的基本篇目相合,也與劉師培先生所撰《敦煌新出唐寫本提要》一致。饒先生並且基本認同羅劉兩先生的有關結論。

關於永隆寫本的書手及年代,饒宗頤先生謂:

> 此卷羅氏影入鳴沙石室古籍叢殘,末有“永隆年二月十九日弘濟寺寫”一行。寺在長安,此當出寺僧手録。永隆爲唐高宗年號(六八〇),倫敦所藏寫卷列斯坦因目一八三五號者,末亦題永隆元祀,與此堪稱雙璧。善上文選表,在顯慶三年(六五八),至永隆相去二十二年,考善卒在載初元年,(即永昌元年武后年號西六八九)是此永隆卷繕寫時,善尚生存。李匡義資暇録謂:“李氏文選有初注成者,覆注者,有三注四注者,當時旋被傳寫,其絶筆之本,皆釋音訓義,注解甚多。”此永隆寫本未知爲初注抑覆注本,然距善之卒,僅九年耳。②

顯然,此論實爲劉師培先生《提要》説做出補證,並且使之具體化,明確指出永隆本之繕寫成書時,“善尚生存”,其珍貴自不待説。饒先生在斠證實踐中,除參用劉師培先生《提要》説外,也頗尊重高步瀛先生《文選李注義疏》之見。“兩家辨訂異同,頗爲詳備,兹之考校,多所采摭”。③饒先生基本以胡刻李善單注本、影宋四部叢刊六臣合注本,並日本上野清一藏舊鈔《文選》白文本,同永隆本互斠,其精鑿不移之論,遠邁清儒。

《西京賦》殘卷,自“井幹疊而百增”起,至“説猶分别解説之”止,包括正文二百七十三條,薛李注四百四十三條。饒先生逐條逐字加以精斠細勘,概括而得十四點結論(即《校後記》):(1)永隆本有可證今本古籍之疑誤者;(2)永隆本有獨異之字,而宋刻諸本所未見者;(3)永隆本有與《古文苑》之《蜀都賦》詞句相同者;(4)永隆本有“臣君曰”之稱謂語而冠於李注之首者,疑乃唐人一時之風尚;(5)永隆本之疑誤處,而宋刻諸本亦因之紛歧者;(6)永隆本與宋刻諸本皆有奪誤,然據未經竄改之李善注,猶可推尋其原意者,此則較勝於胡克家《文選考異》以主觀捫索所得;(7)宋刻諸本區分章節不同,因之纂録薛注李注而造成錯亂者,可據永隆本辨正之。(8)尤袤李善單注本,與茶陵陳氏六臣增補本同源,尤本李善注多從宋彙併之六臣注中切割剔出而得,永隆本可爲驗證之;(9)永隆本李善稱引古籍多與原著吻合,而宋刻諸本

①② 饒宗頤:《敦煌本文選斠證》,陳新雄、于大成主編《昭明文選論文集》第一册,第101頁。

③ 饒宗頤:《敦煌本文選斠證》,陳新雄、于大成主編《昭明文選論文集》第一册,第102頁。

則多歧異；(10)永隆本李善注稱引古籍或有删節，而宋刻諸本每做增潤，或再删剟，致違原義；(11)宋刻諸本中李善注有不合崇賢義例者，以永隆本覆核，可證其曾經後世淺人羼亂；(12)茶陵陳氏六臣注本之增補處，多爲李善注"已見從省"例，再以前注重見之，永隆本可爲資證；(13)永隆本可證六臣本校語有不足信者；(14)永隆本可證胡克家《文選考異》，由於文獻不足，有不盡可據者。(舉例從略)①

饒先生關於《答客難》、《解嘲》殘卷的斠證，前言同樣交代"已影入羅氏《石室叢殘》"，並且全文引録劉師培先生關於此卷斠證《提要》語，以示其學之守先待後義。此殘卷斠證，包括正文八十四條，李善注六十三條。實即《西京賦》殘卷斠證十四條結論之補證。饒先生在斠證中顯示出深厚而廣博的文獻修養及其嚴謹精密的校勘功力，足爲學界楷範。其十四條結論，皆具有文選學與文獻學的經典價值。

然則，就筆者研讀《斠證》所得，還有數點可以申説者：

(一) 饒先生認定永隆寫本爲《文選》李善初注本，或未經竄亂本，乃李善注本之真貌。例(1)《西京賦》(以下篇名從略)正文："若歷世而長存。"李注："言若歷世不死而長存。"饒斠："永隆本此句，當是善初注原貌。胡刻本叢刊本並作'言若歷代而不死'，殆是後注曾删潤。"②例(2)正文："吴岳爲之陁堵。"李注："有岳山吴山。"饒斠："此善注節引漢書郊祀志'自華以西名山七'之文，即志中列舉之華山薄山岳山岐山吴山鴻塚瀆山共七山也。注止引吴山岳山以釋賦文'吴岳'，即與上句'河渭'對舉，蓋吴山又有吴岳之名，致異説紛岐。此注五字，胡刻本叢刊本並作'一曰吴山郭璞云吴岳别名'十一字，訓詁未諦，乃不明地理者妄改。此亦永隆本未經混亂之可貴。……"③例(3)正文："布九罭。"李注："罭與域古字通罭音域。"饒斠："'域'字乃善注對所據文選之'罭'與所見毛詩之'域'作疏通語，應是善注本真貌。各刻本做'緎'，誤，胡克家(指《文選考異》)、郝懿行(指《爾雅義疏》)等所謂善作緎者，殆隨誤本而爲想當然之辭。"④

(二) 饒先生爲永隆本《文選》正文及薛李注所作疏證，極爲嚴謹暢適，深中宋刻本之失。例(1)正文："狡鳴葭。"李注："漢書有淮南鼓員謂舞人也淮南鼓員四人然鼓員謂無人也。"饒斠："案漢書禮樂志丞相孔光奏：'凡鼓十二，員百二十八人'之中有'淮南鼓員四人'。此注所引有復誤處，如删去'謂舞人也淮南鼓員'八字，改'無'字爲'舞'字，則文義適合，蓋賦云'奏淮南'而善引此舞人解釋之，並非十分適切，故用'然'字作轉語，他本無'然'字者，殆非善注原意。……案永隆本録注，以'齊栧女'二句'發引和'四句'感和馮'二句'驚蜩蛹'二句分作四節，胡刻分節同，叢刊本則併十句爲一節。兩刻本於'杜摯'上脱去'善曰'二字，遂令善注'杜摯'以次三十餘字混作薛注。"⑤例(2)正文："簡矰紅。"薛注："其絲名矰紅也。"饒斠："胡刻

① 饒宗頤：《敦煌本文選斠證》，陳新雄、于大成主編《昭明文選論文集》第一册，第167頁。
② 饒宗頤：《敦煌本文選斠證》，陳新雄、于大成主編《昭明文選論文集》第一册，第109—110頁。
③ 饒宗頤：《敦煌本文選斠證》，陳新雄、于大成主編《昭明文選論文集》第一册，第134頁。
④ 饒宗頤：《敦煌本文選斠證》，陳新雄、于大成主編《昭明文選論文集》第一册，第147頁。
⑤ 饒宗頤：《敦煌本文選斠證》，陳新雄、于大成主編《昭明文選論文集》第一册，第145—146頁。

‘紅也’二字作‘音曾’二字。高步瀛云：‘合兩文校之，疑當作矰，射矢，長八寸，其絲名紅也。矰音曾。’案‘矰紅’與‘豫章’對文，則絲名應是‘矰紅’，刻本於‘矰音曾’上誤脱‘紅也’二字耳。叢刊本同胡刻，‘音曾’字移正文之下。”①例(3)謝靈運《會吟行》正文：“津呈窈窕容。”饒斠：“‘津’字兩刻本並作‘肆’，有善注引周禮鄭注以釋‘肆’字，高步瀛謂周禮無此鄭注，則所謂善注已大有可疑。至寫卷之‘津’字，用承上句‘清沚’，以下句‘路’字承前句‘廣途’，脈絡頗清，惜無他本可證。又西都賦‘列肆侈于姬姜’句，五臣向注兩處相同，但‘善曰’之下，止有鄭注而無周禮句，而日本上野藏古鈔本則‘肆’字作‘女’，此或可以旁參。‘容’字五臣作‘客’。”②陳按：現行胡刻李善單注本與叢刊六臣合併本此句“津”字皆作“肆”。肆，市，指商家女。永隆本“肆”作“津”，故饒先生特爲之疏通文義，以爲第三句首詞近承第二句末詞，而第四句首詞遠承第一句末詞，此即古代詩文修辭常見之杈椏法。饒先生《謝鮑樂府七首殘卷》斠證前言謂“校勘所得，多近古義”，“津呈”句即其例。

（三）饒先生於斠證之中，對永隆本李善注真貌或未經竄亂之本多所稱賞，而涉及叢刊本五臣注則時有譏評。例(1)正文：“奎踽槃桓。”薛注：“槃桓便旋如搏形也。”饒斠：“‘如搏形’三字，胡刻無，叢刊本善注亦無，而五臣李周翰注則作‘踥踽盤桓搏物之貌’，仍存襲用薛注之迹踥殆删併六臣注時删薛綜而存五臣，尤氏剔取善注，不知曾經删併，故尤本善注無此三字……”③陳按：此條饒斠證明六臣合併本，不只以李注與五臣注合併，而且也有删節。此條即删除薛注，而將其釋義剿入五臣注。李善注前多引薛注，此其義例之一。例(2)《解嘲》正文：“昔三仁去而殷虚。”李注：“臣善曰三仁已見上。”饒斠：“寫卷此注當是‘已見從省’之例。兩刻本各異於此，殆有疑混。叢刊本善注無三仁之文，而五臣翰注列舉比干箕子微子後略述其事，並譏李善引《孟子》注二老爲‘誤甚’，且以揚雄爲‘用事之誤’，其陋如此，疑非五臣真貌。但併六臣注者取此較詳之注，因删去李善三仁之注，其事甚顯……”④陳按：饒斠用“殆”、“疑”二字，以示學風嚴謹，但是即譏李善又以揚雄爲誤，恐非出於合併者之手。例(3)同上篇正文：“樂毅出而燕懼。”李注：“史記曰樂毅……乃使劫騎代將而召樂毅樂毅畏誅遂西降趙。”饒斠：“寫卷此注乃删節史記樂毅傳文，兩‘樂毅’皆不省‘樂’字及‘降趙’之‘降’字，並與史記樂毅傳原文相符，但‘騎劫’二字誤倒。叢刊本注樂毅事不冠以‘史記曰’或‘又曰’，遂與上文史記秦本紀載百里奚事混連；其删去兩‘樂’字及以‘奔’字代‘降’字，皆與史記原文不合；‘奔趙’之下，‘惠大恐趙用樂毅伐燕’亦有脱誤。此下又有‘銑注同’三字。案五臣注常用善注所引古籍而删去書名，又常增減古書中二三字以滅其襲引之迹，如以五臣單注本與善注對勘，即可了然。據叢刊本此注，可以推知其爲五臣之銑注，併六臣注者上段已采善注，因下段銑注與善注大同小異，但文較平近而稍詳，故即以

---

① 饒宗頤：《敦煌本文選斠證》，陳新雄、于大成主編《昭明文選論文集》第一册，第144頁。

② 饒宗頤：《敦煌本文選斠證》，陳新雄、于大成主編《昭明文選論文集》第一册，第189頁。

③ 饒宗頤：《敦煌本文選斠證》，陳新雄、于大成主編《昭明文選論文集》第一册，第138—139頁。

④ 饒宗頤：《敦煌本文選斠證》，陳新雄、于大成主編《昭明文選論文集》第一册，第181頁。

銑注爲善注之下段，只於注末記‘銑注同’三字，此爲六臣注本通病，所謂五臣亂善者多屬此類……”[①]陳按.饒先生並不完全否認五臣注之積極價值，《斠證》中時有參用，但是尖鋭地指摘五臣注對善注的剿襲之弊，又反過來斥譏善注，而所謂五臣亂善者則常常是併六臣注者之所爲。

（四）饒先生斠證永隆本李善注稱引古籍與胡刻本叢刊本之異同特具啓迪意義。此種稱引大多爲長注，時則三四十字。其有兩種情況：或兩刻本有此古籍之稱引，而永隆本則無之，約可六十見；或永隆本有此古籍之稱引，兩刻本亦同有之，約可九十見。即此可以推測，若永隆本爲李善初注本，則兩刻本所據之祖本當爲其三注或四注本（見上引唐李匡乂《資暇録》）。兩刻本李善注稱引古籍，僅據《西京賦》、《答客難》與《解嘲》殘卷，即較永隆本多出三十見。此殆非淺人妄加，或他注所羼雜者。進而又可以推測宋刻本合併六臣注者所據之李善單注本應爲著作者之完成本。後世通行之胡刻李善單注本，即使爲尤袤從六臣合併本剔出而成，其中或羼雜有五臣注等等瑕疵，而其基本面貌大致仍保存六臣注合併前李善單注本之真。此可以確信無疑。因此，敦煌本的發現可以是正宋刻本之訛誤羼亂，勿寧説是殘卷，即或完篇猶不能取代宋刻的存在與研讀價值。

（五）因此，饒先生於斠證之中也時以宋刻本校正永隆本之脱誤。兹舉一例：正文：“逞欲畋魰。”李注：“音魰。”饒斠：“‘音’上當有脱文。各刻本有《廣雅》《尚書傳》等二十字，下接‘《説文》曰：捕𣫷也。音魚’九字，永隆本似脱其上二十七字。案説文無‘𣫷’字，周禮天官𣫷人釋文云‘音魚本又作魚亦作魰’，依釋文是‘魚’與‘魰’通，左傳隱五年孔沖遠疏觀魚者云：‘説文云：漁，捕魚也魰然則捕魚謂之魚，’此善注訓爲捕魚説自可通，但以説文所無之字而謂之‘説文曰’，則恐爲後人所加魰王紹蘭説文段注訂補舉此魰字爲李注文選望文傅會之證，是以誤本歸罪於崇賢也。但永隆本‘音魚’之上所脱佚者不知究爲何文。”[②]陳按：饒先生此斠文是據宋刻本校正永隆本的顯例，證明宋明諸本（如汲古閣毛晉本）之非誤者，尤其經清世諸家之校勘者，其價值亦足珍貴。

臺灣學者邱棨鐊先生于1978年出版《唐寫文選集注研究》一書。其中包括作者關於日本金澤文庫藏古鈔《文選集注》研究之五篇專題論文。此可視爲羅振玉先生於1918年刊行《古寫本文選集注殘卷》並撰其跋文的承續與發展。邱先生於其論著中曾一再述及羅振玉先生對保存刊佈《古寫本文選集注》的貢獻，若清末託友人移寫該書十有五卷殘葉，又民國初年由日本返國時捐贈京都宅第，以其鬻售所得作爲刊佈日藏《文選集注》及其他漢籍之資等。其關於我國研究《古寫本文選集注》論作則首先標舉羅振玉先生所撰《日本古寫文選集注殘卷跋》，其次則潘重規先生撰之《文選集注綴語》，最後則自撰之《今存日本文選集注爲中土唐寫舊藏本》等作。[③]邱先生於上世紀七十年代中期遊學日本廣島大學。該校爲日本文選學研究

---

① 饒宗頤：《敦煌本文選斠證》，陳新雄、于大成主編《昭明文選論文集》第一册，第183頁。
② 饒宗頤：《敦煌本文選斠證》，陳新雄、于大成主編《昭明文選論文集》第一册，第149頁。
③ 邱棨鐊：《文選集注研究》，第4頁。

之中心，先後有斯波六郎、小尾郊一等教授，專精於選學，實爲此領域之重鎮。邱先生於廣島大學研究室，"嘗就東邦二十三卷(指《古寫本文選集注》殘卷)，每日翻檢，凡三歷寒暑"，自謂"乃步董、羅兩先生之後，考其寫本年代，評論其價值，斷定爲唐寫卷子本。以爲選學得此真卷，當可事少功多，漸有發明"。[①]所著即上述《今存日本文選集注爲中土唐寫舊藏本》與《文選集注所引文選鈔研究》兩篇重要論文。此兩篇論文以及相繼撰著之《文選集注寫本年代續考》、《唐寫本文選集注九十八卷跋》、《唐寫卷子本文選集注第九十八卷校勘記》等論作(均收入《文選集注研究》)，以嚴謹精鑿的考證方法，令人信服地解決了關於日本金澤文庫所藏《古写文选集注》的幾個基本問題：

(一) 邱先生考定《文選集注》的撰輯與書寫皆出自中國唐人之手。證據之一，即此書凡唐帝諱，若淵字、世字、民字泰半缺筆，而玄宗名隆基、中宗名哲，諸諱名則無一字缺筆，至於宋帝諱構(高宗)、恒(真宗)、禎(貞、徵、仁宗)、慎(孝宗)及殷(宣祖)等，宋刻《文選》諸本缺筆，而《文選集注》皆不諱。證據之二，《文選集注》書寫文字多使用唐代俗體(若正體糧，俗體粮)。唐代顏元成所編《干禄字書》，系統纂輯唐人普遍使用之俗體字，以定用字正俗之别。《文選集注》書寫用字，皆與《干禄字書》一致，可謂若合符節。證據之三，爲日本國平安朝之歷史文獻。其時日人有藤原道長者，著書《御堂關白記》，爲平安朝歷史實録。其長保六年(1004年)九月二十一日條下載："乘方朝臣，集注文選並元白集持來，感悦無極，是有聞書也。"邱先生認爲，"所謂'持來'，'感悦無極'則必非日本彼時常見之書，故下云'是有聞書也'。蓋其君聞其書，而未嘗一見之意。"並參考日本學者的有關解讀，認爲"持來"乃謂從中國舶載來日本之義。"集注文選"即指古寫本《文選集注》。[②]此三項證據，已使《文選集注》爲中土唐寫舊藏本説成爲定論，使此前中外學者之相關異見(若日本新美寬教授所持之日本平安朝鈔本説、董康之中土五代寫本説與羅振玉先生之疑爲海東人所寫説)，得到最終的駁正。

(二) 邱先生考定《文選集注》於中土纂集成書，約當李善作注傳世後(658年)，迄蕭嵩等於集賢院議善注不精陸善經等奉命重注(開元二十年，733年)，即崇賢之學大盛之際，其亡佚當在安史之亂(755年)前後，其流傳於日本或在《文選集注》成書不久，尚未見知於本土，約爲開元二十二年以後。根據之一，在於五臣注出李注漸微，而《文選集注》編纂者則揚善注而抑五臣，又不拘於一家，兼采衆説，浩瀚博洽，都爲一百二十卷，可謂集唐代文選學之大成。而成此學術巨帙，除非社會安定選學弘暢之環境，當是不可能的。根據之二，如此煌煌選學巨帙，終有唐一代却不見任何著録，直至五代劉昫撰《舊唐書・經籍志》亦隻字未及，説明該書於安史之亂以前已經亡佚。根據之三，關於《文選集注》傳入日本之年代，除上引藤原道長《御堂關白記》所載史實外，此前尚有當時學者藤原良秀於日本天曆二年(948年，我國五代後漢乾祐元年)五月二十一日點讀古鈔本《後漢書》，其所加書上的旁注即曾引用《文選集注》中揚雄《甘泉賦》"詔招摇於太陰兮，伏鉤陳使當兵"之句，依此，則《文選集注》傳入日本，或更早

---

① 邱棨鐊：《文選集注研究》，第40頁。

② 邱棨鐊：《文選集注研究》，第2頁至第3頁。

於藤原良秀引用揚賦之時。[①]

（三）邱先生考評《文選集注》所引《文選鈔》之原本、撰著者、撰著年代及其注釋義例則獨出新義。《文選集注》在蕭選正文之下，纂輯諸家注説，依次爲李善注——鈔——音決——五臣注——陸善經注，最後爲今案。關於公孫羅撰《文選鈔》與《文選音決》二書，中日文獻均有記載。《新唐書·藝文志》著録"公孫羅注《文選》六十卷"，又公孫羅"《文選音義》十卷"（《舊唐書》作《文選音》十卷）。《日本國見在書目》載公孫羅"文選鈔六十九"，又公孫羅"文選音決十卷"。[②]駱鴻凱先生認同文獻記載，認爲"集注引有文選鈔及文選音決二書。按日本國見在書目有公孫羅撰文選鈔五十九卷、文選音決十卷，殆即注與音也。見在書目爲唐時日本人撰，著録當時所得中國書，則鈔與音決或本公孫羅書原名。"[③]

邱先生經考證認爲，《文選集注》所引《音決》確如文獻所載爲公孫羅撰，但是所引《鈔》的本原却並非公孫羅所撰之《文選注》或《文選鈔》，即是説《文選集注》纂輯者所引之《鈔》並非取自公孫羅的《文選鈔》，其作者則爲另外某一位專精選學者。最早是日本學者斯波六郎教授考校《文選集注》所引之《鈔》與《音決》，兩者引用蕭選正文同一字詞則用字不一，對同一字詞之注音釋義亦多歧異，故斷定兩書非出一人之手，但是斯波教授尚不能確認其作者究竟爲誰。邱先生則贊同斯波之説，繼續以《鈔》與《音決》對勘，系統舉證兩者對蕭選正文注音釋義的歧異之點，意在認定《文選集注》所引之《鈔》的撰著者非撰著《音決》之公孫羅。《鈔》中多引其時文選學者之衆説以詮釋蕭選原本正文，若羅云、孫云、李生等等，其中有"《鈔曰》：'李生其勢常也屬下句'（《集注》卷九十八《晉紀總論》注）"一條。據考，李生即先生之謂，在唐代選學昌顯之世，可尊稱爲李先生者，恐非李崇賢莫屬。邱先生以此推論謂："則此《鈔》撰者蓋即李先生……之弟子歟！"並且列舉《鈔》中所涉及之方俗名物、語言地名以爲佐證。[④]

關於《文選集注》所引《鈔》的撰著年代，邱先生根據《集注》所引諸家之排列次序，即其前爲李善、之後則公孫羅、五臣、陸善經等，推定《鈔》之撰著年代必在李善之後，公孫羅之前或同時。根據之一，李善《文選注》成書於唐高宗顯慶三年（658 年），五臣注成書於玄宗開元六年（718 年），《鈔》當撰成於其間六十年。根據之二，依《舊唐書·曹憲傳》李善條載，其傳授選學乃四十七歲之後（約 667 年）。其卒在載初元年（690 年），則《文選鈔》當成書於李善專授《文選》前後。根據三即《鈔》中所涉地名的詮解，若某地當今之某地，某地屬今之某地，某地在今之某地，從而推定《鈔》之撰著者所處之年代及成書之時限。此可謂縝密而足資信據。[⑤]

《鈔》對蕭選本原正文的注釋獨有義例。邱先生將《文選集注》所録李善注與《鈔》之注對勘，審其異同，析其條貫，綜合而得《鈔》注之原則義例，共有四端：（一）李善未注或注而未詳，《鈔》注則在釋義、書證、疏解句義諸項加以增補。（此及下舉例從略）（二）李善注於上列諸項

① 邱棨鐊：《文選集注研究》，第 21—23 頁。

② 邱棨鐊：《文選集注研究》，第 4 頁。

③ 駱鴻凱：《文選學》，中華書局 1937 年版，第 45 頁。

④ 邱棨鐊：《文選集注研究》，第 5—11 頁。

⑤ 邱棨鐊：《文選集注研究》，第 11—13 頁。

皆詳者,《鈔》注則從略。(三)李善注簡略未盡者,《鈔》則加以補充增潤之。(四)李善注疏誤未穩者,《鈔》注則加以修訂補正之。此則非時之精熟選理及崇賢之學者弗能爲也。故邱先生關於《文選鈔》有評曰:

> 要之鈔之所爲作,蓋欲補苴善注,且使文選注深入淺出,上承李善淹貫之實學,嚴謹之態度,下開選學廣漠之野,義理之鄉。而所以名之曰《鈔》,且不著撰者之名者,其故安在?蓋江都之選學,各承師説,研討辨明,經年累月,遂乃薈萃衆説,鈔爲一帙,故名之曰鈔。而意在踵事增華,昌顯選學,故不以一人之學爲名歟![1]

(四)邱先生充分論證了《文選集注》之文獻學價值。其最值得關注之點如下:(一)《文選集注》爲今存唐鈔之珍本,足以訂正宋刻及重刊諸本蕭選正文與各家注説之誤脱、衍文、訛字、各本互羼及斷句妄改者。(二)《文選集注》保存了蕭選原本正文並李善注及五臣注之真貌,足可采信無疑。(三)《文選集注》以李善注爲其底本,復以善注爲主,纂輯其全文,其次爲《鈔》之一家,爲今存唐人逸説逸注,足以訂補善注,故亦備録全文,於五臣則多爲節引或整段删除,可證其揚李善抑五臣之選學論。(四)陸善經注亦爲蕭選之逸注逸説,至可實貴;"今案"及其校語,足證《集注》纂集者素稔唐代選學各家真本,足可信據。(五)六臣本校語爲後世淺人妄加,不足采信。(六)《文選集注》則更爲有力地證明宋尤氏刻本及清胡氏重刊本之《文選》李善單注本或自六臣合併本剔出,而非唐代李善單注本之舊貌。(七)《文選集注》除在文選學上的文獻學價值之外,對於考訂經史傳注之訛誤,亦具有重大功用。

綜上諸項,皆可謂邱棨鐊先生對文選學之突破性貢獻,尤其先生考定今存之《文選集注》爲中土唐人所纂所鈔,其意義已超越於選學之外,足資欣慰。然吾人尚可獻疑者:文選《鈔》既能爲崇賢之學糾偏正訛,補缺增略,時出獨見,薈萃衆説,斟酌損益,自爲一家,此其選學修養造詣,非與李善上下其間者弗能爲也,而其撰者爲何不見於著録?先生認同見於著録之公孫羅撰《文選音決》,舉證之法即《音決》中采摭蕭、曹、騫公諸家音,而絶無公孫羅音。遵循同一方法,是否可推想《文選鈔》之中引録孫云、羅云、李生,而引《音決》則不著公孫羅姓氏,是否可證《鈔》之撰著者正是《音決》撰著者公孫羅?依同理再追一步,《文選集注》纂輯諸家説,李善、五臣、陸善經等皆著其姓名,獨於《鈔》、《音決》兩書一例對待,皆不著姓名,是否也可推想《集注》纂輯及其撰今案、校語者就是見於著録之《文選鈔》與《文選音決》的撰著者公孫羅?據先生考定《文選集注》之成書時限,以及公孫羅與李善之年齡差距,則此疑尤爲順理成章。至於兩書録蕭選正文用字不一與注音釋義互異如所斠證者,似需另尋途徑予以考評。此爲愚者臆測,謹誌於兹。

---

[1] 邱棨鐊:《文選集注研究》,第13—15頁。

結　語

羅振玉先生於上世紀初葉最早在中國刊行《敦煌本文選殘卷》與《古寫本文選集注殘卷》，並分別撰著序跋，是爲有千年歷史之傳統文選學開拓一片新境。隨之劉師培、饒宗頤、邱棨鐊三家或率先撰著斠證《提要》，或赴巴黎、倫敦之法國家圖書館與大英博物院，遍讀其庋藏的《敦煌本文選》，撰著《斠證》，或訪學東京，精心鑽研其收藏之《文選集注》，撰著聯續性的考證論作。三家之作，共同揭示出上述兩種唐寫本《文選》極爲珍貴的文獻學價值，遠遠優越於宋刻及其重刊諸本，使蕭選原本及崇賢之學的真貌，重現於千年之後。羅先生之作爲發軔，三家之作爲典範，此種以兩種古寫本《文選》殘卷爲中心的研究，近一個世紀以來已經形成獨立的系統，並有其共同的方法和聯貫性的成果。

而就古寫本《文選集注》觀之，東瀛日本以羅振玉先生捐宅之資整理刊佈古寫本《文選集注》（京都大學文學部影印本，1936 年至 1942 年）爲始，向被尊尚的文選學則愈顯其盛。斯波六郎教授及其弟子們對《文選集注》的研究，多有創獲，成就斐然。溯流討源，其亦受惠於羅振玉先生之貢獻及其所提示的範圍。我國大陸自上世紀末周勳初教授編纂之《唐鈔文選集注彙存》面世，於斯學之關注與深入探討，必爲文選學界奮然趨赴之者。

知選學者黄季剛先生於文選學研究異於清人專務版本校勘之途，而融考據、辭章、義理爲一爐，世稱文選黄氏學。援例，將羅振玉先生在此領域的貢獻及其後繼者的系統研究，冠以文選羅氏學之通名，實非浮誇虚擬之詞。

附注：拙文成稿，多得吉林大學王同策教授襌助，兹特申謝。

2011 年 2 月 15 日

羅振玉之熹平石經研究

□虞 萬 里

[摘　要]　二十世紀二十年代繼三體石經發現之後，熹平殘石也陸續出土，羅振玉是最早辨識漢石經之人。他在竭力收集殘石和拓片過程中，與王國維一起切磋研究，對王氏研究漢魏石經之方法有深切理解。王國維原擬作漢魏石經之綜合研究，也深得羅氏贊同。唯王氏自沉昆明湖後，熹平石經之匯總便告中斷。1929年起，羅振玉繼蹤亡友遺志，一年之内，編纂《熹平石經殘石集録》九次，其後不斷增補，不斷匯總，前後十年，分輯編集、刊印乃至合編、修訂十六次，基本網羅了當時所能見到的所有殘石。他推明各經書寫款式和七經每行大致字數，探明石經所取今文經本，更重要的是揭示出經今古文篇次、章節之差異，爲真切瞭解漢代今古文之異同提供了第一手資料。羅氏所揭示的石經行款，爲張國淦撰著《漢石經碑圖》鋪平了道路；他集録石經之範式，也爲屈萬里等人的深入研究奠定了基礎。

[關鍵詞]　羅振玉；熹平石經；行款；今古文經

[作者簡介]　虞萬里，上海社會科學院歷史研究所研究員（上海 200235）

一、引　　言

羅振玉（1866～1940年）是二十世紀保存國粹之第一人。今論其成就，除傳統經史、小學外，多在甲骨、金文、竹簡、敦煌卷子、大内檔案等方面。然其自少酷嗜金石碑版，於碑刻之學夙有探究，晚年則致力於熹平石經之蒐輯與研究，貢獻甚鉅，而學界尠有論者。

羅振玉自謂"夙嗜金石之學，每循覽碑版，遇一名一義有裨考證者，輒隨筆疏記"。①是其丱角之後已喜好此道，並有考訂文字。十五六歲時，校《金石萃編》，蓋以王昶此書成於晚年，迫於授梓，校讎頗疏。自敘"玉以光緒壬午（1882年）廣購碑板，校刊是書"，②歷五月而校讎七百餘碑。《萃編》一書之卷十六有《石經殘字》，雖無實物可校，其瀏覽翻閱，知有熹平石經，當在情理之中。二年後，將平時校記外之心得匯成《讀碑小箋》。光緒十二年（1886年）校《寰宇訪碑録》，匡正三百餘處，於石刻已深有涵養。至1891年自緝《面城精舍雜文甲編》，中有《漢石經〈牧誓〉"任父母弟"解》一篇。《牧誓》石經文字即見於《隸釋》，可探知其在校刊碑刻時非唯關注石經，且已有頗見功力之見解。《隸釋》卷十四載漢石經《牧誓》有"任父母弟不

---

① 羅振玉《讀碑小箋序》，《羅振玉學術論著集》第三集，上海古籍出版社2010年版，第33頁。

② 羅振玉《金石萃編校字記》，《羅振玉學術論著集》第五集上，第3頁。

迪"一句,而《尚書·牧誓》作"昏棄厥遺王父母弟弗迪"。清代著名石經學者馮登府在《漢石經考異》中僅云"仼"即"王"字。羅氏不以爲然,作考云:

考《爾雅·釋親》"父之考爲王父,父之妣爲王母",《廣雅·釋詁》"王,大也"。王訓大,故今王父、王母亦稱大父、大母。又《爾雅·釋詁》及《詩·賓之初筵》"有壬有林"傳均云:"壬,大也。"任與王通。《詩·燕燕》"仲氏任只"傳:"任,大也。"任父母即壬父母,猶言大父母,亦猶言王父母,初無二義也。邇來治《書》家於此咸無論議。馮説辯而未當,姑補釋以質之方家。①

以《爾雅》、《毛傳》訓釋解《尚書石經》與《今文尚書》異文,信而有徵。後於光緒二十年(1894年)在淮安以高價得山東碑估劉金科正始石經《尚書·君奭》殘字拓本一紙,驚爲奇寶。明年(1895年),在會典館得見福山王懿榮所示《君奭》拓本並《漢石存目》二卷。②二十六年(1900年)又從山左范估得知《君奭》來路。自此,熹平石經和三體石經之概念已深印於腦際。然其於熹平石經予深入全面研究,並作出杰出之成就,則遲在王國維開創石經研究新範式,著成《魏石經考》之後。

二、王國維魏石經研究與羅、王書信所見之學術切磋

1916年初,王國維應哈同之聘,由日本乘船來滬,爲其主編《學術叢編》,並自作學術研究。四月,静安由探究《史籀篇》文字而悟徹戰國東西土文字不同,從而對魏石經之古文發生興趣,取而加以研究。由於静安頗具嚴密之邏輯推理和整體性思維,在研究魏石經古文同時,對魏石經之行款、碑式、碑數及書寫體式等皆有思考和涉及。雪堂當時猶在東瀛,静安每有所思所獲,必馳函與之疑義共析,成果分享。而雪堂亦出其資料所有,貢其智慧所得,魚雁往返,成就了羅、王學術研究史上一段佳話。

1916年四月二十日,静安取楊守敬所藏三體石經殘字拓本觀玩,"排列其行款,始知每行經文二十字,並三體計之,則六十字",此種思維已突破常規文字研究進而涉及形制探求。③他由此取《隸釋》所録之魏石經殘字予以復原:

據此行款以求《隸續》所録殘字,《隸釋》尚未借到,先據馮柳東書推之。亦皆每行六十字,凡《隸續》所存字亦可圖其殘石形狀,惟所存殘石在碑之上或下則不可定耳。《隸

① 羅振玉《面城精舍雜文甲編》,《羅振玉學術論著集》第九集,第8頁。

② 羅將《漢石存目》藏諸篋中,時加訂正,垂二十年而成《增訂漢石存目》,其中即有《熹平殘碑》《三體石經尚書殘石》等目。按,《三體石經尚書殘石》目見尹君年《魏晉石存目校補》,蓋附於王懿榮《漢石存目》後,且此即是洛陽出土而歸於黄縣丁氏者。《羅振玉學術論著集》第五集,第160頁。

③ 王國維此舉很可能受到清翁方綱之啓發,詳筆者《王國維之魏石經研究》一文所述。

續》所載本據蘇望民摹刻之本，字頗有顛倒錯亂，前人皆謂是《左傳》殘字，國朝臧玉林始從其中分出《尚書》，孫淵如復作《考》二卷，此君粗淺，必不佳。今借此書未到。擬作《魏石經考》一篇，並附以圖，惟《春秋》尚有若干字不能知其在何處耳。①

静安認爲"考證此事亦極有趣味"，緣此産生撰作《魏石經考》之想法，並將此設想致函遠在東瀛之雪堂。一個月後，静安又致函羅云："近考得三字石經每行六十字，以此行款排比《隸續》所存殘字，得《尚書·大誥》殘石一段，《吕刑》及《文侯之命》殘石一段，《春秋·桓公經》《襄公經》各三段，而宣公經一段最長，得三十行。中間空三行。疑魏石經每碑三十行，行六十字。"而於三體石經《古文尚書》用何家傳本，頗有疑問，乃一並致函請教云："唯《尚書》究用何種，梁有三字石經《尚書》十三卷，則與僞孔卷數同。殊難斷定，不知先生何以教之。"②雪堂得其函，甚爲驚喜，覆函云：

三字石經竟將字數、行數與石數計算相合，此大快事。與"雁"字從"□"同一可快。梁之三字石經《尚書》難定，想石經及《隋志》稱"梁有"者，乃據阮孝緒《七録》，恐未必梁時於魏石經之外，尚有它種三字《尚書》也。③

静安、雪堂之致覆問答，開啓兩人在漢魏石經研究上之序幕。前後數月，主要以静安不時報告研究進展與成果爲主，雪堂時則參與討論、提供資料，並亦應時解答某些疑問。下面條述其主要之成果。

1916年五月廿八日，静安致函報告離析《隸續》石經爲十三段，適與郭忠恕十三紙相合，可見其價值。又前曾對《尚書》所用爲何本不明，此時雖云不能明其爲何本，然發現《吕刑》和《文侯之命》殘字之行數、字數相接，中間無容《書序》之餘地，遂知三體石經所用仍同馬、鄭《書序》別行之本，與今傳《孔傳》本異。同時求借夏竦《古文四聲韻》一書。

六月四日，雪堂覆函云："奉示，悉一切。承告研究三體石經成績，可快可快。《古文四聲均》寄檢，古寫本《尚書》一册，即奉贈左右，以補鄴架之缺。"④

六月五日又覆云："《吕刑》及《文侯之命》間空字，弟於此事夙未究心，故思之不得其解。至隸古定《書》，曾略究心，薛氏《古文訓》全非郭、夏所見之舊，而英公之於郭忠恕書中所徵引，亦不甚同。夏詳而郭略。前人謂英公因襲郭書，其言甚誤也。總之真未改字本，誠如陸德明所謂古文無幾，薛書則否矣。薛書刻入《通志堂》，然書多難檢，劉聚卿叢書匯總有吾鄉李慶百先生《書古文訓考釋》，並刻薛書，公可取閲之，此書各坊多有之也。"⑤雪堂對静安排比

① 王國維《書信日記·書信》，《王國維全集》卷十五，浙江教育出版社、廣東教育出版社2010年版，第120頁。
② 《王國維全集》卷十五《書信日記·書信》，第138頁。
③ 《永豐鄉人書札·致觀堂》第六册，《羅雪堂全集》，杭州華寶齋，第六十四葉A。
④ 《永豐鄉人書札·致觀堂》第六册，《羅雪堂全集》，第六十六葉B。
⑤ 《永豐鄉人書札·致觀堂》第六册，《羅雪堂全集》，第六十七葉B。

《吕刑》和《文侯之命》間字數而推測其間無法容《書序》一點，初不能理解，蓋自言其未曾究心。其實静安此一眼光極爲犀利，對漢魏石經之復原有極爲重要之意義。兩公往返書缺有間，或静安曾致函解釋，或雪堂思而後得。從雪堂後來對熹平石經殘石之復原看，已完全理解静安之想法，並推而廣之應用到熹平石經研究中。覆函又將自己對薛書之理解與心得告訴静安，俾其利用。

六月十五日，静安致函雪堂，告以魏石經以每行六十字，每八字當建初尺一尺弱度之，全碑高當八尺，廣四尺，每碑三十五六行，共三十五碑。"其種數除《尚書》《春秋》二經外，《左傳》僅刻至莊公。又知《尚書》無孔壁逸篇，亦無僞孔二十五篇。又以天寶未改字本《尚書》較三體古文，同者固多，異者亦不少，知僞孔本當出東晉之初，其人當及見魏石經而竊取其字後，故作異同，以貌爲孔壁真本者也"。[①]五日後之二十日，静安又致函雪堂，談論錢梅谿所藏石經之真僞，並詢問雪堂所見魏石經是否表裏刻字。

六月二十七日，雪堂覆静安云："揭發梅溪之伏，誠爲至快。"而於魏石經是否雙面刻字一事作覆云："魏石經乃東估老范（即弟所從詢殷墟遺址者）得之洛陽某村路旁小茶肆，面已遭椎擊，范估見其似有字迹，然已僅存筆畫，手撲石背，則確有字迹，乃反轉觀之，即石經也，遂以二千錢購得之。此弟親聞之老范者，則石確是兩面刻也。"[②]

静安收到羅函，於七月四日作覆致謝。因購得端方《石經殘字》影本，校覈錢梅谿本，更證其僞，於七月六日又致函云："漢石經每行字數，今以端本計算，則每行大抵七十三四字。因古今本字數不同，不能確定每行若干字。而錢本《公羊》獨每行八十四字，益見其僞矣。"[③]復又牽涉熹平石經之行款字數。

雪堂得函理當有覆，今不存。以上圍繞静安撰寫《魏石經考》前後數月中兩人鴻雁來去，討論涉及漢魏石經之字體行款、碑制大小、正反鎸刻、碑數多少等問題。静安每一心得或新發現，雪堂均是第一位聞者和證成者。《魏石經考》撰成之後，立即刊於静安所主持編輯之《學術叢編》中。是《考》分爲八篇，第一漢石經經數石數考、第三漢魏石經經本考兩篇對漢熹平石經之碑數形制、行款字數、所取經本都有論證與推測。尤爲重要者即前文所述利用兩篇之間所容字數，來推測魏石經《尚書》是否有小序，對以後復原熹平石經《魯詩》《尚書》乃至整個碑圖都有指導意義。

三、羅振玉對熹平石經之蒐輯、整理與編集

静安撰《魏石經考》，雪堂雖僅作爲與聞者和證成者，然其對漢魏石經大至經本取法，小

---

① 《王國維全集》卷十五《書信日記·書信》，第 145 頁。

② 《永豐鄉人書札·致觀堂》第六册，《羅雪堂全集》，第七十八葉 A。

③ 《王國維全集》卷十五《書信日記·書信》，第 156 頁。

到字形點畫，都已瞭然于胸。1922年年底，河南洛陽出土大塊三體石經，一時轟動上下，盜發者蜂至。1923年五月，雪堂擬與馬衡、徐森玉二人由津浦往洛陽訪太學遺址及石經，後因事未能同行。雪堂於《石交録》記其事云：

> 吴興徐君森玉鴻寶與其友往，瀕行，予告以魏文《典論》與石經同列，石經既出，《典論》或有殘石，幸留意。徐君諾之。既抵洛，郵寄小石墨本數字，詢是否爲《典論》。予閱之，乃漢石經《論語・堯曰篇》殘字也，爲之狂喜。亟移書請更搜訪，遂更得殘石十餘。此漢石經殘石發見之始。①

（圖一）

徐、馬臨行，雪堂所以勸以留意《典論》者，蓋因前此出土，皆三體石經，當時同刻《典論》。而徐氏所得殘石，既非三體字形，故郵寄之詢爲《典論》否。雪堂於漢石經曾經考證，素有涵養，在静安考證魏石經時附論熹平石經行款、碑式後，對漢石經有更深認識。當其頃接墨本，見如下數字（圖一）：

即能辨識爲漢石經《論語・堯曰篇》文。第一行存"繼絶世"之"絶"。第二行存"惠而不費勞而不怨"之"費勞而"三字，第三行存"斯不亦泰而不驕乎"之"亦泰而"三字。亟速移書令二人關注，於是在洛陽太學村地區掀開新一輪之石經挖掘蒐尋工作。

（一）羅振玉對熹平石經之蒐輯

自洛陽太學村發現熹平石經後，最初所得約二百塊多爲馬衡、徐森玉所有。雪堂除先睹《堯曰》篇殘石及少數幾塊外，並未獲睹全部。此後數年中續有發現，皆爲賈客掠取，輾轉兜售於學者與收藏家之手。雪堂雖爲辨識熹平石經之第一人，然三五年中所見皆零星拓本，雖竭力蒐羅影拓，隨時考釋，無奈所獲有限。下面從羅、王書中函勾稽其前後所得之拓本。

1923年六月五日雪堂致静安云："今日得周季木所得三字石經殘字，乃《益稷》篇之文，其文録後。與徐森翁贈弟之拓本即洛陽寄來者正銜接，但中缺二字耳。乞轉告森玉兄，並乞爲弟索熹平石經及'趙'、'敖'二字殘石各數紙，因前見贈者已爲人索取也。叔平兄處新寄來之拓本，能見示乎。"②此知鴻寶曾有拓本贈羅。

六月七日静安致雪堂函云："叔平處之拓本似漢石經，乃'邱'、'來'二字（直列）。又一石，有'后'、'醢'二字可識（横列）。明日當見叔平，即行索之。"③此見叔平曾有拓本贈王。

七月二日雪堂致静安函云："洛陽石經二紙奉贈，祈惠存。又初拓四張，請轉寶宫保。"④

---

① 羅振玉《石交録》卷一，《羅振玉學術論著集》第三集，第206頁。

② 《永豐鄉人書札・致觀堂》第十册，《羅雪堂全集》，第三六九葉B。

③ 《王國維全集》卷十五《書信日記・書信》，第547頁。按静安所言乃指《春秋經・莊公三十二年》"梁丘"、"子來"二行殘字。

④ 《永豐鄉人書札・致觀堂》第十册，《羅雪堂全集》，第三七三葉A。

此亦不知從何而得。寶宫保即寶熙，後爲雪堂題寫《集録》書名。

七月三十一日雪堂致静安函云："周季木處亦藏漢石經碎石，另紙拓奉，暇請定爲何經之文爲荷。"[①]周進爲周學海四子，金石收藏家，其所以奉贈雪堂，蓋欲其或静安爲之考訂。

八月十九日又函云："周季木之石經三分索得，以一奉贈，其二，一贈叔平，一贈森玉，贈森玉者請交叔平轉交可也。"[②]

八月二十日雪堂再致函云："季木處漢石經殘石四紙，爲公索得，又'女説'一紙，均祈檢入。季木要求公有考證，請示彼爲荷。"[③]

十二月十七日雪堂致静安函云："季木處'君'字、'人'字殘石拓本索得，奉寄，祈檢入。"[④]

二十八日雪堂致静安函云："今日淮生出示石經殘字，今有弟所無者，不知公有新得者否？"[⑤]淮生乃陳承修字，著名金石學家。

1924年二月十一日雪堂致静安函云："漢石經《公羊春秋》，弟作一跋，爲式之取去，其每行實得七十字。"[⑥]

1926年四月二十一日雪堂致静安函云："昨于皖人孔氏處見漢石經《公羊傳》僖、成二公殘字近百名，乃得拓本于關中，殆近年關中亦有新出之石，已雙勾一本矣。"[⑦]

五月十日雪堂致静安函云："森玉藏漢魏石經拓本，已得一分。"[⑧]

以上書函所云，皆雪堂所得之拓本。其或亦曾購得殘石。1924年二月六日雪堂致静安函："元旦得郭玉堂書，附寄漢石經殘字，凡三石，二石可連合。"[⑨]郭玉堂乃洛陽賈客，嘗有《洛陽出土石刻時地記》。此或即以殘石售雪堂。雪堂前後蒐得殘石多少，今無可考。據其1924年七月二十一日致静安函云："叔平兄問石經事，自應隨時可以回贖。弟所購共四十九字，計正價五百廿元，又中費廿元，共五百四十元，有收據，請轉交叔平兄。但回購前十日，乞預示，尚擬拓數紙也。"此固指殘石，乃因馬衡欲蒐羅殘石集中於大學，遂由静安中介回贖與馬。[⑩]知羅亦曾購買、傳拓、考釋、轉售，然經手殘石，確實不多。

從以上羅、王往返信函得知，馬、徐兩人所得熹平石經，一時尚未集中傳拓，乃因情因事、或多或少輾轉流傳於友朋之間。其後洛陽、陝西各有出土，賈客、藏家互相交易，藏家、學者復又傳拓、考辨，甚有作爲壽慶禮物。雪堂在與静安往復討論、考釋中竭力蒐集，然所得仍然有限。

---

① 《永豐鄉人書札·致觀堂》第十册，《羅雪堂全集》，第三七九葉B。
② 《永豐鄉人書札·致觀堂》第十册，《羅雪堂全集》，第三八四葉B。
③ 《永豐鄉人書札·致觀堂》第十册，《羅雪堂全集》，第三八五葉B。
④ 《永豐鄉人書札·致觀堂》第十册，《羅雪堂全集》，第四〇三葉A。
⑤ 《永豐鄉人書札·致觀堂》第十册，《羅雪堂全集》，第四〇六葉B。
⑥ 《永豐鄉人書札·致觀堂》第十册，《羅雪堂全集》，第四一〇葉B。
⑦ 《永豐鄉人書札·致觀堂》第十一册，《羅雪堂全集》，第四五三葉B。
⑧ 《永豐鄉人書札·致觀堂》第十一册，《羅雪堂全集》，第四五四葉A。
⑨ 《永豐鄉人書札·致觀堂》第十册，《羅雪堂全集》，第四一〇葉A。
⑩ 《永豐鄉人書札·致觀堂》第十册，《羅雪堂全集》，第四二八葉A。

1928年，陳承修欲合諸家所藏會拓以傳，因事南下，乃囑其友孫壯代編，此即《漢魏石經集拓》初集。此集收漢魏石經一百十六石，一千零九十八字。當時印製僅三十本，雪堂得一本，與前此所見所藏互有出入。爲日後編集《集録》之基本資料。

（二）羅振玉對熹平石經整理與編集

静安作《魏石經考》，對熹平石經形制有較爲合理之推測。其研究方法與推導理念對雪堂頗有影響。洛陽新出三體石經後，静安覓取新拓進一步研究，撰《魏石經殘石考》，同時對熹平石經亦有更深之認識與見解。如其1923年七月二十三日與馬衡函云："又'具瘁以'一石確是《小雅·四月》之詩，因漢石經《論語》每章之首空一格，則《魯詩》每章亦當爾也。謹以奉聞。"①已進而涉及各經書寫格式。1924年五月二十二日雪堂致函静安云："檢點石經殘字拓本，作一完善之考訂，甚善甚善。此稿若成，可以直稱石經，由津廠上石印行。至拓本則别爲一書可也。"②時静安《魏石經殘石考》初稿已成，故此處所論當指熹平石經。雪堂深知静安有整體性邏輯思維，故於熹平石經，亦嘗屬意於静安，望其能寫出《魏石經考》一類專著，由其在津爲之印行。然當時各家所藏尚未鳩集，難以蒐羅比觀，故"諸經書寫格式不能明晰，致行字無由確定，遂不果作"，③此誠限於時勢而無法畢功者也。1927年静安自沉，熹平石經研究遂成夢幻泡影，致雪堂有"近世言石經者莫精於海寧王忠慤公之《魏石經考》。其考魏石經，並及漢刻之經數、經本、行字、石數，顧於漢石經未及爲專書，遽完大節"之歎，④於是"乃爲是編，以彌公之憾"。⑤

斯人已去，雪堂只能循静安之思路，躬任熹平石經之研究工作。1929年七月，雪堂先取孫莊編輯、馬衡序次《漢魏石經集拓》中之熹平石經七十二石，將僅存一字無可附麗者刪去，原爲一石而離析者拼合，得五十二石，復益以己所藏二十七石，共七十九石編爲《漢熹平石經殘字集録》。剛寫付石印，陶祖光寄新得《周易》殘字拓本二、《春秋經》拓本三、《論語》及校記各一，趙萬里予北海圖書館所藏序記二紙，計九紙，亟增入之，是爲《集録》一卷。及已印成，陶又寄贈《魯詩》拓本二紙、校記一紙，《禮經》二紙、《公羊傳》二紙，無法補入，遂别寫爲《補遺》一卷。兩卷總計殘石九十，經文及校記八百三十九字，《序記》三百零五字，合一千一百四十四字。

《集録》付梓，雪堂曾致函友朋，求1928年新出熹平殘石之分藏於各家者，一時未能得。而洛陽賈客所拓新出殘石墨本百餘紙，爲趙萬里得之。趙本静安弟子，故將拓木郵呈雪堂。雪堂選取其中字迹明晰者五十六石，得字四百二十六，編爲《集録續編》。此編新獲《尚書》經文殘石與校記各一，爲前所未見。《續編》既付印，趙又寄北海圖書館所藏拓本至，中有《尚

① 《王國維全集》卷十五《書信日記·書信》，第812頁。

② 《永豐鄉人書札·致觀堂》第十一册，《羅雪堂全集》，第四二二葉A。

③ 羅振玉《熹平石經殘字集録序》（合編本），《羅振玉學術論著集》第十集，第346頁。

④ 羅振玉《漢熹平石經殘字集録序》，《歷代石經研究資料輯刊》第5册，北京圖書館出版社2005年影印本，第194頁。

⑤ 羅振玉《漢熹平石經殘字集録序》，《歷代石經研究資料輯刊》第5册，第196頁。

書》三石,《魯詩》六石,《校記》一石,《春秋》二石,《公羊傳》一石,《論語》一石,總計十四石,經文六十一字,校記七字。遂編而附於《續編》之後爲《續編補遺》。時在|月|日。

雪堂編輯《續編》時,洛陽又出土大塊熹平石經《周易》,此石出土時斷爲兩塊,上段歸文廷式之子文素松收藏,下段歸于右任收藏。故雪堂移書南北知好,遍求此拓,而不可得。及《續編》上石印行,陳承修從滬上寄上段拓本至遼,雪堂乃有《三編》之役。《三編》所收除《周易·家人》至《歸妹》十八卦外,又有《魯詩》六石,《春秋經》一石,《公羊傳》四石,總計十三石,得字五百廿五。《三編》編定,雪堂又選《續編》(趙寄洛賈拓本)所餘拓本中稍可辨識者,擇《尚書》一石,《魯詩》四石,《春秋經》三石,《公羊傳》五石,計十三石四十三字,附於《三編》之後爲《三編補遺》一卷。時在十一月五日。

《三編》印行逾月,趙氏復又寄洛中新出殘石拓本,故雪堂着手編輯《四編》,初選計七十六石(中有一石離析爲二三小石者),得字四百六十八。雖石碎字少,而七經具備。尤其是《儀禮》校記,亦前所未見。方始寫定,趙氏又郵寄新出殘石拓本數十紙,乃復選其三十一石,經文百九十一字,校記一石十二字,合前所寫定,爲《四編》一卷。時在1930年三月。《四編》寫定數月,雪堂門生關百益寄新出《魯詩》六石八十三字,《公羊經、傳》各一石二十二字,附於《四編》之末爲《補遺》。時在六月八日。逾年,雪堂又見新出數石,乃寫定《四編又補》,計收《魯詩》六石,校記三石,《儀禮》二石,《春秋經》一石,《論語》一石。明年,洛中友人寄贈《易》《詩》《春秋》《禮經》《論語》計十三石百三十六字,編爲《續補》一卷。至1934年,又有新得殘石,再編爲《集録又續編》一卷,甫印竣,乃山左友人續有相贈,得《尚書》二石,《魯詩》四石,《論語》一石,集爲《續拾》一卷。時已在十月。

當其編至《四編又補》之時,曾將前此九卷合并,依經爲次,重新集爲一編。不意此後仍有續得殘石,故有續合編之《漢熹平石經殘字集録補遺》一卷,而此卷所收内容與分編之《四編續補》《又續編》《續拾》三種不相重復。《補遺》印行之後,復加校理,發現失考和譌誤者五事,乃又作《補正》。至1938年秋季,作者又"始取諸編,益以新得,重加編訂,成書二卷","以前考訂,間有疏誤,亦爲之訂正"。

1929年至1938年,雪堂不斷蒐輯熹平殘石,先後十六次編集、修訂《集録》,可分爲分編和合編兩種系統。分編系統,即《集録》《集録補遺》《集録續編》《集録續編補遺》《集録三編》《集録三編補遺》《集録四編》《集録四編補遺》《集録四編又補》和《集録續補》《集録又續編》《集録續拾》。合編系統,即將《集録四編又補》以前九卷合編,書名仍舊,其後又有《補遺》和《補正》,最後匯輯成《增訂漢熹平石經殘字集録》二卷。其所著録殘石數和字數,因前後有拼接和辨識差異,亦微有不同。據其合編本《集録》《補遺》統計,由三百五十一石,併爲二百六十石,總四千四百二十九字。如若加上最後三種内容不同之分編七十六石,六百字,是則共著録四百二十七石,五千零二十九字。至《增訂集録》所收"總得五千五百九十三言,諸經校記一百八十言,合以序記殘石,總得六千一百六十三言"。①

① 《羅振玉學術論著集》第十集,第614頁。

熹平石經之發現與尋覓，最初多是古董商聯手平民甚至盜掘者所爲。爲獲利發財，原石和拓本輾轉於古董商與學者之間，間或有一二有識之士收集而歸存公益機構。由此帶來之問題是：真贋相雜，難以分辨；傳拓惡劣，模糊不清；分藏南北，難以聚集。以一人或一機構之力匯聚而畢陳之，勢所難能。幸有趙萬里、陳承修、闞百益等爲雪堂四處搜羅彙集，使其能在幾年中串聯散珠，裒成鉅觀。尤可筆書者，是他當年以六十多甚至七十多歲之高齡，不畏其艱、不厭其煩地蒐集、整理，直至逝世前兩年，猶在重新修訂，體現出一位學者爲保存國粹，追求一種"春蠶到死絲方盡"之精神境界。當然更值得稱道者仍是他研究熹平石經之豐碩成果。

四、羅振玉對熹平石經之研究

自雪堂辨識《堯曰》篇文字後，馬衡率先在北京大學《國學季刊》一卷三期上發表《漢熹平石經論語堯曰篇殘字跋》，其後各家雖有考釋辨證，皆一字一石之識小而已。羅、王二公在蒐輯傳拓同時，亦兼加考釋。1923 年十二月十日雪堂致静安函云："承詢漢石經二章，石上第一行乃'優'字，非'傷'也。"[①]十一日又函云："承示漢石經'黍父'石，恐是校記。弟意此石乃《毛詩・唐風》殘石，第一行乃'之杜'；而第二行雖損泐，當是'不佽'二字，第三行乃'不能蓺稷黍，父母何怙'之'黍、父'二字。又'常其鴇羽'一石，乃'曷其有常'，殆奪'其'字，而注于'常'字之下，'鴇羽'則是篇題'鴇羽三章章七句'也。《詩》字與他經不同，可見諸經乃數人書之也。"[②]此討論《鴇羽》一詩殘石，進而論及其書手。然此亦遑臆而談，非專門研究。1927 年吴維孝著《新出漢魏石經考》出版，其所謂"考"亦僅描寫殘石形制尺寸和文字殘損程度等，[③]於異文、行款、章次、篇次、碑制、家法等少所涉及。真正對熹平石經進行深入研究者，當自雪堂《集録》始。

嚴謹的科學研究，與良好完美之設計相關。静安研究魏石經，在復原碑圖設計上，用粗體大字標示殘石文字，細體小字表示補出經文，此頗能客觀反映研究對象。然因係手書，書寫者不易明晰，而讀者亦易忽略。雪堂研究漢石經，改進此種標示法。其圖示文字分爲兩欄，上欄轉寫殘石文字，大字照録，凡一字僅存數筆而可確知爲某字者，用小字側書；下欄則録出相應經文，凡殘石所有之字則用"—"綫表示。至 1930 年纂合編時，廢弃"—"代字法，直接寫出經文，而在右邊將殘石所有之文字加點標識。若存字較多一望而知其爲何經者，則不復録出經文。一石之後標明殘石文字爲何經何篇，俾讀者一目瞭然。雪堂纂輯《集録》，原擬附上拓本，因拓本效果不理想，故由其子羅福頤等影寫雙鉤殘石文字，附於書末。雪堂云："予此書集録外，並附句本，蓋恐予之考證有疏失，後人得據句本以補正之，是區區之

① 《永豐鄉人書札・致觀堂》第十册，《羅雪堂全集》，第四〇一葉 B。
② 《永豐鄉人書札・致觀堂》第十册，《羅雪堂全集》，第四〇二葉 A。
③ 吴維孝《新出漢魏石經考》四卷，民國十六年(1927 年)上海文瑞樓書局影印《愨齋叢書》本。

微意也。"[①]此區區微意,却表達出嚴謹的學術態度。

雪堂研究之方法極爲簡單而篤實,亦即以殘石文字爲基點,逐字逐句校覈經文,説明每行字數。然運用此種方法必須有廣博之經史小學涵養,方能在字數、行數差異下發現各種經典文本之異同。

(一) 以熹平殘石證所刊經本

後漢立五經十四博士,《詩》有齊、魯、韓三家,《書》有歐陽、大、小夏侯三家,《易》有施、孟、梁丘、京四家,《禮》有大小戴兩家,《春秋》有嚴、顔二家。熹平年間所刊係取何家經本?洪适《隸釋》收入五種殘石,唯《詩》云"石經《魯詩》殘碑",以其文字有異於毛而又有"齊韓"字。又云:"猶《公羊》碑所云顔氏,《論語》碑所云盍毛包周之比也。"[②]静安據之而云"漢石經《公羊》用嚴氏本,而兼存顔氏異字也","《論語》亦用某本"。[③]雪堂初編《集録》時無殘字可新證經本,唯於合編之際得見《書序》和《鄉飲酒第十》殘石。其在《鄉飲酒第十》殘石下云:"右《鄉飲酒》,首行爲篇題。此篇《小戴》及《别録》皆第四,此作第十,知石經篇次用《大戴》也。"[④]鄭玄《三禮目録》所引大戴次序,《鄉飲酒》爲第十,故雪堂謂"篇次用大戴"。其校讀《書序》僅云"此《序》當在經文之末,《校記》之前","石經有《書序》,亦前人之所未知,至可喜也",[⑤]未直指其屬何家經本。然其《記小夏侯尚書》一文,從殘石《序記》陰面"易施氏郎中孫進…尚書小夏侯郎中"等字,確定"石經《尚書》乃用小夏侯本"。並云:"前人治《尚書》者,采石經異字,知爲大小夏侯、歐陽遺説,而不能確知爲小夏侯,則又于今日所見序記知之"。[⑥]又在《記梁丘氏易》一文中,謂"予近得漢熹平石經《周易·雜卦》殘石,其末行後題存'易經梁'三字,知《易》用梁丘氏本。觀往歲所出《序記》殘石,亦有'易梁'字,又有'施氏'、'郎中孫進'……益知《易》用梁丘氏本,而參以施氏諸家者也"。[⑦]對數種經本盡可能作了推測。(加註:石經尚書爲歐陽本)

(二) 以熹平殘石證經本篇什篇次異同

《詩》四家之篇第章次異同,因三家篇章湮埋,無從談起。自宋趙明誠親睹殘石,曾云:"以世所傳經書本校此遺字,其不同者已類百言,又篇第亦時有小異。使完本具存,則其異同可勝數邪?然則豈不可惜也哉!"[⑧]八百年來,仍未有論者。即静安著《魏石經考》而論及熹平石經石數經數,猶未敢置喙。雪堂在系統整理熹平殘石時,終於屢屢發現魯、毛篇第章次之異。如熹平石經五七殘石(圖二):[⑨]

---

① 羅振玉《漢熹平石經集録後序》,《歷代石經研究資料輯刊》第五册,第 348 頁。

② 洪适《隸釋》卷十四,中華書局 1985 年影印晦木齋刻本,第 152 頁上。

③ 王國維《魏石經考三》,《觀堂集林》卷十六,《王國維全集》第八卷,第 485 頁。

④ 羅振玉《漢熹平石經殘字集録補遺》,《羅振玉學術論著集》第二集,第 475 頁。

⑤ 羅振玉《漢熹平石經殘字集録補遺》,《羅振玉學術論著集》第二集,第 472—473 頁。

⑥ 羅振玉《記小夏侯〈尚書〉》,《松翁未焚稿》,《羅振玉學術論著集》第十集,第 445—447 頁。

⑦ 羅振玉《記梁丘氏〈易〉》,《松翁未焚稿》,《羅振玉學術論著集》第十集,第 443 頁。

⑧ 趙明誠《金石録》卷十六,四部叢刊本,第十一頁 A。

⑨ 羅振玉《集録》所列殘石無標識,不易檢尋,以下所舉一律用馬衡《漢石經集存》一書之標號,以便按覆。

此爲《小雅》殘文。《毛詩》序次是《采芑》《車攻》《吉日》《鴻雁》《庭燎》《沔水》《鶴鳴》《祈父》《白駒》。此石第一行"其車三千"爲《采芑》第三章文,第二行"顯允方叔征伐玁狁"爲第四章文,第三行"駕彼四牡四牡騤騤"爲《車攻》第四章文,第四行"有聞無聲允也君子"爲第八章文,第五行"其麌孔有"爲《吉日》第三章文,皆與《毛詩》同,唯第六行"所爲伊人於焉逍遥"爲《白駒》第一章文,中間隔《鴻雁》《庭燎》《沔水》《鶴鳴》《祈父》五詩。《吉日》爲《毛詩·南有嘉魚之什》最後一篇,而《白駒》是《毛詩·鴻雁之什》第六篇,故雪堂云:"此又魯、毛篇次之異矣。"[①]又熹平石經一〇〇殘石(圖三):

(圖二)

(圖三)

此爲《大雅·旱麓》《靈臺》《思齊》《皇矣》殘石。雪堂云:"今《毛詩》次第爲《旱麓》《思齊》《皇矣》《靈臺》,《魯詩》則《旱麓》之次即爲《靈臺》也。"又熹平石經一〇三(圖四)、一〇六兩截殘石(圖五):

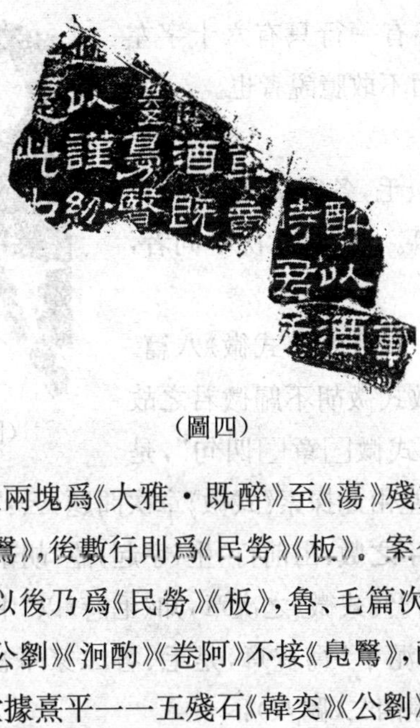

(圖四)

(圖五)

以上兩塊爲《大雅·既醉》至《蕩》殘文。雪堂合《毛詩》校讀後云:"此石前五行爲《既醉》、《鳧鷖》,後數行則爲《民勞》《板》。案今《毛詩》之次《鳧鷖》之後爲《假樂》《公劉》《泂酌》《卷阿》,以後乃爲《民勞》《板》,魯、毛篇次不同。今以《鳧鷖》下接《民勞》,每行均七十字。"《假樂》《公劉》《泂酌》《卷阿》不接《鳧鷖》,已顯示魯、毛篇次之不同。然其安置何處?是當尋究。雪堂據熹平一一五殘石《韓奕》《公劉》相接,則將其置《韓奕》後,復據一一八殘石《桑柔》《瞻卬》《假樂》相接,知《假樂》在《瞻卬》後。抑不止此,他還因此殘石最後一行爲"□□句·生"四字,進行反復推算,其結論云:"今《毛詩·板》爲《生民》之卒章,《板》八章章八句,後有'生民之什十篇六十五章四百三十三句'十六字,以後爲《蕩之什》。今以《蕩》接《板》,删去

---

① 羅振玉《漢熹平石經殘字集録·魯詩》,《羅振玉學術論著集》第二集,第129頁。

'生民之什'十六字,直以《蕩》接《板》,則下行'興是'二字正與前行殘字相齊,是《魯詩》無《板之什》耳。《假樂》殘石'六句'二字下空　字,有'生'字,乃《生民之什》後題,疑《毛詩·蕩之什》爲《魯詩》所無,《魯詩》但有《生民之什》矣。"①辨别仔細縝密,考證精詳確鑿。

(圖六)

當然,因石經殘缺過甚,亦有至今難以排列妥帖者。如熹平石經二七殘石(圖六):

此爲《鄭風》殘文。《毛詩》序次是《大叔于田》《清人》《羔裘》《遵大路》《女曰雞鳴》《有女同車》《山有扶蘇》《蘀兮》《狡童》《褰裳》《丰》《東門之墠》。雪堂認第一行"有"上一字爲"山",乃"有女同車"殘文,第二行"兮"下爲"其三"二字,因懷疑《魯詩》《有女同車》在《羔裘》前。張國淦《魯詩碑圖》參考雪堂意見,將《遵大路》《女曰雞鳴》《有女同車》《羔裘》《清人》《山有扶蘇》相次接《大叔于田》後,則《有女同車》和《羔裘》一行僅得五十六字,遠不足一行七十二之數。②馬衡辨識第一行"有"上一字爲《羔裘》"孔武有力"之"武",第二行"兮"據《釋文》或本指爲《遵大路》"不寁好兮"之"兮",故認爲《魯詩》順序應爲:《羔裘》《遵大路》《有女同車》《山有扶蘇》《蘀兮》《狡童》《褰裳》《丰》《東門之墠》九篇相接。③按馬説九篇之内字數妥帖,然《清人》《女曰雞鳴》若接《大叔于田》後,必有一行只有六十字左右。唯有去《清人》一詩,方始妥帖,然此事關重大而不敢臆説者也。

(三) 以熹平殘石證經文章次異同

兩漢《禮》有大小戴及慶普,《詩》則有魯、齊、韓、毛,各家篇第有異,章次亦有不同。雪堂校讀殘石,所得章次不同者數事。魯、毛章次不同者,如熹平殘石九(圖七):

(圖七)

此爲《邶風·日月》至《式微》八篇。其最後一行爲"微式微胡不歸微君之故胡爲乎中路其二式微□章□四句",是爲《式微》文。雪堂由此探索《式微》章次問題,云:"末行'微君之故',數其行字之數,由前行'生'字起,訖'胡不之不得'七十三字,則末行乃《式微》之次章,知《毛詩》以'中露'爲首章,《魯詩》則以'泥中'爲首章,是毛、魯二家章次有不同矣。"④又熹平石經四二(圖八):

(圖八)

① 羅振玉《漢熹平石經殘字集録·魯詩》,《羅振玉學術論著集》第二集,第141頁。
② 張國淦《漢石經碑圖》第三面,1931年排印本,第17頁。
③ 馬衡《漢石經集存》,科學出版社1957年版,第五葉B下。
④ 羅振玉《漢熹平石經殘字集録·魯詩》,《羅振玉學術論著集》第二集,第118頁。

此爲《秦風·終南》至《晨風》殘文。第一行殘文爲《終南》第一章"其君施(《毛詩》作"也")哉",第二行爲《黄鳥》第一章"殲我良人",《黄鳥》每章四十六字,第三行爲"仲行惟"三字,則只能屬於《黄鳥》第三章文。故雪堂云:"《魯詩》則'緘虎'爲次章,'仲行'爲三章,此又魯、毛章次之異矣。"[1]至《禮經》章次不同者,如熹平石經四二〇(圖九):

(圖九)

此爲《儀禮·鄉飲酒禮》殘文。《儀禮》十七篇,有十一篇經文末皆有記文。殘石末行"北面鼓"乃《鄉飲酒禮》之記文,依胡培翬之分段,記文從"鄉朝服而謀賓介"始,分爲"記鄉服及解不宿戒"、"記器具牲羞之屬"、"記禮樂儀節隆殺面位次序"三章。殘文"北面鼓之"在第三章,上距記文開始有二百多字。雪堂校讀排比之後云:"末行之'北面鼓'三字乃記文'磬階間縮霤,北面鼓之'之殘字。由第十行首數至此,得二百餘言,不應行次相連。知《儀禮》章次古今文亦有異同,前此治《禮經》諸儒所未知也。"[2]凡此皆以前單憑經學傳本所無法探知者,因殘石之重現,經悉心之排比,掀開古今經文章節異同之一角。

(四) 以熹平殘石證經本章次多寡

先秦經典之流傳,多以簡牘爲媒介。簡牘一旦散亂,章節難以連綴,或移甲冠乙,或甲乙顛倒,所在多有。及至各承師法、家法傳授,恪守不敢輕改,是以舛亂狀況,遺留千年。經本章次之多寡,詩章中最易發生。四家詩章節互有異同多寡,雖有鄭玄、孔穎達等人道及,而無從證實。熹平殘石出土,雪堂即據以論證。如熹平石經八四殘石(圖十):

(圖十)

此爲《小雅》《角弓》《菀柳》《都人士》殘文。雪堂以之與《毛詩》校讀,謂"首二行均七十字,依行七十字計之,弟四行與前行'不'字並列者,當爲《都人士》首章'行歸于周'之'歸',今此石與'不'字齊列之字僅存'戈'旁殘畫,絶非'歸'字。若删第一章,則與'不'字並列者正值次章'我不見兮'之'我'。'我'字殘畫下似存'不'字首一畫。"他引述四明馬裕藻之言云:"《毛詩正義》謂《韓詩》無首章,石經殆始次章。"以爲馬説是,並引鄭玄《緇衣》注"此詩毛氏有之,三家則亡"和孔穎達《毛詩·都人士》正義"今《韓詩》實無此首章"而辨證之:"據《禮記》注,似三家無《都人士》全詩;據《詩正義》,則《韓詩》但無首章。今以此殘字證之,則《魯詩》亦但無首章耳,非全詩俱亡也。"[3]此一經學公案至郭店簡、上博簡《緇衣》出土,方始有一個結論。[4]

---

① 羅振玉《漢熹平石經殘字集録·魯詩》,《羅振玉學術論著集》第二集,第126頁。

② 羅振玉《漢熹平石經殘字集録·儀禮》,《羅振玉學術論著集》第二集,第158頁。

③ 羅振玉《漢熹平石經殘字集録·魯詩》,《羅振玉學術論著集》第二集,第137頁。

④ 參見拙文《從簡本〈緇衣〉論〈都人士〉詩的綴合》,《文學遺産》2007年第5期。

（五）以熹平殘石證傳本文字異同

十四博士各以師法家法教授，其經文文字互有異同。熹平石經《詩》取魯，《書》取歐陽，《易》取梁丘氏，《禮》取大戴，《春秋》取《公羊》，故石經與各家之間頗多異文。雪堂《集録》中每逢異文，取校傳本，稽覈《釋文》，參考漢注唐疏及清儒新疏，並引據漢魏六朝碑刻、敦煌殘卷、東瀛藏本予以釋證。前後所見，不勝枚舉，僅選擇數條，以示一斑。

1. 以殘石證今本文字形誤。熹平殘石二九七（《春秋·成公二至十二年》）有“鄭伯綖卒”一句，今本《春秋·成公四年》作“鄭伯堅卒”。雪堂先用宋紹熙余仲仁本校勘，余本作“臤”，注云：“伯臤，苦刃反，本或作‘堅’。”此本《公羊傳釋文》。徐彦疏本作“堅”，與《開成石經》合。雪堂云：“此作‘綖’，見原本《玉篇》：‘古賢、古兩二反。《公羊傳·成公四年》鄭伯綖卆。’與石經正符。今本《玉篇》則誤‘綖’爲‘絚’，注：‘古千、古兩二切。《成公四年》鄭伯絚卒’。既譌其文，又删其注，于此知古寫本之可貴矣。”[①]原本《玉篇》係雪堂從東瀛影寫攜歸，適可印證殘石文字，故以爲可貴。熹平殘石九《匏有苦葉》殘文“濟盈不濡軌”，亦以殘石文字證《釋文》和《開成石經》及今本《毛詩》之誤。

2. 以殘石印證古今文。熹平殘石四二〇（《儀禮·鄉飲酒禮》）第七行有“僎者降席”殘文，今本《儀禮·鄉飲酒禮》作“遵者降席”，鄭注：“今文‘遵’爲‘僎’，或爲‘全’。”雪堂又舉《禮記·冠義》“介僎，象陰陽也”鄭注：“古文禮‘僎’皆作‘遵’。”《少儀》“僎爵”鄭注：“古文禮‘僎’作‘遵’。遵謂鄉人爲卿大夫來觀禮者。‘僎’或爲‘騶’。”以此證石經作“僎”爲今文，與康成注合。又熹平殘石四〇四（《士虞禮》）第三行有“明日以其胖祔”一句。今本《士虞禮》作“明日以其班祔”，鄭注：“班，今文爲‘胖’。”雪堂云：“又《既夕》注亦云‘今文班爲胖’，此正作胖。”[②]石經文字多是鄭注所謂今文，可證當時所鐫確係今文，非鄭玄雜糅古今之本。

3. 分别四家詩異文與《毛詩》異文。清人每見《詩》有異文，則必試圖分隸四家。雪堂則有獨特見解。如熹平殘石一《周南·關雎》“仇”字，今《毛詩》作“逑”，王先謙等謂魯、毛異文。雪堂引舉《禮記》《漢書》《後漢書注》及《文選注》引《毛詩》皆作“仇”，遂謂“非魯、毛異文也”。[③]此種認識，對進一步整理《詩經》異文有積極意義。

4. 指出殘石文字多譌别字形。熹平石經用漢隸書寫，漢隸乃當時通行文字，就中很多字形以今日標準衡量，屬譌别字形。雪堂在具體校讀中，一一指出分析，並於序中總結舉例云：“唐李陽冰譏中郎以‘豊’爲‘豐’，今諸經殘字間有俗作。如禾入水爲黍，隸書省作‘黍’，而《魯詩》‘黍苗’作‘柔’，从禾下木。《鳧鷖》之‘鳧’作‘鳧’，從鳥下力。《儀禮·鄉射》‘却手’字當从卩，乃誤从阝，並爲譌别。”[④]

5. 以新材料證經本異文。清儒疏釋經典異文，廣泛參稽隋唐以前之文獻，已幾無餘藴可

---

① 羅振玉《漢熹平石經殘字集録·公羊春秋經》，《羅振玉學術論著集》第二集，第172頁。

② 羅振玉《漢熹平石經殘字集録·儀禮》，《羅振玉學術論著集》第二集，第164頁。

③ 羅振玉《漢熹平石經殘字集録跋》，《羅振玉學術論著集》第二集，第202頁。

④ 羅振玉《漢熹平石經殘字集録序》，《羅振玉學術論著集》第二集，第100頁。

發。雪堂身處二十世紀殷墟甲骨、敦煌卷子、居延簡牘重現天日之際，加之親自收集整理研究，又東渡日本，廣收彼邦漢籍古寫本，故凡所舉證，雖以文獻如《釋文》等爲主，亦時援古文字、新出土碑刻墓志、敦煌《詩經》殘卷及前所舉日本所藏唐寫本《玉篇》殘卷等。例多不録。

(六) 探索石經書寫款式

雪堂於校讀過程中，不僅關注篇次、章節、文字異同，其於石經書寫款式亦多所留意。如殘石二四一《文言傳》後空二行，推測其一爲《文言》末行，一爲《説卦傳》題，遂云“觀此知傳題佔一行也”。此種題目空行形式爲殘石六、七二塊上下同方位之一綫上皆有空行而證實無疑。又《説卦》次行“故易六畫二成章也”，“也”下空格加點，推測其“每章空一格”。《魯詩》殘石二第二行有小字“其一”，兩字當一格，推測《魯詩》每章末注章次，因批評洪适《隸釋》不録其厶字，乃校録之疏。殘石十七末行有“□國第六”字樣，雪堂推測云：“《毛詩・王風》前篇題爲‘王黍離詁訓傳第六’，後題爲‘王國十篇二十八章百六十二句’，據此知《魯詩》篇題前題亦稱‘王國’，與後題同，不作‘王黍離’也。”①經雪堂對每行字數、章與章之間空格、篇與篇之間空行和篇題、尾題等推測解釋，其他學者相繼補充，使整個碑圖之恢復有了可能。

(七) 從筆勢字體定熹平石經之補刻

鴻都石經刊成後，未盈一紀，旋有董卓兵火之災，略有損毁，又經永嘉之亂，復有毁壞，雖經補刻，先後難辨。1923 年曾出土“黍父”，乃有四塊碎石拼接（圖十一）。當時静安疑爲校記，以詢雪堂。雪堂爲之連綴疏通。後又出土“黍父”二字一石（圖十二），與之重復，遂有真僞先後之判。

（圖十一）

（圖十二）

1931 年，雪堂專就二石作研究，謂“以前曾見《杕杜》《鴇羽》殘字四行，曰‘之杜’，曰‘不’，曰‘黍父’，曰‘常其□鴇羽’，與此殘字重複，故曩疑此非《鴇羽》文，今詳校二石，知此爲漢石原刻（引按，指右圖），彼乃後刻也（引按，指左圖）。此刻書法寛博，與他殘字同；彼則書勢局促方峭。且此刻‘黍’字，彼刻作‘黍’，考洪氏著録《魏風》殘字《碩鼠》‘毋食我黍’，字正作‘黍’，與此爲一石，在此前十一行。又近出《魯詩》殘字……並書作‘黍’，从禾下木，雖爲别搆，然足

① 羅振玉《漢熹平石經殘字集録・魯詩》，《羅振玉學術論著集》第二集，第 121—122 頁。

證其不作'黍'。此彼爲後刻,此爲原刻之確證矣"。①並據史書所記,書跡特點,推測補刻在"典午之世"。由此比觀熹平殘石,可以認定有個别殘石文字皆係後刻。雪堂自云"以書勢定原石及補刻"後,其子羅福頤謂《集録》所收《大雅·抑》之"萬民"、"爲則"四字,《春秋·莊公二十九年》至《閔公二年》之"許"、"戎"、"于"三字,筆勢皆局促方峭,與此殘字尤酷肖,故亦必爲後刻。

以上七點爲雪堂校讀熹平殘石所體現之研究方法和所得之學術成果。由於當時經本之複雜和出土殘石之有限,有些問題靠簡單之校讀難以解決。而其在校讀中隨文作解,前後也不免相左。雪堂於殘石絶大多數標出每行之字數,其在最先之《周易》殘石下曾云:"凡每行字數有多寡不等者,皆古今經本有異同也。"②此一凡例,似乎絶對。及其校讀到《儀禮》殘石時發現,"諸經行字皆横直相當,此二行則横列頗參差,'皆'字下半當'卒'字上半,'拜'字在'卒爵'二字間,'送'字當'爵'字下半及下一字上半,知諸經中間有行列參差者也"。③若有個别行間有横列參差,則每行字數必不一律,而字位多寡就未必顯示古今本異同。當然,像殘石三四四(圖十三)《公羊傳》:

(圖十三)

其第七行"天下諸侯"與第八行"河上之邑也"之間,對校今本,相差六十餘字,則定係經本大有異同無疑。

《集録》爲校讀劄記體式,短小之考證文字往往語焉不詳,須參考雪堂其他題跋融會其意,然讀者每多失於稽覈。如同石"矣"下"里"上之"點",《集録》僅言其"以畫斷前後文字之首尾而不空格",而在《漢熹平石經〈公羊春秋傳〉僖公成公殘石跋》中有詳細考證。④故合編本序言云:"《公羊傳》每歲冠以某年,其上空一格加點,至每事,則於首末兩字間加點而不空格。"⑤蓋即撮取跋文主意。《集録》在《周易》《尚書》下皆未論及其經本,故讀者多無視其觀點。如馬衡 1929 年著文推測石經《周易》用京氏《易》,⑥1945 年屈萬里撰《漢石經〈周易〉爲梁丘氏本考》,後馬衡又作《漢石經《易》用梁丘本證》,⑦皆不提雪堂意見。其實前舉雪堂《記梁丘氏〈易〉》一文作於 1933 年前。又屈萬里著《漢石經《尚書》殘字集證》,詳證石經〈尚書〉爲小夏侯本,復溯其説始

---

① 羅振玉《漢石經〈魯詩唐風〉殘字跋》,《松翁未焚稿》,《羅振玉學術論著集》第十集,第 463 頁。

② 羅振玉《漢熹平石經殘字集録·周易》,《羅振玉學術論著集》第二集,第 103 頁。

③ 羅振玉《漢熹平石經殘字集録·儀禮》,《羅振玉學術論著集》第二集,第 165 頁。

④ 羅振玉《漢熹平石經〈公羊春秋傳〉僖公成公殘石跋》,《丙寅稿》,《羅振玉學術論著集》第十集,第 127—128 頁。

⑤ 羅振玉《漢熹平石經殘字集録序》,《羅振玉學術論著集》第二集,第 98 頁。

⑥ 見馬衡《漢熹平石經〈周易〉殘字跋》,《北大圖書館部月刊》一卷二期,1929 年 12 月。

⑦ 屈氏自謂此文作於 1945 年 3 月。刊於 1947 年《國立中央圖書館館刊》復刊第一號。收入《書傭論學集》,臺灣開明書店 1969 年,第 1—6 頁。馬衡《漢石經〈易〉用梁丘本證》糾正自己前説,見《凡將齋金石論叢》,中華書局 1977 年版,第 227—230 頁。

於吴維孝而不提雪堂。[①]而雪堂《記小夏侯〈尚書〉》不僅定殘石用小夏侯本，亦勘其文字異同以證之，作年與《記梁丘氏〈易〉》同。凡此，皆另有專文而於《集録》略之，因而爲世人所忽。[②]

五、羅振玉熹平石經研究之成就與影響

雪堂自幼嗜好石刻，長遊四方，廣事蒐集輯刻。及與静安相與研討漢魏石經，於鴻都殘石更增感情。因静安之慧眼獨具，於考魏石經同時，對漢石經之行款、碑製多有述及，故當時雪堂曾有意囑其畢功於一役。不意静安英年自沉，即《魏石經殘石考》尚未定稿，遑論熹平石經。雪堂哀悼歎惜之餘，毅然承擔起集録整理熹平殘石之工作。自1929年至1938年間，分輯編集、刊印乃至合編、修訂，先後凡一十六次，至垂歿始定稿，其堅韌不拔之精神由此可見一斑。

雪堂整理熹平石經時間長達十年，故其對石經之認識亦隨研究深入而臻於完善。方其初編《集録》，揭櫫五點，其一經數確爲《周易》《尚書》《魯詩》《儀禮》《春秋經》《公羊傳》《論語》七經，其二經本確爲今文，以爲此可證成静安所考定者。其三爲每行字數各經不同，各石行字亦不同，其四爲各經書寫格式亦不同，以爲此可告慰於静安知而未詳者。其五爲《魯詩》篇次不同，此則爲静安所不及知者。至其編輯整理到十次，蒐集漸多，認識加深，乃重新梳理其研究所得，兹擇其犖犖大端者條述於下：

（一）推明各經書寫款式。凡篇題佔一行。《易》上、下經中諸卦文蟬聯書之；每卦首畫卦象，當一字之位而不空格；《文言》《説卦》每章首空一格，復加點識之。《魯詩》每章末注章次；每篇末章句下空一格加點；每什後題亦加點而不空格。《春秋經》每易一年，空格加點。《公羊傳》每歲冠以某年，上空一格加點；每事則於首末兩字間加點而不空格。《論語》每章首空一格加點。

（二）推明各經每行字數時有參差，並非一律，然一經大致有一定字數。

（三）揭示七經所取今文經本，其經文字數與今所見傳本皆有多少之差異。

（四）揭示經今古文之篇次、章節有差異。《魯詩》和《毛詩》之間，篇次、章次都有不同，由篇次之不同還導致二《雅》中分“什”（如“生民之什”）之不同。《儀禮》中亦有章節之錯舛異同。

由以上四點，加之其他如推測諸經皆有校記和校理諸臣姓名，各經並非一人所書等，已可使千百年後之人對熹平石經有一整體之認識。1931年，張國淦即據雪堂之研究成果，融會理解，益以自己研究心得，製作成《漢石經碑圖》，將數百塊碎石，復原出一千八百年前一套石經碑式，雖多可商榷而有待修正，却已展示其大概。然若無《集録》，《碑圖》不可能在短期内速成。[③]1933

① 屈萬里《漢石經〈尚書〉殘字集證》，《屈萬里全集》第二輯，臺灣聯經出版事業公司1984年，第41葉A。

② 臺灣臺北文華出版公司和大通書局影印之《羅雪堂先生全集》輯印於1968—1977年，遲在屈萬里著漢石經二書之後，宜其爲屈氏所未見。

③ 張國淦《漢石經碑圖叙例》述羅氏所收殘石字數，與雪堂1930年合編本《集録》相合，蓋所據爲合編本。又謂“羅氏説又視洪氏加密焉。就其殘字以考證之，昔日所致疑於漢石經者，今已瞭然什之七八矣”。故謂非羅書，則張圖一時難以速成。

年，馬衡發表《從實驗上窺見漢石經之一斑》，亦爲得見《集録》以後之作。①1955 年陳夢家、陳公柔等整理馬衡遺著《漢石經集存》，雖在《集録》基礎上增益二千餘字，若除去《隸釋》所録文字，所益無幾，此可見二書遞增之迹。馬書注解，多引用羅説。且羅福頤贈其所藏殘字拓本全部與整理者，亦多有馬衡所欲尋訪而不得者。②上世紀六十年代起，臺灣屈萬里撰著《漢石經周易殘字集證》和《漢石經尚書殘字集證》，雖已可用馬衡《集存》，然亦參考雪堂《集録》。及其弟子劉文獻撰《漢石經儀禮殘字集證》、吕振端撰《漢石經論語殘字集證》、《漢石經春秋殘字集證》和《漢石經公羊傳殘字集證》等，亦無不以《集録》爲主要參考書。

《集録》撰著於熹平石經出土七八年之後，又在不斷新發現中蒐集增益，使其殘石字數增至六千餘字，約佔當時所出漢石經總字數之 90%。雪堂又在各枚殘石之下附有考證，詳其碑製、書寫款式、經本家法、篇次章次異同，文字正假等，若譽爲二十世紀上半葉熹平石經里程碑式著作，誠可無愧。唯欲理解雪堂對熹平殘石整體性研究與看法，猶須結合《集録》外之殘石序跋和其他著作，方能有一全面概觀。

二〇一〇年八月六日至十四日初稿

① 馬氏文末注云，此文乃 1931 年二月爲北京大學研究所國學門之講稿，然文中自謂見於《集録》者三千餘字，是亦參考過羅書。

② 參見《漢石經集存》陳夢家後記，第五八葉 A。

馬曹兩先生一段論學公案

□王繼如　整理

先君子王子慧，早歲從鍾鍾山學，遂得問學於馬一浮、王伯沆諸耆宿。1930年庚午歲秋末，陪同鍾鍾山謁馬先生於杭州之延定巷。馬先生出示與曹子起論學書簡，先君子與學侶閻任之（名毅）奉命録存，以資體究。①後人事倥偬，國難、家難薦臻，先君子浮沉於南粵塞北，至晚歲方蟄處於南京之借借廬中。1988年，知馬一浮先生之甥孫丁敬涵方輯録馬翁文集，遂將當年之鈔本撿出，重新鈔寫整理一過，作一跋，並馬翁詩作等，寫成複本，呈與丁女士。先君子新鈔本有前言云：

此組往復論辯書稿共九通。②曹先生自七月底發難，至八月杪末函，凡三問三答，共六通。馬先生則于八月中連詶三書，具答所難。其言大抵皆窮探理窟，直抉真源，百世以俟聖人而不惑之論。不肖庋藏，行將周甲，燼餘撿得，亟恭録之，並妄加標點如次。

（一）首録馬一浮先生答書共三通，

（二）次録曹子起先生來書共六通。

---

① 此十通論學書簡，究竟作於何時？今《馬一浮集》繫於1936年（浙江古籍出版社、浙江教育出版社1996年版，第二册，第468頁—475頁），馬鏡泉、趙士華著《馬一浮評傳》亦繫于1936年（百花洲文藝出版社1993年版，第60頁）。然先君子則據記憶繫於1930年，此次書簡論學之後，曹子起病稍瘥，即趨杭面論。馬先生偕其内弟湯公子爲之洗塵，設筵於孤山之四川酒家。時適熊十力先生養疴廣化寺，與任教於之江大學之鍾鍾山先生並赴宴，遂有四賢畢集，切磋斯學之盛舉。其時叨陪末座者有先君子及其學侶閻任之（見後文先君子之跋）。以熊先生養疴廣化寺之時考之，則繫於1930年爲是。

曹子起，名赤霞，安徽青陽人，師事太谷學派傳人黄隰朋（名葆年），與鍾鍾山爲同門，亦與馬一浮交厚。曹子起於丁丑年臘月（陽曆1938年1月間）卒，馬先生有《哀曹子起》詩，詩題下小注云："鍾鍾山自衡山來書，始知子起以去臘避兵還青陽，病没於九華山。"詩云："永嘉大士曾有言，一切聖賢如電拂。昔聞此語悟先生，不識殷周是何物。坐脱立亡胡不有，咳唾掉臂都成佛。日中視影輪子先，衲被蒙頭畢萬緣。示我未明末後句，任人題作老婆禪。祖禰兒孫互殃及，諸方公案何時圓。常啼菩薩古遺直，手提心肝賣不得。三災唯現衆生心，五胡亦念慈悲力。或可秕糠鑄堯舜，底事桁楊辨儒墨。世智蹄涔誰可語，涌身青冥遂輕舉。前山雨雹後山雷，海上漚成劫後灰。忽然南嶽附書至，一人陵陽從此逝。知君三昧正安詳，令我無言空雪涕。業風吹我來瘴鄉，蛇虎同遊雀處堂。欲上高峰撾毒鼓，忍看邊地苦飛蝗。千年懸解逢瞿鵠，一日歸真哭子桑。月移雲駛江流轉，頓了無常即是常。"（見《馬一浮集》第三册第68頁，收《避寇集》中，詩繫於戊寅年）足見其交之深且篤。論學則不留情面，直探理窟；論交則誼深情切，冷暖在心。前人之風，今何可覓？

② 實爲十通。馬翁所酬答，實有四通，見下注。

至1996年《馬一浮集》出版，先君子已謝世二年矣。而限於體例，馬翁與人論學書簡，不出論敵之文，於是論難遂化爲獨白，有不知所云爲何者。近日先母（鍾鍾山之女）奄忽物化，心情憂傷，翻閱先君子新鈔本，則倏忽又過二十載矣，而墨跡如新，事如在昨日也。余數年前擬録入電腦中，然隨作隨輟，未竟其事，今則不可再容遷延，遂用數日之功，編輯録入，並用1930年毛筆鈔本校對一過，糾正個別誤録。其次序不依人分，而依論難之次分，以明其論難之脈絡。馬翁之文，有《集》可參校，理解上異同之見，於注中説明。先君子之跋語，一併附入焉，以明此事之來龍去脈也，庶幾存此公案於學術史云。

2008年05月12日於三學堂

曹子起與一公書（七月廿八日，9月20日①）

長日無俚，戲作數問，擬著論以明之。特先徵求尊兄意見，藉資法喜，以爲何如？

一、孔佛老莊皆通性命之原，知死生之説，顧達本則一，而作用不同，其故何也？

二、佛説："真心不生不滅，妄心初生即滅。"據此，則輪迴固妄，鬼神亦虚；矧八識非我，去來何關。然世人所見，豈盡心理使然耶？此亦一疑問也。

三、儒家恒言知命，釋氏亦有懸記，嘗以數考之，似又未可盡信。然因該果海，果徹因源，自非超人，孰能造命？雖謂"世俗萬事，皆由前定"可也。

尊兄尚更有説否？

一公答曹子起（八月四日，9月25日）

來教所設三問，故是爲實施權，然谷響泉聲，不妨遞相詶答，未必箭鋒相拄，函蓋相合耳。今依次奉答如下，却望勘辨。臨穎自笑，大似秀才對策也。

答第一問

儒佛老莊，等是閒名；生滅真常，俱爲贅説。達本則一性無虧，語用則千差競起。隨處作主，豈假安排？遇緣即宗，不妨施設。若乃得之象外，自能應乎寰中。故見立則矯亂紛陳，法空則異同俱泯矣。且置儒佛老莊，問如何是曹居士？

答第二問

死生一理，夢覺一如；真則具真，幻則具幻；當生即滅，乃顯真常；無去無來，以明性住。輪迴即自心之流轉，鬼神乃二氣之屈伸。計妄計虚，同爲有取；能見所見，皆由識變。心外無法，此復何疑？且勿撥無鬼神，問即今生人在甚麼處？②

---

① 前爲農曆，後爲公曆。下同。

② 集將"問"字屬上句，誤。

答第三問

命以理言，數由心造；知命乃盡性之異詞，懸記特讖緯之餘習：此不可同年而語也。原始要終，故不昧因果；見微知著，故遂知來物。此皆據理，不關任數。“先天而天弗違”，①不言定業難迴；“後天而奉天時”，亦謂居易俟命。平等本際，何有“超人”之稱？處順安時，不聞“造命”之説。若夫自作之孽，各在當人；異熟之果，不由他力。衆生心行，差别無邊，聖人亦不奈他何。忽若三世十方一齊坐斷，更喚甚麽作“定命”？

右特就來旨奉詶，不敢分外枝蔓，所謂“問在答處，答在問處”也。謂之真諦可，謂之戲論亦可，一任後人會取。若在尊兄分上，安用如許閒絡索耶？時熱，珍重，不宣。

《馬一浮集》 第二册第468—469頁

曹子起再與一公書(八月九日,9月30日)

前書戲拈三問，今解答於下，以博掀髯一笑：

一、孔佛老莊，非惟環境不同，抑且秉賦各異。所謂見仁見智，存乎其人耳(自注：此條與三條參看)。

二、世所傳鬼神之事，約四類：(一)錯覺，(二)幻覺，(三)人格變换，(四)心力所成。要之，人死決不爲鬼。鬼者，歸也，歸其真宅，所謂“漚生漚滅還歸水”耳。

三、“道生一，一生二，二生三，三生萬物。”此數也，亦自然之理也。故自混沌初開，以迄地球末日，皆生機之鼓盪有不容自已者。識得此理，當知湯武不得不王，桀紂不得不亡，本人皆無絲毫自由分也，所謂“但看棚頭弄傀儡，抽牽全藉裏頭人”耳。②

弟自謂此三者頗合真理，但不可爲訓，故古聖皆祕之耳。

尊兄以爲何如？

曹子起答一公書(八月十一日,10月2日)

來教解答三問題，③理優辭贍，只有讚嘆而已。弟前函諒蒙鑒及，④答第一問題有見仁見智語。蓋鄙意以老氏爲大知，佛氏爲大仁。向者殊不以二氏爲然，今乃知二氏各明一義，特表示真理，不得不然。孔子之道中庸。在應用方面，似較二氏爲優；然又惜其未能掬示宇宙真理耳。故弟近日所見：學當以二氏爲體，儒家爲用。尊意以爲何如？

承問如何是曹居士，上來所見外，豈别有耶？

又弟確信：性體即今人所稱之“以脱”，妄心(自注：即知覺)即“以脱”所發生之電光。弟

---

① “先天而天弗違，後天而奉天時”二句，出自《易・乾・文言》。《集》未加引號，偶疏。

② 據《五燈會元》卷十一，此語出自鎮州臨濟義玄禪師。

③ 指馬翁八月四日函。

④ 指曹子起八月九日函。

亦另有證明,俟他日面論耳。

一公再答曹子起(八月十二日,10月3日)

來教自答三問,[①]真是掀倒禪牀,卷却坐席,痛快之至。弟前所擬議,只是秀才伎倆,文字雖做得好,争奈不中程式;又似挑柴漢子說中書門下事也。雖然如此,不妨葛藤一上。

近時有所謂"行爲學"者,將從前心理學全部推翻,説人生本無感情、理智、意志、思想,種種觀念名詞,一掃而空。所餘知覺運動,只是神經受外界刺激而起之一種筋肉反應,因此而起一切行爲,如渴則飲水,饑則取食之類。驟聽之亦似有理,但依彼説,不特儒佛老莊及何等語言施設,都是乾矢橛,彼之爲是説者,亦是一種筋肉反應,以後無論産生何種學説,亦是一種筋肉反應而已。其徒動色相矜,儼然説教態度,豈非絶大笑話!此其爲説,與兄所主張,雖是天地懸隔,麤妙不同,而一切不由自主則一也。

主宰是理,流行是氣。"能爲萬象主,不逐四時凋。"[②]正是理常行乎氣中。作得主宰,方爲盡性至命。主人翁常惺惺着,豈可無自由分?不謂兄之結論乃墮此失也!

"但見棚頭弄傀儡,抽牽全藉裏頭人",裏頭人乃喻識心。"息機歸寂然,諸幻成無性",[③]言"心生種種法生,心滅種種法滅"。[④]佛説此生滅心名爲妄心。忽然捉住裏頭人,則知此乃是賊而非主。捉賊者乃可與以主名。無論是賊是主,决不干傀儡事,以傀儡乃真無自由分。裏頭人會抽牽,亦似有自由分。覷破此人黑布帷子,忽然罷弄,戲即收場,此人更無立處,即失却自由矣。

今來教謂"湯武不得不王,桀紂不得不亡,本人無絲毫自由分。自混沌初開至地球末日,皆生機鼓盪,不容自已",是以湯武、桀紂俱爲傀儡,而裏頭人則生機之鼓盪是也,亦即所謂命數是也,無乃不可乎?從來法喻難齊未有如是者。此弟所不能解也!

據弟所見,生機鼓盪是命,是自然之道,是主而非賊。裏頭人抽牽伎倆是識,是造作諸業力,是賊而非主。弟實不善會兄意,於兄第三答,不能無疑,其故如此。

伊耆氏之謡云"土反其宅,水歸其壑,草木歸其澤",大鑑謂"葉落歸根",横渠謂"形潰反原",此與兄所舉"漚生漚滅還歸水",正是一理。此自無疑。

然與兄第三答參看,所謂生機鼓盪不容自已者,是水而非漚;裏頭人正是漚,不可唤他作水。既假立文字言詮,亦須還他分曉。漚是緣生法,不由自主;水是大化生機,命之本原,不可與漚同論。王與不王是漚,湯武所以爲湯武者是水(自注:孟子所謂"湯武反之"),雖不王不失爲湯武。喻如水無漚總是水,[⑤]大海水量不以漚之有無爲增減。桀紂雖不亡,亦只是漚,以其失道不可唤作水,喻如一漚不能窮盡溟渤。人之有私已心者,不能渾然與物同體,皆失

---

① 指曹子起八月九日函。

② 據《五燈會元》卷二,此偈語出自南朝梁善慧大士。

③ 出自《大佛頂如來密因修證了義諸菩薩萬行首楞嚴經》卷六。

④ 據《五燈會元》卷一,此語乃六祖慧能大師引經云。

⑤ 《集》於"喻如水"下點一逗號,誤,察下文"喻如一漚不能窮盡溟渤"可知。此謂水如無漚仍舊爲水也。

其所以爲水，但守一漚耳。弟所不能與兄同者，只是不可將弄傀儡之裏頭人喻命，亦即是不可目一漚爲全海水耳。

言多，去道轉遠。因夜熱不能入睡，信筆寫此，枝蔓上更添枝蔓，豈惟語拙，實是向來泥着文字，故不能得兄言外之旨耳。更望勘辨。不宣。

《馬一浮集》 第二册第469—471頁

曹子起再答一公書(八月十五日，10月6日)

頃奉來教，重勞苦口婆心詳切指示，殊深感荷。

弟所答第三問，只"萬事皆前定，由因果律所支配，絶非偶然而已"數語盡之矣。此弟近來所見，向者不特不以爲然，且極反對者也。兄於此有疑，自在意中，蓋此實千古一大疑案也。此意惟莊子最爲徹底，其曰："不有大覺，烏知此其大夢耶？"[①]夢中人能自主否？世固有不夢者，主人公究在何處耶？弟向者亦自信夢中能作主，而不知皆幻也。天地萬物，本來平等，豈有主之者哉？亦自生自滅自力自主而已。此事弟可著成十餘萬言之書，但不可爲訓，只有默而識之耳。兄他日當思鄙言。

佛家"因緣"二字亦佳。"因"即歷史，"緣"即環境也。但佛家以此勸人爲善，反將真理變成曲説耳。友人曰："殺蠅千萬。"余謂此即蒼蠅命該如此。因殺者與被殺者皆各有其歷史環境，亦非偶然也。

曹子起三與一公書(八月十六日，10月7日)

昨書計達，感兄相爲之厚，不辭更下注脚。弟所持定命之説，蓋從歷史、環境、人情、事變各方觀察得之，一則破迷信，一以顯真理也。今舉一例于下：

明社之屋，世以爲誤立福王耳。抑思明之宗室，别有賢者可立乎？即或彼善於此，有足以與清人相抗者乎？故明人之誤，誤在必欲立朱氏子孫耳。雖然，家天下之局，數千年於兹矣，設諸將别立異姓爲君，國人能許之乎？故無論遠因近因，明社決無倖存之理。或謂明之宗室近萬，寧無賢者？不知養尊處優，適所以賊之，清室可爲確證。夫一陰生于夏季正盛熱之時也，可知壯盛即衰老之根，富貴即愚癡之本，特世人不悟耳。

如今世變，亟日亟矣。以弟論之，一轉念間，可變娑婆爲極樂。無他，祇使少數人放棄其優逸生活耳。雖然，吾有以知其必不能也。故舉世皆夢，吾輩不夢，且奈之何哉？此孔子所以無救於春秋之亂也。

抑兄謂"湯武爲能復性"，恐亦爲孟子所蒙。湯且置，以武考之，如夷齊之叩馬，太公之陰謀，周初之大封同姓，殆完全以私心用事，較之後世所稱聖神文武高皇帝者，恐亦五十步之與百步耳。儒家爲尊者諱，爲親者諱，孔子以昭公爲知禮，孟子自亦應以武王爲復性。向惜儒家未能揭示宇宙真相，此亦一端也。吾輩知人論世，固應獨具隻眼，豈容爲古人

---

① 見《莊子·齊物論》，文有異。

所蒙？

雖然，無鬼與定命之説，獨與兄言之耳，弟固未敢公然倡議也。蓋一則助長青年之無忌憚，一則消滅英俊有爲之壯志，故弟寧忍而與之終古耳。

但因果之説，實係真理。如今世人不悟，亦必有迫之使不得不放棄優逸生活，顧其結果則甚慘耳。弟已悟晏安之爲鴆毒，故甚惜此輩之愚。然無一自動放棄者，非定命而何？一笑。

惟千萬自愛。不宣。

一公三答曹子起（八月廿二日，10月13日）

累奉來教，快若面論，但弟愚，仍有未能涣然者。明知浩浩商量，葛藤無已，未免迭相鈍置。然弗明弗措，亦是朋友講習之道，不妨示有言説。兄雖弗肯，未至掩耳，則弟且未須杜口也。今復略申所疑如下，更望教答。

一、來示謂："學當以二氏爲體，儒家爲用。"似謂二氏有體而無用，儒家有用而無體，體用打成兩橛，此弟所最不能喻者。仁者見仁，智者見智，只是這個；百姓日用而不知的，亦只是這個；與物爲體，故不可遺；常在日用中，故不可離。[1]今曰佛老仁智而儒家中庸，是離仁智而别有中庸也。且仁智中庸，皆該體用而言，今曰仁智得其體，中庸得其用，是有無用之體、無體之用也，可乎？

一、來教謂："萬事皆前定，由因果律所支配，絶非偶然。"又曰："天地萬物本平等，[2]豈有主之者哉？亦自生自滅自力自主而已。"[3]既曰前定，則因果律失其權。孰爲定之？誰爲之前？若謂"因即前。如是因，如是果，謂之定律"，[4]何以又言"自生自滅自力自主"？自者，異他之稱。今曰"因即歷史，緣即環境"，此定律者，既以歷史爲因，環境爲緣，皆他而非自也，然則"自生自滅自力自主"之義，又何以成？

佛氏説諸法不自生，不他生，不共生，不無因生，是故説緣生。緣生之法，無有自性，故説是空。與兄前定之説，正是覿體相反。而兄自言"所學以佛爲體"，此弟所最不能喻也。

王輔嗣言"易以感應爲體"，[5]程子善之，因謂："天下只是一個感應。有感必有應，所應復爲感，其感又有應，如是則無窮。"[6]此與佛説根本不同。佛説因緣是幻法，此説感應是實理也。感應是直指心源，今所謂因果律特麤明事相。而兄乃謂"儒家所短在不能抉示宇宙真理真相"，弟愚，誠不知其何説也？此非與二氏較短長，尤絶非與兄争得失，理實如此，不得放過。望兄更詳思之，立言不可如是其易也。

---

① 《集》標點作："仁者見仁，智者見智，只是這個百姓日用而不知的，亦只是這個與物爲體，故不可遺；常在日用中，故不可離。"誤。

② 《集》"本"字下有"來"字，鈔本無。

③ 《集》於"自生自滅"下點一逗號，下同，均不妥。

④ 《集》將"如是因如是果謂之定律"作一句，未是。

⑤ 《集》"感"下脱一"應"字，誤。

⑥ 見《伊川易傳》卷三，文句有異。

一、來教謂"所持定命之説，從歷史、環境、人情、事變觀察而得，實爲真理"，又舉明亡之局爲例證。弟按兄所言者勢也。勢者，猶今俗言動向。勢則不無，因勢成而謂之命定，①謂之真理則不可。此義頗費分疏，然亦可略言之。

世間成敗廢興存亡之跡，皆有其本。本者心也，跡者事也。孟子曰："生於其心，見於其事。"本是隱微，跡則形著。（自注：司馬遷述董生言："春秋之世，弒君三十六，亡國五十二，諸侯奔走不得保其社稷者不可勝數，察其所以，皆失其本已。易曰：'失之毫釐，差以千里。'臣弒其君，子弒其父，非一朝一夕之故也，其所由來者漸矣。"②此皆原其失理之本，非僅觀其禍亂之跡也。）惟存於心之隱微者，理有得失；斯見於事物之形著者，勢有安危。故理常在勢先，不可以勢爲理也。得於理者謂之正命，失於理者謂之非正命。命常與理俱，不可以勢爲命也。老言禍福倚伏是明勢，易言吉凶得失是顯理（自注：理得爲吉，理失爲凶）。勢有消長，更迭相勝，故無常；理無變異，動貞夫一，故不易。老氏以自然爲命，釋氏以業根爲命，皆主遭命而言，未及正命，③然固未嘗以勢爲命也，亦未嘗以勢爲理也。《易・文言》曰："知進退存亡而不失其正者，其唯聖人乎？"進退存亡是勢，不失其正是理，④知此而不憂是知命。⑤此孔子之旨，異於二氏，較然明白。列子以力不勝命歸之自然，亦謂命爲不可知之數（自注：列子曰："不知所以然而然者，命也。孰能知其故？既謂之命，何有制之者耶？朕直而推之，曲而任之，自壽自夭，自窮自達，自貴自賤，自富自貧，朕豈能識之哉？"⑥此亦指遭命耳）今兄以勢爲命，而又云"自生自滅自力自主"，既曰"定命"，爲可知耶？爲不可知耶？既曰"自生自滅自力自主"，則孰爲定之？將定之亦由自矣？自主爲是，則定命爲非；定命爲是，則自主爲非：二義相違。弟實迷亂，不能喻兄之旨（自注：兄所言自較列子爲廣，列主別業，兄主共業也）。所能尋繹者，知兄所言者是勢，⑦而以真理與定命當之。⑧竊謂此義殊欠分晰，今更設喻以明之。

譬之舟師御人之爲術，其操之有度、行之有節者，理也。駛轉決驟、進退疾徐，或安焉、或危焉者，勢也。操術有慎有不慎，術既慎矣，然而猶不免於傾覆者，命也；其不慎而自即於危者，非命也。夫"莫之爲而爲，莫之致而致"，乃可謂命也（自注：孟子此言，與列子"何有制之者"同義，但列子主自然，孟子則言正命，此儒道不同處）。今夫勢，誰爲爲之？孰使致之？固有尸其責者存焉，而委之於命，不可也。⑨

故舟車者器也，操之者人也。安危之勢，傾覆之途，川陸不能專其夷險，舟車不能載其禍福，亦在人而已矣。天下亦器也，開物成務、撥亂反正者，人也；死權殉利、殘民以逞者，亦人

---

① 《集》將"因"字屬上句，不妥。

② 見《史記・太史公自序》，文句有小異。

③ 《集》將"未及正命"屬上爲句，誤。

④ 《集》句下作句號，誤。

⑤ 《集》句下作逗號，誤。

⑥ 此出《列子・力命篇》，前三句爲馬翁概括之言。

⑦ 《集》脱"者"字。

⑧ 《集》將此句屬上爲句，未安。

⑨ 《集》將此三字屬上爲句，誤。

也。治亂，跡也；其所從出，本也；率天下以正，理也；不能易其暴，勢也（自注：來教謂孔子無救於春秋之亂）；隱、見、行、藏，時也；吉凶與民同患，命也。主理則一於道義而已矣，道雖有行有不行，皆正命也；任勢則趨於功利而已矣，功業雖就，亦倖也，非正命也。

由弟言之（自注：説得太廣了，今須簡括作結論），有正命而無定命，當循理而不貴勢，方可"百世以俟聖人而不惑"（自注：事有順理而逆勢者，亦有順勢而逆理者，於此必有所擇）。此其所以與兄異撰也。

言不盡意。在兄或視爲理障、文字障，然快便難逢，弟亦忍俊不禁，不免郎當太過，斥爲戲論可也。

秋涼，深盼能惠然命駕，更領痛棒。世亂時危，老之將至，此日不可多得，兄能勿念之乎？臨書神馳。不宣。

《馬一浮集》 第二册第 471—474 頁

曹子起三答一公書（八月廿九日，10 月 20）

伏奉來教，深感相爲之切，益嘆措辭之艱。前書發出後，頗嫌辭不達意，且多語病。今果承誥誡，何幸如之。

弟謂學須以二氏爲體，儒家爲用，蓋以性與天道，孔子不言，須求之二氏耳。何以實用又從孔子？蓋以老莊能揭宇宙之真相，然未免智者之過。必如孔子，知其不可爲而爲，乃仁智兼盡。佛氏能揭人生真諦，然未免仁者之愚，如戒殺茹素，殆非人人可行（自注：農夫於害蟲，非去不可）。孔子則以人我爲一體，是名中道。故弟思想方面，則宗二氏；行爲方面，則宗孔子也。

以世諦衡之，此論有二負門：一、既名真理，何故不可行？如不可行，則決非真理；二、思想則宗二氏，行爲則宗孔子，非惟體用打作兩橛，内外亦似兩人，此烏乎可？然弟却自謂頗得道妙。兄得無笑其無理取鬧耶？

要之，此義殆非面論不可。顧因病未能遠行，亦恨事也。

惟珍重。不宣。

弟之定命論，亦本諸道家。如云："善且不可爲，而況惡乎？"此無爲之要義，亦宇宙之真諦也。兄妙人，乃未能解此耶？知其不可，智也；而爲之者，仁也。此處仁字當作發於中而不容已解。憶先母病危，家人咸請辦後事，弟不特不聽，且惡其言，此亦大愚。然實真性所發，當局殊不自覺耳。

一公四答曹子起（九月一日，10 月 22 日[①]）

向來每有饒舌，真成無風帀帀之波，總是閒言賸語。既承賜喝，便當休去；却呈短偈，以當禮讚。一笑置之可矣。

---

① 鈔本將此附于上信之後，未標日期，此據《集》本。

雙林大士太恢奇，田服星冠着履綦。何似青陽曹佛子，一篇鄉黨示威儀。

無舌人教解語難，南泉鼓笛任相譏。只愁不見金鵝老，學海波濤未許乾。

大用何妨異類行，更無一法可當情。時人妄自成顛倒，錯認簷前雨滴聲。

空劫消時流注斷，法身安有去來今。要知報化非真佛，始信平常是道心。

又是一番話墮，未免太儈些，自領三十痛棒。

《馬一浮集》 第二册第474—475頁

先君子王子慧　論學公案跋

不肖謹按：此1930年庚午秋末叨侍先師謁馬先生於杭之延定巷時，[①]先生所出示以供參詳，而不肖與學侶閻任之毅奉命録存以資體究者也。不肖竊揣先生意旨，蓋以曹丈與先師同隸籍歸群草堂之門，草堂曠代儒宗，雖本竊比老彭之義，旁參二氏之長，而世頗疑其主三教合一之説，故亟出此以辨是非，求印證也。

良以曹丈所提三問，儒、佛、老、莊，何以本一末異？無鬼、定命，何以聚訟紛如？凡此皆千秋之疑團，三家之懸案，自非過量大人，孰具正法眼藏哉？此先生所以特爲拈出"一任後人會取"之微旨也歟？

若能了此，則於諸先哲或爲實施權、或開權顯實之用心，與夫儒釋源流異同分合之本跡，皆思過半矣。

蓋馬先生天縱聰明，心量廣大，凡孔、老、莊、易之奥旨，台、賢、禪、教之玄機，靡不融會貫通，交徹統攝，故能平章華梵，直掬靈源，自在卷舒，圓融無礙，不囿於空有性相孤往之論，不拘于東西教派門户之争，但應物舒光，隨機逗教，亦時秉心外無法、法外無心之宗趣，以接學者。凡有答問，大抵惟指歸自己向上一路，是千聖爲人真血脈。在儒則謂之"近裏着己"，"反身而誠"；在釋則謂之"迴光返照"，"本來面目"，其實一也。如上三答，皆以末後句鄭重叮嚀而發之，可謂覿面相呈，和盤托出，老婆心切，度生願宏矣。由是觀之，若先生者，洵一代開明冠冕之通儒，百世人天群倫之師表也已！不肖緬挹清芬，猶歸寶所，不堪回首，曷勝惘然耶！

雖然，馬先生既以四偈圓此公案，可謂周帀無餘矣。而曹丈始終猶弗肯也，故未久，病稍瘥，即趨杭面論焉。記馬先生偕其内弟湯公子爲之洗塵，設筵於孤山之四川酒家。時適黄岡熊十力先生養疴廣化寺，與先師并與焉。四賢畢集，切磋斯學，亦晚世難逢之盛會哉。不肖與任之欣陪几杖，獲聞緒音，幸何如之！顧因滄桑累易，學殖久荒，原詞已遺忘殆盡，姑據其大意略爲敷陳之，以了此段論學因緣。明知謬誤難免，則不肖杜撰禪和之責，非四先哲咎也。

席間，曹丈首仍申其定命之説，且謂："學人若無神通則無絲毫自由分，更無正命可言。故爲學必先求得神通，然後方可談正命，闢定命。"似猶假托於外道見解以自張其軍者。熊公時著《新唯識論》成，求馬公爲序，却謂"斯學也，首應從西洋哲學入，次應深究佛乘，最後應反

① 先師，指鍾鍾山。

求諸最爲直截了當之陸王心學。似與神通、定命全無干涉”云云。其言快，其詞繁，其直下承當之餘勇可賈也，其居之不疑之主觀亦可商也。先師則謙沖爲懷，兢兢然以謂：“某淺學，年來只覺得悟易修難，理上講得通則易，事上打得徹則難。因此，歸根到底，只有‘積累’二字是做工夫真把柄，濂洛諸賢是做學問真導師耳。若神通、定命等説教，即宋儒亦未嘗及之，其故可思矣。”蓋先師之爲學，受王伯沆老伯之熏陶最久且深，故持論躬行猶多涉入權示小乘見解境界；然其崇宋儒，尤尊濂溪，寤寐于孔顔樂處，則與馬公有同符焉。故兩先生交誼始終訢合無間，久而彌篤也。

最後，馬公徐作總結云：“列位高論很好，敬聞命矣。據愚所見，最要緊一着，還是復性。性一復，則心安理得，舉足下足，莫非道場，便是地行神通，便是人生正命。性一復，則在釋言平常心是道，在儒斯無入而不自得焉。性一復，則陸王心學是這個，程朱理學亦是這個，乃至孟之盡心知性，易之窮理盡性，以及禪之明心見性，也都是這個。即真覺所稱‘無明實性即佛性，幻化空身即法身’也的是這個耳。到這田地，一切神通定命、哲學佛乘、頓悟難易等等閒絡索，自然法爾消融，不可思議矣。故曰：‘唯此一事實，餘二更非真。’所以吾嘗説‘門庭施設，各應機宜。達者知歸，元無多子’也。

“但言多去道轉遠。説心説性也都是閒言語，也都是墮入理障、文字障底葛藤。重要的，還是當人回頭自看，叫做自性自度，如人飲水，冷暖自知，才是吃緊爲人處耳。嘮叨太多，未必有當，還請列位不吝指教爲幸。”衆各唯唯稱善。

是日也，宴集歡甚，劇談尤暢甚，至薄暮始散席。不肖與任之侍先師步六橋歸途中，任之喟然嘆曰：“聆此一席話，勝讀十年書矣。”不肖謂：“若善會之，天泉證悟，詎足多耶！”先師則深致慨于未及介見歸群老夫子，未嘗不爲馬公惜也。

或曰：馬公既等儒墨孔莊于閒名，齊生滅真常爲贅説矣，而又嘗曰：“菩提涅槃是一性，堯舜孔佛是一人。”何耶？蓋自華嚴之一真法界觀，自宗門之實相無相觀，豈非人是一人，性是一性耶？故曰：“心、佛及衆生，是三無差别。”

然此段公案，世鮮知者。當是時，學海波騰，方集矢於熊公之《新唯識論》。内學院有宗哲匠至析心性本净一語爲兩種解釋：一據自性涅槃即性寂立論，乃重視所緣境界依，主革新，爲真。一據自性菩提即性覺立論，乃重視能緣種子依，主返本，爲僞。因執此以攻《新論》之僞。宜馬公斯言之有以救之也。前輩談玄，風采可想見已。

若乃曹丈所謂“性體即‘以脱’，妄心即‘以脱’發生之電光”，似仍不脱外道認物爲心之邪見，亦“筋肉反應論”類耳。先生置而不復，殆以其毋庸贅復歟？

又如曹丈以二氏仁智爲得其體，儒家中庸爲得其用，體用打成兩橛，仁智鼎峙中庸，尤可異矣。先是不肖曾問先師：“張之洞‘中學爲體，西學爲用’之説何如？”先師哂曰：“若是，則中學有體而無用，西學有用而無體矣。理既不通，事何能濟？‘體用一源，顯微無間’之法則謂之何哉？”至是，讀馬公復牋所示，皆一一若合符節，而論學歸趣亦大旨略同，此兩尊師談玄論道所以尤默契也歟！

更以體用言之。夫“從體起用，無不從此法界流”，未有無體之用也；“攝用歸體，無不還歸此法界”，未有無用之體也。“一即一切”，“從體起用”也；“一切即一”，“攝用歸體”也。故真净偈云：“拈起一毛，重重法界；一念徧入，無邊刹海。”詎不信夫！

雖然，曹居士亦妙人，寧不知此者？且自言“此論有兩負門矣”，豈真自甘於“無理取鬧”者耶？故諸道侣多意其抛磚引玉，爲實設權，其以此歟？

今諸師座先後俱歸道山久矣，即任之云亡，亦且三紀於兹矣。追念昔遊，惟不肖微漚未滅，此岸飄零，俯仰人天，慙負罔極。適馬師之甥孫丁敬涵，賢而有文，將蒐集先生之遺文軼行，以謀世諦流佈，而綿千秋道脈一綫之傳於不墜，斯民族學術之光、季世太平之望之一大事因緣也！不肖歡喜贊嘆之餘，亟録舊所藏先生劫後燼餘殘稿，計：詩十三章，書八通，文三篇，[①]並此段學案因緣本末以歸之，且爲之妄加標點，藉結勝緣。其重點圈及密圈，則先師所鄭重標出以提示學人者也。感念恩慈，助發了義，敬仍舊貫，覽者鑒諸。先師爲誰？則江寧鍾鍾山泰也。丁君當尚能熟記之耳。[②]

爰不辭枝蔓，更贅葛藤，詳兹學海微瀾，補綴湖山佳話，以志高山仰止之寸誠云爾。雖然，非鈍根失學未嘗及門如不肖者所能湊泊、所敢妄言也。且以槊見，懇呈諸善知識賜之棒喝，感且不朽。質之丁君，其將何以教我乎？跂余望之矣。

不肖後學王子慧謹跋

1988年2月杪謄畢識此。再閱旬時，恰逢戊辰二月初二日，先師百周歲誕辰，即假此文，聊申紀念之私，并志墮負之痛。冥冥中諸碩德如猶有彼我相者，亦應相視而笑耳。

---

① 以上三件，不在本文之列。與《集》之異同，尚待校核。

② 丁敬涵1987年11月18日致王繼如信云：“回憶鍾山先生在四川樂山烏龍寺復性書院任協纂時，朝夕相處，敬涵呼爲鍾公公，鍾山先生亦以孫輩相視。四十餘年來，時常懷念。”

馬曹論學公案後語

□王 繼 如

先君子王子慧整理有《馬曹兩先生一段論學公案》，其時在 1988 年 2 月，而兩月之前，1987 年 12 月 5 日覆我書信中談及此事背景，有足供參考之處，先君子亦以其重要而另録存，兹將此段文字略加註釋公佈於下。

先君子生於 1905 年，三十年代隨鍾鍾山先生學而爲之江大學教師，故於諸耆宿多有請益。日寇侵華，無地存身，乃返故鄉廣東揭陽從商。1951 年以反革命罪被逮捕，至 1958 年方以奸商罪判刑八年，1959 年刑滿釋放，而留内蒙古農場就業以便監督，至 1962 年經多方申請方返南京。此後曾在街道生産小組拉板車多年，勞動之暇，時讀佛經。1994 年辭世。1995 年，其冤案全部平反，惜其本人已不及見。倘有神知，則私所厚望焉。嗚呼！學人之處世也，難矣哉。稍不留意，即陷機穽之中矣。吾欲無言。

覆十四兒書録存一段①(1987 年 12 月 5 日)

關於湖南師大何澤翰教授②所詢馬公之友曹、陳二公者，蓋 1930 年前後馬公住杭城馬所巷自榜蠲戲齋時之常客也。于余爲前輩，雖見過幾面而接談甚罕，故知其生平亦甚寡。兹略述一二如下，但恐無當於何教授垂詢之意，徒辱明問耳。

據余所憶，曹赤霞字子起，青陽人，在上海業報人，從事新聞工作，而頗有意於三教九流之道術。曾執贄於蘇州歸群草堂黄隰朋太夫子之門，故與先外大父③爲同門友，嘗通音問焉。

記得一次，約 1930 年晚秋，曹公初莅杭，客馬公處。馬公之内弟湯公子謂之洗塵，設宴於孤山之四川酒家（湯公子私笑謂我："馬公本川人，喜川菜，故爾。若子粤人，則當喜粤菜耳。"），而邀集馬公、熊公（時熊公十力寓孤山廣化寺養疴，相距最近）與先外祖談玄歡叙，以探理窟，一時碩德甚勝遊也。

余偕同學岳陽閻任之毅侍師隨往，座間湯公子謙稱不學，故默然，余二人尤稚昧不懂事，但恭聽而已。惟曹熊兩公皆雄辯，力抒己見，語滔滔不休。馬公與外公則持重不輕發言，而馬公隱然司論壇主盟焉。

---

① 此用唐人行第之法排列祖父派下諸男孫，粤東地區迄今有之。王繼如排行第十四。

② 何澤翰教授(1917—2005 年)，《儒林外史》研究專家，曾見過鍾鍾山，鍾山許其爲好學之士。

③ 此就王繼如之輩分而言，故稱鍾鍾山爲外大父。下亦稱外祖者，同此。

記得曹公時病肺,甚清癯,往往邊咳邊談,而力標其主張:“爲學必先求神通。神通是學道底基本功。無此,則無常迅速,學焉能濟?”此即其所反復申言之大旨也。熊公則力陳王陽明致良知之説,更爲直截了當,更爲切實可行,更爲近裏着己,而薄神通之論爲妄想,爲虚幻,所談尤廣博。馬公見先外公寡言,因詢其意。則謹對曰:“吾淺學,不敢多談。年來惟頗覺悟易修難,只有漸修一途是學人真門徑耳。近來愈覺得只有積累二字才是漸修真工夫耳。還請諸公賜教。”味其語意,悟易修難似針對熊公,積累兩字似針對曹公,皆寓箴規鴻碩于自白心得中,語妙雙關,味之無盡。馬公亦微微點首,因有似總結而斷之曰:“平心論之,學問到本原處,工夫到究竟時,愚意却是《證道歌》所説‘無明實性即佛性,幻化空身即法身。’這二句是極則語,是到家語,是徹上徹下語。若到這個田地,便可融會一切神通致知悟修積累之歧途于一爐,亦可省却一切神通致知悟修積累之辯難于言下。不過這還是個人底妄談,或許也是宗門底偏見,學術應有公論,還請列位誨正”云云。遂散席閒談風月。自午刻至薄暮方各歸。

余與任之侍先師步經六橋回校途中,任之喟然歎曰:“聆斯一席話,勝讀十年書,信矣夫!”先師則頗譏曹公爲溺於幻想,熊公亦未免自任太過,惟對馬公之涵養沖純、學識淵博推許甚至。既而又慨然曰:“惜乎其未得見歸群老夫子也! 吾爲斯人惜,更爲斯道惜也! 蓋草堂學規:無介、先容,不見客,客或被疑偶涉異端,亦不得見。初馬公固嘗倩曹公爲介,惜曹著藉日淺,未蒙深知,而所介客名浮又字一浮,跡近怪僻,因托故辭焉。迨余獲交于馬公時,則歸群師座已歸道山且半紀矣[①]。可惜師友因緣一時之不偶,空嗟斯學絶續千年之不昌,其天也夫! 此余之所深憾也。”琅琅之音,今猶盈耳,故能詳耳。

又先外祖曾命予鈔存馬公與曹子起論學書四通,直至“文革”時方遺失,僅略記其大旨約有兩端:一、駁斥曹公先求神通論之站不住脚。二、若論實際理地,惟回光返照,當下只有曹子起自己一人,别無他人他法與爾作對,了此便可立證聖果,了此便是地行神仙云云。吾揣測其旨趣似乎重在破除情識,直取菩提,與臨濟下大慧禪師致李寶文等諸書所談均若合符節(諸書見《指月録》卷三十一大慧酬答法師章)。但鈔稿既失,不敢妄談[②]。正不知烏君所作學記[③]曾及此否,可互資印證否? 要之,由此可見馬公之深造禪髓,迥出輩流,而曹公之求遑神通,未切實際也。

幾年之間,曹公經杭晤面僅兩三次,與先外祖書問亦不足十通,旋即風流雲散,天各一方,雁杳魚沉,無從聞訊。憶“文革”時,吾曾問及曹公消息,先外公頗感喟曰:“絶音耗

---

① 黄隰朋(1854—1924年),半紀爲六年,四公論學於孤山四川酒家時爲1930年,據黄老先生辭世正六年。

② 此處所説,與《馬曹兩先生一段論學公案》有歧異之處。先君所鈔存者,實有十通,具見《論學公案》文中。然該十通書信,所論與此不同。抑或當年所鈔,另有四通書信,而遺失者乃此四通耶?

③ 1987年6月,烏以風(1901—1989年)編述《馬一浮先生學贊》一薄册在安徽非正式出版,皖非正出版字[87]第2045號。這是“文革”後第一次向世人盛贊馬一浮的册子。册子頁41中提及曹子起,且謂“(曹子起)如有學術疑難,必與先生反復論辯。故先生答書,剖析義理,至爲精當,治先生學者,不可不讀。”是馬曹論學書劄有其重要之學術意義。鍾鍾山命先君子鈔録,可謂具慧眼矣。

久矣！近二三十年來與馬公聚會多次，馬公亦未曾提及曹子起也。意其孱軀不足任世變耶？"①

吾所知曹公生平之一二，僅此而已。

當是時，《老殘遊記》行，世盛傳"泰州學派"(?)②有三教合一之説，學海波騰，魁儒雷震。而馬公雅負東南名流重望，座間亦常有一僧一道並坐談玄，吾侍師初見，爲之愕然，其後習見，遂安之。僧，臘較高，忘其法名，以善談《華嚴》爲馬公所重。馬公曾曰："現代僧，多俗流，能談《華嚴》者，可必其非庸僧。"先外公則曾言："馬公法眼高，可與往來談經者，可必其爲高僧。"想其人在烏君學記中必能叙及之也。③

其一道士即陳公攖寧是。其名蓋取《莊子・大宗師》"其爲物無不將也，無不迎也，無不毁也，無不成也，其名爲攖寧。"攖者，擾動也。必攖而後寧。斯擾動而能安寧，此道家修養練氣之一法。故作"纓"字非是。

是時，陳公與馬公年相若，皆約四十餘歲④。而馬公美鬚髯，飄飄然長幾及膝，宛似謝康樂。陳公則器宇凝然，秀飭端莊，雙目炯炯，宛有世外真人之風。馬公嘗曰："今日道教衰微極矣！惟此公獨力思挽狂瀾，現尸中國道教總會總負責人，兼主持道教月刊，爲總編，且網羅道藏逸籍秘笈尤富，又繼續徵求不懈，未可量也。"

解放後，前幾屆全國政協，馬公、熊公、陳公皆曾先後赫然在委員之列，此可一翻舊報舊檔即得之。其後馬公以 1967 年、熊公以 1968 年相繼下世，聞外公言，陳公似已前卒，然亦不知其確耗也⑤。猶記其所辦月刊，最注意徵求道家典籍，廣加搜羅，南宗北宗，兼收並蓄，蓋有志于集道門之大成者。宜馬公之贊許之也。

吾所憶陳公蹤跡之點滴，亦僅此而已。

無以塞何教授之明問，愧負無既，面時望代爲乃翁致歉可耳。

---

① 據《馬一浮集》，馬一浮從鍾鍾山來信中得知，曹子起于 1938 年 1 月間病没於九華山，作《哀曹子起》詩。此處所言，殆鍾鍾山年高而有遺忘耶，抑先君子誤記耶？

② 此學派是帶有宗教色彩之民間學術派别，本無名稱，自鍾鍾山高弟盧前稱爲"太谷學派"後，今皆從之。今有《太谷學派遺書》三輯，然遺漏尚多，余手邊即有一、二種未見刊佈。

③ 據《馬一浮集》，二三十年代，馬公與肇安法師來往甚密。1922 年，馬公應肇安法師请，撰《重修祥峰禅師塔铭》(《集》第二册頁 244)。又有《登超山頂寄肇師》、《答肇法師見訊》、《答香積肇公》、《答肇安禪師》、《靈隱偕肇法師共話二首》、《再酬肇公》、《喜肇公見過》、《肇安見示雲林道者事，喜成一頌》、《肇公招，預譙集，坐中舉話，無人領會，戲呈四絶，即以爲謝》等詩(《集》第三册頁 6、24、27、32、39、40、42、54、55)。其《憶方外三友》(所憶三友爲慧明、楚泉、肇安)詩後記云："香積肇安禪師與予交最稔，一日見過，相揖曰：'昨見公詩，開口便道"貼顱言句比生冤"，且喜公己事已明，特來相賀。'予謝曰：'此間不容著他閑佛祖，敢勞相賀？公幸遇我，若是古人，便呼蒼天，蒼天！'肇亦大笑。"(《集》第三册頁 832，標點有)《集》第三册附烏以風《問學私記》有肇安法師與馬公論學之記録(見頁 1137)。其《馬一浮先生學贊》頁 26 言 1929 年秋杭州居士林舉行法會請肇安法師説法，馬公觀禮，而嘆儒家禮樂之廢久矣。據上言之，則馬公座上之僧，或即肇安法師歟？

④ 馬公生於 1883 年，1930 年時四十八歲。陳公攖寧生於 1880 年，時五十一歲。

⑤ 陳公攖寧謝世在 1969 年，享年九十。陳公少年多病，習道乃得高壽也。

此段文字録畢，怵然有感，成一俚詩，云：

八十年前一勝緣，
歷經劫火剩殘編。
欲詳舊事誰人會？
滿腹辛酸問昊天。

2010年07月11日于三學堂

“信古天倪”
——陳鼎忠治經要義詮説

□嚴壽澂

[摘　要]　益陽陳鼎忠(天倪)邃於經、史之學,作《六藝後論》,隱然以當代鄭康成自許,揭出信古、尊經、述聖三要義。於近人疑古僞經之風,深惡痛絶,以爲《周官》乃周公所作,《古文尚書》非僞,諸子百家皆出自古王官之學,王官學之總匯,則在《六經》。經既爲中國學術之源,豈可以不尊。又以爲,孔子於《六經》,刊定訓釋,不在其位,不敢改制,故曰“述而不作”。然於傳述之外,復闡發大義,故述即是作。於兩漢經儒,則重通學而輕家法,故以古文爲勝於今文。由是於鄭君外,亦重孔穎達。於中唐以後説經之作,則謂可取者不多,宋人變古,經學更荒落,遞演遞衰,至晚明而極。清儒復古,經術大明,厥功至鉅。以爲此因革張弛之勢,皆循夫天演之公例。又深信學術與國勢相爲因果,故重所謂儒效,其最著者,在“納民於軌物”之禮,是謂治本。儒效之大成,則在合天下於一家,進小康於大同。此一大同之説,近於疑古之康長素而遠於信古之章太炎。學術思想之事,固不可以一端論也。

[關鍵詞]　陳鼎忠(天倪);經學;六藝;信古;儒效

[作者簡介]　嚴壽澂　新加波南洋理工大學國立教育學院教授

一、序　　説

陳鼎忠,字天倪,益陽人,生於清光緒五年(1879年),卒於民國後戊申(1968年)。博通經史百家,兼擅文學。民國三年,與同里曾星笠(運乾)共任事於湖南官書局,“愴念國故,爰述通史”,先成《叙例》三卷,發凡起例。①自謂與《通鑑》相較,所叙歷史更長,範圍亦更廣,“《通鑒》藉國家之財力、書籍,又得劉恕、劉攽、范祖禹三大史家爲之纂長編,亦十九年乃成,而唐五代尚多訛謬。余之才力不逮前人遠甚,擬籌十萬元以二十年之精力成之,乃未兩期而局停(民國五年五月停止),爲之傷嘆彌年”。大部書既不能成,於是“擬成小書數部”,一爲《諸子引經考》,一爲《諸子語訂》,一爲《金石證經》。“前二書皆未成而遭毁”,後一書“僅草具凡例,未成書”。由此“始知大書不可成,小書亦不能成。慨然曰:‘斯世而有天倪已妄矣,天倪而欲

① 《通史叙例》卷首,著者自識,載《尊聞室賸稿》,中華書局1997年版,下册,第557頁。按:天倪壽登耄耋,著述頗富,歷經劫難,多所遺失。其哲嗣雲章教授多方搜輯,由其門人羊春秋、吴容甫編校出版。(見其門人馬積高序,《尊聞室賸稿》卷首,第4頁)。惜今日外間知之者仍不多。

存其名字是重妄矣。從此不親筆硯者數年。'"民國十三年,往晤友人吴嘉瑞(雁舟),與談時事,頗傷感。雁舟曰:"君初元時嘗爲政論,近來何默不一言?"又曰:"言而不用,其咎在人;知而不言,其罪在君。"天倪"首頷之"。乃"歸作《治法》二十餘萬言,又以政客不能詳觀,删取十分之六。某督軍出番佛百元,印行二百餘部"。當時學界耆宿如章太炎、章行嚴(士釗)、柳翼謀(詒徵)皆盛稱之。①

民國十五年,天倪往東北大學任教,以《通史》未能撰成,乃"刺取經解百餘種,衷以己見,爲《六藝後論》,輔以《九經概要》"。至民國三十七年,《九經概要》僅存《周易》、《孝經》、《孟子》三種,《孝經》下篇且未印成。其平生説經,凡分三部:一爲《六藝後論》及《九經概要》,"言經學家之歷史及各經之綱領,按經分篇,以考訂爲主"。二爲《六藝論衡》,"據時代分篇,大約依馬驌《繹史》文,以議論爲主,皆余一人之説,其中亦有前人引端,未盡其義,而余引伸其義者。《七略》無史部,以《史記》等書附於《春秋》之後。余《通史》以經從史,此則以史從經,由秦漢至清,皆附於《春秋》之後"。三爲《六藝微言》,"則爲性道之言,約《六經》之旨以成文。余論心性義理之學,與宋儒大同小異,大約依明儒湛甘泉之説,益闡其理,而行以文中子《中説》之文"。以爲宋儒"分天理、人欲截然爲二,謂理與欲絶不相容,必盡去人欲始得天理,此墮入釋氏滅情復性之説"。如此則"飲食、男女皆是人欲,必不嫁娶而後可,而理學家中無能此者,已行不通"。然而若"稍寬一步,又墮入戴東原《原善》之説,尊欲滅理,非淪人道於禽獸不止"。兩者皆爲一偏,當酌取其平,亦即:"天理即在人欲中,人欲當處即是天理"。②

按:有明中葉,陳白沙(獻章)弟子湛甘泉(若水)講學,"從游者殆遍天下",與王陽明分庭抗禮,標"隨處體認天理"爲宗旨,以爲心體廣大,"包乎天地萬物之外,而貫夫天地萬物之中"。曰:"心具生理,故謂之性;性觸物而發,故謂之情;發而中正,故謂之真情,否則僞矣。"此理既明,便知"隨處體認,真見得,則日用間參前倚衡,無非此體,在人涵養以有於己耳"。③天倪《六藝微言》的思想淵源,當即在此。又,據天倪自述,"言小學、經學、文學",與章太炎、黄季剛合,"言史學",則與柳翼謀合。④惜乎其著作散佚甚多,前述諸説經之作,今存者唯有《六藝後論》、《周易概要》、《孟子概要》三種,外加一《詩經别論》。兹以《六藝後論》爲主,輔以其餘三種,略作闡述。

二、尊經信古

臺灣陳紹箕教授,爲天倪侄孫兼弟子,1993年,撰成《憶先師》一文,謂其先師"論經宗旨,

① 《家書四》(民國三十七年三月十日與述元),收入《尊聞室賸稿》下册,第981—982頁。參看吴嘉瑞爲天倪《治法》一書所作序,載《治法》卷首,亦收入同書下册,第723—725頁。

② 見上引與述元家書,同上書,第982—984頁。

③ 見《明儒學案》,中華書局1985年版,下册,第876—878、882、885—886頁。

④ 見前引《家書四》,第985頁。

一本鄭康成氏。鄭氏著《六藝論》,書亡,先師憂之,因著《六藝後論》,續鄭氏之業。講授經學,以尊經信古爲幟”。復云:“又憶先師嘗語余:曩年去瀋陽東北大學任教,道過北平時,黎錦熙先生宴於恩承居酒家,座客有錢玄同先生,黎先生爲之紹介,戲曰:‘此爲疑古玄同,此爲信古天倪。’蓋錢先生别號疑古,先師不以爲忤,且許黎先生爲知言也。”[①]“信古天倪”本爲戲言,而天倪欣然接受,其治經祈嚮所在,即此可見。

北流陳柱(柱尊)爲《六藝後論》作序,曰:“今之著書言學者,亦紛紛盛矣,而要以新奇趨時尚者爲衆。”如以甲骨、金文爲顯學,斤斤於漢學宋學、今文古文之争,“進而爲僞經之辯”,乃至“僞堯舜僞禹湯”,以屈原、老子爲無其人,“或者又尊墨子爲聖人,而譏孔子爲國愿,高談諸子而芻狗《六經》”;凡此皆爲“新奇趨時尚”之例。天倪對此,深惡痛絶,以爲“《六經》不可廢”,《古文尚書》尚且不可疑,何況堯舜,於是遠紹鄭康成,“祛衺辭,維聖學”,而有《六藝後論》之作。[②]

天倪《自序》以爲,孔子“發藏石室,籀繹寶書”,“非獨以藩屏華胄,實欲衣被垓埏”,亦即不僅旨在維護華夏種族與文化(按:章太炎即持此見解甚堅,所謂固種姓),更在於造福全人類,此即六藝的“大義微言”所在。然而自孔子卒後,“外則六家紛馳,内則八儒異趣”,“皆原於一”、“莫備於經”的道術因之而裂。漢武帝時,有董仲舒者出,“伸一統之義”,儒術因得以重光。爾後學者,“或主家法,則有今古之分立;或主通學,則有許鄭之兼綜;或主立異,則有二王之别傳;或主伸釋,則有孔賈之義疏;或主窮理,則有朱學之守正;或主談空,則有王學之披猖”。迄乎清初經儒,“篤學好古”,“發疑正讀”,使“兩漢師説,微而復明”。然而“物盛則衰,説窮則遁”,清儒孜孜於訓詁考證,一往不返,儒術流而爲餖飣繁碎。至於近今,“復有四失”:姚際恒作《古今僞書考》,閻若璩攻《古文尚書》孔安國傳,“自云灼見,實爲瞽言”;崔述著《洙泗考信録》,“罔有忌憚”;莊存與、劉逢禄倡今文學,“彌肆狂辭”;是爲“盲瞽”。倡孔子託古改制之説,“謂事皆創作,道匪憲章”,間涉神怪,荒誕不經,“其始欲以尊聖,其繼乃以滅經”(按:指康有爲、廖平諸人);是爲“眚祥”。欲以安陽甲骨、流沙墜簡之類,“刊禮堂之定本,黜汲長之古文”,“飾智驚愚”(按:指羅振玉、王國維諸人);是爲“窮奇”。“謂智周萬物爲玄談,以結集群經爲至詣”,大成至聖的孔子,於是僅能與王莽國師劉歆相並,如此見識,實同“窺管”(按:指章太炎之倫);是爲“溝瞀”。“凡兹四失,俱足亂經”,然而以前二失爲烈。昔鄭康成“擷擇群言爲《六藝論》,總論以綱全經,分論以明各學,最爲士林津梁”。可惜此類總論群經之作,除《白虎通》外,今皆不傳。“若非辨章絶業,何由蕩滌祲氛”。可見天倪治經,旨在“括囊大典,網羅衆家,删裁繁蕪,刊改漏失”(《後漢書·鄭玄傳論》中語),隱然以當代鄭康成自命。[③]

《六藝後論·開宗明義》章,揭出“信古”、“尊經”、“述古”三端,以爲此乃平生“所兢兢自守”之三要義。指出考訂制度文物、文字訓詁,固爲清儒之長,然而“推求其源”,“則多襲宋儒

---

① 載《尊聞室賸稿·附録》,下册,第1005頁。
② 《六藝後論》卷首,《尊聞室賸稿》上册,第5頁。
③ 《六藝後論》,上書,第6—8頁。

之説而諱其名”,而宋儒之説亦非獨創,“又受之於前人也”。由此可見,凡一種學術之興起,必有其淵源。近世海通以來,“異族制度學説,輸入内地”,以中國故籍對照,其制度本是“封建之餘習”,其學説“亦多中古之讕言”。而中國早已脱離了中古封建之世,所以此等“餘習”、“讕言”,今人視爲新奇可喜,却正是前人眼中“爛熟而可厭”之物。因此,研治中國學術,切不可用西方制度爲準繩,亦不當以西方學説作衡斷。須知中國歷史文化的大本大源,端在於“六籍之道”。《莊子·天下篇》云:“古之道術有在於是者,墨翟、禽滑釐聞其風而説之。……古之道術有在於是者,莊周聞其風而説之。”天倪就此説道:“云‘聞而説之’,則非其自創矣。‘道術’之上,冠以‘古’而不名。蓋歷年綿邈,雖莊周不能知其世次矣。至言不雅馴,則上古之書固然,不能以孔孟範軒頊也。使皆雅馴,孔子删《書》,不始堯舜矣。”①

天倪認爲,中國文明起源甚早。“自史皇作圖,即有初文”,“歷八世至黄帝,而制度大備”;是爲第一期。自少昊、顓頊、堯、舜至大禹,“建學明倫,輯禮裁樂”,“巍巍成功,焕有文章”;是爲第二期。“夏啓嗣位,文德浸衰”,中經“商湯革新”,直至文王、周公,“始宏作述,布在方策,郁郁彬彬”;是爲第三期。前二期的聲明文物,“未有好古之聖,與爲傳布,簡帛蠹壞,不可復識”,荀子所謂“文久而絶,法度久而滅”,所指即此。《史記》因此説:“百家言黄帝,其文不雅馴,薦紳先生難言之。”然而言不雅馴,不等於所言全屬向壁虚構。天倪承認,今存《内經》、《素問》、《陰符經》、《握奇經》、《山海經》等書,“其中誠多僞撰”。然而所謂僞,“必先有其書而後佚,好事者因造是以售欺。不然,亦必根本古訓,參以己意,則亦未嘗無一二真者存”。②於是便可説:

> 凡屬古書,皆有後人增補。其曉然可見者爲真,其毫無間隙者反近於僞。今以其中有增補者,遂並其真者而疑之,則《史記》有褚少孫所補,亦可云非史公作耶?(補書自署名,自少孫始,以前有此例。不得以未署名爲辭。)且往日雕印未行,書之流布不廣,而諸子所引五帝之言,多相符合,知其必有所受矣。愚以爲諸子之引軒頊者,固出於軒頊;其不引軒頊者,亦出於軒頊。譬之唐宋諸子,其引孔孟者,固出孔孟;其不引孔孟者,亦出孔孟。蓋周秦諸子之於軒頊,與唐宋諸子之於孔孟,其揆一也。(余少時最服周秦諸子,以爲學雖不同,皆有聖人之才。及細閲之,惟老子詞約義該,不引證據。誠能遍讀古書,求出公例,其餘皆前後錯雜,瑕瑜互見。始知諸子皆普通人,不能自造學説,其精者皆古聖之言。)③

按:此乃天倪對當時學界辨僞風氣的總體批判。其要點大略可歸結爲三項。(一)辨别古書真僞,決不可僅以文字立論,須就古書作綜合的考察。按:余嘉錫《古書通例》一書,分著

---

① 《六藝後論》,上書,第9—11頁。
② 《六藝後論》,上書,第20—25頁。
③ 《六藝後論》,上書,第10頁。

録、體例、編次、附益四部分，對漢魏以上的古書作綜合考察，最爲精闢，足可破古史辨派諸多論調之蔽。[①]天倪在此，雖未詳論，但揆諸余氏之説，可見其大體不誤。又，天倪所謂凡古書，顯然可見增補者爲真，毫無間隙者反近於僞，尤有深識。史家吕誠之先生對古文經頗表懷疑，却並不以《周官》爲僞，云："今文家同有其書，所異惟在文字者可疑；若别有其書者，轉不容子虚烏有。如《左氏》解經處雖僞，叙事處自真也。《周官》於諸經，有離有合。不合者，或合於《記》及諸子，（如《禮記》之《内則》、《燕義》，《大戴記》之《盛德》、《千乘》、《文王官人》、《朝事》，《管子》、《司馬法》等。）其非僞造可知。以《考工記》補《周官》，體製既不相類，制度亦復牴牾（如遂人、匠人。）果出僞造，何不并〈冬官〉僞之乎？"[②]與天倪之説正可相參。（二）諸子百家，雖紛紛異論，然而皆自"古之道術"而來。此即《漢書・藝文志》諸子出於王官之説。按：吕誠之對此論説最精，云：諸子起源，舊説有二，一謂"其原皆出王官"，一謂"皆以救時之弊"。"予謂二説皆是也。何則？天下無無根之物；使諸子之學，前無所承，周、秦之際，時勢雖亟，何能發生如此高深之學術。且何解於諸子之學，各明一義，而其根本仍復相同邪？"又，須知"天下亦無無緣之事，使非周、秦間之時勢有以促成之，則古代渾而未分之哲學，何由推衍於各方面，而成今諸子之學乎？"[③]天倪之見，當與此略同。（三）孔子乃天縱之聖，而諸子則皆爲普通人，豈能自造學説，凡其學説之精者，皆自古聖而來。按：此一以聖凡分别孔子與諸子的説法，恐極難爲現代多數學者所接受。然而此説的根據，乃是孔子"訂修"《六經》，所謂述而不作，（《六藝後論》有《宣聖訂修》章），故與諸子有異，則爲不易之論。所謂《六經》，本是古代史跡、制度、學術等等的總匯，如劉師培所謂，"成周一代之史，悉範圍於《六經》之中"，周公乃"集周代學術之大成"，"周末諸子，若管子、墨子，咸見《六經》"，而東周時之《六經》，則經孔子修定，此即"孔子所由言述而不作"。[④]天倪的見解，與此不異，所謂"諸子所引五帝之言，多相符合"，正因諸子所受之物相同，皆爲古代經典。章太炎聲言："説經者所以存古，非以是適今"，[⑤]顯然並不以爲儒説高出於諸子，然而又認爲古事的淵藪終在《六經》，曰："九流自儒家而外，八家所説古事，雖與經典不無齟齬，而大致三代以上，聖帝明王名臣才士亦略不異于群經。"[⑥]吕誠之則以爲，"經、子本相同之物"，尊經之見，"今日原不必存"，"然經之與子，亦自有其不同之處。孔子稱'述而不作'，其書雖亦發揮己見，顧皆以舊書爲藍本。故在諸家中，儒家之《六經》，與前此之古書，關係最大。"[⑦]其論最爲通達。可見天倪之説，姑置其價值取向於不論，自有理據。

---

① 此書一名《古籍校讀法》，原爲作者上世纪 30 年代在北平各大學授課講義，只有臨時印本。1984 年由上海古籍出版社正式刊行。見該書卷首周祖謨《前言》，第 1—4 頁。

② 《馬鄭序周官之謬》，《吕思勉讀史札記》，上海古籍出版社 2005 年版，中册，第 787—88 頁。

③ 吕思勉：《經子解題》，華東師範大學出版社 1995 年版，第 89 頁。

④ 劉師培：《經學教科書》，上海古籍出版社 2006 年版，第 15—20 頁。

⑤ 《與某論樸學報書》，引自沈粹芬、黄人等輯《國朝文匯》丁集卷十七，宣統二年上海國學扶輪社刊，第四三頁上。

⑥ 《今古文辨義》，録自傅傑編校《章太炎學術史論集》，雲南人民出版社 2008 年版，第 456 頁。

⑦ 吕思勉：《經子解題》，第 1—2 頁。

天倪以爲，當時“依附西人”者流，論列中國古事，厥有三弊：西人歷史記載，遠不如中國之久遠而豐富，其論古史，於是甚爲依賴實物的發掘。反觀中國，早有信史。今人却數典忘祖，“迷信西人之臆測，毁棄故府之策書”，是爲一弊。“交通之廣，後盛於前；土宇版章，以次漸拓”，固是事實。然而不可拘執而不化，如唐朝疆界遠極沙漠，宋末甚至以海航自保，“考之內地，多前通而後塞”，“求之西史，亦古合而今分”。而今時學者，“不識朝菌之晦朔，妄論冥靈之春秋”，是爲二弊。人類誠有所謂進化，“然在物質爲多，在哲理爲少”，即便是物質，“亦或遞相消長，互有得失”。“文野殊趨”之事，即在同一地區，亦或有之，豈可一概而論。而“今以希臘文化，起於晚周”，便説殷商以前，“華人亦榛狉無文”，乃是“是稚子而非耇老，舉暴富以例世家”，是爲三弊。更憤而言道：“欲爲類彼之螟蛉，先爲毁室之鴟鴞，不知非我族類，其心必異，即謂他人父，亦將莫我顧矣。”①

按：上述論調，尤其是指責考古發掘、甲骨金文研究，誠有憤激過當之處，然而所言並非全無道理。陳寅恪《楊樹達積微居小學金石論叢續稿序》云：“群經諸史，乃古史資料多數之所匯集。金文石刻則其少數脱離之片段，未有不瞭解多數匯集之資料，而能考釋少數之片段不誤者。”②民國二十四年九月二十三日，寅恪先生在清華大學歷史系“晉至唐史”第一課時，對此問題有更爲直捷明白的説明，云：“必須對舊材料很熟悉，纔能利用新材料。因爲新材料是零星發現的，是片斷的。舊材料熟，纔能把新材料安置於適宜的地位。正像一幅已殘破的古畫，必須知道這幅畫的大概輪廓，纔能將其一山一水置於適當地位，以復舊觀。在今日能利用新材料的，上古史部分必對經（經史子集的經，也即上古史的舊材料）書很熟，中古以下必須史熟。”③從這一角度來看天倪尊經之論，當可有“同情的了解”也。

揚雄曰：“群言淆亂，必折諸聖。”天倪服膺此言，對當時佔學界主流地位的疑古派大加撻伐。其理由是：孔子當時，關於經的詮釋，紛紛不一，孔子之所以述經，“即爲折衷群言之故”，而“今反以群言淆經，可乎？”此理既明，便可知《周官》與《古文尚書》皆非僞物。《周官》非僞，有三條理由。（一）西漢言禮者，首推叔孫通，而其所肄習之禮，僅及朝儀而已，“其他經儒，欲草一明堂封禪之制而不能就”，試問如何“有餘力以造《周禮》”？可見此書漢以前早有。（二）《周禮》六官，既已造其五，“何獨憚於《冬官》”而不造，“而欲造《考工記》以補之”？須知造《考工》之難，過於《冬官》，豈有如此笨拙的作僞者？（三）清儒汪中撰《周官釋文》，列舉六證，以《周禮》所載諸官，與《逸周書》、《大戴禮記》、《禮記》之《燕義》、《內則》等相關內容對照，全然相符，可見“凡此諸職，官世守之以食其業，周衰，官失其守，而師儒傳之，繫之於六藝，傳習甚明”。此外，陳澧又自《禮記》注疏中得四條，指出其所贊所釋者，正是《周官》所載之職。天倪

① 《六藝後論》，第11—12頁。
② 陳寅恪：《金明館叢稿二編》上海古籍出版社1982年版，第230頁。
③ 卞伯耕（慧新，號僧慧）聽課筆記，引自蔣天樞《陳寅恪先生編年事輯》，上海古籍出版社1997年版，第96—97頁。

於是説:"據此四條,《周禮》若非周室典制,作《禮記》者何必贊之釋之,作《考工記》者何必擬之?且吕不韋作《月令》,本於《周禮》而猶有失,則《周禮》必遠在吕不韋之前。此皆足證《周禮》是周典制。"至於"其制度間於諸書不協",天倪取鄭樵之説,以爲:"蓋周公之爲《周禮》,亦猶唐之《顯慶》、《開元禮》,唐人預爲之,以待他日之用,其實未嘗行也。惟其未嘗行,故僅述大略,待其臨事而損益之。"並更進一解,云:"以爲匪但未行,而書實亦未完。蓋周公攝政,必因革殷制,草具臨時之法,其後欲整齊畫一,更爲一制,《冬官》未成而公薨。漢代購之不得者,非民間故匿之,原無此篇也。然由此愈可證其非僞矣。"[①]按:吕誠之論《周官》,認爲既非周公舊典,亦非後世僞書。指出《周官》並不是《儀禮》一類之書,實乃虚擬的官制匯編或行政法典,即後世所謂政書,"與儒家《禮經》,實屬了無干涉",而與《管子》所述制度,最爲相類。然而"此書雖屬瀆亂,亦必皆以舊制爲據",其可貴者正在於此。[②]較之天倪所言,似覺更爲合理。

至於《古文尚書》,天倪以爲確是"出於孔壁","而孔安國以今文讀之,因以起其家,承詔作傳。雖未立學官,然其傳固未嘗絶"。據《漢書·儒林傳》、《後漢書·孔僖傳》、《孔子家語·世叙》以及《尚書正義·虞書·題篇》所引《晉書》("非今行世《晉書》"),可見《古文尚書》之流傳。此書"外遭焚毁,内經蟫蠹,掇拾補苴,僅存其半,而又一罹巫蠱之厄運,再遭博士之排擯,至終漢之世,湮没不彰,可云酷矣。幸而梅仲真上其書,孔穎達疏其義,遂以大行於世。稍知經術者,應如何保存護惜,而宋以下諸儒,復從而詆擊之"。至清閻若璩,"强挾朱子之勢,簧鼓天下",學者紛紛景從。江藩甚至聲稱:"不知古文之僞者,不入漢學。"天倪對此,痛心疾首,以爲"小人之無忌憚,至是極矣"。以爲能"傑然衛經"者,自蕭山毛奇齡始。嗣之而起者,有會稽茹敦和、巴西王劼、丹徒張崇蘭、丹徒謝庭蘭、黄岡洪良品、江夏吴光耀、宏農張諧之諸人,"根據經傳,句櫛字比,邪説詖辭,破除無餘",其中洪良品、吴光耀二家,掃除之功尤巨,使"遺經大明,如日月中天矣"。(天倪自注云:"諸家學説,略見《孔書定讞》篇。"此篇今本《六藝後論》未見,當已佚。)[③]按:如此大聲疾呼,爲《古文尚書》鳴冤,在現代學者中,實屬罕見。然而正如陳寅恪先生所説,《古文尚書》"絶非一人可杜撰,大致是根據秦火之後,所傳零星斷簡的典籍,采取有關《尚書》部分所編纂而成,所以我們要探索僞書的來源,研究其所用資料的可靠性,方能慎下結論;不可武斷地説,它是全部杜撰的"。[④]近年來,簡帛古書大量發現,頗有學者主張,對辨僞疑古之風應重作思考,甚至應重寫學術史(如李學勤、李零諸人)。[⑤]可見《古文尚書》一案,實遠未定讞,天倪所論,雖不免出於尊經衛道的苦心,未必全

---

① 《六藝後論》,第 12—15 頁。

② 陳寅恪:《經子解題》,第 47—49 頁。

③ 《六藝後論》,第 15—17 頁。

④ 見俞大維:《懷念陳寅恪先生》,收入"中央研究院"歷史語言研究所編《陳寅恪論集》,商務印書館 1971 年版,第 3—8 頁。

⑤ 如李學勤:《走出疑古時代》,遼寧大學出版社 1997 年版;李零:《簡帛古書與學術源流》,三聯書店 2004 年版。

然無理。

天倪認爲,“今之非聖無法者,一朝成市,悠悠之口,衹以自絶”,君子對此,不屑駁斥。然而其中亦有言之近理者:章學誠認爲,周公集先聖之大成,“孔子則不過學周公而已”;章太炎則曰:“孔子没,名實足以相抗者,漢之劉歆。”總之,“孔子之功,不過整齊故事”而已;此爲一説。“自莊存與、劉逢禄倡《公羊》之學,‘素王改制’遂爲學子所艷稱,吾湘皮錫瑞氏起而張之,謂《王制》爲改制之書,《六經》皆孔子所作;孔子以前,不得有經。”踵事增華,附益讖緯,孔子於是變而爲釋迦、耶穌一類宗教主;此爲又一説。天倪則認爲,所謂《六經》,本來只是古代典籍,“統紀不明,義例未一”,經孔子修訂以後,方能“成一家言”,“布之天下”,“焕然大明”。就此意義而言,孔子之“述”即是“作”。章學誠於此懵然,且又拘泥於古代學術皆爲官學之説,不知孔子之私學實是“愈於官”。“孔子之道,固不外乎《六經》”,然而另有其“精義入神之妙用,參贊化育之功能”,非《六經》的章句所能囿。章太炎於此不知,因而不免井蛙之見。①按:吕誠之先生曰:“《六經》皆古籍,而孔子取以立教,則又自有其義。孔子之義,不必盡與古義合,而不能謂其物不本之於古。其物雖本之於古,而孔子自别有其義。儒家所重者,孔子之義,非自古相傳之典籍也。此兩義各不相妨。”②與天倪見解略同,而所言更爲明白周延。至於第二説,天倪以爲,中國上古亦有一個西方人所謂宗教的時代,但是這個時代早已過去(所謂“絶地天通”正是指此)。墨子“敬天明鬼”,猶有上古神教遺風,而“孟子推其流弊,斥爲禽獸”,可見神教或宗教,爲儒家所“絶惡”。天倪更指出,儒家教人,“始於格致,終於治平,獨善兼善,修己治人,而非藉以求生天之福,免輪迴之苦”。試以《六經》所言與《創世紀》、《涅槃經》相較,“稍識字者皆能判别”。故“利用孔教之徒”,只是“自欺欺人”而已。孔子雖非宗教主,但又不當與“希臘七賢”相提並論。希臘雖有賢哲,却無聖人。孔子“修道立教,師表萬世”,“神明之胄,則倚以托命”,是爲聖人,非古希臘所有。③此乃天倪對儒家與經學的根本看法。

三、辨章學術

天倪曰:“孔子生周之衰,睹王道微缺,禮樂崩壞,深懼家絃户誦之朝,復返於汙尊抔飲之列也。(古史不存,則愚人必謂周以前無文化。)於是求書於周[按:以下天倪自注,略。],刊定而訓釋之,傳諸其徒,而布之天下。”④易言之,集以往學術文化之大成,傳之天下後世,使華夏的聲明文物得以持續且發揚光大;此孔子之所以爲聖人也。天倪以爲,自己所遭遇的正是一

① 《六藝後論》,第 17—18 頁。

② 吕思勉:《先秦學術概論》,雲南人民出版社 2005 年版,第 71 頁。

③ 《六藝後論》,第 18—20 頁。

④ 《六藝後論》,第 26 頁。

個“王道微缺，禮樂崩壞”的衰世，不容不以六藝的傳述者自任。故其治經，不以文字訓詁、制度名物的考訂爲究竟，但同時又反對宋儒之“變古”（《六藝後論》有《宋儒變古》一章），對於明儒的師心自用，尤爲厭惡。

依天倪之見，孔子對六藝的刊定訓釋，有如下諸方面。一爲“傳述”，“《周禮》、《儀禮》是也”。《儀禮》乃禮經，據《中庸》，惟有天子方能“議禮”，“孔子有德無位，故於《禮》但傳述而訓釋之，不敢改制，曰‘《禮》記自孔氏’，則謂孔子作《禮經》者誣矣”。[①]按：此乃駁斥當時今文家以《六經》爲孔子所作之説。

一爲“編校”，“《尚書》是也”。所謂《書》，本是古來相傳的政治文獻。然而“《尚書》闊略無年次，不能成爲史，意當日必有傳以詳其所略，《世本》、《年紀》之書，蓋從此出。而古經殘文不能成篇者，亦或存其義於傳”。所謂“《書》傳自孔氏”，當即指此。“自《書》殘而傳亡，古史遂無有能明之者矣。”至於“伏生《大傳》所述故事爲《尚書》所無者，必古傳文，但與史學無甚裨”。[②]按：吕誠之以爲，《六經》乃“相傳古籍”，“而孔門所重，在於孔子之義”，“與經相輔而行者”，大略有“傳、説、記”三種。[③]與天倪之説頗相合。

一爲“訂正”，“《詩》、《樂》是也”。天倪確信《樂經》實有其書，已佚；以爲“《詩》之初起，固全爲樂歌”。又以爲孔子並無删《詩》之事，所謂三百五篇，乃是“孔子皆絃歌之，以合於《韶》、《武》之音”；孔子所説“吾自衛反魯，然後樂正，《雅》、《頌》各得其所”，乃指“訂《詩》與正樂並行”。[④]更進而指出：“古人之爲詩，如今人之爲詞，按譜而填。其深通音律者可自創體格，如詞人之自度曲然。不協音律者，不得入於樂官之選，逸詩是也。《史記》言，《詩經》三千餘篇，‘孔子去其重，取其可施於禮義者爲三百五篇’，非也。三百五篇，多重複而不合于禮義，而删去之逸詩引于傳記者，反多合于禮義。又孔子言誦《詩》三百，墨子非治孔學者，亦言誦《詩》三百，知删《詩》者爲周之太師，取其合于音節，非取其合于禮義也。”[⑤]其言甚辯。可見天倪頗有一己的獨立思考，絶非抱殘守缺之輩。因此其論《詩經》，明白揭出“序、傳、箋注之誤”，於《毛傳》及朱子《詩集傳》之説，多有駁難。[⑥]

一爲“贊釋”，“《周易》是也”。天倪認爲，《周易》與前此的《連山》、《歸藏》同屬一類，“掌於太卜，用備占筮，非有當於性道也”。亦即《周易》只是卜筮之書，並無任何哲學意義。“迨孔子索隱探賾，綴以《十翼》”，此書方始成爲“範圍不過”、“曲成不遺”、“與天地準”的經典之作。[⑦]更申論説，《周易》之“周”，乃朝代名，非取“至也，偏也，備也”之義。至於“易”字，則不取鄭玄所謂“易有三名”即“易簡、變易、不易”之説，曰：

---

① 《六藝後論》，第27—28頁。
② 《六藝後論》，第29—30頁。
③ 《先秦學術概論》，第71—72頁。
④ 《六藝後論》，第30—31頁。
⑤ 《詩經别論》，《尊聞室賸稿》上册，第518頁。
⑥ 《詩經别論》第三章題爲“序、傳、箋注之誤”，上書，第530—539頁。
⑦ 《六藝後論》，第31—32頁。

按以“《易》彌綸天地之道”言，則非三義所能盡；以名“易”之本義言，則義愈多而愈紛。天下之事，百變而必有其不變者存。不變者其理也，變者其形也。波斯匿王之觀河，蘇子瞻之論水與月，舉一可以隅反矣。據此知不易、變易二者，相附以行。但不易雖存于變易之中，而其名“易”也，實以變易。如取不易之義，則當名“常”而不名“易”。至緯所列之第一義，音爲“難易”之音，義爲“簡易”之義。《大傳》言乾以易知，坤以簡能，未嘗以爲《易》之本旨。且與變易之義不相應，毋須爲此騎墻之見也。①

對於所謂“十翼”，亦有獨到的看法。云：“卦辭即爻辭，爻辭即彖辭，統名‘繫辭’。孔子所作‘彖、象、繫辭’，爲《彖辭》、《象傳》、《繫辭傳》。而《象》又分《大象》、《小象》，《大象》總言全卦之義，以備學者研求，《小象》即釋爻辭者也。”更指出：“《國語》單襄公引《太誓故》，墨子引《書傳》。《書》在孔子之先，既有故傳，《易》亦不必無。”又引《史記·孔子世家》：孔子“讀《易》韋編三絶，曰：‘假我數年，若是我於《易》則彬彬矣。’”就此解釋説，若此處所指乃文王、周公之辭，則“不逮萬言，計日可待，無俟假年。可知前此故傳甚繁，孔子特刪取其要，以備一家之言”。總之，《易》之所謂傳，有舊有新；孔子以前歷代相傳者爲舊傳，孔子新定者則爲新傳。對於《序卦》，則大表懷疑，以爲此乃“《十翼》中最不可信者”，“疑皆卜筮家及經師附益之文”。②足證天倪思致精密，其所謂信古，絶不是凡古來相傳、幾成定論之説，一概遵從，而自有其衡斷取舍的準繩。

又一爲“著作”，“《春秋》是也”。天倪引孟子、《墨子·明鬼篇》、《國語》、董仲舒諸家之語，斷定孔子以前本有《春秋》一類之書，此即所謂“不修《春秋》”，陳壽祺所揭諸例，正是孔子“增損改易之驗”。《史記·孔子世家》所謂孔子爲《春秋》，“筆則筆，削則削，子夏之徒不能贊一詞”，所謂“作《春秋》以當一王之法”云云，“要在撥亂世反之正，固非諸史所能擬也”。由此斷定，《春秋》非相傳舊史，實爲孔子所自作。③

對於《春秋》三傳與《禮記》，則判定爲“及門紹述”，亦即孔門後學所爲。對於以《左傳》爲僞造，《公羊》《穀梁》出於一人等紛紛之論，一概不取。以爲《禮記》諸篇，“有純有駁，有得有失，要皆爲七十子後學者所述”，斷定其絶非“出於漢”。④按：以《禮記》爲漢人作品，現代學者持此説者甚多。揆諸余嘉錫《古書通例》所言以及近年來出土的《緇衣》等篇，足以證明天倪此等“信古”論調之非誣。關於《孝經》，天倪贊同鄭康成之説，謂：“此經是孔子之言，其筆之於書者，但可謂之述，不可謂之作，故鄭君以爲孔子作也。”⑤剖析相當清楚明白。至於《爾

① 《周易概要》，《尊聞室賸稿》上册，第 312—315 頁。

② 《周易概要》，《尊聞室賸稿》上册，頁 316—18。按：錢基博認爲，所謂繫辭，“即卦辭、爻辭，乃孔子所作”，而《彖》、《象》所以明繫辭之旨。至於今之《繫辭》，則是“《繫辭》之傳，孔子弟子所作以述傳”。見所著《周易解題及其讀法》，臺灣商務印書館 1965 年版，影印《萬有文庫》本，第 13 頁。

③ 《六藝後論》，第 32—33 頁。

④ 《六藝後論》，第 38—49 頁。

⑤ 《六藝後論》，第 50—52 頁。

雅》，則引《春秋元命苞》之言，推斷其“始於周公，孔子以後，遞有增益”。①所論亦屬有據。

戰國時，以儒、墨二家爲顯學。天倪引《淮南子・要略》“墨子學儒者之業，受孔子之術”，以爲即此可知：“墨學之所以顯者，正因其剽竊孔氏，摭拾六藝也。其他各家皆微，或不久而絶。六藝之術，雖未行於上，固已盛行於下矣。及李斯以荀卿之學，入秦取顯仕，而其後卒以燔經，則所謂蠹生於木，而反以害木也。”李斯焚書令有曰：“非博士官所職，天下敢有藏《詩》《書》百家語者，悉詣守尉雜燒之。”胡三省據此，“謂秦之焚書，焚天下人所藏之書，其博士所藏者固在”，天倪以爲，此言“非也”。須知秦時“方伎術數，皆立博士，不獨六藝”，而且焚書令既下之後，“六藝博士，當然廢除”（其證據爲：據《叔孫通傳》，“秦時以文學徵待詔博士，則非經學博士”）。“廢博士者，即非博士所職，固在焚燒之列矣。”又引劉子駿（歆）《移太常博士書》，以爲據此可見“漢儒衛道之心烈矣”。②

《六藝後論》專列一章《漢儒傳授》，重在“一系相承之家法”（此章題注云：“凡一系相承者録之，僅云‘治某家學者’不録。”）。天倪以爲，古文經傳授有自，家法釐然，即此可見《逸禮》、《周官》、《古文尚書》之非僞。③指出關於古文經之出，凡有三説。一爲《後漢書・儒林傳》云：“孔安國所獻。”二爲《論衡・佚文篇》云：“魯共王廢孔子宅，得《禮》三百，上言武帝，武帝遣吏發取。”三爲《隋書・經籍志》云：“古經出於淹中，而河間獻王好古愛學，收集餘燼，得而獻之。”以爲由此可知：“西漢古文學雖微，猶有傳授。惟《逸禮》絶無師承，故存者甚寡，皆由后倉等因陋就簡，推《士禮》而致於天子，不知於殘斷篇簡，求天子諸侯卿大夫之本制也。”④

對於今古文之争，天倪首先指出：

> 古無所謂今古文之分，如《左氏》、《穀梁春秋》、《魯毛詩》，皆出於荀卿，韓《詩》亦荀卿别子是也。漢初立學，亦不專今文，如《左氏》先師賈誼，文帝召以爲博士，誼弟子貫公，又與毛公爲河間獻王博士是也。今文古文，即今字古字。班《志》所謂古文者，指古字本言。今文者，即用漢代之通行文字也。五經博士立，經文均改用隸書，以便誦習。而古籀經本，内則藏於秘府，外則私行於民間。校讎者欲取區别，於是有今文古文之名。以學官皆今文，私授民間者用古文，於是今文古文，移爲官學私學之代名詞。利禄之途既開，則内競之事日甚。恐優者争立，而劣者無以自存，於是專己守殘之念生，而黨同妒真之謀固。官學欲共排私學，使不得立，遂由文字而牽及於學説。後遂有古學今學矣。⑤

原原本本，要言不煩，顯然以爲私學愈於官學。更引陳澧之説，謂鄭康成注《周禮》，“與先鄭不同者，則云‘玄謂’；《尚書大傳注》以《大傳》爲非者，則云‘玄或疑焉’；駁《五經異義》，每條

---

① 《六藝後論》，第 52—55 頁。
② 《六藝後論》，第 65—66 頁。
③ 《六藝後論》，第 74—81 頁。
④ 《六藝後論》，第 75—76 頁。
⑤ 《六藝後論》，第 94 頁。

云‘玄之聞也’。蓋説經不可以不辨是非，然辨先儒之説，其辭氣當謙恭，不可囂争求勝也”。然而辨何邵公（休）《箴膏肓》、《發墨守》、《起廢疾》三書，則不然，因此三書“有害於經學風氣，不得不忿疾也”。[①]可見在天倪心目中，經儒必當淳厚，切不可意氣争勝。

兩漢學術，頗雜讖緯之説，大爲後世古文家所反對。天倪對讖緯之學，則頗有持平而中肯的看法，以爲“緯候之書，雖起於哀、平，然實遠源於上古之巫教，近衍於周末以來之陰陽家，其所由來者漸矣”。亦即讖緯怪誕之説，並非漢儒所發明，而是其來有自。《史記·秦本紀》所謂“亡秦者胡也”，“明年祖龍死”，“實爲讖之濫觴”。“漢初伏生傳五行，《齊詩》明五際，《公羊春秋》多言災異，孟喜《易》好候陰陽，中惟孟喜東海人，餘皆齊學。”其所以然之故，則在“齊地濱海，有蜃樓海市之異，俗狃於迂怪，而稷下談天者，又爲五德終始之言，有以導之也”。[②]陳寅恪〈天師道與濱海地域之關係〉一文，[③]可與此相參證。

緯候之書與陰陽五行之説，盛行於兩漢，如“夏侯始昌明於陰陽”；“夏侯勝諫昌邑王，言天久陰不雨，臣下有謀上者，而果有霍光廢主之事”；董仲舒著《春秋繁露》，“前半多爲巫襪小數”。嗣後眭孟、翼奉、焦延壽、京房之徒，皆好言災異，且時有占驗。哀、平時有李尋，“始以六緯與五經並稱”。“迨王莽以符命篡漢，而光武又以圖讖興漢，自是大政多取決於讖緯，而有‘内學’之稱矣。”[④]天倪對此等怪異之説，當然是加以擯斥。但又認爲：“緯書中亦時有精理名論，可資考鏡者。”如《考靈曜》有“渾天儀之法”，“地動説之始”；《含文嘉》説三綱，乃“名教之源”；《元命苞》揭示“大一統之正義”；《鉤命訣》有“性理之精言”；《援神契》論“文字學之要旨”；皆爲其例。其他如《援神契》論“明堂靈臺之制，臨雍養老之規”；《放靈曜》論“日躔月行之度”；《運斗樞》論“三垣列宿之次”；《含文嘉》論“名器錫予之典”；《動聲儀》論“樂律節奏之宜”；“蓋皆出自古書，作緯者掇拾而輯述之，瑕不掩瑜瑜不掩瑕”，盡可“擇善而取”。[⑤]可見天倪論學，絶不拘執。

在天倪看來，漢代經師之最爲可取者，乃在其“通學”，云；“漢立學官，雖主今文，而學子之所趨，實由今文而漸於古文，由今古文而進於通學，斯亦栽培傾覆之公例也。”又引皮鹿門（錫瑞）曰：

> 前漢重師法，後漢重家法。先有師法，而後能成一家之言。師法者溯其源，家法者衍其流也。師法家法所以分者，如《易》有施、孟、梁丘之學是師法；施家有張、彭之學，孟有翟、孟、白之學，梁丘有士孫、鄧衡之學是家法。家法從師法分出，而施、孟、梁丘之師法，又從田王孫一師分出。施、孟、梁丘已不必分，況張、彭、翟、白以下乎？……然師法别出家法，而家法又各分顓家，如幹既分枝，枝葉繁滋，浸失其本。是末師而非往古，用後説而舍先傳，微言大義之乖，即自源遠末分始矣。[⑥]

---

① 《六藝後論》，第98頁。

② 《六藝後論》，第98—99頁。

③ 收入《金明館叢稿初編》，上海古籍出版社1980年版，第1—40頁。

④ 《六藝後論》，第99頁。

⑤ 《六藝後論》，第101—102頁。

⑥ 《六藝後論》，第102—103頁。

天倪治經，所重正在微言大義，即此説道："皮氏爲今文專家，而其言如此"，正可見"分家之失"。此外，"分家之後，挾恐見破之私意，而無從善服義之心"。其時今文家，不僅於"未立學官之古文家，在所必斥"，即使"同門之内，亦互相排擠"。學術便成了結黨營私的工具，"繁其章條，穿求崖穴，以合一家之説"。一旦"國家有大事，若立辟雍、封禪、巡守之儀"，則"又幽冥而莫知其原"。總之，其平時所講習者"膚淺孤陋"，因而"不爲時所重"。不僅如此，更欲"張大其學，以震駭世俗"，如《後漢書·儒林傳贊》所謂，"一經説至百餘萬言，大師衆至千餘人，後進彌以馳逐。故幼童而守一藝，白首而後能言。而所言者又皆便辭巧説，破壞形體，碎義逃難，無裨實用"。"故天下以儒爲詬病"，於是"今文替而古文興矣"。①

天倪以爲，古文勝於今文，不止一端，"而有一通例，即精小學"；唯有精於小學以説經，方能實事求是，不師心自用。"而此唯古文家能之，此其所以軼出今文也。"後漢古文大興，其"盛於前漢者有三事"。一是："前漢大師雖衆，而著録弟子，皆不甚繁"。後漢大師，則弟子衆多，動輒千人，乃至萬餘人。二是："前漢多專一經，罕能兼通"，而"後漢多兼受五經"，"以博洽聞"。三是："前漢篤守遺經，罕有撰述，章句略備，文采未彰"。後漢則"多能博觀提要，成一家言"。究其原因，則在私學勝於官學：

> 官學之師，國家所命，不必皆精於學，而其教用一定之成式，不足以資造就。求學者多爲干禄計，潛修之士不至。故著録不多，而門户日分，拘牽益甚，亦不足語夫博雅。東漢大儒，一豁此弊，兼綜並貫，著作自宏。而又有教無類，因材而施，故弟子亦輪運輻集於門墻之下。蓋私學盛則官學自衰，而家法亦由是而進於通學矣。②

按：章太炎有《與王鳴鶴論中國學術書》，云：

> 中國學術，自下倡之則益善，自上建之則日衰。凡朝廷所闓置，足以干禄，學之則皮傅而止。不研精窮根本者，人之情也。會有賢良樂胥之士，則直去不顧，自窮其學。故科舉行千年，中間典章盛于唐，理學起于宋，天元、四元興宋、元間，小學經訓昉于清世。此皆軼出科舉，能自名家，寧有官吏獎督之哉？③

與天倪之見，可謂如出一轍。

經師中最稱通學大家者，非鄭玄莫屬，天倪大爲推崇，引王粲曰："世謂伊雒以東，淮漢以北，康成一人而已。咸言先儒多聞，鄭氏道備。"以爲此語"誠不虚也"。④皮錫瑞則認爲，漢學

---

① 《六藝後論》，第 103—104 頁。
② 《六藝後論》，第 105—109 頁。
③ 原載《太炎文録》卷二，兹引自《章太炎學術史論集》，第 110 頁。
④ 《六藝後論》，第 112—115 頁。

之衰正由於鄭氏，曰："鄭君兼通今古文，溝合爲一，於是經生皆從鄭氏，不必更求各家。鄭學之盛在此，漢學之衰亦在此。"又曰："漢學衰廢，不能盡咎鄭君，而鄭君采今古文，不復分别，使兩漢家法亡不可考，則亦不能無失，故經學至鄭君一變。"[①]較之前一段話，語氣稍有不同，但不滿於鄭君，則無二致。鹿門與天倪，一重家法，一尚通學，於鄭君的評價，於是斠然有異。

唐代"通學"的代表作，當爲孔穎達《五經正義》。皮鹿門以爲，"議孔疏之失者"有三端，即"彼此互異"，"曲徇注文"，"雜引讖緯"。依據"著書之例"，"注不駁經，疏不駁注；不取異義，專宗一家"，故"曲徇注文，未足爲病"。"讖緯多存古義，原本今文"，故"雜引釋經，亦非巨謬"。而"彼此互異"使學者"莫知所從"；"即如讖緯之説，經疏並引；而《詩》、《禮》從鄭，則以爲是；《書》不從鄭，又以爲非；究竟讖緯爲是爲非，矛盾不已甚歟"。原因在於孔疏爲官書，"雜出衆手，未能自成一家"。[②]天倪則曰："議孔疏之失者，曰棄經用記；曰不用鄭氏《易》《書》，服氏《左傳》；曰曲徇注文，雜用讖緯，彼此互異。要之皆未足以難孔氏也。"就第一點而言，"禮之所尊"，在"義"而不在"數"。《儀禮》所陳者爲"數"，乃"所謂籩豆之事"；而《禮記》所明者爲"義"，乃"先王之所據以制禮"者。須知"義爲本而數爲末"，"數可隨時變易，而義不可移"。而且《禮記》中的《曲禮》、《内則》爲"禮之根基"；《禮運》、《樂記》爲"道之至論"；《大學》、《中庸》則是"内聖外王之宗傳"。因此，"孔氏取《記》以代經，未爲無識也"。就第二點而言，鄭玄與孔安國、王肅之優劣，服虔與杜預之得失，暫置勿論，"但南北朝諸儒，皆疏孔《書》、王《易》，及杜氏《左傳》"，可見"服、鄭之微，自隋已然"，孔穎達"不負去取之責"。最後，"《詩》、《禮》從鄭，則以讖緯爲是；《書》不從鄭，則又以爲非"，此則"是非在注，與疏無與"；"其餘互異，可由此推"。總之，"疏家之例"本是如此，豈足爲病？[③]此處二家説法之異，正出於重家法與尚通學之别。

對於中唐以後的説經之作，天倪以爲可取者不多。啖助説《春秋》，"離三傳而立言"，且"兼採三傳而自爲去取"，爲古來所無，其徒趙匡、陸淳，説亦類此，下開了"宋儒變古之風"。[④]宋初説經，尚守前人矩矱，"而好奇尚異，則先自仁宗慶曆時始"。"一曰議經"，如歐陽修之"排《繫辭》"，蘇轍之"毁《周禮》"，司馬光之"疑孟子"。"二曰改經"，如二程子之於《大學》乃"移易經文"，朱子《孝經刊誤》爲"刊削經文"，朱子之於《大學》則是"增補其文"，皆爲前此説經家所鮮有。"三曰毁注"，如劉敞之《七經小傳》，王安石之《三經新義》。"至洛閩諸儒，學與安石異趨，而其好新則一。"以《河圖》、《洛書》爲《易》之祖，即爲一例。天倪對此，憤而言道："竊謂毁注之罪小，毁經之禍大。今日荒經篾古，浸至亡種，推原戎首，責固有攸歸也。"[⑤]

天倪以爲，經學之盛衰，乃"循環之勢"，曰："今文之學，主微言大義，行二百餘年，爲古文之訓詁所奪。及其久也，則又由訓詁歸於義理。惟心惟物，以時爲帝，斯亦循環之勢也。"又

① 皮錫瑞：《經學歷史》，中華書局 1959 年版，第 142、149 頁。
② 皮錫瑞：《經學歷史》，中華書局 1959 年版，第 201—203 頁。
③ 《六藝後論》，第 149—50 頁。
④ 《六藝後論》，第 154 頁。
⑤ 《六藝後論》，第 155—159 頁。

指出,宋儒與今文家,雖同主義理,但二者的義理絶不相同。宋學"其勢既宏,遂傑然别樹一幟,與漢學對立矣"。以《易》爲例,王弼掃象數,專講義理,但"往往雜以老莊";程伊川説《易》,則"推本性命之理,以貫事物之情",乃"粹然儒家言"。以《春秋》爲例,孫復作《春秋尊王發微》,"謂《春秋》有貶無褒",正如常秩所譏,"是未知儒、法之分"。孫覺作《春秋經解》,"以尊王抑霸爲主",推崇《穀梁》,"雜取二傳及諸儒説之長者從之","平情定議,多得經意"。劉敞"平三家之得失","繼集衆説,斷以己意而爲之傳"(按:原文"斷"誤排爲"斮",玆改正。),如葉夢得所謂,"知經而不廢傳,據義考例以折衷之,經、傳更相發明,雖間有未然,而淵源已正"。胡安國則"當南渡之時,爲進講之學,故多主復讎,以'尊王攘狄'蔽全書,頗失經旨",而且不知"王非唯諾趨伏之可尊,夷非一身兩臂之可攘"。更有甚者,此説"實啓高宗猜疑諸將之心,致宗社不可復",是謂"日言復讎,而不知讎之如何復"。然而其説之"精者固不可没"。[①]即此諸例,可見天倪對於宋儒説經,雖多有批評,然而仍不滅其長處。至於朱子的經學,則贊同陳澧《東塾讀書記》之説,雖不滿其疑古、變古,仍許其爲"極博而極通"。[②]

對於元、明儒之説經,則評價甚低,以爲下開心學末流疑古蔑經之風者,始自朱子三傳弟子王柏(魯齋)。柏有《書疑》,"動以脱簡爲辭,臆爲移補";又有《詩疑》,不僅於本經攻駁不已,且任意删削,是謂"自六籍以來第一怪變之事"。元人吴澄(草廬),亦其流亞。明人梅鷟,謂出於孔壁之《古文尚書》十六篇乃孔安國所爲,孔《傳》增多之二十六篇,則説爲皇甫謐作。總之,梅氏"雜取傳記以成文,肆口醜詆,靡所不至,其妄殆又過於柏、澄"。[③]比較而論,經學是唐不及漢,宋不及唐。"而以元、明、清三朝言之,則元不及宋,明又不及元。所以然者,宋儒猶考注疏,學有根柢,故雖異古訓,猶能自成一家。元人則株守宋人之説,致力於注疏者甚淺。明人又鈔襲元人之説,而並未研究宋注,所以每況而愈下也。"[④]然而亦有空谷足音,如明劉三吾奉敕撰之《書傳會選》,元人趙汸《春秋集傳》、敖繼公《儀禮集説》、陳澔《禮記集説》(按:澔,原文誤排作"浩",玆改正。),其尤精者,則爲明陳季立(第)之《毛詩古音考》。季立又有《尚書流衍》一書,天倪更爲推重,以爲"衛道翼聖,於斯爲至"。並引焦弱侯(竑)之言,稱其人品甚高,"身爲名將,手握重兵,一旦棄去之,缾鉢蕭疏,野衲不若,將帥中有此大經師,是又古所罕見"。天倪更指出,"清初經師,多爲明季遺老",故"不得謂明無人"。[⑤]議論相當中肯,而於"衛道翼聖",尤爲致意。

《六藝後論》有《清儒復古》一章,於清代經學各派的師承源流,學術成就,敘述精詳,時有獨見。如論所謂清初三大儒曰:"顧、王兩公,則張朱學以排王學者也,黄公則名爲王學而實爲朱學者也。"理由是:"黄氏以尊素爲父,劉宗周爲師,皆姚江支裔,故所編《明儒學案》不能不尊陽明。然肆力於學,日夕讀《十三經》、《十七史》,及百家九流,天文歷數,佛藏道藏,靡不

① 《六藝後論》,第159—160頁。

② 《六藝後論》,第165頁。

③ 《六藝後論》,第174—177頁。

④ 《六藝後論》,第178頁。

⑤ 《六藝後論》,第179—181頁。

究心。……又以爲南宋以後，講學家空談性命，不論訓詁，故教學者説經則宗漢儒，立身則宗宋學。”又謂黄氏平生長於史學，釋經所得，雖似不及王、顧，然上承東發（黄震）、深寧（王應麟）之緒，下開二萬（斯大、斯同），“以衍浙學之傳”，與顧、王相較，更“爲源遠而流長”。[①]評價可謂甚高。“説經宗漢儒，立身宗宋學”二語，正是惠士奇手書楹聯所謂“六經尊服鄭，百行法程朱”，亦可視爲天倪的夫子自道。

清世漢學之昌明，“有徽、吴兩派”。“吴中元和惠氏，三世傳經”，“迨孫棟定宇而始大著”。天倪以爲，棟之爲學，有二大成就。一爲“扶殖絶業”，如《周易注》，“以荀爽、虞翻爲主，參以鄭玄、宋咸、干寶之説，約其旨爲注，演其説爲疏，使千五百年之墜緒，微而復顯”。一爲“申明古訓”，作《九經古義》，“討論古字古音，以博異聞，黜俗學”。吴派學者，天倪最爲推崇者，則爲錢大昕（曉徵），曰：“大昕博學深思，囊括萬象，其論《六經》之大義，釋《説文》之異字，辨中西曆算之得失，考古今聲紐之變遷，與釋天文地理之賾，訂草木蟲魚之狀，見於《潛研堂文集》、《十駕齋養新録》者，不下十萬言，皆精切不刊，固不徒以史學著也。”又曰：“大抵惠系之學，好博而尊聞，雜治經史，旁及稗官小説（棟至爲《漁洋精華録》、《太上感應篇》作注）。其網羅散失，富於引申，誠足矜尚，然僅能綴緝舊聞，寡於裁斷，且於小學曆象，考核未精，不能肆應無窮。幸錢曉徵出，補其闕漏，闡歷象之崧密，盡聲紐之正變，自是吴中之學，足以自立，而不待外求矣。”[②]稱頌可謂備至。

徽學發於婺源江永（慎修），“婺源朱子故里，故永亦治朱學”。天倪於江氏《禮書綱目》大爲贊賞，以爲“竟朱子未竟之緒，於三《禮》咸有著述，而於宫室衣服，考訂精詳，旁及地理音律，罔不窮究”，如其弟子戴震所謂，自鄭康成後，“罕其儔匹”。足見天倪對禮的重視。於戴氏之學，則曰：“以實事求是爲基，以同條共貫爲歸，於古學之淹没者發揮之，古義之鈎棘者曉釋之。辨章名物，故古義自昭；正名析詞，故疑似悉晰。著書十餘種，極多特識，未完者義理精審，可示來業。聲名震天下，樸學由此大著。然皖學故以朱學爲基者，至是始排朱而專於漢，與江氏門户稍殊矣。”[③]天倪雖崇朱子，但因戴氏尊經復古大有功，故叙述其排朱一事，語氣温和，不加貶斥。又，天倪既極爲重視禮，故於徽派凌廷堪（次仲）的禮學大爲贊賞，云：“廷堪博綜載籍，慕其鄉先輩江、戴之學，尤專《禮經》，謂古聖人使人復性者學也，所學者即禮也，禮有節文度數，非空言理者可比。因詳稽升降酬酢之則，或飲食衣服之度，辨其同中之異，異中之同，區以八目，爲《禮經釋例》。向所苦爲難讀之書，得是皆迎刃而解，爲《禮經》中絶無僅有之作。”[④]天倪祈嚮所在，亦即此可見。

揚州學術以博綜見長，與天倪宗旨密合，故對之亦甚爲推重。論焦循（里堂）曰：“博聞强記，識力精卓，每遇一書，無論隱奥平衍，必究其源。以故經史、曆算、聲音、訓詁，無所不精，

---

① 《六藝後論》，第181—182頁。
② 《六藝後論》，第184—186頁。
③ 《六藝後論》，第186—188頁。
④ 《六藝後論》，第191頁。

而於《易》尤深。……又謂古之精通《易》理,深得羲文周孔之旨者,莫如孟子,深知孟子之意者,莫如趙氏。"惜乎後之作疏者,於趙岐之旨"未能發明",於是"博採諸家,斷以己意,期協於孔孟之正恉,爲《孟子正義》"。於寶應劉台拱(端臨),則謂:"於漢宋諸儒之説,不專一家,惟是之求,精思所到,如與古作者晤言一室,而知其意旨之所在。"①陳寅恪《馮友蘭中國哲學史上册審查報告》論對古人學説之"真了解",有云:"所謂真了解者,必神游冥想,與立説之古人,處於同一境界,而對於其持論所以不得不如是之苦心孤詣,表一種之同情,始能批評其學説之是非得失,而無隔閡膚廓之論。"②與上述天倪之説,意旨略同。儀徵阮元(芸臺),"爲《經籍籑詁》以括義訓之全,爲《十三經校勘記》以會讎校之極",又"刊《十三經注疏》於贛,以存宋十行本之真;刻《皇清經解》於粵,以集詁學之成"。"其撫浙江也,立詁經精舍;其督兩粵也,立學海堂",於培植人材,可謂不遺餘力。故天倪稱之爲揚州派之"大宗"。③

天倪於浙派,頗爲推尊定海黄式三(薇香)、以周(元同)父子。於以周平亭漢宋,精研禮書,尤爲稱賞,曰:"以周嘗云:'三代下之經學,漢鄭君、宋朱子爲最。而漢學宋學之流弊,乖離聖道,尚不合於鄭朱,何論孔孟?'於是本亭林'經學即理學'之旨,以上追孔孟之遺言,於《易》、《春秋》皆有著述,而尤以三《禮》爲宗。所著《禮書通故》百卷,列五十目,禮制大備,誠所謂立於百王之前,若端拜而議也。"瑞安孫詒讓(仲容),"好六書古文,以《周禮》爲周公致太平之書,秦漢以來,諸儒不能融會貫通,於是以《説文》、《爾雅》正其訓詁,以《禮經》、《大、小戴記》證其制度,研撢廿載,博采漢唐以來迄乾嘉諸儒舊説,參互繹證,以發鄭注之淵奥,裨賈疏之遺闕,而注有牾違,亦輒爲匡糾,所發正凡百餘事,爲《周禮正義》,古今絶作也。"在天倪心目中,此乃體用兼賅、有本有末的經世之學正宗,贊歎曰:"永嘉派好談經濟,亦頗治典禮,而勿能深造。乃其後卒産一仲容,極於博大精深之域,殆間氣鬱久而洩歟!"於海寧王國維,雖治學路數不同(王精治甲骨、金文之學),亦頗稱頌,謂其"雖不以博洽名,然當異學争鳴之時,獨以反經信古爲己任,是亦不可及者"。④按:近時學者論王氏,大都稱賞其所謂使中國學術現代化之功,而天倪之贊國維,則在其"以反經信古爲己任",看法迥異。若細讀王氏相關議論,似覺天倪之説更爲近真。

近儒中天倪最爲推服者,當爲陳澧(東塾)。引其語云:"漢儒言義理,無異於宋儒,宋儒輕蔑漢儒者非也。近儒尊漢儒而不講義理,亦非也。"東塾因作《漢儒通義》,通漢宋之郵。"晚年專求大義,合經注得失,諸家是非,暨其源流正變而論贊之,爲《東塾讀書記》,於鄭朱兩家道之尤詳,平實精湛,一字無假。核其學行,當在鄭朱之亞。"尊崇可謂至矣。義烏朱一新(鼎甫)作《無邪堂答問》,與東塾同調,天倪許爲東塾之次。⑤而最爲貶斥者,則是常州今文學派,曰:

---

① 《六藝後論》,第193頁。

② 《金明館叢稿二編》,第247頁。

③ 《六藝後論》,第195、192頁。

④ 《六藝後論》,第200—202頁。

⑤ 《六藝後論》,第206頁。

漢幟既張，非談經不足以動世，而考訂之學，博而寡要，勞而少功，詞章之士，尤不便之。於是思得一簡便之路，歸命《公羊》。略睹《繁露》、《解詁》，參治《白虎通義》，即可博一經儒之名，挾十四博士，以下視許鄭，高名與厚實兼收，計無便於此者。而常州今文派，遂從此出矣。①

措辭嚴厲，可謂不稍假借。其中最爲天倪所不齒者，乃"好言經世之務"的邵陽魏源（默深），以及"爲文桀驁自喜"的仁和龔自珍（定庵），尤以龔氏爲甚，謂其"學遠不及源，而誕妄過之"。又以爲江都凌曙（曉樓），"爲《禮論》三十九篇，多得禮意"。曉樓弟子句容陳立（卓人），"兼師劉文淇，受《公羊春秋》、許氏《説文》、鄭氏《禮》"，成《公羊義疏》，"專明訓詁故實，與今文學家虛張微言者殊科，爲公羊家絶作"。可見天倪於近世今文家，並非一概排斥不遺餘力，所最惡者，實在"虛張微言"的不根之談，故於能樸實説經的曉樓、卓人，頗加表彰。於井研廖平（季平），則曰："以《穀梁》爲今學正宗，撰《穀梁古義疏證》，用力至勤。小書數十種，或不能盈卷，獨得者間有之，而荒渺不根者十之七八，蓋以儒爲戲也。"至於"猖狂曼衍"的"今文别派"（按：指康有爲一流），則直謂之"不得與於儒林之末矣"。②天倪的好惡取舍，即此可以了然。

《清儒復古》章末節云："自漢以後，經術遞演遞衰，至於晚明而極，迨清而又復於古。此非偶然而得也。"認爲樸學興起，可歸結爲三個原因。一是：佛、道之説，原與儒家六藝背道而馳。"至魏而老合於儒，更宋而佛混於孔。然如謝上蔡、陸象山輩，猶嚴自修飭，不爲過誕之論。自陽明挾其聰明才辨，逆行横決，餘波所及，瀰漫東南。李卓吾、何心隱之徒，遂公然藉講學之名，爲禽獸之行，廉耻相貿，神州於以陸沈。"明末清初諸君子，"於是本救世之心，爲反經之論"，樸學於是興起。二是："清以異類入主中原，廣興文字語言之獄，鉗制士類"。"才俊之士"，於是紛紛趨於考證，"盡其力於無用之學"。三是："瀛海東西，開塞同時。遠西文化，前莫盛於希臘，後則發於十八世紀之復古。一當於我之周秦，一當於清之雍乾，其間似有緘鐍焉。孰綱維是，孰筦鑰是，則非人之能知也。"是謂外在之三因，清儒能善用之，有其三長，即"重師承"，"傳家學"，"守專門"。漢儒、清儒，所以能"度越古今"，端在於此。天倪最後指出："漢學之變有三"，即："由今文而趨重古文，由古文而進於通學。"而"清學亦有三變"，即由"漢宋雜糅"，進而爲"排宋主漢"，終而"於漢學之内，爲今古之争"，亦即先"由分而之合"，後"由合而之分"。"此其張弛因革之異，有非人所能預計者，而實皆循夫天演之公例。"③

此所謂天演，"似有鐍鑰"，有莫可究詰者在。然而天倪又堅信，運會視人心爲轉移，學術則攸關乎天下之人心，因此，學術與國勢"相爲因果"，故曰："漢之絶而復興，宋之弱而不振，南北朝之分裂，唐之統一，觀其學可預測之矣。"至於清世，其初"宋學倡於上，漢學興於下。其繼也，宋衰而漢分爲二。其末也，古言宋學，今倡孔教。古流於革命，今淒於變法，而清因

---

① 《六藝後論》，第 211—212 頁。
② 《六藝後論》，第 213—216 頁。
③ 《六藝後論》，第 221—222 頁。

以亡"。天倪認爲,孔門儒術,乃"學"(學術之"學")而非"教"(宗教之"教")。近世今文家之倡"孔教",有其淵源,即:"今文尚微言,信讖緯,其神怪有似於教"。而革命立憲,與漢學絶無關係,爲何"古流於革命"?天倪的解釋是:滿人入主中原,"篤古之儒以訓詁自藏,雖艱貞蒙難,而餘痛未泯"。自王夫之、顧炎武、黄宗羲、萬斯大斯同兄弟,"下逮錢澄之、張爾岐、陳啓源、朱鶴齡、顧祖禹之徒,皆遯世無悶,終老殘編"。魏象樞、魏裔介、李光地、湯斌、張伯行等,雖"奉迎異族以獵大官",然而"皆以宋學爲捭闔者也"。"雍、乾以後,治漢學者雖多舉科第,而皆不任要職,博取微禄,資以治經。"全祖望乃至"不避鉅禍",將戴名世《南山集》及莊廷鑨《明史稿》二案明白記述於其文集中(載《鮚埼亭集》外編卷二二)。紀昀、畢沅"始膺顯官",然而並不爲清廷"建一謀,畫一策"。阮元"頗抒議論,然與其謂爲滿人謀,毋寧謂爲漢人謀"。至清末葉,漢學之儒遂以"孤章斷句"爲"伏戎之地"。至於今文家"素以致用自命",及至"清勢已衰,外患頻起",乃"詭然自異,承宋學之乏,以學阿世"。康有爲更是"陳義尤高,以孔子改制,飾其變法之説,覥然以聖人自居,方謂高可爲教皇,下亦不失總揆,高名厚實,一舉兩收矣"。詎料戊戌政變,"身敗名裂"。然而"庸妄小兒,反竊其僞經之義,廢經斥孔,教未立而學先亡,是又康氏所不料"。天倪於是感慨説道:"余生丁其時,限於境遇,不能有所匡正,使五千載金匱石室之藏,奄然待盡,余之罪也。有能申經訓,放淫辭,爲往聖繼絶學、爲來世開泰平者乎。俟之來哲。"①"爲往聖繼絶學、爲來世開泰平"云云,正是天倪自道其治經的志向,亦即重在"儒效",故《六藝後論》以《儒效引義》終焉,是謂卒章言志。

四、儒效引義

天倪謂,自漢武帝"罷黜百家,表章《六經》,孔教已定於一尊,至宣帝時而學制益備"。武、宣二帝,雖是陽儒陰法,"然其外表固斐然成章也"。"元、成以後,刑名漸廢",詔書、奏議,"莫不援經義以爲據依"。凡"國有大疑,輒引經爲斷"。"其時公卿大夫士吏,亦罔不通一藝。一時循吏,多能推明經意,以移易風化,號爲'以經術飾吏治'。此漢治之所以爲近古也。"東漢君臣,尤多能身體力行。"建武五年,乃修起太學,稽式古典",甚至"匈奴亦遣子入學","濟濟洋洋,極千古之盛矣"。②天倪又引皮鹿門曰:"後漢取士,必經明行修,蓋非專重其文,而必深考其行。……國家尊經重學,非直肅清風化,抑可支持衰微。無識者以爲經學無益而欲去之,觀於後漢之時,當不至如秦王謂儒無益人國矣。"③此即天倪心目中的儒效。然而後漢時的儒效,乃倡之於上而形成者。當長期擾亂之世,儒者在下,尊經重學,亦能大有益於天下。王船山《讀通鑑論》卷十五曰:"儒者之統,與帝王之統,並行於天下,而互爲興替。其合也天

---

① 《六藝後論》,第 272—274 頁。

② 《六藝後論》,第 115—116 頁。

③ 《六藝後論》,第 121—122 頁。

下以道而治，道以天子而明。及其衰而帝王之統絶，儒者猶保其道以孤行，而無所待，以人存道，而道可不亡。”永嘉之亂以後，“能守先王之訓典者，皆全身以去，西依張氏於河西”。“隋之治具”，“唐之文教”，“皆自此昉也”。故曰：“儒者之統，孤行而無待者也，天下自無統，而儒者有統。”天倪對此，極表贊同，以爲宋儒所謂道統，“頗麗於虚”，而船山所謂儒者之統，“足與帝王之統代興，實有當於素王之義”。①所謂素王之義，正是指獨立於政權之外的儒者教統。此乃真正的道統，雖“孤行而無待”，社會大群實賴之以有濟。

天倪以爲，“一切學術，咸出六藝”，所以經籍爲儒教之基。學術有形上、形下之别：“百家衆技，不該不徧”，乃“形以下者”。西人之宗教與哲學，則爲“形而上者”，然一爲“教”，一爲“學”，“其本體固不同”。就中國情形而論，“墨子爲宗教，老子爲哲學，二者與六藝之義，絶不相類”。“若《六經》所言聖人，不出庸言庸行”，無宗教主的神靈奇跡。“爲其學者，備嘗艱苦，僅得身後微名，非有净土、天堂之樂，而其居常也，則忍欲以踐形，臨變也，則舍生而取義”；舉凡貴富勇辨之輩，“無有能喻此者”，然而此聖學，“越數千年而勿替”。“蓋真理之服人心，百倍於迷信。”足見儒學雖非宗教，却具有宗教之效力。就哲學而論，“派别至繁”，而經則“無所不包”：“自明誠謂之教”即唯物論，“自誠明謂之性”則是唯心論；“太極太一之體”乃一元論，“五行五德之學”則爲多元論；“並育並行之説”爲相制論，“不誠無物之義”則並行論也。“其言現象，有原子論，即《易》之陰陽變化，而《中庸》所謂至小莫破也；有超絶神論，即《禮》之郊禘祈報，而《詩》所云出王游衍也。”至於人生哲學，則“莫尚於中國之倫理”。就“認識之法”而言，“《中庸》之博學、審問、慎思、明辨，循次漸進，爲至備而當”，舉凡獨斷論、懷疑論、批評論、觀念論、唯理論、經驗論、實在論等“聚訟不休”之各派，皆可一爐而冶之。因此可説，六藝“是非哲學而哲學莫能外也”。總之，在天倪看來，六藝也者，“有宗教之信而無其迷，有哲學之利而無其弊”。②

“經之爲道”，既如是之“博”，然就致用而言，則“莫尚於禮”。天倪因此説：“蓋諸經其體，禮樂其用也。”又曰：“治世之術多端，而語其歸宿，不外法治、禮治二種。”孔子所謂“道之以政，齊之以刑”即是“法治”；“道之以德，齊之以禮”則爲禮治。而所謂禮治，並非指古禮可行於今；“師古人者，師其意不必師其法。法當以時變者也，意則百世而不易者也”。具體而言，“如婚姻之禮，但取其慎人倫之始，防淫泆之萌，若其南洗饗婦、三月反馬，可不采也。喪祭之禮，但取其飾稱情之文、敦報本之義，若其主尸雜酬、麻葛遞更，可不拘也。鄉禮之屬於習射者宜删之，若其賓賢能、尊齒德，不可棄也。朝禮之近於帝制者宜去之，若其明秩叙、正紀綱，不可忽也。”其中最爲重要者，當推“貢舉學校”之制，“宜盡本古人制禮之意，而稍異其制，制成通禮，以爲治本”。天倪深信，僅憑法律，不足以臻於文明之治；必須全體人民有共同的行爲準則（所謂“納民於軌物之中”），方能“躋世於刑措之域，熙熙然型仁講義，一道同風”。此即所謂禮治，而禮治之養成，非教育莫由。“貢舉學校”所以爲“治本”者，以此。③

① 《六藝後論》，第137—138頁。

② 《六藝後論》，第291—294頁。

③ 《六藝後論》，第294頁。

按:此一看法,與王國維《殷周制度論》之説,頗爲相通。觀堂以爲:"周之制度典禮,乃道德之器械,而尊尊、親親、賢賢、男女有别四者之結體也。此之謂民彝。"①天倪所以如此重禮,尤其是貢舉學校之制,着眼處正在這"民彝"二字。易言之,欲臻於至治的境界,社會更重於政治。所謂禮治的基本精神,即在於此。

儒家心目中禮治之極,即孟子所謂王道。自周、孔以下的儒家人物中,天倪最爲推尊孟子,以爲孟子之説,實有進於孔子《春秋》者,曰:

> 孔子《春秋》,尚有尊周之思,而孟子則匪但不尊周,亦不尊君。曰:"殘賊之人,謂之一夫。聞誅一夫紂矣。"曰:"君有大過則諫,反覆之而不聽,則易位。"曰:"君之視臣如土芥,則臣視君如寇讎。"曰:"君爲輕。"萬章云"今之諸侯猶禦",孟子言"非其有而取者盗"。此其黜君權也。曰:"民爲貴。"曰:"得乎丘民爲天子。"曰:"得天下有道,得其民斯得天下矣。"此其伸民權也。桃應問:"皋陶爲士,瞽叟殺人,則如之何?"孟子答以"執之而已",又言"舜不能禁"。此司法獨立之至論也。梁襄王問"天下惡夫定",孟子言"定於一",又言"不嗜殺人者能一之",廢封建爲郡縣之先聲也。此等議論,多古所未發,孟子獨能揚而出之,此其所以爲亞聖也。②

天倪認爲,孟子的勝處,在於深明社會學之原理,服膺先儒之義(理想)而不拘泥於其跡(具體制度)。社會學之原理,實不僅是"進化"。中國先哲,多能明進化之理,如《易大傳》、《商君書·開塞篇》、《漢書·刑法志》、柳宗元《封建論》等,即爲其例。惟有孟子,"本《大易》消長盈虚之理,寓進化於循環之中,百變而不能出其範圍,實社會學之正矩也"。③天倪治經之鵠的,殆亦在於此。

《儒效引義》篇終曰:

> 周公居封建之時,利及貴族,而未遍平民;孔子生擄亂之世,無尺土之階,更無由以盡展其略。是雖爲儒之至,而皆未收效之極。爾後兩漢政俗,最爲近古,而東都尤盛,有儒治之風。然亦僅小試其一端,不足以蔽全經。降及唐宋,更無足道。今者瀛海大通,殊俗絶踵,西人以物質競争之故,釀成川血山骸之鉅禍。窮極思返,欲求所謂精神文明者,以救其敝,駸駸有傾向孔學之意。子思之所謂舟車所至,人力所通,日月所照,霜露所墜,凡有血氣莫不尊親者,此其機矣。倘有達者理而董之,闡經學之大用,伸禮治之微言,創制顯庸,傳播中外,……合天下爲一家,進小康於大同,沴氣消滅,太和翔洽,更千萬年,罔有紀極,此則儒效之大成也。④

---

① 王國維:《觀堂集林》,中華書局1959年版,據商務印書館影印改正本,第477頁(原刊本卷十,第十四葉上。)

② 《孟子概要》,第508頁。

③ 《孟子概要》,第510頁。

④ 《六藝後論》,第295頁。

是乃天倪治經的結穴。此所謂儒效之大成，不在區區富國强兵，亦不局限於赤縣神州之域，而是溥於寰球、延及萬世的大同之境。易言之，乃世界主義而非國族主義。

古文派大師章太炎有《春秋平議駁皮錫瑞》一文，聲稱大同"本非《春秋》之義"，曰："縱萬國皆有文化，文化猶各因其舊貫，禮俗風紀及以語言，互不相入，雖欲大同而無由。"[①]天倪以"信古"自命，雅不取近世今文家言，而其治經的結穴，却在"太和翔洽"的大同境界，近於疑古的康長素而遠於信古的章太炎。學術思想之事，固不可以一端論也。

五、後　案[②]

天倪言古史，反對"迷信西人之臆測，毁棄故府之策書"；治經學，推重古文經師，貶斥近世今文家；皆與太炎同調。然而以"合天下爲一家，進小康於大同"爲儒效之大成，則與太炎截然異趣。陳、章二人之異，即世界主義與國族主義之别。

《論語・八佾》篇述孔子之言曰："夷狄之有君，不如諸夏之亡也。"南朝梁人皇侃疏曰：

> 此章爲下僭上者發也。諸夏，中國也；亡，無也；言中國所以尊於夷狄者，以其名分定而上下不亂也。周室既衰，諸侯放恣，禮樂征伐之權不復出自天子，反不如夷狄之國，尚有尊長統屬，不至如我中國之無君也。[③]

朱子《論語集註》引程子曰："夷狄且有君長，不如諸夏之僭亂，反無上下之分也。"與皇疏意同。[④]北宋人邢昺之疏解，則與此絶異，曰：

> 此章言中國禮義之盛，而夷狄無也。舉夷狄，則戎蠻可知。諸夏，中國也；亡，無也；言夷狄雖有君長而無禮義，中國雖偶無君，若周召共和之年，而禮義不廢。故曰："夷狄之有君，不如諸夏之亡也。"[⑤]

異見的關鍵，在於對"如"字的訓釋。皇侃與程子訓爲"似"（夷狄且有君，不似中國之無），邢

---

① 《國朝文匯》，丁集，卷十七，頁三六上。

② 此"後案"之成，乃承自不知其名評審者之啓迪。謹在此鳴謝。

③ 皇侃：《論語義疏》，《四部要籍注疏・論語》，中華書局 1998 年版，影印清同治十三年粤東書局據鮑廷博《知不足齋叢書》本所刻《古經解匯函》本，上册，第 174 頁（原書，卷二，頁四上）。

④ 明末張宗子（岱）所見亦略同，云："余遭亂世，見夷狄之有君，較之中華更甚，如女直之芟夷宗黨，誅戮功臣，十停去九，而寂不敢動。如吾明建文之稍虐宗藩，而靖難之兵起，有媿於夷狄多矣。"見其《四書遇》，浙江古籍出版社 1985 年版，第 100 頁。

⑤ 嘉慶二十年南昌府學重刊宋本《論語注疏》影印本，引自《四部要籍注疏叢刊》，上册，第 328 頁（原書，卷三，第三葉下）。

昺則訓爲“若”(夷狄雖有君,不若中國之無)。依照前一種解釋,孔子旨在建立一個評判社會與政治的價值標準:不論諸夏還是夷狄,祇要符合此一標準,便值得稱許。背後的理據是何休所謂“著治太平,故夷狄進至於爵,天下遠近大小若一”(《春秋公羊解詁》語)的大同境界。依照後一種解釋,則孔子專注於攘夷:夷狄既無禮義可言,諸夏即使暫時無君而亂,仍較夷狄爲勝。背後的理據是夷夏之間不可融通的差别,所謂禮義也者,乃諸夏所獨有,不可語於夷狄。

這兩種大不相同的説法,在綿亘二千餘年的經學傳統中都可找到根據。章太炎强調“種姓”,以爲諸文化皆有其“舊貫”,“互不相入,雖欲大同而無由”,持國族主義立場甚堅。近儒楊遇夫(樹達)則堅決反對血統與種族之論,以爲孔子所謂有君,指的是有賢君,曰:

> 有君謂有賢君也。邲之戰,楚莊王動合乎禮,晉變而爲夷狄,楚變而爲君子。鷄父之戰,中國爲新夷狄,而吴少進。柏莒之戰,吴王闔廬憂中國而攘夷狄。黄池之會,吴王夫差藉成周以尊天王。楚與吴,皆《春秋》向所目爲夷狄者也。孔子生當昭、定、哀之世,楚莊之事,所聞也。闔廬、夫差之事,所親見也。安得不有夷狄有君而諸夏亡君之歎哉!《春秋》之義,夷狄進於中國,則中國之。中國而爲夷狄,則夷狄之。蓋孔子生於夷夏之界,不以血統種族及地理與其它條件爲準,而以行爲爲準。其生在二千數百年以前,恍若豫知數千年後有希特勒、東條英機等敗類將持其民族優越論以禍天下而豫爲之防者,此等見解何等卓越!此等智慧何等深遠![①]

闡發經學傳統中世界主義的大同境界,可謂淋漓盡致。

由此可見,經學中“疑古”、“信古”之紛綸,本與論者的思想立場及所處環境有關,究其實,如何解古,如何用古而已,背後皆有現實的關懷、理想的境界在。信古的天倪與疑古的長素,治經路數全然不同,而心嚮往之者,皆在所謂大同。個中原因,正當以此意會之。

---

① 楊樹達:《論語疏證》卷三,上海古籍出版社 1986 年版,第 67 頁。

現代《韓非子》研究述評*

□張 覺

[摘 要] 現代的《韓非子》研究,涉及文本校釋、思想研究、文學研究、史學研究、生平事蹟研究、編集流傳研究、真僞考辨、語詞索引編纂、韓學研究等各個方面,其研究雖也有偏頗之時,但從總體上來看,其研究領域之廣、研究功力之深、研究觀念之新、研究成果之多,是前所未有的。

[關鍵字] 現代;《韓非子》;研究;綜述;評論

[作者簡介] 張覺,上海財經大學人文學院教授(上海,200433)

清亡至今,《韓非子》研究盛況空前,論著數量之多,涉及領域之廣,論説校訂之精,都是史無前例的。有關《韓非子》的專題文章有八百多篇,專著有九十多種,還有各種研討先秦問題的論著也大多涉及《韓非子》。凡韓非的生卒年代考證,《韓非子》的學術思想、文學成就、史學價值的探討,《韓非子》的校勘、注釋、選讀和翻譯,《韓非子》的編集探討、版本董理、真僞考辨、語詞索引編纂,以及《韓非子》參考資料的輯録、論著索引的編排,均有人從事過。其中成績最大的主要在校釋與思想研究。

一、文 本 校 釋

校釋方面的論著不少。根據内容,我們可以把它分爲兩類:一類側重於學術研討,一類側重於閱讀輔導。

側重於學術研討的校釋論著主要有:劉文典的《三餘札記·韓非子簡端記》(商務印書館1928年版),楊樹達的《積微居讀書記》(載《北平北海圖書館月刊》第二卷第一號、第二號、第六號),孫人和的《韓非子舉正》(載《北平圖書館館刊》第五卷第一號),高亨的《諸子新箋》(齊魯書社1980年新1版),孫楷第的《滄州後集·附録·王先慎韓非子集解補正》(中華書局1985年版),于省吾的《雙劍誃諸子新證》(北京大業印刷局1940年刊印),吴闓生的《韓非子疑義考》(載《北平圖書館館刊》第十一卷第一號),劉如瑛的《〈韓非子〉校釋補》(載《社會科學戰綫》1982年第1期),丁先的《〈韓非子集解〉校點後記》(載《北京政法學院學報》1982年第4

* 本文爲教育部人文社會科學研究規劃基金項目《〈韓非子〉考論》(10YJA720041)階段性成果。

期、1983年第1期)，陳啓天的《韓非子校釋》(中華書局1940年版)與《增訂韓非子校釋》(臺灣商務印書館1969年版)，陳奇猷的《韓非子集釋》(中華書局上海編輯所1958年版，上海人民出版社1974年重印時删去了該書的《序》、《韓非學述》以及附録)、《韓非子集釋補》(中華書局1961年版)、《韓非子新校注》(上海古籍出版社2000年版)。丁先之前的都爲札記性質的論文，二陳的著作則爲彙校彙注之書。

陳啓天的《韓非子校釋》(以下簡稱《校釋》)及其增訂本，與以前的校釋本相比，無疑前進了一大步。由於作者對韓非思想很有研究，所以，他的注釋能着眼於歷史與政治，既異於文學家之評點，又與純粹的漢學家之考證有别。而且，其所輯校説還涉及日本諸家，故比以前的著作要豐富得多。另外，作者根據《韓非子》各篇的内容對篇次重新作了安排。這種新編排，雖然不一定可取，但也别有一格，對後來的研究者頗有影響[①]。此外，《校釋》在每篇前都有"釋題"(解釋題目)、"提要"(内容簡介)、"考證"(真僞考辨)，體例謹嚴，明晰可觀，也值得稱道。不足的是，作者未能用吴鼒本校勘，而改動原文也較爲輕率，徵引他人之説也有失誤。當然，由於作者後來到了臺灣，所以該書在臺灣較爲流行，在大陸影響不大。

影響最大的是陳奇猷的《韓非子集釋》(以下簡稱《集釋》)。該書《凡例》稱："本書校勘，以宋乾道黄三八郎刊本(簡稱《乾道本》)爲主，校以明正統《道藏本》(簡稱《藏本》)及明趙用賢刊本(簡稱《趙本》。顧氏《識誤》稱《今本》者，即此本)、《迂評本》、凌瀛初本、張榜本、張鼎文本(盧氏《拾補》稱此本爲《張本》)、孫月峯本、周孔教本、王道焜本、孫鑛本、秦季公本(簡稱《秦本》)、《二十子》本、《管韓合刻》本。並搜輯各書引文以資校讐，如《群書治要》、《初學記》、《意林》、《太平御覽》、《事類賦》、《藝文類聚》、《白孔六帖》、《雲笈七籤》、《類要》、《錦繡萬花谷》、《長短經》、《説郛》、《文選注》等，皆在搜輯之列。至於先秦諸子，如《老》、《莊》、《管》、《商》、《孟》、《荀》、《墨》、《吕》，秦、漢以來巨著，如《戰國策》、《淮南子》、《韓詩外傳》、《鹽鐵論》、《史記》、《漢書》、《説苑》、《新序》、《論衡》、《孔叢子》、《金樓子》、《抱朴子》等書與《韓子》有關之文，亦皆採摭爲校勘之重要資料。""本書引用前賢校説九十餘家，皆條録而繫於原文之後……所録前人校説，多指明其是非，其非者固加以證明，即其是者亦多爲疏證。苟有所得，則冠以'奇猷案'三字亦附列焉。"

該書的《出版説明》評價此書説："在蒐輯工作上，這書輯録了約有九十家大致不相重復的校注，其取舍的原則也相當謹嚴。每條之後，幾乎都有'案語'；這些'案語'，大都有作者自己的見解。"

由於這些不切實際的自我介紹與評價，所以"一直有人把它奉爲典要"[②]。孫楷第先生認爲：《韓非子集釋》"是近時人所不能企及之著作"，陳奇猷先生"可爲近世學者之典範"，其著作可"使承學之士知道高深的科學，是從艱苦的調查中得來的，没有便宜的路，欺世盜名是不行的"[③]。

---

① 如王焕鑣《韓非子選》之類的選注本都參用了他的編排方式，周勳初《韓非子札記》第347頁所作的篇目"新編排"可能也受此啓發。

② 周勳初：《韓非子札記》，江蘇人民出版社1980版，第307頁。

③ 陳奇猷：《自述》，載《文獻》雜誌編輯部、《圖書館學研究》編輯部編《中國當代社會科學家》第九輯，書目文獻出版社1986年版，第92頁。

誠然，該書在《韓非子》的考釋方面的確取得了不可忽視的成績，特别是作者常常能以《韓非了》前後之文互證，從而較爲深刻地揭示出韓非原著的意藴；其考訂也的確有獨立思考的地方，頗有發明。應該説，該書是《韓非子》研究者必須閲讀的參考書。

但是，我們也應該明瞭，該書的校注其實走了些“便宜的路”，在蒐輯方面還不能稱爲“取捨謹嚴”，其中不少地方還涉嫌鈔襲陳啓天的《韓非子校釋》，所以仍有“欺世盜名”之嫌。

必須進一步指出的是，上海古籍出版社 2000 年 10 月出版了陳奇猷的《韓非子新校注》（以下簡稱《新校注》），此書是《集釋》的修訂本，雖然作者在《前言》中説該書“注解與《集釋》比較，已面目全非”，但實際上其修改並不多，因此該書保留了《集釋》中大量的錯誤①。其問題大致有以下幾個方面。

首先，其《凡例》頗多虚言。作者其實並没有用他所説的十幾種版本進行校勘，所以該書的《韓非子》原文、校語以及對各種版本的論述失誤頗多。

如《主道》“賞偷則功臣墯其業”的“墯”被誤爲“墮”，《姦劫弑臣》“無棰策之威”的“棰”被誤爲“捶”、“是雖有殘形殺身以爲人主之名”的“形”被誤爲“刑”、“未至饑死擢筋也”的“饑”被誤爲“餓”，《亡徵》“宫室供養大侈”的“大”被誤爲“太”，《解老》“無緣而妄意度也”的“妄”被誤爲“忘”，《説林上》“君不如與之以驕智伯”的“與”被誤爲“予”，《安危》“故社稷長立”的“長”被誤爲“常”，《内儲説上》“一聽則愚智不分”的“愚智”被誤爲“智愚”、“公子氾”被誤爲“公子氾”、“是謂以刑去刑也”脱“也”字，《詭使》“而綦組錦繡刻畫爲末作者富”的“畫”被誤爲“劃”……

至於“脩”被擅改爲“修”、“竪”被擅改爲“豎”、“于”被擅改爲“於”、“强”被擅改爲“彊”、“跡”被擅改爲“迹”、“汙”被擅改爲“污”、“弥”被擅改爲“彌”、“趍”被擅改爲“趨”、“讎”被擅改爲“讐”、“却”被擅改爲“卻”、“間”被擅改爲“閒”、“断”被擅改爲“斷”、“堤”被擅改爲“隄”、“勾”被擅改爲“句”、“遍”被擅改爲“徧”、“荅”被擅改爲“答”、“妬”被擅改爲“妒”、“諂”被擅改爲“謟”、“沉”被擅改爲“沈”、“鉤”被擅改爲“鈎”、“耶”被擅改爲“邪”、“逄”被擅改爲“逢”、“勑”被擅改爲“敕”、“濕”被擅改爲“溼”、“雜”被擅改爲“襍”、“郄”被擅改爲“郤”等等，就更不可勝道了。

又如《功名》“則臨千仞之谿”，《新校注》云：“吴鼒本作‘十’。”其實，吴鼒本作“千”而不作“十”。

《内儲説下》“黍種嘗貴甚”，《新校注》云：“‘嘗’，吴鼒本作‘常’，今從《四部叢刊》本。”其實，吴鼒本原作“嘗”而不作“常”。

《外儲説右上》“吾始經之而不可更也”，《新校注》云：“王先慎曰：乾道本‘吾’作‘五’，據

---

① 我們曾在 2003 年 10 月擇取該書的部分問題寫成《陳奇猷〈韓非子新校注〉僞校僞注初揭》一文，由於文章篇幅超過了 2 萬字，所以只能删削後發表於《中國文化研究》2005 年春之卷（總第 47 期）。其後，我們又將原稿收入了《韓非子校疏》。今爲節約篇幅，在此只對其問題略加舉例説明之。讀者欲進一步瞭解其誤，可參閲《韓非子校疏》或《中國文化研究》所載之文。

趙本改。《北堂書鈔》三十六引正作'吾'。⊙奇猷案:吴鼒翻刻乾道本作'五',但涵芬樓景印原鈔乾道本仍作'吾',此諒是吴刻之誤,故顧廣圻於此未有校語。蓋顧氏係以乾道黄三八郎原本與趙本校讐,今二本如此懸殊,當不能無一語及之。故'五'字爲吴氏翻刻之誤鑿矣。"其實,吴鼒本作"吾"不誤,故顧廣圻於此未有校語。由此可見,陳奇猷未用吴氏翻刻本校勘鑿矣。

其實,該書也未用《四部叢刊》本、《道藏》本、《迂評》本、趙用賢本等重要版本認真校過,試看以下幾例:

《説林下》:"'卜吉乎?'曰:'吉。'"《新校注》云:"《四部叢刊》本'卜吉'下空三格,明宋本原有三字而壞去者,吴鼒刻本無此三空格而連下文,遂滅宋刊之舊矣。"其實,《四部叢刊》本於"卜吉"下有"乎曰吉"三字,只是黄丕烈以宋刊本相校時將此三字改成了"□□□",這説明述古堂影宋鈔本並不是"空三格",只有宋本原刻才無此三字。而且,黄丕烈爲了保存宋刊之舊貌,還特地"以别紙影鈔宋刻之真者附於末",該頁即在其中,並見於《四部叢刊》本之末。從其影鈔之頁來看,根本没有這三個空格而直連下文。由此可見,"吴鼒刻本無此三空格而連下文",並未"滅宋刊之舊",而實保存了"宋刊之舊"。陳奇猷既没有仔細審察《四部叢刊》本此頁之"□□□",又没有查看《四部叢刊》本之末的影鈔頁,就誤斷宋刊本如何如何,可見其用《四部叢刊》本來校勘是何等的粗疏!

《主道》"群臣竦懼乎下",《新校注》云:"盧文弨曰:'乎',《藏》本作'於'。⊙奇猷案:今《藏》本仍作'乎'。"其實,《道藏》本根本不作"乎"而作"於"。

《内儲説下》"訾以中山之謀微告趙王",《新校注》云:"《迂評》本作'訾'。"其實,《迂評》本不作"訾"而作"常"。

《難勢》:"今日堯、舜得勢而治,桀、紂得勢而亂,吾非以堯、桀爲不然也。雖然,非一人之所得設也。"《新校注》云:"奇猷案:自'今日'至此三十二字,據《藏本》、張本、趙本、《迂評》本、凌本補。但'日'當作'曰'。"其實,自"今日"至此,《新校注》補了三十三字,並非三十二字,此校語蓋鈔自陳啓天的《校釋》,故誤。至於《藏本》、張本、趙本、《迂評》本等,則自"今"字至此只有三十二字而無"紂"字,其校語籠統言之,有失謹嚴。另外,"日"字在《迂評》本、趙本中都作"曰",陳奇猷不據以訂正而自出按語,只能説明其未用《迂評》本、趙本校過。

《外儲説右下》"進則引之",《新校注》云:"顧廣圻曰:'進'上'筴'字衍。《藏》本、今本無'進'字,此誤删。⊙王先慎删'筴'字曰:按顧説是。'筴'字不當有,今據張榜本、趙本删。⊙奇猷案:王删是,今從之。"其實,趙本有"筴"字,所以王先慎所謂據趙本删"筴"字,實爲無稽之談;陳奇猷據王説删字而不據趙本辯正王説之誤,只能説明其未用趙本校過。

《八經》"此之謂有道之國也",《新校注》云:"趙本、《迂評》本、凌本於此下有節目'主威'二字。蓋此節之目已層移於上,致此節無目,趙氏見節首有'主威'二字,遂摭之以補目於此,殊不知本節乃言人臣行義分主之威而類於主威,非人主之威也,故'主威'二字實非本節之義。《迂評》本、凌本沿趙本之誤。盧文弨補'主威'二字,蓋據之趙本。王先慎又據盧説增,非是。"其實,趙本根本没有"主威"二字,所以此段校語純爲臆測之辭。

《外儲説左下》"是故循車馬",《新校注》云:"⊙奇猷案:……津田鳳卿曰:'《趙世楷本》作修。'"其實,趙世楷本作"循"而不作"修",陳奇猷引津田鳳卿之誤説而未加辯正,只能説明其未用趙世楷本校過。而且,津田鳳卿之校語原爲:"趙世楷本'循'作'脩'。"《新校注》所引,乃轉鈔自陳啓天之《校釋》,而非録自津田鳳卿之原著,故有此誤。

其次,由於該書所引各家校釋多轉鈔自陳啓天的《校釋》而非取自各家原著,所以其所引他人校釋失誤也多。如把松皋圓之説誤爲何犿之説(見《内儲説下》"廟攻"注),把陳啓天之説誤爲蒲阪圓之説(見《説難》"多而交之"注),把吴闓生之説誤爲吴汝綸之説(見《十過》"夫以實告我者秦也"注),把吴汝綸之説誤爲尹桐陽之説(見《忠孝》"臣之所聞曰"注),把俞樾之説誤爲劉師培之説(見《揚權》"是謂累解"注)。

至於陳啓天徵引失誤之處,陳奇猷也往往因誤傳誤。如《主道》"以參合閲焉",《新校注》云:"奇猷案:《説文》:'閲,一曰察也,出門者察而數之也。'《書・多方》'克閲於乃邑謀介',《疏》謂'簡閲其事',據此,則閲者猶言考覈也。"其實,《説文》原曰:"閲,具數於門中也。"我們只要對照一下陳啓天的《校釋》,就可明白此中奥秘。陳啓天説:"《説文》云:'一曰察也,出門者察而數之也。徐曰:春秋大閲、簡車馬也,具數一一數之也。'《書・多方》、克閲于乃邑謀介,《疏》、謂簡閲其事。據此則閲者,猶言考覈也。"

再次,該書《附録》所載《韓非子舊刻本序》以及其他一些考證資料,雖然題爲"陳奇猷輯",實際上也大多鈔自陳啓天的《韓非子參考書輯要》而未取自各家原著,所以錯誤也不少。

如其中的張鼎文《校刻韓非子序》一文,即使不計其换用的異體字,其誤字、衍文、脱文、誤倒者便有 121 字。如將"五不勝之勢,滙肝膽矣"誤爲"曰五不勝之勢,歷肝膽矣";將"《安危》,自厲也"誤爲"曰《安危》,自勵也";將"《用人》,立可爲之賞,設可避之罰"誤爲"曰《用人》,立可爲之賞,説可避之罰";將"比諸嬰兒之塵飯塗羹"誤爲"皆諸嬰兒之塵飯塗羹";將"《難三》,以儉而無術,不免於貧"誤爲"曰《難三》,以儉而無食,不免於貧";將"《難勢》,治天下賢不如勢"誤爲"曰《難勢》,天下賢不如勢";將"父之令行於子也十母"誤爲"父之令行於下也十母";將"慈不如嚴也"誤爲"慈不勝嚴也";將"夫以智力窮人,鬼道也"誤爲"夫以智力窮人,卑道也";將"帶劍私門末作之弊"誤爲"帶劍私門末作之弊";將"亦其時之濆波也"誤爲"亦其時之遺波也";將"古今學官列於諸子,與經史並行"誤爲"古今學士列於諸子,與經世並行"。尤其嚴重的是,《新校注》誤從陳啓天的《韓非子參考書輯要》,將該序的"《和氏》以管仲之治齊、商君之强秦爲使天下必爲己視聽之道"誤爲"曰《和氏》,以和氏之刖,喻吴起之支解,商君之車裂也。曰《姦劫弑臣》,以管仲之治齊,商君之强秦,爲使天下必爲己視聽之道也",這不但使人誤以爲張鼎文本是五十五篇本,而且他自己也被騙了。該書附録三《韓非子舊刻本述要》云:"此外有張鼎文本,未見,觀其序文,知《姦劫弑臣》與《和氏》分篇,是亦五十五篇本也。……今取盧氏《拾補》所列張本之異文觀之,多有與《藏》本合,則張本必係出於近本而以乾道本補其缺也。"這當然是不作"艱苦的調查"而導致的妄説。

最後必須指出的是,該書附録中的"引用諸家校説列目"不但不列陳啓天的《韓非子校釋》,還將傅佛崖讀了陳啓天的《韓非子校釋》後所寫的《校讀〈韓非子校釋〉初稿》改名爲《校讀韓非子初稿》，以泯滅《校釋》之跡，但實際上，他却經常引用陳啓天之説，只是不標明"陳啓天曰"而將陳啓天之按語竊爲己有而冠之"奇猷案"以作爲自己的發明罷了，這就更應加以批評了。這種例子不少，限於篇幅，在此只舉兩例以見其一斑。

《存韓》"則秦必復見崤塞之患"，陳啓天説："《書序》云：'秦穆公伐鄭，晉襄公帥師敗諸崤，'此穆公時事也。《齊策》云：'齊宣王西攻秦，秦爲齊兵困於崤塞之上。'此孝公時事也。《楚世家》云：'六國共攻秦，楚懷王爲從長，至函谷關，'此惠王時事也。《趙策》云：'昔歲崤下之事，韓爲中軍，以與諸侯攻秦，'此昭王時事也。《六國表》、始皇六年、五國共擊秦，此始皇時事也。此所謂崤塞之患，蓋非專指一役也。"《新校注》云："奇猷案：考《書序》云'秦穆公伐鄭，晉襄公帥師敗諸崤'，此穆公時事也。《齊策》云'齊宣王西攻秦，秦爲齊兵困於崤塞之上'，此孝公時事也。《楚世家》云'六國共攻秦，楚懷王爲從長，至函谷關'，此惠王時事也。《趙策》云'昔歲崤下之事，韓爲中軍，以與諸侯攻秦'，此昭王時事也。《六國表》'始皇六年，五國共擊秦'，此始皇時事也。此所謂崤塞之患。"

《存韓》："先時五諸侯共伐秦，韓反與諸侯先爲雁行以嚮秦軍於關下矣。"陳啓天説："按《秦紀》惠王後七年云：'韓趙魏燕齊帥匈奴兵共攻秦，秦使庶長疾與戰修魚，虜其將申差。'又《六國表》惠王後七年載'五國共擊秦不勝而還，'於同年魏、韓、趙、燕、楚五國欄内並載'擊秦不勝'四字，而於齊獨闕。是所謂五諸侯伐秦者，當指此而言，但《世家》無楚，《年表》無齊，不免異文耳。《集解》以秦昭王九年齊魏韓共擊秦，及十一年齊韓趙魏宋中山五國共擊秦釋此句，似未可從。"《新校注》云："奇猷案：《秦紀》：'惠王後七年，韓、趙、魏、燕、齊帥匈奴兵共伐秦，秦使庶長疾與戰修魚，虜其將申差。'又《六國表》：'惠王後七年，五國共擊秦，不勝而還。'於同年魏、韓、趙、燕、楚五國欄内並載'擊秦不勝'四字，而於齊獨闕，是所謂五諸侯伐秦者，當指此而言。但《世家》無楚，《年表》無齊，各有省略耳。王先謙以秦昭王九年齊、魏、韓共擊秦及十一年齊、韓、趙、魏、宋、中山五國共擊秦釋此句，未可從。"這裏特别值得注意的是，依引文，陳啓天所説的"世家無楚"當作"《秦紀》無楚"，陳奇猷竟照鈔其誤文而仍作"《世家》無楚"。

總之，人們若把《新校注》或《集釋》作爲《韓非子》校注本之典要而加以引用，則必將受其蒙蔽而以訛傳訛。中華書局在二十世紀八十年代"選擇到目前爲止較好的注釋本"來編輯《新編諸子集成》時未選用《韓非子集釋》[①]，實爲高明之舉。上海古籍出版社出版《中華要籍集釋叢書》時選用了《韓非子集釋》而未讓作者徹底改正錯誤，以致貽誤讀者，不免令人遺憾。

側重於閲讀輔導的校釋著作主要有：尹桐陽的《韓子新釋》（武昌曇華林工業傳習所 1919 年版），唐敬杲選注的《韓非子》（商務印書館 1934 年版），葉玉麟選譯的《白話譯解韓非子》（上海廣益書局 1937 年版），梁啓雄的《韓子淺解》（中華書局 1960 年版），秋圃的《韓非子淺釋》（1980 年臺灣版），王焕鑣的《韓非子選》（中華書局 1965 年版），各種集體編寫的《韓非子選注》[②]，周勳初等的《韓

① 見中華書局編輯部《新編諸子集成出版緣起》及《新編諸子集成第一輯擬目》，載中華書局 1984 年版《老子校釋》。

② 1976 年北京、上海、山東、吉林、廣西、雲南等人民出版社都出版過這種書。

非子校注》(江蘇人民出版社 1982 年版),邵增樺的《韓非子今註今譯》(臺灣商務印書館 1982 年版),張覺的《韓非子全譯》(貴州人民出版社 1992 年版)、《韓非子釋譯》(臺灣古籍出版社 2002 年版)、《韓非子譯注》(上海古籍出版社 2007 年版)。這些著作,大多吸取前人成説而出以簡明的解説,也時有自己的創見。由於是輔導性質的讀物,所以其中大部分著作於引用前人説法之處多未標明,這樣,其中的創見也就較難分辨了。這些著作中影響最大的,是《韓子淺解》、《韓非子校注》與《韓非子全譯》,而其傳播又隨着其内容品質的不同而呈現出明顯的歷史階段性。

《韓子淺解》的作者梁啓雄先生爲梁啓超之介弟,二十世紀三十年代即因其《荀子柬釋》的出版而聞名於世。《韓子淺解》於 1960 年出版後的二十五年間,僅中華書局就印了四次,達三萬餘册,臺灣學生書局也印過兩次。該書在當時之流布雖然較廣,却不足稱道。因爲其正文多因襲王先慎的《集解》而未加仔細校勘,爲了求簡,還將王先慎的校改説明多删去了,這就使王氏的某些誤改合法化了,這與《韓非子校注》的校勘相比,顯然粗疏得多①。其注釋雖時有發明,但也有誤解之處,而且大多承用前人成説,對於初學者來説,尚欠通俗周詳;對於研究者來説,則不免過於淺陋。而且,作者自己的注釋往往不合乎漢語的使用規範,遣詞造句常有生搬硬造的地方,遠不如《韓非子校注》來得暢達。所以,《韓非子校注》一出版,該書也就基本上没有市場了。

《韓非子校注》是南京大學周勳初等先生寫成的一部普及性讀本。在"評法批儒"的政治運動中,各地都出版了一些密切配合政治鬥争的《韓非子》讀本,而《韓非子校注》的作者們則以嚴肅的學術態度對《韓非子》一書進行了認真的校勘和詳盡的注釋,這是難能可貴的。該書校勘時利用了國内各大圖書館珍藏的善本,其原文較爲嚴格地以吴鼒本爲底本,取捨比較慎重,凡有校改,必列出校記。雖然該書爲普及而用簡化字排印,未能真正體現善本書之面貌,其校勘也有失誤②,但與《韓非子集解》、《韓非子集釋》、《韓子淺解》等相比,其校勘工作要謹慎細緻得多。其注釋雖也有不妥當的地方,但大多比較簡明精確,深入淺出。所以,該書在《韓非子全譯》出版以前,流布十年,成爲讀者首選的《韓非子》讀本。

《韓非子全譯》是貴州人民出版社出版的《中國歷代名著全譯叢書》中的一種。該書體例周詳,每篇有題解考證;其校注雖有失誤,却也時有發明;再加上它是大陸第一部全譯本,譯

① 參見拙文《〈韓子淺解〉校勘失誤管窺》(載《河北師院學報》1991 年第 4 期)、《梁啓雄〈韓子淺解〉校勘失誤補正》(載《漢學研究》1996 年第 14 卷第 1 期)。

② 如《主道》"臣不得陳言而不當",其校記説:"乾道本'不'下無'得',據道藏本、迂評本補。"其實,道藏本根本没有這個"得"字。又如將《喻老》"不欲自害"改爲"不以欲自害"後出校記云:"乾道本'不'下無'以',據道藏本補。"其實,道藏本並没有這個"以"字。又如在《内儲説下·説五》"一曰:楚成王商臣爲太子"之"王"字下補"以"字,出校記云:"據趙用賢本、凌瀛初本補。"其實,趙用賢本根本無這個"以"字。又如將《外儲説左上》"輯以羽翠"之"羽"改爲"翡",其校記云:"據道藏本……趙用賢本改。"其實趙用賢本作"羽"而不作"翡"。再如將《難一》"蟲出尸不葬"之"尸"改爲"户",出校記云:"乾道本'户'作'尸',據道藏本改。"其實,道藏本也作"尸"而不作"户"。至於其校記説《難勢》"則亦不然矣"中的"不",道藏本也有;説《難勢》"兩末之議"之"末",張榜本作"未";亦皆誤校之詞。

文暢達，雅俗共賞，所以出版後影響甚佳。南京大學教授兼國家古籍整理出版規劃小組顧問程千帆先生在給張覺的信中說："譯注雅見功力，可寶也。"挪威科學院院士、奧斯陸大學東歐東亞系教授何莫邪(Christoph Harbsmeier)認爲《韓非子全譯》是所有《韓非子》注譯本中最好的一種，因而將它用作爲英譯《韓非子》的底本。全國讀者對本書亦頗多好評。

至於其他的輔助讀本，當然也值得參閱，但大多不很理想。像《韓子新釋》，雖在史實典章的考釋上取得了較大的成績，對詞語的解釋也時有發明，但總的來說，校釋甚疏，所以有人評該書曰："有大失句讀者，有望文生義者，有望音生義者，甚至隨意附會，以成其說。新則新矣，惜乎《韓子》之本旨反因而失之。"[①]又如王焕鑣的《韓非子選》，注釋雖簡明通俗，但常常任憑自己的臆測妄改原文，實在有失謹嚴。再如邵增樺的《韓非子今註今譯》，雖然至 1995 年已印了 4 次，有一定的影響，但該書實際上只是以注譯的方式將陳啓天的《韓非子校釋》作了一番通俗化的改寫，所以僅適用於普及，而無助於研究。至於集體編寫的各種《韓非子選注》，注釋雖明白通俗，但由於是政治運動的產物，所以對韓非思想的評判又往往缺乏實事求是的精神。

在此還應該一提的是，當代浮躁腐敗的學風及書商牟利的惡習也入侵到了《韓非子》的闡述領域，不少出版社出版了一些署名或不署名(不署譯注者之名而僅署"韓非子"之名)的《韓非子》譯注之作。這些譯注之作的作者，完全突破了學術研究的道德底綫，既没有認真地進行校勘，又没有參考多少文獻，他們或完全鈔襲前人的譯注[②]，或將前人的譯注稍加改寫後作爲自己的著作出版。這些著作，對《韓非子》的普及與廣泛流傳來說，固然具有不可低估的作用，但在混淆讀者視聽、擾亂圖書市場方面的作用也不可小看。當然，由於這些著作毫無學術價值可言，所以必將爲歷史所淘汰而不足掛齒。

二、思 想 研 究

從數量上來看，現代研究《韓非子》思想内容的論著遠多於校釋；但論其成就，却並不見得勝過多少。因此，現代的校釋之作往往有一版再版的，而研究其思想的著作，再版的就很少了。

清亡後首先重視韓非思想學說的是嚴復與謝無量。

嚴復側重於經世致用，他針對 1915 年 1 月日本向袁世凱政府提出的"二十一條"大發感慨地說："是故居今而言救亡，學惟申、韓，庶幾可用。除却綜名核實，豈有他途可行？賢者試觀歷史，無論中外古今，其稍獲强效，何一非任法者耶？"[③]不過，他的這種言論雖發自現代，却

① 陳啓天:《增訂韓非子校釋》所附之《韓非子參考書輯要》，臺灣商務印書館 1969 年版，第 895 頁。
② 如華齡出版社 2002 年 9 月出版的《中國歷代文化叢書》中的《韓非子》，即剽竊了張覺的《韓非子全譯》。
③ 嚴復:一九一五年三月卅一日《與熊純如書》，據王栻主編《嚴復集》第三册，中華書局 1986 年版。

並没有什麽新意,自秦至清,這種論調是屢見不鮮的。

謝無量側重於學術研討,他寫的《韓非》一文(載《大中華》1915 年 1 卷 7～12 號),“先述其略傳,次及其淵源,次述其學説”,認爲“中國古代之政治學,至於韓非,大體具矣”,並説“韓非持國家主義”。這種説法是過去所没有的。他以現代政治學的觀點來研討韓非學説,顯然是受到了西方文化的影響。從此,韓非學術思想的研究又增添了一個新的角度。

此後,很多人都以西方學理來評述韓非的學術思想。胡適就是用西方哲學的眼光來評述韓非學説而影響極大的一位①。從此以後,各種現代的哲學術語在韓非思想的研究中便多起來了,如歷史進化論、法治主義、功用主義、平等主義、客觀主義、無爲主義、責效主義等等,不一而足。這種以西方學理對韓非學説作較爲系統的研究論著,在二十世紀五十年代以前就出現了不少。如姜文梁的《韓非子法的哲學》(載《哲學月刊》1926 年 1 卷 1 期),蘇哲的《韓非政治法律思想》(載《光華大學半月刊》1933 年 1 卷 9 期),陳漢欽的《韓非的社會思想》(載《新社會科學季刊》1934 年 1 卷 2 期),陳千鈞的《韓非之政治學説》(載《學術世界》1935 年 1 卷 5～6 期),陳啓天的《韓非及其政治學》②。

這些專論,都呈現出一種新的面貌,與傳統韓學大異其趣。如陳漢欽之文,從韓非所處的時代與環境(經濟、社會、政治、道德諸方面)來考察其思想的形成,又論述了老、荀、墨各家思想對韓非的影響,進而詳論其社會統制論(反德化主義,法,術,勢)、功用論、唯物論、社會進化論、等級制度之觀念、理想社會之秩序,最後還將韓非思想與馬加維利的思想作了比較。全文富有歷史唯物主義精神,顯然受到了西方科學的極大影晌。又如陳啓天之文,從韓非的時代、祖國、生平談起,論述了韓非政治學的淵源(法、道、名、儒、墨、兵)、哲學論、勢論、法論、術論、富强論、法術之士論等等。各家的種種論述,雖然不免有重複之處,而且對韓非思想反動的一面也往往缺乏深刻的批判,但其論述大都較爲翔實,而且也不乏獨到之處。所以,他們的研究,對後人特别是對二十世紀五十年代以後的港臺學者,影響頗大。像王德昭的《馬基雅維里與韓非思想之異同》一文(載《新亞書院學術年刊》1967 年第 9 期),無疑受到了陳漢欽一文的啓發。再如趙海金的《韓非子研究》一書(臺灣正中書局 1967 年版),對陳啓天之説的吸收更是歷歷可見。

除了專題性的論著,一些研究先秦思想的著作,對韓非學説也往往有精闢之論。如蔡元培的《中國倫理學史》説:“韓非集儒、道、法三家之大成,以法治主義爲中堅,襲商君而益詳其條理……實商君之嫡系。”馮友蘭《中國哲學史》第一篇第十三章説:“韓非以爲勢、術、法三者,皆帝王之具,不可偏廢”;“在經濟方面,韓非以爲人既各挾自爲心,即宜聽其自爲,使自由競争”。這些説法,在後來都頗有影響。

當然,不以西方學理而仍以傳統眼光來研討《韓非子》思想的也有,像馮振的《韓非子論略》(載《國專月刊》1935 年 2 卷 2～3 期),就是這方面較有成就的代表作。他不用新的術語

① 胡適:《中國哲學史大綱》卷上,《北京大學叢書》本,1919 年版。商務印書館又於 1987 年影印了該書。
② 其文載《國論》復刊 1940 年第 1 卷 5～15 號,後又收入《韓非子參考書輯要》、《增訂韓非子校釋》。

"××論"、"××觀"、"××主義",而是將《韓非子》中的觀點分門別類,分别録入"法術"、"君臣"、"賞罰"、"重刑"、"必罰"、"威嚴"、"去仁愛"、"去施與"、"王道"、"刑名"、"參驗"、"功用"、"立法"、"明法"、"去私"、"任法"等條目之下。每一條目,先列出韓非的説法,然後加上作者的評論。他的分類雖然不很妥當,但與利用西方學理來研究《韓非子》的論著相比,顯然具有獨到之處,而且,他把韓非的觀點作了具體分類,其評論也每有精闢之處,所以還是值得我們重視。

上述這些論著大都屬於一般的學術研究,他們對韓非的思想基本上持肯定的態度。此外,又有另一種古爲今用的研究傾向。如郭沫若的《韓非子批判》①,便與他當時創作歷史劇一樣,在學術研究中滲入了對現實政治的批判。所以,他對韓非所宣導的君主獨裁的專制主義的批判,無疑是尖鋭的,也是正確的;但另一方面,他顯然没有能够認真地考察韓非思想産生的時代背景與社會原因,這樣,他也就不能客觀地、歷史地對韓非思想作出實事求是的總體評價。他的全盤否定論,若從學術研究的角度來看,是有偏頗的,是有違歷史唯物主義原則的。

二十世紀五十年代以前,人們研討韓非思想,主要着眼於他的政法、哲學思想,但也偶有研究其經濟思想與教育思想的,如馬元材的《韓非之經濟學説》(載《法學季刊》1930年1卷3號)、楊榮春的《韓非論法及其教育觀》(載《中華教育界》1948年復刊2卷7期)。然而,這種對韓非思想研究角度的開拓,並没有引起《韓非子》研究者的注意。

二十世紀五六十年代,對於韓非的社會、政治學説的研究,並没有多少新的成果。人們對韓非思想的看法已漸趨統一,認爲韓非的學説集先秦法家之大成,是法、術、勢相結合的一整套君主專制的政治理論,它體現了新興階級的意志和魄力,在當時具有劃時代的意義,促成了群雄割據向中央集權政治的轉變,同時也爲歷代封建專制主義的極權統治奠定了思想基礎。此外,大家也都批判了其中反人民的思想。這種共識的形成,反映了對韓非社會、政治學説的研究已從"灌漿期"進入到了一個"凝固成熟期"。這一時期值得注意的倒不在於有了這種定論,而在於研究韓非思想的觀念有所更新。如任繼愈的《法家的創始者韓非子的學説是唯心的還是唯物的》(載《歷史教學》1956年10期),便從新的認識論角度來論述韓非思想的哲學基礎。又如馮友蘭的《中國哲學史新編》,從韓非的自然觀、認識論、社會觀、歷史觀等角度入手,努力以歷史唯物主義的觀點來探討韓非的哲學思想,反映了老一輩學者研究觀念的更新。又如李宗茂的《談韓非子的若干經濟觀點》(載《光明日報》1962年7月30日),根據恩格斯、列寧的觀點來觀察研討韓非所提出的"利己心",這也是過去所没有的。另外,周鍾靈的《韓非子的邏輯》一書(人民出版社1958年版),較爲詳盡地探討了韓非的思辨邏輯,這無疑給《韓非子》研究開闢了一個新的領域,是這一時期值得一提的可喜成果。

二十世紀七十年代以後,論述《韓非子》思想的文章多如牛毛,在數量上占了二十世紀《韓非子》專題文章的一半,但大多是批林批孔、評法批儒這一政治運動及其反響的産物,大多以政治傾向取代了學術研究,很少有什麽學術價值可言。在批林批孔運動中,韓非成了政

① 原載《新文化》1945～1946年1卷3～9期,後收入《十批判書》。

治上的紅人,韓非思想成了“反復辟”的思想武器與權力鬥爭的工具,人們衆口一辭地稱譽它。連常被人們詬病的“術”,也被説成是“根據法家路綫進行政治鬥爭的策略”①。當時氾濫於報紙上的文章姑且不論,只要看一下當時各種學術性刊物所發表的論文題目,便可窺見當時韓非研究之大概了。如石達的《爲新興地主階級政治服務的韓非教育思想》(載《北京師大學報》1974年5期),譚國太等的《復辟與反復辟是一場你死我活的階級鬥争——讀韓非〈孤憤〉篇》(載《四川師院學報》1975年1期),肖燕川、奚國藩的《必須在文藝領域裏對反動階級實行專政——談韓非的文藝思想》(載《安徽師大學報》1975年2期),如此等等,目不暇接。這些文章,都以時行的政治思想來演繹韓非學説,失去了學術研究應有的實事求是的科學態度,不足一觀。作爲這一政治運動的反響,便是後來對韓非專制、權術思想的批判,如李人紀的《專制與權術》(載《求是學刊》1980年1期),張松輝的《略談韓非的獨夫政治思想》(載《南陽師專學報》1981年2期),張一中的《韓非的術治學説不足取》(載《湖南師院學報》1981年8期),姚寶元、王錫三的《淺析韓非的極端專制獨裁論》(載《天津師大學報》1882年6期),陳哲夫的《評韓非的君主獨裁思想》(載《北京大學學報》1984年3期),等等。這些文章,實在没有脱出郭沫若《韓非子批判》的窠臼。

二十世紀八十年代以後,韓非思想的學術研究又逐步恢復正常。這一時期的研究,有一個重要的特點,即研究領域擴大了。人們除了研究過去經常論及的課題,如韓非的政治思想②、法治思想③、術治思想④、非道德主義思想⑤、辯證法思想⑥、邏輯思想⑦,又接觸到了過去不大談論的課題,如韓非的愛國思想⑧、宣傳思想⑨、美學思想⑩、人口思想⑪、心理學思想⑫,等等。這其中雖然也有改頭换面的説法,但大多是對新領域的開拓。這表明韓非思想的研究正在向廣度進軍。這是韓非思想研究的必然趨勢。如果還是抓住老題目來做文章,是很難避免陳詞濫調的⑬。韓非思想研究的出路只能是觀念的更新、研究領域的開拓。

二十世紀五十年代以來,港臺學者也有不少研究韓非思想的論著問世。由於筆者所見不多,而能讀到的論著,像趙海金的《韓非子研究》(臺灣正中書局1967年版)、封思毅的《韓非

---

① 見北京二七機車車輛工廠、北京蘆溝橋農場、首都鋼鐵公司、四五一四部隊、北京大學中文系選評的《韓非子選評》,中華書局1976年版,第19頁。

② 楊俊光:《韓非政治思想略論》,載《東岳論叢》1983年5期。

③ 谷方:《韓非法治思想研究》,載《晉陽學刊》1981年3期。

④ 孫實明:《韓非術論述評》,載《求是學利》1983年5期。

⑤ 朱貽庭等:《評韓非的非道德主義思想》,載《中國社會科學》1982年4期。

⑥ 羅熾:《韓非的樸素辯證法思想》,載《武漢師院學報》1981年3期。

⑦ 杜辛可:《韓非邏輯思想初探》,載《西北政法學院學報》1984年2期。

⑧ 肖月賢:《試論韓非的愛國思想》,載《鄭州大學學報》1984年3期。

⑨ 郭志坤:《韓非宣傳思想簡論》,載《中南民族學院學報》1983年3期。

⑩ 劉長林:《淺談韓非的美學思想》,載《西北師院學報》1982年2期。

⑪ 解學東《關於韓非的人口思想》,載《史學月刊》1982年4期。

⑫ 雷彦虎等:《淺談韓非的心理學思想》,載《心理學報》1982年14卷3期。

⑬ 如南京大學出版社2002年出版的施覺懷的《韓非評傳》,就有這種弊端。

子思想散論》(臺灣商務印書館1975年版)、張素貞的《國家的秩序——韓非子》(臺北時報文化出版事業有限公司1981年版),雖然論述也頗翔實,但精闢獨到之論却不多見,基本上是五十年代以前的研究成果的總結。至於張純、王曉波的《韓非思想的歷史研究》(臺北聯經出版事業公司1983年初版,北京中華書局1986年再版)、鄭良樹的《韓非之著述及思想》(臺灣學生書局1993年版),雖然力圖在韓非思想研究方面有所創新,但其影響並不大。究其原因,恐怕還在於其創新程度不够,或是其新論難以成立。如鄭良樹的著作,從確定韓非著作的真僞與寫作年代入手,來揭示韓非思想的發展脈絡。這雖然是一種新的思路,但他並没有拿出多少有力的證據,所以,其確定的韓非生年、韓非著作的真僞及其寫作年代都靠不住,因而他對韓非思想發展過程的描述也就没有多少參考價值了。

三、文學研究

現代有關《韓非子》文學成就的研究,雖然不像明代的評點那樣轟轟烈烈,也不像現代研究韓非思想那樣面廣量大,而只有十幾篇研究文章問世,但這種研究畢竟還存在着,而且,由於文學觀念的更新,現代對《韓非子》文學成就的評價與過去有所不同,所以還是值得重視。

1915年,中華書局編輯出版了《韓非子精華》,它是一本供教學自修用的選本,其中收録了孫月峯、劉會孟、潘文在、陳仁卿、徐太生、楊升庵、劉辰翁、茅鹿門、侯晉陽、王鳳洲、陳明卿、徐文長、趙定宇、王維楨、唐荆川等人的評語,這種對前代文評的匯輯,不能説是真正的文學研究,但充分反映了現代人們對《韓非子》文學成就的重視。該書到1933年便出了九版,可見人們對《韓非子》的文學成就還是頗有興趣的。

二十世紀較早研究《韓非子》文學成就的是陳千鈞。他在1936年發表了《韓非子之文學》一文(載《學術世界》第1卷9～10期),可惜筆者無緣拜讀,所以對此也不能妄加品評了。

其後,郭沫若對《韓非子》的文學成就雖未詳加研討論述,但他將《韓非子》稱爲先秦散文的"四大台柱"之一,並概括"韓文"的基本風格是"峻峭"①,還是對後世產生了很大的影響,現在幾乎成了文學批評界的定論②。

此外,周鍾靈《韓非子的邏輯》(人民出版社1958年版),從邏輯的角度對《韓非子》的議論文類型作了詳盡的探討。周勳初的《韓非子札記》(江蘇人民出版社1980年版),其中也有幾篇論及《韓非子》文學的。其他的專題論文還有蔡清泉的《〈韓非子〉文章體裁類别及篇章結

① 郭沫若:《十批判書·荀子的批判》,人民出版社1982年版《郭沫若全集》歷史編第二卷214頁。

② 詹安泰等:《中國文學史》(高等教育出版社1957年版)第118頁説:韓、孟、莊、荀"可以稱作戰國文學的四大家"。中國青年出版社1980年編輯出版的《中國古典文學名著題解》第56頁説:郭沫若的評價"較爲切合"。上海教育學院等編寫的《中國古代文學教學大綱》將郭沫若的話寫進了大綱,見《漢語言文學專業教學大綱》,北京師範大學出版社1984年版第325頁。

構》(載《中國語文學報》1971年第4期),陳蒲清的《試論韓非寓言的思想和藝術特色》(載《湖南師院學報》1976年1期),張惠仁的《韓非——我國古代“難”體散文之祖》(載《四川師院學報》1981年1期),朱宏達、莫名的《韓非散文的藝術特色》(載《語文學習》1981年3期),朱俊芳的《説〈韓非子〉寓言》(載《瀋陽師院學報》1981年4期),等等。但是,這些論著的影響都不大。影響較大的倒是各種《中國文學史》教材以及《古代文學作品選》等著作中對《韓非子》文學成就的評述。此類評述大多精闢,但内容不免太單薄了。

在此必須指出的是,研究《韓非子》寓言的人,往往把韓非徵引的各種歷史記載以及收集的傳説故事都當作“寓言”,這就完全混淆了寓言與史事引用的界限。因此,他們對《韓非子》在我國寓言史上所處地位的評價雖然極高,但這種做法必然會有意無意地降低《韓非子》的史學價值。所以,這絶不是一種實事求是的態度,是不足取的。

四、史學研究

有關《韓非子》的史學研究,一向較爲薄弱。古今的注釋者對《韓非子》中所涉及到的史事的考證,只不過是爲了詮釋《韓非子》;而史學家引用《韓非子》的材料進行歷史研究,也不過是對《韓非子》的利用。這些都很難説是真正地對《韓非子》進行史學的研究。不過,這些工作無疑給《韓非子》的歷史研究提供了一個良好的基礎。後人的研究,大多得益於此。

較早的《韓非子》史學研究成果是一些歷史著作。像李宗鄴編著的《中國歷史要籍介紹》(瀋陽師範學院1957年版),便有一節專門論述《韓非子》的史料價值,只是其論述太簡略了,而且對《韓非子》真僞的考辨也多承襲前人成説而未加仔細審核,不盡正確。

此後,周勳初《韓非子札記》(江蘇人民出版社1980年版)中的《歷史異説瑣談》、《韓非與〈百國春秋〉》、《〈戰國策〉與〈韓非子〉》、《戰國時期的幾起變亂佚史》等,對《韓非子》中史料的來源、《韓非子》的史料價值及其局限性,都有所探討,雖然不甚系統,却也值得參考。

此外,楊釗的《〈韓非子〉據史論證和寓論斷於序事》(載《史學史研究》1981年4期),雖然讀上去味同嚼蠟,但作者從史學方法上來研討《韓非子》,無疑具有新意。

五、生平事蹟研究

有關韓非生平事蹟的研究,除了司馬遷的《史記·老莊申韓列傳》之外,古代幾乎没有人研究過。現代的學者在這方面作出了貢獻。

首先是韓非的生卒年問題,《史記》只記載了其卒年①。至於其生年,古人從未道及,現

① 《史記》的《秦始皇本紀》與《六國年表》都記載韓非死於秦始皇十四年(公元前233年)。

代學者則對此作了考證。影響較大的有兩家：一是錢穆的《先秦諸子繫年》，認爲韓非生於韓釐王十五年前後，確定爲公元前280年[①]。這種説法現在幾乎成了定論，已被很多詞典、辭書採用，但實際上並不見得正確。另外一種説法見於陳千鈞的《韓非新傳》[②]，認爲韓非約生於韓釐王初年（公元前295年），其主要根據是《韓非子》中所記載的堂谿公與韓非、韓昭侯的對答。這種説法很有道理，值得參考。陳奇猷原確定韓非生於韓襄王十四年（公元前298年）[③]，不過是根據陳千鈞之説稍作調整而已，並没有什麽有力的新證據，所以後來也就不再堅持其説，而只是籠統地説韓非"生於韓襄王末年"[④]，這就與陳千鈞之説相同了。

關於韓非生平研究的另一個創造是編制《韓非年表》。這也是古代學者所没有做過的工作。陳千鈞《韓非新傳》首創之，隨後容肇祖《韓非子考證》（商務印書館1936年版）、陳啓天《韓非的生平》[⑤]、陳奇猷《韓非子集釋》皆有製作。這對於我們瞭解韓非所處的時代背景是極爲有益的。

六、編集流傳研究

明清時期的校勘學家，雖然也談及古代各種《藝文志》的著録，也推測過《韓非子》的編集，也論述過宋以來各種版本的優劣與流傳情況，但往往較爲零碎。時至現代，陳啓天在這方面作了匯輯資料以及考證的工作[⑥]。他把各種官修的《藝文志》、《經籍志》和私人藏書目録上的著録，以及各種刻本的序跋和版本目録方面的考證資料都彙集在一起，這無疑給後人研究《韓非子》的版本目録及流傳提供了極大的方便。不過，陳啓天的輯録與考證，也多疏誤之處，其貽誤後人實不淺。如《重校〈韓子迂評〉凡例》原無署名，他却署上了"門無子"的名字；其輯録的序跋文字也多訛誤，而張鼎文《校刻韓非子序》中的錯誤尤多。後來陳奇猷《韓非子集釋》與《韓非子新校注》之附録所輯的序跋文字徑鈔自《韓非子參考書輯要》而未以第一手材料進行校對，所以陳啓天的錯誤又導致了陳奇猷的錯誤。陳奇猷的錯誤又通過其書貽誤後學。如此以訛傳訛，陳奇猷固然難辭其咎，然始作俑者，實爲陳啓天。還有，《漢書·藝文

① 錢穆的《先秦諸子繫年》於1936年由商務印書館出版，1956年香港大學出版社出版了增定本。可參閲其中的《先秦諸子繫年考辨》卷四《李斯韓非考》、《先秦諸子繫年通表》第四、《諸子生卒年世約數》。

② 陳千鈞：《韓非新傳》原載《學術世界》1935年1卷2期，後又收入世界書局國學整理社1935年編印的《諸子集成》。

③ 陳奇猷：《韓非子集釋》附録中的《韓非生卒年考》、《韓非年表》。

④ 陳奇猷：《韓非子新校注》附録中的《韓非生卒年考》。

⑤ 載《國論》復刊1940年1卷7號，後又收入《韓非子參考書輯要》、《增訂韓非子校釋》。

⑥ 陳啓天：《韓非子參考書輯要》，中華書局1945年版。此書後又收入臺灣商務印書館1969年出版的《增訂韓非子校釋》。

志》著録《韓子》五十五篇，梁阮孝緒《七録》著録《韓子》爲二十卷，這只是因爲古代以竹簡編書，故分篇，後來以卷子鈔寫，故分卷。陳啓天不明古代的書籍制度，便誤以爲梁代以前的《韓非子》只分篇而不分卷，或已分卷而未著録[①]。趙海金的《韓非子研究》吸取了陳啓天的這一説法，也就只能以誤傳誤了。

還值得一提的是陳奇猷《韓非子集釋》附録中的《韓非子刻本源流考》，因爲這種力求探明《韓非子》刻本系統以理清其源流的研究是很有意義的。可惜的是，他對《韓非子》的版本未作深入的調查，在校勘方面也未下大功夫，因而其論述錯誤百出，基於這種錯誤認識而繪製的《韓非子刻本源流表》雖然明晰直觀，却也因此而毫無學術價值。大概也是這個原因，其《韓非子新校注》的附録把《韓非子刻本源流考》改成了《韓非子舊刻本述要》，並删除了《韓非子刻本源流表》，但令人遺憾的是，他還是未去查考《韓非子》的各種版本，因而仍然保留了《集釋》中的錯誤。

其後對《韓非子》進行認真校勘的有周勳初先生[②]，他不但尋訪了不少善本，而且作過較深入的研究，所以，他對《韓非子》各種版本及其源流關係的論述較爲精審[③]，值得研究版本目録者參考。

關於《韓非子》的編集，也引起了現代學者的關注。陳啓天認爲《韓非子》是劉向編定的[④]，後人多從其説[⑤]，周勳初還作了進一步的論證[⑥]，其實未必妥當。徐敏認爲《韓非子》的編集始於秦代，這一觀點值得重視，但他認爲最後的編定者還是劉向[⑦]，則又回到了前人的成説上去了。我們認爲，《韓非子》應是秦滅韓後至李斯被殺前(即公元前 230 年至公元前 208 年之間)秦朝主管圖書檔案的御史編定的[⑧]，這也不過是一家之説。總之，《韓非子》的編集問題還是值得進一步加以探討的。

七、真僞考辨

有關《韓非子》的真僞，如前所説，宋代程氏、明代張鼎文都有所懷疑，但他們的説法都没有引起什麽反響。影響較大的還是現代學者的論述。

懷疑最大膽、否定最徹底的是胡適，他認爲現在流傳的《韓非子》五十五篇中，只有七篇

---

① 陳啓天:《增訂韓非子校釋》所附之《韓非子參考書輯要》，臺灣商務印書館 1969 年版，第 886 頁。

② 他的校勘成果見江蘇人民出版社 1982 年版《韓非子校注》。

③ 周勳初:《韓非子札記》，江蘇人民出版社 1980 年版。

④ 陳啓天:《韓非子參考書輯要》，中華書局 1945 年版，第 1 頁;《增訂韓非子校釋》所附之《韓非子參考書輯要》，臺灣商務印書館 1969 年版，第 885 頁。

⑤ 陳奇猷:《韓非子集釋》之附録，中華書局 1958 年 9 月版，第 1161 頁;趙海金《韓非子研究》，正中書局 1967 年初版、1977 年第四版，第 13 頁。

⑥ 周勳初:《韓非子札記》，江蘇人民出版社 1980 年 11 月第 1 版，第 13 至 19 頁。

⑦ 徐敏:《〈韓非子〉的流傳與編定》，載《社會科學戰綫》1982 年第 1 期。

⑧ 張覺:《〈韓非子〉編集探討》，載《貴州文史叢刊》1990 年第 3 期。

可靠,其餘的都是僞作①。他雖然説他的結論"大都以學説内容爲根據",却並没有把這些根據發表出來。這種没有表現出"小心求證"精神的"大膽假設",不免使人感到武斷。

其後,容肇祖承其衣鉢作了考證,寫成了《韓非的著作考》一文,於 1927 年發表在《中山大學語言歷史學研究所週刊》第一卷第四期上,引起了學者的辯論②。後來,他重加修訂,改名爲《韓非子考證》,於 1936 年由商務印書館出版。由於容氏的説法以考證的面目出現,所以很能迷惑不知底細的人,因而影響極大。其實,容氏的考證,乃以《五蠹》、《顯學》兩篇的思想内容去衡量其他篇章的真僞,這考證的基本立足點就錯了,再加上他對《韓非子》中的詞語誤解不少,所以,他的考證,大多是惹是生非、製造混亂之説,不足掛齒。

但是,胡、容兩人的説法却使得以後研究《韓非子》的人不能不對《韓非子》的真僞有所考辨,有關的論文不斷問世,如:鄧思善的《讀〈韓非的著作考〉志疑》(載《中山大學語言歷史學研究所週刊》1928 年 2 卷 24 號)、陳千鈞的《韓非子書考》(載《學術世界》1935 年 1 卷 1 期)、曾繁康的《〈韓非子·初見秦篇〉作者之推測》(載《責善半月刊》1940 年 1 卷 1 號)、郭沫若的《韓非子〈初見秦篇〉發微》(載《説文月刊》1944 年第 4 卷)、彭陞榮的《〈韓非子初見秦篇作者考〉補》(載《中央日報》1947 年 6 月 16 日)、嚴靈峯的《論〈初見秦篇〉乃韓非所自作》(載《幼獅學志》1966 年 5 卷 1 期)、鄭良樹的《論〈韓非子·初見秦篇〉出自〈戰國策〉》(載《大陸雜誌》1975 年 50 卷 5 期)、鄧廷爵的《關於〈韓非子·初見秦〉的作者與韓非之死》(載《學術月刊》1982 年 3 月號)。涉及《韓非子》真僞考辨的著作有:劉汝霖的《周秦諸子考》、蔣伯潛的《諸子通考》、錢穆的《先秦諸子繫年考辨》、張心澂的《僞書通考》、高亨的《諸子新箋》、陳啓天的《中國法家概論》和《韓非子校釋》、郭沫若的《青銅時代》和《十批判書》、陳奇猷的《韓非子集釋》和《韓非子新校注》、梁啓雄的《韓子淺解》、趙海金的《韓非子研究》、周勳初的《韓非子札記》、鄭良樹的《韓非之著述及思想》等等。

以上這些論著,有證其爲僞作的,有辨其非僞作的,雖然其中難免有陳陳相因之跡,但也多所創見,正是衆説紛紜,蔚爲大觀。結果,《韓非子》中只有六篇是没有任何人懷疑的。其實,學者們的種種懷疑,大多靠不住。所以,現代在《韓非子》辨僞方面所作的大部分考證,雖然花去了學者們不少心思,但學術價值並不大。從總體上看,《韓非子》的辨僞是現代韓學中最不成功的工作。

八、語詞索引

有關《韓非子》語詞索引的編排,這是較晚的事了。二十世紀三十年代以後,各種《引得》、《通檢》、《索引》相繼問世,唯獨《韓非子》受到了冷落。所以,周鍾靈、施孝適、許惟賢等

---

① 胡適:《中國哲學史大綱》卷上,《北京大學叢書》本,1919 年版,或商務印書館 1987 年影印本,第 365 頁。
② 參見《古史辨》第四册。

所編的《韓非子索引》(中華書局1982年5月版),無疑填補了《韓非子》研究中的這一空白。

該《索引》按音序排列,備有中文拼音檢字、筆劃檢字、四角號碼檢字,查閱甚爲方便。

其不足之處是,凡《韓非子》原文中被校改過的文字,没有爲它作索引,這就有失謹嚴了。該《索引》所用的《韓非子》原文,是經過校改的《韓非子校注》的正文。《韓非子校注》對於原文的校定,雖大都可從,但也不免有失當之處。如《外儲說右下》:"子之聞之,使人遺蘇代金百鎰,而聽其所使之。"《校注》根據王渭的説法删去了最後一個"之"字。這實是一種誤删,因爲"聽其所使之"的句法、文意與《戰國策·趙策四》"觸龍説趙太后"一章中的"恣君之所使之"完全類似,是"聽其使之"[聽憑蘇代使用他(指子之)]的意思,這裏的"所"是語助詞[①],而"之"並非衍文。現在《校注》删去了"之"字,便把《韓非子》所保留下來的這種古代特有的句法現象給抹殺了。《索引》根據《校注》的正文而不收録這個"之"字,便有點將錯就錯了,這對於《韓非子》語言現象的研究顯然是一個缺憾。洪業等編纂的各種《引得》,凡有異文,均爲之引得,這一嚴謹的做法,没有被《韓非子索引》所繼承,是不免令人遺憾的。《索引》作爲一種工具書,應該忠實地反映古籍的原貌。進行校訂是必要的,但改動過的文字,即使是錯誤的異文,最好也做出索引。只有這樣,才能有效地限制因校改失誤而造成的不良影響。

此外,《韓非子索引》的編排基本上是認真仔細的,但也有不少疏漏。如"煩且"是馬名,"季羽"、"温"、"臧獲"非人名,却都收入了"人名索引";"季羽"、"晉臣"不是一個詞,却另立爲詞條;《韓非子》中的"戇"當讀 zhuàng,《索引》却排在 gang 處;"然而有千金之馬而無千金之鹿者"已經收入"千金"條,又重入"金"字條。諸如此類的錯誤,至少可以舉出一百五十餘處。

當然,瑕不掩瑜,從總體上來説,《韓非子索引》無疑給《韓非子》研究者提供了極大的方便。

九、韓 學 研 究

關於《韓非子》研究的研究,現代的成就顯然大於古代。

較早的研究論文是陳千鈞的《歷代韓學述評》(載《學術世界》1936年1卷11期),因筆者無緣拜讀,所以無從評判其得失。

影響較大的是陳啓天的《韓非子參考書輯要》[②]。該書不僅收録了有關版本目録方面的材料,而且還彙集了古今對《韓非子》的品評和研究成果。他的匯輯雖然不太詳備,但也可算是比較豐富的了。這對於研究《韓非子》來説,是極爲有利的。這些資料,不但爲陳奇猷的

① 張覺:《"恣君之所使之"中"所"字之我見》,載《淮北煤師院學報》1991年3期;張覺《〈孟子〉句式變换釋例》,上海財經大學出版社2001年出版。

② 該書1945年由中華書局出版,後又收入臺灣商務印書館1969年出版的《增訂韓非子校釋》。

《韓非子集釋》和《韓非子新校注》所吸收，而且對研究《韓非子》思想者也大有影響，如封思毅《韓非子思想散論》中的第七章，基本上都是鈔它的。尤其值得稱道的是，其中的《韓非子書目提要》一節對歷代《韓非子》論著作了述評，這對讀者瞭解歷代《韓非子》的研究概況十分有利。同時，他對歷代韓學也略有評論，其言云："漢去秦不遠，其能深明韓非之學者，尚不乏其人。唐宋以後，除一二特殊之士外，則多僅嗜其文辭而已。清代之校讎，雖大有裨於《韓非子》書之攻讀，然亦鮮留意及於其學者。至近數十年，始有以之爲一種哲學而加以批評研究者，又有以之爲一種政治學或法理學而加以批評研究者。發明闡微，務求獲其本旨。於是《韓非子》之學，乃復漸明於世，不徒以其文辭之美而嗜之，亦不徒以其典籍之古而好之也。"①這些評論，大旨尚可，但從我們上面的論述來看，其視野不免過於狹窄，所以其論述也就欠周詳了。這與他只致力於研究《韓非子》的思想是有關的。當然，由於時代的限制，其書也只能論及二十世紀四十年代以前的韓學研究。

除了《韓非子參考書輯要》，對二十世紀以來公開發表的《韓非子》論文及出版的著作有所著録的有各種"論文索引"、"參考書目"、"出版書目"、"年鑒"以及各圖書館的"藏書目録"。不過，具體的每一種《索引》或《目録》所收集的論著都有所缺漏(包括現在各網站所提供的)。所以，它們雖然可以各各反映出二十世紀以來韓學研究的一些綫索，但都難以反映二十世紀以來韓學研究的全貌。到現在爲止，還没有一個較爲詳盡的《韓非子》論著索引問世，這實在也是《韓非子》研究中的一個缺憾。

至於對《韓非子》論著的評價，陳啓天之後尚未見到有系統評論的專著，而只有一些論文問世，而且也不爲人們重視。像關鋒的《評梁啓雄著〈韓子淺解〉》(載《人民日報》1960年11月29日)、葉尚老的《重讀〈韓非子的批判〉》(載《文匯報》1981年2月9日)、段熙仲的《〈韓非子札記〉述評》(載《南京大學學報》1982年2期)，鄭良樹的《韓非子研究的回顧》(載《文獻》1993年2期)，都是如此。

在此還值得一提的是嚴靈峯先生編輯的《無求備齋韓非子集成》。該叢書廣收各種明清刻本、古今校釋研究之作以及日本漢學家的著作，於1980年由臺北成文出版社影印出版。這無疑爲《韓非子》研究者提供了很大的便利。特别是其中張鼎文校刻的初印本《韓非子》，具有很高的校勘價值，而在國内已經極爲罕見，故彌足珍貴。但也必須指出，編者之誤説、誤題處也不少，使用時應該注意甄别而切不可妄信其言。如其所謂"宋刊"《韓非子》，不過是《四部叢刊》本，根本不是什麽宋刊本。其所謂"吴鼒　清嘉慶二十三年全椒吴氏刊《韓晏合刻》本"，也只是揚州汪氏於道光乙巳(1845年)重鐫的《韓晏合編》中的《韓非子》，而非吴鼒嘉慶二十三年(1818年)初刻本。其所謂"明門無子、凌瀛初"所撰的"明吴興凌氏刊《集評》朱墨套印本"，實是以《韓子迂評》重修本爲底本的集評翻刻本，根本不是"明門無子、凌瀛初"所撰。其中張榜的《韓非子纂》，也只是一種翻刻本而没有什麽校勘價值。

① 陳啓天：《增訂韓非子校釋》所附之《韓非子參考書輯要》，臺灣商務印書館1969年版，第906頁。

十、現代《韓非子》研究總評

綜觀一百年來的《韓非子》研究，雖也有偏頗之時，但從總體上來看，其研究領域之廣、研究功力之深、研究觀念之新、研究成果之多，是前所未有的。但願有志於韓學者高瞻遠矚，更上一層樓。

儒學對中國古代文獻傳統形成的貢獻

□謝 維 揚

［摘　要］ 中國古代文獻傳統的存在是中國古代發展的重要特徵。儒學對這一傳統的最終形成起了重大作用。整理出在這一傳統形成過程中最重要的一些文獻的文本，成爲支撑這一傳統發生作用的記述和論述基礎。儒學還宣導和提升了文獻的批評的功能，使文獻活動普通化，對後來成爲儒家經典的古代重要文獻做了深入和開創性的研究以及大量闡釋與宣傳的工作，使中國古代文獻傳統成爲發生真實影響的事實。儒學的這些貢獻體現了儒學自身"文獻主義"的特徵，即它致力於推出一組支撑其學説的文獻，並使這組文獻成爲對全社會和國家有重大影響的力量。儒學的最終成功使得古代中國整個歷史本身也打上"文獻主義"的烙印。

［關鍵詞］ 儒學；文獻傳統；文本

［作者簡介］ 謝維揚，上海大學古代文明研究中心教授、博士生导师　（上海 200444）

中國古代發展的一個重要特徵是中國古代生活中文獻發揮着特别重要的作用。現在人們可以確信，中國古代文獻不是一些相互孤立的資料，它們在總體上是中國古代特有的文獻傳統的産物。這也就是説，就中國古代的發展樣式而言，在對古代事實和古人思想的記録和闡述上，所有古代文字資料的内容和形式，都是受古代中國已經形成規範和傳統的、十分發展的文字記録與流傳系統的制約的。這些規範和傳統的具體表現包括：對衆多資料和素材的正式和完善的原始記録系統（由古代史官制度所支撑的）、具很高水準的資料整理系統（實用文獻文本和古書的出現）、擁有具專業水準的資料著録系統和檢索方法（目録學的雛形和對古書引用的傳統）、一定意義和水準上的批評系統（史官職業準則的形成和非官屬著作活動的出現），以及文獻作爲國家政治活動一部分的嚴肅的地位與品格等。從世界文化史的角度看，中國古代文獻傳統的這些表現可以説是非常獨特的，文獻在歷史中的作用因這種傳統的存在也與衆不同，成爲與中國古代發展全部特徵有關的一項有深刻意義的因素。

在對古代問題的研究中，上述看法的一個重要意義就是：在將古代文獻作爲史料來對待的問題上，合乎要求的做法是要把所有的討論都放在對中國古代文獻整體和文獻傳統全部表現瞭解的基礎上來進行。那種根據局部的、片斷的、孤立的特徵來處理早期文獻問題的做法並不能真正解決與文獻有關的古代問題，也不可能使我們對古代史料學的建設較之前人有根本的改進。所以關於整個中國古代文獻傳統的表現及其意義的認識，在對古代問題的研究中，是幫助我們形成更恰當的研究方法的一個基礎。

毫無疑問，中國古代的文獻傳統是在十分漫長的歷史時期中逐步形成的。其在不同時期歷史中的表現和所起的作用也並不完全相同。儒學絶不是它的始作俑者。但是儒學對這個傳統的最終形成是起了重大作用的。也就是説,如果没有儒學的貢獻,我們現在觀察到的古代文獻傳統很可能不會最終形成;即使形成,其形態、性質和作用也可能大不相同。因爲儒學在這方面可以説做出了無可替代的工作。瞭解這一點,不僅對儒學本身的歷史地位可有更深刻的體認,對於古代文獻傳統形成的過程和原理也可以有更準確的認識。對此,或可從如下幾個方面作一些初步的討論,以就教於方家。

首先可以看到的是,儒學對中國早期重要的文獻文本的形成是做出重要貢獻的。中國古代最早的文獻文本的出現,從古人的記述中看,似可遠追至夏商時期。《國語·晉語四》提到晉文公時陽人"有夏商之嗣典"。韋昭注:"言有夏商之後嗣及其遺法。"如果韋昭的讀法無大錯,《晉語》所説的"典"就可以看做是源自夏商時期的一類文獻。但嚴格地説,《晉語》的記法尚不足以表明真正的文獻文本在夏商時期是否已有出現,因爲此時已去古太遠,所謂"夏商之嗣典"完全可能只在内容上與古有聯繫,至於文本的情況則根本不清楚。但在《尚書·多士》中説到:"惟殷先人,有册有典。"這應該可以理解爲是提到了商朝時已有文獻文本存在。僞孔傳讀《多士》上句爲:"言……殷先世有册書典籍",意思與此是一致的。這種極早期的文獻文本的作成,當然不能説與儒學有任何關係。事實上,在儒學初形成的春秋時期,古代文獻文本在種類和數量上均已達到十分可觀的程度。姚名達早年在其《中國目録學史》中曾羅列"孔子以前典籍"存在的情況,其首先提到的是最爲人熟悉的衆多"書"、"詩"、"春秋"類文獻的存在,其次還提到大量以"典"、"志"、"法"等稱名的文獻也已存在,且均被頻頻稱引,當然還有更多以各種其他名稱命名的文獻(如《夏訓》、《周制》等等)。[①]姚著所説的這些情況即以今天的標準來驗證也是没有問題的。所以就古代文獻文本作成的整體成就而言,最先有功勞的顯然並不是孔子或儒學。但從古代文獻傳統發展的全部過程來看,儒學在這方面還是作出了極爲關鍵的貢獻。這指的是儒學爲古代文獻傳統的最終形成整理出最重要的一些文獻的文本,而以這些文獻文本爲核心,儒學貢獻了支撑古代文獻傳統發生作用的完整的、有力的記述和論述基礎。

自上世紀七十年代以來,由於對大批新出土古代文獻文本資料的研究取得重大成果,人們對古書成書的真實過程有了更深入、準確的瞭解,其中的進展是前所未有的。其中最值得一提的一個重要認識就是,所有先秦古書的成書都經過一個十分複雜而漫長的過程,而絶不類於晚世書籍成書時的簡明過程。許多先秦古書在面世後很長時期内都仍然經過衆多人手的再作,而許多古書也在很長時期中並無所謂正確和標準的文本。古書在實際流傳中所出現的鈔本,從已發現的實物資料看,並不區分具有所謂"版本"意義的文本的鈔本和僅爲人們自用而製作的一般的鈔本。甚至在很多情況下,許多文本中古書内容的編排也非常隨意和機動,應屬於不同古書的篇章可任意地組編在一個文本中。這種情況延續了很長時期,甚至直至漢代我們仍然可以看到這種情況的某些表現。但是改變這種情況的過程至少在春秋晚

---

① 姚名達:《中國目録學史》,上海古籍出版社 2002 年版,第 24—26 頁。

期也已經開始。這指的就是孔子和儒學在古代文獻文本整理上所做的工作。在古書文本形成的尚較原始的階段上,儒學的一個特殊貢獻正是爲一些重要的古書在形成其較重要和確定文本方面做出了重要成績。比如《春秋》,衆所周知,是在孔子之前就已有的一類古代文獻。《孟子·離婁下》提到過"魯之《春秋》",《左傳》昭公二年也提到過《魯春秋》,都是指魯國早有的這類文獻。而孔子很可能對《魯春秋》做了文本修訂的工作。應該説他的工作的實質是試圖爲《春秋》確定最終被認可的文本。顧炎武曾認爲孔子所修訂的《春秋》文本,"自惠公以上之文無所改焉,所謂'述而不作'者也;自隱公以下則孔子以己意修之,所謂'作《春秋》'也。然則自惠公以上之《春秋》固夫子所善而從之者也,惜乎其書之不存也"。[①]依顧説,孔子對《春秋》所作的改動只在隱公以下部分,這應有待於證實。從今傳《春秋》的面貌看,孔子所作的改動也可能涉及對惠公以上部分的去除,如果這樣,應該是反映了孔子的某些意圖。而孔子對《春秋》文字所作的"筆削"也是有衆多證據的。所以孔子對《春秋》做過整理的工作應該是可以確認的。孔子工作的成效是可觀的,因爲經其修訂的文本最終成得以傳世,這無疑表現出孔子及儒學對早期文獻文本形成所起的重要作用。

學術界對於孔子或儒學與其他一些先秦重要古書成書的關係則有更多的討論。例如關於《尚書》,儘管司馬遷和班固在《史記·三代世表序》、《孔子世家》和《漢書·藝文志》、《儒林傳》中都非常肯定地説到過孔子對其做過編次及整理的工作,但學術界對此説還是有很大的保留。這主要是因爲目前確實還未能找到比《史》、《漢》更早的説明孔子對《尚書》做過系統整理工作的更直接的證據。同時我們還可以注意到孔子曾引用過今傳本《尚書》篇目以外的内容(《論語·爲政》:"子曰:'《書》云:"孝乎惟孝,友于兄弟,施于有政。"是亦爲政,奚其爲爲政?'"孔子上所引《書》文字不見今傳本《尚書》,僞古文《尚書》采入《君陳》篇)。可見孔子使用《尚書》文本的情況尚有較複雜的一面。在這種情況下,許多學者對孔子是否對《尚書》做過整理的工作不表示確定的意見是可以理解的,應無大錯。但問題的全部真相可能並不如此簡單。因爲我們看到,孔子對《尚書》的重視和多所利用是無疑的。《論語·述而》説"子所雅言,《詩》、《書》、執禮,皆雅言也",應能説明這一點。根據上文提到的我們今天所認識的古書成書的複雜情況,尤其是古書成書過程中不同文本存在的複雜情況,孔子既對《尚書》有這樣的利用,他應該會要求擁有合乎其要求的《尚書》文本,因而孔子非常可能對《尚書》資料作某種整理以形成可接受的文本,並以此作爲向弟子傳授其對於《書》的見解的依據。《論語·憲問》中有:"子張曰:'《書》云:"高宗諒陰,三年不言",何謂也?'"子張引文見於今傳本《尚書·無逸》,但文字有顯著不同,説明此時孔子及子張所用的文本很可能還不同於今文《尚書》,則後者的做成就可能經過了孔子或其後學的某種整理。《史記》和《漢書》對於孔子編次及整理《尚書》的情節有相當細緻的記述,若完全只是出於杜撰,也頗有令人費解處。例如在《書序》的問題上,經宋洪邁、明朱熹、清顧炎武等相繼質疑,[②]學者中很多已不信《漢書》所説

① 顧炎武:《日知録集釋》,上海古籍出版社 1985 年版,第 286—287 頁。

② 分别見洪邁《容齋四筆》、朱熹《朱子語類》卷七十八、顧炎武《日知録》卷二。

其爲孔子所作的結論,甚至認爲就是後人"僞作"的。但還是有根據表明,《書序》有些内容的來源並不晚。2002年保利藝術博物館公佈新購得西周中期器豳公盨資料,人們發現其首句"天命禹敷土,墮山濬川"與今傳本《尚書·禹貢·序》所説的"禹别九州,隨山濬川"雷同。《史記·夏本紀》轉述《禹貢》,以及《河渠書》引《夏書》也有與《書序》雷同處。對此,裘錫圭先生認爲《史記》與《書序》"二者究竟誰鈔誰,尚無定論",但明確指出"《書序》和《河渠書》説禹'隨山濬川',必有已失傳的古書爲據。"[①]這至少對於將《書序》完全認爲是"僞作",對其作者則推測爲漢以後人是不利的。由於西周中期時已經有《書序》中出現的文句在使用,則孔子時代也已經有《書序》文字存在就不好輕易否定了。那麽孔子教《尚書》時有《書序》爲所用,就很可以想象了,而孔子對這時的《書序》文本有無做過某種整理的工作,亦應屬不可遽定者。當然整個問題還是十分複雜的。錢大昕當年在顧炎武《日知録》"書序"條下説:"亭林不信《書序》,然《書序》不可廢。"[②]看來錢氏對《書序》是有不拘於眼前資料的某種體會,頗值得玩味。所以孔子與《書序》的關係問題應該是可以進一步研究的,而最關鍵的自然還是期望有關乎事實的新的證據出現。

總之,儒學作爲古代最有影響的學術和思想流派之一,其與先秦其他衆多學派活動的一個顯著的不同,就在於它擁有作爲其整個學説依據的一批有着很早期來源的重要文獻組合。這種並不輕易可得的特點在很大可能上應該伴隨着這個學派對於文獻本身所做的深入的工作。後來的發展表明,正是這些由於儒學的努力而産生特别影響的古代文獻在被改造爲儒家經典後成爲不斷發展和支撑中國古代文獻傳統的主要基礎。我認爲對於儒學在這些早期文獻文本形成中的作用,儘管現在尚未有全部完整的證據,但仍然應給以充分的重視。因爲儒學的這項工作非常深刻地體現了儒學的一個非常重要的特徵,那就是儒學的工作是"文獻主義"的,具體地説就是它致力於推出一組支撑其學説的文獻,並使這組文獻成爲對全社會和國家有重大影響的一種力量。儒學的最終成功當然也使得嗣後古代中國的全部歷史深深地打上了在世界文化發展史上少見的"文獻主義"的烙印。

儒學對中國古代文獻傳統形成的又一方面的貢獻是表現在其對於文獻批評功能的宣導和提升。中國古代將文獻作爲開展教育或教化的工具的做法由來已久,應該説也不是孔子或儒學的創造。對此,禮書中都有提及。在史書中也有例證。《左傳》僖公二十七年曾提到晉國在選三軍元帥時趙衰説:"郤縠可。臣亟聞其言矣,説禮、樂而敦《詩》、《書》。"可見春秋中期時高級貴族已有學《詩》《書》等文獻的。但趙衰所以對郤縠褒勉有加,也看出郤縠的好學似乎也算是特出之例。《國語·楚語上》記述申叔時就教育太子之事向楚莊王建言説:"教之《春秋》,而爲之聳善而抑惡焉,以戒勸其心。教之《世》,以休懼其動。教之《詩》,而爲之導廣顯德,以耀明其志。教之《禮》,使知上下之則。教之《樂》,以疏其穢而鎮其浮。教之《令》,使訪物官。教之《語》,使明其德,而知先王之務用明德於民也。教之故《志》,使知廢興者而

① 裘錫圭:《豳公盨銘文考釋》,收《中國出土文獻十講》,復旦大學出版社2004年版,第50、52頁。
② 顧炎武:《日知録集釋》,第220頁。

戒懼焉。教之《訓典》，使知族類，行比義焉。”這里加書名號的並不一定是確定的書名，也可以是一類文獻的統稱，已不可詳考，但無疑指的是一些文獻。對於《訓典》一名，韋昭注釋爲“五帝之書”，這當然是很不可能的，唯看出其有很古的來源而已。楚莊王問此事的時間與上引趙衰事相隔約四十年，約在孔子誕生前四五十年。這則事例中涉及的文獻種類已大大增加了，而且以文獻用於教育和教化的計劃性和目的性也非常强。這進一步説明中國古代利用文獻開展教育和教化的做法不僅發生得很早，而且在孔子之前也已經有十分豐富的內容。從申叔時對《春秋》等一系列文獻用的教育和教化功用的闡述中，可以很清楚地看出它們本質上是在發揮文獻的批評的功能，由此而達到所謂“戒勸”、“戒懼”等等之效果。但從《楚語》的這則記述中也可以看出，至少在楚莊王在位時，在楚國要開展這樣的教育或教化之事，還是需要特殊人物的特别指點的，所針對的對象似乎也還很有限，同時用於教育和教化的文獻的構成很可能是不太確定的。這種狀況後來所發生的變化，則是同孔子和儒學在利用文獻開展教育和教化方面所做的開創性工作分不開的。

首先可以提到的孔子及其後學使得文獻活動普通化了，或者至少他們是促使文獻活動普通化的中堅和最重要代表。上面提到的《楚語》描述的對楚太子的教育事項還完全是宫廷內事物的表現，這很可能也是當時大多數文獻活動存在的主要的實際空間範圍。《左傳》昭公二年的一段有名的記載謂：“晉侯使韓宣子來聘，觀書于大史氏，見《易象》與《魯春秋》，曰：‘周禮盡在魯矣，吾乃今知周公之德與周之所以王也。’”這裏看出兩點：一、此時如《魯春秋》這樣的文獻還並不是隨處可以看到的，以韓宣子這樣的高級貴族也只有到魯國後才得以目睹；二、包括《易象》(最可能指與今所見《易・象傳》相類的文獻，但不必是同一文本(一説以“象”指古代政令類文獻，亦稱“象魏”，[①]但此説顯有不認同較早時有《象傳》類文獻之先入之見，故並不見其嚴謹)和《魯春秋》在內的一些重要文獻的內容和要旨尚未爲廣大人群所知，故韓宣子是在親見後才抒發出讀後的感慨。魯昭公二年當西元前 540 年，其時孔子約 11 歲，可見直至孔子少年時文獻活動的普通化程度還很差。但是孔子創立儒學運動後，衆所周知，他和他的弟子們已迅速將以古代文獻爲教材接受教育或教化的對象擴大到了十分廣大的人群中，包括低級的貴族乃至平民，而文獻本身也隨之走出宫廷而進入更廣闊的社會空間，成爲所有社會權利人可得保藏和利用的工具。這個變化的意義絶不僅在於古代教育的發展方面，而是爲中國古代文獻傳統的最終形成奠立了最重要的社會智力和政治倫理的基礎。由於文獻活動的社會空間空前擴大化了，文獻的批評功能也得以社會化和國家化了，這是古代文獻價值的一次最重要的定型，當然也是對其整個批評功能的空前提升。從這個意義上説，我相信孔子治學與教學的真正動機恐怕遠超出對社會教育的關心，而在根本上仍然是其爲尋求古代國家治國之道不吝用心的一部分。後來證明，孔子在這個方向上所作的工作，其意義超過他直接從政時的任何時期，是真正具有深遠歷史性的。

孔子和儒學對於文獻的批評功能提升的另一個重要表現是其對後來成爲儒家經典的古

① 楊伯峻：《春秋左傳注》，中華書局 1981 年版，第 1227 頁。

代重要文獻内容和宗旨所做的極爲深入和大規模的、持久的研究、闡釋和宣傳，其成就無疑超過之前任何時期的任何人物，這些研究、闡釋和宣傳所提供的思想和認識達到古代智慧和認知能力的極高水準，並且足以應付嗣後漫長歷史時期中古代文獻傳統發生巨大作用的需要。在這方面，孔子本人就是一個範例。《論語·述而》説："子曰：'述而不作，信而好古，竊比于我老彭。'"有人將此句發揮爲指孔子只求因襲前人而無創作之要求。[①]這恐怕是誤讀。實際上孔子在這裏所表明的是他在接觸並使用古代資料時所持的態度。所説的"述"指的是忠實於資料原貌的陳述，"作"指的是脱離原作真實的造作。所以《述而》中還説道："蓋有不知而作之者，我無是也。""述而不作"的"作"正是指這種"作"，而這是孔子不會做的。所以可以看到，在對古代重要文獻研究和闡釋上，孔子及其後學有大量極具創造性的成就。對於孔子及其弟子、後學在研究和闡釋古代重要文獻上所做的這些工作，實際上所有早期儒學文獻可以説都是其證明。在近年來新出土的文獻中我們還可以看到反映這種成就的更好的材料。如 2001 年發表的《上海博物館藏戰國楚竹書》(一)所收的《詩論》一篇，就是非常難得的反映孔子和其弟子深入討論《詩經》思想内涵的一宗資料，李學勤先生認爲是一篇"有嚴密組織和中心主旨的論文"[②]。文中所説的"孔子曰：'詩無隱志，樂無隱情，文無隱意'"反映了孔子對《詩》的作用的整體理解，與傳統研究所解釋的情況一致。而全文對《詩經》各章意藴的闡釋更是精彩紛呈，而且與孔子整個學説中關於性、情、德、命等命題的理論相呼應。這讓我們非常真切地看到了孔子和儒學對經典文獻作深入研究的情況。《詩論》的記述就其内容的核心而言應該是可信的，也就是説孔門做過這些對於《詩》的很深入的探討和闡釋是可信的。我們相信有關這方面的更多新資料完全可能還會再出現。中國古代文獻傳統就是在孔子及其後學對於文獻的這種開創性的、很高水準的研究的基礎上成爲可以發生真實影響的一種事實。

當然，在談論中國古代文獻傳統形成的問題時，還必須提到儒學是如何將文獻帶入崇高和確定的代表國家意志的地位上的，而國家又是如何在儒學幫助下將文獻變成規約人們行爲的系統性的力量的。而這應該就是這一獨特傳統穩定形成的標誌，也是這一傳統表現中最令人震撼的部分。但這顯然不是孔子和早期儒學活動時代所已達到的成果，在這方面漢代儒學的活動是最重要的。而在討論漢代的變化時，人們應該會注意到儒學本身也發生了重要變化。因此從某種意義上説，當儒學促成了中國古代文獻傳統最終形成時，早期儒學時代的智力活動的格局也被改變了，中國古代的思想和認知世界進入了新階段。

---

① 如李澤厚曾將"述而不作，信而好古"譯爲"闡述而不創作，相信並喜愛古代"，應有以孔子不欲創作的意思。李澤厚：《論語今讀》，安徽文藝出版社 1998 年版，第 169 頁。

② 李學勤：《〈詩論〉的體裁和作者》，收上海大學古代文明研究中心、清華大學思想文化研究所編《上博館藏戰國楚竹書研究》，上海書店出版社 2002 年版，第 51 頁。

從校勘學到歷史學

□朱淵清

［摘　要］ 從簡帛到紙的書寫載體變化深刻地影響了學術的内容和方法。西晉初年，衆多優秀學者對新出土的汲塚書進行了整理研究。荀勖領導第一次整理之後十年，束皙利用出土原簡比勘前次整理本進行了第二次整理。這次偶發事件開啓了可批判的歷史研究。杜預在理論上更是提出了歷史學最本質的一個概念"記注"，促發了中國歷史學的真正形成。

［關鍵字］ 汲塚書；荀勖；束皙；杜預；記注

［作者簡介］ 朱淵清，上海大學思想與知識史研究中心教授，200444

從竹簡到紙張的書寫載體革命，深刻地影響到學術的内容和方法。東漢鄭玄"遍注諸經，立言百萬，集漢學之大成"（皮錫瑞語）。這些書籍如果是竹簡數量將龐大無比，是縑帛則昂貴異常，而鄭玄却是位"客耕東萊"的貧窮學者。由鄭玄開始的"注"的解經形式，所謂如水灌注，必須附經而行，不可能獨立於經，夾註在經文中間的解釋更適合在紙上進行，在細長只容單行書寫的竹簡上是無法夾註的。鄭玄附麗《彖》、《象》於經之下，是利用方便的寬幅可多行書寫的紙張來大規模重新寫定經文和解經傳文，在形式上造就了一個新的文本。鄭玄注經中大量使用音訓的方法，也唯有在書面語中才有其意義；這是尋求文字的文化意義的聯結，在口語中這種解釋根本無法表達意義。①新的書寫載體還促成了集解的學術新形式。集解將各種傳注與經文相合，是書面的文字會鈔。晉杜預《春秋左氏經傳集解》，分經附傳，聚集經傳爲之注解，最早將《春秋》經傳合併作解，稱之爲集解。②經學的今文學、古文學之别在於經師傳經是訓詁還是章句，歷時豐富的經典闡釋在紙張這種新載體條件下得以共時呈現，根本是書面語替代了日常口語，文字文本不再流動而可以批判，學術從教育中獨立出來；確定性的知識增長也有了可能。

校勘也稱校讎，是指文本的比對考核，這是一種實用的技術。劉向所謂："讎校，一人讀書，校其上下，得謬誤爲校；一人持本，一人讀折，若怨家相對，故曰讎也。"③漢代因爲古文經

---

① 朱淵清：《漢代經學三題》，《出土文獻與傳世典籍的詮釋》，上海古籍出版社 2010 年版。

② 其他如李顒《集解尚書》、劉寔《集解春秋序》、范甯《春秋穀梁傳集解》、謝萬《集解孝經》、何晏《論語集解》、孫焯《論語集解》、江熙《論語集解》等。魏晉佛經漢譯，也有同本異譯的經典相參校的"合本子注"，數種合一，依本注子，有本有子，以子從母。陳寅恪考訂漢末最早應用合本子注佛典的是三國高僧支謙。歷史撰述著作東漢也出現注，據王鳴盛統計西晉時集解《漢書》的有 14 或 15 家。

③ 劉向：《别録》，據《文選》左思《魏都賦》注引應劭《風俗通義》引，《太平御覽》卷六一八引補。

的争立學官、國家圖書的整理，校勘學就已經發達，内藤湖南認識到，正是校勘學使得東漢“進入了一個對已有的學問做出各種思考，並通過複雜的程式進行研究的時期”，學問“已不單純是思想的産物，而變成了附有歷史内容的學問”。①

校勘的對象，確定的書寫文本之間的區别其實不僅僅是文字、②符號、字體、③筆跡、字型、④字色⑤等，還來自書寫載體自身以及由此決定的標識、⑥字位、⑦空格⑧等諸多問題，麥克盧漢所謂“媒介即是訊息”。書寫載體改變後的文本已經變成了不同的文本。在相同書寫載體的本子的互相校勘中，這個問題是很難被發現的。今本《史記》刻印在紙上，但司馬遷撰述之時一定不是，他可能寫在竹簡（如 Grant Hardy、鄭粱生）、木簡（如 Michael Loewe），或絲帛（如 Endymion Wilkinson），或者同時使用了竹簡和繒帛（如 Hans van Ess）。

《史記・韓世家》：“武子後三世有韓厥，從封姓爲韓氏。韓厥，晉景公之三年，晉司寇屠岸賈將作亂，誅靈公之賊趙盾。趙盾已死矣，欲誅其子趙朔。”

第二次出現的“韓厥”突兀，前人多以爲衍文。王叔岷《史記斠證》指出，“韓厥字非衍，晉景公以下，述韓厥事，故于晉上特標韓厥二字，不嫌與上文已言韓厥重。蓋史公行文之例如此。”

---

① 【日】内藤湖南：《中國史通論》上册，社會科學文獻出版社 2004 年版，第 270—271 頁。

② 比如，今本《穆天子傳》卷 3“勒七萃之士於羽琌之上”的“七”，是原簡兩次整理者荀勖、束皙都認錯的字。“七萃之士”是穆王的警衛部隊，古文字“七”、“甲”極易相混，“七萃之士”實即“甲萃之士”。

③ 比如，周鳳五研究發現郭店楚簡的字體分爲四類：第一類是楚國簡牘的標準字體，包括《老子》甲、乙、丙三組、《太一生水》、《五行》、《緇衣》、《魯穆公問子思》、《窮達以時》、《語叢四》9 篇；第二類出自齊、魯儒家經典，但已經被楚國所“馴化”，而帶有“鳥蟲書”的筆勢，爲兩漢以下《魏三體石經》、《汗簡》、《古文四聲韻》等所見“古本”之所本，見於《性自命出》、《成之聞之》、《尊德義》、《六德》；第三類與服虔所見的“古文篆書”完全吻合，應當比較接近戰國時代齊、魯儒家經典文字的原始面貌，見於《語叢一》、《語叢二》、《語叢三》；第四類保留齊國文字的特徵最多，可能是當時楚國學者新近自齊國傳鈔的儒家典籍，包括《唐虞之道》、《忠信之道》。（周鳳五：《楚簡文字的書法史意義》，《古文字與商周文明》，臺灣“中央”研究院歷史語言所 2002 年版。）

④ 比如，今本《竹書紀年》、《穆天子傳》都有整理者加入的注，這些注本是整理者用不同的字體、字型書寫，但在後世的傳鈔過程中，很容易被鈔手混厠入正文。今本《竹書紀年》有“大字注”，字型的大小和本文同，但隔行；有“雙行小字夾註”，即用雙行小字寫進本文行中。大字注只見于周平王以前的紀年裏，此後只有雙行小字夾註。

⑤ 比如，上博簡《周易》在卦畫符號之外，還出現了以紅、黑兩色標誌的六種組合符號，整理者稱爲“首符”、“尾符”。

⑥ 尚未公佈的清華戰國簡《繫年》，每簡背面有序次編號。

⑦ 比如，今本《穆天子傳》卷 1：“狗重工徹止藿猳黄南來白。”張華《博物志》卷 6：“周穆王有犬名𣮈毛白。”張華所記周穆王之犬“𣮈”，並不見録於此前文獻，此“𣮈”犬當即出自張華最初所見汲塚《穆天子傳》原簡。戰國竹簡書寫，通習以重文符“＝”表示與上一字全部或其中部分同樣的字，故“𣮈毛白”，竹簡書寫當作“𣮈₌白”，張華得見竹簡原件，並識得重文符，故在《博物志》中有準確之記録。而就在荀勖他們具體整理《穆天子傳》的過程中，竹簡有些微損壞，此簡“毛₌”部分缺去，致使荀勖本隸定爲“來白”。張華在爲汲塚書作了最初分類後，旋即被外放，未能對荀勖的整理本作最後審定。

⑧ 比如，上博簡《孔子詩論》出現的“留白簡”。

《史記・趙世家》:"自叔带以下,趙宗益興,五世而(生)[至]趙夙。趙夙,晉獻公之十六年伐霍,魏,耿,而趙夙爲將伐霍。"

除了人名,書一章節標題也多有類似的問題,王叔岷認爲這是"編號"或"標識",並將此歸於司馬遷的寫作習慣。整部《史記》可區分爲有關漢代(7—12, 48—60, 88—117, 120—6, 130)的"獨立篇章"和漢以前歷史的"依賴性篇章"兩部分。[①]《史記》的"依賴性篇章",材料基本來自政府卷宗和檔案材料,可以設想,司馬遷面對一堆堆充塞庫房的竹簡進行撰述,一定有很多助手,包括某些"望郎"和"掌故"等,幫助他搬運、整理、提供資料。倪豪士肯定這樣的編號或標示是幫助整理者的一條貫穿的綫索,但認爲這是行文技巧。認爲"它們更有可能是寫在第一枚竹簡頂部的編號,而與標識、日期及人物有關的事件則記録在該簡上。這些'檔'被收藏起來,直到全篇需要整理和寫作的階段。當成卷的竹簡從檔檔案中取出,也許是另一位鈔寫者或司馬遷本人負責最終的鈔寫工作。他們中的任何一位都很有可能把作爲標示的文字——日期,人名,或者一本書的章節題目——鈔寫到文本正文中。"[②]

魏晉時期紙張已經普及,同時竹簡也還在使用。將寫在竹簡上的文本内容轉寫到紙張上,汲塚竹書的整理不僅需要對古文字進行釋讀,還迫使校勘學思考由書寫載體轉换帶來的文本問題,並且創造新技術去加以克服以表述理解,努力達成復原的目的。最終,魏晉校勘學直接導致了中國歷史學的誕生。

西晉初年,汲郡不准盜掘魏王墓塚,[③]結果發現了古書共有 10 萬餘字。不準入墓時,"不以爲意,往往散亂",並燒竹簡照取寶物。後來官府前往,又"收書不謹,多毁落殘缺",[④]竹簡在自然殘損之外又更增加了人爲的多重破壞。這批竹簡被稱爲汲塚書。汲塚出書之後,西晉政府極爲重視,晉武帝命中書監荀勖、中書令和嶠負責整理。當時最爲博學的大學者張華則很可能是最初爲這批竹簡分類的人。[⑤]由於出土古文(當時也稱爲科斗文)的釋讀不易,衆

① Bernhard Karlgren, *Sidelights on Si-ma Ts'ien's Language*, *Bulletin of the Museum of Far Eastern Antiquities* 42 (1970):297.

② 倪豪士:《一個〈史記〉文本問題的討論和一些關於〈世家〉編寫的推測》,日本米沢市上杉博物館東亞出版文化研究會議(Conference on the Study of Publishing Culture in East Aisa)宣讀論文,2001 年 10 月 20 日。

③ 汲塚書出土時間有多説。一是咸寧五年(279 年),《晉書・武帝紀》、《汗簡・略叙》、張懷瓘《書斷》持此説。《史記・周本紀》正義"咸和五年"也應是"咸寧五年"之誤。一是太康元年(280 年),杜預《春秋左氏經傳集解序》、孔穎達疏引王隱《晉書》也同此説,《北堂書鈔》卷一〇一引王隱《晉書》、今本《晉書・衛恒傳》、《晉書・律曆志》以及《隋書・經籍志》持此説。一是太康二年(281 年),荀勖《穆天子傳序》、《晉書・束晢傳》、《太平御覽》卷七四九、《北堂書鈔》卷五七引王隱《晉書》、《初學記》卷十二引傅暢《諸公贊》,《齊大公吕望碑》持此説。最後還有一種説法是太康八年(287 年),《尚書・咸有一德》正義有此説,不可信。可能是太康元年不准盜掘了汲塚,而汲塚書上繳官府則在太康二年。

④ 荀勖:《穆天子傳序》。

⑤ 《晉書・荀勖傳》:"俄領秘書監,與中書令張華依劉向《别録》,整理記籍。……及得汲塚中古文竹書,詔勖撰次之,以爲《中經》,列在秘書。"《記纂淵海》卷 29 引王隱《晉書》:"荀勉與張華依劉向《别録》整治書籍,以爲《中經》。"

多的學者參與了整理研究。先後介入參加汲塚書整理或對此進行研究的晉人有荀勖、張華、杜預、和嶠、臣讃、臣勲、臣給、[①]張宙、傅瓚、衛恒、束皙、郭璞、王接、王庭堅、潘滔、摯虞、謝衡、續鹹等人。其中,荀勖領導的整理《穆天子傳》小組成員包括:荀勖、和嶠、臣讃、臣勲、臣給、張宙、傅瓚。[②]荀勖主持汲塚書整理起始于太康二年(281 年),[③]此項工作在太康八年(287 年)之前結束,太康十年(289 年)已經問世被引用。[④]據《隋書·經籍志》,"帝命中書監荀勖、令和嶠撰次爲十五部八十七卷。"但據《晉書·束皙傳》,爲十六部七十五卷。《隋志》所據是荀勖的《中經新簿》,部卷不同實際是因爲這批書籍經過荀勖、束皙兩次整理的緣故。束皙完成新整理本約在 296—300 年間,[⑤]永康元年(300 年),"趙王倫爲相國,請爲記室,皙辭疾罷歸。"[⑥]兩次整理相隔約 10 年。在荀勖爲國家圖書的編目《中經新簿》中,圖書被分成了甲、乙、丙、丁四部。荀勖的四部分類中,汲塚書和詩賦圖贊同屬丁部,表明這是按照圖書插架的方便而作的圖書分類,新近入庫的汲塚書和有圖的圖贊被放在最末。八王之亂、永嘉南遷,這批竹書原簡很快亡佚於戰亂兵燹中。

今本《竹书纪年》按年编次,起自黄帝軒轅氏,東週三家分晉後記魏國事,至"今王"二十年爲止。《紀年》的起始,《史記·魏世家》集解引荀勖説:"和嶠云,《紀年》起于黄帝。"當時荀勖雖是領銜校理,但實際的工作和嶠可能承擔更多。[⑦]今本《竹書紀年》其實就是荀勖的整理本。[⑧]永平元年(291 年),秘書監摯虞延請世習古文的衛恒重新"考正汲塚書",但衛恒不久就

---

① "讃勲給"朱希祖以爲是三人,朱希祖《汲塚書考》,中華書局 1960 年版,第 49 頁。

② 今本《穆天子傳》序首有"侍中中書監光禄大夫濟北侯臣荀勖撰"一行,是經後人改易的,《鐵琴銅劍樓書目》有舊鈔本《穆天子傳》,馮己蒼得之,並校以錫山秦氏鈔本,補録序首結銜五行:

侍中中書監光禄大夫濟北侯臣勖
領中書會議郎蔡伯臣嶠言部
秘書主書令史讃勲給
秘書校書中郎張宙
郎中傅瓚校古文穆天子傳已訖謹並第録

③ 《太平御覽》卷二三三引《晉諸公贊》曰:"荀勖領秘書監。太康二年,汲郡冢中得竹書,勖躬自撰次注寫,以爲中經,列于秘書,經傳闕文多所證明。"(《記纂淵海》卷二九引傅暢《晉書》同。)《太平御覽》卷七四九引王隱《晉書》曰:"荀勖領秘書監,始書,師鐘朗法。太康二年,得汲郡塚中古文竹書,勖自撰次注寫,以爲中經,别在秘書,以較經傳闕文,多所證明。"《册府元龜》卷六二〇:"荀勖領秘書監,與中書令張華依劉向《别録》整禮記籍。又立書博士,置弟子教習,以鐘胡爲法。時汲郡塚中古文竹書,詔勖撰次之,以爲中經,列在秘書。"

④ 太康八年荀勖由中書監遷尚書令,據《隋志》,包括汲塚書的《中經新簿》是中書監荀勖編。太康十年,汲郡令盧無忌立《齊太公吕望碑》謂"其紀年曰康王六年齊太公望卒"。參見夏含夷《〈竹書紀年〉的整理和整理本——兼論汲塚竹書的不同整理本》,夏含夷《古史異觀》,上海古籍出版社 2005 年版。

⑤ 束皙自本郡赴喪,接續衛恒工作時的身份是佐著作郎。束皙轉佐著作郎的時間在元康六年(296 年),元康九年,遷著作郎。

⑥ 《晉書·束皙傳》。

⑦ 《居易録》卷二九:"晉中書監和嶠嘗領命校正《穆天子傳》五卷,瓚乃其校書,官屬郎中。"

⑧ 夏含夷:《〈竹書紀年〉的整理和整理本——兼論汲塚竹書的不同整理本》,夏含夷《古史異觀》,上海古籍出版社 2005 年版。

死於政治鬥争,[1]佐著作郎束皙自本郡赴喪,並續成其事。[2]束皙"隨疑分釋,皆有義證","事多證異義",[3]做出了一個新的整理本。

荀勖的整理工作存在很多缺陷,這也是摯虞、衛恒動議、束皙重新整理汲塚書的原因。杜預、[4]束皙[5]不同于荀勖、和嶠《紀年》起自黄帝的説法,認爲起自夏。杜預在汲塚出書不久就看到原簡並在太康三年(282 年)發表了自己的這個觀察陳述。今本《竹書紀年》的東周部分以周王年紀紀年,束皙和杜預説到的這一部分則都以晉和魏君年紀紀年。荀勖以鮮明的統緒意識更改了原簡的文字内容。今本《竹書紀年》"自武王至穆王享國百年",這是荀勖等爲今本《竹書紀年》所加注,這個説法與束皙"自周受命至穆王百年"[6]的説法相差極大,荀勖本其實在暗示武王卒于文王受命後第十七年,以合於《史記》和《三統曆》。並且荀勖的説法也完全是錯的。[7]不僅夏以前的部分,包括武王克商以前的十一年親政年紀都是荀勖整理本根據其歷史認知編造出來。

能够判定不屬於荀勖本的束皙本存留的文句雖少,但幾個年代與荀勖本出入很大,束皙對荀勖本有自己的批評。荀勖本把"魏徙都大梁"這個事件系於《竹書紀年》魏惠成王六年,束皙本系于魏惠成王九年。今本《竹書紀年》、《水經注》引文和臣瓚《汲郡古文》都是荀勖本;《史記索隱》和《汲塚紀年》是束皙本。[8]

> 《漢書·高帝紀注》:"臣瓚曰……'《汲郡古文》云:惠王之六年,自安邑遷于大梁。'"
>
> 《水經注·渠水注》:"《竹書紀年》:梁惠成王六年四月甲寅,徙邦于大梁。"
>
> 《今本竹書紀年》:"(周顯王)四年(相當於魏惠成王六年)夏四月甲寅,徙邦于大梁。"
>
> 《史記·魏世家·集解》:"《汲塚紀年》曰:梁惠王九年四月甲寅,徙邦大梁也。"
>
> 《孟子·梁惠王上·正義》:"《汲塚紀年》云:梁惠王九年四月甲寅,徙都大梁。"
>
> 《史記·魏世家·索隱》:"《紀年》以爲惠王九年。"

清人雷學淇《竹書紀年義證》證明了束皙本的繫年是正確的,魏徙都大梁發生在魏惠成王九年。他提出了兩個證據,1. 據《史記·秦本紀》,惠成王八年秦攻魏,在少梁大敗之,俘虜了魏太子。這是遷都很好的理由。2. 今本《竹書紀年》記載惠成王十年,魏國在大梁附近造了"大溝"(也就是"鴻溝"),爲改善新都交通而立刻進行基建可

---

① 《晉書·王接傳》。朱希祖認爲,衛恒撰《詔定古文官書》即汲塚古文,參見《汲塚書考》,中華書局 1960 年版,第 52、53 頁。

② 《晉書·束皙傳》、《晉書·王接傳》。

③ 《晉書·王接傳》。

④ 杜預:《春秋左氏經傳集解序》。

⑤⑥ 《晉書·束皙傳》。

⑦ 夏含夷:《〈竹書紀年〉與周武王克商的年代》,夏含夷《古史異觀》。

⑧ 夏含夷:《〈竹書紀年〉的整理和整理本——兼論汲塚竹書的不同整理本》,夏含夷《古史異觀》。

以理解。[①]在此基礎上，夏含夷根據《開元占經》日食記載指出魏惠成王元年是西元前369年，唐代初年的《開元占經》晚於汲塚書整理並且是獨立來源的曆算材料；而《史記》和沿襲《史記》年代框架的《今本竹書紀年》的魏惠成王元年是西元前370年。曆法推算魏惠成王九年即西元前361年夏正四月癸丑朔，初二甲寅。若用周正，四月朔正好是甲寅。舉行"遷都"這樣重大的事情不會隨便選擇月份某一天，而會選擇吉祥的日子，即初吉。四月初一也就是立夏當天，非常吉祥。[②]束晳没有寫出或保留諸如校勘記或工作筆記之類的説明其判斷理由的證據，雷學淇和夏含夷提供了這種論證，束晳關於"魏徙都大梁"做出的這個校正被證明完全正確。

另一例同樣證明束晳本繫年正確而荀勖本錯誤。

> 《水經·河水注》:"《竹書紀年》:'晉列公四年，趙城平邑。五年，田公子居思伐趙鄙，圍平邑。十年，齊田肸及邯鄲韓舉戰于平邑，邯鄲之師敗逋，獲韓舉、取平邑、新城。'"
>
> 《史記·韓世家·索隱》:"韓舉，趙將，……又《紀年》云:'其敗當韓威至八年。'"

荀勖本把"韓舉見獲"事繫于晉烈公十年(相當於西元前406年)，《史記索隱》所引束晳本把它繫于韓威王(亦即韓宣惠王，西元前332年至312年在位)八年(相當於西元前325年)。束晳本的這個年代與《史記·趙世家》、《韓世家》和《六國年表》都一致。但荀勖本的這個年代在趙、韓和魏還没有正式建立以前。[③]

很難因此就説束晳比此前荀勖一個小組的人在細節觀察力和歷史知識方面來得高明。束晳爲何、又憑什麼能够做出校正呢？整理汲塚書《竹書紀年》過程中，面對無數殘簡造成的記時部分和記事内容部分的分離，並且時時可能超出綴合、編聯所需要的能够理解的知識的範圍和程度，依靠什麽判斷去將記注事件放回到它原始標注的那個時間下呢？這就只能轉變成整理工作本身的經驗以及進行處理的技術問題了。盡力復原竹簡的努力逼迫整理者發明新的技術解決整理中隨時出現的各種困難，無法藝術性、技術性地達成並表述理解，就像汲塚書整理者們創造"□"符號去表示文本文字、文句的缺失那樣，人在内心又如何可能克服時間的阻隔回復進入過去？

束晳的重新整理工作在荀勖本的基礎上進行。今本《竹書紀年》在"帝癸"部分的最後有大字注:"自禹至桀十七世，有王與無王，用歲四百七十一年。"這是荀勖本所加的統計性的注，《史記索隱》所引《紀年》文，被證明是來自不同於今本《竹書紀年》的束晳本，[④]《夏本紀》索隱引徐廣:"案《汲塚紀年》曰:有王與無王，用歲四百七十一年。"兩者使用統計性注釋的方法和文句完全一致，束晳本這裏直接沿襲了荀勖本。束晳面對的是兩個不同的文本，一個是汲

---

① 今本《竹書紀年》:"(周顯王)八年(相當於魏惠成王十年)，入河水于甫田，又爲大溝而引甫水。"《水經注·渠水注》引《竹書紀年》:"梁惠成王十年，入河水于甫田，又爲大溝而引甫水。"

②③④ 夏含夷:《〈竹書紀年〉的整理和整理本——兼論汲塚竹書的不同整理本》，夏含夷《古史異觀》。

塚出土的淩亂殘斷的竹書原簡，一個是荀勖親筆寫定的和嶠等人的整理本。[①]因此，較荀勖他們突出鮮明的，束晳的整理工作基本上就是比對文本的校勘學，他要充分吸收荀勖本的成績，以復原爲目的，對汲塚原始竹簡做出比荀勖本更好的整理。正是依賴校勘這種實踐經驗的技術，束晳在整理過程中做出自己批評荀勖本的判斷。

汲塚書完整傳承至今的是《穆天子傳》五卷及附於其後的《周穆王美人盛姬死事》一卷。荀勖《穆天子傳》整理本是加注的。[②]荀勖本後爲郭璞用作底本，但郭璞所見的荀勖本已經是謄在黄紙上的鈔本，郭璞没有看到原簡。[③]在荀勖之後郭璞之前，束晳也研究了汲塚書原簡，並且對《穆天子傳》重新作了整理，束晳的這個整理本與荀勖本很不一樣。郭璞以荀勖本爲底本爲《穆天子傳》作注時，並没有看到束晳本。[④]

今本《穆天子傳》卷五："丙辰天子南游于黄室之丘以觀夏後啓之所居乃□于啓室天子筮獵蘋澤……天子乃休日中大寒北風雨雪有凍人天子作詩三章以哀民。"

《初學記》卷二引曰："丙辰天子游黄台之丘獵於華澤有降雨天子乃休日中大寒北風雨雪有凍人天子作黄竹詩三章以哀之。"

《太平御覽》卷五九二引曰："丙辰南游于黄室之丘天子乃休日中大寒北風雨雪有凍人天子作詩三章以哀民。"

《藝文類聚》卷五引曰："庚寅北風雪天子寒日中大寒有凍人天子作黄竹詩。"

《玉海》卷一九五引曰："庚寅北風雨雪天子以寒之故命王屬休天子筮獵蘋澤云云日中天寒北風雨雪有凍人天子作詩三章以哀民。"

《初學記》、《太平御覽》所引穆天子游黄室之丘與大寒雨雪作詩是在同一天，是爲丙辰日。今本《穆天子傳》天子游黄室之丘也在丙辰日。但《藝文類聚》、《玉海》所引《穆天子傳》大寒雨雪之日是庚辰日，大概可以説明這出於兩個不同本子，這個本子是不同於今本《穆天

① 《太平御覽》卷二三三引《晉諸公贊》曰："荀勖領秘書監。太康二年，汲郡冢中得竹書，勖躬自撰次注寫，以爲中經，列于秘書，經傳闕文多所證明。"(《記纂淵海》卷二九引傅暢《晉書》同。)《太平御覽》卷七四九引王隱《晉書》曰："荀勖領秘書監，始書，師鐘朗法。太康二年，得汲郡塚中古文竹書，勖自撰次注寫，以爲中經，別在秘書，以較經傳闕文，多所證明。"

② 這個整理本文字除了編聯可能有問題外，是很嚴謹的，不能釋讀的字原樣描摹。今本《穆天子傳》卷二"封丌璧臣長季綽於舂山之虱"，從句型及上下文判斷，"虱"應該是個地名。洪頤煊、陳逢衡、丁謙、翟雲升、顧實、岑仲勉、衛挺生、常征、錢伯泉都認爲"虱"是個訛誤字或壞字，但是什麽字猜測不一。李學勤説："'虱'這個字應該就是'陰'，'舂山之陰'，'陰'古文字有時不寫'阜'字旁，上邊一個'今'字，底下與'蟲'完全一樣。這個'虱'字應該就是'陰'。西晉的學者認不了這個字，就把它準確地摹寫下來。"(參見筆者筆記《李學勤先生在"新出土文獻與古代文明研究"會議閉幕式上的演講》，謝維揚、朱淵清主編：《新出土文獻與古代文明研究》，上海大學出版社 2004 年版)。

③ 郭璞没有看到汲塚書原簡，《穆天子傳》以外，《竹書紀年》同樣如此，郭璞《山海經注》引《竹書》有黄帝和顓頊紀内容。

④ 朱淵清：《〈穆天子傳〉的古本舊注》，《傳統中國研究集刊》第三輯，上海人民出版社 2007 年版。

子傳》(即荀勖本)的束晳本。八王亂後京華蕩覆,“渠閣文籍,靡有孑遺。”[①]到東晉初年重新鳩聚國家藏書,保存十僅存一。[②]紙本文籍,依簿録再集猶可;汲塚原簡散毁於戰火,復聚無望,重新整理亦不再可能。郭璞爲荀勖《穆天子傳》整理本作注就没有看到原簡,也決無任何相關於其他整理本的片言隻字出現於史籍。故可斷言,以原簡整理《穆天子傳》者,唯有荀勖、束晳兩個本子。束晳本改易了曆日。今本《穆天子傳》在天子游黄室之丘之後有觀夏啓所居筮獵蘋澤得《訟》卦之較詳細記載,與《玉海》所記略同,新出江陵王家台《歸藏》亦有相關内容,[③]觀夏啓所居筮獵蘋澤内容當是《太平御覽》等引文所脱漏。而《藝文類聚》所引束晳本也同樣存在内容脱漏問題。

本例涉及的其實並非如表面上的是束晳本改易曆日問題,這裏已經確實地顯露出束晳對汲塚竹簡重新排序的事實。

在今本《穆天子傳》觀夏啓所居之後、筮獵蘋澤之前,有“乃□於啓室”。此下,在“飲逢公酒”上,在“賜筮史狐”下,也都有“□”。缺文號表示無法看清的字?還是殘簡缺損?並不易斷。但無疑的是,其一,此段記録事件頗多,這些事件都發生在一天或者説一天内突出地如此多事件被紀録的現象是應該有疑問的。其二,束晳的認識和荀勖並不一樣,束晳插入了另外的簡。《藝文類聚》、《玉海》所引的束晳本《穆天子傳》,其中的“庚辰”並非無緣無故。今本《穆天子傳》卷一:“庚寅北風雨雪天子以寒之故命王屬休。”荀勖本置於卷一的簡,被束晳放置到卷五,和“天子筮獵蘋澤”綴合起來。荀勖本整理所特别看重的是日程的連續性。今本《穆天子傳》卷一:“乙酉,天子北升于□。……庚寅,北風雨雪,天子以寒之故,命王屬休。甲午,天子西征。……己亥。……辛丑。……。”乙酉後5天是庚寅,庚寅後4天是甲午,甲午後5天就是己亥,己亥後2天是辛丑。這個日程表是緊密的。但是否這就是歷史事實或竹書原簡確當如此呢?束晳把其中的“庚寅”簡舍去,放在卷五“天子筮獵蘋澤”前。所以束晳在卷五中其實並非是改曆日,而是插入了一個日期,用一個丙辰至庚寅25天的過程來解釋這些事件的發生。束晳本改易曆日更爲實質的意義恐怕還在於表明了束晳對竹簡簡序的調整。

束晳並非單純地插入“庚寅”簡,還有其他改動荀勖本排序的地方。今本《穆天子傳》卷五:“丙辰天子南游于黄室之丘以觀夏後啓之所居乃□于啓室天子筮獵蘋澤。”束晳插入“庚寅”簡的位置大體相當於缺文號的地方,從束晳的調整簡序,大概可以推測荀勖本的這個缺文號表示的不是無法看清的字而是表明此處是殘簡。但荀勖本在缺文號下有“於啓室”數字,這就表明這段殘簡應是上部殘去而留下了最末端的“於啓室”3字。荀勖本將殘簡置於此處,不是没有道理,“觀夏啓所居”和“啓室”確實是有内容關聯的。這段殘簡顯然被束晳移到了别處。

---

① 《隋書·經籍志》。

② 據《廣弘明集》卷三《古今書最》,《中經新簿》著録圖書1085部,29035卷。而據《隋書·經籍志》,至晉元帝李充整理圖書時,僅存3014卷。

③ 筆者判斷,王家台《歸藏》很可能就是汲塚已經出土過的《易繇陰陽卦》。參見朱淵清:《王家台〈歸藏〉與〈穆天子傳〉》,《周易研究》2002年第6期。

《穆天子傳》叙述周穆王西行行程,[①]書法類似《竹書紀年》記注格式,即先記時再記事件内容。《隋書·經籍志》因此將其歸入史部起居注類,[②]並說其"體制與今起居正同,蓋周時内史所記王命之副也。"

編聯《竹書紀年》遠較《穆天子傳》困難,需要一個從夏到東周歷史的整體年代框架。荀勖、杜預在年代框架上不一致。束晳與他們兩者也都有區别,比如晉紀起始年,杜預説是從殤叔開始(前784年),[③]束晳説是從"周幽王爲犬戎所滅"以後才開始。[④]

荀勖、杜預都指出了《史記》魏惠成王接世年代與汲塚書《竹書紀年》嚴重不符。杜預説:"古書《紀年篇》惠王三十六年改元,從一年始至十六年而稱惠成王卒"。[⑤]荀勖的意見:

> 《史記·魏世家》集解引荀勖曰:"和嶠云:《紀年》起自黄帝,終於魏之今王。今王者,魏惠成王子。按《太史公書》惠成王但言惠王,襄王子曰哀王。惠王立十六年卒,並惠、襄爲五十二年。今按《古文》,惠成王立三十六年,改元稱一年改元後十七年卒,《太史公書》爲誤分惠成之世,以爲二王之年數也。"
>
> 今本《竹書紀年》:"魏惠成王……三十六年改元稱一年,敗趙將韓舉。"

束晳對這個問題同樣有統計性注釋,《史記·魏世家》索隱:"《紀年》云:'惠成王三十六年又稱後元一,十七年卒。'"表面看來區别不大,最多只是差一年。由於中文數字表述本身的問題,假如十七年從三十六改元當年開始,而十六年却從三十六年改元後次年才開始,杜預與束晳之間的十六年、十七年還可能就是同一年。

但荀勖的今本《竹書紀年》年代框架與束晳本根本不一樣。杜預《春秋左氏傳經傳集解序》:

> 推校哀王二十年,大歲在壬戌,是周郝王之十六年,秦昭王之八年,韓襄王之十三年,趙武靈王之二十七年,楚懷王之三十年,燕昭王之十三年,齊湣王之二十五年也。上去孔丘卒百八十一歲,下去今大康三年五百八十一歲。

杜預的"哀王"(實際是魏襄哀王)二十年可以確認是西元前299年。從此年上推,"今王"元年應該是西元前318年,而今王以前的王,也就是魏惠成王卒年應該是西元前319年。上推十六年、十七年,西元前334年、335年爲改元年,也爲後元元年,上推三十六年得西元前369年

---

① 定州八角廊漢簡有《六安王朝五鳳二年正月起居記》記述六安國繆王劉定到長安入朝的沿途生活和入朝的活動,尤詳於沿途地名和相距里數。尹灣漢簡《元延二年日記》則是在預先編制成册的元延二年曆譜上記事,記録某日宿於某地,某日去某地公幹等,已經是日記了。

② 後世的圖書著録認識到《穆天子傳》的文學撰述屬性,改歸入子部小説類。

③ 杜預晉紀"起自殤叔"之説錯誤。

④ 《晉書·束晳傳》。

⑤ 杜預:《春秋左氏經傳集解序》。

或 370 年爲魏惠成王元年。370 年就是今本《竹書紀年》所載的年曆。這一年和《史記》所載年曆是一致的(《史記》以爲惠成王三十六年卒,其後有襄王接之,在位十六年)。從魏惠成王這個卒年往上推十六年、十七年,得西元前 334 年、335 年爲改元年,也爲後元元年,上推三十六年得西元前 369 年或 370 年爲魏惠成王元年。370 年就是《今本竹書紀年》所載的年曆。這一年和《史記》所載年曆是一致的(《史記》以爲惠成王三十六年卒,其後有襄王接之,在位十六年)。

《水經注》引《竹書紀年》:"……十年,齊田肦及邯鄲韓舉戰于平邑,邯鄲之師敗逋。"

《史記·韓世家》索隱引《紀年》:"韓舉,趙將。……又《紀年》云:其敗當韓威王八年"

這一年指魏惠成王后元十年。韓威王(即韓宣惠王)在位年代清楚,從西元前 332 年至 312 年,所以他在位八年相當於西元前 325 年。魏惠成王后元十年假如是西元前 325 年,他後元元年就應該是西元前 334 年。《史記索隱》引束皙本的説法較之荀勖的今本《竹書紀年》以及"十七年卒"説法定後元元年在西元前 335 年晚一年,却與杜預説"(惠王)至十六年而稱惠成王卒"的説法是一致的。

魏惠成王元年,今本《竹書紀年》和《史記》一樣都把它定爲西元前 370 年,也就是西元前 335 年之前第三十六年。但《開元占經》引"《紀年》曰:惠成王元年,晝晦。"《史記·六國年表》也載有這次日食。《史記·六國年表》:"秦獻公十六年,民大疫,日蝕。"秦獻公在位年代清楚,以西元前 384 年爲元年。他在位十六年就等於西元前 369 年,也比今本《竹書紀年》所載元年晚一年。

這就證明荀勖的今本《竹書紀年》所載魏惠成王年曆錯誤,還證明荀勖"改元後十七年卒"的這個"十七年"錯誤。杜預説汲塚書《竹書紀年》全書"皆用夏正建寅之月爲歲首",荀勖清楚汲塚書《竹書紀年》魏惠成王和魏襄哀王的接代與《史記》所載的不同,但還是信奉《史記》的綜合年曆是正統的年曆,並且把所看到的其實完全不同於《史記》的《竹書紀年》年曆去和《史記》配合起來;所以荀勖本雖以周王在位年紀年,但該書年曆系統中這些年和古書引文中魏惠成王在位年都一致。無論荀勖本還是束皙本,魏惠成王在位年都比《史記》所載早一年,證明了《史記》的年曆錯誤,而荀勖本、束皙本的魏惠成王在位年代正確。但問題在於,今本《竹書紀年》和《史記》兩書的年曆系統中,今本《竹書紀年》的絶對年代也都早一年,這就不是《史記》的錯誤了,因爲《史記》相對應的齊、魯、宋、衛、鄭諸國的年曆並不像魏國年曆那樣也都錯,《史記》所指的絶對年代是正確的。因此,荀勖是把多餘一年的年紀插進魏惠成王紀年中,把改元前三十六年的年紀系統地推上一年。[1]

荀勖本的本質錯誤正在於此,今本《竹書紀年》依據了《史記》預設的整體年代框架。在確切證實了《史記》魏成王年代錯誤的時候,不是相信親眼所見的早於《史記》的真實可靠資

① 夏含夷:《〈竹書紀年〉的整理和整理本——兼論汲塚竹書的不同整理本》,夏含夷《古史異觀》。

料，並據此資料努力做出一個可以超越《史記》的更確切的年代框架，而是爲維護《史記》既定的年代框架，不惜遷就調和甚至爲此改造原始材料。對於所有知識而言，没有前人傳承的認知系統就無法達成對過去的理解；但如果確實出現了一種確定的真知，必須無條件承認既有認知系統的可錯性。

從非常少的幾條材料中可以證明束皙的繫年是比對汲塚原簡做出的獨立判斷，没有依從荀勖及其依據的《史記》的年代框架。束皙也會有錯，①但束皙本肯定超過了荀勖本。整理竹簡是一項技術工作，束皙清楚《史記》魏惠成王年代的錯誤，並且校勘發現了荀勖本和汲塚書原簡的不合，只要是以復原原始文本爲目的整理，就不會爲任何一個先驗的年代框架而去做哪怕些微的迎合。"魏徙都大梁"簡兩個整理本的綴合編聯不一樣，原簡的時間部分和事件内容部分一定分開在兩處，不然荀勖、束皙之間就不會有分歧。這支簡整理者的工作比較可能是兩支殘簡的綴合而不是編聯。綴合殘簡，復原出一支比較完整的簡，當然也需要與其文字内容相關的知識，但來自直接的觀察和實踐積累的經驗技術更爲基本，必須首先考慮的是汲塚書單行 40 字一簡②的竹簡形制。③

竹簡書寫載體修長狹窄，一支竹簡容納字數非常有限；一個文本有更多的内容，就要用絲繩或麻繩將竹簡一支支編聯起來。④絲繩或麻繩很容易磨爛斷開。⑤《竹書紀年》這樣的記注受竹簡書寫載體制約就十分簡要。《春秋》保持的魯國古史記注，一條記注少則幾字，多的也就是三、四十字。睡虎地秦簡《編年記》"四年攻封陵"、"八年新城歸"也同樣如此。

《竹書紀年》記注每件記事内容都由一個記時導引。

今本《竹書紀年》："十四年王有疾周文公禱於壇墠作金縢[十五年肅慎氏來賓初狩方岳誥於沬邑冬遷九鼎於洛十六年箕子來朝秋王師滅蒲姑十七年]命世子誦於東宫東十有二月王陟年五十四。"

---

① 束皙説"夏年多殷"(《晉書・束皙傳》)，根據今天的歷史知識這個説法不正確。

②④ 荀勖:《穆天子傳序》。

③ 竹簡書寫載體影響到漢字的結構(受竹簡約束，漢字結構自然往窄長方向發展，以致不得不把象形的有寬長身子的動物轉向，讓它們頭朝上，四足懸空，尾巴在底下，甲骨文字中的馬、虎、象等字都是如此。)而且決定了中文傳統書寫的方向習慣(在窄長的表面上書寫，由上而下作縱的書寫，遠較横的左右向書寫方便得多。横着書寫，竹片背面的彎曲會妨礙手勢的運轉和穩定)。本文上揭注筆者曾經提到今本《穆天子傳》的"來白"，就是張華説的"周穆王有犬名毦毛白"，推測荀勖着手整理時，出土原簡已經有些微損壞，竹簡書寫"毦₌白"的"毛₌"的部分缺去，就是基於漢字"毦"左右結體結構和竹簡從上而下書寫形制的考慮，不然，即便竹簡斷裂，也難以解釋"來白"。

⑤ 孔子讀《易》"韋編三絶"。前人解釋成爲是用來編簡的牛皮繩斷了三次。但編聯之繩需要柔而細，這樣利於來回伸捲，牛皮繩並不合適。清李惇《群經識小・論方策》曾經提出過一個看法，認爲"韋編"是用來串貫簡牘的繩子，"簡狹而長，編簡者當以簡頭爲孔，按其次第以韋貫之"。王堯在考察新疆吐魯番出土簡牘時，發現簡牘"在右端常有一洞，可以用繩子穿聯在一起，即所謂'韋編'。"但今天已經出土了衆多戰國秦漢竹書，多不見穿孔，而有三道編繩痕跡；編繩基本朽爛不存，偶或見存的如敦煌懸泉置遺址出土的漢簡編繩是麻繩質地。所以，"韋"當讀爲"緯"，"緯編三絶"，意即：竹簡的三道横編繩都斷了。

衆多强有力的證據證明了方框中的40個字出自一支簡，這是一支被錯置的完整的簡，其原初位置不在周武王年，而在周成工年，這是周成王十五至十七年的原始記注。[①]這支被錯置的簡，展示了汲塚書《竹書紀年》的原初面貌，一條記注由一個標注時間和一個事件内容兩部分組成。這支單行40字簡，最上端“十五年”，最下端“十七年”，中間兩件事當中還有一個記時“十六年”，這支簡是由兩條完整的記注和半條僅有起始時間標注的記注構成。

“十五年”這支簡已不是記注的最原始形態了，對於過去某個真實事件的那個即時記注者來説，一個事件的記注應該就簡單地寫在一支簡上，超過40字的記注對汲塚書這種長度寬度的竹簡就不合適。此後記注另一事件，使用一支新簡遠比去找那支用過的舊簡接着寫簡單。汲塚書原簡相應内容是編年記《竹書紀年》文本，依次鈔録了一批原始記注編聯一處，爲節約載體材料計，副録會略去一支一支簡中留白部分的表達，這樣就出現“十五年”簡兩條半記注的情形；對於編年紀自身及其它使用的那個時代也完全没有什麽作用。這就是波蘭尼所説的文化中的“默會知識”（tacit knowledge）。假設原初的副録者就已經並充分使用“□”符號，荀勖、束皙的整理工作就會變得十分簡單了。已經完成《春秋左氏經傳集解》的杜預在看到新出汲塚原簡後領悟到《竹書紀年》“其著書文意大似《春秋經》。推此足見古者國史策書之常也。”杜預在《集解序》開首就指出古“國史策書”的書法格式是：“記事者以事系日，以日系月，以月系時，以時繫年，所以紀遠近，别同異也。故史之所記，必表年以首事；年有四時，故錯舉以爲説記之名也。”

束皙深刻理解了竹簡的形制及其帶來的種種問題，因此他整理汲塚書没有一個先驗的關於汲塚書《竹書紀年》内容的年代整體框架。他在綴合一條記注的記時部分和事件内容部分分離的殘簡時，只是依靠觀察的經驗和技術，通過記憶熟悉的一支40字竹簡的長度、字體的風格、上下殘斷片段的缺口形狀、編繩的對應位置、殘字的細節等，反復比對取捨去盡可能地去復原原簡。束皙幸運地有了荀勖整理的基礎，這是個寫在紙上的確定的文本，可以放在手邊隨時取用來對照原簡做出校勘；何況，荀勖本已經做出了了不起的貢獻，發明了表述對文本理解的“□”缺字缺文符號。[②]復原工作本身通常不會增加知識儲備；支持一種復原的論證才能帶來新知識（巴格爾諾語）。束皙綴合編聯汲塚書一定有他的理由，即便是一支簡的綴合，也必須考慮到全篇的編聯，而且還要照顧到整個汲塚出土竹簡。[③]在束皙内心，當他做出不同于荀勖的判斷時，一定有支撑這種判斷的論證。雖然束皙只是整理汲塚竹簡，没有表述自己綴合編聯的知識論證，但支持《竹書紀年》整理工作進行並能够得以完成的其實就是真正的歷史研究。

---

① 夏含夷：《也談武王的卒年——兼論〈今本竹書紀年〉的真僞》，《文史》第29輯，1988年。

② 今人在缺字元號“□”外發明了表示不明字數缺文的新符號。

③ 因爲如《晉書・束皙傳》中記載《璅語》、《師春》等汲塚書原簡也很不容易分辨清楚歸屬。筆者曾經指出今本《穆天子傳》卷2“大王亶父之始作西土封其兄子吴太伯于東吴詔以金刃之刑賄用周室之璧封丌璧臣長季綽於春山之虱妻以元女詔以玉石之刑以爲周室主”句不是《穆天子傳》原簡，也不是荀勖注，可能來自汲塚書的《生封》。（參見朱淵清：《〈穆天子傳〉的古本舊注》。）

束皙整理《竹書紀年》，確定每一條記注的事件和它的標注時間，就進入到了文本的内裏. 原始記注書寫在竹簡上的原生態條件、竹簡散亂殘斷的保存狀況和技術性復原整理竹簡的現實需要，偶發地促成瞭解構撰述文字方塊架、進行可批評的確定性知識增長的歷史研究。

真實的歷史事件由人的社會行動、記注者的即時記録、行動者和記注者兩者共處的文化所賦予的真實的意義這樣三項所共同決定。事件由人的社會行動産生(因此是社會事實而非心理事實)，事件同時也是記注者記注的單位。以人的行動爲中心的事態過程，必須有中心位置和確定清晰的邊界，這是記注者認知理解的起訖點固定的行動變化過程，行動變化的起訖和秩序的確定就是記注者理解的事件意義。記注以一個標記時間導引一個事件内容。時間是一個獨立的標度，(考古學上的地層就是物化的時間標度，考古學地層的觀念來源於地質學。)能够標誌事和物的承繼秩序。生成文本的過去確定地與現在形成距離，就自然成爲可以認知的歷史。真實的事件必然發生在過去某個確定的時間裏，標注的時間是成其爲記注之根本。一條記注因此有且僅有一個視角。睡虎地秦簡《編年記》的主要部分是身爲史的喜所記録的注記。記注中有“攻□亭”這種最小規模戰事紀録，説明秦國像喜這樣的記注史官應該很多；這也就是《編年記》一些重大戰事没有記載的原因，秦國多綫作戰，而《編年記》基本上只有一年攻一城的紀録；《編年記》表明喜和他這個職位的前任都未能參加對齊、燕的征戰。對於所有後來人，文本記注之外根本無從理解過去事實的真。因爲文本記注留存，後人可以通過發掘這些記注而進入到事件發生的文化地層；歷史之意義即在於通過文本記注的發掘去理解過去文化的真實並予以理解。

解構歷史文本、通過文本的校勘考據回復到原始記注的單位事件，文本校勘因此是歷史研究的起點，校勘學是歷史研究的基本技術。若某一語句爲真，則必定存在某種與之對應的事實，否則這個語句就没有意義。事實就是陳述所陳述，如果那些陳述是真(斯特勞森語)。原始記注者的陳述是真，那麽研究者陳述所陳述得到的就是事實。真就是去引號(蒯因語)，記注事件必須放入它所存在的文化的意義之網中予以解釋，才能達成對事件和對文化的無限深入的理解。通過無限的對記注事件的求真，我們也就理解了過去的文化。史家要通過記注者的視界在文化之網中真正理解事件，必須是以自身的心智投入記注者的視界，克林武德所謂“史家必須于自身心智中使往昔復生”。

荀勖依賴的年代框架來自《史記》。司馬遷撰述《史記》考信於六藝，也做過大量對原始材料的整理考證研究。《史記》書寫的標準格式是“年代＋當年發生的事件，‘初’緊隨其後，然後是另一事件。”“初”是一個提示標記，表明引用年代不明的材料。有時在年代框架下會鈔錯已經標誌準備的原始材料，出現如《史記・齊太公世家》“二十八年，初”這樣的文本斷裂。①真正的問題在於，即便在預先建構的年代框架内成塊地置入已經考證確定無誤的原始

---

① 倪豪士:《一個〈史記〉文本問題的討論和一些關於〈世家〉編寫的推測》，日本米沢市上杉博物館東亞出版文化研究會議(Conference on the Study of Publishing Culture in East Aisa)宣讀論文，2001 年 10 月 20 日。

記注,一件事和一件事之間在撰述文本中也會前後相續形成因果,人類歷史就成爲各種事件因果相連的綫性貫聯。歷史是綿延的文化之網,廣泛聯繫並延續不斷的不是事件而是事件的意義。在歷史撰述中,這個意義並非是每件事在其發生真實時空文化中的意義,而是撰述者主觀設想的。司馬遷究天人之際通古今之變,用其專業的天文曆法知識構建了一個年代框架來安置他選擇的原始材料,他要説的是自己的一家之言,目標是"厥協六經異傳,整齊百家雜語",要用一代代的史事來著出統治興衰的因果,證明儒家現實改制之必然。[①]在此之前,孔子將魯國編年紀以褒貶書法撰述爲《春秋》時,就意識到"後世知丘者以《春秋》,而罪丘者亦以《春秋》。"[②]孔子强調超越時代的價值而賦予歷史以道德批判功能。孔子截斷編年記的"西狩獲麟",開啓了《公羊》、《穀梁》經學家對"日月時則"的過度闡釋。因此,歷史撰述並不是可批評的確定性增長的知識的合適表述方式,它先驗地由道德理論導引和數術年代框架所規範。

杜預在看到汲塚書《竹書紀年》後不僅作了概要的觀察陳述,還表達了透徹的理解,他創造了"記注"這個概念。《春秋左氏經傳集解序》:"周德既衰,官失其守,上之人不能使春秋昭明,赴告策書諸所記注,多違舊章。"記注是三代史官對親歷的其時實事的據實記録。"周禮有史官,掌邦國四方之事,達四方之志。諸侯亦各有國史,大事書之於策,小事簡牘而已。"(劉知幾區分於"筆"的"簡",[③]鄭樵區分於"書"的"史"[④]都是杜預所説記注的意思。)清代章學誠發掘出"記注"這個概念,用來與"撰述"相區别。

> 《文史通義·書教上》:"三代以上,記注有成法,而撰述無定名。三代以下,撰述有定名,而記注無成法。"
>
> 《書教下》:"記注欲往事不忘,撰述欲來者之興起。"

筆者確信,區分於"撰述"的"記注"概念,是中國史學理論貢獻於世界之最巨大者。

記注是即時記録社會行動成爲一個事件。商王朝就有檔案制度,商代除了卜辭之外的典册俱不存。趙林曾經談到《合》36481 上 50 餘字的記事刻辭,並認爲這版上似有穿綫孔,進而推測與作册的關係。[⑤]貞人可説是史官的先行者,一方面是貞人掌握周祭的日程表,一方面他們也會在甲骨上刻一些外地送東西來的記録,再者,商代的記年,都是以"唯王幾祀"方式

① 《史記·太史公自序》。

② 《史記·孔子世家》。

③ 劉知幾《史通·論史官建置》:"書事記言,出自當時之簡。勒成删定,歸於後來之筆。然則當時草創者,資乎博聞實録,若董弧、南史是也。後來經始者,貴乎儁識通才,若班固、陳壽是也。必論其事業,前後不同,然相須而成,其歸一揆。"

④ 鄭樵《夾漈遺稿》卷二《與方禮部書》:"有史有書,學者不辨史書,史者官籍也,書者書生之所作也。自司馬以來,凡作史者,皆是書,不是史。"

⑤ Chao Lin, *The Socio Political Systems of The Shang Dynesty*, Nankang, TaiPei, TaiWan, pp68—69.

記録,貞人因此也職掌天象,他們便是所謂的"巫史"。甲骨卜辭中提到了"王史"、"寢史"、"大史"、"三大史"、"小史"以及東、西、南、北四方史等,這些不同的"史"職當是因其職掌有别。《尚書·酒誥》:"汝劼毖殷獻臣,侯、甸、男、衛,矧太史友、内史友。"如果此記確實,那麽商代就已經已經有了太史、内史的分工區别。西周時,衆多的史官職責分工明確,已經有了固定的記注史官、嚴密的記注制度,史官記注已經獨立于一般文書檔案。西周太史寮機構内的史官記注職能,産生並積累了歷史記注。由制度産生並保證的"記注"完全不同於"撰述"。周代大事記載史不絶書,府無虚月。[①]各國國史都要呈報周天子朝,由周太史保存,所謂"史記獨藏周室"是也。

記注是當時事實與意義合一的文化的真。記注者必須親歷實事,親眼所見。所聞的、所傳聞的内容不是記注。從充當媒介的叙述者那裏得知某一事件的聽衆、讀者都不是此事件的記注者。記注者是行動變化事實過程的感知者、領悟者,不是來自陌生世界的民族志作者,而就是他自己所記注的社會文化中的一員,他與正在發生的事實共處同一時空在場,具有共同文化的語言、知識背景,這樣才能真實地理解他所看到的關於該社會文化的事實,並將之記注。所有被記注的事件都是人類社會文化可理解的複雜網路中的一個點,離開了理解的任何事實都不再具備意義,只是自然之流而無所謂事件。文化是借助符號來傳達意義的人類行爲,文化的基本功能在於表徵(representation),人類創造符號是爲傳達意義。人類文化中,我們視原始記注的事件和事件的意義爲同一,記注的語言和所記注的言語行爲最緊密關聯。依靠理解而認識的我們再也不能更進一步地質疑它們之間的聯結,分離它們就意味着徹底反對我們用作表徵同時也用以思維的語言。

記注概念因此就確立了歷史研究求真的目標。只有"懂"、真正的理解,才能精確辨析出記注並將其放到文化之網上事件所處的確切位置;也只有理解記注事件,才能理解事件所處的文化的真實意義。確立了求真目標的歷史研究才真正成爲可批評的確定性知識增長的歷史學。

真是人類據以判斷的支配性理念,所有理性的現實行動都建築於對過去的真的判斷,而絶非假借未來美好的名義,未來永遠始料不及。[②]過去的真是認知確定的歷史事實。有無數的歷史事實,没有人能掌握過去全部所有的歷史事實,因此無法抽象出所謂規律來。歷史的主體是創造文化的人,只有歷史具體事實的真,不存在關於人類整體歷史的超越文化的所謂真理。理在事中,没有先入之理,但有有意義之事。歷史求真是人類理性的定向;理性的增長指示出現在與過去的差别,這也就是時間進步的方向。

2010年歲末寫於滬上學無知室

---

① 《左傳·襄公二十九年》。

② 漢語中與"真"對立的是"假",筆者認爲其字假借自金文"叚"。"叚"用在肯定句,可翻譯爲"可能",相當於"能"的一部分功能。當與"不"連用出現在疑問句時,則相當於"得無……",可翻譯爲"恐不能……吧","大概不能……吧"。(參見沈培:《再談"叚"的用法》,"中國古代青銅器"國際學術會議提交論文,香港中文大學,2009年5月。)表示的是將來不確定的心理事實而非社會事實,並且帶有强烈的期待情緒。

走向現代的整體展示

——評論吴光主編《陽明學研究叢書》

□羅義俊

吴光教授策劃與主編的《陽明學研究叢書》,系浙江省 2001 年度社科規劃重大課題和國家社科基金 2002 年度規劃課題"王陽明與陽明學派系列研究"的課題成果,歷時 7 年,近期由中國人民大學出版社推出(2009 年 10 月)。全集十一册約 300 萬字,粗看一過,確有所發明,頗多啓益。叢書有學術廣度和深度,透出整體和現代兩大指導意識,合而成爲對陽明思想及其後學的走向現代的整體展示,它全面展示了陽明内聖學問與外王事功一體的一生,全面而系統地展示了陽明心學思想體系、貢獻和深遠廣大的歷史影響,揭示了陽明學形成、演變的歷程和種種形態,詮發了陽明學的現代價值。

一、有系統的整體探究

整體的探究,是全書呈現的總特點,而這個整體是有縱横向度的、有系統的整體。全套書首先給出一"陽明學"的基本概念,即將陽明思想與陽明後學綜合爲一;蓋陽明後學與陽明思想原有内在聯繫或源流關係,此綜合當自可成立。由此一概念,而將叢書各個案和專案研究捏攏爲一體。唯其將原屬陽明後學的時間縱向伸至當代新儒學,地域則跨國横延及日、韓,其内容還包括陽明學在形成發展過程中與道家道教、佛教的横向關係。

叢書各册是:董平著《王陽明的生活世界》,將陽明百死一生的政治沉浮、生活世界的變化踐履與精神世界的思想演進,證會融合在一起鋪叙論述,烘托出陽明學問事功生活統一的人格和對陽明心學的解悟。此下關於陽明學三大流派的,錢明著《浙中王學研究》,專論十三人,内容豐富、多方位而廣泛地考察了浙中王門的興盛衰微及學者互諍互動與流布浙江;徐儒宗著《江右王學通論》,以三十五人爲論述對象基礎,綜述江右王學的精神旨趣、思想觀念、學術特色與工夫修養以及同門之争等整體相;吴震著《泰州學派研究》,重新厘定泰州學案,自其創立至終結,集中探討了王艮(心齋)、王襞(東厓)、王棟(一庵)、顔均(山農)、何心隱、羅汝芳(近溪)的學説,展現其思想全貌。劉蕺山爲宋明儒學中獨樹一幟的大哲學家,自可獨立研究。蕺山之學,牟宗三先生謂其乃乘王學之弊(人病)而起,而與胡五峰合爲宋明儒學第三系(《從陸象山到劉蕺山》)。錢賓四先生指認梨洲尊蕺山若以其爲王學殿軍,其實蕺山非王門嫡系傳宗,其尊王之旨趣乃由王返朱(《讀劉蕺山集》)。吴光兄自當有見於此,乃以王學"修正者"的定位將蕺山納於"陽明學"概念下入編。何俊、尹曉寧合著《劉宗周與蕺山學派》,梳理劉宗周心性哲學的來源、主旨、工夫及特色,確認陽明致良知説爲其三大來源之一;梳理蕺山學派的形成、發展、分裂、衰落,指認了其合蕺山於姚江的學風走向而爲梨洲學派所取代。與劉蕺山噸位相當,黄宗羲是在中國儒學史哲學史可以獨立成章的思想家,但仍有視梨洲爲"陽明後學"的根據,依老派的觀點梨洲是"蕺山薪傳"(孫奇逢)、亦是"嗣軌陽明"(錢穆),新派的觀點則是"心學的殿軍"(劉述先),叢書以"轉型者"而與創教者陽明、修正者蕺山並爲陽明學派三大儒定位梨洲入編。吴光著《黄宗羲與浙東學派》,記叙梨洲"瀕於十死"、與家國天下命運息息相關的人生經歷,全面探究梨洲的哲學、政治學、史學、文學以及科學之思想貢獻與學術成就,揭出其由宋明心學而開創"浙東經史學派"的"轉型",以"新民本思想"定位梨洲政治思想,詮解其"民主啓蒙"的近現代意義。劉宗賢、蔡德貴合著《陽明學與當代新儒學》以陽明爲中心,上追孟子、周敦頤、張載、程顥,下及梁漱溟、熊十力、唐君毅、牟宗三、賀麟,開篇列章專論,爲陽明心學提供一心性學的來路和宋明理學發展的大背景,探討陽明心學與當代新儒學的内在關係,指認當代新儒學爲陽明心學的内在發展。朱曉鵬著《王陽明與道家道教》,在儒釋道三教合流、儒道互動以及崇道的社會風氣中,考察陽明的早期道緣、攝道入儒、道術批判,揭示王學對道家思想方法的吸納改造。陳永革著《陽明學派與晚明佛教》,評述王陽明及其弟子的叢林交流、佛教觀與儒佛調和論、"陽明禪"與晚明狂禪論,佛門之論陽明心學,以及東林、蕺山學派對陽明學派儒佛交涉的評判。韓國學者崔在穆著《東亞陽明學》,以鄭齊鬥良知體用論爲中心論述陽明學在韓國的展開,以中江藤樹太虚思想爲中心論述陽明學在日本的展開。還有陽明學專家論文集《陽明學綜論》,其中李明輝《陽明學與民主政治》、何静《論王陽明的致良説對儒釋道三教的融合》、蔡德貴《王陽明思想的非宗教性》等,在論題及其論述上,對叢書之專集,有新的補充和發明。

儘管各專册各有千秋,判釋水準不一,或有述有判,或述强判弱,具體理解亦有殊異,未必俱愜人意,但凡此均不害組成一有系統的整體探究,展現了一幅點面結合、有歷史脈絡感、有廣泛持久影響力的、多面廣角的五百年陽明心學思潮長畫卷。自清末劉師培撰《中國民約精義》(1904 年)討論陽明學與民主政治的關係、民國謝無量著《陽明學派》(1915 年)具有現代學術意義的陽明學及其後學研究開展以來,如此有系統的大整體探究,吴光主編《陽明學研究叢書》,是第一次。它不僅是陽明學研究史中的一個重要節點,更是爲陽明學的進一步開展,提供了一個至少可深入討論的廣泛的基礎,提供了一便利。

二、有一個資料翔實的史學基礎

叢書的整體感還通過另一個特點給出,這就是史學和哲學的結合或組合,説白了,有一個哲學的義理探究,又有一個歷史學的基礎。它的哲學討論是在歷史學的基礎與背景下展開的。

歷史學是一整全的眼光。這一整全的眼光在這套叢書，不僅如上節所言給出一陽明學的歷史長畫卷，還是將陽明學的探究置於一儒學史理學史背景而給出其背後的整體意識。此在具體分册中也有表現，如董平所著，即從整體把握與概論儒學的基本觀點和理學三種形態（朱熹的理學、象山的心學、吕祖謙的歷史哲學）契入，從而一體展現陽明的生活世界和觀念世界的。但能否契入可不論，此類置一整體的背景與序幕，在中哲史研究中則較爲常見，此即過去五六十年代的學術評論常説的在歷史研究的基礎上的論述方式。我這裏所説的此叢書有一個歷史學的基礎，更主要指與史料考據相連的方式或基礎。這不是利用别人發掘的史料作點編排加工的鈔二手股幾手股式的"超級工夫"；而是"昨夜西風凋碧樹"，盡可能地廣蒐史料，校勘、甄别、考辯，此人稱死工夫、笨工夫，其實是札實的基本功、硬工夫，在而今的學界已不多見。陽明學叢書就有這樣一個歷史學的基礎，而顯出資料翔實。

全套書於此以吴光與錢明爲顯。"文革"結束前後，我曾在文匯報理論部工作過五年，對學界狀況尚有所知。據我所知，由蒐佚、點校、考辯的歷史學基礎研究而進入而結合陽明學、黄宗羲研究的，"文革"以後的中哲史界，吴光兄是第一人；與日本陽明學界交流合作，浙江學界包括吴光兄，亦屬開創者流。他另有《黄宗羲著作匯考》，對黄 120 種 1 300 卷 2 000 多萬字著述的寫作緣起、思想主旨、學術價值、版本源流有具體而微的論述和考辯。叢書所收《黄宗羲與浙東學派》，乃他治梨洲之學近三十年的厚積所發。黄宗羲有自署别號南雷、梨洲老人、梨洲山人、茭湖魚澄洞主、藍水漁人、雙瀑院長、雙瀑院住持、古藏室史臣等，《黄宗羲與浙東學派》對這些署號與四明山的關係加以考證，揭示其寓意含義，由是透見其不仕新朝及鋭意著書、立言垂世的志節操守。本書又重點論介《明儒學案》、《宋元學案》、《行朝録》、《明文海》、《四明山志》《孟子師説》、《易學象數論》等黄著，全面揭示其學涉及政治、經濟、哲學、史學、文學、宗教、曆法、數學、地理、方志、文字、音樂等廣泛領域，揭示其科學思想亦在中國科學發展史中占一席之地，全面展示了梨洲學術貢獻與開創浙東經史學派及其宗旨與特色。此亦可謂充實了陽明後學的内容與貢獻。

重視蒐佚考證史學基本功，很可能是很多浙江學者的學風。錢明爲吴光後一代的浙江學者，真勤於善於爬梳史料者，做過很多王陽明詩文集佚考證工作，頗有早期中研院史料學派之作派。《浙中王學研究》全書的論述完全是建立在一博引群書的很札實的文獻基礎上展開的。它挖掘了不少不爲人熟知的新史料，其運用資料之廣，均爲本叢書之最。由是揭示四明四先生（楊簡、袁燮、舒麟、沈焕）一定程度爲陽明心學的興起創造了條件、奠定了基礎。又據《紹興府志》、《上虞縣誌》等十九種文獻，考察陽明早期越中道友型弟子王思輿、王琥、許璋的活動及與陽明的交誼，結合着考辯，揭示陽明學是由一批當時活躍於紹興一帶"抱道懷才"、"厲志力行"、敢"破舊説"的"賢明"、"儒士"共同創立的。凡此，皆由其史學基礎而推出的新見。又其揭明浙江提學副使劉鱗長所編《浙學宗傳》，而據以清理浙江"心學"的流脈，亦可算一項新工作。其所揭引劉氏《浙學宗傳序》中有云："聖爲學宗，心爲聖宗。""了心入聖，爲宗門中大覺，至孝而無難；不明心學，即墮落於罔覺，不孝而不可藥救。"其實正是儒門一宗綱性觀點，而其對孝之極度重視，恰又下延爲當代新儒學兩大浙江學者馬一浮、謝幼偉先生之學脈，惜作者於此無及。

這套叢書的歷史人物資料亦十分豐富，尤其是吴光、錢明所著更是發掘一批向不爲人注意或邊緣性的陽明學者、浙江學者。據我粗略統計，全書列章列節列條介述的重要學者有 95 人，文中涉及的則不下 200 人，可以説是對陽明學者、浙江學者的大搜閲、大檢閲。這個大檢閲，同樣給出了整體觀、充實感，而爲陽明學的繼續深入提供了人物綫索。

民國時期勿論，時下的學風，鈔襲、剽竊屢禁不止，甚至到了這樣一個公是非問題受模糊、受辯解，受黨同否認、掩蓋以至受庇護的程度，是六十年來學風最糟糕的時期。陽明學研究叢書有一個史學基礎和工夫，不僅給陽明學帶來了整全的眼光和整全的基礎，而且據我個人之觀感，同時還在學術腐敗的風氣中，展示了它的良好的踏實的學風，而有利於學界净化和學風建設。

三、有一個較深入的哲學討論

近世自梁任公以來，宋明理學研究的展開之實際情況大體可粗分爲兩類。一是思想史的，重在史學方式的學術思想梳理，我稱之爲"思想"的或"學術史"的"哲學史"，如錢穆先生的《宋明理學概述》。一是哲學史的，(不止於思想脈絡與時代背景的思想史處理)重在概念、觀念本身的解析、詮釋和討論，我稱之爲"哲學"的"哲學史"，如唐君毅先生的《中國哲學原論》、牟宗三先生的《心體與性體》。理學人物的研究大體亦然。陽明學研究叢書大體亦由此兩類組成，大體而言，吴震、何俊與尹曉寧、董平所著可歸入"哲學"的"哲學史"。我説叢書有一個較深入的哲學討論，集中由此三書而表現。

董平《王陽明的生活世界》以陽明心學、生命境界與生活世界爲内容結構，貫穿以哲學詮釋而使三者連綴成一體展述與説明，告訴讀者陽明的生活世界其實乃陽明的心學發展與其生命境界轉進的生命歷程。具體些説，陽明在其不斷的講學活動中，在其一切生活的磨難和艱險中，在其推致良知於事事物物即德性的實踐中，步步體悟，步步推進，由體悟心即理而揭橥知行合一説——致良知教，完成陽明心學思想體系；同時亦自覺開顯與還原了良知心體的瑩徹澄明，撑起了他生命存在的主體世界，完滿與圓成了天下事物在本質上被心所整合的陽明的富有意義的生活世界，其生命乃入正大光明的聖人境域。此即是陽明的内聖外王之合一。一句話，陽明的生活世界即是陽明心學在事事物物中的展現和實踐。在這個正面的哲學表詮中，對龍場悟道有個較深入的哲學討論。龍場悟道是對"格物致知"的感悟，亦就是對"聖人之道，吾性自足"的感悟。作者認爲其實質是兩個確認：對自我之心與宇宙之道的本質同一性的確認，對自我之心作爲天下事理之本原的確認。由是陽明不再以自己的心去湊泊表像上所呈現的事物之理，而是將事物之理歸原於心靈本體的實在性本身，使良知心體成爲其思想體系建構的核心；其生活世界亦隨之統攝于良知心體的管領之下。其實作者這兩個確認也就是對心即理的確認。就思想史的脈絡而言，龍場悟道的思想背景是陽明體悟到朱子之學説終究不能與心相契，也就是突破了朱子心與理二、心外求理説的樊籠而有的創造。故作者認爲陽明心學體系是在對朱熹理學的批評性反思的基礎上形成和發展起來的，其良知説的最終揭示，在某種意義上顯然可以成爲他與朱熹學説決裂以後獨辟天地的最終理論成果。應當説，正是通過哲學的詮釋和討論，作者對陽明心學的解讀，達到了"辯而示之"的學術目的。

何俊、尹曉寧《劉宗周與蕺山學派》，基本上是近現代西方哲學的知性知解路子，對劉宗周的思想研究全集中在對其一個一個觀念的解析與討論上。如在與《中庸》、《大學》、朱子的比較中，又結合《易》和周敦頤《太極圖》，並分别從本體論和工夫論層次，以及語義學，對蕺山學的標誌或核心觀念"慎獨"作反復討論。此下對其所謂蕺山由慎獨一綫貫穿的立志、涵養、省克的工夫論觀念，心、性、情的關係，氣質之性、天地之性與習的關係，以及標誌性著作《人譜》，皆有評説討論。這些問題式的廣泛討論，即使其中觀點不能皆使人贊同，但蕺山思想的研究却可能是一種推動，將會啓發出下一步的討論。全叢書亦然納入陽明學研究的框架中來看，引起吾人注意的是，作者在將蕺山的另一核心觀念誠意與陽明的良知教比較討論中，没有採取那種後來者一定居上的以時間推移等同進步的思維定式，而看出陽明的良知教强調"真誠惻怛"，乃是一種内在的深層的情感，心理層次上比意志更爲深入和自發，認爲誠意説比良知説粗了，劉宗周的哲學缺少實質性的突破。這就使人反過來看到陽明學明代中葉以後盛行天下的籠罩性影響。至於其第 6 章運用西方心理學的觀點和方法、佛洛伊德的人格結構理論，來解析劉宗周的心性哲學，則屬於大概念的哲學詮釋，亦爲蕺山學研究提供了一新思路。

吴震《泰州學派研究》哲學應工，開題即討論泰州學派作爲一個有别陽明心學的獨立學派成立的合法性問題，指明泰州學派並没有獨立於陽明心學以外的一貫的系統可言，故不宜將其誇大爲獨立於陽明心學之外的思想學派，從而確認爲陽明心學的一個流派。並重新厘定《泰州學案》，剔出方與時、鄧豁渠、管志道、方學漸等，鑒别趙大洲、耿天臺、李卓吾，確認前已述出的王艮等九人爲可能揭示泰州學派總體面相的思想人物，而作者對"泰州學派"這一概念的認同，亦主要是落在該派成員的師承傳授的關係上。這尚屬史學處理。此下，作者表現了他的擅長，將哲學討論進行到底，直貫串至其《結論》對泰州學派的定位問題的探討，在討論中給出了説明。舉其顯者：(1)龍溪的"現成良知"或"良知現成"、"見在良知"或"良知見在"説，被認爲消解工夫，而形成陽明後學的思想展開過程中所發生的最爲嚴重的一個理論危機。作者辯明現成良知説只是指明一個本體論命題，乃人在本質上與聖人具有内在的同一性，並不等於説人的現實狀態便是聖人狀態；何況龍溪自有"見在工夫"論的配套，因此"良知現成"的理論意義並不能否定。(2)由是指陳心齋"良知見在"與龍溪持有同樣的本體論立場，其具有争議的"滿街聖人"與"日用即道"説都是建立在"現在良知"觀念的基礎上的，差别只在心齋重見聞工夫。進而討論余英時先生以此爲據提出的所謂心齋學"已略露重知識的傾向"，是"與陽明良知之教有異"的一個重要面相。作者雖未討論見聞之知的性質爲何，但辯明心齋的見聞工夫是以"良知爲之主本"的，而此與陽明以良知爲"主意頭腦"統帥一切工夫之旨毫無二致，亦無甚新意，談不上"與陽明良知之教"有異，至於將見在良知的引領下的見聞工夫，視爲有"重知識的傾向"恐亦不免是一種揣測。(3)討論顔山農的所謂宗教轉向問題。余英時認爲“泰州學派所代表的儒學轉向”到了山農手裏,“已轉化爲宗教”,山農思想的根本特質在於“化儒學爲宗教”而成爲泰州學派史上一個“劃時代”人物。作者對此觀點有很大讚賞和認同,但不同意視山農的思想已越出儒學,指明其最終歸趨仍然未能擺脱儒家傳統的價值觀念,對以陽明和心齋所代表的儒家學説更有積極的認同。(按:儒學原有宗教性,此唐君毅、牟宗三兩先生均有説。拙文《儒學和儒教》、《存三祭通幽明——試論唐君毅先生儒家宗教思想及其現代意義》即闡述其説。)(4)最後對泰州學派定位問題的探討是吴著的一個亮點,廣泛討論了泰州學派的名稱問題、國内外學界的研究狀況、所謂“思想解放”和“世俗化問題”。

在廣泛而較深入的討論中,叢書於厘明陽明學、陽明後學的基本觀念和基本面相,於疏暢陽明學與陽明後學的思想脈絡,作出了一定的貢獻。

四、陽明學研究與浙學研究相結合

將陽明學研究與浙學研究相結合,也就是與地區性學術研究相結合,是這套叢書又一顯明特點。陽明、蕺山、梨洲是叢書主編認定的陽明學系三大人物,他們都是中國哲學史儒學史上與二程朱陸同樣等級的全國性的哲學家,但同時亦是浙東籍的浙江大儒,浙中更是他們開宗立派的主要講學地,所以這個結合是個極自然而然的結合,借用學界老話,是歷史與邏輯的統一。用叢書作者的話説,是“學緣”與“地緣”的結合。

叢書作者主要是錢明和吴光對“浙學”作了學術史的處理。據兩人考察,“浙學”之稱,首出朱子,乃專指浙東事功之學。其後涵義增益演變,至明蔡汝楠、劉鱗長,“浙學”概念涵括兩浙的宋元明三代的朱子學、象山學、陽明學與經史之學。錢明於展開對“浙學”的研究,提出應遵循的兩原則:一是以心學爲貫穿近世浙學一基本學術流脈;二是將浙西以至大浙西也納入浙學視野。吴光則對“浙學”作狹義、中義、廣義的區分。所謂狹義的,即朱子所指。廣義的,兩浙的儒學、經學、佛學、道學、文學、史學等人文社會學傳統以及自然科學傳統,皆包括在内。中義的,即指涵蓋金、温、寧、紹的大浙東地區,其學則包括東漢王充、南宋金華永嘉永康四明、明陽明蕺山及清代以梨洲爲代表的經史之學,並認爲它比較能够體現浙江學術文化的歷史傳統與地域特色。進而斷定由黄宗羲開創,近承陽明、蕺山,以“經世應務”爲學術宗旨,以明經通史、會衆合一、重視“力行”爲學風特色,由其一批弟子後學所繼承並發揚光大的清代浙東經史學派,完全可以説是一個現代意義上的學術流派。

無論二原則論,還是三義説,皆是以地緣或地區爲第一義;而學則以儒學爲第一義。其中,廣義的浙學之學,實即以(浙江地區)固有的傳統學術爲義,當今流行的“國學”之義,方便稱之,曰浙江版“國學”。中義的,則即浙江儒學(已含經學)。梨洲認爲“《六經》皆載道之書”,全祖望指出黄宗羲領袖的學派“以《六經》爲根柢”,如此,則中義符合馬一浮先生的國學“《六藝》之學也”的楷定。又,朱子嘗曰“浙東學者,多子静門人”;聶豹謂“我浙學承陽明夫子之緒”；蔡汝楠謂“吾浙學自得明翁夫子，可謂炯如日星”，則錢明視“心學爲貫穿近世浙學的基本流脈”的原則亦完全可以成立。而黄宗羲則上承王、劉，章學誠此觀點爲吴、錢所採納；梨洲又被學者定位爲“心學殿軍”。因此，會合吴光、錢明之見爲一，叢書給出的浙學概念乃以心學爲宗的浙學，黄宗羲學術流派乃以陽明心學爲宗的清代浙東經史學派。

叢書的這個陽明學研究與浙東研究相結合、“學緣”與“地緣”研究的相結合，説明陽明學有一個源遠流長的中國學術文化大傳統、儒學大傳統，也有一個浙學長傳統的背景，它是這個大傳統也是這個長傳統的産物，並且牢牢札根於浙學長傳統之中。這個相結合的研究，不僅如錢明所説，有利於深入解剖浙中王學的形成機制與思想内藴，也有利於瞭解浙學的總面相和總精神。它還表現了叢書作者至少是主編的浙學自覺，此即吴光在叢書“總序二”中所説的設計此課題的初衷之一：“是要自覺擔負起作爲陽明發源地和發展重鎮的浙江學者的歷史使命，對陽明學的發展演變作出系統性的思想史的總結，向國内外讀者奉獻我們系統探索王陽明及其後學各派的學術研究成果”。

五、肯定道統下的現代指向

叢書的整體意識還表現爲一自古及今的長視野，也可以説衍生出一現代意識。於此，吴光自有交代，謂叢書設計的初衷之二，即是要通過研究，“從各個不同的側面與角度揭示陽明學的發展脈絡與現代意義”。其實，僅將當代新儒學設計入叢書，即表現了它的現代指向。誠如吴震所言，梁漱溟先生因與《論語》和泰州王艮父子精神相遇、而最終放棄“出家”願望而皈依儒學，朱謙之先生由虚無主義、無政府主義向儒家思想回歸中極推崇泰州學派的精神現象，人們從中或許可以看到泰州學派思想的現代意義。不過，我這裏要强調的是，它的現代關懷包含着對中國文化道統的肯定，是肯定道統下的現代指向。

儒家的道統觀念是個豐厚的意義藏，我有文《中國道統：孔子的傳統》（《思想家》第一輯）專論。這裏，只是相應地指出，它是從對中國古代歷史文化的整體瞭解中所提煉出來的概念，由朱子黄乾版以孔子爲中心、上自上古三代伏羲神農、下至程朱的統貫古今的承傳譜系，即表現出其涵括中國歷史文化大傳統的整體論意義。它是中國歷史文化的磁性的大觀念、中心觀念，涵攝並能不斷凝聚開展中的中國歷史文化的價值觀念。因此，對儒家思想的研究和瞭解，不可能永遠不接觸“道統”；對儒家思想的肯定亦同樣不可能永遠繞過對“道統”的肯定。否則，其所謂瞭解，可能只是知解邊事；所謂肯定，亦可能只是語言的湊泊，進不了個體和族群生命的“人文化成”的層面，用馬一浮先生的話説，縱使語言與横渠一致，有何饒益！陽明學研究自不例外。大陸的儒學研究的體制主流於此大體欠缺，遑論肯定。現叢書董著《導言》雖簡要却明確地表達了對“道統”的肯定。雖説簡要，却有三個基本理解。一是從宋明理學運動的性質上的理解，視“道統”爲儒學復興運動立足的基點，而追回“道統”則爲其目標和最終成果。二是對“道統”意義的理解，認爲“道統”(1)是中國傳統文化的核心支柱，

(2)以孔孟爲代表的儒家文化理論的價值抽象、中國文化的價值標準的根本理念,(3)中國文化自身的本體。這從根本上肯定了"道統"。在與吴光兄的通話中,我表示了對這個肯定,吴光兄當下明確説:"道統"是當然要肯定的。這個肯定,也許(若將《綜論》作者算在内,則絶對)不是叢書所有參與者,但可以肯定是主編與部分作者所持的文化立場。

這裏,不得不指出的是,有些分册個别處所出現的某些詞,會對"道統"的價值的肯定及其他的某些基本肯定之理解,造成一些邏輯上的問題。諸如"創造性轉换(化)"、"泛政治化"以及"封建性"、"封建家長制"一類的流行詞,它們對中國歷史文化哲學儒學的相應性適用性以及適用的時間段、恰當性,最低限度地説,存在着很大的討論空間,是不能未加説明、欠審慎地加以沿用與慣用的。譬如"創造性轉化"、"泛政治化",儘管首先出現於西方學界或某些當令的華裔學者,我個人從來不贊同加之於中國傳統社會和儒家思想。道統、中國文化的本體、中國歷史文化的核心價值、所藴涵所表現出來的人類基本價值,是不能被"創造性轉换"或"轉化"的。又如"泛政治化"乃是"極權政治底骨架"(《陽明學綜論》頁 79),而極權制度則是 20 世紀第一次世界大戰後現代技術的産物([美]邁克爾·羅斯金等《政治科學》頁 74),與中國傳統文化鑿枘不入,亦與此下要述的黄宗羲思想的現代意義相抵牾。又如良知是呈現,不是預設的假定,此是上世紀二三十年代熊十力先生對中國哲學儒學的重大貢獻,人皆可逆覺體證,而現亦爲"文革"後相當量的新進一代所重新轉向,回到西方哲學的設定路綫。這種轉向當然是"創造性轉换",我不認爲是什麽進步、突破或超越,而恰恰是對良知本體的存在性真實性的挑戰與疑惑。我認爲諸如此類的詞的出現,是整套叢書中的不和諧音。

我發現,在叢書中,有的採取"呈現"的立場,有的則是"預設"的立場。從主編角度看,没有强人適己,没有那種仗着一點點權就要當教主、幫主的小人念頭和專制心態,這是一種學術民主、包容衆家的胸襟。這顯示了主編叢書應有的職業道德,恐怕也是這套叢書比較成功的一個原因。而從叢書本身看,個别欠審慎的慣用和沿用流行詞,顯是瑕疵。當然,諸如此類的慣用與沿用,在大陸學界,原是個普遍現象。如此而論,對本叢書,自亦不必苛求。况且由於全書對陽明學價值肯定的明確、對"道統"肯定的毫不含糊,才瑕不掩瑜。

如果説董著《導言》開題即對"道統"肯定,頗有爲全套叢書剪綵揭幕的意味,那麽全套書的結穴則在吴著《黄宗羲與浙東學派》,其結穴點即在其不遺餘力地發掘梨洲思想的現代價值,彰顯了叢書的現代指向。

吴著全面闡述黄宗羲學術思想的現代意義,如認爲其"經世應務"、"一本萬殊,會衆合一"觀在全球化背景下,對促進異質文化交流,推動文化創新,提升人文精神,具有積極的指導作用。其最用心處,則在討論梨洲政治哲學的現代價值。"天下爲主,君爲客"的政治命題,他概括爲"民主君客",又是其中的討論重點。他詮釋此命題的本有意義,是天下非一家一姓私有,當由民作主,君民關係平等;由是確認是地道的"民有"、"民治"的民主思想,而不是君主思想。如此,對黄宗羲政治思想提出他無可置疑的判斷,概括爲以"民有、民主、民享"爲中心的新民本思想,豁顯了其"民有、民主、民享"尤其是强調"伸張民權,主權在民"的現代價值。以這個三民主義定義新民本思想,亦可謂吴光兄的一家之言。

應該强調指出的是，吴光没有從認識上切斷黄宗羲的新民本思想與中國傳統大文化主要是儒家思想及陽明學的質的聯繫，他從《尚書》、孔、孟、范仲淹、鄧牧等等到陽明良知教中確認其理論來源，表明仍是將梨洲新民本思想置於陽明學的研究範疇及其歷史脈絡中的思考。《綜論》所收王鳳賢《論王陽明思想的時代特色》從(1)呼唤啓蒙、(2)宣導革新、(3)關注民生的政治經濟思想多方面的現代意義，以及“民本”與“民利”相結合的民本思想，提供了相應的闡述與直接的舉證。自清末劉師培揭示陽明學蕴涵現代民權和平等之旨以來，20世紀中國學界主要是中國自由主義與當代新儒家於此頗多討論，李明輝兄《陽明學與民主政治》概述了這個討論。它説明，陽明學與民主政治的關係，確實是陽明學研究中的一個具有現代意義的重要課題。視現代意義爲陽明學所藴涵的，爲其歷史脈絡自有的邏輯指向，平正允當；儘管我對梨洲新民本思想超越《尚書》的觀點持保留態度，超越孟子的觀點更不敢苟同。在我看來，黄宗羲的政治哲學與《孟子》相比，尚欠一間。叢書的這個從中國歷史文化和儒學發展大脈裸上來肯定陽明學至梨洲之學的現代政治意義，其背後正蘊涵着一肯定道統的立場，它是肯定道統下的發掘。

中國道統的朱子版本，經元明，至清康熙李光地奉旨編修《朱子全書》和《性理大全》，“一貫流傳，幾成公認”。之前，康熙二十四年(1685年)熊賜履著《學統》，設“正統”，增“翼統”、“附統”以廣“道統”，絶對排斥陸、王，蕺山、梨洲無一列入。叢書在肯定道統下肯定陽明系，又不非詆程朱，則不啻爲讀者提供了一對朱、熊道統版的補充及其門户之見的糾正，同時也表現了叢書的中國歷史文化和儒學整體意識。

“中國歷史文化中道統之説，皆非中國現代人與西方人所樂聞”(《中國文化宣言》)；1949年後曾長期從媒體出版物上消失，直至21世紀還有人指責爲“狹隘民族主義”、“不合時宜”。儒家道統觀是一個挺立、貞守、護持中國文化本體的立場，表達了深層次的國族文化認同感，但不拒絶與一切文明、與一切價值體的對話、溝通、交流。它以良知仁體爲宗骨而有融通淘汰的功能，在對話、溝通、交流中過濾淘汰一切反人性反人道反理性的無根的東西，更不拒絶對一切價值的吸納融通。叢書的朱曉鵬著《王陽明與道家道教》、陳永革著《陽明學派與晚明佛教》，可謂爲此提供了某種説明。陽明心學對佛道身心修養方法的某種借鑒，董著詮釋爲乃其整體上對已有不同思想文化形態的全新的視域融合，無疑可爲此作證。在這樣的時代情況下，叢書對道統的肯定，是難能可貴的，有意義的。這相應地表現出了一種文化情感和價值關懷。肯定道統對時代的根本意義，即在爲現代中國貞定住中國文化的性質和主位，不論是在理論建構還是在文化實踐上的現代走向中，都不會遺忘、丢失甚至糟蹋、剷除中國文化。叢書的這個肯定道統下的現代走向，還啓示：國人在追求現代社會的普世價值同時，不要忘記發掘和發揚中國傳統文化所蘊涵所表現的人類的最基本的共同價值。而陽明學與黄宗羲思想的現代意義的具體揭示，更可進而確認陸王心學所揭示的心同理同的大公理：人類社會的存在必有其最基本的共同的普世價值，它正是人類各國族在保持自身獨特的文化智慧下的對話、交流、溝通的基礎，最終必在這個共同基礎上走到一起；和諧世界亦必賴此始有可能。這難道不也是叢書肯定道統下的現代走向的一個很有現代意義的啓示嗎？

王重民先生《校讎通義通解》重刊弁言

□傅　傑

一

對校讎的解釋，最早出自劉向《别録》：

> 讎校，一人讀書，校其上下，得謬誤，爲校；一人持本，一人讀書，若怨家相對，故曰讎也。

這裏説的校讎，自然就是文字校勘。至鄭樵著《通志》，有感於"學術之苟且，由源流之不分；書籍之散亡，由編次之無紀"，在二十略中專列《校讎略》，所論則以書籍源流及編次爲主要内容，"欲三館無素餐之人，四庫無蠹魚之簡，千章萬卷，日見流通"，於是校讎之名，遂與校勘有别。至章學誠著《校讎通義》，叙中開宗明義：

> 校讎之義，蓋自劉向父子部次條别，將以辨章學術，考鏡源流，非深明於道術精微、群言得失之故者，不足與此。後世部次甲乙、紀録經史者，代有其人，而求能推闡大義、條别學術異同、使人由委溯源、以想見於墳籍之初者，千百之中不十一焉。

於是校讎之名，不僅不等同於校勘，甚至也不等同於文獻學研究，而已接近於所謂的學術史研究了（侯外廬在《中國早期啓蒙思想史》中就一再附會《文史通義》"略當今日的文化史"，《校讎通義》"則當今日的學術史"；《文史通義》爲"文化史的理論"，《校讎通義》爲"學術史的概論"）。章氏《信摭》又云：

> 校讎之學，自劉氏父子淵源流别，最爲推見古人大體；而校訂字句，則其小焉者也。絶學不傳，千載而後，鄭樵始有窺見，特著校讎之略，而未盡其奥，人亦無由知之。世之論校讎者，惟争辯於行墨字句之間，不復知有淵源流别矣。

王叔岷辨之云：

夫囿於行墨字句之間，往往不知淵源流別，此誠有見。惟淵源流別，究非校讎之事。此所謂“淵源流別”，即前敘所謂“辨章學術，考鏡源流”之意；此所謂“校訂字句，則其小焉者也”，與前敘所稱鄭樵之“略其魚魯豕亥之細”則微有別。蓋“校訂字句”，其事雖小，究未可略而不論也。章氏發揚鄭氏之旨，校讎之學，重在淵源流別，而輕視校訂字句，或可稱之爲廣義校讎學，然終非切實之見也，梁劉勰《文心雕龍·時序篇》“子政讎校於六藝”是也。又《諸子篇》“漢成留思，子政讎校，於是《七略》芬菲，九流鱗萃”，似偏重淵源流別，或于鄭氏有所啓示，此則章氏所未留意者也。清朱一新《無邪堂答問》卷二云：“劉中壘父子成《七略》一書，爲後世校讎之祖，班《志》掇其精要以著於篇。後惟鄭漁仲、章實齋能窺斯旨，商榷學術，洞澈源流。不獨九流諸子各有精義，即詞賦、方技，亦復小道可觀。目録、校讎之學所以可貴，非專以審訂文字異同爲校讎也。”朱氏所謂“商榷學術，洞澈源流”，亦即章氏所謂“辨章學術，考鏡源流”。惟朱氏以此爲“目録、校讎之學”，與章氏概言“校讎之學”者有別；朱氏所謂“非專以審訂文字異同爲校讎”，與章氏所謂“校訂字句，則其小焉者也”亦大有徑庭。浸見“校訂字句”乃校讎之所重；“淵源流別”當別爲目録之學，理不容相溷也。且劉向校書、撰録，亦本不相溷。此意班固知之，《漢書·藝文志序》云：“至成帝時……詔光禄大夫劉向校經傳、諸子、詩賦……每一書已，向輒條其篇目，撮其指意。録而奏之。”是校（校讎）爲一事，録（目録）爲一事，章氏僅留意到劉向所謂録而忽略劉向所謂之校。校讎之學，有助於目録之學；“校訂字句”，有助於討論學術之“淵源流別”。舍校讎而言目録，其弊將流於華而不實。以校讎爲目録，其失在疏于名義。（《校讎學》第一章《釋名》）

章氏並不僅限於“以校讎爲目録”。從鄭樵到章氏，所言“校讎”與劉向不同；而擴充“校讎”的範圍，在章氏並非無意識的誤解，而是有意識的努力。“校讎”一名於是有“狹義”的與“廣義”的兩用，這已然是學術史上的既成事實，後來的學者也各有沿襲：前者如王叔岷的《校讎學》、阮廷焯的《校讎通論》；後者如張舜徽的《廣校讎略》（首篇即《目録版本校勘皆校讎之事》）、程千帆等的《校讎廣義》（凡《目録》、《校勘》、《版本》、《典藏》四編）。以“校讎之義，始亂于鄭漁仲之專明類例，繼亂于章實齋之辨章流別”（阮廷焯《校讎通論》）的指責已經没有多大的實際意義；而以章説“澄清了千百年來對校讎學的狹隘理解”，且以“即使在今天，尚有許多學者狹義地理解校讎學，並將它與目録學、版本學對立起來，却很少有人注意到目録、版本只是校讎學的一部分”（倉修良等《章學誠評傳》）爲咄咄怪事，企圖以章氏涵義並不十分明確的變例爲一統天下的通例，則亦不免崇章太過，大可不必。

二

關於章學誠的生平，本書附録的大事年表作了提綱挈領的勾勒；關於《校讎通義》的主要内容及價值，王重民先生的序言也作了出色當行的述評，讀者自可參看，這裏不再重復。

章氏生活在考据學的全盛時代，竟能我行我素，卓立獨行，終身致力於文史校讎之學。余英時説，就清代中葉的學術思想史而言，戴震和章氏是兩個公認的高峰；就中國近代有關學術史上的研究而言，章氏的文史校讎"提供了一個重要的理論始點，與乾嘉的訓詁考證和今文派的疑古辨僞適成鼎足之局"(《論戴震與章學誠》)。這無疑是簡而得要的概括。

章氏的思想既有其特殊的一面，也有其複雜的一面。他的著作被廣泛地討論，而結論則往往分歧百出——《文史通義》是如此，《校讎通義》也不例外。借用章氏評汪中的話來反諸其身，章著"其言有得有失，其考有是有非"。而要真正明白其得失是非談何容易！這就需要有真正的明白人來爲我們做向導。《校讎通義通解》正是這樣一部上佳的閱讀指南。

王重民(1903—1975年)字有三，號冷廬，曾任北京大學教授、北京圖書館副館長，本書之外，著作另有《中國善本書提要》正續編、《中國目録學史論叢》、《老子考》、《敦煌古籍叙録》、《敦煌遺書論文集》、《冷廬文藪》等。顧廷龍云：

> 君學貫中西，尤邃於目録版本之業，早歲曾在北平圖書館從事編撰之役，潛研群籍，輯著多種。暨乃遠涉重洋，曆訪法、英、德、意、美諸國，遍讀中國善本、敦煌遺書，見聞益廣。平日尤勤於筆劄，繙簾所及，輒爲提要。其探賾索隱、鈎深致遠之功，名山傳佈，久爲學術界所讚揚。(《中國目録學史論叢跋》)

王氏以其淵博的學識與平實的態度，來爲章著逐章作解，一身得兼章氏的功臣與讀者的良師，這是章氏之幸，更是讀者之幸。

先説學識的淵博。這主要體現在三個方面。一是作者精研章著，如數家珍，在《通解》中能嫻熟自如地以章證章——或以本書前後互證，或以本書與《文史通義》及章氏其他文字互證。如在《校讎通義》論求書在一時、治書在平日一節下云：

> 章學誠的這一議論是他從編輯地方志，整理地方文獻的實踐中得出來的。這一條的大意曾在《和州志藝文書序例》中發其端，後來又作《州縣請立志科議》，説明他的全盤規劃。"志科"是指爲編輯地方志而經常儲備史料的，其中有各種文獻紀録，有地方人的著作，所以不是圖書館而是文獻館。縣、府、省都應設立，但州縣一級是最基本的。《州縣請立志科議》的最末一段説："晚近文集傳志之猥濫，説部是非之混淆，其瀆亂記載，熒惑清議，蓋有不可得而勝詰者矣。苟于論定成編之業，必呈副於志科，而學校師儒從公討論，則地近而易於質實，時近而不能托與傳聞，又不致有數者之患矣。"
>
> 有了志科，地方志的質量就可提高，地方志中的藝文目録也就更加豐富，更有條别，更有價值。這對於中央政府的求書、校書方能成爲最根本、最可靠的依據。

在論《漢志》有殘逸一節下云：

這一條,章學誠説《漢書藝文志》内没有蕭何《律令》、叔孫《朝儀》等不是由於遺漏,而是"本志有殘逸不全"的地方。可是在一頁以後,《補校漢藝文志》第十之二又不是這樣説的。他説西漢的制度,"《律令》藏於理官,《章程》存於掌故",《七略》所以不收,是由於"劉氏無從而部録之也"、"班氏謹守劉《略》遺法",所以未曾著録,這與殘逸之説顯然是自相矛盾的。

凡此或闡明其相互的關聯,或揭示其内在的矛盾。二是作者精研目録學史,書籍源流無不了然於心,對相關的問題每能討源納流,洞見癥結。如章氏以《舊唐書·經籍志》集部無韓愈等人之文與杜甫等人之詩,斷言必其本志殘逸不全。而該志鈔自撰定於開元末年的《古今書録》,自然不可能收開元以後諸家的詩文集,這是志序中本已明白交代了的,章氏不察却又自以爲是。柴德賡曾因"以辨章學術、考鏡源流相標榜"的章氏如此魯莽滅裂深感驚訝(《史學叢考·試論章學誠的學術思想》);王氏則更指出:

武英殿刊本《唐書》卷四七《考證》引沈德潛云:"按丁部集録内唐人自盧藏用後,遽接沙門道士諸集,而開元以來,文如張説、蘇頲、陸贄、權德輿、韓愈、柳宗元、李翱、孫樵、劉蜕、杜牧諸人,詩如張九齡、王維、孟浩然、李白、杜甫、元結、李觀、韋應物、白居易、李商隱諸人,皆不與焉,其爲殘闕無疑也。"當爲章學誠所本。

進一步找出了章氏致誤的根源。三是作者腹笥既富,經眼亦廣,取精用宏,每能提示重要的資訊,解决疑難的問題。如因早年主編過《清人文集篇目分類索引》,故涉及《漢志》以《爾雅》入孝經類的問題,便能一一列舉王棻《柔橋文鈔》中的《漢志爾雅入孝經家説》、胡元玉《璧沼集》中的《漢志以爾雅附孝經家説》等相關文字。又章氏以王應麟所輯佚書有鄭玄《尚書注》,王棻《校讎通義節駁》稱這是章氏誤記,而作者在黄岩圖書館所見鈔本有孫詒讓眉批:

王輯《鄭氏書注》乃惠定宇所輯,託名厚齋,世間有刻本,實齋失於考覈耳,非誤記也。

在章氏眼裏,很多學術史的研究只能"得其似"而未能"得其是"——王氏所録孫批,算得上是一個把接近的"似"轉化爲精確的"是"的佳例。

再説態度的平實。比起乾嘉以考據名家的學者來,章氏長於發揮,短於征實,相對顯得高明有餘,沈潛不足,論著中令人歎爲觀止的卓越見解與低級錯誤同時並存,後人或譽之爲淩礫古今,或譏之爲鄉曲之士。王氏對章氏則既具同情的理解,也不曲護其短,每能以學心讀,以平心取,以公心辨。如在論及章氏爲了"溯源流而硬拉關係"時呼籲:

我們應該多體會並尊重章學誠的批判和改革精神,對於在批判和改革中所發生的一些矛盾和錯誤,應該有所説明,但不必斤斤去指責他。

而在論及章氏缺乏史實依據、却好刻意與劉、班立異時也不諱言：

> 章學誠在目録學上頗有建樹，提出了不少重要理論，遺憾的是他不精於考據，往往憑推想行事，使他的理論所從發生的依據時有不大可靠，或者是誤解的。

就章著大到立論的偏激，小到句讀的失當，王著都一絲不苟地加以辨析，是其所當是，非其所當非。這種學心、平心與公心貫穿在《校讎通義》本身的解讀之中，也貫穿在《校讎通義》研究論著的去取之中。例如《通解》屢引王棻的《校讎通義節駁》以正章説，但也直言有的觀點"正是王棻不懂目録學方法的錯誤"。對文廷式《純常子枝語》中的糾章之言也多有轉述，然而文氏以"一書互見"及"裁篇别出"之説祁承□《書目例略》實開其端、章氏可能掩其相襲之迹來質疑章氏的史德，當世目録史家亦頗有拾其牙慧者，王氏則力辯其説不能成立。對前人的爲學態度他也時有月旦。例如他既不滿劉師培對章氏的"吹毛求疵"，也不滿章氏對班固的"推求過刻"；而王棻的《節駁》"在立論上'駁'字當先，即便有時中肯，不能心平氣和，也不是討論學術的正確態度"。從中我們正可窺見他自己的趨避。

三

《通解》爲我們理解章著帶來了莫大的方便——在研讀古代學術名著時，我們並不是經常能有運氣獲得這樣既内行又細緻的指導的。當然，我們今天閲讀章著，還可以在《通解》外再參考一些相關的著作，以與《通解》相互補充。

一是《校讎通義》的注本。

王氏自言《通解》"對於一般的文字、人名、書名不作解釋"，而"最着重的是章學誠在每章每條内所闡述的目録學方法、理論"。1985年由中華書局出版的葉瑛遺著《文史通義校注》中所含的《校讎通義校注》，重點正在注明文字、人名及書名。如章氏論校讎的中心觀念"辨章學術，考鏡源流"。王氏只闡發其意義，僅提示"考鏡源流"的"鏡"字，書中有時作"竟"，其意相同。而葉氏在注《文史通義·和州志氏族表序列》引《尚書》"平章百姓"時云：

> 見《書·堯典》。《史記·五帝本紀》作"便章百姓"。《索隱》："古文《尚書》作平章，今文作辯章。古平字亦作便，音婢緣反。便則訓辯，遂作辯章。"《後漢書·劉愷傳》注引鄭玄注："辯，别也。章，明也。"（"辯"同"辨"）

在注《校讎通義叙》"考鏡源流"時云：

> 《詩·大雅·文王有聲》："考卜維王。"傳："考猶稽也。"《漢書·衛姬傳》："深説經

義,明鏡聖法。"鏡亦明也。

對相關論著的引述,二書亦各有側重。如《宗劉》論集部源流云:

漢魏六朝著述,略有專門之意,至唐宋詩文之集,則浩如煙海矣。今即世俗所謂唐宋大家之集論之:如韓愈之儒家,柳宗元之名家,蘇洵之兵家,蘇軾之縱横家,王安石之法家,皆以生平所得見於文字,旨無旁出,即古人之所以自成一子者也。其體既謂之集,自不得强列以諸子部次矣。因集部之目録而推論其要旨,以見古人所謂言有物而行有恒者,編於著録之下,則一切無實之華言,牽率之文集,亦可因是而治之,庶幾辨章學術之一端矣。

《通解》詳述其説的來龍去脈:

章學誠在《文史通義》内有《文集》一篇和《詩教》三篇,專門討論這個問題,可參看。另外,在《陳東浦方伯詩序》内,又概括的説明了他的主要意見,説他"嘗從事於校讎之業,略辨詩教源流,謂六經教衰,諸子争鳴,劉向條别其流有九。至諸子衰而爲文集,後世史官不能繼劉向條辨文集流别,故文集濫焉……第劉向九流之説猶存,今推其意以校後世之文,如韓出儒家,柳出名家,蘇出兵家,王出法家,子瞻縱横,子固校讎,猶可推類以治其餘"。這兩處的意見是相同的,就是依據劉向九流之説以校後世之文,並因"集部之目録而推論其要旨",但"不得强列以諸子部次",目的是發揮目録學的批評作用,把不成家的文集(也就是不能入流的)區别開,使集部得以保持不濫。

《校注》則别引劉師培《論文偶記》對章説的引申:

古人學術,各有專門,故發爲文章,亦復旨無旁出,成一家言,與諸子同。試即唐宋之文言之:韓、李之文,正誼明道,排斥異端,歐、曾繼之,以文載道,儒家之文也。子厚之文,善言事物之情,出以形容之詞,而知人論世,復能探源立論,核覈刻深,名家之文也。明允之文,最喜論兵,謀深慮遠,排兀雄奇,兵家之文也。子瞻之文,以粲花之舌,運捭闔之詞,往復卷舒,一如意中所欲出,而屬詞比事,翻空易奇,縱横家之文也。介甫之文,侈言法制,因時制宜,而文辭奇峭,推闡入深,法家之文也。

並參合觀,足可使我們對章説有全面的把握。

二是《校讎通義》的評論。

章著問世以後,學者多有響應,有作增廣者,有作商兑者。《通解》已引到的,有王棻的《校讎通義節駁》、劉師培的《校讎通義箴言》等;而仍間有爲王氏所未及的專家專文,如在二十世紀上半葉刊佈的劉咸炘的《續校讎通義》(儘管金毓黼在《中國史學史》中批評“劉氏所撰諸書,多涉皮相,殊鮮精義”,而仍多有可參)、鍾肇鵬的《校讎通義評訳》。且看章著《漢志方技》:

方技之書,大要有四:經、脈、方、藥而已。經闡其道,脈運其術,方致其功,藥辨其性,四者備而方技之事備矣。今李柱國所校四種,則有醫經、經方二種而已;脈書、藥書,竟缺其目。其房中、神仙,則事兼道術,非復方技之正宗矣。

《通解》附和其意:

這一條論《方技略》著録醫藥書籍不够完備。醫藥書應包括經、脈、方、藥四類,西漢時代不是没有脈書和藥書,而是李柱國没有著録,這是很大的缺點。

而劉氏詰問道:

經必診脈而明,故經可該脈;方必資藥而成,故方可該藥。章氏漫不細省,謂不載脈書藥書爲缺略。李柱國侍醫也,豈有醫家而忘脈與藥哉?

鍾氏更反駁説:

章氏以李柱國訓校有醫經、經方,而無脈書、藥書。不知《醫經叙》明云“醫經者,原人血脈經絡骨髓陰陽表裏,以起百病之本,死生之分”,是脈書固在醫經中矣。《經方叙》云“經方者,本草石之寒温,量疾病之淺深,假藥味之滋,因氣感之宜,辨五苦六辛,致水火之齊,以通閉解結,反之于平”,是藥書固在經方中矣。

這應該是言之成理的。

三是《漢書藝文志》的研究資料。

王氏在《序言》中提醒我們:章著百分之九十以上的内容是討論《漢志》的,因此讀者最好備本《漢志》隨時查考。而《漢志》的考論——《通解》中就引録過姚振宗的《漢書藝文志條理》——自然也可以與章説互相印證比較。如《漢志諸子》:“儒家部有《周政》六篇,其書不傳。班固注《周政》云:‘周時法度政教’,注《周法》云:‘法天地,立百官’,則二書蓋官禮之遺也,附之禮經之下爲宜,入於儒家非也。”《通解》贊議云:“《周政》、《周法》二書,章學誠據班固的説明,謂應附入禮經,不應入儒家,有一定的道理。”張舜徽《漢書藝文志通釋》則不以爲然:

古之以周名書者,本有二義:一指朝代,一謂周備。故凡包羅甚廣而寓周備、周普、周遍之意,如後世叢鈔、雜纂之屬,皆可以周名之。在《六藝略》中,若官制彙編之名《周官》，其尤顯著者也。遠古文獻，散在四方。自官制彙編之外，遺言逸制未經收録者猶多。儒生各取所見，分類輯比以存之。儒家之《周政》、《周法》，蓋所載乃布政立法之餘論。以其同出儒生之手，故列之儒家。若道家之《周訓》，小説家之《周考》、《周紀》、《周説》，猶後世叢鈔、叢考、説林之類耳。學者當推此意以求之，不必拘泥爲專言姬周一代之書也。

在《經傳標題辨惑》等文中，張氏也重申了同樣的意見。

四是其他論著中的相關内容。

文獻學、學術史著作時或涉及章著。如余嘉錫《目録學發微》云：

> 章氏著《校讎通義》，蓋將以發明向、歆父子校讎之義例，然于向、歆之遺説實未嘗一考，僅就《漢書藝文志》參互鉤稽而爲之説。故其言曰："劉歆《七略》亡矣，其義例之可見者，班固《藝文志》注而已。"夫《七略》、《别録》雖亡，其逸文尚散見於諸書。（章氏時，馬國翰、洪頤煊、姚振宗輯本皆未出。章氏不長於考證，故未能搜討。）況劉向校書敘録，今尚存數篇，即《别録》也。章氏僅知其校讎中秘，有所謂中書、外書、太常書、太史書、臣向書、臣某書，而于録中立言，所以論其指歸、辨其訛謬者，不置一言，故其書雖號宗劉，其實只能論班。其所謂辨章學術、考鏡源流者，亦即指此類之序言之，其意初不在解題之有無。不知劉向之《别録》，其於學術源流功用爲更大也。然章氏書雖多謬誤，而其人好爲深湛之思，往往發爲創論，暗與古合。即此"辨章學術，考鏡源流"二語，亦非好學深思心知其意者不能道。

而在《書章實齋遺書後》中復提示對《校讎通義》"余别有駁正，散見拙著中"，這就需要我們在閲讀《目録學發微》、《古書通例》、《四庫提要辨證》等著作時隨時留意了。附帶提一提：余氏爲章著挑出了形形色色的毛病，在前揭文中更稱《校讎通義》"所言得者二三而失者六七"——給出的分數遠不够及格的程度；但在《古書通例》中正面援引章説時，仍毫不猶豫地尊章氏爲"通儒"。

图书在版编目(CIP)数据

传统中国研究集刊. 第9、10辑/上海社会科学院《传统中国研究集刊》编辑委员会编. —上海:上海人民出版社,2012

ISBN 978-7-208-10598-0

Ⅰ. ①传… Ⅱ. ①上… Ⅲ. ①传统文化-中国-文集 Ⅳ. ①K203-53

中国版本图书馆 CIP 数据核字(2012)第 037421 号

責任編輯　周　珍

封面設計　傅惟本

傳統中國研究集刊(九、十合輯)

上海社會科學院《傳統中國研究集刊》編輯委員會 編

世紀出版集團

上海人民出版社出版

(200001　上海福建中路 193 號　www.ewen.cc)

世紀出版集團發行中心發行

常熟市新驊印刷有限公司印刷

開本 787×1092　1/16　印張 45　插頁 3　字數 971,000

2012 年 3 月第 1 版　2012 年 3 月第 1 次印刷

ISBN 978-7-208-10598-0/K·1867

定價 110.00 圓